STAATSLEXIKON

6

STAATSLEXIKON

Recht · Wirtschaft · Gesellschaft

Herausgegeben
von der Görres-Gesellschaft
und dem Verlag Herder

8., völlig neu bearbeitete Auflage

STAATSLEXIKON

Recht · Wirtschaft · Gesellschaft

Sechster Band

Volk –
Zweites Vatikanisches Konzil

Abkürzungen
Register

HERDER

FREIBURG · BASEL · WIEN

Das Erscheinen von Band 6 wird
durch die freundliche Unterstützung
der Fritz Thyssen Stiftung ermöglicht.

Fritz Thyssen Stiftung
für Wissenschaftsförderung

www.herder.de
Satz: SatzWeise, Bad Wünnenberg
Herstellung: Friedrich Pustet GmbH & Co. KG, Regensburg
Printed in Germany
ISBN (Buch) 978-3-451-39516-1
ISBN (E-Book) 978-3-451-83516-2

Inhalt

Lexikalischer Teil

Anhang

Zum Abschluss der 8. Auflage

Nicht nur eine ehrenwerte und im historisch-gesellschaftlichen Wandel aussagekräftige wissenschaftsgeschichtliche Tradition von über 150 Jahren seit dem ersten Erscheinen ist die herausfordernde Motivation für diese achte, völlig neu erarbeitete Auflage des Staatslexikons gewesen. Auch im 21. Jahrhundert stellen sich humanitäre, ökologische, ökonomische, gesellschaftliche und politische Grundsatzfragen; nicht wenige werden jetzt erst bewusst – Fragen, die teils neue Antworten verlangen, teils aber auch solche, die sich aus unverzichtbaren und unwandelbaren Prinzipien menschenwürdiger Existenz in Konfrontation mit neuen Realitäten ergeben. In engem Zusammenhang damit steht die Reflexion eines Ordnungsrahmens im klassischen politikphilosophischen Sinn, der diesen Prinzipien Sicherung und Geltung zu verleihen vermag. Im Kern stellt sich das grundsätzliche und beständige Problem der Wertorientierung im Wandel, und dies seit je auf der Basis verlässlicher Information und – heute besonders bedeutsam – möglichst manipulationsfreier und offener Kommunikation. Nur so lässt sich die Paradoxie zwischen der Überfülle an Informationen einerseits und Defiziten an individueller Unterscheidungsfähigkeit und öffentlichem Vertrauen anderseits überwinden. Fundamentale Werte, neue Herausforderungen, angemessene Antworten: Besitzt nicht, um wenigstens ein Beispiel zu nennen, die Entscheidung des Bundesverfassungsgerichts vom April 2021, den Gesetzgeber angesichts seiner als unzulänglich erachteten Legislatur zum Klimawandel zu zwingen, die Grundrechte der nachwachsenden Generation für die Zeit nach 2030 zu schützen, geradezu provokatorisch praktische wie normative, aber auch das institutionelle Gefüge tangierende Qualität? Zumindest verdeutlicht sie die hier angedeuteten Entwicklungen und Zusammenhänge. Und sie bestätigt die zeitlose Intention des Staatslexikons, verlässlich Information zu vermitteln und Orientierung zu stiften – im weiten Spektrum von Recht, Wirtschaft und Gesellschaft.

Im Vorwort zum ersten Band wurden vier grundsätzliche weltweite Veränderungsprozesse benannt, welche in dieser Neuauflage Beachtung und Beantwortung finden sollten:

„1. Politisch besonders relevant sind das Ende des Kalten Krieges mit seinen geopolitischen Folgen samt neuerer revisionistischer Tendenzen zur Wiederbelebung überkommener Konflikte und zur Schwächung bewährter Bündnisse; die Wiedervereinigung; die Erweiterung und Vertiefung der EU und die sich abzeichnenden Krisen, der grenzenlose Terrorismus, die sich dynamisierende Migration.

2. Gesellschaftlich auffällig sind vor allem: fortgesetzter Wertewandel, verstärkte Individualisierung und Pluralisierung (mit politischen Wirkungen); Säkularisierung einerseits, Etablierung des Islam anderseits; Integrationsschwächen nicht nur, aber besonders unter den Zugewanderten aus anderen Kulturkreisen; demographischer Wandel und damit eine alternde Gesellschaft; Liberalisierung der Lebensformen.

3. Wirtschaftlich setzen sich die Globalisierungsprozesse fort, begleitet von weiterer Differenzierung der Konsumpräferenzen sowie kontinuierlichen sozialstaatlichen Leistungserwartungen, überwölbt von der anhaltenden Finanzkrise der EU.

4. Medien- und Kommunikationssystem, kommunikatives Verhalten insgesamt, sind durch die Digitalisierung revolutioniert worden – ein Prozess in voller Bewegung mit noch keineswegs verlässlich abschätzbaren Konsequenzen für Politik, Gesellschaft und Wirtschaft."

Zusammengefasst charakterisieren diese Aspekte eine Zeitenwende von politischen, gesellschaftlichen, wirtschaftlichen und kommunikationssystemischen Dimensionen, die sich dynamisch und ohne absehbaren Zielzustand fortentwickeln; keine dieser Dimensionen verlor ihre Dynamik oder wäre gar obsolet geworden. Insofern hat sich die Planung der Beiträge zu diesem Opus bestätigt. Sie führen mitten in diese Problemfelder hinein. Ist durch die Pandemie zu Beginn der 2020er Jahre das Staat, Gesellschaft und Wirtschaft durchdringende Krisenbewusstsein als eigene, fünfte Dimension hinzugetreten? Schließlich belastet diese Krise faktisch wie normativ. „Triage" wäre ohne sie nie zum Stichwort erhoben, „Staatsnotstand" und „Verschwörungstheorien" vielleicht nicht derart mit Aufmerksamkeit bedacht worden. Doch zeigte sich gerade am Thema Notstand schon zuvor explodierendes wissenschaftliches Interesse. Krise als Phänomen ist ohnehin stets mitbedacht. Ob die Pandemie „Leben mit der Krise" nach Jahrzehnten der Normalität zu einer eigenständigen und dauerhaften Bewusstseins- und Orientierungsgröße macht, wird sich nach ihrer Überwindung zeigen. An der grundsätzlichen normativen Ausrichtung des Staates ändert sie ohnehin nichts.

Ausgangs des 20. Jahrhunderts hat die moderne Sozialwissenschaft den Staat wiederentdeckt, vor allem wegen der Ausweitung und Intensivierung der Staatstätigkeit und ihres gesellschaftspolitischen Gestaltungspotentials, das, wie die Aktualität nun unübersehbar lehrt, mit gesteigerter sozialer Verantwortung einhergeht. Zugleich wirft sie die bedeutsame, durchaus normative Frage nach der Eigenverantwortung der Individuen auf. Politikfeldanalysen (z. B. Arbeitsmarkt-, Bildungs-, Sozial- und Umweltpolitik), Regierungs- und Verwaltungsorganisation, Interaktion mit wirtschaftlichen und gesellschaftlichen Akteuren sind Gegenstand wissenschaftlicher Forschung, moderner akademischer Studiengänge und alltagspraktischer Vermittlung geworden. Der Terminus „Staatswissenschaften" gewann Geltung zurück. Inhaltlich wurde der interdisziplinäre und praxisorientierte Ansatz der früheren „gesamten Staatswissenschaft" wiederbelebt, wenn auch die einzelnen Disziplinen unvermeidlich ihre Eigenständigkeit behielten. Unzweifelhaft setzt fruchtbare Interdisziplinarität kompetenzstarke Disziplinarität voraus, die in der Arbeit an gemeinsamen Fragestellungen münden kann; aber bei hohen Graden der Spezialisierung mögen die spezifischen Perspektiven auch erhellend und erkenntnissteigernd selbständig nebeneinanderstehen. Beides vermag Information und Orientierung zu dienen, beides kann Fachspezifik zum Ausdruck bringen und zugleich seine Verengung vermeiden. In diesem Sinn ist der Beitrag der hier versammelten wissenschaftlichen Disziplinen zu verstehen, von denen Recht, Wirtschaft, Geschichte, Philosophie und Theologie ihre klassische Position bewahrt, Politik- und Kommunikationswissenschaft, Soziologie, Sozialethik und Pädagogik an Gewicht gewonnen, aber auch andere wie Literatur-, Musik-, Kunst- und Kulturwissenschaft einen wesentlichen Platz erobert haben. Das komplexe Phänomen „Gesellschaft" kann nicht eine Spezialdisziplin allein erklären.

Heute wie seit je verbindet sich in Werken wie dem vorliegenden, die sich diesem Problemkreis widmen, die Frage nach dem Staatsgefüge mit der nach dessen ethischen Fundamenten, die Menschenwürde und Freiheit gewährleisten oder eben nicht. Am Anfang steht das gegen die „Reaktion" gerichtete, die individuelle Freiheit im Frühliberalismus betonende Opus von Rotteck/Welcker (1834 ff.). Ihm folgt die nationalliberale Überhöhung des Staates als Sinnstifter und Selbstzweck bei Bluntschli/Brater (1857 ff.). Sodann beginnt die Tradition des Staatslexikons der Görres-Gesellschaft (1889 ff.), das dessen naturrechtliche Begründung und Begrenzung zur Orientierung erhob. Diese fand erst recht nach 1945 in der wertgebundenen Ordnung des Grundgesetzes nachdrückliche Geltung und in den Neuauflagen seither angemessene Darstellung und Interpretation – bis zu dieser achten, von 2017 bis 2021 erschienenen Auflage. Ohne Preisgabe seiner Grundlagen hat sich das Staatslexikon kontinuierlich zu einer Enzyklopädie der Staats- und Sozialwissenschaften mit unverzichtbarer Offenheit für grundlegend zugewandte andere Disziplinen gewandelt. Sie wurden, wie bereits angedeutet, in die klassischen Themenbereiche eingebunden, wie der Untertitel Recht – Staat – Gesellschaft seit 1957 zum Ausdruck bringt, angemessen gewiss, aber nicht abschließend. Beachtet wird eine neue geisteswissenschaftliche Situation, begleitet von Prozessen politischen, technisch-industriellen und sozialstrukturellen

Wandels durchaus auch auf internationalem und supranationalem Hintergrund. Vom (positiv einzuschätzenden) „Ende der Geschichte“ kann keine Rede sein. Große Grundsatzfragen bleiben, kontroverse Antworten auch. Wie je stellt sich auch die achte Auflage des Staatslexikons den Herausforderungen ihrer Zeit: 1254 Autoren haben sich ihnen mit 1828 Beiträgen zugewandt. Sie füllen sechs Bände, die ein Register sorgfältig erschließt unter besonderer Beachtung von übergreifenden Zusammenhängen.

Allen Autoren des Werkes ist großer Dank dafür abzustatten, dass sie sich mit ihrer Kompetenz selbstlos engagiert haben. Ihr Verdienst ist es, wenn die hier dargelegten Grundideen eingelöst worden sind. Gleich großer Dank gilt den Fachredakteuren für ihren Einsatz von der Erstellung des Nomenklators, über die Autorenauswahl bis zur prüfenden Durchsicht der Texte sowie für manchen guten Rat: eine fast unglaublich reibungslose Kooperation. Eingeschlossen ist hier zugleich Dr. Bruno Steimer als verständnisvoll agierender Repräsentant des Verlags Herder. Besonders dankbar zu erwähnen ist das an der Universität Passau unermüdlich und zuverlässig um die Realisierung des Projekts ringende Team um Sophie Haring und Dr. Bernhard Schreyer, die sich über die Jahre auf die Wissenschaftlichen Hilfskräfte Sophia Dollsack, Sascha Görs, Sarah Hausladen, Jule Klink, Ramona Reif, Daniel Sattler, Carina Schachinger und Katja Tichelofen sowie auf Maria Egger und Imelda Wagner im Sekretariat stützen konnten: Ohne sie wäre das Projekt nicht gelungen.

Ein besonderer Dank gilt auch all jenen – neben den institutionellen Förderern auch vielen Spendern –, die durch ihre großzügige Förderung das Erscheinen der achten Auflage des Staatslexikons überhaupt ermöglicht haben. Ohne diese vielfältige Unterstützung wäre ein solch enzyklopädisches Werk nicht realisierbar gewesen.

Sind nun Idee und Projekt Staatslexikon an ihr Ende gekommen? Wohl kaum; denn die Herausforderungen, auf die sie stets nach Einordnung und Antwort im historischen Wandel gesucht haben, haben es an sich fortzuwirken – auch über die Drucklegung dieser Neuauflage hinaus. Gerade weil Orientierung angesichts schnell verfügbarer Informationen (wie Fehlinformationen) in der digitalen Wissensgesellschaft an Bedeutung noch gewonnen hat, ist inzwischen sukzessive neben die gedruckte auch die digitale Präsentation der Inhalte dieser Enzyklopädie getreten. Sie wird begleitet von der Intention fortwährender Aktualisierung, um beides, Information und Orientierung, auf dem Stand zu halten.

Bernd Engler
Präsident der
Görres-Gesellschaft

Heinrich Oberreuter
Redaktionsleiter

Redaktion

Leitung
Prof. Dr. Dr. h.c. Heinrich Oberreuter
Wissenschaftliche Mitarbeiter (Redaktion Passau)
Sophie Haring, Dipl.-Kulturwirtin (univ.)
Dr. Bernhard Schreyer

Fachredakteure
Geschichte
Prof. Dr. Thomas Brechenmacher, Potsdam
Prof. Dr. Bernhard Löffler, Regensburg
Pädagogik
Prof. Dr. Michael Obermaier, Köln
Prof. Dr. Erik Ode, München
Philosophie
Prof. Dr. Dr. Matthias Lutz-Bachmann, Frankfurt am Main
Politikwissenschaft
Prof. Dr. Dr. h.c. Heinrich Oberreuter, Passau
Prof. Dr. Werner J. Patzelt, Dresden
Rechtswissenschaft
Prof. Dr. Tilman Repgen, Hamburg
Prof. Dr. Rudolf Streinz, München
Prof. Dr. Arnd Uhle, Leipzig
Prof. Dr. Christian Waldhoff, Berlin
Sozialethik
Prof. Dr. Marianne Heimbach-Steins, Münster
Prof. Dr. Markus Vogt, München
Soziologie
Prof. Dr. Winfried Gebhardt, Koblenz
Theologie
Prof. Dr. Dr. Thomas Marschler, Augsburg
Wirtschaftswissenschaften
Prof. Dr. Jörg Althammer, Eichstätt-Ingolstadt
Prof. Dr. Nils Goldschmidt, Siegen
Prof. Dr. Christian Müller, Münster

Redaktion HERDER
Dr. Bruno Steimer

Inhaltsverzeichnis
Band 6

V

Fortsetzung

Volk

Für das bis auf das Althochdeutsche zurückgehende Wort „V." hat das von Jacob und Wilhelm Grimm begründete „Deutsche Wörterbuch" (Bd. 26, 453–472) eine Fülle von Bedeutungen bzw. Bedeutungsvarianten benannt. Was die politische Sprache betrifft, so lassen sich im Wesentlichen drei unterschiedliche Ebenen des Wortgebrauchs unterscheiden, die sich schon im Altgriechischen und Lateinischen finden und deren Verständnis sich in den vergangenen zwei bis drei Jahrhunderten dem heutigen Gebrauch gemäß verfestigt hat. In etlichen modernen Sprachen lassen sich ähnliche Unterscheidungen ausmachen, dem Deutschen am nächsten bei den Skandinaviern: Erstens kann gemeint sein eine ethnische Großgruppe, definiert durch vermeintliche gemeinsame Abstammung, ↑Sprache und ↑Kultur; zweitens die Bewohner eines Staates bzw. dessen Bürger (↑Bürger, Bürgertum), insb. die Inhaber der ↑Souveränität in der ↑Demokratie; drittens die unterschiedlich umfassend gedachte Menge der einfachen Menschen innerhalb einer ethnischen oder staatsbürgerlichen Gesamtheit, die relativ unteren Klassen und Schichten bzw. die V.s-Massen (↑Masse) gegen die Oberen, die ↑Eliten. Die beiden erstgenannten Bedeutungen entsprechen der „↑Nation", denn es ist nie gelungen, diese vom „V." plausibel terminologisch zu trennen. Doch die soziale Dimension des Begriffs bleibt dem „V." vorbehalten. Weiter tradiert wird bis heute in jüdisch-christlicher Überlieferung das Gottes-V. bzw. das Kirchen-V. Das „katholische V." trat v. a. während des ↑Kulturkampfs der 1870er Jahre hervor.

Die Berufung auf das V. und die Benutzung des V.s-Begriffs lässt sich für das 20. Jh. über das gesamte politisch-weltanschauliche Spektrum nachweisen, mehr oder weniger emphatisch. Gerade dessen Mehrdeutigkeit, wobei das ethnische, das staatsbürgerliche und das soziale V. keine unvereinbaren Gegensätze bilden, hat zur Karriere des V.s-Begriffs beigetragen. Auch die modernen ↑Diktaturen haben sich bemüht, ihr Regime als dem V.s-Willen entstammend und ihm entspr. darzustellen.

Zu einem politischen Zentralbegriff wurde „V." im deutschsprachigen Mitteleuropa in den Jahrzehnten um 1800 durch den direkten und indirekten Einfluss der ↑Französischen Revolution. Die französischen Verfassungen von 1791 und 1793, gedanklich gestützt auf die theoretischen Schriften von Charles de Montesquieu und Jean-Jacques Rousseau, wie zuvor schon die nordamerikanischen einzelstaatlichen und Unionsverfassungen, machten das V. zum *pouvoir constituant*. Der bedeutende badische Liberale Carl von Rotteck formulierte 1818, ein V. ohne Verfassung sei „– im edlen Sinne des Wortes – gar kein Volk" (Rotteck 1841: 407). Für die europäischen Liberalen blieb dabei die Unterscheidung von Aktiv- und Passivbürgern, also ein beschränktes Wahlrecht, lange bestimmend. Das „eigentliche" V. war durch ↑Eigentum, also wirtschaftliche Selbstständigkeit und/oder ↑Bildung und die vermeintlich nur dadurch gegebene Urteilsfähigkeit charakterisiert und vom „Pöbel", den „niederen Klassen", deutlich abgehoben. Demgegenüber war das aktive V. der (radikaleren) „Demokraten" als Männerbevölkerung umfassend definiert; das Frauenwahlrecht wurde in Europa allerdings erst im späten 19. Jh. ernsthaft diskutiert.

Einen ersten Höhepunkt erreichte die Orientierung an einer idealisierten Vorstellung vom V., namentlich vom deutschen V., in den antinapoleonischen Gruppenbildungen nach 1806, wo „Nation" teilweise zu romanisch klang, und in den Befreiungskriegen 1813–15, v. a. in den Freiwilligen-Einheiten. Dabei hatte die in xenophober Reaktion auf die französische Hegemonie erfolgte Aufwertung, ja Verherrlichung des deutschen V.es bei den Sprechern der noch kleinen Nationalbewegung wie Johann Gottlieb Fichte, Ernst Moritz Arndt, Friedrich Ludwig Jahn u. a. eine obrigkeitsfeindliche und egalitäre Tendenz. Verstanden wurde das V. als eine sich in Sprache, Kultur und Wesensart ausdrückende organische Einheit. Nur durch das ethnisch-nationale V. als Mittler zwischen den Einzelnen und der Menschheit könnten universelle Zwecke verfolgt werden. Dabei konnte auf die volks- und völkerkundlichen Arbeiten des Theologen, Philologen und Philosophen Johann Gottfried Herder zurückgegriffen werden, der dem jeweiligen „V.s-Geist" Eigenwert und göttlichen Ursprung attestiert hatte.

Anders als beim konservativen Flügel der ↑politischen Romantik und bei der ↑Historischen Rechtsschule hatte die Überzeugung, dass die staatliche Verfassung dem spezifischen Charakter des jeweiligen V.es gemäß sein müsse, bei den erwähnten Volkstümlern tendenziell demokratische Konsequenzen statt gegenreformerische. E. M. Arndt ging 1815 z. B. so weit, die Legitimität der fürstlichen Existenz von dem gerechten Handeln des Herrschers abhängig zu machen. Dieser hätte als „Diener und Beamter des Volkes" (Arndt 1815: 192) zu fungieren. Die meist föderativ und konstitutionell-monarchisch gedachte Einheit Deutschlands blieb allerdings in dieser Phase i. d. R. noch ein vage formuliertes Ziel.

In der Enttäuschung über die Ergebnisse des Wiener Kongresses geriet das Volkstumsdenken rasch in einen offenen Gegensatz zum politisch-gesellschaftlichen Status quo, während Franzosen- und (kulturelle) Judenfeindschaft in der Nationalbewegung einige Jahrzehnte zurücktraten. In den 1830er und 1840er Jahren entwickelte sich vielmehr eine Art Internationalismus der europäischen National- und Emanzipationsbewegungen (↑Emanzipation): die Völker (V.er) gemeinsam gegen die Mächte des Alten, eine Vision, die sich mit dem Ausbruch der Revolution von 1848/49 schnell als zu optimistisch herausstellte. So schloss sich die große Mehrheit der Abgeordneten der Deutschen Nationalversammlung in Frankfurt in der Frage des Umgangs mit der polnischen V.s-Gruppe in der preußischen Provinz Posen (dort in der Mehrheit befindlich) der Devise des „gesunden Volksegoismus" (Sten. Ber. NV 1848, Bd. 2: 1145) (so der Abgeordnete Wilhelm Jordan am 24.7.1848) an.

Typisch für das V.s- und Nationsverständnis, wie es sich im frühen 19. Jh. herauskristallisierte, war, nicht nur in Deutschland, dessen Rückprojizierung in eine idealisierte Vergangenheit, teilweise bis in die germanische Vorzeit. Hier meinte man spezifische Tugenden und gesellschaftliche Leitbilder für die Gegenwart zu finden. Tatsächlich war ein „deutsches V." – auch begrifflich – erst sekundär aus den *gentes* des ostfränkischen bzw. römisch-deutschen Reiches des Mittelalters entstanden, die ihrerseits aus adeligen Herrschaftsverbänden hervorgegangen waren (↑Deutsche Geschichte). Die Entstehung von V. und Nation im modernen Sinn setzte den Zerfall der Feudalgesellschaft und der Ständeordnung voraus, die Herausbildung einer bürgerlichen Gesellschaft, zunächst im Gehäuse Alteuropas, namentlich einer überregionalen Kommunikation und hochsprachlichen Vereinheitlichung.

So wie die staatliche Zersplitterung im Deutschen Bund von 1815, wenngleich weniger anachronistisch als im Alten Reich, bis in die 1860er Jahre institutionalisiert war, sprach man – neben und teilweise vor dem deutschen V. als einer einheitlichen Größe – im Plural von den V.ern der deutschen Einzelstaaten, eine Benennung, die im Hinblick auf die (kon-)föderative Tradition Deutschlands im Zweiten Kaiserreich erst langsam an Bedeutung einbüßte und sogar bis nach dem Ende des Zweiten Weltkriegs überdauerte, wo der Staatsqualität der neu geschaffenen Länder, wenn auch nicht unbedingt explizit, ein politisches V. entsprechen musste, so z. B. in der Präambel der RPVerf vom 18.5.1947.

Das deutsche V. blieb nicht nur in der RV von 1871, wo es in der Präambel nur indirekt auftauchte, marginal, sondern trat auch in der nicht verwirklichten Paulskirchenverfassung von 1849 wenig hervor: Die gesamtdeutsche Staatsbürgerschaft war dort definiert durch die Zugehörigkeit zu einem Einzelstaat, die Parlamentarier waren „Abgeordnete des deutschen Volkes" (§ 93 Paulskirchenverfassung). Dabei markierte die Entscheidung der Frankfurter Nationalversammlung für die preußische Spitze ebenso wie später das Resultat der Bismarckschen Einigungskriege unübersehbar den Unterschied des staatsbürgerlichen, nationale ↑Minderheiten einschließenden, und des ethnischen V.es, zu welchem Mio. Deutsche in der Donaumonarchie gehörten.

Insgesamt gilt jedoch das ganze 19. Jh. über, dass, wer in seinem Namen das V. hervorhob – von den V.s-Gesellschaften der deutschen Jakobiner in den 1790er Jahren bis zur antipreußisch-demokratischen V.s-Partei in Südwestdeutschland seit den 1860er Jahren –, eher auf dem linken Flügel des Spektrums, in Opposition zu den Herrschenden und zum Großbesitz stand. Es lag für die sich seit 1863 separat konstituierende Sozialdemokratie deshalb nahe, an den Wortgebrauch der vorsozialistischen Demokraten anknüpfend, das V., neben der Arbeiterklasse und gewissermaßen auf einer anderen Ebene der Wahrnehmung, weiterhin anzurufen, wie es auch außerhalb Deutschlands der Fall war. Das drückte sich etwa im Namen einer großen Zahl von Parteizeitungen („V.s-Zeitung", „V.s-Wacht", „V.s.-Freund" u. a.) aus. 1921 benannte die noch nicht wiedervereinigte Mehrheits-SPD (↑SPD) das „arbeitende Volk in Stadt und Land" in ihrem Görlitzer Programm als ihre Bezugsgruppe. Damit war offenkundig das soziale V. gemeint, nicht die „V.s-Partei" späterer Jahrzehnte als *catch-all-party*.

Herausragenden Stellenwert erhielt – parteiübergreifend – der deutsche V.s-Begriff mit dem Ersten Weltkrieg. Sowohl die Verfechter einer liberal-demokratischen Weiterentwicklung des monarchischen ↑Konstitutionalismus durch Parlamentarisierung – Hugo Preuß 1915: „Identität von Volk und Staat" (Preuß 1915: 168) – als auch die Befürworter eines autoritären, plebiszitär gestützten Regimes neuen Typs beriefen sich auf das V. Die terminologische Entgegensetzung von „V.s-Staat" und „V.s-Gemeinschaft" trifft den Unterschied nur in der Tendenz, da in der Folgezeit auch Vertreter der Mittelparteien und sogar Sozialdemokraten gelegentlich in einem demokratischen Sinn bzw. mit einer sozialen Akzentuierung von der „V.s-Gemeinschaft" und Gegner der Republik vom „V.s-Staat" sprachen.

Die Weimarer Demokratie leitete ihre ↑Legitimität laut ↑Verfassung allein von der Souveränität des V.es (↑Volkssouveränität) ab, und auch diejenigen politischen Kräfte, die eine Parlamentarisierung der Regierungsweise vordem abgelehnt oder lange gezögert hatten, den Verfassungswandel aktiv zu betreiben, legten nun Wert darauf, sich in ihrem Namen auf das V. zu beziehen: Nationalliberale gründeten eine „Deutsche V.s-Partei", Konservative eine „Deutschnationale V.s-Partei", welch letztere auf der Ebene der Wahlen hauptsächlich die rechte Opposition gegen „das System" verkörperte, bis diese Funktion ab 1929/30 v. a. von der NSDAP übernommen wurde.

Auch das V. der Republikaner war muttersprachlich-kulturell konnotiert, schloss aber wie selbstverständlich die jüdischen Deutschen und nationale Minderheiten als gleichberechtigte und gleichrangige Staatsbürger ein, während die Vertreter des intellektuellen Rechtsradikalismus die Juden aus dem deutschen V. entweder explizit oder implizit ausschlossen. Das V. war ihnen eine natürliche, unaufhebbare und somit, anders als ↑Staat und ↑Gesellschaft, überhistorische Gemeinschaft, ein Organismus höchster Ordnung. Diese Vorstellung war i. d. R. verbunden mit der Ablehnung der repräsentativen Demokratie als Staats- und Regierungsform; der V.s-Wille sei nicht durch Abstimmungen empirisch zu ermitteln, sondern ergebe sich aus der „Wesensart“ des V.es, eben dem Volkstum.

Dieses V.s-Verständnis der antidemokratischen Rechten hatte verschiedene Wurzeln: Neben der Herausbildung einer radikalnationalistischen und sozialdarwinistisch-imperialistischen Strömung (↑Sozialdarwinismus), wie sie in den einschlägigen Agitationsvereinen, v. a. im *Alldeutschen Verband*, gegen Ende des 19. Jh. Gestalt annahm, und dem stark von der Entwicklung in Österreich angeregten modernen ↑Antisemitismus seit den 1880er Jahren spielten die Begründung der wissenschaftlichen ↑Volkskunde durch Wilhelm Heinrich Riehl mit ihrer Hochschätzung des mit dem Boden verbundenen Bauerntums sowie die antiliberale ↑Kulturkritik von Autoren wie Paul de Lagarde und Julius Langbehn mit ihren spirituellen, teilweise religiösen Anklängen eine prägende Rolle, namentlich für die bürgerliche Jugendbewegung.

Auch wenn die NSDAP stets in Distanz zu den altvölkischen Zirkeln geblieben war, wurden Grundelemente der „völkisch-organischen Weltanschauung“ ab 1933 zur staatsoffiziellen Lehre; es ging laut Joseph Goebbels (Völkischer Beobachter vom 17.11.1933) um die „Volkwerdung der deutschen Nation“. Das nationalsozialistische Leitbild zielte auf die Geschlossenheit der entindividualisierten, hierarchisierten und führerstaatlich verfassten „V.s-Gemeinschaft“, aus der nicht nur Juden, sondern auch „Schlechtgesinnte“ und „Gemeinschaftsfremde“ (Asoziale) eliminiert werden sollten.

Das konzeptionelle Problem bestand in dem Verhältnis von V. und „Rasse“ (↑Rassismus), denn die wissenschaftlichen Vertreter des nordizistischen Gedankens wie Hans Friedrich Karl Günther meinten nachweisen zu können, dass sich das empirisch vorhandene deutsche V. neben dem nordischen und dem annähernd gleichrangigen fälischen Typus auch aus anderen Rassebestandteilen zusammensetzte; allenfalls könne von einer Dominanz des nordischen Blutsanteils ausgegangen werden. In der Konsequenz konnte das bedeuten, dass auch das ethnisch deutsche V. zum Gegenstand biopolitischer Umgestaltung (↑Biopolitik) geworden wäre, wofür mit den namentlich von Heinrich Himmler in Gang gesetzten bzw. befürworteten „Umvolkungs-“ und „Aufnordungs“maßnahmen die Methoden bereitstanden.

Mit dem Ende des „Dritten Reiches“ war die Konjunktur des V.s-Begriffs keineswegs beendet, weder in der Publizistik und im Alltagsleben (vom „V.s-Wagen“ bis zur „V.s-Partei“) noch auf den semantischen Feldern der ↑Politik und des ↑Staatsrechts, und das gilt für beide deutsche Staaten. In den Westzonen bzw. in der BRD wurde weitgehend an das tradierte Verständnis des V.es angeknüpft. Die deutsche Staatsbürgerschaft (↑Staatsangehörigkeit) wurde bis 1999 fast ausschließlich durch Abstammung von den Eltern erworben. Bei der Regelung des Vertriebenenstatus der Deutschstämmigen von außerhalb der Grenzen von 1937 griff man in Ermangelung anderer Kriterien 1961 sogar auf die „Deutsche V.s-Liste“ der NS-Zeit zurück. Das (Gesamt-)„Deutsche V.“ war die staatsrechtlich wesentliche Größe, auch wenn laut Präambel des ↑GG (idF vom 23.5.1949) das westdeutsche Teil-V. seine Staatsgründung stellvertretend und provisorisch für diejenigen Deutschen mitvollzog, denen „mitzuwirken versagt war“. In den offiziellen Äußerungen der zentralen Verfassungseinrichtungen blieb die Orientierung auf das gesamtdeutsche V. als den „eigentlichen Souverän“ (Willy Brandt anlässlich des Treffens mit dem DDR-Ministerpräsidenten Willi Stoph am 21.5.1970 in Kassel) bis 1989/90 unangefochten, auch als mit dem Regierungswechsel von 1969 die DDR als zweiter Staat deutscher Nation anerkannt und der Alleinvertretungsanspruch der BRD für Deutschland nach außen aufgegeben wurde. Das Urteil des ↑BVerfG von 1973 zum Grundlagenvertrag mit der DDR befestigte diese Position noch einmal staatsoffiziell.

Andererseits wurde die Berufung auf das (deutsche) V. als Bezugsgröße schon seit den 1960er Jahren seltener und weniger selbstverständlich, mehr noch als bei dem von der sozial-liberalen Regierung zwischenzeitlich aufgewerteten Begriff der Nation. Diese wurde indessen zunehmend, gewissermaßen entpolitisiert, nur noch als Kulturnation bzw. Bewusstseinsnation verstanden.

Ganz ähnlich wie die SPD 1921 adressierte die KPD bei ihrer Wiederzulassung in der SBZ und Berlin am 11.6.1945 den Aufruf an das „schaffende Volk in Stadt und Land“. Damit konnte die Partei an die ausgedehnte Benutzung des V.s-Terminus in den Parteien der *Kommunistischen Internationale* seit 1934/35 unter der Parole der „V.s-Front“, später, in den „V.s-Demokratien“ des sowjetischen Einflussbereichs nach dem Zweiten Weltkrieg ausgeweitet zur „Nationalen Front“, anknüpfen. Die V.s-Front-Parole zielte auf die Erweiterung eines kommunistisch-sozialdemokratischen Bündnisses („proletarische Einheitsfront“) in die agrarischen, kleinbürgerlichen und akademischen Zwischenschichten einschließlich deren parteipolitischer Vertretungen, so etwa der Radikalen Partei in Frankreich. Auch im deutschen Exil (*V.s-Frontausschuss* in Paris) und im innerdeutschen ↑Widerstand (Gruppe *Deutsche V.s-Front*) wurde die Bezeichnung aufgegriffen, um eine linksorientierte, aber über die frühere sozialistische ↑Arbeiterbewegung hinausreichende Bündniskonstellation zu markieren.

Die diversen Anrufungen des sozialen V.es im linken politischen Spektrum während der ersten zwei Drittel des 20. Jh. enthielten, bewusst oder unbewusst, zumeist durchaus auch Anklänge an das staatsbürgerliche und das lange davon nicht klar geschiedene ethnische V.

Das gilt für die Sozialdemokratie und noch prononcierter für die KPD/SED, wo das deutsche V. am Ende des Zweiten Weltkriegs zunächst als Haftungsgemeinschaft, dann, beim offenen Ausbruch des ↑Ost-West-Konflikts, als nationale Widerstandsgemeinschaft (gegen die „imperialistischen Besatzungsmächte" im Westen und die Bonner Parteien), jedenfalls als Schicksalsgemeinschaft in Stellung gebracht wurde. Die DDR-V.s-Kammer ging aus einem „Deutschen V.s-Rat" hervor, dem Organ einer gesamtdeutsch angelegten „V.s-Kongress"-Bewegung; und geographisch war die ostdeutsche Staatsgründung nicht auf die Sowjetzone und den Sowjetsektor Berlins begrenzt; die DDR-Verfassung hatte sich 1949 laut Präambel „das deutsche Volk" schlechthin gegeben.

Auch die spätere östliche Zwei-Staaten-Lehre brach noch nicht mit der Vorstellung von einer einzigen deutschen Nation mit dem einen deutschen V., das dereinst unter der Roten Fahne seine staatliche Einheit wiedererlangen werde (in diesem Sinne die Präambel der zweiten DDR-Verfassung vom 9.4.1968). Erst in Abwehr der Neuen Ostpolitik der SPD/FDP-Regierung seit Herbst 1969 wurde das „V. der DDR" als ein national eigenständiges definiert. Auf dem Boden der DDR sei eine neue, sozialistische deutsche Nation entstanden, während in Gestalt der BRD die alte bürgerliche Rest-Nation weiterexistiere.

Das einst unbestimmte soziale V. wurde vom „Philosophischen Wörterbuch" gemäß der Theorie des Staatsmonopolistischen Kapitalismus „politisch-soziologisch" (Klaus/Buhr 1976: 1269) definiert als die Gesamtheit aller Klassen und Schichten, die objektiv am gesellschaftlichen Fortschritt interessiert seien, also die übergroße Mehrheit der Bevölkerung, im Kapitalismus ausgenommen nur die „kleine Gruppe der Monopolbourgeoisie" (ebd.) („Kategorie der Volksfeinde" [ebd.]). Mit dem Sieg der sozialistischen Produktionsverhältnisse werde das V. dann identisch mit der Gesamteinwohnerschaft des Staates.

Als am Ende der 1980er Jahre offenkundig wurde, dass das erziehungsdiktatorische Projekt eines „Sozialismus in den Farben der DDR" (Spittmann 1989) im Kontext der Existenzkrise des gesamten Ostblocksystems gescheitert war, gewann die Anrufung des V.es eine unerwartete Aktualität: In einer friedlichen demokratischen Revolution gegen die Alleinherrschaft der SED-Führung forderte das Teil-V. der DDR seine politische ↑Souveränität ein. Verbunden mit dieser staatsbürgerlichen Bedeutungsebene trat in der Erhebung gegen die Machtelite auch das soziale V. (die V.s-Massen) unverkennbar hervor. Die Parole „Wir sind das Volk!" formulierte den Unten-Oben-Antagonismus in – vermutlich unbewusster – Aufnahme einer bereits in den Emanzipationsbewegungen des Vormärz (nicht nur in deutscher Sprache) aufgetauchten Slogans. Die quantitative und soziale Ausweitung der Demonstrationen und der zunehmende Zerfall der DDR als Staat nach der Öffnung der Mauer am 9./10.11.1989 machten die Menschen dann empfänglich auch für die Politisierung der ethnisch-kulturellen Dimension des V.s-Terminus: „Wir sind *ein* Volk!" Das Ergebnis der V.s-Kammerwahl vom 18.3.1990 mit dem Sieg der Allianz für Deutschland leitete faktisch den Beitritt der DDR zur BRD ein (↑Deutsche Einheit). Deren Teil-V. war an dem folgenden Prozess nur indirekt beteiligt.

In den Jahrzehnten seitdem ist das Konzept „V." zunehmend infrage gestellt worden: durch den Globalisierungsprozess (↑Globalisierung) einschließlich der Massenzuwanderung in die Staaten Europas und Nordamerikas, durch die – nicht nur dadurch bewirkten – kulturellen Diversifizierungstendenzen (↑Diversität) und die anhaltende Individualisierung namentlich der westlichen Gesellschaften, auch durch die Entstehung von Elementen einer europäischen Staatlichkeit und eines europäischen Demos (↑Europäischer Integrationsprozess). Alle diese Vorgänge befördern die – sei es reflektierte, sei es affektive – Zurückweisung, jedenfalls Relativierung von tradierten Gemeinschaftsvorstellungen. Es ist jedoch unübersehbar, dass damit zugl. ein Demokratieproblem aufgeworfen wird. Denn offenbar benötigt auch der moderne demokratische Staat, der auf Inklusion (↑Inklusion, Exklusion) angelegt ist, ein Mindestmaß an „sozialer" (i. S. v. Hermann Heller) und kultureller Homogenität.

Insofern drückt der Appell rechtspopulistischer Gruppierungen an „das V." nicht nur einen anachronistischen Ethnizismus aus, sondern thematisiert, unabhängig von der konkreten Programmatik, zugl. auch das politische und das soziale V. in seiner vermeintlichen Ohnmacht gegenüber den Eliten und, allg. gesprochen, ein Bedürfnis nach Gemeinschaft gerade angesichts der atomisierenden Tendenzen der modernen Gesellschaft. Und selbst die kosmopolitischen Protestbewegungen des frühen 21. Jh. scheinen nicht ohne eine Art V.s-Begriff auszukommen, so die sich von den USA nach Europa bzw. Deutschland ausbreitende *Occupy*-Bewegung. Diese berief sich mit ihrer Parole „We the People" auf die klassische Formulierung in der Verfassung der USA.

Literatur

P. Brandt: Volk, in: A. Hand u. a. (Hg.): Schlüsselbegriffe der Philosophie des 19. Jahrhunderts, 2015, 395–433 (Lit.) • R. Grawert: Staatsvolk und Staatsangehörigkeit, in: HStR, Bd. 2, [3]2004, 107–142 • H.-W. Bartz: Volk, in: ders./ J. Grimm/W. Grimm (Hg.): Deutsches Wörterbuch, Bd. 26, 2001, 453–472 • P. Brandt: Volk, in: HWPh, Bd. 11, 2001, 1080–1090 (Lit.) • S. Breuer: Ordnungen der Ungleichheit. Die deutsche Rechte im Widerstreit ihrer Ideen 1871–1945, 2001 • A. von Bormann (Hg.): Volk – Nation – Europa. Zur Romantisierung und Entromantisierung politischer Begriffe, 1998 • U. Herrmann (Hg.): Volk – Nation – Vaterland, 1996 • H. Berding (Hg.): Nationales Bewusstsein und kollektive Identität. Studien zur Entwicklung des kollektiven Bewusstseins in der Neuzeit 2, 1994 • H. Schulze: Staat und Nation in der europäischen Geschichte, 1994 • R. Koselleck u. a.: Volk, Nation, Nationalismus, Masse, in: GGB, Bd. 7, 1992,

141–431 • B. Giesen (Hg.): Nationale und kulturelle Identität. Studien zur Entwicklung des kollektiven Bewusstseins in der Neuzeit, 1991 • I. Spittmann: Sozialismus in den Farben der DDR, in: Deutschland Archiv 22/3 (1989), 241–244 • G. Fritz: L'idée de peuple en France du XVIIe du XIXe siècle, 1988 • B. Rindermann u. a. (Hg.): Politisch-sozialer Wortschatz im 19. Jahrhundert, 1986 • T. Nairn u. a. (Hg.): Sozialismus und Nationalismus, 1978 • M. Rehnberg: Folk. Kaleidoskopiska anteckningar kring ett ord, dess innebörd och användning under skilda tider, 1977 • G. Klaus/M. Buhr: Volk, in: dies. (Hg.): Philosophisches Wörterbuch, Bd. 2, [12]1976, 1269–1270 • E. K. Francis: Ethnos und Demos. Soziologische Beiträge zur Volkstheorie, 1965 • H. Preuß: Das deutsche Volk und die Politik, 1915 • C. von Rotteck: Ein Wort über Landstände, in: ders.: Gesammelte und nachgelassene Schriften, Bd. 2, 1841, 405–427 • E. M. Arndt: Über Preußens Rheinische Mark und über Bundesfestungen, 1815.

PETER BRANDT

Völkerbund

Der am 10.1.1920 offiziell ins Leben getretene V. war eine frühe Staatenorganisation und Vorgänger der ↑Vereinten Nationen, nach deren Gründung er sich am 19.4.1946 freiwillig auflöste. Als Idee blickte der im V. angestrebte Zusammenschluss aller Nationen auf verschiedene Wurzeln zurück, die bis zur Philosophie der ↑Aufklärung und hier bes. Immanuel Kant reichen, von dem auch die Wortschöpfung eines V.s als Gemeinschaft aller (republikanischen) Staaten (↑Republikanismus) stammte. Im 19. Jh. waren erste ↑internationale Organisationen zunächst für Technik-, Verkehrs- oder Wirtschaftsfragen begründet worden, bevor mit dem Ersten Weltkrieg die Forderung nach einem universalen, auch politische Fragen von ↑Krieg und ↑Frieden regulierenden ↑Staatenbund auf fruchtbaren Boden fiel. In zahlreichen Ländern wurde über einen V. als notwendige Reaktion auf die Schrecken des ↑Weltkrieges nachgedacht. Allerdings waren es auf der Pariser Friedenskonferenz von 1919/20 allein die Siegermächte, welche die am 28.4.1919 verabschiedete Satzung des V.s bestimmten und für alle Unterzeichner der ↑Friedensverträge verbindlich machten. Diese Einbettung des V.s in den Friedensschluss nach 1918 sorgte in der Folge für große Zwistigkeiten und wirkte sich auf die angestrebte Universalität stark hemmend aus. Obwohl zu den Signatarstaaten gehörend, wurde Deutschland bspw. mit Blick auf seine angenommene Verantwortung für den Kriegsausbruch die Mitgliedschaft bis 1926 verwehrt. Die USA lehnten einen Beitritt wegen vermeintlich unübersehbarer Bündnisverpflichtungen ab, auch wenn der amerikanische Präsident Woodrow Wilson zu den prominentesten Fürsprechern eines V.s gehört hatte. Andere Staaten, so 1934–40 die Sowjetunion, traten dem V. mit bestenfalls strategischem Interesse bei.

Die Satzung des V.s sah die Einrichtung mehrerer internationaler Organe am Sitz des Bundes in Genf vor:

a) die jährlich zusammentretende Bundesversammlung, an der alle Mitgliedstaaten gleichberechtigt teilnehmen konnten;
b) den V.-Rat, der aus vier bis fünf ständigen und bis zu zwölf nicht-ständigen Mitgliedern bestand, wobei dessen (moderate) exekutive Kompetenzen durch den Zwang zur einstimmigen Beschlussfassung stark relativiert wurden;
c) ein ständiges Sekretariat, dessen Personalstärke und Aufgabenfelder über die Zeit stark anwuchsen.

Daneben war der V. mit vielen internationalen Organisationen und Verbänden verknüpft; zu den wichtigsten zählen die ebenfalls 1919/20 begründete ↑*Internationale Arbeitsorganisation* (ILO), der unter Beteiligung des V.s im Jahr 1922 ins Leben gerufene IGH in Den Haag oder das 1926 in Paris etablierte *Internationale Institut für geistige Zusammenarbeit*.

Zu den primären Aufgabenfeldern des V.s gehörte die Festigung der internationalen Zusammenarbeit zum Zweck der Friedenssicherung. Der Erfolg seiner Initiativen zur unmittelbaren Kriegsverhütung, Mediation, Abrüstung usw. blieb allerdings begrenzt. Auch wenn es in den 1920er Jahren gelang, einige Konflikte zu entschärfen, zeigte sich der V. in zahlreichen Krisen, zumal wenn die Interessen der im V.-Rat vertretenen Großmächte berührt waren, wenig handlungsfähig. Eine zögerliche Haltung wie in der Mandschurei-Krise 1931 oder im Abessinien-Krieg 1935/36 begünstigte ebenso wie der Fehlschlag der Genfer Abrüstungskonferenz 1932–34 den Eindruck eines bloßen Debattierclubs ohne Durchsetzungskraft. Trotzdem führt die Annahme eines gescheiterten V.s in die Irre. V. a. um das Sekretariat entstand ein universal ausgerichtetes, weitgespanntes Netzwerk (halb-)staatlicher und privater Akteure und Organisationen, deren Spielraum in internationalen Angelegenheiten jenseits der traditionellen Diplomatie beträchtlich war. In vielen Bereichen institutionalisierte der V. erstmals nachhaltige Strukturen der zwischenstaatlichen Kooperation, so in der Bewältigung von Hunger- und Flüchtlingskrisen („Nansen-Büro"), in der Seuchenbekämpfung, Gesundheitsvorsorge oder wirtschaftlichen Zusammenarbeit. Eine bes. Bedeutung besaß der V. auch für die Dekolonisierung, da sein Mandatssystem, welches zur Verwaltung der im Ersten Weltkrieg übernommenen deutschen und osmanischen Kolonien (↑Kolonialismus) eingerichtet worden war, die nationale Eigenständigkeit dieser Territorien vorbereiten und begleiten sollte. Zwar wurde nur der Irak auf diese Weise unabhängig (1932), aber es war damit eine Entwicklung zur allg.en Selbstbestimmung und Dekolonisierung vorgezeichnet, die nach 1945 und unter Aufsicht der Vereinten Nationen unausweichlich wurde.

Literatur

S. Pedersen: The Guardians. The League of Nations and the Crisis of Empire, 2015 • P. Clavin: Securing the World Economy. The Reinvention of the League of Nations, 1920–1946,

2013 • J. Wintzer: Deutschland und der Völkerbund, 1918–1926, 2006 • F. S. Northedge: The League of Nations. Its Life and Times, 1920–1946, 1986. MARCUS M. PAYK

Völkerkunde ↑Ethnologie

Völkermord

1. Begriff

Als V. oder Genozid (*genocide*; aus *genos* [griechisch: eine durch Herkunft verbundene Gruppe] und *caedere* [lateinisch: töten]) werden Handlungen gegen Mitglieder bestimmter, bes. geschützter Gruppen bezeichnet, die in der Absicht vorgenommen werden, die Gruppe als solche ganz oder teilweise zu zerstören. Kennzeichnend für den V. ist dabei, dass das einzelne Tatopfer nicht in seiner Individualität, sondern in seiner Eigenschaft als Mitglied einer Gruppe angegriffen wird. Der völker- und strafrechtliche Begriff des V.s, wie er sich seit Ende des Zweiten Weltkrieges herausgebildet hat, ist zu unterscheiden von der alltagssprachlichen Verwendung des Terminus i. S. massenhafter Tötungen. Neuerdings flankiert wird die Auseinandersetzung mit V. unter juristischem Vorzeichen durch eine von Historikern und Sozialwissenschaftlern betriebene (vergleichende) Genozidforschung, die sich seit Ende der 1990er Jahre etabliert hat.

V. ist kein Phänomen des 20. und 21. Jh. Vielmehr hat die planmäßige und systematische Auslöschung ganzer Gruppen von Menschen die Geschichte der Menschheit seit ihren Anfängen geprägt; einen traurigen Höhepunkt bildet der Holocaust (↑Shoa) mit der Vernichtung der europäischen Juden, der Sinti und Roma und weiterer Gruppen durch die Nationalsozialisten (↑Nationalsozialismus). Hieraus ergibt sich die Schwierigkeit, teilweise lange zurückliegende Ereignisse unter den erst später geprägten juristischen Begriff des V.s zu subsumieren, wie etwa die Kontroverse um die Bezeichnung des Vernichtungsangriffs gegen die in der Türkei lebenden Armenier zu Beginn des Ersten Weltkrieges zeigt. Die Tötung zehntausender Herero und Nama in Deutsch-Südwestafrika durch deutsche Kolonialtruppen zu Beginn des 20. Jh. wurde von der BRD erstmals 2015 offiziell als V. bezeichnet.

2. Völkermordkonvention

Nachdem die Generalversammlung der ↑Vereinten Nationen unter dem Eindruck des nationalsozialistischen V.s bereits 1946 festgestellt hatte, dass V. ein „Verbrechen gemäß internationalem Recht“ (GA-Res. 96 [I]) und seine Bestrafung eine internationale Angelegenheit sei, nahm sie am 9.12.1948 einstimmig die „Konvention über die Verhütung und Bestrafung des Völkermordes“ an. Die Konvention ist am 12.1.1951 in Kraft getreten; ihr sind bislang 152 Staaten beigetreten, darunter die BRD (1955), Österreich (1958) und die Schweiz (2000); die DDR war der Konvention 1973 beigetreten.

Nach Art. II der Konvention sind V. bestimmte Handlungen, die in der Absicht begangen werden, eine nationale, ethnische, rassische oder religiöse Gruppe als solche ganz oder teilweise zu zerstören. Im Einzelnen erfasst sind Handlungen, die sich gegen die physische oder psychische Integrität von Mitgliedern der Gruppe richten (Tötung, Verursachung von schwerem körperlichen oder seelischen Schaden, Auferlegung von zerstörerischen Lebensbedingungen) oder welche die Existenz oder den biologischen Fortbestand der Gruppe betreffen (Maßnahmen zur Geburtenverhinderung); einbezogen ist darüber hinaus auch eine Form des kulturellen Genozids (gewaltsame Überführung von Kindern). Nach Art. III verpflichten sich die Vertragsstaaten dazu, neben dem V. selbst auch die Verschwörung *(conspiracy)* und die unmittelbare und öffentliche Anreizung *(incitement)* zur Begehung von V. sowie Versuch und Teilnahme zu bestrafen. Art. VI bestimmt, dass des V.s Verdächtige vor ein Gericht des Tatortstaates oder vor ein zuständiges internationales Gericht gestellt werden. Heute werden die Bestimmungen der Konvention dem zwingenden ↑Völkerrecht zugerechnet. Der ↑IGH hat sich bislang v. a. in drei Entscheidungen – 1951 *(Advisory Opinion)*, 2007 *(Bosnia and Herzegovina v Serbia and Montenegro)* und 2015 *(Croatia v Serbia)* – mit dem V. und der Auslegung der Konvention befasst; 2019 wurde ein weiteres Verfahren anhängig gemacht *(The Gambia v Myanmar)*.

3. Straftatbestand

Die Begehung von V. ist strafbar, sowohl unmittelbar nach Völkergewohnheitsrecht (↑Gewohnheitsrecht) als auch nach dem innerstaatlichen Recht vieler Staaten. Das Verbrechen des V.s ist Teil des ↑Völkerstrafrechts.

Der völkerrechtliche Straftatbestand ist in Art. 6 des Statuts des IStGH in Anlehnung an Art. II der V.-Konvention festgelegt. Der Schutzbereich des Tatbestandes ist auf nationale, ethnische, rassische und religiöse Gruppen beschränkt; nicht erfasst sind damit bspw. Angriffe, die sich gegen eine politische, soziale oder kulturelle Gruppe richten. Geschützt werden neben der ↑Menschenwürde der betroffenen Individuen die physische Existenz und – nach zutreffender, aber bestrittener Auffassung etwa des BGH – der soziale Bestand der Gruppe. Ihre tatsächliche Zerstörung ist nicht Strafbarkeitsvoraussetzung. Anders als bei den Verbrechen gegen die Menschlichkeit muss sich die Tathandlung auch nicht in eine objektive Gesamttat einfügen. Prägend für den Tatbestand des V.s sind vielmehr die (hohen) subjektiven Anforderungen (Zerstörungsabsicht i. S. zielgerichteten Handelns, str.).

1954, im Zuge des Beitritts der BRD zur V.-Konvention, wurde der Tatbestand des V.s in das ↑StGB eingefügt (§ 220a a. F.). 2002 wurde er mit geringfügigen Änderungen als § 6 in das VStGB überführt. V.-Taten werden mit lebenslanger Freiheitsstrafe bestraft; die Verjährung ist ausgeschlossen. Es gilt das Weltrechtspflegeprinzip, d.h., V. ist nach deutschem Strafrecht auch dann strafbar, wenn die Tat im Ausland begangen wurde und keinen Bezug zum Inland aufweist (§1 VStGB). Auch im österreichischen (§321 öStGB) und im schweizerischen (Art. 264 SchwStGB; ↑Strafrecht) ist der Tatbestand des V.s verankert. In der Schweiz erfasst der Tatbestand auch Taten, die sich gegen soziale und politische Gruppen richten.

4. Gerichtliche Ahndung

Im Nürnberger Hauptkriegsverbrecherprozess spielte der Tatbestand des V.s keine Rolle; der nationalsozialistische V. wurde als Kriegsverbrechen und als Verbrechen gegen die Menschlichkeit, insb. als „Ausrottung" und „Verfolgung", erfasst. Erst seit den 1990er Jahren sind internationale Gerichte – die durch den UN-Sicherheitsrat eingesetzten Strafgerichtshöfe für das ehemalige Jugoslawien (1993–2017) und Ruanda (1995–2015) – auch für die Ahndung von V.-Taten zuständig. Beide Gerichtshöfe haben in einer Reihe von Entscheidungen Wesentliches zur Präzisierung des Tatbestandes beigetragen (u.a. Akayesu, Krstić, Jelisić). Seit Errichtung des IStGH im Jahre 2000 steht ein permanentes Forum zur Ahndung von V. auf internationaler Ebene bereit.

Bei der strafrechtlichen Verfolgung des nationalsozialistischen Unrechts durch die bundesdeutsche Justiz hat der Tatbestand des V.s – wie die völkerstrafrechtlichen Tatbestände überhaupt – keine Rolle gespielt; die Aburteilung erfolgte auf Grundlage der zur Tatzeit geltenden Bestimmungen des RStGB. Praktische Bedeutung erlangte der Tatbestand des V.s erst im Zusammenhang mit der Verfolgung von Verbrechen im ehemaligen Jugoslawien und zuletzt auch des V.s in Ruanda vor deutschen Gerichten (u.a. Jorgić, Rwabukombe).

Literatur

G. Werle/F. Jeßberger: Völkerstrafrecht, [5]2020 • C. Tams/L. Berster/B. Schiffbauer (Hg.): Convention on the Prevention and Punishment of the Crime of Genocide. A Commentary, 2014 • P. Akhavan: Reducing Genocide to Law. Definition, Meaning, and the Ultimate Crime, 2012 • J. Zimmerer: Von Windhuk nach Auschwitz? Beiträge zum Verhältnis von Kolonialismus und Holocaust, 2011 • P. Gaeta (Hg.): The UN Genocide Convention, 2009 • W. A. Schabas: Genozid im Völkerrecht, 2003 • M. Lippmann: The Drafting of the 1948 Genocide Convention on the Prevention and Punishment of the Crime of Genocide, in: Boston University International Law Journal 3/1 (1985), 1–65.

FLORIAN JEẞBERGER

Völkerrecht

1. Zur Einstimmung: Eine definitorische Annäherung

Das V. ist so alt wie das Bedürfnis des Menschen – des berühmten aristotelischen *zoon politikon* –, sich in Gemeinwesen zusammenzuschließen. Seit jeher lebt die völkerrechtliche Entwicklung von und aus gruppendynamischen Prozessen politischer Gemeinschaftsbildung, die sich weder linear rekonstruieren noch mit einem universell-menschheitlichen Narrativ unterlegen lassen. Zu heterogen sind die jeweiligen Perspektiven auf das V., zu komplex und in ihrem Verlauf asymmetrisch bleibt seine Genese. Schon der Terminus als solcher ist nicht frei von Unschärfen, suggeriert er doch, die Völker seien seine maßgeblichen Subjekte, und unterschlägt damit die nach wie vor zentrale Rolle der Staaten für eine rechtlich geordnete internationale Gemeinschaft. Zurückführen lassen mag sich der Begriff auf das *ius gentium* des römischen Rechts, im 16. Jh. mit „Recht der Völker" übersetzt. In der Zeit spanischer Dominanz wurde das *ius inter gentes* gebräuchlich. Nach 1648 stand das *ius publicum Europaeum* für eine eurozentrische Perspektive der V.s-Wissenschaft, die bis heute noch Anklang in der Formel von den *civilized nations* aus Art. 38 Abs. 1 lit. c IGH-Statut findet. Das französisch geprägte V. des 18. Jh. akzentuierte den Staat respektive dessen Souveränität und lässt sich am treffendsten als „Zwischenstaaten-Recht" oder „Zwischen-Souveränitäten-Recht" deuten. Neutraler spricht die heutige V.s-Wissenschaft vom „internationalen öffentlichen Recht". Sein zentrales Thema ist die Einheit der V.s-Ordnung in einer heterogenen, multipolaren und multikulturellen Welt.

So könnte ein erster, freilich nicht unumstrittener Definitionsversuch lauten: V. ist die Summe all der Rechtsnormen, die die Rechtsbeziehungen zwischen V.s-Subjekten regeln, ohne deren internem Recht zuzugehören. Je stärker dabei in materieller Hinsicht Interessen der Völkergemeinschaft als solcher die Interessen der Nationalstaaten überlagern, umso größeres Gewicht gewinnen der Gemeinschaftsgedanke und die Kooperationsidee. Erste verfassende Strukturen (im zwingenden V., dem sog.en *ius cogens*, in den Menschenrechten und bei der kollektiven Friedensicherung) werden greifbar.

2. Entwicklungsgeschichte

2.1 Erste Staatsbildungsprozesse

Früheste Anzeichen von Staatenbildung, freilich in einem vormodernen Sinne, können bereits mit der Wende vom 4. zum 3. vorchristlichen Jahrtausend im Nildelta (Ägypten) und Zweistromland (Mesopotamien) ausgemacht werden. Diese Form der (Stadt-)Staatenbildung bedingte erste Rechtsbeziehungen zwischen geografisch definierten Einheiten. Ratio solcher Verrechtlichungsprozesse war, ohne bereits eine echte V.s-Ordnung auszuformen, die Beherrschung von ↑Raum und die Ermöglichung stabiler Handelsbeziehungen. Erste Belege für vertragsbasierte zwischenstaatliche Abmachungen liefern Urkunden über Grenzkonflikte zwischen den Stadtstaaten Lagasch und Umma im heutigen Irak (ca. 25. Jh. v.Chr.). Von einer näher konturierten „V.s-Ordnung" kann jedoch allenfalls ab Entstehung der Großmächte im Alten Orient (15.–12. Jh. v.Chr.) gesprochen werden. Wechselseitige Anerkennung als ebenbürtige Souveräne findet in dieser Epoche mit der

Anrede „Bruder“ sinnenfälligen Ausdruck. Die „Bruderschaft der Herrscher“ (Ziegler 2007: 22) formte über hellenistische und persische Vermittlungslinien von der Spätantike über das Mittelalter bis in die europäische ↑Neuzeit einen Teil des internationalen Zeremoniells und kann als sehr früher, noch weit entfernter Vorläufer des heute geltenden Prinzips der souveränen Gleichheit der Staaten (Art. 2 Nr. 1 UN-Charta) bezeichnet werden.

2.2 Völkerrechtsordnung der Antike

Im 8. Jh. v. Chr. beginnt die Zeit der großen griechischen Kolonisation, die bis ins 6. Jh. v. Chr. hineinreicht. Hier bildet sich die für die altgriechische Welt prägende Staatsform der *Polis* heraus: im Inneren autonome, nach außen souveräne Stadt- oder Gemeindestaaten. Mit der Wende vom 7. zum 6. Jh. v. Chr. war die von souveränen Poleis bestimmte altgriechische Staatenwelt so stark konsolidiert, dass man auch hier von einer echten V.s-Ordnung sprechen kann. Literarisches Zeugnis davon geben die homerischen Epen „Ilias“ und „Odyssee“. Sie bilden Krieg und Frieden – klassische V.s-Topoi – in denkbar großer Bandbreite ab. Ein Beispiel ist der in der „Ilias“ geschilderte Vertrag zwischen den Griechen und Trojanern. Feierlich geschlossen und mit „völkerrechtlichem“ Anspruch legt er fest, den Krieg durch einen alles entscheidenden Zweikampf zwischen Menelaos und Paris zu beenden. Die Entwicklung Roms vom Stadtstaat zur Vormacht im gesamten Mittelmeer-Raum hält, teilweise parallel zur griechischen Entwicklung, noch weitergehende völkerrechtsstiftende Momente vor. Im Zentrum des römischen Kriegsrechts stand der indes erst später auf diesen Begriff gebrachte „gerechte Krieg“ *(bellum iustum)*. Erstmalig wurde Krieg als Rechtsvorgang begriffen. Vorläufer des Diplomatenwesens entstehen: Die Staatspriester des Kollegiums der *Fetialen* waren die urspr.en Sprecher und Abgesandten des römischen Volkes. Sie standen unter dem Schutz der Götter und galten daher bei ihrer Amtstätigkeit als unverletzlich. Durch die Römer hat das Gesandtschaftswesen eine wichtige juristische Ausprägung erhalten: Der Grundsatz, dass fremde Gesandte in keinem Fall angetastet werden dürfen (Unverletzlichkeit), wurde in Rom zur bindenden Regel des V.s erhoben.

2.3 Mittelalter und Neuzeit

Im Mittelalter prägen personale Herrschaftsverbände, keine territorial radizierten Staaten den europäischen Kontinent. Aus dem Dualismus der beiden Universalgewalten von *Kaiser und ↑Papst* erwachsen konfliktreich-konkurrierende Weltherrschaftsaspirationen. Byzanz kennt genauso differenzierte Staatsverträge wie das lateinische ↑Abendland. Bündnisse, ↑Friedensverträge, Freundschaftsverträge und Handelsabkommen begegnen in großer Zahl. Die islamische V.s-Lehre ist vor dem Hintergrund der Entstehung des islamischen Weltreiches im 7. Jh. zu betrachten. Ihr Kennzeichen wird die untrennbare Verbindung von ↑Recht und ↑Religion. Wie im ↑Judentum sind auch im ↑Islam die „Schriftgelehrten“ zugl. Theologen und Juristen. Der Kampf gegen „Ungläubige“ war für die Muslime Glaubenskrieg und damit heiliger Krieg (↑Dschihad). Indes formuliert das islamische V. frühe Schranken der Kriegsführung. Den Glaubenskriegern war es verboten, Frauen und Kinder, Alte und Kranke sowie Mönche, die nicht am Kampf teilnahmen, zu töten. Auch die unnötige Zerstörung und Verwüstung, wie etwa das Abhauen eines Obstbaumes, bleibt untersagt. Das europäische *ius in bello* sollte sich erst viele Jahrhunderte später durchsetzen.

Die christlichen Wurzeln des westlich-europäischen V.s spielen indes eine zentrale Rolle. Den römisch-rechtlichen Gedanken des *bellum iustum* vereinnahmten die Kirchenväter wie Augustinus oder Isidor von Sevilla, auch Thomas von Aquin für die christliche Welt und verliehen ihm ein theologisches Fundament. Der Grundsatz *pacta sunt servanda* findet sich im kanonischen Recht (↑Kirchenrecht). Doch erwiesen die Konflikte zwischen Kaiser und Papst im Hochmittelalter das Konzept einer im christlichen Glauben begründeten katholischen Universalmonarchie früh als brüchig. Das eurozentrische Ideal einer *universitas Christiana* konnte den mit der Entdeckung Amerikas verbundenen neuen Wirklichkeiten nicht auf Dauer standhalten. Religiös fundierte wichen territorial bestimmten Mustern der Herrschafts- und Ordnungsbildung.

So entsteht mit dem Westfälischen Frieden (1648) der moderne Territorial- bzw. Nationalstaat. Herrschaftsorganisation geht vom Personenverband mit seinen Lehensstrukturen in ein territorial definiertes Staatsgefüge über. Zugl. mit dem modernen Staat feiert das neuzeitliche V. seine Geburt. Hugo Grotius wird oft als dessen „Vater“ apostrophiert. Europas politische Ordnung beruht nun auf souveränen, territorial abgegrenzten und formal gleichberechtigten Staaten. In diesem System hält der Souverän das ↑Gewaltmonopol. Das Prinzip der staatlichen ↑Souveränität sollte selbst weitreichende politische Umwälzungen wie die ↑Französische Revolution, die Oktoberrevolution in Russland und zwei ↑Weltkriege überstehen. Im Zeitalter des ↑Kolonialismus nahm das Souveränitätsverständnis europäischer Großmächte hegemonialen und ausbeuterischen Charakter an: Lokale politische Einheiten in den kolonialisierten Gebieten galten als minderwertig, die völkerrechtliche Rechtfertigung fand der Kolonialismus in der auf Emer de Vattel zurückgehenden Lehre vom Niemandsland, *terra nullius*. Die Überhöhung der ↑Nation im 19. Jh. und ihre Pervertierung durch den ↑Nationalismus lässt die rechtliche Neuordnung der ↑internationalen Beziehungen nicht unberührt. Den Weg für eine entspr.e Neuorientierung hatte schon der Völkerbund bereitet.

2.4 Völkerbund und Weltkriege

„Wir, die Völker der Vereinten Nationen – fest entschlossen, künftige Geschlechter vor der Geißel des

Krieges zu bewahren, die zweimal zu unseren Lebzeiten unsagbares Leid über die Menschheit gebracht hat". So untermauert die Präambel der UN-Charta von 1945 – in Anspielung auf das berühmte „We, the people" der US-Bundesverfassung – ihren Anspruch zur Neugestaltung der Nachkriegsordnung. Das heutige UN-System (↑Vereinte Nationen) ist ohne seinen historischen Vorgänger, den ↑Völkerbund, indes nicht denkbar. Geschaffen durch die Friedensverträge von 1919/20 (Pariser Vorortverträge) nahm er, der „Förderung der Zusammenarbeit unter den Nationen" und der „Gewährleistung des internationalen Friedens und der internationalen Sicherheit" (Präambel) verpflichtet, 1920 seine Arbeit auf. Erstmals wurde ein „Ständiger Internationaler Gerichtshof" in Den Haag eingerichtet, heute durch den ↑IGH am selben Ort abgelöst. Der Erfolg des Völkerbunds blieb bescheiden, zumal seine Initiatoren, die USA, ihm nie beitraten. Spätestens mit Ausbruch des Zweiten Weltkrieges war sein Mandat gänzlich hinfällig. Umso größere Wirkungsmacht entfaltete die Idee einer rechtlich geordneten Gemeinschaft von Staaten, die ihrerseits große Vorbilder kennt. Vorgezeichnet bei H. Grotius in „De iure belli ac pacis" (1625) dachte sie Immanuel Kant in seinem Traktat „Zum ewigen Frieden" (1795) idealistisch fort: „Das Völkerrecht soll auf einen Föderalismus freier Staaten gegründet sein" (Kant 1923: 354; sog.er „Zweiter Definitivartikel").

Den Erschütterungen des Ersten und Zweiten Weltkriegs begegnet die Staatengemeinschaft mit einem allg.en Verbot militärischer Gewalt, das schon im Briand-Kellog-Pakt des Jahres 1928 angelegt war, zu Völkerbundzeiten aber scheiterte. Erst im Jahre 1945 konnte dieses ↑Gewaltverbot, heute zwingendes V., in Art. 2 Nr. 4 der UN-Charta verankert werden. Auch der Friedensbegriff (↑Frieden), lange Zeit negativ auf die Abwesenheit militärischer Gewalt reduziert, wandelt sich zu einem sehr viel umfassenderen Gebot der Friedenswahrung. Der „↑Kalte Krieg" sollte manche Hoffnungen auf eine neue Weltordnung rasch dämpfen. Doch sei nicht übersehen, dass die Dekolonialisierung und der institutionalisierte Menschenrechtsschutz zu den Erfolgsgeschichten aus der zweiten Hälfte des 20. Jh. gehören. Der seit dem Fall der Mauer (1989) geweckte Optimismus auf eine fortschreitende ↑Konstitutionalisierung der internationalen Beziehungen weicht in der gegenwärtigen Krise des Multilateralismus neuer Skepsis. Neue Zugänge zum V. wie die „Post-colonial Studies" (↑Postkolonialismus) oder die „Third World Approaches to International Law" stellen eurozentrische Perspektiven auf das V. in Frage.

3. Rechtsqualität und Geltungsgrund

Die Zweifel an seiner Rechtsqualität sind so alt wie das V. selbst. Der V.s-Realismus sieht zwischenstaatliche respektive internationale Beziehungen als von Macht- und nicht von Rechtsverhältnissen bestimmt. Dem V. fehlt die für das nationale Recht typische, zumeist durch eine ↑Verfassung verbriefte zentrale Rechtssetzungsgewalt – in Demokratien das Parlament – und die mit staatlichem Hoheitsanspruch einhergehende Rechtsdurchsetzungsmacht. Es kann nicht auf den Willen eines wie auch immer gearteten Souveräns (im Absolutismus der Monarch, im demokratischen Verfassungsstaat das ↑Volk) als Geltungsgrund (↑Geltung) seiner normativen Setzungen verweisen. Ein auf nationalstaatliche Subordinationsbeziehungen verengter Rechtsbegriff griffe jedoch zu kurz. So werden für die normative Bindungskraft naturrechtliche Begründungen (↑*Naturrecht*) gegeben, in der spanischen Spätscholastik (↑Scholastik) unter Verweis auf das in Natur manifeste göttliche Gebot (Francisco de Vitoria, Francisco Suárez), im rationalistischen Naturrecht der ↑Aufklärung unter Verweis auf die Vernunftbegabung des Menschen. Einen naturrechtsskeptischen Weg gehen normativistische und positivistische Ansätze (Hans Kelsens „Grundnorm" [1934: 66], Dionisio Anzilottis Staatswillenslehre). Die Anerkennung des V.s als bindende Rechtsordnung beruht heute im Wesentlichen auf zwei Begründungssträngen: einmal dem *Konsens* zwischen den Staaten und dem *Prinzip der Gegenseitigkeit* (Reziprozität). Das Konsensprinzip bedeutet nicht, dass jeder einzelne der heute über 190 Staaten jeder einzelnen Regel des V.s ausdrücklich zugestimmt haben muss. Der Konsens bezieht sich vielmehr auf die Begründung des V.s-Systems als solchen, d. h. auf das Rechtserzeugungsverfahren und die Geltungsbegründung. Signifikanter Ausdruck des Konsenses ist die vertragliche Übereinkunft (↑*völkerrechtlicher Vertrag*). ↑Gewohnheitsrecht beruht auf langer Übung *(longa consuetudo)*, die von einer Überzeugung rechtlicher Verpflichtung *(opinio iuris)* getragen ist. Zwar erstreckt sich die Bindung auch auf Staaten, die nicht ausdrücklich an einer bestimmten Praxis beteiligt waren, doch bleibt dem *persistent objector* die Möglichkeit, sich dem Gewohnheitsrecht durch beharrliche und ausdrückliche Negation der Bindung zu entziehen. Die einzige ganz wesentliche Durchbrechung des Konsensprinzips stellt das auf wenige Grundsatznormen beschränkte zwingende V. *(ius cogens)* dar. Es kann weder durch Widerspruch seiner Bindungskraft entkleidet noch vertraglich abbedungen werden. In jüngerer Zeit stößt auch ein anthropozentrischer Ansatz auf Zustimmung, der den Menschen als schutzbedürftiges Individuum in den Mittelpunkt stellt und in ihm den Geltungsgrund des V.s erkennt.

Gegenstand dogmatischer Auseinandersetzung ist seit jeher das Verhältnis zwischen V. und nationalem Recht. An den Polen der Debatte stehen sich die Lehren des Monismus und des Dualismus gegenüber. Während der Monismus grundsätzlich von einer einheitlichen Rechtsordnung ausgeht, stehen sich laut Dualismus zwei nebeneinander existierende, grundsätzlich voneinander unabhängige Rechtsordnungen gegenüber. Der ehemals mit Nachdruck geführte Theorienstreit ist inzwischen relativiert: In der Staatenpraxis der Gegenwart sind nationale und internationale Rechtsordnungen zumindest partiell so miteinander verflochten, dass weder eine Trennung noch eine Vereinheitlichung dem tatsächlichen rechtlichen Integrationsstand gerecht werden würde.

An die Frage des Geltungsgrundes knüpft die Frage nach wirksamen Durchsetzungsmechanismen an. Die Staatengemeinschaft hat differenzierte Wege gefunden, mit der Durchsetzungsfrage umzugehen. Eine allumfassende V.s-Gerichtsbarkeit gibt es nicht. Ansätze zur Effektuierung sind dennoch vielfältig. Sie reichen von klassischen Mechanismen wie Verfahren vor internationalen Tribunalen (einschließlich der Schiedsgerichtsbarkeit) oder Monitoring bis hin zu öffentlichem „naming, blaming and shaming" (van Aaken 2013: 256). Nationale oder regionale Gerichte agieren mitunter als „Treuhänder" des V.s. Aller Geltungsskepsis zum Trotz suchen die maßgeblichen Akteure die Stabilität der internationalen Ordnung durch ein Minimum effektiver Spielregeln zu sichern. In den Worten von Louis Henkin: „Almost all nations observe almost all principles of international law and almost all of their obligations almost all of the time" (Henkin 1979: 47).

4. Rechtssubjekte und -quellen

4.1 Völkerrechtssubjekte

Als V.s-Subjekt bezeichnet man Träger von völkerrechtlichen Rechten und Pflichten, deren Verhalten unmittelbar durch V. geregelt wird. Art und Umfang der V.s-Subjektivität variieren trägerspezifisch. Unbeschränkte Subjekte des V.s sind ausschließlich die ↑Staaten. Sie, die nach wie vor wichtigsten Akteure auf internationaler Ebene, werden als „originäre" oder „geborene" V.s-Subjekte bezeichnet. Atypische V.s-Subjekte wie der ↑Heilige Stuhl, der Malteserorden und das IKRK (↑Rotes Kreuz) verdanken ihre Rechte- und Pflichtenstellung geschichtlicher Entwicklung. ↑Internationale Organisationen sind ebenfalls Subjekte des V.s. Da bei ihnen die Subjekteigenschaft stets vom Willen ihrer (staatlichen) Mitglieder abhängt, ist sie nicht „angeboren", sondern abgeleitet („gekorene V.s-Subjekte"). Im Wege einer Neukonfiguration staatlicher Souveränität durch den universellen Menschenrechtsschutz ist auch der einzelne Mensch Regelungsgegenstand – nicht nur *Objekt*, sondern in gewissen Grenzen aktives *Subjekt* – des V.s geworden. Ein signifikantes Beispiel gibt die Menschenrechtsbeschwerde nach Art. 34 EMRK. Schließlich zeigt sich die Subjektstellung in der Normierung individueller völkerstrafrechtlicher Verantwortlichkeit (↑ *Völkerstrafrecht*).

4.2 Rechtsquellen

Der Rechtsquellenbegriff adressiert den Ursprung eines Rechtssatzes. Als (formelle) Rechtsquellen gelten diejenigen Normengrundlagen, aus denen verbindliche Rechte und Pflichten der V.s-Subjekte resultieren. Neben dem Ursprung umfasst die „Rechtsquelle" auch die prozedurale Genese eines Rechtssatzes. So ist, ungeachtet seiner stabilisierenden Wirkung auf die internationalen Beziehungen, das V. selbst einem Prozess beständigen normativen Wandels unterworfen. Primäre Erzeuger des V.s sind die Staaten. Sie stützen sich dabei auf drei formelle Rechtsquellen, die in Art. 38 Abs. 1 des IGH-Statuts aufgeführt sind: völkerrechtliche Verträge, Gewohnheitsrecht und allg.e Rechtsgrundsätze. Die Entscheidungen internationaler Gerichte und die Lehrmeinungen der führenden Völkerrechtler ergänzen die formellen Rechtsquellen um eine für die Auslegung und Anwendung des V.s unverzichtbare Rechtserkenntnisquelle. Der Kanon aus Art. 38 Abs. 1 IGH-Statut ist nicht abschließend gemeint. So bestehen daneben weitere völkerrechtsrelevante Quellen, die aufgrund ihrer fehlenden unmittelbaren Bindungswirkung als *soft law* bezeichnet werden. Dazu rechnen etwa Resolutionen der UN-Generalversammlung, unverbindliche Richtlinien *(guidelines)*, *codes of conduct* und Übereinkünfte ohne konkreten Rechtsbindungswillen. Wo es an der Bereitschaft zu verbindlicher Regelung (noch) fehlt, kann *soft law* Überzeugungen und (Rechts-)Ansichten der beteiligten Akteure zum Ausdruck bringen. Zu einem späteren Zeitpunkt kann daraus einmal *hard law* erwachsen. Zudem spielt *soft law* eine Rolle bei der Auslegung verbindlichen Rechts und der Entstehung von Völkergewohnheitsrecht.

Unter den formellen V.s-Quellen kommt den völkerrechtlichen Verträgen die größte praktische Bedeutung zu. Gewiss dient vertragliche Einigung in hohem Maße den Interessen der beteiligten Parteien. V. a. multilaterale Verträge aber vermögen über die partikulare Interessenverwirklichung auch dem Interesse der (Staaten-)Gemeinschaft als solcher Rechnung zu tragen, indem sie internationale (Teil-)Rechtsordnungen schaffen (Menschenrechtsregime, Umweltregime, Welthandelsregime etc.) und so, jedenfalls segmenthaft, eine regelbasierte internationale Ordnung konstituieren. Trotz zunehmender ↑Kodifikation verbleibt dem Gewohnheitsrecht ein breitgefächertes Anwendungsfeld über den (bi- oder multilateralen) vertraglichen Konsens hinaus. Die für Entstehung und Bestand von Gewohnheitsrecht konstitutiven Merkmale wurden schon genannt: eine hinreichend lang andauernde allg.e Übung *(consentudo, Staatenpraxis)* und deren Anerkennung als Recht *(opinio iuris)*. Gefordert wird schließlich die rechtssatzmäßige Formulierbarkeit des so gewonnen Rechts. Als dritte formelle Quelle treten die ↑allg.en Rechtsgrundsätze hinzu. Es handelt sich um aus den staatlichen Rechtsordnungen durch wertenden Rechtsvergleich ermittelte, auf den überstaatlichen Bereich übertragbare Wert- und Systementscheidungen, die sich durch ihren hohen Abstraktionsgrad auszeichnen und gerade deshalb progressiver V.s-Fortbildung Vorschub leisten können. Anerkannt sind bspw. das Prinzip von Treu und Glauben (↑Treu und Glauben), das Verbot des ↑Rechtsmissbrauchs oder die Schadensersatzpflicht bei Vertragsverletzung. Darüber hinaus, auch das wurde schon angesprochen, gehen sowohl die völkerrechtliche Literatur als auch die Staatenpraxis von der Existenz zwingender V.s-Normen *(ius cogens)* aus. Unabhängig vom Konsens stehen sie nicht zur Disposition der völkerrechtlichen Akteure. Der gesicherte Bestand des *ius cogens* ist auf wenige Normen beschränkt: das Gewaltverbot, das Pirateriererbot (↑Piraterie), der ↑Völkermord als das schwerste völkerrechtliche Verbrechen, die Achtung der elementarsten Menschenrechte, das Verbot des Sklavenhandels (↑Sklaverei) sowie der rassistischen ↑Diskriminierung. Ausmaß und Grenzen dieser Verbote sind im Detail schwierig zu bestimmen. Strittig ist insb., ob das ↑Selbstbestimmungsrecht der Völker (Art. 1 Nr. 2 UN-Charta) als *ius cogens* gilt.

5. Regelungsbereiche

Seinen Regelungsbereich lässt der Begriff V., wie einleitend skizziert, nicht prima facie erkennen. Regelungsbereich und Regelungsziele des V.s hängen voneinander ab. An erster Stelle zu nennen sind die Wahrung des Friedens und der internationalen Sicherheit. V. will aber auch den Einzelnen schützen, ↑Armut bekämpfen, den freien Welthandel fördern, bestehende wirtschaftliche und ↑soziale Ungleichheit ausgleichen, *global commons* wie die Hohe See, den Meeresboden oder den Weltraum gemeinsam verwalten, seinen Beitrag zu Umwelt- und Klimaschutz leisten, für nachhaltige Entwicklung eintreten etc. Mit den globalen Herausforderungen sind die völkerrechtlichen Regelungsbereiche kontinuierlich gewachsen. Von den Ursprüngen des V.s her rühren noch immer seine Regeln über diplomatische und konsularische Beziehungen. Das *ius ad bellum* hat sich indes stärker zu einem *ius contra bellum* gewandelt. Sein Dreh- und Angelpunkt ist das Gewaltverbot aus Art. 2 Nr. 4 UN-Charta, relativierbar (allein) durch Maßnahmen des UN-Sicherheitsrates nach Art. 39 UN-Charta oder das Selbstverteidigungsrecht aus Art. 51 UN-Charta. Der NPT soll sicherstellen, dass Nuklearwaffen (↑ABC-Waffen) über die sog.en Atommächte hinaus keine Weiterverbreitung finden. Im (internationalen) bewaffneten Konflikt (↑Krieg) gilt das historisch gewachsene und heute auch kodifizierte humanitäre V. *(ius in bello)*. Ein weiteres zentrales Regelungsgebiet des V.s ist das Recht der Internationalen Organisationen. Es entspringt den internationalen Verwaltungskommissionen und Friedenskongressen des 19. Jh. V.a. die Unrechtserfahrungen mit totalitären Regimen (↑Totalitarismus) haben die Menschenrechtsfrage virulent gemacht und zur Etablierung universell- bzw. regionalvölkerrechtlicher Menschenrechtsregime beigetragen (↑Menschenrechte). Das Wirtschafts-V. umfasst das Recht des Welthandels, den Investitionsschutz, den Währungs- und Finanzverkehr etc. Mit der immer weitergehenderen Ausdifferenzierung des V.s (von der Rechtsstellung Geflüchteter bis zum Recht der Wanderarbeitnehmer, vom allg.en Umwelt- bis zum spezifischen Klimaschutz, vom Freihandel bis zum Entwicklungs-V.) verbunden sind notwendig bereichsspezifische Besonderheiten. Will es nicht in fragmentierte Teilordnungen zersplittern, die ihrer eigenen Sachlogik folgen, bedarf es einer V.s-Ordnung, die sich durch Einheitlichkeit, Widerspruchsfreiheit sowie Geschlossenheit auszeichnet und an der Idee einer übergreifenden *international rule of law* orientiert.

6. Zur Zukunft: Global Governance und Konstitutionalisierung

Um die dynamische Entwicklung des V.s zu beschreiben, sind manch neue Sprachbilder entstanden. Wer von „Weltrecht" (Emmerich-Fritsche 2007) statt von V., von *global law*, „Transnational law" (Jessup 1956) statt *public international law* oder mit Emphase von einem „Common law of all Mankind" (Jenks 1958) respektive Menschheitsrecht spricht, weiß, dass die immer stärker fortschreitende ↑Globalisierung mehr oder weniger aller Lebensbereiche in der überkommenen Textur des staatlichen bzw. internationalen Rechts keinen hinreichenden Rückhalt mehr findet. Wer indes glaubt, allein mit neuer Semantik einer neu zu beschreibenden und immer neu zu erklärenden Welt zugl. ein neues normatives Gewand zu geben, der irrt. Dazu bedarf es vielmehr konkreter und v.a. wirklichkeitsbezogener Anstrengungen. Eine mit Gewaltmonopol und ↑Legitimität ausgestattete zentrale Weltregierung existiert nicht – jedoch kann von einem System globalen Regierens gesprochen werden, das die Politikwissenschaft und ihr folgend die V.s-Wissenschaft als *Global Governance* (↑Governance) bezeichnet. Dieser nicht ganz konturscharfe Terminus verweist auf die Gesamtheit der kollektiven Regelungen, die auf globale Problemlagen oder Sachverhalte reagieren. Neben dem zu regelnden Inhalt umfasst sind auch die ↑Normen, die den Prozess beschreiben, mit dessen Hilfe eine Regelung zustande kommt und durchgesetzt wird. Globales Regieren wirft dabei Legitimationsfragen auf, denen die (V.s-)Wissenschaft mit Gedanken zu Konstitutionalisierung zu antworten versucht. Dekonstitutionalisierende Kräfte wirken dem entgegen. Dennoch gilt es „Modellvorstellungen für ein institutionelles Arrangement [zu] entwickeln, das neuen Formen des Regierens in entgrenzten Räumen eine demokratische Legitimation sichern kann" (Habermas 2008: 9).

7. Eine abschließende Bemerkung zum Verhältnis von Völkerrecht und deutschem Recht

Das ↑GG weist dem V. eine grundlegende und mitgestaltende Rolle im deutschen Verfassungssystem zu. Die V.s-Freundlichkeit des GG, vom ↑BVerfG immer wieder postuliert, folgt schon aus dem Präambeltext: „in einem vereinten Europa dem Frieden der Welt zu dienen". Art. 25 Abs. 1 GG macht die allg.en Regeln des V.s – dazu rechnen das Völkergewohnheitsrecht und die allg.en Rechtsgrundsätze – zu Bestandteilen des Bundesrechts. Ihnen wird ein bes.r Rang zwischen dem Verfassungsrecht und dem einfachen Bundesrecht zugewiesen (Übergesetzesrang). Völkerrechtliche Verträge müssen nach Art. 59 Abs. 2 S. 1 in innerstaatliches Recht umgesetzt werden und erhalten damit den Rang eines einfachen Bundesgesetzes. Bloße Verwaltungsabkommen (Art. 59 Abs. 2 S. 2) können ohne Bundestagsbeteiligung selbständig von der Exekutive abgeschlossen werden. Für das Recht der EU (↑Europarecht), das eine Teilordnung des Völkerrechts formt (ECLI:EU:C:1963:1 [25] – van Gend & Loos), hält Art. 23 GG Sonderregelungen vor.

Literatur

A. von Arnauld: Völkerrecht, [4]2019 • K. Ipsen: Völkerrecht, [7]2018 • M. Krajewski: Völkerrecht, 2017 • T. Stein/C. von Buttlar/M. Kotzur: Völkerrecht, [14]2017 • W. Graf Vitzthum/A. Proelß (Hg.): Völkerrecht, [7]2016 • M. Kotzur: Der Rechtsstaat im Völkerrecht, in: M. Breuer u. a. (Hg.): Der Staat im Recht, 2013, 797–810 • A. van Aaken: Die vielen Wege zur Effektuierung des Völkerrechts, in: RW 4/3 (2013), 227–262 • R. Wolfrum: Sources of International Law, in: R. Wolfrum (Hg.): MPEPIL, 2011 • J. Habermas: Konstitutionalisierung des Völkerrechts und die Legitimationsprobleme einer verfassten Weltgesellschaft, in: W. Brugger u. a. (Hg.): Rechtsphilosophie im 21. Jahrhundert, 2008, 360–379 • K.-H. Ziegler: Völkerrechtsgeschichte, [2]2007 • A. Emmerich-Fritsche: Vom Völkerrecht zum Weltrecht, 2006 • P. Häberle: Nationales Verfassungsrecht, regionale „Staatenverbünde" und das Völkerrecht als universales Menschheitsrecht. Konvergenzen und Divergenzen, in: C. Gaitanides/S. Kadelbach (Hg.): Europa und seine Verfassung, 2005, 80–91 • R. Grote: Die Religionsfreiheit im Spiegel völkervertraglicher Vereinbarungen zur politischen und territorialen Neuordnung, in: ders./T. Marauhn (Hg.): Religionsfreiheit zwischen individueller Selbstbestimmung, Minderheitenschutz und Staatskirchenrecht, 2001, 3–52 • A. Verdross/B. Simma: Universelles Völkerrecht, [3]1984 • L. Henkin: How Nations Behave, 1979 • W. C. Jenks: The Common Law of Mankind, 1958 • P. C. Jessup: Transnational Law, 1956 • A. Verdross: Die Wertgrundlagen des Völkerrechts, in: AVR Bd. 4/2 (1953), 129–139 • H. Kelsen: Reine Rechtslehre, 1934 • I. Kant: Zum ewigen Frieden, in: AA, Bd. 8, 1923, 341–386 • H. Grotius: De iure belli ac pacis, 1625.

MARKUS KOTZUR

Völkerrechtliche Verträge

Auch wenn Art. 38 Abs. 1 IGH-Statut alle formellen Quellen des ↑Völkerrechts einander gleichordnet, stellen in der Völkerrechtspraxis v. V. nach Art. 38 Abs. 1 lit. a IGH-Statut die mit Abstand bedeutendste unter diesen Quellen dar. Sie bilden zugl. das wichtigste Instrument internationaler Rechtssetzung. Ihre genaue Anzahl ist unbekannt. Beim Sekretariat der ↑UNO sind allein 560 multilaterale Verträge hinterlegt, die auch in den „UN Treaty Series" online publiziert worden sind. Den größten Anteil machen bilaterale Verträge aus. Insgesamt sind nach Angaben der UNO mehr als 158 000 v. V. auf Grundlage von Art. 102 UN-Charta beim Sekretariat der UNO hinterlegt. Die Zahl dürfte mittlerweile noch deutlich größer sein, ganz abgesehen davon, dass längst nicht alle Verträge hinterlegt werden und eine empirisch gesicherte Bestandsaufnahme deshalb unmöglich ist. Eine Tendenz aber steht fest: Mit der Ausdehnung völkerrechtlicher Regelungsbereiche im 20. Jh. hat auch die Zahl v.r V. rapide zugenommen. Hinzu kommt die wachsende Zahl vertragsschlussfähiger Völkerrechtssubjekte, da neben den Staaten immer stärker auch ↑internationale Organisationen unmittelbar an der Völkerrechtsetzung teilnehmen.

1. Eine Vorfrage: Die souveräne Gleichheit der Staaten als Voraussetzung und Bedingung des Völkervertragsrechts

(Gedanklicher) Ausgangspunkt eines jeden – zwischen Staaten geschlossenen und auf gleichberechtigter Übereinkunft (Konsens) beruhenden – v.n V.es ist der *Grundsatz der souveränen Gleichheit der Staaten*. Er verbindet die ↑*Souveränität des Staates* mit dem *Gebot der formalen (rechtlichen) Gleichheit der Staaten* zu einem tragenden Prinzip der Völkerrechtsordnung (Art. 2 Nr. 1 der UN-Charta). Der souveräne ↑Staat übt seine Hoheitsgewalt einerseits unabhängig vom Einfluss aller übrigen Staaten aus, hat dabei aber andererseits deren gleichberechtigte Regelungsmacht und Jurisdiktionsgewalt zu beachten. Insofern führt das Gebot der souveränen Gleichheit – eine Art Paradoxon der Souveränität – notwendig zu einer Beschränkung der Souveränität des Einzelstaates, ohne diese als solche in Frage zu stellen. Dass souveräne Gleichheit nur Gleichheit im ↑Recht, keine faktische Gleichheit in der Machtfülle bedeuten kann, liegt auf der Hand. Ebenso aber steht außer Frage, dass rechtlich Gleiche über andere Gleiche keine Hoheitsgewalt ausüben dürfen *(par in parem non habet imperium)*. Unter Gleichen kann es rechtlichen Ausgleich nur durch Konsens geben. Deshalb formt das Konsensprinzip – bezogen auf das Rechtserzeugungsverfahren ebenso wie den Geltungsgrund (↑Geltung) und die Bindungswirkung der Völkerrechtsnormen – einen tragenden Legitimationsbaustein der gesamten Völkerrechtsordnung. Das Instrument zur Konsentierung par excellence ist der ↑Vertrag. Wie im Zivilrecht kommt im Völkerrecht der Vertrag zwischen gleichberechtigten Akteuren durch deren gleichgerichtete Willenserklärungen, also den Konsens, zustande. Die einzige wesentliche Ausnahme davon macht das zwingende Völkerrecht *(ius cogens)*, dessen alle Völkerrechtssubjekte bindende Normen auch durch vertragliche Übereinkunft nicht abbedungen werden können. Gerade wer ein positivistisches Verständnis (↑Rechtspositivismus) der Völkerrechtsordnung zugrunde legt, wird auf die zentrale Rolle der Zustimmung von Staaten für die Entstehung (neuer) völkerrechtlicher Verpflichtungen abstellen. Als Leitentscheidung gilt das Urteil des StIGH im Lotus-Fall: „International law governs relations between independent States. The rules of law binding upon States therefore emanate from their own free will" (StIGH [series A] No. 10, 7.9.1927, Rdnr. 44).

2. Die ordnungsbildenden Grundlagen des Völkervertragsrechts

Begrifflich impliziert ein v.r V. gerade wegen seines Übereinstimmungscharakters mit rechtlichem Bindungswillen immer auch seine Rechtsverbindlichkeit. Ein v.r V. kommt durch wechselseitige, übereinstimmende Willenserklärungen von Staaten oder sonstigen vertragsfähigen Völkerrechtssubjekten zustande. Diese Willensäußerungen müssen auf die Begründung, Änderung oder Aufhebung von völkerrechtlichen Beziehungen gerichtet sein. Schriftform ist oft üblich, aber nicht zwingend nötig. Ebenso gut kann ein Vertrag mündlich geschlossen werden, sofern die erklärenden Personen dazu ermächtigt sind. Verträge können sogar konkludent durch Zeichen (z. B. im Krieg durch gegenseitiges Zeigen von Parlamentärflaggen) geschlossen werden.

Das Vertragsschlussrecht kommt in erster Linie Staaten zu. Neben Staaten haben indes auch (viele) internationale Organisationen ein – wenngleich beschränktes – Vertragsschlussrecht. Ein abgeschlossener Kanon vertragsschlussfähiger Völkerrechtssubjekte existiert nicht. Vielmehr ist (im Einzelfall) anhand ihrer spezifischen völkerrechtlichen Handlungsfähigkeit zu bestimmen, ob auch nichtstaatlichen Völkerrechtssubjekten ein Vertragsschlussrecht eingeräumt werden kann. Eine Kategorisierung v.r V. lässt sich aufgrund der Anzahl der Vertragsparteien vornehmen. Sind nur zwei Parteien beteiligt, liegt ein bilateraler Vertrag vor. Treffen mehrere Parteien eine vertragliche Übereinkunft, spricht man von einem plurilateralen Vertrag, bei einer signifikanten Anzahl von Vertragsparteien von einem multilateralen Vertrag. Eine strikte Unterscheidung zwischen bilateralen Austauschverträgen und multilateralen, primär auf Normsetzung gerichteten Verträgen, hat sich demgegenüber nicht durchsetzen können. Die bloße, oft mit Symbolkraft gewählte Bezeichnung (z. B. Abkommen, Konvention, „Covenant", Satzung, Charta, Statut, Pakt, Akte, Deklaration, Memorandum oder Protokoll) spielt für die rechtliche Qualifikation keine Rolle. Für die Verbindlichkeit einer völkerrechtlichen Vereinbarung kommt es nicht auf die Terminologie, sondern allein auf den Rechtsbindungswillen der Vertragsparteien an. Durch diesen unterscheiden sich v. V. von bloßen politischen Absichtserklärungen, mit denen die Erklärenden gerade keine gegenseitigen Rechte und Pflichten begründen wollen (sog.e *gentlemen's agreements*). Die Unterscheidung zwischen solchen Absichtserklärungen und verbindlicher Vertragsabrede ist häufig schwierig, da kaum eindeutig gesicherte Kriterien greifbar werden. In einem Streitfall (Qatar v Bahrain, ICJ Reports 1994: 112 [120]) hat der ↑IGH die abgegebenen Erklärungen nach dem sog.en *objektiven Empfängerhorizont* ausgelegt und geurteilt, dass es bei einem klar geäußerten Bindungswillen unbeachtlich sei, wenn der Erklärende – nach seinem subjektiven („inneren") Willen – an sich nur eine politische Absichtserklärung avisiert hatte. Damit ist zwar ein erster Orientierungsrahmen festgelegt, aber die Abgrenzungsschwierigkeiten im Einzelfall bleiben. Angesichts dessen wird für bestimmte Resolutionen internationaler Organisationen – etwa solche der UN-Generalversammlung – eine als *soft law* apostrophierte Alternative zu voller rechtlicher Verbindlichkeit auf der einen und gänzlich unverbindlicher Willensäußerung auf der anderen Seite angenommen. Ein klassisches Beispiel liefert die AEMR aus dem Jahre 1948. Dem *soft law* fehlt noch der uneingeschränkte Rechtsbindungswillen, und doch liegt den Absprachen die Überzeugung der Parteien zugrunde, jedenfalls politisch bedeutsame Verpflichtungen einzugehen. Im Unterschied zur klassischen Vertragspflicht zielen diese Abreden auf bloße Verhaltensvorgaben ab. Ihre Nichtbeachtung begründet keinen Völkerrechtsverstoß, steht einer vertrauensvollen Kooperation der beteiligten Völkerrechtssubjekte indes entgegen. Auf der politischen Ebene hat ein solcher Vertrauensbruch durchaus Gewicht. Dem Individuum kommt trotz seiner partiellen Völkerrechtsubjektivität keine Vertragsschlusskompetenz zu. Zwar können Investionsschutzabkommen dem Individuum eine Rechtsstellung gegenüber Staaten vor nicht-staatlichen Gerichten einräumen, doch auch diese Stellung beruht schlussendlich auf Verträgen zwischen Staaten. Die zivilgesellschaftlichen Partizipationsmöglichkeiten (↑Partizipation) bleiben insgesamt begrenzt, auch wenn in Wissenschaft und Praxis vermehrt die Einbindung von ↑NGOs zur Diskussion steht.

3. Der Rechtsrahmen: Das Recht der völkerrechtlichen Verträge als solches

Das Recht der v.n V. reicht von deren Abschluss über Fragen der Geltung bis hin zur Beendigung. Es entstammt nicht einer einzigen Rechtsquelle, sondern gewinnt seine Konturen aus völkergewohnheitsrechtlichen Grundsätzen (↑Gewohnheitsrecht), allg.en Rechtsprinzipien (↑Allgemeine Rechtsgrundsätze) und dem Vertragsrecht selbst. Kodifiziert sind die wesentlichen Teile des Völkervertragsrechts in drei internationalen Übereinkommen: dem WVRK vom 23.5.1969, dem WVKIO vom 21.3.1986 und schließlich der WKSV vom 23.8.1978. Mit dieser Trias haben die vertragsschließenden Staaten durch multilaterale v. V. das Völkervertragsrecht konsolidiert und (teil-)kodifiziert.

So bringt die WVRK gewohnheitsrechtlich begründetes Recht auf einen relativ umfassenden Vertragstext. Sie enthält u. a. Regelungen darüber, welche staatlichen Stellen zum Vertragsschluss berechtigt sind, ab wann Verträge Wirksamkeit entfalten und wie Vorbehalte angebracht werden können. Ebenso wichtig sind ihre differenzierten Regeln zur Vertragsauslegung. Weiterhin benennt die Konvention Gründe, warum ein Vertrag anfechtbar oder nichtig ist. Sie legt fest, unter welchen Voraussetzungen auf Zweiseitigkeit angelegte vertragliche Übereinkünfte einseitig durch einen Vertragsstaat gekündigt oder suspendiert werden können. Bspw. darf der Vertragsinhalt zwingenden Normen des Völkerrechts *(ius cogens)* nicht widersprechen. Eine Bindung an den Vertragsinhalt kann auch beim Wegfall der Geschäftsgrundlage entfallen (*clausula rebus sic stantibus*, Art. 62 WVRK). Trotz ihrer weitreichenden Ambitionen führt die WVRK nicht zu einer kompletten Vereinheitlichung des völkerrechtlichen Vertragsrechts. So haben bislang – je nach Perspektive „schon" oder „nur" – 116 der weltweit über 190 Staaten die Konvention ratifiziert (Stand: März 2019). Doch sollte dieser Befund nicht täuschen. Die WVRK hat über die Jahrzehnte ihrer Geltung hinweg sehr erfolgreich zur gewohnheitsrechtlichen Verdichtung der in ihr niedergelegten Regelungen und Grundsätze beigetragen. Schließlich gilt die WVRK grundsätzlich nur für in Schriftform geschlossene Verträge zwischen Staaten (vgl. Art. 3 WVRK). Ihr Anwendungsbereich ist damit – bezogen auf Form und zum Vertragsschluss berechtigte Subjekte – enger als der des Völkervertragsrechts insgesamt.

Das WVKIO ist bislang nicht in Kraft getreten (Stand: Februar 2020), da die erforderliche Ratifizierungszahl von 35 Staaten noch nicht erreicht ist. Das Abkommen soll nur für v. V. gelten, an denen internationale Organisationen als Vertragspartei beteiligt sind. Die Gründungsverträge internationaler Organisationen – allein von deren Mitgliedstaaten getragen – fallen daher in den Anwendungsbereich der WVRK (vgl. Art. 5). Abgesehen von wenigen Besonderheiten entsprechen ihre Regeln denen der WVRK. Anders als diese, konnte das WVKIO jedoch schon aufgrund der geringen Zahl der Vertragsstaaten keinen maßgeblichen Einfluss auf die Staatenpraxis nehmen und dadurch zur Gewohnheitsrechtsbildung beitragen. Die WKSV regelt Fragen zur Staatennachfolge in Verträgen, die von der WVRK explizit ausgenommen werden (vgl. Art. 73). Sie ist bereits 1996 in Kraft getreten, ihr Regelungsgegenstand hingegen bleibt in vielen Einzelheiten hoch umstritten und widerspiegelt in weiten Teilen kein Völkergewohnheitsrecht. Entspr. gering fällt die Zahl der Ratifizierungen aus. Auch Deutschland gehört nicht zu den Vertragsparteien (Stand Februar 2020).

4. Vertragsfreiheit und Vertragsbindung

Das Recht der v.n V. ist, den nationalen Zivilrechtsordnungen ganz ähnlich, ein System der Gleichordnung gleichberechtigter Vertragsparteien. Den Dreh- und Angelpunkt bildet daher die Vertragsfreiheit. Sie räumt den souveränen Staaten – der Kontext zum Souveränitätsprinzip wurde oben schon hergestellt – die Abschlussfreiheit (Wahl des Vertragspartners und des Zeitpunktes) sowie die Inhalts- und Formfreiheit ein. D. h.: Die Staaten sind grundsätzlich frei in ihrer Entscheidung, mit welchem Vertragspartner sie welche Verträge abschließen. Ebenso können sie selbst wählen, in welcher äußeren Form sie ihre Willensübereinstimmungen zum Ausdruck bringen wollen. Wie alle Freiheiten gilt auch die Vertragsfreiheit nicht schrankenlos. Alle Regeln, die für das friedliche Zusammenleben der Staaten von grundlegender Bedeutung und daher zu zwingendem Völkerrecht erstarkt sind, können vertraglich nicht abbedungen werden. Sie entziehen sich schlechthin der Disposition aller völkerrechtlichen Akteure. ↑Normen zwingenden Charakters setzen sich gegenüber widersprechendem früheren Vertragsrecht durch und sie verhindern die Entstehung bzw. Geltung widersprechenden künftigen Vertragsrechts (vgl. Art. 53 und 64 WVRK). Dabei gilt es das in Art. 65 f. WVRK beschriebene Verfahren zur Geltendmachung der Ungültigkeit einzuhalten. Eine weitere inhaltliche Schranke wird der Vertragsfreiheit durch Art. 103 UN-Charta gesetzt: „Widersprechen sich die Verpflichtungen von Mitgliedern der Vereinten Nationen aus dieser Charta und ihre Verpflichtungen aus anderen internationalen Übereinkünften, so haben die Verpflichtungen aus dieser Charta Vorrang". Dieser Vorrangregel korrespondiert Art. 30 WVRK. Durch diesen Zusammenklang ist der ↑UN-Charta ein umfassender Vorrang gegenüber allen v.n V.n eingeräumt, die UN-Mitgliedstaaten vor und nach ihrem Beitritt untereinander oder mit Drittstaaten abgeschlossen haben.

Schließlich kann die Vertragsabschlussfreiheit durch ein *pactum de negotiando* oder ein *pactum de contrahendo* eingeschränkt sein. Ersteres meint einen Vorvertrag, der, allerdings ohne eine Einigungspflicht zu begründen, die Parteien zu Vertragsverhandlungen verpflichtet. Auch Vertragsänderungsklauseln können eine solche Pflicht begründen. Das *pactum de contrahendo* geht demgegenüber weiter. Es legt eine ausdrückliche Pflicht zum Vertragsschluss fest, limitiert damit die Abschlussfreiheit, lässt die Inhaltsfreiheit aber unberührt. Sowohl *pactum de negotiando* als auch *pactum de contrahendo* beruhen ihrerseits auf einer freiwilligen Übereinkunft der Parteien.

Sobald ein Vertrag in Kraft tritt, ist er für die Parteien verbindlich und muss nach Treu und Glauben (↑Treu und Glauben) erfüllt werden (Art. 26 WVRK). Neben die Vertragsfreiheit tritt damit die Verbindlichkeit v.r V. als Grundfeste der gesamten Völkerrechtsordnung: *pacta sunt servanda*, Verträge sind einzuhalten. Die Verpflichtung zur ordentlichen Vertragserfüllung bezieht sich gleichermaßen auf die vertraglichen Haupt- wie Nebenpflichten. Deren Erfüllung nach „Treu und Glauben" verlangt von den Parteien ein loyales und rücksichtsvolles Verhalten. Sie dürfen v. a. keine Maßnahmen zur Vereitelung des Vertragszwecks – etwa durch Abschluss eines anderen, widersprechenden Vertrages – vornehmen (vgl. Art. 18 WVRK).

5. Die Vertragsverletzung und ihre Folgen

Nicht jede Vertragsverletzung führt *ipso facto* zum Wegfall der Vertragsbindung gegenüber dem Vertragsbrechenden. Die vertragstreue Partei ist ihrerseits vielmehr nur dann berechtigt, die Vertragserfüllung ihrerseits zu verweigern, wenn es sich um eine „erhebliche Verletzung" handelt. Eine solche liegt nach Art. 60 Abs. 3

WVRK entweder in einer unzulässigen Ablehnung des Vertrages oder in der Verletzung einer für die Erreichung des Vertragszwecks „wesentlichen Bestimmung". Im Falle der erheblichen Verletzung eines bilateralen Vertrages ist die andere Vertragspartei berechtigt, vom Vertrag zurückzutreten oder dessen teilweise oder vollständige Suspendierung geltend zu machen. Für multilaterale Verträge sieht Art. 60 Abs. 2 WVRK eine differenzierende Lösung vor, die der Mehrseitigkeitslogik entspricht: Alle vertragstreuen Parteien können den Vertrag gemeinsam und einvernehmlich ganz oder teilweise suspendieren oder beenden. Sie können das entweder nur im Verhältnis zum vertragsbrüchigen Staat oder zwischen allen Vertragsparteien. Darüber hinaus kann eine von der Vertragsverletzung u. U. bes. betroffene Partei einen eigenen Anspruch anmelden, den Vertrag im zweiseitigen Verhältnis zwischen ihr und dem vertragsbrüchigen Staat ganz oder teilweise zu suspendieren. Schließlich kann dann jede vertragstreue Partei die Suspendierung geltend machen, wenn sich durch die Vertragsverletzung die weitere Erfüllung ihrer Vertragsverpflichtungen grundlegend ändert (vgl. Art. 60 Abs. 2 lit. c WVRK). Selbst im Fall einer erheblichen Vertragsverletzung ist die Suspendierung oder Beendigung nur nach Durchführung des Verfahrens gemäß Art. 65 und 66 WVRK zulässig. Eine einseitige, vorläufige Suspendierung durch die angeblich verletzte Partei birgt allerdings das Risiko, dass im späteren Verfahren keine Vertragsverletzung festgestellt wird.

6. Der Multilateralismus als Grundlage einer regelbasierten, liberalen Weltordnung

Der Multilateralismus kann in seiner Bedeutung für eine regelbasierte, freiheitliche und an der *rule of law* orientierte Weltordnung gar nicht hoch genug eingeschätzt werden. Er bildet, da es an einer zentralen – etwa nationalen Legislativen vergleichbaren – Normsetzungsinstitution fehlt, das normative Fundament und zugl. die Legitimationsgrundlagen (↑Legitimation) einer solchen Weltordnung respektive ihrer Institutionen. Dem Terminus „Multilateralismus" liegt indes keine eindeutige Definition zugrunde. Er kann, ohne institutionelle Implikationen, i. S. einer bloßen Koordinierung nationaler Politiken zwischen drei oder mehr Staaten verstanden werden. Vorliegend wird eine anspruchsvollere Variante zugrunde gelegt: Multilateralismus als ordnungsstiftende, institutionalisierte Form zur Koordination des Beziehungsgeflechts zwischen drei oder mehr Staaten auf Basis generalisierter Verhaltensprinzipien und verbunden mit normativem Anspruch. Den normativen Wurzelgrund des solchermaßen verengten Multilateralismus bildet das Völkervertragsrecht. Durch multilateralen Vertragsschluss entstehen multilaterale Organisationen wie die UNO. Der Vertrag ist das Instrument der Institutionenbildung (↑Institution), er konstituiert und verleiht der völkerrechtlichen Ordnungsbildung konstitutionelle Dynamik.

Entwicklungsgeschichtlich betrachtet kann der Multilateralismus als ein verhältnismäßig junges Phänomen des Völkerrechts gelten. Er steht im Gegensatz zum souveränitätszentrierten Unilateralismus, wie er v. a. für den Nationalstaat des 19. Jh. prägend war, und sucht nach normativen Antworten auf die Frage, wie Staaten gemeinsam mit globalen Herausforderungen des 21. Jh. umgehen sollen (von der Terrorbekämpfung bis zum Umweltschutz, von der Migrationssteuerung bis zur nachhaltigen Entwicklung). Multilateralismus manifestiert sich aber nicht nur in v.n V.n und internationalen Organisationen, er lebt auch in Form diplomatischer Beziehungen, internationaler Konferenzen und Verhandlungen, ohne die Ordnungsbildung durch Institutionalisierung unmöglich wäre. Er kann, muss aber keinen universellen Anspruch formulieren. Viele Formen multilateraler Zusammenarbeit sind regional begrenzt und stellen auf geographisch limitierte Institutionen- bzw., mit weiter reichendem politischen Integrationsanspruch, Gemeinschaftsbildung ab. Beispiele hierfür geben zunächst regionale Handelsabkommen wie die ↑NAFTA für den nordamerikanischen Raum oder der ↑MERCOSUR als „gemeinsamer Markt Südamerikas". Im Bereich der ↑Sicherheitspolitik ist die ↑NATO prominentes Beispiel regional begrenzter multilateraler Zusammenarbeit. Die ↑EU nimmt angesichts ihres Integrationsanspruchs (↑Europäischer Integrationsprozess) im multilateralen Gefüge der Staatengemeinschaft eine Sonderrolle ein. Durch die Übertragung weitreichender Hoheitsrechte hat sie eine Kompetenzfülle erlangt, die sehr viel weiter reicht als die Kompetenzen typischer multilateraler internationaler Organisationen. Ihr Recht (↑Europarecht) genießt nicht nur Anwendungsvorrang vor dem mitgliedstaatlichen Recht, sondern wirkt in vielen Bereichen ohne jeden Umsetzungsakt unmittelbar in den Mitgliedstaaten, durchbricht also den Panzer nationaler Souveränität. Diese Besonderheit bringt die Qualifikation als *supranationale Institution* (↑Supranationalität) zum Ausdruck.

7. Zur Zukunft der völkerrechtlichen Verträge als Bausteine der internationalen Ordnung

Die grundlegende Bedeutung v.r V. als Grundlage einer regelbasierten, freiheitsradizierten internationalen Ordnung wurde eben schon skizziert. Das Völkervertragsrecht ist weit mehr als bloßes Rüst- und Werkzeug der internationalen Zusammenarbeit. Es hat konstituierende Funktion, wo es Institutionen wie die UNO schafft, universelle Rechtsstandards wie in den Menschenrechtsverträgen setzt oder, wie am Beispiel der EU gezeigt, regional verdichtete Kooperationsformen mit weitgehendem politischen Integrationsanspruch. Eine normenbasierte internationale Gemeinschaft, die sich ihr Recht mittels v.r V. formt und ihren Bestand auf multilaterale Institutionen gründet, hat jedoch nur dann Bestand, wenn die Staaten auch in der Zukunft bereit sind, in v.n V.n mehr zu sehen als einen auf Nutzenmaximierung und Interessendurchsetzung gerichteten „Deal". Seit Ende des Zweiten Weltkrieges gilt der Multilateralismus als Garant für ↑Frieden, ↑Sicherheit und Stabilität in den ↑internationalen Beziehungen. Er bildet, wofür gerade die UN als dessen wohl erfolgreichste Institutionalisierungsleistung stehen, den grundlegenden Gegenentwurf zu einzelstaatlichen Hegemonieansprüchen und sich abschottenden Nationalstaaten. Die nunmehr immer häufiger beschworene „Krise des Multilateralismus" (Brühl 2019) geht auch am Völkervertragsrecht nicht spurlos vorbei. Rückschläge für die multilaterale Ordnung, bspw. durch das Erstarken rechtspopulistischer Parteien (↑Populismus), den Brexit oder die einseitige Kündigung von Abkommen durch die US-Administration unter Donald Trump (in Bereichen wie dem Klimaschutz und der Rüstungskontrolle), fordern nicht nur politisch heraus. Sie fordern auch das das Völkerrecht insgesamt und stellen dessen Normgefüge als solches in Streit. So fruchtbar konstruktive Prozesse des „In-Streit-Stellens" für die Völkerrechtsgenese wirken, so sehr schwächt destruktives Bestreiten seine normative Kraft und seine institutionelle Ordnung. Allen Anfängen solcher Art gilt es deshalb mit Entschiedenheit zu wehren.

Literatur

T. Brühl: Krise des Multilateralismus – Krise der Vereinten Nationen?, in: VN 67/1 (2019), 3–7 • A. von Arnauld: Völkerrecht, [4]2019 • O. Dörr/K. Schmalenbach (Hg.): Vienna Convention on the Law of Treaties. A Commentary, [2]2018 • K. Ipsen: Völkerrecht, [7]2018 • T. Stein/C. von Buttlar/M. Kotzur: Völkerrecht, [14]2017 • W. Graf Vitzthum/A. Proelß (Hg.): Völkerrecht, [7]2016 • A. Wiener: A Theory of Contestations, 2014 • A. Nollkaemper: Unilateralism/Multilateralism, in: MPEPIL, 2011 • J. Brunée: Consent, in: MPEPIL, 2010 • M. Fitzmaurice: Treaties, in: MPEPIL, 2010 • J. G. Ruggie: Multilateralism. The Anatomy of an Institution, in: IO 46/3 (1992), 561–598.

MARKUS KOTZUR

Völkerstrafrecht

1. Begriff

Das V. umfasst alle Normen des ↑Völkerrechts, welche unmittelbar, d.h. unabhängig vom Bestehen einer entspr.en Norm im innerstaatlichen Recht, Strafbarkeit begründen, ausschließen oder in anderer Weise regeln. Das V. basiert auf einer Vielzahl unterschiedlicher Rechtsquellen. Eine Leitfunktion kommt dem „Römischen Statut des Internationalen Strafgerichtshofes" (IStGH-Statut) zu, dessen Bestimmungen ungeachtet des Charakters des Statuts als ↑völkerrechtlicher Vertrag in weiten Teilen Völkergewohnheitsrecht (↑Gewohnheitsrecht) verkörpern. Flankiert wird das materielle V. durch die Verfahrensordnungen der (internationalen) Strafgerichte, aus denen sich freilich bislang kein Korpus eines einheitlichen Völkerstrafverfahrensrechtes entwickelt hat.

Systematisch bildet das V. – neben dem ↑Europäischen Strafrecht, dem Strafanwendungsrecht, dem Recht der internationalen Zusammenarbeit in Strafsachen sowie dem Transnationalen Strafrecht – einen Teil des Internationalen Strafrechts. Entstehungsgeschichtlich eng verbunden ist das V. mit den ↑Menschenrechten, die zugl. Grund und Grenze des V.s bilden. Nach Adressat und Rechtsfolge strikt zu unterscheiden ist das V. vom Recht der Staatenverantwortlichkeit. Die Ahndung von Verbrechen auf Grundlage des V.s kann – neben der Einsetzung von Wahrheitskommissionen, Maßnahmen der Wiedergutmachung oder der Gewährung von (Teil-)Amnestien – ein Element der Bemühungen um Bewältigung gesellschaftlicher Groß-Konflikte sein *(Transitional Justice)*.

2. Geschichte

Das V. ist eine vergleichsweise neue Erscheinung, die erst im Verlauf des 20. Jh. juristische Kontur gewann. Erst dann setzte sich die Idee vom Individuum als Träger völkerrechtlicher (Rechte und) Pflichten und von der punktuellen Durchbrechung des Schutzschilds staatlicher ↑Souveränität durch. Drei Meilensteine säumen den Weg des V.s: Seine erste praktische Gestalt fand das V. nach Ende des Zweiten Weltkrieges im „Recht von Nürnberg", wie es im Statut des Internationalen Militärgerichtshofes festgelegt und durch diesen im Prozess gegen die Hauptkriegsverbrecher angewendet worden ist. Bestätigt wurden die Nürnberger Prinzipien durch die Generalversammlung der ↑Vereinten Nationen sowie im Kriegsverbrecherprozess von Tokio und in zahlreichen Nachfolgeprozessen vor alliierten Besatzungsgerichten auf Grundlage des Kontrollratsgesetzes Nr. 10. Von Mitte der 1990er Jahre bis in die späten 2010er Jahre bekräftigte die Praxis der vom UN-Sicherheitsrat eingerichteten Ad-hoc-Strafgerichtshöfe für das ehemalige Jugoslawien und Ruanda die völkergewohnheitsrechtliche Geltung des V.s. Den Höhepunkt und vorläufigen Abschluss der Entwicklung bildet das 2002 in Kraft getretene IStGH-Statut, durch das der IStGH errichtet wurde (↑Internationale Strafgerichtsbarkeit). Mit dem Statut liegt die erste umfassende ↑Kodifikation des V.s vor. Seitdem ist die Entwicklung des V.s v.a. durch zwei Erscheinungen gekennzeichnet: nämlich die punktuelle „Verstaatlichung" des V.s, wie sie insb. durch die Einrichtung gemischt nationaler-internationaler Gerichte *(hybrid courts)* und die Implementierung der völkerrechtlichen Strafnormen in die innerstaatlichen Ordnungen sichtbar wird, sowie die wachsende Fragmentierung des V.s, wie sie sich etwa am Anwendungsbereich des Tatbestandes des Aggressionsverbrechens ablesen lässt.

3. Legitimation

Das V. schützt „den Frieden, die Sicherheit und das Wohl der Welt" (Präambel des IStGH-Statuts). Es ist der Angriff auf diese Interessen der Völkergemeinschaft, der die Straftat in eine internationale Dimension rückt. Als „schwerste Verbrechen von internationalem Belang" (Art. 1 IStGH-Statut) berühren die Völkerrechtsverbrechen „die internationale Gemeinschaft als Ganzes" (Präambel des IStGH-Statuts). Jenseits dieser schutzgutbezogenen Überlegungen sind die theoretischen Grundlagen des V.s noch wenig entwickelt. Ungeklärt ist die Frage nach der Rechtfertigung der völkerstrafrechtlichen ↑Sanktion, insb. ob sich die für das staatliche ↑Strafrecht entwickelten Legitimationstopoi auf das V. übertragen lassen *(domestic analogy)*. Richtigerweise wird man angesichts der Unterschiede, die das V. zum sonstigen Strafrecht aufweist (Dimension der Tat; kollektiver Begehungszusammenhang; Sozialnormkonformität des inkriminierten Verhaltens), deren Bedeutung weder vollständig ablehnen können noch umhin kommen, eine Anpassung vorzunehmen und zusätzliche, völkerstrafrechtsspezifische Gesichtspunkte einzubeziehen (Wahrheits- und Dokumentationsfunktion, Individualisierung von ↑Verantwortung). Neben dem retributiven Ausgangspunkt, der als Vergeltung i. S. eines gerechten Schuldausgleichs auch und gerade im V. seine Berechtigung hat, werden präventive Begründungsansätze akzentuiert, insb. die positive Generalprävention sowie die mit dieser verwandten, v. a. im angloamerikanischen Rechtsraum populären expressiven Straftheorien.

4. Verbrechenstatbestände und Zurechnung

Völkerrechtsverbrechen *(crimes under international law)* sind ↑Völkermord, Verbrechen gegen die Menschlichkeit, Kriegsverbrechen und das Verbrechen der Aggression. Die Voraussetzungen dieser sog.en Kernverbrechen *(core crimes)* sind im IStGH-Statut geregelt. Ob darüber hinaus weitere Delikte wie Rauschgifthandel, ↑Piraterie oder ↑Terrorismus direkt nach Völkerrecht strafbar – und damit Teil des V.s – sind, ist umstritten, richtigerweise aber zu verneinen. Die genannten Verbrechen sind ebenso wie ↑Korruption und ↑Menschenhandel keine Völkerrechtsverbrechen, sondern transnationale Straftaten, bei deren völker-(vertrags-) rechtlicher Regelung die zwischenstaatliche Koordination nationaler Strafverfolgung im Vordergrund steht.

Etabliert haben sich neben den Verbrechenstatbeständen allg.e Regeln über die Unrechtszurechnung – etwa über die subjektiven Voraussetzungen der Strafbarkeit, die Gründe und Grenzen einer Straffreistellung oder die Zurechnung bei der Beteiligung mehrerer Personen an der Tat –, die teilweise an Vorbilder im staatlichen Recht angelehnt sind. Anerkannt ist ferner, dass die innerstaatliche ↑Legalität der Handlung einer Strafbarkeit nach V. ebenso wenig entgegensteht wie der Umstand, dass die Tat auf Befehl oder Anordnung begangen wurde. Die allg.en Regeln über die ↑Immunität von Trägern staatlicher Hoheitsgewalt sind vor internationalen Strafgerichten vollständig, vor staatlichen Strafgerichten jedenfalls soweit beiseitegeschoben als nicht der schmale Bereich der Immunität *ratione personae* berührt ist, die nur den höchsten und für die außenpolitische Handlungsfähigkeit unverzichtbaren Repräsentanten eines Staates zusteht.

5. Institutionen und Verfahren

Seit Errichtung des IStGH im Jahre 2002 steht ein ständiges internationales Forum zur Durchsetzung des V.s bereit. Anders als die beiden Ad-hoc-Strafgerichte der Vereinten Nationen ist der IStGH auf vertraglicher Grundlage geschaffen worden. Obwohl dem Statut mehr als 130 Staaten beigetreten sind, ist der Gerichtshof noch davon entfernt, ein echter Weltstrafgerichtshof zu sein, insb. gehören die USA, Russland, China und Indien nicht zu den Vertragsstaaten. Mangels universeller Anerkennung ist die Reichweite der Gerichtsbarkeit des Gerichtshofes begrenzt.

Schon deshalb wird die (indirekte) Durchsetzung des V.s durch staatliche Strafverfolgung auch in Zukunft erhebliche Bedeutung haben. Vor diesem Hintergrund folgt das IStGH-Statut für das Verhältnis von internationaler und staatlicher Strafrechtspflege dem Komplementaritätsprinzip. Danach soll die internationale Strafgerichtsbarkeit die staatliche Strafgerichtsbarkeit auch bei der Verfolgung von Völkerrechtsverbrechen nicht ersetzen, sondern nur ergänzen. Grundsätzlich hat die staatliche Strafverfolgung Vorrang, es sei denn, der Staat ist nicht willens oder nicht in der Lage, die Ermittlungen oder die Strafverfolgung ernsthaft durchzuführen.

6. Völkerstrafrecht in Deutschland

Entstehung und Entwicklung des V.s sind eng mit Deutschland und den Deutschen verbunden. Das „Recht von Nürnberg" gab juristische Antworten auf die in deutschem Namen begangenen Verbrechen des ↑Nationalsozialismus. Die Haltung der Westdeutschen und später der BRD zum V. war zunächst ablehnend („Siegerjustiz"). Dem entsprach es, dass sich die bundesdeutsche Justiz bei der Ahndung von nationalsozialistischen Gewaltverbrechen nicht auf die Nürnberger Grundsätze berufen hat.

Inzwischen hat die Ablehnung der aktiven Förderung und Mitgestaltung des V.s Platz gemacht („V.s-Freundlichkeit"). Bei den Verhandlungen zum IStGH-Statut gehörte Deutschland zur Gruppe der gerichtshoffreundlichen Staaten *(like-minded states)*, die sich für einen möglichst starken, universellen und unabhängigen Gerichtshof einsetzten. Am 9.12.1998 hat Deutschland das IStGH-Statut unterzeichnet, die Ratifikation erfolgte am 11.12.2000. Durch eine Änderung des Art. 16 Abs. 2 GG ist sichergestellt, dass Deutschland auch deutsche Staatsangehörige an den IStGH überstellen kann. Zeitgleich mit dem IStGH-Statut ist am 1.7.2002 schließlich das „Gesetz zur Ausführung des Römischen Statuts des Internationalen Strafgerichtshofes" in Kraft getreten, das die notwendigen gesetzlichen Regelungen für die Zusammenarbeit mit dem IStGH enthält.

Hervorhebung verdient die aktive Rolle der deutschen Strafjustiz im Zusammenhang mit der Verfolgung von Völkerrechtsverbrechen, insb. solchen, die auf dem Gebiet des ehemaligen Jugoslawien, in Ruanda und in Syrien begangen wurden. Für die Ahndung von Taten, die seit 2002 begangen worden sind, bildet das VStGB, mit dem das deutsche materielle Recht an die Vorschriften des IStGH-Statuts angepasst worden ist, die Grundlage. Eine wichtige Weichenstellung wird in § 1 VStGB vorgenommen: Danach gilt deutsches Strafrecht für Taten des Völkermordes, Verbrechen gegen die Menschlichkeit und Kriegsverbrechen auch dann, wenn die Tat im Ausland begangen wurde und keinen Bezug zum Inland aufweist.

Literatur

F. Jeßberger/J. Geneuss (Hg.): Why Punish Perpetrators of Mass Atrocities?, 2020 • G. Werle/F. Jeßberger: Völkerstrafrecht, [5]2020 • C. Stahn: A Critical Introduction to International Criminal Law, 2018 • W. Schabas: An Introduction to the International Criminal Court, [5]2017 • O. Triffterer/K. Ambos (Hg.): The Rome Statute of the International Criminal Court. A Commentary, [3]2016 • K. Ambos: Treatise on International Criminal Law, Bd. 1–2, 2013 f. • W. Kaleck: Mit zweierlei Maß. Der Westen und das Völkerstrafrecht, 2012 • A. Cassese (Hg.): The Oxford Companion to International Criminal Justice, 2009 • C. Kreß: Versailles – Nürnberg – Den Haag. Deutschland und das Völkerstrafrecht, in: JZ 61/20 (2006), 981–991 • G. Werle: Menschenrechtsschutz durch Völkerstrafrecht, in: ZStW 109/4 (1997), 808–829 • C. Tomuschat: Von Nürnberg nach Den Haag, in: Die Friedens-Warte 70/3–4 (1995), 143–166 • H. Jäger: Verbrechen unter totalitärer Herrschaft. Studien zur nationalsozialistischen Gewaltkriminalität, 1982 • H.-H. Jescheck: Die Verantwortlichkeit der Staatsorgane nach Völkerstrafrecht. Eine Studie zu den Nürnberger Prozessen, 1952.

FLORIAN JEßBERGER

Volksabstimmung, Volksbegehren, Volksentscheid

↑Plebiszit

Volksdemokratie

Hierbei handelt es sich um einen tautologisch geprägten Begriff, mit dem die Staaten des Ostblocks die erste Etappe der eigenen Entwicklung nach 1944/45 charakterisierten. In dieser Selbstbeschreibung galt der Begriff der V. als „Form der Diktatur des Proletariats", nämlich als eine „revolutionär-demokratische Diktatur der Arbeiter und Bauern unter Führung der Arbeiterklasse" (o. V. 1973: 1128). Diese nachträgliche Zuschreibung definierte den ab 1944/45 einsetzenden Prozess der Sowjetisierung Osteuropas als Zwei-Phasen-Entwicklung. In der V. als der ersten Phase habe eine „demokratische Umwälzung" stattgefunden, in der antifaschistische, antifeudale und antikapitalistische Maßnahmen auf der Basis eines größeren politischen Bündnisses, aber unter „Führung der Arbeiterklasse", verwirklicht worden seien. In einer zweiten Phase, die direkt in die Diktatur des Proletariats (↑Diktatur des Proletariats) führte, habe eine „sozialistische Revolution" die Grundlagen der „sozialistischen Gesellschaftsordnung" (o. V. 1973: 1128 f.) geschaffen. Der Begriff der V. camouflierte demnach die frühe gesellschaftspolitische Transformation, die maßgeblich geprägt war von der Anwesenheit sowjetischer Truppen, entspr.en Moskauer Planungen und Interaktionen mit den teils aus Moskau kommenden Führungsgruppen der nationalen ↑kommunistischen Parteien. Vor dem Hintergrund der alliierten Mächtekonstellation sah sich die sowjetische Führung veranlasst, ihr Vorgehen elastischer zu gestalten als noch im eigenen Land nach 1917. Dies galt in bes.r Weise für die SBZ. Aus diesem Grund knüpfte sie an Konzeptionen an, die bereits in den 1920er Jahren („Arbeiterregierung") und in den 1930er Jahren („Volksfront") entwickelt worden waren. Noch im Moskauer Exil formulierten Spitzenkader der nationalen KP Konzepte, die Mehrparteiensysteme unter Führung der KP und im Rahmen einer National- bzw. Volksfront vorsahen. 1944 entwarf etwa die KPD ein „Aktionsprogramm des Blocks der kämpferischen Demokratie", das ab Sommer 1945 Gestalt annahm. So gründete die KPD in der SBZ einen „Block der antifaschistisch-demokratischen Parteien", in den alle anderen Parteien eintreten mussten und in dem die KPD – dank des Einstimmigkeitsprinzips und der Anwesenheit der sowjetischen Besatzungsmacht – selbst die Führung innehatte. Ein freies Spiel der politischen Kräfte wurde so von Anfang an verhindert. Die Anwesenheit sowjetischer Truppen sicherte den Kadern der nationalen KP auch durchweg die Übernahme von Schlüsselpositionen in den staatlichen Verwaltungen, v. a. in den Bereichen des Inneren, der Verteidigung und der Wirtschaft. Dadurch konnte mit Bodenreformen, Enteignungen der privaten Unternehmensstruktur und der Etablierung von ersten Elementen der Wirtschaftsplanung (↑Zentralverwaltungswirtschaft) die schrittweise Transformation der Gesellschaft vorangetrieben werden, die dann als „reale" oder „wirkliche" Demokratie firmierte. Konkurrierende sozialdemokratische Arbeiterparteien wurden früher (1946) oder später (1948) mit Druck, Zwang und Zugeständnissen von den KP vereinnahmt und so politisch ausgeschaltet. ↑Wahlen wurden manipuliert, „korrigiert" oder gleich als Einheitslistenwahlen angesetzt. Der heraufziehende ↑Kalte Krieg legitimierte den verschärften Umbau der osteuropäischen Gesellschaften. Die Sowjetisierung wurde jetzt mit offener Gewalt (wie etwa in der Tschechoslowakei im Februar 1948) durchgesetzt. Dem bulgarischen Staatschef Georgi Dimitroff, vormals Vorsitzender der Kommunistischen Internationale, blieb es vorbehalten, auf dem Parteikongress der bulgarischen KP im Dezember 1948 Begriff und Inhalt der V. erstmals näher zu bestimmen: Er definierte den „volksdemokratischen Staat" als „Staat der Übergangsperiode", als „Herrschaft der Werktätigen unter Führung der Arbeiterklasse", der berufen sei, die „Entwicklung auf dem Weg zum Sozialismus zu sichern" und selbst erst „geschaffen" werde in „Zusammenarbeit und Freundschaft mit der Sowjetunion" und letztlich auch zum „demokratischen, antiimperialistischen Lager" (Dimitroff 1958: 597 f.) gehöre. Damit hatte G. Dimitroff – und trotz aller Camouflage – die bereits Ende 1947 entwickelte „Zwei-Lager-Theorie" ideologisch ausformuliert.

Literatur

A. Applebaum: Der Eiserne Vorhang. Die Unterdrückung Osteuropas 1944–1956, 2013 • N. Naimark/L. Gibianski (Hg.): The Establishement of Communist Regimes in Eastern Europe 1944–1949, 1997 • P. Erler/H. Laude/M. Wilke (Hg.): „Nach Hitler kommen wir". Dokumente zur Programmatik der Moskauer KPD-Führung 1944/45 für Nachkriegsdeutschland, 1994 • H. Heiter: Vom friedlichen Weg zum Sozialismus zur Diktatur des Proletariats. Wandlungen der sowjetischen Konzeption der Volksdemokratie 1945–1949, 1977 • W. Diepenthal: Drei Volksdemokratien. Ein Konzept kommunistischer Machtstabilisierung und seine Verwirklichung in Polen, der Tschechoslowakei und der Sowjetischen Besatzungszone Deutschlands 1944–1948, 1974 • o. V.: Volksdemokratie, in: G. Schüßler (Hg.): Wörterbuch zum sozialistischen Staat, 1974, 389 • o. V.: Volksdemokratie: in: G. König/G. Schütz/ K. Zeisler (Hg): Kleines Politisches Wörterbuch, ²1973, 1128 f. • F. Fejtö: Die Geschichte der Volksdemokratien, 2 Bde., 1972 • G. Dimitroff: Politischer Rechenschaftsbericht des Zentralkomitees der Bulgarischen Arbeiterpartei (Kommunisten) an den V. Parteitag (19. Dezember 1948), in: ders.: Ausgewählte Schriften, Bd. 3, 1958, 525–652. MIKE SCHMEITZNER

Volkseinkommen ↑Einkommen

Volkshochschule

1. Charakteristika

V.n sind Einrichtungen für die Bildung Erwachsener, die sich an den Prinzipien von Kommunalität, ↑Subsidiarität und Offenheit orientieren. Sie bieten ein thematisch breites, für alle Erwachsenen offenes Angebot und arbeiten i. d. R. auf der Grundlage von Weiterbildungsgesetzen der Bundesländer, die Kommunen zur Einrichtung verpflichten oder auffordern. Ihre direkten oder indirekten Träger sind Kommunen oder ↑Kreise, ihre Rechtsformen Ämter oder eingetragene ↑Vereine, seltener gemeinnützige GmbHs. Im Jahr 2018 gab es in Deutschland ca. 900 V.n mit ca. 2 800 Außenstellen. Anders als die ebenfalls nach dem Subsidiaritätsprinzip geförderten Einrichtungen der Kirchen, Wohlfahrtsverbände oder Gewerkschaften sind V.n in allen Regionen Deutschlands präsent. Sie legen zudem regelmäßig öffentlich Rechenschaft über ihre Arbeit ab. V.n sind in Landesverbänden zusammengeschlossen, die wiederum seit 1953 den *Deutschen Volkshochschulverband* (DVV) als Dachverband tragen.

2. Geschichte

Im Jahr 2019 hat der DVV in der Frankfurter Paulskirche den 100. Geburtstag der V.n in Deutschland gefeiert. In der ↑WRV hieß es in Art. 148, Abs. 4: „Das Volksbildungswesen, einschließlich der Volkshochschulen, soll von Reich, Ländern und Gemeinden gefördert werden." Dass Volksbildung im Grundrechtsteil der WRV verankert wurde, geht auf die Arbeit von Abgeordneten der ↑SPD, der ↑Bayerischen Volkspartei und des ↑Zentrums zurück, die teils auch im Vorstand der ↑Görres-Gesellschaft engagiert waren. Diese Abgeordneten hatten sich bereits im Kaiserreich für Bildung als Mittel der Selbstbehauptung sozialer Bewegungen und religiöser Gemeinschaften im autoritären Staat engagiert. V.n verstehen sich daher zu Recht als „Kinder der Demokratie", auch wenn ihre Geschichte weiter zurückreicht und auch internationale Impulse erhalten hat, etwa aus der dänischen Heimvolkshochschulbewegung des 19. Jh., der Universitätsausdehnungsbewegung oder der Erwachsenenbildung in angloamerikanischen und skandinavischen Staaten. Im Unterschied zur WRV und einigen Länderverfassungen definiert das ↑GG Erwachsenenbildung nicht als Aufgabenbereich staatlichen Handelns. Aus Art. 30 i. V. m. den Art. 70 bis 75 GG ergab sich eine Gesetzgebungszuständigkeit der Länder für die allg.e ↑Erwachsenenbildung, während der Bund für die berufliche ↑Weiterbildung zuständig ist.

3. Bildungsverständnis

Das Bildungsverständnis der V.n ist geprägt durch den Anspruch, die Mündigkeit Erwachsener in der Auseinandersetzung mit Veränderungen der politischen, ökonomischen und sozialen Verhältnisse durch pädagogisch verantwortete Angebote zu unterstützen. Ihre Offenheit gegenüber gesellschaftlichen Veränderungen mit oft regionalen Besonderheiten hat die V.n immer wieder zur Selbstvergewisserung über ihren „eigentlichen" Auftrag gedrängt, zuletzt 2011 in der Schrift „Die Volkshochschule – Bildung in öffentlicher Verantwortung" (DVV). V.n waren und sind säkulare, d. h. weltanschaulich nicht gebundene Einrichtungen, die sich dem „Volk" zuwenden, d. h. heterogene Klassen, Schichten und sozial moralische ↑Milieus zu integrieren suchen; die zu einer „höheren", d. h. besseren ↑Bildung beitragen wollen und dabei, wenn nötig, auch „schulische" Formen des Lehrens und ↑Lernens nutzen. V.n orientieren sich an einem realistischen Bildungsbegriff, der auf vernunftbestimmtes Handeln in privaten, öffentlichen und beruflichen Angelegenheiten gerichtet ist. Ihre Angebote folgen nicht primär einer Systematik von Fächern, sondern v. a. den Handlungsanforderungen Erwachsener in ihren je unterschiedlichen Lebenswelten. Die Quellen des vermittelten Wissens liegen in den Wissenschaften, im individuellen und beruflichen Expertentum oder auch in alltäglichen Erfahrungen des pädagogischen Personals und der Teilnehmenden. Wissen und Bildung werden weniger in ihrem Eigenwert denn als Handlungsressource gesehen: für den Aufbau und Erhalt kultureller Basiskompetenzen, für das Nachholen von Schulabschlüssen, für Kommunikations- und

Schlüsselfähigkeiten in Fremdsprachen oder sozialen Interaktionen, für die informationstechnische Grundbildung, für die Erfüllung von Rollenanforderungen und die Entfaltung individueller Interessen, die für das Erwachsenenalter typisch sind, etwa in der Gesundheits-, Familien-, Umwelt- (↑Umwelterziehung, -bildung), Verbraucher-, Freizeit- oder der kulturellen und ↑politischen Bildung. Angebote der ↑beruflichen Bildung richten sich historisch wie aktuell eher auf die verwaltenden Berufe des Dienstleistungs- als auf die gewerblich-technischen des Produktionsbereichs. Weniger Beachtung schenken V.n der naturwissenschaftlichen Grundbildung oder der Auseinandersetzung mit Fragen von Fundament und Sinn menschlicher Existenz. Mit diesem Bildungsverständnis erreichen V.n zwar einen breiteren Adressatenkreis als Einrichtungen der großen Korporationen oder gar kommerzielle und betriebliche Anbieter, nicht aber alle Erwachsenen.

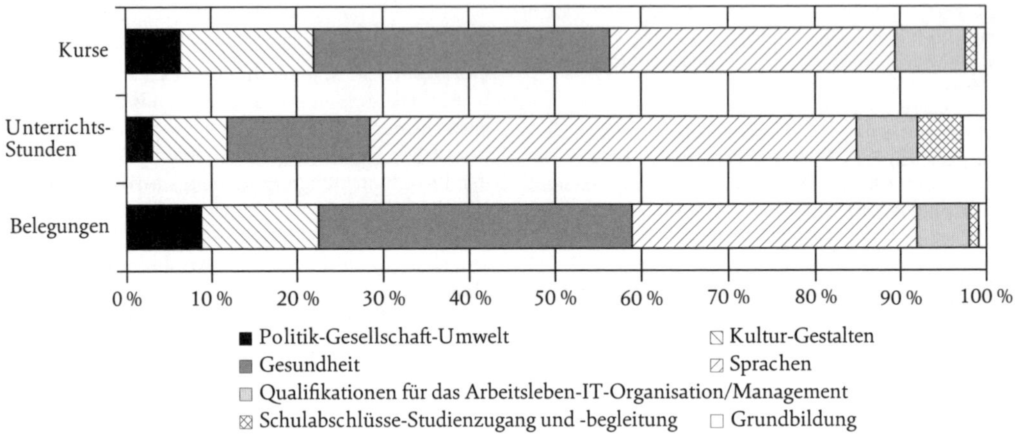

Abb. 1: Belegungen, Unterrichtsstunden und Kurse nach Programmbereichen der V.n 2018, Datengrundlage: Volkshochschul-Statistik 2018; Basis 873 vhs; Angaben in Prozent, Abweichung durch Rundungsdifferenzen möglich.

4. Angebots-, Teilnahme- und Personalstrukturen

Die Erwachsenen- und Weiterbildung in Deutschland ist nach der Zahl der Teilnehmenden, der Organisationen und der Beschäftigten der größte Bildungsbereich: ca. 26,3 Mio. Teilnehmende in 2014, ca. 50 000 öffentlich-rechtliche, gemeinwohlorientierte und kommerzielle Einrichtungen, dazu ca. zwei Mio. weiterbildungsaktive Betriebe. Innerhalb des vierten Bildungsbereichs haben V.n den höchsten Bekanntheitsgrad und repräsentieren daher das Prinzip des lebenslangen Lernens am sichtbarsten. Im Jahr 2018 haben die V.n ca. 552 000 Kurse mit 17 Mio. Unterrichtsstunden und 6,1 Mio. Belegungen durchgeführt. Abb. 1 zeigt die Verteilung des Gesamtangebots auf Programmbereiche nach Belegungen, Unterrichtsstunden und Kursen.

Die Veranstaltungsformen sind vielfältig und umfassen im wöchentlichen Rhythmus durchgeführte Tages- oder Abendkurse mit oder ohne Zertifikat, längerfristige Lehrgänge zum Nachholen von Schulabschlüssen, Studienzirkel, Gesprächskreise oder Workshops, Vortragsveranstaltungen und virtuell und/oder präsenzförmig durchgeführte Seminare. Während V.n in der DDR vornehmlich als Einrichtungen des Zweiten Bildungsweges agierten, haben sich die Programmprofile der westlichen und östlichen Bundesländer inzwischen weitgehend angeglichen. Die Weiterbildungsdichte (Stundenvolumen pro 1000 Einwohner) bleibt aber in vielen östlichen Bundesländern immer noch deutlich hinter jener im Westen zurück. Dreiviertel aller Belegungsfälle entfallen auf Frauen. Erreicht werden v.a. die 50- bis 64-Jährigen (29 %) bzw. die 35- bis 49-Jährigen (25 %) sowie Erwachsene mit mittlerem Bildungsniveau. Die Gesamtfinanzierung der V.n umfasste in 2018 knapp 1,4 Mrd. Euro, wovon jeweils grob ein Drittel auf Teilnahmeentgelte bzw. auf Zuschüsse der Bundesländer und der ↑Gemeinden entfiel, mit deutlichen Unterschieden zwischen und innerhalb von Bundesländern. Die V.n beschäftigen heute knapp 10 000 Mitarbeitende, wovon jeweils etwa 40 % als hauptberufliche pädagogische oder als Verwaltungsmitarbeitende tätig sind. Ca. 75 % der Stellen werden von Frauen ausgefüllt, auf der Ebene der Leitungen zu ca. 50 %. Der weit überwiegende Teil des Angebots wird von neben- und freiberuflichen, seltener von ehrenamtlichen Lehrkräften realisiert, in 2018 auf der Basis von knapp 200 000 Beschäftigungsverhältnissen.

Literatur

J. Schrader: Institutionelle Rahmenbedingungen, Anbieter, Angebote und Lehr-Lernprozesse der Erwachsenen- und Weiterbildung, in: O. Köller u. a. (Hg.): Das Bildungswesen in Deutschland. Bestand und Potenziale, 2019, 701–730 •

Ders./E. D. Rossmann (Hg.): 100 Jahre VHS. Geschichten ihres Alltags, 2019 • E. Reichart/T. Lux/H. Huntemann: Volkshochschul-Statistik: 56. F., Arbeitsjahr 2017, 2018 • Deutscher Volkshochschul-Verband e. V.: Die Volkshochschule. Bildung in öffentlicher Verantwortung, 2011 • F. Pöggeler: Volkshochschule, in: StL, Bd. 5, [7]1995, 797–800 • K. Senzky: Volkshochschulen, in: E. Schmitz/H. Tietgens (Hg.): Erwachsenenbildung, 1995. JOSEF SCHRADER

Volkskunde

1. Allgemein

Die V. ist eine seit dem frühen 20. Jh. etablierte Fachwissenschaft, die sich heute als historisch argumentierende, empirische Kulturforschung und dabei sehr stark als Europäische Ethnologie versteht. Zu ihren Dachorganisationen gehört die *Deutsche Gesellschaft für Volkskunde*. Als ↑Kulturwissenschaft des Alltags gibt die V. Einsichten in die Vielfalt und Komplexität von ↑Gesellschaften und ↑Kulturen in Europa, in deren Prozesshaftigkeit und Dynamik. Kultur meint nicht einen festen Bestand an unveränderlichen ↑Traditionen und ↑Werten, der etwa geografisch oder national klar abgegrenzt ist. Vielmehr umschreibt er, wie Menschen, ↑Gruppen, Gesellschaften miteinander umgehen, sich verständigen, organisieren, ihre ↑Lebenswelten und Erfahrungsräume in spezifischen Handlungsrahmen gestalten. Der Untersuchungsraum beschränkt sich nicht mehr nur auf die deutschsprachigen Gebiete. Angesichts von Globalisierungsprozessen (↑Globalisierung), ↑Digitalisierung, ↑Mobilität und Transnationalisierung hat sich die Perspektive erweitert, ggf. über die Grenzen Europas hinaus.

Mit dem Volksparadigma der V. verbanden sich bereits in vorwissenschaftlichen Feldern Erkenntnisinteressen und volkskundliche Wissens- und Deutungsbestände, die seit dem späten 18. Jh. immer auch politisch-ideologisch durchdrungen waren. Die Instrumentalisierungen des Begriffes ↑Volk und seiner Komposita durch die NS-Ideologie in einer Volkstumspflege und NS-V. führten in der zweiten Hälfte des 20. Jh. zur Aufarbeitung und kontinuierlichen ↑Dekonstruktion essentialistischer nationalistischer Mythisierungen von Volk, Volkstum, Volkskultur, Volkskunst, ↑Gemeinschaft, Sitte und Brauch oder Ethnie. Diese Praxis gehört zum Selbstverständnis des „Vielnamenfaches". V. kann damit jüngeren gesellschaftspolitischen Herausforderungen eines völkisch imprägnierten ↑Populismus einen fundierten Wissensbestand entgegenstellen.

2. Begriff und Forschungsgeschichte

Die Wortverbindung Volks-Kunde wird gegen Ende des 18. Jh. greifbar in sich formierenden populären wie wissenschaftlichen Wissensfeldern, die nicht mehr von *anthropos* (Mensch) sondern von *ethnos* (Volk) abgeleitet sind: Ethnographie, ↑Ethnologie, Völkerkunde und V. Letztere taucht im Umkreis von Statistik und Kameralwissenschaften (↑Kameralismus) als eine bevölkerungskundliche ↑Verwaltungswissenschaft 1787 erstmals auf. Es geht um die Erkundung von „Denk- und Lebensart, Religion, Gewerbe und Sitten der Einwohner" (Mader 1793: 51) oder die „physische Darstellung des Volkes" und dessen Lebensweise unter „Volkssittenkunde" (Niemann 1807: 232 f.). V. zielt auf „Land und Leute", einem der Apodemik entlehnten Topos. Die frühste belegbare Begriffserwähnung stammt dann auch aus dem Hamburger Reisejournal „Der Reisende" 1782. Die Wissensgeschichte vordisziplinärer Kulturforschung zeigt darüber hinaus die Ausbildung von ethnografischen Interessen mit Blick auf konkrete Lebensbedingungen und -praxen unterer Bevölkerungsschichten im Rahmen außeruniversitärer Diskussionen der Moralphilosophie oder des frühen transnationalen Genres der Gesellschaftsskizzen des „dokumentarischen Journalismus" im frühen 19. Jh.

Im Kontext europäischer Nationenbildungsprozesse folgte die romantische Hinwendung zu sog.er Volkspoesie, seit Johann Gottfried Herder ästhetisch verklärt über den Begriff „Volkslied" (1771). Der „Volksseele" entsprungen, wird „Volk" personalisiert und in seiner kollektiven Kreativität stilisiert. In dieser findet sich die geeinte Sprach- und Kulturnation (↑Nation). Dieser Prozess wird am empirischen Befund der Liedüberlieferung als „Fund und Erfindung" (Klusen 1969) charakterisierbar. Aus diesen Zusammenhängen rührt auch der international populär gewordene Begriff „folk-lore" (Thoms 1846), ein Kunstwort, das über Folkloristik als Bereich nationaler Philologien und Ethnografien akademisch etabliert wurde.

Die Volkstums-Idee Friedrich Ludwig Jahns aus dem Jahr 1810 von der „Einungs- und Wiedererzeugungskraft eines Volkes", sichtbar in Volkstracht, Volksfesten, „Volksthumsdenkmälern" (Jahn 1810: 37), war noch virulent nach der Reichsgründung von 1871 und ihrer politischen Integrationskrise. Die praktische Umsetzung dieser Idee bestand in der Pflege und Förderung regionaler „Eigenart" und „Volkskultur" als Bestandteil nationalpolitischer Wünsche. Ludwig Achim von Arnim, Clemens Brentano, später Jacob und Wilhelm Grimm waren diesen Ideen verbunden. Auch Wilhelm Heinrich Riehls Konzept einer „Volkskunde als Wissenschaft" (1858) war – ungeachtet ihrer empirisch-ethnografischen Ansätze – eine staatswissenschaftlich verstandene konservative Soziallehre mit weitreichendem Nachwirken von organologischen Deutungen der gesellschaftlich bedeutsamen Schlüsselbegriffe Stamm, ↑Sprache, Sitte, Siedlung. Auf die zeitgenössische Fachentwicklung hatte er allerdings keinen nennenswerten Einfluss.

Nationale Sinnstiftung und die Bewältigung von krisenhaften Modernisierungserfahrungen (↑Modernisierung) bedingten die bürgerliche Formierung einer V. im vorwissenschaftlichen Terrain bürgerlicher Vereinigungen aus spezialisierten Akademikern und interessierten Laien mit Museums- und Archivgründungen

(↑Museum, ↑Archive). So war Rudolf Virchow an der Gründung des *Museums für deutsche Volkstrachten und Erzeugnisse des Hausgewerbes* 1889 in Berlin (*Königliche Sammlung für Deutsche Volkskunde* [1904], heute: *Museum Europäischer Kulturen*) beteiligt. Mit wachsenden Sammeltätigkeiten und zunehmender Musealisierung entwickelte sich alsbald eine spezifisch volkskundliche Darstellungsästhetik (Stuben- und Arbeitsszenerien, *tableaux vivants* mit einer Ausstattung von sog.er Volkskunst). Die V.-Vereine mit Fachorganen organisierten sich in dem 1904 gegründeten *Verband der Vereine für Volkskunde*.

Nach dem Ersten Weltkrieg etablierte sich V. als eigenständige Disziplin an Universitäten. 1919 wurde an der Universität Hamburg der erste Lehrstuhl für V. in Deutschland besetzt, in Prag an der Karl-Ferdinands-Universität die Professur für „Volkskunde, deutsche Sprache und Literatur". Für die Professionalisierung der V. war insb. die Zeit „vor und zwischen den Weltkriegen" (Köstlin 2011) prägend. Als Teil einer internationalen vergleichenden folkloristischen, ethnologischen Forschung entstanden Projekte wie die Volksliedarchive in Wien 1904, in Freiburg im Breisgau 1914 (*Zentrum für Populäre Kultur und Musik* [2014]) das „Handwörterbuch des deutschen Aberglaubens" (Bächtold-Stäubli/Hoffmann-Krayer, 10 Bde., 1927–42), die „internationale volkskundlichen Bibliographie" (1917) und der „Atlas der deutschen Volkskunde" (1928–39, 1956–84). Sie prägten lange das Fachprofil.

Im Umfeld konservativer Sozialbewegungen wurde V. als „Pflege- und Bewahrungspolitik" (Kaschuba 2012: 104) v.a. von Lehrern und Pfarrern praxisorientiert zur Volksbildung und -erziehung als populäre Heimatkunde betrieben. An den Vorstellungen traditionsverbundener, in sich abgeschlossener und gesellschaftlich stabiler, bes. ländlicher Welten sowie an der Ausbildung von schillernden Regionalismen und ↑Nationalismen war V. mitbeteiligt.

Die völkische Bewegung, seit Mitte der 1890er Jahre sich formierend, konnte hier mit ihrer kultur- und zivilisationskritischen Haltung (↑Kulturkritik) anknüpfen, zumal in den 1920er Jahren im Zusammenhang mit einer etablierten Volkstumsideologie, der Vorstellung von deckungsgleichen Stammes- und Kulturräumen, entlang einer Suche nach Ursprung und Ursinn, auch – unter Rückgriff auf die Mythologie der Grimms – mit Kontinuitätspostulaten germanischer Traditionen. V. wurde damit auch anschlussfähig für den ↑Nationalsozialismus. Er verband die volkskundlichen Wissens- und Deutungsbestände mit seiner biologistischen Rassenideologie (↑Rassismus). Volk und Volkstum wurden als Kampfbegriffe in einer angewandten NS-V. im staatlichen Machtapparat institutionalisiert (Forschung- und Lehrgemeinschaft *Das Ahnenerbe* der SS, *Amt Rosenberg*).

Die „Münchner Schule" als volkskundliche Forschungsrichtung (Hans Moser, Karl-Sigismund Kramer) distanzierte sich nach 1945 in Auseinandersetzung mit dem Nationalsozialismus von der mythologischen Altlast durch eine strikt quellenkritische, archivalisch-empirische Forschung. „Volksleben" wird hier lokalisiert und historisiert, in soziale Konstellationen eingebunden und verortet. Dennoch blieb V. bis in die 1960er Jahre von den ideologischen Aufladungen des Volksbegriffes behaftet. Ideologiekritik und sozialwissenschaftlich-kulturanthropologische Perspektiven führten – nach Diskussionen um die Standortbestimmung des Faches (Falkensteiner Protokolle 1970) – anschließend zu einem Paradigmenwechsel mit dem „Abschied vom Volksleben" und mit einem programmatischen Forschungsinteresse für die „kulturelle Seite gesellschaftlichen Lebens" (Bausinger 1978: 14) sowie für die „Sozialgeschichte regionaler Kultur" (Brückner 1987: 125).

Bräuche wurden bspw. von der Herkunftsfrage gelöst, als zeitgenössische Ausdrucksweisen von Gruppen, als Freizeitgestaltung, oder Formen medialer Vermarktung und sog.e Volklieder als populärkulturelle Phänomene (↑Populärkultur) zusammen mit moderner Unterhaltungsmusik untersucht. An die Stelle von Vertriebenen-V. (als Traditionspflege zur Identitätsstabilisierung) trat die Migrationsforschung, die politische Zusammenhänge von Integrationsstrategien der Flüchtlingsgruppen und von sozialen Praxen der Beheimatung aufzeigte. Mit diesen Perspektiven entwickelt sich V. zur historisch argumentierenden Gegenwartswissenschaft, wenngleich das „Volksparadigma" modifiziert als „kleine Leute" oder in den Konzepten von „populärer Kultur", „ländlicher Kultur", „Arbeiterkultur" oder „Volkskultur", von „breiten Bevölkerungsschichten", „unteren Schichten" und „städtischen Kulturen" mitschwang (Kaschuba 2012: 105).

Angesichts komplexer Gesellschaften und globaler Vernetzung richtet sich heute der Blick auf vielfältige gesellschaftliche Felder, auf soziale Ordnungen und Machtverhältnisse, auf die Diversität von Erfahrungsformen und Wahrnehmungsdimensionen, auf soziokulturelle Praxen und Handlungsmuster in ihrer lokalen Einbettung wie in globalen Kontexten.

3. Methodenrepertoire, Forschungsfelder, Themen

Das methodische Repertoire des Fachs hat sich den veränderten Bedingungen angepasst. Die Disziplin zielt nicht auf eine vordergründige Beschreibung sozialer Praxis, sondern auf das Verstehen und Erklären der Sinnhorizonte und Handlungszusammenhänge im Zusammenspiel mit sozial- und gesellschaftsgeschichtlichen Bedeutungsbezügen sowie deren Wandel. Kleine Untersuchungsfelder, methodenpluraler Zugang, qualitative Datengenerierung über Feldforschung, Auswertung textueller, visueller und materieller Quellen, emische Sicht, hermeneutisch-interpretatives Vorgehen und eine Vielfalt theoretischer Bezüge als sensibilisierende Konzepte für die analytische Erschließung der Datenkorpora sind kennzeichnend.

Etablierte Forschungsfelder sind u.a. Erzählforschung, Sachkulturforschung (Dinge materieller Kulturen), audio-visuelle Anthropologie, Ethnografie politischer Felder, Populärkultur- und Massenkulturforschung im eigentlichen Sinne von Alltagsleben und -handeln, Stadtforschung und Kulturanalyse des Ländlichen, empirische Religionsforschung, Forschungen zu Mobilitätsregimen, Digitalisierung oder Arbeitskulturen. Die Wissens- und Wissenschaftsgeschichte der V., also eine „Ethnographie der Ethnologie“ (Clifford 1986: 7), haben Konstruktions-, und Verfremdungsprozesse während des wissenschaftlichen Be-Schreibens und der Interpretation anderer Vergesellschaftungs- und Lebensformen aufgezeigt. So gehört z. B. *Ethnizität* zu den folgenreichsten Konstruktionen von Alterität als kultureller ↑Identität. Die maßgeblich von Völkerkunde und V. geprägten und zur sozialen Wirklichkeit geronnenen Vorstellungen darüber besitzen Wirkmacht bis in den Alltag und beeinflussen soziales sowie politisches Handeln. I. S. einer reflexiven Kulturanthropologie werden daher nationalistische und hegemoniale Implikationen von homogenen nationalen Kulturen oder Ethnien dekonstruiert und kritisch in die aktuellen Diskurse eingebracht.

Literatur

K. Maase: Populärkulturforschung, 2019 • K. Köstlin: Volkskunde, in: M. Fahlbusch (Hg.): Hdb. der völkischen Wissenschaften, Bd. 2, 2017, 1278–1287 • C. Schwab: Sketches of Manners, Esquisses of Moeurs. Die journalistische Gesellschaftsskizze (1830–1860) als Ethnographisches Wissensformat, in: Zeitschrift für Volkskunde 112/1 (2016), 37–56 • J. Moser/I. Götz/M. Ege (Hg.): Zur Situation der Volkskunde 1945–1970, 2015 • C. Bischoff/K. Oehme-Jüngling/W. Leimgruber (Hg.): Methoden der Kulturanthropologie, 2014 • S. Hess/J. Moser/M. Schwertl (Hg.): Europäisch-ethnologisches Forschen, 2013 • D. Kramer: Europäische Ethnologie und Kulturwissenschaften, 2013 • W. Kaschuba: Reflexion und Intervention. Zum Ethos volkskundlicher-ethnologischer Forschung, in: K. Braun/C. M. Dieterich/C. Schönholz (Hg.): Umbruchszeiten, 2012, 101–120 • K. Köstlin: Volkskunde vor und zwischen den Weltkriegen. Anmerkungen zur Internationalisierung des Fachs, in: R. Johler/M. Matter/S. Zinn-Thomas (Hg.): Mobilitäten, 2011, 317–325 • M. Scharfe: Signaturen der Kultur. Studien zum Alltag und seiner Erforschung, 2011 • S. Göttsch /A. Lehmann (Hg.): Methoden der Volkskunde, 2007 • W. Kaschuba: Einführung in die Europäische Ethnologie, 2006 • I. Weber-Kellermann/A. C. Bimmer/S. Becker: Einführung in die Volkskunde/Europäische Ethnologie, 2003 • H. Gerndt: Kulturwissenschaft im Zeitalter der Globalisierung. Volkskundliche Markierungen, 2002 • K. Köstlin/P. Niedermüller/H. Nikitsch (Hg.): Die Wende als Wende? Orientierungen Europäischer Ethnologen nach 1989, 2002 • W. Brückner: Volkskunde als historische Kulturwissenschaft. Ges. S., 12 Bde., 2000–02 • W. Jacobeit u. a.: Völkische Wissenschaft. Gestalten und Tendenzen der deutschen und österreichischen Volkskunde in der ersten Hälfte des 20. Jahrhunderts, 1994 • W. Brückner: Geschichte der Volkskunde, in: I. Chiva/U. Jeggle (Hg.): Deutsche Volkskunde – französische Ethnologie,1987, 105–127 • I.-M. Greverus: Kultur und Alltagswelt. Eine Einführung in Fragen der Kulturanthropologie, 1987 • J. Clifford: Introduction. Partial Truths, in: ders./G. E. Marcus (Hg.): Writing Culture, 1986, 1–25 • H. Bausinger: Volkskunde im Wandel, in: ders. u. a. (Hg.): Grundzüge der Volkskunde 1978, 1–16 • Ders.: Volkskunde. Von der Altertumsforschung zur Kulturanalyse, 1971 • W. Brückner (Hg.): Falkensteiner Protokolle, 1971 • E. Klusen: Volkslied. Fund und Erfindung, 1969 • H. Bächtold-Stäubli/E. Hoffmann-Krayer (Hg.): Handwörterbuch des deutschen Aberglaubens, 10 Bde., 1927–42 • W. H. Riehl: Volkskunde als Wissenschaft, 1858 • W. J. Thoms: Folk-Lore, in: The Athenaeum No. 982 (1846), 862 f. • F. L. Jahn: Deutsches Volksthum, 1810 • A. C. H. Niemann: Abris der Statistik und der Statenkunde 1807 • J. Mader: Über Begriff und Lehrart der Statistik, 1793 • Ders.: Verzeichniß einiger gedruckten Hilfsmittel zu einer pragmatischen Landes-, Volks- und Staatskunde Böhmens, in: J. A. von Riegger (Hg.): Materialien zur alten und neuen Statistik von Böhmen 1 (1787), 23–58. ANGELA TREIBER

Volksschule ↑Schule

Volkssouveränität

1. Allgemeine Bestimmung

Der Grundgedanke der V. ist bündig in dem Satz des Art. 20 Abs. 2 GG zusammengefasst, dass alle Staatsgewalt vom Volke ausgeht; gleichbedeutend oder erläuternd wird oft auch vom Volk als alleinigem „Legitimationsgrund“ oder alleiniger „Legitimationsquelle“ der gesamten Staatsgewalt gesprochen. Diese darf dann nicht nur, als eine Herrschaft für das ↑Volk, im tatsächlichen oder vermuteten Interesse des Volkes und zu seinem Wohl ausgeübt werden, sondern muss, i. S. einer Herrschaft des Volkes und durch das Volk, selbst auf dessen wie auch immer zu ermittelnde Entscheidung rückführbar sein. Die konkrete Formulierung des Satzes geht dabei ihrerseits auf verschiedene ältere Fassungen zurück, deren bedeutsamste sich, mit der charakteristischen Verschiebung von „Volk“ zu „Nation“, in Art. 3 der Erklärung der Menschen- und Bürgerrechte von 1789 findet. Mit ihr verbindet sich zugl. der historische Durchbruch der V., in dessen Folge sie heute zur selbstverständlichen Grundlage jeder demokratischen ↑Ordnung geworden ist. Unter ↑Demokratie kann dann verkürzt diejenige Form politischer Herrschaft verstanden werden, die der Idee der V. innerlich verpflichtet ist und auf ihre reale Verwirklichung zielt. In diesem Sinne ist V. das begründende Prinzip der Demokratie.

2. Begriffliche Grundelemente

Mit diesem zunächst noch sehr allg.en Inhalt lässt sich von V. in einem unspezifischen und einem spezifischen Sinne sprechen. In einem unspezifischen Sinne ist die Vorstellung, dass die politische Ordnung von der Gesamtheit ihrer Mitglieder getragen sein muss und diese auch die politische Leitungsgewalt ausüben sollen, alt und lässt sich bis weit in die Geschichte zurückverfolgen. Für die römische Republik etwa bestimmt Cicero in seiner berühmten Definition den Staat ganz allg. als Sache des Volkes („res publica res populi“, Cic. rep.

1,39), und zum Ausgang des Mittelalters lässt sich bei Marsilius von Padua in seinem „Defensor Pacis“ lesen, Gesetzgeber bzw. „erste bewirkende Ursache“ (Defensor Pacis, 1,12) des Gesetzes sei die Gesamtheit oder zumindest die Mehrheit der Bürger (↑Bürger, Bürgertum). Marsilius’ Gesamtkonzeption verweist freilich schon voraus auf den spezifischen Begriff der V., der gerade die ↑Souveränität als voraussetzungsvollen Schlüsselbegriff des politischen Denkens zum Ausgangspunkt hat. Diese ist ihrerseits ein spezifisch modernes Konzept, das sich mit der Herausbildung des neuzeitlichen ↑Staates verbindet und nach der bekannten Formulierung von Jean Bodin dessen Vermögen bezeichnet, die bindenden, selbst aber von jeder Bindung freien Entscheidungen für alle ihm Unterworfenen zu treffen. Souveränität in diesem Sinne setzt damit zweierlei voraus, zum einen die Einheitlichkeit der Entscheidungsbefugnisse i. S. ihrer Konzentration in einer Hand oder zumindest an einem Ort, zum anderen die Vorstellung einer prinzipiellen Verfügbarkeit der Welt. Beides war der mittelalterlichen Ordnung noch fremd, die Einheitlichkeit der Entscheidungsbefugnis, weil sich ↑Macht auf verschiedene geistliche und weltliche, überregionale und lokale Institutionen verteilte, die miteinander um den Vorrang konkurrierten, und die Vorstellung einer prinzipiellen Verfügbarkeit der Welt, weil diese in ihrem Kern nur als die von Gott gestiftete und gelenkte Ordnung erschien. Unter diesen Bedingungen fehlte es zugl. an einem möglichen Gegenstand von Souveränität. Ein solcher entstand erst mit dem modernen Staat, der sich als autonomer Bereich politischer Gestaltung ausdifferenzierte und namentlich die Rechtssetzungsbefugnis bei sich monopolisierte. Das ↑Recht selbst wird dadurch positives Recht (↑Rechtspositivismus), das für die Verfolgung gesetzter Zwecke in Dienst genommen werden kann; in ihm verkörpert sich zugl. der Anspruch auf die prinzipielle Gestaltbarkeit der politischen Ordnung, der im Konzept von Souveränität i. S. eines allg.en Zuhöchst-Seins vorausgesetzt ist.

Allerdings war mit dieser sachlichen Bestimmung von Souveränität die Frage nach ihrem möglichen Träger noch nicht beantwortet. Bei J. Bodin selbst war dies in der bekannten Formulierung vom *princeps legibus solutus* der absolute Monarch (↑Absolutismus), der sich bei der Ausübung seiner Befugnisse nur an den Grundsätzen des ↑Naturrechts oder der ↑Moral zu orientieren hatte. Bei Thomas Hobbes verdankt sich demgegenüber zumindest die erstmalige Einsetzung des Herrschers einem urspr.en Akt der Zustimmung durch das der Herrschaft unterworfene Volk, wie er sinnbildlich im Abschluss des ↑Gesellschaftsvertrages (↑Vertragstheorie) zum Ausdruck kommt. Von hier aus war es nur folgerichtig, das Volk selbst zum Träger dieser Herrschaft und damit von Souveränität zu erklären, wie es durch nachfolgende Vertragstheoretiker wie John Locke und sodann bes. wirkmächtig Jean-Jacques Rousseau geschah. Der Begriff des Volkes umfasst dabei im Ausgang ein Doppeltes; er kann sowohl das Volk als eine noch ganz unorganisierte Gruppe von Menschen meinen, die sich ihre politische Ordnung und ihre positive Rechtsordnung erst noch geben will, als auch diejenige politische Einheit, die bereits in und unter dieser Ordnung lebt. Für letztere führt der Abbé Emmanuel Joseph Sieyès, nun unmittelbar am Vorabend der ↑Französischen Revolution, den Begriff der ↑Nation ein, die dann in der Menschenrechtserklärung von 1789 zum „Ursprung aller Souveränität“ erklärt wird: als, wie es bei E. J. Sieyès heißt, Gesamtheit von vereinigten Individuen, die unter einem gemeinsamen Gesetz stehen und durch dieselbe gesetzgebende Versammlung vertreten sind. Auch im Übrigen ist „Volk“ in seiner Amalgamierung mit „Souveränität“ aber ein nicht weniger anspruchs- und voraussetzungsvoller Begriff als diese, auch wenn das hier seltener gesehen wird. Mit ihm verbindet sich über einen nur irgendwie gruppenförmigen Zusammenschluss hinaus die Vorstellung einer prinzipiellen ↑Gleichheit aller seiner Mitglieder, die für das Gesamtkonzept der V. nicht weniger zentral ist. Sie tritt in dieser Form bes. markant erneut bei E. J. Sieyès hervor, wenn dieser das Volk bzw. die „Nation“ mit dem „Dritten Stand“ gleichsetzt, in der Sache also mit der bürgerlichen ↑Gesellschaft unter Ausschluss aller durch Geburt oder sonst wie privilegierten Mitglieder. Auch die Kritiker haben diesen Punkt klar gesehen, wenn sie sich, wie in Deutschland zu Beginn des 19. Jh., gegen die nun auch hier erhobenen Forderungen nach einer „Repräsentativverfassung“ zur Wehr setzten: Diese führe, schrieb Metternichs Hofpublizist Friedrich von Gentz anlässlich der Karlsbader Beschlüsse, geradezu auf den „verkehrten Begriff von einer obersten Souveränetät des Volks“ zurück, in dem an die Stelle der gottgewollten Standes- und Rechtsunterschiede der „Wahn allgemeiner Gleichheit der Rechte“ (von Gentz 1845: 215) trete.

3. Weitere theoretische Modellierung

Während allerdings die Grundelemente als solche alsbald zutreffend erkannt sind, treten im weiteren Verlauf der Diskussion erhebliche Unklarheiten über ihre konkrete Ausfüllung hervor. Im Einzelnen betreffen diese den möglichen Bezugspunkt der V., die Bestimmung des für sie maßgeblichen Organisationsmodells sowie die ihr ggf. zu setzenden Grenzen. Hinsichtlich des Bezugspunkts ist zu entscheiden, ob sich die V. im urspr.en Gründungs- oder Konstitutionsakt einer politischen Gemeinschaft erschöpft oder über diesen, in welchem Sinne auch immer, hinauswirkt. Erschöpft sie sich im urspr.en Gründungsakt, in der Sache also in der Schaffung und Inkraftsetzung einer ↑Verfassung, ist V. gleichbedeutend mit der Idee oder dem Begriff der verfassunggebenden Gewalt des Volkes. In dieser Bedeutung tritt sie in voller Reinheit wiederum bei E. J. Sieyès hervor, wenn dieser das Recht zum Erlass einer Verfassung der Nation und nur der Nation zuerkennt; diese beweist sich hier gerade insofern als wahrhaft souverän, als sie selbst dabei keiner Verfassung und damit keiner positivrechtlichen Bindung unterworfen ist. Allerdings hatte schon E. J. Sieyès mit seiner Unterscheidung von verfassunggebender („pouvoir constituant“) und durch die Verfassung eingerichteter Gewalt („pouvoir constitué“) (Sieyès 1789: 111) darauf aufmerksam gemacht, dass alle von der Verfassung eingesetzten Organe ihrerseits an die Verfassung gebunden sind und nur in deren Rahmen handeln können. Von hier aus ist es nur noch ein weiterer Schritt, die verfassunggebende Gewalt auf Dauer zu stellen und anschließend auch die Ausübung von Macht unterhalb der Verfassung dem Prinzip der V. zu unterwerfen. Aus der V. als Forderung nach einer vom Volk autorisierten Verfassung wird dann die V. als Forderung nach einer demokratischen Ordnung. Hinsichtlich des Organisationsmodells ist sodann zu klären, in welcher Art und Weise das zur Herrschaft berufene Volk diese konkret ausüben soll. Dafür stehen vom theoretischen Ausgangspunkt her erneut zwei Grundmodelle zur Verfügung, das Modell der ↗Identität und das der ↗Repräsentation. Im Modell der Identität, wie es von J.-J. Rousseau selbst bis hin zu Carl Schmitt favorisiert wird, gehen Staat und Volk, Regierende und Regierte sachlich wie personell vollständig ineinander auf; es kann und darf immer nur das unmittelbar bei sich seiende Volk als Kollektivwesen handeln, weil, wie J.-J. Rousseau schrieb, die Souveränität „unveräußerlich und auch unteilbar“ sei (Rousseau 1762: 28). Unter diesen Bedingungen fehlt es allerdings an einer Struktur, aus der heraus überhaupt ↗Entscheidungen gefällt werden können. Darüber hinaus besteht die Gefahr der Usurpation durch bes. schlagkräftige Gruppen oder autoritäre Führerfiguren, die den authentischen Volkswillen zu verkörpern beanspruchen und sich ihre Entscheidungen nur noch akklamieren lassen. Angesichts dieser theoretischen wie praktischen Mängel des Identitätsmodells hat sich im Ergebnis weltweit das Modell der Repräsentation durchgesetzt, in dem das Volk die Herrschaft nicht selbst, sondern durch von ihm berufene Vertreter ausübt. Auch hier muss allerdings sichergestellt sein, dass die Herrschaft sich nicht in einem einmaligen Akt der Bestellung erschöpft, sondern auch über diesen hinaus fortwirkt; erreicht wird dies typischerweise dadurch, dass die Bestellung nur auf Zeit erfolgt und auch zwischen den Bestellungsakten eine ausreichende Rückkoppelung an das Volk – etwa durch intermediäre Institutionen (↗Medien, ↗Parteien etc.) oder eine politische ↗Öffentlichkeit – gewährleistet bleibt. Hinsichtlich der möglichen Grenzen schließlich ist v. a. das Verhältnis der Rechte der Einzelnen gegenüber dem Kollektivsubjekt „Volk“ zu bestimmen; gleichbedeutend kann man auch vom Verhältnis der öffentlichen ↗Autonomie der Staatsbürger (als Ausdruck der V.) und ihrer privaten Autonomie (als Bezugspunkt von ↗Grundrechten) sprechen. Auch hier lassen sich die möglichen Standpunkte zu zwei gegensätzlichen Grundmodellen zusammenziehen, die durch J.-J. Rousseau einerseits und J. Locke andererseits repräsentiert werden. Während bei J.-J. Rousseau die V. den unbedingten Vorrang hat und sich die ↗Freiheit des Einzelnen überhaupt nur in seiner Teilhabe an der Bildung des kollektiven Willens äußert, wird bei J. Locke die politische Ordnung ganz auf den Schutz der privaten Autonomie und der mit ihr verbundenen individuellen Rechte bezogen, vor denen sich auch die V. zu rechtfertigen hat. Diese Rechte wirken damit zugl. als Begrenzung der V. Neuere Überlegungen, etwa von Jürgen Habermas, suchen demgegenüber nach einer prinzipiellen Balance zwischen V. und individuellen Rechten, zwischen öffentlicher und privater Autonomie, die als „gleichursprünglich“ und „gleichgewichtig“ (Habermas 1992: 161) behandelt werden; die Suche nach einer solchen Balance dürfte auch der Praxis der meisten demokratischen Verfassungsstaaten entsprechen.

4. Aktuelle und künftige Bedeutung

Die überragende Bedeutung, die die V. mit diesem Inhalt für eine demokratische Ordnung hat, kommt in diesen Ordnungen typischerweise dadurch zum Ausdruck, dass sie in den Rang eines grundlegenden Verfassungsprinzips erhoben worden ist; in der Bundesrepublik ist dies durch den eingangs bereits angesprochenen Art. 20 Abs. 2 GG geschehen. Das ↗BVerfG hat daraus weitreichende Folgerungen abgeleitet, etwa zur Frage, wer als „Volk“ i. S. dieser Bestimmung zu verstehen ist (i. e. die Summe der Staatsangehörigen, weshalb etwa ein Ausländerwahlrecht verfassungswidrig wäre), aber auch zu den inhaltlichen Anforderungen an staatliches Handeln (i. S. einer sachlichen ↗Legitimation durch das parlamentarische Gesetz [↗Gesetzgebung]) bis hin zur Bestimmung, wer gegenüber dem Bürger zu einem Handeln mit Entscheidungscharakter berufen ist (i. S. einer personellen Legitimation der je handelnden Amtswalter [↗Amt]). Allerdings ist die dahinter wie überhaupt hinter dem allg.en Konzept der V. stehende Vorstellung eines zentralen Ortes des Politischen, in dem die demokratische Willensbildung ihren imaginären Fluchtpunkt findet, aus verschiedenen Gründen fraglich geworden: Innerhalb des Staates wird Macht wieder zusehends dezentriert und immer weniger über die klassische Form des vom Parlament (↗Parlament, Parlamentarismus) beschlossenen Gesetzes ausgeübt; außer- und oberhalb des Staates verflüssigt sie sich in den komplexen Entscheidungszusammenhängen der internationalen und europäischen ↗Mehrebenensysteme. Insofern teilt die V. das Schicksal des in ihr enthaltenen Souveränitätsbegriffs, dessen Grundgedanke eines Zuhöchst-Seins i. S. eines Rechts zum „letzten Wort“ ebenfalls fragwürdig geworden und dessen Zukunft unsicher ist. Ob ein verändertes Verständnis von V. als subjektloses, im Wesentlichen nur noch kommunikatives „Verfahren“ diesen Bedeutungsschwund auffangen kann, wie es etwa von J. Habermas vorgeschlagen ist (Habermas 1992: 600), bleibt vorerst offen.

Literatur

H. Hofmann: Über Volkssouveränität, in: JZ 69/18 (2014), 861–868 • D. Grimm: Souveränität, 2009 • J. Habermas: Faktizität und Geltung, 1992 • P. Graf Kielmansegg: Volkssouveränität, 1977 • H. Kurz: Volksouveränität und Staatssouveränität, 1970 • C. Schmitt: Verfassungslehre, 1928 • F. von Gentz: Ueber den Unterschied zwischen den landständischen und Repräsentativverfassungen, in: J. L. Klüber (Hg.): Wichtige Urkunden für den Rechtszustand der deutschen Nation, [2]1845, 213–223 • E. J. Sieyès: Qu'est-ce que le Tiers-État?, 1789 • J.-J. Rousseau: Du contrat social, 1762. UWE VOLKMANN

Volksverein für das katholische Deutschland

Der als Laieninitiative (↑Laie) entstandene V. bestand von 1890 bis 1933. Auf dem Höhepunkt der Entwicklung (1914) hatte die von Mönchengladbach aus geleitete Verbandsorganisation 805 909 Mitglieder, darunter 60 000 Vertrauensmänner. Der Frauenanteil betrug 5,2 % (1928: 22,9 %); der räumliche Schwerpunkt der Organisation lag im rheinisch-westfälischen Industriegebiet. Programmatisch beruhte die Schulung der Vereinsmitglieder und der Führungskräfte des politischen und ↑sozialen Katholizismus auf der von den ↑Päpsten initiierten ↑katholischen Soziallehre in Abgrenzung zum atheistischen ↑Sozialismus. Auch nach dem Untergang der Monarchie unterstützte der V. die angesichts von Dauerkrisen weitgehend unpopuläre Zentrumspolitik (↑Zentrum). Seit 1922 waren die Mitgliederzahlen rückläufig (1928: 417 288; 1932: 330 017). Der Ausbau konkurrierender katholischer Spezialorganisationen, interkonfessioneller Gewerkschaften oder Parteien, die der V. bisher gefördert hatte, entzog ihm allmählich die Mitgliederbasis. Die Abkehr von der sozialpolitischen Aktion (↑Sozialpolitik) und die von den Vordenkern August Pieper und Anton Heinen maßgeblich betriebene Hinwendung zur „Gesinnungsreform" und „intensiven Volksbildung" in kleinen Arbeitsgemeinschaften fand nur mäßigen Anklang. Noch verhängnisvoller erwies sich 1928 der finanzielle Zusammenbruch des vielgestaltigen Volksvereins-Konzerns. Eine Reorganisation wurde unumgänglich. Die Vereinsleitung suchte eine stärkere Anbindung an die kirchliche Hierarchie (↑Katholische Aktion). Der V. blieb aber weiterhin ein kirchlich empfohlener privater Verein, dessen Vorstand jedoch zu einem Drittel aus Vertretern katholischer Verbände (↑Katholische Organisationen) bestand. Neben die Defensive gegenüber Gottlosen- und Feuerbestattungspropaganda, Bolschewismus und ↑Nationalsozialismus trat als weitere neue Aufgabe die Konkretisierung des von Pius XI. empfohlenen berufsständischen Neubaus von Wirtschaft und Gesellschaft (↑Berufsständische Ordnung). In Verkennung des totalitären NS-Regimes versuchte der V. seit März 1933 zunächst, durch loyale Kooperation seine Existenz zu sichern. Die dann beabsichtigte Neukonstituierung als *Katholischer Deutscher Volksbund* ließ sich nicht mehr verwirklichen. Im Zuge der zentral gesteuerten Polizeiaktion vom 1.7.1933 wurde der V. aufgelöst. Versuche nach 1945, den V. wiederzubeleben, blieben angesichts des beschleunigten Gestaltwandels innerhalb des deutschen ↑Katholizismus ohne Erfolg.

Literatur

W. Neuhaus: August Pieper und der Nationalsozialismus, 2017 • F. Doért: Carl Sonnenschein, 2012 • M. Habersack: Friedrich Dessauer (1861–1963), 2011 • C. Kuhl: Carl Trimborn (1854–1921), 2011 • W. Löhr: Der Volksverein für das katholische Deutschland, 2009 • M. Dust: „Unser Ja zum neuen Deutschland". Katholische Erwachsenenbildung von der Weimarer Republik zur Nazi-Diktatur, 2007 • K. Gabriel/H.-J. Kracht (Hg.): Franz Hitze (1851–1921), 2006 • T. Dahmen: August Pieper. Ein katholischer Sozialpolitiker im Kaiserreich, 2000 • D. Grothmann: „Verein der Vereine"? Der Volksverein für das katholische Deutschland im Spektrum des politischen und sozialen Katholizismus der Weimarer Republik, 1997 • G. Klein: Der Volksverein für das katholische Deutschland 1890–1933, 1996 • D. H. Müller: Arbeiter – Katholizismus – Staat. Der Volksverein und die katholischen Arbeiterorganisationen in der Weimarer Republik, 1996 • H. W. Heitzer: Deutscher Katholizismus und „Bolschewismusgefahr" bis 1933, in: HJb 113 (1993), 355–387 • H.-J. Kremer: Der Volksverein für das katholische Deutschland in Baden 1890–1933, in: FDA 104 (1984), 208–280 • G. Schoelen: Bibliographisch-historisches Hdb. des Volksvereins für das katholische Deutschland, 1982 • H. Heitzer: Der Volksverein für das katholische Deutschland im Kaiserreich 1890–1918, 1979 • H. Gottwald, Volksverein für das katholische Deutschland, in: D. Fricke u. a. (Hg.): Die bürgerlichen Parteien in Deutschland, Bd. II, 1970, 810–834 • K. Brüls: Geschichte des Volksvereins, Bd. I: 1890–1913, 1960 • H. J. Patt: Anton Heinen als Sozialpädagoge, 2 Bde., 1958 • E. Ritter: Die katholisch-soziale Bewegung Deutschlands im 19. Jahrhundert und der Volksverein, 1954 • Zentralstelle des Volksvereins für das katholische Deutschland (Hg.): Die Frau im Volksverein für das katholische Deutschland 1 (1913) – 21 (1933) • Zentralstelle des Volksvereins für das katholische Deutschland (Hg.): Der Volksverein 1 (1891) – 43 (1933). GOTTHARD KLEIN

Volksvermögen ↑Volkswirtschaftliche Gesamtrechnung

Volkswirtschaft ↑Wirtschaft

Volkswirtschaftliche Gesamtrechnung

1. Die Grundlagen der Volkswirtschaftlichen Gesamtrechnung im Überblick

Die V. G. stellt eine umfassende statistische ex post Abbildung des makroökonomischen Geschehens einer Volkswirtschaft für einen gegebenen Zeitraum – meist ein Jahr – dar. Da sich das Gesamtsystem der V.n G. aus mehreren Teilrechnungen zusammensetzt, wird es auch oftmals im Plural als „V. G.en" bezeichnet. Die V. G. bildet ein in sich konsistentes System von makroökonomischen Beziehungen ab, welches auf dem Konzept der volkswirtschaftlichen Kreislaufanalyse basiert und i. d. R. von den jeweiligen statistischen Behörden eines Landes in Kontenform publiziert wird. Aus ihr lassen sich zentrale ökonomische Größen, wie etwa das BIP oder das BNE, sowie deren Zusammensetzung ableiten.

Die aus der V.n G. gewonnen aggregierten Daten stellen die zentrale Grundlage für die Beschreibung der wirtschaftlichen Entwicklung eines Landes über die Zeit hinweg und im internationalen Vergleich zu anderen Ländern dar. Sie ist damit ein unverzichtbares Element für die Wirtschaftskunde. Neben dem rein beschreibenden Charakter ist die V. G. aber auch die zentrale Datenbasis für die empirische Wirtschaftsforschung. Diese dient der Untersuchung von kausalen Wirkungszusammenhängen in der Volkswirtschaft, welche wiederum als unverzichtbare Grundlage sowohl für wirtschaftspolitische Entscheidungen als auch für die ↑Prognose der zukünftigen Wirtschaftsentwicklung dienen. Damit ergibt sich eine enorme Bedeutung für die V. G. im Allgemeinen sowie für deren Datenqualität im Besonderen.

1.1 Systematik und grundlegende Konzepte der Volkswirtschaftlichen Gesamtrechnung

Das Statistische Bundesamt, welches in Deutschland die maßgebliche Verantwortung für die Erstellung der V.n G. trägt, unterscheidet insgesamt sieben Teilsysteme der V.n G. Das zentrale System ist dabei die Berechnung des Inlandsprodukts und des Nationaleinkommens. Dazu werden gemäß der Abb. 1 sechs weitere sog.e Nebenrechnungen unterschieden, wobei die Zuständigkeit für die Außenwirtschaftsrechnung bei der ↑Deutschen Bundesbank liegt. Michael Frenkel, Klaus Dieter John und Ralf Fendel sowie Dieter Brümmerhoff und Michael Grömling bieten eine sehr detailierte Darstellung aller Teilrechnungen der V.n G.

Volkswirtschaftliche Gesamtrechnung

- Inlandsprodukts- und Nationaleinkommensberechnung
- Nebenrechnungen der V. G.:
  Input-Output-Rechnung
  Vermögensrechnung
  Finanzierungsrechnung
  Außenwirtschaftsrechnung
  Arbeitsvolumenrechnung
  Einkommensrechnung für private Haushalte nach sozioökonomischer Gliederung

Abb. 1: Die Teilbereiche der Volkswirtschaftlichen Gesamtrechnung

Da sich das gesamte Wirtschaftsgeschehen aus einer enormen Vielzahl von Einzeltransaktionen von sehr heterogenen Wirtschaftseinheiten zusammensetzt, muss diese Komplexität im Zuge der V.n G. möglichst zweckmäßig reduziert werden. Dieser Vorgang wird als Aggregation bezeichnet. Dies geschieht einerseits durch die Gliederung der volkswirtschaftlichen Akteure nach aggregierten Sektoren sowie andererseits durch die Kategorisierung von deren ökonomischen Aktivitäten. In einer sehr grundlegenden Gliederung, die der im folgenden Abschnitt dargestellten Kreislaufanalyse zugrunde liegt, werden i. d. R. vier Sektoren unterschieden:

a) Unternehmen,
b) private Haushalte,
c) Staat und
d) Ausland.

Die prinzipiellen ökonomischen Aktivitäten dieser Sektoren sind:

a) Einkommensschaffung durch Produktion von Waren und Dienstleistungen,
b) Einkommensempfang und Einkommensverwendung (z. B. für Konsum),
c) Vermögensbildung und
d) Finanzierungsaktivitäten.

Durch die V. G. werden dabei die jeweiligen Transaktionen (also der Übergang eines Gutes, einer Dienstleistung oder einer Forderung) zwischen den Sektoren erfasst und einer der Aktivitäten zugeordnet. Transaktionen innerhalb eines Sektors entfallen durch den Prozess der Konsolidierung. Von zentraler Bedeutung ist die Bewertung einer jeweiligen Transaktion, um dieser einen monetären Wert zuzuweisen. Wenn möglich, werden hierzu die Marktpreise verwendet. Bei Transaktionen, die jedoch keinen Marktpreis haben, wie etwa bei staatlicher Produktion (öffentliche Güter), entfällt diese Option und es wird auf die Herstellungskosten abgestellt. Bei der Interpretation der Daten ist es zudem wichtig, zwischen zeitraumbezogenen sog.en Stromgrößen (wie etwa dem Konsum) und zeitpunktbezogenen sog.en Bestandsgrößen (wie etwa dem Vermögen) zu differenzieren.

1.2 Generalrevisionen der Volkswirtschaftlichen Gesamtrechnung

Die V. G. in der BRD und damit auch das hier präsentierte Kontensystem des Statistischen Bundesamts basiert auf dem *System der V.n G.en der Vereinten Nationen* (System of National Accounts; SNA) und dem *Europäischen System V.r G.en* (ESVG). Zur Gewährleistung eines möglichst hohen Grades an internationaler Vergleichbarkeit wurden die der V.n G. zugrundeliegenden Konzepte, Definitionen, Klassifikationen und Bewertungsregeln von Beginn an auf internationaler Ebene festgelegt. Im Jahre 1952 wurde das weltweit erste SNA von den Vereinten Nationen vorgelegt.

Das System der V.n G. ist kein starres Gebilde, welches über die Zeit unverändert bestehen bleiben kann. Vielmehr ergibt sich aus institutionellen Änderungen und Änderungen des Informationsbedarfs ebenso wie aus den praktischen Erfahrungen im Umgang mit Gesamtrechnungssystemen ein laufender Anpassungsbedarf. Eine starke Umgestaltung dieser Systeme in kurzen Zeitabständen verbietet sich jedoch, weil die Vergleichbarkeit der zur Verfügung gestellten Daten über Zeiträume hinweg zu sehr eingeschränkt werden würde. Weitergehende Revisionen der V.n G. wurden und werden in Zukunft daher nur in größeren Zeitabständen von etwa 15 Jahren vorgenommen. Ein wesentliches Ziel der Revisionen ist zudem die Verbesserung der internationalen Vergleichbarkeit der Daten. Mit jeder Revision erfolgt zudem eine großzügige Rückrechnung der wesentlichen Datenreihen durch das Statistische Bundesamt, um eine historische Vergleichbarkeit zu gewährleisten.

Nach dessen Einführung folgten Überarbeitungen des SNA in den Jahren 1968 und 1993. Die jüngste Version stammt aus dem Jahre 2008 (SNA 2008) und wurde gemeinsam von der UNO, dem ↑IWF, der ↑Weltbank, der ↑OECD und der ↑Europäischen Kommission herausgegeben. Das ESVG wiederum ist an das SNA angelehnt und setzt dieses für die Mitgliedstaaten der ↑EU um. Entspr. der SNA-Revisionen folgten daher Überarbeitungen des ESVG in den Jahren 1970, 1995 und zuletzt 2010 (ESVG 2010). Da das ESVG den Mitgliedstaaten der EU durch eine entspr.e Verordnung verbindlich ab September 2014 vorgeschrieben ist, ist auch die deutsche V. G. und damit die Inlandsproduktberechnung entspr. daran angepasst.

2. Die Kreislaufanalyse und Kontensysteme

Wie bereits erläutert, basiert die V. G. auf der Logik von kreislauftheoretischen Zusammenhängen innerhalb der Volkswirtschaft. Diese Zusammenhänge werden von den jeweils zuständigen statistischen Behörden in Kontenform mit den hierfür erhobenen Daten in stark verdichteter Form dargestellt.

2.1 Der Wirtschaftskreislauf und zentrale Identitäten

In der Kreislaufanalyse (↑Wirtschaftskreislauf) stellt jeder Sektor einen sog.en Pol dar, der durch Zu- und Abflüsse gekennzeichnet ist, welche die Interaktionen zwischen den Sektoren innerhalb der Volkswirtschaft darstellen. Die Abb. 2 zeigt die Kreislaufbeziehungen. Eine Besonderheit stellt hierbei der fiktive Pol der Vermögensänderung (VÄ) dar, welcher die Finanzierungs- und Ersparnisaktivitäten sowohl innerhalb der Volkswirtschaft als auch über die Leistungsbilanz in der Beziehung zum Ausland abbildet.

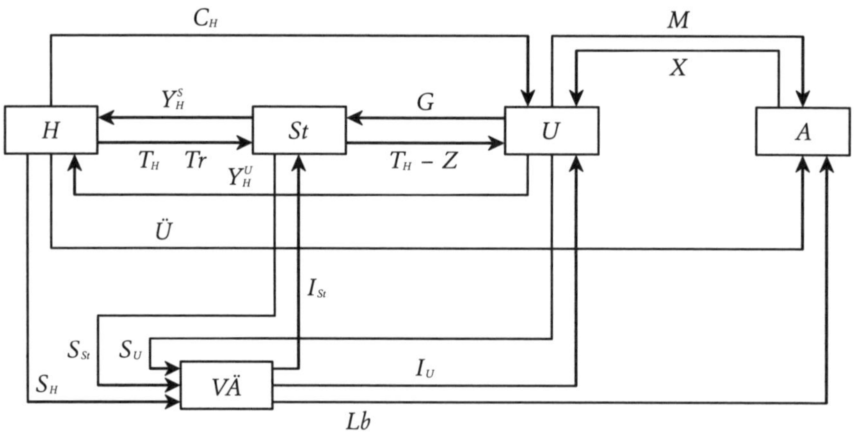

$Y^U{}_H$ = Einkommen der privaten Haushalte bezogen von Unternehmen
$Y^S{}_H$ = Einkommen der privaten Haushalte bezogen vom Staat
Tr = Transfers vom Staat zu den privaten Haushalten
Z = Subventionen
$Ü$ = Nettoübertragungen an das Ausland
C_H = Konsumausgaben der privaten Haushalte
T_H = Steuerzahlungen der privaten Haushalte
T_U = Steuerzahlungen der Unternehmen
S_H = Sparen der privaten Haushalte
S_U = Sparen der Unternehmen
S_{St} = Sparen des Staates
I_U = Investitionen der Unternehmen
I_{St} = Investitionen des Staates
G = Staatsausgaben für Güterkäufe
M = Ausgaben für Güterimporte
X = Erlöse aus Güterexporten
Lb = Leistungsbilanzsaldo des Inlands

Abb. 2: Der Wirtschaftskreislauf einer offenen Volkswirtschaft

In der Abb. 2 sind dabei lediglich die monetären Ströme dargestellt, welchen i. d. R. jeweils ein sog.er realer Strom in entgegengesetzter Richtung entspricht. So fließen Konsumausgaben (monetärer Strom) von den Haushalten zu den Unternehmen und in die Gegenrichtung fließen hierfür die Konsumgüter (realer Strom). Nur bei sog.en einseitigen Transaktionen ist dies nicht der Fall. Hierzu zählen die Transfers (Tr), die ↑Subventionen (Z) und die Übertragungen an das Ausland (Ü). Da jeder Pol durch die Gleichheit von monetären Zu- und Abflüssen gekennzeichnet ist, lassen sich aus der Kreislaufanalyse zugl. zentrale makroökonomische Identitäten ableiten.

Für eine offene Volkswirtschaft lässt sich etwa eine zentrale Identität hinsichtlich der Beziehung zwischen Ersparnis, ↑Investition und Leistungsbilanzsaldo ableiten. Übersteigt das gesamtwirtschaftliche Sparen die gesamtwirtschaftliche Investition, so impliziert dies einen Leistungsbilanzüberschuss, et vice versa. Herbei bilden einbehaltene Gewinne die Ersparnis des Unternehmenssektors und die Differenz aus den Einnahmen und den nichtinvestiven Ausgaben des Staates bildet das staatliche Sparen. Entspr.e Differenzen zwischen Ersparnis und Investitionen im Unternehmenssektor bzw. beim Staat werden als deren Finanzierungssalden bezeichnet. Fasst man also den Finanzierungssaldo des inländischen privaten Sektors (Haushalte und Unternehmen) zusammen und stellt ihn gemeinsam mit dem des Staates dem Finanzierungssaldo des Auslands gegenüber, erhält man:

$$(S_H + S_U - I_U) + (S_{St} - I_{St}) = Lb$$

bzw. mit dem Budgetsaldo des Staates F_{St} (= $S_{St} - I_{St}$):

$$(S_H + S_U - I_U) + F_{St} = Lb.$$

Ein Leistungsbilanzüberschuss ($Lb > 0$) impliziert hiernach also z. B., dass der Finanzierungsüberschuss der Privaten größer ist als ein evtl. bestehendes staatliches Finanzierungsdefizit.

2.2 Das Kontensystem des Statistischen Bundesamtes
Zum Zwecke der statistischen Aufbereitung und Darstellung wird die Logik der Kreislaufanalyse im Zuge der V.n G. in ein komplexes Kontensystem überführt. Im Folgenden wird das vom Statistischen Bundessamt verwendete Kontensystem überblicksartig skizziert. Die vom ESVG 2010 vorgegebene Gliederung ist hierbei wesentlich komplexer als in der Kreislaufanalyse zunächst dargestellt und differenziert nochmals innerhalb einzelner sog.er Hauptsektoren, die mit den Polen der Kreislaufanalyse vergleichbar sind. Anstelle der typischerweise in der Kreislaufanalyse unterstellen vier Sektoren/Polen wird die Volkswirtschaft nach ESVG 2010 jedoch in die folgenden sechs Hauptsektoren eingeteilt:

a) Sektor der Nichtfinanziellen Kapitalgesellschaften: Dieser Sektor umfasst jene Wirtschaftseinheiten, deren Transaktionen sich von jenen ihrer Eigentümer unterscheiden und die zudem als sog.e Marktproduzenten in ihrer Haupttätigkeit Waren und nichtfinanzielle Dienstleistungen produzieren. Dazu zählen z. B. (produzierende) ↑Aktiengesellschaften und GmbHs, aber auch (produzierende) ↑Genossenschaften. Dies ist im Wesentlichen mit dem Unternehmenssektor in der Kreislaufanalyse in Abb. 2 gleichzusetzen.

b) Sektor der Finanziellen Kapitalgesellschaften: Hierzu zählen jene Wirtschaftseinheiten, deren Hauptfunktion die finanzielle Mittlertätigkeit ist, also im Wesentlichen die Kredit- und Versicherungsunternehmen sowie entspr.e Makler- und Beratungstätigkeiten. Die Unternehmen des Finanzsektors erfahren also eine bes. Stellung innerhalb der V.n G., was daran liegt, dass deren Wertschöpfung nicht so einfach zu beziffern ist, wie bei den produzierenden Unternehmen.

c) ↑Staat: Dieser Sektor umfasst institutionelle Einheiten, die zu den Nichtmarktproduzenten zählen und deren Finanzierung über Zwangsabgaben von Einheiten anderer Sektoren erfolgt, sowie institutionelle Einheiten, die hauptsächlich Vermögen und ↑Einkommen umverteilen. Dies umfasst etwa die Gebietskörperschaften und die ↑Sozialversicherung. Die Gebietskörperschaften sind Bund, Länder und ↑Gemeinden. Zur Sozialversicherung gehören die gesetzliche ↑Rentenversicherung, die ↑Arbeitslosenversicherung und die gesetzliche ↑Krankenversicherung.

d) Private Haushalte (↑Haushalt, privater): Dieser Sektor umfasst alle Einzelpersonen und Gruppen von Einzelpersonen in ihrer Funktion als Konsumenten und ggf. auch in ihrer Eigenschaft als Produzenten, die marktbestimmte Waren, nichtfinanzielle und finanzielle Dienstleistungen produzieren (Marktproduzenten) soweit die Produktion nicht durch separate Einheiten (also den beiden vorgenannten Unternehmenssektoren) erfasst werden. Zum Sektor der privaten Haushalte gehören demnach auch selbständige Landwirte, Einzelunternehmer, freiberuflich Tätige (↑Freie Berufe), Händler, Gastwirte usw. Diese Abgrenzung widerspricht partiell der intuitiven Vorstellung von einem privaten Haushalt, die der Kreislaufanalyse zugrunde lag, folgt jedoch praktischen Überlegungen, dass die konsumierenden und produzierenden Tätigkeiten im Haushaltssektor oftmals statistisch nicht sauber zu trennen sind.

e) Private Organisationen ohne Erwerbszweck: Dies umfasst Organisationen mit eigener Rechtspersönlichkeit, die ohne Erwerbsabsicht als private sonstige Nichtmarktproduzenten für die privaten Haushalte sog.e nichtmarktbestimmte Dienstleistungen bereitstellen. Ihre Hauptmittel stammen aus freiwilligen Geld- und Sachbeiträgen von privaten Haushalten (↑Spenden), aus Zahlungen des Staates sowie aus Vermögenseinkommen (↑Stiftungen). Zu den privaten Organisationen ohne Erwerbszweck gehören u. a. ↑Gewerkschaften, politische ↑Parteien, ↑Kirchen und ↑Religionsgemeinschaften, Fachverbände und wissenschaftliche

Gesellschaften, Sportvereine und auch die ↑Wohlfahrtsverbände. Dieser Sektor trägt der enormen Bedeutung dieser Organisationen in der Realität Rechnung, ist aber in der Kreislaufanalyse i. d. R. vernachlässigt.

f) Übrige Welt: Hierzu zählen alle Wirtschaftseinheiten, die ihren ständigen Sitz bzw. Wohnsitz außerhalb Deutschlands haben, sofern sie Transaktionen mit in Deutschland ansässigen institutionellen Einheiten durchführen oder andere Wirtschaftsbeziehungen mit in Deutschland ansässigen Einheiten unterhalten. Es sei angemerkt, dass es nicht die Nationalitätenangehörigkeit ist, die darüber entscheidet, ob eine Wirtschaftseinheit dem Inland oder der übrigen Welt zugerechnet wird.

Für jeden dieser Sektoren werden deren wirtschaftliche Transaktionen nach den Regeln der doppelten Buchführung (↑Doppik) nun in entspr.en Konten geführt, die wiederum jeweils eine bestimmte ökonomische Aktivität widerspiegeln. Das so entstehende Kontensystem wird als Matrix in Abb. 3 dargestellt, wobei das Statistische Bundesamt jeweils auch Konten für die gesamte Volkswirtschaft (erste Spalte) ausweist und die beiden Sektoren der privaten Haushalte und der privaten Organisationen ohne Erwerbszweck oftmals in seinen Publikationen zusammenfassend publiziert, trotzdem die jeweiligen Daten separat erhoben werden. Das Statistische Bundesamt veröffentlicht die Ergebnisse des gesamten Kontensystems jährlich in seiner Fachserie 18, Reihe 1.4: „Volkswirtschaftliche Gesamtrechnung, Inlandsproduktberechnung, Detaillierte Jahresergebnisse".

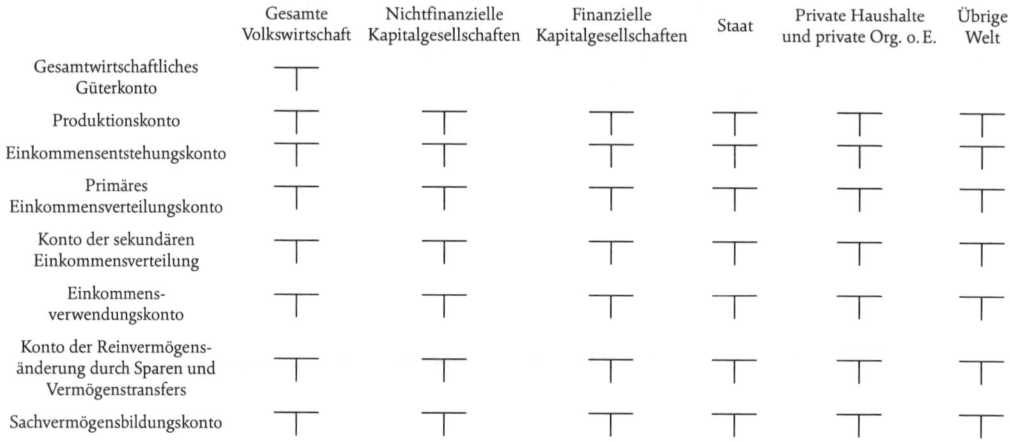

Abb. 3: Das Kontensystem des Statistischen Bundesamtes im Überblick

In diesem komplexen Kontensystem, in welchem jeweils Salden an korrespondierende Konten weitergegeben werden, nimmt das *Gesamtwirtschaftliche Produktionskonto* die zentralste Stellung ein. Aus diesem lassen sich wie im Folgenden dargestellt die zentralen makroökonomischen Kennzahlen wie etwa das BIP und dessen Zusammensetzung direkt ablesen.

3. Das Bruttoinlandsprodukt und verwandte Konzepte

3.1 Bruttoinlandsprodukt und Bruttonationaleinkommen

Das Konzept des Inlandsprodukts stellt auf die Produktion bzw. die Einkommen ab, die innerhalb der Grenzen eines Landes entstehen. Dieses Konzept versucht ein Maß dafür zu finden, wie leistungsstark eine Volkswirtschaft ist. Eine verwandte aber leicht anders ausgerichtete Konzeption fragt danach, wie hoch die Produktion bzw. die Einkommen derjenigen sind, die Inländer der betrachteten Volkswirtschaft sind. Der Unterschied hängt damit zusammen, dass im Inland Einkommen entstehen, die an Ausländer, also an Individuen oder Institutionen gezahlt werden, die ihren Wohnsitz bzw. Sitz im Ausland haben. Ebenso erzielen Inländer Einkommen, die aus Leistungen entstehen, die im Ausland erbracht werden. Letztere Einkommen entstehen z. B., wenn Inländer Einkommen für die Vermietung von Wohnflächen im Ausland erzielen, wenn sie Honorare bzw. Einkommen im Ausland erzielen oder Dividenden oder Zinsen auf im Ausland emittierte Wertpapiere erhalten. Fügt man solche Einkommen dem BIP hinzu und zieht die im Inland von Ausländern erzielten Leistungen bzw. Einkommen ab, erhält man das BNE:

Bruttoinlandsprodukt
+ im Ausland entstandene Einkommen der Inländer
– im Inland entstandene Einkommen an Ausländer
= Bruttonationaleinkommen (BNE).

Man spricht in diesem Zusammenhang auch davon, dass das BIP auf dem *Inlandskonzept*, das BNE dagegen auf dem *Inländerkonzept* beruht. Das BNE kann als ein Maß für den materiellen Wohlstand der Wohnbevölkerung angesehen werden. In Deutschland ist das BNE regelmäßig höher als das BIP, weil Deutschland vergleichsweise hohe Auslandsvermögen hält, auf die jährlich erhebliche Einkommen aus dem Ausland an die Inländer fließen. Andere Länder hingegen, bei denen eine hohe Auslandsverschuldung vorliegt, haben ein BNE, das niedriger ist als das BIP.

3.2 Entstehungs-, Verwendungs- und Verteilungsrechnung

Die Daten des BIP und des BNE können für die Analyse wichtiger Aspekte der ökonomischen Situation oder Entwicklung einer Volkswirtschaft herangezogen werden. Hierzu zählt zum einen die *Entstehungsrechnung*, bei der es um die Frage geht, in welchen Teilen oder Branchen einer Volkswirtschaft die Produktion oder Leistungserstellung bzw. damit zusammenhängend die Einkommen entstehen. In einer sehr groben Untergliederung könnte man aufzeigen, wie hoch im Bereich der privaten Gütererstellung die Anteile des Agrarsektors, des Industriesektors und des Dienstleistungssektors sind. Wenig entwickelte Volkswirtschaften haben typischerweise einen relativ hohen Anteil des Agrarsektors, während sich entwickelnde Volkswirtschaften einen zunächst zunehmenden Anteil des Industriegütersektors haben und bei modernen Volkswirtschaften der Anteil des Dienstleistungssektors. Statistische Ämter nehmen hierbei eine sehr viel tiefergehende Gliederung vor und unterschieden eine Reihe von verschiedenen Branchen im Industrie- und im Dienstleistungssektor.

Die *Verwendungsrechnung* hat zum Ziel, die Anteile von Konsum und Investitionen am gesamten Produktionsergebnis zu bestimmen. Hiermit können z. B. Aussagen darüber hergeleitet werden, wie stark eine Volkswirtschaft in den zukünftig in der Produktion einsetzbaren Kapitalstock investiert und damit Wachstumspotentiale schafft. Volkswirtschaften, die – im Extremfall – die Produktion ausschließlich für den Konsum erstellen, sind solche, in denen die Wachstumskräfte in der Zukunft geringer ausfallen. Bei der *Verteilungsrechnung* steht die Frage im Vordergrund, wie hoch die Anteile der verschiedenen Produktionsfaktoren (↑Boden, ↑Arbeit und ↑Kapital) an der mit der Produktion verbundenen Einkommen sind. So kann von Bedeutung sein, wie hoch die Einkommensanteile von Arbeitnehmern (in Form von Lohneinkommen) und Kapitaleignern (Zins- und Dividendeneinkommen) sind bzw. wie sie sich im Laufe der Zeit verändert haben. Hieraus leitet die ↑Wirtschaftspolitik nicht selten Aussagen über die Entwicklung der Einkommensverteilung (↑Verteilung) ab.

Bei der Interpretation der Entwicklung des BIP ist es wichtig, zwei Einflüsse auf dessen Veränderung zu unterscheiden. Das BIP kann zunehmen, wenn in einer Volkswirtschaft mehr produziert wird und es kann zunehmen, wenn die Preise der produzierten Güter steigen. Letzteres ist insb. dann der Fall, wenn eine allg.e, d. h. praktisch alle Güter betreffende ↑Inflation den Gesamtwert der Produktion bzw. Einkommen beeinflusst. Steigt hingegen das BIP, weil mehr Güter hergestellt werden, so stehen auch mehr Güter zum Verkauf bzw. der Verteilung zur Verfügung. Die anhand der aktuellen Preise bewertete gesamtwirtschaftliche Produktion nach dem Inlandskonzept nennt man das *nominale BIP*. Bewertet man dagegen die Produktion mit dem gegenüber dem Vergleichszeitraum konstanten Preisen, spricht man vom *realen BIP*. Der Anstieg des realen BIP wird als das Wachstum einer Volkswirtschaft (↑Wirtschaftswachstum) bezeichnet. Würde das nominale BIP demnach nur inflationsbedingt zunehmen, würde man davon sprechen, dass zwar das nominale BIP angestiegen ist, das reale BIP aber konstant geblieben ist.

3.3 Kritik und Erweiterungen der Konzeption des Bruttoinlandsprodukts

Das BIP bzw. das BNE wird häufig als Indikator des Wohlstands einer Gesellschaft angesehen. Bei der Beurteilung der Aussagefähigkeit des BIP sind allerdings eine Reihe von Einschränkungen zu bedenken. Zu den wichtigsten Einschränkungen gehören die folgenden:

a) Das BIP berücksichtigt v. a. Leistungen und Einkommen, die über den ↑Markt abgerechnet werden. Nachbarschaftshilfe, freiwillige Tätigkeiten, Herstellung von Gütern in Subsistenzwirtschaft und ähnliches berücksichtigt die Berechnung des BIP nicht.

b) Die mit der Erstellung des BIP einhergehenden Umweltschäden, die u. U. zu späteren ↑Kosten führen, werden im BIP nicht berücksichtigt. Solche negativen externen Effekte (↑Externe Efffekte) gehen ebenso wenig in die BIP-Berechnung ein wie positive externe Effekte (sozial Erträge, z. B. die Wertsteigerung eines Hauses bei aufwändiger Pflege der Grundstücke der Nachbarn).

c) Ebenfalls unberücksichtigt bleibt, dass bei Abbau nicht regenerativer Ressourcen die zukünftigen Einkommenspotential vermindert werden.

d) Auch ehrenamtliche Tätigkeiten (↑Freiwilligenarbeit), informelle Hilfen, unbezahlte Pflege und Betreuung sowie Haus-und Gartenarbeit einschließlich handwerkliche Tätigkeiten ohne Bezahlung finden im BIP keine Berücksichtigung.

e) Mit dem BIP kann keine Aussage darüber getroffen werden, mit welcher politischen Freiheit oder Unfreiheit, Arbeitszeit oder Arbeitsbedingung die ↑Produktion verbunden war.

Es ließe sich argumentieren, dass die aufgeführten Einschränkungen keine Kritikpunkte am BIP darstellen, denn mit dem BIP kann nicht mehr als die Summe der über den Markt abgewickelten Produktionsleistungen erfasst werden. Insofern dürfte das BIP gar nicht erst als Wohlfahrtsindikator verwendet werden. Dennoch entsteht immer wieder der Wunsch, das BIP in dieser Weise zu interpretieren. Vor dem Hintergrund der Einschränkungen der Aussagefähigkeit des BIP als Wohlfahrtsindikator wurden verschiedene Alternativkonzepte entwickelt, die darauf abstellen, die ↑Wohlfahrt besser zu erfassen, als dies durch das BIP geschieht.

Der bekannteste Alternativvorschlag zum BIP als Wohlfahrtsindikator ist der Humand Development Index (HDI). Er wurde von den ↑Vereinten Nationen entwickelt und stellt eine Erweiterung der BIP-Berechnung dar. Der HDI ist eine Zusammenführung dreier Messbereiche: Lebenserwartung, Ausbildung und Pro-Kopf-Einkommen. Für jeden der drei Bereiche wird zunächst ein eigener Index berechnet. Anschließend werden die drei Indizes, zu einem Gesamtindex zusammengefasst, der konstruktionsbedingt zwischen null und eins liegt. Höhere Werte spiegeln ein höheres Niveau der menschlichen Entwicklung wider. Die UNO veröffentlicht jährlich die Ergebnisse für alle Mitgliedsländer. Deutschland liegt mit einem Wert von regelmäßig über 0,9 typischerweise unter den ersten zehn von knapp 200 Ländern. Es lässt sich leicht argumentieren, dass der HDI ein umfassenderes Maß für die Wohlfahrt eines Landes ist. Anders als das BIP gibt der HDI keine Wertentwicklung im Laufe der Zeit an, sondern stellt auf die relative Position eines Landes ab. Vergleicht man allerdings das auf dem HDI basierende Ranking mit dem des BIP, so stellt man große Ähnlichkeiten in der Reihenfolge fest. Zwar gibt es einige Länder, deren Rankingplatz in einem der beiden Systeme von dem in dem anderen System abweicht, aber ein Abweichen von mehr als einigen Plätzen ist selten. Dies ist darauf zurückzuführen, dass nur Länder mit einem höheren BIP sich normalerweise auch bessere Ausbildungs- und Gesundheitssysteme leisten können.

Eine andere Alternative zum BIP stellt der von der OECD entwickelte *Better Life Index* dar. Er wird allerdings ausschließlich für die OECD-Länder ermittelt. Die OECD definiert elf Teilbereiche (z. B. Einkommen Wohnverhältnisse, Beschäftigung, Umwelt, Sicherheit), die für die Beurteilung der Lebensverhältnisse herangezogen werden. Einige der Teilbereiche setzen sich aus verschiedenen Unterkategorien zusammen. Die Spitzenreiter in diesem Ranking weisen einen Wert von 8 auf. Je höher der Wert ist, desto besser werden die Lebensbedingungen eingestuft. Der Gesamtindex ist so konstruiert, dass er zwischen null und zehn liegt. Deutschland liegt auch hier auf den vorderen Plätzen. Vergleicht man das sich hier ergebende Ranking mit dem des HDI, fällt auf, dass auch hier die Unterschiede nicht sehr groß sind.

Eine andere Zielrichtung hat die *Glückforschung*, die in den letzten drei Jahrzehnten an Aufmerksamkeit gewonnen hat. Dieser Forschungsbereich bekam zusätzlichen Auftrieb durch die Finanz- und Wirtschaftskrise 2007/2008 (↑Krise, ↑Finanzmarktkrise) und ihren Folgeerscheinungen. Insb. kamen in diesem Zusammenhang Zweifel darüber auf, ob steigende Einkommen die Menschen tatsächlich glücklicher macht, oder ob das Streben danach nicht häufig zu ethisch problematischem Verhalten und infolgedessen zu gesellschaftlichen Nachteilen einschließlich der Verursachen von Krisen führen kann. Bei dem hier im Mittelpunkt stehenden Begriff ↑„Glück“ geht es nicht um das Zufallsglück, sondern um das, was man mit „Glücklich Sein“ versteht. Die leicht missverständliche Wortwahl kommt von der Übersetzung von *happiness* ins Deutsche. Die Zielrichtung legt es nahe, dass die Grundlage eines auf dem Begriff des Glücks basierenden Ansatzes sehr stark getrieben wird durch Umfragen und deren Auswertungen (↑Demoskopie). Im Laufe der letzten drei Jahrzehnte sind verschiedene Indikatoren entwickelt worden, die sich jeweils als ein Maß von *happiness* verstehen. So berechnet die Denkfabrik *New Economics Foundation* einen *Happy Planet Index* (HPI), der die Maße von individueller Lebenszufriedenheit, Lebenserwartung und ökologischen Zustand verbindet. Auch das Land Bhutan ermittelt jährlich einen Happiness-Index. Die in Deutschland am weitesten verbreitete Untersuchung zu dem in der Glücksforschung angesprochenen Themenbereich ist jene, die mit der Erstellung des sozio-ökonomischen Panels zusammenhängt. Hier werden jährlich etwa 30 000 Teilnehmer aus etwa 11 000 Haushalten danach gefragt, wie zufrieden sie derzeit, alles in allem, mit ihrem Leben sind. Entgegen manchen Strömungen der Glücksforschung zielt das sozio-ökonomische Panel aber nicht darauf ab, das BIP in seiner Aussagekraft zu ersetzen.

Die Glücksforschung hat zwar nach der globalen Finanz- und Wirtschaftskrise recht große Aufmerksamkeit erhalten, aber sie ist mit erheblichen Problemen bei der Interpretation und bei der zeitlichen und internationalen Vergleichbarkeit verbunden. Die individuelle Einschätzung der Zufriedenheit ist stark situativ bedingt, hängt folglich sehr davon ab, in welcher Situation diese Frage beantwortet wird. Eine Vergleichbarkeit zwischen unterschiedlichen Personen ist außerdem sehr schwierig, weil deren Einschätzung unterschiedlichen Maßstäben folgen kann. Noch schwieriger ist ein Vergleich zwischen verschiedenen Ländern.

4. Nebenrechnungen der Volkswirtschaftlichen Gesamtrechnung

Während die Daten rund um die Inlandsproduktberechnung Gegenstand der zentralen Rechnungssysteme der V.n G. sind, gibt es einige andere statistische Rechnungssysteme, die ökonomische Transaktionen erfassen und aufzeigen, die mit dem Inlandsprodukt verbunden sind. Sie werden wie bereits erwähnt als Nebenrechnungen der V.n G. bezeichnet. Die nachfolgenden Abschnitte skizzieren die wesentlichen Inhalte dieser Rechnungssysteme.

4.1 Die Input-Output-Rechnung

Im Mittelpunkt der ↑Input-Output-Rechnung stehen die Vorleistungsverflechtungen der einzelnen Wirtschaftsbereiche einer ↑Wirtschaft. Gerade in einer zunehmend arbeitsteiligen Wirtschaft ist es für die Analyse verschiedener Wirkungszusammenhänge wichtig zu wissen, inwieweit die Veränderungen in einem Wirtschaftsbereich Auswirkungen auf andere Wirtschaftsbereiche haben. In gleicher Weise ist es bedeutsam zu wissen, wie einzelne Wirtschaftsbereiche direkt und indirekt von Veränderungen der Nachfrage oder ausländischen Preisen betroffen werden. Geht z. B. die Nachfrage nach Autos zurück, betrifft dies nicht nur die Automobilindustrie, sondern eine Reihe von Vorlieferanten und deren Vorlieferanten.

Im Prinzip startet die Input-Output-Rechnung von Produktionskonten (gemäß Abb. 3, jedoch nach Wirtschaftssektoren differenziert) einzelner Wirtschaftsbereiche. Nimmt man z. B. an, es gäbe drei Wirtschaftsbereiche, so könnten deren Produktionskonten wie folgt skizziert werden (K = Käufe, V = Verkäufe; 1,2,3 = Wirtschaftsbereiche).

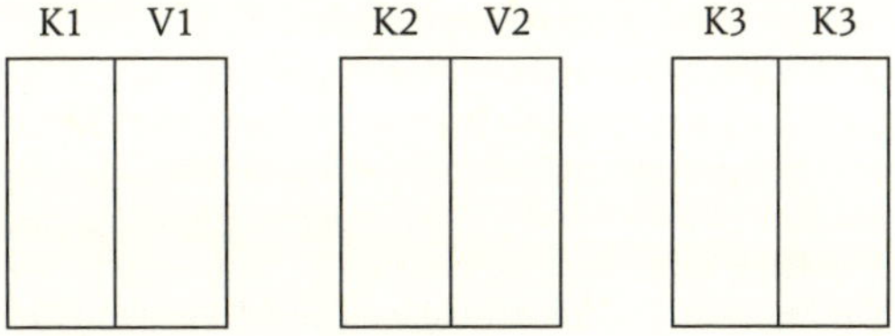

Als nächstes trennt man die Spalten der Käufe und der Verkäufe und schiebt die drei Spalten der Käufe zusammen und verfährt mit den drei Spalten der Verkäufe in gleicher Weise. Anschließend dreht man nun die Spalte der Käufe um 90 Grad nach links und berücksichtigt, dass die Käufe der Wirtschaftsbereiche teilweise die Verkäufe der anderen Wirtschaftsbereiche sind (Vorleistung), so ergibt sich:

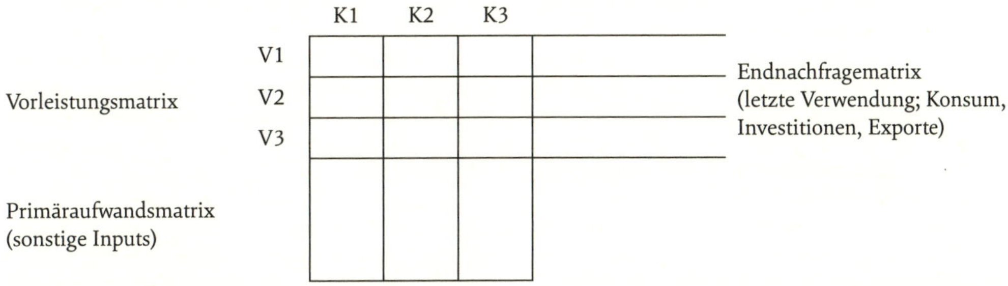

Diese Struktur stellt die Basis der sog.en Input-Output-Tabelle dar. Sie besteht aus drei Teilen, der Vorleistungsmatrix, die letztlich die inländischen Vorleistungsverflechtungen darstellt, der Endnachfragematrix, die auf die inländischen und ausländischen Verwendungen hinweist, und der Primäraufwandsmatrix, die insb. auf die inländischen Produktionsfaktoren, die Gütersteuern abzüglich der Gütersubventionen sowie die Importe hinweist.

Berechnet man aus den hier eingetragenen Beträgen Anteile an den entspr.en Spaltensummen, gelangt man zu den sog.en Input-Koeffizienten. Sie zeigen die Bedeutung der einzelnen Wirtschaftsbereiche für die gesamten Aktivitäten eines Wirtschaftsbereiches auf. Mittels darauf aufbauender analytischer Verfahren lassen sich dann insb. Fragen nach den Auswirkungen bestimmter Störungen auf die einzelnen Wirtschaftsbereiche beantworten. Als Störungen können hierbei z. B. Importpreissteigerungen, Lohnsteigerung, Gütersteuererhöhungen, staatliche Ausgabenprogramme zur Anregung der wirtschaftlichen Aktivität sowie Nachfrageverlagerungen oder Nachfrageeinschränkungen herangezogen werden.

4.2 Vermögensrechnung

Ziel der Vermögensrechnung ist das Aufzeigen von Beständen verschiedener Vermögensarten (↑Vermögen) und das Reinvermögen einzelner Wirtschaftseinheiten und einzelner Wirtschaftsbereiche. Die Angaben können insb. Informationen über die Veränderung der Vermögensverteilung, über den Kapitalstock und die Kapitalintensität der Volkswirtschaft und einzelner Bereiche liefern.

Zur Analyse der Vermögensbestände und ihrer Veränderungen im Zeitablauf ist es zunächst wichtig, den Vermögensbegriff zu definieren. Er kann sehr breit ausgerichtet werden und dann sehr unterschiedliche Vermögensarten umfassen. Sie lassen sich in drei grundsätzliche Vermögensgruppen unterteilen:

a) Sachvermögen (produziertes Vermögen wie Gebrauchsvermögen der Haushalte und Produktivvermögen in Form von Anlagen und Vorräten der Unternehmen),

b) Immaterielles Vermögen (insb. ↑Humankapital, Patente und Lizenzen),

c) Geldvermögen (insb. Bargeld, Kontoguthaben, festverzinsliche Wertpapiere und Aktien).

Bildet man die Summe aus Sachvermögen, immateriellem Vermögen und dem um die Verbindlichkeiten reduzierten Geldvermögen (letzteres stellt die Nettoauslandsposition dar), so gelangt man zum Umfang des Volksvermögen oder Reinvermögen einer Volkswirtschaft. Ein bedeutendes Problem der Vermögensberechnung besteht in der Bewertung von Vermögen. Während dies beim Geldvermögen vergleichsweise einfach ist, ist die Bewertung des Sachvermögens und des immateriellen Vermögens deutlich schwieriger.

4.3 Finanzierungsrechnung

In der Finanzierungsrechnung wird der Frage nachgegangen, in welchen Bereichen innerhalb eines Jahres in welchem Umfang und in welcher Form Finanzierungsmittel dem ↑Finanzmarkt zugeführt wurden und in welcher Form diese in Anspruch genommen wurden. Hierbei wird nach verschiedenen Sektoren der Wirtschaft unterschieden, insb. in private Haushalte, ↑Banken und ↑Versicherungen, Staat und Ausland.

Aus der Finanzierungsrechnung ergibt sich z. B., wie Unternehmen ihre Investitionen finanziert haben, wer die staatlichen Verbindlichkeiten erworben hat und in welchem Umfang Wirtschaftseinheiten Forderungen gegenüber dem Ausland aufgebaut haben. Sie zeigt außerdem, in welcher Form die privaten Haushalte sparen und damit ihren Vermögensaufbau vornehmen.

4.4 Außenwirtschaftsrechnung

Das zentrale Rechnungswerk der Außenwirtschaftsrechnung ist die Zahlungsbilanz. Sie stellt die Erhebung der unterschiedlichen Transaktionen zwischen Personen und Institutionen des Inlands einerseits und der entspr.en Gruppen im Ausland andererseits dar. Sie umfassen den Export und den Import von ↑Gütern und ↑Dienstleistungen sowie den Auf- und Abbau von internationalen Vermögenspositionen und Verbindlichkeiten. Regelmäßig erfasst werden hierbei auch die regionalen Strukturen, die Auskunft darüber geben, welche Länder für die verschiedenen internationalen Transaktionen bedeutsam sind oder innerhalb eines bestimmten Zeitraums an Bedeutung gewonnen oder verloren haben.

Neben den internationalen Transaktionen erfasst die Außenwirtschaftsrechnung auch ↑Wechselkurse und Außenhandelspreise. Hieraus lassen sich Aussagen darüber ableiten, wie sich Exportpreise relativ zu Importpreisen entwickelt haben und ob die Kaufkraft der inländischen ↑Währung gegenüber dem Ausland zugenommen oder abgenommen hat.

Literatur

Statistisches Bundesamt: Volkswirtschaftliche Gesamtrechnungen, Inlandsproduktsberechnung, Detaillierte Jahresergebnisse, Fachserie 18, Reihe 1.4 • UNDP: Human Development Report 2018, 2018 • OECD: How's Life 2017 – Measuring Well-being, 2017 • M. Frenkel/K. D. John/R. Fendel: Volkswirtschaftliche Gesamtrechnung, 82016 • D. Brümmerhoff/M. Grömling: Volkswirtschaftliche Gesamtrechnungen, 102015 • A. Braakmann/N. Räth: Generalrevision der Volkswirtschaftlichen Gesamtrechnungen 2014 für den Zeitraum 1991 bis 2014, in: WiSta 2014/9 (2014), 502–543 • Eurostat: Europäisches System Volkswirtschaftlicher Gesamtrechnungen – ESVG 2010, 2014 • A. Braakmann: Revidierte Konzepte für Volkswirtschaftliche Gesamtrechnungen, in: WiSta, 2013/8 (2013), 521–527.

RALF FENDEL UND MICHAEL FRENKEL

Volkswirtschaftslehre ↑Wirtschaftswissenschaft

Volkszählung

Eine V. (synonym: Zensus) umfasst den gesamten Prozess der Erhebung, Aufbereitung, Auswertung und Veröffentlichung demographischer, ökonomischer und sozialer Daten aller Personen eines Landes. Erfasst wird dabei die *de jure* (wohnhafte) oder die *de facto* (präsente) Bevölkerung zu einem bestimmten Stichtag.

Zensusdaten erfüllen mehrere Funktionen: Sie bilden den Ausgangspunkt von Bevölkerungsprognosen und sind damit essentiell für Fortschreibungen der Bevölkerungsgröße nach Alter und Geschlecht. Darüber hinaus dienen die Daten auch administrativen Zwecken, wie etwa dem Finanzausgleich zwischen den Bundesländern, der Begrenzung von Wahlbezirken und der Festlegung der Größe lokaler Parlamente. V.en ermöglichen eine Qualitätskontrolle von Registerdaten sowie von Stichproben jeder Art. Für Stichprobenziehungen liefern Zensusergebnisse Hinweise bezüglich der erforderlichen Stichprobengrößen; die Bevölkerungsstruktur dient als Basis zur Generierung von Gewichtungsfaktoren und als Bezugsgröße bei der Kalkulation statistischer Maßzahlen.

V.en können auf eine lange Tradition zurückblicken. Aufgrund von Tonscherben lässt sich bereits für die Zeit 3800 v. Chr. eine V. im antiken Babylon belegen. Statistische Ermittlungen von Bevölkerungszahlen fanden bereits um 3050 v. Chr. in Ägypten statt. Aus der Antike sind ferner Zählungen in China, in Persien und Griechenland bekannt, außerdem in Ägypten unter Pharao Amasis (570 v. Chr.) und in Israel unter König David (1000 v. Chr.). Bei diesen Zählungen beschränkte man sich auf die Erfassung der wehrtauglichen Männer. Im Römischen Reich gab es seit dem 6. Jh. v. Chr. alle fünf Jahre V.en und Erhebungen zu den Einkünften der Bürger.

Im mittelalterlichen Europa führten sowohl die Kirche als auch verschiedene Staaten sporadisch Umfragen durch, häufig mit dem Zweck der Vermögensschätzung zur Steuereintreibung. Der früheste Prototyp des modernen Zensus ist eine Zählung in Kanada im Jahr 1665. In Preußen begann man 1686 mit der Zählung der Landbewohner, Island folgte 1703, Finnland und Schweden 1749, Österreich 1754, Frankreich 1762, Dänemark und Norwegen 1769 und die Niederlande 1795. Die erste Zählung der US-Bevölkerung wurde 1790 durchgeführt. England (1801) folgte um die Wende zum 19. Jh., die meisten anderen europäischen Staaten in den anschließenden Jahren.

In Deutschland gab es aufgrund der Vielfalt deutscher Kleinstaaten bis in die zweite Hälfte des 19. Jh. keine umfassenden Ermittlungen von Bevölkerungszahlen. Mit der Herausbildung zentraler Landesverwaltungen setzten die Zählungen ein; die erste V. fand in Schleswig-Holstein im Jahr 1769 statt. Der erste gesamtdeutsche Zensus wurde unmittelbar nach der Gründung des Deutschen Reiches 1871 organisiert. Bis zum Ausbruch des Zweiten Weltkrieges wurden V.en in einem Fünf-Jahres-Intervall durchgeführt, in der BRD und in der DDR in einem Intervall von zehn Jahren. Die letzte V. in der DDR fand 1981 statt; in der BRD war im gleichen Jahr eine Zählung geplant. Letztere wurde jedoch aufgrund eines Urteils des ↗BVerfG in Folge einer kontroversen Diskussion um die Vereinbarkeit einer mit Auskunftspflicht versehenen Zählung mit den im ↗GG verankerten ↗Persönlichkeitsrechten des Einzelnen aufgeschoben und erst 1987 mit zahlreichen Restriktionen in Fragebogen und Handhabung durchgeführt. Nach großen Widerständen wurde in Deutschland erst wieder im Jahr 2011 eine Zählung durchgeführt.

Üblicherweise werden V.en in bestimmten Zeitintervallen durchgeführt. Den Empfehlungen der UN folgend führen die meisten Länder alle zehn Jahre Zensen durch. Andere Länder, bes. in Ostasien, folgen dem älteren Muster des fünfjährlichen Zensus. Nach dem klassischen Weg der Zensuserhebung wird jedem Einwohner eines Landes ein schriftliches Frageprogramm vorgelegt. Zur Ermittlung der betreffenden Untersuchungspopulation können häufig Verwaltungsregister herangezogen werden. Viele Länder haben jedoch keine derartigen Auflistungen, sodass hier der Zensus neben dem Zählprozess auch das Auffinden der Personen umfasst.

Aufgrund von Problemen der gesellschaftlichen Akzeptanz sowie hoher Kosten haben einige Länder den fragebogenbasierten Zensus aufgegeben. Einzelne Länder (z. B. die USA, Kanada und Frankreich) führen ihre V.en als Kombination zwischen Vollerhebung und Stichprobe durch, was zu einer Reduzierung der Kosten und zu einer geringeren Belastung eines Teils der Auskunftspflichtigen führte. Einige skandinavische Länder versuchen, Informationen zumindest teilweise aus Verwaltungsregistern zu ziehen. In der schwedischen V. des Jahres 1985 wurden erstmals die wichtigsten demographischen Informationen (↗Demographie) aus dem vom *Statistischen Zentralamt* geführten Bevölkerungsregister übernommen und mit Hilfe eines relativ kurzen Fragebogens um Angaben zur Haushaltszusammensetzung und zur Beteiligung am Erwerbsleben ergänzt. In Dänemark verzichtete man 1981 erstmals vollständig auf eine direkte Befragung und beschränkte sich auf eine Auswertung der verschiedenen Register. Finnland folgt dem Beispiel Dänemarks seit 1990 und Schweden führte im Jahr 2005 erstmalig einen solchen Zensus durch. Voraussetzung für eine derartige Registernutzung sind allerdings ein effizientes Meldesystem, ein gut organisiertes Verwaltungsregister sowie individuelle Personenkennziffern, die das Zusammenspielen von Informationen aus verschiedenen Registern ermöglichen.

Der Weg der registergestützten V. wurde erstmalig 2011 auch in Deutschland beschritten. Der Zensus 2011 erfolgte nach einem neuen, registergestützten System, bei dem nicht mehr die gesamte Bevölkerung befragt wurde. Stattdessen wurde sowohl auf Melderegister als auch auf Daten der *Bundesagentur für Arbeit* sowie der öffentlichen Arbeitgeber zurückgegriffen. Zusätzlich wurden alle Gebäude- und Wohneigentümer sowie zehn Prozent der Bevölkerung stichprobenartig befragt, und durch Befragungen in allen Wohnheimen und Gemeinschaftsunterkünften ergänzt. Mit dieser Methode sollte der Aufwand im Vergleich zum herkömmlichen Verfahren der Befragung deutlich reduziert werden.

Literatur

R. Scholz/M. Kreyenfeld: Der registergestützte Zensus in Deutschland: Historische Einordnung und Bedeutung für die Bevölkerungswissenschaft, in: Comparative Population Studies. Selected Articles in German, 41 (2016): 3–34 • H. Grohmann: Volkszählung und Mikrozensus, in: H. Grohmann/W. Krämer/A. Steger (Hg.): Statistik in Deutschland, 2011, 207–221 • R. Gehrmann: German Census-Taking Before 1871. MPIDR Working Paper 2009–023, 2009 • J. Bähr: Bevölkerungsgeographie, [4]2004 • H. Grohmann: Geschichte und Zukunft der Volkszählung in Deutschland, in: Berliner Statistik (Statistische Monatsschrift) 54/12 (2000), 216–223.

HENRIETTE ENGELHARDT

Vollzugsverwaltung ↗Implementation, ↗Verwaltung

Vormundschaft ↗Familienrecht

Vorsorgevollmacht

Der Begriff V., der im Gesetz nicht speziell definiert ist, bezeichnet eine Vollmacht, mit der der Vollmachtgeber vorsorgt für den Fall, dass er seine Angelegenheiten nicht mehr selbst erledigen kann. Mit ihr wird die staatliche Bestellung eines Betreuers vermieden. Stattdessen kann eine Person des Vertrauens für den Vollmachtgeber handeln. Insoweit wird die V. auch als Ausdruck der Selbstbestimmung angesehen. Ihr wesentlicher Vorteil gegenüber der ↗Betreuung besteht darin, dass die Regelung der eigenen Angelegenheiten ohne staatliche Bevormundung stattfindet, dass der Einfluss des Betroffenen auf die Person des Vertreters groß ist und dass die beauftragte Person jederzeit abberufen werden kann. Ein wesentlicher Nachteil ist die Missbrauchsgefahr, da es nur eine geringe gerichtliche Kontrolle gibt. Die V. macht allerdings nur dann eine Betreuung überflüssig, wenn sie auch alle diejenigen Angelegenheiten umfasst, für die eine Hilfsbedürftigkeit besteht, und wenn der Bevollmächtigte geeignet und willens ist, die Angelegenheiten des Vollmachtgebers zu erledigen. Der Gesetzgeber hat im Jahre 2005 die V. zu stärken versucht, indem er den Besitzer einer V. dazu verpflichtete, das Gericht darüber zu unterrichten (§ 1901c BGB), und den Betreuungsvereinen auferlegte, Bevollmächtigte zu beraten (§ 1908 f. BGB).

Die Bevollmächtigung erfolgt durch eine einseitige empfangsbedürftige Willenserklärung. Daher muss der Vollmachtgeber im Zeitpunkt der Erteilung geschäftsfähig sein. Eine Form für die Vollmachtserteilung ist nicht vorgeschrieben, was grundsätzlich auch gilt, wenn der Bevollmächtigte später formgebundene Rechtsgeschäfte, z. B. einen Grundstückskauf, abschließen soll. Eine Ausnahme besteht, wenn der Vollmachtgeber sich bereits durch die Vollmachtserteilung hinsichtlich eines formbedürftigen Rechtsgeschäfts rechtlich und tatsächlich bindet, was insb. bei einer unwiderruflich erteilten Vollmacht angenommen wird. In diesem Fall wird für die V. die Form des später abzuschließenden Geschäfts, z. B. die notarielle Beurkundung (bei einem geplanten Grundstücksgeschäft – § 311b BGB) verlangt. Überdies hat der Gesetzgeber eine Schriftform vorgeschrieben für die Bevollmächtigung zu einer Unterbringung, zu unterbringungsähnlichen Maßnahmen, etwa einer Fixierung (§ 1904 Abs. 5 BGB), zu schwerwiegenden Heileingriffen (§ 1906 Abs. 5 BGB) und zu einer ärztlichen Zwangsmaßnahme (§ 1906a Abs. 5 BGB). Auch wenn eine Form im Übrigen nicht vorgeschrieben ist, wird verbreitet doch die Zweckmäßigkeit der notariell beurkundeten V. betont, zum einen wegen der Vorteile einer durch den Notar (↑Notariat) durchgeführten Beratung, zum zweiten wegen der besseren Akzeptanz im Geschäftsverkehr, z. B. gegenüber Banken, und drittens auch, weil der Notar i. d. R. die Geschäftsfähigkeit des Ausstellers überprüft. Inhaltlich können V.en sowohl Fragen der Vermögenssorge (Kontovollmacht, Verwaltung von Immobilien usw.) als auch personale Angelegenheiten (Heimunterbringung, Gesundheitsfragen, Sorge für den persönlichen Lebensbedarf) umfassen. Bestimmte höchstpersönliche Rechtsgeschäfte sind einer Vollmacht nicht zugänglich, z. B. die Eheschließung, die Testamentserrichtung oder die Einwilligung in eine Sterilisation. Da die V. für den späteren Fall der Hilfsbedürftigkeit gedacht ist, wird sie häufig nur aufschiebend bedingt für diesen Fall erteilt. Möglich ist es allerdings auch, die Vollmacht unbedingt zu erteilen, aber den Bevollmächtigten zu verpflichten, von ihr erst dann Gebrauch zu machen, wenn der Betroffene hilfsbedürftig geworden ist. Der Vollmachtgeber kann den Umfang der Vertretungsmacht dadurch bestimmen, dass er die einzelnen Bereiche in der Vollmacht nennt, möglich ist es auch, eine Generalvollmacht für alle Angelegenheiten auszustellen. Nicht nur im letzten Fall sollte der Bevollmächtigte eine Person des Vertrauens sein. Möglich ist es auch, mehreren Personen eine V. zu erteilen, sei es, dass sie zur Alleinvertretung berechtigt sind oder nur gemeinsam handeln können. Grundsätzlich ist eine Vollmacht jederzeit widerruflich, allerdings muss der Widerrufende zum Zeitpunkt des Widerrufs geschäftsfähig sein. Fehlt es daran, kann allerdings das Gericht einen Kontrollbetreuer zur Beaufsichtigung des Vertreters bestimmen, der bei Missbrauch der Vollmacht diese ggf. widerruft. Sowohl für die Errichtung einer V. als auch bei deren Wahrnehmung kann eine Beratung durch die anerkannten Betreuungsvereine in Anspruch genommen werden (§ 1908 f. Abs. 1 BGB).

Die Wirkung der Vollmacht besteht darin, dass der Bevollmächtigte in den genannten Angelegenheiten eine Vertretungsmacht erhält. Er ist dann befugt, im Namen des Vollmachtgebers Willenserklärungen abzugeben und für ihn rechtlich zu handeln. Damit ist allerdings noch nicht gesagt, wie er die Interessen des Betroffenen vertreten soll. Dies kann in einer eigenen Vereinbarung zwischen Vollmachtgeber und Vollmachtnehmer konkretisiert werden, z. B. indem festgelegt wird, wie der Vertreter den Unterhalt zu verwenden hat, welches Heim er aussuchen soll und welche Maßstäbe für die Ausgestaltung des täglichen Lebens maßgeblich sein sollen. Auch eine mögliche Vergütung des Vertreters kann hier geregelt werden. Die Vollmacht erlischt mit dem Tod des Vollmachtgebers, selbstverständlich auch beim Tod des Bevollmächtigten und im Fall ihres Widerrufs. Wenn der Vertreter geschäftsunfähig wird, ist von einem Erlöschen der Vollmacht auszugehen, da er dann den Betroffenen nicht mehr vertreten kann.

Häufig wird die V. im Zusammenhang mit einer ↑Patientenverfügung verfasst, damit der Vorsorgebevollmächtigte im Fall schwerer Krankheit für den nicht mehr entscheidungsfähigen Patienten entscheidet, welche ärztlichen Maßnahmen noch zu ergreifen sind und welche nicht. In einem solchen Fall empfiehlt es sich, dem Vorsorgebevollmächtigten möglichst konkrete Anweisungen für sein Handeln zu erteilen und es nicht bei Allgemeinplätzen (würdevolles Sterben, keine Apparatemedizin) zu belassen.

Jeder Besitzer einer V. ist verpflichtet, von deren Existenz dem Betreuungsgericht Mitteilung zu machen. Daneben besteht die Möglichkeit, die V. im zentralen Vorsorgeregister, das bei der Bundesnotarkammer in Berlin eingerichtet ist, aufnehmen zu lassen, damit diese im Falle der Bedürftigkeit auch zum Zuge kommt. Im Jahr 2019 waren dort 4,6 Mio. Vollmachten registriert. Darüber hinaus empfiehlt es sich, dem Bevollmächtigten eine Ausfertigung der Urkunde auszuhändigen oder ihm zumindest mitzuteilen, wo sie sich befindet.

Literatur

H. Roth/W. Rudolf: Vorsorgevollmacht, Betreuungsverfügung, Patientenverfügung, [5]2020 • G. Dodegge/A. Roth: Systematischer Praxiskommentar Betreuungsrecht, [5]2018 • S. Hecker/B. Kieser: Praxishandbuch Vorsorgevollmacht und Patientenverfügung, 2017.

ANDREAS ROTH

Vorurteil

Seit der ↑Aufklärung wird mit V. eine vernunftwidrige, ohne Überprüfung der Sachverhalte vorgefasste Meinung bezeichnet, die oft mit feindseligen Gefühlen gegen bestimmte Personen oder Personengruppen einhergeht. Ehe vorschnell eine vorurteilsbehaftete Haltung nur unaufgeklärten Menschen zugesprochen wird, ist festzuhalten, dass die komplexen Lebenszusammenhänge immer schon verkürzende Perspektiven erzwingen, die von kulturellen und sozialen Standpunkten mitgeprägt sind. Niemand ist wirklich vorurteilsfrei, und es ist für jede einzelne Person und für jede Gesellschaft eine bleibende Aufgabe, sich von vorhandenen V.en möglichst zu lösen.

Sozialethisch beurteilt zeigt sich die Problematik von V.en dort, wo diese zu feindlichen und oft auch zu ↑Gewalt antreibenden Haltungen gegen bestimmte Personen oder Personengruppen führen. Eine deutsche Forschergruppe um Wilhelm Heitmeyer hat dafür den Begriff „Gruppenbezogene Menschenfeindlichkeit" (Heitmeyer u. a. 2012) geprägt und nennt folgende konkrete Ausformungen: ↑Rassismus, Fremdenfeindlichkeit, ↑Antisemitismus, Islamfeindlichkeit, Heterophobie (Abwertung von Homosexuellen, Behinderten, Obdachlosen, Langzeitarbeitslosen, Asylbewerbern, Sinti und Roma), Etabliertenvorrechte und Sexismus. Die einzelnen Elemente dieser Menschenfeindlichkeit bilden ein zusammenhängendes Syndrom und basieren auf einer Ideologie der Ungleichwertigkeit.

1. Anthropologische Hintergründe

Gruppenbildungen zu Beginn der menschlichen ↑Zivilisation zeigen deutliche Spuren von gruppenbezogener Menschenfeindlichkeit. So verweist Claude Lévi-Strauss auf einen anfänglichen Ethnozentrismus, der die Menschheit jeweils an den „Grenzen des Stammes, der Sprachgruppe, manchmal sogar des Dorfes" (Lévi-Strauss 1999: 369) enden ließ. Erhellend sind diesbezüglich auch die Einsichten der mimetischen ↑Anthropologie René Girards, die V.e aus einem urtümlichen Sündenbockmechanismus hervorgehen sieht, in dem interne Spannungen innerhalb einer Stammesgruppe zuerst auf einzelne Gruppenmitglieder und später auch gegen äußere Feinde abgeleitet werden. R. Girard nennt Stereotypen der Opferselektion, die bestimmte Menschen bes. leicht als Sündenböcke markiert: Ethnische und religiöse ↑Minderheiten, Menschen mit Behinderungen, Frauen, Kinder, aber auch gesellschaftlich herausragende Positionen. Ähnlich erkennt die Terror-Management-Theorie, dass Menschen wegen ihrer Sterblichkeit oft in einer gegen andere Gruppen gerichteten Gruppenzughörigkeit ↑Sicherheit und zumindest ein kulturelles Überleben suchen.

2. Verstärkende Faktoren

Wie aktuelle Formen von ↑Nationalismus, Rassismus, Fremdenfeindlichkeit oder ↑Fundamentalismus zeigen, ist die menschliche Neigung zu gruppenbezogenen V.en nicht bloß eine Erscheinung der Vergangenheit, sondern zeigt sich auch als gefährliche Tendenz in unserer Gegenwart. Ereignisse wie der Terroranschlag vom 11.9.2001 oder die ↑Finanzmarktkrise von 2008 haben solche Tendenzen verstärkt. Die Forscher um W. Heitmeyer zeigen, dass ein mit der ↑Globalisierung einhergehender autoritärer ↑Kapitalismus entsolidarisierend wirkt und soziale ↑Krisen auslöst, die gruppenbezogene Menschenfeindlichkeit ansteigen lassen. Auch die elektronischen Medien und insb. die neuen sozialen Medien (↑Social Media) fördern oft tribalistische Tendenzen. Hoffnungen, dass sich das ↑Internet als ein globales und inklusives Kommunikationsmedium erweise, wurden gedämpft. Es zeigt sich, wie die Bildung von medialen Echokammern, in denen sich Gleichgesinnte in ihren vorurteilsgeladenen Meinungen bestätigen, gesellschaftliche Spaltungen verstärken kann.

3. Die Gleichwürdigkeit aller Menschen

Obwohl gruppenbezogene Menschenfeindlichkeit unsere Welt von ihren Anfängen bis in unsere Gegenwart begleitet, ist sie weder ontologisch grundgelegt noch unausweichliches Schicksal. Schon C. Lévi-Strauss hielt in seiner Auseinandersetzung mit der Geschichte des Rassismus fest, dass die „großen philosophischen oder religiösen Systeme der Menschheit" (Lévi-Strauss 1999: 370) den Ethnozentrismus früherer Kulturen aufgebrochen haben. Hinsichtlich der jüdisch-christlichen Tradition hat R. Girard gezeigt, dass die radikale Parteinahme der biblischen Religionen für die Opfer kollektiver Verfolgung jene vorurteilsgeprägten Muster, die Sündenbockjagden und Freund-Feind-Denken legitimieren, aus den Angeln gehoben hat. Auch wenn die Geschichte des ↑Christentums von Verfolgungen keineswegs frei ist, ist der gruppenbezogenen Menschenfeindlichkeit die Legitimationsgrundlage entzogen.

Aus der Sicht der ↑katholischen Soziallehre steht das Personalitätsprinzip (↑Personprinzip) mit der Betonung der Gleichwürdigkeit aller Menschen (↑Menschenwürde) gegen jede gruppenbezogene Menschenfeindlichkeit. Im „Kompendium der Soziallehre der Kirche" wird die Ideologie der Ungleichwertigkeit klar zurückgewiesen: „‚Gott schaut nicht auf die Person' (Gal 2,6; vgl. Apg 10,34; Röm 2,11; Eph 6,9), weil alle Menschen dieselbe Würde von Geschöpfen besitzen, die er nach seinem Bild und ihm ähnlich geschaffen hat. Die Menschwerdung des Sohnes Gottes macht deutlich, dass hinsichtlich ihrer Würde alle Personen gleich sind: ‚Es gibt nicht mehr Juden und Griechen, nicht Sklaven und Freie, nicht Mann und Frau; denn ihr alle seid ‚einer' in Christus Jesus' (Gal 3,28; vgl. Röm 10,12; 1 Kor 12,13; Kol 3,11)". Ausdrücklich wird die „grundlegende Gleichheit und Brüderlichkeit aller Menschen unabhängig von ihrer ethnischen Zugehörigkeit oder Nation, ihrem Geschlecht, ihrer Herkunft, Kultur oder Gesellschaftsschicht" (Päpstlicher Rat für Gerechtigkeit und Frieden 2006: 118) hervorgehoben.

4. Zum Abbau von Vorurteilen

Zum Abbau von V.en benötigt es Maßnahmen und Aktivitäten auf allen Ebenen. ↑Bildung als lebenslanges ↑Lernen ist sicher unabdingbar. Ebenso bedarf es wirtschaftlicher und politischer Strukturen, die ↑Solidarität stärken und ein gutes Miteinander zwischen allen Menschen fördern. Im Blick auf ↑Medien und ↑soziale Netzwerke gilt es, den Gefahren von Echokammern mit ihrer Förderung des Tribalismus entgegenzuwirken. Auch die Geschwindigkeit des Internets läuft der auf Nachdenklichkeit angewiesenen Überwindung von V.en entgegen, wie das Beispiel der Nachbarschaftshilfeplattform „Nextdoor" zeigt, die bewusst verlangsamende Maßnahmen ergriff, um nicht den Rassismus zu verstärken. Auch der ↑interreligiöse Dialog trägt zu einer Überwindung pauschaler Abwertungen von Menschengruppen bei. Der deutsche Theologe Ansgar Kreutzer ruft deshalb im Anschluss an Forschungen von W. Heitmeyer, wonach eine negative Anerkennungsbilanz die Neigung zur ↑Diskriminierung anderer verstärkt, zu einer Theologie der ↑Anerkennung auf, die aus dem Glauben „an eine unbedingte Anerkennung durch Gott" ein „Ethos gegenseitiger Anerkennung" (Kreutzer 2017: 235) freisetzt. Auch konkrete Begegnungsräume für Menschen verschiedener ↑Kulturen und ↑Religionen helfen, V.e abzubauen, wie das Phänomen des Antisemitismus ohne Juden indirekt erkennen lässt. Schließlich bedarf es gerade angesichts der neuen Medien einer bewusst die Einsamkeit suchenden Achtsamkeit, um den kollektiven V.en zu entkommen, ohne aber den Dialog mit anderen abzubrechen. Gegen die V.e nährende Gedankenlosigkeit setzte Hannah Arendt auf das dialogische (↑Dialog) „Zwiegespräch des Menschen mit sich selbst" (Arendt 2007: 48), das einerseits Einsamkeit voraussetzt und andererseits mit der Welt und Freunden verbunden bleibt.

Literatur

J. L. Eberhardt: Biased, 2019 • Y. Benkler/R. Farris/H. Roberts: Network Propaganda, 2018 • A. Kreutzer: Politische Theologie für heute, 2017 • S. Solomon/J. Greenberg/T. A. Pyszczynski: Der Wurm in unserem Herzen, 2016 • S. Turkle: Reclaiming Conversation, 2015 • W. Benz: Die Feinde aus dem Morgenland, 2012 • W. Heitmeyer u. a.: Vorurteile als Elemente Gruppenbezogener Menschenfeindlichkeit – eine Sichtung der Vorurteilsforschung und ein theoretischer Entwurf, in: A. Pelinka (Hg.): Vorurteile, 2012, 287–316 • H. Arendt: Über das Böse, 2007 • Päpstlicher Rat für Gerechtigkeit und Frieden: Die Menschliche Person und ihre Rechte, in: ders. (Hg.): Kompendium der Soziallehre der Kirche, 2006, 96–128 • W. Heitmeyer (Hg.): Deutsche Zustände, 10 Bde., 2002–12 • C. Lévi-Strauss: Strukturale Anthropologie II, 1999 • R. Girard: Der Sündenbock, 1988.

WOLFGANG PALAVER

W

Wahlen

I. Politikwissenschaftlich – II. Rechtswissenschaftlich

I. Politikwissenschaftlich

W. gehören zum Grundverständnis liberaler ↑Demokratie. Die politische Führung eines Landes hat aus allg.en W. hervorzugehen, nur W. gewähren den Vertretungsorganen demokratische ↑Legitimität: Ohne die periodische Aus- bzw. Abwahl des Regierungspersonals, ohne den offenen Wettbewerb politischer ↑Parteien um die politische ↑Macht, keine Demokratie. In W. vollzieht sich empirisch die Beteiligung der Bürger an der politischen Willensbildung einer Gesellschaft. Sie bilden zwar nicht die einzige demokratische Beteiligungsform, zeichnen sich aber durch „Universalität des Zugangs, […] Gleichheit des Einflusses […] sowie Geheimhaltung und mangelnde Zurechenbarkeit des Aktes der Mitwirkung" (Rokkan/Svasand 1978: 30) aus. Überdies bilden sie für die Masse der Bevölkerung die einzige Form der Teilnahme am politischen Prozess. Alle anderen Partizipationsformen (↑Partizipation) – konventionell oder unkonventionell – sind mit deutlich höherem Aufwand verbunden und haben die Tendenz, die politische Ungleichheit unter den Bürgern zugunsten der politisch Aktiven zu verstärken. Auch bilden W. das bisher einzig erfolgreiche Verfahren, in den sog.en Massendemokratien vielfältige Einzelinteressen und Meinungen so zu aggregieren, dass politische Eliten (Regierungen) die Allgemeinheit bindende politische Entscheidungen fällen können.

1. Begriff und Funktion

Ihrer technischen Funktion nach sind W. ein Mittel zur Bildung von Körperschaften oder zur Bestellung einer Person in ein ↑Amt. Diese funktionale Bestimmung unterscheidet W. allerdings nicht von anderen Bestellungstechniken, die – anders als die gewaltsamen Methoden der Machterlangung wie Kampf, Putsch oder Krieg – ebenfalls auf Vereinbarung beruhen können: Geburtsrecht, Amtsstellung *(ex officio)*, Losentscheid, Ernennung, Akklamation. Verfahrenstechnisch werden bei W. von der Wählerschaft unter den Vorgaben eines jeweiligen Wahlsystems Stimmen für Wahlbewerber (Individuen oder Parteien) abgegeben, die nach ihrer Auszählung darüber entscheiden, welcher Bewerber das zur W. stehende Amt besetzen oder eines der Parlamentsmandate erringen kann. Inhaltlich bedingen W., dass die Wahlberechtigten frei zwischen mehreren – mindestens zwei – Angeboten auswählen können. Für kompetitive W. sind Auswahl und Wahlfreiheit unabdingbar. Sind sie nicht gegeben, handelt es sich um nicht-kompetitive bzw. unfreie W., die nur verfahrenstechnisch kompetitiven gleichen. In autoritär regierten Ländern widerspricht i. d. R. der politische Kontext von Unterdrückung der Opposition, Gewalt und Korruption der Möglichkeit, freie und faire W. abzuhalten. In kompetitiven W. verschmelzen hingegen verfahrenstechnischer und inhaltlicher Wahlbegriff zu einer Einheit. Erweitert um spezifische demokratietheoretische und rechtsstaatliche Elemente, lässt sich daraus ein Kanon formalisierter Prinzipien ableiten, der für W. in modernen Verfassungsstaaten nicht nur konstitutiv ist, sondern auch die wesentliche Voraussetzung für die Anerkennung der durch W. herbeigeführten Sach- und Personalentscheide von Seiten der an diese gebundenen Bürger darstellt. Dazu gehören:

a) der Wahlvorschlag, der von der W. selbst nicht zu trennen ist und somit ihr gleichen Maßstäben unterliegt (Freiheit der Wahlbewerbung), der freilich nicht die positive Auswahlentscheidung der Wählerschaft ersetzen kann;

b) die Kandidatenkonkurrenz, hinter der sich vornehmlich eine Konkurrenz alternativer politischer Auffassungen und Programme verbergen sollte;

c) die Chancengleichheit, die aus dem Rechtssatz der Gleichheit fließt und v. a. im Bereich der Wahlbewerbung (Parteienfinanzierung, Zugang zu Medien) gesichert sein muss, die aber auch für das Wahlrecht (Gewicht jeder Stimme auf die Wahlentscheidung) als Kriterium gilt;

d) die Wahlfreiheit, die mit dem Postulat der geheimen W. verknüpft ist und durch geheime Stimmabgabe gewährleistet wird;

e) der Wahlprozess als administrativer und rechtlich überprüfbarer Vorgang, der dem Kriterium der Wahlintegrität unterliegt;

f) die Transparenz des Wahlverfahrens in dem Sinne, dass einsichtig ist, wie (bei Parlaments-W.) der Wählerwille mittels Stimmgebungsverfahren ausgedrückt werden kann, und was mit den abgegebenen Stimmen im angewandten Stimmenverrechnungsverfahren geschieht, ohne dass dem Wählerwillen offensichtlich widersprochen wird (z. B. „negatives Stimmgewicht");

g) die Entscheidung auf Zeit, versinnbildlicht in verfassungsrechtlich determinierten Wahlperioden, was beinhaltet, dass die Auswahl und die Wahlfreiheit der Wahlberechtigten bei künftigen W. nicht durch früher getroffene Wahlentscheidungen eingeschränkt sind.

Kompetitive W. können eine Vielzahl von Funktionen erfüllen, etwa die fortwährende Legitimierung des ↑politischen Systems, die Repräsentation von Meinungen und ↑Interessen, die Mobilisierung der Bevölkerung für gesellschaftliche ↑Werte und politische Programme, die Integration des gesellschaftlichen ↑Pluralismus und Bildung eines politisch aktionsfähigen Gemeinwillens, die Übertragung von Vertrauen an Institutionen, die Rekrutierung politischen Führungspersonals etc. Vornehmlich drei Bedingungen weichen in den westlichen Demokratien voneinander ab und rufen Unterschiede in den manifesten Wahlfunktionen hervor:

a) Struktur der Gesellschaft (ist eine Gesellschaft sozial, ethnisch, religiös eher homogen oder heterogen?);
b) Struktur des politisch-institutionellen Systems (handelt es sich um eine parlamentarische oder präsidiale Demokratie?);
c) Struktur des ↑Parteiensystem (ist es konzentriert auf wenige Parteien oder zersplittert?).

Die Funktionen von W. erfassen ein breites Spektrum äußerst systemrelevanter Zusammenhänge in einer repräsentativen Demokratie, die weit über das unmittelbare Ergebnis einer W. hinausreichen, das jedoch häufig im Mittelpunkt der Kommentierung in der breiten ↑Öffentlichkeit steht.

2. Wahlsysteme

Wahlsysteme stellen Verfahren dar, mittels derer (1.) die Wähler ihre Partei- und/oder Kandidatenpräferenz in Wählerstimmen ausdrücken, und durch die (2.) Stimmenzahlen in Mandate übertragen werden.

In der öffentlichen Debatte in Deutschland wird dieser Gegenstand häufig als „Wahlrecht" bezeichnet. Die technischen Regelungen, die ein Wahlsystem treffen, umfassen den gesamten Wahlprozess von der wahlgesetzlich geregelten Wahlbewerbung bis zur Ermittlung des Mandatsergebnisses. Dabei lassen sich vier Bereiche unterscheiden:

a) die (mögliche) Untergliederung des Wahlgebietes in Wahlkreise (Einer-, kleine, mittelgroße und große Wahlkreise). Sie ist die für die Auswirkungen eines Wahlsystems wichtigste Variable;
b) die Kandidatur (Einzelkandidatur oder verschiedene Listenformen: starre, lose gebundene, freie Liste; Möglichkeit wahlkreisgebundener oder wahlkreisfreier Listenverbindung etc.);
c) das Stimmgebungsverfahren, d. h., ob und wie der Wähler eine oder mehrere Stimmen vergeben kann (Einzel-, Mehr-, und Präferenz- oder Alternativstimmgebung, Kumulieren, Panaschieren);
d) das Stimmenverrechnungsverfahren, dessen Regelung bereits teilweise durch die Ausgestaltung zu *a-c)* bestimmt wird, aber dennoch die für die Auswirkung eines Wahlsystems nach der Wahlkreiseinteilung wichtigsten Variablen enthält. Dazu zählen

- der Entscheidungsmaßstab „Mehrheit" oder „Verhältnis";
- die Verrechnungsebene (Wahlkreis, Wahlkreisverband, Region/Land, Staat/Bund);
- Divisoren (etwa d'Hondtsches Verfahren) oder Wahlzahlverfahren (etwa Hagenbach-Bischoff) bzw. jeweilige Varianten;
- (mögliche) Überschuss- oder Reststimmenverwertung;
- (mögliche) Sperrklauseln.

Die mannigfach variierbaren und kombinierbaren technischen Regelungen von Wahlsystemen wirken sich auf die Wahlergebnisse in zweifacher Weise aus. Zum einen beeinflussen sie die Wahlentscheidung des Wählers, indem sie ihn bei der Stimmabgabe vor eine spezifische Entscheidungssituation stellen. Ihr entspr. trifft der Wähler seine W.; dabei prägen die Regelungen des Wahlsystems durch Strukturierung der Partei- und/oder Kandidatenpräferenz des Wählers dessen inhaltliche Entscheidung mit. Zum anderen rufen unterschiedliche technische Regelungen bei der Übertragung von Stimmenzahlen in Mandate voneinander abweichende Wahlergebnisse hervor, konkret unterschiedliche parlamentarische Stärkeverhältnisse der Parteien. Die Auswirkungen von Wahlsystemen auf die Stimmen-Mandate-Relationen beeinflussen ihrerseits die Parteipräferenzen und das Stimmverhalten der Wahlbürger.

Die konkreten Wahlsysteme in den liberal-demokratischen politischen Systemen sind i. d. R. das Ergebnis von Kompromissen zwischen den wichtigsten gesellschaftlichen und politischen Gruppierungen. Dies erklärt auch ihre enorme Vielfalt, die gewöhnlich auf den Gegensatz von Mehrheits-W. und Verhältnis-W. als den beiden Grundtypen von Wahlsystemen reduziert wird. In diesem Sinne sind Mehrheits- und Verhältnis-W. antithetische Repräsentationsprinzipien. Die Mehrheits-W. zielt auf die parlamentarische Mehrheitsbildung (durch eine Partei oder Parteienkoalition) und nimmt dafür die Disproportion von Stimmen und Mandaten in Kauf. Die Verhältnis-W. hingegen zielt auf eine parlamentarische Vertretung der Parteien möglichst entspr. ihrem Anteil an den Wählerstimmen.

Bewertungen der beiden Wahlsystemgrundtypen machen sich i. d. R. an ihren Auswirkungen auf Parteien, Parteiensysteme und die ↑Politik allg. (politische Stabilität, Regierbarkeit etc.) fest. Wie die über 100-jährige nationale und internationale Wahlsystemdebatte belegt, fallen sie je nach demokratietheoretischem und (partei-)politischem Standort der Betrachter unterschiedlich aus. Als allg.e Kriterien können gelten: der Grad der Übereinstimmung von Stimmen- und Mandatsanteil der Parteien, der Effekt auf Parteienkonzentration und Regierbarkeit, die Auswahlchancen zwischen Kandidaten (und nicht nur Parteilisten), die Einfachheit oder Transparenz des Verfahrens, sowie schließlich die allg.e Anerkennung (Legitimität) des Verfahrens von Seiten der konkurrierenden Parteien und der Wählerschaft. Da diese Kriterien wechselseitig nicht widerspruchsfrei sind, kommt es auf praxistaugliche Ausprägungen und Kombinationen der Varianten von Wahlsystemelementen an. Jedenfalls gibt es kein „bestes Wahlsystem". Entscheidend ist, in welchem historischen und politischen Kontext Wahlsysteme sich daraus ergebenden funktionalen Anforderungen genügen können. Wie sich Wahlsysteme konkret auswirken, kann folglich nur die empirische Einzelfallanalyse ermitteln.

2.1 Auswirkungen von Wahlsystemen

Die meisten Thesen in der traditionellen Debatte über die Vorzüge und Nachteile von Mehrheits- und Verhältnis-W. sind i. d. R. in zweifacher Hinsicht brüchig. Zum einen überbetonen sie den Faktor Wahlsystem oder blenden andere Faktoren gänzlich aus, die ebenfalls auf die Entwicklung von Parteien und Parteiensystemen einwirken (etwa: wirtschaftlicher und ↑sozialer Wandel, institutionelle Bedingungen des ↑Regierungssystems, personelle Konstellationen, politische Entscheidungslagen etc.). Zum anderen berücksichtigen sie nicht, nach welchem (Sub-)Typ von Wahlsystem gewählt wird. In der Tat gibt es sehr verschiedene, in ihren Auswirkungen stark voneinander abweichende Wahlsysteme innerhalb der beiden Grundtypen, bei der Verhältnis-W. etwa die „reine Verhältnis-W." (mit ziemlich exaktem proportionalem Verhältnis von Stimmen und Mandaten) und die „Verhältnis-W. in Wahlkreisen", jeweils mit oder ohne Sperrklausel mit demgemäß eingeschränktem Proporz.

Ganz allg. kann der Mehrheits-W. mehr konzentrierende, die Zahl der Parteien verringernde Wirkung zugeschrieben werden als der Verhältnis-W. Das Ausmaß ist jedoch sehr vom Typ der Mehrheits-W. (relative oder absolute Mehrheits-W.) abhängig. Auch in Verhältniswahlsystemen wird i. d. R. die größte Partei begünstigt, obwohl das Repräsentationsprinzip darauf eigentlich nicht abzielt. Kleine Parteien haben in den meisten Mehrheitswahlsystemen nur Mandatschancen, wenn ihre Wählerschaft regional konzentriert ist oder wenn Wahlbündnisse mit großen Parteien bestehen. Doch auch in der Mehrzahl von Verhältniswahlsystemen sind die kleinen Parteien benachteiligt. Das liegt entweder an Sperrklauseln oder an der Einteilung des Wahlgebiets in Wahlkreise, innerhalb derer die Mandate vergeben werden. Kleine und mittelgroße Wahlkreise bilden dann ein systemimmanentes Hindernis für eine proportionale Repräsentation, wenn kein Proporzausgleich auf nationaler Ebene besteht. Eindeutigeren Aussagen steht auch die hohe Bedeutung der jeweiligen gesellschaftlichen und politischen Verhältnisse für die Auswirkungen von Wahlsystemen im Wege. Die soziale, ethnische und religiöse Homogenität bzw. Heterogenität einer Gesellschaft ist höchst relevant für die politischen Konfliktlinien und die Struktur der Parteiensysteme. Von dieser Strukturfrage hängt zudem offensichtlich die W. des Wahlsystems ab. Je mehr verfestigte gesellschaftliche Zersplitterung, desto wahrscheinlicher ist die Einführung eines Verhältniswahlsystems, und desto wahrscheinlicher ist auch die Herausbildung eines Vielparteiensystems. Wenn allerdings gesellschaftliche Fragmentierung vorherrscht, dann führt auch die relative Mehrheits-W. in Einerwahlkreisen nicht zu einem Zweiparteiensystem. Je mehr gesellschaftliche Homogenität herrscht, desto eher wird für die relative Mehrheits-W. optiert, desto eher kommt aber auch bei Verhältniswahlsystemen (gleich welchen Typs) ein Zweiparteiensystem oder ein zahlenmäßig begrenzter Parteienpluralismus zustande. Der Kontext macht also den Unterschied.

2.2 Wahlsystemkontroversen

Während in den ersten Jahrzehnten der BRD die personalisierte Verhältnis-W. als solche noch in der Kritik stand, die v. a. von Anhängern der relativen Mehrheits-W. in Einerwahlkreisen vorgebracht wurde, waren es nach dem deutschen „Wahlwunder" – einer Parteienkonzentration trotz Verhältnis-W. – eher technische Elemente des Wahlsystemtyps und deren am Maßstab des ↑GG gemessene Auswirkungen, welche die Diskussion um das „deutsche Wahlsystem" beflügelten. Insgesamt hat die BRD mit der personalisierten Verhältnis-W. gute Erfahrungen gemacht. Deshalb wundert es nicht, dass das *german system* bei Reformprozessen international als Modellwahlsystem gehandelt wird. Gleichwohl besteht seit Einführung der personalisierten Verhältnis-W. ein immer wieder aufflammender, häufig vor dem ↑BVerfG ausgetragener und stark parteipolitisch geprägter Konflikt darüber, mit welchen rechtfertigenden Gründen und in welchem Umfang eine Abweichung vom Grundsatz der Wahlrechtsgleichheit als verfassungskonform betrachtet werden kann.

Ungeachtet der Einschränkungen des Proporzprinzips durch Sperrklausel und Überhangmandate verwirklicht die personalisierte Verhältnis-W. im Wesentlichen die Zielvorstellungen der Verhältnis-W. Die Differenz zwischen Stimmen und Mandatsanteil der Parteien ist vergleichsweise gering. Alle Parteien, die mehr als 5 % der Zweitstimmen auf Bundesebene erreichen, ziehen prozentual zu ihrem Stimmenanteil Nutzen aus der Sperrklausel, und zwar je mehr, desto größer die Summe der Stimmenanteile jener Parteien ist, welche die Sperrklausel nicht überspringen. Disproportionen aufgrund von Überhangmandaten kamen nur den großen Parteien zugute.

Doch deren Zahl hielt sich in Grenzen. Unter den Bedingungen eines „Zweieinhalbparteiensystems" (CDU/CSU, SPD, FDP) kamen sie nicht einmal vor. Das änderte sich mit dem Aufkommen der Grünen und der Dekonzentration im Parteiensystem, wie sie sich nach der deutschen Wiedervereinigung fortsetzte. Als deren Folge nahm die Zahl der Überhangmandate, hauptsächlich zugunsten von CDU/CSU (1994: 12 von 16), enorm zu, so dass von den proportional benachteiligten Parteien das BVerfG angerufen wurde. Das Gericht beließ es im Urteil vom 10.4.1997 bei der bisherigen Regelung, dass Überhangmandate nicht auszugleichen seien, wenn sich ihre Zahl in Grenzen hielte. Zehn Jahre später sah es sich erneut mit dieser Frage konfrontiert, als sich in einem konkreten Fall die Hinweise aus der Wahlsystemforschung bestätigten, wonach im Zuge der Verrechnung von Überhangmandaten eine Stimme *für* eine Partei eine Wirkung *gegen* sie entfalten kann. Dieses „negative Stimmgewicht" erklärte das BVerfG im Urteil vom 3.7.2008 für verfassungswidrig und trug dem Gesetzgeber auf, das Wahlsystem zu reformieren. Dem kam der Bundestag erst am 25.11.2011 mit einer Reform nach, die allein von der CDU/CSU und der FDP getragen war und u. a. deshalb vom Gericht am 25.7.2012 zurückgewiesen wurde. In diesem Urteil begrenzte das Gericht die zulässige Zahl von Überhangmandaten auf 15 (2009 waren alle 24 Überhangmandate auf die CDU/CSU entfallen). Mit der Gesetzesnovelle vom 9.5.2013 beschloss der Bundestag im gerichtlich geforderten breiten Konsens das gegenwärtig gültige Wahlsystem. Indem die Überhangmandate nun vollständig ausgeglichen werden, geht diese Reform weit über die Auflagen des Gerichts hinaus.

Der Gesetzgeber machte sich v. a. einen durchaus umstrittenen Standpunkt zu eigen, den das BVerfG vom Verfassungsgrundsatz der Gleichheit ableitet: dass bei Verhältnis-W. nicht nur die Zählwertgleichheit, sondern auch die Erfolgswertgleichheit der Stimmen garantiert zu sein habe. Wahlsysteme unterscheiden sich aber gerade darin, dass sie im Erfolgswert der Stimmen variieren. Diese natürliche Variation gibt es auch bei der Verhältnis-W. Sie wird in der Wahlsystemlehre weniger als mathematische Größe begriffen (wozu Mathematiker als Wahlsystemdesigner neigen) und folglich nicht allein an der Exaktheit in der proportionalen Zuweisung der Mandate an die Parteien festgemacht, sondern als eine Richtung im Gestaltungsprozess politischer ↑Repräsentation. Das zeigt gerade der internationale Vergleich angewandter Verhältniswahlsysteme mit ihren gänzlich unterschiedlichen Erfolgswerten. Erfolgswertgleichheit lässt sich auch rein rechtlich nicht erzwingen, wie der Österreichische Verfassungsgerichtshof treffend – und konträr zum BVerfG – argumentierte. Es intervenieren viele verschiedene wahlsoziologische Faktoren: Ein Mehr an Proportionalität in der Ausgestaltung von Wahlsystemen kann so in der Praxis sogar ein Weniger an Erfolgswertgleichheit hervorrufen, wenn die Wähler zu dem Fehlkalkül verleitet werden, dass bei mehr Proporz auch Kleinstparteien Parlamentsmandate erringen könnten. Das aber ist empirisch keinesfalls gewährleistet, weshalb die Zahl der Stimmen ohne mandatsgenerierenden Erfolg zunehmen kann.

Kaum war die umstrittene Wahlreform in Kraft, forderte sie massive Kritik heraus. Zum auffälligsten Kritikpunkt wurde das schrankenlos scheinende Anwachsen der Mitgliederzahl des ↑Bundestages, d. h. die Abhängigkeit der Parlamentsgröße vom jeweiligen Wahlergebnis. Waren bei der Bundestags-W. 2013 die schlimmsten Befürchtungen noch ausgeblieben, als „nur" 33 Mandate zur rechtlichen Normalgröße von 598 Sitzen hinzukamen, so waren es 2017 111 Mandate, die den Bundestag auf 709 Mitglieder anwachsen ließen. Kam es 2013 noch zu vier Überhangmandaten (alle für die CDU), so waren es 2017 deren 46 (43 für die Unionsparteien, drei

	Wahlberechtigte		Wahlbeteiligung	
Jahr	absolut in Tausend	in % der Bevölkerung	absolut in Tausend	in % der Wahlberechtigten
1871	7656,2	19,4	4148,0	52,0
1890	10145,9	21,7	7702,3	71,5
1912	14441,9	22,2	12260,6	84,2
1919	37362,1	63,1	30524,8	83,0
1930	42957,7	68,9	35225,8	82,0
1949	31207,6	66,3	24495,6	78,5
1969	38677,3	65,9	33523,1	86,7
1987	45328,0	74,0	38225,3	83,5
1990	60346,6	75,7	46995,9	77,8
1994	60396,3	74,3	47743,6	79,1
1998	60762,7	74,1	49947,0	82,2
2002	61432,9	74,4	48582,8	79,1
2005	61870,7	75,0	48044,1	77,7
2009	62168,5	75,9	44005,6	70,8
2013	61946,9	75,5	44309,9	71,5
2017	61688,5	74,9	46976,3	76,2

Tab. 1: Die Ausweitung des Wahlrechts in Deutschland 1871–2017 in ausgesuchten Wahlen
Quellen: B. Vogel/D. Nohlen/R.-O. Schultze: Wahlen in Deutschland, 1971; R. Lindner/R.-O. Schultze: Germany, in: D. Nohlen/P. Stöver (Hg.): Elections in Europe, 2010; Statistisches Bundesamt.

für die SPD). Dienten 2013 die zusätzlichen Mandate weniger zum Ausgleich der Überhangmandate als vielmehr zum Ausgleich neuer Disproportionen, etwa den unterschiedlichen Bezugsgrößen in der Vergabe der Mandate in den Bundesländern (Bevölkerungszahl) und auf Bundesebene (abgegebene Stimmen), so verkehrte sich 2017 der jeweilige Anteil der Mandate: 46 zum Ausgleich der Überhangmandate, 19 zum nationalen Proporz. Die insgesamt 65 Ausgleichsmandate verteilten sich auf SPD 19, FDP 15, AfD elf sowie Linke und Grüne je zehn. Empirisch bestätigte sich so, dass der Gesetzgeber unter den Auflagen des BVerfG – nämlich Zählwertgleichheit und breite Zustimmung – eine „Fehlkonstruktion im deutschen Wahlrecht" (Bull 2014) zustande gebracht hatte: ein kompliziertes, an Inkonsistenzen reiches, in seinen bedenklichen Auswirkungen auf die politische Repräsentation kaum mehr eingrenzbares Wahlsystem. Die notorische „Lethargie" der politischen Parteien in Wahlsystemfragen berechtigt jedoch zu wenig Hoffnung auf eine baldige nachhaltige Reform.

Im Zusammenhang der 2013er Wahlreform hat sich die starke Rolle des BVerfG in der Wahlgesetzgebung bestätigt. Indem es zwischenzeitlich alternative Wahlsysteme ins Spiel brachte, etwa das Grabensystem (die Trennung von Erst- und Zweitstimmenergebnis und bloße Addition der jeweils erzielten Mandate), hat das Gericht freilich erneut kundgetan, dass das GG kein Wahlsystem vorschreibt und der Gesetzgeber grundsätzlich über Entscheidungsfreiheit in Wahlsystemfragen verfügt.

Literatur

J. Behnke u. a.: Reform des Bundestagswahlsystems, 2017 • Ders./F. Grotz/C. Hartmann: Wahlen und Wahlsysteme, 2017 • H. P. Bull: Erfolgswertgleichheit – eine Fehlkonstruktion im deutschen Wahlrecht, in: DVBl 129/19 (2014), 1213–1217 • D. Nohlen: Wahlrecht und Parteiensystem, [7]2014 • P. Norris: Why Electoral Integrity Matters, 2014 • D. Nohlen/P. Stöver (Hg.): Elections in Europe, 2010 • R. Lindner/R.-O. Schultze: Germany, in: ebd., 723–806 • D. Nohlen: Erfolgswertgleichheit als fixe Idee oder: Zurück zu Weimar?, in: ZParl 40/1 (2009), 179–195 • G. Strohmeier (Hg.): Wahlsystemreform, 2009 • M. Gallagher/P. Mitchell (Hg.): The Politics of Electoral Systems, [2]2008 • D. Nohlen/F. Grotz: The Legal Framework and an Overview of Electoral Legislation, in: International IDEA/Federal Electoral Institute of Mexico (Hg.): Voting From Abroad, 2007, 65–76 • R. Rose (Hg.): The International Encyclopedia of Elections, 2000 • A. Lijphart: Electoral Systems and Party Systems, 1994 • Ders./B. Grofman (Hg.): Electoral Laws and Their Political Consequences, 1986 • S. Rokkan/L. Svasand: Zur Soziologie der Wahlen und der Massenpolitik, in: R. König (Hg.): Hdb. der empirischen Sozialforschung, Bd. 12, 1978, 1–101 • H. Meyer: Wahlsystem und Verfassungsordnung, 1973 • B. Vogel/D. Nohlen/R.-O. Schultze: Wahlen in Deutschland, 1971 • D. W. Rae: The Political Consequences of Electoral Laws, 1967.

DIETER NOHLEN

II. Rechtswissenschaftlich

1. Begriff und Funktionen

Als Ausdruck des demokratischen Gedankens der ↑Volkssouveränität bestimmt Art. 20 Abs. 2 GG, dass alle Staatsgewalt vom Volk ausgeht und von diesem in W. und Abstimmungen und durch bes. Organe der ↑Gesetzgebung, der vollziehenden Gewalt und der ↑Rechtsprechung ausgeübt wird. Wesentliches Strukturprinzip der ↑Demokratie ist die Vermeidung von Fremd- und die Sicherstellung von Selbstbestimmung. Durch W. wird die verfassungsstaatlich gebundene Herrschaftsausübung überhaupt erst legitimiert (Legitimationsfunktion). Jede Ausübung der staatlichen Gewalt muss ihre Grundlage in einer Entscheidung des Volkes finden. Diese Legitimationsfunktion bezieht sich nicht allein auf das Parlament, sondern auf der Grundlage der sog.en Legitimationskettentheorie auch auf die anderen beiden Staatsgewalten.

Mittels W. wird zudem ein Vertretungsorgan für das in seiner Gesamtheit handlungsunfähige Volk geschaffen (Kreationsfunktion). Art. 38 Abs. 1 S. 2 GG formuliert deshalb als Anforderung an den Gewählten, Vertreter des ganzen Volkes, nicht bloß seiner Wähler zu sein (Repräsentationsfunktion).

W. sichern in der betont indirekt gestalteten Demokratiekonzeption des ↑GG die politische Teilhabe (↑Partizipation) der Bürger und erfüllen damit eine essentielle Kommunikationsfunktion, ohne die parlamentarische Demokratie nicht gelingen kann. W. dienen insoweit auch der ↑Repräsentation von Meinungen und ↑Interessen der Bevölkerung sowie der Integration des gesellschaftlichen ↑Pluralismus (Kommunikations- und Teilhabefunktion). Dem Akt des Wählens liegt dabei als unausgesprochene, aber essentielle Voraussetzung zugrunde, dass der Wähler zu verantwortlichem und selbstbestimmtem Handeln in der Lage ist.

2. Rechtsgrundlagen

Rechtsgrundlagen der Bundestags-W. finden sich in der Verfassung und namentlich im BWahlG und der BWO. Das GG verwendet den Begriff der W. teils ausdrücklich, teils wird er in verschiedenen Vorschriften vorausgesetzt. Demokratie bedeutet Herrschaft auf Zeit und damit die periodische Wiederkehr von W. Dem trägt die Verfassung dadurch Rechnung, dass Art. 38 Abs. 2 GG das aktive und passive Wahlrecht des Bürgers als subjektiv-öffentliches Recht des Bürgers verfassungsrechtlich verankert und Art. 39 Abs. 1 S. 1 GG die Legislaturperiode des Parlaments auf vier Jahre begrenzt. Art. 41 GG stellt einen verfassungsgerichtlichen Rechtsbehelf zur Kontrolle der Gültigkeit von W. zur Verfügung. In Art. 21 Abs. 1 GG wird der Begriff der W. zwar nicht direkt verwendet, aber vorausgesetzt, weil auf diese Weise die politischen ↑Parteien an der Willensbildung des Volkes mitwirken. Zentrale Bedeutung für die weitere Konturierung des verfassungsrechtlichen

Begriffs der W. kommt den in Art. 38 Abs. 1 S. 1 GG verankerten fünf Wahlrechtsgrundsätzen zu.

2.1 Die Wahlrechtsgrundsätze

Das Erfordernis der *Allgemeinheit* der W. stellt sicher, dass grundsätzlich alle deutschen Staatsbürger aktiv und passiv wahlberechtigt sind. Verhindert werden soll der unberechtigte Ausschluss von Bürgern von der Teilnahme. Die Allgemeinheit sichert – wie die Gleichheit der W. – die vom Demokratieprinzip vorausgesetzte Egalität der Staatsbürger. Die Teilnahme an der W. darf deshalb nicht etwa von Vermögen, Einkommen, Steuerentrichtung, Bildung oder Lebensstellung abhängig gemacht werden.

Der Grundsatz der *Wahlgleichheit* stellt Grundanforderungen an alle Wahlsysteme und verlangt wegen des untrennbaren Zusammenhanges mit dem Demokratieprinzip eine strikte Gleichbehandlung der Wähler auf sämtlichen Stufen des jeweils für die W. vorausgesetzten Verfahrens. Jeder Wähler muss die gleiche Anzahl von Stimmen haben, die abgegebenen gültigen Stimmen müssen gleich gezählt werden (Zählwertgleichheit), und jeder Stimme ist grundsätzlich die gleiche rechtliche Erfolgschance einzuräumen. Differenzierungen sind verfassungsrechtlich allerdings nicht ausgeschlossen, bedürfen zu ihrer Rechtfertigung aber stets eines bes.n, sachlich legitimierten („zwingenden") Grundes. Diese Gründe müssen durch die Verfassung legitimiert und von einem Gewicht sein, das der Wahlrechtsgleichheit die Waage halten kann (etwa die Sicherung der mit einer W. verfolgten Ziele oder der Funktionsfähigkeit der zu wählenden Volksvertretung).

Die *Wahlfreiheit* gewährleistet, dass der Wähler in einem freien, offenen Prozess der Willensbildung zu seiner Entscheidung finden kann. Der Wähler muss sein Wahlrecht ohne Zwang oder sonstige unzulässige Beeinflussung von außen ausüben können, der Akt der Stimmabgabe frei von Zwang und unzulässigem Druck bleiben. Inhaltlich umfasst die Freiheit der W. die freie Entschließung über das „Ob" und das „Wie" der W. sowie die Möglichkeit hinreichender Auswahl zwischen verschiedenen Kandidaten bzw. Listen.

Unmittelbarkeit der W. bedeutet, dass sich die Stimmabgabe der Wahlberechtigten auf die zu entsendenden Vertreter selbst bezieht, eine Zwischenschaltung von Wahlmännern, die dann erst die endgültige Wahlhandlung vornehmen, wäre verfassungswidrig. Es sind die Wähler, die das letzte, entscheidende Wort haben. Auch fordert der Unmittelbarkeitsgrundsatz ein Wahlverfahren, bei dem der Wähler vor dem Wahlakt erkennen kann, wer sich um ein Mandat bewirbt und wie sich die eigene Stimmabgabe auf Erfolg oder Misserfolg der Bewerber auswirken kann.

Mit der *Geheimheit* der W. wird verbürgt, dass die Stimmabgabe unter ausschließlicher Kenntnisnahmemöglichkeit des Wählers vom Inhalt seiner Wahlentscheidung erfolgt. Es dürfen weder der Staat noch Private von einem anderen ohne dessen Willen wissen, wie er gewählt hat, wählt oder wählen wird.

Art. 38 Abs. 3 GG überantwortet dem Gesetzgeber, der dabei an die Beachtung der Wahlrechtsgrundsätze gebunden ist, die Entscheidung für ein bestimmtes Wahlsystem.

2.2 Das Wahlsysten des BWahlG

Diesem Verfassungsauftrag ist der Gesetzgeber mit dem BWahlG nachgekommen, das als ein Stück „materielles Verfassungsrecht" bezeichnet wird. Das in §§ 1–6 BWahlG enthaltende Wahlsystem lässt sich wie folgt skizzieren. Grundsätzlich besteht der ↑Bundestag nach § 1 Abs. 1 S. 1 BWahlG aus 598 ↑Abgeordneten. Ihre W. erfolgt aufgrund von § 1 Abs. 1 S. 2 BWahlG nach den Grundsätzen einer mit der Personen-W. verbundenen Verhältnis-W. Umgesetzt wird die damit gewollte Systemverbindung durch ein Zweistimmensystem, nach dem jeder Wähler zwei Stimmen hat (§ 4 BWahlG). Eine sog.e Erststimme für die W. eines Wahlkreisabgeordneten und eine sog.e Zweitstimme für die W. der Landesliste. Damit werden nach dem gesetzlichen Modell 299 der 598 Abgeordneten mit der Erststimme nach Kreiswahlvorschlägen in den Wahlkreisen gewählt (sog.e Wahlkreis- oder Direktmandate), weitere 299 Abgeordnete werden mit der Zweitstimme nach Landeswahlvorschlägen (Landeslisten) gewählt, sog.e Listenmandate. Wahlkreisbewerber können von politischen Parteien und nach Maßgabe des § 20 BWahlG auch von Wahlberechtigten aufgestellt werden, hinsichtlich der Landeslisten besteht nach § 27 Abs. 1 S. 1 BWahlG ein Monopol der politischen Parteien. Die W. der Wahlkreisabgeordneten (Erststimme) erfolgt nach den Grundsätzen der (relativen) Mehrheits-W., § 5 Abs. 1 S. 2 BWahlG. Die W. der (starren) Landeslisten der Partei (Zweitstimme) erfolgt demgegenüber nach den Grundsätzen der Verhältnis-W. Damit hat der Gesetzgeber ein Wahlsystem etabliert, das aus historischen Gründen die Vorteile der Verhältnis-W. mit denjenigen der Mehrheits-W. kombiniert. Der hohe Preis dafür besteht in einem extrem komplizierten, dem Bürger häufig wenig transparenten Sitzzuteilungsverfahren, das in § 6 BWahlG geregelt ist.

Die Zusammensetzung des Bundestags bestimmt sich nach dem jeweils für die einzelnen Parteien prozentual abgegebenen Stimmen. Nach § 6 Abs. 3 BWahlG werden bei der Verteilung der Sitze nur Parteien berücksichtigt, die mindestens fünf Prozent der im (Bundes-) Wahlgebiet abgegebenen Zweitstimmen erhalten (sog.e Sperrklausel) oder in mindestens drei Wahlkreisen einen Sitz errungen haben (sog.e Grundmandateklausel).

Die Verrechnung der Stimmen in Parlamentssitze erfolgt dabei vereinfacht betrachtet in zwei Verteilungsstufen mit jeweils zwei Rechenschritten.

Im ersten Schritt der *ersten Verteilungsstufe* ist zunächst zu klären, wie viele Sitze dem jeweiligen Bundesland zustehen. Es geht also noch nicht um die endgültige Sitzzuteilung, sondern um die Ermittlung des Sitzkontingentes, das einer Partei mindestens zuzuordnen ist. Ausschlaggebend ist hierfür die deutsche Bevölkerung des Landes. Als Vorgabe ist dabei zu beachten, dass in jedem Land pro Sitz in etwa die gleiche Anzahl Personen benötigt werden soll. In Summe müssen genau 598 Sitze verteilt werden, § 1 Abs. 1 BWahlG. Die mathematische Umsetzung erfolgt über die sog.e Divisormethode mit Standardrundung. Im zweiten Schritt (der ersten Verteilungsstufe) müssen die einem Land zustehenden Sitze auf die Parteien verteilt werden. Ausschlaggebend hierfür sind die gültigen Zweitstimmen der Landeslisten. In Summe müssen genau so viele Sitze verteilt werden, wie dem Land zustehen.

Nun kommen aber noch die Erststimmen und die in den Wahlkreisen direkt Gewählten ins Spiel. § 6 Abs. 4 S. 1 BWahlG ordnet zunächst an, dass von der für jede Landesliste ermittelten Sitzzahl die Zahl der von der Partei in den Wahlkreisen des Landes errungenen Sitze abgerechnet werden. § 6 Abs. 4 S. 2 BWahlG bestimmt sodann, dass die in den Wahlkreisen errungenen Sitze einer Partei auch dann verbleiben, wenn sie die nach den Absätzen 2 und 3 ermittelte Zahl übersteigen. Für diese Mandate hat sich der Begriff „Überhangmandate" eingebürgert. Das BVerfG hat die Anzahl (ausgleichsloser) Überhangmandate auf 15 begrenzt. Die den Überhangmandaten attestierten Gleichheitsverzerrungen werden im weiteren Verlauf des Sitzzuteilungsverfahrens durch die Gewährung sog.er Ausgleichsmandate und einer Erhöhung der Gesamtzsitzzahl sowie anschließender bundesweiter Oberverteilung mediatisiert. Aufgrund des gleichheitsrechtlichen Erfordernisses, dass für jeden Sitz eine möglichst gleiche Stimmenzahl erforderlich sein soll, können Ausgleichsmandate aber auch aufgrund anderer Effekte als dem Anfall von Überhangmandaten entstehen.

In der Oberverteilung der *zweiten Stufe*, die nicht nur im Falle von Überhangmandaten durchzuführen ist, werden die Sitze auf Bundesebene auf die Parteien nach dem Anteil ihrer jeweiligen Zweitstimmen verteilt. Hierbei gilt die Bedingung, dass jede Partei mindestens die ermittelte garantierte Mindestsitzzahl auf Bundesebene erhält, so dass ggf. eine Erhöhung der Gesamtsitzzahl notwendig ist. Es besteht das schon genannte Ziel, dass jede Partei im Wesentlichen die in etwa gleiche Stimmenanzahl für ein Mandat benötigt. Dabei gibt die stärkste Partei den Maßstab vor.

Nun erfolgt die zweite Unterverteilung auf die jeweiligen Landeslisten der Parteien. Die zuvor ermittelte Gesamtsitzzahl einer Partei wird den jeweiligen Landeslisten nach dem Anteil der Zweitstimmen im Land zugewiesen. Die Sitze einer Landesliste ergeben sich durch Teilung der Zweitstimmen dieser Landesliste durch einen Divisor. Dabei besteht die zusätzliche Bedingung, dass jede Landesliste mindestens die Zahl der in den Wahlkreisen des Landes von der Partei errungenen Sitze erhält. Die Gesamtzahl der auf die Partei entfallenden Sitze wird nicht (mehr) verändert.

3. Rechtsschutz

W. sind als Massenveranstaltungen in hohem Maße störanfällig. Dem trägt § 49 BWahlG Rechnung, in dem es neben den dort genannten Rechtsbehelfen (weiteren) fachgerichtlichen Rechtsschutz ausschließt. Die Verfassungsmäßigkeit dieses Ausschlusses wird nicht einheitlich beurteilt, bei sachgerechter Ausgestaltung des in Art. 41 GG enthaltenen, allerdings nachträglich einsetzenden Rechtsschutzes, die die Wahlprüfung nicht als bloße Wahlgültigkeitsprüfung qualifiziert, sondern ihr auch den Schutz des subjektiven Wahlrechts überantwortet, treten diese Bedenken auch mit Blick auf Art. 19 Abs. 4 GG zurück. Inwieweit die Wahlprüfung auch gegenüber den anderen verfassungsgerichtlichen Rechtsbehelfen das speziellere Verfahren darstellt, ist nicht endgültig geklärt.

4. Verbleibende Reformprojekte

4.1 Bundestagsgröße

Bei der Bundestags-W. 2017 sind auf Basis des oben skizzierten Sitzzuteilungsverfahrens 709 Abgeordnete in den Bundestag eingezogen (598 Mandate § 1 Abs. 1 S. 1 BWahlG sowie 46 „Überhang"- und 69 „Ausgleichsmandate"). Das wird bisweilen als „Aufblähung" kritisiert. Allerdings wurde bisher noch kein der gleichheitsrechtlichen Dogmatik des BVerfG entspr.es, aber gleichzeitig der bewährten Verbindung von Verhältnis- und Personen-W. gerecht werdendes wahlrechtliches Modell vorgelegt. Im Übrigen ist der Bundestag – setzt man die Anzahl der Abgeordneten in Relation zur Bevölkerungszahl – innerhalb der EU das zweitkleinste Parlament.

4.2 Vereinfachung des Wahlrechts

Die Forderung nach einem einfachen Wahlrecht ist ebenso populär wie – jedenfalls im System der personalisierten Verhältnis-W. – schwer erfüllbar. Ein schlichtes Mehrheitswahlrecht wäre einfacher verständlich, weil der Wahlsieger über schlichte Addition der Stimmen bestimmt werden kann. Bei der Verhältnis-W. gestaltet sich dies ungleich komplizierter, erst Recht in einem mit der Personen-W. verbundenen System. Zudem reibt sich die Zielsetzung klarer und einfacher Normgebung im wahlrechtlichen Referenzgebiet am Erfordernis hinreichender Bestimmtheit namentlich der das Sitzzuteilungsverfahren betreffenden Vorschriften. Das gilt bes. bei einer kleinteiligen, den mehrheitswahlrechtlichen Anteil des im BWahlG verankerten Wahlsystems derogierenden verhältniswahlrechtlichen Gleichheitsbetrachtung.

Literatur

H. Lang: „Mysterien des Rechts" – Wie werden bei einer Bundestagswahl aus Stimmen Mandate?, in: GreifRecht 28 (2019), 76–83 • H. Meyer: Verbietet das Grundgesetz eine paritätische Frauenquote bei Listenwahlen zu Parlamenten?, in: NVwZ 38/17 (2019), 1245–1249 • M. Morlok/A. Hobusch: Ade Parité? Zur Verfassungswidrigkeit verpflichtender Quotenregeln bei den Landeslisten, in: DÖV 20/1 (2019), 14–20 • H. Lang: Inklusives Wahlrecht – ein Update, in: ZRP 51/1 (2018), 19–22 • H.-J. Boehl: Zu viele Abgeordnete im Bundestag, in: ZRP 50/7 (2017), 197–200 • W. Schreiber (Hg.): Bundeswahlgesetz, [10]2017 • M. Morlok/U. Schliesky/D. Wiefelspütz (Hg.): Parlamentsrecht, 2016 • W. Ewer: Wahlprüfung, in: ebd., § 8 • U. Sacksofsky: Wahlrecht und Wahlsystem, in: ebd., § 6 • H. Lang: Wahlrecht und BVerfG, 2014 • I. Rupprecht: Das Wahlrecht für Kinder – Verfassungsrechtliche Zulässigkeit und praktische Durchführbarkeit, 2012 • H. Meyer: Demokratische Wahlen und Wahlsystem, in: HStR, Bd. 3, [3]2005, § 45 • J. Oebbecke: Das Wahlrecht von Geburt an, in: JZ 59/20 (2004), 987–992 • H. Lang: Subjektiver Rechtsschutz im Wahlprüfungsverfahren, 1997. HEINRICH LANG

Wählerinitiativen

1. Definitionen und Bezeichnungen

Der Begriff der W. umfasst im weitesten Sinne alle Arten von Gruppen von nicht parteipolitisch engagierten Bürgern, die versuchen, Einfluss auf die politische Willensbildung zu nehmen, im engeren Sinne solche Gruppierungen, „die sich außerhalb der politischen Parteien um Mandate in kommunalen Vertretungskörperschaften bewerben" (Becker/Rüther 1976: 280). Alternativ zum Begriff der W. hat sich im politischen Sprachgebrauch jener der kommunalen Wählergemeinschaften, der „FW" eingebürgert. Mit den ↑Parteien haben W./FW einerseits gemein, dass sie ↑Interessen bündeln, sich mit Kandidaten an ↑Wahlen beteiligen und die Übernahme exekutiver politischer Verantwortung anstreben; im Unterschied zu Parteien konzentrieren sie ihre Aktivitäten bisher vorrangig auf die kommunale Ebene. Von Bürgerinitiativen unterscheidet sie, dass sie in den bestehenden kommunalen Institutionen operieren und ihre politischen Anliegen nicht zeitlich und/oder thematisch begrenzt sind.

2. Organisationsformen und Selbstverständnis

Anknüpfend an lokale Wählergruppen in der Weimarer Republik, entstanden die W./FW nach dem Zweiten Weltkrieg als bewusste personelle und programmatische Anti-Parteien-Alternative, orientiert an und begrenzt auf eine „überparteiliche", sachlich-verwaltungsbezogene ↑Kommunalpolitik. Die Kritik und Ablehnung des Parteienstaats ist sowohl unter den Mitgliedern als auch unter den Mandatsträgern – laut Selbstauskunft seit Anfang der 2000er Jahren mit mehr als 280 000 Mitgliedern die drittgrößte politische Bewegung in der BRD – unverändert weit verbreitet. Politisch und soziologisch ist das Engagement der W./FW von Vielfalt charakterisiert, organisatorisch von Doppelgleisigkeit bzw. vom lockeren und/oder unverbundenen Nebeneinander von lokaler und überregionaler Ebene. Zur Gründung von Landesverbänden der FW kam es zunächst 1956 in Baden-Württemberg und Hessen, in Bayern erst 1977. Als Dachorganisation besteht seit 1965 der *Bundesverband Freie Wähler Deutschland*, dem 2019 14 der 16 Bundesländer angehören. Um als ↑juristische Person Problemen bei der Kandidatur bei überregionalen Wahlen zu entgehen, fungiert seit 2009 als weitere Dachorganisation der FW die allein zu diesem Zweck gegründete *Freie Wähler Bundesvereinigung*. Deren Bundesorganisation wird maßgeblich aus Bayern bestimmt, v. a. von den zwei Vorsitzenden Armin Greim (1994–2010) und Hubert Aiwanger (seit 2010). Kern der politischen Aktivitäten bleibt zwar die vom Anspruch her parteiübergreifende Kommunalpolitik. Allerdings haben sich insb. die FW durch ihre Kandidaturen bei Bundes-, Landtags- und EU-Wahlen in Organisationsform, Handlungsmustern und Zielsetzung dem Parteien-Status angeglichen.

3. Entwicklung, Einfluss, Bewertung

Die Einflussmöglichkeiten der W./FW auf die Kommunalpolitik weisen deutliche Unterschiede auf. In den Altbundesländern schneiden sie v. a. in Baden-Württemberg und Bayern gut ab, gefolgt von Hessen und Niedersachsen; unter den neuen Bundesländern in Thüringen und Sachsen. Für die unterschiedliche lokale Repräsentation sind regionalhistorische und politisch-kulturelle Gründe und weitere Bestimmungsgrößen ursächlich. Zunächst haben politisch-institutionelle Rahmenbedingungen Auswirkungen auf das Abschneiden von W./FW, insb. das kommunale Wahlsystem, welches wenn es keine Sperrklauseln kennt zudem Listenübertragung und Stimmenhäufung (Panaschieren, Kumulieren) zulässt. Sodann hängen politische Ausrichtung, Stärke und Einfluss der W./FW ab von der Größe und sozialstrukturellen Zusammensetzung der ↑Gemeinden, ferner vom Grad der organisatorischen Präsenz der politischen Parteien auf dem Lande. In kleinen Gemeinden traten und treten W./FW als „ausgewogenes Dorfpotpourri aller Sozialaktiven" (Wehling 1986: 92) auf, während sie in mittleren und größeren Städten in der Vergangenheit zumeist in Konkurrenz zu den „bürgerlichen" Parteien ↑CDU, ↑CSU und ↑FDP stehen, zumal als mittelständische Interessenvertretung von Selbständigen. Zu diesem traditionellen Typus trat seit den 1970/80er Jahren ein neuer hinzu, entstanden im Kontext der sog.en „partizipatorischen Revolution" und getragen von den Neuen Sozialen Bewegungen (↑Soziale Bewegungen). Tatsächlich unterliegen die W./FW wie Bürgerinitiativen und andere Formen (einstmals) unkonventioneller politischer Beteiligung wechselnden Partizipationskonjunkturen (↑Partizipation). Bedeutung und Einflussmöglichkeiten hängen ferner ab von dem Maß an Akzeptanz bzw. Verdrossenheit, das die Bürger den etablierten Parteien entgegenbringen. Zudem kommt es, gerade als Reflex auf ↑Globalisierung und Europäisierung, zur Aufwertung lokaler/regionaler Räume und Probleme. Dies führt zu verstärkter Lokalisierung der Politik und zur Vervielfältigung von deren Themenhaushalt.

Auch hierauf ist die steigende Attraktivität der W./FW in der jüngeren Vergangenheit zurückzuführen. In Bayern erreichten sie 2002 landesweit 15,6 %, dabei – je nach Ortsgröße – zwischen 58 % (Gemeinden unter 2 000 Einwohner) und 8 % (über 100 000 Einwohner). In NRW erzielten W./FW 2004 landesweit 6,5 %, in Thüringen 2004 landesweit 20,3 % und je nach Ortsgröße zwischen 62 % und 12 %, in Sachsen 2004 landesweit 18,5 % und je nach Ortsgröße zwischen 55 % und 13 %. Bei den Kommunalwahlen des Jahres 2014 erzielten die W./FW in Baden-Württemberg landesweit 31,4 %, in Sachsen 24 %, in Bayern auf Gemeindeebene ca. 40 %, in den kreisfreien Städten knapp 20 % der Stimmen und stellen dort eine Vielzahl von Mandats- und Amtsträgern (in Bayern z. B. 12 der 71 Landräte). In Bayern traten die FW seit 2008 auch erfolgreich bei Landtagswahlen (mit 2008: 10,2 % und 2018: 11,6 % der Stimmen) an; sie sind dort seit 2018 als Koalitionspartner der CSU auch Regierungspartei. Außerhalb Bayerns blieben Erfolge der W. bei überregionalen Wahlen bislang allerdings kurzzeitige Episoden.

Die Bewertung der zweifelsohne wichtigen und einflussreichen Rolle der W./FW bei der politischen Willensbildung fällt widersprüchlich aus. Zum einen sind sie als politisches Forum mit integrierender und legitimierender Wirkung insb. auf dem Lande ein bedeutsamer kommunalpolitischer Akteur. Zum anderen treten sie aber mitunter auch wie eine Honoratiorenpartei des alten Mittelstandes auf und pflegen dann die kommunale ↑Selbstverwaltung in einer historisierenden, Interessengegensätze negierenden Weise zu begreifen, in Distanz zu einem pluralen Demokratiebegriff (↑Pluralismus) über ein verkürztes Repräsentationsverständnis divergierender Interessen zu verfügen und einem wenig veränderten Anti-Parteien-Affekt Ausdruck zu schaffen. Allerdings unterscheiden sich insb. die FW als Folge ihrer Kandidatur bei den überregionalen Wahlen gerade in ihren erfolgreichen Handlungsmustern kaum mehr von ihrer Parteienkonkurrenz.

Literatur

J. Walther/M. Angenendt: Freie Wähler zwischen Partei und Wählergemeinschaft. Mitglieder, Identität und Organisation, in: ZParl 49/2 (2018), 325–245 • H.-G. Wehling/O. Stortz: Freie Wähler, in: F. Decker/V. Neu (Hg.): Hdb. der deutschen Parteien, [2]2013, 283–289 • M. Morlock/T. Poguntke/J. Walther (Hg.): Politik an den Parteien vorbei. Freie Wähler und kommunale Wählergemeinschaften als Alternative, 2012 • O. Stortz: Das Prinzip der besten Köpfe. Die Freien Wähler in Baden-Württemberg, 2009 • F. Weitzker: Die Freien Wähler in Deutschland, 2008 • U. Jun/H. Kreikenbom/V. Neu (Hg.): Kleine Parteien im Aufwind, 2006 • L. Holtkamp/T. R. Eimer: Totgesagte leben länger. Kommunale Wählergemeinschaften in Westdeutschland, in: ebd., 249–276 • M. Reiser: Kommunale Wählergemeinschaften in Ost- und Westdeutschland, in: ebd., 277–297 • R. Stöss: Wählergemeinschaften I, in: ders. (Hg.): Parteien-Hdb. Die Parteien der Bundesrepublik Deutschland 1945–1980, Bd. 2, 1986, 2392–2428 • H.-G. Wehling: Kommunalpolitik in der Bundesrepublik Deutschland, 1986 • H.-M. Haller: Die Freien Wähler in der Kommunalpolitik, in: H. Köser (Hg.): Der Bürger in der Gemeinde, 1979, 335–368 • A. Becker/G. Rüther: Kommunale Wählervereinigungen, 1976. RAINER-OLAF SCHULTZE

Wählerverhalten

1. Abgrenzung

W. bezeichnet das politische Verhalten von Bürgern bei ↑Wahlen, in einer weiten Definition auch bei Abstimmungen. Es umfasst sowohl die Entscheidung über die Wahlteilnahme als auch die zwischen ↑Parteien und Kandidaten (bei Abstimmungen: Sachvorschlägen). Die Teilnahme an Wahlen ist eine einfache, weit verbreitete und egalitäre Form der politischen ↑Partizipation. Die Einflussmöglichkeiten der Bürger sind dabei stark vorstrukturiert: Wahlen werden periodisch abgehalten und ermöglichen eine Entscheidung zwischen vorher festgelegten Vorschlägen, i. d. R. jedoch nicht die Einführung neuer Vorschläge bei der Stimmabgabe. Als Aggregation der individuellen Entscheidungen gibt das Wahlergebnis in der repräsentativen ↑Demokratie den Ausschlag über die Zuweisung von Handlungsvollmacht an ↑Elite und legitimiert Herrschaft (↑Legitimation). Auch sein Bezug zur Wahl als zentralem Element der repräsentativen Demokratie hat das W. zu einem häufig untersuchten Forschungsgegenstand werden lassen. Bes. starke Impulse gingen von der Forschung in den USA in der Mitte des 20. Jh. aus, welche die Wahlforschung als interdisziplinäres Feld in den ↑Sozialwissenschaften etablierte.

2. Erklärungsansätze

Bei einer Wahl entscheiden sich Wahlberechtigte nach subjektiven Kriterien für Objekte aus einer Entscheidungsalternative und handeln dabei unter einem bestimmten Regelwerk sowie in einem bestimmten Kontext. Bei der Erklärung von W. sind daher mögliche Bewertungsmaßstäbe der Wahlberechtigten zu berücksichtigen. Diese umfassen u. a. (materielle) ↑Interessen und Dispositionen, die in der Persönlichkeit angelegt oder in Sozialisationsprozessen (↑Sozialisation) erworben sind, etwa Wertorientierungen und soziale ↑Identitäten. Relevante Charakteristika der Entscheidungsalternative betreffen u. a. das Politikangebot und andere Eigenschaften von Parteien und Kandidaten. Die Regeln ergeben sich aus dem Wahlrecht bzw. Wahlsystem. Zum Kontext gehören situative und strukturelle gesellschaftliche sowie politische Bedingungen, etwa Sozialstruktur, wirtschaftliche Entwicklung, ↑Regierungssystem und Wahlkampfkommunikation. Das W. ergibt sich aus dem Zusammenspiel dieser Faktoren, die in einem komplexen Wechselverhältnis zueinander stehen. Inzwischen liegen zahlreiche Untersuchungen zu einzelnen Faktoren vor, aber auch Erklärungsansätze, die – z. T. auf der Grundlage expliziter anthropologischer oder handlungstheoretischer Annahmen – bestimmte Argumentationsfiguren und Faktorenbündel hervorheben. Bes. Prominenz erlangten davon drei.

Der *makrosoziologische* Cleavage-Ansatz betont die Abhängigkeit des W.s von politisierten gesellschaftlichen Spannungslinien (Lipset/Rokkan 1967). Angehörige gesellschaftlicher Großgruppen in einem solchen ↑sozialen Konflikt stimmen demnach für mit ihrer Gruppe verbündete Parteien. Exemplarisch dafür sind die Bündnisse zwischen Arbeiterschaft und Sozialdemokratie oder zwischen ↑katholischer Kirche und Christdemokratie. Dieser Ansatz betont die langfristig strukturierende Wirkung gesellschaftlicher Konflikte auf das W., sieht die Befolgung überkommener parteipolitischer Normen durch Gruppenmitglieder jedoch nicht als selbstverständlich an, sondern als abhängig von situativen Faktoren wie dem Politikangebot der Parteien.

Der *mikrosoziologische* Ansatz der Columbia-Schule begreift Menschen als soziale Wesen, die in Einklang mit den Mitmenschen in ihrer Umgebung leben wollen. Politische Präferenzen entstehen demnach unter dem Einfluss von ↑Kommunikation in Primär- und Sekundärumwelten (Lazarsfeld u. a. 1944). Die Wirkung kann u. a. mit der Beziehung zu Kommunikationspartnern und je nach Kommunikationskanal variieren. In Abhängigkeit von der politischen Zusammensetzung der relevanten Umwelt resultieren stabile oder variierende politische Präferenzen. Eben diese drücken Bürger in ihrem W. aus, ohne auf die Wirkungen ihres Handelns auf den Wahlausgang und Politikergebnisse nach der Wahl zu achten.

Von primär expressivem W. geht auch der *sozialpsychologische* Ansatz der Michigan-Schule aus (Campbell u. a. 1960). Als das W. unmittelbar beeinflussende Faktoren gelten darin Einstellungen zu wahrgenommenen Eigenschaften von Parteien und Kandidaten. Dazu gehören Einstellungen zu politiknahen oder politikfernen Eigenschaften von Kandidaten ebenso wie solche zu politischen Sachfragen, die sich auf symbolische oder technische Fragen beziehen können. Häufig werden Valenz- und Positionssachfragen unterschieden. Zu letzteren vertreten Parteien unterschiedliche Standpunkte, und Wähler entscheiden danach, welche Partei ihren Vorstellungen am besten entspricht. Bei Valenzsachfragen sind die Ziele nicht umstritten, sehr wohl aber die Mittel, weshalb Bürger nach der wahrgenommenen Kompetenz von Parteien und Kandidaten entscheiden. Diesen Einstellungen vorgelagert ist die Parteiidentifikation, die – nicht selten in einer frühen Phase der ↑politischen Sozialisation erworben – auf äußeres Geschehen i. d. R. weniger empfindlich reagiert. Vielmehr beeinflusst und stabilisiert sie die politische Wahrnehmung, die eigenen Einstellungen und das W. Nicht zuletzt dank dem Konzept der Parteiidentifikation weist dieser Ansatz auf die Relevanz lange zurückliegender Erfahrungen hin, die u. U. zu einem angesichts gegenwärtiger Problemlagen fragwürdig erscheinenden W. führen können.

Der *rationalistische* Ansatz entwickelt auf der Basis weniger, aus der Mikroökonomik stammender Annahmen weitreichende Hypothesen über W. Wahlberechtigte suchen demnach ihren ↑Nutzen zu maximieren, indem sie das W. als Instrument nutzen, um die Politikergebnisse nach der Wahl zu beeinflussen (Downs 1957). Neben den Politikangeboten berücksichtigen Wahlberechtigte daher auch den Einfluss ihrer Stimme auf den Wahlausgang, Erfolgsaussichten der zur Wahl stehenden Kandidaten oder Parteien, die zu erwartenden Mehrheitsverhältnisse und andere für die Verwirklichung politischer Programme bedeutsame Faktoren. Daher kann das W. infolge taktischer Überlegungen auch von der Parteipräferenz abweichen. Da der Einfluss einer einzelnen Stimme auf den Wahlausgang in Massendemokratien verschwindend klein ist, führt dieser Ansatz zu der Vorhersage, dass Wahlberechtigte in den meisten Fällen nicht an Wahlen teilnehmen sollten. Diese Prognose steht allerdings in Widerspruch zur tatsächlichen Wahlbeteiligung in Massendemokratien. Dieses Wahlparadoxon konnte noch nicht theoretisch konsistent aufgelöst werden und weist auf Mängel in der empirischen Erklärungskraft dieses theoretisch eleganten Ansatzes hin.

Diese Ansätze aus der Mitte des 20. Jh. beeinflussen die Wahlforschung bis heute. Sie haben unzählige Arbeiten angeregt und Ergänzungen, Neuinterpretationen und Revisionen erfahren. Vollkommen neue Ansätze konnten sich bislang nicht so weit etablieren, dass sie jene verdrängt hätten.

3. Methoden

Anfangs griff die Forschung zu W. auf offizielle Wahlergebnisse in aggregierter Form zurück. Seit der Mitte des 20. Jh. dominieren Umfragedaten (↑Demoskopie), die es erlauben, auf der Individualebene Determinanten des W.s zu untersuchen. Neben einmaligen, zu einer Wahl durchgeführten Befragungen werden im Rahmen von Wiederholungsbefragungen dieselben Personen mehrmals, etwa im Laufe eines Wahlkampfes oder bei aufeinanderfolgenden Wahlen, befragt. Solche Panelbefragungen sind bes. gut geeignet, Veränderungen im W. und die ihm zugrunde liegenden Prozesse zu untersuchen. Auch können sie dabei helfen, Ursache-Wirkungs-Beziehungen zu analysieren, was bei Querschnittsbefragungen durch die Wechselbeziehungen zwischen den einzelnen Einflussfaktoren erschwert wird. Experimentelle Designs können bei der Wirkungsanalyse weiterhelfen, sind aber nur begrenzt anwendbar. Auch Mängel bei der Auswahl der Befragten, selektive Ausfälle in Wiederholungsbefragungen, zufällige und systematische Messfehler sowie mangelnde Sensibilität für die Kontextabhängigkeit von Befunden können die Aussagekraft von Ergebnissen beeinträchtigen.

4. Befunde

Lange Zeit galt das W. in vielen westlichen Demokratien als von dauerhaften gesellschaftlichen Spannungslinien bestimmt. Die Einbindung in soziale ↑Milieus begünstigte die Kommunikation mit Gleichgesinnten, die Herausbildung parteipolitisch konsistenter Interessenlagen, Wertvorstellungen und sozialer Identitäten sowie Stabilisierung und Homogenisierung des W.s innerhalb der Milieus. Die Zugehörigkeit zu gesellschaftlichen Großgruppen erklärte W. in erheblichem Umfang, wenn auch nicht vollständig. Im Zuge des gesellschaftlichen und kulturellen Wandels ließ die Bedeutung traditioneller Spannungslinien nach. In etlichen Gesellschaften ist der Anteil der Parteiidentifizierer *(Dealignment)* und derjenigen Bürger gesunken, die gleichsam habituell an Wahlen teilnehmen. Nicht an langfristige Loyalitäten gebunden, ist ein wachsender Teil des Elektorats bereit, unter dem Eindruck momentaner Einflüsse über Wahlteilnahme und Stimmabgabe zu entscheiden. W. wird dadurch potentiell variabler und weniger vorhersehbar. Es steigen die Chancen für große Verschiebungen in den parteipolitischen Kräfteverhältnissen und die Erfolgsaussichten neuer Parteien. In einer ökonomischen Analogie formuliert: Die Bedingungen auf der Nachfrageseite am politischen Markt begünstigen einen verschärften politischen Wettbewerb.

Der Wandel auf der Bürgerseite ging mit Veränderungen im W. einher, veränderte es jedoch nicht fundamental. Die Wahlbeteiligung ging in vielen Ländern im Durchschnitt zurück, und zwar verstärkt bei als weniger wichtig geltenden Wahlen (z. B. Regional- und Europawahlen) und unter sozial schlechter gestellten und politisch wenig involvierten Personen. Unter günstigen Bedingungen konnten jedoch Wahlbeteiligungsraten wie in früheren Dekaden erreicht werden. Trotz eines gestiegenen Potentials und stärker fragmentierter ↑Parteiensysteme ist bisher nicht flächendeckend ein kontinuierlicher Anstieg des Wechselwählens zu beobachten. Die Wechselraten und der Kreis der Wechselwähler variieren vielmehr in Abhängigkeit vom politischen Geschehen zwischen und während Wahlkämpfen. Die Erosion langfristiger politischer Loyalitäten hat die Chancen gesteigert, mit Wahlkämpfen wieder größere Aktivierungs- und Verstärkungseffekte zu erzielen, deren zeitweilige Geringfügigkeit zur These von den minimalen Wahlkampfeffekten führte. Ob Wahlkampagnen tatsächlich Wahlberechtigte in nennenswerter Zahl zum Parteiwechsel bewegen oder Wahlen entscheiden, hängt von den politischen Rahmenbedingungen ab. Die Bedeutung von Kandidaten- und Sachfragenorientierungen als Determinanten des W.s ist ebenso wenig kontinuierlich angestiegen. Vielmehr korrespondiert ihr Einfluss, der nicht auf politisch stark interessierte Personen beschränkt ist, mit gesellschaftlichen Problemlagen, der Wahlkampfführung u. a. äußeren Bedingungen. In vielen Ländern beeinflussen ↑Konfession und Religiosität noch immer das W.; hingegen ließ der Wandel der Erwerbs- und Klassenstruktur die traditionelle Unterscheidung zwischen Arbeitern und Kapitaleignern an Bedeutung für das W. durchaus verlieren. Zudem entstanden innerhalb der gewachsenen neuen Mittelschicht neue klassenbasierte Unterschiede im W. Die politische Prägekraft sozialstruktureller Positionen hängt von gesellschaftlichen und politischen Bedingungen sowie dem Programmangebot und der Wahlkampfführung ab. Da das W. vom komplexen Zusammenspiel zahlreicher Faktoren und Akteure abhängt, ist damit zu rechnen, dass auch künftig der ↑soziale Wandel – etwa der demographische Wandel und die ↑Digitalisierung – sich auf das W. auswirken wird, doch nicht unbedingt in der Weise, wie man es heute erwartet.

Literatur

H. Schoen u. a.: Election Campaigns and Voter Decision-Making in a Multi-Party System, 2017 • C. Achen/L. Bartels: Democracy for Realists. Why Elections do not Produce Responsive Government, 2016 • A. Schäfer: Der Verlust politischer Gleichheit, 2015 • A. Blais/D. Rubenson: The Source of Turnout Decline. New Values or New Contexts?, in: CPS 46/1 (2013), 95–117 • G. Evans/N. D. de Graaf (Hg.): Political Choice Matters. Explaining the Strength of Class and Religious Cleavages in Cross-National Perspective, 2013 • R. Schmitt-Beck (Hg.): Wählen in Deutschland, 2012 • W. Müller/M. Klein: Die Klassenbasis in der Parteipräferenz des deutschen Wählers. Erosion oder Wandel?, in: ebd., 85–110 • S. Roßteutscher: Die religiös-konfessionelle Konfliktlinie zwischen Säkularisierung und Mobilisierung, in: ebd., 111–133 • K. Aarts/A. Blais/H. Schmitt (Hg.): Political Leaders and Democratic Elections, 2011 • L. Karvonen: The Personalization of Politics, 2010 • W. van der Brug/S. B. Hobolt/C. H. de Vreese: Religion and Party Choice in Europe, in: WEP 32/6 (2009), 1266–1283 • R. R. Lau/D. P. Redlawsk: How Voters Decide, 2006 • J. Falter/H. Schoen (Hg.): Hdb. Wahlforschung, 2005 • M. N. Franklin: Voter Turnout and the Dynamics of Electoral Competition in Established Democracies Since 1945, 2004 • H. Schoen: Wählerwandel und Wechselwahl, 2003 • D. Green/B. Palmquist/E. Schickler: Partisan Hearts and Minds, 2002 • R. J. Dalton/M. P. Wattenberg (Hg.): Parties Without Partisans, 2000 • W. E. Miller/M. Shanks: The New American Voter, 1996 • R. R. Huckfeldt/J. Sprague: Citizens, Politics, and Social Communication, 1995 • A. Gelman/G. King: Why are American Presidential Election Campaign Polls so Variable When Votes are so Predictable?, in: BJPS 23/4 (1993), 409–451 • J. M. Enelow/M. J. Hinich: The Spatial Theory of Voting, 1984 • E. G. Carmines/J. A. Stimson: The Two Faces of Issue Voting, in: APSR 74/1 (1980), 78–91 • K. Reif/H. Schmitt: Nine Second-Order National Elections – A Conceptual Framework for the Analysis of European Election Results, in: EJPR 8/1 (1980), 3–44 • D. O. Sears u. a.: Self-Interest vs. Symbolic Politics in Policy Attitudes and Presidential Voting, in: APSR 74/3 (1980), 670–684 • S. M. Lipset/S. Rokkan: Cleavage Structures, Party Systems, and Voter Alignments. An Introduction, in: dies. (Hg.): Party Systems and Voter Alignments. Cross-National Perspectives, 1967, 1–64 • A. Campbell u. a.: The American Voter, 1960 • A. Downs: An Economic Theory of Democracy, 1957 • P. F. Lazarsfeld/B. Berelson/H. Gaudet: The People's Choice, 1944.

HARALD SCHOEN

Wahrheit

Der Begriff W. kennzeichnet lebenswichtige Aspekte humaner ↑Kommunikation und, in anspruchsvollerem Gebrauch, einen idealen Anspruch auf Sachgerechtigkeit. Der Bedeutungsbogen des Terminus reicht von „wahren Behauptungen" in Alltag und ↑Wissenschaft bis zu Suggestivformen wie „wahres Leben" oder „die ganze W.". Er lässt sich nicht kontextfrei definieren, doch eine Redewendung trifft den Kern der Bedeutungsvielfalt: Jemand „sagt es, wie es ist". Aristoteles zufolge ist es wahr, zu behaupten, Seiendes sei, Nicht-Seiendes hingegen nicht. Dieser epistemologisch-ontologische Ansatz ist vielfach abgewandelt worden. Die dabei auftretenden Divergenzen betreffen die Basisbestimmungen von W.; eine übergeordnete Frage gilt dem Begriffsfeld als solchem.

Welchen Beitrag leistet W. zum Selbstverständnis weltoffener, deliberativer Lebewesen? Aus diesem Kontext stammen die emphatisch-programmatischen Bestimmungen von W.

1. Basisbestimmungen

Die epistemologisch-ontologische Lesart stützt sich auf den veritativen Gebrauch der „Kopula". Denken und Sagen „wie es ist" artikuliert die Absicht, einer Sache zu entsprechen. Im Fall der W. wird eine Kontrollinstanz angenommen: Gedanken oder Sätze werden von den Umständen bestätigt. Die Welt besteht, so gesehen, aus Dingen(-in-Sachverhalten), und wahre Sätze korrespondieren solchen Beschaffenheiten. Aus diesen Überlegungen ist die mittelalterliche Formel der W. als einer *adaequatio rei et intellectus* entstanden. Gleichstimmigkeit reicht allerdings nicht. Individuelle Auffassungen können mit den unterschiedlichsten Erfahrungen konform gehen. Sophistische und skeptische Positionen verweisen darauf, dass Personen sich „die Umstände richten können". Gegen relativierende Kontextualisierungen hat Platon eine scharfe Grenze zwischen Meinungen und Wissen gezogen. In seiner Konzeption müssen sich Behauptungssätze zur Bestätigung nach Mustervorgaben richten. Solche platonische „Formen" sind Seinsprinzipien, nach denen die Welt für rationale Ansprüche (↑Rationalität) verständlich und verlässlich gestaltet ist.

Nach diesem Entwurf kommt W. zu gleichen Teilen sprachlichen Äußerungen und den sie bestätigenden Instanzen zu. Ein wahrer Satz gibt Umstände wieder, wie sie, formgemäß, von sich her sind. Diese Tradition wirkt in einer auch heute gebräuchlichen Verwendung des Terminus nach. „Ein wahres Meisterwerk" entspricht den Kriterien, die für Meisterwerke gelten. Der Satz „Es ist wahr, dass es sich um ein Meisterwerk handelt", bezieht seine W., in platonischem Verständnis, aus einer Seinsklassifikation. In christlichen Deutung wurde die göttliche Schöpfungsordnung zum Garant derartiger Stabilitäten. Ein solcher Parallelismus war im Horizont der ↑Aufklärung nicht zu halten. Die Konkordanz zwischen Sachverhalten und Aussagen wurde gelockert. Empirische Prüfverfahren verbürgen W. ohne Rückhalt in ontologischen Regelmäßigkeiten; als Ort der Formbestimmungen wurde die rationaler Reflexion betrachtet.

Die Überprüfung von Geltungsansprüchen (↑Geltung) durch Erfahrung beruft sich auf Sinneseindrücke, die zu wahrheitsfähigen Ansichten und Behauptungen verarbeitet werden. Die Kapazitäten des Erkenntnisvermögens, und damit die Validierung seiner Produkte, sind unterschiedlich interpretiert worden. Varianten des kritischen Realismus setzen die klassische Linie fort und weisen epistemologische Kategorien als formgebende Prinzipien wissenschaftlicher Erkenntnis aus. Ihre Entsprechung sind Tatsachen, eine Koproduktion von Sinnlichkeit und Verstand. Der Beitrag der Erfahrungsseite kann aber auch unterschiedlich eingeschätzt werden. Ihr Input wird (positivistisch; ↑Positivismus) als maßgebliche Vorgabe des Erkenntnisprozesses ausgezeichnet, oder (idealistisch; ↑Idealismus) als undifferenzierte Zulieferung formbarer Impulse konzipiert. Entspr. unterscheiden sich die Instanzen zur Bestätigung von Behauptungssätzen. Im ersten Fall sind es die Ergebnisse fortlaufender empirischer ↑Forschung, im zweiten ganzheitliche Verständnisentwürfe.

Ohne die synchrone Denk- und Seinsordnung der Vormoderne differenzieren sich die Aspekte des W.s-Begriffes. ↑Sprache erschließt nicht bloß Welt, sie kann auch leerlaufen. Und umgekehrt sind vorgeblich gesicherte Welterfahrungen nicht gegen Irrtum gefeit. W. ist ein Konzept zur Kennzeichnung verlässlicher Aussagen angesichts dieser doppelten Unbestimmtheit. Es setzt Ausdruckkapazitäten einer gegebenen Sprache mit der durch sie vorgezeichneten Fassbarkeit der Umstände in Beziehung und fixiert sie auf Prüfung und Bestätigung durch solche Vorgaben. In Abwandlung zur Formenwelt Platons verbürgt in der an Immanuel Kant orientierten transzendentalphilosophischen Orthodoxie das Zusammenwirken sprachlich manifestierter Kategorien mit sinnlicher Erfahrung die Entwicklung fundierten Wissens. Sätze artikulieren die Vorstellungen von Sachverhalten und behaupten deren Bestehen. Sachverhalte sind ihrerseits Korrelate der zu prüfenden Satzvorgabe im Rahmen des jeweiligen Erfahrungswissens. Derart fundierte Behauptungen sind wahr, von „wahren Sachverhalten" wird nicht mehr gesprochen.

Die *adaequatio* in modernem Gewand unterliegt einem schwerwiegenden Einwand. Instanzen zur Beglaubigung von Sätzen müssen in diesen Sätzen vorgebildet sein. Sie sind nur über das Zugangsinstrument erschlossen, dessen Verlässlichkeit sie sprachunabhängig gewährleisten sollen. Die angezielte Bestätigung setzt eine Überformung des Prüfenden durch das Geprüfte voraus. Um diesem Zirkel zu entgehen, sind abweichende W.s-Garantien zur Diskussion gestellt worden. Pragmatisch gesehen ist W. die Idealvorstellung einer zu guter Letzt erzielten Einigung im Wissenschaftsprozess (↑Konsens). Umgekehrt kann man die Garantie an der inneren Stimmigkeit eines Argumentationszusammenhanges festmachen (Kohärenz). Schließlich sind die in Aussicht genommenen Sachverhalte ihrerseits nur in einem diskursiven Rahmen zugänglich. Beide Ausweichoptionen vermeiden den Anschein, ein „Spiegel der Natur" (Rorty 2017) würde Sätzen W. verleihen. Vom Begriff der Übereinstimmung machen sie dennoch Gebrauch. Die *Einigung* auf ein sachliches Ergebnis und das *Zusammenpassen* beglaubigender Äußerungen beruhen ihrerseits auf korrelativem Erfolg.

2. Begriffsfeld

Der überlieferte W.s-Begriff enthält eine Ausrichtung auf Objektivität. Wird der Hauptakzent umgekehrt auf die Leistungen des Individuums gelegt, ist eine radikale Gegenthese möglich: Allgemeinverbindliche W. sei eine Illusion. Friedrich Nietzsche bezeichnet W. als „ein bewegliches Heer von Metaphern" (Nietzsche 1988: 880), *W.en* seien zweckmäßige, zu Fixpunkten erstarrte Übereinkünfte. Diese Behauptung leugnet Gültigkeit für Behauptungen – wie sie selbst eine ist. Dennoch ist das Bonmot bedenkenswert. Behauptungen über Behauptungen induzieren eine Sprachhierarchie. Auf gestuften Betrachtungsebenen können unterschiedliche Regeln für den Umgang mit Sprache gelten. Metaphern spielen dabei eine erhebliche Rolle.

Von W. ist oft bildhaft die Rede. Sie wird mit einem „unerschütterlichen Herz" (Diels/Kranz 1922: 18 B 1) (Parmenides), der Sonne (Platon) oder einem Fundament (Moritz Schlick) verglichen. Solche Formulierungen thematisieren den *Ort* für W.s-Ansprüche. Er erweist sich als Spielraum zwischen Imagination, Artikulation und Manifestation des Weltgeschehens (Spielraum ist selbst eine Metapher). I. Kant spricht davon, dass die Vernunft (↑Vernunft – Verstand) einen Gerichtshof einzusetzen habe, der Scheinwissen von echtem Wissen trennt. Er gäbe unabhängig von einzelnen Konfliktfällen den Rahmen vor, innerhalb dessen zu entscheiden sei. Ohne Rückgriff auf derartige Verbildlichungen hat Alfred Tarski eine formale W.s-Definition vorgelegt, in welcher das Motiv der Übereinstimmung fehlt. Sie gilt für eine jeweils zu definierende Objektsprache und richtet sich nach einer W.s-Konvention. Wahr soll ihr zufolge der Satz einer Objektsprache genannt werden, wenn sein Äquivalent in der Metasprache zutrifft. A. Tarskis mengentheoretische Semantik der Objektsprache definiert Namen für Entitäten und Prädikate für Mengen von Entitäten. Prädikatsausdrücke heißen „erfüllt", wenn in ihre Leerstelle(n) Namen von Entitäten eingesetzt werden, die zu der jeweils spezifizierten Menge gehören. W. wird anschließend als Charakteristikum aller (aus erfüllten Prädikatsausdrücken gebildeter) Sätze aufgefasst.

A. Tarskis Vorgehen ist, über seine formale Schlüssigkeit hinaus, in allg.er Hinsicht lehrreich. Es hebt hervor, dass jeder Versuch, das Verhältnis zwischen Sprachausdrücken und ihrem Gegenstandbezug zu thematisieren, ein zusätzliches Sprachniveau in Anspruch nimmt. Im Alltagsgebrauch wird nicht scharf zwischen Objekt- und Metaebenen unterschieden. Doch auch für ihn ist W. ein Thema zwischen dem Inhalt einzelner Sätze und dessen sprachlicher Beurteilung. Die Bestätigung von Behauptungen erfolgt in zwei Schritten. Im ersten werden Ausdrücken Bedeutungen zugeordnet, im zweiten wird die Zuordnung nach dem Verständnis einer Prüfsprache affirmiert. Ein Satz wird als korrekt befunden, wenn er – genauer seine Übersetzung in die Metasprache – sagt, wie es (in deren Verständnis) ist.

Unter welchen Bedingungen ist eine Darstellung der Umstände korrekt? A. Tarskis Definition verschiebt das Problem bloß in die Prüfsprache. Woher kommt das Rechtsverständnis dieses „Gerichtshofs" mit rationaler Schiedsrichterfunktion? Martin Heidegger ist der Selbstrechtfertigung der als Antwort angebotenen korrekten Urteilsverfahren mit „seinsgeschichtlicher" Bildhaftigkeit entgegengetreten. Innerhalb der W.s-Dimension hätte sich Richtigkeit als universaler Standard durchgesetzt. Seit Platons Festlegung auf Formvorgaben für W. sei eine urspr.e Offenheit „eingestürzt" (Heidegger 2013: 138). M. Heidegger unterlegt diesem epochenübergreifenden Platonismus eine vorgeordnete Wirkmacht („Wahrheit als Unverborgenheit" [Heidegger 1988: 64]), welche in der Lage wäre, die technifizierte Gegenwartskultur ereignishaft auf einen Anspruch des Seins zurück zu lenken. Diese Version der Vernunftkritik hat phänomenologische (↑Phänomenologie) und „dekonstruktive" (↑Dekonstruktion) Versuche motiviert, im Rücken eingefahrener Diskursordnungen einen Spielraum für die ungezwungene Begegnung zwischen Menschen und ihren Lebensumständen wiederzugewinnen.

Eine weniger forcierte Reaktion auf das Dilemma der Begründung der Grundlagen von W. findet sich beim späten Ludwig Wittgenstein. Der Schauplatz, innerhalb dessen sich die Richtigkeit von Erkenntnissen herausstellen kann, ist ein jeweiliges Weltbild. „Aber mein Weltbild habe ich nicht, weil ich mich von seiner Richtigkeit überzeugt habe, [...] es ist der überkommene Hintergrund, auf welchem ich zwischen wahr und falsch unterscheide" (Wittgenstein 1984: §94). Dabei bilden das Verständnis und die W. einer Aussage für Angehörige einer Sprachgemeinschaft zwei Seiten einer Münze. Behauptungen einer Person unterliegen der Prüfung durch Kontrollinstanzen, die ihren Inhalt erfassen und zertifizieren. Ohne eine solche Korrelation fehlt der Prüfung ein akkordierter Gegenstand. Die Bestätigung gilt einem supponierten Geltungsanspruch innerhalb eines Weltbilds.

Donald Herbert Davidson hat W. zum Angelpunkt dieses Vorgangs gemacht. Statt, wie A. Tarski, W. für eine formale Sprache zu definieren, setzt er für prima vista unterschiedliche Sprachen ein Einvernehmen darüber voraus, dass Ausdrücke unter jeweils wechselnden Umweltbedingungen bestätigt oder abgelehnt werden können. Ausgehend von derart gewonnenen Festlegungen ist eine (tentative) Rekonstruktion jener Bedeutungen möglich, die ein Sprecher, gegenüber einem Gesprächspartner, mit seinen Äußerungen verbindet. Sie ergeben sich in eins mit der Eingebundenheit der Proponenten in eine Umwelt. Aus dieser Triangulierung lässt sich kein Bestandteil als unabhängige Größe herausbrechen. Wohl aber ist ein Fixpunkt nötig. „Wenn ich will, dass die Türe sich drehe, müssen die Angeln feststehen" (Wittgenstein 1984: §343). W. ist in dieser Betrachtungsweise nicht in der Korrespondenz von Aussagen mit Tatsachen verankert. Sie realisiert sich in der Übereinstimmung urteilender Personen, bezogen auf ihre gemeinsame Welt.

Literatur

R. Rorty: Der Spiegel der Natur, [8]2017 • M. Heidegger: Die Entmachtung der physis als Ausstoßung von Werden, Schein, Denken, Sollen, in: ders. (Hg.): GA, Bd. LXXIII 1, 2013, 123–152 • P. Horwich: Truth, Meaning, Reality, 2009 • M. Enders/J. Szaif (Hg.): Die Geschichte des philosophischen Begriffs der Wahrheit, 2006 • E. Tugendhat/U. Wolf: Logisch-semantische Propädeutik, 1993 • L. B. Puntel: Grundlagen einer Theorie der Wahrheit, 1990 • M. Heidegger: Vom Wesen der Wahrheit, in: ders. (Hg.): GA, Bd. 34, 1988 • F. Nietzsche: Die Geburt der Tragödie, Unzeitgemäße Betrachtungen I-IV, Nachgelassene Schriften 1870–1873, in: KSA, Bd. 1, [2]1988 • H. Hrachovec: Gegenstand, Nutzen und Grenzen semantischer Wahrheitstheorien, in: Wiener Reihe 1 (1986), 82–102 • D. H. Davidson: Inquiries Into Truth and Interpretation, 1984 • L. Wittgenstein: Über Gewißheit, 1984 • H. Putnam: Reference and Truth, in: ders. (Hg.): Realism and Reason, Bd. 3, 1983, 69–86 • A. Tarski: Die semantische Konzeption der Wahrheit und die Grundlagen der Semantik, in: G. Skirbekk (Hg.): Wahrheitstheorien, 1977, 140–188 • J. Habermas: Wahrheitstheorien, in: H. Fahrenbach (Hg.): Wirklichkeit und Reflexion, 1973, 211–265 • H. Diels/W. Kranz (Hg.): Die Fragmente der Vorsokratiker, Bd. 1, [4]1922 • I. Kant: Kritik der reinen Vernunft, 1781. HERBERT HRACHOVEC

Währung

1. Terminologie

Der Begriff *W.* wird in einem doppelten Sinn verwendet. Im alltäglichen Sprachgebrauch bezeichnet man damit das jeweilige *Geld*, d. h. das in einem Land oder einem einheitlichen W.s-Gebiet geltende Zahlungsmittel. Man spricht von Euro-, Dollar-W. etc. Zum anderen wird unter W. das vom ↑Staat gestaltete Geldwesen, die *Geldverfassung* eines Landes verstanden. Zu dieser zählen alle einschlägigen Institutionen, wie die Notenbank, und rechtliche Bestimmungen, z. B. ein entsprechendes Notenbank- oder W.s-Gesetz. Während das ↑Geld nach seinen ökonomischen Funktionen als Zahlungs- und Wertaufbewahrungsmittel sowie als Recheneinheit definiert ist, verdeutlicht der Terminus W. die staatliche Ordnung des Geldwesens. Die „Staatliche Theorie des Geldes" (Knapp 1905) sieht das Geld als Geschöpf der Rechtsordnung.

Mit dem Ausdruck *W.s-Politik* sind einerseits alle Maßnahmen zur Gestaltung des Geldwesens gekennzeichnet. Diese können die Geldverfassung als solche betreffen. Im Extremfall kann es sich dabei um eine ganz neue Verfassung des Geldwesens handeln, wenn etwa eine neue W. eingeführt wird als Folge der Zerrüttung der bisherigen W. durch eine große ↑Inflation. Dieser Fall trat in Deutschland zwei Mal in einer Generation ein: 1924 wurde die Mark durch die Reichsmark und 1948 die Reichsmark durch die D-Mark abgelöst. Es handelte sich jeweils um eine ↑*W.s-Reform*. Am 1.7.1990 wurde der Geltungsbereich der D-Mark auf die noch wenige Monate existierende DDR ausgedehnt. Mit der Einführung des Euro am 1.1.1999 und der Errichtung der ↑EZB übertrugen Deutschland und die anderen Mitgliedstaaten ihre Kompetenz in der W.s-Politik teilweise und der Geldpolitik vollständig auf eine supranationale Institution, die EZB.

Andererseits werden innerhalb einer gegebenen Geldverfassung laufend währungspolitische Entscheidungen getroffen. Häufig werden dabei die Begriffe W.s-Politik und Geldpolitik synonym verwendet. Der Klarheit wegen sollten mit W.s-Politik aber nur die Maßnahmen bezeichnet werden, die auf die Gestaltung der W.s-Beziehungen mit dem Ausland gerichtet sind. Zur ↑Geldpolitik werden dann nur die Aktionen gerechnet, welche die monetären Bedingungen im Inland beeinflussen. Wechselkurspolitische Eingriffe sind danach zur W.s-Politik, Veränderungen des Notenbankzinses dagegen zur Geldpolitik zu rechnen.

Die *internationale* W.s-Politik spielt sich auf der zwischenstaatlichen und supranationalen Ebene ab. Dabei regeln Nationalstaaten ihre W.s-Beziehungen untereinander oder im Rahmen ↑internationaler Organisationen. Der Euroraum (↑EWWU) stellt eine Besonderheit dar. Die teilnehmenden Staaten haben ihre nationalen W.en aufgegeben und besitzen eine gemeinsame W., den Euro. Im Gegensatz zur allg.en Praxis fallen Staatsgebiet und W.s-Gebiet auseinander. Währungspolitisch ist der gesamte Euroraum Inland.

2. Die Geldverfassung

In der Geldverfassung wird festgelegt, welche W. in einem Lande gelten soll. Weiter wird die oberste W.s-Behörde bestimmt. Im Allg.en ist die *Notenbank* der Träger der Geldpolitik, der auch das Monopol der Notenausgabe zusteht. Das Recht zur Ausgabe von Münzen, das sog.e Münzregal obliegt meist der Regierung, deren Möglichkeit, die Höhe des Münzumlaufs zu bestimmen aber eingeschränkt wird. Bei der Ausübung ihrer Befugnisse kann die Notenbank von Regierung und Parlament völlig unabhängig oder unmittelbar entspr.en Weisungen unterworfen sein. Institutionelle

Unabhängigkeit der Notenbank liegt vor, wenn diese in ihren geldpolitischen Entscheidungen frei von Eingriffen der ↑Politik ist. Der Grad der personellen Abhängigkeit wird davon bestimmt, inwieweit die Regierung beliebig über Ernennung und Abberufung der Notenbankleitung verfügen kann. Wie die Erfahrung zeigt, besteht eine eindeutige positive Korrelation zwischen dem Grad der Unabhängigkeit der Notenbank und der Stabilität der betreffenden W. Im Statut der Notenbank kommt ihrem Mandat eine entscheidende Bedeutung zu. Wird Bewahrung der Preisstabilität als einziges Ziel genannt, spricht man von einem singulären Mandat, von einem dualen, wenn z. B. auch das Ziel hoher Beschäftigung vorgegeben wird.

Zu unterscheiden ist ferner zwischen einem einstufigen Notenbanksystem, bei dem die Entscheidungsbefugnis innerhalb der Notenbank auf einer Stufe der Organisation vereint ist, während es beim zweistufigen System noch eine weitere Ebene gibt, die an den geldpolitischen Entscheidungen beteiligt ist.

Schließlich ist noch das geldpolitische *Instrumentarium* zu erwähnen, das der Notenbank vom Gesetzgeber zur Durchführung ihrer Aufgabe zur Verfügung gestellt wird und ein wichtiges Element der Geldverfassung eines Landes darstellt. Weitere Bestimmungen regeln die Organisation der Notenbank, v. a. welchem Gremium die Befugnis zu Entscheidungen übertragen und wie es besetzt wird.

3. Währungssysteme

Die W.s-Systeme unterscheiden sich im Kern danach, ob die W. an ein Metall gebunden ist oder auf einem im Wesentlichen stoffwertlosem Geld basiert.

3.1 Metallwährungen

Das wichtigste Element einer Geldverfassung bestimmt, welche Art von W. in einem Lande bzw. einer ↑W.s-Union gelten soll. Im Laufe der Geschichte haben sich zunächst Varianten der Metall-W.en herauskristallisiert, bevor sich schließlich die *Papier-W.* durchsetzte.

Die folgenden Ausführungen sind grundsätzlicher Natur. Der besseren Anschaulichkeit wegen werden v. a. Beispiele aus der deutschen W.s-Geschichte herangezogen.

Die Entscheidung über die Art der W. prägt ganz wesentlich den Charakter einer Geldverfassung. Bei der *Goldumlaufs-W.* fungieren Goldmünzen als Geld, als Zahlungsmittel. Das Hoheitsrecht zur Prägung von Goldmünzen wird im Regelfall einer staatlichen Institution übertragen. Die Menge des umlaufenden Geldes wird durch den Grad der Knappheit des Edelmetalls bestimmt. Für Münzen mit kleinerem Wert verwendet man meist weniger wertvolles Metall. Bei der *Goldkern-W.* wird ein Wert fixiert, zu dem die Notenbank umlaufendes Papiergeld in Gold einlösen muss. So wurde mit dem Münzgesetz von 1873 eine sog.e Goldparität von 1 Mark = 1/2790 kg Feingold festgelegt. Die Möglichkeiten einer Notenbank, die Geldpolitik nach eigenem Ermessen zu gestalten, sind bei der Goldkern-W. durch die Goldan- und -verkaufspflicht eng begrenzt. Sobald die Notenbank im Gefolge einer stärkeren Geldmengenausdehnung über ihre Einlösungspflicht Gold verliert, geht der Bargeldumlauf im Umfang des von der Notenbank abgegebenen Goldes automatisch zurück. Dieser Effekt ist bei der Goldumlaufs-W. am stärksten. Bei der *Goldkern-W.* ist der Wert des umlaufenden (Papier-)Geldes wesentlich höher als die von der Notenbank gehaltene Goldreserve. Bei der *Golddevisen-W.* kann die Deckung des Bargeldumlaufs ganz oder teilweise auch aus „Golddevisen" bestehen. Unter Golddevisen versteht man W.s-Einheiten eines Landes mit Gold-W. Die Notenbank des Landes mit Golddevisen-W. kann dann ihrer Einlösungspflicht auch durch die Abgabe von Golddevisen nachkommen.

Für die *Silber-W.* gilt mutatis mutandis das Gleiche. Werden sowohl Gold als auch Silber als W.s-Grundlage verwendet, spricht man vom *Bimetallismus*. Bei der *Doppel-W.* wird gesetzlich zwischen beiden Geldarten ein festes Wertverhältnis fixiert. Da sich jedoch das Knappheitsverhältnis zwischen den beiden Metallen – z. B. durch umfangreiche neue Silbermengen wie nach den Eroberungen der Spanier in Mittelamerika – erheblich verändern kann, hatte dieses System selten längeren Bestand. Goldmünzen wurden dann immer weniger als Geld verwendet und im Umlauf durch das weniger selten gewordene und damit billigere Metall Silber ersetzt. Nach dem sog.en Greshamschen Gesetz, benannt nach dem englischen Schatzkanzler Thomas Gresham, verdrängt das schlechte Geld, in diesem Fall Silber, das gute aus dem Verkehr. Von *Parallel-W.* spricht man dagegen, wenn zwischen den beiden Geldarten kein festes Verhältnis fixiert wird. Verändert sich die Wertrelation zwischen den beiden Metallen aufgrund von Veränderungen der relativen Knappheit, bildet sich zwischen den beiden Geldarten ein freier Kurs heraus, der dieser Entwicklung Rechnung trägt. Damit kommt es nicht zu dem genannten Verdrängungsprozess, doch erschwert das sich ändernde Wertverhältnis den Umgang mit den beiden Geldarten.

Bei den Metall-W.en ist die Geldmenge grundsätzlich durch das von Natur aus knappe Gut, wie z. B. Gold, beschränkt. Darin liegt der entscheidende Charakter der Gold-W. wie der anderen Metall-W.en. Die Bestimmung der Geldmenge wird der politischen Willkür entrissen. Nur im Fall großer neuer Funde von Gold und Silber kam es in der Geschichte zu starken Ausweitungen der Geldmenge und damit verbunden zu anhaltend hoher Inflation. Allerdings zeigt die Erfahrung auch, dass die „goldene Bremse" bei der Geldschöpfung im Ernstfall dem menschlichen, v. a. dem politischen Einfallsreichtum nicht standzuhalten vermag. Waren es in der Zeit der Kipper und Wipper im 17. Jh. Private, die den Metallwert der Münzen verminderten, gehen schwerwiegende Verstöße gegen die Prinzipien eines auf der Knappheit des Metalls basierenden W.s-Systems auf politisches Handeln zurück. So wurden, bei gleichem Nominalwert, umlaufende Münzen eingezogen und durch solche mit geringerem Metallgehalt ersetzt. Der Gesetzgeber kann auch die Relation zwischen Gold und Banknoten verändern oder die Goldeinlösungspflicht suspendieren, wie es z.B. beim Ausbruch des Ersten Weltkriegs in Deutschland geschah. Solche Maßnahmen wurden vorwiegend in Kriegszeiten oder anderen Notsituationen getroffen. Nicht von ungefähr spricht man daher von einem „Schönwetterstandard".

1914 endete auch die Hochzeit des *Goldstandards*, d.h. einer Epoche, in der sich die wichtigsten Staaten dem Beispiel Englands angeschlossen und die Gold-W. eingeführt hatten. Die beteiligten W.en basierten auf demselben Metall. Ihr Wert war in Gold definiert, das Austauschverhältnis zwischen den W.en war durch den relativen nationalen Goldwert bestimmt. Die Wechselkurse entsprachen dieser sog.en Goldparität. Geringfügige Abweichungen resultieren aus den Kosten des Goldversands. Ohne weitere Vereinbarung war ein internationales W.s-System, eben der Goldstandard, entstanden. Verlor ein Land Gold durch Abflüsse ins Ausland, musste es prinzipiell eine restriktive Geldpolitik einleiten, im Überschussland trat dagegen eine Geldmengenausweitung ein. Der Zwang zum Zahlungsbilanzausgleich, der sog.e *Goldautomatismus,* war das wesentliche Element dieses internationalen Systems fester Wechselkurse. Der Versuch, die Gold-W. nach dem Ende des Ersten Weltkriegs wiederherzustellen, war von Anfang an zum Scheitern verurteilt. 1931 verließ ein Land nach dem anderen den Goldstandard. Kein Land war mehr bereit, den Geldumlauf von der Knappheit des Goldes (oder ggf. des Silbers) abhängig zu machen.

Seitdem hat es keinen ernsthaften Versuch mehr gegeben, die Gold-W. wiedereinzuführen. Entsprechende Vorschläge, die immer wieder vorgelegt werden, bleiben das Werk von Außenseitern.

3.2 Die Papierwährung

Der Terminus *Papier-W.* steht für ein Geld, das an kein von Natur aus knappes Gut gebunden ist, es handelt sich um ein (fast) stoffwertloses Medium. Seine Menge kann daher prinzipiell beliebig bestimmt werden. Damit kann die Notenbank grundsätzlich allein nach geldpolitischen Erwägungen über die Notenbankgeldmenge entscheiden. Mit der Aufgabe des Goldstandards wurde die Geldausgabe weltweit von der „goldenen Fessel" befreit. Seitdem existieren in der Welt nur noch Papier-W.en. Damit wurde überhaupt erst die Möglichkeit geschaffen, die Geldpolitik auf binnenwirtschaftliche Ziele wie Preisstabilität oder hohe Beschäftigung auszurichten. Mit der Freiheit in der Geldschöpfung geht jedoch die Gefahr des Missbrauchs einher. Die Politik ist der stetigen Versuchung ausgesetzt, ↑öffentliche Ausgaben über die Notenpresse, d.h. durch Drucken von Geld zu finanzieren. Die Geschichte liefert viele Beispiele für solches Verhalten und dessen Folgen wie Preissteigerungen bis hin zu großen Inflationen. In den Geldverfassungen hat sich daher seit Ende der 80er Jahre weltweit die Tendenz durchgesetzt, der nationalen Notenbank den Status der *Unabhängigkeit* zu verleihen, damit sie über die Geldpolitik ohne politischen Druck entscheiden kann, um die ihr vorgegebenen Ziele, v.a. Preisstabilität zu erreichen.

Während mit der Ausbreitung der Gold-W. quasi automatisch ein internationales W.s-System fester Wechselkurse entstanden ist, gilt das für eine Welt der Papier-W.en nicht. Je nachdem welche internationalen Vereinbarungen über die Wechselkurse getroffen werden, ergeben sich ganz unterschiedlich Konsequenzen für die Geldpolitik.

4. Die internationale Währungsordnung

Die *internationale W.s-Ordnung* setzt wichtige Rahmenbedingungen für die Notenbankpolitik. Bei festen Wechselkursen und freier Konvertibilität ist der Spielraum der nationalen Geldpolitik stark eingeschränkt. Dies gilt quasi automatisch im Goldstandard. Bei der Papier-W. liegt dies an der Verpflichtung der Notenbank, den festen Wechselkurs – mit mehr oder weniger großen Bandbreiten – durch Interventionen am Devisenmarkt aufrecht zu erhalten. Der Unterschied beider Systeme besteht v.a. in der Bestimmung der Preisentwicklung: Unter dem Regime des Goldstandards entscheidet die Goldproduktion über die weltweite Entwicklung des Geldwertes; im Falle der Papier-W.en kommt es in erster Linie auf die Geldpolitik des Landes an, dessen W. als Bezugsgröße für die Festlegung der Wechselkurse gewählt und von den anderen Ländern als Reservemedium gehalten wird. (Man spricht hier häufig von der sog.en *Leit-W.*) Bei flexiblem Außenwert der eigenen W. entfällt die Bindung der Geldpolitik an die Zahlungsbilanzentwicklung. Zwar kann die Geldpolitik auch in diesem Falle nicht völlig unabhängig von außenwirtschaftlichen Überlegungen durchgeführt werden, doch steht es einem Land nun grundsätzlich frei, die Inflationsrate zu wählen, die es selbst für angemessen hält.

5. Reformvorschläge

Die ↑Finanzmarktkrise von 2007/2008, welche die ↑Weltwirtschaft an den Abgrund einer Depression brachte, löste eine grundsätzliche Debatte aus, die noch lange nicht beendet ist. Nach einer weitverbreiteten Auffassung bedarf es radikaler Änderungen, um die Wiederholung der großen Krise oder gar eine noch schlimmere Entwicklung zu vermeiden.

Die Geldverfassung im bisher besprochenen Sinne ist Ausdruck eines hoheitlichen Aktes der Legislative mit konkretem Inhalt hinsichtlich des Charakters der W., der Befugnisse der Notenbank etc. Im Gegensatz zu diesem Verfahren schlägt Friedrich August von Hayek vor, den ↑Wettbewerb einzusetzen, um die optimale W. herauszufinden. *W.s-Konkurrenz* soll an die Stelle des staatlichen W.s-Monopols treten; privaten Anbietern soll also erlaubt sein, eigenes Geld zu emittieren. Die Wirtschaftssubjekte können dann frei entscheiden, welche W. sie für Zahlungs- und Anlagezwecke wählen. Dabei ist zu erwarten, dass das (geldwert-)stabilere Geld das schlechtere in einer Art „Anti-Gresham-Prozess" verdrängt. Im Zusammenhang der Finanzmarktkrise 2007/2008 ist auch F. A. von Hayeks Plädoyer für W.s-Konkurrenz wieder neu zum Gegenstand der aktuellen Diskussion geworden, stieß jedoch auf schwerwiegende Kritik.

Ein anderer Vorschlag, das sog.e *Vollgeldsystem*, ist seit einiger Zeit in den Vordergrund gerückt. Als Vorläufer des Vollgeldsystems kann das „100 % Money" von Irving Fisher aus den 1930er Jahren gelten. In den bestehenden Papier-W.s-Systemen erfolgt die Geldschöpfung in einem zweistufigen Prozess. Die Notenbank schafft das Zentralbankgeld (Bargeld und Guthaben bei der Notenbank), die Geschäftsbanken das Buch- oder Giralgeld; sie müssen aber die Guthaben der Kunden jederzeit in Bargeld einlösen können. Treten Zweifel auf, ob eine Bank dazu in der Lage ist, kann es zum Sturmlauf auf die Bank *(bank run)* und ggf. zu deren Schließung kommen. Der Ausbruch einer allg.en Panik ist nicht auszuschließen.

Die Buchgeldschöpfung kann erhebliche Schwankungen aufweisen und damit zu entspr.en Problemen in der Gesamtwirtschaft führen. Werden die ↑Banken gezwungen, für die Guthaben ihrer Kunden jederzeit eine 100 %ige Bargeldreserve zu halten, können sie keine aktive Geldschöpfung mehr betreiben und damit die Gesamtgeldmenge vergrößern oder verkleinern.

In der Schweiz war die Einführung des Vollgeldes 2018 Gegenstand einer Volksinitiative. Diese ist jedoch deutlich gescheitert. Ein wesentlicher Grund dürfte zum einen die hohe Komplexität des Vorschlags gewesen sein. Zum anderen könnte das Vollgeldsystem zwar dazu beitragen, einige Schwächen des bestehenden Systems zu vermeiden. Gleichzeitig werden aber neue Fragen aufgeworfen, v. a. die nach der Geldschöpfung. Mit dem Staat als Quelle der Geldschöpfung droht zwangsläufig die Gefahr des Missbrauchs und der dadurch ausgelösten inflationären Entwicklung.

Erscheint es zwar eher unwahrscheinlich, dass ein Land zum Vollgeldsystem übergeht, so hat dieser Vorschlag eine Diskussion über die Zukunft des Papiergeldsystems ausgelöst, die noch mitten im Gange ist.

6. Internationale Währungspolitik

Die ↑internationale W.s-Politik eines Landes umfasst die Maßnahmen bezogen auf die W.s-Beziehungen mit dem Ausland. Die Kompetenz dafür steht in den meisten Ländern der Regierung und nicht der Notenbank zu. Dabei geht es v. a. um die Gestaltung des Wechselkurses und die Freiheit des Zahlungsverkehrs (Konvertibilität) bzw. dessen Beschränkungen.

6.1 Die Wechselkurspolitik

Bei prinzipiell festen, aber veränderbaren Paritäten *(adjustable peg)* besteht die Möglichkeit der fallweisen Wechselkursänderung. Dies galt z. B. für das 1944 in ↑Bretton Woods vereinbarte und bis 1973 gültige Wechselkursregime sowie für das EWS, die von 1979 bis 1998 bestehende Form der währungspolitischen Zusammenarbeit zwischen den Ländern der EG. Internationale Abkommen können in diesem System die Wechselkursänderung von der Zustimmung der Partnerländer abhängig machen.

Eine *Abwertung* soll die Zahlungsbilanz verbessern und einem Verlust an W.s-Reserven entgegenwirken; sie verbilligt tendenziell die eigenen Exporte auf dem Weltmarkt und verteuert die Importe. Im Normalfall verbessert sich infolgedessen die Leistungsbilanz, nach aller Erfahrung allerdings erst mit einiger zeitlicher Verzögerung.

Eine *Aufwertung* wird im Allg.en nur im Falle anhaltend hoher Devisenüberschüsse vorgenommen; sie entfaltet die entgegengesetzten Wirkungen wie die Abwertung, nämlich eine Verteuerung der Exporte und Verbilligung der Importe; die Leistungsbilanz verschlechtert sich.

Mit einer Wechselkursänderung können die angestrebten Ziele jedoch nur dann erreicht werden, wenn die Geldpolitik entspr. ausgerichtet wird. So geht z. B. im Falle einer Abwertung der positive Effekt auf die Leistungsbilanz bald verloren, wenn die Geldpolitik nicht die inländischen Preissteigerungen unter Kontrolle hält, die durch die expansive Wirkung der Abwertung auf das Sozialprodukt infolge der Verbilligung der Exporte und Verteuerung der Importe ausgelöst werden.

Bei flexiblem Außenwert der heimischen W. wird der Wechselkurs prinzipiell durch die Entwicklung am Devisenmarkt bestimmt. Die Wechselkurspolitik beschränkt sich hier auf Interventionen am Devisenmarkt. Dem Versuch, die Höhe des Wechselkurses durch An- bzw. Verkauf von Devisen zu beeinflussen und ggf. eine bestimmte Kurshöhe gegen den ↑Markt durchzusetzen (sog.es „schmutziges Floaten"), sind jedoch Grenzen gesetzt.

6.2 Konvertibilität

Ein wichtiges Merkmal einer nationalen W. liegt in der Möglichkeit ihrer internationalen Verwendung. Ist eine W. *konvertibel*, kann sie am Devisenmarkt grundsätzlich jederzeit und unbeschränkt in andere (konvertible) W.en umgetauscht werden. *Konvertibilität* der W.en war im Zeitalter des Goldstandards systemimmanent. Zwischen den Papier-W.en setzte sich die Konvertibilität erst im Laufe der 1960er Jahre durch. Vorher war lange Zeit der US-Dollar die einzige wichtige konvertible W. Die D-Mark wurde 1958 konvertibel. Heute besteht Konvertibilität für den Euro und andere wichtige W.en. Beschränkungen der Konvertibilität werden allerdings in einer ganzen Reihe von Ländern praktiziert.

Literatur

O. Issing: Stabiles Geld – eine Illusion? Alternative Währungssysteme – Hayeks Fundamentalkritik – Unabhängigkeit der Notenbanken, 2019 • R. Edvinsson/T. Jacobson/D. Waldenström: Sveriges Riksbank and the History of Central Banking, 2018 • R. Huber/T. Mayer: Vollgeld. Das Geldsystem der Zukunft. Unser Weg aus der Finanzkrise, 2014 • M. D. Bordo: The Gold Standard and Related Regimes, 1999 • Deutsche Bundesbank (Hg.): 50 Jahre Deutsche Mark, 1998 • O. Issing: Einführung in die Geldpolitik, [6]1996 • C. D. Campbell/W. R. Dougan: Alternative Monetary Regimes, 1986 • F. A. von Hayek: Entnationalisierung des Geldes. Eine Analyse der Theorie und Praxis konkurrierender Umlaufsmittel, 1977 • L. B. Yeager: In Search of a Monetary Constitution, 1962 • M. Friedman: A Program for Monetary Stability, 1960 • B. Graham: World Commodities and World Currencies, 1944 • I. Fisher: 100 % Money and the Public Debt, 1936 • F. A. Lutz: Das Grundproblem der Geldverfassung, 1936 • I. Fisher: Stable Money. A History of Movement, 1934 • G. F. Knapp: Staatliche Theorie des Geldes, 1905.

OTMAR ISSING

Währungsreform

1. Neuordnung der Geldverfassung

Die W. bezeichnet die Neuordnung einer Geldverfassung, wenn

a) eine Währungskrise infolge von einer Schulden- oder Finanzkrise (↑Kredit), ↑Krieg, oder Hyperinflation (↑Inflation) droht oder stattfindet und

b) die bisherige ↑Währung Tausch-, Zahlungs- und Wertaufbewahrungsfunktionen verliert und

c) eine neue Währung eingeführt wird, sodass neues Bargeld emittiert, altes Bargeld entwertet und Sichtguthaben bzw. Spareinlagen sowie Buchwerte (Forderungen, Kredite) teilweise abgeschrieben und Schuldverhältnisse (z. B. Mieten) in der neuen Währung neu bewertet werden müssen oder

d) die für die Geldemission verantwortlichen Institutionen (Zentralbanken und Geschäftsbanken; ↑Banken) in Folge einer Geldverfassungsregeländerung dazu verpflichtet werden, eine neues Bargeld zu emittieren (Zentralbank) und die Geschäftsbanken und Nicht-Banken sämtliche Sichtguthaben, Spareinlagen, Buchwerte und Vertrags- und Schuldverhältnisse ohne Abschreibungen in diese neue Währung zu einem allg.en und festen Umrechnungskurs umstellen müssen.

Die ersten drei Bedingungen stellen W. im engeren Sinne dar. Letztere wird als Währungsumstellung bezeichnet.

2. Währungsreform im engeren Sinne in Deutschland im 20. Jh.

In Deutschland fanden während des 20. Jh. allein drei W.en im engeren Sinne und eine Währungsumstellung statt. Die erste W. vollzog sich bei der Einführung der Rentenmark ab dem 1.11.1923. Die Rentenmark löste dabei die Reichsmark ab, die seit dem Beginn des Ersten Weltkriegs nicht mehr in Gold gedeckt war und der Reichsregierung die schuldenfinanzierte Kriegsfinanzierung ermöglichte. Dieser Geldmengenüberhang entlud sich zwischen 1920 und 1923 in einer immer weiter ansteigenden Inflationsrate. Mit dem Verlust ihrer drei Geldfunktionen (↑Geld) während der sich anschließenden Hyperinflation war eine W. alternativlos geworden. Die Rentenmark wurde sodann in die neue Reichsmark umgestellt, so dass das Bargeld ab 1924 erneut als Reichsmark denominert war. Die zweite W. wurde am 21.6.1948 mit der Einführung der DM in der Trizone und am 23.6.1948 mit der Einführung der Mark (Ost) in der SBZ vollzogen. Da in einem planwirtschaftlichen System (↑Zentralverwaltungswirtschaft) die Allokation der knappen Ressourcen sowie die Produktion nicht durch den Preismechanismus, sondern durch eine Zentralverwaltung gesteuert werden, war die W. für die weitere wirtschaftliche Entwicklung in der SBZ nicht so bedeutsam, wie die W. für die Bundesrepublik. Die dritte W. wurde mit der Wirtschafts-, Währungs- und Sozialunion zwischen der BRD und der DDR am 1.7.1990 vollzogen und führte die DM auf dem Währungsgebiet der DDR ein (↑Deutsche Einheit). Allen drei W.en war gemein, dass Sicht- und Sparguthaben ab einer bestimmten Höhe nicht im Verhältnis 1 : 1 umgetauscht wurden. Damit wurde versucht, einen Geldmengenüberhang bzw. überschüssige Kaufkraft durch (erzwungenes) Sparen zu neutralisieren. Im Rückblick fällt ebenso auf, dass nicht alle W.en erfolgreich waren. Eine Währungsumstellung vollzog sich zuletzt bei der Einführung des Euro am 1.1.1999 für Spareinlagen, Sichtguthaben, Buchwerte u. a. Vertrags- und Schuldverhältnisse, die mit der Einführung des Eurobargeldes am 1.1.2002 abgeschlossen wurde (↑EWWU).

3. Wann ist eine Währungsreform erfolgreich?

In der Analyse der weltweit bedeutendsten Hyperinflationen des 20. Jh. hat Peter Bernholz erforscht, unter welchen Umständen eine W. langfristig stabiles Geld hervorbringt. Diese sind

a) wenn nach einer Hyperinflation eine Geldverfassung eingeführt wird und wenn daraufhin eine längere Zeit des ↑Friedens herrscht und

b) wenn nach Kriegen der Inflationsunterschied zu den wichtigsten Handelspartnern nicht zu groß geworden ist und der Staat eine Rückkehr zu normalen Umständen anstrebt und

c) wenn eine Währung, aufgrund einer höheren Inflationsrate als die der wichtigsten Handelspartner, unterbewertet ist und die Inflationsrate durch eine Reduktion der Geldmenge auf das Maß dieser Partner zurückgeführt wird.

Somit kann eine weitere, sich erneut anschließende W. nur dann verhindert werden, wenn es gelingt, eine stabile Geldordnung aufrechtzuerhalten. Dies gelingt jedoch nur unter der Berücksichtigung der notwendigen institutionellen Bedingungen, d. h., wenn nationale und supranationale Institutionen, wie Zentralbanken, Finanzmarkt- und Bankenaufsicht und -regulierung (↑Finanzaufsicht) so ausgestaltet werden, dass sie die monetären Handlungsprozesse innerhalb einer Geldwirtschaft in gesamtwirtschaftlich sinnvollen Bahnen halten. Dazu sind die Erkenntnisse der neuen ↑Institutionenökonomik (Neue Institutionsökonomik, ↑Ordnungsökonomik; z. B. Zentralbankunabhängigkeit) ebenso heranzuziehen, wie die theoriegeleitete Diskussion um die Weiterentwicklung der ↑Geldpolitik.

Literatur

C. P. Kindleberger/R. Z. Aliber: Manias, Panics, and Crashes. A History of Financial Crises, 2011 • P. Bernholz: Monetary Regimes in Historical Perspective, 2003 • M. Woodford: Interest and Prices, 2003.

EKKEHARD A. KÖHLER

Währungsunion

Eine W. ist ein Zusammenschluss von mehreren souveränen ↑Staaten zur Etablierung einer gemeinsamen ↑Währung oder unwiderruflich fester ↑Wechselkurse. Da nur eine Währungs- und ↑Geldpolitik für die gesamte W. gelten kann, geht mit der Einführung einer gemeinsamen Währung ein Verzicht auf nationale ↑Souveränität seitens der beteiligten Länder einher.

Bei einer informellen W. entscheidet sich ein Staat unilateral, die Währung eines anderen Staates als gesetzliches Zahlungsmittel zu verwenden, z. B. Ecuador (US-Dollar) oder Montenegro (Euro). Einer formellen W. liegt wie im Falle der ↑Europäischen Wirtschafts- und Währungsunion (EWWU) ein Vertrag zugrunde. Eine W. kann die Vorstufe oder Teil eines politischen Zusammenschlusses zu einem Land mit einer gemeinsamen ↑Wirtschafts-, ↑Finanz- und ↑Außenpolitik sein. So entstand mit der Währungs-, Wirtschafts- und Sozialunion zwischen der BRD und der DDR im Mai 1990 eine W., die mit der deutschen Wiedervereinigung am 3.10.1990 endete (↑Deutsche Einheit).

Viele kleine Staaten wie San Marino (Euro), Tuvalu (Australischer Dollar) oder Lesotho (Südafrikanischer Rand) verwenden die Währung eines großen Währungsgebiets, mit dem intensive Wirtschaftsbeziehungen bestehen. In Europa haben sich Stand 2020 19 Mitgliedsländer der ↑EU zur Europäischen W. zusammengeschlossen (multilaterale W.), die im AEUV verankert ist. Die Mitgliedstaaten der EU sind (außer Dänemark) zur Mitgliedschaft in der Europäischen W. verpflichtet, wenn sie bestimmte Kriterien (Maastricht-Kriterien) erfüllen. Die Westafrikanische bzw. Zentralafrikanische Wirtschafts- und W. haben gemeinsame Währungen (CFA-Franc BCEAO *[Franc de la Communauté Financière d'Afrique/Banque Centrale des États de l'Afrique de l'Ouest]*, CFA-Franc BEAC *[Franc de la Coopération Financière en Afrique Centrale/Banque des États de l'Afrique Centrale]*), die aufgrund starker historischer, wirtschaftlicher und politischer Verbindungen zu Frankreich an den Euro gebunden sind (Stand 2020).

In der Vergangenheit hatten nicht alle W.en Bestand. Durch die Auflösung der Tschechoslowakei in die Tschechische Republik und die Slowakische Republik (1993) entstanden zwei unabhängige Währungen. Die Skandinavische Münzunion zwischen Schweden, Dänemark und Norwegen (ab 1872) wurde in Folge des Ausbruchs des Ersten Weltkriegs aufgelöst, nachdem sich die Mitgliedsländer nicht mehr auf eine gemeinsame Geldpolitik und feste Wechselkurse einigen konnten (formelles Ende 1924). Die Lateinische Münzunion bestand zwischen Frankreich, Belgien, Italien und der Schweiz ab 1865. Weitere Länder wie Spanien, Griechenland und Österreich-Ungarn traten den Regulierungen der Münzunion bei. Vordenker war der Vizepräsident des französischen Staatsrats Félix Esquirou de Parieu, der die Münzunion als Vorstufe zu einer „europäischen Union" mit einer „europäischen Kommission" als politischer Leitung sah. Da die Ausgabe von Papiergeld nicht ausgeschlossen war, druckten Griechenland und Italien in großem Umfang Papiergeld, was zu ↑Inflation führte. Die Münzunion endete faktisch mit dem Ersten Weltkrieg (formal 1926).

Vorteil einer W. ist die Eliminierung von Wechselkursschwankungen und Umtauschkosten. Preise können international besser verglichen werden, sodass die Transparenz, der ↑Wettbewerb, die Effizienz und damit das ↑Wirtschaftswachstum steigen. Nach der Theorie der Optimalen Währungsräume von Robert Mundell ist ein Währungsraum für eine Gruppe von Ländern dann vorteilhaft, wenn die Länder ähnlichen Konjunkturzyklen folgen. In einer Rezession kann die Zentralbank durch Zinssenkungen die Konjunktur aller Mitgliedstaaten stabilisieren, im Boom kann sie durch Zinserhöhungen den Inflationsdruck dämpfen *(One Size Fits All)*. Sind die ↑Konjunkturen jedoch unterschiedlich, dann kann die gemeinsame Zentralbank nicht die passende Geldpolitik für alle Mitgliedsländer machen. Da der Wechselkurs als Stabilisierungsinstrument nicht zur Verfügung steht, müssen sich R. Mundell zufolge die Arbeitskräfte von den Regionen der W., die sich in der Rezession befinden, in die Regionen bewegen, die eine gute Konjunktur aufweisen. Alternativ müssen in dem Teil mit schwacher Konjunktur die Löhne fallen, um die Wettbewerbsfähigkeit zu erhöhen (innere Abwertung).

Nach Jeffrey Alexander Frankel und Andrew Rose können sich unterschiedliche Konjunkturzyklen nach Eintritt in die W. angleichen, wenn aufgrund der Eliminierung der Wechselkursschwankungen die Mitgliedsländer mehr miteinander handeln. Laut Ronald Ian McKinnon kann eine W. durch stärker integrierte Kapitalmärkte (↑Geld- und Kapitalmarkt) dazu beitragen, dass sich unterschiedliche Konjunkturzyklen angleichen. Kommt es zu einer ↑Krise in einem Teil der W., dann werden die dadurch entstehenden Risiken von den

Finanzinstituten in allen Mitgliedsländern der W. getragen.

Paul De Grauwe zufolge trägt eine gemeinsame Finanz- und ↑Sozialpolitik zu einer automatischen Angleichung unterschiedlicher Konjunkturzyklen in einer W. bei. Werden die ↑Steuern in allen Mitgliedstaaten an ein gemeinsames Finanzministerium gezahlt, sinken die Steuerzahlungen in den Ländern, die sich in einer Rezession befinden, und steigen in den Ländern, in denen die Wirtschaft boomt. Ebenso nehmen die Zahlungen an Arbeitslose in den Mitgliedstaaten mit Konjunkturabschwung zu, während sie in Ländern im Boom sinken. Darüber hinaus kann in einer heterogenen W. ein regionaler ↑Finanzausgleich – wie er bspw. in Deutschland und Japan besteht – unterschiedliche Wirtschaftsleistungen angleichen.

1999 wurden Länder mit unterschiedlichen geldpolitischen Traditionen, Wachstumsmodellen und Konjunkturzyklen in die Europäische W. integriert, wobei diese Staaten weiterhin unterschiedlichen Wirtschaftspolitiken und Konjunkturzyklen folgten. Ab der Jahrtausendwende dämpften staatliche Ausgabenzurückhaltung und ↑Reformen die Konjunktur in Deutschland, während – nicht zuletzt aufgrund starker Kapitalzuflüsse aus Deutschland – einige Länder im Süden der W. sowie Irland boomten. In diesen Ländern stiegen Löhne, Staatsausgaben, Konsum, Immobilienpreise und Konsumentenpreise stark an, sodass diese Länder an Wettbewerbsfähigkeit verloren, hohe Leistungsbilanzdefizite entstanden und die Auslandsverschuldung stark wuchs. Dies führte ab dem Jahr 2007 in die europäische Finanz- und Schuldenkrise (↑Staatsschuldenkrise).

Im Jahr 2012 erreichte die Krise mit dem starken Anstieg der Risikoprämien auf die ↑Staatsanleihen vieler südeuropäischer Eurostaaten und Irlands ihren Höhepunkt. Als Krisentherapie setzte die ↑EZB die Leitzinsen auf bzw. unter null. Sie kaufte Staats- und Unternehmensanleihen in hohem Volumen und vergab in großem Umfang langfristige, niedrigverzinste ↑Kredite an Banken. Diese Entwicklung wurde 2020 durch die Corona-Krise weiter verstärkt. Die Bilanz der EZB wurde dadurch stark ausgeweitet. Fortbestehende und wachsende Ungleichgewichte im ESZB werden durch die Salden des Zahlungssystems TARGET2 repräsentiert.

Versuche die Europäische W. durch eine Schaffung einer gemeinsamen Finanzpolitik und einer gemeinsamen ↑Arbeitslosenversicherung (Transferunion) zu stabilisieren, sind bisher am Unwillen der nationalen Regierungen gescheitert, weitere nationale Souveränität auf die supranationale Ebene zu verlagern. Theresia Theurl hält zwischenstaatliche W.en für grundsätzlich instabil, da diese in Konflikt mit der politischen und wirtschaftspolitischen Souveränität einzelner Mitgliedstaaten stünden.

Literatur

P. De Grauwe: Economics of Monetary Union, [11]2016 • H.-W. Sinn: Die Target-Falle, 2012 • R. I. McKinnon: Optimum Currency Areas and Key Currencies. Mundell I Versus Mundell II, in: JCMS 42/4 (2004), 689–715 • J. A. Frankel/A. Rose: The Endogeneity of the Optimum Currency Criteria, in: EconJ 108/449 (1998), 1009–1025 • T. Theurl: Eine gemeinsame Währung für Europa, 1991 • R. Mundell: A Theory of Optimum Currency Areas, in: AER 51/4 (1961), 657–665.

GUNTHER SCHNABL

Warenverkehrsfreiheit ↑Grundfreiheiten

Warschauer Pakt

Als W. P. (offiziell: *„Vertrag über Freundschaft, Zusammenarbeit und gegenseitigen Beistand“*) wird umgangssprachlich der am 14. Mai 1955 in der polnischen Hauptstadt von acht ostmitteleuropäischen Staaten (Albanien, Bulgarien, DDR, Polen, Rumänien, Tschechoslowakei, Ungarn und UdSSR), vereinbarte und mit drei Mitgliedern im Beobachterstatus (China, Nordkorea, Nordvietnam) geschlossene multilaterale Vertrag zur Sicherung des sowjetischen Machtbereichs bezeichnet. Am 4.5.1955 trat er mit der Hinterlegung der Ratifikationsurkunden (Art. 10) offiziell in Kraft. Gemäß Art. 11 verlängerte er sich 1975 automatisch um weitere zehn Jahre. Die am 26.4.1985 vereinbarte Verlängerung um weitere zwanzig Jahre überlebten die militärischen Strukturen des W. P.s nur bis zum 31.3.1991. Die politischen Strukturen wurden am 1.7.1991 beseitigt, knapp ein halbes Jahr bevor sich die UdSSR im Dezember selbst auflöste und damit auch der ↑Kalte Krieg endete.

Der W. P. war wie die ↑NATO eine Folge des eskalierenden Kalten Krieges. Er entstand aus sowjetischer Initiative und knüpfte an bereits bestehende bilaterale Beistandsverträge an, die von vielen der Signatarmächte zwischen 1943 und 1949 auf zwanzig Jahre abgeschlossen worden waren. Offiziell jedoch verstand er sich als Antwort auf die bereits am 4.4.1949 gegründete NATO, die Unterzeichnung der *„Pariser Verträge“*, mit der das westalliierte Besatzungsstatut auf westdeutschem Gebiet endete (23.10.1954), und den Beitritt der BRD zum westlichen Bündnis am 6.5.1955. Schon die „Konferenz in Moskau“ (29.11.–2.12.1954) kündigte in der „Moskauer Deklaration“ die Gründung des Militärbündnisses an. Grundsätzlich aber hatten bereits die Erste Berlin-Krise 1948–49 und der Korea-Krieg 1950–53 den Willen, militärisch mehr zu kooperieren, gestärkt. Wie man aus Nikita Sergejewitsch Chruschtschows Äußerungen weiß, hoffte die sowjetische Führung nicht zuletzt die eigene Truppenstärke und damit auch die Militärausgaben reduzieren zu können. Mit der Gründung des W. P.s war 1955 die Phase der Blockbildung im Kalten Krieg abgeschlossen.

In den W. P. wurde am 28.1.1956 auch die zehn Tage

zuvor gegründete NVA der DDR eingebunden. Bilaterale Verträge ergänzten das Bündnissystem, so etwa der bereits 1955 geschlossene Beistandspakt mit Finnland. Zwischen 1964 und 1972 folgten zwanzig weitere bilaterale Bündnisse, die anders als der W. P., aber ebenso auf zwanzig Jahre einen automatischen Beistand bei einem bewaffneten Angriff vorsahen. In politisch kritischen Mitgliedsstaaten wurden zudem Truppenstationierungsverträge geschlossen (Polen 1956; DDR 1957; Rumänien 1957, erloschen 1958; Ungarn 1957; Tschechoslowakei 1968).

In der Ausgestaltung des Bündnisses orientierten sich die Vertragspartner bei aller Gegnerschaft partiell an der NATO, indem sie sich im Falle eines Angriffs auf einen oder mehrere Teilnehmerstaaten der gegenseitigen militärischen Hilfeleistung (Art. 4) versicherten. In der militärischen und der politischen Struktur aber unterschied sich der W. P. in wesentlichen Teilen von ihr, wenngleich auch diese faktisch von der Hegemonialmacht dominiert blieb und sich als politisches Bündnis verstand. Während in der NATO auch Bündnispartner zu Oberbefehlshabern aufsteigen durften, stand an der militärischen Spitze des W. P.s, dem Vereinigten Oberkommando, bis zu seiner Auflösung 1991 ununterbrochen ein sowjetischer General, der gleichzeitig erster Stellvertreter des sowjetischen Verteidigungsministers war. Erster Amtsinhaber wurde Iwan Stepanowitsch Konjew. Auch den Stab des Vereinigten Oberkommandos (ab 1972 in Moskau) führte ein sowjetischer General. Nach der Niederschlagung des „Prager Frühlings" 1968 wurde ein zusätzliches Komitee der Verteidigungsminister geschaffen, das mehr Mitsprache der Vertragsstaaten ermöglichen sollte. Ihm war ein Militärrat zugeordnet, der Vorschläge erarbeitete, aber operativ im Kriegsfall (↑Krieg) keine Bedeutung hatte.

Dem Vereinigten Oberkommando unterstanden neben den sowjetischen Streitkräften im Ausland, einschließlich der Baltischen Flotte, die gesamte Luftverteidigung des W. P.s, die gesamte NVA, einschließlich der DDR-Volksmarine, die polnische Marine sowie weitere Truppen der Vertragsstaaten. Es war verantwortlich für die gesamte Führung, die operative Planung, die Ausbildung und Ausrüstung sowie für die multinationalen Manöver.

Den nicht-militärischen Teil des W. P.s bildete der „Politische Beratende Ausschuss" mit Sitz in Moskau, der formal über der militärischen Kommandostruktur stand. Er setzte sich aus den Vertretern der Teilnehmerstaaten zusammen, den Generalsekretären der ↑kommunistischen Parteien, Regierungschefs und Außenministern. In der Realität lag die Entscheidungsgewalt ebenfalls allein bei den sowjetischen Stellen. Wichtige Beschlüsse, so etwa der Einmarsch der sowjetischen Armee in Ungarn 1956, der eindeutig gegen den Art. 8 des Vertragstextes verstieß (Befolgung der Grundsätze der gegenseitigen Achtung der Unabhängigkeit und ↑Souveränität der Teilnehmerstaaten und der Nichteinmischung in ihre inneren Angelegenheiten), fielen ohne Beratung im gemeinsamen Ausschuss.

Ein Eintritt in das Bündnis war möglich. Die Mongolei ersuchte darum 1963, was jedoch wegen des chinesisch-sowjetischen Streits unterblieb. Eine Kündigung war nach Art. 11 frühestens im Jahr 1974 (Wirkung: 1975) möglich. Daher bildete der Austritt Ungarns im November 1956 in der Tat einen Vertragsbruch, der hart geahndet wurde. Als Albanien, dessen Mitgliedschaft seit 1962 ruhte, 1968 wegen des Einmarschs des W. P.s in die ČSSR im gleichen Jahr auch offiziell aus dem Bündnis austrat, folgten aber schon keine militärischen Sanktionen mehr, ebensowenig wie beim Ausscheiden der DDR 1990. Das 1988 offiziell verkündete Ende der „Breschnew-Doktrin", Freiheitsbestrebungen in den Mitgliedsstaaten, fehlende Reformideen und nicht zuletzt der Verlust des gemeinsamen Feindbildes sorgten 1991 für das amtliche Ende des Bündnisses.

Literatur

V. Mastny/M. Byrne (Hg.): A Cardboard Castle? An Inside History of the Warsaw Pact 1955–1991, 2005 • F. Umbach: Das rote Bündnis. Entwicklung und Zerfall des Warschauer Paktes 1955 bis 1991, 2005 • N. Fodor: The Warsaw Treaty Organization. A Political and Organizational Analysis, 1990.

BERND STÖVER

Wasser

I. Rechtswissenschaftlich – II. Politikwissenschaftlich

I. Rechtswissenschaftlich

Das W.-Recht umfasst die beiden Teilbereiche des Rechts der W. Wirtschaft und des W.-Wegerechts. Das Recht der W.-Wirtschaft behandelt den Schutz der natürlichen Funktionen der Gewässer als Bestandteil des Naturhaushalts und als ökologischer Lebensraum, den Schutz vor Hoch-W. und die geordnete Nutzung der Gewässer für die W.-Versorgung, die Industrie und die Landwirtschaft. Beim W.-Wegerecht geht es darum, die Verkehrs- und Transportfunktion der schiffbaren Gewässer herzustellen und aufrechtzuerhalten, wobei sich zwischen beiden Materien immer wieder Abgrenzungsprobleme ergeben.

1. Geschichtliche Entwicklung

W. ist einer der elementaren und ältesten Gegenstände des Rechts. Mit der Sesshaftwerdung der Jäger- und Sammlergesellschaften und dem Einsetzen von Ackerbau und Viehzucht stellte sich in vielen menschlichen Gesellschaften die Notwendigkeit, die Nutzung und Verteilung des W.s verbindlich zu regeln. V. a. in solchen Klimazonen, in denen der Niederschlag für die Landwirtschaft allein nicht ausreichte, wurde das Bedürfnis nach einer zusätzlichen Bewässerung zu einem

Motor des Aufbaus komplexer gesellschaftlicher Strukturen und Rechtsnormen.

So enthielt bereits der babylonische Codex Hammurapi aus der Zeit um 1750 v. Chr. Bestimmungen über die nachbarliche Haftung bei unachtsamem Umgang mit W.-Ressourcen, Strafen für die Zerstörung von Bewässerungsanlagen sowie die Stundung der Steuerzahlungspflicht, wenn aufgrund von W.-Knappheit keine Ernte erzielt wurde. In diesem strafbewehrten Privatrecht spiegelten sich die Existenzbedingungen des altbabylonischen Reiches, in dem die Verfügbarkeit von W. eine Geschäftsgrundlage der meisten rechtlichen Verpflichtungen darstellte. Ein anderes Regelungsmodell bildete die partielle Verstaatlichung der W.-Verwaltung im römischen W.-Recht, die im Zuge der Kanalisierung der Städte und ihrer Versorgung durch Aquädukte erfolgte. Die traditionellen Rechte der Grundeigentümer zur Entnahme von W. wurden dabei schrittweise aufgehoben und das W. schließlich hoheitlich bewirtschaftet.

Diese Normen gerieten mit dem Ende des weströmischen Reiches in Vergessenheit. W. war im Mittelalter nach überliefertem ↑Gewohnheitsrecht zunächst eine für alle nutzbare Allmende, während höhere Nutzungsarten wie die Errichtung von Mühlen und Fähren dem Landesherrn zustanden. Nach dem späteren gemeinen Recht umfasste das Grundeigentum auch das Recht zur Nutzung der auf dem Grundstück vorhandenen W.-Ressourcen, während die „fließende Welle" überwiegend als nicht eigentumsfähig angesehen wurde. Den auch damals bereits bekannten Problemen der W.-Verschmutzung und den daraus resultierenden Krankheitsepidemien stand diese Rechtsordnung hilflos gegenüber oder bekämpfte sie mit untauglichen Mitteln wie dem Straftatbestand der Brunnenvergiftung. Im Hinblick auf Navigationsfragen hingegen waren die schiffbaren Ströme in Deutschland im frühen Mittelalter allg. befahrbare „Straßen des Reichs" in königlicher Verwaltung. Im Zuge der Schwächung der Zentralmacht kam es jedoch auch zu einer Erosion der königlichen Verfügungsgewalt über diese Verkehrswege.

Erst das 19. Jh. knüpfte wieder an die römische Gesetzgebung an. 1852 erließ Bayern umfassende Regelungen über die Benutzung des W.s und wurde dadurch zum Vorreiter der deutschen Rechtsentwicklung. Ab 1900 setzte in allen Ländern des Deutschen Reiches eine Kodifikationswelle ein, die im Preußischen W.-Gesetz von 1913 ihren Höhepunkt erreichte. Kompetenzen des Reichs wurden erst durch Art. 97 WRV begründet, der vorsah, die dem allg.en Verkehr dienenden Binnenwasserstraßen in Eigentum und Verwaltung des Reichs zu übernehmen. Für das Recht der W.-Wirtschaft hingegen wies erst Art. 75 Nr. 4 GG a.F. dem Bund eine Rahmengesetzgebungskompetenz für den W.-Haushalt zu. Sie führte 1957 zum Erlass des WHG, das als Rahmengesetz jedoch der Ausfüllung durch Landeswassergesetze bedurfte.

2. Ausgangsparameter des Verfassungsrechts

Mit der Föderalismusreform 2006 erlangte der Bund die heutige konkurrierende Gesetzgebungszuständigkeit für den W.-Haushalt nach Art. 74 Abs. 1 Nr. 32 GG. Relativiert wird dieser Kompetenzzuwachs durch Art. 72 Abs. 3 S. 1 Nr. 5 GG, wonach die Länder vom Bundeswasserrecht abweichende Regelungen treffen können. Auf dieser Grundlage erging 2009 das *Gesetz zur Neuregelung des W.-Rechts* mit einem neuen WHG. Trotz seines Anspruchs, das W.-Wirtschaftsrecht zu vereinheitlichen, bleiben weite Teile – ersichtlich aus Sorge vor einer Abweichung der Länder – auf Bundesebene nicht oder nur ausschnittweise geregelt. Auch das neue WHG ist daher auf Ergänzung durch das Landesrecht angelegt und bleibt in vieler Hinsicht dem alten Rahmenrecht verhaftet.

Damit ist das deutsche W.-Recht für Oberflächengewässer wie für das Grundwasser weiterhin durch ein Ineinandergreifen des W.-Rechts des Bundes und der ergänzenden oder partiell auch abweichenden Landesgesetze geprägt. Beide Gruppen von Gesetzen werden nach Art. 83 GG durch die Länder vollzogen. Da im W.-Wirtschaftsrecht trotz immer dichterer gesetzlicher Vorgaben traditionell erhebliche Vollzugsspielräume bestehen, steht auch die mit diesen Spielräumen verbundene Bewirtschaftungshoheit den Ländern zu. Ihnen bleibt es daher überlassen, das nach wie vor prägende Bewirtschaftungsermessen der W.-Behörden im Rahmen der gesetzlichen Vorgaben sachgerecht auszuüben. Faktisch führen diese Spielräume zu durchaus divergierenden Vollzugsniveaus nach Maßgabe der jeweiligen ↑Umweltpolitik des Landes.

Soweit hingegen die Gewässer in ihrer Funktion als Verkehrswege betroffen sind, verfügt der Bund nicht nur über die Gesetzgebungskompetenz aus Art. 74 Abs. 1 Nr. 21 GG, sondern zugl. nach Art. 89 GG über die Zuständigkeit, das auf dieser Grundlage erlassene WaStrG auch selbst durch bundeseigene ↑Verwaltung zu vollziehen.

3. Leitprinzipien des modernen Wasserrechts

Im Laufe des 20. Jh. hat sich das deutsche W.-Recht weit von dem eigentumsbezogenen Ansatz des mittelalterlichen Rechts entfernt. Zwar unterliegen die Gewässer – wie in den meisten Rechtsordnungen – im Grundsatz einem Geflecht aus sowohl öffentlich-rechtlichen wie auch privatrechtlichen Vorgaben. Das Bewirtschaftungssystem des heutigen WHG ist jedoch im Wesentlichen öffentlich-rechtlicher Natur, und das W. ist letztlich wieder – wie zu römischer Zeit – in staatliche Verwaltung genommen. Dementsprechend ist das auf oder unter einem Grundstück befindliche W. gemäß § 4 Abs. 2 und Abs. 3 WHG nicht mehr Teil des Grundeigentums, sondern unterliegt einer vom Grundstück losgelösten öffentlichen Ordnung, in der alle wesentlichen Nutzungen und Umgestaltungen der Gewässer von einer Genehmigung abhängig sind. Durch ihre Auskopplung von der Privatautonomie (↑Autonomie) soll die Bewirtschaftung der Gewässer dem ↑Gemeinwohl dienen und einen Ausgleich konfligierender Interessen herbeiführen.

Der Einzelne darf innerhalb dieses öffentlich-rechtlichen Bewirtschaftungssystems zwar in manchen Gewässern noch ohne Genehmigung baden, doch bedürfen die eigentlichen Gewässerbenutzungen i. S. v. § 8 WHG – bspw. wesentliche W.-Entnahmen oder Einleitungen von Stoffen in Gewässer – durchweg einer Erlaubnis durch die W.-Behörden. Dabei werden den Antragstellern grundsätzlich keine festen Genehmigungsansprüche zuerkannt. Vielmehr genießt die W.-Behörde gemäß § 12 Abs. 2 WHG ein weites Bewirtschaftungsermessen, auf dessen Grundlage sie in der Lage ist, die wasserwirtschaftlich relevanten Belange vor Beeinträchtigungen zu bewahren. Im Mittelpunkt dieser wasserrechtlichen Bewirtschaftungsentscheidung stehen die Festlegung der in mengen- und gütewirtschaftlicher Hinsicht verfügbaren Ressourcen und die hoheitliche Verteilung dieser Ressourcen auf konkurrierende Nutzungserwerber oder überindividuelle Belange.

Allerdings wird der behördliche Spielraum v. a. durch die ökologischen Vorgaben des modernen europäisierten W.-Rechts eingeschränkt. Eine bes. wichtige zwingende Vorgabe stellt § 57 WHG dar, nach dem eine Erlaubnis für das Einleiten von Abwasser nur erteilt werden darf, wenn die Schadstofffracht des Abwassers so gering gehalten wird, wie dies bei Einhaltung der jeweils in Betracht kommenden Verfahren nach dem Stand der Technik möglich ist. Auf dieser Grundlage werden – konkretisiert durch die AbwV – Mindestanforderungen an den Abbau von Schadstoff- und Nährstofffrachten im Abwasser gestellt, um vorsorglich Schadstoffemmissionen zu verringern und damit auch Gefährdungspotentialen für die Gewässer entgegenzutreten. Typische Anforderungen sind bei Klärwerken mindestens die sog.en drei Reinigungsstufen (mechanisch, biologisch, chemisch). Dementsprechend wird mittlerweile praktisch das gesamte deutsche Abwasser einer Reinigung zugeführt, die dem Stand der Technik entspricht.

Weitere wichtige Instrumente des Gewässerschutzes sind u. a. die Festsetzung von W.-Schutzgebieten, die nach § 51 Abs. 1 S. 1 Nr. 1 WHG insb. im Interesse der bestehenden oder künftigen W.-Versorgung ausgewiesen werden können, sowie die teils auf Bundes-, teils auf Landesrecht gestützte Erhebung von Abwasserabgaben und W.-Entnahmeabgaben.

V. a. auf Grund seiner Prägung durch Vorgaben der EU wird das moderne deutsche W.-Recht heute überwiegend als ökologisches Gewässerschutzrecht angesehen, welches das W. vor allem als schützenswertes Umweltmedium und Teil des Naturhaushalts behandelt. Aus dieser Perspektive stehen die ökologischen Schlüsselfunktionen im Vordergrund, die Gewässer im und für den Naturhaushalt erfüllen. Dennoch darf auch jene ältere Funktion nicht übersehen werden, die an die Ursprünge des W.-Rechts als Ressourcenbewirtschaftungsrecht und an die soziale Bedeutung des W.s als Voraussetzung unzähliger menschlicher Tätigkeiten anknüpft. Das weite Spektrum ökologischer und sozialer Ansprüche an die Ressource W. macht deutlich, dass die aufgeworfenen Zielkonflikte nicht eindeutig i. S. einer der beiden isolierten Sichtweisen gelöst werden können.

4. Das Wasserrecht der Europäischen Union

Die durch das überkommene deutsche W.-Recht eingeräumten Bewirtschaftungsspielräume werden mittlerweile in erheblichem Umfang durch Vorgaben des Unionsrechts überlagert: Die W.-Rahmenrichtlinie 2000/60/EG vom 23.10.2000 hat – in Übernahme von Regelungstechniken des Völkerrechts – ein Regelungsmodell für die Gestaltung des W.-Rechts in den Mitgliedstaaten vorgegeben, welches die bis dahin verstreuten wasserrechtlichen Regelungen der ↑EU systematisch zusammenfasst und konzeptionell weiterentwickelt. Die Richtlinie erfasst Flüsse, Seen, Übergangsgewässer, Küstengewässer und Grundwasservorkommen, und zielt auf deren umfassende ökologische Sanierung.

Dabei soll nach der maßgeblichen Umsetzungsbestimmung in § 27 Abs. 1 Nr. 2 WHG für alle Oberflächengewässer innerhalb bestimmter Fristen der nach bestimmten Referenzbeschreibungen gute Zustand erreicht werden, der sowohl einen guten ökologischen Zustand als auch einen guten chemischen Zustand umfasst. Während der ökologische Zustand vorrangig biologische Komponenten in den Blick nimmt, betrifft der chemische Zustand unmittelbar stoffliche Qualitätsanforderungen. Ein guter chemischer Zustand liegt vor, wenn kein Schadstoff in einer über die Vorgaben der einschlägigen Umweltqualitätsnormen hinausgehenden Konzentration vorliegt. Für das Grundwasser ist nach § 47 Abs. 1 WHG demgegenüber nicht auf ökologische Aspekte, sondern auf den mengenmäßigen und chemischen Zustand abzustellen.

Verwaltungstechnisch werden die Gewässer zu Flussgebietseinheiten unter Einbeziehung der Grundwasservorkommen zusammengefasst. Für die Einzugsgebiete sind Bewirtschaftungspläne zu erstellen, aus denen Maßnahmenprogramme zu entwickeln sind, deren Umsetzung wiederum unionsweit den guten Gewässerzustand herbeiführen soll. Die Umsetzung dieses Auftrags ist derzeit das Kernanliegen des deutschen W.-Rechts.

5. Internationales Wasserrecht

Auch das ↑Völkerrecht, ein Recht, das v. a. zwischen den Staaten gilt, hat sich von je her mit wasserbezogenen Fragen befasst. Manches deutet sogar darauf hin, dass W. im 21. Jh. zu einem der wichtigsten Gegenstände des Völkerrechts überhaupt werden könnte: W. ist in weiten Teilen der Erde zu einer knappen Ressource und einer drängenden Konfliktquelle geworden. So ist die Verteilung des W.s des Jordan eine Schlüsselfrage des Israelisch-Palästinensischen Konflikts (↑Nahostkonflikt).

Angesicht der massiven Probleme bei der Verteilung der W.-Ressourcen haben die Staaten z. T. extreme völkerrechtliche Standpunkte entwickelt. Die bekannteste dieser Theorien ist die berühmte Harmon-Doktrin, die die Vereinigten Staaten 1895 entwickelten, nachdem sie zuvor weite Teile des Rio Grande abgeleitet hatten, sodass in Mexiko kaum mehr W. ankam. Nach dieser Rechtsbehauptung enthielt das Völkerrecht keine Verpflichtung, aus Rücksicht auf die Bedürfnisse anderer Staaten den W.-Verbrauch im eigenen Land einzuschränken. Meist handelte und handelt es sich bei solchen Aussagen um aus taktischen Gründen bezogene Verhandlungspositionen.

Tatsächlich wurde jedoch bereits seit der Antike eine Vielzahl ↑völkerrechtlicher Verträge über grenzüberschreitende W.-Ressourcen geschlossen. Solche Abkommen bestehen etwa seit 1906 auch zwischen den USA und Mexiko für den Rio Grande, und ebenso für das Mekongdelta, für Donau, Rhein, Nil, Niger oder Sambesi. Dabei haben die beteiligten Staaten durchweg Einschränkungen ihrer ↑Souveränität zugestimmt, Kompromisse gefunden, gegenseitige Rechte anerkannt und Regelungen zur Vermeidung von Verschmutzungen getroffen. Diesen Verträgen wird zudem eine relativ gute Befolgungsquote attestiert, sogar in Zeiten kriegerischer Auseinandersetzungen. Auch die internationale Rechtsprechung hat mittlerweile bestätigt, dass die in all diesen Verträgen enthaltene Kooperationsverpflichtung einen Bestandteil des universellen Völkergewohnheitsrechts bildet.

Die Grundsätze haben in einem mittlerweile hochkomplexen Völkervertragsrecht ihren Niederschlag gefunden. Die für Deutschland maßgeblichen Vorgaben ergeben sich aus dem universell geltenden „Übereinkommen der über das Recht der nichtschifffahrtlichen Nutzung internationaler Wasserläufe" der ↑Vereinten Nationen aus dem Jahr 1997, aus dem „Übereinkommen zum Schutz und zur Nutzung grenzüberschreitender Wasserläufe und internationaler Seen" der UNECE aus dem Jahr 1992 und aus einer Reihe regionaler völkerrechtlicher Übereinkommen für einzelne grenzüberschreitende Flüsse wie den Rhein, die Mosel, die Elbe, die Oder und die Donau. So bildet etwa das „Übereinkommen zum Schutz des Rheins" aus dem Jahr 1999 die völkerrechtliche Grundlage für die gemeinsame Zusammenarbeit der Anliegerstaaten des Rheins und der EU mit dem Ziel einer nachhaltigen Entwicklung dieses Flusses. Flussgebietsbezogen sind auch die Vorgaben des Völkerrechts zur Navigation, die sich etwa für den Rhein aus der revidierten Rheinschiffahrtsakte aus dem Jahr 1868 ergeben.

Eine jüngere völkerrechtliche Entwicklung ist demgegenüber die Proklamation eines „Menschenrechts auf Wasser", das im Jahr 2010 in einer – völkerrechtlich nicht verbindlichen – Resolution der Generalversammlung der Vereinten Nationen anerkannt wurde. Der Inhalt und die Konsequenzen dieses neuen Rechts sind wie auch seine Völkerrechtsqualität weiterhin umstritten. Anders als die als Eingriffsabwehrrechte konzipierten klassischen ↑Menschenrechte könnte das neu postulierte Recht wohl nur als Leistungsrecht zu sinnvollen Ergebnissen führen. Unabhängig von der Frage seiner Verbindlichkeit unterstreicht das „Recht auf Wasser" damit die Dimension der Schicksalsaufgabe, einer wachsenden Weltbevölkerung das global zunehmend knappe Gut W. dauerhaft in ausreichender Menge und Qualität zur Verfügung zu stellen.

Literatur

M. Czychowski/M. Reinhardt: Wasserhaushaltsgesetz. Komm., [12]2018 • W. Durner: Wasserrecht, in: E. Rehbinder/A. Schink (Hg.): Grundzüge des Umweltrechts, [5]2018, 717–809 • H. von Lersner/K. Berendes/M. Reinhardt (Hg.): Hdb. des Deutschen Wasserrechts. Neues Recht des Bundes und der Länder, 9. Erg.-Lfg., Stand Dezember 2018 • R. Breuer/K. Gärditz: Öffentliches und privates Wasserrecht, [4]2017 • E. Hofmann (Hg.): Wasserrecht in Europa, 2015 • S. Kreuter: Die Befugnisse des Bundes zur Verwaltung der Wasserstraßen in Deutschland, 2014 • L. Boisson de Chazournes: Fresh Water in International Law, 2013 • S. Laskowski: Das Menschenrecht auf Wasser, 2010.

WOLFGANG DURNER

II. Politikwissenschaftlich

1. Herausforderungen

Als natürliche Ressource wurde W. lange vorrangig naturwissenschaftlich sowie aufgrund infrastruktureller Anforderungen unter technischen Aspekten betrachtet. Globaler ↑Kapitalismus, veränderte Konsumgewohnheiten und der menschengemachte Klimawandel stellen heute zentrale Gefahren für die globalen W.-Ressourcen dar und verschieben die Herausforderungen deutlich in eine politische und rechtliche Dimension. Notwendig ist es, gesellschaftliche, technische und ökologische Determinanten politisch und rechtlich so zu adressieren, dass quantitativ und qualitativ ausreichende W.-Ressourcen dauerhaft für alle Menschen und die ökologische Umwelt zur Verfügung stehen. Konträr zu diesem unstrittigen Ziel einer globalen W.-Politik verhalten sich die realen Trends: 30 % der Weltbevölkerung haben keinen verlässlichen Zugang zu sicherem Trink-W., knapp eine Mrd. Menschen verfügt nicht einmal über eine Grundversorgung. Der globale W.-Verbrauch hat sich seit 1950 verfünffacht, die Entnahme übersteigt vielerorts die Wiederauffüllungsrate der W.-Reservoire. Weltweit versiegen Flüsse, Grund-W.-Reservoire und Seen, trocknen Feuchtgebiete aus. Auch die Qualität der W.-Ressourcen sinkt, nicht nur in küstennahen Gebieten, in denen der steigende Meeresspiegel die Süßwasserressourcen und landwirtschaftlichen Nutzflächen zerstört. 80 % aller Abwässer weltweit werden ungeklärt in die Umwelt entsorgt; Chemikalien, Arzneimittel, Metalle, Plastikpartikel, bakterielle Verseuchungen, Mikroorganismen, karzinogene und toxische Stoffe aller Art verseuchen das Trink-W. und gelangen in die Nahrungskette auch über den Teil der Bewässerungslandwirtschaft, der gar nicht oder unzureichend aufbereitetes Abwasser verwendet. Fast die Hälfte aller Naturkatastrophen zwischen 1995 und 2015 waren Überschwemmungen; sie betrafen 2,3 Mrd. Menschen. Trotz langjährig bekannter Warnungen bzgl. der menschlichen und ökologischen Opfer wassertechnischer Großprojekte schreiten die Bauten von W.-Kraftwerken und Dämmen voran; insgesamt existieren heute etwa 850 000 Dämme, davon 50 000 sog.e Mega-Dämme. Dämme setzen die Vertreibung der ansässigen Bevölkerung voraus, bedrohen Fließgewässer und Ökosysteme, behindern die Wanderung von Fischen, tragen zum Artensterben bei und emittieren über den abgelagerten Schlamm Treibhausgase in die Atmosphäre, darunter auch Methan, das 25-fach wirksamer als CO_2 ist. Wassertechnische Großprojekte wie Stauseen und Dämme gelten dabei als prinzipiell nicht rückbaubar – einmal gebaut, verändern sie die Landschaft für immer. All diese Einblicke in die Welt des W.s beziehen sich dabei nur auf die Süßwasserreserven, deren Anteil lediglich 2,5 % des irdischen W.-Vorkommens beträgt, lassen hiervon jedoch Pole und Gletscher ebenso außen vor wie darüber hinaus die ebenfalls vielfach gefährdeten Ozeane und Meere.

2. Konzepte

Mit etwa 70 % ist die Bewässerungslandwirtschaft der größte W.-Verbraucher; ihm folgt die Industrie mit etwa 20 %. Lediglich ein Zehntel des W.s wird im direkten menschlichen ↑Konsum verbraucht. Konzepte wie „virtuelles W." oder der „W.-Fußabdruck" versuchen zu verdeutlichen, dass der menschliche Verbrauch von W. auch den indirekten Anteil berücksichtigen muss. „Virtuelles W." weist auf die W.-Menge hin, die zur Herstellung eines beliebigen Produktes benötigt wird. Durch dessen globalen Export wird auch das im Produktionsprozess verbrauchte W. faktisch mitexportiert; dies betrifft z. B. den Transfer von W. aus dem trockenen Süden Spaniens oder Portugals, das – gebunden in die von dort bezogenen Erdbeeren oder Tomaten, die im Übrigen auch unter ökologisch unzumutbaren Umständen hergestellt werden – zu den Verbrauchern im Norden wandert. Der „W.-Fußabdruck" zählt neben dem direkt verbrauchten Anteil an W. auch den indirekten Verbrauch an Boden- und Regen-W. (grünes W.), an Oberflächen-W. (blaues W.) und an im Produktionsprozess verschmutzen „grauem" W. Deutschlands W.-Fußabdruck beträgt etwa 117 Mrd. Kubikmeter W. pro Jahr; lediglich 5 Mrd. hiervon entfallen auf die öffentliche W.-Versorgung. Während ein ausgeprägtes Sparbewusstsein in Bezug auf Haushalts-W. in Deutschland dazu führte, dass durchschnittlich vergleichsweise moderate 123 Liter pro Kopf an Trink-W. verbraucht werden, liegt der hiesige Pro-Kopf-W.-Fußabdruck bei 3 900 Litern und somit über dem Weltdurchschnitt, wie im Übrigen auch der Flaschen-W.-Konsum, wo Deutschland mit 150 Litern pro Kopf pro Jahr die Weltspitze darstellt. Ein wichtiger diagnostischer Indikator ist zudem W.-Stress. Dieser wird als Anteil der genutzten W.-Ressourcen an den jährlich verfügbaren W.-Ressourcen gemessen; von W.-Stress wird gesprochen, sobald ein Viertel der verfügbaren Menge genutzt wird. Jenseits dieser Grenze wird der W.-Stress hoch oder gar extrem. Eine andere Definition bezieht sich auf die jährlich verfügbare Pro-Kopf-Menge an W.; hierbei gelten weniger als 1 700 Kubikmeter pro Person und Jahr als Indikator für W.-Stress. Von W.-Knappheit wird gesprochen, wenn dieser Anteil weniger als 1 000 Kubikmeter pro Person und Jahr beträgt, von absoluter W.-Knappheit, wenn dieser Wert unter 500 fällt. Diese wichtigen Konzepte haben v. a. eine gefahrenanzeigende, bewusstseinsschaffende, skandalisierende Funktion, beinhalten aber selbst noch keine Lösungsvorschläge.

3. Governance

Obwohl eine effektive W.-Politik eine auf lokale Gegebenheiten zugeschnittene, fallangepasste ↑Governance erfordert, dominieren faktisch immer noch globale Blaupausen und die Vorstellung, dass Governance ein quasi naturwüchsiges Nebenprodukt technischer Lösungen sei. Während ab der Mitte der 1990er Jahre das Paradigma einer ↑Privatisierung der W.-Versorgung die globale Suche nach Lösungen prägte (und ebenso erwartungsgemäß wie spektakulär damit scheiterte, Lösungen bereitzustellen), sind es heute einerseits marktbasierte Modelle, die mit finanziellen Anreizen eine weitergehende Kapitalisierung von Natur durchzusetzen suchen, wie andererseits datenbasierte Großprojekte, die es – wie im Fall der SDG (↑Nachhaltigkeitsziele) – versäumen, den konkreten Wirkmechanismus einer globalen Datenerhebung als Ausgangsbasis für eine Politikverbesserung zu ergründen, sondern einen solchen Mechanismus nur behaupten. Eine kompetente Grundlage – wie anwendungsorientierte Forschung zu effektiven Steuerungsmechanismen des W.-Sektors – bleibt somit weiterhin ein Desiderat. Insgesamt sind die wasserbezogenen Gefahrenlagen in ihren Grundzügen seit Jahrzehnten bekannt. Diesem Wissen, dem inzwischen verankerten „Menschenrecht auf W.", zahlreichen politischen Willensbekundungen weltweit und der Unersetzlichkeit dieser Ressource für alle ökologischen, menschlichen, industriellen und landwirtschaftlichen Belange zum Trotz bleibt der Befund des Weltentwicklungsberichtes von 2006, der Weltgemeinschaft mangele es am politischen Willen, diese Lage zu ändern, weiterhin zutreffend.

4. Klimawandel

Die bekannten, persistenten W.-Probleme werden sich durch den anthropogen verursachten ↑Klimawandel weiter verschärfen. Bes. spürbar wird dieser sich im W.-Haushalt niederschlagen. Der Stand des Wissens lässt die Zunahme von extremen Wetterereignissen, die Verödung ganzer Landstriche und eine Zunahme klimabedingter ↑Migration als gewiss erscheinen. Derzeit leben rund zwei Mrd. Menschen in Ländern mit ganzjährig hohem W.-Stress, außerdem doppelt so viele in Ländern mit saisonal hohem W.-Stress. Setzen sich heutige Trends der Naturzerstörung und der W.-Nutzung unverändert fort, wird geschätzt, dass 2050 mehr als die Hälfte der Weltbevölkerung, 40 % der landwirtschaftlichen Produktion und 45 % der globalen Produktion insgesamt von wasserbedingten Risiken bedroht sein werden. Die Zukunft der W.-Ressourcen wird zudem von heute noch unwägbaren Entwicklungen im Zuge des Klimawandels bestimmt werden: Hierzu zählen nicht ausreichend erforschte und bislang nur unzureichend wissenschaftlich fassbare, systemische Interdependenzen zwischen verschiedenen Elementen der gesellschaftlichen Naturverhältnisse. Während es bspw. gesichert ist, dass Rodungen von Wäldern auch hydrologische Effekte zeitigen, wenn auch zeitlich versetzt und überdies womöglich an geographisch entfernten Orten, fällt es noch schwer, die Komplexität solcher Zusammenhänge wissenschaftlich adäquat zu erfassen. Also ist es oft unmöglich, politisch oder rechtlich zielsicher in diese Zusammenhänge einzugreifen. Nicht-lineare und exponentielle Entwicklungen, Kipppunkte, Kaskadeneffekte, potentielle Ereignisse wie eine Veränderung des Verlaufs des Golfstroms sowie heute noch gänzlich unvorhersehbare Entwicklungen durch den Klimawandel werden wohl Effekte ungeahnten Ausmaßes auf den W.-Sektor haben.

5. Ausblick

W. ist die wichtigste Ressource auf Erden; alles planetarische Leben und Produzieren ist hierauf angewiesen und ein Substitut in aller Regel weder vorhanden noch denkbar. Die mannigfachen Herausforderungen für die Sicherung dieser Ressource sind spätestens seit der ersten globalen Weltumweltkonferenz der ↑Vereinten Nationen in Stockholm 1972 bekannt. Weder mangelt es somit an Wissen um die grundsätzliche Bedrohung noch an technischen Fähigkeiten, diese zu verringern. Auch Notwendigkeit und Absicht, zumindest die Haushaltsgrundversorgung flächendeckend sicherzustellen, werden seit Jahrzehnten allenthalben bekundet. Doch vom Beginn der globalen Berichtspflicht im Rahmen der MDG im Jahr 2000 bis zum letzten Fortschrittsbericht des Nachfolgeprojekts der SDG blieb die Anzahl der unversorgten Menschen mit knapp einer Mrd. unverändert, ebenso die Zahl von etwa 2,5 Mrd. Menschen, die über keinen Zugang zu sanitären Anlagen verfügen. Nicht zuletzt waren in den 90er Jahren Kriege um W. lediglich ein Schreckensbild, während sich in den letzten Jahren Vorfälle häufen, in denen W. auf verschiedene Weise zur Waffe oder zum Ziel gewaltsamer Auseinandersetzungen wird. An der absoluten Priorität einer effektiven W.-Politik besteht kein Zweifel; wohl aber an ihrer Realisierung.

Literatur

UNESCO: World Water Development Report, 2019 • UNICEF: Progress on Household Drinking Water, Sanitation and Hygiene 2000–2017, 2019 • N. Alfarrah/K. Walraevens: Groundwater Overexploitation and Seawater Intrusion in Coastal Areas of Arid and Semi-Arid Regions, in: Water 10/2 (2018), 1–24 • P. Gleick/C. Iceland: Water, Security and Conflict, 2018 • International Water Association: Wastewater Report, 2018 • UN: SDG 6 Synthesis Report on Water and Sanitation, 2018 • UN Office for Disaster Reduction: The Human Cost of Weather Related Disasters 1995–2015, 2015 • C. Zarfl u. a.: A Global Boom in Hydropower Dam Construction, in: Aquatic Sciences 77/1 (2015), 161–170 • M. Barlow: Blaue Zukunft, 2014 • S. Fukuda-Parr u. a.: The Power of Numbers. A Critical Review of Millennium Development Goal Targets for Human Development and Human Rights, in: J. Hum. Dev. Capab. 15/2–3 (2014), 105–117 • J. A. Allan: Virtual Water, 2011 • A. Y. Hoekstra u. a.: The Water Footprint Assessment Manuel, 2011 • J. Rockström u. a.: Planetary Boundaries. Exploring the Safe Operating Space for Humanity, in: Eco. Soc. 14/2 (2009), Art. 32 • H. J. Schellnhuber: Tipping Elements in the Earth System, in: PNAS 106/49 (2009), 20561–20563 • P. Dobner: Verkauftes Wasser, verschenkte Zeit. Die Privatisierung der Wasserversorgung als gescheiterte Entwicklungsideologie, in: VRÜ 41/3 (2008), 355–374 • H. Sterr: Folgen des Klimawandels für Ozeane und Küsten, in: W. Endlicher/F.-W. Gerstengarbe (Hg.): Der Klimawandel, 2007, 86–97 • UNDP: Human Development Report 2006. Beyond Scarcity. Power, Poverty and the Global Water Crisis, 2006 • World Commission on Dams: Dams and Development, 2000 • C. Görg: Gesellschaftliche Naturverhältnisse, 1999. PETRA DOBNER

Wechselkurs

1. Definitionen

Der W. ist der relative Preis zweier Währungen, d. h. ihr Austauschverhältnis auf dem Devisenmarkt. Zahlt man 0,80 Euro, um einen US-Dollar zu erhalten, ist der W. in der sog.en Preisnotierung aus Sicht Europas als

$$W_{Preisnotierung} = \frac{0,80\ Euro}{1\ Dollar}$$

definiert. Man kann dies umgekehrt ausdrücken und den Preis eines Euros in Dollar-Einheiten messen; das ist die (in vielen Medien und in diesem Beitrag im Weiteren verwendete) sog.e Mengennotierung.

$$W_{Mengennotierung} = \frac{1,25\ Dollar}{1\ Euro}$$

Ist man an der durchschnittlichen Preisentwicklung der nationalen ↑Währung im Vergleich zu mehreren Auslandswährungen interessiert, so fasst man die Veränderungen der bilateralen Kurse in einem Index zusammen, der als effektiver W. bezeichnet wird; in diesen Index gehen die einzelnen Fremdwährungen mit unterschiedlichen Gewichten ein, die die Bedeutung des bilateralen Handelsvolumens mit den jeweiligen Ländern messen.

Veränderungen von W.en werden als Auf- bzw. Abwertung bezeichnet. Ausgehend vom obigen Kurs bedeutet eine Erhöhung des W.es auf 1,30 Dollar/Euro eine Aufwertung des Euros (d. h. eine Abwertung des Dollars); die Wertsteigerung des Euros zeigt sich daran, dass er gegen eine größere Anzahl an Dollars getauscht wird. Umgekehrt drückt ein Absinken des Kurses auf 1,20 Dollar/Euro eine Euro-Abwertung aus.

2. Wechselkurseffekte

Die gesamtwirtschaftlichen Konsequenzen dieser W.-Änderungen werden mit der Umrechnung zwischen Inlands- und Auslandspreisen (P bzw. $P_{Ausland}$) über den W. deutlich:

$$P \cdot W = P_{Ausland}$$

Ein Produkt, in Europa für 100 Euro hergestellt und in den USA bisher zum Preis von 125 Dollar verkauft, würde nach der Euro-Aufwertung mit 130 Dollar angeboten. Damit geht der Absatz in den USA preisbedingt zurück. Halten die Exportproduzenten am alten Auslandspreis fest, realisieren sie nicht länger 100 Euro, sondern nur

$$125\ Dollar \cdot \frac{1\ Euro}{1,30\ Dollar} = 96,15\ Euro$$

Das bedeutet niedrigere Stückgewinne oder Verluste. Auch in diesem Fall werden Exportproduktion und Beschäftigung in Europa sinken.

Wertet der Euro dagegen ab, könnte der Angebotspreis auf 120 Dollar verbilligt werden. Deshalb würde der Absatz zunehmen. Bei unverändertem Auslandspreis steigt dagegen der Euro-Erlös auf 104,17 Euro, was höhere Stückgewinne einbringt. Beide Varianten wirken expansiv auf europäische Exporte.

Bei konstanten Produktionskosten ist demnach eine Aufwertung (Abwertung) ungünstig (günstig) für ↑Produktion und Beschäftigung. Umgekehrt profitieren Konsumenten von der Aufwertung, weil sie ausländische Produkte im Inland und Tourismusreisen ins Ausland verbilligt; die Abwertung verteuert dagegen u. a. die Importgüter Heizöl und Benzin. W.-Änderungen haben somit gegenläufige Konsequenzen für die wirtschaftspolitischen (↑Wirtschaftspolitik) Ziele Beschäftigung und ↑Wohlfahrt (d. h. Güterversorgung).

Der W. beeinflusst in Verbindung mit den Preisrelationen zwischen In- und Ausland die internationale Wettbewerbsfähigkeit des Landes. Diese lässt sich durch den Index des realen W.es messen:

$$W_{real} = \frac{P}{P_{Ausland}} \cdot W$$

Eine nominale Aufwertung, aber auch ein steigendes Inlandspreisniveau erhöht den realen W. und belastet die preisliche Wettbewerbsfähigkeit. Umgekehrt bewirken steigende Auslandspreise für sich genommen eine reale Abwertung und begünstigen den heimischen Export.

3. Wechselkurserklärungen: Kaufkraftparität

Gemäß der Theorie der Kaufkraftparität passt sich der nominale W. so an, dass Veränderungen der nationalen Preisniveaus ausgeglichen werden. Der reale W. und damit die preisliche Wettbewerbsfähigkeit der Volkswirtschaften bleiben so konstant. Dieser Sachverhalt lässt sich normativ, d. h. als wirtschaftspolitisches Ziel, oder aber positiv, d. h. als Erklärung tatsächlicher Kursbewegungen, verstehen.

Im letztgenannten Fall ist anzunehmen, dass Devisenmarkttransaktionen allein aus dem internationalen Güterhandel resultieren. Kommt es in einem Land zu (stärkeren) Preissteigerungen, so sinkt seine Konkurrenzfähigkeit: Seine Exporte gehen zurück, die Importe nehmen zu. Das so entstehende Handelsbilanzdefizit bewirkt eine Überschussnachfrage nach Fremdwährung zur Bezahlung der Nettoimporte; anders ausgedrückt: Es besteht ein Überschussangebot der Inlandswährung. Daraus resultiert eine Abwertung, die so lange anhält, bis die dadurch verbesserte Wettbewerbsfähigkeit wieder zu einem Handelsbilanzgleichgewicht führt. Dann stimmen Devisenangebot und -nachfrage überein und der W. ist (wieder) konstant.

Bei homogenen Gütern folgt die Kaufkraftparität aus dem Gesetz des einheitlichen Preises auf dem internationalen Gütermarkt: Werden solche Güter in zwei Währungsräumen gehandelt, müssen ihre Preise – ausgedrückt in einem gemeinsamen Standard – gleich sein, weil ansonsten Arbitragegeschäfte lohnend werden. Der W. ist dann gleich dem Verhältnis der Auslands- und Inlandspreise:

$$W = \frac{P_{Ausland}}{P}$$

Gibt es daneben auch heterogene (und auch nicht international gehandelte) Güter, so ist statt der absoluten die relative Kaufkraftparität zu erwarten. Hier entspricht die Aufwertungsrate des W.es der Differenz zwischen aus- und inländischer Inflationsrate:

$$\hat{w} = \hat{p}_{Ausland} - \hat{p}$$

Empirisch lässt sich die Kaufkraftparität nur für lange Fristen bestätigen. Dabei wirkt aber auch eine umgekehrte Kausalität: Preise (und Löhne) passen sich aus Wettbewerbsgründen an W.-Veränderungen an.

4. Wechselkurserklärungen: Zinsparität

Im Vergleich zu Zahlungen aus dem Güterhandel haben internationale Kapital- und Finanzbewegungen heute einen größeren Anteil an den Devisenmarktgeschäften und damit größeren Einfluss auf den W. Gemäß einer plausiblen Hypothese fließen Kapitalanlagen in Länder mit relativ höheren ↑Zinsen. Dabei besteht jedoch das Risiko, dass nach Beendigung der Investitionsphase beim Rücktausch von Anlagesumme und Zinsertrag in die Inlandswährung ein Kursverlust im Vergleich zum Anlagezeitpunkt hingenommen werden muss. Dies führt zur Gleichgewichtsbedingung der Zinsparität: Der Zins auf Auslandsanlagen $i_{Ausland}$ muss im Vergleich zum Inlandszins höher sein, um den Anleger für das Risiko einer künftig erwarteten Abwertung der Auslandswährung (d.h. einer erwarteten Aufwertung der Inlandswährung) zu entschädigen.

$$i = i_{Ausland} - \hat{w}_{erwartet}$$

Erwartet man, dass der Euro in Relation zum Dollar innerhalb des kommenden Jahres um 3 % aufwertet, so müsste bei einem Dollar-Zins von 5 % im Euro-Raum ein Zins von 2 % geboten werden.

Fällt der Euro-Zins unter diesen Wert, erscheinen Finanzanlagen in den USA profitabler: Es kommt zu Kapitalexport, der ihn begleitende Tausch von Euro gegen Dollar bewirkt unmittelbar eine Euro-Abwertung. Umgekehrt würde eine Zinssteigerung in der Euro-Zone auf einen Wert über 2 % einen Dollar-Zustrom und eine sofortige Euro-Aufwertung auslösen.

Nach der Zinsparität bewirken demnach steigende (fallende) Inlandszinsen eine unmittelbare Aufwertung (Abwertung) der Inlandswährung. Die empirische Überprüfung dieser Theorie gestaltet sich schwierig, weil die für die Zukunft erwarteten Kursänderungen seitens der Marktakteure nicht eindeutig sind und sich rasch ändern können. Im Unterschied zur Theorie der Kaufkraftparität macht die Theorie der Zinsparität keine Aussage zum Niveau, sondern zur Veränderungsrate des W.es.

5. Wechselkurssysteme

Bei flexiblen W.en greift die Politik im Prinzip nicht in den Devisenmarkt ein. Durch endogene Kursanpassungen wird eine gewisse Abkoppelung von ausländischen Konjunktur- und Inflationseinflüssen erreicht. Allerdings können von den Weltfinanzmärkten ausgehende Störungen nominale und reale W.e verzerren. In einem Fixkurssystem ist die nationale Zentralbank verpflichtet, den W. über die Beeinflussung der Kapitalbewegungen mittels Zinspolitik konstant zu halten. Die ↑Geldpolitik ist dadurch bei der Stabilisierung der Binnenwirtschaft behindert.

Literatur

O. Blanchard/G. Illing: Makroökonomie, [7]2017 • P. Krugman/M. Obstfeld/M. Melitz: Internationale Wirtschaft, [10]2015 • P. Spahn: Geldpolitik, [3]2012.

PETER SPAHN

Wehrbeauftragter

1. Vorgeschichte und Einrichtung

Der W. des Deutschen ↑Bundestages ist Teil der parlamentarischen Kontrolle der Streitkräfte in der ↑BRD. Diese einzigartige Institution ist nur im historischen Zusammenhang erklärbar. Bei Gründung der westdeutschen Bundesrepublik 1949 war die Aufstellung von Streitkräften zunächst nicht vorgesehen. Die Entmilitarisierung nach dem Zweiten Weltkrieg, alliierte Vorbehalte, die lebendige Erinnerung an den Krieg und die Verstrickungen der Wehrmacht in das Unrecht der nationalsozialistischen Gewaltherrschaft (↑Nationalsozialismus) schlossen eine Neuaufstellung von Streitkräften zunächst aus. Erst das Drängen der USA und Großbritanniens auf einen eigenen westdeutschen Verteidigungsbeitrag im sich verschärfenden ↑Ost-West-Konflikt löste in der jungen BRD die mit Leidenschaft geführte Wiederbewaffnungsdebatte aus. An deren Ende stand die politische Entscheidung zur Aufstellung der ↑Bundeswehr, die ausdrücklich keine Wiedergründung von Wehrmacht oder Reichswehr sein sollte, sondern eine Neugründung von Streitkräften in der ↑Demokratie und für die Demokratie. Machtmissbrauch und Militarismus sollten von vornherein durch eine enge parlamentarische Kontrolle („Parlamentsarmee") sowie eine moderne Führungskonzeption ausgeschlossen werden. Die Innere Führung, deren Leitbild der Staatsbürger in Uniform ist, setzte aus der historischen Erfahrung des militärischen ↑Widerstands gegen Adolf Hitler und des versuchten Staatsstreiches vom 20. Juli 1944 das Gewissen vor den absoluten Befehlsgehorsam. Zur zivilen ↑politischen Kontrolle der Bundeswehr unterstellte der Verfassungsgeber die Streitkräfte als Teil der Exekutive einem dem Parlament verantwortlichen Minister. Er schuf im Parlament einen Verteidigungsausschuss, der gleichzeitig die bes.n Rechte eines Untersuchungsausschusses erhielt (Art. 45a GG). Die damalige sozialdemokratische Opposition forderte zur Verstärkung der parlamentarischen Kontrolle außerdem, in der Verfassung ein sonst nur gegen den Bundeskanzler zu richtendes ↑Misstrauensvotum auch gegen den Bundesminister der Verteidigung vorzusehen. Die christlich-liberale Regierungsmehrheit lehnte dies ab. Es kam zu einem Kompromiss, der neben dem Verteidigungsausschuss nun als zusätzliches parlamentarisches Kontrollinstrument einen W.n vorsah: eine vollkommen neue Institution ohne Vorbild in der deutschen Verfassungsgeschichte. Als Modell diente v.a. der Militieombudsman (↑Ombudswesen) des schwedischen Reichstages. Die Einigung fand ihren verfassungsrechtlichen Abschluss mit der Einfügung von Artikel 45b in das GG: „Zum Schutz der Grundrechte und als Hilfsorgan des Bundestages bei der Ausübung der parlamentarischen Kontrolle wird ein Wehrbeauftragter des Bundestages berufen."

2. Gesetzliche Grundlage, Wahl und Amtszeit

Zur Konkretisierung dieses Verfassungsartikels trat am 27. Juni 1957 auf Beschluss des Deutschen Bundestages das Gesetz über den Wehrbeauftragten des Deutschen Bundestages (WBeauftrG) in Kraft. Das WBeauftrG wurde 1982 nach einem langwierigen gesetzgeberischen Verfahren umfänglich novelliert und neu bekanntgemacht.

Am 19. Februar 1959 wurde Helmuth von Grolman in geheimer Abstimmung zum ersten W.n des Deutschen Bundestages gewählt. Ihm folgten Hellmuth Heye (CDU), Matthias Hoogen (CDU), Fritz Rudolf Schultz (FDP), Karl Wilhelm Berkhan (SPD) und Willi Weiskirch (CDU). Eine Änderung des WBeauftrG im Jahr 1990 machte von nun an auch die Wahl ungedienter Kandidatinnen und Kandidaten möglich. Im selben Jahr wurde Alfred Biehle (CSU) W., fünf Jahre später mit Claire Marienfeld-Czesla (CDU) erstmals eine Frau. Ihr folgten Wilfried Penner (SPD), Reinhold Robbe (SPD), Hellmut Königshaus (FDP), Hans-Peter Bartels (SPD) und Eva Högl (SPD).

Der W. wird auf Vorschlag einer oder mehrerer Bundestagsfraktionen oder des Verteidigungsausschusses vom Bundestag in geheimer Wahl mit absoluter Mehrheit auf fünf Jahre gewählt (§ 13 WBeauftrG). Konkurrierende Vorschläge sind möglich. Wählbar ist jeder Deutsche, der das Wahlrecht zum Deutschen Bundestag besitzt und das 35. Lebensjahr vollendet hat (§ 14 Abs. 1 WBeauftrG). Üblicherweise wurden erfahrene Bundestagsabgeordnete vorgeschlagen. Die fünfjährige Amtszeit (§ 14 Abs. 2 WBeauftrG) soll die Unabhängigkeit des W.n von wechselnden Mehrheitsverhältnissen im Parlament unterstreichen, sichert darüber hinaus aber auch die Kontinuität der parlamentarischen Kontrolle über einen Wahlperiodenwechsel hinaus. Während der Dauer seines Amtsverhältnisses darf der W. kein anderes besoldetes Amt, kein Gewerbe und keinen Beruf ausüben sowie kein politisches Mandat innehaben. Eine Wiederwahl ist zulässig (§ 14 Abs. 2 WBeauftrG). Das Amtsverhältnis endet mit Ablauf der Amtszeit, durch Tod, mit der Abberufung durch das Parlament oder mit der Entlassung auf eigenes Verlangen (§ 15 Abs. 3 WBeauftrG) – eine Möglichkeit, von der die ersten beiden W.n Gebrauch machten.

3. Aufgaben, Rechte, Arbeitsweise und Themen

Seiner Funktion und Rechtsstellung nach ist der W. eine spezifische Ausprägung des aus Skandinavien stammenden Modells des Ombudmanns. Als Teil der parlamentarischen Kontrolle der Streitkräfte ist er zugl. Petitionsinstanz für die ↑Soldaten der Bundeswehr. Er soll darauf achten, dass die ↑Grundrechte aller Soldaten jederzeit gewahrt werden und die Innere Führung fest in der Kultur der Streitkräfte verankert ist. Seine umfangreichen Rechte und Pflichten zur Erfüllung dieser Aufgaben sind im WBeauftrG geregelt.

Die im W.n vereinigten Funktionen des Grundrechtsschutzes der Soldaten und der parlamentarischen Kontrolle der Bundeswehr werden – was anfangs nicht unstrittig war – als einheitlicher Aufgabenkreis verstanden. Die Aufgabe des Grundrechtsschutzes ist mithin ein spezifischer Bestandteil der parlamentarischen Kontrolle. Der W. ist daher in seinem gesamten Aufgabenbereich ein Hilfsorgan des Bundestages (§ 1 Abs. 1 WBeauftrG) und diesem berichtspflichtig. Bundestag und Verteidigungsausschuss können den W.n anweisen, bestimmte Vorgänge in der Bundeswehr zu prüfen (§ 1 Abs. 2 WBeauftrG). I. d. R. jedoch wird der W. nach pflichtgemäßem Ermessen aufgrund eigener Entscheidung tätig (§ 1 Abs. 3 WBeauftrG). Auslöser dafür können insbs. Eingaben betroffener Soldaten sein (§ 7 WBeauftrG). Nicht tätig werden kann er allerdings, wenn der Verteidigungsausschuss einen Vorgang zum Gegenstand seiner eigenen Beratung gemacht hat (§ 1 Abs. 2 Satz 2 WBeauftrG). Bundestag und Verteidigungsausschuss können allg.e Richtlinien für die Arbeit des W.n erlassen. Im Übrigen unterliegt der W. jedoch – abgesehen von der Weisung zur Prüfung bestimmter Vorgänge – keinen Weisungen (§ 5 Abs. 2 WBeauftrG).

Zur Erfüllung seiner Aufgaben verfügt der W. über eine Reihe gesetzlicher Befugnisse. So sind der Verteidigungsminister und die ihm unterstellten Dienststellen verpflichtet, dem W.n auf Verlangen Auskunft zu geben und Akteneinsicht zu gewähren (§ 3 Nr. 1 WBeauftrG). Er kann sie auffordern, die von ihm aufgegriffenen Vorkommnisse und Sachverhalte zu prüfen, hierzu Stellung zu nehmen und die entscheidungserheblichen Unterlagen vorzulegen (§ 3 Nr. 1 WBeauftrG). Der W. hat das Recht, Berichte über die Ausübung der Disziplinargewalt in den Streitkräften anzufordern (§ 3 Nr. 5 WBeauftrG), einen Vorgang der für die Einleitung des Straf- oder Disziplinarverfahrens zuständigen Stelle zuleiten (§ 3 Nr. 3 WBeauftrG) und an straf- oder disziplinargerichtlichen Verfahren teilzunehmen (§ 3 Nr. 6 WBeauftrG). Gerichte und Verwaltungsbehörden des Bundes, der Länder und der Gemeinden sind verpflichtet, dem W.n Amtshilfe zu leisten (§ 4 WBeauftrG). Ein zentrales Instrument der parlamentarischen Kontrolle ist das Recht des W.n, die Truppe jederzeit angemeldet oder unangemeldet besuchen zu können (§ 3 Nr. 4 WBeauftrG). Bei Truppenbesuchen im In- und Ausland kann sich der W. in persönlichen Gesprächen mit den Soldaten aller Dienstgradgruppen ein unmittelbares Bild vom inneren Zustand der Bundeswehr verschaffen.

Im Rahmen seiner Aufgabe als Petitionsinstanz haben Soldaten das Recht, sich einzeln und ohne Einhaltung des Dienstwegs an den W.n zu wenden (§ 7 WBeauftrG). Kein Soldat darf wegen einer solchen Eingabe benachteiligt werden (§ 7 Satz 2 WBeauftrG). Anonyme Eingaben werden nicht bearbeitet (§ 8 WBeauftrG), ein absolutes Bearbeitungsverbot existiert aber nicht, der W. kann solche Eingaben von Amts wegen aufgreifen. Bei der Bearbeitung von persönlichen Eingaben wendet sich der W. mit der Bitte um Stellungnahme an die Bundeswehr bzw. das Bundesministerium der Verteidigung oder andere Ressorts der ↗Bundesregierung. Rechtliche Grundlage ist auch hier das Auskunfts- und Akteneinsichtsrecht des W.n gegenüber allen Dienststellen der Bundeswehr. Darüber hinaus kann der W. Petenten sowie Zeugen und Sachverständige anhören. Im Überprüfungsverfahren muss die Nennung des Namens des Einsenders nicht zwingend erfolgen. In Ausnahmefällen, bspw. auf Wunsch des Petenten, wird von dieser Möglichkeit des § 9 WBeauftrG Gebrauch gemacht.

Die Eingabequote schwankte in den Jahren seit Aussetzung der allg.n ↗Wehrpflicht 2011 zwischen 14 und 20 Eingaben je 1000 Soldaten im Jahr. Die Gesamtzahl der bearbeiteten Vorgänge, zu der neben den persönlichen Eingaben auch aufgegriffene Meldungen über meldepflichtige Ereignisse in der Bundeswehr und Überprüfungsersuchen etwa aus Truppenbesuchen des W.n gehören, lag in absoluten Zahlen bei jährlich gut 4000 in der Nach-Wehrpflicht-Zeit (Quote: etwa 24 pro 1000 Soldaten). Der höchste Wert bearbeiteter Vorgänge war mit 10190 im Jahr 1989 zu verzeichnen, bei einer Truppenstärke von 487000 aktiven Soldaten (2018: 180000). Das Themenspektrum reicht von Fragen der Menschenführung über Schikanen in der Ausbildung, Mängel in der Personalbearbeitung, psychotraumatische Belastungsstörungen (PTBS) nach Auslandseinsätzen, sexuelle Belästigung, Mobbing und Verstöße gegen die ↗freiheitliche demokratische Grundordnung bis hin zu Problemen mit Ausrüstungslücken, Personalvakanzen, ungenügender Infrastruktur, Organisationsmängeln und verselbständigter Bürokratie.

In der Aufbauphase der Bundeswehr bis in die 1970er Jahre hinein war die Verankerung der Prinzipien der Inneren Führung und des Staatsbürgers in Uniform ein Kernthema für den W.n. Manche kriegsgedienten Offiziere, auch in Spitzenpositionen der Bundeswehr, traten für ein Festhalten am unbedingten, absoluten Befehlsgehorsam ein. Der zweite W. H. Heye warnte 1964 davor, dass die Bundeswehr sich als „Staat im Staate" (zit. n. Schlaffer 2006: 319) etabliere. Die institionellen Konflikte zwischen W.m, Verteidigungsministerium und Parlament waren beachtlich, mündeten schließlich aber in einer Stärkung der Rolle und Rechte des W.n.

Neue Themen der Gegenwart ergeben sich aus Kooperation, Verflechtung und Integration von Streitkräften in Europa, was zentrale Fragen der parlamentarischen Kontrolle und der Soldatenrechte berührt.

Der W. besitzt gegenüber den Streitkräften kein Weisungsrecht, wohl aber eine allg.e Anregungsbefugnis (§ 3 Nr. 2 WBeauftrG). Diese Anregungen haben in der politischen Praxis großes Gewicht. Über seine Erkenntnisse informiert der W. den Bundestag und die Öffentlichkeit regelmäßig in Jahresberichten. Darüber hinaus kann er das Parlament und den Verteidigungsausschuss auch jederzeit in Einzelberichten auf Missstände in den Streitkräften hinweisen. Er nimmt regelmäßig an Sitzungen des Parlaments und des Verteidigungsausschusses teil. Im Bundestag hat er einen eigenen Sitz, aber kein Stimmrecht. Auf Antrag einer Fraktion kann er im Plenum reden (§ 115, Abs. 1 GOBT). Der Bundestag kann durch Beschluss den W.n zu einer Sitzung herbeirufen (§ 115, Abs. 2 GOBT), dies kann auch der Verteidigungsausschuss (§ 6 WBeauftrG).

Die Berichte des W.n zielen darauf, das Parlament in den Stand zu versetzen, Fehlentwicklungen zu erkennen und Anregungen für politisches Handeln zu gewinnen. Das Parlament debattiert den Bericht öffentlich, das Verteidigungsministerium muss Stellung nehmen und ggf. Maßnahmen benennen, mit denen die im Bericht genannten Missstände beseitigt werden sollen.

Zur Bewältigung seiner Aufgaben stehen dem W.n 50 Mitarbeiterinnen und Mitarbeiter der Bundestagsverwaltung zur Verfügung. Das Amt des W.n wird von einem Leitenden Beamten geführt, dem auch die Vertretung des W.n obliegt (§ 17 WBeauftrG). Es gliedert sich entspr. den ministeriellen Organisationsprinzipien in Referate, deren Zahl und Zuständigkeit den jeweiligen Aufgabenstellungen und Schwerpunkten angepasst werden.

4. Österreich und die Schweiz

Eine dem W.n vergleichbare Funktion hat in Österreich die Parlamentarische Bundesheereskommission, die für Beschwerden von Soldaten zuständig ist, aber auch von Amts wegen potentielle Missstände im militärische Dienstbereich überprüfen kann (§ 4 WehrG). In der Schweiz gibt es demgegenüber keine derartige Institution.

5. Würdigung

Die Institution des W.n hat sich nach allg.er Einschätzung bewährt und einen wichtigen Anteil an der festen Verankerung der Bundeswehr im Verfassungsstaat des ↗GG. Das Amt genießt hohes Ansehen, nicht zuletzt weil es gelang, die Amtsführung vor einer parteipolitischen Vereinnahmung zu bewahren. In der Tätigkeit des W.n spiegelt sich auch der Wandel der Streitkräfte. In jüngerer Zeit ist neben den herkömmlichen Grundrechtsgefährdungen im militärischen Apparat zunehmend die strukturelle Belastung durch Einsatzbeanspruchung, Ausrüstungsmängel oder organisatorische Rahmenbedingungen in den Vordergrund der Berichte und Beanstandungen des W.n gerückt.

Literatur

Deutscher Bundestag (Hg.): Stichwort. Der Wehrbeauftragte, 2017 • D. Rosenow: Der Wehrbeauftragte im Transformationsprozess: vom Kontrolleur zum Ombudsmann, 2008 • R. J. Schlaffer: Der Wehrbeauftragte 1951 bis 1985, in: Militärgeschichtliches Forschungsamt (Hg.): Sicherheitspolitik und Streitkräfte der Bundesrepublik Deutschland, Bd. 5, 2006 • E. Busch: Der Wehrbeauftragte. Organ der parlamentarischen Kontrolle, 1999.

HANS-PETER BARTELS UND SEBASTIAN GRAF VON KIELMANSEGG

Wehrdienstverweigerung ↑Wehrpflicht

Wehrhafte Demokratie ↑Freiheitliche demokratische Grundordnung

Wehrpflicht

1. Begriff und historische Entwicklung

W. ist die öffentlich-rechtliche Verpflichtung des Bürgers zum Wehrdienst, d. h. zum Dienst an der Waffe in den Streitkräften (↑Militär). Sie ist sowohl in stehenden Heeren als auch in Milizsystemen möglich. Der aktive Wehrdienst ist im ↑Frieden während eines begrenzten, i. d. R. gesetzlich bestimmten Zeitraumes zu leisten. Ihm folgt zumeist eine längere Phase, während derer der Bürger der Reserve zugeordnet bleibt und unter bestimmten Voraussetzungen wieder einberufen werden kann. Im Kriegsfall (↑Krieg) ist der Wehrdienst demgegenüber typischerweise zeitlich unbeschränkt. Den Gegensatz zur W. bildet eine Freiwilligenarmee mit Berufssoldaten und Soldaten auf Zeit. W.-Systeme sind praktisch immer mit einem solchen Element kombiniert.

Die W. ist die elementarste Inpflichtnahme des Bürgers für das Gemeinwesen und (anders als etwa die Steuerpflicht) Ausdruck einer genuin staatsbürgerlichen Beziehung. Vorläufer der modernen W. lassen sich weit zurückverfolgen; ihre Bedeutung variierte jedoch stark. Insb. die Milizarmee der römischen Republik basierte auf einer Dienstpflicht aller freien Bürger, die integraler Bestandteil des Bürgerstatus war. Auch die griechischen Stadtstaaten kannten militärische Dienstpflichten. Das mittelalterliche Rittertum und die späteren Söldnerheere sind demgegenüber Beispiele für eine Wandlung des Kriegswesens zum Spezialistentum. Diese Entwicklung mündete in die professionalisierten stehenden Heere des 18. Jh., die vielfach Mischformen aus Söldnern und selektiven Zwangsrekrutierungen waren. Preußen entwickelte mit dem Kantonsystem wieder eine allg.e Dienstpflicht mit regionalen Rekrutierungsquoten.

Als Geburtsstunde der Idee der modernen allg.en W. gilt die französische *Levée en masse* von 1793 im Gefolge der ↑Französischen Revolution. Angesichts der Überlegenheit der damit ermöglichten Massenheere folgten andere Staaten dem französischen Beispiel, insb. Preußen, das auch nach dem Ende der napoleonischen Kriege an der W. festhielt. Auch die Reichsverfassung von 1871 schrieb die W. fest. Historisch steht die moderne W. damit in einem engen Zusammenhang mit der Nationalstaatsbildung und der Überwindung der feudalen Staats- und Gesellschaftsordnung (↑Feudalismus). Nach dem Ersten Weltkrieg verfügte der Versailler Vertrag die Abschaffung der W. in Deutschland. Im Zuge der Remilitarisierung durch die Nationalsozialisten wurde sie 1935 wieder eingeführt. Bei der Wiederbewaffnung der BRD nach dem Zweiten Weltkrieg wählte man ebenfalls das W.-Modell. Dahinter standen nicht nur militärische Gründe, sondern auch das Bestreben, die Streitkräfte fest in der Gesellschaft zu verankern.

Während im ↑Kalten Krieg die W. fast in allen europäischen Staaten existierte, hat sich das Bild seither gewandelt. In vielen Ländern wurde die W. abgeschafft oder ausgesetzt. Innerhalb der EU halten aktuell noch acht Länder an der W. fest (Finnland, Dänemark, Estland, Litauen, Österreich, Griechenland und Zypern; Schweden ist 2018 zur W. zurückgekehrt). Weitere Länder mit einer W. sind etwa die Schweiz, Norwegen, Russland, China, Israel und die Türkei. Die USA und Großbritannien hingegen haben nur für relativ kurze historische Phasen auf die W. zurückgegriffen.

2. Einführung und Aussetzung der Wehrpflicht in der BRD

Die verfassungsrechtliche Grundlage zur Einführung einer W. war 1954 im Zuge der ersten Wehrrechtsnovelle zunächst im Kompetenztitel des Art. 73 Abs. 1 Nr. 1 GG angesiedelt und 1956 um weitere Vorgaben zum Ersatzdienst in Art. 12 Abs. 2 f. GG a.F. ergänzt worden. Mit der Notstandsverfassung von 1968 (↑Notstand) wurde der Regelungskomplex im neuen Art. 12a GG zusammengeführt. Demnach können Männer vom vollendeten 18. Lebensjahr an zum Dienst in den Streitkräften, im BGS oder in einem Zivilschutzverband verpflichtet werden. Einfachgesetzlich wurde dies mit dem WPflG von 1956 umgesetzt, das eine allg.e W. begründete. Die DDR folgte 1962 mit der Einführung der W. Auch nach der Wiedervereinigung und dem Ende des Kalten Krieges hielt Deutschland zunächst an der W. fest.

Die W. stellt einen erheblichen Grundrechtseingriff dar. Ihre verfassungsrechtliche Rechtfertigung sieht das ↑BVerfG darin, dass der grundrechtsschützende Staat dieser verfassungsrechtlichen Schutzverpflichtung gegenüber seinen Bürgern nur mit Hilfe eben dieser Bürger und ihres Eintretens für den Bestand der BRD nachkommen kann (BVerfGE 48,127). Allg.er formuliert: Wenn und weil der freiheitliche Verfassungsstaat eine legitime Ordnung des Gemeinwesens darstellt, ist es auch legitim, den Bürger als personalen Träger des Gemeinwesens zum Schutz seiner staatlichen und verfassungsstaatlichen Existenz heranzuziehen. Einen Verstoß der W. gegen die ↑Menschenwürde hat das BVerfG verneint, weil dieser auch die Gemeinschaftsbezogenheit menschlichen Daseins immanent sei (BVerfGE 12,45).

Als *allg.e* W. ist die W. zugl. Ausdruck des Gleichheitssatzes und der darin verankerten Wehrgerechtigkeit. Unter diesem Gesichtspunkt wuchsen zunehmend verfassungsrechtliche Zweifel an der W., als die Verkleinerung und Umstrukturierung der ↑Bundeswehr nach Ende des Kalten Krieges zu einem starken Rückgang bei den Einberufungen führte. Für den Geburtsjahrgang

1986 lag der Anteil der tatsächlich Wehrdienstleistenden (einschließlich Soldaten auf Zeit) nur noch bei knapp 15 % des erfassten (männlichen) Jahrgangs (BT-Drs. 17/1281); ab dem Jahr 2004 sank die Zahl der jährlichen Einberufungen auf unter 80 000. Das BVerwG bemisst die Wehrgerechtigkeit allerdings nicht an der Ausschöpfung des Gesamtjahrganges, sondern der nach den gesetzlichen Maßgaben *verfügbaren* Wehrpflichtigen, also nach Abzug der Kriegsdienstverweigerer, Wehrdienstunfähigen und Wehrdienstausnahmen (BVerwG NJW 2005, 1525). Bei der Anpassung dieser Rekrutierungsvoraussetzungen an den tatsächlichen Personalbedarf verfügt der Gesetzgeber über einen weiten Spielraum. Das BVerwG hat daher keinen Verstoß gegen den Rechtsgrundsatz der Wehrgerechtigkeit gesehen. Gleichwohl schwächte diese Entwicklung die politische Überzeugungskraft der allg.en W. wesentlich.

Unter Druck geriet die W. auch durch den Wandel der Bundeswehr seit den 1990er Jahren zu einer Armee im Einsatz mit neuem Aufgabenspektrum in der internationalen Krisenbewältigung. Dies überschritt zum einen die herkömmliche legitimatorische Herleitung der W. aus der Landesverteidigung, zum anderen folgte aus den neuen militärischen Einsatzrealitäten ein Professionalisierungsbedarf. Auch die mit einer W.s-Armee verbundene Dauerbeanspruchung durch Ausbildungsaufgaben wurde vor diesem Hintergrund als nachteilig angesehen. Verteidiger der W. verwiesen demgegenüber auf ihre Rolle als Garant einer festen Verankerung der Streitkräfte in der Gesellschaft und als zentrale Quelle der Nachwuchsgewinnung.

Bei den politischen Parteien wuchs aus diesen Gründen die Skepsis gegenüber einer Beibehaltung der W. Auf Initiative von Verteidigungsminister Karl-Theodor zu Guttenberg beschloss der Bundestag mit dem WehrRÄndG 2011 vom 28.4.2011 die Aussetzung der allg.en W. zum 1.7.2011. Kritik an dieser Entscheidung entzündete sich v. a. daran, dass diese Aussetzung ohne Übergangsfrist erfolgte und somit keine Möglichkeit bestand, die Nachwuchsgewinnung für die nunmehrige reine Freiwilligenarmee vorzubereiten.

3. Die gesetzliche Ausgestaltung der Wehrpflicht in der BRD

Die gesetzliche Ausgestaltung der W. ergibt sich aus dem WPflG. Wehrpflichtig sind demnach alle Männer vom vollendeten 18. Lebensjahr an, die Deutsche i. S. d. GG sind. Regelvoraussetzung ist zudem, dass die Betroffenen ihren ständigen Aufenthalt in der BRD haben, andernfalls ruht die W. Sie endet grundsätzlich mit Ablauf des Jahres, in dem das 45. Lebensjahr – bei Offizieren, Unteroffizieren und im Spannungs- bzw. Verteidigungsfall das 60. Lebensjahr – vollendet wird. Alle im Folgenden dargestellten Regelungen zur W. gelten jedoch infolge der 2011 erfolgten Aussetzung nur im Spannungs- oder Verteidigungsfall (§ 2 WPflG). Dabei bleibt freilich offen, wie eine in Friedenszeiten nicht praktizierte W. weitgehend unvorbereitet in diesen akuten Krisensituationen verwirklicht und nutzbar gemacht werden soll.

Die W. besteht im Kern aus der Pflicht, den Wehrdienst abzuleisten (§§ 4–8a WPflG). Dieser umfasst in erster Linie den Grundwehrdienst, dessen Dauer im Laufe der Zeit starken Schwankungen unterlegen hat. Sie stieg von urspr. zwölf Monaten (1957–1962) auf 18 Monate (1962–1972) und wurde dann schrittweise wieder reduziert auf 15 Monate (1972–1990), zwölf Monate (1990–1995), zehn Monate (1996–2001) und neun Monate (2002–2010). Seit 2010 liegt die gesetzlich vorgesehene Dauer bei sechs Monaten. Eine Einberufung kann, abgesehen von bestimmten Ausnahmefällen, nur bis zur Vollendung des 23. Lebensjahres erfolgen – auch dies eine Grenze, die mehrfach herabgesetzt worden ist (früher: 28. Lebensjahr). Der Grundwehrdienst wird ergänzt durch Wehrübungen in einem gesetzlich begrenzten Umfang. Weitere Arten des Wehrdienstes sind die Heranziehung gedienter Wehrpflichtiger zu bes.n Auslandsverwendungen sowie zu Einsätzen zur Hilfeleistung im Innern oder im Ausland; dies setzt jedoch die schriftliche Zustimmung des Betroffenen voraus. Im Anschluss an den Grundwehrdienst ist ein freiwilliger zusätzlicher Wehrdienst von bis zu 17 Monaten möglich. Als eigene Art des Wehrdienstes führt das WPflG den unbefristeten Wehrdienst im Spannungs- oder Verteidigungsfall an.

Als Wehrdienstausnahmen sehen §§ 9–13b WPflG neben der fehlenden Wehrdienstfähigkeit ein relativ breites Spektrum von Befreiungen bzw. Befreiungsmöglichkeiten (z. B. Geistliche, dritte Kinder oder verheiratete Personen) und Zurückstellungsmöglichkeiten vor (z. B. bei Vorliegen einer bes.n Härte). Bei einer vierjährigen Verpflichtung zum ↑Zivil- oder ↑Katastrophenschutz bzw. einer zweijährigen Verpflichtung zum Entwicklungsdienst erfolgt ebenfalls keine Heranziehung zum Wehrdienst. Die Administration der W. mit der Aufgabe der Musterung und Einberufung obliegt den Wehrersatzbehörden (§§ 14–24b WPflG). Die vorangehende Erfassung der Wehrpflichtigen erfolgt durch die Meldebehörden.

Der Wehrdienst des Wehrpflichtigen beginnt mit dem in der Einberufung bestimmten Dienstantritt und endet i. d. R. durch die Entlassung. Der Wehrpflichtige erhält damit den Rechtsstatus eines ↑Soldaten nach dem SG. Dabei handelt es sich um ein öffentlich-rechtliches, durch Hoheitsakt begründetes Dienstverhältnis. Der als Wehrpflichtiger dienende Soldat legt ein Gelöbnis ab (§ 9 Abs. 2 SG). Er erhält während des Wehrdienstes neben kostenloser Unterkunft, Dienstbekleidung und freier Heilfürsorge einen nach Dienstgraden gestaffelten Wehrsold (WSG).

Nach wie vor unterliegen nur Männer der W. Die Ermächtigung zur Begründung einer W. in Art. 12a Abs. 1 GG erstreckt sich von vornherein nicht auf Frauen. Aufgrund dieser grundgesetzlichen Sonderregelung liegt darin kein Verstoß gegen den verfassungsrechtlichen Gleichheitssatz. Der freiwillige Dienst an der Waffe hingegen ist aufgrund europarechtlicher Vorgaben im Jahr 2001 für Frauen geöffnet worden.

4. Das Recht der Kriegsdienstverweigerung

Die W. wird eingeschränkt durch das Recht auf ↑Kriegsdienstverweigerung (Wehrdienstverweigerung) nach Art. 4 Abs. 3 GG. Dieses ↑Grundrecht wurde bereits in die urspr.e Fassung des ↑GG von 1949 aufgenommen, als eine Aufstellung deutscher Streitkräfte noch gar nicht in Sicht war. Das Recht auf Kriegsdienstverweigerung ist eine besondere Ausprägung des Grundrechts der Gewissensfreiheit (↑Gewissen, Gewissensfreiheit) und gewährleistet das Recht, den Kriegsdienst mit der Waffe aus Gewissensgründen zu verweigern. Voraussetzung ist eine Gewissensentscheidung des Betroffenen, die ihm eine Tötung grundsätzlich und ausnahmslos zwingend verbietet (BVerfGE 48,127, 163 f.). Eine situationsbedingte Kriegsdienstverweigerung ist herkömmlich von der Rechtsprechung nicht anerkannt worden. Das BVerwG hat insoweit allerdings in einer jüngeren Entscheidung eine Berufung auf die allg.e Gewissensfreiheit nach Art. 4 Abs. 1 GG für möglich gehalten (BVerwGE 127,302).

Das Grundrecht auf Kriegsdienstverweigerung ergibt sich unmittelbar aus der Verfassung. Seine verfahrensrechtliche Ausgestaltung ist im KDVG erfolgt. Das Verfahren zur Überprüfung der Berechtigung der Kriegsdienstverweigerung ist im Laufe der Zeit wiederholt geändert worden. Zuständig ist das *Bundesamt für Familie und zivilgesellschaftliche Aufgaben* (vormals: *Bundesamt für den Zivildienst*). Es entscheidet auf schriftlichen und begründeten Antrag des Betroffenen; in Zweifelsfällen kann eine mündliche Anhörung erfolgen.

Art. 12a Abs. 2 GG ermächtigt dazu, Kriegsdienstverweigerer zu einem Ersatzdienst zu verpflichten. Dieser darf in keinem Zusammenhang mit den Streitkräften stehen und die Dauer des Wehrdienstes nicht übersteigen. Die Einzelheiten dieses Ersatzdienstes sind im ZDG geregelt. Wer als Kriegsdienstverweigerer anerkannt ist, erfüllt seine W. durch den Zivildienst (§ 3 Abs. 1 WPflG).

5. Die Wehrpflicht in Österreich und der Schweiz

In Österreich schreibt Art. 9a Abs. 3 des B-VG die allg.e W. verfassungsunmittelbar fest. Eine Volksbefragung vom 20.1.2013 sprach sich mehrheitlich für ihre Beibehaltung aus. Die W. beschränkt sich auf männliche Staatsbürger, Frauen können freiwillig dienen. Die Verfassung garantiert auch ein Kriegsdienstverweigerungsrecht. In diesem Fall ist ein Ersatzdienst zu leisten. Die Dauer des Grundwehrdienstes beträgt sechs Monate (§ 20 Wehrgesetz).

Auch in der Schweiz besteht von Verfassungs wegen eine allg.e W. (Art. 59 Abs. 1 BV). Sie ist eingebettet in das traditionelle System der Milizarmee und daher durch die periodische Ableistung kürzerer Dienstzeiten charakterisiert. Ausgangspunkt ist die 18-wöchige Grundausbildung (Rekrutenschule, Art. 49 Abs. 4 Militärgesetz). Die W. erstreckt sich nur auf männliche Staatsbürger; für Frauen ist der Wehrdienst freiwillig. 1992 wurde die Möglichkeit eines zivilen Ersatzdienstes eingeführt (Art. 59 Abs. 1 S. 2 BV). Wer keinen Wehr- oder Ersatzdienst leistet, hat eine Ersatzabgabe in Geld zu erbringen.

Literatur

A. Ahammer/S. Nachtigall (Hg.): Wehrpflicht. Legitimes Kind der Demokratie, 2010 • W. Scherer: Wehrpflichtgesetz, Kommentar, [7]2009 • U. Tetzlaff: Vom (un)möglichen Zustand des Wehrpflichtrechts, 2009 • J. Fleischhauer: Der Grundsatz der Wehrgerechtigkeit und seine Vorgaben an den Gesetzgeber und die Wehrverwaltung, in: NZWehrr 50 (2008), 112–120 • D. Walz: Die Entwicklung des Wehrpflichtrechts seit der Jahrtausendwende, in: NZWehrr 50 (2008), 178–187 • R. G. Foerster: Die Wehrpflicht, 1994.

SEBASTIAN GRAF VON KIELMANSEGG

Wehrrecht

1. Begriff

Der Begriff des W.s hängt eng mit dem Verfassungsbegriff der „Verteidigung“ zusammen, freilich ohne den in Art. 73 Abs. Nr. 1 GG der Verteidigung zugeordneten Schutz der Zivilbevölkerung (↑Zivilschutz). Andererseits greift die Anknüpfung an den Verteidigungsbegriff zu kurz, weil dieser sich nur auf die Verteidigung gegen einen militärischen Angriff von außen bezieht, nicht aber auf den Einsatz der Streitkräfte in sonstigen Konstellationen (innerer Notstand). Der Begriff des W.s bestimmt sich jedoch sinnvollerweise nicht situativ, sondern anhand des militärischen Instrumentariums. W. in diesem Sinne ist die Gesamtheit der Rechtsnormen, die das militärische Instrumentarium der BRD regeln – also den Bestand und Status, die Organisation und Administration sowie den Einsatz der deutschen Streitkräfte.

Abzugrenzen ist das W. u. a. vom Notstandsrecht (↑Notstand). Beide Materien überschneiden sich, soweit es um Einsatz oder Organisation des Militärs in Notstandslagen geht. Nicht zum W. zu rechnen sind hingegen die sonstigen Notstandsregelungen, die nicht-militärische Konsequenzen des Notstandes zum Gegenstand haben – auch dann, wenn es sich um eine militärisch bedingte Notstandslage handelt (Verteidigungsfall, Art. 115a–115l GG).

2. Entstehung und Regelungsebenen

Das heutige W. der BRD ist ein Produkt der Nachkriegszeit. Unter dem Gesichtspunkt der Regelungsstufe lässt sich das direkt im ↑GG angesiedelte Wehrverfassungsrecht vom einfachgesetzlichen W. unterscheiden, das systematisch im Wesentlichen ein Teilgebiet des bes.n ↑Verwaltungsrechts darstellt. Es ist wiederum durch zahlreiche ↑Rechtsverordnungen und Dienstvorschriften näher ausgestaltet. Zum Regelungsbestand des Wehrverfassungsrechts zählen die grundgesetzlichen Vorgaben zum Auftrag und Einsatzbereich der ↑Bundeswehr (Art. 87a, 35 Abs. 2f. sowie Art. 26 GG), zu organisationsrechtlichen Grundlagen (Art. 45a f., 65a, 73 Abs. 1 Nr. 1, 87b, 96 Abs. 2, 115b GG) und zur Rechtsstellung des Wehrpflichtigen bzw. ↑Soldaten (Art. 12a i. V. m. 4 Abs. 3 sowie 17a GG). Die genannten wehrverfassungsrechtlichen Artikel sind – mit wenigen Ausnahmen – erst nachträglich in mehreren Novellierungsschüben in das GG aufgenommen worden. Dies geschah in den Jahren 1954, 1956 und 1968 im Zuge der Entscheidung für eine Wiederbewaffnung der Bundesrepublik sowie im Rahmen der Notstandsverfassungsgebung (↑Notstand).

Im weiten Sinne können zum W. auch die auf das militärische Instrumentarium bezogenen Regeln des internationalen Rechts gerechnet werden, insb. soweit das nationale Recht sie übernimmt. Dazu gehören namentlich die völkerrechtlichen Normen zum *ius ad bellum* und zum *ius in bello* (Recht des bewaffneten Konflikts [↑Krieg] bzw. humanitäres ↑Völkerrecht), aber auch solche zur internationalen militärischen Kooperation oder Integration (↑Bündnispolitik).

3. Inhalt und Systematik

Weder im GG noch im einfachen Recht ist das W. systematisch zusammengefasst oder kodifiziert worden, sondern findet sich verstreut über eine Vielzahl von Verfassungsartikeln und Gesetzen. Systematisch lässt sich das unterverfassungsrechtliche W. weiter untergliedern:

a) Wehrdienstrecht, das die Begründung und Beendigung des Soldatenstatus zum Gegenstand hat. Darunter fällt die obligatorische Heranziehung im Rahmen der ↑Wehrpflicht (Art. 12a GG, WPflG) oder die Möglichkeit eines freiwilligen Wehrdienstes durch Soldaten auf Zeit oder Berufssoldaten (SG).

b) Statusrecht, das die Rechtsstellung des Soldaten mit seinen staatsbürgerlichen und dienstrechtlichen Rechten und militärischen Pflichten regelt. Dieses Statusrecht ist überwiegend im SG zusammengefasst. Daneben existieren weitere Rechtsgrundlagen für die Besoldung und Sozialleistungen (SVG, WSG, BBesG).

c) Rechtsschutzverfahren, das dem Soldaten – in Ergänzung des normalen verwaltungsgerichtlichen Rechtsschutzes – ein verfahrensrechtlich abgesichertes Beschwerderecht gegenüber Verletzungen seiner Rechte durch Vorgesetzte, Dienststellen oder Kameraden gewährleistet (WBO). Im weiteren Sinne zählt auch die Möglichkeit der Eingabe beim ↑Wehrbeauftragten hierhin.

d) Wehrdisziplinar- und Wehrstrafrecht (Militärstrafrecht), das den Soldaten zur Aufrechterhaltung der militärischen Ordnung einem bes.n disziplinar- und strafrechtlichen Sanktionensystem unterwirft (WDO, WStG).

e) Befugnisnormen, die allerdings nur vereinzelt existieren (UZwBwG zur Eigensicherung im Wachdienst und in militärischen Bereichen; LuftSiG für die Sicherung des Luftraums).

4. Bedeutung

Das W. hat die Aufgabe, das militärische Instrumentarium des Staates in einer rechtsstaatlich überzeugenden Form rechtlich zu durchdringen und zu steuern. Traditionell war die Geltung rechtsstaatlicher Prinzipien (↑Rechtsstaat) und rechtlicher Bindungen für das Militär stark ausgedünnt. Geprägt durch historische Erfahrungen hat die bundesrepublikanische Wehrverfassungs- und Wehrgesetzgebung sich davon entschieden gelöst. Sie gesteht den Streitkräften keine institutionelle Sonderrolle mehr zu, sondern gliedert das ↑Militär – stärker als die meisten anderen Staaten – konsequent in die allg.e institutionelle und normative Ordnung des demokratischen Verfassungsstaates ein. Dies zeigt sich zum einen in der starken Betonung der individuellen und bürgerlichen Rechtsstellung des Soldaten, zum anderen in der parlamentarischen Kontrolle und verfassungsrechtlichen Einhegung der Streitkräfte. Charakteristische Merkmale sind v. a. das gesetzliche Leitbild der „Inneren Führung“ und des „Staatsbürgers in Uniform“ mit voller Grundrechtsberechtigung (§ 6 SG), die Institution des Wehrbeauftragten (Art. 45b GG), die verfassungsrechtliche Festschreibung des Aufgabenspektrums (Art. 87a GG) oder der vom ↑BVerfG entwickelte Parlamentsvorbehalt für Auslandseinsätze (grundlegend BVerfGE 90,286). Dabei sind allerdings den Funktionsbedürfnissen und strukturellen Besonderheiten der Streitkräfte Rechnung zu tragen. Das W. muss die Balance wahren, die Streitkräfte in den Verfassungsstaat zu integrieren, ohne ihre Fähigkeit zur Erfüllung ihres militärischen Auftrages zu beschädigen.

Literatur

W. Scherer u. a.: Soldatengesetz. Kommentar, 10 2018 • D. Walz/K. Eichen/S. Sohm: Soldatengesetz. Kommentar, 3 2016 • M. Oldiges: Wehr- und Zivilverteidigungsrecht, in: D. Ehlers/M. Fehling/H. Pünder (Hg): Besonderes Verwaltungsrecht, Bd. 3, 3 2013, 754–852 • D. Wiefelspütz: Die Reform der Wehrverfassung, 2008 • F. Kirchhof: Verteidigung und Bundeswehr, in: HStR, Bd. IV, 3 2006, § 84 • C. Raap: Wehrrecht, in: JuS 43/1 (2003), 9–14.

SEBASTIAN GRAF VON KIELMANSEGG

Weimarer Reichsverfassung (WRV)

Die nach ihrem Entstehungsort sog.e WRV vom 11.8.1919 war eine Folge der Revolution von 1918 und des Endes der Reichsverfassung 1871. Die Vorentscheidung war bereits wenige Tage nach dem Ende der Monarchie von den Volksbeauftragten getroffen worden: Sie votierten für eine verfassunggebende Nationalversammlung. Deren Wahl erbrachte eine breite Mehrheit der bisherigen Oppositionsparteien („Weimarer Koalition"). Sie stand zwischen hohen Erwartungen (auf günstige Friedensbedingungen, Ende der Militärdiktatur und des Belagerungszustands, rasche Verbesserung der Versorgungslage) und schweren Hypotheken der Vergangenheit (Folgen von Krieg, Kriegsniederlage und Versailler Vertrag, Kontinuität gesellschaftlicher und politischer ↑Eliten und ihres Bestrebens, die Verantwortung der jungen Republik aufzubürden [„Dolchstoß-Legende"]). Eher schwach war der Verfassungskonsens, eher auf Revision von Versailles sowie Abwehr revolutionärer Tendenzen von links und rechts als auf eine demokratische Republik gerichtet.

Die Vorentwürfe von Hugo Preuß, dem „Vater der WRV", sahen die zukünftige ↑Verfassung als unitarische Ordnung mit präsidialen Zügen und fast ohne Grundrechte. Schon vor Zusammentritt der Konstituante wurden diese auf Druck von Ländervertretern und Volksbeauftragten erheblich modifiziert. In Weimar berieten Plenum und Verfassungsausschuss die WRV auf hohem Niveau und im Bemühen, die besten Lehren aus der Vergangenheit und ausländischen Erfahrungen zu ziehen. Sie stärkten den Parlamentarismus (↑Parlament, Parlamentarismus) und ergänzten den Entwurf um den damals umstrittenen Zweiten Hauptteil („Grundrechte und Grundpflichten"). Die WRV trug überwiegend bürgerliche Züge mit sozialstaatlichen Elementen (↑Sozialstaat), fand aber nicht die Zustimmung der oppositionellen DVP und DNVP. Kritik aus der (Mehrheits-)SPD hinderte nicht die große Mehrheit in der Schlussabstimmung (262:75) bei 82 Abwesenden (44 aus der ↑SPD). In der Republik stand die größte Partei stets zur WRV. Versuche, die neue Ordnung revolutionär von rechts (Kapp-Putsch) oder links zu beseitigen, schlugen fehl.

1. Grundentscheidungen der WRV

Art. 1 WRV statuierte Deutschland erstmals als demokratische ↑Republik auf grundrechtlicher Basis.

Republik galt als Grundentscheidung gegen die ↑Monarchie. Zu einer positiven Bestimmung der neuen Staatsidee kam es allenfalls in Ansätzen: ↑Staat als Angelegenheit des Volkes (↑Staatsvolk), Volk als Trägerin der Staatsgewalt und Amtscharakter (↑Amt) der Herrschaft wurden genannt, blieben aber unelaboriert. Rechtliche Folgerungen wurden damals wie heute daraus nicht gezogen. Der Reichspräsident verkörperte die neue Staatsform. Von H. Preuß als direkt gewähltes Gegengewicht gegen den Reichstag konzipiert, waren ihm die bürgerlichen ↑Parteien in Weimar eher im Ergebnis als in der Begründung gefolgt, während die Unabhängige SPD und die Mehrheits-SPD allein symbolische Kompetenzen bevorzugten. Der Verfassungstext statuierte die Volkswahl mit siebenjähriger Amtszeit. Sie sollte dessen eigenständige ↑Legitimation neben dem Reichstag begründen und wurde später vielfach als Ausdruck des Willens zur Einheit im Gegensatz zum pluralen Reichstag gedeutet. Während Friedrich Ebert von der Nationalversammlung gewählt war, galten die beiden Wahlen Paul von Hindenburgs (1925, 1932) nicht als Plebiszite gegen die Republik, wohl aber für eine andere Republik. Dem ↑Staatsoberhaupt standen eher konventionelle Aufgaben zu: Ernennung von Regierung, Beamten und Offizieren; Ausfertigung von Gesetzen; Vertretung gegenüber dem Ausland; Begnadigungsrecht, militärischer Oberbefehl und „Diktaturgewalt" (Art. 48 WRV). Letztere wurden weit ausgelegt: Der Oberbefehl ermöglichte die Reichswehr als Staat im Staate, der sich gegen demokratische Kontrolle (↑Politische Kontrolle) abschottete, selbst hingegen in die Politik der Regierung einmischte. Art. 48 WRV entwickelte sich vom anfänglichen Ausnahmerecht gegen den latenten ↑Bürgerkrieg über ein wirtschaftspolitisches Notregime in den ökonomischen Existenzkrisen der Republik hin zur „Reserveverfassung" gegenüber einem Reichstag, dessen Mehrheitsfähigkeit durch Präsidialkabinette zunächst beeinträchtigt und seit 1932 lahmgelegt wurde. Ähnliches geschah dem größten Land im „Preußenschlag" (1932), welcher das Ende der WRV besiegeln sollte. Parallel dazu mutierte das Kanzlerernennungs- zum Kanzlerauswahlrecht: Unter F. Ebert mangels parlamentarischer Kandidaten, aber noch in konsensualen Formen mit den Parteien; unter P. v. Hindenburg auch ohne oder gar gegen diese mit Auflösungs- und Neuwahldrohungen (Art. 25 WRV). Der Reichspräsident war Symbol und Schicksal der Republik zugleich. Das später viel gebrauchte Bild vom „Ersatzkaiser", anfangs eine Formel der Opposition gegen weitreichende Pläne H. Preuß', taugt allenfalls zur Charakterisierung der Präsidentschaft P. v. Hindenburgs und erlangte erst ex post seine Wirkmächtigkeit.

↑*Demokratie* war im Verfassungstext nicht explizit genannt, wohl aber implizit statuiert (Art. 1 S. 2 WRV). Die Staatsgewalt sollte in Republik, Ländern und ↑Gemeinden (Art. 17 WRV) vom Volk ausgehen. Das *gemischte Demokratiemodell* der WRV stellte präsidiale, repräsentative und plebiszitäre Elemente nebeneinander. Nach der Intention der Nationalversammlung sollten sie sich wechselseitig ergänzen, nicht hingegen beeinträchtigen oder paralysieren. Grundlage war das *parlamentarische System* mit den Aufgaben der Volksvertretungen zur ↑Gesetzgebung, ↑Wahlen oder Vertrauensvoten für Regierungen, Kontroll- und Öffentlichkeitsaufgaben. Parlamentarismus galt als abbildgenaue Vertretung aller politischen Strömungen, der pluralen Interessen (↑Pluralismus) und Anschauungen im Volk und deren Mitwirkung an der Staatsgewalt. Grundlage war das neue Wahlrecht auf Basis der Allgemeinheit einschließlich des Frauenwahlrechts, der Unmittelbarkeit, Freiheit, Geheimheit und Gleichheit als Antithese gegen Abstufungen im Kaiserreich. Die in der WRV vorgeschriebenen ausgestaltbaren „Grundsätze der *Verhältniswahl*" (Art. 17, 22 WRV) waren eine Konzession an damalige Zweifel hinsichtlich der Vereinbarkeit von Listenwahl und parlamentarischer Regierung. Versuche in den Ländern, Parlamentszersplitterung und Mehrheitsunfähigkeit durch moderate Sperrklauseln entgegenzuwirken, stießen trotzdem bis 1930 auf Widerstand des StGH. So fehlten Instrumente gegen Parteien- und Parlamentszersplitterung. Die in der WRV vielfach vorausgesetzten Parteien unterlagen dem Vereinsrecht einschließlich seiner Verbotsmöglichkeiten, von denen mindestens einundvierzigmal Gebrauch gemacht wurde. Fraktionen erlangten darüber hinaus eine staatsrechtliche Stellung mit staatsorganschaftlichen Elementen. Stabil war der Parlamentarismus in wichtigen Ländern eher als in der Republik. Seine Schwächung in der Republik durch Reichstagsauflösungen oder deren Androhung bis hin zu negativen Mehrheiten war das Gegenteil der Intentionen der WRV. Die parlamentarische Republik verwandelte sich in eine Präsidialrepublik mit Kontrolle über das Parlament.

Als Korrektiv kannte die WRV sechs Formen von ↑*Plebisziten*, von denen allein Volksbegehren und Volksabstimmungen über Gesetze bedeutsam werden sollten. Einerseits war die WRV offen für unmittelbare Demokratie, andererseits verhinderten hohe Beteiligungsquoten (bis zu 50 % der Stimmberechtigten) deren Erfolg. Das Scheitern von acht Anläufen in der Republik und ca. 60 Begehren in den Ländern trotz z. T. demagogischer Fragestellung und polemischer Wahlkämpfe waren auch Ausdruck staatsbürgerlicher Reife des Volks. An ihnen ist die WRV nicht gescheitert. Erfolgreich war nur ein Plebiszit auf Auflösung des Oldenburger Landtags (1932).

Der Weimarer ↑*Bundesstaat* stand formal in der Tradition der Monarchie, seine Ausgestaltung war allerdings entgegengesetzt. Träger der Republik waren die Bürger, nicht mehr die Länder. Deren Eigenständigkeit und Verfassungsautonomie war im Rahmen der Grundsätze der WRV (Art. 17 WRV) garantiert. Da eine Bundesstaatsreform ausblieb, bestand auch die extreme Ungleichheit der Länder fort. Der Supremat Preußens war allein im Reichsrat begrenzt, dessen Mitwirkung an der Gesetzgebung der Republik geringe Relevanz erlangte. Völlig verschoben hatte sich dagegen die Finanzverfassung: War früher das Reich von den Ländern abhängig, so waren es nun diese von der Republik. Konkurrenzen und Rivalitäten auch über Finanzfragen entstanden teils aus bundesstaatlichen, häufiger aus parteipolitischen Gegensätzen etwa mit dem sozialdemokratischen Preußen und teils partikularistischen, teils republikfeindlichen Tendenzen in Bayern.

Der Zweite Hauptteil der WRV vereinte rechtsstaatliche, sozialstaatliche und demokratische ↑*Grundrechte und Grundpflichten*. Ursprünglich aus der Tradition der Paulskirche stammend gingen sie partiell weit auch über zeitgenössischen Verfassungen der Länder und anderer Staaten hinaus und wiesen auf moderne Menschenrechtsverbürgungen (↑Menschenrechte) voraus. Während die klassischen Freiheits- und Gleichheitsgarantien (↑Gleichheit) den Texten aus dem 19. Jh. folgten, fanden sich daneben soziale, kulturelle und ansatzweise politisch-partizipative Verbürgungen. Sie waren im Verfassungstext differenziert abgestuft nach unmittelbar anwendbaren Garantien, Gesetzgebungsaufträgen und ↑Staatszielbestimmungen. Die WRV wies die Realisierung grundrechtlich geprägter Sozialordnungen dem Gesetzgeber zu. ↑Freiheit und Demokratie wurden einander positiv, seltener negativ zugeordnet. Freiheit sollte die Basis einer demokratischen Staatsordnung garantieren und durch deren Träger als freie Bürger hergestellt werden, umgekehrt die Bürger durch ihre Mitwirkung am Staat Freiheit herstellen und garantieren. Zukunftweisend, wenn auch damals nicht integrierend, sollten die kirchenfreundlichen religionsrechtlichen Regelungen (Art. 136–141 WRV) werden (↑Kirche und Staat), die auch gegenwärtig fortgelten (Art. 140 GG). Eine normative Schwäche der damaligen Grundrechte folgte aus dem Fehlen von Regelungen über ihre Adressaten und ihre (unmittelbare) Wirkung: Eine solche Klausel war in der Nationalversammlung im letzten Moment gestrichen worden. So blieb die Einlösung der Grundrechtsversprechen überwiegend eine Gestaltungsaufgabe der Legislative. Deren Leistungen waren beachtlich, aber entsprechend ihren parteipolitisch wechselnden Verfassungsloyalitäten unterschiedlich. Und sie war eine Auslegungsaufgabe der Gerichte: Sie stand aus prozessualen Gründen weniger dem *StGH als Verfassungsgericht* (Art. 19 WRV), sondern den Fachgerichten zu. Diese differenzierten nach der unmittelbaren Anwendbarkeit der Garantien und gelangten so zur Justiziabilität eher der bestandsschützenden, fast nie der gestaltungs- und ausführungsbedürftigen Garantien. Die je länger je mehr postulierte Vermutung für die unmittelbare Grundrechtswirkung setzte sich so nur zögernd und einseitig durch.

2. Die WRV in Staatsrechtswissenschaft und Geschichtsschreibung

Die zeitgenössische Staatsrechtswissenschaft blieb wie die ↑politische Kultur der Republik und das gesamte Volk extrem gespalten. Der Richtungsstreit zwischen staatszentrierter („geisteswissenschaftlicher") und verfassungszentrierter (nicht nur „positivistischer") Auslegung betraf alle Facetten der Zuordnung von ↑Politik und ↑Recht. Der Republik fehlten weder Republikaner noch Demokraten noch eine verfassungsloyale Staatsrechtswissenschaft. Einigkeit bestand in der Diagnose zahlreicher Mängel der politischen Wirklichkeit. Umstritten war, ob die WRV als Krisenursache oder auch als ein Weg zu ihrer Lösung anzusehen sei. Dieser Streit politisierte sich zwischen demokratischem und antidemokratischem Denken in der Verfassungsreformdebatte. Das historische Bild von der WRV war früher überwiegend negativ. Während die damaligen verfassungsloyalen Traditionen abgebrochen waren, blieb die frühere Verfassungskritik als „Zeitzeugin" dominant. Der Untergang der Republik erschien als Bestätigung ihrer früheren Position. Die WRV galt lange als eine maßgebliche Ursache für den Untergang der Republik, als falsche Verfassung zur falschen Zeit. In neuerer Zeit werden auch ihre Stärken gewürdigt: Die Besinnung auf die Intentionen der Nationalversammlung, den Verfassungstext, die dramatische politische Situation der Zwischenkriegszeit und den intensiven Verfassungswandel der Republik legen Differenzierungspotentiale frei.

Gegenwärtig dominiert die Auffassung: Das „Wagnis Demokratie" (Dreier/Waldhoff 2018) ist nicht wegen, sondern trotz seiner Verfassung untergegangen, nachdem diese auch unter Billigung führender Staatsorgane und Staatsrechtslehrer zunächst ausgehöhlt und umgangen wurde, bis sie letztlich leerlief. Die WRV endete im NS-Staat (↑Nationalsozialismus), wurde aber formal nie aufgehoben. Sie war ein Meilenstein der deutschen und europäischen ↑Verfassungsgeschichte des 20. Jh., die weit über ihre Entstehungszeit hinauswies und rechtliche Entwicklungen bis in die EuGRC vorzeichnete. Die WRV war eine „gute Verfassung in schlechter Zeit" (Gusy 2018), eine glücklose, keine missglückte Verfassung.

Literatur

U. di Fabio: Die Weimarer Verfassung, 2018 • H. Dreier/ C. Waldhoff (Hg.): Das Wagnis der Demokratie. Eine Anatomie der Weimarer Reichsverfassung, 2018 • C. Gusy: 100 Jahre Weimarer Verfassung. Eine gute Verfassung in schlechter Zeit, 2018 • J.-D. Kühne: Die Entstehung der Weimarer Reichsverfassung, 2018 • M. Stolleis: Geschichte des öffentlichen Rechts in Deutschland, Bd. 3, 1999 • C. Gusy: Die Weimarer Reichsverfassung, 1997 • E. R. Huber: Deutsche Verfassungsgeschichte seit 1789, Bd. 6, 1981 • G. Anschütz: Die Verfassung des Deutschen Reichs vom 11. August 1919, [14]1933 • G. Anschütz/R. Thoma (Hg.): Hdb. des Deutschen Staatsrechts, Bd. 1–2, 1930 ff.

CHRISTOPH GUSY

Weiterbildung

1. Begriffsklärung und -geschichte

Nachdem in den westlichen deutschsprachigen Ländern ab den 1950er Jahren der Begriff der Volksbildung, soweit er sich auf Erwachsene bezogen hatte, durch den der ↑Erwachsenenbildung ersetzt wurde, hat sich dort in den 1970er Jahren der Begriff der W. neben dem der Erwachsenenbildung etabliert. Maßgeblich dazu beigetragen hat der vom *Deutschen Bildungsrat* im Jahr 1970 verabschiedete „Strukturplan für das Bildungswesen". Der *Deutsche Bildungsrat* benutzt W. als Oberbegriff, der auch die Erwachsenenbildung umfasst, und plädiert für eine Integration von beruflicher und nichtberuflicher ↑Bildung. Die W. soll neben den Systemen der Primarschule, der Sekundarschulen und der ↑Hochschulen zu einem *quartären Bildungsbereich* ausgebaut werden. Während die Erwachsenenbildung bis dahin ihre Identität als eigenständiger Bildungsbereich auch durch eine Abgrenzung von den curricularisierten Schulen für das Jugendalter herausbilden wollte, bestimmt der *Deutsche Bildungsrat* die W. als eine „Fortsetzung oder Wiederaufnahme organisierten Lernens nach Abschluss einer unterschiedlich ausgedehnten ersten Bildungsphase" (Deutscher Bildungsrat 1970: 201). Auch für die W. gälten „die allgemeinen Grundsätze, die sich auf die erste Bildungsphase beziehen" (Deutscher Bildungsrat 1970: 200), etwa das Prinzip der Durchlässigkeit der Bildungsgänge. Allerdings solle die W. im Gegensatz zur Schule nicht durch langfristige Lehrgänge geprägt sein, sondern durch flexibel buchbare Module, deren Abschluss zertifiziert werden soll. Die Vorschläge des *Deutschen Bildungsrats* zur systematischen Integration der W. in das formale Bildungssystem haben den Diskurs zur W. maßgeblich geprägt und sind auch heute noch weitgehend aktuell, durchgesetzt wurden sie jedoch nicht.

Die W. ist bis heute vielmehr durch eine historisch gewachsene, unstrukturierte Viefalt an Angeboten, Teilnahmevoraussetzungen und Finanzierungen geprägt. Für die Adressatinnen und Adressaten ist sie intransparent; auch fehlen Überblicksdarstellungen, in denen etwa die Rechtsgrundlagen, Institutionen, Teilnehmerinnen und Teilnehmer und theoretischen Bezüge zusammenhängend dargestellt würden. Sofern W. nicht als Oberbegriff verwendet wird, der auch die allg.e und politische Erwachsenenbildung (↑Politische Bildung) umfasst, kann sie, ihrem historischen Entstehungsprozess nach, in zwei Hauptsegmente eingeteilt werden. Erstens wird W. in ihren Anfängen zu Beginn der 1970er Jahre v.a. als außerbetrieblich organisierte, berufliche W. verstanden, die i.d.R. nicht von Arbeitgebern angeboten wird, sondern von Institutionen wie Berufsschulen, Berufsverbänden und Einrichtungen der beruflichen Fortbildung. Weil die berufliche W. stark durch fragmentierte Rechtsgrundlagen geprägt ist, wird auf sie in den beiden folgenden Abschnitten bes. eingegangen. Ab den 1980er Jahren engagieren sich auch die Arbeitgeber zunehmend in der W. ihrer Beschäftigten. Die außerbetriebliche berufliche W. wird durch die betriebliche W. und Personalentwicklung ergänzt. Ab den 1990er Jahren wird die W. unter dem Konzept des *Lebenslangen Lernens* weiter entwickelt. Die Segmentierung und Intransparenz bleiben allerdings ein Problem.

2. Außerbetriebliche berufliche Weiterbildung

Innerhalb der außerbetrieblichen beruflichen W. finden sich die *Aufstiegsfortbildung*, die auf eine berufliche Ausbildung aufsetzt, die *Anpassungsfortbildung* für Arbeitslose und von Arbeitslosigkeit bedrohte Arbeitnehmer, die *wissenschaftliche W.* für akademische ↑Berufe sowie einige sonstige Segmente.

2.1 Aufstiegsfortbildung für Ausbildungsberufe
Die berufliche W. im dualen System der Berufsbildung (↑Berufliche Bildung) fällt in den Zuständigkeitsbereich des Bundes; sie wird durch das *BBiG* geregelt. Für die Handwerksberufe gilt das BBiG nur teilweise, allerdings finden sich in der HandwO analoge Regelungen. Das BBiG benutzt nicht den Begriff der W., sondern spricht von „Fortbildung" und „Umschulung", wobei die Regelungen für die Umschulung im Wesentlichen denen zur Fortbildung entsprechen.

Das BBiG ermächtigt den Bund, Fortbildungsordnungen festzulegen; sie sind über das BMBF einsehbar. Das BIBB führt ein Verzeichnis der anerkannten Ausbildungsberufe. Dort sind alle Berufe des dualen Systems und die Gesundheits- und Sozialberufe aufgeführt, obwohl letztere nicht dem dualen System angehören; das Verzeichnis verweist auch auf die Fortbildungsmöglichkeiten. Die Teilnehmer können Förderung durch das AFBG beantragen (sog.es „Meister-BAFöG").

2.2 Anpassungsfortbildung durch Arbeitsförderung
Mit dem AFG hatte der Bund im Jahr 1969 ein arbeitsmarktpolitisches Instrument zur Förderung der beruflichen W. durch die *Bundesanstalt für Arbeit* geschaffen. Es beruhte auf der Annahme, dass berufliche Qualifizierung das Risiko der ↑Arbeitslosigkeit verringert. Die Förderung folgte einem präventiven Ansatz: Arbeitslosigkeit sollte durch rechtzeitige Aufstiegsfortbildung, auf die es einen individuellen Rechtsanspruch gab, vermieden werden. Das änderte sich Mitte der 1970er Jahre mit der steigenden Arbeitslosigkeit. Die berufliche W. diente nun primär der *Anpassung* der Qualifikationen Arbeitsloser an den ↑Arbeitsmarkt; für die Anpassungsfortbildung bestand kein Rechtsanspruch auf Förderung mehr.

Nach dem Beitritt der DDR in die BRD mussten viele ostdeutsche Arbeitnehmer weiter qualifiziert und umgeschult werden. Die Mittel wurden noch mehr als zuvor für die Anpassungsfortbildung benötigt, die Aufstiegsfortbildung war unter finanziellem Druck. Deshalb wurde im Jahr 1996 im AFBG der Aufstiegsfortbildung eine neue Grundlage gegeben und zwei Jahre später die im AFG geregelte Anpassungsfortbildung in das ↑SGB III integriert.

Im AFG ist die berufliche W. ein Teil der sog.en „aktiven Arbeitsmarktpolitik" (§ 3 SGB III); um Arbeitslose in Arbeit zu bringen, eine drohende Arbeitslosigkeit abzuwenden oder wenn kein Berufsabschluss vorliegt (§ 81 SGB III), werden W.s-Kosten im Rahmen von Bildungsgutscheinen übernommen. Mit dem WeGebAU aus dem Jahr 2018 wurde das AFG modernisiert. Es werden nun auch Arbeitnehmer gefördert, die nicht von Arbeitslosigkeit bedroht sind, aber „berufliche Tätigkeiten ausüben, die durch Technologien ersetzt werden können oder in sonstiger Weise vom Strukturwandel betroffen sind" (§ 82 SGB III). Die Vermittlung in den Arbeitsmarkt hat gegenüber einer W. Vorrang (§ 4 SGB III). Ob eine W. gefördert wird, liegt im Ermessen der Agenturen für Arbeit (§§ 3 und 7 SGB III); ein Rechtsanspruch auf W. nach dem AFG besteht nicht.

Der Anpassungsfortbildung können auch Fördermöglichkeiten der Bundesländer zugeordnet werden, die unter Begriffen wie Bildungsscheck (Brandenburg, Nordrhein-Westfalen) oder W.s-Scheck (Thüringen) laufen. Die Rahmenbedingungen sind verschieden. Meistens werden gering Qualifizierte und Personen ohne Ausbildung gefördert, teilweise auch Ältere, Menschen mit Behinderungen oder Personen mit ausländischen Abschlüssen.

2.3 Weiterbildung für akademische Berufe
Die W. für akademische Berufe ist in sich zersplittert; auch hier existieren weder einheitliche Regelungen noch Überblicksdarstellungen. Mit am weitesten entwickelt ist die Ärzteschaft. Für die W.en der Ärzte sind die Landesärztekammern zuständig. Eine „(Muster-)W.s-Ordnung" der Bundesärztekammer (MWBO 2018) unterscheidet W.en zum Facharzt (z. B. Kinder- und Jugendmedizin), W.en in Schwerpunkten innerhalb der Facharztgebiete (z. B. Kinder-Hämatologie und -Onkologie) und „Zusatz-W.en" (z. B. Immunologie). Die MWBO legt die Dauer und Mindestinhalte der W.en fest, teilweise auch die Mindestzeiten einzelner Teile (Kompetenzbereiche). Sie bestimmt, dass Kurse und Ausbildungsstätten einer Anerkennung durch die Landesärztekammer bedürfen und definiert Standards für die Anerkennung. Auf die W. baut die Fortbildung auf. Nach § 95d SGB V sind Vertragsärzte der GKV zur fachlichen Fortbildung verpflichtet. Näheres regeln die entspr.en Ärztekammern. Nach der „(Muster-)Fortbildungsordnung 2013" der Bundesärztekammer müssen die Ärzte innerhalb von fünf Jahren 250 Fortbildungspunkte erreichen; für einen 45-minütigen Vortrag mit Diskussion erhalten sie bspw. einen Punkt; bei dokumentierter Lernerfolgskontrolle kommt ein Zusatzpunkt dazu.

Andere akademische Berufe besitzen kein vergleichbares, institutionalisiertes W.s-System, mit dem W.s-Standards mindestens einigermaßen sichergestellt werden. Eine der größten Gruppe der Akademiker, die Lehrkräfte an staatlichen ↑Schulen, haben bspw. in Baden-Württemberg zwar ein Recht auf W. und sind zur W. verpflichtet. Die Schulen legen jährlich einen Fortbildungsplan fest, nach dessen Maßgabe sie geeignete W.en auswählen. In begründeten Fällen kann die Schulleitung Lehrer gar zu bestimmter W. verpflichten. Allerdings war die W. bisher nicht, wie etwa in der Ärzteschaft, systematisch strukturiert und es gab auch kein modernes ↑Qualitätsmanagement. Zurzeit sind die Bundesländer dabei, die W.en auszubauen, sie zu systematisieren und ihre Qualität zu sichern, in Baden-Württemberg bspw. durch das *Zentrum für Schulqualität und Lehrerbildung*.

Seit einer Reform des HRG im Jahr 1998 ist die *wissenschaftliche W.* eine Kernaufgabe der Hochschulen, die allerdings kostendeckend angeboten werden muss. Zu diesem Zweck haben die Hochschulen die wissenschaftliche W. teilweise an selbständige Institute ausgegliedert. Sie bieten in Präsenzstudiengängen und als Fernstudien weiterbildende Masterstudiengänge, Kontaktstudiengänge, ein Studium Generale, Seniorenstudien und Vorbereitungen auf Hochschulzertifikate an. Die Anbieter sind in der *Deutschen Gesellschaft für wissenschaftliche Weiterbildung und Fernstudium* miteinander vernetzt. Die Teilnehmer zahlen i. d. R. hohe Gebühren. Obwohl eine Vielzahl weiterbildender Masterstudiengänge angeboten wird, fristet die wissenschafliche W. innerhalb der akademischen Berufe weiterhin ein Nischendasein.

2.4 Sonstige

Neben den drei großen Segmenten der Aufstiegs- und Anpassungsfortbildung sowie der wissenschaftlichen W. existiert eine Vielzahl weiterer Segmente beruflicher W., die aufgrund diverser rechtlicher Grundlagen teilweise kaum miteinander kooperieren. Auch ist es nicht immer möglich, sie eindeutig der beruflichen W. zuzuordnen. Zu nennen sind hier v. a. die *W.s-Gesetze der Bundesländer* (außer Berlin und Hamburg). Sie fördern nicht die lernenden Individuen, sondern anerkannte Anbieter der Erwachsenenbildung und W. wie etwa die Volkshochschulen; i. d. R. werden auch Angebote der beruflichen W. bezuschusst. Auf Länderebene (außer Bayern und Sachsen) erlauben Gesetze zur *Bildungsfreistellung* Arbeitnehmern, sich i. d. R. für bis zu fünf Arbeitstage pro Jahr für politische oder berufliche Bildung freistellen zu lassen. Die Teilnahmequote ist allerdings gering. In Baden-Württemberg wurde die Bildungsfreistellung erst im Jahr 2015 eingeführt; seitdem haben jährlich nur 1 % aller Berechtigten teilgenommen.

Regelungen zur W. finden sich auch in berufsbezogenen *Ordnungen und Verordnungen*. Unfallverhütungsvorschriften der Berufsgenossenschaften verpflichten ↑Betriebe, Ersthelfer auszubilden und fortzubilden. Die LMHV verlangt in bestimmten Tätigkeitsfeldern Hygieneschulungen. Die GewO verlangt von bestimmten Gewerben W.en, z. B. müssen Versicherungsvermittler und -berater 15 Stunden W. im Jahr nachweisen.

3. Betriebliche Weiterbildung und Personalentwicklung

Die betriebliche W. dient der Deckung der betrieblichen Qualifikationsbedarfe und der Weiterentwicklung von Kompetenzen im Hinblick auf zukünftige betriebliche Herausforderungen. Sie wird vom Arbeitgeber finanziell oder durch Freistellung von der Arbeit unterstützt. Dafür werden Trainer ins Haus geholt, Mitarbeiter zu Seminaren außerhalb des Betriebs entsendet oder W.en durch betriebsangehörige Fachkräfte angeboten. Neben der W. gewinnt die Förderung informellen Lernens am Arbeitsplatz an Bedeutung, etwa durch das sog.e *job enrichment* oder kollegiale Beratung. *Job enrichment* bedeutet, dass Beschäftigte v. a. in einfachen Tätigkeiten mehr Planungs-, Überwachungs- und Entscheidungsaufgaben zugesprochen bekommen, sodass der Arbeitsplatz Lernprozesse anregt. Gegenseitige kollegiale Beratung kann etwa in Kollegien von Lehrern institutionalisiert werden.

Die betriebliche W. wird aus betriebswirtschaftlicher Sicht der Personalentwicklung zugeordnet. Nach Manfred Becker beinhaltet diese neben der W. auch die Förderung des Personals und die Organisationsentwicklung. Mit Förderung ist gemeint, dass Mitarbeiter auf der Grundlage ihrer Kompetenzen eingestellt und gefördert werden; dazu stehen Instrumente wie Mitarbeitergespräche, Coaching oder Karriereplanungen zur Verfügung. Organisationsentwicklung ist ein Prozess, in dem neben den Kompetenzen der Personen auch die Strukturen und Prozesse der Organisation weiter entwickelt werden. Neuerdings wird die betriebliche W. auch unter dem arbeits- und organisationspsychologischen Begriff des „Kompetenzmanagements“ (Kauffeld/Paulsen 2018) behandelt. Es fasst alle Aktivitäten zusammen, mit deren Hilfe die Kompetenzen des Personals weiter entwickelt werden.

Das BetrVG limitiert die betriebliche Entscheidungsmacht über die betriebliche W. in einem begrenzten Umfang. Der Betriebsrat hat Mitwirkungsrechte im Hinblick auf W.s-Maßnahmen und er kann bei betrieblichen Veränderungen Bildungsmaßnahmen einfordern. Ähnliche Regelungen für den ↑öffentlichen Dienst enthält etwa das BPersVG. Die Arbeitnehmer haben kein individuelles Recht auf Teilnahme. Wenn ihnen allerdings wegen fehlender oder nachlassender Qualifikationen die Kündigung droht und diese durch W. abgewendet werden kann, ist der Arbeitgeber verpflichtet, die W. einer Beendigungskündigung vorzuziehen. Weitere Regelungen finden sich in Tarifverträgen und Betriebsvereinbarungen.

4. Herausforderungen angesichts des Lebenslangen Lernens

Die Herausforderungen, vor denen die W. steht, werden in den letzten Jahrzehnten hauptsächlich unter dem Stichwort des „Lebenslangen Lernens“ (Schreiber-Barsch/Zeuner 2018) diskutiert. Es wird eine systematische und effektive Förderung des formalen, non-formalen und informellen ↑Lernens gefordert. Das formale Lernen ist in das staatliche Bildungssystem integriert und führt zu anerkannten Abschlüssen. Das non-formale Lernen ist außerhalb des formalen Systems, findet aber wie dieses normalerweise in Kursen statt und ist zielgerichtet; es kann zu Abschlüssen führen, die allerdings nicht staatlich anerkannt sind. Das informelle Lernen findet im Alltag außerhalb von pädagogisch organisierten Veranstaltungen als eine „natürliche Begleiterscheinung des täglichen Lebens“ (Kommission der Europäischen Gemeinschaften 2000: 9) statt; es kann intendiert sein oder unbeabsichtigt stattfinden.

Der bildungspolitische Diskurs zum Lebenslangen Lernen weist eine ökonomische Schieflage auf. Die Notwendigkeit lebenslang zu lernen dient v. a. der Sicherung der Beschäftigungsfähigkeit der Bevölkerung, der aktiven Gestaltung des digitalen Wandels und des Wandels der Qualifikationsbedarfe sowie der Sicherung des Fachkräftebedarfs der Wirtschaft. Die Praxis der W. sträubt sich teilweise gegen diese Entwicklung, wie u. a. Analysen zur Bildungsfreistellung zeigen.

Im Rahmen der Koordinierung der nationalen ↑Bildungspolitiken fordert die ↑EU, dass die Erwachsenen sich auch die Ergebnisse des non-formalen und informellen Lernens validieren lassen können. Validierung meint, dass Erwachsene ihre Kompetenzen erfassen, dokumentieren, bewerten und zertifizieren lassen können, sodass sie auch dann einen anerkannten Ausweis über ihre Kompetenzen haben, wenn diese außerhalb formaler W.en erworben wurden. Dazu wurde ein *Europäischer Qualifikationsrahmen für lebenslanges Lernen* geschaffen, mit dessen Hilfe nationale Kompetenzrahmen entwickelt wurden. Sie dienen dazu, Kompetenzen nach ihrer Art und ihrem Niveau zu sortieren, zu beschreiben und sie miteinander vergleichbar zu machen. Allerdings weichen die nationalen Kompetenzrahmen vom europäischen Rahmen ab und sind untereinander nicht deckungsgleich, was eine gegenseitige Vergleichbarkeit von Kompetenzen und Abschlüssen erschwert. Auch steckt die Validierung der non-formalen und informellen Kompetenzen in Deutschland noch in den Kinderschuhen.

Der Intransparenz des W.s-Sektors wurde in den letzten Jahren primär durch W.s-Beratung zu begegnen versucht. So hat das *Programm Bildungsprämie* die Einrichtung von Bildungsberatungsstellen gefördert, die jedoch nicht flächendeckend vorhanden sind. Die BA soll nach dem WeGebAU von 2018 W.s-Beratung anbieten (§ 29 SGB III). Auch wurde versucht, durch Internetseiten und Datenbanken Übersichten über bestehende Angebote zu schaffen. Das Problem der Intransparenz bleibt jedoch angesichts einer Vielzahl von Akteuren, Finanzierungsmodalitäten und gesetzlichen Grundlagen, von denen hier nur die wichtigsten genannt werden konnten, bestehen. Eine Koordination aller Aktivitäten der verschiedenen Akteure der W. – der BA, des BMBF, der Länder, der zuständigen Stellen nach dem BBiG, der Trägerverbände der W. und der ↑Unternehmen – wäre erforderlich. Im Idealfall würden alle gesetzlichen Grundlagen in einem einheitlichen W.s-Gesetz zusammengefasst. Zudem bleibt die Segmentierung in die allg.e und politische Erwachsenenbildung einerseits und die berufliche und betriebliche W. andererseits problematisch. Sie führt nicht nur zu Intransparenz, sondern sie erschwert auch die Entwicklung einheitlicher Qualitätsstandards und trägt die Gefahr in sich, dass das freie, nicht berufs- und arbeitsbezogene Lernen entwertet wird.

Literatur

BIBB (Hg.): Verzeichnis der anerkannten Ausbildungsberufe 2019 • Forschungsinstitut Betriebliche Bildung: Evaluation des Bildungszeitgesetzes Baden-Württemberg BzG BW. Endbericht, 2019 • A. Grotlüschen/E. Haberzeth: Weiterbildungsrecht, in: R. Tippelt/A. v. Hippel (Hg.): Hdb. Erwachsenenbildung/Weiterbildung, [6]2018, 543–563 • S. Kauffeld/H. Paulsen: Kompetenzmanagement in Unternehmen, 2018 • C. Pohlmann: Bildungsurlaub. Vom gesellschaftspolitischen Anliegen zum Instrument beruflicher Qualifizierung?, 2018 • S. Schreiber-Barsch/C. Zeuner: Lebenslanges Lernen: Positionen, Konzepte, Programmatiken, Befunde, in: Beltz (Hg.): Enzylopädie Erziehungswissenschaft Online, 2018, 1–46 • R. Dobischat/M. Fischell/A. Rosendahl: Einführung in das Recht der Weiterbildung, 2015 • M. Becker: Personalentwicklung. Bildung, Förderung und Organisationsentwicklung in Theorie und Praxis, [6]2013 • A. M. Jaster: Recht und Weiterbildung, in: Beltz (Hg.): Enzyklopädie Erziehungswissenschaft Online, 2011, 1–31 • Ministerium für Kultus, Jugend und Sport Baden-Württemberg: Leitlinien zur Fortbildung und Personalentwicklung an Schulen in Baden-Württemberg, in: Kultus und Unterricht 2009, 223 • Kommission der Europäischen Gemeinschaften: Memorandum über Lebenslanges Lernen, 2000 • Deutscher Bildungsrat: Strukturplan für das Bildungswesen, 1970.

THOMAS FUHR

Welt

I. Philosophisch – II. Rechtlich

I. Philosophisch

1. Die irreduzible Vielfalt der Verwendung des Begriffs der Welt

Das Nomen „W." weist im alltäglichen Sprechen ebenso wie im Kontext der Wissenschaften, aber auch in der zeitgenössischen Philosophie eine irreduzible Vielzahl von Bedeutungen auf, die sich nicht auf einen einheitlichen Gebrauch oder einen univoken Begriff bringen lassen. Im Alltag dient die Verwendung des Begriffs W., zumal in einer Kombination mit weiteren Angaben, der Unterscheidung in sich strukturierter, einheitlich gedachter Bereiche von anderen Sphären, wenn z. B. von einer „W. der Kunst", einer „W. der Unterhaltung" und einer „W. des Sports" im Unterschied zu einer „W. der Wissenschaften" oder der „W. der Politik" die Rede ist. Auf ähnliche Weise sprechen wir auch von der „Arbeits-W." im Unterschied zu anderen gesellschaftlichen Teilbereichen, und wir sprechen von einer „Lebens-W. der Tiere" oder auch von einer „Gebirgs-W." im Unterschied zu anderen Formationen der sog.en „natürlichen W.". In der ↑Soziologie dient der Begriff der W. etwa bei Niklas Luhmann dazu, nicht nur einen eingegrenzten Teilbereich innerhalb der ↑Gesellschaft von anderen Bereichen zu unterscheiden, sondern das Spezifische eines bes.n „Teilsystems" von der dieses System umgebenden „W." im Ganzen (oft auch schlicht „Umwelt" genannt) als dem Inbegriff einer komplexen und nicht näher bestimmten gesellschaftlichen Wirklichkeit insgesamt zu unterscheiden, die gerade nicht zum vorliegenden spezifischen System gehören soll, auf die sich das Teilsystem aber beständig bezieht, indem es sich von der W. unterscheidet (↑Systemtheorie). Häufig eröffnet der Begriff der W. auch die sprachliche Möglichkeit einer generalisierenden Perspektive, manchmal sogar einer universalisierenden Aussage, wie dies etwa an den im 18. und 19. Jh. aufkommenden Begriffen der „W.-Geschichte" oder der „W.-Literatur" und im 20. Jh. an den Begriffen einer „W.-Gesellschaft" oder einer „W.-Öffentlichkeit" beobachtet werden kann. In diesen Beispielen bezieht sich das Wort W. auf die Gesamtheit dessen, worüber gesprochen werden soll, und kommt so in die Nähe des heute üblich gewordenen Begriffs der Globalität, der einen sachlichen Zusammenhang von Ereignissen und Strukturen adressiert, der sich über den gesamten Globus erstreckt und der überwiegend verstanden wird als eine Gestalt von Gesellschaft, nicht von politischer Gemeinschaft.

Der Begriff W. fungiert manchmal auch als ein Inbegriff dessen, was überhaupt existiert, so wie es Ludwig Wittgenstein zu Beginn seines „Tractatus logico-philosophicus" (1969) zum Ausdruck bringt, wenn er feststellt: „Die Welt ist alles, was der Fall ist" (Wittgenstein 1969: 11) (Tractatus 1), wobei er zugl. i. S. d. frühen ↑*analytischen Philosophie* voraussetzt, dass zwischen ↑Sprache und W. ein Abbildverhältnis herrscht (vgl. Tractatus 4.01). Der Begriff W. kann aber auch alles das bezeichnen, was in einer ↑Wissenschaft überhaupt noch erforscht werden soll, wenn z. B. die Astrophysik mit dem Begriff des ↑Weltraums den de facto unbegrenzten Horizont ihres Forschungsgegenstands bezeichnet. Dabei fällt auf, dass hier nicht allein das Universum als Ganzes mit dem Wort W. belegt wird, sondern auch Teilbereiche wie bestimmte Sonnensysteme innerhalb des W.-Raums mit dem Plural von W.en bezeichnet werden. In der neuzeitlichen Philosophie wird, z. B. bei René Descartes, der Versuch einer neuen Begründung von Metaphysik vorgelegt (so in seinen „Meditationen" [1983]) und eine Unterscheidung eingeführt, die zu einem veränderten Konzept von W. führt: Es ist die Unterscheidung einer *res extensa* von einer *res cogitans*. Dies führt zu einer Rede von einer „Außen-W.", die wir in unserer Erkenntnis zunächst nur höchst ungewiss erkennen können und die sich grundsätzlich von einer „Innen-W." unterscheidet, die rein mental verstanden wird und im Blick auf das menschliche Erkennen mit höchster Gewissheit ausgestattet ist. Dieser erkenntnistheoretische Dualismus von Außen-W. und Innen-W. hat bis in die Philosophie des 20. Jh. auch ontologisch gravierende Folgen. Noch Edmund Husserl bezieht sich bei seiner Begründung der ↑Phänomenologie auf diese Unterscheidung einer „Außen-W." von einer „Innen-W.". Im weiteren Verlauf der Entfaltung seines zunächst sehr strikten mentalistischen Verständnisses der Phänomenologie gelangt E. Husserl schließlich zu einem Begriff von ↑„Lebenswelt", in der sich auf eine intersubjektiv verbindliche Weise ein alltägliches Wissen mit der sozialen Realität so verbindet, dass die theoretisch sortierte Erkenntnis der W. von dort ihren Ausgang nehmen kann. Hieran schließen die Studien von Alfred Schütz in der Soziologie an. In einer anderen, nämlich existenzialontologischen Absicht, greift der Husserl-Schüler Martin Heidegger auf Strukturen der sog.en Daseins-Verfassung des Menschen aus, um für sein frühes Projekt einer Existenzialontologie in „Sein und Zeit" (1972) die „Existenzialien" zu finden, die das „Dasein" des Menschen bestimmen (Heidegger 1972: 44). Unter ihnen ist von der W. als dem „In-der-Welt-sein" (Heidegger 1972: 52) des Menschen die Rede, also einem Ort, an dem der Mensch sein Dasein vollzieht (↑Existenzphilosophie). In einem anderen Sinn spricht Karl Popper in seiner Wissenschaftstheorie von „drei Welten" (Popper 1973: 123), die wir epistemologisch unterscheiden müssen: der realen physikalischen W., der W. subjektiver Geisteszustände sowie der „dritten W." objektiv vorgestellter Bedeutungsgehalte. Und in seiner „Theorie des kommunikativen Handelns" (1981) spricht Jürgen Habermas von einer „objektiven Welt" äußerer Tatsachen, über die wir Aussagen mit Wahrheitsansprüchen (↑Wahrheit) machen können, einer „sozialen Welt" intersubjektiver Regeln und Normen und einer „subjektiven Welt" des nur dem Einzelnen zugänglichen Erlebens (Habermas 1981, Bd. 1: 149).

2. Die Begriffe der „Welt" in der früheren Geschichte der Philosophie und Theologie

Bei einer Durchsicht der Vielfalt der Verwendung des Begriffs der W. fällt grundsätzlich auf, dass von W. sowohl in einem „räumlichen Sinn" (W. als „Globus" oder auch, davon abgeleitet, als „Geltungsbereich") als auch in einem „zeitlichen Sinn" (W. als „Zeitalter" oder auch als „Geltungsdauer") gesprochen werden kann. Dies zeigt sich bereits bei einer Sichtung der Aussagen über W. in der früheren Geschichte von Philosophie und ↑Theologie. Dieser Beobachtung entspricht der Umstand, dass weder in der altgriechischen noch in der lateinischen Sprache dem im Deutschen verwendeten *einen* Nomen „W." ein einfaches Äquivalent entspricht. So verwendet das Griechische die Worte: *kosmos*, *ouranos* und *aion*, um „das Ganze des geordneten Alls", „das Himmelsgewölbe" und „das Zeitalter" bzw. die „Zeitdauer" zum Ausdruck zu bringen, während das Lateinische hier von *mundus* („W. als Ort"), *universum* („W.-All") und *saeculum* („W. als Zeit") spricht. Es sind gerade diese unterschiedlichen Redeweisen von W. als ↑Raum (auch als Geltungsbereich) oder W. als ↑Zeit (auch als die bestimmte Verfassung einer Zeit, einer ↑Kultur oder einer Gesellschaft), die in der Geschichte der Philosophie, aber auch der Theologie, auf verschiedene Aussageintentionen hinweisen, die miteinander verbunden, aber distinkt voneinander verwendet werden können. So bezeichnen etwa die ionischen Naturphilosophen vor Platon mit dem Begriff der W. als Kosmos die Gesamtheit dessen, was überhaupt wirklich ist, während die Philosophie im Anschluss an Platon zwischen der „W. der sinnlichen Erscheinungen", der „W. der Begriffe" und des Denkbaren (insb. der Mathematik) und der „W. der Ideen" unterscheidet – eine sowohl erkenntnistheoretische als auch ontologische Differenzierung, die sich auch später noch bei dem ersten Platonkritiker Aristoteles finden lässt und die bis in die Gegenwart der philosophischen Debatten – wenn auch z. T. unter anderen Termini wie etwa „mundus sensibilis" oder „mundus intelligibilis" (so z. B. Kant 1911: 163) – noch heute ausmachen lässt.

Auch im AT und im NT begegnen unter dem Begriff der W. unterschiedliche Ebenen der Bedeutung des Begriffs der W., die miteinander kombiniert sein können oder auch nicht. So kann die Bezeichnung „W." sowohl die positive Aussage einer guten Schöpfung der W. durch Gott zur Sprache bringen oder auch nur (wie etwa im hebräischen Begriff *olam*) eine lange Zeitdauer, aber auch die apokalyptische Aussage einer zu Ende gehenden, ablaufenden Zeit. Die Bezeichnung der W. kann auch einfach nur in Form eines radikal negativen Urteils über die W. als einen Raum bzw. als eine Zeit der Gottesferne und daher als Inbegriff „der Sünde" auftreten, eine Charakterisierung, die einem gesamten Zeitalter, und zwar typischerweise der Gegenwart des Verfassers des Textes zugesprochen wird (vgl. hierzu 1 Kor 2,12). Der Begriff der W. kann somit in der Geschichte der Philosophie und Theologie entweder eine Konstellation des kosmologischen Anfangs oder eine grundlegende, geradezu existentielle Verfassung des menschlichen Lebens thematisieren oder aber er zielt auf eine Vision, die auf das Ende des Kosmos und der Geschichte (↑Geschichte, Geschichtsphilosophie) vorausschaut, und artikuliert somit eine eschatologische Sicht auf die W., wie sie in der Rede von einem „W.-Ende", von einem „W.-Gericht" und von der Hoffnung auf eine messianische Rettung der Gerechten begegnet, mit der eine zukünftige W. oder biblisch gedacht eine „neue W." beginnt, die auf einen neuen Himmel und eine neue Erde vorausschaut. Die beobachtbare Ambiguität in der Verwendung des Begriffs der W. zieht sich durch viele Texte der Geschichte der klassischen Philosophie und der Theologie. Und diese Geschichte spiegelt sich noch in der Gegenwart in der Mehrdeutigkeit, die den Begriffen der „Verweltlichung", der „Entweltlichung", der ↑„Säkularisierung" und dem neueren Konzept des „Postsäkularen" eigentümlich ist.

3. Die praktische Idee der „moralischen Welt": Die durch Recht und Moral vereinigte und politisch verfasste „Menschheit"

Mit der Widerlegung des ptolemäischen W.-Bilds ist die ältere, kosmologisch-physikalisch begründete Vorstellung obsolet geworden, dass die Erde als das Zentrum der W. und die auf der Erde lebende Menschheit infolgedessen bereits als eine Einheit zu begreifen ist. Doch führt dies philosophisch nicht zwingend dazu, den theoretischen Begriff der *einen W.* zu verabschieden. Gottfried Wilhelm Leibniz arbeitet mit dem Gedanken der *möglichen W.* einen neuen dynamischen Begriff von W.en heraus, der in der Geschichte der Metaphysik die Philosophie von Johannes Duns Scotus mit Immanuel Kants Transzendentalphilosophie verbindet. I. Kants kritische Philosophie formuliert zugl. die praktische Idee der W. als der „einen Menschheit", die sich zuerst unter den Gesetzen des ↑Rechts miteinander verbindet, die aber darüber hinaus auch dazu aufgerufen ist, den Einsichten der ↑Moral zu folgen, v. a. die unaufgebbare Würde des Menschen (↑Menschenwürde) zu achten, jeden Menschen als ein Wesen zu achten, das seinen Zweck in sich besitzt und so in jedem Menschen zugl., wie I. Kant sich ausdrückt, „die Menschheit" (Kant 1911: 429) anzuerkennen.

Bereits in seiner frühen Schrift zur Geschichtsphilosophie von 1784 betrachtet I. Kant die menschliche Geschichte in einer „weltbürgerlichen Absicht" (1923). Eine ausführlichere Begründung für seine Idee der „einen Menschheit" und einen möglichen ↑Fortschritt liefert I. Kant allerdings erst in seinen späteren Schriften. Hier ist die umfassende „Kritik der Vernunft" bei I. Kant maßgeblich. Mittels ihrer Einsichten gelangt I. Kant einerseits zur theoretischen Entdeckung der W. als „Inbegriff der Erscheinungen" (Kant 1904: 315), aber auch zur praktischen Einsicht, dass auch die moralische W. als eine Realität bestimmt werden muss, die sich in Gestalt von Recht und Moral verwirklicht. Die erste Einsicht verdankt sich seiner Kritik des theoretischen Erkenntnisvermögens des Menschen in der „Kritik der reinen Vernunft" (1904/1911), die zweite Einsicht verdankt sich I. Kants „Kritik der praktischen Vernunft" (1913) sowie der „Kritik der Urteilskraft" (1913), der „Religionsschrift" (1914), den sich anschließenden politischen Schriften sowie der „Metaphysik der Sitten" (1914). Aus der Einsicht in die spezifische ↑Realität auch der „moralischen Welt" (Kant 1904: 525) folgt bei I. Kant, dass im Namen der Vernunft (↑Vernunft – Verstand) auch von einer Hoffnung auf eine zukünftige W. gesprochen werden kann – sowohl im Blick auf den Einzelnen und ein Leben des Menschen nach dem Tod als auch im Blick auf die Menschheit als Ganze und den Verlauf der W.-Geschichte, als deren politisches Ziel I. Kant eine globale, also weltweite Friedensordnung fordert. Dieses Ziel kann I. Kant zufolge durch ein zweistufiges Verfahren erreicht werden, indem sich nämlich erstens die „despotischen Staaten" durch eine freiwillige Reform (oder modern gesprochen unter dem Druck von echten ↑Bürgerrechtsbewegungen) auf dem Weg einer Herstellung rechtsstaatlicher Prinzipien wie der ↑Gewaltenteilung und dem Prinzip demokratischer ↑Öffentlichkeit in ihrem Inneren zu „Republiken" (↑Republikanismus) wandeln, und indem die so entstandenen ↑Rechtsstaaten zweitens untereinander eine international, ggf. sogar weltweit geltende Rechtsordnung herstellen. Ihre Grundlage ist, dass die Staaten ein für allemal auf den ↑Krieg als ein Instrument der ↑Politik Verzicht leisten. Der ↑Friedensvertrag zwischen allen republikanischen Staaten auf der W. tritt bei I. Kant an die Stelle einer von der Vernunft abstrakt geforderten „Weltrepublik" (Kant 1923: 357), doch muss dieser Friedensvertrag auch eine institutionelle Form der Durchsetzung von Rechtsprinzipien erhalten, wenn die Idee des Friedens in der W.-Politik nicht scheitern soll. Der Herstellung des ↑Friedens weltweit dient auch das von I. Kant in seiner „Friedensschrift" erstmals geforderte „Weltbürgerrecht" (Kant 1923: 360), das er als ein Recht von Menschen gegenüber allen ↑Staaten zumindest auf Besuch konzipiert. In seiner „Religionsschrift" legt I. Kant noch die weiterführende Idee einer auf Moralität gegründeten „Gemeinschaft" von Menschen, die weltweit miteinander verbunden sind und die zur Rechtsgemeinschaft der staatlich verfassten Völker als Zeichen der auch moralisch vereinten Menschheit hinzutreten soll, um einen sowohl rechtlich als auch moralisch gestützten Fortschritt „zum Guten" zu gewährleisten. Auf diesem Weg skizziert I. Kant die Idee einer politisch-rechtlichen *und* moralisch-sittlichen Einheit der W. in Form der *einen Menschheit*, in der die Vernunftidee der „moralischen W." nicht mehr nur als ein Postulat der reinen praktischen Vernunft (↑Vernunft – Verstand) auftritt, sondern zugl. als möglich und durch menschliches Handeln zu verwirklichen gedacht wird.

Somit ist es im Anschluss an diese Argumentation bei I. Kant erlaubt, die Geschichte der Menschheit auch als eine Geschichte des möglichen Fortschritts „in weltbürgerlicher Absicht" zu beschreiben. Wir sollen uns I. Kant zufolge nämlich nicht nur in unserem Handeln diesem Ziel unaufhörlich *annähern*, sondern unsere Hoffnung auf einen Rechtszustand zwischen den Völkern kann ihm zufolge auch tatsächlich *wirklich* werden. Dies aber setzt voraus, dass die Menschheit, die über die gesamte W. – aufgrund ihrer Kugelstruktur auch verstanden als „Globus" – nicht nur räumlich verteilt ist, sondern auch rechtlich miteinander verbunden wird, sich auf institutionelle Prinzipen der Rechtsstaatlichkeit und des öffentlich überprüfbaren Gewaltverzichts gegeneinander verbindlich verständigt. Dieser Gedanke setzt voraus, dass „die Menschheit" sich zuerst *gesellschaftlich* als *eine* Öffentlichkeit mit freiem Zugang aller zu den verfügbaren ↑Informationen und einem freien Austausch der Meinungen (↑Meinungsfreiheit) konstituiert. Dieser Schritt macht es ferner möglich, dass die so gesellschaftlich konstituierte Menschheit auch die *politischen* Räume zwischen den Staaten und damit die W.-Politik rechtlich gestaltet und globale Institutionen schafft, die die Prinzipien der Öffentlichkeit und des Internationalen Rechts, vornehmlich die Geltung der ↑Menschenrechte, auch rechtlich effektiv durchzusetzen vermögen. An diesem Mechanismus fehlt es bislang den ↑*Vereinten Nationen* und ihren Organisationen; sie leiden darunter, dass sie infolge ihrer gemessen an ihrer Aufgabenstellung unangemessenen Struktur nur ein Spielball der Großmächte sind. Doch könnten diese Mechanismen, I. Kant zufolge, geschaffen werden, wenn die echten ↑Republiken sich nur zusammenfinden. Sind diese Mechanismen aber, wenn auch nur unter den wirklichen Republiken, erst einmal hergestellt, müssen sie politisch immer wieder neu mit Leben gefüllt werden. Gleiches gilt für die Rechtsstaatsprinzipien der einzelnen ↑Demokratien, die ohne eine immer wieder erneuerte moralische Einstellung der Menschen, und d. h. ohne deren Tugenden, und ohne politisch effiziente Strukturen von Recht und ↑Verwaltung in Krisensituationen in Bedrängnis geraten können. In diesem Sinn ist die „moralische W." bei I. Kant, verstanden sowohl als eine „sittliche W." als auch als eine „rechtliche W.", eine andauernde und bleibende Aufgabe, aber keine ↑Utopie im „Nirgendwo" eines kontrafaktischen Postulats. Diese Idee hat ihren realen Platz in *dieser einen W.*, in der wir leben, und das Subjekt ihrer Realisierung ist „die Menschheit", die sich auch kommunikativ im Zuge der Globalisierungsprozesse (↑Globalisierung) der vergangenen Jahrzehnte de facto konstituiert hat und jetzt vor der praktischen Aufgabe steht, ihre Bestimmung durch tatsächliches Handeln zu verwirklichen. Es ist diese Aufgabe, die den Gehalt und die grundlegende Herausforderung einer normativ gehaltvollen Konzeption von Politik insb. im 21. Jh. definiert.

Literatur

H. Poser: Leibniz' Philosophie, 2016 • R. Sierra: Kulturelle Lebenswelt. Eine Studie zum Lebensweltbegriff im Anschluss an Jürgen Habermas, Alfred Schütz und Edmund Husserl, 2013 • M. Lutz-Bachmann/A. Niederberger/P. Schink: Kosmopolitanismus, 2010 • F. Cheneval: Philosophie in weltbürgerlicher Bedeutung. Über die Entstehung und die philosophischen Grundlagen des supranationalen und kosmopolitischen Denkens der Moderne, 2002 • L. Honnefelder: Scientia transcendens, 1990 • R. Decartes: Meditationen über die Erste Philosophie, 1983 • J. Habermas: Theorie des kommunikativen Handelns, 2 Bde., 1981 • A. Schütz/T. Luckmann: Strukturen der Lebenswelt, 2 Bde., 1979/84 • E. Husserl: Cartesianische Meditationen, 1977 • Ders.: Die Krisis der europäischen Wissenschaften und die transzendentale Phänomenologie, 1977 • A. Schütz: Der sinnhafte Aufbau der sozialen Welt, 1974 • I. Wallerstein: The Modern World System, 1974 • K. Popper: Objektive Erkenntnis, 1973 • M. Heidegger: Sein und Zeit, [12]1972 • J. Habermas/N. Luhmann: Theorie der Gesellschaft oder Sozialtechnologie: Was leistet die Systemforschung?, 1971 • N. Luhmann: Die Weltgesellschaft, in: ARSP 57/1 (1971), 1–35 • L. Wittgenstein: Tractatus logico-philosophicus, [7]1969 • K. Löwith: Der Weltbegriff der neuzeitlichen Philosophie, 1960 • I. Kant: Idee zu einer allgemeinen Geschichte in weltbürgerlicher Absicht, in: AA, Bd. VIII, 1923, 15–31 • Ders.: Zum Ewigen Frieden, in: AA, Bd. VIII, 1923, 341–386 • Ders.: Die Religion innerhalb der Grenzen der bloßen Vernunft, in: AA, Bd. VI, 1914, 1–202 • Ders.: Metaphysik der Sitten, in: AA, Bd. VI, 1914, 203–493 • Ders.: Kritik der praktischen Vernunft, in: AA, Bd. V, 1913, 1–163 • Ders.: Kritik der Urteilskraft, in: AA, Bd. V, 1913, 165–485 • Ders.: Grundlegung zur Metaphysik der Sitten, in: AA, Bd. IV, 1911, 385–463 • Ders.: Kritik der reinen Vernunft (1. Aufl. 1781), in: AA, Bd. IV, 1911, 1–252 • Ders.: Kritik der reinen Vernunft (2. Aufl. 1787), in: AA, Bd. III, 1904, 1–552.

MATTHIAS LUTZ-BACHMANN

II. Rechtlich

1. Begriff der Welt

Der Begriff der W. ist keiner eindeutigen rechtswissenschaftlichen Definition zugänglich. Zugl. weist der Begriff W. mannigfaltige Bezüge zu den unterschiedlichsten Rechtsfragen auf. Nach dem Verständnis moderner und säkularisierter Gesellschaften (↑Moderne; ↑Säkularisierung) ist das Recht in Abkehr von religiös fundierten Naturrechtslehren (↑Naturrecht) zuvorderst ein weltliches Phänomen. Auch kirchliches Recht ist von Menschen formuliertes Recht, welches in seinem in Anspruch genommenen Geltungsgrund diese Bedingtheit allerdings zu transzendieren versucht. In dieser Form religiös geprägtes Recht ist aber ebenso Recht „in der W." wie weltliches Recht. Das ↑Recht kann dabei durchaus in Anspruch nehmen, in seinem Regelungsanspruch über die physische W. hinauszugehen.

2. Bedeutungsebenen

Aus einer rechtlichen Perspektive kann zwischen zwei Bedeutungsebenen des Begriffs W. unterschieden werden. Zum einen nehmen rechtliche Regeln unterschiedlicher Rechtsebenen auf den Begriff W. Bezug. Zum anderen kann es sich bei einer Bezugnahme auf den Begriff W. um ein heuristisches Mittel zur analytischen Durchdringung der Rechtsentwicklung handeln.

2.1 Bezugnahme auf die Welt durch rechtliche Regeln

Das Recht kann auf den Begriff der W. verweisen. Beispiele hierfür sind sowohl im innerstaatlichen Recht wie auch im ↑Völkerrecht nachweisbar. So geht das deutsche ↑Steuerrecht im Grundsatz vom W.-Einkommensprinzip aus, wonach die Summe von in- und ausländischen Einkünften eines in Deutschland Steuerpflichtigen der Besteuerung unterliegt (vgl. § 1 Abs. 1 S. 1 EStG). Im deutschen ↑Strafrecht ist für die Begehung von international bes. geächteten Verbrechen das sog.e W.-Rechtsprinzip verankert (§ 1 VStGB), was auf entspr.e völkerrechtliche Jurisdiktionsregeln verweist. Der Begriff der W. verweist auf einen Tatbestand, der nicht nur das deutsche ↑Staatsgebiet transzendiert, sondern die Gesamtheit der Erdoberfläche in Bezug nimmt.

Gegenstand völkerrechtlicher Regeln ist die Aufteilung der W. in unterschiedliche Gebiete, Zonen und Sphären. Es ist traditioneller Inhalt des Völkerrechts, die Erdoberfläche und den sie umgebenden Luftraum in staatliche Hoheitsgebiete einerseits und Bereiche aufzuteilen, die andererseits nicht der exklusiven Hoheitsgewalt eines Staates unterliegen bzw. sogar als Gemeinschaftsgut definiert sind (↑„Grenze"). An das Staatsgebiet knüpft das ebenfalls der staatlichen Hoheitsgewalt unterliegende Küstenmeer (Art. 2, 3 SRÜ) an. Daran schließt sich die Allgemeine Wirtschaftszone an (AWZ, Art. 55 SRÜ), die in Teilen mit dem Festlandsockelregime überlappen kann (Art. 76 SRÜ). Sowohl AWZ als auch das über dem Festlandsockel befindliche Wasser sind rechtstechnisch Teil der Hohen See mit im Einzelnen ausdifferenzierten Rechtsfolgen. Das sog.e „Gebiet", d. h. der Meeresboden und der Meeresuntergrund jenseits der Grenzen des Bereichs nationaler Hoheitsbefugnisse mitsamt der sich dort befindlichen Ressourcen, ist „gemeinsames Erbe der Menschheit" (Art. 136 SRÜ). Gemeinsam mit dem Sonderregime für die Antarktis sorgen die seevölkerrechtlichen Regeln und der völkergewohnheitsrechtlich (↑Gewohnheitsrecht) anerkannte Grundsatz der staatlichen ↑Souveränität dafür, dass es keine Gebiete auf der W. gibt, die nicht Gegenstand völkerrechtlicher Regeln sind. In der Gesamtschau decken sich die völkerrechtlichen Regeln in ihrer geographischen Erstreckung so mit den geologisch-physikalischen Gegebenheiten der existierenden W.

Die W. als physischer Ort ist zudem Gegenstand vielfältiger völkerrechtlicher Regeln, die auf ihren Schutz abzielen. Das Umweltvölkerrecht hat sich dabei von seinen nachbarrechtlichen Wurzeln emanzipiert, in denen ein bilaterales Schädigungsverbot dominierte. Neuere Schichten des Umweltvölkerrechts nehmen demgegenüber den Schutz von teilweise lokalisierbaren Gemeinschaftsgütern (wie etwa den Schutz von Gewässern) ebenso in den Blick wie die Herausforderung der globalen Klimakrise (↑Klimawandel), zu deren größtmöglicher Verringerung und Anpassung ein komplexes UN-Klimaschutzregime existiert. Ein nicht unerheblicher Teil der heutigen Völkerrechtsordnung ist somit auf die Sicherung der weiteren Existenz der W. gerichtet.

2.2 Begriff der Welt als heuristisches Kriterium zur Erfassung der Rechtsentwicklung

Die W. ist aber nicht nur Anknüpfungspunkt rechtlicher Normierung und Gegenstand von ↑Normen zum Schutz ihrer selbst, sondern dient in verschiedenen Kontexten auch als heuristisches Kriterium zur Erfassung allg.erer Trends der Rechtsentwicklung.

In der Geschichte finden sich vielfältige Beispiele für imperiale Ordnungsmuster, in denen das eigene Recht als genuines W.-Recht angesehen wurde, etwa im Fall des römischen Rechts. Die Erstreckung des eigenen Rechts auf die ganze W. kann dabei mehr oder weniger offen Zielsetzung eines ↑politischen Systems sein. Ansätze hierzu fanden sich etwa in der Ausrichtung des ↑Kommunismus auf die proletarische W.-Revolution (↑Revolution). So formulierte das Programm der KPdSU noch 1961, dass sich die W. in einer „Epoche des Übergangs immer neuer Völker auf dem Weg des Sozialismus" und hin zur „Epoche des Triumphes des

Sozialismus und Kommunismus im Weltmaßstab" (Tunkin 1963: 11) befände.

Das derzeitige internationale System basiert auf dem Ordnungsmodell souveräner ↑Staaten. Versuche, dieses Modell zu überwinden, rekurrierten in der Vergangenheit nicht selten auf Vorstellungen eines weltumspannenden Rechts, in welchem der souveräne Nationalstaat nicht mehr die zentrale Ordnungseinheit darstellt. So wurde nach Ende des ↑Kalten Krieges auf politischer Ebene eine „Neue Weltordnung" propagiert (so George Herbet Walker Bush in seiner Rede vor dem Kongress am 11.9.1990), die im geopolitischen Moment eines vorgeblichen „Endes der Geschichte" (Fukuyama 1992) an die Stelle des ↑Ost-West-Konflikts treten würde. Auf die Ebene des Rechts übersetzt fanden sich vergleichbare Vorstellungen in der Vision eines „Weltinnenrecht[s]" (Delbrück 2002). Diese Wortneuschöpfung ging auf die Diagnose eines Verschwindens der traditionellen Grenze zwischen dem inneren und dem äußeren Bereich der Staaten zurück. Bes. bedeutsam für diese Vorstellung war die zunehmende Infragestellung des *domaine réservé* der Staaten. Die Beachtung grundlegender ↑Menschenrechte wurde vielmehr zum Gegenstand eines internationalen *droit de regard*, was sich in den Kategorien des zwingenden Völkerrechts wie der Verpflichtungen *erga omnes* ausdrückte.

Beabsichtigt war damit auch eine Positionierung gegen den Nationalstaat überhöhende Vorstellungen staatlicher Souveränität, wie sie etwa Carl Schmitt im „Begriff des Politischen" formulierte. Basierend auf einer Unterscheidung zwischen Freund und Feind folgerte C. Schmitt: „Die politische Einheit setzt die reale Möglichkeit des Feindes und damit eine andere, koexistierende, politische Einheit voraus. Es gibt deshalb auf der Erde, solange es überhaupt einen Staat gibt, immer mehrere Staaten und kann keinen die ganze Erde und ganze Menschheit umspannenden Welt‚staat' geben. Die politische Welt ist ein Pluriversum, kein Universum" (Schmitt 1932: 41).

Die Schmittsche Unterscheidung zwischen Freund und Feind wird in der heutigen Staats- und Völkerrechtstheorie ganz überwiegend zurückgewiesen, ebenso wie die Idee eines W.-Staates. Um „den Strom der rechtsscheuenden, feindseligen Neigung" (Kant 1795: 213) aufzuhalten widmet sich die Völkerrechtslehre ganz überwiegend der Konstruktion von realisierbaren Formen der internationalen Zusammenarbeit. Insofern kann sie sich ideengeschichtlich auf Immanuel Kants Schrift „Zum ewigen Frieden" (1795) stützen, der eine W.-Republik zwar ablehnte, aber die Konstruktion eines Friedensbundes anregte (↑Frieden), ergänzt um die Idee eines vor dem Hintergrund der an allen Plätzen der Erde gefühlten Rechtsverletzungen notwendigen, aber auch auf Bedingungen der allg.en Hospitalität beschränkten W.-Bürgerrechts. Diese Ansätze werden in der gegenwärtigen ↑politischen Philosophie wie im Völkerrecht weiter stark rezipiert.

Zugl. haben sich die mit der Formulierung eines „W.-Innenrechts" verbundenen Hoffnungen nicht erfüllt. Die gegen „Globalisten" und universelle Werte formulierte Politik der US-Regierung unter Präsident Donald J. Trump war nur ein Anzeichen für diesen Wandel. In der Sache gewichtiger ist die wachsende Einsicht in die historische Bedingtheit des liberal-westlichen Völkerrechtsprojekts der 1990er Jahre, das mit einer Charakterisierung als „W.-Innenrecht" ebenso verbunden war wie mit den Erwartungen einer ↑Konstitutionalisierung des Völkerrechts.

Mehrere Generationen von Vertretern sog.er „Third World Approaches to International Law" (TWAIL) haben auf die Inanspruchnahme der Universalität aus einer westlich-europäischen Perspektive und ihren Auswirkungen auf die völkerrechtliche Vorstellung der W. und ihrer Aufteilung hingewiesen. Nach dem weitgehenden Abschluss der Dekolonisierung sind Forderungen nach einem postkolonialen Völkerrecht (↑Postkolonialismus) gleichwohl nicht verstummt, sondern finden im Gegenteil auch im völkerrechtlichen Mainstream vermehrt Beachtung. Dies verdankt sich nicht zuletzt einem gewachsenen Bewusstsein für die historische Ungerechtigkeit und die vielfachen Verbrechen, die mit der „Landnahme" von nicht-europäischen Territorien durch die westlichen Kolonialmächte verbunden war. Die rechtswissenschaftliche Diskussion kann hier auf entspr.en Arbeiten globalgeschichtlicher Provenienz aufbauen.

3. Entwicklungslinien und Zukunftsmodelle

Für die Zukunft der W. sind verschiedene Ordnungsmodelle denkbar. Nach Ende des Kalten Krieges und der sich daran anschließenden Phase des Optimismus bzgl. der Tragfähigkeit westlicher Ordnungsvorstellungen sieht alles nach dem Anbruch eines chinesischen Jahrhunderts aus. Für die Ordnung der W. in einem rechtlichen Sinn ist zu beobachten, wie sich China in den vergangenen Jahren aus der Rolle eines *Norm takers* zunehmend in die eines *Norm shapers* bzw. *Norm makers* verwandelt hat. Die für die chinesische Positionierung in der W. bedeutsame sog.e „Neue Seidenstraße" („Belt and Road Initiative") könnte insofern für eine Renaissance von tradierten Ordnungsvorstellungen stehen, die China als Mittelpunkt der W. begreifen.

Die zunehmende ökonomische wie politische Vormachtstellung Chinas zeigt sich bes. deutlich im Bereich der digitalen Innovationen (↑Digitalisierung). Wie sich das Verständnis der W. und des sie prägenden Rechts durch die neuen Möglichkeiten künstlicher Intelligenz verändern wird, ist bisher unabsehbar. Wird die W. bisher als Zusammenspiel von physikalisch-geologischer Realität mit menschlichem und tierischem Wirken begriffen, so erscheint es als nicht unwahrscheinlich, dass die Vorstellung der W. durch neue Formen der Virtualität und des nicht mehr nur menschlich bedingten Handelns wesentlich verändert wird. Zugl. sind menschliche

Faktoren und staatliche wie internationale Regeln bisher auch für den Bereich des ↗Cyberspace maßgeblich geblieben, für den in den 1990er Jahren auch bereits eine erhebliche „Entweltlichung“ i. S. eines Zurückdrängens staatlicher Regelungsansprüche prognostiziert wurde.

Die größte Herausforderung für bisher herrschende Vorstellungen der W. dürfte dabei in der zunehmend akzeptierten Klassifizierung eines neuen Erdzeitalters des ↗Anthropozän ergeben. Mit diesem Erdzeitalter soll zum ersten Mal die Schwelle zu einer Beeinflussung der geologischen Erdgeschichte durch menschliches Wirken verbunden sein, wobei nicht verschwiegen werden sollte, dass dieser Zuschreibung einer kollektiven Verantwortung auch die Gefahr der Verschleierung unterschiedlicher Beiträge und Kausalitäten immanent ist. Jedenfalls ist es heute weitgehend offen, wie sich diese neue geologische Epoche auf das Verständnis der W. in einem spezifisch rechtlichen Sinn auswirken wird.

Literatur

H. Krieger/G. Nolte/A. Zimmermann (Hg.): The International Rule of Law – Rise or Decline?, 2019 • P. Frankopan: The New Silk Roads – The Present and the Future of the World, 2018 • A. Bianchi: International Law Theories, 2016 • L. J. Kotzé: Global Environmental Constitutionalism in the Anthropocene, 2016 • A. Peters: After Trump: China and Russia Move From Norm-Takers to Shapers of the International Legal Order, in: EJIL:Talk! vom 10.11.2016, URL: https://www.ejiltalk.org/after-trump-china-and-russia-move-from-norm-takers-to-shapers-of-the-international-legal-order/ (abger.: 8.2.2021) • T. Kleinlein: Konstitutionalisierung im Völkerrecht, 2012 • H. Xue: Chinese Contemporary Perspectives on International Law, 2012 • S. Pahuja: Decolonising International Law, 2011 • B. Fassbender: The United Nations Charter as the Constitution of the International Community, 2009 • J. Osterhammel: Die Verwandlung der Welt – Eine Geschichte des 19. Jahrhunderts, 2009 • A. Anghie: Imperialism, Sovereignty and the Making of International Law, 2005 • J. Habermas: Hat die Konstitutionalisierung des Völkerrechts noch eine Chance?, in: ders. (Hg.): Der gespaltene Westen, 2004, 113–193 • B. Rajagopal: International Law From Below – Development, Social Movements and Third World Resistance, 2003 • J. Delbrück: Prospects for a „World (Internal) Law“?: Legal Development in a Changing International System, in: IJGLS 9/2 (2002), 401–431 • A. Paulus: Die internationale Gemeinschaft im Völkerrecht, 2001 • U. Manthe: Geschichte des römischen Rechts, 2000 • L. Lessig: Code and Other Laws of Cyberspace, 1999 • F. Fukuyama: The End of History and the Last Man, 1992 • G. Tunkin: Das Völkerrecht der Gegenwart – Theorie und Praxis, 1963 • C. Schmitt: Der Begriff des Politischen, 1932 • I. Kant: Zum ewigen Frieden. Ein philosophischer Entwurf, 1795.

HELMUT PHILIPP AUST

Weltanschauung

I. Philosophisch – II. Soziologisch

I. Philosophisch

Begriffsgeschichtlich betrachtet taucht das Wort W. – ein unübersetzbarer Begriff, der „als Lehnwort in zahlreichen anderen Sprachen [figuriert]“ (Willner 2020: 16) – das erste Mal bei Immanuel Kant auf. I. Kant thematisiert die W. in der „Kritik der Urtheilskraft“, wo er annimmt, dass „die Stimme der Vernunft, welche zu allen gegebenen Größen, selbst denen, die zwar niemals ganz aufgefasst werden können, gleichwohl aber (in der sinnlichen Vorstellung) als ganz gegeben beurteilt werden, Totalität fordert, mithin Zusammenfassung in eine Anschauung“ (Kant 1913: 254, KU § 26, B 92 f.). Von dieser einen Anschauung als einer von der Vernunft gesetzten „Idee eines Noumenons“ heißt es jedoch wenig später, dass sie „selbst keine Anschauung verstattet, aber doch der Weltanschauung, als bloßer Erscheinung, zum Substrat unterlegt wird“ (Kant 1913: 255, KU § 26, B 92 f.). Michael Moxter weist deshalb zu Recht darauf hin, dass I. Kants Verständnis von W. zwischen den Begriffen „Welt“ und „Anschauung“ oszilliert und deshalb nicht uneingeschränkt mit der Vorstellung von Totalität, die als Bedingung der Möglichkeit des Wahrnehmens angesehen werden muss und in der transzendentalen Idee „Welt“ als regulative Idee wieder aufgegriffen wird, verwechselt werden darf. W. bleibt für I. Kant vielmehr immer auch an die subjektive, von einer individuellen Perspektive ausgehende Deutung von ↗Welt gebunden (Moxter 2003: 545).

Der Sache nach verbirgt sich hinter dieser transzendentalphilosophischen Thematisierung eine Frage, die so alt ist wie die Philosophie selbst: wie sich der Mensch als erkennendes und reflektierendes Vernunftwesen zur Welt verhält, der er zwar einerseits als Teil angehört, die er aber andererseits zum Gegenstand seines Denkens machen kann, wofür freilich bestimmte Bedingungen vorausgesetzt werden müssen. Im eigentlichen Gebrauch des Begriffs meint W. also die Art und Weise, wie der Mensch aus seiner jeweiligen Perspektive eine Anschauung von Welt als ganzer immer bereits voraussetzt, ohne sie selbst zum Gegenstand der Anschauung zu machen. Im Umkehrschluss bedeutet dies, dass jegliche inhaltliche Bestimmung dessen, was „Welt“ ist und sein soll, erst in einem weiteren Verständnis von W. greifbar wird, das korrekter Weise eher mit „Weltbild“ wiedergegeben werden müsste.

Dass solche Fragen nach einer inhaltlichen Bestimmung aufbrechen, liegt freilich auf der Hand, wenn die Objektivität von Welt als allen Menschen gemeinsames Ganzes einerseits bewahrt werden soll, andererseits aber zugestanden wird, dass sie immer nur subjektiv durch das empirische Individuum konstituiert wird. Die Geschichte des Begriffs der W. nach I. Kant liest sich folglich wie eine zunehmende Subjektivierung, in der die eine W. in den Plural der W.en eintritt und schließlich zum heutigen Verständnis des Begriffs i. S. v. „Weltdeutung" oder – politisch instrumentalisiert – ↑„Ideologie" führt. „Der Begriff wechselt die Fronten" (Moxter 2003: 547) – das muss freilich nicht vorschnell als Dekadenzgeschichte gewertet werden. Vielmehr bewahrheitet sich die philosophiegeschichtlich seit der Antike präsente Einsicht, dass eine strenge Objektivität von Welt erkenntnistheoretisch nicht hergestellt werden kann, weil wir nicht über einen „Gottesgesichtspunkt" verfügen, der sie einzusehen ermöglichte; sie bleibt vielmehr stets vermittelt durch die Perspektiven der subjektiven Erfahrung, der Geschichte, der Sprache, der Kultur, der Religion, des Ethos.

Die Welt einer einheitlichen Deutung zu unterwerfen, führt jedoch immer auch dazu, eine W., verstanden nun als eine Gesamtauffassung von Ursprung, Struktur und Sinn der Welt, gegen konkurrierende Deutungen abzugrenzen. In dem Maße, in dem die Quellen einer W. in subjektive Grundvorstellungen und geschichtlich gegebene Überzeugungen verlegt werden, drohen W.en, wie es etwa die inflationäre Indienstnahme des Begriffs in der nationalsozialistischen Ideologie deutlich macht, in einen ↑Totalitarismus zu verfallen, der anderen W.en das Existenzrecht abspricht und keine rationale Überprüfung mehr zulässt.

Es bleibt Sache der Philosophie, diese Zusammenhänge kritisch zu reflektieren, d. h. zum einen mögliche Weltdeutungen auf ihre rationale Tragfähigkeit hin zu überprüfen, zum anderen aber, die grundsätzliche Angewiesenheit des Menschen auf eine W. – sei sie transzendentalphilosophisch oder empirisch begründet – zu explizieren.

Literatur

J. Willner: Weltanschauung, in: T. Erthel/R. Stockhammer (Hg.): Welt-Komposita. Ein Lexikon, 2020, 15–25 • H. Thomé: Weltanschauung, in: HWPh, Bd. 12, 2005, 453–460 • M. Moxter: Weltanschauung. Dogmatisch und philosophisch, in: TRE, Bd. 35, 2003, 544–555 • I. Kant: Kritik der Urtheilskraft, in: AA, Bd. 5, 1913, 165–485.

ISABELLE MANDRELLA

II. Soziologisch

W. ist die auf die Weltsicht sowie Stellung in der ↑Welt gegründete Orientierung allen Strebens eines ↑Individuums oder einer ↑Gruppe. Sie ist bedingt durch alle Lebensumstände, die ihre Trägerinnen und Träger vorfinden und aufgrund ihrer eingelebten Praxis dem reflektierenden Denken nur begrenzt zugänglich.

W. ist ein neuzeitlicher Begriff, der v. a. im Deutschland der ersten Hälfte des 19. Jh. große Verbreitung fand und seither einen begrenzten Bedeutungswandel erfahren hat. Das Konzept erwächst der aufklärerischen ↑Religionskritik, da es das Religiöse mit seinem universellen Anspruch auf Weltdeutung relativiert. Dabei steht von Anfang an eher die Abgrenzung moderner ↑Wissenschaft von religiösen Glaubenslehren als der Widerstreit unterschiedlicher Heilslehren im Vordergrund. D. h., dass es zunächst um die Frage geht, wie die Welt der Dinge zu betrachten ist. Wenig später tritt dann als weitere Dimension die Frage hinzu, was die Art und Weise des Betrachtens ausmacht. Zur Anschauung der *Welt* wie sie objektiv ist, tritt somit die *Anschauung* der Welt aus der Sicht des ↑Subjekts. W. erfasst die Welt in ihrer Totalität als sozial geprägte Vorstellung des Individuums. Damit ist sie das System des individuellen Weltverständnisses par excellence – sie bietet dem Einzelnen Orientierung nicht nur im Hinblick auf Handlungsprobleme, sondern v. a. auf deren Zusammenhang in Bezug auf die Vorstellung, die er sich von seinem Leben als sinnvolle Einheit macht und die ihm somit hilft, diesen Zusammenhang in seiner Mannigfaltigkeit als Ganzes zu verstehen. Dies ist allerdings nicht zu verwechseln mit einer universellen – unerreichbaren und damit bestenfalls als Ideal zu verstehenden – Gesamterkenntnis des Weltganzen.

Die Abgrenzung gegenüber der ↑Religion bringt allerdings Irritationen des Allgemeinheitsanspruchs früher Lesarten von W. mit sich. Indem Religion zur W. wird, steht ihr als Nicht-Religion die Wissenschaft gegenüber. Wissenschaftliche W. scheint als aufgeklärter Weltzugang der traditionalen und spekulativen Religion überlegen zu sein. Die wissenschaftliche W. besteht darin, alle Dinge des Lebens durch systematische Beobachtung zu erfassen, aus den in ihnen erkannten Regelmäßigkeiten und Zusammenhängen ↑Gesetze abzuleiten und dadurch die Welt zu erklären. Dieser objektivistischen Schauweise fehlt allerdings das, was die religiöse W. grundlegend ausgemacht hat: die Frage nach der Bewertung der Dinge. Es liegt nahe, eine Bewertung eher dem Subjekt und der Situation, in der es sich befindet, zuzurechnen. Der Wert eines Dinges könnte sich an seiner aktuellen Relevanz bemessen. Da allerdings soziale Gruppen im Laufe von Generationen je spezifische Dingverhältnisse entwickeln, welche die Gegenstände einander zuordnen und ihnen einen allg.en ↑Wert zuschreiben, ist es dem Individuum nicht möglich, über diesen Wert rein situativ zu befinden. Seine soziale Herkunft hat ihm eine bestimmte Art des Weltzugangs vermittelt als individuelle, faktische Grundüberzeugung, welche Bedeutung er den Dingen beizumessen hat. Damit spaltet sich das W.s-Konzept auf in eine faktische, unreflektierte, kontingente, vorwissenschaftliche und je individuelle Grundüberzeugung einerseits, die andererseits die Grundlage einer einheitlichen Gesamtauffassung der kulturellen, logischen, ethischen, ästhetischen, sozialen und politischen Weltzugänge bildet.

Daraus lässt sich ersehen, dass es keine universelle W. geben kann. W.en stehen – teilweise in Konkurrenz um die richtige Sicht auf das Leben und die Dinge – nebeneinander. Dies gilt zunächst für die Unvereinbarkeit der religiösen und der (natur-)wissenschaftlichen W., im Weiteren für die sich aus unterschiedlichen Religionen und Heilslehren ergebenden W.en und schließlich für ↑Kulturen mit ihren je eigenen W.en. Will man die Ausbildung der W. nicht dem unkontrollierten Werden innerhalb spezifischer Gruppenkulturen überlassen, stellt sich die Frage nach der geeigneten Instanz ihrer Ausbildung – der Philosophie. Daraus ergibt sich ein nicht unproblematischer Zirkel: W. erscheint dann als Ausgangspunkt jeder Philosophie ebenso wie ihr Ziel. Sie erwächst der Lebenspraxis, geht über in theoretische Reflexion, um letztlich wieder die ideelle Grundlage der Lebenspraxis zu bilden. Diesen Zusammenhang zeichnet Wilhelm Dilthey in seiner W.s-Lehre bereits an der Entstehung religiösen Denkens nach, das durch die begriffliche Benennung des Unsichtbaren und Unerklärlichen die strukturellen Voraussetzungen für philosophisches Denken und damit die philosophische W. schafft. Da W. aber sowohl den Vergangenheitsbezug bzw. die Gewordenheit bestimmter Praktiken und Deutungszusammenhänge als auch die theoretische Reflexion i. S. expliziter ↑Werturteile enthält, unterscheidet bspw. Max Scheler zwischen einer natürlichen, gleichwohl aus einem bestimmten kulturellen Kontext erwachsenen W. und einer aus dieser hervorgegangenen und höhere Abstraktion anstrebenden Bildungs-W.

W. wird heute als interpersonal, interkulturell standortabhängig und damit sozial wie historisch verstanden. W.en verändern sich im Laufe der Zeit. Es liegt nahe anzunehmen, dass sich nicht nur die W. des Mittelalters grundlegend von der W. der Neuzeit oder der Spätmoderne unterscheidet, sondern dass sich W.en von Generation zu Generation wandeln. Dies ist v. a. von Bedeutung, wenn es um historisches Verstehen – bspw. von Kunstwerken – aber auch darum geht, aus den Objektivationen einer bestimmten ↑Epoche deren Geist bzw. W. zu ermitteln.

In der Gegenwart dient das W.s-Konzept der Relativierung von Weltdeutungen, die Universalitäts- oder Totalitätsanspruch erheben. ↑Fundamentalismen können als weltanschauungsgebunden und damit als kontingent identifiziert werden. W. wird damit zu einem wissens- oder kultursoziologischen Begriff des Vergleichs (↑Wissenssoziologie; ↑Kultursoziologie) lebenspraktischer und zugl. theoretischer Sinnsysteme. Die Vorstellung, die Philosophie mit der Entwicklung einer universell gültigen W. zu beauftragen, scheint demgegenüber in den Hintergrund getreten zu sein.

Literatur

U. B. Glatz: Emil Lask: Philosophie im Verhältnis zu Weltanschauung, Leben und Erkenntnis, 2001 • F. H. Tenbruck: Heinrich Rickert in seiner Zeit. Zur europäischen Diskussion über Wissenschaft und Weltanschauung, in: J. Oelkers/W. K. Schulz/E.-H. Tenorth (Hg.): Neukantianismus – Kulturtheorie, Pädagogik, Philosophie, 1989, 79–105 • K. Mannheim: Beiträge zur Theorie der Weltanschauungsinterpretation, in: ders. (Hg.): Wissenssoziologie, 1964, 91–154 • W. Dilthey: Das Wesen der Philosophie, 1924 • M. Scheler: Schriften zur Soziologie und Weltanschauungslehre, 1923 f. • H. Rickert: Die Grenzen naturwissenschaftlicher Begriffsbildung, 1896.

OLIVER DIMBATH

Weltanschauungsfreiheit

1. Die Weltanschauungsfreiheit als Grundrecht

Die W. ist ein v. a. durch Art. 4 GG bestimmtes ↑Grundrecht. Art. 4 Abs. 1 GG bestimmt: „Die Freiheit des Glaubens, des Gewissens und die Freiheit des religiösen und weltanschaulichen Bekenntnisses sind unverletzlich" (Glaubensfreiheit; ↑Gewissen, Gewissensfreiheit). Auch auf inter- und supranationaler Ebene wird die W. als Grundrecht in ähnlicher Weise gewährleistet. Zu nennen sind hier Art. 18 AEMR, Art. 18 IPbpR, Art. 9 EMRK und Art. 10 EuGRC.

2. Abgrenzung zur Religionsfreiheit

Wegen ihrer Nähe zur ↑Religionsfreiheit wird nach wie vor heftig und kontrovers über die Möglichkeit bzw. Notwendigkeit der Abgrenzung von ↑Religion und ↑Weltanschauung sowie die jeweiligen Konsequenzen gestritten. Letztlich wird man aber – trotz der begrifflichen Differenzierung in Art. 4 GG – Religion und Weltanschauung nicht in wirklich überzeugender Weise voneinander abgrenzen können. Dies gilt nicht zuletzt vor dem Hintergrund einer zunehmenden Pluralisierung religiöser bzw. weltanschaulicher Überzeugungen. Religion und Weltanschauung sind im Kontext des Art. 4 GG in gleicher Weise zu schützen. Art. 4 Abs. 2 GG schützt auch die ungestörte Ausübung einer Weltanschauung, auch wenn der Begriff dort nicht explizit aufgeführt ist. Für die W. kann im Ergebnis somit auf die näheren Ausführungen zur Religionsfreiheit verwiesen werden.

Literatur

P. Hoffmann: Die Weltanschauungsfreiheit, 2012 • S. Muckel: Kommentierung zu Art. 4 GG, in: K. H. Friauf/W. Höfling (Hg.): Berliner Komm. zum GG, Bd. 1, 2009, Art. 4 • C. Mertesdorf: Weltanschauungsgemeinschaften, 2008.

STEFAN MUCKEL

Weltanschauungsgemeinschaften

Nach Art. 140 GG/137 Abs. 7 WRV werden den Religionsgesellschaften – als „juristischer Zwilling" (Heinig 2006: 2683) – „Vereinigungen gleichgestellt, die sich die gemeinschaftliche Pflege einer Weltanschauung zur Aufgabe machen". Die erstmalige verfassungsrechtliche Verankerung des Topos Weltanschauung 1919 und die Gleichstellung der W. mit Religionsgesellschaften war ein wesentliches Element des Weimarer kulturpolitischen Kompromisses. Der ↑Staat kehrte sich von der seit der ↑Reformation bestehenden ausbalancierten, christlich-paritätischen Fundierung ab, indem er sich auch der Weltanschauung und den sie repräsentierenden „Sinngemeinschaften" gegenüber öffnet. Im GG fand diese Tendenz in der Freiheit des weltanschaulichen Bekenntnisses (Art. 4 Abs. 1 GG; ↑Weltanschauungsfreiheit) ebenso ihre Fortsetzung wie im beamtenverfassungsrechtlichen Diskriminierungsverbot Art. 33 Abs. 3 S. 2 GG oder den sog.en Weltanschauungsschulen als Pendant zu den Bekenntnisschulen (Art. 7 Abs. 5 GG; s.a. § 26 Abs. 4 SchulG NRW).

Der Begriff W. ist ein „säkularer Rahmen- bzw. Mantelbegriff" (Heckel 2013: 565), der weder nach religiös-konfessionellen noch weltanschaulichen Gesichtspunkten zu interpretieren ist. Als klassisch gilt die Definition von ↑Weltanschauung als diejenige Lehre, „welche das Weltganze universell zu begreifen und die Stellung des Menschen in der Welt zu erkennen und zu bewerten sucht" (Anschütz 1933: 649). Im Gegensatz zur ↑Religion, die durch die ↑Transzendenz und den Gottesbezug geprägt wird, kennzeichnet die Weltanschauung gerade der Immanenzbezug, wenngleich beide kategoriale Prägefaktoren mittlerweile relativiert werden.

↑WRV und ↑GG stellen die Begriffe Religion und Weltanschauung einerseits differenzierend gegenüber, andererseits wird diese unterscheidende Gegenüberstellung durch die verfassungsrechtliche Gleichstellung entschärft. Eine juristisch fassbare Unterscheidung zwischen beidem erscheint fast unmöglich, es wird aber angenommen, dass die Abgrenzung auch „nicht ganz offengelassen werden [kann], da die Verfassung die Differenzierung trotz der weitgehenden Gleichstellung nicht völlig eingeebnet hat" (Heun 2000: 365). Blieb der Art. 137 Abs. 7 WRV in der Weimarer Zeit weit hinter den praktischen Erwartungen zurück, so scheint in den letzten Jahren angesichts solcher Phänomene wie „Pastafari"/„Kirche des fliegenden Spaghettimonsters" oder den sich aus religiösen Freidenkergruppen entwickelnden Humanistischen Verbänden u. a. die grundgesetzliche „Differenznivellierung" (Heinig 2006: 2684) fragwürdig geworden zu sein. Das Distinktionsbedürfnis wächst wieder und die Bereitschaft, im Zweifel auf das Selbstverständnis der „Überzeugungsgemeinschaft" abzustellen, nimmt ab. Ungeachtet der Selbstbezeichnung als ↑Kirche wird den „Pastafari" gerichtlich attestiert, dass eine (reine) Religionsparodie weder Religion noch Weltanschauung sein kann (BbgOLG Urt. v. 2.8.2017 – Az. 4 U 84/16; s.a. LT Bbg Drs. 6/381).

Der religiös-weltanschaulich neutrale Staat darf zwar an die Definition des Rechtsbegriffs W. keine allzu hohen Erwartungen stellen, eine hinreichende Konsistenz und Geschlossenheit, die der umfassenden Sinngebungskraft von Religionen vergleichbar ist, darf er gleichwohl verlangen (BVerwGE 89, 368 [369, 371]). Nicht ausreichend ist bloß eine Vermittlung bestimmter Lebensformen oder einzelner Handlungspraktiken. Erforderlich ist eine umfassende nichtreligiöse Weltdeutung und Weltsicht, wenngleich dieser Aspekt eine „signifikante Unschärfe" (Waldhoff 2010: 40) besitzt. Mangels allg. anerkannter Umschreibungskriterien besteht eine gewisse „Definitionsnot" (Hollerbach 1989: 928) des Staates. Zu beobachten ist die Tendenz bei den W., Religionen zu imitieren, indem Passagenriten (Jugendweihe u. a.), Feiertage (z. B. Evolutionstag) oder Gottesdienst- und Gebetsformen („Nudelmessen", „Monster-unser") konstruiert werden. Widersprüchlich wird dies, wenn die Zielsetzungen der W. hierbei zwischen hergebrachter Kirchenkritik bzw. Plädoyer für ein laizistisches System (↑Laizismus) und der Forderung nach paritätischer Partizipation an der bestehenden Ordnung von Staat und Religion oszillieren.

Der Umfang der verfassungsrechtlichen Gleichstellung von W. mit anderen Religionsgesellschaften ist im Ergebnis streitig. Weit überwiegend wird sie erstreckt auf die Gewährleistungsdimensionen des Art. 140 GG/137 WRV und umfasst bspw. neben der Option, den Körperschaftsstatus zu erhalten, dann auch z. B. das Steuererhebungsrecht. Einige Bundesländer haben Humanistischen Verbänden u. a. den Körperschaftsstatus nach Art. 137 Abs. 5 WRV verliehen (z. B. Berlin 2018 [ABl. HVD 2018, 39] oder Bayern 1947 dem *Bund für Geistesfreiheit)*. Da das weltanschauliche Profil dieser Verbände als nicht ausgeprägt gilt, wird die Verleihung des Körperschaftsstatus (↑Körperschaft) kritisiert. In Niedersachsen erhebt der *Humanistische Verband Deutschland* seit 2019 eine Verbandssteuer (NdsMBl. 2018, 1193). Ob W. auch ↑Religionsunterricht nach Art. 7 Abs. 3 GG erteilen dürfen, ist strittig (ablehnend Waldhoff: D 39 ff., 172 f.; das Beispiel Berlin ist wegen Art. 141 GG nicht verallgemeinerungsfähig und Brandenburg wegen des LER-Konflikts nach der Wiedervereinigung auch ein Spezialfall; zum weltanschaulichen Bekenntnisunterricht in Brandenburg s. LVerfG Bbg, LKV 2006, 218). Während W. § 11 Abs. 1 WPflG nicht beanspruchen können (BVerwGE 61, 152), werden sie im Strafvollzugsrecht (z.B. § 55 StVollzG, § 42 StVollzG NRW) für den Bereich ↑Anstaltsseelsorge (Art. 140 GG/141 WRV) den Religionsgesellschaften zumindest einfachgesetzlich gleichstellt. Praktische Asymmetrien zeigen sich dann, wenn W. gegenüber anderen religiösen Akteuren mitunter sogar eine höhere Förderung erfahren (vgl. Abgeordnetenhaus von Berlin Drs. 15/11443).

Literatur

N. Janz: Vom Spaghettimonster und Synagogenstreit, in: C. Nottmeier/M. Richter/T. I. Schmidt (Hg.): Leitung, Recht und Arbeit in der Kirche, 2019, 211–224 • N. Zonker: Kirchenkritisch und kirchenähnlich, in: StZ 6/9, (2018), 395–404 • U. Plessentin: Zwischen Globalkritik am Staatskirchenrecht und „Dritter Konfession" – Organisierte Humanisten und Atheisten in Deutschland, in: Religion-Staat-Gesellschaft 13/1 (2012), 133–169 • C. Waldhoff: Neue Religionskonflikte und staatliche Neutralität. Gutachten/Teil D zum 68. DJT 2010 •

C. Mertesdorf: Weltanschauungsgemeinschaften. Eine verfassungsrechtliche Betrachtung mit Darstellung einzelner Gemeinschaften, 2008 • H. M. Heinig: Weltanschauungsgemeinschaft, in: EvStL, 2006, 2683–2685 • W. Heun: Die Begriffe Religion und Weltanschauung in der verfassungshistorischen Entwicklung, in: ZRG KA Bd. 86 (2000), 334–366 • S. Muckel: Religiöse Freiheit und staatliche Letztentscheidung, 1997 • M. Heckel: Gesammelte Schriften. Bd. VI (2013) • A. Hollerbach: Weltanschauungsgemeinschaften, in: StL Bd. 4, [7]1989, 927–929 • G. Anschütz, Die Verfassung des Deutschen Reiches vom 11. August 1919, [14]1933. ANSGAR HENSE

Weltbank (World Bank Group)

Als W. im urspr.en Sinne wird die multinationale Entwicklungsbank International Bank for Reconstruction and Development (IBRD) mit Sitz in Washington D.C. bezeichnet. Errichtet wurde sie durch das „Abkommen über die Internationale Bank für Wiederaufbau und Entwicklung", das von einer Kommission unter Vorsitz von John Maynard Keynes 1944 auf der Währungs- und Finanzkonferenz der Vereinten Nationen in ↑Bretton Woods ausgehandelt wurde und ihre Aufgaben, Struktur und Handlungsformen festlegt. Der dort zeitgleich auf den Weg gebrachte ↑IWF weist enge Verbindungen zur W. auf, da die Mitgliedstaaten der IBRD zunächst Mitglieder im IWF sein müssen. Ausgehend vom anfänglichen Hauptzweck, den Wiederaufbau im kriegsgeschädigten Europa zu unterstützen, entwickelte sich die IBRD zunehmend zu einer Förderorganisation für Entwicklungs- und Schwellenländer zum Zwecke der Armutsbekämpfung und zum einflussreichsten Akteur der internationalen Entwicklungspolitik. Heute umfasst die Institution W. neben der IBRD auch die 1960 gegründete International Development Association (IDA), die zusammen mit drei weiteren Organisationen die W.-Gruppe bilden: International Finance Corporation (IFC, gegründet 1956), International Centre for Settlement of Investment Disputes (ICSID, 1966) und Multilateral Investment Guarantee Agency (MIGA, 1988). Völkerrechtlich sind diese allesamt Sonderorganisationen der ↑Vereinten Nationen gemäß Art. 57 UN-Charta und besitzen jeweils eigene Rechtspersönlichkeit. Sie weisen unterschiedliche Mitgliederzahlen auf (IBRD: 189; IDA: 173; IFC: 185; ICSID: 155; MIGA: 182 in 2020). Die W.-Gruppe hatte 2020 über 12 000 Beschäftigte und war in 174 Ländern tätig.

Die IBRD unterstützt Regierungen durch die Vergabe zinsgünstiger, dabei marktnaher ↑Kredite sowie durch Zuschüsse und Garantien (↑Subvention). Gerechtfertigt werden diese Kapitalhilfen insb. aus Gründen des ↑Marktversagens, da die Empfängerländer ihren Kapitalmangel oftmals nicht durch Kreditaufnahme am regulären Kapitalmarkt (↑Geld- und Kapitalmarkt) decken könnten. Anders als die IDA, die vorrangig die Einlagen ihrer Mitgliedstaaten verwendet, refinanziert sich die IBRD überwiegend selbst am ↑Finanzmarkt. Während die IDA den Regierungen der strukturschwächsten Entwicklungsländer zinslose und langfristige Darlehen gewährt, konzentriert sich die IFC auf die Kreditvergabe an dortige Unternehmen der Privatwirtschaft. Die MIGA fördert primär ausländische Direktinvestitionen in Zielländer mittels Garantien gegenüber politischen Risiken. Die Schiedsinstitution ICSID dient der Vermittlung und Schlichtung zwischen ausländischen Investoren und Regierungen von Entwicklungsländern bei Investitionsrisiken und Enteignungsverfahren. Die finanziellen Zusagen der W.-Gruppe beliefen sich im Geschäftsjahr 2019 insgesamt auf 62,3 Mrd. US-Dollar (darunter IBRD: 23,2 Mrd., IDA: 21,9 Mrd., IFC: 8,9 Mrd., MIGA: 5,5 Mrd.).

Die zentrale Rolle innerhalb der W.-Gruppe kommt der IBRD zu, deren Präsident auch allen Teileinheiten der Gruppe vorsteht. Er wird vom Exekutivdirektorium der IBRD für eine Amtszeit von fünf Jahren gewählt. Hierbei gilt bislang die informelle Regel, dass der IBRD stets ein US-Amerikaner und dem IWF ein Europäer vorsteht. Das 25-köpfige Exekutivdirektorium ist bei der IBRD, der IDA und der IFC für das operative Geschäft verantwortlich. Die fünf Länder mit den höchsten Stammkapitalanteilen ernennen jeweils einen Direktor. Unabhängig davon steht sowohl Russland als auch Saudi-Arabien je ein Direktorposten zu. Die übrigen 18 Posten werden durch eine alle zwei Jahre nach Ländergruppen stattfindende Wahl besetzt, wobei jeder Direktor eine solche, nach geographischer Zusammengehörigkeit gebildete Gruppe vertritt. Das politische Leitungsorgan der IBRD (wie auch der IFC, IDA und MIGA) ist der Gouverneursrat, in den jeder Mitgliedstaat einen Vertreter entsendet (i. d. R. den Finanz- oder Entwicklungshilfeminister). Der Gouverneursrat berät jährlich und legt die Leitlinien der W. fest. Bei Abstimmungen im Gouverneursrat und im Exekutivdirektorium richtet sich das Stimmengewicht des einzelnen Landes neben einem Grundstock an Stimmrechten im Wesentlichen nach der Höhe seines Kapitalanteils (Stimmrechtsanteile an der IBRD 2020 – USA: 15,7 %, mit einer Sperrminorität bei wichtigen Entscheidungen; Japan: 7,63 %; China: 4,7 %; Deutschland: 4,18 %; Großbritannien/Frankreich: je 3,88 %).

Seit ihrer Gründung hat sich die Ausrichtung der W. mehrfach gewandelt. Zunächst förderte die IBRD primär große Infrastrukturprojekte. Es folgten u. a. die Phase der Förderung ländlicher Entwicklung, eine auf Exportsteigerung von Rohstoffen ausgerichtete Modernisierungspolitik insb. in Lateinamerika und Afrika, die Armutsbekämpfung sowie die Unterstützung kleiner Haushalte. Heute wird im Rahmen der MDG und ihrer Nachfolgestrategie Agenda 2030 (SDG [↑Nachhaltigkeitsziele]) auch die Politik der W. in die Zielsetzung nachhaltiger Entwicklung (↑Nachhaltigkeit) eingebettet. Dieser Prozess spiegelt nicht nur sich verändernde Politikagenden und die Verschiebungen geopolitischer Machtstrukturen (↑Geopolitik) wider, sondern auch einen Paradigmenwechsel bei der (wissenschaftlichen) Auseinandersetzung mit der Frage nach der effektivsten und effizientesten, kurz: dienlichsten ↑Entwicklungspolitik. Auch deshalb war und ist die W. Gegenstand gesellschaftlicher Kritik, auf die sie mit vereinzelten Reformbestrebungen reagiert (z.B. der Einrichtung einer unabhängigen Beschwerdestelle zur Erhöhung der Legitimität der Förderpolitik). Während eine Kontroverse um die Wirksamkeit und Effizienz der multilateralen entwicklungspolitischen Maßnahmen (und damit um die Existenzberechtigung der W.) geführt wird, kritisieren Globalisierungsgegner eine einseitige, an den Geberländern ausgerichtete Interessenpolitik, die unzureichende Berücksichtigung von Menschenrechts-, Umwelt- und Sozialstandards und insb. die Konditionalität der Mittelvergabe. Dabei beschränkt sich die W. tatsächlich nicht auf die Gewährung von Kapitalhilfen, sondern berät die Empfängerländer auf der Grundlage von gemeinsam erarbeiteten Länderstrategien auch fachlich (u. a. durch sog.e technische Hilfe) und übt damit Einfluss auf nationale Politikfelder aus. Seit den 1990er Jahren verknüpft die IBRD ihre Kredite außerdem mit Kriterien der Good ↑Governance, z. B. der Forderung nach dem Aufbau rechtsstaatlicher Strukturen und dem Schutz der Menschenrechte, v. a. aber nach Strukturanpassungen (Haushaltsdisziplin, Bildungsinvestitionen, Handelsliberalisierung [↑Liberalisierung], ↑Deregulierung und ↑Privatisierung), die oftmals unter der Bezeichnung *Washington Consensus* Gegenstand der Kritik sind. Trotz nachweisbarer Erfolge bei der Beseitigung korrupter, protektionistischer und diskriminierender Strukturen durch den externen Druck der W. kann ein derartiger, schematischer Institutionentransfer ohne Berücksichtigung lokaler kultureller Muster, politischer Rahmenbedingungen und informeller Normen dysfunktional wirken.

Literatur

M. Riegner: Informationsverwaltungsrecht internationaler Institutionen, 2017 • M. A. Clemens/M. Kremer: The New Role For the World Bank, in: JEP 30/1 (2016), 53–76 • IBRD/The World Bank: The World Bank Group A to Z, 2016 • M. Ravallion: The World Bank: Why It Is Still Needed and Why It Still Disappoints, in: JEP 30/1 (2016), 77–94 • L. Smets/S. Knack: World Bank Lending and the Quality of Economic Policy, in: JDS 52/1 (2016), 72–91 • P. Dann: Entwicklungsverwaltungsrecht, 2012 • U. Hoering: Vorsicht: Weltbank. Armut, Klimawandel, Menschenrechtsverletzungen, 2007 • R. Dolzer: Good Governance: Neues transnationales Leitbild der Staatlichkeit?, in: ZaöRV 64 (2004), 1035–1063 • K.-P. Sommermann: Institutionengeschichte und Institutionenvergleich, in: A. Benz/H. Siedentopf/K.-P. Sommermann (Hg.): Institutionenwandel in Regierung und Verwaltung. FS für Klaus König zum 70. Geburtstag, 2004, 61–74 • S. R. Roos: Die Weltbank als Implementierungsgarant menschenrechtschützender Völkerrechtsnormen, in: ZaöRV 63 (2003), 1035–1062 • C. Theobald: Die Weltbank: Good Governance und die Neue Institutionenökonomik, in: Verwaltungsarchiv 89 (1998), 467–487.

JULIAN DÖRR UND OLAF KOWALSKI

Welternährung ↑Ernährung

Weltgesundheitsorganisation (World Health Organization, WHO)

1. Vorgeschichte, Ziele und Organisation

Die WHO wurde – u. a. an der Gesundheitsorganisation des ↑Völkerbundes, der 1902 gegründeten *Panamerikanischen Gesundheitsorganisation* und dem *Office international d'hygiène publique* (1907, Paris) anknüpfend – nach dem Zweiten Weltkrieg als UN-Sonderorganisation (↑UNO) gegründet. Auf Anregung Brasiliens und Chinas (1945) erfolgte die Gründung am 7.4.1948. In der Präambel der WHO-Verfassung heißt es, dass es „eines der Grundrechte jedes Menschen ist, sich des bestmöglichen Gesundheitszustandes zu erfreuen, ohne Unterschied der Rasse, der Religion, der politischen Überzeugung, der wirtschaftlichen und sozialen Stellung." Die Verfassung nennt drei zentrale Ziele und Funktionen:

a) als zwischenstaatliche Organisation internationale Gesundheitspolitik zu organisieren,
b) die Gesundheit eines jeden als ↑Menschenrecht zu fördern und
c) Infektionskrankheiten zu bekämpfen.

Hauptorgane sind die Weltgesundheitsversammlung (World Health Assembly, WHA) und der Exekutivrat (Executive Board). Der WHO-Generaldirektor wird von der WHA für jeweils fünf Jahre gewählt (mit der Möglichkeit der Wiederwahl). 2017 wurde mit Tedros Adhanom Ghebreyesus, Äthiopien, zum ersten Mal ein Afrikaner Generaldirektor. Die WHO verfügt über sechs relativ starke Regionalorganisationen (Afrika, Östliches Mittelmeer, Europa, Westlicher Pazifik, Südostasien, Amerika).

2. Finanzierung und Budgethoheit

Die Finanzierung erfolgt über Pflichtbeiträge der Mitgliedsstaaten und freiwillige Beiträge von Staaten und anderen Akteuren. In den 1990er Jahren wurden die Pflichtbeiträge wegen des Vorwurfs eingefroren, dass eine exzessive Politisierung pragmatische, ergebnisorientierte Entscheidungen verhindere. Seit 2010 wurden nahezu 80 % des Budgets durch zweckgebundene freiwillige, und nur etwa 20 % durch Pflichtbeiträge finanziert. Somit konnten die WHO-Gremien lediglich über einen geringen Teil ihrer Ressourcen satzungsgemäß entscheiden. Verhandlungen über eine Reform der Finanzierung konnten das Problem einer starken Beeinflussung durch Sponsoren nur insofern reduzieren, als WHO-Gremien zunächst ein Programmbudget vorlegen und freiwillige Geber aufgefordert werden, ihre Mittelvergabe an den im Entwurf genannten Zielen zu orientieren.

3. Programmatik 1950–1980

Unter der Führung von medizinischen Fachleuten konzentrierte sich die Arbeit in den 1950er und 60er Jahren auf die Bekämpfung von Krankheiten, vor allem Infektionskrankheiten. Die bereits im 19. Jh. entstandenen „International Sanitary (später: Health) Regulations" (IHR) wurden mehrfach revidiert, zuletzt grundlegend 2005. Die Ausrottung der Pocken gilt immer noch als einer der wichtigsten Erfolge. Im Zuge des ↑Nord-Süd-Konfliktes der 1970er Jahre spielte der Zusammenhang von (Unter-)Entwicklung und ↑Gesundheit eine wachsende Rolle. Die „WHO Model List on Essential Medicines" (1977) lieferte die Grundlage für günstigere medizinische Interventionen in Entwicklungsländern. Das Konzept der „Primary Health Care" wurde 1978 (Konferenz von Alma Ata) als umfassender Ansatz für die öffentliche Gesundheitsversorgung auch in armen Ländern verabschiedet, galt allerdings in den folgenden zwei Jahrzehnten angesichts der Verschuldungskrise als nicht finanzierbar.

4. Entwicklung von Global Health Governance und Neudefinition der Rolle seit 2000

Ende der 1990er Jahre führte der Kampf gegen HIV/↑AIDS und für einen besseren Zugang zu bezahlbaren Medikamenten sowie zunehmendes globales Engagement für Gesundheit in Entwicklungsländern bei gleichzeitiger finanzieller Schwächung der WHO zu einer wachsenden politischen Bedeutung von ↑NGOs und globalen Gesundheitspartnerschaften. Als paradigmatisch kann die Einrichtung des *Global Fund to Fight AIDS, Tuberculosis and Malaria* angesehen werden: Um die als schwerfällig kritisierte WHO zu umgehen, entstand eine neue Organisationsform, die sich an die Struktur von PPP anlehnte. Insgesamt bedeutete die wachsende Vielfalt und Fragmentierung globaler Gesundheitsakteure (diskutiert als „Global Health Governance" [↑Governance]) eine Schwächung der WHO.

Zu Beginn des neuen Jahrtausends setzte sich ein neues Selbstverständnis durch, indem die Bedeutung von „Global Health Governance" akzeptiert, aber ein politischer Führungsanspruch der WHO betont wurde. Internationale Expertenkommissionen unter Leitung der WHO zu zentralen Themen von „Global Health" („Macroeconomics and Health"; „Intellectual Property Rights", „Innovation and Health"; „Social Determinants of Health") erzielten hohe Aufmerksamkeit. Die WHO selbst initiierte globale Partnerschaften mit anderen internationalen Organisationen und NGOs (wie z. B. *Stop TB* und *Roll Back Malaria*) und nutzte ihre Kompetenz zur Verhandlung verbindlicher internationaler Verträge. Das gilt für die „Framework Convention on Tobacco Control" (2003), und die umfassende IHR-Revision von 2005, die der WHO weitgehende Kompetenzen im Falle einer „Public Health Emergency of International Concern" zugesteht. Neben der „Global Strategy and Plan of Action on Public Health, Innovation and Intellectual Property" (2008), die u. a. zur Einrichtung eines umfassenden *Global Observatory on Health Research and Development* führte, rückte die Forderung nach „Universal Health Coverage", d. h. einem universellen Zugang zur Gesundheitsversorgung auch in armen Ländern, in den Mittelpunkt der Strategie.

Literatur

WHO: Transforming for Impact (2019), URL: https://www.who.int/dg/speeches/detail/transforming-for-impact (abger.: 24.6.2021) • S. K. Reddy/S. Mazhar/R. Lencucha: The Financial Sustainability of the World Health Organization and the Political Economy of Global Health Governance. A Review of Funding Proposals, in: Globalization and Health 14: 119 (2018) • W. Hein: Intellectual Property Rights and Health. The Constraints of WHO Authority and the Rise of Global Health Governance as an Element of Contestation, WZB Discussion Paper, SP IV 2016–110, 2016 • WHO (Hg.): The World Health Report 2010. Health Systems Financing. The Path to Universal Coverage, 2010 • K. Buse/W. Hein/N. Drager (Hg.): Making Sense of Global Health Governance, 2009 • K. Lee: The World Health Organization (WHO), 2009.

WOLFGANG HEIN

Welthandelskonferenz (United Nations Conference on Trade and Development, UNCTAD)

1. Allgemeines

Die W. ist ein Organ der Generalversammlung der ↑Vereinten Nationen mit Sitz in Genf. Generell sind alle Mitgliedsländer der UN auch Mitglieder der W., sodass ihr über 190 Staaten angehören. Seit September 2013 ist der Kenianer Maukhisa Kituyi als siebter Generalsekretär tätig. Das Organ setzt sich zusammen aus der eigentlichen W., dem *Rat für Handel und Entwicklung*, einem Sekretariat und Ausschüssen, die sich mit speziellen Fragestellungen beschäftigen. Die Konferenzen aller Mitgliedsländer finden im Vierjahresrhythmus statt. Die dort verabschiedeten Resolutionen sind nicht rechtsverbindlich, sondern stellen nur Empfehlungen dar. Zwischen den Konferenzen fungiert der *Rat für Handel und Entwicklung* als Exekutivorgan, setzt sich für die Umsetzung der Resolutionen ein und bereitet die anstehenden Konferenzen vor. Der Name stammt von der ersten W. Erst einige Monate später wurde die W. von der Generalversammlung der UN als Organ errichtet und erhielt eine eigene Charta.

2. Entstehungsgeschichte

Bei der Gründung der W. spielten die ↑Weltwirtschaftsordnung der Nachkriegszeit und die Neugründung zahlreicher Staaten im Prozess der Dekolonialisierung (↑Kolonialismus) eine wesentliche Rolle. Ab Mitte der 1950er Jahre traten viele neu gegründete Staaten den UN bei. Da es sich bei diesen Ländern in erster Linie um Entwicklungsländer handelte, wuchs der Anteil dieser innerhalb der UN. Allerdings waren einige Entwicklungsländer der Ansicht, dass die bestehenden internationalen ↑Handelsverträge (↑Internationaler Handel) ihre Belange nur unzureichend berücksichtigen. So hatten diese u. a. das Ziel, bestehende Handelshemmnisse zu reduzieren, was der Absicht der Entwicklungsländer, neue Industrien aufzubauen, entgegenstand. Hinzu kam, dass sie durch die bestehende Struktur der Stimmrechte nur wenig Einfluss auf Entscheidungen hatten. Durch die Unzufriedenheit der Entwicklungsländer entstand eine zunehmende Verbindung unter ihnen mit dem Ziel, auch die Aspekte wirtschaftlicher Entwicklung in ärmeren Ländern zu berücksichtigen. Sie strebten deswegen die Schaffung einer neuen Organisationsform an, in der sie ihren Interessen Ausdruck verleihen konnten. Dieses Ziel konnten sie jedoch nicht verwirklichen.

Das Scheitern einer neuen internationalen Handelsorganisation verstärkte die Unzufriedenheit der Entwicklungsländer. Trotz einiger Bemühungen in den nachfolgenden Jahren waren erst 1962 erneut nennenswerte Erfolge in den Anliegen der Entwicklungsländer zu verzeichnen. Im Juli 1962 fand in Kairo eine Konferenz statt, an der 36 Entwicklungsländer teilnahmen, und die ohne Beteiligung der UN stattfand. In der Abschlusserklärung forderten die Teilnehmerländer eine Konferenz der UN zu allen Fragen des internationalen Handels und den Beziehungen zwischen Entwicklungsländern und Industrienationen. Als sich der *Wirtschafts- und Sozialrat der Vereinten Nationen* für eine Konferenz zum Thema Handel und Entwicklung aussprach, war der Grundstein für die W. gelegt.

An den Vorbereitungen für die erste W. war der argentinische Ökonom Raúl Prebisch, der später der erste Generalsekretär wurde, maßgeblich beteiligt. Auf ihn gehen auch die inhaltlichen Grundlagen der W. zurück.

Die erste W. begann im Frühjahr 1964 in Genf und wird rückblickend als UNCTAD I bezeichnet. Die Verhandlungen verliefen zunächst schleppend. Als sich keine Einigung abzeichnete, schlug R. Prebisch einen Kompromiss für Entwicklungsländer und Industrienationen vor. Dieser umfasste drei Punkte:

a) eine regelmäßig stattfindende Konferenz im 3–4 Jahres-Turnus,

b) den *Rat für Handel und Entwicklung* als permanente Einrichtung,

c) ein eigenes Sekretariat außerhalb von New York und mit direkter Verbindung zum UN-Generalsekretär.

Somit lag der Erfolg der ersten W. zwar nicht in der Etablierung neuer Handelspolitiken, legte aber den Grundstein für eine neue Organisationseinheit, die eben für solche Verhandlungen Raum bieten sollte. Noch im Dezember desselben Jahres gründete die Vollversammlung der UN die W. als eines ihrer eigenen Organe. Seitdem fanden 13 weitere W.en auf vier verschiedenen Kontinenten statt.

3. Aufgaben

Die Zielsetzung der W. ist die Förderung des internationalen Handels, was zu einer Überschneidung mit den Aufgaben der GATT und der ↑WTO führt. Der bes. Fokus der W. liegt deswegen – und aus der Entstehungsgeschichte heraus begründet – auf der Berücksichtigung der Bedürfnisse von Entwicklungsländern und deren Integration in den Welthandel. Um dieses Ziel zu erreichen, soll die W. Entwürfe für multilaterale Übereinkommen vorbereiten und eine Koordinationsfunktion zwischen den verschiedenen UN-Gremien übernehmen, die sich mit den Themen internationaler Handel und wirtschaftliche Entwicklung beschäftigen.

Die Aktivitäten der W. bezogen sich zunächst sowohl auf den Bereich der Außenhandelspolitik als auch auf die Entwicklung von Finanzplänen und die Stabilisierung von Rohstoffpreisen. In den 1960er und 1970er Jahren war die W. maßgeblich an der Förderung des Nord-Süd-Dialogs und der Formulierung des 0,7 % Ziels beteiligt. Letztes besagt, dass entwickelte Länder 0,7 % ihres BIP als offizielle Entwicklungshilfe an ärmere Länder zahlen und wurde 1970 von der UN Vollversammlung beschlossen.

Im Laufe der Zeit änderten sich mit den globalen Bedingungen auch die Handlungsfelder und Aufgaben der W. Dennoch liegt die Zielsetzung nach wie vor in der Integration der Entwicklungsländer in den Weltmarkt und einer damit verbundenen Förderung von wirtschaftlicher Entwicklung.

Heute gehören zu den Aufgaben der W. zunehmend auch die Durchführung von Politikanalysen und Forschung. Ihre aktuellen Arbeitsbereiche lassen sich durch fünf Gebiete zusammenfassen:

a) Im Bereich ↑Globalisierung und Entwicklung erstellt die W. Analysen und beobachtet Entwicklungen. Darüber hinaus assistiert sie Entwicklungsländern beim Umgang mit öffentlichen Schulden (↑Staatsverschuldung).

b) ↑Handel und Rohstoffe gehörn zu den Kerngebieten der W. Neben der urspr.en Aufgabe der Handelsintegration erstellt die W. auch auf diesem Gebiet Studien.

c) Die W. unterstützt die Mitgliedstaaten durch technische Zusammenarbeit bei Fragen zu ↑Investitionen und ↑Unternehmen. Die Analysen, die in diesem Arbeitsfeld durchgeführt werden, beziehen sich auf Investitionen für nachhaltige Entwicklung (↑Nachhaltigkeit).

d) Nach wie vor liegt ein bes.r Fokus der W. auf den am wenigsten entwickelten Ländern. Sie sollen auf dem Weg zu wirtschaftlichem Fortschritt gezielt gefördert werden. Neben den ärmsten Ländern geht es in diesem Bereich auch um die Probleme von Binnen- und Inselstaaten.

e) Außerdem wird die Förderung von ↑Innovationen in Entwicklungsländern von der W. unterstützt. Dabei liegt der Fokus auf den Bereichen Technologie und Entwicklung.

Es zeigt sich, dass die grundlegende Zielsetzung der W. seit ihrer Gründung erhalten geblieben ist, sich aber im Vergleich zu den urspr.en Aufgabenbereichen diversifiziert hat.

4. Aktuelle Herausforderungen

Während die erste W. eine für die damalige Zeit außergewöhnlich große Konferenz war und Aufsehen erregte, hat die W. heute viel vom Glanz ihrer goldenen Zeiten in den 1960er und 1970er Jahren verloren. In den Medien spielen die Konferenzen lediglich noch eine marginale Rolle und auch auf politischer Ebene sind sie nur bedingt von Belang. Eine grundlegende Herausforderung, die die W. seit ihrer Gründung prägt, ist es, zwischen heterogenen Ländern eine gemeinsame Vorstellung von wirtschaftlicher Entwicklung und der Politiken zur Herbeiführung eben dieser zu erreichen. In der vergangenen Dekade hat auch die Wirtschafts- und Finanzkrise (↑Finanzmarktkrise) eine Rolle gespielt. Die W. hat sich in diesen Bereichen vermehrt auf eigene Analysen spezialisiert. Dass es trotz eines großen Beamtenapparates nur wenig aussagekräftige Erklärungen der UNCTAD gibt, ist einer von mehreren Kritikpunkten, die heute gegen die W. angeführt werden. Zwar beschäftigt sich das Sekretariat der W. mit zahlreichen Themen, die im engeren oder weiteren Sinne mit dem Thema Entwicklung zu tun haben, verliert dadurch aber auch eine klare Fokussierung seiner Arbeit. Darüber hinaus überschneidet sich das Arbeitsgebiet der W. stark mit dem der WTO, jedoch ohne deren Verhandlungsmandat zu haben. Daher stellt sich die Frage, ob die W. heute nicht überflüssig geworden ist und die Kosten zur Aufrechterhaltung der Strukturen ihren Nutzen rechtfertigen.

Literatur

J. Toye: UNCTAD at 50. A Short History, 2014 • W. Eibner: International Economic Integration. Selected International Organizations and the European Union, 2010 • I. Taylor/ K. Smith: United Nations Conference on Trade and Development (UNCTAD), 2007.

PIA BECKER

Welthandelsorganisation (World Trade Organization, WTO)

1. Allgemeines

Die WTO wurde am 15.4.1994 zum Abschluss der Uruguay-Runde des GATT gegründet und nahm zum 1.1.1995 ihre Tätigkeit auf. Sie hat ihren Sitz in Genf und umfasst inzwischen 164 Mitglieder (einschließlich der ↑EU, die neben ihren Mitgliedstaaten eigenständiges Mitglied der WTO ist, vgl. Art. XI Abs. 1 WTO-Übereinkommen). Ihre Hauptzielrichtung ist die ↑Liberalisierung des Welthandels. Gemeinsam mit ↑IWF und ↑Weltbank gehört sie zu den zentralen Institutionen der internationalen Wirtschafts- und Finanzordnung.

Neben dem Gründungsvertrag der WTO, in dem der institutionelle Rahmen der Organisation geregelt ist, sind für das WTO-System insgesamt zahlreiche materielle Verträge des Welthandelsrechts maßgeblich, die in Anlagen zum WTO-Übereinkommen enthalten sind. Das WTO-Übereinkommen unterscheidet insoweit zwischen sog.en multilateralen Verträgen, die von allen WTO-Mitgliedern ratifiziert werden müssen, und plurilateralen Verträgen, deren Ratifikation optional ist (vgl. Art. II Abs. 2 und 3 WTO-Übereinkommen). Bes. wichtige multilaterale Verträge sind das „Allgemeine Zoll- und Handelsabkommen" (GATT), welches den Warenhandel betrifft, das „Abkommen über den Handel mit Dienstleistungen" (GATS) und das „Abkommen über handelsbezogene Aspekte des geistigen Eigentums" (TRIPS). Mit der „Vereinbarung über Regeln und Verfahren zur Beilegung von Streitigkeiten" (DSU) besteht ein weiterer multilateraler Vertrag mit vornehmlich institutionellen Regelungen, welche die Streitbeilegung betreffen.

2. Entstehungsgeschichte

Bestrebungen zur Errichtung einer *Internationalen Handelsorganisation* (ITO) gab es bereits kurz nach dem Ende des Zweiten Weltkriegs. Allerdings scheiterten diese an der erforderlichen Zustimmung des US-Senats zur Gründung einer internationalen Organisation. Das allein für den Abschluss eines Zollabkommens bestehende Verhandlungsmandat des US-Präsidenten führte allerdings zur Annahme des GATT 1947, das in insgesamt acht Verhandlungsrunden zwischen 1947 und 1994 in erster Linie dem Abbau von ↑Zöllen diente. Die achte Verhandlungsrunde (sog.e Uruguay-Round) brachte dann die Einigung auf die Gründung der WTO, die als ↑internationale Organisation einerseits die bestehenden welthandelsrechtlichen Abkommen verwalten (Art. III Abs. 1 WTO-Übereinkommen) und zum anderen auch als Plattform für die Weiterentwicklung des bestehenden Rechts dienen sollte (Art. III Abs. 2 WTO-Übereinkommen). Außerdem wurde der Streitbeilegungsmechanismus grundlegend modifiziert (Art. III Abs. 3 WTO-Übereinkommen i. V. m. dem DSU).

3. Hauptorgane und wesentliche Tätigkeitsfelder der WTO

3.1 Allgemeines zu den Organen und zur Arbeitsweise der WTO

Von ihrem Grundaufbau her entspricht die WTO den Strukturen einer typischen internationalen Organisation (vgl. Art. IV WTO-Übereinkommen). Sie besitzt mit der *Ministerkonferenz* ein Plenarorgan zur Behandlung allg.er Fragen von grundlegender Bedeutung für die Organisation (z. B. Aufnahme neuer Mitglieder, Vertragsänderungen). Daneben gibt es ein Exekutivorgan *(Allgemeiner Rat)*, das für die Geschäftserledigung zwischen den nur alle zwei Jahre stattfindenden Tagungen der Ministerkonferenz zuständig ist. Der *Allgemeine R*at ist allerdings – anders als die meisten Exekutivorgane anderer internationaler Organisationen – nicht kleiner als die Ministerkonferenz, sondern besteht aus allen Mitgliedern der WTO, allerdings nicht auf Ministerebene. Unter der Aufsicht des *Allgemeinen Rates* tagen spezielle Räte für die drei großen Handelsthemen (*Rat für den Warenhandel* [für das GATT], *Rat für den Handel mit Dienstleistungen* [für das GATS] und *Rat für handelsbezogene Aspekte des geistigen Eigentums* [für das TRIPS]). Für die drei genannten materiellen Handelsthemen gelten jeweils die gleichen grundlegenden Prinzipien der Meistbegünstigung (d.h. Verpflichtung, alle Waren und Dienstleistungen aus anderen Vertragsstaaten im Vergleich untereinander gleich zu behandeln) und der Inländer(gleich)behandlung (d.h. Verpflichtung, alle Waren und Dienstleistungen aus anderen Vertragsstaaten ebenso zu behandeln wie inländische Waren und Dienstleistungen). Hinzu treten für den Warenhandel das Prinzip der Zollbindung und das Prinzip der Beseitigung mengenmäßiger Beschränkungen.

Die WTO arbeitet grundsätzlich nach dem Konsensprinzip, d.h. es finden normalerweise keine förmlichen Abstimmungen statt, sondern es wird solange verhandelt, bis kein Mitglied mehr dem erzielten Ergebnis widerspricht. Sollte auf diesem Weg kein Ergebnis erreicht werden können, so kann ausnahmsweise doch abgestimmt werden (Art. IX Abs. 1 WTO-Übereinkommen), wobei je nach Bedeutung der betreffenden Angelegenheit unterschiedliche Mehrheitserfordernisse gelten, die vom Regelfall der einfachen Mehrheit der abgegebenen Stimmen über qualifizierte Mehrheiten (z.B. Art. X Abs. 1 WTO-Übereinkommen: Zweidrittel-Mehrheit für einfache Vertragsänderungen; Art. IX Abs. 2 WTO-Übereinkommen: Dreiviertel-Mehrheit für die Auslegung von multilateralen Handelsübereinkommen) bis zur Einstimmigkeit (z.B. Art. X Abs. 2 WTO-Übereinkommen: Änderung grundlegender Vertragsbestimmungen) reichen können. Die förmliche Abstimmung erfolgt allerdings äußerst selten. Das liegt daran, dass das Konsensprinzip ein geeignetes Verfahren ist, um politisch kontroverse Streitfragen nicht mit Mehrheit zu entscheiden, sondern einer Kompromisslösung zuzuführen. Wegen des Grundprinzips der souveränen Gleichheit aller Staaten besitzt jeder Mitgliedstaat eine Stimme (Art. IX Abs. 1 WTO-Übereinkommen), so dass die Entwicklungsländer relativ leicht eine Mehrheit gegen die Industrieländer erreichen könnten. Allerdings stehen die realen Machtverhältnisse dieser Option letztlich entgegen. Auch darin liegt eine Erklärung für die große praktische Bedeutung des Konsensprinzips.

Die Verwaltungsaufgaben sind einem Sekretariat übertragen, an dessen Spitze der Generaldirektor steht (Art. VI Abs. 1 WTO-Übereinkommen).

3.2 Insbesondere: Das Streitbeilegungsverfahren

Das bereits unter dem GATT 1947 bestehende Verfahren zur Beilegung handelsrechtlicher Streitigkeiten wurde mit der Gründung der WTO grundlegend verändert und stärker verrechtlicht. Zwar trägt auch unter dem neuen Verfahren mit dem Streitbeilegungsgremium ein mit Staatenvertretern besetztes Gremium die Letztverantwortung für die Streitentscheidung (vgl. Art. IV Abs. 3 WTO-Übereinkommen; Art. 16 Abs. 4 und Art. 17 Abs. 14 DSU). Aber dieses Gremium entscheidet auf der Basis von Expertenberichten im sog.en „negativen Konsens", d.h. es kann die Empfehlungen der Expertengremien nur einvernehmlich abweisen, was in der Praxis eine Veto-Position der siegreichen Streitpartei begründet. Das Verfahren vor den Expertengremien ist zweistufig: Auf der ersten Stufe verfassen sog.e *Panels* einen Bericht. Gegen diese Berichte besteht die Möglichkeit eines Rechtsmittels zum sog.en *Appellate Body*. Während die *Panels* ad hoc zusammengesetzt werden und damit der internationalen ↑Schiedsgerichtsbarkeit ähneln, ist der *Appellate Body* ein stehender Spruchkörper mit fester Mitgliedschaft von sieben Personen (Art. 17 Abs. 1 DSU). Er ähnelt damit der internationalen ↑Gerichtsbarkeit. Der wesentliche Unterschied zur Schiedsgerichtsbarkeit und zur Gerichtsbarkeit besteht darin, dass weder der *Appellate Body* noch die *Panels* den Rechtsstreit selbst förmlich entscheiden. Sie legen vielmehr dem Streitbeilegungsgremium lediglich Berichte vor, die allerdings wegen des „negativen Konsenses" die Streitfragen gleichwohl materiell entscheiden. Deshalb kommt insb. dem *Appellate Body* große Bedeutung im Streitbeilegungsverfahren zu. Allerdings ist das gesamte Streitbeilegungsverfahren seit 2016 in erhebliche Turbulenzen geraten, weil die USA durch die Blockade von Neuernennungen (vgl. die Regelung in Art. 17 Abs. 2 i.V.m. Art. 2 Abs. 4 DSU) den *Appellate Body* praktisch handlungsunfähig gemacht haben. Im Frühjahr 2020 gab es von sieben erforderlichen Mitgliedern nur noch eines, die chinesische Juristin Hong Zhao, deren Amtszeit aber ebenfalls zum 30.11.2020 abläuft.

4. Bewertung

Die WTO galt über viele Jahre als große Erfolgsgeschichte der verbesserten internationalen Zusammenarbeit nach dem Ende des Kalten Krieges. Es war freilich schon bei ihrer Gründung nicht zu übersehen, dass mit dem Nord-Süd-Gegensatz und unterschiedlichen Interessen von Industrie- und Entwicklungsländern ein erhebliches Störpotential verbunden war. Die Möglichkeit von Sonderregeln für die sog.en LDC (vgl. Art. XI Abs. 2 WTO-Übereinkommen) konnte die darin liegenden Konflikte nur begrenzt abmildern. Die seit dem Jahr 2001 auf der Tagesordnung stehende und nach wie vor unabgeschlossene „Doha Development Agenda" offenbart tiefe Gräben zwischen Industrie- und Entwicklungsländern über den Stellenwert der Liberalisierung in der zukünftigen Welthandelsordnung. Hinzu treten Konflikte um die Berücksichtigung von Umwelt- und Menschenrechtsanliegen, die teilweise auch innerhalb der großen Blöcke der Industrie- und der Entwicklungsländer unterschiedlich gesehen werden. Schließlich zeigt sich in den vergangenen Jahren eine verstärkte Tendenz zu unilateralem Handeln, gerade auch im Welthandel. Diese Tendenz kulminiert in der derzeitigen Blockade von Nachbesetzungen im *Appellate Body*, was den eigentlich als bes. erfolgreich geltenden Streitbeilegungsmechanismus der WTO weitgehend lahmlegt. Die WTO blickt damit insgesamt in eine unsichere Zukunft.

Literatur

M. Herdegen: § 10. Das WTO-System, in: Internationales Wirtschaftsrecht, [12]2020, 163–239 • P. J. Kuijper: From the Board. The US Attack on the WTO Appellate Body, in: Leg Issues Econ Integrat 45/1 (2018), 1–11 • S. Lester/B. Mercurio/A. Davies: World Trade Law, [3]2018 • M. Krajewski: Wirtschaftsvölkerrecht, [4]2017, 46–81 • M. Matsushita u.a: The World Trade Organization, [3]2017 • M. Ruffert/C. Walter: 2. Die World Trade Organization (WTO), in: Institutionalisiertes Völkerrecht, [2]2015, 242–245. CHRISTIAN WALTER

Weltklimarat (Intergovernmental Panel on Climate Change, IPCC)

1. Entstehungsgeschichte und Mandat des IPCC

Im Jahr 1979 wurde die erste wissenschaftliche Konferenz zum ↑Klimawandel im österreichischen Villach abgehalten, nachdem Anfang der 1970er Jahre die Problematik einer möglichen Erderwärmung wissenschaftliches und mediales Interesse geweckt hatte. Dank der Unterstützung des UNEP und der *World Meteorological Organisation* (WMO) erschien dazu 1980 der erste internationale Bericht. 1985 schlug der damalige UNEP-Direktor Mostafa Kamal Tolba vor, eine Rahmenkonvention ins Leben zu rufen, die sich mit der Vermeidung gefährlichen Klimawandels beschäftigen sollte. Drei Jahre später wurde der W. (IPCC) gegründet.

Als führende internationale Institution ist es Ziel des IPCC, umfassend, objektiv und transparent Informationen zusammenzutragen, damit Entscheidungsträger Klimafolgen sowie Vermeidungs- und Anpassungsoptionen bewerten können. Die Wissenschaft stellt belastbare Evidenz für die Auseinandersetzung mit den Ursachen und möglichen Folgen des Klimawandels zur Verfügung. Gleichzeitig schafft sie die Grundlagen, um gangbare Pfade zur Begrenzung zu explorieren.

Die Generalversammlung der ↑Vereinten Nationen formulierte das Mandat des IPCC in ihrer Resolution klar: Der IPCC hat die Aufgabe, den wissenschaftlichen Sachstand zu den Ursachen des Klimawandels zusammenzutragen und gleichzeitig die Möglichkeiten seiner Begrenzung zu explorieren. Er unterstützt die UNFCCC, die den institutionellen Rahmen der Klimaverhandlungen bildet, bei der Vorbereitung eines international verbindlichen Klimaabkommens. Dieses wurde nach fast 30 Jahren im Jahr 2015 in Paris beschlossen. Bisher hat der IPCC fünf Sachstandsberichte verfasst, der sechste befindet sich gerade in der Entstehung. Die Berichte haben die Agenda der internationalen Klimapolitik maßgeblich beeinflusst. Für seine Arbeit erhielt der IPCC 2007 den Friedensnobelpreis. Das Nobelpreiskomitee befand als auszeichnungswürdig, dass der IPCC die Weltöffentlichkeit auf das Klimaproblem aufmerksam gemacht und dazu beigetragen hat das Entscheidungsproblem für die politischen Mandatsträger zu formulieren.

2. Struktur des IPCC

Der IPCC, getragen von seinen beiden „Mutterorganisationen" WMO und UNEP, besteht aus einem Panel, einem Büro, drei Arbeitsgruppen und einer sog.en *Task Force on National Greenhouse Gas Inventories*. Während die Arbeitsgruppe I die physikalischen Aspekte des Klimawandels evaluiert, analysiert die Arbeitsgruppe II dessen Auswirkungen und die Möglichkeit der Anpassung an den Klimawandel. Die Arbeitsgruppe III exploriert die technischen Optionen zur Emissionsreduktion, die mit ihren Kosten und Risiken bewertet werden sollen. Die Aufgabe der Task Force ist es, Standards für die Ermittlung der nationalen Treibhausgasemissionen festzulegen. Alle Ämter im IPCC sind ehrenamtlich. Getragen wird der IPCC von den Wissenschaftlern, die als Autoren die Berichte verfassen. Das Sekretariat der UNFCCC bereitet die jährlichen Klimakonferenzen, die COP, vor. Auf dieser Konferenz greifen die Repräsentanten der Mitgliedsnationen auf die durch den IPCC zur Verfügung gestellten wissenschaftlichen Erkenntnisse zurück, der jedoch selbst keine Forschung betreibt, sondern die vorhandene wissenschaftliche Literatur auswertet. Die Darstellung des vorhandenen Wissens in sog.en Sachstandsberichten soll politikrelevant sein, ohne dabei alternativlose politische Empfehlungen abzugeben. Im Gegensatz zu Nationalakademien, die die Aufgabe haben, die Politik in wichtigen Fragen zu beraten, ist der IPCC nicht einer nationalen Regierung verantwortlich, sondern allen 196 Regierungen, die die Klimarahmenkonvention unterzeichnet haben. Die Sachstandsberichte des IPCC bedürfen der formellen Zustimmung durch die Regierungen. Die Zusammenfassung für Entscheidungsträger *(Summary for Policy Makers)* müssen alle Regierungen einhellig verabschieden.

3. Reform des IPCC

In der Vergangenheit wurde der IPCC wiederholt Gegenstand heftiger öffentlicher Diskussionen. Nach dem Klimagipfel in Kopenhagen 2009, bei dem das erhoffte globale Klimaschutzabkommen nicht verabschiedet werden konnte, geriet der IPCC ins Kreuzfeuer der Kritik. In der Arbeitsgruppe II hatte man fälschlicherweise das vollständige Abschmelzen der Himalaya-Gletscher bis zum Jahr 2035 angemahnt. Eine Korrektur über das formelle Fehlerprotokoll erfolgte jedoch nicht. Durch den Umgang mit diesem Vorfall geriet die Glaubwürdigkeit des IPCC innerhalb weniger Wochen ins Wanken. Der internationale Dachverband der Wissenschaftsakademien (*InterAcademy Council*, IAC) wurde beauftragt, die Verfahren des IPCC zu überprüfen und Vorschläge für eine Reform des IPCC zu erarbeiten. Im August 2010 veröffentlichte der IAC seinen ersten Bericht. Er kam zu dem Schluss, dass der IPCC die Öffentlichkeit sachgerecht aufkläre, die ↑Wissenschaft vorantreibe und Regierungen bei der Priorisierung ihrer Forschungsagenda helfe. Obwohl man den IPCC als bedeutende soziale Innovation einschätzte, weil er keine Organisation sei, sondern aus einem Netzwerk von Wissenschaftlern bestünde, mahnte man Verbesserungsbedarf an. Im Mai 2011 wurden die Reformvorschläge beschlossen: eine gestärkte Rolle für die Gutachter der Sachstandsberichte; vereinheitlichte Darstellung von Unsicherheiten über alle Arbeitsgruppen hinweg; die Gründung einer Task Force, die die Umsetzung der Reformvorschläge ebenso überprüfen sollte wie die Begutachtung der Sachstandsberichte, die Kommunikationsstrategie und die Anwendung transparenter Auswahlkriterien für Autoren. Die Reformvorschläge des IAC gewährleisten vermehrte Transparenz und einen expliziten Umgang mit Unsicherheiten.

4. Künftige Herausforderungen für den IPCC

Die Erstellung der Sachstandberichte des IPCC ist gegenwärtig das aufwendigste und komplexeste Verfahren der wissenschaftlichen ↑Politikberatung. Für die Wissenschaft stellt die umfassende Aufklärung über die Risiken eines ungebremsten Klimawandels eine große Herausforderung dar. Im Oktober 2018 hat der IPCC den Sonderbericht zur 1,5 °C Grenze veröffentlicht: Darin macht er deutlich, dass bereits bei einem Temperaturanstieg um 1–2 °C das arktische Meereis irreversibel verschwindet, die Korallenriffe zerstört und das Grönlandeis destabilisiert wird. Die Emissionen sollen bis 2050 die Nulllinie erreichen und Technologien verfügbar sein, die der Atmosphäre Emissionen entziehen („negative Emissionen“). Im sechsten Sachstandsbericht, der voraussichtlich 2022 veröffentlicht wird, müssen der gesamte Lösungsraum der Klimapolitik sowie die Folgen des Klimawandels ausgeleuchtet werden. Risikomanagement ist hier ebenso wichtig wie die systematische Kartographie alternativer Politikpfade. Damit wird ein neuer Maßstab der wissenschaftlichen Politikberatung geschaffen: die Bereitstellung umfassender wissenschaftlicher Erkenntnisse für Politiker ohne direkte Einflussnahme auf deren Entscheidungen. Damit bleibt der IPCC für Entscheidungsträger relevant und vermeidet gleichzeitig die Instrumentalisierung durch nationale Interessen. Vor dem Hintergrund, dass das Klimaabkommen von Paris sich auf eine ambitionierte Klimapolitik festgelegt hat, wird dieser Aspekt an Bedeutung gewinnen. Da die Vernichtung des Naturkapitals als Konsequenz eines ungebremsten Klimawandels v. a. die Armen trifft, muss die Wissenschaft Klimapolitik als ↑Umweltpolitik begreifen und gleichzeitig die Folgen der Klimapolitik für die gesamte Verteilung des Natur-, Human- und Kapitalvermögens erfassen.

Literatur

O. Edenhofer/M. Jakob (Hg.): Klimapolitik. Ziele, Konflikte und Lösungen, 2017 • C. Carraro u. a.: The IPCC at a Crossroads. Opportunities for Reform, in: Science 350/6256 (2015), 34–35 • O. Edenhofer/M. Kowarsch: Cartography of Pathways. A New Model for Environmental Policy Assessments, in: E S&P 51 (2015), 56–64 • O. Edenhofer/J. Minx: Mapmakers and Navigators, Facts and Values, in: Science 345/6192 (2014), 37–38 • IPCC: Climate Change 2014. Mitigation of Climate Change, 2014 • O. Edenhofer/K. Seyboth: Intergovernmental Panel on Climate Change (IPCC), in: J. F. Shogren (Hg.): Encyclopedia of Energy, Natural Resource, and Environmental Economics, Bd. 1, 2013, 48–56 • InterAcademy Council: Climate Change Assessments. Review of the Processes and Procedures of the IPCC, 2010.

OTTMAR EDENHOFER

Weltkriege

Das Zeitalter der W. prägte die globale Geschichte der ersten Hälfte des 20. Jh. grundlegend. Zugl. reichten die Wirkungen dieser Zäsur weit über 1918 und 1945 hinaus. Zu den Kriterien für den tiefgreifenden Erfahrungsumbruch zählen der Untergang von Imperien und Monarchien am Ende des Ersten W.s, die Revolution der Bolschewiki in Russland 1917, die damit einsetzende Konkurrenz zwischen ↑Demokratien und ↑Diktaturen sowie die von Wladimir Iljitsch Lenin und Woodrow Wilson verkörperte Spannung zwischen einer kommunistischen Weltrevolution und einer Weltdemokratie, die sich nach 1945 im Kalten Krieg fortsetzen sollte. Beide W. entwickelten sich zu Höhepunkten weltweiter Gewalterfahrungen, in denen sich Staatenkriege (↑Krieg), ↑Bürgerkriege, ethnisch-rassische Gewalt und Genozide (↑Völkermord) überlagerten, bevor im Verlauf des Zweiten W.s im Holocaust die systematisierte Gewalt eskalierte. Mit annähernd 20 Mio. zivilen und militärischen Opfern im Ersten und über 60 Mio. Toten im Zweiten W. handelte es sich um ein in der neueren Geschichte beispielloses Ausmaß an Gewalt und Zerstörung.

Der Ausbruch des Ersten W.s bedeutete eine elementare Krise des noch jungen 20. Jh. Schon im Sommer 1914 suchten Zeitgenossen nach angemessenen Bezeichnungen, um das Neuartige dieses Krieges zu erfassen. So sprachen britische Zeitgenossen sehr bald vom *Great War*, Franzosen von der *Grande Guerre* und deutsche Beobachter vom „W.“. Die bis in die Gegenwart gängigen Bezeichnungen – die „Urkatastrophe des 20. Jh.“, die „Krise der Moderne“, der „Zivilisationsbruch", der Auftakt zu einem „zweiten Dreißigjährigen Krieg" zwischen 1914 und 1945 oder der Beginn einer Phase, in der Europa zu einem „dunklen Kontinent" der Gewalt wurde – verweisen auf ein entscheidendes Kennzeichen des 20. Jh., nämlich den aus dem Rückblick von 1945 formulierten Zusammenhang zwischen 1914 und 1945, also den Eindruck eines verdichteten Zeitalters kontinuierlicher Gewalt und politischer Umbrüche als Signum des 20. Jh. Doch konnten die Menschen weder im August 1914 noch im November 1918 voraussehen, dass es 1939 zu einem Zweiten W. kommen sollte. Tatsächlich richteten sich seit dem Herbst 1918 viele Hoffnungen von Zeitgenossen darauf, dass der W. mit seinen enormen Opfern ein *war to end all wars* sein und eine neuartige Friedensordnung auf der Basis neuer Institutionen wie dem Völkerbund schaffen und so eine Wiederholung einer Gewaltexplosion wie nach 1914 verhindern sollte.

Der Ausbruch des Ersten W.s im Sommer 1914 markierte den Beginn eines Konflikts, der sehr schnell über seine regionalen Anlässe hinauswies, also den Konflikt zwischen der Habsburgermonarchie und dem Zarenreich vor dem Hintergrund der Orientalischen Frage, dem langsamen Rückzug des Osmanischen Reichs und der Entstehung eines gefährlichen Machtvakuums in Südosteuropa. Durch die Einbeziehung der Kolonialreiche der europäischen Mächte in Asien, Afrika und im Pazifik, durch die amerikanische Unterstützung für die europäischen Alliierten in Paris, London, St. Petersburg und Rom und durch den frühen Kriegseintritt Japans mit seinen eigenen Expansionsinteressen in Ostasien auf Kosten Chinas handelte es sich von Anfang an um einen W. Seine Opferzahlen, die industrialisierte Kriegführung und die zunehmende Einbeziehung der Heimatfronten bis hin zu einer modernen Kriegspropaganda (↑Propaganda) machten ihn zu einem „totalisierten Krieg". Vor dem Hintergrund der Weltkriegserfahrungen deutete sich seit 1914 zumal ein expandierender ↑Wohlfahrtsstaat an, was sich an der kontinuierlichen Ausweitung sozialpolitischer Interventionen und neuer Formen der staatlichen Wirtschaftslenkung oder Mischformen des „organisierten Kapitalismus" erwies. Auch wenn die W.s-Erfahrungen keinesfalls als Durchbruch der Frauenemanzipation (↑Emanzipation) interpretiert werden können, erschütterten die Kriegsgesellschaften tradierte Rollengefüge der Geschlechter. Diese Prozesse deuteten sich bereits im Ersten W. an. V. a. bewiesen das Ende des Zarenreichs und die Revolution der Bolschewiki, dass der Fortgang des Krieges die Existenz der überkommenen Monarchien in Kontinentaleuropa in Frage stellen und den Durchbruch zur politischen und sozialen Demokratie auf die Agenda des Nachkriegs setzen würde. Obwohl der Ausgang des W.s 1918 nicht per se bereits den Zweiten W. determinierte, belasteten die Folgen des Krieges und der politischen Neuordnung von 1919 die Nachkriegsgesellschaften außenpolitisch und innergesellschaftlich schwer.

Im Gegensatz zur Hoffnung vieler Zeitgenossen in den erschöpften Kriegsgesellschaften endete die Gewalt nicht mit dem Waffenstillstand im November 1918 und den formalen Friedensschlüssen (↑Friedensverträge) seit 1919. Seit dem Schlüsseljahr von 1917 ging der Staatenkrieg vor dem Hintergrund der Russischen Revolution der Bolschewiki, der Globalisierung des Krieges durch den Kriegseinritt der USA und des absehbaren Zerfalls der kontinentaleuropäischen Imperien, des Zarenreichs, der Habsburgermonarchie und des Osmanischen Reichs, in neue Gewaltformen über. So überlagerten sich seit dieser Phase Staatenkrieg, Bürgerkrieg und ethnische Gewalt. Die Grenzen zwischen militärischer Front und Heimatfront, zwischen Kombattanten und Zivilisten verwischten vielerorts, zumal in Osteuropa, wo der W. seit 1917 in Bürgerkrieg und Staatsbildungskriege wie den polnisch-sowjetischen Konflikt überging. Obwohl die Opfer des Ersten W.s anders als im Zweiten W. mehrheitlich noch ↑Soldaten waren, entstand seit 1914 eine neue Dimension der Gewalt gegen die Zivilbevölkerung, v. a. in Belgien und Nordfrankreich, in Serbien, Armenien und vielen Gebieten Osteuropas, aber auch in weiten Teilen Afrikas. So ging mit dem Ersten W. im Zeichen einer industrialisierten Kriegsführung eine Epoche zu Ende, in der das Ideal eines begrenzten und kurzen Krieges die politischen und militärischen Planungen bestimmt hatte. Als 1917 und 1918 auch das überkommene Ordnungsmuster der ↑Monarchie in ↑Revolutionen unterging, die Petrograd, Berlin und Wien erfassten, wurde dies zum Ausgangspunkt für die Entstehung neuartiger und radikaler ↑Ideologien. Bei allen Unterschieden rekurrierten die russischen Bolschewiki (↑Kommunismus), bald nach Kriegsende die Faschisten (↑Faschismus) in Italien und seit dem Ende der 1920er Jahre die Nationalsozialisten (↑Nationalsozialismus) in Deutschland auf Kriegserfahrungen und wandten sich vor diesem Hintergrund entschieden gegen die Erbschaften des ↑Liberalismus, gegen Verfassungs- und ↑Rechtsstaat sowie Parlamentarismus (↑Parlament, Parlamentarismus), aber ebenso gegen die Strukturen des überkommenen ↑Kapitalismus.

Bereits der Erste W. bedeutete im Vergleich mit früheren Kriegen der ↑Neuzeit eine bisher ungeahnte quantitative und qualitative Steigerung von Gewalt, der annähernd zehn Mio. Soldaten und mehr als sechs Mio. Zivilisten zum Opfer fielen. Hinzu kamen noch die Opfer der Spanischen Grippe, die sich im Schatten des Kriegsendes weltweit verbreitete. Diese traumatischen Kriegserfahrungen waren verbunden mit einer bislang unbekannten Mobilisierung von Kriegsgesellschaften und Medien, von Wirtschaft und Finanzen, aber auch von ↑Intellektuellen und Künstlern zur Rechtfertigung des Krieges. Zugl. war der Krieg von Anfang an nicht bloß ein Konflikt zwischen europäischen Staaten. Durch die Involvierung der europäischen Kolonialreiche, zumal des Britischen Empire und der französischen Kolonien in Afrika und Asien, und durch den Kriegseintritt Japans handelte es um eine wirklich globale Auseinandersetzung. Sie hatte enorme Auswirkungen auf die Gesellschaften Afrikas, Asiens, Süd- und Nordamerikas und förderte die Ausbildung eines eigenen Nationalbewusstseins in vielen dieser Gesellschaften. Selbst formal neutrale Staaten wie die Schweiz oder die Länder Skandinaviens wurden durch den Krieg tiefgreifend verändert.

Damit markierte der W. einen entscheidenden Einschnitt für die Wahrnehmung Europas und der Glaubwürdigkeit der von seinen Staaten repräsentierten Ordnungsmodelle in der Welt. Mit dem seit 1917 vom amerikanischen Präsidenten W. Wilson und den Bolschewiki vertretenen Schlüsselbegriff der „Selbstbestimmung der Völker" intensivierten sich nicht nur die Forderungen nach einem Ende der kontinentaleuropäischen Imperien und der Gründung neuer Nationalstaaten, sondern auch die Debatten um die Zukunft des europäischen ↑Kolonialismus und der Dekolonialisierung, die das 20. Jh. bis in die 1970er Jahre prägen sollten.

Zu den neuen Kennzeichen beider W. zählten Millionenheere und eine neuartige Maschinerie des ↑Militärs, die eine umfassende Infrastruktur und eine immer weitergehende Mobilisierung aller Ressourcen voraussetzte. Für beide W. galt, dass sie nicht mehr allein in Schützengräben entschieden wurden, sondern ebenso in den Fabriken und auf den Versorgungsrouten der Weltmeere. Während die Kavallerie an Bedeutung einbüßte, gewann schon in der Endphase des Ersten W.s die Panzerwaffe eine neue Bedeutung, die Mobilität und Feuerkraft miteinander verknüpfte. Auch die Ursprünge der modernen Luftwaffe als strategische Waffengattung lagen im Ersten W., charakterisierten dann aber v. a. den militärischen Verlauf nach Ausbruch des Zweiten W.s 1939. Jetzt wurden Großstädte, Verkehrsknotenpunkte und Produktionszentren der Rüstungsindustrie zu Angriffszielen.

Bedeutete der Erste W. bereits eine Totalisierung der Kriegsgewalt, so stand der Zweite W. für das Bild eines „totalen Krieges": Zum einen in der Zuspitzung der militärischen Waffentechnologie durch die Perfektionierung des Luftkrieges gegen die Zivilbevölkerung, der bis zur Entwicklung der Atombombe (↑ABC-Waffen) und ihres Einsatzes durch die USA gegen Japan 1945 reichte, aber auch in der Entfesselung rassistisch begründeter Gewalt durch das nationalsozialistische Regime im Holocaust (↑Shoa). Die gezielte Vernichtung ganzer Bevölkerungsgruppen war bereits im Ersten W. erkennbar geworden, so in der Gewalt im Rahmen des Genozids an den Armeniern im Osmanischen Reich seit 1915, erreichte aber im Zweiten W. im Holocaust ein singuläres Ausmaß.

Die Epoche der beiden W. wirkte als tiefgreifende Umbruchphase für staatliche Ordnungsmodelle und die internationale Politik. An die Stelle der autokratischen Monarchien traten seit 1917/18 mit der Sowjetunion und den neuen Republiken in Ostmittel-, Ost- und Südosteuropa ganz neue politische Regime. Nach den Umwälzungen des Zweiten W.s waren es dann von Moskau z. T. gewaltsam eingerichtete und abhängige sog.e „Volksdemokratien", die in Osteuropa bis zum Ende des ↑Kalten Krieges und dem Zerfall der UdSSR 1989–1991 die politische Landkarte und die innergesellschaftliche Entwicklung bestimmen sollten. Im Zeitalter der beiden W. veränderte sich die internationale Ordnung schneller und tiefgreifender als in anderen Epochen der neueren Geschichte zuvor. 1918 besiegelte das Ende der Pentarchie, also des aus Großbritannien, Frankreich, dem Zarenreich, der Habsburgermonarchie und Preußen/Deutschland bestehenden fünfgliedrigen Systems europäischer Großmächte, das Europa seit dem Ausgang des Dreißigjährigen Krieges und im Zeichen eines Gleichgewichts der Mächte geprägt hatte. Auf dem Wiener Kongress 1814/15 erneuert, hatte dieses Prinzip auch im Zeitalter neuer Nationalstaatsbildungen und kolonialer Expansion in Europa den Ausbruch eines großen Krieges verhindern können. Nachdem diese Ordnungsprinzipien durch den Ausbruch des W.s 1914 zerstört worden waren, verstärkte sich die Suche nach alternativen Ordnungsmodellen. Viele Zeitgenossen forderten nach 1918 bereits eine stärkere Integration der europäischen Staaten als Basis für einen stabilen Frieden. So schrieb der britische Mäzen und Vordenker der europäischen Einigung Max Leonard Waechter 1919: „Es gibt einen Weg, diese Interessengemeinschaft zwischen den europäischen Völkern zu stärken. Er besteht darin, alle europäischen Mächte in einer Föderation nach dem Modell der Vereinigten Staaten von Amerika zusammenzuschließen und mit einem System von freiem Handel und freiem Austausch über den ganzen Kontinent untereinander zu verbinden. Eine solche Föderation, davon bin ich überzeugt, ist die einzige mögliche Alternative zum Krieg" (zit. n. von Plessen 2003: 256).

Der Untergang des Zarenreichs, der Doppelmonarchie Österreich-Ungarn und 1922 auch des Osmanischen Reiches ließ eine Vielzahl neuer Staaten entstehen. Aber anders als es das Modell der nationalen Selbstbestimmung (↑Selbstbestimmungsrecht) nahelegte, waren diese Staaten keine ethnisch homogenen Nationalstaaten, sondern durch vielfältige Minderheitenprobleme (↑Minderheiten) gekennzeichnet. Sie provozierten nach 1918 Interventionen von außen und eine revanchistische Außenpolitik, so ganz bes. im Falle Deutschlands und Ungarns. Der Umschlag der zunächst friedlichen Revisionspolitik der Weimarer Republik nach 1919 in eine offene außenpolitische Aggressionsstrategie unter Adolf Hitler seit der Zerstörung der demokratischen Republik 1933 war eine entscheidende Voraussetzung für den Ausbruch des Zweiten W.s. Die Ziele A. Hitlers gingen zumal für Osteuropa und im Blick auf die Vernichtung der Juden von Anfang an weit über eine bloße Revision der Friedensordnung von 1919 hinaus – auch wenn es nach dem Sieg über Frankreich im Sommer 1940 vielen Deutschen erschien, als würden mit den deutschen Siegen im Westen lediglich die von vielen Deutschen als ungerecht empfundenen Folgen des Versailler Friedensvertrags zurückgenommen.

Demgegenüber bewies das Schlüsseljahr 1941 den ganz anderen Charakter des Zweiten W.s. Es markierte den Übergang des europäischen Krieges, der mit dem Angriff Deutschlands auf Polen im September 1939 begonnen hatte, in den W. und die Radikalisierung des überkommenen Staatenkrieges in einen ideologischen Vernichtungskrieg ohne Beispiel. Beide Aspekte wurden im Angriff Japans auf den amerikanischen Flottenstützpunkt Pearl Harbour und dem amerikanischen Kriegseintritt im Dezember 1941 sowie dem deutschen Angriff auf die Sowjetunion im Juni 1941 erkennbar. Dahinter stand die Absicht A. Hitlers, Osteuropa bis zum Ural als Siedlungsraum für ein künftiges „Großgermanisches Reich" zu gewinnen und den „Weltanschauungskrieg" gegen Juden und Bolschewiki mit allen Konsequenzen in die Praxis umzusetzen. Mit der fast gleichzeitig, im Juli 1941, getroffenen Entscheidung der japanischen Führung, in Richtung Südostasien und schließlich in den Pazifik vorzustoßen, erreichte der Zweite W. seinen eigentlichen Zenit. Erst danach gelang es den Alliierten, Deutschland in Osteuropa und schließlich auch Japan im Pazifik unter großen Opfern in die Defensive zu drängen.

Der tiefgreifende Umbruch der internationalen Ordnung wies sowohl nach 1918 als auch nach 1945 weit über Europa hinaus. Durch die W. veränderte sich das Verhältnis zwischen imperialen Akteuren wie zumal Großbritannien und Frankreich einerseits und ihren Kolonialgesellschaften andererseits. Geschwächt durch die Verluste nach 1918 und 1945, büßten die europäischen Mächte an Glaubwürdigkeit und Machtgrundlagen in ihren Kolonien in Asien und Afrika ein. Die Hoffnung vieler Kolonialsoldaten aus Indien, Asien und Afrika, die von den europäischen Staaten rekrutiert worden waren, dass ihre Loyalität in den W.n zu einer Verbesserung ihres Status, zu mehr Mitsprache und Unabhängigkeit führen würde, wurde zumeist enttäuscht. So markierten die Jahre 1918 und 1945 entscheidende Wendepunkte im Streben vieler asiatischer und afrikanischer Gesellschaften, ihre politische Unabhängigkeit zu erlangen. Doch erst nach dem Zweiten W. und angesichts der Erfahrung der Verwundbarkeit der europäischen Kolonialmächte, symbolisiert im Fall Singapurs gegen japanische Truppen 1942, beschleunigte sich die Dekolonisierung, etwa mit der Unabhängigkeit Indiens 1947. In Indochina und Algerien erwies sich in den 1950er Jahren für Frankreich, wie lange und schmerzvoll der Abschied vom Kolonialreich sein konnte.

Anders als 1918 bestimmten nach 1945 zwei Erbschaften des Zweiten W.s die weitere Entwicklung der Weltordnung: die ideologische und militärische Spaltung der Welt in Ost und West und das Atomzeitalter. Der ↑Kalte Krieg entfaltete sich im Zeichen einer globalen Systemkonkurrenz zwischen ↑Kapitalismus und ↑Kommunismus, exemplarisch in der Teilung Deutschlands und in zahlreichen Stellvertreterkriegen. In Asien und Afrika überlagerten sich als Folgen des Zweiten W.s Dekolonisierungskonflikte und die Spannung zwischen den atomaren Supermächten der UdSSR und der USA.

Die Erfahrungen von massenhaften Opfern nach 1914 und nach 1939 bedeuteten keine einfache Kontinuität von immer mehr ↑Gewalt oder gar eine Zwangsläufigkeit des Zweiten aus den Konsequenzen des Ersten W.s. Gerade nach 1918 intensivierte sich die Suche nach neuen Formen der Friedenssicherung und der internationalen Kooperation. Das zeigte sich in der Etablierung des ↑Völkerbunds 1919/20, aber auch im Briand-Kellogg-Pakt von 1928 zur Ächtung des Krieges. Auch die Gründung der ↑Vereinten Nationen nach 1945 war eine Konsequenz aus den Gewalterfahrungen in der ersten Hälfte des 20. Jh. V. a. verstärkte sich nach dem Ende des Zweiten W.s der Fokus auf eine zunächst sicherheitspolitische und wirtschaftliche Integration der westeuropäischen Staaten. Exemplarisch beschrieb Jean Monnet 1945 die Notwendigkeit, die Fehler nach dem Ersten W. nicht zu wiederholen: „Es wird keinen Frieden in Europa geben, wenn sich die Staaten auf der Basis nationaler Souveränität wiedererrichten [...]. Wenn sich die Länder Europas erneut voreinander schützen, wird es wieder notwendig sein, große Armeen aufzustellen. Einige Länder könnten dies durch den zukünftigen Friedensvertrag, anderen wäre es verwehrt. Wir haben 1919 die Erfahrung dieser Unterscheidung gemacht und kennen deren Folgen. Innereuropäische Allianzen werden geschlossen werden: Wir kennen deren Folgen. Soziale Reformen würden durch das Militärbudget verhindert oder verzögert. Europa erstünde ein weiteres Mal in der Furcht" (zit. n. von Plessen 2003: 295).

Insgesamt wirkte die enthemmte Gewaltgeschichte in der ersten Hälfte des 20. Jh. als Katastrophen- und Zerfallsphase weit über 1945 hinaus und prägt bis in die Gegenwart die ↑Erinnerungskulturen der ehemaligen Kriegsgesellschaften. Zumal für die Staaten Westeuropas war das Konzept einer europäischen Integration (↑Europäischer Integrationsprozess) eine entscheidende Antwort auf die W. sowie die schmerzvolle Dekolonisierung als Erbschaft des Kriegsausgangs 1945. So folgte dem Zeitalter von Krieg und Diktatur eine Phase des stabilen Kalten Krieges und der Durchsetzung der demokratischen Massengesellschaft, zunächst in Westeuropa, und dann nach dem Zusammenbruch des ↑Warschauer Pakts und dem friedlichen Ende des Kalten Krieges 1989–1991 schließlich auch in Osteuropa. Die Erfahrung von zwei W.n mit beispiellosen Opferzahlen hat die europäischen Gesellschaften für neue Formen transnationaler Kooperation geöffnet. Nach den Erfahrungen zweier W. wirkte die europäischen Integration nach 1945 als ein modellbildendes Friedensprojekt: zunächst nach 1945 durch die Einbindung Westdeutschlands, dann in der Phase des Übergangs autoritärer Regime in demokratische Ordnungen in Griechenland, Spanien, Portugal seit den 1970er Jahren und nach dem Ende des Kalten Krieges 1989–1991 für die Staaten Ostmittel- und Südosteuropas.

Literatur

J. Leonhard: Der überforderte Frieden. Versailles und die Welt, [2]2019 • Ders.: Die Büchse der Pandora. Geschichte des Ersten Weltkriegs, 2018 • E. Piper (Hg.): Das Zeitalter der Weltkriege 1914–1945, 2014 • B. Cabanes/A. Duménil (Hg.): Der Erste Weltkrieg. Eine europäische Katastrophe, 2013 • C. Clark: Die Schlafwandler. Wie Europa in den Ersten Weltkrieg zog, 2013 • R. Overy: The Bombing War: Europe 1939–1945, 2013 • D. Reynolds: The Long Shadow. The Great War and the Twentieth Century, 2013 • J. Baberowski: Verbrannte Erde. Stalins Herrschaft der Gewalt, 2012 • A. Bauerkämper: Das Umstrittene Gedächtnis. Die Erinnerung an Nationalsozialismus, Faschismus und Krieg in Europa seit 1945, 2012 • D. Ford: The War in the Pacific. Clash of Empires in World War II, 2012 • K. Lowe: Savage Continent. Europe in the Aftermath of the Second World War, 2012 • F. McDonough (Hg.): The Origins of the Second World War. An International Perspective, 2011 • D. Süß: Tod aus der Luft. Kriegsgesellschaft und Luftkrieg in Deutschland und England, 2011 • R.-D. Müller: Der letzte deutsche Krieg 1939–1945, 2005 • M.-L. von Plessen (Hg.): Idee Europa. Entwürfe zum „Ewigen Frieden". Ordnungen und Utopien für die Gestaltung Europas von der pax romana zur Europäischen Union. Eine Ausstellung als historische Topographie, 2003 • B. Thoß/H.-E. Volkmann (Hg.): Erster Weltkrieg – Zweiter Weltkrieg. Ein Vergleich, 2002.

JÖRN LEONHARD

Weltkulturerbe ↑United Nations Educational, Scientific and Cultural Organization (UNESCO)

Weltrat der Kirche ↑Ökumenischer Rat der Kirchen (ÖRK, World Council of Churches/WCC)

Weltraum

I. Politikwissenschaftlich – II. Rechtlich

I. Politikwissenschaftlich

1. Definition und politische Bedeutung

Das Vakuum des W.s erlaubt eine extrem gute Beobachtung weit entfernter Objekte. Gleichzeitig ermöglicht seine physikalische und chemische Beschaffenheit die exakte Positionierung von Satelliten oder W.-Stationen (W.-Systeme) für wissenschaftliche, wirtschaftliche oder militärische Zwecke. W.-Systeme haben Bedeutung für strategische Sektoren wie ↑Sicherheit, Logistik, ↑Wissenschaft, Technologie, Klima oder Umwelt. Ohne eine satellitengestützte Infrastruktur wären etwa der Betrieb von Navigations- und Ortungssystemen wie GPS oder Galileo nicht möglich. Der erdnahe W. (ab 100 Kilometer über Grund) ist nach Wasser, Luft und Land eine vierte Dimension für die Lösung von Problemen in den Bereichen Terrorismusbekämpfung, ↑Klimawandel, neue Energien und Materialien oder Orientierung durch Navigation. Unter den ökonomischen Nutzungsmöglichkeiten des W.s war die Telekommunikation der erste Bereich von kommerzieller Bedeutung. Seitdem werden stetig neue Technologien entwickelt, die immer vielfältigeren Zwecken dienen. Heute sind satellitengestützte Technologien wichtige Instrumente für militärische Kommunikation, Führung von militärischen Einheiten, unbemannte Flugkörper (umgangssprachlich „Drohnen"), Transparenz beim strategischen Gleichgewicht oder die Rüstungskontrolle.

Der W. hat im 21. Jh. eine strategische Dimension erlangt. Rang und Einfluss von ↑Staaten und Staatengruppen in der Welt hängen fortan auch davon ab, ob sie fähig sind, ihn zu erforschen und zu nutzen. Es kann nicht wie selbstverständlich davon ausgegangen werden, dass einzelne Länder Zugang zu diesen Technologien über andere Mächte erhalten, so wie das über fünf Jahrzehnte etwa im Verhältnis der USA zu den Mitgliedstaaten der EU als normal angesehen worden ist. Erst recht ist das unwahrscheinlich angesichts der wachsenden strategischen Bedeutung des W.s und der W.-Politik. Insofern ist eine autonome W.-Politik für solche Staaten oder Staatengruppen wichtig, die sich als bestimmende Gestaltungsmächte im 21. Jh. begreifen und ihr Fortbestehen sichern wollen. Heute sind das die USA, Russland, China, Indien, Japan und die EU, die seit den 2000er Jahren – auf der Grundlage des konstitutionellen Auftrags durch den Art. 189 des Vertrags von Lissabon – konsequent eine eigene W.-Politik institutionell und operativ umzusetzen begann. Seitdem ist W.-Politik Bestandteil der Rahmenprogramme für Forschung und technologische Entwicklung der Europäischen Kommission.

Hinzu kommen privatwirtschaftliche Akteure wie *Tesla* oder *Amazon*, die im W.-Geschäft weltraumbasierte Technologien etablieren wollen, welche die Distribution ihrer Waren und Dienstleistungen unterstützen bzw. forcieren, wie bei der flächendeckenden Internetversorgung in Afrika.

2. Europäische Weltraumpolitik

Anfang des 21. Jh. haben ↑Europäische Kommission und Politiker in der ↑EU auf die ökonomische und strategische Bedeutung des W.s, die Dominanz der USA bei der Entwicklung und Nutzung entspr.er Technologien sowie auf die wachsende Sensibilität anderer Länder für die Erforschung des W.s hingewiesen. Hierbei war den einzelnen Ländern klar, dass partielle Anstrengungen nicht würden genügen können, um kleinteilige nationale Interessen in eigener Regie zu verfolgen. Dies war die Initialzündung für die heutige europäische W.-Politik, die bis dahin bereits mit der ESA oder einem Ariane-Trägersystem erfolgte. „Flaggschiffprojekte" wie

Galileo (Navigation und Ortung) oder die GMES-Initiative (ehemals *Global Monitoring for the Environment and Security [GMES]*, heute Copernicus) sind entstanden. Darüber hinaus hat sich die ESA 2008/09 mit den W.-Teleskopen Herschel und Planck ambitionierte Forschungsgebiete im Bereich der naturwissenschaftlichen Erkundung des Universums erschlossen.

Neben der Entwicklung von Kapazitäten im Raketen-, Plattform-, oder Satellitenbau sowie in der Nachrichteninfrastruktur erforderte dies eine Legitimation der politischen Zuständigkeiten auf europäischer Ebene. Mit einem „Grünbuch" sowie einem „Weißbuch" zur europäischen Raumfahrtpolitik und der Zuweisung entspr.er Kompetenzen an die ESA wurde diese Legitimation im Rahmen eines systematischen Findungsprozesses von den entspr.en Institutionen und Projekten gewonnen. Aus operativer Sicht bedeutet dies die Realisierung der europäischen Satellitenprogramme Galileo und EGNOS *(European Geostationary Navigation Overlay Service)*; die Anwendung des Europäischen Erdbeobachtungsprogramms (Copernicus) zur Überwachung von Land, See, Atmosphäre, Luftqualität und Klimawandel sowie Notfalleinsätzen und Sicherheit; Schutz der europäischen W.-Infrastruktur durch den Aufbau eines Systems zur W.-Lageerfassung *(Space Situation Awareness)*, um den Verlust von Technologien durch Zusammenstöße mit W.-Müll und durch W.-Wetter zu verringern; Unterstützung der W.-Forschung etwa im Kontext der ISS *(International Space Station)*; Unterstützung von Grundlagenforschung und Entwicklung; Stärkung der Partnerschaft zwischen ESA und den EU-Mitgliedstaaten; Entwicklung eines weltraumbasierten Datenrelay; erfolgreicher Betrieb des Raumfahrtzentrums *Centre Spatial Gyanais* zum Betrieb der europäischen W.-Rakete Ariane 5-ME bzw. 6 am W.-Bahnhof Kourou in Französisch-Guayana sowie Beteiligung an der amerikanischen Raumkapsel Orion (u. a. Marserkundung).

Literatur

J. Turek: Weltraumpolitik, in: W. Weidenfeld/W. Wessels/F. Tekin (Hg.): Europa von A bis Z, [15]2021, 613–616 • Europäische Kommission (Hg.): Auf dem Weg zu einer Weltraumstrategie der Europäischen Union im Dienst der Bürgerinnen und Bürger, 2011 • J. Turek: Space as a Strategic Policy for Europe and the European Union, in: K.-U. Schrogl u. a. (Hg.): Yearbook on Space Policy 2008/2009, 2010, 179–187 • Europäische Kommission (Hg.): Weißbuch. Die Raumfahrt. Europäische Horizonte einer erweiterten Union. Aktionsplan für die Durchführung der europäischen Raumfahrtpolitik, 2003 • J. Eberle u. a. (Hg.): Europas Zukunft im Weltraum. Ein gemeinsamer Bericht europäischer Institute, 1988. JÜRGEN TUREK

II. Rechtlich

1. Begriff

Mangels Einigung fehlt eine völkerrechtlich verbindliche Definition, ab welcher Höhe der W. beginnt. Der Luftraum, der der staatlichen ↑Souveränität unterliegt, endet dort, wo Flugzeuge mangels Luftauftrieb nicht mehr fliegen können (sog.e van Kármán-Linie, ca. 83 Kilometer über der Erdoberfläche). Von den in UN-Vorschlägen und in nationalen W.-Gesetzen festgelegten Grenzen zwischen 80 und 110 Kilometer werden 100 Kilometer als Völkergewohnheitsrecht (↑Gewohnheitsrecht) angesehen. W.-Recht umfasst die ↑Normen, die sich auf die Erforschung und Nutzung des W.s beziehen. Seine Entwicklung über theoretische Ansätze hinaus war erforderlich, sobald menschliche Tätigkeit im W. stattfand oder sich auf diesen auswirkte. Deutlich wurde dies mit dem Start der Viking-Raketen der USA ab 1950 und spätestens mit dem Start des sowjetischen Satelliten Sputnik 1 am 4.10.1957. Da der W. als hoheitsfreier Raum und gemeinsames Erbe der Menschheit *(common heritage of mankind)* angesehen wird, bedarf es universeller völkerrechtlicher Regelungen. Wegen zunehmender nichtstaatlicher, privater W.-Aktivitäten wurden zunehmend nationale W.-Gesetze erlassen (z. B. hinsichtlich Genehmigungen und Haftungsfragen).

2. Universelles Weltraumrecht

1958 unterbreiteten sowohl die USA als auch die UdSSR der UN-Generalversammlung (↑Vereinte Nationen) den Vorschlag, den W. als einen internationalen Gemeinschaftsraum ähnlich dem der Hohen See (↑Seerecht) anzusehen. Diese setzte daraufhin den *Ausschuss für die friedliche Nutzung des W.s (Committee on the Peaceful Uses of Outer Space)* ein und verabschiedete 1961 die Resolution 1720 (XVI) über die Grundlagen des W.-Rechts. Danach sollen der W. und die Himmelskörper von keinem ↑Staat als Hoheitsgebiet in Anspruch genommen werden können und allen Staaten in Übereinstimmung mit dem ↑Völkerrecht zur freien Erforschung und Nutzung offenstehen (Gemeinwohlklausel). Völkerrechtlich verankert wurde dies 1967 im „Vertrag über die Grundsätze zur Regelung der Tätigkeiten von Staaten bei der Erforschung und Nutzung des Weltraums einschließlich des Mondes und anderer Himmelskörper" (W.-Vertrag), der bislang von 102 Staaten ratifiziert und 27 weiteren unterzeichnet wurde. Dieser verbietet ferner die Stationierung von Kernwaffen und anderen Massenvernichtungswaffen und verpflichtet die Nationen, die W.-Fahrt betreiben, zur Vermeidung von schädlichen Verschmutzungen und zur Haftung für verursachte Schäden im W. und zur Hilfeleistung bei Unfällen. Als Rahmenabkommen bedurfte der W.-Vertrag der Konkretisierung durch spezielle Verträge. 1968 wurde das „Übereinkommen über die Rettung und Rückführung von Raumfahrern sowie die Rückgabe von in den Weltraum gestarteten Gegenständen" (Rettungsabkommen) geschlossen, 1972 nach zahlreichen Unglücksfällen und dadurch verursachten Schäden das „Übereinkommen über die völkerrechtliche Haftung für Schäden durch Weltraumgegenstände" (W.-Haftungsübereinkommen), 1975 das „Übereinkommen über die Registrierung von in den Weltraum gestarteten Gegenständen" (Registrierungsabkommen). Die Erfolge in der W.-Fahrt bis hin zur Mondlandung (1969) veranlassten dazu, im Mondabkommen („Übereinkommen zur Regelung der Tätigkeiten von Staaten auf dem Mond und anderen Himmelskörpern") den Gemeinnützigkeitsgrundsatz des W.-Vertrags dahingehend zu konkretisieren, dass der Mond und seine Ressourcen zum „gemeinsamen Erbe der Menschheit" (Art. 11 Abs. 1) erklärt wurden. Konkrete Verpflichtungen hinsichtlich der Nutzung fehlen allerdings; nach deren tatsächlicher Realisierungsmöglichkeit sollen Verhandlungen über ein entspr.es Regime aufgenommen werden. Die Perspektive der Verteilung tatsächlicher Nutzung erklärt diese Zurückhaltung, die sich auch darin zeigt, dass im Gegensatz zu den anderen W.-Verträgen der Mondvertrag zwar 1984 in Kraft trat, aber nur von 18 Staaten ratifiziert und elf weiteren unterzeichnet wurde, darunter keinem W.-Fahrt betreibendem Staat. Mangels des erforderlichen Konsenses wurden in weiteren Fragen der Nutzung des W.s nur rechtlich unverbindliche Resolutionen mit Prinzipienkatalogen beschlossen, nämlich 1982 über die Nutzung von Satelliten für den Rundfunk (Hintergrund des ↑Kalten Krieges, *prior consent* – dagegen die meisten westlichen Staaten), 1986 über die satellitengestützte (nicht-militärische) Fernerkundung *(remote sensing)*, 1992 zum Schutz der Umwelt (Gefahr des W.-Mülls – *space debris* wegen Zusammenstößen im W. und Abstürzen auf die Erde, z. B. 1978 sowjetische Cosmos 954 auf Kanada), 1996 über die internationale Zusammenarbeit im W. *(space benefits)*. Soweit die Resolutionen im ↑Konsens beschlossen wurden, wird ihnen in der Literatur der Charakter von Völkergewohnheitsrecht zuerkannt. Dagegen wird aber auch die ausdrückliche Verweigerung einer vertraglichen Fixierung eingewandt.

3. Friedliche Nutzung

Die Gemeinwohlklausel des W.-Vertrags begründet keine staatlichen Ansprüche, verbietet aber die Ausdehnung von territorialen Hoheitsansprüchen auf den W. und verpflichtet zur Suche nach einem über Kooperation hinausgehenden Interessenausgleich. Die mit diesem unbestimmten Rechtsbegriff verbundenen Probleme, aber auch Lösungsansätze dokumentiert die Regelung der bislang wirtschaftlich bedeutendsten friedlichen Nutzung des W.s, nämlich der Stationierung von Satelliten im geostationären Orbit (ca. 36 000 Kilometer über dem Äquator), die sich synchron mit der Erdrotation bewegen. Die 1976 erhobene Forderung der acht am Äquator liegenden Staaten nach *preferential rights* (als eine Art „Parkgebühr" für die über ihrem Territorium platzierten Satelliten von deren Eigentümern) wurde mit dem Argument der Gemeinwohlklausel zurückgewiesen, dadurch zugl. die gewohnheitsrechtliche Abgrenzung von Luftraum und W. bestätigt. Da der geostationäre Raum aber eine begrenzte natürliche Ressource ist und Satelliten, um funktionsfähig zu bleiben, einen Sicherheitsabstand benötigen, erfolgten zunächst 1977 Festlegungen über die Frequenzen und Standorte und 1982 durch eine Neufassung des „Internationalen Fernmeldevertrags" für jeden Mitgliedstaat der *Internationalen Fernmeldeunion* die Zuteilung eines Segments des geostationären Orbits unter bes.r Berücksichtigung der Entwicklungsländer und somit von Aspekten der ↑Solidarität. Die nicht-militärische Fernerkundung liefert wichtige Informationen z. B. über Bodenschätze, Wetter- und Klimaveränderungen, die an erkundete andere Staaten zu vernünftigen Kosten weitergegeben werden sollen. Satellitengestützte Navigationssysteme wie das GPS ermöglichen die Ortung und Steuerung von Land-, See- und Luftfahrzeugen.

4. Militärische Nutzung

Art. IV Abs. 1 W.-Vertrag verbietet ausdrücklich nur Kern- und andere Massenvernichtungswaffen (↑ABC-Waffen), Abs. 2 die Errichtung militärischer Stützpunkte und das Erproben von „Waffen jeglicher Art" auf Himmelskörpern. Darüber hinaus wird die Stationierung konventioneller Waffen weder dadurch noch durch das Völkerrecht allg. verboten, zumal Art. 51 UN-Charta das Recht auf Selbstverteidigung enthält. Die militärische Nutzung des W.s ist über die Nutzung von Navigationssystemen hinaus weit verbreitet. Die 2008 von Russland und China vorgeschlagenen Verhandlungen über neue Rüstungskontrollmaßnahmen bzgl. des W.s wurden von den USA mit Hinweis auf den W.-Vertrag abgelehnt, ebenso 2014 in den Vereinten Nationen unterbreitete Vorschläge. Insb. die US-Pläne für ein Raketenabwehrsystem im W. *(Space Force)* stoßen auf Kritik, zumal wegen der Reaktionen Russlands und Chinas ein Wettrüsten im W. befürchtet wird. Die ↑NATO plant zur militärischen Überwachung des W.s und für Abwehrmaßnahmen gegen Angriffe auf Satelliten – ohne Stationierung von Waffen im W. – ein *Space Center* in Ramstein.

5. Beteiligung Deutschlands

Deutschland ist bei den Konferenzen der UN-W.-Ausschüsse und der ESA vertreten. 2007 wurde das Satellitendatensicherheitsgesetz erlassen; ein (überfälliges) deutsches W.-Gesetz kam bislang nicht zustande. Auf W.-Recht spezialisiert ist das *Institut für Luftrecht, Weltraumrecht und Cyberrecht* an der Universität zu Köln.

6. Zukunft des Weltraumrechts

Der technologische ↑Fortschritt, die Gefahren militärischer Nutzung und die Erstreckung der Nutzung auf Private (kommerzielle Ausbeutung von Rohstoffen; „W.-Tourismus") erfordern eine Fortentwicklung des W.-Rechts über den W.-Vertrag und seine bisherigen Konkretisierungen hinaus auf universeller Ebene, um den Ansatz des W.s als gemeinsames Erbe gegenüber nationalen Ansprüchen (z. B. des US-W.-Gesetzes von 2015) zu bewahren.

Literatur

S. Hobe: Weltraumrecht, in: K. Ipsen (Hg.): Völkerrecht, [7]2018, 891–925 • R. S. Jakhu/P. S. Dempsey (Hg.): Routledge Handbook of Space Law, 2017 • F. von der Dunk/F. Tronchetti (Hg.): Handbook on Space Law, 2015 • S. Hobe/B. Schmidt-Tedd/K.-U. Schrogl (Hg.): Cologne Commentary on Space Law, 3 Bde., 2009–15 • M. Schladebach: Einführung in das Weltraumrecht, in: JuS 48/3 (2008), 216–222 • K.-H. Böckstiegel (Hg.): Hdb. des Weltraumrechts, 1991.

RUDOLF STREINZ

Weltwirtschaft

1. Charakterisierung

1.1 Begriffsdefinition

Unter dem Begriff W. wird die Gesamtheit aller Volkswirtschaften der Welt sowie deren wirtschaftliche Austauschbeziehungen verstanden. Während die W. derzeit von den Industriestaaten dominiert wird, gewinnen die Schwellenländer im Hinblick auf ihre Wirtschaftskraft und ihre wirtschaftlichen Verflechtungen mit dem Rest der Welt zunehmend an Bedeutung.

1.2 Historische Entwicklung

Mit dem Aufschwung des Fernhandels entlang der Seidenstraße etablierte der europäische Kontinent ab dem 12. Jh. n. Chr. wirtschaftliche Austauschbeziehungen mit dem seinerzeit höher entwickelten asiatischen Raum. Im Verlaufe der nachfolgenden Jahrhunderte avancierte ↑Europa nicht zuletzt durch die im frühen 16. Jh. einsetzende Kolonialisierung (↑Kolonialismus) und die daraus resultierende Intensivierung des Überseehandels zur führenden W.s-Macht. Hierbei ermöglichten v. a. die Verbreitung des Dampfschiffs und der Dampflokomotive im Gefolge der Industriellen Revolution (↑Industrialisierung, Industrielle Revolution) den Handel von Rohstoffen, Agrarprodukten und Industriegütern auch über weite Distanzen. So nahm der Welthandel zwischen 1800 und 1913 um das 25-fache zu und wuchs damit deutlich stärker als die Weltproduktion. Diese Blütephase der W., auch als „Erste Globalisierungswelle" bezeichnet, kam erst mit Beginn des Ersten Weltkriegs zu einem Ende.

Nach dem Zweiten Weltkrieg erlebte die W. bedingt durch die rasant steigende Nachfrage nach Konsum- und Investitionsgütern im Zuge des Wiederaufbaus der Nachkriegszeit einen erneuten Aufschwung. Die voranschreitende Handelsliberalisierung verbunden mit der Entwicklung neuer Transport- und Kommunikationstechnologien wie der Verbreitung von Funktelefonen, dem kommerziellen Einsatz von Computern oder der Containerisierung des Stückguttransports führten zu dramatisch sinkenden Transportkosten, die seit Mitte der 1980er Jahre die „Zweite Globalisierungswelle" begründeten, von der die W. bis heute geprägt ist. Dieser zweite Globalisierungsschub (↑Globalisierung) verstärkte sich seit den 1990er Jahren nochmals, angetrieben einerseits durch die sukzessive weltweite ↑Deregulierung von Güter- und ↑Finanzmärkten und andererseits durch die wirtschaftliche Öffnung Chinas und Indiens sowie den Zusammenbruch der UdSSR und der damit einhergehenden Marktöffnung der Länder Mittel- und Osteuropas. Hohe Lohnunterschiede zwischen den Industrieländern und den sich neu dem Welthandel öffnenden Schwellenländern führten zudem zu einer zunehmenden Fragmentierung von Wertschöpfungsketten. Aufgrund der Verlagerung von einzelnen Fertigungsstufen in Billiglohnländer und dem dadurch resultierenden verstärkten Handel von Zwischenprodukten nahm die Interdependenz der W. in den zurückliegenden Jahren weiter zu.

1.3 Indikatoren der weltwirtschaftlichen Verflechtung

Das globale BIP zu Marktpreisen belief sich im Jahre 2018 auf 85,7 Billionen US-Dollar. Davon entfielen knapp ein Viertel auf die USA als wirtschaftlich größte Volkswirtschaft, gefolgt von den EU28-Staaten mit zusammen rund 21 % der globalen Wirtschaftsleistung. Obwohl die W. nach wie vor von den westlichen Industrieländern dominiert wird, verlagert sich ihr Zentrum von Europa und den USA zunehmend nach Asien. Das wird bes. deutlich, wenn das kaufkraftbereinigte globale BIP herangezogen wird. Im Gegensatz zum BIP zu Marktpreisen berücksichtigt Letzteres, dass die allg.en Lohnniveaus und damit die Preise nicht handelbarer Güter, insb. ↑Dienstleistungen, in weniger entwickelten Ländern geringer sind als in den Industrieländern. Aus diesem Grunde ist die Kaufkraft des ↑Geldes in Entwicklungs- und Schwellenländern entspr. höher, wodurch sich der Wert der kaufkraftbereinigten globalen Wirtschaftsleistung gegenüber dem BIP zu Marktpreisen erhöht. Das kaufkraftbereinigte BIP wird in Einheiten des „Internationalen Dollar" ausgedrückt, der eine von der Weltbank berechnete Vergleichswährung darstellt. Während eine Einheit des Internationalen Dollar in den USA genau einem US-Dollar entspricht, erfolgt die Umrechnung in allen anderen Ländern gemäß der Kaufkraftparität des jeweiligen Landes. Die Kaufkraftparität misst dabei die Menge der inländischen Währungseinheiten (↑Währung), welche benötigt werden, um im Inland die gleiche Menge an Gütern zu kaufen, welche in den USA für einen US-Dollar zu erwerben sind. Im Jahre 2018 belief sich das kaufkraftbereinigte BIP auf 128,6 Billionen Internationale Dollar, wovon etwa ein Viertel allein von China und Indien erwirtschaftet wurde, die sich seit den 1980er bzw. 1990er Jahren zunehmend dem Welthandel öffneten. So steigerte China seinen Anteil an der weltweiten Produktion von unter 4 % im Jahre 1990 auf 18 % im Jahre 2018, während sich der Produktionsausstoß Indiens von etwas über 3 % auf 7 % des kaufkraftbereinigten globalen BIP mehr als verdoppelte. Das kaufkraftbereinigte BIP selbst hat sich dabei im Zeitraum von 1990 bis 2018 in etwa vervierfacht.

Das globale BIP ist jedoch innerhalb der Weltregionen sehr ungleich verteilt. So hat die Einkommensungleichheit innerhalb vieler Ländern, v. a. in Nordamerika, China, Indien und Russland, seit 1980 deutlich zugenommen, während der Anstieg in Europa eher moderat verlief. Auf globaler Ebene ergibt sich hingegen ein anderes Bild. Zwar stieg der Anteil des weltweit obersten 1 % am Gesamteinkommen zwischen 1980 und 2000 von 16 % auf 22 %, fiel bis 2016 jedoch wieder auf 20 % zurück, während sich der Anteil der weltweit unteren 50 % seit 1980 bei rund 9 % eingependelt hat. Der Rückgang der globalen Einkommensungleichheit nach 2000 erklärt sich v. a. aus den hohen Wirtschaftswachstumsraten in Asien, und hier insb. Chinas und Indiens, das die Entwicklung der durchschnittlichen ↑Einkommen der ärmeren Hälfte der Weltbevölkerung insgesamt begünstigt hat.

Neben der Höhe des BIP und dessen Verteilung lässt sich die W. auch durch die Intensität der wirtschaftlichen Austauschbeziehungen zwischen den Ländern der Erde charakterisieren. So ist der Welthandel seit den 1950er Jahren mit über 5 % p. a. regelmäßig schneller gewachsen als die globale Wirtschaftsleistung, auch wenn sich dieses Wachstum im Gefolge der Weltfinanzkrise (↑Finanzmarktkrise, ↑Weltwirtschaftskrisen) von 2008–2009 etwas abgeschwächt hat. Allein zwischen 1990 und 2018 nahm der Anteil des internationalen Güterhandels in Form von Exporten und Importen von Waren und Dienstleistungen von knapp 38 % auf über 59 % des Welt-BIP zu, und lag im Jahr 2018 bei 50 Billionen US-Dollar. Der Warenhandel zeichnet dabei mit 46 % des Welt-BIP für den Großteil des internationalen Güterhandels verantwortlich, während der Umfang international gehandelter Dienstleistungen deutlich geringer ausfällt. Die Bedeutung des Dienstleistungshandels hat jedoch von 7 % des globalen BIP im Jahre 1990 auf 13 % im Jahre 2018 enorm an Bedeutung gewonnen. Die USA und China waren im Jahre 2018 die größten Handelsnationen. In diesem Jahr lagen die USA bei der Einfuhr von Gütern in Form von Waren und Dienstleistungen mit einem Weltmarktanteil von 13 % vor China mit 10 %, während China beim Güterexport mit einem Anteil von 11 % vor den USA mit 10 % rangierte. ↑Deutschland belegte bei Exporten sowie Importen mit Weltmarktanteilen von 7,5 % bzw. 6,5 % den dritten Platz.

Der internationale Handel beschränkt sich nicht nur auf den Austausch finaler ↑Güter, sondern wird zunehmend durch globale Liefer- bzw. Wertschöpfungsketten geprägt. Hierbei wird der Produktionsprozess aufgebrochen und nur einzelne Produktionsstufen ins Ausland verlagert. Auf diese Weise können internationale Faktorpreisdifferenzen ausgenutzt werden, um Einsparungen bei den Produktionskosten zu realisieren bspw. durch eine Auslagerung bes. arbeitsintensiver Produktionsstufen in Billiglohnländer. Die ausgelagerten Produktionsleistungen können dabei entweder durch Tochtergesellschaften innerhalb einer multinationalen Unternehmung (Offshoring) oder mittels fremder Unternehmen im Ausland (Outsourcing) erbracht werden. Die Bedeutung solch globaler Wertschöpfungsverflechtungen nahm ab den 1990er Jahren im Zuge sinkender Transportkosten und der Weltmarktöffnung vormals geschlossener Volkswirtschaften wie China, Indien und den mittel- und osteuropäischen Ländern erheblich zu. Im Jahre 2018 stellte der Handel mit Zwischenprodukten mehr als zwei Drittel des gesamten Welthandelsvolumens dar. Eine Auslagerung von Produktionsleistungen mittels Offshoring erfolgt durch grenzüberschreitende ↑Investitionen multinationaler Unternehmen in eigene Produktionsstätten und Tochterunternehmen sowie Fusionen mit oder Beteiligungen an ausländischen Unternehmen. Die Zuflüsse in die Empfängerländer solch internationaler Direktinvestitionen waren von 240 Mrd. US-Dollar bzw. 1,1 % des globalen BIP im Jahre 1990 auf 3,1 Billionen US-Dollar bzw. 5,3 % des globalen BIP im Jahre 2007 angestiegen, bis zum Jahre 2018 aber wieder auf 1,3 Billionen US-Dollar bzw. 1,6 % der weltweiten Produktion zurückgefallen.

Die zunehmende Integration der W. im Zuge der zweiten Globalisierungswelle wurde in nicht unerheblichem Maße durch die verstärkte Deregulierung des grenzüberschreitenden Kapitalverkehrs unterstützt und vielfach erst ermöglicht. Dabei wurden seit den 1980er Jahren von vielen Regierungen Kapitalkontrollen, Handels- und Marktzugangsbeschränkungen sukzessive abgebaut und der Spielraum für die Einführung neuer Finanzinstrumente erweitert. Zwar kam es nach der Weltfinanzkrise zu einer teilweisen Re-Regulierung des internationalen Kapitalverkehrs insb. durch eine Verschärfung der Bankenregulierung im Zuge der als Basel III bezeichneten Vorschriften des *Basler Ausschusses für Bankenaufsicht* bei der Bank für Internationalen Zahlungsausgleich. Dennoch hat dies dem ausgeprägten Wachstum des internationalen Kapitalverkehrs keinen Abbruch getan, was sich sehr deutlich an der rasanten Zunahme der täglichen weltweiten Devisenmarktumsätze zeigt, welche sich von gut 800 Mrd. US-Dollar im Jahre 1992 auf über 6,5 Billionen US-Dollar im Jahre 2019 mehr als verachtfachten.

1.4 Organisationen der Weltwirtschaft

Die Integration der W. nach dem Zweiten Weltkrieg wurde durch eine Reihe wichtiger internationaler Organisationen unterstützt. Zu diesen zählen insb. die Bretton-Woods-Institutionen (↑Bretton Woods) des ↑IWF, der ↑Weltbank sowie der ↑WTO. Die Hauptaufgaben des IWF umfassen die Vergabe befristeter ↑Kredite unter Auflagen an Staaten mit Zahlungsbilanzschwierigkeiten sowie die Förderung der internationalen Zusammenarbeit in der Währungspolitik. Demgegenüber stellt die Weltbank Finanzierungsinstrumente für langfristige Entwicklungsprojekte für Entwicklungs- und

Schwellenländer bereit. Die WTO zielt schließlich auf eine Regelung der weltweiten Handelsbeziehungen ab. Durch acht große Zollsenkungsrunden trug das GATT entscheidend dazu bei, das durchschnittliche Zollniveau auf Industrieprodukte von etwa 50 % in den 1940er Jahren auf unter 5 % zu Ende des 20. Jh. zu senken. Die WTO wurde 1995 als Nachfolgeorganisation des GATT mit erweiterter Zielsetzung gegründet und umfasst auch die Bereiche Dienstleistungen, geistiges Eigentum und landwirtschaftliche Produkte.

Neben den Bretton-Woods-Institutionen existiert eine Reihe weiterer Organisationen zur Förderung der internationalen Wirtschaftskooperation. Dazu zählt die ↑OECD, die zunächst als Vereinigung der westlichen Industriestaaten mit dem Ziel gegründet wurde, den Wiederaufbau und die wirtschaftliche Zusammenarbeit in Europa nach dem Zweiten Weltkrieg zu fördern. Inzwischen gehören der OECD auch Schwellenländer an, und sie setzt sich insb. für eine wettbewerbliche Wirtschaftsordnung (↑Wettbewerb) ein. Dazu hat sie u. a. Standards für Direktinvestition und zur Verhinderung von Geldwäsche und Steuerflucht formuliert.

Schließlich dienen auch verschiedene politische Gremien als Plattform zum Dialog über Probleme des internationalen Wirtschafts- und Finanzsystems. Dazu zählt die G7 (↑Gruppe der führenden Industrienationen [G7/G8]) als informelles Forum der großen Industrienationen Deutschland, Frankreich, Großbritannien, Italien, Japan, Kanada und USA, die G20 als informeller Zusammenschluss der 19 wichtigsten Industrie- und Schwellenländer sowie der ↑EU, die Gruppe der 77 als loser Zusammenschluss von Entwicklungs- und Schwellenländern zur Stärkung ihrer Marktmacht auf den Weltmärkten, sowie die BRICS-Staaten als Zusammenkunft der aufstrebenden Länder Brasilien, Russland, Indien, China und Südafrika.

2. Weltwirtschaft im Wandel

In der zweiten Hälfte des 20. Jh. wurde die Entwicklung der W. stark vom Multilateralismus geprägt, dessen institutioneller Rahmen durch ein breites Netz an ↑internationalen Organisationen gekennzeichnet war. Die mit diesem institutionellen Rahmen verbundene erhöhte ↑Rechtssicherheit sowie die durch das GATT erreichten Zollsenkungen begünstigten eine Intensivierung der internationalen Handelsbeziehungen sowie die Ausbildung von internationalen Wertschöpfungsketten, die zu sinkenden Produktionskosten und Preisen für eine Vielzahl an Verbrauchsgütern führte und insb. auch bis dahin vom Weltmarkt abgekoppelte Länder v. a. in Osteuropa und Asien in die weltweiten Produktionsnetzwerke einband. Als wichtiger Treiber des Produktivitätsfortschritts haben globale Lieferketten zudem das Wachstum der W. beflügelt.

Die voranschreitende Integration der W. im Zuge der „Zweiten Globalisierungswelle" wurde jedoch durch eine Reihe von Entwicklungen abgebremst. So führte die im Jahre 2001 begonnene, aber bis zum Jahre 2020 nicht vollendete Doha-Runde der WTO dazu, dass auf multilateraler Ebene keine Fortschritte bei wichtigen Themen wie dem Abbau von ↑Subventionen für Agrarprodukte oder der weiteren ↑Liberalisierung beim Dienstleistungshandel erreicht werden konnten. Stattdessen hat die Anzahl regionaler Freihandelsabkommen (↑Freihandel) seit der Jahrtausendwende enorm zugenommen. Während Freihandelszonen zwar den ↑Handel zwischen den beteiligten Ländern erhöhen, führen sie zu einer potenziellen Umlenkung von Handelsströmen von den kostengünstigsten Anbietern außerhalb des Integrationsraums auf die Produzenten innerhalb der Freihandelszone. Dies verhindert eine effiziente Ressourcenallokation, schadet Drittländern und birgt die Gefahr einer Zersplitterung des multilateralen Handels durch eine Verhärtung von regionalen Handelsblöcken. Neben den stockenden multilateralen Handelsliberalisierungsbestrebungen bildete die Weltfinanzkrise den Nährboden für zunehmend protektionistische handelspolitische Maßnahmen in vielen Ländern, die sich v. a. in einem Anstieg nicht-tarifärer Handelshemmnisse z. B. im Bereich der technischen Regulierungen, bei wettbewerbsverzerrenden Subventionen oder bei Lizenzen für Importe und Exporte manifestierten, welche im Verlaufe der 2010er Jahre die Zukunftsfähigkeit des WTO-Regelwerks zunehmend in Frage stellten.

Die Verwerfungen im Gefolge der Weltfinanzkrise, weltweit eskalierende Handelskonflikte sowie der aufkeimende Protektionismus in der W. führten in vielen Ländern zudem zu einem erheblichen Anstieg der wirtschaftspolitischen Unsicherheit, die durch die im Jahre 2020 durch den Erreger SARS-CoV-2 ausgelöste Coronakrise nochmals dramatisch zunahm. Erhöhte globale Unsicherheit verursacht dabei nicht nur eine ausgeprägte Konsum- und Investitionszurückhaltung, die sich negativ auf die Wachstumsperspektiven der W. auswirkt. Sie führt überdies zu einer Störung globaler Lieferketten, da es sich für ↑Unternehmen nicht mehr lohnt, die mit einer Produktionsauslagerung verbundenen finanziellen Risiken einzugehen. Um die Abhängigkeit von externen Zulieferern zu reduzieren, besteht für betroffene Unternehmen die Option einer Rückverlagerung ehemals ausgelagerter Produktionsschritte entweder in heimische und regionale Märkte (Reshoring oder Nearshoring) oder in die eigene Firma (Inshoring). Neben Risikoaspekten spielt für die Attraktivität einer Rückverlagerung von internationalen Produktionsprozessen auch die voranschreitende ↑Digitalisierung eine zunehmend wichtige Rolle. Obwohl ein Reshoring oder Inshoring mit der Hoffnung auf Arbeitsplatzgewinne der heimischen Volkswirtschaft assoziiert werden, steht zu erwarten, dass ehemals arbeitsintensive Montagetätigkeiten aufgrund der Fortschritte in der ↑Robotik und dem 3D-Druck vermehrt automatisiert erbracht werden, und damit nicht zu einer Zunahme der heimischen Arbeitsnachfrage führen. Zugl. benachteiligt die Rückverlagerung von Produktionsprozessen in die Industrieländer v. a. die ostasiatischen Entwicklungs- und Schwellenländer, die in bes.m Maße von kostengünstiger Produktion und dem Export von Vorprodukten abhängen. Aber auch Länder, die noch nicht in hohem Maße in globale Wertschöpfungsketten eingebunden sind, aber generell das Potenzial zur Einbindung haben, wie z. B. viele Volkswirtschaften auf dem afrikanischen Kontinent, sind die Verlierer eines Reshoring. Denn für diese Entwicklungsländer bietet die Integration in weltweite Produktionsnetzwerke die Chance, von den mit Wertschöpfungsketten einhergehenden Kapitalströmen und dem Zugang zu internationalen Märkten, ↑Humankapital und Wissen zu profitieren, die Wertschöpfung der eigenen Produktion zu steigern und dadurch ihr ↑Wirtschaftswachstum nachhaltig zu erhöhen. Auf diese Weise wirkt sich das Reshoring auch schädigend auf den globalen Produktivitätsfortschritt aus und schränkt die Wachstumsperspektiven der W. ein.

Massive Störungen von internationalen Wertschöpfungsketten, wie sie z. B. im Gefolge der Reaktorkatastrophe von Fukushima im Jahre 2011 auftraten und seinerzeit insb. die Automobilbranche, den Maschinenbau und die Elektronikindustrie empfindlich trafen, oder die sich im Jahre 2020 ausbreitende Coronakrise, die aufgrund weltweiter Produktions-Lockdowns mit Totalausfällen ganzer Industriezweige zu drastischen Versorgungslücken führte, zeigen die Notwendigkeit auf, Wertschöpfungsketten nicht nur unter Effizienzgesichtspunkten, sondern verstärkt unter Risikoaspekten auszugestalten. Durch Reshoring oder Nearshoring von einzelnen Produktionsschritten aus Niedriglohnländern können Unternehmen die Abhängigkeit von weit entfernten Produktionsstandorten zwar verringern. Eine heimatnahe Rückverlagerung internationaler Produktionsprozesse ist dabei aber nur bedingt geeignet, Lieferketten aufrechtzuerhalten, denn wie die Coronakrise gezeigt hat, sind auch heimische Zulieferer vor krisenbedingten Produktionsstopps nicht gefeit. Daher werden internationale Lieferketten auch zukünftig ein wichtiges Merkmal der globalen Produktionstätigkeit bleiben. Hierbei müssen jedoch ↑Risiken stärker diversifiziert werden, um potenzielle Ausfälle entlang ihrer Wertschöpfungsketten besser kompensieren zu können. Eine wesentliche Voraussetzung hierfür ist die Abkehr vom *Single Sourcing*-Prinzip, bei dem Unternehmen ihre Vorprodukte nur von jeweils einem einzelnen Produzenten beziehen, bzw. Vorleistungsproduzenten nur an einen einzelnen Abnehmer liefern. So kann bei einer hinreichend hohen Anzahl an Zulieferern die inländische Versorgung durchaus stabiler sein als im Falle ausschließlich heimischer ↑Produktion. Zugl. ist jedoch zu berücksichtigen, dass eine Diversifikation von Zulieferern anstelle des *Single Sourcing* zwar das Ausfallrisiko reduziert, gleichzeitig jedoch mit dem Verlust an Skalenerträgen einhergeht, was die Produktionskosten und letztendlich die Preise für die Konsumenten erhöht. Die zusätzlichen Kosten können dabei als Versicherungsprämie gegen Störungen internationaler Lieferketten und deren Folgen gesehen werden.

Um Zulieferbeziehungen stärker zu diversifizieren, wird eine multilaterale Offenheit der W. wichtiger denn je, um die zusätzliche Belastung durch ↑Zölle und nichttarifäre Handelsbarrieren, international unterschiedliche Produktstandards und ↑Bürokratie so gering wie möglich zu halten. Bei der evtl.en Neuausrichtung von globalen Wertschöpfungsketten sollten Regierungen daher dafür sorgen, durch internationale handelspolitische Zusammenarbeit das Auftreten von Produktionsengpässen dadurch zu verhindern, dass freier Handel und grenzüberschreitende Bewegungen von Finanz- und Sachkapital möglichst uneingeschränkt zugelassen werden. Ein Fortbestehen des regelbasierten Systems der WTO sowie eine Rückbesinnung auf den Prozess der multilateralen Handelsliberalisierung ist vor diesem Hintergrund von bes.r Bedeutung, um die zukünftigen Wachstumspotenziale der W. zu heben.

Literatur

S. Baker u. a.: Covid-Induced Economic Uncertainty, NBER Working Paper 26983, 2020 • H. Görg/S. Mösle: Globale Wertschöpfungsketten in Zeiten von (und nach) Covid-19, in: ifo Schnelldienst 73/5 (2020), 3–7 • K. Kilic/D. Marin: Wie Covid-19 Deutschland und die Weltwirtschaft verändert, in: ifo Schnelldienst 73/5 (2020), 13–16 • OECD: Global Value Chain Development Report, 2020 • T. Petersen: Globale Lieferketten zwischen Effizienz und Resilienz, in: ifo Schnelldienst 73/5 (2020), 7–10 • Weltbank: World Bank Open Data, 2020 • R. Wiechers/T. Steinwachs: This Time Is Different, Again, in: ifo Schnelldienst 73/5 (2020), 23–26 • BIZ: Triennial Central Bank Survey, 2019 • BMWI: Monatsbericht Dezember, 2019 • IMF: World Economic Outlook Oktober, 2019 • OECD: Global Value Chain Development Report, 2019 • UNCTAD: Trade and Development Report, 2019 • World Inequality Lab: Bericht zur weltweiten Ungleichheit, 2018 • K. De Backer/D. Flaig: The Future of Global Value Chains, in: OECD Science (Hg.): Technology and Industry Policy Papers No. 41, 2017 • S. Baker/N. Bloom/S. Davis: Measuring Economic Policy Uncertainty, in: QJE 131/4 (2016), 1593–1636 • T. Berger/S. Grabert/B. Kempa: Global and Country-Specific Output Growth Uncertainty and Macroeconomic Performance, in: OBES 78/5 (2016), 694–716 • M. Pflüger/O. Krebs: Quo vadis Welthandel?, in: WD 95/5 (2015), 311–315 • N. Wolf: Kurze Geschichte der Weltwirtschaft, 2013 • B. Kempa: Internationale Ökonomie, 2012 • M. Fuchs: Risiken weltweiter Wertschöpfungsketten, in: Wirtschafts- und Sozialgeographische Institut der Universität zu Köln (Hg.): Working Paper 01/2011, 2011 • B. Kempa: Finanzmarktglobalisierung und Finanzmarktkrise, in: WiSt 38/3, 2009, 139–143 • M. Amiti/J. Konings: Trade Liberalization, Intermediate Inputs, and Productivity, in: AER 97/5 (2007), 1611–1638 • J. Osterhammel/N. Peterson: Geschichte der Globalisierung, 2003 • W. Fischer: Expansion – Integration – Globalisierung. Studien zur Geschichte der Weltwirtschaft, 1998.

BERND KEMPA

Weltwirtschaftskrisen

I. Wirtschaftswissenschaftlich – II. Geschichtswissenschaftlich

I. Wirtschaftswissenschaftlich

1. Begriffsdefinition

Als W. wird eine Situation eines in vielen Ländern gleichzeitig auftretenden starken Rückgangs der ↑Produktion, des ↑Handels sowie der internationalen Kapitalbewegungen bezeichnet, die von hoher ↑Arbeitslosigkeit begleitet wird. In den zurückliegenden 100 Jahren lassen sich die Große Depression der Jahre 1929–1933 sowie die Große Rezession der Jahre 2007–2009 als W. charakterisieren.

2. Die Große Depression der Jahre 1929–1933

Der Großen Depression war ein langanhaltender Wirtschaftsaufschwung in vielen Industrieländern vorausgegangen. In den USA wurde der Boom durch eine Spekulationsblase an der New Yorker ↑Börse befeuert, die ihrerseits durch eine sehr expansive ↑Geldpolitik der US-Notenbank Fed (Federal Reserve System) sowie eine laxe Finanzmarktregulierung begünstigt worden war, und mit dem Börsencrash im Oktober 1929 endete. Der Kurssturz führte zur Zahlungsunfähigkeit vieler Kreditnehmer und löste in weiterer Folge eine Serie von Bankenzusammenbrüchen aus. Die Fed war nicht bereit, in ihrer Funktion als Kreditgeber der letzten Instanz dem Bankensektor die nötige Liquidität zur Verfügung zu stellen. Die resultierende Kreditknappheit führte in Verbindung mit einer strikten Sparpolitik der Hoover-Administration und dadurch fehlenden fiskalischen Impulsen zu Masseninsolvenzen in der Realwirtschaft, die von einem Einbruch der Industrieproduktion und stark steigender Arbeitslosigkeit begleitet wurden, und schließlich in eine Deflation mündete. Diese verschärfte über den damit einhergehenden Anstieg der Realzinsen die Banken- und Wirtschaftskrise, während amerikanische Anleger zugl. ihre ↑Kredite aus dem Ausland abzogen. In Verbindung mit dem international geltenden Goldstandard fester ↑Wechselkurse führte dies dazu, dass sich die amerikanische Krise auf den Rest der Welt übertrug, indem sie die Zentralbanken aufgrund der Notwendigkeit einer Aufrechterhaltung der Goldparität zu einer Deflationspolitik zwang. So kam es auch in Deutschland zu Bankenzusammenbrüchen, drastischen Produktionsrückgängen und dramatisch steigender Unterbeschäftigung, welche durch die Sparpolitik des deutschen Kanzlers Heinrich Brüning zusätzlich verschärft wurde. Zudem verfolgten viele Regierungen im Außenhandel eine sog.e *Beggar-My-Neighbour-Politik*, indem jede Nation versuchte, auf Kosten anderer Staaten die eigene Wettbewerbsposition auf den Weltmärkten zu verbessern. Dies geschah einerseits durch einen eskalierenden Handelsprotektionismus zum Schutz der Inlandsmärkte, andererseits durch eine Abkehr vom Goldstandard zu Anfang der 1930er Jahre, welche einen Währungskrieg kompetitiver Währungsabwertungen zur Folge hatte. Durch diese Entwicklungen kamen der Welthandel sowie der internationale Kapitalfluss fast vollständig zum Erliegen.

3. Die Große Rezession der Jahre 2007–2009

Auch der Großen Rezession ging eine lange Phase stetigen Wachstums in den Industrieländern voraus, die von Mitte der 1980er Jahre bis zum Jahre 2007 anhielt. Diese als *Great Moderation* bezeichnete Phase wurde seit der Jahrtausendwende durch eine Niedrigzinspolitik der Fed, der ↑EZB sowie anderer Notenbanken der führenden Industrienationen begleitet. In diesem Umfeld konnten Geschäftsbanken ihre Kreditvergabe stark ausweiten und institutionelle Investoren sahen sich angesichts der niedrigen ↑Zinsen veranlasst, in höherverzinsliche und damit riskantere Finanzanlagen zu investieren. Diese Entwicklungen führten zu einer schwindenden Risikowahrnehmung und einer dramatischen Absenkung von Risikobewertungsstandards, die eine massive Verlagerung von Finanztransaktionen in das weitgehend unregulierte Schattenbankensystem von Geldmarktfonds, Investmentfonds und Finanzversicherern verursachte. Daneben spielten eine mangelnde Transparenz der Ratingagenturen sowie die politische Instrumentalisierung der Kreditwirtschaft eine gewichtige Rolle als Krisenverursacher. V.a. der durch erhebliche Staatseingriffe charakterisierte Immobilienmarkt in den USA begünstigte das rasante Wachstum des Marktes für zweitklassige US-Immobilienkredite. Im Jahre 2007 platzte die entstandene Immobilienpreisblase in den USA, wobei zunächst nur das Subprime-Segment des US-Kreditmarktes betroffen war, auf dem Hypothekenkredite an Schuldner mit geringer Bonität vergeben wurden. In weiterer Folge meldete eine zunehmende Anzahl von Hypothekenfinanzierern ↑Insolvenz an, ↑Banken mussten Milliardenverluste abschreiben und Hedgefonds kollabierten. Als sich am 15.9.2008 die US-Regierung schließlich weigerte, die Investmentbank Lehman Brothers vor dem Konkurs zu retten, weitete sich die Finanzkrise (↑Finanzmarktkrise) rasch zu einer globalen Wirtschaftskrise aus, da Subprime-Kredite mittels Verbriefungen weltweit gehandelt und deren Risiken international weitergereicht worden waren. Durch einen allg.en Vertrauensverlust in die Solidität von Finanzunternehmen kam es in vielen Ländern zu einem Zusammenbruch des Geldmarktes (↑Geld- und Kapitalmarkt). In der Folge schlug die ↑Krise auch auf die Realwirtschaft durch, es kam zu einem Einbruch des Welthandels und ganze Staaten wurden an den Rand eines Finanzkollapses gebracht.

Die ↑Weltwirtschaft durchlebte im Zuge der Großen Rezession zwar einen schweren Wirtschaftseinbruch mit hoher Arbeitslosigkeit, sie erreichte jedoch bei weitem nicht die Ausmaße der Großen Depression. Der relativ mildere Verlauf der Großen Rezession lässt sich zum einen darauf zurückführen, dass die Sozialversicherungssysteme (↑Sozialversicherung) der meisten Industrieländer in den 2000er Jahren deutlich leistungsfähiger waren als in den 1930er Jahren. So wurden die realwirtschaftlichen Effekte der Großen Rezession durch das Wirken automatischer fiskalischer Stabilisatoren abgefedert, die ihrerseits durch die Existenz progressiver Steuer- sowie funktionaler Transferleistungssysteme zu einer Stabilisierung des verfügbaren ↑Einkommens breiter Bevölkerungsschichten beitrugen. Zum anderen hatte die internationale Zusammenarbeit von Zentralbanken und Regierungen ab 2008 deutlich besser funktioniert als nach der Krise von 1929. Die Industrieländer entschlossen sich zu einem koordinierten Vorgehen, indem Regierungen umfangreiche Konjunkturprogramme auflegten und Notenbanken das Finanzsystem mit Liquidität versorgten, um einen Zusammenbruch des Banken- und Finanzsystems zu verhindern.

4. Lehren aus den Weltwirtschaftskrisen

Beide W. wurden ursächlich durch Spekulationsblasen auf unterregulierten ↑Finanzmärkten ausgelöst, deren Platzen erhebliche real- und globalwirtschaftliche Verwerfungen nach sich zogen. Zur Vermeidung zukünftiger W. sollte die Ordnung der Finanzmärkte daher so beschaffen sein, dass die Wahrscheinlichkeit des Auftretens selbstverstärkender Krisenverläufe möglichst gering bleibt. Dazu bedarf es neben einer Stärkung der Widerstandskraft jeder einzelnen Bank auch der Reduktion von Ansteckungsrisiken zwischen den Finanzinstituten.

So haben die Notenbanken und Aufsichtsbehörden im *Baseler Ausschuss für Bankenaufsicht* seit 2010 die Eigenkapitalregeln von Banken im Zuge der Basel III-Richtlinien verschärft. Zudem sind neue makroprudenzielle Instrumente z. B. in Form von Kapitalpuffern für systemrelevante Banken oder antizyklische Kapitalpuffer geschaffen worden, um die Widerstandsfähigkeit des Finanzsystems als Ganzes zu erhöhen. Bislang beschränkt sich die makroprudenzielle Aufsicht jedoch überwiegend auf den Bankensektor, während der Schattenbankensektor weitgehend unreguliert bleibt. Daher sollte zukünftig verstärkt über makroprudenzielle Maßnahmen jenseits des Bankensektors nachgedacht werden.

Literatur

SVR: Finanzmärkte. Lücken in der Regulierung, steigende Risiken. Jahresgutachten 2017/18, 2017, 212–263 • B. Eichengreen: Die großen Crashs 1929 und 2008. Warum sich Geschichte wiederholt, 2015 • B. Kempa: Finanzmarktglobalisierung und Finanzmarktkrise, in: WiSt 38/3 (2009), 139–143.

BERND KEMPA

II. Geschichtswissenschaftlich

Im deutschen Sprachgebrauch bezeichnet W. bes. die große weltweite Krise 1929–33. International üblich ist dagegen der Begriff Große Depression, entlehnt von der früher so benannten Großen Depression nach der Gründerkrise 1873 bis etwa 1890. Bei dieser abweichenden Namensgebung spielt eine Rolle, dass die wirtschaftliche Erholung der 1930er Jahre in den USA anders als in Europa von einer neuen Rezession 1937/38 unterbrochen wurde. Die internationale Finanzkrise von 2008 (↑Finanzmarktkrise) kann ebenfalls als W. bezeichnet werden, erreichte allerdings bei weitem nicht die Schwere der Krise nach 1929. Strukturell gleicht sie eher der internationalen Finanzkrise von 1907.

Große Finanzkrisen werden gemeinhin, allerdings nicht immer zutreffend, der Überspekulation am Aktienmarkt zugeschrieben. Dahinter stehen meist optimistische Bewertungen neuer Technologien, so des Maschinenbaus in der Gründerspekulation der 1870er Jahre, von Luftfahrt, Elektrifizierung und Kommunikationstechnologie im New Yorker Börsenboom der ausgehenden 1920er Jahre, ebenso des Internets in der Dotcom-Blase der Jahrtausendwende. Enttäuschte Hoffnungen auf baldige Gewinne und das Ausscheiden zuvor hochgejubelter Verlierer führten zu drastischen Kurseinbrüchen, allerdings nicht immer zu einer allg.en Wirtschaftskrise, so etwa in der Dotcom-Spekulation, die nicht in eine Finanzkrise mündete.

Die Krisen von 1907 und 2008 hatten im Bankenbereich (↑Banken) ihre Ursache. In beiden Fällen hatte das Bankensystem riskante Geschäfte in Tochterinstitute ausgelagert. Diese sog.en Schattenbanken unterstanden nicht der Bankenaufsicht und waren in Aufbau und Geschäftstätigkeit undurchsichtig. Fehlgeschlagene Spekulationen in Rohstoffmärkte in der Krise von 1907 sowie die Umverpackung und Beimischung unsolider Immobilienkredite zu Wertpapieren auf Grundlage anderer, solider Hypotheken vor der Krise von 2008 erschütterten das Vertrauen in die Mutterhäuser dieser Institute und bald den Bankensektor insgesamt; beflugelt durch den vorher weltweiten Verkauf solcher nun zweifelhaften Papiere griff die Panik in kurzer Zeit auf den internationalen Finanzsektor über.

Alle vier Krisen gaben den Anstoß für weitreichende institutionelle Reformen oder neue Methoden der ↑Wirtschaftspolitik. Als Folge der Großen Depression der 1880er Jahre setzte in Europa eine Verschärfung des Aktien- und Börsenrechts ein, mit der Folge eines Bedeutungsverlusts für die ↑Börse und die Rolle von Wagniskapital. Die Krise 1907 führte zur Gründung des amerikanischen Zentralbankwesens in der Hoffnung, durch scharfe Bankenaufsicht Stützungsaktionen in künftigen ↑Krisen zu vermeiden. Als Folge verweigerter Bankenstützung und fehlgeschlagener Sparpolitik in der Krise 1929 setzte sich eine aktivere Konjunkturpolitik durch und mit Verzögerung eine Rückkehr zum internationalen ↑Freihandel. Die Krise 2008 hat einer neuen, unkonventionellen ↑Geldpolitik zum Durchbruch verholfen.

Nicht als W. bezeichnet werden kriegsbedingte Einbrüche der Wirtschaftstätigkeit, obwohl sie die konjunkturellen Krisen in Friedenszeiten an Schwere oftmals übertreffen und langanhaltende Folgen zeitigen. So ist etwa der Rückgang von ↑Produktion und ↑Einkommen in Deutschland während des Ersten Weltkriegs beinahe ebenso stark gewesen wie in der W. 1929–33. Noch 1929 war das Vorkriegsniveau der Erzeugung auf der reduzierten Fläche der Weimarer Republik nicht wieder erreicht; selbst die auf Hochtouren laufende deutsche Kriegswirtschaft des Zweiten Weltkriegs (↑Weltkriege) hat nicht voll zum langfristigen Wachstumstrend aufgeschlossen, der bei ungestörter Entwicklung durch Produktivitätszuwächse und sektoralen Strukturwandel möglich gewesen wäre. Der vorübergehende weitgehende Stillstand der Erzeugung nach dem Ende des Zweiten Weltkriegs warf die deutsche Volkswirtschaft zunächst erneut stark zurück. Bei ihrem Wiederanlaufen lag die Produktion etwa auf dem Niveau der 1880er Jahre. Vor diesem Hintergrund erscheint die W. 1929–33 als eine Krise in der Krise, eingebettet in eine längerfristige Stagnation der deutschen Volkswirtschaft mit irregulären, durch jähe Einbrüche vereitelten Aufschwüngen. Dementsprechend ist das ↑Wirtschaftswachstum im „Wirtschaftswunder" nach 1945 als ein Aufschließen zum Produktivitätstrend, als Nachholen zuvor versäumter Wachstumsmöglichkeiten zu verstehen. Dieser Spielraum war gegen Ende der 1960er Jahre ausgeschöpft und führte in Deutschland ebenso wie europaweit zu einem deutlichen Abflauen des wirtschaftlichen Wachstums und einer Wiederkehr des Konjunkturphänomens. Im Verlauf des 20. Jh. haben diese kriegsbedingten Einbrüche das wirtschaftliche Schicksal Deutschlands geprägt und sind von größerer Bedeutung gewesen als selbst die W. 1929–33.

Literatur

C. Kindleberger: Die Weltwirtschaftskrise. 1929–1939, 2019 • J.-O. Hesse/R. Köster/W. Plumpe: Die Große Depression. Die Weltwirtschaftskrise 1929–1939, 2014 • C. Burhop: Wirtschaftsgeschichte des Kaiserreichs 1871–1918, 2011 • A. Ritschl: War 2009 das neue 1931? Zwei Weltwirtschaftskrisen im Vergleich, in: APuZ 69/20 (2009), 27–32 • A. Weigt: Der deutsche Kapitalmarkt vor dem ersten Weltkrieg. Gründerboom, Gründerkrise und Effizienz des deutschen Aktienmarktes bis 1914, 2005. ALBRECHT RITSCHL

Weltwirtschaftsordnung

Der Begriff W. beinhaltet „als formelles und informelles System die Abkommen, Vereinbarungen, Vorschriften und Gesetze zwischen den verschiedenen Staaten sowie die internationalen Konferenzen, um vor allem einen störungsfreien Weltwirtschaftsverkehr aus Waren, Dienstleistungen und Kapital zu gewährleisten und den Wohlstand aller Nationen zu erhöhen" (Pollert/Kirchner/Pollert 2016: 246f.). Die Dringlichkeit zum Aufbau internationaler Ordnungsstrukturen für die ↑Weltwirtschaft wird spätestens nach der ↑Weltwirtschaftskrise von 1929–33 und dem Zweiten Weltkrieg deutlich. Als deren wichtigste Elemente fungieren der 1945 gegründete IWF, die *International Bank for Reconstruction and Development* (IBRD) von 1944, die das Herzstück der Weltbankgruppe bildet, sowie die WTO, die 1994 auf der Uruguayrunde des 1947 abgeschlossenen GATT gegründet wurde. Zur W. gehörte auch das System von ↑Bretton Woods (1944–1973). ↑WTO, ↑Weltbank und ↑IWF haben „als zentrale Institutionen der heutigen Weltwirtschaftsordnung [...] den sogenannten Washingtoner Konsens organsiert, der bis Ende der 1990er Jahre freiem Kapital- und Warenfluss Vorrang vor allen anderen wirtschaftspolitischen Zielen einräumte" (Scherrer 2011: 212).

Die konkrete Ausformung der W. ist immer wieder starker Kritik ausgesetzt. So führte bspw. die ↑Finanzmarktkrise (2007–09) zu Forderungen nach Erneuerung der W. Doch schon seit den 1960er Jahren wird unter dem Stichwort „Neue W." eine grundsätzliche Debatte um die Reform der W. geführt. Kritiker wiesen darauf hin, dass die bisherige W. zu ungerechten Strukturen führe, die insb. die Entwicklungsländer systematisch benachteiligen würden. Dabei standen sich seitens der Industrieländer marktwirtschaftlich orientierte Vertreter und auf Seiten der Länder des globalen Südens Verfechter von staatlicher Wirtschaftssteuerung und vermehrter internationaler ↑Solidarität gegenüber. Diese Diskussion, die vor dem Hintergrund des ↑Nord-Süd-Konflikts entstand, wurde in den letzten Jahrzehnten um ökologische Fragen (↑Nachhaltigkeit, ↑Nachhaltigkeitsziele) und um die Geltung von *Good Governance* (↑Governance) erweitert. Die wirtschaftliche ↑Globalisierung und ihre W. scheinen jedoch kein Selbstläufer zu sein. Gefahren wie das neuerliche Aufkommen der Idee des Protektionismus, Pandemien oder die wirtschaftliche Konkurrenz zwischen den USA und China können die dringende Weiterentwicklung der W. empfindlich behindern.

Literatur

M. Klein/J. Engelhardt: Weltwirtschaftssystem, in: W. Woyke/J. Varwick (Hg.): Handwörterbuch Internationale Politik, [13]2016, 542–552 • A. Pollert/B. Kirchner/C. Pollert: Das Lexikon der Wirtschaft, 2016 • T. G. Weiss/R. Wilkinson: Rethinking Global Governance? Complexity, Authority, Power, Change, in: ISQ 58/1 (2014), 207–215 • C. Scherrer: Genese der ökonomischen Globalisierung, in: A. Niederberger/P. Schink (Hg.): Globalisierung. Ein interdisziplinäres Hdb., 2011, 207–214 • H. Sautter: Weltwirtschaftsordnung, 2004 • K. Sauernheimer: Weltwirtschaft, in: StL, Bd. 5, [7]1989, 947–954. BERNHARD SCHREYER

Werbung

Der Begriff W. wird im deutschen Recht nur vereinzelt in Spezialnormen definiert (vgl. z. B. § 2 Nr. 5 TabakerzG und § 2 Abs. 2 Nr. 7 RStV). Eine allg.ere *Definition* findet sich auf EU-Ebene in Art. 2 a) der RL 2006/114/EG über irreführende und vergleichende W. Kennzeichnendes Merkmal der W. ist danach das Ziel, den Verkauf von Waren oder die Erbringung von Dienstleistungen zu fördern. Dieses Ziel teilt die W. mit dem ↑Marketing, das die W. als Instrument einsetzt. Neben dieser Wirtschafts-W. gibt es noch W. in einem politischen, religiösen oder kulturellen Kontext, die freilich als solche nur selten rechtlich adressiert wird (vgl. etwa Art. 10 Abs. 4 RL 2010/13/EU über audiovisuelle ↑Medien).

Allg.e Beschränkungen der Wirtschafts-W. ergeben sich v. a. aus dem UWG, das neben der RL 2006/114/EG auch die RL 2005/29/EG über unlautere Geschäftspraktiken in nationales Recht umsetzt und bestimmte Formen der W. für unzulässig erklärt. Zentraler Zweck des UWG ist – neben dem Schutz der Mitbewerber sowie der sonstigen Marktteilnehmer und dem Interesse der Allgemeinheit an einem unverfälschten ↑Wettbewerb – der ↑Verbraucherschutz (vgl. § 1 UWG).

Darüber hinaus gibt es noch diverse *medienbezogene Werbebeschränkungen* (vgl. insb. die RL 2010/13/EU über audiovisuelle Medien, die durch die RL [EU] 2018/1808 geändert wurde), *produktbezogene Werbebeschränkungen* (vgl. z. B. das TabakerzG sowie das HWG) und *adressatenbezogene Werbebeschränkungen*, die insb. von Angehörigen der ↑freien Berufe zu beachten sind.

Literatur

Zentralverband der deutschen Werbewirtschaft (Hg.): ZAW-Jahrbuch Werbung, 2017 f. • K.-H. Fezer u. a.: Lauterkeitsrecht, 2 Bde., [3]2016 • K. Faßbender: Der grundrechtliche Schutz der Werbefreiheit in Deutschland und Europa, in: GRUR Int. 55/12 (2006), 965–978 • M. Kleine-Cosack: Das Werberecht der rechts- und steuerberatenden Berufe, [2]2004 • K.-H. Ladeur: Das Werberecht der elektronischen Medien, 2004.

KURT FAẞBENDER

Wert

I. Philosophisch – II. Wirtschaftswissenschaftlich

I. Philosophisch

1. Das Problem

Mit der Rede von „W." oder „Wertvollsein" wird im Allgemeinen auf Instanzen verwiesen, die die Einnahme von theoretischen und praktischen Weltverhältnissen (transitiv) orientieren sollen oder unter denen wir uns (reflexiv) orientieren. In Gestalt einer W.-Ordnung sollen sie Strukturierungs-, Differenzierungs- und Selektionsleistungen erbringen und machen in ihrer Gesamtheit die jeweiligen ↑Kulturen aus, die das Erleben, Erfahren, Erkennen, Wollen, Erstreben und schließlich Handeln der ↑Individuen in ↑Institutionen als „Trägern von Wertideen" (Maurice Hariou zit. n. Hubig 1995: 108) organisieren und durch Internalisierung stabilisieren. Da zum einen die vormalige Orientierung an einer Ordnung der ↑Natur mit normativem Anspruch angesichts des „Vakuums", das eine mechanistische Weltsicht hinterlässt, nicht mehr greife, begründete Rudolf Hermann Lotze eine W.-Philosophie, die W.e nicht mehr als seinsmäßig *Gegebenes*, sondern in ihrem Modus als *Gelten* verhandelt. Und da eine Begründung dieser ↑Geltung unter Rekurs auf das „Gute" oder „Beste" im Rahmen klassisch-metaphysischer Systeme seit ihrer Kritik durch Immanuel Kant nicht mehr möglich schien, und die mit dieser Kritik einhergehende „formalistische" Fassung eines Konzepts des ↑Guten und seiner Geltung unter dem Primat der Vernunft (↑Vernunft – Verstand) als Engführung erachtet wurde, sieht sich die W.-Philosophie vor der neuen Aufgabe, intentionalem W.-Fühlen und W.-Erfahren bis hin zur Motivation auf Basis des Affektiven gerecht zu werden. Die philosophische Diskussion konzentriert sich seitdem auf folgende Fragen: Ist ein W. ein (ggf. abstrakter) *Gegenstand* – „x (z. B. Leben, Würde des Menschen, Freiheit, Schöpfung/Biodiversität etc.) *ist* ein W." –, oder ist W. eine (ggf. akkumulierte) *Eigenschaft* eines Gegenstandes – „x *hat* einen (z. B. ökonomischen, ökologischen, moralischen, ästhetischen) W."? Wer der ersten Begriffsverwendung folgt, wird empört die Frage zurückweisen, welchen W. denn das x (unter einem bestimmten Maßstab) *habe*. Entspr. wurde zwischen „Objekt-W." und „W.-Objekt" unterschieden (Heyde 1926). Oder verbirgt sich hinter der Rede von W. jeweils eine *Sollensregel* als latenter Imperativ, „Direktive für das Verhalten" (Kraft 1951: 199) der Verwirklichung oder ihrer Vermeidung (wenn es sich um einen „schlechten" W. handelt)? Darüber hinaus ist strittig, ob W.en ein akteursunabhängiger oder -abhängiger Status zukommt: Ein W.-Realismus begreift die Seinsweise des W.es als „selbstständige", „unberührt durch die Wertschau" (Hartmann 1935: 135), während ein W.-Konzeptualismus das Sein der W.e auf Setzungen und Anerkennung durch ↑Subjekte zurückführt. Bzgl. der Geltung der W.e ist zu unterscheiden zwischen einem W.-Objektivismus, der W.e als absolutes Seinsverhältnis begreift, und einem W.-Subjektivismus, der entweder im Rahmen einer Axiologie W.e als *Beurteilungs*verhältnis auf eine transzendental-intersubjektive Basis zu stellen sucht oder einem Relativismus oder „W.-Polytheismus" überantwortet. In der phänomenologischen Tradition (↑Phänomenologie) hingegen werden W.e als intentionale Objekte affektiver Phänomene begriffen, die Gemütsregungen des Annehmens oder Zurückweisens auslösen *können*, indem sie

1) auf W.-Haltungen sowie

2) auf Angemessenheitsbedingungen (Ausschluss von Täuschung und Irrtum) aufruhen.

W.e können also weder mit W.-Schätzung identifiziert werden, noch per se allein die W.-Schätzung bestimmen. Schließlich ist kontrovers, inwiefern W.-Schätzung und W.-Haltungen begründbar sind: Ob sie „irrational“, „emotional“ oder „intuitiv“ verfasst (vgl. Scheler 1954) oder in Begründungsverhältnissen bis auf eine (ggf. weltanschauliche oder universell gültige) „Letztbegründung“ rückführbar sind, aus der sich auch eine Rangordnung der W.e gewinnen ließe. Die Begründungsleistung von W.en selbst wird angesichts des Fehlens einer „rationalen, auf diskursive Vermittlung angelegten Grundlage“ sowie des „Einströmens methodisch nicht kontrollierbarer subjektiver Meinungen und Anschauungen“ insb. für das ↑Recht in Frage gestellt, weil doch „das Recht Friedensordnung sein und bleiben“ soll; hierbei wird aber nun seinerseits für die Institution des Rechts ein (oberster) W. unterstellt: „Friede“ bzw. „Friedensordnung“ (Böckenförde 1991: 81).

2. Die Wertphilosophie

Den Ansätzen der W.-Philosophie ist gemeinsam, dass sie das Gelten von W.en (ihren Verpflichtungscharakter als Anspruch auf Verwirklichung) freizulegen und in einer Rang- und Stufenordnung zu systematisieren suchen. Um einen W.-Absolutismus der alten metaphysischen Tradition sowie einen W.-Psychologismus als Relativismus zu vermeiden, will man W. und W.-Ordnung in unterschiedlicher Weise sichern: Im Rahmen eines objektiven W.-Denkens ist für R. H. Lotze die Welt der W.e Schlüssel für die Welt der Formen, unter denen wir die ↑Realität begreifen, was erst unter Anerkennung ihrer Geltung gemäß dem „obersten ästhetisch-ethischen Bedürfnis nach Einheit“ (vgl. Lotze 1841) möglich ist. Ihre Idealität liege – als Seinsverhältnis – der Realität voraus. Nach neukantianischer Auffassung (Wilhelm Windelband, Heinrich John Rickert) stehen W.-Urteile, sofern sie auf einem „Normalbewusstsein“ (Windelband 1921: 45) gründen, unter der überindividuellen Anerkennung der W.-Geltung von ↑Wahrheit, Gutheit und Schönheit. Subjektives Korrelat der idealen Existenz solcher W.e ist der „Sinn“, den wir mit unseren Aussagen über die ↑Welt verbinden: W.e sind Instanzen der Sinnstiftung. Die phänomenologische W.-Philosophie Max Schelers bestimmt die Rangordnung von W.en unter den Kriterien der Dauerhaftigkeit, Teilbarkeit, Fundiertheit, Tiefe der Befriedigung sowie Relativität ihres Fühlens zu dessen Trägern und stuft entspr. die W.e vom Angenehmen/Unangenehmen über die W.e des vitalen Fühlens und die geistigen W.e hin zu den W.en des Heiligen/Unheiligen. Die Wesensqualität materialer Gegenstände wird unter diesen Eigenschaften (als formalen Gegenständen) erkennbar (das Liebenswerte als Objekt der ↑Liebe und das Hassenswerte als Objekt des Hasses). Ein W.-Gehalten-Können ist als Disposition sowohl von der Verfasstheit der Gegenstände als auch der Subjekte abhängig (auf der W.-Seite Motivationskraft und auf der Subjektseite Begehren, Meinong 1894). Die Verwirklichung dieser Disposition hängt von der Autorität der Präsentation des W.es mit seinem Anspruch auf eine menschliche W.-Antwort sowie von der Sensibilität und kognitiven Erfassung des W.-Gehalts seitens des Menschen ab, die epochen- und kulturabhängig unterschiedlich ausgeprägt sind. Entspr. werden in der neueren Diskussion W.e als Beziehungsbegriffe, als Begriffe für spezifische Relationen zwischen Subjekten und Sachverhalten erachtet: Als Präferenzmodelle, die das „Wünschenswerte“ („desirable“, Kluckhohn 1976: 393) benennen. Als „Orientierungsstandards“ und Garanten von Zielsetzungen (Rokeach 1973: 11 [übers. vom Autor]) gewinnen sie den Charakter von obersten „Zielen“ (Friedrichs 1968: 87). Daher erscheint es sinnvoll, W.e als Regeln der Identifizierung von Zwecken zu begreifen, also als Regeln des Strebens, die in bestimmten situativen Kontexten Zwecke des Handelns (↑Handeln, Handlung) selektieren. Dieser Regelcharakter hebt sie aus dem individuellen in den gesellschaftlichen Bereich; Relativismus und Polytheismus werden einschränkbar, sofern angesichts pluraler und konfligierender W.e notwendige höherstufige W.e geltend gemacht werden können, die über Real-W.e hinaus den Erhalt der Möglichkeit, zu werten und auf dieser Basis zu handeln, garantieren: Unter „Options-W.en“ bzw. „Optionswertgehalt“ werden Qualitäten verstanden, die den weitestmöglichen Erhalt von Spielräumen möglichen Bewertens in der Zukunft betreffen und deren Anteil an den jeweiligen Realwerteigenschaften Kriterium des Abwägens zwischen konfligierenden Real-W.en ist, will sich das Abwägen als Prozess nicht selbst infrage stellen; unter „Vermächtnis-W.en“ können analog diejenigen W.-Qualitäten erachtet werden, die garantieren, dass Subjekte sich zu verantwortlichen Entscheidungsträgern entwickeln, ihre Verantwortungsträgerschaft (↑Verantwortung) erhalten und ihre Kompetenzen nicht verlieren, bzw. fortschreiben und erweitern können. Options-W.e (wie ↑Nachhaltigkeit, ↑Biodiversität, Fehlerfreundlichkeit etc.) und Vermächtnis-W.e (wie ↑Autonomie, ↑Bildung, soziale Bindungen etc.) sind W.-Aspekte, deren Anerkennung nicht disponibel ist, sollte überhaupt eine W.-Haltung eingenommen werden. Ihre Sicherung obliegt Institutionen; sie sind repräsentiert in kulturellen Systemen (bis hin zu ↑Verfassungen und Rechtsordnungen); darüber hinaus wird ihre Anerkennung auch symbolisch (z. B. gegenüber ihren personalen Repräsentanten, in Festen und Zeremonien sowie insgesamt im Rahmen einer ↑Erinnerungskultur) artikuliert. Auf diese Weise werden W.e als „regulative Fiktionen“ (Sommer 2016: 94) aktualisiert sowie entspr.e W.-Bindungen fortgeschrieben und dynamisiert.

Literatur

A. U. Sommer: Werte. Warum man sie braucht, obwohl es sie nicht gibt, 2016 • C. Hubig: Die Kunst des Möglichen, 2. Bd., 2007 • K. Mulligan: From Appropriate Emotions to Values, in:

The Monist 81/1 (1998), 161–188 • H. Joas: Die Entstehung der Werte, 1997 • C. Hubig: Verantwortung und Hochtechnologie, in: K. Bayertz (Hg.): Verantwortung. Prinzip oder Problem, 1995, 98–142 • A. Peacock/I. Rizzo: Cultural Economics and Cultural Politics, 1994 • D. Birnbacher: Ethische Dimensionen der Bewertung technischer Risiken, in: H. Schnädelbach/G. Keil (Hg.): Philosophie der Gegenwart – Gegenwart der Philosophie, 1993, 307–320 • C. J. Cicchetti/L. L. Wilde: Uniqueness, Irreversibility, and the Theory of Nonuse Values, in: AJAE 74/5 (1992), 1121–1134 • E.-W. Böckenförde: Recht, Staat, Freiheit, 1991 • Verein Deutscher Ingenieure: VDI 3780 Technikbewertung. Begriffe und Grundlagen, 1991 • M. Weber: Der Sinn der Wertfreiheit der soziologischen und ökonomischen Wissenschaften, in: ders.: Gesammelte Aufsätze zur Wissenschaftslehre, ^{7}1988, 489–540 • W. W. Pommerehne: Präferenzen für öffentliche Güter, 1987 • C. Hubig: Handlung – Identität – Verstehen, 1985 • C. Kluckhohn: Values and Value-Orientation in the Theory of Action, in: T. Parsons/E. Shils (Hg.): Toward a General Theory of Action, ^{7}1979, 388–433 • M. Scholl-Schaaf: Werterhaltung und Wertsystem, 1975 • M. Rokeach: The Nature of Human Values, 1973 • J. Friedrichs: Werte und soziales Handeln, 1968 • A. Meinong: Abhandlung II. Über Werthaltung und Wert, in: R. Haller/R. Fabian/R. M. Chrishom (Hg.): GA 3. Bd., 1968, 245–266 • A. Stern: Geschichtsphilosophie und Wertproblem, 1967 • A. Kenny: Action, Emotion and Will, 1963 • M. Scheler: Der Formalismus in der Ethik und die materiale Wertethik, ^{4}1954 • V. Kraft: Die Grundlagen der wissenschaftlichen Wertlehre, ^{2}1951 • T. Parsons: The Social System, 1951 • N. Hartmann: Ethik, ^{2}1935 • M. Hauriou: La théorie de l'institution et de la fondation (essai de vitalisme social) [1925], in: Cahiers de la nouvelle journée 23 (1933), 89–128 • J. E. Heyde: Wert. Eine philosophische Grundlegung, 1926 • F. Brentano: Psychologie vom empirischen Standpunkt, 1925 • H. J. Rickert: System der Philosophie. 1. Bd., 1921 • W. Windelband: Einleitung in die Philosophie, 1914 • A. Meinong: Psychologisch-ethische Untersuchungen zur Werth-Theorie: FS der K. K. Karl-Franzens-Universität zur Jahresfeier am 15. November 1894, 1894 • R. H. Lotze: Grundzüge der Logik, 1883 • W. Windelband: Was ist Philosophie? (1882), in: Präludien, Bd. I, $^{7/8}$1921, 1–54 • R. H. Lotze: Metaphysik, 1841.

CHRISTOPH HUBIG

II. Wirtschaftswissenschaftlich

In der Geschichte ökonomischen Denkens stellen Wandlungen des W.-Begriffs eine zentrale Herausforderung dar. Das von Platon und Aristoteles formulierte Konzept des „gerechten Preises" bezeichnet einen nach normativen Kriterien festgelegten Spielraum für die Austauschverhältnisse der Waren. Diese sollten es den Produzenten erlauben, ihre Produktionskosten zu decken und ein statusgemäßes Leben zu führen.

Die Tausch-W.-Bestimmung der antiken griechischen Philosophen spielte in der mittelalterlichen ↑Scholastik wieder eine gewisse Rolle. Im 17. und 18. Jh. setzte sich dann, beginnend mit William Petty in England und Pierre Le Pesant de Boisguilbert in Frankreich, zunehmend die zuvor schon bei manchen Scholastikern angedeutete Vorstellung durch, dass der W. einer (produzierten und reproduzierbaren) Ware sich auf die objektiv messbaren Kosten ihrer Herstellung zurückführen lasse. Die W.e von auf Wettbewerbsmärkten (↑Wettbewerb) ausgetauschten Waren müssten deren Reproduktion ermöglichen, d. h. den Ersatz der bei ihrer Herstellung verbrauchten Gütermengen gestatten, und ein gegebenenfalls existierendes Mehrprodukt so verteilen, dass in allen Produktionszweigen eine einheitliche Profitrate auf den W. des vorgeschossenen ↑Kapitals erzielt wird. Der „normale" oder „natürliche" Preis spiegelt die Produktionsschwierigkeiten wider, wobei als „physisch-reale" Kosten eines ↑Gutes die im Zuge seiner Erzeugung unter „normalen" oder „durchschnittlichen" Produktionsbedingungen verbrauchten Gütermengen, einschließlich der Subsistenzmittel der eingesetzten Arbeitskräfte, verstanden werden.

Um dieses heterogene Güterbündel kommensurabel zu machen, hielten es die klassischen Autoren für notwendig, einen „ultimativen W.-Standard" wie „Arbeit" oder „Boden" (Land) zu verwenden. Für die klassischen politischen Ökonomen von Adam Smith zu David Ricardo und Karl Marx war dies die Arbeitsmenge, die in der Herstellung des Gutes direkt und indirekt aufgewandt werden musste *(labour embodied)* oder die im Tausch für das Gut erhalten werden konnte *(labour commanded)*. Die Mängel der arbeitswerttheoretischen Formulierung der klassischen W.-Lehre bei D. Ricardo und K. Marx wurden durch die von Piero Sraffa vorgelegte moderne Reformulierung des klassischen Ansatzes zur W.- und Preistheorie beseitigt. Bei P. Sraffa erfolgt die W.-Bestimmung ohne Rückgriff auf die Arbeits-W.-Lehre im Rahmen eines simultanen Gleichungssystems. Die Preise der Waren werden dabei unter Vorgabe der Profitrate simultan mit den Preisen der zu ihrer Produktion eingesetzten Gütermengen sowie den über die verschiedenen Industrien hinweg einheitlichen Vergütungssätzen gleicher Arbeitsqualitäten bestimmt.

Vielfach wird behauptet, die objektive W.-Lehre der Klassik (↑Klassische Nationalökonomie) sei durch die subjektive W.-Lehre der Neoklassik überwunden worden. Diese Sichtweise ist oberflächlich. Bedeutende Protagonisten der Neoklassik erkennen vielmehr ein Zusammenspiel von subjektiven und objektiven Faktoren: Für Friedrich von Wieser ist der „persönliche W." ein Ansatz zum Verstehen von „Wesen" und „Ursache" von W., wohingegen unpersönliche Objektivierungen im Hinblick auf die Bestimmung der Größe des W.s unverzichtbar sind. Objektivierungen des W.s – wie die Kosten – schaffen laut F. von Wieser erst jene „sinnfälligen und nahen Objekte der Handlung" (von Wieser 1884: 96), wodurch W. zur Richtschnur des Wirtschaftens wird.

W.-Rechnung ist von ↑Interessen bzw. ↑Bedürfnissen zu unterscheiden: „Die Rücksicht auf den Werth motivirt nur das wirthschaftliche Verhalten beim Gebrauche und nicht den Gebrauch selbst" (von Wieser

1884: 135). Die subjektive Seite des W.s reflektiert eine relationale Auffassung: „Der Werth ist keine den Gütern innewohnende Eigenschaft, sondern eine ihnen von außen beigelegte Beziehung auf ein bestimmtes Subject. [...] Hierin liegt einerseits die Vergleichbarkeit aller Güter, andrerseits die Möglichkeit der Werthverschiedenheit der nämlichen Güter für verschiedene Personen, auf der die Möglichkeit eines freien Tauschverkehrs beruht" formuliert Hans von Mangoldt (1863: 3). F. von Wieser kombiniert diese Aspekte in seiner Charakterisierung von W. als „unerläßliche Begleitung des Wirtschaftens" (von Wieser 1884: 231) im Kontext des „Zählens des Werthes vor und beim Wirthschaften" (von Wieser 1884: 187): W. ist „der einfachste Regulator. Die Werthzumessung nach dem Grenznutzen fasst das Resultat der Zählung und Schätzung der Güter in die kürzeste und klarste Formel. [...] Man hat durch sie die Essenz des ganzen Wirthschaftsplanes in wirksamer Erinnerung" (von Wieser 1884: 137).

Seinem Wesen und Ursprung nach ist W. von den Akteuren und der Lösung von Allokationsproblemen (↗Allokation) nicht zu trennen. Die W.-Zumessung setzt aber die Reduktion komplexer objektiver Zusammenhänge auf gleichgewichtige W.-Größen voraus. Die wertbezogene Regelhaftigkeit der ↗Wirtschaft besteht, weil ↗Produktion, Tausch und ↗Konsum in einer festen, sinnvollen Beziehung zueinander stehen. Der Prozess der W.-Bildung verfolgt demnach einen Kreislauf: „Von der Betrachtung der Gebrauchsgüter je in den einzelnen Gattungen steigt die Bewegung zur Schätzung der Productivgüter auf und kommt dann wieder zu den Gebrauchsgütern zurück, das erste Urtheil mit Rücksicht auf die allgemeinen Verhältnisse verbessernd" (von Wieser 1884: 156).

Literatur

P. Sraffa: Production of Commodities by Means of Commodities, 1960 • F. von Wieser: Über den Ursprung und die Hauptgesetze des wirthschaftlichen Werthes, 1884 • W. S. Jevons: The Theory of Political Economy, 1871 • C. Menger: Grundsätze der Volkswirthschaftslehre, 1871 • H. von Mangoldt: Grundriß der Volkswirthschaftslehre, 1863 • D. Ricardo: On the Principles of Political Economy and Taxation, 1817 • A. Smith: An Inquiry Into the Nature and Causes of the Wealth of Nations, 1776.

CHRISTIAN GEHRKE UND RICHARD STURN

Wertewandel

In der Soziologie spielen ↗Werte eine wichtige Rolle, wobei sie die Methoden der modernen Befragungsforschung (↗Demoskopie) zum Einsatz bringt. Damit hat sie schon länger die Philosophie abgelöst, die darin einst Kirche und Religion entthronte. Dieser langfristige Wechsel ist selbst ein Hinweis auf einen W. Danach sind Werte heute stärker als früher im Hier und Jetzt verankert; sie wurden aus hohen, teils überhöhten Idealen, denen sich die geistige ↗Elite widmete, zu Standards der Lebensqualität in der Massengesellschaft. Staat und Politik müssen sich bemühen, ihnen gerecht zu werden. Das gilt bes. für liberale Gesellschaften. Auch realsozialistische Gesellschaften folgten mit der Zeit diesem Verständnis, wenn auch weniger liberal und ökonomisch mäßig erfolgreich. Russland und China setzen heute ökonomisch auf Liberalität, bewahren jedoch ein hohes Maß an politischer Kontrolle. In der islamischen Welt erneuerte sich mit der Revolution im Iran die ↗Religion als politische Kraft. Werte und Recht leiten sich aus religiösen Geboten ab, während in weiten Teilen der Welt religiöse Vorgaben über längere Zeit in weltliche Werte übersetzt wurden. So wirken sie auf ↗Gesellschaft, ↗Politik, ↗Staat und ↗Recht.

Die Soziologie versteht unter Werten die „Vorstellungen vom Wünschenswerten" (Kluckhohn 1951: 395), die als Standards des Wünschens-Werten tief in der Persönlichkeit des Menschen verankert sind. Werte sind nicht wahr, sondern sie gelten. Über Werte kann zwar rational diskutiert werden, sie sind jedoch auch stark von Gefühlen bestimmt. Zu einem soziologischen Thema wurde der W. erst mit den politischen und industriellen ↗Revolutionen der neueren Zeit. Veränderte Herrschaftsformen und neue Technologien formten das Leben der Menschen radikal um, insb. wegen der Abwanderung aus dem ländlichen Raum und mit der sehr schnellen Bildung von Ballungsräumen. Hier musste sich eine bunt zusammengewürfelte Bevölkerung neu zusammenfinden. Entwurzelung, ↗Armut, Krankheit und hohe ↗Kriminalität belasteten oft die soziale Organisation.

Friedrich Nietzsche sprach in dieser Zeit von einer „Umwerthung aller Werte" (Nietzsche 1988: 218), was sicher übertrieben war. Die Faszination des technischen Wandels und dessen Tendenz zur Internationalisierung führen auch heute dazu, die beharrenden Kräfte gewachsener ↗Kulturen zu unterschätzen. Werte geraten so in eine Zwitterstellung. Oft wird angenommen, dass sie sich bei den meisten Menschen vor allem auf das *Neue* richteten, das mit den enormen materiellen Fortschritten der neueren Zeit als das Bessere gilt. Dagegen erhob sich schon früh eine Gegenströmung, die auf die Verluste hinwies, denen das Leben der Menschen und die städtische und natürliche Umwelt durch den forcierten Wandel ausgesetzt sind. Bes. das „innere" Leben der Menschen, die Quelle des Wertvollen, schien von den ↗Fortschritten wenig zu profitieren, ja darunter zu leiden. Jene Funktion der Werte, den Einzelnen in der Gesellschaft und der Welt emotionalen Halt zu geben, meldet sich gerade im schnellen Wandel wieder. Sie ist sehr alt und in der Mentalität von Menschen, ↗Gruppen und Gesellschaften auf der ganzen Welt weiterhin tief verankert, allerdings nicht so einfach zu erfassen. Religion und ↗Kunst spielten dabei schon immer eine wesentliche Rolle. Heute helfen Befragungen.

W. heißt also nicht nur, dass sich Menschen an die äußeren Bedingungen anpassen, indem sie den Wechsel bejahen, sondern auch, dass sie Werte bewahren und wieder aktivieren, um sich gegen negative Veränderungen zu schützen. Diese Rolle der Werte lässt sich aus der uralten Beziehung zur Religion erfassen, die die Dinge des Lebens im Ur-Gefühl des ↑Glaubens bündelte. Diese Funktion ist weiterhin zu erkennen, wenn sich viele Menschen auch in der heutigen Massengesellschaft an soziale Regeln halten, obwohl das einen gewissen Aufwand kostet, und Fehlverhalten weniger auffällt oder bestraft wird. Das wird oft aus einem Glauben heraus getan, dass die meisten anderen Menschen das auch tun. Im kategorischen Imperativ Immanuel Kants wurde das Gebot der sozialen Verträglichkeit bereits ohne Bezug zur Religion ausgesprochen. Menschen halten sich freiwillig an ↑Normen, also an Werte, die in Gebote oder Verbote gefasst sind, weil sie befürchten, dass mit der Verweigerung vieler auch die eigene Lebensqualität verlieren würde („Wenn das alle tun würden!"). Ein aufschlussreicher Fall ist die demokratische „Wahlnorm". Obwohl die einzelne Stimme in der Masse untergehen muss, wählen dennoch viele, inzwischen sogar wieder deutlich mehr; Scheu, Pflichtgefühl, Selbstachtung, auch Spannung und andere Gefühle wirken dabei mit.

Neu am verweltlichten Glauben an Werte ist, dass Scheu vor sozialem Fehlverhalten (↑Devianz) nicht mehr aus Angst vor sozialen ↑Sanktionen erwächst, sondern aus Furcht vor allg.er Regellosigkeit (↑Anomie). Eine öffentliche Werte-Pädagogik beschwört diese Drohkulisse, und begegnet sich mit den inneren Quellen der Werte in der menschlichen Psyche. Die ↑Medien machen wertverletzendes Fehlverhalten, sowohl bei einfachen Menschen als auch in führenden Kreisen, öffentlich – oft in skandalisierender Form. Darin also, wie heute die Werte den gesellschaftlichen Verbund der Massengesellschaft sichern, steckt wie in der Religion ein „Vorschuss" an „Irrationalität". Die Einzelnen haben keine Gewähr, dass andere auch gut handeln, wollen aber aus „positivem Denken" daran glauben. Anders liegen die Dinge bei den Urwerten sozialer Stabilität in überschaubaren sozialen Kreisen, die den Menschen bes. wichtig sind; also die ↑Familie, Liebe, Freundschaft, Partnerschaft. Sie können mehr als die Werte der großen Gemeinschaft wechselseitig erlebt werden. In mittlerem Maße werden Werte angestrebt, die sich auf Erfolg im Leben und Wohlstand richten. Politik und öffentliches Leben haben für viele Menschen nur mäßige Bedeutung, erhöhte für gebildete Gruppen.

Soziologische Theorien des W.s müssen auch daran gemessen werden, ob sie Erkenntnissen aus der Biologie, Psychologie und der Geschichte gerecht werden. Zu oft wird über die in der ↑Moderne hervorgehobene innovative Funktion der Werte die stabilisierende vergessen. Beide Faktoren streben offensichtlich nach einem Gleichgewicht, wobei die soziale Stabilität und ↑Integration für die meisten Menschen weiterhin den Vorrang zu haben scheint. Schübe der Veränderung, die seit der industriellen Revolution (↑Industrialisierung, Industrielle Revolution) immer häufiger von Technologien ausgehen, rufen Gegenreaktionen hervor. Eliten, die die Veränderung freudig bejahen, weil sie davon profitieren, steht eine Bevölkerung gegenüber, die neue Entwicklungen oft gemischt, teils sogar negativ beurteilt. Das liegt daran, dass die Grundlagen, auf denen sich heute die Wertungen vollziehen, evolutionär unter anderen Bedingungen entstanden sind. Abwehr von Gefahr ist in den tiefsten Schichten des Stammhirns abgespeichert und diese Teile sind einer bewussten Kontrolle kaum zugänglich. Je höher die Funktionen des Gehirns, desto freier sind sie, aber auch umso theoretischer. Sie stehen zwar der Veränderung offen, haben jedoch wenig direkten Einfluss auf das praktische Verhalten der Menschen.

Doch auch die höheren wertenden Teile der menschlichen Persönlichkeit, die in enger Beziehung zur ↑Rationalität stehen, haben einen eher beharrenden Charakter. Die Werte-Standards, nach denen sie urteilen, werden in Kindheit und Jugend gelegt, in jener langen Phase, in der Kinder in der Familie des Menschen aufwachsen. Sigmund Freud hat diese Besonderheit im Vergleich zu den höheren Tieren bes. betont. Familiäre Vermittlung von Werten führt zur Prägung der Kinder durch das Vorbild der Eltern. Die Bevölkerung gibt der Familie bei der Vermittlung von Werten einen sehr deutlichen Vorrang, vor dem Bildungssystem, noch mehr der Politik, und das gilt sowohl für den faktischen als auch den gewünschten Einfluss. Die wertsetzende Funktion der Familie führt auch zur Vermittlung der kulturellen Tradition, zuallermeist nicht durch bewussten Einfluss, sondern durch Nachahmung und Lernen am Modell. In schwierigen oder turbulenten Phasen der Geschichte kann dieser Mechanismus aber beeinträchtigt werden.

Ronald Inglehart, der heute bekannteste Werteforscher, hat auf jene Generation hingewiesen, die durch die Besonderheit der Zeit der ↑Weltwirtschaftskrise und den Zweiten Weltkrieg geprägt wurde. Diese Menschen erfuhren in Kindheit und Jugend starken wirtschaftlichen Druck oder sogar die ↑Gewalt und Not des Krieges. Sie würden zeitlebens ökonomische Sicherheit bes. schätzen („Materialismus"). In der Folge jedoch wuchs eine neue Generation in schnell steigendem Wohlstand auf, und diese nahm ideelle Werte („Post-Materialismus") bes. wichtig, weil im Unterschied zu der Zeit, in der die Eltern aufwuchsen, nicht das Materielle, sondern das Ideelle „knapp" war. R. Inglehart schloss aus der ↑Ökonomie, dass stets das Knappe hoch bewertet wird. Nachwachsende „Post-Materialisten" sollten sich im Laufe der Generationen in den USA und ähnlichen Ländern immer weiter ausbreiten. Dieses Ideenkonzept wurde als zu euphorisch kritisiert. Noch mehr befremdete, warum Werte wie ↑Ordnung, ↑Sicherheit, Tüchtigkeit u.a., die in der Bevölkerung weit verbreitet waren, schon vom Begriff her als „materialistisch“ abgewertet wurden, und R. Inglehart damit zugl. die innovative Funktion der Werte über die sozial stabilisierende Funktion setzte.

In Deutschland erhob Helmut Klages Einspruch mit einer Theorie, die die Tendenz zum Gleichgewicht zwischen Erneuerung und Beharrung berücksichtigte und die Wertepole ausgewogener benannte: Auf der einen Seite steht die Pflichtorientierung für kulturelle Stabilität und auf der anderen Selbstentfaltung der Person für den Wandel. Das verringerte auch das Ausschließliche des „Materialismus“ und des „Idealismus“. An Stelle von „Postmaterialisten“, die eng an die junge Bildungsschicht angelehnt waren, bezog sich H. Klages auf einen anderen sozialen Leittyp: „Aktive Realisten“ aus der breiten Mittelschicht. In Ausübung ihrer beruflichen und familiären Verantwortung gehen sie über einen nur intellektuellen Wertausschnitt hinaus, ihr breites Wertespektrum berücksichtigt zugl. alltägliche Probleme der Ökonomie und Sicherheit. H. Klages konnte 30 %–40 % der Bevölkerung dieser Haltung zuordnen. Damit ging er über die berechtigte, aber einseitige Kritik an den Schattenseiten des Wandels durch Elisabeth Noelle-Neumann hinaus. Realisten fungieren als Mittler zwischen jenen Gruppen, die im W. allzu schnell oder wert-negierend vorgehen (Idealisten, Hedonisten) und jenen, die den W. strikt ablehnen oder schlicht davon überfordert sind.

H. Klages realistisches Modell will zeigen, wie eine vermittelnde Gruppe Impulse aus den vorangehenden Gruppen aufnimmt, jedoch in gemäßigte Formen umsetzt, die allg. akzeptabel erscheinen, damit aber auch das Tempo des W.s abbremst und diesen für die Gesellschaft erträglicher macht. Sie ist sich dieser Rolle z. T. bewusst und bleibt zugl. Träger der ↑Tradition, aber i. S. d. moderaten Anpassung an die sich verändernden Umstände. Untersuchungen zeigen, dass der Umfang dieser Gruppe schwankt, langfristig aber eher stabil ist. Unter jungen Menschen ist diese eigentlich untypische Gruppe seit der Wiedervereinigung wichtig geworden. Die erste Ursache war die forcierte ↑Globalisierung, die folgte, dann der unerwartete Erfolg Deutschlands, nachdem es von den Experten in aller Welt bereits als „kranker Mann“ abgestuft war. Je sicherer der Aufschwung jedoch inzwischen erscheint, desto mehr schwenkt die nachwachsende Jugend wieder auf ihre angestammte experimentelle Rolle im W. zurück. Es kann sein, dass sich heute ein neuer Konflikt aufbaut; zwischen jenen jungen Leuten, die in der Krise an die Tradition anknüpften, dann Verantwortung in Beruf und Familie übernahmen und jenen, die jetzt als Nachwachsende davon profitieren.

Literatur

J. Erpenbeck: Wertungen, Werte – Das Buch der Grundlagen für Bildung und Organisationsentwickelung, 2018 • T. Gensicke: Generation Deutschland: eine gesamtdeutsche Jugend, in: DJ 64/6, 2016, 247–256 • K.-H. Hillmann: Wertwandel, 2003 • H. Meulemann: Werte und Wertewandel – Zur Identität einer geteilten und wieder vereinten Nation, 1996 • G. Hepp: Wertewandel. Politikwissenschaftliche Grundfragen, 1994 • F. Nietzsche: Nachgelassene Fragmente 1884–1885, KSA, Bd. 11, 1988 • H. Klages: Wertorientierungen im Wandel, 1984 • E. Noelle-Neumann: Werden wir alle Proletarier? Wertewandel in unserer Gesellschaft, 1978 • R. Inglehart: The Silent Revolution. Changing Values and Political Styles among Western Publics, 1977 • M. Rokeach: The Nature of Human Values,1973 • C. Kluckhohn: Values and Value-Orientations in the Theory of Action: An Exploration in Definition and Classification, in: T. Parsons/E. Shils (Hg.): Toward a General Theory of Action, 1951, 388–433.

THOMAS GENSICKE

Wertpapiere

1. Definitionen

Obwohl W. auch eine ökonomische Seite haben, greift der Ökonom bei der formalen Definition des W.-Begriffs auf die juristische Literatur zurück. Danach ist in der weiten Definition ein W. eine *Urkunde*, die ein privatrechtliches Recht verbrieft, womit aus dem „Recht am Papier das Recht aus dem Papier“ folgt. Infolgedessen genügt es für die Geltendmachung seiner Rechte, das Papier in Händen zu halten. Umgekehrt können ohne Besitz des W.s die Rechte nicht geltend gemacht werden. Schon in dieser Definition steht also die Verbriefung von Rechten im Vordergrund, die der leichteren Nachvollziehbarkeit dienen soll und somit die Handelbarkeit von Rechten positiv beeinflusst. Im engeren Sinne muss zusätzlich gelten, dass der Kauf und Verkauf eines Rechts auf Basis sachenrechtlicher Bestimmungen erfolgen muss. Das bedeutet im engeren Sinne, dass ein W. nach dieser Definition durch Einigung und Übergabe übertragen werden kann. Im Gegensatz etwa zur Zession von Forderungen ist damit der W.-Kauf und -Verkauf erheblich vereinfacht.

2. Funktionen

Der rechtliche Rahmen determiniert auch die Funktionen, die W. erfüllen. Hier unterscheidet man von der Indiz- und Beweisfunktion die Liberalisierungs-, Präsentations- und Transportfunktion. Die *Indiz-* und *Beweisfunktion* ermöglicht es dem Eigentümer, seinen Rechtsanspruch nachzuweisen. Im Rahmen der *Liberalisierungsfunktion* darf der Schuldner mit befreiender Wirkung an den Inhaber des W.s leisten, da er aufgrund der *Legitimationsfunktion* annehmen kann, dass der Inhaber der Urkunde auch tatsächlich berechtigt ist, die Leistung anzunehmen. Zur Geltendmachung der Rechte aus dem Papier muss das W. vorgelegt werden. Letzteres entspricht der sog.en *Präsentationsfunktion*. Die ökonomisch wichtigste Funktion ist die *Transportfunktion*. Sie ist bei W.n im engeren Sinn bes. stark ausgeprägt und ermöglicht die Übertragung der Rechte zwischen verschiedenen Wirtschaftssubjekten. Die

Transportfunktion ist bei unterschiedlichen Typen unterschiedlich ausgeprägt. Hier unterscheidet man Inhaber-, Order und Rektapapiere.

3. Wertpapierarten

3.1 Aktien

Klassische Beispiele für W. des Typs Inhaberpapier sind *Inhaberaktien*, die wohl die bekanntesten Vertreter von W.n darstellen. Sie verkörpern das Eigentumsrecht (↑Eigentum) an einer ↑Aktiengesellschaft, das aus vielen Einzelrechten, wie Rechten an der Gewinnausschüttung, am Liquidationserlös oder dem Recht zur Teilnahme an der Hauptversammlung, besteht. Die Übertragung erfolgt durch Einigung und Übergabe oft unter Zuhilfenahme einer ↑Bank, welche den physischen Transfer vornimmt. Namensaktien unterscheiden sich von Inhaberaktien, da der bloße Besitz nicht ausreicht, um die Rechte aus dem W. wahrnehmen zu können. Hierzu bedarf es zusätzlich der Namenseintragung im Aktienbuch, womit *Namensaktien* Orderpapiere sind. Bei den vinkulierten Namensaktien tritt hierzu noch die Zustimmung des Vorstands. Letzteres führt dazu, dass die Vertretbarkeit nicht mehr gegeben ist und damit die Transportfunktion eingeschränkt ist. Damit ist zwar nach einschlägiger Meinung die vinkulierte Namensaktie noch ein W., zählt aber nicht zu den Effekten, da Effekten vertretbare W. darstellen.

3.2 Schuldverschreibungen

Während Aufbau und Rechte von Aktien durch das AktG klar festgelegt sind, erlaubt das ↑BGB bei Schuldverschreibungen, der zweiten großen Klasse von W.n, eine große Bandbreite an Spielarten. Gemein ist ihnen nur, dass ein Schuldner sich verpflichtet hat, i. d. R. Zahlungen zu leisten. Die Spielarten sind aber stark divers. So unterscheidet man je nach Emittent *öffentliche Anleihen*, *Bankschuldverschreibungen* oder *(Industrie-)Obligationen*. Je nach Sicherheitenstellung existieren etwa unter den Bankschuldverschreibungen wiederum als Unterfälle *Pfandbriefe* und *(Kommunal-)Obligationen*. Die gerade getroffene Aufzählung erhebt dabei aufgrund der hohen Dynamik in diesem Feld keinen Anspruch auf Vollständigkeit.

3.3 Weitere Inhaberpapiere

In der Vergangenheit wurden auch mehr und mehr Rechte auf W. verbrieft. Solche verbrieften Rechte sind z. B. Optionsscheine, die dem Inhaber das Recht gewähren, einen Basiswert wie etwa eine Aktie zum vereinbarten Preis (Bezugskurs) zu beziehen. Demgegenüber sind die meisten an Terminbörsen gehandelten Optionen und Futures keine W., sondern nur Verträge zwischen zwei Parteien.

Grundsätzlich sind Forderungen nur über Zession übertragbar. Um diese leichter übertragbar zu machen, wurden Forderungen auch über *Asset Backed Securities* (ABS) verbrieft. Dazu werden die Forderungen (teilweise auch Inhaberschuldverschreibungen) auf ein *Special Purpose Vehicle*, den Emittenten der ABS, übertragen, dessen einziger Zweck das Halten der Forderungen und das Ausgeben von ABS zur Finanzierung ders. n ist. Die ABS werden dabei meist in Tranchen von Inhaberschuldverschreibungen mit unterschiedlicher Rangstellung vergeben, so dass ein Ausfall der Primärforderungen unterschiedliche Tranchen unterschiedlich stark betrifft.

Zu den Inhaberpapieren zählen auch Investmentzertifikate. Diese nach dem Investmentgesetz vergebenen W. verbriefen das Recht auf einen Anteil am Fondsvermögen. Dieses stellt ein Sondervermögen der Investmentgesellschaft dar. Übertragen werden Investmentzertifikate allerdings zwischen Inhabern eher selten, da bei offenen Investmentfonds die Rückgabe der Zertifikate an die Fondsgesellschaft grundsätzlich jederzeit möglich ist.

3.4 Klassische Orderpapiere

Die klassischen Orderpapiere *Wechsel* und *Scheck* haben aufgrund des Aufkommens neuer Zahlungsinstrumente in den letzten Jahren stark an Bedeutung verloren. Als geborene Orderpapiere ist bei diesen die Übertragung über Indossament gesetzlich kodifiziert. So überträgt der bisherige Eigentümer, der Indossant, dem Indossatar als neuem Eigentümer, indem er schriftlich auf dem Papier den Eigentumsübergang bestätigt.

3.5 Traditionspapiere

Die Möglichkeiten der Verbriefung von Rechten werden auch bei beweglichen Sachen verwendet, obwohl diese abgedeckt durch das ↑Privatrecht grundsätzlich rechtlich gut handelbar sind. Allerdings ist bei Massegütern wie z. B. Rohstoffen die Erfüllung eingeschränkt. Rohstoffe, die sich noch auf dem See- oder Landweg zu ihrem Bestimmungsort befinden, werden über ein *Konnossement* oder einen *Ladeschein* verbrieft, Waren in einem Lagerhaus mit Hilfe eines *Lagerscheins* übertragen. In beiden Fällen ersetzt dann die Übergabe dieser gekorenen Orderpapiere die Übergabe der Sache selbst, da nur durch deren Vorlage die Ware gelöscht, entladen oder ausgelagert wird.

3.6 Rektapapiere

Diese einfache Übertragung unterscheidet W. im engeren Sinne von den Rektapapieren. Beim Rektapapier, auch Namenspapier, werden die verbrieften Forderungen oder sonstige Rechte im Wege der Zession übertragen. Auch nach der Übertragung vom alten (Zedenten) auf den neuen Gläubiger (Zessionar) soll die Leistung trotzdem direkt (recta) an den im Papier benannten Empfänger erfolgen, was den Handel mit Rektapapieren einschränkt. Typische Vertreter von Rektapapieren sind *Sparbuch*, *Versicherungsschein* sowie *Hypothekenschuldbrief*.

4. Ökonomische Bedeutung

Die Handelbarkeit in Kombination mit der Homogenität und auch der leichten physischen Transportierbarkeit von W.n führte dazu, dass insb. Aktien und Schuldverschreibungen auf organisierten Märkten, W.-Börsen (↑Börsen), gehandelt wurden. Erleichtert wurde dies in den letzten Jahren durch die zunehmende ↑Digitalisierung. Danach werden die einzelnen W. nicht mehr physisch ausgegeben, sondern durch eine Globalurkunde verbrieft und über Girosammelverwahrung verwaltet. Die Zuordnung im Girosammelverkehr erfolgt über Internationale W.-Kennnummern (englisch *International Securities Identification Number* [ISIN]). Der an der Börse ermittelte Preis hat wichtige Signal- und Allokationsfunktionen für die Marktteilnehmer, aber auch für die gesamte Wirtschaft.

Literatur

D. Franzen/K. Schäfer: Assetmanagement, 2018 • L. Perridon/M. Steiner/A. Rathgeber: Finanzwirtschaft der Unternehmung, [17]2017 • L. Vollmer: Wertpapier, juristischer Begriff, in: W. Gerke/M. Steiner (Hg.): Handwörterbuch des Bank-und Finanzwesens, [3]2001, 2230–2237.

ANDREAS RATHGEBER

Werturteil

Das Wort „W." setzt sich aus den beiden Wörtern „Wert" und „Urteil" zusammen. Ein W. ist ein Urteil, das durch die Bezugnahme auf einen ↑Wert oder durch die Stellungnahme zu einem solchen zustande kommt. Das Wort Wert hat zum einen eine bloß empirische Bedeutung, so wenn wir von einem Wertbrief sprechen, zum anderen ist es normativ, wenn wir uns mit Wertachtung begegnen. Das Wort verweist auf eine gute Qualität, die ein Gegenstand hat, dem dann gewöhnlich auch ein Preis entspricht. Immanuel Kant unterscheidet von dieser Ebene der Waren den unbedingten Wert, der dem Menschen und seiner ↑Würde zukommt.

Die zweifache Bedeutung von empirisch und normativ findet sich in dem entspr.en Gebrauch der Begriffe W., Wertfreiheit und W.s-Freiheit bei Max Weber. V. a. im Artikel „Die ‚Objektivität' sozialwissenschaftlicher und sozialpolitischer Erkenntnis" (1904) erklärt und rechtfertigt M. Weber die Angemessenheit dieser Begriffe für die Tauglichkeit seiner wissenschaftlichen Zwecke. Die ↑Soziologie und insb. die ↑Religionssoziologie, die M. Weber betreiben will, hat sich zur Aufgabe gesetzt, die kausalen Wirkungen von ethischen und religiösen Überzeugungen auf das Wirtschaftsleben zu untersuchen. Eine Wissenschaft vom Kulturleben ist möglich, weil es in diesem beobachtbare und fixierbare objektive Daten gibt, die logisch, mathematisch und sachlich geordnet werden können. Neben der ethischen Reflexion und Begründung ethischer Werte gibt es deren genaue Unterscheidung in dem dem Beobachtungsinteresse zugänglichen Erfahrungsmaterial. Mit der Möglichkeit der Unterscheidung und Klassifizierung von Werten setzt M. Weber somit an der Alltagssprache und deren Verwendung an. Die Klärung von Wertbedeutungen ermöglicht kausale Wirkungen im Handeln (↑Handeln, Handlung) der Menschen festzustellen: „Weit entfernt [davon] also, daß vom Standpunkt der Forderung der ‚Wertfreiheit' empirischer Erörterungen aus Diskussionen von Wertungen steril oder gar sinnlos wären, ist gerade die Erkenntnis dieses ihres Sinnes Voraussetzung aller nützlichen Erörterungen dieser Art" (Weber 1922: 465). Mit der Forderung der W.s-Freiheit zielt M. Weber auf die Trennung von ethischem Engagement des Wissenschaftlers von den festgestellten Fakten. Er verbietet eine fanatische oder betrügerische Polemik, die sich auf falsche Fakten, auf *Fake News*, stützt. Der Mensch ist für die Wiedergabe der objektiven Wirklichkeit (↑Realität) verantwortlich. Er kann Werte verstehen und sie wahrheitsgemäß wiedergeben. In dem Vortrag „Wissenschaft als Beruf" (1919) weist M. Weber darauf hin, dass die ↑Wissenschaft keine Werte erzeugen kann. Sie kann keine Antworten auf die Fragen geben, „Was sollen wir tun?" oder „Wie sollen wir leben?". M. Webers Pochen auf die Wertfreiheit ist v. a. dann wichtig, wenn Soziologen, wie damals Gustav Schmoller, eindeutige und bestreitbare Folgerungen aus empirischen Beobachtungen zogen. M. Weber ist bei seinen Untersuchungen der ostelbischen Landarbeiter klar geworden, dass empirische Befunde nicht nur nationale Schlussfolgerungen, sondern auch soziale und ökonomische erlauben. Die aus den empirischen Tatsachen zu ziehenden Folgerungen bedürfen einer offenen Abwägung aus verschiedenen Gesichtspunkten. Heino Heinrich Nau bemerkt: „Nur bei absoluter ‚Eindeutigkeit' vorgegebener politischer Maßstäbe kommt ihre spezifisch technische Funktion zum Tragen, indem sie [die Wirtschaftswissenschaft, Anmerkung des Autors] nämlich aufweist, welche Mittel zum Erreichen des in Frage stehenden Ziels geeignet sind" (Nau 1996: 41). Darüber hinaus werden die Fragen, die die Gegenwart mit ihren wechselnden Wertideen und ↑Interessen an das historische Material stellt, auch zu unterschiedlichen Ergebnissen führen.

Für eine Wissenschaft, wie sie M. Weber vorschwebt, werden Werte historisch überliefert. Warum hat deren historische Gegebenheit M. Weber nicht ausgereicht? Warum brauchte er den Rückgriff auf die Wertbeziehung und ihre transzendentale Funktion bei Heinrich Rickert? Die Kulturbedeutung von Wert ist für M. Weber dessen maßgebliche Bestimmung. Kultur ist aber in der damaligen Zeit der säkularisierte Ausdruck für menschliche Werte, die einmal heilig waren. ↑Kultur und ↑Natur sind antithetische Begriffe, bei denen die eine Seite über die andere herrscht. In vitalistischen Strömungen, die von den Schriften Charles Darwins, Herbert Spencers und später Friedrich Nietzsches gespeist wurden, war die ↑Evolution der Natur der entscheidende Bestimmungsfaktor der Kultur. Auch Karl Marx schrieb im Vorwort des „Kapitals" (1867) vom Prozess der Naturgeschichte, der sich die ökonomische Formierung der ↑Gesellschaft verdanke. M. Weber griff mit H. Rickerts kritischer Erkenntnistheorie eine „gereinigte" metaphysische Theorie auf, die in gewisser Weise eine Synthese aus den Positionen von I. Kant und Johann Gottlieb Fichte darstellte. Das Urteilen des Menschen ist ein Stellungnehmen, in dem sich dieser seiner Wahrheitsverpflichtung (↑Wahrheit) unterstellt und aus dieser Verpflichtung heraus dem sprachlich erfassten Wert objektive ↑Geltung gibt. Der Sinn jedes Urteils besteht in der Anerkennung des mit der Urteilsnotwendigkeit verbundenen Wertes, und wir drücken dies am besten dadurch aus, dass wir diese als eine „Notwendigkeit des Sollens" bezeichnen. Das individuelle ↑Subjekt ist nur unter der Bedingung Teil des Objektfeldes, dass es von einem Standpunkt aus gewusst wird, der als Bewusstsein überhaupt prinzipiell außerhalb des Objektfeldes liegt. Für M. Weber sollte die Aufnahme der Theorie H. Rickerts, die ihn gewiss nicht in allen Verästelungen interessierte, v. a. jene evolutionistischen Theorien abwehren, die eine Vervollkommnung der Natur einfach dem Lauf der Natur überlassen wollten. M. Weber hat sich zwar als „religiös unmusikalisch" (Weber 1994: 70) bezeichnet, aber er war an der ↑Religion interessiert, stellte sie doch ein ganz wesentliches Gegenstandsfeld seiner Religionssoziologie dar.

M. Webers Haltung zur W.s-Freiheit ist selbst eine Werthaltung: „Ich muss dabei bleiben, daß ich imstande bin, wissenschaftliche Zusammenhänge darzulegen ohne Werteurteile, und ich bin nur auf den Teil meiner Lehrtätigkeit stolz, in dem ich diesem Ideal treu geblieben bin" (Weber 2017: 90). M. Webers Prinzip, keine sozialpolitischen oder religiösen Ziele mit seinen wissenschaftlichen Ergebnissen zu vermischen, versteht sich vor dem Hintergrund extrem linker oder rechter Indoktrination in der damaligen Universitätslandschaft, was auch gegen die Aufgabe der staatlichen Universitäten verstieß.

M. Webers W.s-Freiheit impliziert ein Verbot des Einmischens persönlicher ethischer Prinzipien (↑Ethik) in die soziologischen Verallgemeinerungen. Die objektive soziologische Beobachtungshaltung zeigt sich in der umfassenden Kategorisierung gesellschaftlich-politischer Ereignisse. Alle Ereignisse, bes. solche, die keine eindeutig guten Folgen haben, lassen sich aus den Gesichtspunkten der Gesinnungs- und der Verantwortungsethik beurteilen. Der Gesinnungsethiker handelt nur nach einem unbedingten inneren moralischen Prinzip. Mit dem Spruch: „„Der Christ handelt recht und stellt den Erfolg Gott anheim'" (Weber 1922: 467), illustriert M. Weber diese scheinbar religiöse Haltung, die fanatisch werden kann. Der Verantwortungsethiker übernimmt die ↑Verantwortung für die Folgen seines Handelns. In der Gegenwart überwiegen in der ↑Politik Beispiele von Gesinnungsethik. Extreme Beispiele sind die Anschläge fundamentalistisch-islamisch motivierter Terroristen (↑Terrorismus). Ein Beispiel für die Verantwortungsethik ist die unbeugsame Haltung des von M. Weber beeinflussten Bundeskanzlers Helmut Schmidt, der die drohende Erschießung der Geisel Hanns Martin Schleyer hinnahm und die Freilassung der in Stammheim gefangenen RAF-Mitglieder verhinderte. M. Weber ist in seinen politischen Stellungnahmen meistens Prinzipien der Verantwortungsethik gefolgt. Die Religion ist für ihn eine auch in seiner Zeit lebendige Kraft: „Die alten vielen Götter, entzaubert und daher in Gestalt unpersönlicher Mächte, entsteigen ihren Gräbern, streben nach Gewalt über unser Leben und beginnen untereinander wieder ihren ewigen Kampf" (Weber 1919: 28).

Als Forscher und Wissenschaftler hat M. Weber richtungweisende Analysen durch die Trennung und Verbindung der Ebenen der wissenschaftlichen Wertfreiheit und lebensweltlichen und geschichtlichen Wertgebundenheit vorgelegt. Als ein Lehrer der Deutschen, wie ihn Wilhelm Hennis gesehen hat, ist M. Weber mit seinem nüchternen und klaren Blick auf die Wirklichkeit für die Gegenwart ein Vorbild. Während Platon versuchte, Tyrannen umzuerziehen, hat M. Weber mit seiner Kritik am deutschen Kaiser und den revolutionären Räten von München mit ihrer demagogischen Moralisierung der Politik tyrannische Attitüden kritisiert. M. Weber wird in der angelsächsischen Welt verengt als Theoretiker des Wirtschaftsliberalismus (↑Liberalismus) gelesen. Persönlich und in seinem politischen Wirken ging es ihm – wie er es 1909 und öfter geäußert hat – um mehr: „um einen Rest des Menschentums freizuhalten von dieser Parzellierung der Seele, von dieser Alleinherrschaft bürokratischer Lebensideale" (Weber 1924: 414).

Literatur

M. Weber: Verhandlungen des III. Deutschen Hochschullehrtages zu Leipzig am 12. und 13. Oktober 1909, in: J. Dreijmanis (Hg.): Max Webers vollständige Schriften zu wissenschaftlichen und politischen Berufen, 2017, 88–91 • P. Ghosh: Max Weber in Context. Essays in the History of German Ideas c. 1870–1930, 2016 • J. Kaube: Max Weber. Ein Leben zwischen den Epochen, 2014 • H. H. Nau: Der Werturteilsstreit. Die Äußerungen zur Werturteilsdiskussion im Ausschuss des Vereins für Sozialpolitik (1913), 1996 • M. Weber: Briefe 1901–1910, in: MWG Bd. 6/2, 1994 • W. Hennis: Max Webers Fragestellung, 1987 • K.-H. Nusser: Kausale Prozesse und sinnerfassende Vernunft. M. Webers philosophische Fundierung der Soziologie und der Kulturwissenschaften, 1986 • M. Weber: Gesammelte Politische Schriften, 1980 • L. Strauss: Der Unterschied zwischen Tatsachen und Werten, in: H. Albert/E. Topitsch (Hg.): Werturteilsstreit, 1971, 73–91 • M. Weber: Debattenbeitrag in Wien 1909, in: Marianne Weber (Hg.): Gesammelte Aufsätze zur Soziologie und Sozialpolitik, 1924, 414 • Ders.: Gesammelte Aufsätze zur Wissenschaftslehre, 1922 • Ders.: Wissenschaft als Beruf, 1919 • Ders.: Die „Objektivität" sozialwissenschaftlicher und sozialpolitischer Erkenntnis, 1904 • H. Rickert: Die Grenzen der

naturwissenschaftlichen Begriffsbildung, 1896 • Ders.: Der Gegenstand der Erkenntnis, 1892 • K. Marx: Das Kapital, 1867.
KARL-HEINZ NUSSER

Westen

Das Wort W. (von lateinisch *occidens*) meint zunächst eine Himmelsrichtung. Im griechisch-römischen Sprachbereich wurde der W. dichterisch nach dem Gott des Abendsterns Hesperos auch als hesperidisch tituliert, im Deutschen kam seit dem 16. Jh. die Bezeichnung ↑Abendland auf. Über die rein geographische Verwendung hinaus war der Begriff allerdings schon seit frühester Zeit weltanschaulich aufgeladen. Im pharaonischen Ägypten etwa bezeichnete der W. sowohl den Sitz der Chaosmächte (Wüste, Tod) wie den Ort der Wiedergeburt z. B. der Sonne. In der griechischen Mythologie entstand die Vorstellung vom Wohnort der verstorbenen Seligen im fernen W. (Eleusinische Gefilde). Daneben trat seit dem frühen 5. Jh. v. Chr. zunehmend eine politische Idee vom W., die sich in den Perserkriegen ausbildete und seitdem kontinuierlich politische Narrative strukturiert. Demnach stand der W. für Freiheit i. S. politischer Selbstbestimmung der griechischen Poleis gegen die vorgebliche Tyrannei des persischen Ostens, der mithin zum gegentypischen Ort der Unfreiheit mutierte. In Rom wurde der hellenistische Osten dann als übergelegene, aber dekadente Zivilisation, der W. hingegen im Kontext kraftvoller Herrschaft wahrgenommen. Die Teilung des Römischen Reiches 396 n. Chr. war nur bedingt mit diesen politischen Konnotationen verknüpft. Immerhin galt die ostkirchliche Orthodoxie als einem caesaropapistischen Modell verhaftet und damit als weniger „frei" denn der westliche Katholizismus mit seiner zwischen Kooperation und Konflikt changierenden Haltung zum Staat-Kirche-Verhältnis (↑Kirche und Staat). Auch der Begriff „byzantinisch" war schon im Mittelalter mit der Vorstellung östlich-unfreien Hochmuts und zivilisatorischer Dekadenz verbunden. Daher finden sich seit den 1980er Jahren zunehmend Stimmen, welche die früheste Konstruktion des „liberalen W.s" auf die gregorianische Reform (*Papal Revolution*, Harold J. Berman, Philippe Nemo) des 11. Jh. zurückführen.

Aber erst im 19. Jh. gewann die Idee des W.s konkret wieder an politischer Bedeutung. Anfangs war sie das Resultat einer Konstellation, in der sich die „liberalen" Westmächte Großbritannien und Frankreich und die konservativen Ostmächte Russland, Preußen und Österreich hinsichtlich ihrer Ordnungsvorstellungen gegenüberstanden. In diesem Zusammenhang wurde das zaristische Russland in eine östliche Macht umgedeutet, um auf diese Weise in die stereotype Imagination von orientalischer Tyrannei (inkl. China, Persien, Indien und Osmanischem Reich) eingepasst zu werden. Dabei konnten die Feindbilder des liberalen W.s mit Phasen der (exotischen) Faszination abwechseln. Insgesamt aber kam es zu einer markanten Abwertung chinesischer, indischer wie islamischer Traditionen. In der Philosophie wurde Georg Wilhelm Friedrich Hegels Konstrukt von der Westwanderung des Weltgeistes bedeutsam, das im Laufe des 19. Jh. auch auf die kontinentale Westexpansion der USA angewandt wurde (George Bancroft). Spätestens mit dem Krimkrieg (1853–56) hatte sich diese Idee des W.s als politisch handlungsleitend verfestigt. Sie legitimierte auch den Hochimperialismus, der so als Zivilisierungsmission gegenüber dem barbarischen Orient gedeutet werden konnte.

Eine bes. Rolle in diesem weltanschaulichen West-Ost-Konflikt kam Deutschland zu, das keiner Seite eindeutig zugeordnet und dem bis weit ins 20. Jh. eine Art Brückenfunktion zugeschrieben wurde. Im Ersten Weltkrieg erfolgte dann auf westalliierter Seite die Neukonnotation Deutschlands als konservativer Ostmacht, die sich gegen den von den liberalen Westmächten ausgehenden Fortschritt stemmte, obwohl diese mit dem autokratischen Russland verbündet waren. In Deutschland übernahmen die Verfechter der antiliberalen „Ideen von 1914" dieses Narrativ ebenso wie die antiwestlichen Diskurse um ↑Reich und Abendland, die nicht zuletzt im antiliberalen ↑Katholizismus bis weit in die 1950er Jahre eine Anhängerschaft fanden und in Spanien und Portugal bis in die 1970er Jahre in der Vorstellung vom katholisch-iberischen Sonderweg greifbar sind. Mit dem Ende der „östlichen" Vielvölkermonarchien 1918, v. a. aber mit dem Sieg der bolschewistischen Revolution in Russland verlagerte sich die Feindimagination des W.s vom ↑Konservatismus zum ↑Totalitarismus, wobei das NS-Deutschland (↑Nationalsozialismus) zwar nicht zum Osten, aber doch auch keinesfalls zum W. gezählt wurde. Hier war seit den 1910er Jahren von einem „deutschen Sonderweg" die Rede, mit dem W. als Maßstab für ↑Moderne und ↑Fortschritt. Nach dem Kriegsausgang 1945 gelang in je unterschiedlichen Varianten die Integration Westdeutschlands, Italiens und Japans in den W. unter antitotalitär-antikommunistischen Auspizien (Westernisierung).

In der Hochphase des ↑Ost-West-Konflikts, dem ↑Kalten Krieg 1947–91, wuchs auch das Bedürfnis nach einer wissenschaftlichen Interpretation des „freien W.s". Insb. in den USA wurde dies durch das Fach *Western Civilisation* geleistet, das die gemeinsamen Wertegrundlagen des W.s herausarbeiten sollte. Auf soziologischer Ebene diente dem die Modernisierungstheorie (↑Modernisierung). In ideengeschichtlichen und empirischen Studien wurde eine lineare Fortschrittsgeschichte *(Whig Interpretation of History)* vom Freiheitskampf der hellenischen Poleis über die Relevanz des römischen Rechts sowie Renaissance, ↑Reformation und ↑Aufklärung bis in die Gegenwart des ↑Liberalismus konstruiert, die von individualistischem Freiheitsstreben (↑Freiheit), einem Höchstmaß an ↑Rationalität und ↑Legalität, technologischer ↑Innovation, dem Wechselspiel von souveräner Nationalstaatlichkeit und internationaler Kooperation und dem unbedingten Recht auf ↑Eigentum in einem kapitalistischen Wirtschaftssystem gekennzeichnet war. Dagegen standen die Despotie des Totalitarismus, ↑Kollektivismus, das Fehlen von Rechtsstaatlichkeit (↑Rechtsstaat) und Privateigentum. Aber auch der Katholizismus, die Traditionen der ↑Scholastik oder des päpstlichen Universalismus wurden aus dieser Fortschrittsgeschichte herausgeschrieben und erst nach dem Ende des Kalten Kriegs revisionistisch integriert *(Papal Revolution)*. Im Kern aber blieb der „freie W." liberal, protestantisch und angelsächsisch.

Neben der ideellen Exklusion der katholischen Tradition bestand das Hauptproblem dieser Erzählung vom W. in der mangelnden Selbstkritik. Im Grunde wurde die Idee des W.s der Praxis des jeweiligen Gegners gegenübergestellt, wodurch die strukturelle Inhumanität der eigenen Praxis (↑Imperialismus, ↑Kolonialismus, latenter ↑Rassismus, Kooperation mit autoritären Regimen etc.) zur beklagenswerten Ausnahmeerscheinung relativiert werden konnte. Das führte auch intern zu Kritik, so etwa im Studentenprotest der 1960er Jahre (↑Studentenbewegungen). Auf intellektueller Ebene korrespondierte damit das Aufkommen neomarxistischer, aber auch postkolonialer (Edward William Said; ↑Postkolonialismus), antirassistischer und postmoderner (↑Postmoderne) Ansätze, die immer wieder mit einer Kritik am Konzept des W.s, bes. aber des westlichen liberalen ↑Kapitalismus gekoppelt waren. In dieser Kritik, die ihrerseits reformerische Potenziale des W.s systematisch ausblendete, spiegelten diese Ansätze freilich mitunter nur die Einseitigkeiten westlicher Selbstdarstellung mit umgekehrten moralischen Implikationen wider. Die Kritik am W. als liberal-universalistischem Projekt intensivierte sich einerseits mit der Dekolonisierung und dem wachsenden Selbstbewusstsein von ↑Intellektuellen aus der „Dritten Welt", andererseits mit dem Nachlassen des Außendrucks nach dem Kollaps des sowjetischen Hegemonialsystems.

Nach einer Phase anfänglicher liberaler Euphorie („Ende der Geschichte" [Fukuyama 1992]) kam es zu deutlichen Zerfallserscheinungen im westlichen Lager, aber auch zu neuen Formen antiuniversalistischen Denkens im W. selbst (z. B. postkoloniale und postmoderne Identitätspolitik auf Basis von *race, class* und *gender*). Der liberale W. schien ab 1990 mehr und mehr zu einem „konservativen" Projekt zu werden. Außerhalb des W.s behielten dessen Ideen jedoch ihren als fortschrittlich empfundenen Wert und somit eine gewisse Attraktivität (islamische Welt, China). Inwieweit sich der W. als politisch relevante Idee und übergreifendes Integrations- und Identitätsmoment wird behaupten können, ist angesichts der gegenwärtigen Fragmentierung des W.s unklar. Gegenüber diesen Fragen nach intellektuellen Zuordnungen und (De-)Konstruktionen spielte die Frage, welche Länder nun konkret zum W. zählten, nie eine bes. bedeutende Rolle. Der W. wurde primär als ideell-kulturell-politisches Phänomen und im Gegensatz zum ebenfalls konstruierten Osten verstanden, da war es nie erheblich, ob ein „westliches" Land tatsächlich im geographischen W. lag oder, wie Japan, Australien, Neuseeland, im Osten.

Literatur

M. Kimmage: The Abandonment of the West. The History of an Idea in American Foreign Policy, 2020 • H. A. Winkler: Geschichte des Westens, 4 Bde., 2009–15 • P. Nemo: Was ist der Westen?, 2005 • A. Bonnett: The Idea of the West, 2004 • I. Buruma/A. Margalit: Okzidentalismus. Der Westen in den Augen seiner Feinde, 2004 • M. Hochgeschwender: Was ist der Westen? Zur Ideengeschichte eines politischen Konstrukts, in: HPM 11/1 (2004), 1–35 • E. Said: Orientalism, 2003 • A. Doering-Manteuffel: Wie westlich sind die Deutschen? Amerikanisierung und Westernisierung im 20. Jahrhundert, 1999 • H. J. Berman: Recht und Revolution. Die Bildung der westlichen Rechtstradition, 1995 • F. Fukuyama: Das Ende der Geschichte, 1992. MICHAEL HOCHGESCHWENDER

Wettbewerb

1. Grundlagen

Unter W. wird regelmäßig das Streben von zwei oder mehr Individuen oder Organisationen nach einem Ziel verstanden, wobei der höhere Zielerreichungsgrad der einen Partei einen geringeren Zielerreichungsgrad der anderen Partei(en) bedingt. W. bezieht sich daher nicht nur auf ↑Märkte, sondern er findet auch jenseits von Märkten statt wie etwa innerhalb von Unternehmen (etwa um Leitungspositionen), im Sport, in der Politik (etwa zwischen Parteien oder zwischen Kandidaten innerhalb von Parteien [Ökonomische Theorie der Politik, ↑Neue Politische Ökonomie]), in Kultur und Wissenschaft und selbst im zwischenmenschlichen Bereich (etwa um die Gunst eines Partners). Auf Märkten ist W. zwar oftmals bes. stark ausgeprägt, aber dies impliziert weder, dass jenseits von Märkten kein W. bestünde, noch bedeutet dies, dass auf Märkten stets W. herrschte. Besteht etwa ein Kartell oder die Marktform des Monopols, so existiert zwar ein Markt, aber kein W.

W. bedeutet somit, dass mindestens zwei verschiedene Individuen oder Organisationen in nicht kooperativer Weise versuchen ein Ziel zu erreichen, das nicht alle gleichzeitig erreichen können: Den Auftrag eines Kunden kann i. d. R. nur einer erhalten, nur einer kann erster im Wettrennen werden, und nicht alle können die nächste Wahl gewinnen. W.e bringen daher nicht nur Sieger hervor, sondern auch Verlierer.

Gleichwohl bietet W. als generelles Ordnungsprinzip aus gesamtgesellschaftlicher Sicht oftmals Vorteile. W. treibt Anbieter auf Märkten an, darüber nachzudenken, wie durch attraktive Angebote weitere Kunden gewonnen bzw. bestehende Kunden behalten werden können. Dies kann durch günstige Preise geschehen, durch Qualitätsversprechen, durch innovative Produkte, durch einen guten Service, lange Öffnungszeiten, attraktive Standorte, überzeugende ↑Werbung und durch viele andere Dinge, die Kunden potenziell schätzen. Die Anzahl der potenziellen W.s-Parameter ist im wirtschaftlichen W. auf vielen – wenn auch nicht allen – Märkten sehr groß.

In Monopolen hingegen muss sich ein Monopolist nicht in demselben Maße um Kunden bemühen wie auf W.s-Märkten, seine Kunden sind vielmehr abhängig von der Gunst des Monopolisten, sie haben keine Ausweichmöglichkeiten. „Der beste Gewinn am Monopol ist das ruhige Leben" (Hicks 1935: 8) – so hat der britische Ökonom und Nobelpreisträger John Richard Hicks diese Situation aus Anbietersicht zusammengefasst. Ein Monopolist muss weder bes. kundenfreundlich noch bes. effizient oder innovativ sein, um Gewinne zu erwirtschaften. Er muss nicht mit attraktiven Angeboten um Kunden werben.

Aus Sicht des einzelnen Anbieters ist ein solches Monopol daher sehr erstrebenswert. Die Aussicht auf ein Monopol, die damit verbundenen Gewinne und womöglich das erhoffte ruhige Leben haben somit selbst einen Anreizeffekt. Wird ein Monopol durch überragende Produkte oder eine bes. hohe Effizienz erreicht, so entfaltet die Aussicht auf das Monopol positive Anreize. In dynamischer Perspektive muss W. daher nicht zwingend durch die gleichzeitige Existenz mehrerer Anbieter *auf* einem Markt gekennzeichnet sein, sondern kann auch als W. *um* einen Markt stattfinden.

Beruht ein Monopol hingegen auf W.s-Beschränkungen wie etwa staatlichen W.s-Barrieren oder auf wettbewerbswidrigen Strategien dominanter Unternehmen (wie etwa Verdrängungspreisen), so sind die Auswirkungen für die Gesellschaft ebenso wenig positiv wie ein ↑Kartell mit dem Ziel, den W. auszuschalten. Gleichwohl bestehen individuell Anreize, durch wettbewerbswidrige ↑Strategien einen Markt zu monopolisieren oder zumindest wirksamen W. zu behindern.

2. Vorteile einer Wettbewerbsordnung

Die Sicherung wirksamen W.s auf Märkten durch eine W.s-Ordnung, die künstliche Beschränkungen des W.s möglichst unterbindet, ist aufgrund der Vorteile des W.s als Ordnungsprinzip ein konstituierendes Element jeder Marktwirtschaft. Eine solche W.s-Ordnung geht dabei über das Kartellrecht im engeren Sinne, also in Deutschland das GWB und in der ↑Europäischen Union die Art. 101 und 102 AEUV sowie die FKVO, hinaus. Vielmehr umfasst die W.s-Ordnung im weiteren Sinne auch spezialgesetzliche Vorschriften, die den W. auf Märkten sichern, wie etwa das TKG, das EnWG, das PostG oder das ERegG, welche allesamt sektorspezifische Regeln zur Öffnung von Märkten und zur Sicherung des W.s durch den Abbau von Marktzutrittsschranken beinhalten.

Aus gesellschaftlicher Sicht ist W. jedoch nicht nur deshalb wünschenswert, weil er Effizienz und Innovationen befördert, sondern auch weil er die Marktgegenseite stärkt, indem er als Kontrollinstrument funktioniert und sicherstellt, dass einzelne Unternehmen nicht zu mächtig werden. Wenn sich Verbraucher an bestimmten Praktiken eines Unternehmens stören, können sie dies durch Abwanderung oder einen kollektiven ↑Boykott sanktionieren. W. fungiert damit auch als Kontrollinstrument und ermöglicht eine Disziplinierung unliebsamen Verhaltens durch die Marktgegenseite.

W. belohnt zudem tendenziell Ehrlichkeit. Wer mogelt und betrügt, muss zumindest bei einer Entdeckung mit dem Verlust seiner Kundschaft rechnen – eine Befürchtung, die ein Monopolist aufgrund seiner Alternativlosigkeit nicht in demselben Maße zu haben braucht.

Und schließlich ist W. auch ein Entdeckungsverfahren. Schon Friedrich August von Hayek hat im Kontext der Debatte über die Nachkriegsordnung in Europa dargelegt, wie W.s-Märkte es ermöglichen, Ressourcen dorthin zu steuern, wo sie der Gesellschaft am meisten nutzen, also eine effiziente ↑Allokation von Ressourcen zu befördern, ohne dass es vieler ↑Informationen an zentralen Stellen bedarf. Steigen die Preise für ein Gut oder eine Leistung, dehnen die Anbieter ihre Produktion gern noch weiter aus und weitere Unternehmen werden angezogen, in den Markt einzutreten, ohne dass diese Informationen zentral gesammelt oder verarbeitet werden müssten. Es ist kein zentraler Auftrag zur Ausdehnung der ↑Produktion notwendig, die Anbieter werden dies bei steigenden Preisen aus eigenem ↑Interesse tun.

V. a. aber ermöglicht W. ein Experimentieren: Was eine gute Idee ist und was nicht, welche Organisationsformen effizient sind und welche nicht, zeigt am besten der W. So wie in der Biologie sich im W. um Nahrung letztlich die Spezies und in der ↑Evolution die Mutationen durchsetzen, die am besten an die jeweilige Umwelt angepasst sind, mit den Bedingungen eines Lebensraums am besten zurechtkommen und den Konkurrenten daher überlegen sind, so setzen sich auf W.s-Märkten letztlich die Anbieter durch, die Kundenwünsche am besten erfüllen und am besten auf veränderte Wünsche reagieren. Ähnlich wie in der Biologie kann dies durch Anpassung geschehen oder indem neue Anbieter in Märkte eintreten und die alten Anbieter verdrängen. W. sorgt daher nicht nur statisch dafür, dass Wünsche bestmöglich befriedigt werden, sondern auch dynamisch, dass auf veränderte Wünsche bestmöglich reagiert wird, entweder durch die Anpassung der etablierten Anbieter oder durch den Markteintritt neuer Konkurrenten. Damit fungiert W. auch als ein Entdeckungsverfahren dafür, was Individuen wann, wo und wie am liebsten hätten und welche Art von Produktion und Organisation effizient ist und welche nicht.

3. Wettbewerbspolitische Leitbilder

Auch wenn W. ein sehr vielschichtiges Phänomen ist, das sich angesichts seiner Bedeutungsvielfalt nur unter Inkaufnahme eines hohen Abstraktionsgrades in allg. gültiger Form erfassen lässt, setzt eine rationale W.s-Politik doch eine klare und widerspruchsfreie Vorstellung von dem voraus, was W. ist. Die W.s-Definition sollte zudem die Feststellung eines „Mehr" oder „Weniger" an W. erlauben und die Intensität des W.s sollte somit zumindest qualitativ (im Idealfall quantitativ) gemessen werden können.

Bis in die 1970er Jahre hinein war das stationäre Gleichgewichtsmodell der vollständigen Konkurrenz (synonym: vollkommener W.) das dominante Leitbild des W.s in vielen Ländern. Dieses Modell vollkommenen W.s fußt auf zwei Gruppen von Annahmen: dem stationären Zustand der Wirtschaft und den Merkmalen der vollständigen Konkurrenz. Die Annahme eines stationären Zustands der Wirtschaft umfasst

a) einen gegebenen Stand der ↑Technik und damit gegebene Produktions- und Kostenfunktionen, so dass von Produkt- und Prozessinnovationen abstrahiert wird,

b) gegebene Marktgrößen und eine gegebene Ausstattung mit Ressourcen sowie

c) eine gegebene Produktpalette und Bedürfnisstruktur (↑Bedürfnis).

Das Modell vollständiger Konkurrenz basiert auf den Annahmen vollständig homogener Produkte, vollständiger Markttransparenz, hochgradig rationaler Anbieter und Nachfrager, der Abwesenheit sowohl jeglicher Marktzutrittsschranken als auch sämtlicher Transaktionskosten. In einer solchen Welt können atomistische Anbieter und Nachfrager aufgrund ihres geringen Marktanteils durch ihr Verhalten weder den Preis noch andere W.s-Parameter beeinflussen; jeder Anbieter und jeder Nachfrager ist völlig machtlos den Marktergebnissen ausgeliefert.

Wenn die Voraussetzungen dieser vollständigen Konkurrenz auf allen Produkt- und Faktormärkten vorliegen, ergibt sich ein sog.es allg.es Gleichgewicht, das durch eine marktleistungsgerechte Einkommensverteilung (ohne Monopolrenten) und eine optimale Faktorallokation mit einer Angebotssteuerung gemäß den Präferenzen der Nachfrager charakterisiert ist. Die effiziente Faktorallokation impliziert einen Pareto-optimalen Zustand (↑Pareto-Kriterium), in dem kein Individuum besser gestellt werden kann, ohne dass gleichzeitig zumindest ein anderes Individuum schlechter gestellt wird. Diese Gleichsetzung von vollständiger Konkurrenz und allokativer Effizienz war ursächlich dafür, dass die vollständige Konkurrenz lange Zeit als Leitbild der W.s-Politik angesehen wurde. Abweichungen vom Leitbild der vollständigen Konkurrenz wurden lange als korrekturbedürftige Unvollkommenheiten gebrandmarkt, die Ineffizienzen hervorrufen. Abweichungen vom Leitbild des vollkommenen W.s gelte es zu unterbinden bzw. die Unvollkommenheiten zu korrigieren. Vertragliche Vereinbarungen, die Abweichungen vom Modell der vollkommenen Konkurrenz induzieren, wurden dementsprechend kritisch betrachtet.

Das Leitbild der vollständigen Konkurrenz, das etwa in den Bundestagsdebatten anlässlich der Einführung des GWB in Deutschland in den 1950er Jahren noch eine sehr prägende Rolle gespielt hat, basiert jedoch auf einer solchen Anzahl unrealistischer und zugl. kritischer Annahmen, dass es heute in der W.s-Politik so gut wie keine Bedeutung mehr hat. Stattdessen ist das Konzept wirksamen W.s heute Leitbild der W.s-Politik. Dabei wird W. nicht i. S. d. statischen Gleichgewichtsmodells der vollständigen Konkurrenz verstanden, sondern als dynamischer Prozess, der durch eine Folge von Vorstoß- und Verfolgungsphasen gekennzeichnet ist. Marktunvollkommenheiten sind dabei Ergebnis initiativer W.s-Handlungen und zugl. wieder Voraussetzung für imitatorische W.s-Handlungen. Ein derart charakterisierter dynamischer W.s-Prozess ist als anonymer Kontroll- und Steuerungsmechanismus mit ökonomischen ↑Sanktionen zu verstehen, bei welchem Pioniergewinne jeglicher Art durch gegenseitige Unterbietungen verschwinden, wenn keine erhebliche Marktmacht besteht. Die Intensität des W.s ist dabei umso stärker, je schneller Pioniergewinne durch Konkurrenz verschwinden.

Maßgeblich für das Verständnis des W.s als dynamischer Prozess ist der durch den W. ausgeübte, von den Beteiligten unkontrollierbare Druck auf Preise und ↑Kosten und damit auf die Gewinne, der durch das Gewinn- und Erfolgsstreben der Wirtschaftssubjekte ausgelöst wird. Dieser W.s-Druck bewirkt, dass Unternehmen Anreize haben, möglichst kostengünstig zu produzieren (optimale Faktorallokation), Produkte und Produktionskapazitäten flexibel an außerwirtschaftliche Daten anzupassen (Anpassungsflexibilität) sowie neue Produkte und/oder Produktions- und Absatzmethoden zu entwickeln (technischer ↑Fortschritt). Die dabei im W.s-Prozess aufgrund temporärer Vorzugsstellungen entstehenden Pioniergewinne sollen im Interesse einer Stimulierung von Innovationen und technischem Fortschritt nicht sofort abgebaut werden, sondern nur allmählich verschwinden. An die Stelle der statischen tritt die dynamische Effizienz als Beurteilungskriterium für das Verhalten der Marktakteure.

Das Konzept eines wirksamen W.s wird in seinem formalen Aufbau durch Merkmale der Marktstruktur, des Marktverhaltens und des Marktergebnisses beschrieben. Eine solche Gruppierung entspricht auch der unterstellten Richtung des Kausalprozesses: Die Marktstruktur induziert ein bestimmtes Marktverhalten, das wiederum ein Marktergebnis zur Folge hat. Allerdings besteht im dynamischen Prozess eine zirkulare Verknüpfung der drei Merkmale: Zumindest langfristig gibt es eine Endogenität von Marktstruktur, Marktverhalten und Marktergebnis, d. h. die Marktstruktur beeinflusst nicht nur das Marktverhalten und dieses das Marktergebnis, sondern die Marktergebnisse wie etwa die Höhe der Preise und Gewinne beeinflussen auch das Verhalten der ↑Unternehmen – etwa ihre Innovationsanreize (↑Innovation) – und auch die Marktstruktur, etwa indem Markteintritt angereizt oder abgeschreckt wird. Die einfache Kausalkette von Marktstruktur hin zu Marktverhalten und Marktergebnis gilt damit heute bestenfalls als kurzfristig valide.

Unter Merkmalen der Marktstruktur werden nicht nur die Zahl der Unternehmen und ihre jeweiligen Marktanteile verstanden, sondern alle Charakteristika, die sich nur mittel- bis langfristig ändern und den W. auf einem Markt merklich beeinflussen. Die Marktstrukturmerkmale umfassen insb. folgende Faktoren:

a) die Zahl der Anbieter und Nachfrager sowie ihre Marktanteile, die im Rahmen der Abgrenzung des relevanten Marktes ermittelt werden,
b) personelle und finanzielle Verflechtungen zwischen Marktteilnehmern,
c) die Höhe von Marktzutrittsschranken,
d) der Grad der Produktdifferenzierung,
e) die Markttransparenz zwischen den Marktteilnehmern,
f) die Innovationsdynamik der Branche.

Unter Marktverhalten ist die Wahl der W.s-Parameter durch Anbieter und ggf. Nachfrager zu verstehen. Das Marktverhalten umfasst diejenigen Faktoren, die Resultat unternehmerischer ↑Entscheidungen und die damit – im Gegensatz zur Marktstruktur – relativ kurzfristig veränderbar sind. Dabei handelt es sich allerdings nicht um eine glasklare Unterscheidung; die Grenzen zwischen Marktstruktur und Marktverhalten, also zwischen kurz- und langfristig beeinflussbaren Faktoren, sind oft nicht einfach zu ziehen. Beim Marktverhalten wird insb. untersucht, wie häufig und zu welchen Zeitpunkten verschiedene W.s-Parameter wie Preise, Rabatte und Konditionen, Mengen, Qualität, Service und andere Parameter beim Werben um Kundschaft eingesetzt werden. Dabei wird auch untersucht, ob die einzelnen Aktionsparameter zu verschiedenen Zeitpunkten oder kollektiv aufgrund von Gruppendisziplin oder Preis- bzw. Marktführerschaft eingesetzt werden und welche Reaktionsmuster und Reaktionsverbundenheiten zwischen Marktteilnehmern bestehen.

Die Marktergebnisse können im Hinblick auf verschiedene Dimensionen betrachtet und analysiert werden, z. B. die absolute und relative Höhe von Preisen und Gewinnen und ihre Veränderungen im Zeitverlauf, das Ausmaß der Preisdifferenzierung, die Marktkonzentration, Qualitätsausprägungen, die Produktvielfalt, Mengenentwicklungen und Marktabdeckung, Produktions- und Vertriebskosten, die Innovationsdynamik und anderes.

Die Intensität des W.s und damit die Marktergebnisse hängen kurzfristig stark von der Anzahl und den Eigenschaften der aktiven Anbieter und Nachfrager ab. Zumindest mittelfristig spielt jedoch auch der potenzielle W. eine bedeutende Rolle für die Marktergebnisse. Das wettbewerbliche Verhalten der Marktteilnehmer wird nämlich auch durch einen möglichen Markteintritt potenzieller Konkurrenten beeinflusst, die aktuell auf einem Markt zwar (noch) nicht aktiv sind, diesen Markt aber betreten könnten. Ein solcher Markteintritt kann erfolgen durch:

a) eine räumliche Erweiterung des Angebots (wie z. B. durch Export),
b) eine produktmäßige Erweiterung des Angebots durch etablierte Unternehmen, sofern das Angebot hinreichend flexibel umgestellt oder erweitert werden kann oder
c) die vollständige Neugründung von Unternehmen.

Von Neugründungen geht dabei oftmals der geringste W.s-Druck auf etablierte Unternehmen aus. Wahrscheinlicher ist oft der Markteintritt durch Unternehmen, die bereits auf benachbarten geographischen oder sachlichen Märkten aktiv sind. Der Markteintritt potenzieller Konkurrenten hängt von deren Erwartungen über Preise, Kosten, Nachfrageentwicklungen und letztlich erzielbare Gewinne nach einem etwaigen Marktzutritt ab. Diese möglichen Gewinne werden stark durch die Höhe der vorhandenen Marktzutrittsschranken oder ↑Wettbewerbsbeschränkungen bestimmt.

Marktzutrittsschranken sind aus der Sicht der bereits etablierten Unternehmen alle Faktoren, die es diesen Unternehmen erlauben, sich dem W.s-Druck von neuen Anbietern zu entziehen, und aus der Sicht der potenziellen Konkurrenten alle Kosten, die von neuen Anbietern noch aufgebracht werden müssen, während die bereits etablierten Anbieter diese nicht mehr zu tragen haben. Entscheidend ist also, dass zwischen etablierten und neuen Anbietern eine Kostenasymmetrie besteht, sodass der neue Anbieter höhere Kosten zu tragen hat als der etablierte Anbieter.

Die Bedeutung des potenziellen W.s wurde bes. in dem von William Jack Baumol, John C. Panzar und Robert Daniel Willig entwickelten Konzept der Bestreitbarkeit von Märkten betont. Danach zwingt auch potenzielle Konkurrenz etablierte Unternehmen zu einem Marktverhalten, das unabhängig von der Marktstruktur Pareto-optimale Marktergebnisse erwarten lässt, sofern keine Marktzutrittsschranken existieren. Sowohl Marktzutritt als auch Marktaustritt müssen damit kosten- und risikolos sein und Nachfrager müssen auf den Markteintritt eines neuen Anbieters schneller reagieren als etablierte Unternehmen mit Abwehrstrategien. Unter diesen Annahmen könnten potenzielle Konkurrenten bei überhöhten Preisen jederzeit auf den Markt drängen und kurzfristig Gewinne erzielen, um dann nach erfolgter Reaktion der etablierten Unternehmen den Markt wieder ohne weitere Kosten zu verlassen. Dies wiederum hindert die etablierten Anbieter von vornherein, überhöhte Preise zu verlangen.

Die Bestreitbarkeit von Märkten hängt allerdings entscheidend vom Fehlen jeglicher Marktzutritts- und Marktaustrittsschranken ab. Aus diesem Grund ist das Modell bestreitbarer Märkte als Gedankenexperiment oder intellektuelle Logelei ohne wirtschaftspolitische Relevanz abgetan worden. Diese Interpretation übersieht jedoch, dass durch die Entwicklung der Theorie bestreitbarer Märkte der wettbewerbspolitische Fokus stark von der statischen Betrachtung der Anzahl und Größe der vorhandenen aktiven Anbieter und Nachfrager auf die dynamische Betrachtung der Bedeutung von Marktzutrittsschranken und ihrem möglichen Abbau, etwa durch Handelsliberalisierung oder der ↑Deregulierung von Märkten, verschoben wurde.

Um den W. auf Märkten zu schützen, stützt sich das Kartellrecht (↑Wettbewerbsrecht) weltweit auf drei Säulen:

a) das Kartellverbot,
b) die Kontrolle marktbeherrschender Stellungen sowie
c) die Fusionskontrolle.

Das Kartellverbot umfasst dabei nicht nur das Verbot von Absprachen unter Wettbewerbern im Horizontalverhältnis, sondern auch das Verbot von Absprachen zwischen Unternehmen in Vertikalbeziehungen in einer Wertschöpfungskette, wenn diese Absprachen den W. erheblich behindern, wie etwa Preisbindungen. Die Kontrolle marktbeherrschender Stellungen erfolgt entweder ex post durch das Kartellrecht oder in einigen regulierten Bereichen, wie etwa einigen Versorgungsbranchen, auch ex ante durch sektorspezifische Regulierung. Die Fusionskontrolle dient darüber hinaus der Gefahrenabwehr, damit marktbeherrschende Stellungen erst gar nicht entstehen oder verstärkt werden oder andere wettbewerbsbeschränkende Marktstrukturen nicht entstehen.

4. Wettbewerb außerhalb von Märkten

Abseits der Konkurrenz auf Märkten bietet W. auch in anderen Bereichen des gesellschaftlichen Zusammenlebens große Vorzüge. Ganz offenkundig wird es etwa im ↑Sport auf Dauer langweilig, wenn stets derselbe gewinnt. Ein „Monopol" auf die Deutsche Meisterschaft oder den Formel-1-Titel führt zu einem sinkenden Interesse an der Sportart. Wie wohl in keinem anderen Bereich, ist hier der W. essenziell für die Attraktivität des angebotenen Produktes. W. dient hier nicht als Mittel zur Verbesserung der Produkte, der W. ist das Produkt im Sport.

Gesellschaftlich wichtiger als im Sport ist sicherlich der politische W. zwischen ↑Parteien, Kandidaten und politischen Ideen und Visionen. Der politische W. um die Wählergunst ist ein konstituierendes Element jeder ↑Demokratie. Natürlich funktioniert der politische W. nicht so wie der wirtschaftliche W. auf Märkten; Preise spielen in der Politik keine Rolle. Aber auch auf Märkten funktioniert der W. im Detail auf jedem Markt anders: Im Buchhandel etwa spielt der Preis (dank Buchpreisbindung) auch keine Rolle – Standort, Sortimentsbreite und die Qualität der Beratung sind dagegen wichtige W.s-Parameter. Der Aktienmarkt funktioniert anders als der Milchmarkt und dieser anders als der Immobilienmarkt. Im Detail funktioniert kein Markt genau wie der andere. Jedoch haben all diese Märkte ein Element gemeinsam mit der ↑Politik: So wie die Anbieter versuchen, die Nachfrager durch ein möglichst attraktives und überzeugendes Angebot für sich zu gewinnen, so versuchen auch Politiker und Parteien, die Wähler im W. der Meinungen und Ideen zu überzeugen. Dass es eine zunehmende Anzahl an Wechselwählern gibt, ist aus wettbewerbsökonomischer Sicht daher als Zeichen eines funktionierenden W.s zu werten. Eine hohe Zahl nicht wechselbereiter und sehr treuer Stammwähler hingegen führt eher dazu, dass Parteien und Politiker sich weniger um die Stimmen der Wähler bemühen und somit die Interessen der Wähler auch weniger stark honorieren müssen.

Zwischen politischem W. und wirtschaftlichem W. auf Märkten gibt es zwar erhebliche Unterschiede, aber auch einen oft nicht beachteten Zusammenhang. Im W. um politisches Gehör haben regelmäßig die einen Vorteil, die Zugriff auf Ressourcen haben, Arbeitnehmer hinter sich vereinigen und Steuern entrichten. Dies ist insb. bei Monopolen und großen Unternehmen der Fall. Kleine Unternehmen oder gar potenzielle Neulinge, die noch gar nicht auf einem Markt aktiv sind, finden daher systematisch weniger politisches Gehör. Dasselbe gilt für ausländische Unternehmen. Auch deswegen ist die ↑Liberalisierung vieler Märkte politisch so schwierig. Etablierte und vor W. geschützte Unternehmen haben deutliche bessere Möglichkeiten, politisches Gehör zu finden, als noch nicht existierende Wettbewerber und deren potenzielle Arbeitnehmer. Genau deswegen ist zu erwarten, dass es systematisch zu viel Protektionismus und Regelungen zugunsten großer Unternehmen gibt. Märkte auch gegen Widerstände zu öffnen und offen zu halten, ist daher eine wichtige Aufgabe der W.s-Politik.

Schließlich stehen – auch nach dem Zusammenbruch des ↑Sozialismus – wirtschaftliche und ↑politische Systeme verschiedener Länder in W. zueinander, im W. um ↑Investitionen, um Arbeitsplatzansiedlungen, um kluge Köpfe, um Steuereinnahmen und um vieles mehr. Albert Otto Hirschman hat 1970 dazu ausgeführt, dass dieser W. durch zwei Elemente geprägt ist: Abwanderung („Exit") und Kritik oder Widerspruch („Voice"). Gefallen einem die Rahmenbedingungen des Zusammenlebens nicht mehr, können sowohl Unternehmen als auch Bürger die Zustände kritisieren und auf Veränderungen drängen oder aber abwandern. Historische als auch heutige Flüchtlingswellen belegen dies auf dramatische Weise (↑Flucht und Vertreibung). Bes. in Demokratien sollte eine Flucht von Kapital und Bürgern, oder auch allein diese Option, dazu führen, dass sich die Politik an den Wünschen der Bevölkerung orientiert.

Im sog.en System-W. sind allerdings auch die Grenzen des W.s als Ordnungsprinzip gut zu erkennen. Wo die Handlungen des einen sich auch auf andere auswirken, ist oftmals Kooperation statt W. sinnvoll. Klimaschutz etwa ist ein globales öffentliches Gut, das nur schwer im freien W. der Unternehmen und der Staaten erbracht werden kann. Ohne Kooperation droht eine Abwärtsspirale, bei der jeder gern als Trittbrettfahrer agiert. Daher sind hier Koalitionen und Kooperationen dringend erforderlich, um ↗Marktversagen zu vermeiden. Auch bei Umwelt- und Sicherheitsstandards kann ein ruinöser W. drohen, wenn im W. um Unternehmensansiedlungen und Steuereinnahmen jeder in der Hoffnung auf W.s-Vorteile die Umwelt- und Sicherheitsstandards niedrig halten sollte. Hier gilt es vernünftige internationale Rahmenbedingungen zu schaffen, damit ein fairer W. stattfindet, der z. B. nicht darauf beruht, dass W.s-Vorteile durch ein Missachten von ↗Menschenrechten oder bes. klimaschädliche Produktion erzielt werden.

5. Digitalisierung und Wettbewerb

Ganz neue Herausforderungen für die Sicherstellung des W.s auf Märkten, aber auch für den W. der gesellschaftlichen Systeme stellen sich nun im Zuge der ↗Digitalisierung. Wenige Themen beschäftigen die W.s-Forschung heute so sehr wie die Frage, ob sich durch die Digitalisierung fundamental etwas an W.s-Prozessen auf Märkten ändert.

Zunächst ist festzuhalten, dass sich durch das ↗Internet und die Digitalisierung der W. in vielen Bereichen zunächst dramatisch intensiviert. Preis- und Produktvergleiche werden deutlich einfacher als sie es in der Vergangenheit waren. Vergleichsportale intensivieren daher zuerst einmal den W., ebenso wie spezialisierte Vergleichs- und Buchungsportale wie etwa für Hotels, für Flüge und Reisen, für Restaurants und Kneipen, für Energiepreise oder für Versicherungen, Kredite und vieles mehr. Auch Amazon und Google helfen beim Suchen und Vergleichen von Produkten. Die meisten dieser Portale sind lediglich vermittelnd tätig und bieten keine Dienste in Konkurrenz zu den Anbietern auf ihrer jeweiligen Plattform an, wobei Amazon hier eine Ausnahme ist.

Diese sog.en Plattformen bringen mindestens zwei Nutzergruppen – z. B. Käufer und Verkäufer bei eBay oder Amazon Marketplace – zusammen, ohne dass die Plattformen direkt an den Transaktionen beteiligt wären. Die Finanzierung erfolgt vielmehr wie bei Börsen über eine Kommission für erfolgreiche Vermittlungen oder auch für Klicks auf Werbung. Charakteristisch für diese Plattformen sind sog.e Netzwerkeffekte, wobei zwischen direkten und indirekten Netzwerkeffekte unterschieden wird: Direkte Netzwerkeffekten entstehen direkt dadurch, dass sich mehr andere Nutzer (derselben Art) einem Netz anschließen. So stiften dezidierte Kommunikationsplattformen wie etwa Skype, Twitter, WhatsApp, Instagram und Facebook direkt einen umso höheren Nutzen, je mehr andere Teilnehmer des jeweiligen Dienstes existieren.

Indirekte Netzwerkeffekte wirken sich dagegen erst indirekt für andere Nachfrager aus. So ist z. B. eBay als Marktplatz, ceteris paribus, umso attraktiver für einen Verkäufer, je mehr potenzielle Käufer eBay aufsuchen. Für einen Käufer wiederum ist es umso attraktiver, bei eBay nach einem Angebot zu suchen, je mehr Angebote es gibt. Somit werden umso mehr Käufer eBay nutzen, je mehr Verkäufer sich dort tummeln, und umgekehrt werden umso mehr Verkäufer sich, ceteris paribus, dort tummeln, je mehr potenzielle Käufer dort sind. Die Käufer profitieren somit nur *indirekt* davon, dass es mehr andere Käufer gibt – eben weil dadurch mehr Verkäufer angelockt werden. Und auch Verkäufer profitieren nur *indirekt* von der Existenz anderer Verkäufer – weil dies eben die Attraktivität des Marktplatzes für Käufer erhöht.

Das Vorliegen dieser indirekten Netzwerkeffekte ist charakteristisch für sehr viele Online-Plattformen. Der Nutzen der potenziellen Käufer bei Online-Plattformen wie eBay und Amazon Marketplace steigt, je mehr Anbieter es gibt, und der Nutzen der Anbieter steigt, je mehr potenzielle Kunden es gibt. Dieses Prinzip der indirekten Netzwerkeffekte ist im Grunde nicht neu, sondern war schon immer charakteristisch für Marktplätze, Börsen, Messen und Einkaufszentren, aber auch Flughäfen oder Zeitungen. Die durch die Konzentration auf einen Marktplatz mögliche Reduktion von Suchkosten hat schon in der Vergangenheit dazu geführt, dass sich z. B. viele Antiquitätengeschäfte, Gebrauchtwagenhändler oder Bekleidungsgeschäfte in unmittelbarer geographischer Nachbarschaft zueinander befinden. Im Internet aber ist diese Konzentration aufgrund des Fehlens von Transportkosten, fehlender Kapazitätsbeschränkungen und der geringeren zeitlichen Suchkosten sowie starken Skaleneffekten noch wesentlich stärker ausgeprägt.

Durch direkte und indirekte Netzwerkeffekte können daher starke Konzentrationstendenzen ausgelöst werden. Allerdings sind nicht alle Plattformmärkte gleichermaßen konzentriert. Das Vorliegen indirekter Netzwerkeffekte ist also keineswegs hinreichend für eine Monopolisierung oder hohe Marktkonzentration, aber es begünstigt die Marktkonzentration.

Die Konkurrenz zwischen solchen mehrseitigen Plattformen und die Marktkonzentration werden maßgeblich bestimmt durch die Stärke der geschilderten Netzwerkeffekte einerseits und die Möglichkeit des von Ökonomen so bezeichneten *Multihomings* und des Anbieterwechsels. *Multihoming* bedeutet, dass man sich parallel verschiedener Vermittler bedient, so wie etwa Hotels ihre Zimmer parallel bei verschiedenen Plattformen anbieten oder Taxifahrer parallel mehrere Vermittler nutzen. Pauschal lässt sich daher nicht feststellen, dass im Internet bes. viele dauerhafte Monopole anzutreffen wären und ein bes.r Regulierungsbedarf besteht. Gleichwohl zeigt sich, dass einzelne Plattformen wie z. B. Google, Amazon, Facebook und Apple – die sog.en GAFA-Konzerne – auf manchen Märkten durchaus beträchtliche Marktmacht besitzen, die aufgrund erheblicher Markteintrittsbarrieren und starker direkter oder indirekter Netzwerkeffekte, oft in Verbindung mit der fehlenden Möglichkeit zum *Multihoming*, auch nicht schnell erodieren wird.

Eine Kernaufgabe für die Sicherung des W.s ist es daher gerade auf diesen Plattformmärkten, den etwaigen Missbrauch marktbeherrschender Stellungen zu kontrollieren.

6. GWB-Novelle und der Digital Markets Act

Um auch bei digitalen Plattformen den W. zu sichern, wird der kartellrechtliche Rahmen in Deutschland und Europa aktuell ganz erheblich überarbeitet und angepasst. In Deutschland wurde im Zuge der 10. Novelle des GWB die kartellrechtliche Missbrauchsaufsicht durch eine ganze Reihe von neuen Regelungen verschärft. So wird erstens der Zugang Dritter zu Daten deutlich vereinfacht. Zweitens wird es dem BKartA erleichtert, Beschränkungen des sog.en *Multihomings* zu unterbinden. Drittens werden Nutzer besser vor der sog.en Intermediationsmacht von Plattformen geschützt und viertens kann das BKartA denjenigen Plattformen, die eine überragende marktübergreifende Bedeutung für den W. haben, nach dem neu eingeführten § 19a GWB leichter bestimmte Verpflichtungen zu wettbewerbskonformem Verhalten auferlegen.

Der EU-Vorschlag für einen Digital Markets Act (DMA) geht sogar noch darüber hinaus. Dem Vorschlag zufolge soll großen Plattformen, welche eine sog.e Gatekeeper-Funktion innehaben, quasi-automatisch ein umfangreicher Katalog von Verpflichtungen zu wettbewerbskonformen Verhaltensweisen auferlegt werden. Ausnahmen von diesen Verpflichtungen sollen äußerst eng begrenzt bleiben.

Literatur

J. Haucap: Plattformökonomie: neue Wettbewerbsregeln – Renaissance der Missbrauchsaufsicht, in: WD 100/13 (2020), 20–29 • R. S. Pindyck/D. L. Rubinfeld: Mikroökonomie, [9]2018 • H. Schweitzer u. a.: Modernisierung der Missbrauchsaufsicht für marktmächtige Unternehmen, 2018 • J. Haucap/U. Heimeshoff: Google, Facebook, Amazon, eBay. Is the Internet Driving Competition or Market Monopolization?, in: IEEP 11/1–2 (2014), 49–61 • I. Schmidt/J. Haucap: Wettbewerbspolitik und Kartellrecht. Eine interdisziplinäre Einführung, [10]2013 • H.-W. Sinn: The New Systems Competition, 2003 • W. G. Shepherd: ‚Contestability' vs. Competition, in: AER 74/4 (1984), 572–587 • W. J. Baumol/J. C. Panzar/R. D. Willig: Contestable Markets and the Theory of Industry Structure, 1982 • C. C. von Weizsäcker: Barriers to Entry. A Theoretical Treatment, 1980 • A. O. Hirschman: Exit, Voice, and Loyalty, 1970 • F. A. von Hayek: Der Wettbewerb als Entdeckungsverfahren, in: ders. (Hg.): Freiburger Studien. Gesammelte Aufsätze, 1969, 249–265 • H. Demsetz: Why Regulate Utilities?, in: J. Law Econ. 11/1 (1968), 55–65 • F. A. von Hayek: The Use of Knowledge in Society, in: AER 35/4 (1945), 519–530 • J. Hicks: Annual Survey of Economic Theory: The Theory of Monopoly, in: Econometrica 3/1 (1935), 1–20.

JUSTUS HAUCAP

Wettbewerbsbeschränkungen

Unter W. sind begrifflich institutionelle, natürliche oder unternehmensstrategische Beschränkungen der wettbewerbsrelevanten Handlungs- oder Entschließungsfreiheit eines Wirtschaftssubjekts in Bezug auf den Einsatz eines oder mehrerer Aktionsparameter (wie Preise, Rabatte und Konditionen, Menge, Qualität, Service und Werbung) zu verstehen. Eng mit dem Begriff der W. verbunden ist der Begriff der Marktzutrittsschranke bzw. der Markteintrittsbarriere. Marktzutrittsschranken sind aus Sicht der etablierten Unternehmen alle Faktoren, die es diesen Unternehmen erlauben, sich dem Wettbewerbsdruck (↑Wettbewerb) von neuen Anbietern zu entziehen. Aus Sicht potenzieller Konkurrenten stellen Kosten des Markteintritts, die deren Gewinnerwartungen im Hinblick auf einen möglichen Marktzutritt schmälern und welche zugl. von bereits etablierten Unternehmen nicht (mehr) getragen werden müssen, Marktzutrittsschranken dar. So entsteht eine asymmetrische Situation zwischen etablierten Unternehmen und potenziellen neuen Anbietern.

Bei Marktzutrittsschranken wird ganz allg. zwischen institutionellen, natürlichen und strategischen Markteintrittsbarrieren unterschieden. Diese Unterscheidung lässt sich auch für W. treffen. Institutionelle W. sind staatlich veranlasste oder sanktionierte Regeln, die Markteintritt begrenzen oder den Wettbewerb anderweitig beschränken, etwa indem die Wahl bestimmter Wettbewerbsparameter beschränkt wird. Beispiele sind staatliche Preisvorgaben (Mindest-, Höchst- und Fixpreise), ↑Zölle und andere Handelshemmnisse, eine staatliche Begrenzung der Anzahl der Marktteilnehmer etwa durch eine quantitative Begrenzung von Konzessionen wie es etwa auf vielen lokalen Taximärkten der Fall ist, staatliche Vorgaben in Bezug auf Qualifikationen, Produkteigenschaften, Produktionsbedingungen, Werbemaßnahmen, Lieferketten, Öffnungszeiten und vieles mehr. Institutionelle W. können durch staatliche Regulierung festgelegt werden oder durch quasi-staatliche Vorgaben, etwa durch staatlich sanktionierte Kammern (↑Berufskammern).

Institutionelle W. müssen nicht zwangsläufig effizienzmindernd sein. V. a. wenn ohne staatliche Eingriffe ↑Marktversagen droht, können W. auch effizienzfördernd (Effizienz [↑wirtschaftliches Prinzip]) sein. So beschränken zwar die gesetzlichen Anforderungen an die medizinische Qualifikation von Ärzten den Wettbewerb für ärztliche Dienstleistungen. Gleichwohl wäre eine völlige Freigabe des Marktes, bei der sich jeder als Arzt betätigen darf, weder effizient noch i. S. d. Patienten. Die W. kann effizient sein, weil Patienten durch die gesetzlichen Anforderungen an die medizinische Mindestqualifikation von Ärzten Informationskosten sparen. Auch Werbebeschränkungen, Mindestqualitätsvorgaben, Kennzeichnungspflichten und selbst Marktzutrittsbeschränkungen und Mindest- oder Höchstpreisregeln können in Einzelfällen effizient sein, auch wenn diese Regeln den Wettbewerb institutionell beschränken.

Natürliche W., teils auch als strukturelle W. bezeichnet, werden weder durch staatliche Entscheidungen noch durch private Strategien begründet. Vielmehr sind diese W. „natürlicherweise" vorhanden. Ein typisches Beispiel für eine natürliche W. ist die Knappheit natürlicher Ressourcen, die für die Erstellung bestimmter ↑Dienstleistungen unverzichtbar sind. So ist etwa das Frequenzspektrum eine natürliche Ressource, die sich nur sehr begrenzt erweitern lässt, und zugl. unverzichtbar für den Betrieb eines Mobilfunknetzes, sodass aufgrund der Begrenztheit des Frequenzspektrums auch die Anzahl der Mobilfunknetzbetreiber begrenzt wird. Der Extremfall ist das sog.e natürliche Monopol, welches dadurch gekennzeichnet ist, dass aufgrund der Kostenstruktur ein einziger Anbieter die vorhandene Nachfrage günstiger bedienen kann als zwei oder mehr Anbieter. Wettbewerb *auf* dem ↑Markt entfällt in einem solchen Fall auf natürliche Weise, auch wenn Wettbewerb *um* den Markt – organisiert etwa in Form von Ausschreibungen – teilweise durchaus möglich ist. Beispiele für natürliche Monopole sind die Stromnetze, die Schieneninfrastruktur im Bahnverkehr oder auch der Schienenregionalverkehr. Um Letzteren findet in Deutschland vielfach ein Ausschreibungswettbewerb statt. In anderen Ländern findet auch um andere natürliche Monopole regelmäßig ein wettbewerblicher Vergabeprozess statt, wie etwa um die Trinkwasserversorgung und Abwasserentsorgung in Frankreich. Wettbewerb *auf* dem Markt ist hingegen bei natürlichen Monopolen kaum möglich und auch nicht effizient, da dies zu höheren ↑Kosten führen würde als die Versorgung durch einen einzigen Anbieter.

Während natürliche W. exogen sind und nicht durch die Marktteilnehmer errichtet werden, resultieren strategische W. aus dem Verhalten von Anbietern (oder auch Nachfragern) auf einem Markt.

Strategische W. können durch Vereinbarungen mit anderen Unternehmen zu Lasten Dritter entstehen, durch unilaterale Handlungen marktmächtiger Unternehmen wie etwa Verdrängungspreise, den strategischen Aufbau von Überkapazitäten oder die Monopolisierung wesentlicher Ressourcen oder Absatzkanäle. Zudem können auch Fusionen und Übernahmen W. begründen.

Die Motivation für strategische W. liegt darin, dass Wettbewerb auf Märkten für die betroffenen Unternehmen tendenziell keine angenehme Veranstaltung ist, da der eigene Erfolg durch Wettbewerbsvorstöße der Konkurrenz gefährdet werden kann. Günstigere Preise, besserer Service, innovativere Produkte der Konkurrenz – kurzum ein besseres Angebot von Konkurrenten – können den Unternehmenserfolg beeinträchtigen. Aus der Sicht von Anbietern kann der eigene Erfolg daher auf zwei Arten gesteigert werden: entweder durch eine Verbesserung der eigenen Leistung im Wettbewerb (Leistungswettbewerb) oder durch eine Verhinderung eben dieses Wettbewerbs durch wettbewerbsbeeinträchtigende Strategien. Das gilt nicht nur für die Angebotsseite des Marktes, sondern spiegelbildlich auch für die Nachfrageseite. Ohne einen wirksamen Schutz ist der Wettbewerb daher durch Versuche der Wirtschaftssubjekte gefährdet, sich dem Wettbewerbsrisiko durch wettbewerbsbeeinträchtigende Strategien zu entziehen.

Ganz grob lassen sich drei Arten von Strategien unterscheiden, die den Wettbewerb beeinträchtigen können:

a) Absprachen zwischen Unternehmen, z. B. Kartelle,
b) Ausnutzung starker Marktstellungen, um Wettbewerber durch eigene Verhaltensweisen zu behindern, z. B. durch Kampfpreise oder Lieferverweigerungen, sowie
c) Unternehmensübernahmen und Zusammenschlüsse zwischen Unternehmen, d. h. Fusionen.

Diese drei Themenkreise bilden daher den Kern des Kartellrechts in den meisten Jurisdiktionen und werden reflektiert durch das Kartellverbot, das Verbot, marktbeherrschende Stellungen oder erhebliche Marktmacht missbräuchlich auszunutzen, und die Fusionskontrolle. In allen drei Bereichen wird die Vertragsfreiheit der betroffenen Unternehmen in einem gewissen Umfang eingeschränkt, um den Wettbewerbsprozess zu schützen. Dieser Eingriff wird als notwendig erachtet, da Wettbewerb auf Märkten als Kontroll- und Steuerungsmechanismus sich nicht selbst erhält, sondern rechtlich oder faktisch (aufgrund nicht-kompetitiver Marktstrukturen) strategisch beschränkt werden kann.

Prinzipiell können zwei Arten von vertraglich bedingten, strategischen W. unterschieden werden: zum einen horizontale W., zum anderen sog.e Vertikalbeschränkungen. Horizontale W. bestehen zwischen Unternehmen der gleichen Wertschöpfungsstufe, die auf demselben relevanten Markt tatsächlich oder potenziell im Wettbewerb stehen. Vertikale W. bestehen zwischen Unternehmen auf aufeinanderfolgenden Wertschöpfungsstufen, die in einem Käufer-Verkäufer-Verhältnis stehen. Nach den Ursachen können folgende W. bzw. Tatbestandsgruppen unterschieden werden:

a) Kooperationsstrategien induzieren Beschränkungen der wettbewerbsrelevanten Handlungs- oder Entschließungsfreiheit in Bezug auf einen oder mehrere Aktionsparameter aufgrund Vereinbarung, Beschluss oder aufeinander abgestimmten Verhaltens durch rechtlich selbständig bleibende Unternehmen. Diese Beschränkungen sind Gegenstand des sog.en Kartellverbots im Wettbewerbsrecht nach § 1 GWB und

Art. 101 AEUV, welche wettbewerbsbeschränkende Vereinbarungen zwischen ↑Unternehmen, Beschlüsse von Unternehmensvereinigungen und aufeinander abgestimmte Verhaltensweisen verbieten, die eine Verhinderung, Einschränkung oder Verfälschung des Wettbewerbs bezwecken oder bewirken.

b) Behinderungsstrategien führen zu Beschränkungen der wettbewerbsrelevanten Handlungs- oder Entschließungsfreiheit in Bezug auf einen oder mehrere Aktionsparameter aufgrund einer Behinderung von Wettbewerbern durch Verträge (z. B. Kopplungs- oder Ausschließlichkeitsbindungen) oder faktisches Marktverhalten (z. B. Verdrängungspreise oder Lieferverweigerungen). Während vertragliche Behinderungsstrategien unter das Kartellverbot nach § 1 GWB und Art. 101 AEUV fallen, unterliegt das unilaterale Verhalten marktmächtiger Unternehmen der kartellrechtlichen Missbrauchsaufsicht nach §§ 18–20 GWB bzw. Art. 102 AEUV. Danach ist es verboten, eine marktbeherrschende Stellung oder auch relative oder überlegene Marktmacht missbräuchlich auszunutzen. Im Falle dauerhafter Monopolsituationen wird statt der kartellrechtlichen Missbrauchsaufsicht vielfach eine dauerhafte Regulierung von Entgelten und anderen Parametern angewendet, in Deutschland etwa durch die BNetzA.

c) Konzentrationsstrategien induzieren Beschränkungen der wettbewerbsrelevanten Handlungs- oder Entschließungsfreiheit in Bezug auf einen oder mehrere Aktionsparameter aufgrund einer Verminderung der Zahl der wettbewerbspolitischen Entscheidungsträger durch Übernahmen oder Fusionen. Um die Gefahr solcher W. schon vorab abzuwenden, existiert in Deutschland und den meisten anderen Ländern der Welt eine Fusionskontrolle, durch die erhebliche Behinderungen wirksamen Wettbewerbs und die Entstehung oder Verstärkung marktbeherrschender Stellungen verhindert werden sollen.

Die Möglichkeiten, den Wettbewerb durch Kooperationsstrategien im weitesten Sinne zu beschränken, sind zahlreich. Wichtige Formen der Kooperationsstrategien sind ↑Kartelle inklusive des aufeinander abgestimmten Verhaltens zwischen Wettbewerbern sowie Vertikalbeschränkungen zwischen Unternehmen, die in einem Kundschafts- bzw. Lieferantenverhältnis zueinander stehen.

Kartelle zwischen Wettbewerbern sind durch drei Merkmale charakterisiert:

a) Beschränkung der wettbewerbsrelevanten Handlungs- oder Entschließungsfreiheit in Bezug auf einen oder mehrere Aktionsparameter,

b) durch Vereinbarung, Beschluss oder aufeinander abgestimmtes Verhalten zwischen miteinander (tatsächlich oder potenziell) in Wettbewerb stehenden Unternehmen,

c) die jedoch rechtlich selbständig bleiben.

Nach der Art der erfassten Aktionsparameter können Kartelle wie folgt eingeteilt werden:

a) Preisabsprachen dienen der Festlegung der Produktpreise und können u. a. als Fest-, Mindest- oder Höchstpreiskartelle oder auch als Rabattkartelle auftreten.

b) Mengenkartelle dienen der Regelung der Produktionsmenge und treten als Quotenkartelle für Produktions- bzw. Absatzmengen, Gebietskartelle für die Zuteilung von Absatzgebieten, Kundenschutzabsprachen zur Sicherung einmal begründeter Lieferanten-Kunden-Beziehungen oder Kapazitätskartelle zur Festlegung der Produktionskapazitäten durch Investitions- bzw. Stilllegungsvorschriften auf.

c) Gebietsabsprachen beziehen sich auf die Zuteilung der Kunden nach Wohnort bzw. Unternehmenssitz oder Produktionsstandort.

d) Konditionenkartelle dienen der einheitlichen Anwendung von allg.en Geschäfts-, Lieferungs- und Zahlungsbedingungen.

e) Produktionskartelle dienen der Regelung der Produktart und des angewandten Produktionsverfahrens; sie können als Normen- oder Typenkartelle, Spezialisierungs- oder Rationalisierungskartelle auftreten.

f) Submissionskartelle dienen der Absprache der Angebote bei öffentlichen Ausschreibungen; sie können die Angebotspreise und -konditionen oder auch die prinzipielle Angebotsabgabe betreffen.

Die beispielhaft angeführten Kartelltypen sind zwar grundsätzlich nach § 1 GWB bzw. Art. 101 Abs. 1 AEUV verboten, können jedoch unter die sog.e Legalausnahme des § 2 GWB bzw. Art. 101 Abs. 3 AEUV fallen und vom Kartellverbot befreit werden, wenn ein Kartell zur Verbesserung der Warenerzeugung oder -verteilung oder zur Förderung des technischen oder wirtschaftlichen ↑Fortschritts beiträgt und zugl. Verbraucher angemessen an dem entstehenden Gewinn beteiligt werden, ohne dass die beteiligten Unternehmen W. vereinbaren, die für die Verwirklichung dieser Ziele nicht unerlässlich sind, oder Möglichkeiten eröffnet werden, für einen wesentlichen Teil der betreffenden Waren den Wettbewerb auszuschalten.

Grund für diese Ausnahmeregel ist, dass W. auch positive Effekte haben können und eine Beschränkung des Wettbewerbs in einer Dimension sogar den Wettbewerb in einer anderen Dimension fördern kann. So können unter bestimmten Umständen Mindestpreisvorgaben von Herstellern den Leistungswettbewerb von Händlern in anderen Bereichen wie Service und Beratung fördern. Die Zusammenarbeit von Konkurrenten im Bereich der Standardisierung oder die Bündelung von Aktivitäten in ↑Forschung und Entwicklung können insgesamt positiv wirken. Ebenso können Einkaufs- und auch Marketingkooperationen, insb. – aber keineswegs ausschließlich – von kleinen und mittleren Unternehmen dazu beitragen, ihre Wettbewerbsfähigkeit gegenüber größeren Wettbewerbern zu stärken und damit insgesamt positiv für den Wettbewerb wirken.

Vertikale W. sind charakterisiert durch

a) eine Beschränkung der wettbewerbsrelevanten Handlungs- oder Entschließungsfreiheit in Bezug auf einen oder mehrere Aktionsparameter in sog.en Austauschverträgen,
b) in denen zumindest einer der Vertragspartner in der Freiheit der Gestaltung des Inhalts von mit Dritten zu schließenden Verträgen beschränkt wird,
c) zwischen rechtlich selbständig bleibenden Unternehmen auf aufeinanderfolgenden Wirtschaftsstufen, die in einem Käufer-Verkäufer-Verhältnis stehen.

Derartige vertikale W. können als sog.e Preisbindung der zweiten Hand, Bestpreisklauseln, Ausschließlichkeits- und Kopplungsbindungen, selektive Vertriebsvorschriften, Exklusivvereinbarungen verschiedener Art, territoriale Lieferbeschränkungen (wie Exportverboten), Verbot des Online-Vertriebs im Allgemeinen oder über bestimmte Plattformen und in vielen anderen Parametern bestehen.

Grundsätzlich unterliegen auch alle vertikalen W. dem Kartellverbot des § 1 GWB bzw. Art. 101 Abs. 1 AEUV. Sofern die Freistellungsvoraussetzungen des § 2 GWB bzw. Art. 101 Abs. 3 AEUV erfüllt sind, sind sie allerdings qua lege von diesem Verbot freigestellt. Auf EU-Ebene besteht zudem die Möglichkeit einer sog.en Gruppenfreistellung, sodass ganze Gruppen von W., etwa in einer Branche, vom Kartellverbot freigestellt werden können.

Unter einer Behinderungsstrategie im weitesten Sinne sind alle Verhaltensweisen von Einzelunternehmen oder Unternehmensgruppen zu verstehen, die darauf ausgerichtet sind, tatsächliche oder potenzielle Mitbewerber (horizontal) sowie Lieferanten oder Abnehmer (vertikal) in ihrer formalen Handlungs- und/oder materialen Entschließungsfreiheit in Bezug auf einen oder mehrere Aktionsparameter rechtlich oder faktisch zu beschränken (Individualschutz) und/oder die Wirksamkeit des Wettbewerbsmechanismus (Institutionsschutz) zu beeinträchtigen.

Die wettbewerbspolitische Notwendigkeit und Berechtigung einer Analyse von Tatbeständen des Behinderungswettbewerbs ergibt sich aus den Versuchen der Wirtschaftssubjekte, den Wettbewerb durch die Anwendung einer Behinderungsstrategie zu schwächen, indem überragende Marktstellungen aufgebaut bzw. abgesichert und zementiert werden (Monopolisierung von Märkten im weitesten Sinne). Dabei wirft die Abgrenzung von Behinderungspraktiken und erwünschtem Wettbewerbsverhalten dynamischer Unternehmen erhebliche Schwierigkeiten auf, die oftmals einer wettbewerbspolitischen Gratwanderung nahekommen (z. B. bei der Abgrenzung erwünschter und unerwünschter Preiskämpfe oder Preisdifferenzierungen).

Die Möglichkeiten, den Wettbewerb durch Behinderungsstrategien im weitesten Sinne zu beschränken, sind zahlreich. Wichtige Formen des Behinderungswettbewerbs abseits der bereits erwähnten vertraglichen Vertikalbeschränkungen:

a) ↑Boykott und Lieferverweigerung,
b) Verweigerung bzw. Beschränkungen des Zugangs zu wesentlichen Einrichtungen sowie
c) Verdrängungspreise in unterschiedlichen Formen.

Ökonomisch betrachtet haben die oben genannten Behinderungsstrategien im Kern allesamt das Ziel, die Kosten von Wettbewerbern zu steigern, um deren Wettbewerbsfähigkeit zu verringern und die Wettbewerber so in ihrem Verhalten zu disziplinieren, ganz vom Markt zu verdrängen oder vom Marktzutritt abzuhalten. Ökonomisch gesehen geht es um verschiedene Spielarten von sog.en *Raising Rivals' Costs-Strategien*.

Schließlich bleiben als strategische W. Übernahmen und Zusammenschlüsse von Unternehmen. Diese haben zwar einerseits regelmäßig eine effizienzfördernde Wirkung, sodass der allergrößte Teil der Fusionen und Übernahmen entweder gar nicht kartellrechtlich geprüft wird (weil die betroffenen Unternehmen die relevanten Aufgreifschwellen nicht erreichen) oder aber nach kurzer Prüfung genehmigt werden. Jedoch können Übernahmen und Zusammenschlüsse auch zu erheblichen Behinderungen wirksamen Wettbewerbs führen. Ein solcher Zusammenschluss ist in Deutschland nach § 36 GWB vom BKartA zu untersagen. Analoge Vorschriften finden sich in der FKVO auf EU-Ebene.

Literatur

R. P. McAfee/H. M. Mialon/M. A. Williams: What Is a Barrier to Entry?, in: AER 94/2 (2004), 461–465 • J. Kruse: Ökonomie der Monopolregulierung, 1985 • C. C. von Weizsäcker: Barriers to Entry, 1980 • G. J. Stigler: The Organization of Industry, 1968 • L. G. Telser: Why Should Manufacturers Want Fair Trade?, in: J. Law Econ. 3/1 (1960), 86–105 • J. S. Bain: Barriers to New Competition, 1956.

JUSTUS HAUCAP

Wettbewerbsrecht

1. Überblick

Der Begriff des W.s umfasst in einem weiten Sinne alle Normen, die den ↑Wettbewerb auf ↑Märkten regeln. Innerhalb des W.s unterscheidet man das Kartellrecht und das Recht des unlauteren Wettbewerbs. Beide Gebiete ergänzen sich, indem sie die Freiheit (Kartellrecht) und Lauterkeit (Recht des unlauteren Wettbewerbs) des Wettbewerbs gewährleisten. Sie berühren sich zunehmend, weil beide mehr und mehr durch den ↑Verbraucherschutz geprägt werden. Zudem müssen beide die Herausforderungen bewältigen, die die ↑Digitalisierung für den Wettbewerb mit sich bringt.

Auf europäischer Ebene wird der Begriff des W.s im engen Sinne für das Kartellrecht verwendet, in Deutschland traditionell für das Lauterkeitsrecht. Dieser Beitrag gilt dem Begriff des W.s im weiten Sinne. Neben dem W. schützen weitere Rechtsmaterien den unverfälschten Wettbewerb, verfolgen aber auch andere Ziele. Dazu gehören v. a. das Beihilfenrecht (↑Beihilfe), das ↑Vergaberecht und das Regulierungsrecht.

2. Kartellrecht

2.1 Ziele und Adressaten

Das Kartellrecht, auch als Recht gegen ↑Wettbewerbsbeschränkungen bezeichnet, schützt die Freiheit – das „Ob" des Wettbewerbs – und so letztlich auch den Verbraucher. Es stellt einen Wettbewerb sicher, der als unabhängiger Kampf der ↑Unternehmen um günstige Geschäftsabschlüsse wie eine „unsichtbare Hand" (Smith 1776) ökonomische ↑Wohlfahrt hervorbringt. Zu diesem Zweck unterbindet es bestimmte unternehmerische Strategien, die den Wettbewerb abmildern sollen, von Kartellabsprachen über den Missbrauch von Marktmacht bis zu wettbewerbsbehindernden Fusionen. Kartellrecht richtet sich somit an Unternehmen, zu denen auch der unternehmerisch handelnde Staat gehört. Hoheitliches Handeln des Staates, etwa ein Gesetz, kann zudem gegen das Effektivitätsgebot des Art. 4 Abs. 3 AEUV verstoßen, wenn es eine europarechtswidrige Wettbewerbsbeschränkung vorschreibt oder fördert.

2.2 Rechtsgrundlagen des europäischen und deutschen Kartellrechts

In Deutschland gelten sowohl das europäische als auch das deutsche Kartellrecht. Grundlage des europäischen Kartellrechts ist Art. 3 Abs. 3 S. 1 EUV, wonach die EU einen Binnenmarkt (↑Europäischer Binnenmarkt) errichtet. Letzterer umfasst ein System, das den Wettbewerb vor Verfälschungen schützt. Die unmittelbar geltenden Wettbewerbsregeln der Art. 101–106 AEUV und der FKVO sind der Kern dieses Systems. Für den EWR ist es im EWR-Abkommen parallel geregelt. Das deutsche Kartellrecht ist im GWB normiert. Die materiell-rechtlichen Tatbestände des Kartellrechts sind ausnahmslos ↑Generalklauseln, die durch Bekanntmachungen der europäischen und der deutschen Kartellbehörden zu ihrer jeweiligen Entscheidungspraxis konkretisiert werden.

2.3 Die drei Säulen des Kartellrechts

Der kartellrechtliche Schutz wettbewerblicher Handlungsspielräume ruht auf drei Säulen. Das Kartellverbot (Art. 101 Abs. 1 AEUV) richtet sich als erste Säule gegen spürbar wettbewerbsbeschränkende Vereinbarungen, Beschlüsse und abgestimmte Verhaltensweisen unter Wettbewerbern sowie unter Nicht-Wettbewerbern. Darunter fallen z. B. ↑Kartelle, etwa Preisabsprachen unter Wettbewerbern und Bindungen von Abnehmern oder Lieferanten wie Preisbindungen für den Weiterverkauf oder Alleinbelieferungspflichten. Art. 101 Abs. 3 AEUV nimmt Vereinbarungen, Beschlüsse und abgestimmte Verhaltensweisen vom Kartellverbot aus, die unerlässlich sind, um Effizienzvorteile wie z. B. günstigere Produktion zu erzielen, den Verbrauchern zugutekommen und den Wettbewerb nicht ausschalten. Einige Arten solcher Abreden sind durch Gruppenfreistellungsverordnungen gesetzlich erlaubt, z. B. gemeinsame Forschung und Entwicklung. Zweite Säule ist Art. 102 AEUV. Er untersagt Unternehmen mit einer marktbeherrschenden Stellung einseitige Verhaltensweisen, mit denen sie zulasten anderer Marktbeteiligter ihre Macht missbräuchlich ausnutzen, etwa indem sie den Verkauf einer Ware an den Kauf einer anderen koppeln. Dritte Säule ist die Fusionskontrolle. Unternehmenszusammenschlüsse sind ab bestimmten Schwellenwerten bei der EU-Kommission (↑Europäischen Kommission) anzumelden (FKVO). Sie werden untersagt, wenn sie zu einer erheblichen Behinderung des Wettbewerbs führen, insb. eine marktbeherrschende Stellung begründen oder verstärken. Diese drei Säulen finden sich mit Abweichungen im Detail auch im GWB.

2.4 Verhältnis von europäischem und deutschem Recht

Die deutschen und europäischen Regeln überschneiden sich in ihrem räumlichen Anwendungsbereich. Deutsches Recht gilt, wenn das Verhalten Auswirkungen auf den Wettbewerb in Deutschland hat. EU-Recht (↑Europarecht) greift ein, wenn ein Verhalten geeignet ist, den Handel zwischen Mitgliedstaaten zu beeinträchtigen. In der EU-Fusionskontrolle wird gemeinschaftsweite Bedeutung verlangt, die vorliegt, wenn bestimmte Umsatzschwellen erreicht sind. Sind danach beide Regime einschlägig, ist im Bereich des Kartellverbots das EU-Recht vorrangig. Beim Machtmissbrauch geht strengeres deutsches Recht vor, denn es soll die mittelständischen Strukturen der deutschen Wirtschaft erhalten. In der Zusammenschlusskontrolle hat das EU-Recht Vorrang.

2.5 Internationales Kartellrecht

In der globalisierten Wirtschaft kennt Wettbewerb oft keine nationalen Grenzen. Kartellrechtsordnungen sind i. d. R. auf alle Wettbewerbsbeschränkungen anwendbar, die sich in ihrem Geltungsbereich auswirken. So kann z. B. ein in Deutschland vereinbartes Preiskartell, das zu höheren Preisen in den USA führt, von US-Behörden verfolgt werden. Umgekehrt ist EU-Kartellrecht auf außerhalb der EU veranlasste Wettbewerbsbeschränkungen anwendbar, die sich vorhersehbar, unmittelbar und wesentlich auf den EU-Markt auswirken oder dort durchgeführt werden (EuG 12.6.2014 T-286/09 Rdnr. 231–244, Kartellverfahren gegen Intel). Das GWB greift unter ähnlichen Voraussetzungen ein, wenn sich Verhalten im Ausland in Deutschland auswirkt (§ 185 Abs. 2 GWB, Art. 6 Abs. 3 Rom-II-VO).

Bestrebungen für ein einheitliches Weltkartellrecht gibt es seit der niemals in Kraft getretenen „Havanna-Charta" von 1948. Die ↑WTO, die ↑OECD und die UNO befassen sich laufend mit kartellrechtlichen Fragen und veröffentlichen z. T. Grundsätze und Empfehlungen. Im *International Competition Network* verständigen sich mehr als 135 Kartellbehörden über gemeinsame Grundsätze der Wettbewerbspolitik.

2.6 Entwicklung des Kartellrechts

Das Antitrust-Recht der USA ist Vorreiter moderner Kartellrechtsordnungen („Sherman Act“ 1890, „Clayton Act“ 1914, „FTC Act“ 1914). Deutschland erhielt nach Vorläuferregelungen wie der Kartellverordnung (1923) und den Dekartellierungsgesetzen der westlichen Alliierten (1947) am 1.1.1958 mit dem GWB das erste umfassendere Kartellrecht, 1973 ergänzt um die Fusionskontrolle. Ebenfalls am 1.1.1958 trat das Kartellrecht des EWG-Vertrages in Kraft, 1989 kam die Fusionskontrolle hinzu. Vom 23.7.1952 bis zum 23.7.2002 galt für Kohle und Stahl das Sonderkartellrecht des EGKS-Vertrages. Zahlreiche Novellen des GWB glichen es dem EU-Recht an, in jüngster Zeit sucht man Wege, den Herausforderungen digitaler Märkte gerecht zu werden (9. und 10. GWB-Novelle).

2.7 Rechtsdurchsetzung

Das Kartellrecht wird auf drei Wegen durchgesetzt:

a) Kartellbehörden können Verhalten untersagen. Kartellbehörden sind die EU-Kommission, die EFTA-Überwachungsbehörde, das BKartA und – für Fälle von nur landesweiter Bedeutung – die Landeskartellämter.

b) Kartellbehörden können Bußgelder verhängen. Der aktuelle Rekord ist das 2018 von der EU-Kommission gegen Google verhängte Bußgeld i. H. v. 4,34 Mrd. Euro. Google hatte seine marktbeherrschende Stellung bei Smartphones mit Hilfe des Betriebssystems Android missbraucht. Kartelle werden zunehmend mithilfe von Unternehmen aufgedeckt, die als Kronzeugen bußgeldfrei bleiben können (sog.e Bonus- oder Leniency-Regelung).

c) Von Kartellrechtsverstößen betroffene Wirtschaftsteilnehmer können zivilrechtliche Ansprüche auf Unterlassung, Beseitigung und Schadensersatz verfolgen und die Nichtigkeit kartellrechtswidriger Verträge geltend machen. Die private Durchsetzung ist in jüngerer Zeit durch den Gesetzgeber stark gefördert worden, maßgeblich durch die EU-Richtlinie zum Kartellschadensersatz (2014/104/EU). Dieser Durchsetzungsweg soll für den Ausgleich von Kartellschäden sorgen und potentielle Kartellsünder abschrecken.

3. Recht des unlauteren Wettbewerbs

3.1 Ziele und Adressaten

Das Recht des ↑unlauteren Wettbewerbs (Lauterkeitsrecht) regelt das „Wie“ des Wettbewerbs und schützt die Mitbewerber, die Verbraucher sowie sonstige Marktteilnehmer, aber auch die Allgemeinheit vor einer unangemessenen Beeinträchtigung des Interesses an einem unverfälschten Wettbewerb (§ 1 UWG), indem es Unternehmen unlautere geschäftliche Handlungen verbietet.

3.2 Rechtsgrundlagen und -entwicklung

Das Lauterkeitsrecht ist im Wesentlichen im UWG geregelt. Das UWG trat 1896 in Kraft und bescherte idF von 1909 Deutschland über fast 100 Jahre ein strenges Lauterkeitsrecht. Seinen Verboten setzte das EU-Recht mit der Waren- und Dienstleistungsfreiheit und dem Diskriminierungsverbot bald Grenzen. So wurde das UWG liberaler, zunächst im Jahr 2000 durch großzügigere Regeln für vergleichende ↑Werbung. Das RabG von 1934 und die Zugabe-VO von 1932 wurden 2001 aufgehoben. Einer grundlegenden Überarbeitung mit Kodifizierung von ↑Richterrecht und weiterer ↑Liberalisierung (2004) folgten Novellen des UWG, die insb. den Verbraucherschutz stärkten.

Neben das UWG treten seit 2019 das auf EU-Recht zurückgehende GeschGehG und ab 12.7.2020 erstmals eine direkt anwendbare europäische Rechtsquelle, die sog.e P2B-VO. Sie regelt das Verhalten von Online-Plattformen gegenüber den sie nutzenden Unternehmen, um für letztere Fairness und Transparenz durch Offenlegung der Kriterien für die Reihenfolge von Suchergebnissen zu gewährleisten.

3.3 Wesentliche Regelungen des UWG

„Herzstück“ (Köhler 2020: XII) des UWG ist § 3 Abs. 1, der unlautere geschäftliche Handlungen verbietet. Nach §§ 3a–6 UWG sind unlauter: der Rechtsbruch, d. h. ein Verstoß gegen eine das Marktverhalten regelnde Norm wie etwa standesrechtliche Werbeverbote; Verhaltensweisen zum Schaden von Mitbewerbern wie Verunglimpfung oder Nachahmung; aggressive geschäftliche Handlungen wie belästigender Hausbesuch, Irreführung durch Tun – z. B. Täuschung über Merkmale einer Ware – oder Unterlassen, indem Informationen vorenthalten werden – etwa die Information, dass ein Vergleichsportal von Anbietern Provisionen erhält –; vergleichende Werbung, wenn sie z. B. einen Mitbewerber herabsetzt.

§ 3 Abs. 3 UWG i. V. m. dem Anhang erklärt 30 verschiedene Verhaltensweisen gegenüber Verbrauchern per se für unzulässig (Schwarze Liste), z. B. die unwahre Angabe des Unternehmers, einen Verhaltenskodex unterzeichnet zu haben (Nr. 1). Nach § 7 UWG sind unzumutbare Belästigungen unzulässig. Darunter fallen neben erkennbar unerwünschter Werbung z. B. Telefonanrufe bei Verbrauchern ohne vorherige ausdrückliche Einwilligung.

Liegt keiner dieser Spezialtatbestände vor, kann sich die Unlauterkeit direkt aus den Generalklauseln der § 3 Abs. 1 oder Abs. 2 UWG ergeben, die als Auffangnormen eingreifen. Wurde die geschäftliche Handlung gegenüber einem Unternehmer vorgenommen, gilt Abs. 1, bei Handlungen gegenüber einem Verbraucher der inhaltlich z. T. abweichende Abs. 2.

3.4 Internationales Wettbewerbsrecht

Unlautere Handlungen überschreiten nicht selten nationale Grenzen. Nach Art. 6 Abs. 1 Rom-II-VO ist das Lauterkeitsrecht des Staates anzuwenden, in dem der Wettbewerb oder die Verbraucherinteressen beeinträchtigt werden (Marktortprinzip). Im Bemühen um international einheitliche Regeln verpflichtet die PVÜ ihre Verbandsstaaten, Angehörige anderer Verbandsstaaten ebenso wie Inländer vor unlauterem Wettbewerb zu schützen. Das TRIPS-Abkommen (1994) erfasst das Lauterkeitsrecht nur am Rande.

3.5 Rechtsdurchsetzung

Das Lauterkeitsrecht wird überwiegend zivilrechtlich durch Mitbewerber und Wirtschafts- sowie Verbraucherverbände, ↑Industrie- und Handelskammern und Handwerkskammern durchgesetzt, Verbraucher haben keine individuellen Ansprüche. Die außergerichtliche Streitbeilegung durch Abmahnung und strafbewehrte Unterlassungsverpflichtung steht im Vordergrund, vor Gericht werden wegen der widerleglich vermuteten Eilbedürftigkeit überwiegend Verfahren des einstweiligen Rechtsschutzes genutzt. Hinzu treten Straf- und Bußgeldtatbestände. Rechtspolitisch wird die Forderung nach zusätzlicher behördlicher Durchsetzung lauter. Man will so Wettbewerbsverstößen im digitalen Handel wirksamer begegnen.

Literatur

H. Köhler: Einführung, in: Wettbewerbsrecht, Markenrecht und Kartellrecht: WettbR, [41]2020, IX–XXX • T. Lettl: Lauterkeitsrecht, [4]2020 • V. Emmerich/K. W. Lange: Unlauterer Wettbewerb, [11]2019 • M. Dreher/M. Kulka: Wettbewerbs- und Kartellrecht, [10]2018 • V. Emmerich/K. W. Lange: Kartellrecht, [14]2018 • T. Lettl, Kartellrecht: [4]2017 • M. Kling/S. Thomas: Kartellrecht, [2]2016 • A. Smith: An Inquiry into the Nature and Causes of the Wealth of Nations, 1776.

PETRA POHLMANN

Widerstand

I. Ethische Grundfragen – II. Widerstand im Nationalsozialismus: Formen und Interpretationen – III. Widerstand im real existierenden Sozialismus: Der Fall DDR

I. Ethische Grundfragen

Die Diskussion über W. erlebt eine problematische Engführung, wenn sie auf Aspekte des politischen W.s gegenüber staatlicher Herrschaft fokussiert wird. Dabei gerät aus dem Blick, dass W. eine anthropologische *conditio sine qua non* ist, ohne welche menschliche Existenz nicht verstanden werden könnte. Die Fragen nach ↑Legitimität, Äußerungsformen und Zielhorizonten des W.s sind von dorther zu stellen und, zumindest partiell, zu beantworten.

1. Widerstand und Existenz

Begreift man den Menschen als ein Freiheitswesen, wird man auf den Begriff des W.s nicht verzichten können. Indem das ↑Individuum aus eigenem Willen sein Leben entwirft und handelt, beansprucht der Mensch das Momentum einer freien, unvertretbaren Initiative. Er widersetzt sich dem Zwang des scheinbar Selbstverständlichen und Evidenten, indem er dem Strom des Seins einen W. bietet. In diesem Sinne ist W. Teil der existentiellen Grunddisposition des Menschen und damit seiner sittlichen ↑Autonomie, die mehr oder weniger ausgeprägt zur Geltung kommen kann. Erst diese Dimension macht es möglich, dass Menschen in ihrer je eigenen Persönlichkeit und als Verantwortungsträger wahrnehmbar werden. Zu existieren bedeutet, immer schon eine Art von zunächst alltagspraktischem W. zu „leisten". Wie die Entwicklungspsychologie beschreibt, gilt dies bereits für das frühkindliche Stadium.

Möglichkeit und Veranlagung zu widerständigem Handeln ist also eine Seinsdimension des Menschen, die seine Handlungs- und Entscheidungsfähigkeit wesentlich prägt. Von hier aus führt eine direkte Brücke ins politische Feld: Damit politische ↑Entscheidungen überhaupt getroffen werden können, Alternativen sichtbar und Handlungsfelder gestaltbar werden, ist auch politische ↑Herrschaft auf widerständige (gesellschaftliche) Praxis i. S. v. Widerspruch angewiesen. Denn diese stört die etablierten Gleichgewichte und zwingt ↑Politik dazu, nach je neuen Arrangements zu suchen. Widerständige gesellschaftliche Praxis ist Ursache dafür, dass gestalterische Dynamik aufkommt, die wesentlich zum Verständnis der Politik gehört und für deren Legitimität sorgt. W. hat deshalb in erster Hinsicht eine *innovative* Funktion. Erst danach kann auch in den Blick treten, dass sich W. im Extremfall und als dessen Sonderform auch in Akten der ↑Notwehr und des ↑zivilen Ungehorsams äußert.

2. Thematisch fokussierter Widerstand

Vor dem Hintergrund der fundamentalanthropologischen Überlegungen lassen sich diejenigen Phänomene einordnen, die in der ↑politischen Soziologie als W. bezeichnet werden. In bes.n, politisch-gesellschaftlich, wirtschaftlich oder kulturell bestimmten Lagen legen sich Akte eines situativen und thematisch zugespitzten W.s nahe. Solches Handeln kann dann Legitimität beanspruchen, wenn es Fragen und Probleme thematisiert, die als akutes ↑Risiko oder Bedrohung der Existenzform eines freiheitsbegabten, zu ↑Verantwortung fähigen ↑Subjekts angesehen werden. Die Frage nach der Legitimität solchen W.s ist damit zwar grundsätzlich positiv beantwortet. Sie stellt sich aber konkret jeweils neu: Welche Maßnahmen expliziten W.s im Blick auf das ↑Gemeinwohl und die nicht pauschalisierbaren ↑Interessen anderer Teile des Gemeinwesens akzeptabel erscheinen, kann nicht generell, sondern nur je einzeln beantwortet werden.

Von diesem Verständnis eines prinzipiell sozialethisch legitimierbaren W.s sind jene Formen zu unterscheiden, die ihre Motivation nicht in einem konstruktiv ausgelegten anthropologischen Grundverständnis finden, sondern lediglich die Destruktion des verweigerten Status quo feiern.

3. Kriterien einer Ethik des Widerstands

Hinsichtlich der Einordnung bestimmter Phänomene expliziten W.s in Gesellschaft und politischem Leben sind bes. in drei Richtungen Fragen zu stellen. Zunächst betrifft dies die *Legitimität* und damit die Frage nach einem gerechten Grund für Aktionen des W.s. Wenn die Möglichkeiten eines *guten Lebens* in ↑Freiheit und Selbstbestimmung strukturell und dauerhaft von der etablierten Gesellschaftsform untergraben werden und anderweitige Veränderungsversuche nachhaltig erfolglos bleiben, ergibt sich eine höhere Legitimität für widerständige Handlungsweisen als bei punktuellem Nichteinverständnis mit den „herrschenden Verhältnissen". Die weithin anerkannte Gestalt eines so motivierten W.s ist der Kampf gegen ↑Diktatur und politischen ↑Totalitarismus. Eine weitere Frage berührt den *Zielhorizont* des W.s. Geht es um eine Korrektur der bestehenden Ordnung, um deren Ergänzung oder darum, das Bestehende durch eine neue Ordnung zu ersetzen? ↑*Revolution* und ↑*sozialer Wandel* stehen deshalb im unmittelbaren semantischen Kontext zum Begriff des W.s.

Schließlich ist nach den *Mitteln* und *Instrumenten* des W.s zu fragen, die ebenfalls über dessen Akzeptanz und Legitimität entscheiden. Das Spektrum reicht von passivem W. über zivilen Ungehorsam und aktiven Protest bis zum Einsatz von ↑Gewalt. Ob das gewählte Mittel zu rechtfertigen ist, kann nicht a priori beurteilt werden, sondern ist vom politischen Rahmen und dem gesellschaftlichen Kontext abhängig.

Eine bes. Rolle nimmt das Ausdrucksmittel des kulturellen W.s ein, weil dieser umfassend ansetzt und i. d. R. nicht nur den direkten Kampf gegen das politische System betreibt, sondern mentale und gesellschaftskulturelle Bewusstseinsprägung beabsichtigt. ↑Kultur tritt als Sprache des W.s bes. in den Blick, da in totalitären Systemen die politische Ordnung so fest verfugt ist, dass kaum systemimmanente Möglichkeiten einer wirksamen Überwindung der Verhältnisse zur Verfügung stehen. Indem die imaginär-kreativen Potentiale des Menschen aktiviert werden, schöpft kultureller W. seine Wirkmächtigkeit auch aus anderen Ressourcen als sonstige Formen widerständiger Praxis. Beispiele solchen W.s sind die Systemopposition der kulturellen Intelligenz in den Staaten des sozialistischen Osteuropa zur Zeit des ↑Kalten Krieges, Kulturprojekte in den besetzten Gebieten Palästinas oder die jüdische kulturelle Selbstorganisation innerhalb des Ghettos unter der nationalsozialistischen Verfolgung (↑Nationalsozialismus).

Literatur

A. Rohrbach: Erinnerungskultur und kultureller Widerstand in den palästinensischen Gebieten. Jenin, „Cinema Jenin" und das „Freedom Theatre", 2017 • C. Nürnberger: Mutige Menschen. Widerstand im Dritten Reich, 2015 • H. Welzer: Selbst denken. Eine Anleitung zum Widerstand, 2014 • M. Hartmann: Widerspruch, in: S. Gosepath u. a. (Hg.): Hdb. der politischen Philosophie und Sozialphilosophie, 2008, 1477–1481 • D. Hechler/A. Philipps (Hg.): Widerstand denken. Michel Foucault und die Grenzen der Macht, 2008.

DANIEL BOGNER

II. Widerstand im Nationalsozialismus: Formen und Interpretationen

Der Begriff „W." im historisch-politischen Bereich ist ebenso vieldeutig wie unbestimmt und umstritten; seine Definition ist fluid und gelingt eher in Abgrenzung zu anderen staatsrechtlichen Phänomenen. So wird er im Unterschied zu ↑„Revolution" als einer völligen Umwälzung der politischen und gesellschaftlichen Rahmenbedingungen eines Gemeinwesens gerne als der Versuch definiert, „willkürlicher staatlicher Gewalt notfalls mit Gegengewalt zu begegnen, um die legitime Ordnung zu erhalten oder wiederherzustellen" (Höntzsch 2013: 76). Dabei ist allerdings nicht nur hoch umstritten, ob es so etwas wie ein Recht auf „W." nur im vormodernen ↑Staat oder in modernen totalitären Diktaturen (↑Totalitarismus) oder gar auch in demokratischen Rechtsstaaten geben kann (obwohl das ↑GG ein solches Recht in Art. 20 Abs. 4 aufführt), sondern auch, welche Gruppierungen und Einzelpersonen in bestimmten historischen Situationen dem in Deutschland seit dem Ende der NS-Herrschaft nach 1945 zunehmend positiv konnotierten Begriff zuzuordnen sind. Hinzu kommt, dass die unter den deutschen Begriff „W." für den Fall der NS-Diktatur zu subsumierenden Verhaltensweisen sich oft wesentlich von jenen unterscheiden, die etwa in Frankreich mit dem Begriff der *résistance* oder in Italien mit *resistenza* gegen die deutsche Besatzung während des Zweiten Weltkrieges erfasst werden.

Im Hinblick auf das NS-Regime in Deutschland war die historische Forschung nach 1945 lange Zeit erfolglos bemüht, eine valide Definition zu erarbeiten und die vielfältigen Varianten widerständigen Verhaltens in Stufenmodellen zu erfassen. Mit Blick auf den „W." der ↑katholischen Kirche gegen den ↑Nationalsozialismus hat das von Klaus Gotto, Konrad Repgen und Hans Günther Hockerts 1983 entworfene Stufenmodell einen bes.n Bekanntheitsgrad erreicht. Die Autoren gehen von der Prämisse aus, dass ein „historisch brauchbarer Widerstandsbegriff [...] auf die konkreten Rahmenbedingungen des zugehörigen Herrschaftssystems bezogen sein" (Gotto/Hockerts/Repgen 1990: 173) müsse. Erst wenn ein bestimmtes Verhalten Risikocharakter (↑Risiko) habe, sei es als „W." zu werten. Da praktisch jedes nonkonforme Verhalten in der totalitären Diktatur des Nationalsozialismus Risikocharakter trug, ergibt sich ein breites Spektrum von Widerständigkeit, das mit den Begriffen „punktuelle Nonkonformität", „Verweigerung", „öffentlicher Protest" und „Widerstand im engeren Sinne" (Gehl 2010: 32) zu erfassen versucht wird. Die fehlende Trennschärfe dieser „Stufen des Widerstands" (Blaschke 2010) und die Unmöglichkeit, die ganze Breite widerständiger Haltungen damit einzufangen, werden immer wieder kritisch gegen diesen Versuch ins Feld geführt. Zuletzt hat der Historiker Olaf Blaschke gefordert, diesem Modell ein Stufenmodell der Kollaboration von Katholiken mit dem NS-Regime an die Seite zu stellen, um der tendenziell apologetischen Wirkung einer solchen Kategorisierung entgegenzuwirken. K. Repgen selbst hat späterhin versucht, dieses Modell begrifflich zu überarbeiten und für das Verhalten von Katholiken im Nationalsozialismus den Begriff „Abstand" (Repgen 2008) vorgeschlagen. Unabhängig davon erweisen sich solche Stufenmodelle nach wie vor in der politischen Bildungsarbeit als hilfreich, um die ganze Breite dissentierenden Verhaltens verstehbar zu machen.

Ein großes Forschungsprojekt des *Münchner Instituts für Zeitgeschichte*, „Bayern in der NS-Zeit", hat sodann in den 1980er Jahren widerständiges Verhalten als eine „spezifische Form der Auseinandersetzung innerhalb eines Herrschaftsverhältnisses" (Hüttenberger 1977: 122) interpretiert und mit dem neu eingeführten Begriff der „Resistenz" auch Kleinformen zivilen Mutes als eine herrschaftsbegrenzende Verhaltensweise interpretiert, die in ihrer Auswirkung möglicherweise weitergehend gewesen sei als manch ein gescheiterter Attentatsversuch. So weiterführend die Integration des W.s-Begriffs in eine Gesamtschau gesellschaftlichen Verhaltens im Nationalsozialismus auch war, so sehr drohte der W.s-Begriff damit auch auszuufern. Dagegen ist vielfach Kritik artikuliert worden bis hin zur Negierung idealtypisch gedachter Widerständigkeit in der Forschung der 1990er Jahre.

Unter Zurückstellung weitergehender Definitionsversuche hat die Erforschung von Milieuverbänden (↑Milieu) die Voraussetzungen für widerständiges Verhalten beleuchten können. Seit der Jahrtausendwende erlebt die W.s-Forschung unter dem Paradigma der „Volksgemeinschaftsforschung" ein begrenztes neues Interesse: In der hier wieder geforderten „praxeologischen" Perspektive auf das nationalsozialistische Konstrukt der „Volksgemeinschaft" werden Formen abweichenden Verhaltens für die Forschung relevant, die jenseits des alten Schwarz-Weiß-Schemas von W. einerseits und Anpassung bzw. Kollaboration andererseits Realität und Reichweite dissentierenden Verhaltens erfassbar machen können.

Oft abseits solcher Definitionsversuche hat die historische Forschung in zahllosen (kollektiv-)biographischen Studien die Realität widerständigen Verhaltens in der NS-Diktatur zu erfassen gesucht, weil letztlich nur in der genauen Betrachtung des Einzelfalles sich die vielfältigen Antinomien des politischen Verhaltens in einer totalitären Diktatur, v. a. auch die häufige Gleichzeitigkeit von Teilwiderständen und Anpassung, erfassen und erklären lassen. Unbestritten früh und opferreich war der W. der politischen Linken, von Kommunisten und Sozialdemokraten, deren Kampf durch ihre innere Zerrissenheit im Zeichen des kommunistischen „Sozialfaschismus"-Vorwurfes geschwächt wurde. Ihre Organisationsstrukturen machten es den Verfolgungsbehörden des „Dritten Reiches" leicht, die wichtigsten W.s-Zellen und -protagonisten bis zur Mitte der 1930er Jahre stark zu dezimieren. Danach waren es v. a. kleinere sozialistische Gruppierungen wie *Neu Beginnen*, die einen Zusammenhalt im linken politischen Lager herstellen sowie begrenzte Aktionen durchführen konnten. In der *Roten Kapelle* gelang es 1942 einem breiteren, aber überwiegend linken Spektrum an Mitgliedern mit spektakulärer Gegenpropaganda auf die Existenz abweichender politischer Meinungen in Deutschland aufmerksam zu machen und Kontakt zu den alliierten Kriegsgegnern aufzubauen. Im bürgerlichen Lager formierte sich „W." nur langsam und unter Nutzung von schwerer zu enttarnenden Freundschaftsbeziehungen. Der *Kreisauer Kreis* von Helmuth James Graf von Moltke diskutierte etwa partei- und konfessionsübergreifend über die Gestaltung der Zeit nach Adolf Hitler. Seinen Höhepunkt erreichte der bürgerliche W., aber auch der W. führender Gewerkschafter, linker wie christlicher, indem diese sich mit den seit 1933 schon feststellbaren W.s-Zirkeln einzelner militärischer Führer verbanden und sich am gescheiterten Attentatsversuch von Claus Schenk Graf von Stauffenberg am 20.7.1944 beteiligten. Auch die christlichen ↑Kirchen, katholischer- wie evangelischerseits, haben auf verschiedenen Ebenen und mit wechselnder Intensität Anteil am W.s-Geschehen gehabt. So ist etwa das mutige Aufstehen des Bischofs von Münster, Clemens August Graf von Galen, gegen die „Vernichtung lebensunwerten Lebens" in der Aktion T4 berühmt geworden. Kleinere religiöse Gruppierungen wie die Zeugen Jehovas haben ihren vom Regime nicht zu unterdrückenden offentlichen Bekennermut mit einer hohen Zahl bes. auch weiblicher KZ-Opfer bezahlen müssen. Jenseits solcher politisch-gesellschaftlicher Gruppen hat es immer aber auch den W. von Einzelpersonen wie des Schreiners Johann Georg Elser gegeben, der 1939 ganz allein einen letztlich gescheiterten Anschlag auf A. Hitler im Münchner Bürgerbräukeller geplant und durchgeführt hat. Der kleine Kreis Münchner Studierender um Hans und Sophie Scholl und Alexander Schmorell hat unter dem Namen *Weiße Rose* durch Flugblattaktionen die Menschen wachzurütteln und für den W. gegen A. Hitler zu motivieren versucht. Wie viele andere erreichten sie ihr Ziel nicht und mussten ihren Wagemut mit dem Leben bezahlen.

Die Erinnerung an all diese Menschen ist ein wertvolles Gut, auch wenn die historische Forschung in den letzten Jahrzehnten betont hat, dass ihre Zukunftsvorstellungen nicht unbedingt demokratisch inspiriert waren, dass auch unter ihnen ein schwankendes Maß an ↑Antisemitismus zu konstatieren ist und dass sich v. a. die Militärs auch an der Ausführung verbrecherischer Befehle des Regimes beteiligt haben oder beteiligen mussten. Denn was sie alle einte, war das Verlangen nach der Beendigung der zahllosen NS-Verbrechen, der Wiederherstellung der ↑Menschenwürde und des ↑Rechtsstaates. Auf ihren unter Lebensgefahr geübten W. konnte sich die junge Bundesrepublik berufen und ein neues Deutschland gründen, das sich zwar erst allmählich, dann aber umso nachdrücklicher in ihre Tradition stellte.

Die DDR knüpfte an den antifaschistischen W. der kommunistischen W.s-Gruppierungen an, deren Erbe allein in großen ritualhaften und bald erstarrten Gedenkveranstaltungen beschworen wurde, die jedoch nur ein unzureichendes Bild von der NS-Diktatur in breitere Bevölkerungskreise hinein vermitteln konnten. Zugl. unterdrückte sie wie viele andere totalitäre kommunistische Regime (↑Kommunismus) eine auf ↑Freiheit drängende und bald erneut W. – diesmal gegen die SED-Diktatur – übende politische, gesellschaftliche und kirchliche Opposition. Diese umfasste ähnliche Kreise wie im Nationalsozialismus und agierte in ähnlichen Formen des W.s. Nicht selten berief sie sich dabei auch auf Vorbilder aus der NS-Zeit.

Literatur

M. Kißener: Wegmarken der deutschen Widerstandsforschung nach 1945, in: S. Hermle/D. Pöpping (Hg.): Zwischen Verklärung und Verurteilung. Phasen der Rezeption des evangelischen Widerstands gegen den Nationalsozialismus nach 1945, 2017, 33–50 • F. Höntzsch: Die klassische Lehre vom Widerstandsrecht, in: B. Enzmann (Hg.): Hdb. Politische Gewalt, 2013, 75–95 • O. Blaschke: Stufen des Widerstands – Stufen der Kollaboration, in: A. Henkelmann/N. Priesching (Hg.): Widerstand? Forschungsperspektiven auf das Verhältnis von Katholizismus und Nationalsozialismus, 2010, 63–88 • G. Gehl: Katholische Jugendliche im Dritten Reich in der katholischen Provinz. Grenzen der Gleichschaltung, [2]2010 • K.-J. Hummel/M. Kißener (Hg.): Die Katholiken und das Dritte Reich. Kontroversen und Debatten, 2009 • K. Repgen: Widerstand oder Abstand? Kirche und Katholiken in Deutschland 1933 bis 1945, in: K. Hildebrand/U. Wengst/A. Wirsching (Hg.): Geschichtswissenschaft und Zeiterkenntnis. Von der Aufklärung bis zur Gegenwart, 2008, 555–568 • G. Brakelmann: Helmuth James von Moltke. 1907–1945. Eine Biographie, 2007 • J. Hürter: Hitlers Heerführer. Die deutschen Oberbefehlshaber im Krieg gegen die Sowjetunion 1941/42, 2007 • P. Steinbach/J. Tuchel (Hg.): Widerstand gegen die nationalsozialistische Diktatur 1933–1945, 2004 • K.-W. Fricke/P. Steinbach/J. Tuchel (Hg.): Opposition und Widerstand in der DDR. Politische Lebensbilder, 2002 • P. Steinbach: Widerstand im Widerstreit. Der Widerstand gegen den Nationalsozialismus in der Erinnerung der Deutschen, [2]2001 • P. Hoffmann: Claus Schenk Graf von Stauffenberg und seine Brüder, [2]1992 • K. Gotto/H. G. Hockerts/K. Repgen: Nationalsozialistische Herausforderung und kirchliche Antwort, in: K. Gotto/K. Repgen (Hg.): Die Katholiken und das Dritte Reich, [3]1990, 173–191 • M. Broszat/E. Fröhlich: Alltag und Widerstand. Bayern im Nationalsozialismus, [2]1987 • P. Steinbach: Widerstand. Ein Problem zwischen Theorie und Geschichte, 1987 • M. Broszat u.a.: Bayern in der NS-Zeit, 6 Bde., 1977–83 • P. Hüttenberger: Vorüberlegungen zum „Widerstandsbegriff", in: J. Kocka (Hg.): Theorien in der Praxis des Historikers, 1977, 117–139.

MICHAEL KIßENER

III. Widerstand im real existierenden Sozialismus: Der Fall DDR

Ohne Formen des Widerspruchs und der Opposition ist auch das ↑politische System der ↑DDR nicht zu verstehen. Sie zielten im Wesentlichen darauf ab, im Rahmen des Systems die Machtträger zur Einhaltung verbindlicher Normen zu veranlassen; mit relativ geringen Chancen z. B. für die dem Führungsanspruch der SED unterworfenen Parteien. ↑Kirchen und sozialethisch orientierte Initiativen hatten stärkeres Gewicht. Aus letzteren formierte sich im Herbst 1989 der massenweise W., der zur Entmachtung der SED führte.

Im Unterschied zu den angedeuteten Oppositionsformen konnte sich politischer W. nicht in legalen Handlungsräumen bewegen. W.s-Handlungen zielten auf eine Schwächung oder Beseitigung der SED-Macht und deren öffentliche Diskreditierung. Widerständige haben sich nicht an Normen des Staates oder der Kirchen gehalten und mussten ihre Aktionen nicht vor ihren Gegnern legitimieren. Direkte oder indirekte ↑Gewalt war insofern nicht ausgeschlossen. Eine politische Programmatik brauchte nicht entwickelt zu werden, da im Ziel der Aufhebung der SED-Macht eine demokratische Alternative impliziert war. W. war weitgehender und entschlossener in der Konfrontation mit der SED als die legalistisch vorgehende Opposition.

Vier W.s-Typen sind zu unterscheiden: Zunächst ist als wichtigste Form von W. der spontane Massenaufstand zu bewerten. Neben mehreren kleineren Streik- und Protestwellen waren der 17. Juni 1953 und die Demonstrationen der Herbstrevolution 1989 Massenerhebungen. Große Teile der Bevölkerung reagierten auf die unerträglich gewordene Differenz zwischen gesamtgesellschaftlichen ↑Interessen und der Politik der SED. In den Aufständen verbanden sich politische, soziale und nationale Forderungen, die im Ergebnis auf eine Option für die westdeutsche politische und wirtschaftliche Ordnung hinausliefen. Für die Ergebnisse der Aufstände war die Haltung der sowjetischen Macht entscheidend. Im Unterschied zu 1953 verband sich die Herbstrevolution 1989 mit einer entwickelten ↑Opposition, die den Verlauf der Ereignisse auf politische Ziele orientieren, den Aufstand legitimieren und legalisieren konnte.

Eine weitere W.s-Form entwickelte sich in unterdrückten sozialen ↑Milieus, zunächst auch aus politischen ↑Parteien und Organisationen heraus, wenn diese keine legale Möglichkeit mehr besaßen, ihre Interessen zu vertreten. Hierzu zählt seit 1946 der W. von Sozialdemokraten und Mitgliedern der bürgerlichen Parteien, LDPD und Ost-CDU (↑CDU). Gegen die Bedrückung der Bauernschaft und anderer bürgerlicher Schichten wurde W. bis zu Sabotagehandlungen geleistet. In den fünfziger Jahren bildeten sich W.s-Kerne in intellektuellen Milieus (↑Intellektuelle), wo eine Reihe von verdeckt arbeitenden Gruppen mit unterschiedlicher Energie die SED angriffen. In späteren Jahren kann auch die politisch motivierte, totale und strafbare Wehrdienstverweigerung – im Unterschied zur milderen, legalen Form des waffenlosen Bausoldatendienstes – dazu gerechnet werden. W.s-Handlungen von kleineren Gruppen sind selten vorgekommen, wie etwa Aktionen marxistischer (↑Marxismus) Gruppen (Trotzkisten).

Drittens wären die W.s-Handlungen einzelner Personen zu nennen. Solche Aktionen wurden konspirativ vorbereitet und waren zuweilen mit Gewalt verbunden, wie die Sprengung des sowjetischen Panzers 1980 am Befreiungsdenkmal in Karl-Marx-Stadt. Kleine Sabotageakte, Anbringen von Losungen, Herstellen von Flugblättern haben oft Akteure unternommen, deren Namen zu DDR-Zeiten nie bekannt wurden. Gehäuft trat dieser W. in Zeiten politischer Krisen wie 1968 auf. In diesen Situationen gingen Menschen hohe persönliche ↑Risiken ein. Oft waren es auch Verzweiflungsakte wie die Selbstverbrennung des evangelischen Pfarrers Oskar Brüsewitz im August 1976, Reaktionen auf den Verlust der sozialen, kulturellen oder religiösen Identität.

Als letzte Form des W.s kann Flucht und Ausreise gelten. Sie waren fast immer eine Option für den Westen als politische und ökonomische Alternative zur DDR. Flüchtende und Ausreiseantragsteller haben erhebliche Risiken auf sich genommen, durch energische und phantasievolle Aktionen ihre Flucht ins Werk gesetzt oder ihre Ausreise zu erzwingen versucht. Zur politischen Opposition, die auf ein Mindestmaß von ↑Legalität angewiesen war, bestand ein Interessen- und Strategiekonflikt, der sich in anhaltenden Differenzen zeigte. Ein Teil der Ausreiseantragsteller hat jedoch die Verbindung zu Opposition und Kirche herstellen können, engagierte sich in Gruppen, betonte die Legalität seines Begehrens und geriet damit in die Nähe von Opposition.

Literatur

E. Neubert: Geschichte der Opposition in der DDR 1949–1989, [3]2003 • K.-W. Fricke/P. Steinbach/J. Tuchel (Hg.): Opposition und Widerstand in der DDR. Politische Lebensbilder, 2002 • E. Neubert/B. Eisenfeld (Hg.): Macht Ohnmacht Gegenmacht. Grundfragen zur politischen Gegnerschaft in der DDR, 2001 • H.-J. Veen u. a. (Hg.): Lexikon Opposition und Widerstand in der SED-Diktatur, 2000.

EHRHART NEUBERT

Widerstandsrecht

1. Überblick

Der Begriff W. *(facultas resistendi, ius resistendi, right to resist, droit de résistance à l'oppression)*, in Deutschland erst im 19. Jh. gebräuchlich, teilt mit dem Begriff des ↑„Widerstands" dessen Unschärfe. Mit ihm lassen sich sehr unterschiedliche – theologisch, philosophisch und juristisch beantwortbare – Fragen erfassen: der seit der Antike diskutierte Tyrannenmord, die sonstige Ersetzung ungerechter Hoheitsgewalt, die Notwehr gegen Hoheitsträger in Form defensiver Abwehr oder eines Gegenangriffs und der passive Ungehorsam. Deutlich zu unterscheiden ist die moderne Kategorie ↑zivilen Ungehorsams als symbolische Regelverletzung. Meist geht es beim W. heute um ein individuelles, seltener um ein institutionelles Recht, während es in der frühen Neuzeit meist als ständisches Recht verstanden wurde. Den Begriff des W.s von asymmetrischen auf symmetrische Machtverhältnisse zu übertragen (etwa auf das mittelalterliche Recht des ↑Papstes, weltliche Herrscher abzusetzen), dürfte den Begriff überdehnen. Eine Widerstands*pflicht* – im NT angelegt, aber theologisch und juristisch erst wesentlich später entfaltet – wird ebenfalls v. a. als individuelle ↑Pflicht diskutiert.

2. Theologisch

Anknüpfungspunkte für ein W. lassen sich bereits im AT finden (bspw. Ri 3–9, 1 Makk 2, Dan 6), woran bspw. Johann Althusius anknüpfte. Im NT wird die Forderung nach dem Verzicht auf Widerstand (Mt 5,39) und nach Gehorsam gegenüber der Obrigkeit (Röm 13) ergänzt durch den Vorrang des Gehorsams gegenüber Gott (Apg 5,29). Dies wird von Thomas von Aquin differenziert entfaltet. So dürfen Gesetze von Tyrannen, die zu Idolatrie verführen, auf keine Weise befolgt werden; hier besteht ein kategorisches W., genauer: eine Pflicht zu (passivem) Widerstand. Wo dagegen ein Gesetz die Betroffenen nur ungerecht belastet, steht das W. unter dem Vorbehalt, dass weder Ärgernis noch größerer Schaden eintritt („sine scandalo vel maiori detrimento", STh I-II, 96,4). In ähnlicher Weise ist die Bekämpfung des Tyrannen erlaubt, es sei denn, sie verursache größeren Schaden („detrimentum") als dieser selbst (STh II-II, 42,2).

Martin Luther bejahte nach anfänglichem Zögern ein W. der Kurfürsten gegen den Kaiser und ein W. aller gegen den Papst. Im ↑Calvinismus bejahen die Monarchomachen ein breiteres W. gegen Tyrannen; das übernehmen später unter umgekehrten konfessionellen Vorzeichen katholische Monarchomachen. Gegenüber katholischer ↑Moraltheologie und reformierter Ethik wird der lutherischen Ethik bis 1945 ein restriktiveres Verständnis des W.s zugeschrieben, das sich unter dem Einfluss Dietrich Bonhoeffers öffnete. D. Bonhoeffer zufolge bindet die Gehorsamspflicht den Christen „solange, bis die Obrigkeit ihn direkt zum Verstoß gegen das göttliche Gebot zwingt, bis also die Obrigkeit offenkundig ihren göttlichen Auftrag verleugnet und so ihres Anspruchs verlustig geht". Doch könne der Ungehorsam „immer nur eine konkrete Entscheidung im Einzelfall sein" (Bonhoeffer 1996: 522). Nur der halte stand, „dem nicht seine Vernunft, sein Prinzip, sein Gewissen, seine

Freiheit, seine Tugend der letzte Maßstab ist, sondern der dies alles zu opfern bereit ist, wenn er im Glauben und in alleiniger Bindung an Gott zu gehorsamer und verantwortlicher Tat gerufen ist, der Verantwortliche, dessen Leben nichts sein will als eine Antwort auf Gottes Frage und Ruf" (Bonhoeffer 1998: 23). „Civilcourage" könne nur „auf der freien Verantwortlichkeit des freien Mannes erwachsen"; sie beruhe „auf einem Gott, der das freie Glaubenswagnis verantwortlicher Tat fordert und der dem, der darüber zum Sünder wird, Vergebung und Trost zuspricht" (Bonhoeffer 1998: 24).

3. Philosophisch

Platon stellt in der Person des Sokrates den Vorrang des Gehorsams gegenüber Gott (Plat. apol. 29d) neben die Forderung nach Gesetzesgehorsam bis in den Tod (Plat. Krit. 50a ff.). Demgegenüber betont Cicero das Recht, das eigene Leben ungestraft zu verteidigen (Rede für Titus Annius Milo 6). In Thomas Hobbes ↑Vertragstheorie „kann niemand das Recht aufgeben, denen Widerstand zu leisten, die ihn mit Gewalt angreifen, um ihm das Leben zu nehmen" (Hobbes 2011: 129). Daher darf der Einzelne auch dem Souverän den Gehorsam zum Schutz des eigenen Körpers verweigern, nicht aber zum Schutz anderer. Orientiert an scholastischem und calvinistischem Denken bejaht J. Althusius gegen Tyrannen ein W. der Optimaten und Ephoren, nicht aber der Privaten, außer wiederum gegen den Usurpierenden. Auch John Locke erkennt ein differenziertes W. an. Strikt gegen jedes W. wendet sich Immanuel Kant, der „kein Recht des Aufstandes (seditio), noch weniger des Aufruhrs (rebellio), am allerwenigsten gegen ihn als einzelne Person (Monarch), unter dem Vorwande des Mißbrauchs seiner Gewalt (tyrannis)" anerkennt (Kant 1914: 320); sein Einfluss war über mehr als 100 Jahre prägend für die deutsche Diskussion um das W. Dagegen wird in den USA im 19. Jh. mit Henry David Thoreau eine Stimme einflussreich, die eine Widerstandspflicht artikuliert. Im 20. Jh. knüpft John Rawls daran mit der Frage an, ob eine Pflicht zum Gehorsam gegenüber ungerechten Gesetzen bestehe. Die Gehorsamspflicht erlösche, wenn der Volkswille hinreichend ungerecht sei. Dem zivilen Ungehorsam, den J. Rawls von der Weigerung aus Gewissensgründen unterscheidet, widmet er eine ausgebaute Theorie „für den Spezialfall einer fast gerechten Gesellschaft" (Rawls 1998: 399). Ziviler Ungehorsam stelle einen öffentlichen Appell an den Gerechtigkeitssinn (↑Gerechtigkeit) der Mehrheit dar, die Weigerung aus Gewissensgründen dagegen sei keine Handlung vor dem Forum der ↑Öffentlichkeit.

4. Juristisch

Vorläufer eines W.s lassen sich in germanischen Vorstellungen von einer Sanktionierung der Verletzung der Schutz- und Treuepflichten der Obrigkeit durch die Untertanen, in der mittelalterlichen Vorstellung einer Sanktionsbefugnis bei Missachtung von Privilegien und Freiheiten durch Fürsten, Land- bzw. Reichsstände und im naturrechtlichen Rückgriff auf antike Vorstellungen vom Tyrannenmord finden. Die frühe Positivierung eines W.s wird in Kap. 61 der Magna Charta von 1215 gesehen. In der Neuzeit garantierte Art. 3 der Virginia Bill of Rights 1776 der Mehrheit der Gemeinschaft gegenüber jeder unangemessenen Regierung das „indubitable, unalienable, and indefeasible right to reform, alter or abolish it". Die ausdrückliche Garantie eines W.s enthält Art. 2 der Erklärung der Menschen- und Bürgerrechte 1789, der zu den natürlichen und unveräußerlichen ↑Menschenrechten „la liberté, la propriété, la sûreté et la résistance à l'oppression" zählt. In Deutschland hielt es Hermann Conring am Ausgang des 17. Jh. für allg. anerkannt, dass, was dem ↑Naturrecht oder den göttlichen Geboten zuwiderlaufe, nicht zu befolgen sei. Bei Umwälzungen der Staatsform sah er ein gestuftes W.: zunächst durch Bitten und Eingaben, dann Ungehorsam bei Inkaufnahme von Strafen, dann eine defensive und schließlich offensive Gewalt. Im Allgemeinen Staatsrecht des 18. Jh. war das W. beinahe zum Allgemeinplatz geworden. Auch im 19. Jh. und frühen 20. Jh. blieb das W. im Wesentlichen unpositiviert: Weder die Paulskirchenverfassung noch die ↑WRV enthielten ein W.

In Reaktion auf die Erfahrung des ↑Nationalsozialismus normierten zwei frühe ↑Landesverfassungen (Hessen und Bremen) sowie die DDR-Verfassung 1949, jeweils noch über ein W. hinausgehend, eine Widerstandspflicht: Die HessVerf erklärt Widerstand gegen verfassungswidrig ausgeübte öffentliche Gewalt zu „jedermanns Recht und Pflicht" (Art. 147 Abs. 1) und verpflichtet jeden, mit allen Kräften für die Verfassung einzutreten (Art. 146 Abs. 1) sowie Verfassungsbruch zur Strafverfolgung zu bringen (Art. 147 Abs. 2). Nach Art. 19 Abs. 1 BremVerf ist bei Menschenrechtsverletzungen durch die öffentliche Gewalt „Widerstand jedermanns Recht und Pflicht". Art. 4 Abs. 1 DDR-Verfassung 1949 statuierte eine Widerstandspflicht gegen Maßnahmen, die die Volksvertretung zuvor für verfassungswidrig erklärt hat (in den folgenden DDR-Verfassungen getilgt). Dagegen sprach sich der ↑Parlamentarische Rat mit überwältigender Mehrheit gegen einen Vorschlag Hans-Christoph Seebohms aus, ein W. einzufügen („Bei Verfassungsbruch sowie rechts- und sittenwidrigem Mißbrauch der Staatsgewalt wird ein Widerstandsrecht anerkannt. Öffentliche Amtsträger sind in diesen Fällen zum Widerstand verpflichtet." [Deutscher Bundestag/Bundesarchiv 2009: 1432]), weil es – so Carlo Schmid – als Aufforderung zum Landfriedensbruch verstanden werden könne. Als sich im KPD-Verbotsverfahren die KPD auf ein W. berief, hielt das ↑BVerfG fest, der grundgesetzliche Normierungsverzicht stehe einem verfassungsrechtlichen W. nicht entgegen; ein solches W. könne es aber, wenn überhaupt, „nur im konservierenden Sinne geben, d. h. als Notrecht zur Bewahrung oder Wiederherstellung der Rechtsordnung. Ferner muß das mit dem Widerstande bekämpfte Unrecht offenkundig sein und müssen alle von der Rechtsordnung zur Verfügung gestellten Rechtsbehelfe so wenig Aussicht auf wirksame Abhilfe bieten, daß die Ausübung des Widerstandes das letzte verbleibende Mittel zur Erhaltung oder Wiederherstellung des Rechtes ist" (BVerfGE 5,85 [377]). Daher versagte das Gericht der KPD die Berufung auf ein W.

1968 wurde in Kompensation zur Notstandsgesetzgebung (↑Staatsnotstand) in Art. 20 GG folgender Abs. 4 eingefügt: „Gegen jeden, der es unternimmt, diese Ordnung zu beseitigen, haben alle Deutschen das Recht zum Widerstand, wenn andere Abhilfe nicht möglich ist". Die geschützte Ordnung wird durch die in Art. 20 GG normierten Verfassungsprinzipien gebildet. Es handelt sich der Konzeption nach um ein grundrechtsgleiches Recht, das ausdrücklich mit der Verfassungsbeschwerde soll durchgesetzt werden können (Art. 93 Abs. 1 Nr. 4a GG, hierzu BVerfGE 123,267 [333]). Seine Formulierung – und damit insb. die Subsidiaritätsklausel – übernahmen Sachsen und Sachsen-Anhalt in ihre Verfassungen (Art. 114 SächsVerf, Art. 21 Abs. 5 LSAVerf), während die Berliner Verfassung ein W. – ohne ↑Subsidiarität – an eine offensichtliche Verletzung der ↑Grundrechte knüpft (Art. 36 Abs. 3). Die Schweiz und Österreich verankern – wie viele andere europäische Staaten – kein W. in ihren Verfassungen. Das grundlegende Dilemma bei einem positivierten W. wird in der deutschen Diskussion in der Tatsache gesehen, dass es bei erfolgreicher Abwehr eines Umsturzes unnötig, bei erfolgloser Abwehr wirkungslos sei. Diese Kritik verkennt die Vorwirkung einer Verankerung des W.s: Sie erinnert an die Schutzbedürftigkeit einer Verfassungsordnung, sie ermutigt zu ihrem Schutz, und sie stellt Verfassungsfeinden tatsächlichen Widerstand in Aussicht. Ein „Vollkasko-Widerstandsrecht" will und kann Art. 20 Abs. 4 GG nicht gewährleisten (Wittreck 2015: Rdnr. 16). Daher erscheint auch die Kritik, die Norm verschleiere das Risiko, das notwendig mit dem Widerstand verbunden sei, als überzogen.

Über einem W. dürfen die rechtsstaatlichen Alltagsinstrumente zur Verhinderung und Bekämpfung von Rechtsbruch nicht in Vergessenheit geraten: Presse-, ↑Meinungs- und ↑Versammlungsfreiheit, verwaltungsgerichtlicher und verfassungsgerichtlicher Rechtsschutz, auch in der Form der Vorlage verfassungswidriger Gesetze an das BVerfG, die Nichtanwendungskompetenz der Behörden und Gerichte für rechtswidrige einfachgesetzliche Normen und die beamtenrechtlichen Regelungen zum Umgang mit Unrecht, insb. die Remonstrationspflicht: „Bedenken gegen die Rechtmäßigkeit dienstlicher Anordnungen haben Beamtinnen und Beamte unverzüglich auf dem Dienstweg geltend zu machen. Wird die Anordnung aufrechterhalten, haben sie sich, wenn die Bedenken fortbestehen, an die nächst höhere Vorgesetzte oder den nächst höheren Vorgesetzten zu wenden. Wird die Anordnung bestätigt, müssen die Beamtinnen und Beamten sie ausführen und sind von der eigenen Verantwortung befreit. Dies gilt nicht, wenn das aufgetragene Verhalten die Würde des Menschen verletzt oder strafbar oder ordnungswidrig ist und die Strafbarkeit oder Ordnungswidrigkeit für die Beamtinnen oder Beamten erkennbar ist" (Art. 36 Abs. 2 BeamtStG).

Ob dies den sog.en zivilen Ungehorsam, d. h. die „symbolische Regelverletzung unter den Augen der Öffentlichkeit" (Enders 2006: 2704), entbehrlich macht, ist eine Frage des Einzelfalls. Rechtlich stehen die Instrumente bereit, ihn als Rechtsverletzung zu sanktionieren, ihn zu dulden oder ihn zu entschuldigen; eine Rechtfertigung wird dagegen kaum je möglich sein. Eine Berufung auf das W. setzt jedenfalls voraus, dass der Tatbestand des Art. 20 Abs. 4 GG (einschließlich der Subsidiaritätsklausel) erfüllt ist. Meist wird, wer zivilen Ungehorsam leistet, daher die staatliche ↑Sanktion zu tragen bereit sein.

Das ↑Europarecht im engeren Sinne (Unionsrecht) und das im weiteren Sinne (↑EMRK) enthalten keine Positivierungen des W.s. Das ↑Völkerrecht erkennt „das naturgegebene Recht zur individuellen oder kollektiven Selbstverteidigung" an (Art. 51 UN-Charta), wenn auch unter Pflicht zu sofortiger Anzeige an den UN-Sicherheitsrat, kennt aber kein allg.es W. Derzeit werden ↑Humanitäre Intervention und *responsibility to protect* kontrovers diskutiert; man kann sie als Nothilfemaßnahmen mit dem Gedanken eines W.s zu begründen versuchen. Dabei ist – auch mit Blick auf die souveräne Gleichheit der Staaten und das allg.e ↑Gewaltverbot – das in der ↑Scholastik benannte Prüfkriterium zu bedenken, dass der Widerstand keinen größeren Schaden als der Widerstandsgrund auslösen darf.

5. Ausblick

Der demokratische und föderale Verfassungsstaat versucht, die Ausübung des W.s durch ↑Volkssouveränität, Machtzuweisung auf Zeit, horizontale und vertikale ↑Gewaltenteilung, ↑Grundrechte, Rechtsbindung und Rechtsschutz entbehrlich zu machen. Dass er darin in der Vergangenheit erfolgreich war und die historische Entwicklung in diesem Sinne innerstaatlich „vom Widerstandsrecht zur Verfassungsgerichtsbarkeit" (Stourzh 1974) führte, darf nicht zur Annahme verleiten, das W. sei ein archaisches und letztlich unnötiges Element im Verfassungsstaat. Seine Erinnerungs- und Appellfunktion ist unentbehrlich, und seine Vorwirkung zielt auf die Erneuerung einer stets knappen politischen Ressource: Zivilcourage.

Literatur

D. P. Schweikard/N. Mooren/L. Siep (Hg.): Ein Recht auf Widerstand gegen den Staat?, 2018 • T. A. Elpel: Das Widerstandsrecht. Eine rechtsphilosophische und völkerrechtliche Betrachtung der Legitimität innerstaatlichen Widerstands zur

Durchsetzung von Menschenrechten, 2017 • D. Johst: Begrenzung des Rechtsgehorsams. Die Debatte um Widerstand und Widerstandsrecht in Westdeutschland 1945–1968, 2016 • F. Wittreck: Art. 20 IV GG, in: H. Dreier (Hg.): GG. Komm., Bd. 2, [3]2015, 292–307 • M. Städtler: Recht über dem Recht. Rechtsphilosophische und politische Probleme eines gesetzlichen Widerstandsrechts, in: ARSP 99/1 (2013), 55–67 • T. Hobbes: Leviathan oder Stoff, Form und Gewalt eines kirchlichen und bürgerlichen Staates, 2011 • Deutscher Bundestag/Bundesarchiv (Hg.): Der Parlamentarische Rat 1948–1949. Akten und Protokolle, Bd. XIV 2, 2009 • C. Enders/C. Strohm: Widerstandsrecht, in: EvStl, 2006, 2700–2711 • C. Link/H. de Wall/H.-R. Reuter: Widerstandsrecht, in: RGG, Bd. 8, [4]2005, 1521–1527 • R. Schelp: Das Allgemeine Staatsrecht – Staatsrecht der Aufklärung, 2001 • D. Bonhoeffer: Rechenschaft an der Wende zum Jahr 1943. „Nach zehn Jahren", in: ders.: Werke, Bd. 8, 1998, 19–39 • J. Rawls: Eine Theorie der Gerechtigkeit, [10]1998 • D. Bonhoeffer: Theologisches Gutachten. Staat und Kirche, in: ders.: Werke, Bd. 16, 1996, 506–535 • C. Starck: Widerstandsrecht, in: StL, Bd. 5, [7]1995, 989–993 • B. Koch: Rechtsbegriff und Widerstandsrecht. Notwehr gegen rechtswidrige Ausübung von Staatsgewalt im Rechtsstaat und unter dem Nationalsozialismus, 1985 • W. Böhme (Hg.): Ziviler Ungehorsam? Vom Widerstandsrecht in der Demokratie, 1984 • C. Link: Jus resistendi. Zum Widerstandsrecht im deutschen Staatsdenken, in: A. Scheuermann (Hg.): Convivium utriusque iuris, 1976, 55–68 • G. Stourzh: Vom Widerstandsrecht zur Verfassungsgerichtsbarkeit. Zum Problem der Verfassungswidrigkeit im 18. Jahrhundert, 1974 • H.-P. Schneider: Das „ius resistendi" als rechtstheologisches Problem in Geschichte und Gegenwart, in: ZRG KA 59 (1973), 383–416 • J. Isensee: Das legalisierte Widerstandsrecht. Eine staatsrechtliche Analyse des Art. 20 Abs. 4 Grundgesetz, 1969 • K. Wolzendorff: Staatsrecht und Naturrecht in der Lehre vom Widerstandsrecht des Volkes gegen rechtswidrige Ausübung der Staatsgewalt, 1968 • I. Kant: Die Metaphysik der Sitten, in: AA, Bd. 6, 1914, 203–494 • H. D. Thoreau: The Resistance to Civil Government, 1849 • J. Althusius: Politica methodice digesta et exemplis sacris et profanis illustrata, [3]1614 • M. Luther: Zirkulardisputation über das Recht des Widerstands gegen den Kaiser, 1539 • Ders.: Von weltlicher Obrigkeit, 1523. FRANZ REIMER

Wiedergutmachung

I. Geschichtlich – II. Sozialethisch – III. Rechtlich

I. Geschichtlich

1. Begriff

Der Begriff „W." hat sich v. a. als Bezeichnung für die materielle Kompensation von Verfolgten des ↑Nationalsozialismus eingebürgert. Dem gelegentlich erhobenen Vorwurf, damit würden die nationalsozialistischen Verbrechen verharmlost, steht die Begriffsgeschichte entgegen, die auf den Zusammenhang der Kriegsreparationen zurückführt: 1919 diente „W." im Versailler Friedensvertrag als deutsche Übersetzung für *reparations* bzw. *réparations*. In der Bundesrepublik wurde dagegen die begriffliche Unterscheidung von äußeren (Kriegs-)Reparationen an andere Staaten und innerer W. für die Opfer innerstaatlicher Verfolgung zur offiziellen Doktrin. Die damit verbundene Trennungslinie zwischen „normalen" Gewaltfolgen des Zweiten Weltkriegs (↑Weltkriege) und spezifisch nationalsozialistischen Verbrechen hat sich jedoch beständig verschoben. In der englischsprachigen Welt haben sich zur Bezeichnung der materiellen Kompensation der Opfer von historischer ↑Gewalt v. a. die Begriffe *restitution* und *reparation(s)* durchgesetzt, ohne dass hier genau von Kriegsreparationen abgegrenzt wird. Dies gilt insb. für die seit den 1990er Jahren entstandene *Transitional Justice*, die sich mit dem Übergang von ↑Diktaturen zu liberalen ↑Demokratien beschäftigt, sowie für die vielfältigen Forderungen nach Entschädigung auch weit zurückliegenden historischen Unrechts. Dort spielt zwar nicht der Begriff, aber das Konzept der W. historischen Unrechts i. S. d. materiellen Kompensation der Opfer eine zentrale Rolle.

2. Bundesrepublik: Wiedergutmachung v Kriegsreparationen

In Westdeutschland bzw. der ↑BRD prägten die westlichen Alliierten die Grundstrukturen der W. nach 1945. Den Vorrang besaß zunächst die Rückerstattung von im Dritten Reich geraubtem und entzogenem Eigentum. Zwischen 1947 und 1949 bestimmten alliierte Militärregierungsgesetze die Rückerstattung wiederauffindbaren Eigentums, wobei es v. a. um jüdisches Eigentum, aber auch das Eigentum von Gewerkschaften und Parteien ging. Erst 1957 regelte das BRüG verfolgungsbedingte Vermögensansprüche gegen das Deutsche Reich. Die Entschädigung persönlicher Schäden aufgrund rassistischer, religiöser oder politischer Verfolgung begann zunächst in den Ländern und wurde schließlich 1953 bzw. 1956 durch das BEG bundesweit vereinheitlicht. Rückerstattung wie Entschädigung zielten auf die Wiederherstellung einer bürgerlichen, liberalen Gesellschaftsordnung. Die Wiederherstellung geordneter Eigentumsverhältnisse und der Schadensersatz im Verhältnis zur verlorenen sozialen Stellung standen daher im Mittelpunkt.

Der Fokus des BEG lag auf deutschen NS-Verfolgten, darunter v. a. aus dem Dritten Reich geflohenen deutschen Juden (↑Antisemitismus). Ausländische NS-Opfer wurden dagegen auf die Reparationsregelungen ihrer jeweiligen Staaten verwiesen. Das Abkommen mit Israel und der *Jewish Claims Conference* 1952 sowie zwölf Globalabkommen mit westlichen Staaten Ende der 1950er/Anfang der 1960er Jahre durchbrachen diesen Grundsatz teilweise. Formal sollten damit aber lediglich NS-Verfolgte und keine Kriegsopfer entschädigt werden. Osteuropäische NS-Verfolgte blieben in der Zeit des ↑Kalten Krieges dagegen von Entschädigungsleistungen weitgehend ausgeschlossen. Erst nach 1990 wurden osteuropäische Juden entschädigt und zu Beginn des 21. Jh. folgte die symbolische Entschädigung ehemaliger osteuropäischer Zwangsarbeiter durch eine Stiftungslösung. Zugl. begann eine Auseinandersetzung um die Restitution von Raubkunst aus jüdischem Besitz. Zuletzt erweiterte sich dies zu einer noch anhaltenden Debatte über die Restitution von Objekten, die im Kontext des ↑Kolonialismus nach Deutschland gelangt waren. Damit hat sich die W. in der Bundesrepublik zu einem umfassenden Feld erweitert, innerhalb dessen nun gleichermaßen etwa auf den Zweiten Weltkrieg bezogene Reparationsforderungen Polens und Griechenlands wie auf den Kolonialismus bezogene Forderungen der Herero und Nama diskutiert werden.

3. Wiedergutmachung in der DDR: Kriegsreparationen und Opferrenten

Die ↑DDR knüpfte anders als die Bundesrepublik an die durch den Versailler Vertrag geprägte Begriffsverwendung von „W." an: Sie gebrauchte diesen in der Bedeutung von Kriegsreparationen, die von der DDR verhältnismäßig umfangreicher als von der Bundesrepublik geleistet wurden. Materielle Leistungen für individuelle Opfer des Nationalsozialismus spielten dagegen eine geringe Rolle, zumal sich die DDR als antifaschistische Neugeburt verstand und sich damit der Verantwortung für die Verbrechen des Dritten Reiches entledigte. Die Rückerstattung des im Dritten Reich geraubten und entzogenen Eigentums widersprach zudem der dort betriebenen Sozialisierung von Privateigentum. Seit 1949 erhielten Verfolgte des NS-Regimes, die auf dem Gebiet der DDR lebten, einen Rentenanspruch. 1965 wurden Ehrenpensionen für ehemalige NS-Verfolgte, darunter v. a. kommunistische Widerstandskämpfer, gesetzlich festgelegt. Nach 1990 führte die Bundesrepublik diese Renten fort. 1992 wurden durch das Opferrentengesetz auch Opfer des SED-Regimes entschädigungsberechtigt. Auf diese Weise überlagerte sich in der vereinigten Bundesrepublik W. für verschiedene Schichten historischen Unrechts, wobei NS-Opfer und SED-Opfer gelegentlich konkurrierten.

4. Internationale Entwicklungen

Nach dem Ende des Kalten Krieges wurde das Konzept der materiellen Kompensation von Opfern historischen Unrechts zum Element einer globalen Bewegung. Verantwortlich dafür waren neben dem Aufstieg der Identitätspolitik v. a. zahlreiche Umbrüche von Diktaturen in liberale Demokratien. Solche Forderungen benutzten immer wieder auch das Beispiel der deutschen W. für NS-Verfolgte als Referenzfall. Ausgehend vom Modell der Holocaust-Reparationen, die im Rahmen der menschenrechtsorientierten Politik der USA in den 1990er Jahren eine wichtige Rolle spielten, wurden und werden in zahlreichen Ländern materielle, aber auch symbolische Kompensationen für die Opfer von Diktaturen, Kolonialismus, Genoziden und Kriegsverbrechen (↑Völkermord) gefordert. Teils beziehen sich diese Forderungen auf rezente politische Umbrüche, die zu einer Auseinandersetzung zwischen ehemaligen Tätern und Opfern führen. Teils beziehen sie sich aber auch auf lang zurückliegendes historisches Unrecht. Hier stellt sich die Frage, wie weit in die Vergangenheit solche Forderungen zurückreichen können, zumal sich die moralischen und rechtlichen Maßstäbe geändert haben. Und wer sind die Berechtigten, an wen richten sich die Forderungen? Überdies fordern die ↑Globalisierung und Universalisierung der materiellen Kompensation von historischem Unrecht oftmals das traditionelle Prinzip der staatlichen ↑Souveränität heraus. Bislang ist es eine offene Frage, wie sich dies weiter entwickeln wird.

Literatur

B. Unfried: Vergangenes Unrecht. Entschädigung und Restitution in einer globalen Perspektive, 2014 • J. Brunner/C. Goschler/N. Frei (Hg.): Die Globalisierung der Wiedergutmachung. Politik, Moral, Moralpolitik, 2013 • B. Nietzel: Wiedergutmachung für historisches Unrecht, Version: 1.0, in: Docupedia-Zeitgeschichte, 27.08.2013, URL: http://docupedia.de/zg/nietzel_wiedergutmachung_v1_de_2013 (abger.: 24.6.2021) • C. Goschler (Hg.): Die Entschädigung von NS-Zwangsarbeit am Anfang des 21. Jahrhunderts. Die Stiftung „Erinnerung, Verantwortung und Zukunft" und ihre Partnerorganisationen, 4 Bde., 2012 • R. Ludi: Reparations for Nazi Victims in Postwar Europe, 2012 • M. Berg/B. Schaefer (Hg.): Historical Justice in International Perspective. How Societies Are Trying to Right the Wrongs of the Past, 2009 • N. Frei/J. Brunner/C. Goschler (Hg.): Die Praxis der Wiedergutmachung. Geschichte, Erfahrung und Wirkung in Deutschland und Israel, 2009 • C. Goschler: Schuld und Schulden. Die Politik der Wiedergutmachung für NS-Verfolgte seit 1945, [2]2008 • D. Diner/G. Wunberg (Hg.): Restitution and Memory. Material Restoration in Europe, 2007 • H. G. Hockerts/C. Moisel/T. Winstel (Hg.): Grenzen der Wiedergutmachung. Die Entschädigung für NS-Verfolgte in West- und Osteuropa 1945–2000, 2006 • J. Torpey: Making Whole What Has Been Smashed. On Reparations Politics, 2006 • E. Barkan: Völker klagen an. Eine neue internationale Moral, 2002 • H. G. Hockerts: Wiedergutmachung in Deutschland. Eine historische Bilanz 1945–2000, in: VfZ 49/2 (2001), 167–214.

CONSTANTIN GOSCHLER

II. Sozialethisch

Der Begriff „W." stellt etwas in Aussicht, was nur unter günstigen Voraussetzungen gelingen kann. Es verhält sich damit ähnlich wie mit dem Begriff der „Entschädigung". Denn den angerichteten Schaden rückgängig zu machen, ist i. d. R. nicht möglich. Bei reversiblen Schäden spricht man von „Heilung", „Rehabilitierung" bzw. „Rehabilitation", in finanziellem Zusammenhang von „Rückerstattung", in technischem von „Reparatur". Dagegen bezieht sich das mit W. bezeichnete insb. auf die Frage, wie man mit nicht reversiblen Schädigungen angemessen umgehen kann. Sie stellt sich v. a., wenn diese Schädigung darin besteht, dass Leiden und Tod von Menschen fahrlässig oder vorsätzlich herbeigeführt wurden. Im Hinblick auf die Millionen Opfer der ↑Shoa, die absichtsvoll, systematisch, heimtückisch und grausam ermordet wurden, erscheint die Rede von W. bes. unangemessen. Daraus wird die ablehnende Haltung zahlreicher Überlebender gegenüber dieser Vokabel verständlich.

Die Geschichte der W.s-Verfahren in Bezug auf die individuellen Folgen nationalsozialistischer Gewaltherrschaft zeugt zudem vielfach „von der bürokratischen Kleinkrämerei und verdeckten Feindseligkeit, die den Opfern entgegenschlug" (Pross 2001: Vorwort). Dadurch wurden bes. ihre gesundheitlichen Schädigungen oft nur unzureichend, in zahlreichen Fällen auch gar nicht, als Folgen des erlittenen NS-Unrechts anerkannt. Nach 1989 hatten es viele Menschen, die durch die Methoden politischer Repression in der ehemaligen ↑DDR geschädigt worden waren, aus anderen Gründen schwer, als Opfer solcher Verfolgungsmaßnahmen Anerkennung zu finden: Die mehrfachen Überarbeitungen der Rehabilitierungsgesetze zeugen davon, dass sich ein adäquater Blick auf die Eigenart dieser Maßnahmen und ihre charakteristischen Auswirkungen nur sehr langsam entwickelte. Die Folgen des in der Vergangenheit verübten Unrechts konnten auf je spezifische Weise nach 1945 wie nach 1989 fortwirken, so dass die Betroffenen oft für ihre gesamte Lebenszeit darunter zu leiden haben. Inzwischen ist unstreitig, dass gerade Traumata, die durch menschliche ↑Gewalt physischer oder psychischer Art verursacht wurden, oftmals auch die folgenden Generationen der Opferfamilien belasten (transgenerationale Weitergabe von Traumatisierungen). Auch deswegen enden die Auswirkungen der Tatfolgen nicht mit dem Tod derer, die sie unmittelbar erlitten haben.

Eine ethische Sicht auf diese Zusammenhänge wird daher das Unzureichende jeder Form materieller Entschädigungsleistungen konstatieren und umso mehr die Bedeutung immaterieller Formen von W. betonen müssen. Hier können unterschiedliche Wege gleichzeitig beschritten werden; ihre jeweiligen Aussichten auf Erfolg hängen eng mit den Bemühungen zusammen, die auf den parallel eingeschlagenen Pfaden unternommen werden.

a) Am wichtigsten ist die öffentliche Anerkennung des von den Opfern erlittenen Leides als Folge von systemischem, nicht nur individuellem Unrecht. Unter diesem Aspekt erscheinen W.s-Leistungen auch dann bedeutsam, wenn sie das mit dem Begriff Beanspruchte nicht einlösen können: In ihnen dokumentiert sich der Wille einer Gesellschaft, die verletzte ↑Würde der Opfer wieder aufzurichten, von dem ihnen Widerfahrenen Kenntnis zu nehmen und sie in den Prozess der Aufarbeitung von Systemunrecht zu integrieren, anstatt sie sozial auszugrenzen und dadurch in ihrer Situation gefangen zu halten. Die Anerkennung der Tatsache, dass Menschen durch politische Verfolgung und/oder physische Gewalt traumatisiert wurden, kann in Prozessen der Bewältigung solcher Erfahrungen durch die Betroffenen entscheidend sein. Zudem lässt sich nur so verhindern, dass die Erinnerung an ihre Leiderfahrungen im kollektiven Gedächtnis der Mehrheitsgesellschaft untergeht.

b) W. bedeutet, jede Form der Linderung des durch die fortwirkenden Tatfolgen bewirkten Leides zu ermöglichen. Dazu bedarf es psychosozialer und medizinischer Hilfsangebote für Opfer von Systemunrecht. Ebenso müssen die Bedingungen dafür geschaffen und erhalten werden, dass ihnen und ihren Hinterbliebenen, zumal im fortgeschrittenen Alter, ein Leben in Würde möglich bleibt.

c) Juristische Aufarbeitung ist zugl. Teil von W., insofern sie wesentlich dazu beiträgt, die Unterscheidung zwischen Recht und Unrecht zu schärfen und klarzustellen, dass die Rechtfertigungsgründe der Täter für das den Opfern zugefügte Leid keinen Bestand haben. Dies ist ein unverzichtbarer Teil der Bemühungen um die moralische Rehabilitierung der Opfer, da es auf diese Weise möglich wird, sie von der Stigmatisierung zu befreien, die sie selbst noch in Transformationsgesellschaften nach dem Ende von Unrechtssystemen oft erfahren.

d) Es bedarf eines „aufarbeitungsfreundlichen" politischen Klimas, in dem der Etablierung selektiver und dadurch verfälschender Narrative über die Zusammenhänge systemischen Unrechts entgegengewirkt wird. Dabei ist mit einem andauernden Kampf um die „Deutungshoheit" über jüngste Geschichte zu rechnen, da den Verantwortlichen für systemisches Unrecht an einer Interpretation gelegen ist, die ihre Handlungen in positivem Licht erscheinen lässt. Hieraus ergibt sich die bleibende Bedeutung einer qualifizierten, öffentlich geförderten Arbeit an authentischem Erinnern in Gedenkstätten, im Schulunterricht, in den Curricula von Schulen und Hochschulen und vielem mehr (↑Erinnerungskultur).

Literatur

S. Trobisch-Lütge/K.-H. Bomberg (Hg.): Verborgene Wunden. Spätfolgen politischer Traumatisierung in der DDR und ihre transgenerationale Weitergabe, 2015 • A. Maercker: Posttraumatische Belastungsstörungen, 2013 • H. J. Freyberger u. a.: Gesundheitliche Folgen politischer Haft in der DDR, 2003 • S. Pingel-Schliemann: Zersetzen. Strategie einer Diktatur, 2002 • C. Pross: Wiedergutmachung – Der Kleinkrieg gegen die Opfer, 2001 • G. Hardtmann (Hg.): Spuren der Verfolgung. Seelische Auswirkungen des Holocaust auf die Opfer und ihre Kinder, 1992.

THOMAS HOPPE

III. Rechtlich

1. Grundlagen

Wenn man bedenkt, dass das ↑Recht in erster Linie dazu dient, das (stets auch konflikthafte) Zusammenleben von Menschen zu regeln, überrascht es nicht, dass W. als Ziel und Inhalt von Rechtsnormen hohe Relevanz besitzt. Es geht dabei um die (tatsächliche oder eher symbolische) Beseitigung eines defizitären Zustands mit dem Ziel, für die Zukunft Rechtsfrieden zwischen den Beteiligten zu schaffen. Dabei fällt auf, dass W. zwar zahlreichen rechtlichen Regelungen implizit zugrunde liegt, als Rechtsbegriff aber selten explizit im Gesetz erscheint.

Das gilt etwa für das *Zivilrecht*, welches die Rechtsverhältnisse der Bürger untereinander regelt und damit gerade auch die Bewältigung konflikthafter und schadensträchtiger Interaktionen zum Gegenstand hat. So gilt etwa im Schadensersatzrecht der Grundsatz der *Naturalrestitution*, der in § 249 BGB geregelt ist. Danach hat der Schädiger „den Zustand herzustellen, der bestehen würde, wenn der zum Ersatz verpflichtende Umstand nicht eingetreten wäre". Der Sache nach geht es um W., allerdings findet sich der Begriff nicht im Gesetz. Das dürfte auch daran liegen, dass der Begriff des *Schadensersatzes* (der im BGB auch an vielen anderen Stellen verwendet wird, s. nur §§ 280 ff. und 823 BGB) eher neutral gehalten ist. Anders als beim Begriff der „W." schwingt hier nicht die Vorstellung mit, dass jemand den problematischen, wiedergutzumachenden Status quo durch vorwerfbares Fehlverhalten verursacht hat.

Gleiches gilt für den Begriff der *Entschädigung*, der nicht nur im Zivilrecht, sondern v. a. im ↑*öffentlichen Recht* eine Rolle spielt, welches die Rechtsbeziehungen des ↑Staates zu seinen Bürgern regelt. Entschädigung erhalten bspw. nach Art. 14 Abs. 3 S. 2 GG kraft Verfassung Bürger, die von einer staatlichen ↑Enteignung betroffen sind. Auch das ↑*Sozialrecht* kennt Entschädigungstatbestände, etwa im Bereich des OEG von 1976, das eine staatliche Zahlung an Opfer von vorsätzlichen Gewalttaten vorsieht.

Eine spezielle Form der staatlichen Entschädigung sind die zahlreichen Gesetze, die (hier bemerkenswerterweise sogar ausdrücklich) der *W. von nationalsozialistischem Unrecht* gewidmet sind, darunter das BEG von 1956 sowie das auf Vermögenswerte bezogene BRüG von 1957. Hinzu kommen spezielle von der Bundesregierung eingerichtete Entschädigungsfonds, darunter der im Jahre 2000 geschaffene Fonds für NS-Zwangsarbeiter (in dessen Kontext der Begriff der W. dann allerdings bewusst vermieden wurde).

Die bes. Problematik der Rückerstattung von in der ehemaligen ↑DDR enteigneten Vermögenswerten ist im VermG geregelt; dort finden sich auch Regelungen zum verfolgungsbedingten Verlust von Vermögenswerten während der NS-Zeit (↑Nationalsozialismus).

2. Wiedergutmachung im Völkerrecht

Von W. im *völkerrechtlichen Sinn* spricht man allg., wenn ein Staat für von ihm ausgehende völkerrechtswidrige Beeinträchtigungen (etwa die illegitime Wegnahme von Gegenständen durch eine Besatzungsmacht) Ausgleichsleistungen an den Verletzten erbringt. Das kann in drei Formen geschehen: Restitution durch Herstellung des früheren Zustands, Schadensersatz, wenn Restitution in diesem Sinn nicht möglich ist und (ggf. ergänzend) Maßnahmen der Genugtuung, bspw. durch ausdrückliche Anerkennung des Unrechts. Dass in einer solchen Situation eine W.s-Pflicht besteht, ist ein ↑Allgemeiner Rechtsgrundsatz, der mittlerweile als ↑Gewohnheitsrecht gilt. Anders ist dies bei Verletzungen von Rechten des Individuums, für die eine (im ↑Völkerrecht nur selten vorzufindende) spezielle Anspruchsgrundlage erforderlich ist. Zwar besteht grundsätzlich eine Pflicht der Staaten, entspr.e Anspruchsgrundlagen in den jeweiligen nationalen Rechtsordnungen vorzusehen; tatsächlich hängt die W. damit aber stark von einem entspr.en Willen des jeweiligen Staates ab.

3. Wiedergutmachung im Strafrecht

Das ↑*Strafrecht* betrifft grundsätzlich das Verhältnis des Staates zum Straftäter. Im Laufe der Zeit wurden allerdings zunehmend W.s-Elemente inkorporiert, die den Ausgleich zwischen Täter und Opfer betreffen. Im angloamerikanischen Sprachraum wird dafür der noch etwas umfassendere und nur schwer adäquat übersetzbare Begriff der *Restorative Justice* verwendet.

Gemäß § 46a StGB kann sich der Angeklagte durch einen *Täter-Opfer-Ausgleich* oder eine (mehr auf materielle Ersatzleistungen zugeschnittene) *Schadens-W.* die Aussicht auf Strafmilderung oder sogar ein Absehen von ↑Strafe verdienen. Dabei wird *W.* regelmäßig als *Oberbegriff* verwendet, der die beiden idealtypischen, sich in der Praxis oft überlappenden Formen des Täter-Opfer-Ausgleichs und der Schadens-W. umfasst. Dass es sich hierbei um ein wichtiges Anliegen handelt, das vom Gesetzgeber gefördert wird, zeigt § 155a StPO, der regelt, dass ↑Staatsanwaltschaft und Gericht in geeigneten Fällen aktiv auf die Durchführungen eines Ausgleichs hinwirken sollen. Neben der unmittelbaren Befriedigung von Opferinteressen sowie möglichen Lerneffekten auf der Seite des Täters geht es dabei um das übergeordnete Ziel der Wiederherstellung des Rechtsfriedens, das man dem Strafzweck der positiven Generalprävention zuordnen kann.

Auch im ↑*Völkerstrafrecht* spielt die W. eine wichtige Rolle. Der IStGH hat in seiner Lubanga-Entscheidung Grundsätze für W.s-Leistungen im Rahmen von Völkerstrafverfahren auf der Basis von Art. 75 Abs. 2 des IStGH-Statuts aufgestellt; zu diesem Zweck existiert gemäß Art. 79 des Statuts ein Treuhandfonds.

Literatur

A. von Arnauld: Völkerrecht, [4]2019 • M. Krajewski: Völkerrecht, 2017 • S. Bock: Wiedergutmachung im Völkerstrafverfahren vor dem Internationalen Strafgerichtshof nach Lubanga, in: ZIS 8/7–8 (2013), 297–321 • J. Kaspar: Wiedergutmachung und Mediation im Strafrecht, 2004 • G. Schulz: Wiedergutmachung, in: StL, Bd. 5, [7]1995, 994–997 • U. Wesel: Wiedergutmachung für NS-Unrecht und Enteignungen auf der Grundlage sowjetischer Besatzungshoheit, in: VIZ 2/9 (1992), 337–341.

JOHANNES KASPAR

Wiedervereinigung Deutschlands ↑Deutsche Einheit

Wirtschaft

1. Wirtschaft als System

Die W. ist ein Teilbereich menschlichen Lebens. Praktisch alles menschliche Dasein steht in einer meist engen und direkten, jedenfalls aber in einer zumindest indirekten Beziehung zu solchem Geschehen, das man wie selbstverständlich dem Teilbereich W. zuordnet.

Der Soziologe Niklas Luhmann entwickelt seine Gesellschaftstheorie als ↑*Systemtheorie.* In diesem Ansatz sind Teilbereiche des gesellschaftlichen Lebens als *Teilsysteme* (Subsysteme) gegeneinander abgegrenzt. Für die Gesellschaft der ↑Moderne (also für den Zeitraum seit ungefähr der Französischen Revolution) kann der Entwurf N. Luhmanns dazu dienen, den Teilbereich „W." von anderen Teilbereichen menschlichen Daseins abzugrenzen.

Nach N. Luhmann besteht ein Teilsystem der Gesellschaft aus einer Ansammlung von Elementarphänomenen, deren Zusammenwirken über eine „autopoietische" Eigendynamik verfügt. Diese bringt eine Abgrenzung gegenüber dem übrigen gesellschaftlichen Leben mit sich.

Die Elementarphänomene eines Teilsystems der Gesellschaft interagieren durch ein *Kommunikationsmedium*. Dieses ist teilsystem-spezifisch. So gibt es für das Teilsystem „Politik" das Kommunikationsmedium „Macht". So gibt es für das Teilsystem „W." das Kommunikationsmedium „Geld". Nach N. Luhmann gibt es weitere Teilsysteme: „Recht", „Kunst", „Wissenschaft", „Religion", das „Erziehungssystem". Das „System Gesellschaft" überwölbt die verschiedenen Teilsysteme.

Im Teilsystem „W." ist die „Zahlung" das Elementarphänomen. Diese erfolgt mittels des ↑Geldes. Durch das Medium „Geld" kommunizieren die verschiedenen „Zahlungen" untereinander: Jede Zahlung veranlasst weitere Zahlungen, indem das Geld, das durch die erste Zahlung die Hand gewechselt hat, beim neuen Besitzer weitere Zahlungen ermöglicht und früher oder später auch auslöst.

Folgt man N. Luhmann, dann werden durch diese verketteten und sich immer weiter „autopoietisch" vervielfältigenden Zahlungen in aller Regel „Preise" von Waren und Dienstleistungen implementiert. Diese ordnen damit den gekauften und verkauften Objekten eine quantifizierte Bewertung zu.

Soweit N. Luhmann: Von seiner Systemtheorie übernehmen wir nur das Ergebnis, nämlich die Abgrenzung des Systems „W." vom übrigen gesellschaftlichen Leben mittels des Kriteriums „Geld". Unter W. verstehen wir damit den Bereich menschlichen Daseins, in dem Leistungen und Objekte des Bedarfs erstellt werden und mittels des Zahlungsmittels Geld die Hand wechseln. Dadurch werden Preise für diese Objekte generiert.

Wir werfen damit einen nur für die „Moderne" adäquaten Blick auf das Geschehen, welches man intuitiv mit dem Begriff „W." verbindet. In der vormodernen Zeit war die Subsistenz-W. ein so großer Teil des Wirtschaftens, dass man sie auf jeden Fall hätte mit einbeziehen müssen. Erst durch den enormen Bedeutungszuwachs des arbeitsteiligen Produzierens konnte sich ein W.s-System ausbilden, in dem ein überwiegender Teil der Bedarfsdeckung über Märkte mit Preisen und Geldzahlungen bewältigt wird. Dennoch bleibt das Phänomen „Hausarbeit" auch in der Moderne bestehen. Indessen rechnet man den privaten Haushaltssektor (↑Haushalt, privater) nicht dem Sektor der arbeitsteiligen W. zu. Aber der private Haushaltssektor und das hier abgegrenzte System „W." hängen eng zusammen.

Für einige Jahrzehnte des 20. Jh. gab es die Alternative zwischen dem, was Walter Eucken die „Zentralverwaltungswirtschaft" nannte, und dem, was bei W. Eucken „Verkehrswirtschaft" heißt (Eucken 1940: 103). Das historische Experiment der ↑Zentralverwaltungs-W. scheiterte. János Kornais großes Werk „The Socialist System" (1992) ist das definitive Post-Mortem dieses Experiments.

Das von uns hier abgegrenzte „System W." kann damit auch als „Preissystem" bezeichnet werden. Der „systemische" Charakter von „W." kommt darin zum Ausdruck, dass die Preise der ↑Güter diese in der Dimension des wirtschaftlichen ↑Wertes kommensurabel machen.

Diese Kommensurabilität der Güter ermöglicht die herkömmlichen Beschreibungsmethoden des Wirtschaftens in der Form der Buchhaltung und Bilanzierung (↑Doppik). So gibt es eindeutige Vergleichsmöglichkeiten zwischen Gütern, Produktionsabläufen, Wohlstandsindikatoren, wie ↑Einkommen und ↑Vermögen, Unternehmensgrößen usw. Im 20. Jh. ist diese früher nur einzelwirtschaftliche Kommensurabilität auch auf der Ebene ganzer Volks-W.en statistisch erfasst worden. Das ist die ↑*Volkswirtschaftliche Gesamtrechnung* (VGR). Ihre Basis besteht weitgehend aus den betriebswirtschaftlichen Zahlenwerken der zur jeweiligen Volks-W. gehörenden Betriebe.

Wesentliche Erscheinungsformen des volkswirtschaftlichen Geschehens können in einer einzigen Zahl ausgedrückt werden: dem realen BSP pro Kopf. Es ist von einem hohen Aussagewert, wenn man feststellen kann, dass das (kaufkraftbereinigte) BSP pro Kopf des Landes A doppelt so hoch ist wie die entspr.e Größe des Landes B. Hinter dieser großen Aussagekraft eines Vergleichs anhand einer einzelnen Zahl steht das, was wir den „systemischen" Charakter des Bereichs „W." nennen.

2. Arbeitsteilung

Ein grundlegendes Charakteristikum der Moderne ist die *Arbeitsteilung*. Diese ist auch ein zentrales Moment des Systems „W.". Der einleitende Satz des „Wealth of Nations" von Adam Smith sieht in der Arbeitsteilung die Hauptquelle wirtschaftlichen Wohlstands. Diese Behauptung ist im Ernst nie bestritten worden. Karl Marx bezeichnete später dasselbe Phänomen als „Vergesellschaftung der Arbeit" (MEW 23: 1085), die durch den ↑Kapitalismus geschaffen werde.

Die Arbeitsteilung entsteht als „spontane Ordnung" (von Hayek 2003: 68) mithilfe des Mediums „Geld". Durch das ↑Geld wird der Tausch von Gütern zwischen den Menschen wesentlich erleichtert, da „das Geld unter allen möglichen ‚Massstäben des Tauschwerthes' der zweckmässigste und deshalb auch der allgemeinste sei" (Menger 1871: 272) und immer gern als Gegenleistung für die Hergabe eines konkreten Gutes angenommen wird.

Mittels des allg.en Tauschmittels „Geld" entstehen *Märkte* (↑Markt) für Güter. Ist auf das Funktionieren eines entspr.en Absatzmarktes Verlass, dann lohnt sich für einen Produzenten die Spezialisierung auf einen kleinen Ausschnitt aus dem Kosmos der Güter. Er kann dann auch sein Wissen um die Produktion dieses Gutes vertiefen – und daher rationeller und speziell kostengünstiger produzieren, als wenn er eine breite Palette ganz unterschiedlicher Güter produzieren würde. So setzt das Medium „Geld" durch die damit rationalisierte Technik des Tausches einen *Evolutionsprozess* der immer weiter gehenden Arbeitsteilung in Gang. Dieser hat zwar auch Rückschläge erlitten, ist jedoch, als säkularer Prozess betrachtet, sehr erfolgreich gewesen. Ihn begleitete das enorme Wachstum an Wohlstand, das die letzten zwei bis drei Jahrhunderte erlebt haben.

Unter dem Titel „Geld und Magie" (2005) hat Hans Christoph Binswanger Johann Wolfgang von Goethes „Faust" neu interpretiert: danach ist quasi Mephisto eine Metapher für das Geld und somit für die Moderne. Oder eben: das „Geld" eine Metapher für die Abgründe der Moderne.

Schon immer generiert das arbeitsteilige W.s-System ein Phänomen, das man als *Marktasymmetrie* bezeichnen kann. Auf den meisten Märkten für produzierte Güter ist die Angebotsseite, also die Produktionsseite auf einen kleinen Ausschnitt aller produzierten Güter spezialisiert, während die Nachfrageseite in ihrer Nachfrage stark diversifiziert ist. Nur durch Spezialisierung kann ein Anbieter im ↑Wettbewerb mit anderen Anbietern bestehen.

Die Marktasymmetrie bedeutet zugl., dass die Angebotsseite i. d. R. stärker konzentriert ist als die Nachfrageseite. Soweit es die Produkte dieses Marktes betrifft, kann damit die Angebotsseite Größenvorteile besser nutzen als die Nachfrageseite. Ein Beispiel ist die *Lagerhaltung* der Produkte: der Bedarf für das einzelne Produkt schwankt beim einzelnen Nachfrager sehr viel stärker als die Gesamtnachfrage nach diesem Produkt beim Anbieter. Das ist das statistische Gesetz der großen Zahl. Daher konzentriert sich die Lagerhaltung weitgehend auf die Angebotsseite.

Die verschiedenen Leistungen, die die Angebotsseite durch Ausnutzung von Größenvorteilen erbringt, werden der Nachfrageseite nicht einzeln in Rechnung gestellt, weil dies gar nicht praktikabel wäre. Dafür verlangt die Angebotsseite einen Preis, der auch unter Wettbewerbsbedingungen höher liegt als die Grenzkosten des gelieferten Gutes. Außerdem setzt i. d. R. der Anbieter den Preis. Der einzelne Nachfrager entscheidet dann über die Menge, die er bei den Preisen der Anbieter nachfragen will. Da der Anbieter in dieser Konstellation an jedem zusätzlichen Absatz etwas „verdient", ist er bis zu einer gewissen Grenze immer lieferbereit. Dies, zumal es auch zu seinem Ruf gehört, dass er (fast) immer lieferfähig ist. Das Schema „Preisentscheidung des Anbieters, Mengenentscheidung des Nachfragers" herrscht bei Käufen des täglichen Lebens auch deshalb vor, weil damit die *Transaktionskosten* des Kaufs minimiert werden. Nur damit kommen derart niedrige Transaktionskosten zustande, dass die Menschen die Zeit finden, auf so zahlreichen Märkten Güter zu kaufen. Die Theorie des „monopolistischen Wettbewerbs" (Chamberlin 1933) schafft ein Modell für diese Zusammenhänge.

Viele Phänomene des täglichen W.s-Lebens können aus dieser Marktasymmetrie erklärt werden: da die Käuferseite die gekauften Mengen bestimmt, ist sie nach dem Kauf vorerst *transaktionsgesättigt*. Da die Verkäuferseite den Preis oberhalb der Grenzkosten festlegt, bleibt sie auch nach der Transaktion *transaktionshungrig*. ↑Werbung betreiben damit v. a. die Anbieter von Gütern. Die Medienwelt (Zeitungen, Fernsehen, Google etc.) lebt von der Werbung der Verkäuferseite.

Aggregiert über die ganze Volks-W. bedeutet diese aus der Arbeitsteilung resultierende Struktur der meisten Märkte für produzierte Güter, dass es in der Volks-W. bei normaler Konjunkturlage (↑Konjunktur) Produktionsreserven gibt. Es sind diese die summierten Produktionsreserven der Anbieter der einzelnen Märkte. Dabei funktioniert die Summierung durch Umrechnung auf Geldwerte. Somit ist in der kurzen Frist fast immer die volkswirtschaftliche *Gesamtnachfrage* der begrenzende Faktor für die Höhe des realen Sozialprodukts. Das manifestiert sich in der Praxis der kurzfristigen Konjunkturprognose. Diese besteht schwergewichtig aus der Prognose der großen Nachfrageaggregate.

3. Horizontale Koordination mittels des Preissystems

Die moderne „Verkehrswirtschaft", also der moderne „Kapitalismus" (Marx-Schule) verlässt sich primär auf eine Form der gesellschaftlichen Koordination des individuellen Handelns, die wir „horizontale Koordination" nennen können. Es gibt in diesem System keine Stelle, an der alle dem System zugehörige ↑Information zusammenfließt. Während ein Roboter kraft seiner Konstruktion über eine weitgehend zentrale Steuerungskapazität verfügt, ist dies für das W.s-System nicht der Fall. Die versuchte und letztlich gescheiterte Implementierung einer zentral gesteuerten Volks-W. hat gezeigt, dass es auch bei ihr keine Stelle gab, die über alle relevante Information verfügt. Die in der abendländischen ↑Sozialphilosophie gepflegte Analogiebildung zwischen dem quasi zentral (vom Gehirn) gesteuerten menschlichen Organismus und der gesellschaftlichen Steuerung führt in die Irre. Dies hat Karl Raimund Popper in seiner Philosophie der „offenen Gesellschaft" (Popper 1945) gezeigt. Der „vertikalen Koordination" über das Gehirn beim menschlichen oder tierischen Organismus steht die überwiegend horizontale Koordination des Systems „W." diametral gegenüber.

Die horizontale Koordination der W. geschieht über die Preise der Güter. Der Produzent einer Ware oder einer Dienstleistung orientiert sich bei seiner Wahl des Produktionsverfahrens an den ↑*Kosten*. Diese versucht er möglichst gering zu halten. Die Kosten aber repräsentieren den Verbrauch der Güter, der bei dem gewählten Produktionsverfahren anfällt. Dieser Verbrauch unterschiedlicher Güter wird mittels der Einkaufspreise zu einem eindimensionalen Kostenwert aggregiert, den es zu minimieren gilt. Im gesamtwirtschaftlichen Idealfall ist der Einkaufspreis des verbrauchten Gutes ein korrektes *Signal* für die *komparative gesellschaftliche Knappheit* dieses Gutes. „Komparativ" deshalb, weil Knappheit eines Gutes immer nur definierbar ist im Vergleich zur Knappheit eines anderen Gutes.

Damit im Idealfall die Preissignale völlig korrekte Knappheitsindikatoren der jeweiligen Güter sein können, müssen diese Preise universell bekannt sein. Die für diesen Fall vorgestellte Preistafel aggregiert den relevanten Anteil der primär verstreut vorliegenden Informationen über die Tatsachen, die den komparativen Knappheitsgrad der einzelnen Güter bestimmen. So kann dieser Idealfall als Denkmodell einer perfekten Koordination des individuellen Handelns dienen, somit auch als Denkmodell einer gelungenen horizontalen Koordination. Die „unsichtbare Hand" (Smith 1974: 371) bei A. Smith und das Modell des „Allgemeinen Gleichgewichts" (1874) von Marie-Esprit-Léon Walras entsprechen diesem Gedanken der perfekten horizontalen Koordination.

Nicht alle Informationen werden zentralisiert, sondern nur diejenigen, die für effektive horizontale Koordination von Bedeutung sind. Und das sind hier nur die lokalen Informationen, die für die Bestimmung der komparativen Knappheiten der Güter relevant sind. Das Preissystem ist damit sehr sparsam in der Informationsübertragung. Es kann in diesem Idealfall jedem „Datenschutz" genügen.

Das perfekt funktionierende Preissystem ermöglicht es, die Knappheit produzierter Güter auf die Knappheit der für ihre Produktion erforderlichen Produktionsfaktoren zurück zu führen. Die iterative Rückführung der Güter-Knappheit endet erst da, wo es schließlich nur noch um Produktionsfaktoren geht, die ihrerseits nicht mehr im System W. produziert werden. Wir nennen sie *exogene Produktionsfaktoren*. Das sind Produktionsfaktoren wie menschliche ↑*Arbeit*, ↑*Boden* und andere Naturgegenstände. Ferner spielt auch die *Zeit* als exogener Produktionsfaktor eine Rolle.

So geht es beim perfekten Preissystem nunmehr um die komparative Knappheit der verschiedenen exogenen Produktionsfaktoren. K. Marx folgend hat seine Schule das Problem der komparativen Knappheit unterschiedlicher Produktionsfaktoren nach der Methode „Ei des Kolumbus" dadurch zu lösen versucht, dass man nur die menschliche Arbeit als wertbildenden exogenen Produktionsfaktor anerkannt hat. Der Wert einer Ware entspricht hiernach der zu ihrer Herstellung „gesellschaftlich notwendige[n] Arbeitszeit" (MEW 23: 52) *(Arbeitswertlehre)*.

In der neoklassischen Denkrichtung, die bis heute den „Mainstream" ökonomischen Denkens bestimmt, wird die Diversität der exogenen Produktionsfaktoren anerkannt. Damit aber muss der Horizont erweitert werden, weil man die komparative Knappheit der exogenen Produktionsfaktoren nicht tautologisch aus sich selbst heraus erklären kann. Dies geschieht durch die Einbeziehung der Bedarfsseite, also des Verbrauchs von Konsumgütern (↑Konsum). Das Modell des *homo oeconomicus*, der eine (ordinale) Nutzenfunktion maximiert, wird damit Teil des Denkmodells einer rein horizontalen Koordination menschlichen Verhaltens. Für ihre Idealform leitet die Theorie des allg.en Gleichgewichts die *Pareto-Optimalität* (↑Pareto-Kriterium) dieses Gleichgewichts ab.

Damit erklärt das Denkmodell des perfekten Systems der Preissignale die komparativen Knappheiten der Güter

a) aus den als exogen angenommenen Verfügbarkeiten von nicht-produzierten Produktionsfaktoren,
b) aus den verfügbaren Produktionsverfahren und
c) aus den als exogen angenommenen Präferenzen der Konsumenten.

Das Denkmodell des perfekt funktionierenden Preissystems ist ein Idealtypus (in Max Webers Sinn), der nicht zu verwechseln ist mit einer realistischen Beschreibung des Systems „W.". Es dient als Referenzpunkt, den man zur besseren Beschreibung des realen Systems verwenden kann. Abweichungen von diesem Idealtypus werden im Folgenden behandelt.

4. Der Raum als Rahmen der Wirtschaft: Globalisierung

Das System „W." ist eingebettet (englisch: *embedded*) in die Welt. Zu unterscheiden ist die physische Außenwelt, zu der auch Raum und Zeit gehören, und die soziale Welt. In der ↑*W.s-Soziologie* wird bes.r Wert auf diese *Embeddedness* in die soziale Welt gelegt.

Wirtschaftliche Aktivität spielt sich im Raum ab. Die *Raum-W.s-Lehre*, die Standorttheorie und die Verkehrs-W.s-Lehre sowie andere Spezialgebiete der W.s-Lehre befassen sich mit den Raumaspekten des Wirtschaftens. Es war schon A. Smith, der erkannte, dass die Höhe der

Transportkosten von großer Bedeutung dafür ist, wie ausdifferenziert die Arbeitsteilung werden könne. Er erklärte auf diese Weise das Faktum, dass die Länder, die den Seetransport nutzen können, über ein höheres Maß der Arbeitsteilung und daher auch über einen höheren Wohlstand verfügten als die Länder, bei denen der Transport weitgehend über Land abgewickelt werden musste. Denn der Seetransport war zu seiner Zeit wesentlich günstiger als der Transport über Land. Ein vorgegebener Grad der Arbeitsteilung setzt eine bestimmte geographische Größe des Marktes voraus, damit die Kundschaft der spezialisierten Betriebe hinreicht, um die Spezialisierungsvorteile zu nutzen. Die geographische Größe des Marktes hängt invers von der Höhe der Transportkosten ab.

Es gibt ein *Gesetz der zunehmenden Distanzkosten-Degression*. Definiert man die Distanz als Luftlinien-Entfernung, so verlaufen die Kosten der Distanzüberwindung nie proportional zur Distanz. Je nach Transportmedium gibt es einen stärker oder schwächer ausgeprägten Grad der Distanzkosten-Degression. Für den Fußgänger kann man die Kosten der Distanzüberwindung ungefähr proportional zur Distanz ansetzen. Bei einer eingefahrenen Infrastruktur des Warentransports über Straße und Schiene stellt man eine erhebliche Distanzkosten-Degression fest: es ist bei weitem nicht hundertmal aufwendiger, Ware über 1000 km als über nur 10 km zu transportieren. Die Distanzkostenkosten-Degression ist noch ausgeprägter beim Flugtransport von Personen oder Waren. Im Zeitalter des ↑Internets sind die Kosten der Distanzüberwindung von Informationen nahezu unabhängig von der Distanz. Es stellt sich heraus, dass das relative Gewicht der Transport-Medien mit hoher Distanzkosten-Degression im säkularen Wandel ständig zugenommen hat. Dies kann seinerseits durch den Evolutionsprozess der Transporttechnologie und der Kommunikationstechnologie erklärt werden: Zentral hierfür ist der Gedanke des *induzierten technischen Fortschritts*.

Aus dem Gesetz der zunehmenden Distanzkosten-Degression folgt der evolutorische Prozess der ↑*Globalisierung* im System „W.". Selbst wenn sich (z. B. in Arbeitsaufwand gerechnet) die durchschnittlichen Transportkosten nur gleich schnell vermindert haben wie die Herstellungskosten und die distanzunabhängigen Absatzkosten von Waren, so sind wegen der zunehmenden Distanzkosten-Degression die Distanzkosten über große Entfernungen schneller gefallen als die Herstellungskosten und die distanzunabhängigen Absatzkosten. Daher treten immer weiter voneinander entfernte Standorte zueinander in Konkurrenz. Die beiden seit Jahrhunderten andauernden Prozesse der Globalisierung und der zunehmenden Arbeitsteilung können als Prozess der *Ko-Evolution* betrachtet werden: Sie stärken sich gegenseitig.

Die Infrastruktur des Transports von Personen, Waren und Informationen besteht aus *Netzen*. Bei den Netzen kann man zwischen *Bruttonetzen* und *Nettonetzen* unterscheiden. Ein typisches Nettonetz ist das Zahlungssystem. Wenn Zahlungen über Pole, die wir ↑„Banken" nennen können, abgewickelt werden, dann gibt es jeden Tag (oder jede Stunde, oder vielleicht jede Minute) sowohl Zahlungen von Bank A zu Bank B, als auch Zahlungen von Bank B zu Bank A. Durch das *Clearing* werden diese entgegenlaufenden Zahlungsströme saldiert. Der faktische Zahlungsstrom zwischen den Polen ist dann nur der Saldo zwischen diesen beiden Strömungen. Andere Nettonetze sind das Netz der Stromleitungen, der Gasleitungen (bei gegebener, genormter Gasqualität), des Transports von Massengütern (genormter Qualität), aber auch, im übertragenen Sinne, Kassa- und Terminmärkte für Waren oder Wertpapiere, jeweils homogener, genormter Qualität. Bruttonetze sind solche, in denen sich die gegenläufigen Ströme nicht saldieren. Dazu gehören Transportnetze für Personen und für nicht-genormte Waren und Dienstleistungen. Auch Informationsnetze sind Bruttonetze.

Offensichtlich ist die Kostenstruktur bei Nettonetzen und bei Bruttonetzen ganz verschieden. Während bei Bruttonetzen das summierte Transportvolumen in erster Approximation ausschlaggebend für die Gesamtkosten ist, sind dies bei Nettonetzen die Salden zwischen den verschiedenen Netzknoten. Ein Grund für die Standardisierung und Harmonisierung von Waren und Dienstleistungen ist die Kostenersparnis, die erreicht werden kann, wenn man dadurch Bruttonetze in Nettonetze transformiert.

5. Die Zeit als Rahmen der Wirtschaft: Kapitaltheorie

Im Zentrum des Begriffes „W." steht der Begriff der ↑*Produktion*. Produktion ist eine zweckorientierte menschliche Tätigkeit. Hier werden Mittel eingesetzt, die mit dem Anglizismus *Input* bezeichnet werden. Der Zweck der Produktion sind produzierte Güter, denen man die Bezeichnung *Output* gegeben hat. Die *Input-Output-Analyse*, deren Pionier Wassily Leontief war, teilt das Produktionssystem in mehrere Subsysteme ein, die vielfach „Sektoren" oder „Branchen" genannt werden. Sie untersucht die Verflechtung unter den Branchen. So entsteht die *Input-Output-Matrix*. Diese ist in ihrer Grundform eine quadratische Matrix mit nicht-negativen Koeffizienten. Das einzelne Element dieser Matrix a_{ij} gibt an, wie viele Einheiten des Gutes i als Input benötigt werden, um eine Einheit des Gutes j zu produzieren. Für einen planwirtschaftlichen Ansatz ist eine derartige Input-Output-Analyse unentbehrlich.

Um Zwecke zu erreichen, benötigt der Mensch geeignete Mittel – und er benötigt Zeit. Vielfach müssen die Mittel verfügbar sein, lange bevor die damit angestrebten Zwecke erreicht sind. Daher ist auch die Zeit Teil des natürlichen Rahmens für das menschliche Wirtschaften. In der Ökonomik ist es unüblich, von der „Zeit-W.s-

Lehre" zu sprechen – anders als beim oben besprochenen Raum, dem die „Raum-W.s-Lehre" zugeordnet ist. Die Zeit als Teil des Rahmens fließt aber ein in die „Kapitaltheorie". Seit dem großen Werk vom K. Marx ist das ↑„Kapital" sogar der namengebende Produktionsfaktor für das Zeitalter, in dem wir bis heute leben. Weit über die Anhängerschaft von K. Marx hinaus wird die seit mehr als zwei Jahrhunderten herrschende W.s-Form als „Kapitalismus" bezeichnet. Aber auch für diejenigen Kommentatoren, die diese W.s-Form mit „Markt-W." bezeichnen, ist der Produktionsfaktor „Kapital" ein zentraler Begriff.

Für K. Marx ist der Wert von Kapital gleich dem Wert „vorgetaner Arbeit". Eugen Böhm-Bawerk hat das Ausmaß des eingesetzten Kapitals (Bestandsgröße) pro Werteinheit des Konsumgutes (Strömungsgröße) auf den durchschnittlichen zeitlichen Vorlauf des Arbeitseinsatzes vor der Verfügbarkeit des produzierten Konsumgutes zurückgeführt. Diesen zeitlichen Vorlauf in der Gesamtwirtschaft nannte er die „durchschnittliche Produktionsperiode" (Böhm-Bawerk 1921: 470). Die Produktionsperiode war für ihn die Maßeinheit für das, was er „Produktionsumwege" (Böhm-Bawerk 1921: 302) nannte. Er stipulierte ein *Gesetz der Mehrergiebigkeit längerer Produktionsumwege*. Dieses ist kompatibel mit der modernen Vorstellung, dass die volkswirtschaftliche Arbeitsproduktivität mit steigender Kapitalintensität vergrößert werden kann.

Mithilfe der modernen Kapitaltheorie, die auf E. Böhm-Bawerk und John R. Hicks aufbaut, kann man folgendes zeigen: Man setzt die Rahmenbedingung „Zeit" über eine *Steady-State-Analyse* in Analogie zu einem räumlichen „Nettonetz", das oben besprochen wurde. Hier geht es um die „Transportkosten", die durch die Zeitverschiebung von ökonomischen Werten entstehen. Dem räumlichen Analogon des Gleichgewichts ohne Transportkosten entspricht in der zeitlichen Interpretation folgendes: Die gleichgewichtige Produktionsperiode des Produktionssystems T ist gleich hoch wie die gleichgewichtige volkswirtschaftliche „Warteperiode". Unter der privaten Warteperiode des repräsentativen Haushalts Z, verstehen wir den durchschnittlichen zeitlichen Abstand zwischen dem Lohneinkommen und der Verausgabung für Konsumgüter. Diese wird „korrigiert" um die Staatsschuldenquote D, um so die volkswirtschaftliche Warteperiode Z-D zu erhalten. Ist der risikobereinigte Realzins ein korrektes Preissignal und sind die beiden Perioden T und Z-D gleich groß, dann ist der Jahreskonsum gleich dem Volkseinkommen abzüglich der Verzinsung des Kapitals mit dem risikobereinigten Realzinssatz. Diese Verzinsung entspricht dann den Steady-State-Nettoinvestitionen. Der Realzinssatz entspricht dann der Wachstumsrate des Systems. Dieser Zustand des Steady State wird auch als *Golden-Rule-Pfad* bezeichnet, nachdem einer der Entdecker seiner *Steady-State-Optimalität* ihn so bezeichnet hatte (Edmund Strother Phelps). Mit anderen Worten: man kann den *Golden-Rule-Pfad* als den *Steady-State-Pfad* bezeichnen, in dem quasi keine „intertemporalen Transportkosten" anfallen. Das ist der tiefere Grund für seine Optimalität. In Verallgemeinerung des Ansatzes von Peter Arthur Diamond kann man die Staatsschuldenquote D auch als Steuerungsgröße verstehen, mit deren Hilfe die intertemporalen „Transportkosten" auf null reduziert werden können. Wäre ohne Staatsschulden der gleichgewichtige Realzins höher als die Wachstumsrate, dann müsste die Staatsschuldenquote D negativ sein, um die intertemporalen Transportkosten auf null zu bringen. Wäre ohne Staatsschulden der risikobereinigte Realzinssatz kleiner als die Wachstumsrate, wäre eine positive Staatsschuldenquote erforderlich, um den *Golden-Rule-Pfad* zu erreichen. Im 21. Jh. ist letzteres der Fall.

6. Externe Effekte

Die ökonomische Theorie hat spätestens seit Arthur Cecil Pigou den Sammelbegriff ↑*externe Effekte* für eine große Anzahl von Abweichungen tatsächlichen Preisgeschehens vom idealen Preissystem verwendet. Diese wurden ihrerseits begrifflich unterteilt in *negative* und *positive* externe Effekte. Zum Verständnis der externen Effekte ist es sinnvoll, ein Drei-Ebenen-Schema menschlicher Aktivität einzuführen. Diese drei Ebenen seien mit „Konsum", „Produktion" und „Innovation" bezeichnet. Die mittlere Ebene der „Produktion" entspricht dem herkömmlichen Lehrbuchmodell des W.s-Systems. Es ist dies im Idealfall das perfekt funktionierende Preissystem, welches oben behandelt wurde.

Das Ziel jedes Produzierens ist letztlich der Konsum. Die mittlere Ebene der Produktion ist damit Mittel für die Zwecke, die in der untersten Ebene angesiedelt sind, die wir die Ebene des Konsums nennen. Im weiteren Sinne rechnen wir dieser Ebene auch quasi produzierende Tätigkeiten zu, sofern diese nicht arbeitsteilig, markt- und preisvermittelt erfolgen. Die Trennlinie der beiden Ebenen ist damit bestimmt durch das Kriterium der Arbeitsteilung. Für ein ideales Preissystem ist Wettbewerb zwischen den Produzenten erforderlich. Wettbewerb auf der Ebene der Produktion bedeutet den freien Zugang der (potentiellen) Produzenten zu den Produktionsmethoden. Zugl. aber müssen Eigentumsrechte vorhanden sein, die es den Produzenten erlauben, die von ihnen produzierten Güter solange in ihrem exklusiven ↑Eigentum zu halten, bis sie diese an andere W.s-Teilnehmer verkaufen. Das staatliche ↑*Gewaltmonopol* hat sich als eine Voraussetzung dafür herausgebildet, dass das Eigentum seine bedeutsame Funktion bei der horizontalen Koordination des arbeitsteiligen Produktionssystems erfüllen kann. Die „unsichtbare Hand" bei A. Smith baut auf dem „Leviathan" (1651) des Thomas Hobbes auf.

Auf der Ebene des Konsums kann „Wettbewerb" definiert werden als der freie Zugang zu den Gütern. Dies in Analogie zum freien Zugang zu Produktionsverfahren auf der Ebene der arbeitsteiligen Produktion. Damit wird klar, dass Wettbewerb als Organisationsprinzip nicht durchgängig erwünscht sein kann. Denn auf der Ebene des Konsums verletzt der so definierte Wettbewerb das Eigentumsrecht an Gütern, das auf der Ebene der Produktion unabdingbar für das gute Funktionieren der horizontalen Koordination ist.

Allerdings gibt es „freie" Güter. Das sind Güter, die nicht knapp sind, weil sie die Natur in genügender Menge zur Verfügung stellt. Traditionell galt die See als Medium für den Transport von Waren und Menschen als ein freies Gut. Das Prinzip des offenen Meeres wurde ins ↑Völkerrecht aufgenommen, da die Handelsseeschifffahrt des einen Landes physisch kein Hindernis für die Handelsseeschifffahrt eines anderen Landes darstellte. Auch für den Fischfang galt lange Zeit das Prinzip des offenen Meeres. Das Beispiel des Fischfangs zeigt aber, dass ein Gut, das traditionell als freies Gut gelten konnte, durch starke Nutzung zu einem knappen Gut werden kann. So besteht insb. seit dem 20. Jh. das Bemühen, das nunmehr knappe Gut der Fischfang- oder Walfanggründe durch Vergabe von Eigentumsrechten besser, also restriktiver zu bewirtschaften (Theorie der Eigentumsrechte).

Hier kommt der Begriff des negativen externen Effekts ins Spiel. Man kann diesen definieren als den Schaden, der dadurch für Dritte entsteht, dass es einen freien Zugang zu einem knappen Gut gibt. In der Tradition von A. C. Pigou (1920) plädiert die Ökonomie, und hier speziell die ↑*Umweltökonomik*, dafür, dass man die Übernutzung von knappen Gütern verhindern sollte, indem man diese Güter mit einem Preis versieht. Dieser fungiert im Idealfall als korrektes Preissignal für die komparative Knappheit dieses Gutes unter Berücksichtigung der Schäden, die seine Produktion mit sich bringt. Ein aktuelles Paradebeispiel für diesen Gedanken ist das Plädoyer für einen Preis des Rechts auf Emission von CO_2, Lachgas, Methan und anderen Spurengasen in die Atmosphäre, um so die Klimaeffekte dieser Emissionen unter Kontrolle zu bringen.

Das W.s-Leben der Moderne ist keineswegs statisch. Damit kommen wir zur dritten Ebene menschlicher Aktivität. Ihr geben wir die Bezeichnung ↑„Innovation". Es gibt hier eine Symmetrie: das Verhältnis der oberen Ebene „Innovation" zur unteren Ebene „Produktion" ähnelt dem Verhältnis der oberen Ebene „Produktion" zur unteren Ebene „Konsum": In beiden Fällen dient die obere Ebene dazu, die Beschränkungen oder Knappheiten der unteren Ebene durch Aktivitäten der oberen Ebene zu mildern oder gar aufzuheben. So wie die Ebene der Produktion die Knappheit an Konsumgütern abmildert, so hebt die Ebene der Innovation tendenziell die Knappheit der verfügbaren Produktionsverfahren auf. Und in beiden Fällen dienen Zugangssperren auf der unteren Ebene dazu, die Aktivitäten der jeweils oberen Ebene zu stimulieren.

So entsteht in Analogie zum Eigentum an Sachen auch ein Eigentumsrecht an Ideen, um zusätzliche Anreize zu schaffen, auf der Ebene der Innovation tätig zu werden. Das Patentrecht und das Urheberrecht, aber auch das Markenrecht werden hiermit gerechtfertigt. Diese Rechte des geistigen Eigentums (↑Immaterialgüterrecht) beschränken vielfach den freien Wettbewerb der Produzenten auf der Ebene der Produktion. Die beste Abwägung der Eigentumsrechte und des Wettbewerbs auf den Ebenen der Produktion und der Innovation kann nicht ein- für allemal gefunden werden, sondern hängt von der tatsächlichen historischen Entwicklung auf den drei Ebenen ab. Sie ist auch ein Dauerthema der Wettbewerbspolitik und des Kartellrechts.

Positive externe Effekte gehören denknotwendig zu den Aktivitäten der Ebene „Innovation". Ein Schumpeterscher Unternehmer, der erfolgreich ein neues Produkt auf den Markt bringt, mag hohe Gewinne einfahren; aber zugl. ist der volkswirtschaftliche Gesamtnutzen seiner Aktivität weitaus höher als sein eigener Gewinn. Dennoch ist die Frage, ob im Vergleich zu einer Idealsituation zu viele oder zu wenige Ressourcen in die Tätigkeit der Ebene drei fließen, nicht einfach zu beantworten. Man muss berücksichtigen, dass der Wettbewerb in der Erfinder- und Innovationstätigkeit bei gegebenem rechtlichen Rahmen auch zu solchen Phänomenen wie Parallelforschung und Patentmacht führen kann; letztere könnte nachfolgende Innovationen obstruieren.

Die Ebene der Innovation verschiebt den Blick vom Preissignal als volkswirtschaftliches Kostensignal auf die Preisbildung in Abhängigkeit des Konsumentennutzens. Indem der Innovator über ein (meist vorübergehendes) Monopol verfügt, muss seine Preispolitik sich primär mit dem geschätzten Verlauf seiner Nachfragekurve, also dem Kundennutzen seiner Innovation abgeben. Das Betriebsleben erfährt hier einen außerordentlich komplexen Problembereich, dessen volkswirtschaftliche Durchdringung noch gar nicht weit gediehen ist.

So sehr auch das Phänomen der ständig weiter gehenden Innovationen als „Störfaktor" für das aus statischer Sicht „ideale" Preissystem fungiert, so fundamental ist, dass man das moderne W.s-System unter dem Aspekt der ↑*Evolution* und damit auch des *Fortschritts* versteht. Auch unter diesem Aspekt ist der horizontale Modus des Wirtschaftens dem vertikal-zentralverwaltungswirtschaftlichen weit überlegen. Jedoch darf die Rolle des ↑Staates als direkter und indirekter Innovationsförderer nicht unterschätzt werden. Seine Kernaufgabe ist zwar die Durchsetzung des ↑Rechtsstaates und des Gewaltmonopols. Aber seine ↑Wissenschafts- und Forschungs-, Infrastruktur- und ↑Bildungspolitik spielen eine zentrale Rolle im *Systemwettbewerb der Staaten*.

7. Fortschritt als wirtschaftspolitisches Kriterium

Mit und seit der Aufklärung ist der Glaube an den ↑Fortschritt dominant. Aggregiert über die gesamte Volks-W. und von großen Kriegen abgesehen ist ↑W.s-Wachstum ein recht stetiger Prozess. Er setzt sich aber aus vielen Einzelprozessen zusammen, die teilweise disruptiv sind. Hieraus ergeben sich vielfach Widerstände; v.a., wenn sie mit dem Verlust von Arbeitsplätzen verbunden sind. Dennoch gehörte die Förderung des Fortschritts ganz überwiegend zur wirtschaftspolitischen Programmatik (↑W.s-Politik). Immer hat es allerdings Streit darüber gegeben, ob ein Staat, der mittels „Industriepolitik" in das Marktgeschehen eingreift, mehr Nutzen als Schaden anrichtet. Die Kritiker der Industriepolitik verweisen auf den Erfolg von Wettbewerbsmärkten bei der Durchsetzung von Fortschritt. Diese könnten durch Industriepolitik beschädigt werden.

Ob der sich selbst überlassene Prozess des wirtschaftlichen Wachstums unter dem Aspekt der ↑*Nachhaltigkeit* zufrieden stellt, wird heute kontrovers diskutiert.

Wie oben ausgeführt, hat die W.s-Theorie herkömmlich mit der Annahme gearbeitet, dass die Präferenzen der Bürger vorgegeben sind. Unter dieser Annahme entwickelte sich das *Kaldor-Hicks-Scitovsky-Kriterium* zur Beurteilung der Frage, ob ein Vorgang im Marktgeschehen (wie z.B. die Einführung eines neuen Produkts) oder eine staatliche Maßnahme (wie z.B. der Bau einer Brücke oder eine Gesetzesänderung) aus Sicht der ↑Wohlfahrt der Bevölkerung zu befürworten oder abzulehnen sei. Indem mittels des Gedankens der „revealed preference" (Samuelson 1938) geschätzte und prognostizierte Nachfragefunktionen als Ausdruck dahinter stehender Präferenzen verstanden werden, kann man nicht nur die Kosten, sondern auch den in Geldeinheiten umgerechneten ↑Nutzen eines vorgeschlagenen Projektes abschätzen – und so zu einer Entscheidung über dieses Projekt kommen. Dies begründet die in der Praxis vielfach angewandte Methode der ↑*Kosten-Nutzen-Analyse* für die Evaluierung (↑Evaluation) von möglichen Projekten der öffentlichen Hand, etwa im Verkehrsbereich. Dass weitgehend partialanalytische Projektevaluation gelingt, liegt an der „Fast-Zerlegbarkeit" (Simon 1962: 475) des Systems „W.".

Kann ein konsistenter Begriff des Fortschritts aufrechterhalten werden, wenn man von der Annahme abgeht, dass die Präferenzen der Bürger fest vorgegeben sind? Ansätze hierzu gibt es einmal im Feld der *Behavioral Economics* (↑Verhaltensökonomik). Hier werden Einflüsse auf Präferenzen insb. auch mittels experimenteller Methoden untersucht. Indessen ist hier noch keine theoretische Grundlegung vorhanden, die es erlaubte, zwischen „eigentlichen" Präferenzen und „falschen" Präferenzen zu unterscheiden. Einzig quasi „paternalistische" Vorentscheidungen der politischen Entscheidungsträger führen zu entspr.en staatlichen Beschränkungen der persönlichen *Entscheidungsfreiheit*. Dort, wo offenkundige Geschäftemacherei unter Ausnutzung von Suchtphänomenen beobachtet werden kann, gibt es nach gesundem Menschenverstand Anlass zu staatlichen Eingriffen, z.B. in der Form von Verboten oder der Besteuerung entspr.er Aktivitäten. Das hier einfließende Element des ↑Paternalismus kann als eine Art *pragmatische Konzession* seitens einer im Prinzip liberalen Weltsicht verstanden werden. Theoretisch gewendet: Man erkennt dem Süchtigen oder Suchtgefährdeten ab, dass seine Sucht Ausdruck autonomen Handels sei.

Auch die moderne Variante des Paternalismus in der Form des *Nudging* kratzt ein Stück weit an der Grundvorstellung, dass der Bürger im Rahmen seiner Möglichkeiten autonom handle. Eine unkontroverse Grenze zwischen einem akzeptablen und einem problematischen Nudging-Paternalismus ist nicht in Sicht.

Der Begriff des Fortschritts ist mit dem *normativen* ↑*Individualismus* kompatibel, wenn die individuellen Präferenzen zwar variabel, also auch beeinflussbar sind, wenn sie aber die Eigenschaft der Adaptivität besitzen. Der Begriff der Präferenzen wird in diesem Ansatz als Korrelat zum Begriff der „bürgerlichen Freiheit" (v. Weizsäcker 2015: 71) verstanden. Präferenzen der Bürger werden dann als *adaptiv* bezeichnet, wenn sie die Tendenz haben, den jeweiligen Status Quo gegenüber Alternativen „aufzuwerten". Sie sind damit zwar nicht fix, bringen aber einen gewissen Konservativismus zum Ausdruck.

Den Begriff des Fortschritts kann man in einem Modell mit variablen Präferenzen mithilfe des Konzepts des *Fortschrittspfades* präzisieren. Eine Fortschrittsfolge einer Person ist eine Abfolge von „Warenkörben" derart, dass jeder Übergang zu einem weiteren Warenkorb von dieser Person als Verbesserung angesehen wird, wobei die von dem vorangehenden Warenkorb *induzierten* Präferenzen zugrunde gelegt werden. Eine Fortschrittsfolge soll Fortschrittspfad heißen, wenn die Fortschrittsfolge nicht-zirkulär ist. Eine analoge Formulierung für einen Strom von Warenkörben in der als Kontinuum aufgefasster Zeit ist auch möglich. Ein sinnvoller Begriff des Fortschritts ist mithilfe der Fortschrittsfolgen nur dann zu gewinnen, wenn alle Fortschrittsfolgen auch Fortschrittspfade sind.

Im Rahmen eines recht allg.en mathematischen Modells kann man zeigen: Sind die Präferenzen der Person adaptiv, dann ist jede Fortschrittsfolge ein Fortschrittspfad. Damit „retten" die adaptiven Präferenzen den Begriff des Fortschritts für eine Welt mit endogen bestimmten Präferenzen. Im Übrigen gilt auch die Umkehrung: Sind alle Fortschrittsfolgen auch Fortschrittspfade, dann sind die Präferenzen adaptiv. Die fixen Präferenzen des *homo oeconomicus* sind ein Spezialfall adaptiver Präferenzen. Diese können damit als Verallgemeinerung der herkömmlichen *Welfare Economics* angesehen werden.

Die bisherigen Ergebnisse der *Behavioral Economics* scheinen alle kompatibel mit der Generalhypothese zu sein, dass der Mensch ein Wesen mit adaptiven Präferenzen ist.

8. Umverteilung und Soziale Marktwirtschaft

Der moderne evolutorische Fortschrittsprozess generiert Ungleichheit – und dies selbst dann, wenn im Rahmen einer ↑Demokratie ein gewisses Maß an Chancengleichheit (↑Chancengerechtigkeit, Chancengleichheit) hergestellt worden ist. Viele unternehmerische Ausbruchsversuche aus dem Status Quo scheitern; manche führen zu kommerziellen Erfolgen, wodurch die einen reich werden, während andere verlieren. Das Kaldor-Hicks-Scitovsky-Kriterium berücksichtigt keine Verteilungseffekte. Der Grundgedanke der ↑Sozialen Markt-W. propagiert die Koexistenz des Marktprinzips mit dem ↑Sozialstaat. Auch die Theorie der optimalen Besteuerung (↑Steuern) basiert auf dem Gedanken, einen optimalen Kompromiss zwischen dem Prinzip des materiellen Leistungsanreizes und dem Ziel einer möglichst gleichmäßigen Wohlstandsverteilung zu schaffen.

Dieser Koexistenz-Gedanke macht insb. aus folgendem Grund Sinn: Bei einer hinreichend progressiven Einkommensbesteuerung ist zu erwarten, dass ein Projekt, das insgesamt das reale Volkseinkommen steigert, selbst dann die meisten ärmeren Menschen begünstigt, wenn es v. a. die Primäreinkommen der Wohlhabenden erhöht. Denn durch die Besteuerung dieser zusätzlichen Primäreinkommen kann die Fähigkeit des Fiskus steigen, Leistungen zugunsten der Bezieher kleinerer Einkommen zu finanzieren.

Die Optimierung dieser Koexistenz zweier Prinzipien erfolgt sinnvollerweise nach dem Popperschen Konzept des *Piecemeal-Engineering*: Basierend auf Erfahrung, Analyse und Diskurs – und in kleinen Schritten.

Literatur

C. C. von Weizsäcker: Capital Theory of the Steady State, 2020 • Ders./H. Krämer: Sparen und Investieren im 21. Jahrhundert, 2019 • H. Rosling: Factfulness, 2018 • P. Cramton/A. Ockenfels/J. Tirole: Policy Brief–Translating the Collective Climate Goal Into a Common Commitment, in: REEP 11/1 (2017), 165–171 • H. Simon/M. Fassnacht: Preismanagement, 2016 • G. Akerlof/R. Shiller: Phishing for Phools, 2015 • C. C. von Weizsäcker: Adaptive Präferenzen und die Legitimierung dezentraler Entscheidungsstrukturen, in: C. Müller/N. Otter (Hg.): Behavioral Economics und Wirtschaftspolitik, 2015, 68–98 • V. Vanberg: Liberalismus und Demokratie: Zu einer vernachlässigten Seite der liberalen Denktradition, in: ORDO 65 (2014), 345–374 • C. C. von Weizsäcker: Die Ko-Evolution von Marktwirtschaft und Demokratie, in: ORDO 65 (2014), 13–44 • A. Deaton: The Great Escape, 2013 • R. H. Thaler/C. R. Sunstein: Nudge: Improving Decisions About Health, Wealth, and Happiness, 2008 • H. C. Binswanger: Geld und Magie, [2]2005 • C. C. von Weizsäcker: Hayek und Keynes: Eine Synthese, in: ORDO 56 (2005), 95–111 • J. Lerner/J. Tirole: Efficient Patent Pools, in: AER 94/3 (2004), 691–711 • A. Maddison: The World Economy, 2003 • F. A. von Hayek: Recht, Gesetz und Freiheit, 2003 • M. Adams: Heroin an Süchtige?, in: ZRP 30/2 (1997), 52–60 • J. Kornai: The Socialist System, 1992 • N. Luhmann: Die Wirtschaft der Gesellschaft, 1988 • D. A. Starrett: Foundations of Public Economics, 1988 • M. Granovetter: Economic Action and Social Structure – The Problem of Embeddedness, in: AJS 91/3 (1985), 481–510 • C. C. von Weizsäcker: Barriers to Entry, 1980 • A. Smith: Der Wohlstand der Nationen, 1974 • J. Kornai: Anti-Equlibrium, 1971 • J. A. Mirrlees: An Exploration in the Theory of Optimal Income Taxation, in: RES 38/2 (1971), 175–208 • Y. Barzel: Optimal Timing of Innovations, in: REST 50/3 (1968), 348–355 • H. Demsetz: Toward a Theory of Property Rights, in: AER 57/2 (1967), 347–359 • P. Diamond: National Debt in a Neoclassical Growth Model, in: AER 55/5 1. T. (1965), 1126–1150 • P. A. Samuelson: A Theory of Induced Innovation Along Kennedy-Weizsäcker Lines, in: REST 47/4 (1965), 343–356 • H. A. Simon: The Architecture of Complexity, in: PAPS 106/6 (1962), 467–482 • E. Phelps: The Golden Rule of Accumulation – A Fable for Growthmen, in: AER 51/4 (1961), 638–643 • R. H. Coase: The Problem of Social Cost, in: J. Law Econ. 3 (1960), 1–44 • F. A. von Hayek: The Constitution of Liberty, 1960 • G. Debreu: Theory of Value, 1959 • R. M. Solow: Technical Change and the Aggregate Production Function, in: REST 39/3 (1957), 312–320 • Ders.: A Contribution to the Theory of Economic Growth, in: QJE 70/1 (1956), 65–94 • R. Dorfman/P. O. Steiner: Optimal Advertising and Optimal Quality, in: AER 44/5 (1954), 826–836 • H. Houthakker: Revealed Preference and the Utility Function, in: Economica 17/2 (1950), 159–174 • A. A. Müller-Armack: Wirtschaftslenkung und Marktwirtschaft, 1947 • F. A. von Hayek: The Use of Knowledge in Society, in: AER 35/4 (1945), 519–530 • K. R. Popper: The Open Society and its Enemies, 2 Bde., 1945 • W. W. Leontief: The Structure of the American Economy, 1941 • T. Scitovsky: A Note on Welfare Propositions in Economics, in: RES 9 (1941), 77–88 • W. Eucken: Die Grundlagen der Nationalökonomie, 1940 • J. R. Hicks: Value and Capital, 1939 • Ders.: The Foundations of Welfare Economics, in: EconJ 49/196 (1939), 696–712 • N. Kaldor: Welfare Propositions of Economics and Interpersonal Comparisons of Utility, in: EconJ 49/195 (1939), 549–552 • P. A. Samuelson: A Note on the Pure Theory of Consumer Behavior, in: Economica 5/1 (1938), 61–71 • J. M. Keynes: The General Theory of Employment, Interest and Money, 1936 • E. Chamberlin: The Theory of Monopolistic Competition, 1933 • E. von Böhm-Bawerk: Kapital und Kapitalzins – Positive Theorie des Kapitales, 1. Bd., [4]1921 • A. C. Pigou: The Economics of Welfare, 1920 • J. A. Schumpeter: Theorie der wirtschaftlichen Entwicklung, 1911 • G. Simmel: Philosophie des Geldes, 1900 • M.-E.-L. Walras: Eléments d'Economie Politique Pure ou Théorie de la Richesse Sociale, 1874 • C. Menger: Grundsätze der Volkswirtschaftslehre, 1871 • T. Hobbes: Leviathan, 1668 • H. Grotius: De mare liberum, 1609.

CARL CHRISTIAN VON WEIZSÄCKER

Wirtschaftliche Stabilität ↑Stabilisierung

Wirtschaftliches Prinzip

1. Begriff

Das w. P. stellt eine Definition wirtschaftlicher ↑Rationalität dar, bei der das Verhältnis der eingesetzten Mittel zur angestrebten Zielgröße relevant ist. Im Allgemeinen geht es darum, dass Akteure ihre Bedürfnisse unter der Restriktion von Knappheit effizient befriedigen, weshalb das w. P. in der ↑Wirtschaftswissenschaft – in Volks- wie ↑Betriebswirtschaftslehre – Anwendung findet. Der Ausdruck des w.n P.s wird synonym verwendet mit dem ökonomischen Prinzip, dem Vernunftprinzip oder dem Rationalprinzip.

2. Wirtschaftliche Akteure und ihre Bedürfnisse

In der Wirtschaftswissenschaft werden als Anwender des w.n P.s typischerweise Individuen oder ↑Unternehmen angesehen, die nach der ökonomischen ↑Rational Choice Theory bei gegebener Mittelausstattung unter Verhaltensbeschränkungen (Budget, Zeit etc.) ihren ↑Nutzen bzw. Gewinn maximieren. Dabei wird eine stabile Zielfunktion (Präferenzen) unterstellt und versucht vorherzusagen, wie sich verschiedene Restriktionen auf das Verhalten von Menschen auswirken. Die Ausprägung der Präferenzen ist dabei rein subjektiv. Wenn sich z. B. ein Unternehmen Gewinne aus der Produktion von Luxusgütern verspricht, kann es auch rational sein, in sehr kostenintensive Produktionsfaktoren zu investieren.

Die Knappheit der ↑Güter und der zu ihrer ↑Produktion aufgewendeten Ressourcen ist die Rahmenbedingung des w.n P.s. Als Güter werden materielle und immaterielle Mittel der Bedürfnisbefriedigung verstanden. Angesichts unbegrenzter Bedürfnisse und zugl. knapper Güter stehen Akteure vor der Entscheidung, zwischen Handlungsalternativen wählen zu müssen, um ihren Nutzen bzw. Gewinn unter Restriktionen zu maximieren. Hierbei erwägen sie, wie sie ihre begrenzten Ressourcen (↑Einkommen und Zeit) einsetzen. Wenn ein Haushalt sich dazu entscheidet, einen Laptop zu kaufen, sind die finanziellen Mittel möglicherweise erschöpft, wenn eine neue Waschmaschine benötigt wird. Daher sind bei Entscheidungen nach dem w.n P. auch die nicht gewählten Handlungsalternativen und die hieraus resultierenden Nutzenverluste zu betrachten (Opportunitätskosten), welche die relative Knappheit eines Gutes indizieren und im Preis ausgedrückt werden.

3. Maximum- und Minimumversion des wirtschaftlichen Prinzips

In der *Maximumversion* des w.n P.s geht es darum, bei einer gegebenen Mittelausstattung den größtmöglichen Zielerreichungsgrad zu erzielen. Nach der mikroökonomischen Haushaltstheorie ist die zu maximierende Zielfunktion die Nutzenfunktion eines Individuums, wobei sich der Nutzen aus dem Verbrauch der Güter in den jeweiligen Mengen ergibt. Die Nebenbedingung wird durch das fixe Einkommen dargestellt, das nutzenmaximal auf das in Preisen ausgedrückte Güterbündel zu verteilen ist. Maximal ist der Nutzen des Haushalts, wenn sein *Grenznutzen* einer Geldeinheit für jede dieser Gütereinheiten gleich groß ist.

Unternehmen werden in der mikroökonomischen Standardtheorie als Orte der Transformation von Produktionsfaktoren (Inputs), z. B. ↑Arbeit und ↑Kapital, zu realen Erträgen (Outputs) verstanden. An die Stelle der Nutzenfunktion tritt hier die Produktionsfunktion, welche die funktionale Beziehung zwischen dem Einsatz nichtnegativer Mengen der Faktoren und der daraus resultierenden Produktionsmenge wiedergibt, die es zu maximieren gilt. Das Maximierungsanliegen wird hier beschränkt durch ein fixes Kostenbudget, also den mit Preisen bewerteten Verzehr von Produktionsfaktoren. Im Beispiel würde eine Imbissbude versuchen, ihr verfügbares Budget so auf die Produktionsfaktoren für die Herstellung der Produkte Pommes Frites und Bratwurst zu verteilen, dass der Grenzertrag jeder eingesetzten Geldeinheit für alle Faktoren gleich groß ist.

In der *Minimumversion* des w.n P.s soll eine vorgegebene Zielgröße erreicht werden, wobei der Mittelaufwand möglichst gering zu halten ist. So können die ersparten Ressourcen noch anderweitig eingesetzt werden. Im Haushaltsfall gilt es somit, den Budgeteinsatz zu minimieren, um ein festgesetztes Nutzenniveau zu erreichen. Der Haushalt würde somit versuchen, die preisgünstigste Kombination des Pommes-Bratwurst-Güterbündels zu finden, um so möglichst wenig Geldeinheiten einsetzen zu müssen. Bei Unternehmen verlangt das Minimumprinzip, dass möglichst wenig ↑Kosten aufgewendet werden, um einen angestrebten Ertrag zu erzielen. Wenn die Imbissbude im Beispiel die Herstellung von Pommes Frites und Bratwurst auf eine Stückzahl pro Tag fixiert hat, würde sie versuchen, die beiden Faktoren möglichst preisgünstig zu beschaffen. Maximal- und Minimalprinzip führen unter gleichen Umständen zum gleichen Ergebnis.

4. Anwendungen

Als Regel klugen Handelns (↑Klugheit) ist die Anwendung des w.n P.s nicht allein auf einzelwirtschaftliche Fragen beschränkt, sondern auch bei makroökonomischen Optimierungsproblemen möglich, etwa bei der Ermittlung der gesamtwirtschaftlichen Wachstumsrate des ↑Konsums durch intertemporale Nutzenmaximierung (sog.e Keynes-Ramsey-Regel). Obwohl das w. P. der Wirtschaftswissenschaft entstammt, lässt es sich zudem nicht nur auf ökonomische Probleme anwenden, sondern als ein Prinzip *allen* zweckgerichteten Handelns im Alltag: Menschen können es verwenden, um ihre Tagesabläufe zu optimieren, die Größe ihrer Familie zu planen, den Spritverbrauch beim Autofahren zu kontrollieren oder schlicht, um ihre Zähne zu putzen.

Ein Kalkül nach dem w.n P. ist auch nicht nur für Entscheidungen unter sicheren Erwartungen möglich. In der ökonomischen Entscheidungstheorie findet es sich v. a. bei ↑Entscheidungen unter Risiko, die i. S. d. ↑Spieltheorie als „Spiele gegen die Natur" aufgefasst werden können, in der Form der Maximierung des Erwartungsnutzens. Die Principal-Agent-Theorie löst auf dieser Basis z. B. das Problem des ↑Moralischen Risikos (moral hazard) in Versicherungs- oder Arbeitsverträgen.

Aus wissenschaftstheoretischer Sicht dient das w. P. als Klugheitsregel dem pragmatischen Wissenschaftsziel, nach dem die Formulierung von Ziel-Mittel-Aussagen i. S. sozialwissenschaftlicher Technologien angestrebt wird. Insofern Technologien lediglich anwendungsbezogene Umformungen von (expliziten oder impliziten) Theorien (Ursache-Wirkungs-Aussagen) sind, ist die Anwendung des w.n P.s grundsätzlich wertfrei, auch wenn der amerikanische Sprachgebrauch hierfür ebenfalls den Begriff der „normativen Theorie" (Jensen 1983: 319) kennt. Ob ein Mittel geeignet ist, um ein Ziel zu erreichen, ist in wahrheitsfähiger Weise ohne subjektive Wertung diskutierbar. Das w. P. formuliert daher auch kein „Menschenbild", das vorschreibt, wie sich Individuen in ihrem Leben verhalten *sollen*. In technologischer Ziel-Mittel-Formulierung äußert es lediglich eine Gestaltungsempfehlung zur Bewältigung von Knappheit unter der Bedingung, dass der Entscheider das zugrundeliegende Ziel teilt. In Form einer Theorie bringt das w. P. zum Ausdruck, wie Menschen i. d. R. tatsächlich die Mittel in Bezug auf die von ihnen angestrebten Ziele wählen. Da diese, wie v. a. die ↑Verhaltensökonomik zeigt, in der Realität manchmal anders entscheiden, können wirtschaftswissenschaftliche Argumente, die auf dem w.n P. basieren, immer nur „Erklärungen im Prinzip" (Hayek 1967: 11) sein, nicht aber adäquate Erklärungen jedweden menschlichen Handelns.

In moralischer Hinsicht ist das w. P. grundsätzlich neutral. Seine Anwendung kann jedoch moralisch problematische Konsequenzen haben, wenn das vom Entscheider angestrebte Ziel in sich schlecht ist (z. B. Habgier) oder – wie in sozialen Dilemmasituationen – Dritte einen Teil der Kosten für die angestrebte Handlung zu tragen haben (↑externe Effekte), sei es in Form negativer sozialer Folgen (z. B. schlechte Entlohnung) oder von Umweltschäden (z. B. durch Verschmutzung von Meeren). Daher sollte das w. P. im Unternehmenskontext nicht isoliert, sondern i. S. eines integrativen Nachhaltigkeitskonzepts Verwendung finden. Nur wechselseitiges Ausbalancieren und Integrieren von wirtschaftlichen, ökologischen und sozialen Folgen stellt die Grundlage nachhaltigen Handelns dar (↑Nachhaltigkeit). Das Gewinnparadox in der ↑Unternehmensethik behauptet, dass Unternehmen, die eine Gemeinwohlzielsetzung (↑Gemeinwohl) verfolgen, ebenso erfolgreich sein können wie gewinnmaximierende Unternehmen.

Die moralische Vertretbarkeit einer isolierten Anwendung des w.n P.s hängt auch vom Entscheidungsumfeld ab. Die wirtschaftspolitische Konzeption der ↑Sozialen Marktwirtschaft sieht eine institutionenethische Lösung (↑Institutionenethik) moralischer Dilemmaprobleme über den Regelrahmen der Wirtschaft vor. Zumindest in dem Maße, in dem die Wettbewerbsordnung die Wahl moralisch vertretbarer Handlungen erzwingt, kann daher für die Anwendung des w.n P.s durch ein gewinnmaximierendes Unternehmen grundsätzlich eine allg.e „Richtigkeitsvermutung" (Steinmann/Löhr 1994: 107) gelten.

Literatur

H. Laux/R. M. Gillenkirch/H. Y. Schenk-Matthes: Entscheidungstheorie, [10]2019 • C. Müller: Die Soziale Marktwirtschaft als wirtschaftsethische Konzeption, in: A. N. Krylov (Hg.): Corporate Social Responsibility: Wirtschaftsmodelle – Moral – Erfolg – Nachhaltigkeit, 2013, 41–64 • K. Chmielewicz: Forschungskonzeptionen der Wirtschaftswissenschaften, [3]2004 • G. S. Becker/G. N. Becker: Die Ökonomik des Alltags, 1998 • N. E. Bowie: The Paradox of Profit, in: N. D. Wright (Hg.): Papers on the Ethics of Administration, 1998, 97–118 • H. Steinmann/A. Löhr: Grundlagen der Unternehmensethik, [2]1994 • B.-T. Ramb/M. Tietzel: Ökonomische Verhaltenstheorie, 1993 • G. Stigler: Economics: The Imperial Science?, in: SJE 86/3 (1984), 301–313 • M. C. Jensen: Organization Theory and Methodology, in: AR 58/2 (1983), 319–339 • A. Blinder: The Economics of Brushing Teeth, in: JPE 82/4 (1974), 887–891 • F. A. von Hayek: Degrees of Explanation, in: ders. (Hg.): Studies in Philosophy, Politics, and Economics, 1967, 3–21.

MICHAEL SENDKER
UND CHRISTIAN MÜLLER

Wirtschafts- und Sozialausschuss ↑Europäische Union (EU)

Wirtschaftsethik

I. Sozialethisch – II. Ökonomisch – III. Philosophisch

I. Sozialethisch

Die W. ist das (vermutlich) wichtigste Teilgebiet der ↑christlichen Sozialethik. Bereits die Entstehung einer solchen *Sozial*ethik war eine Konsequenz der Etablierung einer durch das Marktsystem geregelten ↑*Wirtschafts*ordnung im Laufe des 19. Jh. Angesichts der sich damals vollziehenden funktionalen Ausdifferenzierung des modernen Wirtschaftssystems wurde deutlich, dass bei den christlichen Bemühungen der Kirchen, sich in Bezug auf die drängenden Problemlagen (↑Soziale Frage) nützlich zu machen, ein bloßer Rückgriff auf das *individual*ethische Instrumentarium der christlichen ↑Moraltheologie nicht ausreichen konnte. Vielmehr mussten diese *strukturellen* Probleme mit einem *struktur*ethischen, eben spezifisch *sozial-* oder *gesellschafts*ethischen Zugriff bearbeitet werden. Ein längerer Lernprozess führte zur Herausbildung einer *Sozialethik* der Wirtschaft (im katholischen Bereich sogar durch die Einführung eines neuen theologischen Fachs: der *Christlichen Gesellschaftslehre*), über deren genauere Konturen freilich niemals Konsens bestand. Die Konturen der Sozialethiken der Wirtschaft lassen sich nun durch eine Differenzierung von drei Ebenen systematisieren.

1. Nächstenliebe (Begründungsebene)

Das *Grundanliegen* der Christlichen Sozialethik besteht in der gesellschaftsethischen Umsetzung des für Jesus von Nazaret grundlegenden Ziels der *Nächstenliebe* (Mt 22,34–40; vgl. Mk 12,29–31; Lk 10,25–28). In diesem biblisch fundierten *Begründungsdiskurs* liegt das Spezifische einer *christlichen* Sozialethik (der Wirtschaft). Von daher ergibt sich das allg.e sozialethische Ziel, dass

„der Mensch der Träger, Schöpfer und das Ziel aller gesellschaftlichen Einrichtungen“ (Mater et Magistra: 219) sein sollte. Diese Formulierung des Leitbildes belässt zwar konkrete Konsequenzen im Unbestimmten, dennoch aber besteht im grundsätzlichen Ziel, die institutionellen Strukturen für ein menschenwürdiges Leben (↑Menschenwürde) aller zu schaffen, das formelhaft verdichtete Kernanliegen der Sozialethik. In diesem Sinn lässt sich „die ganze katholische Soziallehre [...] auf einen Fingernagel schreiben“ (Nell-Breuning 1985: 58). Gleichwohl fallen auf dieser Begründungsebene fundamentale Entscheidungen.

Zum einen stellt sich grundlegend die Frage, *wer* überhaupt zur *sozialen* Gemeinschaft gehört, wessen ↑Interessen also überhaupt zu berücksichtigen sind. Die christliche Antwort auf diese *Wer*-Frage greift zurück auf Jesus von Nazaret, der mit seiner Fremden- (Lk 10,25–37) und Feindesliebe (Mt 5,44 f.) den Begriff des „Nächsten“ so definiert hat, dass kein Mensch mehr ausgeschlossen bleibt: Jeder ist der „Nächste“ und gehört zur Solidargemeinschaft! Dieser sozialethische Begründungsstandpunkt sieht also vor, dass sich Menschen nicht nur aufgrund der Potenziale ihrer Kooperationserträge definieren (das wäre der *economic point of view*), vielmehr geht es um eine Gesellschaft von Menschen, die sich grundsätzlich i. S. d. christlichen Nächstenliebe anerkennen (der *christian point of view*).

Es sei darauf hingewiesen, dass sich dieses identitätssemantische Angebot der christlichen Religion von der Modellierung des Problems bei John Rawls unterscheidet. J. Rawls' „Urzustand“ steht von vornherein nur für den „Bereich des Normalen“ (Rawls 1998: 384) offen, d. h. für „volle und aktive Gesellschaftsmitglieder“ (Rawls 1998: 384). Diese Beschränkung stimmt mit der christlichen Antwort auf die Solidaritätsfrage, die von einer ausnahmslos *alle* Menschen dieses Erdballs umfassenden „Menschheitsfamilie“ ausgeht, nicht überein.

Letzteres Ziel benennen auch drei der ↑Sozialprinzipien der traditionellen ↑Katholischen Soziallehre, nämlich das *Personprinzip* (die ↑Würde jeder menschlichen ↑Person), das *Gemeinwohlprinzip* (das gemeinsame Wohl aller Personen) und das *Solidaritätsprinzip* (die wechselseitige Verwiesenheit und Verantwortlichkeit aller für alle). Solche Sozialprinzipien liefern noch keine konkretisierten Rezepte zur institutionellen Lösung gesellschaftlicher Problemlagen, sondern können „nur“ als richtungsgebende Maßstäbe fungieren. Diese Kompetenz, Richtungs-Vorschläge zu machen, wird aber verspielt, wenn das theoretische Prinzipienkonzept nahezu beliebige praktische Anwendungsmöglichkeiten erlaubt. Um diese Beliebigkeit zu vermeiden, sollten die Prinzipien der Personalität, des ↑Gemeinwohls und der ↑Solidarität, die im Wesentlichen auf das Gleiche hinauslaufen, als normative *Ziel*prinzipien konzipiert und nur das *Subsidiaritätsprinzip* (↑Subsidiarität) als *instrumentales Mittel*prinzip (*Organisations*prinzip) in Anschlag gebracht werden.

Mit der Schlichtheit des Grundanliegens verbindet sich nun aber auch gleich das *Grundproblem* der Sozialethik: Ihr Ziel besteht zwar im „rechten Aufbau der menschlichen Gesellschaft“ (GS: 3), also in einer am Menschen orientierten Ausgestaltung von ↑Gesellschaft und ↑Wirtschaft, doch verfügt sie über kein konkretisiertes „Wirtschafts- oder Sozialprogramm Gottes“, d. h. über keine fertigen „Kochrezepte“, *wie* eine Umsetzung dieses grundlegenden Ziels in einer modernen Gesellschaft bewerkstelligt werden könnte. Die Kirchen haben „keine technischen Lösungen anzubieten“ (Caritas in Veritate: 9). Denn als Disziplin der Theologie verfügt die Sozialethik der Wirtschaft als solche (noch) nicht über das ausdifferenzierte Instrumentarium der modernen, jeweils kompetenten Einzelwissenschaften (z. B. der Ökonomik). Denn zu Zeiten der Entstehung des religiösen Grundlagendokuments der christlichen Theologie, der Bibel, gab es ja noch nicht einmal den Gegenstandsbereich der Sozialethik: die moderne Gesellschaft. Diese Tatsache ist zu berücksichtigen, wenn es um die Frage geht, was die Sozialethik (der Wirtschaft) gleichwohl an gesellschaftlich nützlichen Orientierungsangeboten beizusteuern hat.

2. Gerechtigkeit (Anwendungsebene)

Die Nächstenliebe als das Grundanliegen der Sozialethik (*Wer*-Frage) wirft dann im Hinblick auf die gesellschaftsethische Anwendung die Frage auf, *was* Nächstenliebe nun im Hinblick auf soziale Regelungen bedeuten könnte. Will man auch diese Frage biblisch fundieren, so geht es hier um die Aufforderung Jesus von Nazaret, die ↑*Gerechtigkeit* zu suchen (Mt 6,33: „Sucht zuerst nach dem Reich Gottes und nach seiner Gerechtigkeit“). In einem modernen Verständnis ist dies die Frage nach möglichst *unparteilichen* (= gerechten) Regelungen zwischen den im ersten Schritt als „Nächste“ definierten Menschen. Es handelt sich um *Was*-Fragen der sozialethisch relevanten Zwecke. Hier kommen u. a. *ökonomische* Zwecke (Überwindung von Hunger, Wohlstand), *politische* Zwecke (↑Demokratie, ↑Freiheit, ↑Menschenrechte) oder *ethische* Zwecke: Unparteilichkeit (Gerechtigkeitstheorie; ↑Utilitarismus) in Frage. Dabei kann sich die christliche Sozialethik – wie die philosophische ↑Ethik auch – insb. im Hinblick auf die *ethischen* Zwecke durch eine systematische Aufarbeitung der hier relevanten Ethikprinzipien (= der Unparteilichkeitskriterien) nützlich machen.

Die aktuellen Konzeptionen der Sozialethik greifen zur konkreteren Modellierung des ethischen Unparteilichkeitsstandpunktes auf diverse philosophische Gerechtigkeitskonzeptionen zurück, v. a. auf die Gerechtigkeitstheorie von J. Rawls und die ↑Diskursethik von Jürgen Habermas.

3. „Ökonomische" Zweckmäßigkeit (Implementierungsebene)

Schließlich sind wir konfrontiert mit *Wie*-Fragen: *Wie* können wir unsere Zwecke *effektiv* und *effizient* implementieren? Hierbei handelt es sich um (im weiten Sinn) „ökonomische" Mittelfragen, die in das Gebiet der Spezialistenkompetenz ausdifferenzierter Einzelwissenschaften (z. B. der Ökonomik) fallen. Zwar kann sich eine christliche Sozialethikerin selbstverständlich entspr.e Kompetenzen aneignen, doch besitzt sie diese dann als Person, *nicht* von ihrer *Disziplin* her. „[H]insichtlich einer effizienten Umsetzung moralischer Zielvorstellungen ist die Logik der Ökonomik dem [...] Repertoire einer sich um Praxisrelevanz mühenden Sozialethik deutlich überlegen" (Höhn 2002: 262).

4. Pluralität sozialethischer Wirtschaftsethiken

Sowohl im katholischen als auch im evangelischen Bereich existierte immer und existiert auch heute eine weit gefächerte Pluralität unterschiedlicher Konzeptionen der Sozialethik allg. und christlicher W.en im Speziellen. Hier fanden und finden sich eher wirtschaftsliberale Ansätze (früher: Johannes Messner; heute: Traugott Jähnichen, Joachim Wiemeyer, Elke Mack und Michael Schramm), vermittelnde Konzeptionen (früher: Oswald von Nell-Breuning und Arthur Rich; heute: Friedhelm Hengsbach und Bernhard Emunds) und auch dezidiert marktkritische Positionen (Franz Segbers). Der interdisziplinäre wirtschaftsethische Diskurs sowie die gesellschaftliche Praxis werden zeigen, was sich hier als gesellschaftsethisch nützlich oder schädlich erweisen wird.

Literatur

T. Jähnichen/J. Wiemeyer: Wirtschaftsethik 4.0, 2019 • M. Schramm: Wirtschaft und Ethik, in: G. Kollmer-von Oheimb-Loup u. a. (Hg.): Ökonomie und Ethik, 2017, 11–30 • E. Mack: Eine christliche Theorie der Gerechtigkeit, 2015 • F. Segbers: Ökonomie, die dem Leben dient, 2015 • J. Wiemeyer: Keine Freiheit ohne Gerechtigkeit, 2015 • B. Emunds: Politische Wirtschaftsethik der internationalen Finanzmärkte, 2014 • F. Hengsbach: Entgifteter Kapitalismus, 2013 • M. Schramm: Ökonomische Moralkulturen, 2008 • H.-J. Höhn: Die Zeit der Gesellschaft – Sozialethik als Zeitdiagnose, in: JCSW 43 (2002), 260–287 • J. Rawls: Politischer Liberalismus, 1998 • O. von Nell-Breuning: Gerechtigkeit und Freiheit, ²1985 • A. Rich: Wirtschaftsethik, 2 Bde., 1984–90 • J. Messner: Das Naturrecht, ⁴1960 • O. von Nell-Breuning: Grundsatzfragen der Wirtschaftsordnung, 1954.

MICHAEL SCHRAMM

II. Ökonomisch

1. Begriffsbestimmung

W. ist eine wissenschaftliche Disziplin, die moralische Fragen in wirtschaftlichen Entscheidungs- und Interaktionssituationen untersucht. Sie bezieht sich auf den Gegenstandsbereich ↑Wirtschaft und somit auf das wirtschaftliche Handeln von Personen und Organisationen, z. B. auf Güter- und ↑Arbeitsmärkten. Die entspr.en Problemstellungen werden meist auf Basis moralwissenschaftlicher Methoden analysiert, d. h. mit dem Analyseinstrumentarium der ↑Ethik und ↑Theologie. Es wird bspw. anhand normativer Prinzipien untersucht, ob die Festlegung von Managergehältern moralischen Beschränkungen unterliegen sollte. W. im moralwissenschaftlichen Sinne ist demnach normativ orientiert und *begründet,* was Konsumenten, Arbeitnehmer, Unternehmer oder Wirtschaftspolitiker tun *sollen.* Werden moralische ↑Normen und Urteile im Wirtschaftsgeschehen mit wirtschaftswissenschaftlichen Methoden untersucht, spricht man von Moralökonomik, die ebenfalls zur W. gerechnet wird. Sie zielt z. B. darauf ab, die mangelhafte Handlungsrelevanz moralischer Normen oder wirtschaftsethischer Initiativen ökonomisch zu erklären und Lösungsvorschläge zu erarbeiten.

2. Moral als Selbstbindungsproblem

Theoretischer Ausgangspunkt der ökonomischen Analyse moralischer Normen ist die rationale ↑Entscheidung freier Individuen unter objektiven Handlungsrestriktionen, wie sie die ↑*Rational Choice Theory* modelliert. Moralische Anforderungen treten vor diesem Hintergrund als Selbstbindungsproblem auf, da sie vom Einzelnen verlangen, sein rationales Eigeninteresse (↑Interesse) moralischen Beschränkungen zu unterwerfen. Die Einschränkung der heutigen Möglichkeiten hat dann den Charakter einer ↑Investition in ein größeres Maß künftiger Möglichkeiten. Insb. in der zwischenmenschlichen ↑Interaktion spielt die Fähigkeit, das rationale Eigeninteresse im Einklang mit moralischen Normen einzuschränken, eine zentrale Rolle bei der Konfliktlösung und bei der Ermöglichung von Kooperation. Die glaubwürdige Selbstbindung an das Ehrlichkeitsgebot stellt bspw. sicher, dass andere sich kostspielige Überprüfungsmaßnahmen sparen können. Auch in Vertragsbeziehungen ist das Versprechen, sich an vereinbarte Konditionen zu halten, essenziell. Viele ↑Verträge kommen erst zustande, weil das Gegenüber als moralisch eingeschätzt wird, z. B. aufgrund der Reputation, vertragstreu oder bei unvorhergesehenen Entwicklungen zu wechselseitig vorteilhaften Nachverhandlungen bereit zu sein. Für ein Individuum oder ein ↑Unternehmen besteht das Selbstbindungsproblem darin, moralische Restriktionen aufgrund von Willensschwäche oder ökonomischen Anreizen nicht glaubhaft versprechen oder zuverlässig einhalten zu können. Unter Wettbewerbsbedingungen (↑Wettbewerb) verschärft sich diese Problematik, da die Kosten der Selbstbindung an moralische Ziele nun davon abhängen, ob sich auch andere Marktteilnehmer daran binden. Geht es für ein Unternehmen bspw. darum, in der ↑Produktion aus moralischen Gründen auf den wirtschaftlich lohnenswerten Einsatz von Kinderarbeit zu verzichten, sieht es sich mit zwei Szenarien konfrontiert. Entscheiden sich alle Wettbewerber gegen die moralische Selbstbindung, hat es durch den Verzicht auf Kinderarbeit aufgrund höherer Lohnkosten einen Wettbewerbsnachteil, der schlimmstenfalls zum Marktaustritt führt. Entscheiden sich alle Wettbewerber hingegen für die moralische Selbstbindung, könnte sich die Unternehmung durch die Beschäftigung von Kindern einen Wettbewerbsvorteil verschaffen und höhere Gewinne erzielen. Die Wahl der unmoralischen Strategie der Kinderarbeit ist also unter Wettbewerbsbedingungen immer rational, unabhängig davon, was die anderen tun, sowohl für diejenigen, die das moralische Verhalten anderer ausnutzen wollen (Ausbeutungsmotiv), als auch für diejenigen, die befürchten als „Ehrliche die Dummen" zu sein (Schutzmotiv). Im Ergebnis führt dies zu einem stabilen Interaktionsergebnis (Nash-Gleichgewicht), bei dem sich alle unmoralisch verhalten, obwohl sie eine Situation allseitigen moralischen Verhaltens vorziehen würden. Aufgrund dieses ordnungsethischen Problems ist es oft notwendig, moralische Normen durch ↑Gesetze oder ähnliche ↑Institutionen abzusichern und damit die unzureichende Selbstbindungsfähigkeit der Wettbewerber durch externe Bindungsmechanismen zu unterstützen.

3. Moral als Verteilungsproblem

Moralische Kriterien können aus wirtschaftswissenschaftlicher Sicht auch bei der Bewertung von Verteilungsproblemen (↑Verteilung) eine Rolle spielen, d. h. bei der Beantwortung der Frage, wer nach welchem Zuteilungsverfahren welche (im-)materiellen Ressourcen erhalten soll.

Der ↑*Utilitarismus* bevorzugt eine Verteilung, die das „Glück der größten Zahl" maximiert, bei der Ressourcen also denen zufallen, die den größten Nutzen daraus ziehen. Präferierter Allokationsmechanismus (↑Allokation) ist bei marktgängigen Gütern der (idealtypische) ↑Markt, da dieser sicherstellt, dass diejenigen ein Gut erhalten, die es am meisten schätzen. Unter bestimmten Bedingungen erfordert der Utilitarismus die staatliche Umverteilung von Gütern. Nimmt bspw. der Zusatznutzen aus jeder weiteren verdienten Geldeinheit stetig ab, kann durch die Umverteilung von hohen zu niedrigen ↑Einkommen, z. B. in Form progressiver Steuersätze, die Nutzensumme erhöht werden.

Der *Libertarianismus* lehnt Umverteilung nach einem endzustandsorientierten Kriterium als unzulässige Zwangsausübung ab. Er schreibt denen Eigentumsrechte an Gütern zu, die durch den Einsatz ihrer Arbeitskraft oder ihres ↑Kapitals zur Herstellung beigetragen haben. Der Eigentumstransfer ist aus libertärer Sicht nur durch Willensakte der Beteiligten zulässig. Das bevorzugte Verfahren ist demnach ebenfalls die freiwillige Markttransaktion, die es den Tauschpartnern überlässt, ob und zu welchen Konditionen sie ins Geschäft kommen. Libertäre billigen staatliche Umverteilung zumeist nur im Umfang eines „Nachtwächterstaates", der ↑Sicherheit, ↑Eigentum und vertragliche Ansprüche schützt und ↑Marktversagen korrigiert.

Die ↑*Vertragstheorie* zieht eine Verteilung vor, die aus Grundsätzen resultiert, denen jeder unter fairen Entscheidungsbedingungen zustimmen kann. In der Vertragstheorie nach John Rawls nehmen diese die Form eines „Schleiers des Nichtwissens" (Rawls 1979: 159) an, der alle persönlichen Merkmale der Entscheider ausblendet, die zu einer diskriminierenden Entscheidung führen könnten wie bspw. ihre sozioökonomische Situation oder ihre natürlichen Begabungen. Der von J. Rawls beschriebene einstimmige Vertragsschluss hinter dem Schleier ist einer vernünftigen Entscheidung nach dem kategorischen Imperativ Immanuel Kants nachempfunden. Er führt nach der Argumentation von J. Rawls zu Gerechtigkeitsgrundsätzen (↑Gerechtigkeit), die jedem das größtmögliche gleiche Maß an ↑Freiheit zubilligen, Chancengleichheit (↑Chancengerechtigkeit, Chancengleichheit) gewährleisten und nach dem Maximin-Prinzip über die Verteilung gesellschaftlicher Ressourcen entscheiden. Eine ungleiche Verteilung ist demnach nur zulässig, wenn dies die Situation der am schlechtesten gestellten Gesellschaftsmitglieder maximal verbessert. Bzgl. des Allokationsverfahrens zur Realisierung seiner Gerechtigkeitsgrundsätze macht J. Rawls keine konkreten Angaben. Er scheint jedoch für einen Mix aus marktlicher und staatlicher Zuteilung zu plädieren.

Literatur

J. Drummond-Nauck: Das Gewinnparadox in der Unternehmensethik. Eine spieltheoretische Analyse, in: Zeitschrift für Marktwirtschaft und Ethik 4/1 (2016), 43–60 • A. Suchanek: Unternehmensethik. In Vertrauen investieren, 2015 • J. Bentham: Eine Einführung in die Prinzipien der Moral und Gesetzgebung, 2013 • H. Kliemt: Ökonomische Analyse der Moral, in: B.-T. Ramb/M. Tietzel (Hg.): Ökonomische Verhaltenstheorie, 1993, 281–310 • K. Homann/F. Blome-Drees: Wirtschafts- und Unternehmensethik, 1992 • M. Tietzel: Moral und Wirtschaftstheorie, 1984 • J. Rawls: Eine Theorie der Gerechtigkeit, 1979 • I. Kant: Metaphysik der Sitten, in: AA, Bd. 6, 1914, 203–494. DAMIAN BÄUMLISBERGER UND CHRISTIAN MÜLLER

III. Philosophisch

Die Reflexion über die ↑Wirtschaft gehörte in der Antike in den größeren Rahmen der praktischen Philosophie, die ↑Politik, Ökonomie und ↑Ethik umfasst. Die antike Ökonomie bezog sich auf das „ganze Haus", auf die Hauswirtschaft. Die Ethik war paradigmatisch Tugendethik: Adressiert an den Einzelnen, vermittelt durch ↑Erziehung, diente sie bei Platon und Aristoteles dem Zweck, in der Polis durch tugendhafte Aristokraten ↑Gerechtigkeit walten zu lassen. Da es kein nennenswertes Wachstum des durchschnittlichen Pro-Kopf-Einkommens gab, ging es zentral um „Maßhalten", um das „rechte Maß" – gegen den Hedonismus der Vielen bei

Platon und gegen Geld- und Kapitalbildung, *Chrematistik*, bei Aristoteles. Auch die bes. von Isokrates aus der politischen ↑Rhetorik entwickelte Ethik des „Überzeugens" (Reckermann 2018), die das Streben nach Vorteilen als Grundform des menschlichen Handelns begreift, hält an der zentralen Rolle der ↑Tugend fest, insistiert aber auch auf institutionellen Rahmenbedingungen, die gewährleisten sollen, dass tugendhaftes Handeln auch vorteilhaft ist. Bedingt durch das politische Scheitern der Philosophen und die spätere von Alleinherrschern bestimmte Politik zog sich die Philosophie seit der Stoa auf den Einzelnen (Philosophen) und sein ↑Glück zurück. Dies blieb auch im ↑Christentum bis zu den Reformatoren (↑Reformation) einschließlich Johannes Calvin so, weil hier die dominante „soziale" Beziehung die der einzelnen Seele zu Gott war.

Dieser Ansatz der Tugendethik erfährt heute eine Renaissance (Alasdair MacIntyre, Martha Nussbaum); er bildet die eine Variante des individualtheoretischen Paradigmas auch in der W. und bes. der ↑Unternehmensethik („ehrbarer Kaufmann"). Die andere Variante dieses Paradigmas geht auf die deontologische Pflichtenethik von Immanuel Kant mit den Pfeilern ↑Autonomie des Einzelnen und Vorrang der ↑Moral vor der ↑Klugheit zurück; dieses Paradigma ist dominant in der Ethik und bestimmt große Teile auch der W. und bes. der Unternehmensethik einschließlich der Führungsethik.

Mit der wirtschaftlichen Blüte aufgrund günstiger Klimaänderungen vom 10.-14. Jh. entwickelt sich eine stärkere Verflechtung der wirtschaftlichen Akteure; Märkte dehnen sich aus, und Wirtschaft wird allmählich zur Volkswirtschaft, die die Hauswirtschaft von der Volkswirtschaft abhängig macht. Damit tritt die Bewertung der Ergebnisse des Gesamtsystems in den Vordergrund, was sich in stärker teleologischen Ethikkonzeptionen niederschlägt (↑Utilitarismus, Ordnungsethik). Je komplexer die Wirtschaft wird, desto weniger können die einzelnen Akteure, die natürlichen Personen und/oder die ↑Unternehmen, die Auswirkungen ihrer Handlungen kontrollieren. Das führt zur Entkoppelung ihrer handlungsleitenden Motive von den erwünschten sozialen Ergebnissen: „Nicht vom Wohlwollen des Metzgers, Brauers oder Bäckers erwarten wir unsere Mahlzeit, sondern von deren Bedachtnahme auf ihr eigenes Interesse" (Smith 2005: 98).

So ergibt sich eine neue Problemlage für die ethische Reflexion über die Wirtschaft: Wer unter Bedingungen des marktwirtschaftlichen ↑Wettbewerbs moralisch motivierte Vor- und Mehrleistungen – zugunsten der anderen Menschen oder der Natur – erbringt, die die ↑Kosten erhöhen, vom ↑Markt aber nicht vergütet werden, gerät in Wettbewerbsnachteil gegenüber seinen Konkurrenten und muss am Ende vielleicht sogar aus dem Markt ausscheiden. In solchen Situationen moralisch zu handeln, beweist nicht Tugend, sondern „hieße eher, sich selbst als Beute darbieten – wozu niemand verpflichtet ist" (Hobbes 1966: 100). Individuelle Moralität reicht offenbar nicht mehr aus.

Als Antwort auf diese Problematik ist der zweite paradigmatische Ansatz der W. entwickelt worden, die Ordnungsethik: Unter Bedingungen des Wettbewerbs wird der Gefahr der Ausbeutung individuellen moralischen Handelns durch Konkurrenten dadurch begegnet, dass Letztere denselben Moralstandards unterworfen werden: durch sanktionsbewehrte Regeln – ganz wie im Fußball der Wettbewerb in den Spielzügen stattfindet und die Fairness – nicht allein, so doch – grundlegend durch die Spielregeln und den Schiedsrichter garantiert wird. Weil unter Wettbewerbsbedingungen jeder Akteur auf seinen eigenen Vorteil achten muss, stellt der *homo oeconomicus* ein unverzichtbares Konstrukt zur Analyse des Verhaltens in solchen Situationen dar; er darf daher nicht als philosophisches oder anthropologisches „Menschenbild" verstanden werden.

Wenn man den Wettbewerb nicht – wie Karl Marx und die auf ihn sich berufende sozialistische Planwirtschaft (↑Zentralverwaltungswirtschaft) – abschaffen will, muss man die W. zweistufig entwickeln: Die Individualethik, Handlungsethik wird in eine – diese erst ermöglichende – Ordnungsethik eingebettet. Wir erhalten eine Moral, die grundlegend die Treue zu den Regeln, ↑Institutionen verlangt. David Humes „künstliche Tugenden" und Georg Wilhelm Friedrich Hegels „Rechtschaffenheit" sind frühe philosophische Zeugnisse. Es ist der Wettbewerb, der einerseits den „Reichtum der Völker" (Smith 2005) generiert und der deswegen ethisch legitimiert ist, der aber andererseits die Akteure zwingt, ihre eigenen ↑Interessen zu verteidigen: Thomas Hobbes spricht hier von „defensio", Selbstverteidigung (Hobbes 1966: 95, Fußnote). Der Wettbewerb wird in der Marktwirtschaft durch die Rahmenordnung so kanalisiert, dass Wachstum und eine gewaltige Steigerung des Pro-Kopf-Einkommens resultieren. Als Grund für moralisch skandalöse Zustände wie Hunger, ↑Armut, Erderwärmung etc. werden Ordnungsdefizite identifiziert, denen man mit Reformen der (Welt-)Rahmenordnung zu begegnen hat.

Diese Konzeption überwindet paradigmatisch die tendenziell antimarktwirtschaftliche Einstellung der philosophischen Ethik und des individualethischen, des tugendethischen oder pflichtenethischen, Paradigmas in der W. Die soziale ↑Ordnung ist daher zu begreifen als „der institutionelle – wir können auch sagen politische – Weg der Nächstenliebe" („Caritas in veritate": 7).

Allerdings bereitet dieses Verständnis von Ethik bzw. W. vielen Menschen Probleme, weil sie dem Verständnis von Moral, in dem sie sozialisiert sind und das den öffentlichen Diskurs bestimmt, diametral zu widersprechen scheint: Sie kommt ohne unmittelbar handlungsleitende moralische Motive aus, und sie kennt keine unmittelbare moralische Befriedigung. Daher muss ihr sittlicher Charakter immer wieder im rationalen öffentlichen Diskurs bewusst gemacht werden.

Literatur

A. Reckermann: Überzeugen, 2018 • A. Müller: Platon und Aristoteles als Wegbereiter der praktischen Philosophie, 2017 • C. Lütge/N. Mukerji (Hg.): Order Ethics. An Ethical Framework for the Social Market Economy, 2016 • I. Pies: Individualethik versus Institutionenethik?, in: G. Minnameier (Hg.): Ethik und Beruf, 2016, 17–39 • L. Roos: Tugendethik und Ordnungsethik, in: NOrd 70/6 (2016), 424–434 • K. Homann: Das Können des moralischen Sollens I und II, in: Ethica 23/4 (2015) 243–259, 291–314 • D. van Aaken/P. Schreck (Hg.): Theorien der Wirtschafts- und Unternehmensethik, 2015 • K. Homann: Sollen und Können, 2014 • Ders./C. Lütge: Einführung in die Wirtschaftsethik, [3]2013 • I. Pies: Moral als Heuristik, 2009 • P. Ulrich: Integrative Wirtschaftsethik, [4]2008 • A. Smith: Untersuchung über Wesen und Ursachen des Reichtums der Völker, 2005 • C. Lütge: Wirtschaftsethik, in: HWPh, Bd. 12, 2004, 853–855 • A. K. Sen: Ökonomie für den Menschen, 2000 • W. Korff u. a. (Hg.): Hdb. der Wirtschaftsethik, 4 Bde., 1999 • A. MacIntyre: Der Verlust der Tugend, [2]1997 • K. Homann u. a. (Hg.): Wirtschaftsethische Perspektiven, 10 Bde., 1994–2015 • M. Nussbaum/A. K. Sen (Hg.): The Quality of Life, 1993 • G. W. F. Hegel: Grundlinien der Philosophie des Rechts, 1986 • H. Jonas: Das Prinzip Verantwortung, 1984 • A. K. Sen: Resources, Values and Development, 1984 • J. Rawls: Eine Theorie der Gerechtigkeit, 1979 • D. Hume: Ein Traktat über die menschliche Natur, 2 Bde., 1978 • T. Hobbes: Leviathan oder Stoff, Form und Gewalt eines kirchlichen und bürgerlichen Staates, 1966.

KARL HOMANN

Wirtschaftsgemeinschaften

1. Begriff

W. sind der ökonomische Zusammenschluss von ↑Staaten, durch den mittels ↑Liberalisierung Hindernisse im Binnenbereich der W. beseitigt werden sollen. Je nach dem Grad der angestrebten und erreichten ↑Integration kann zwischen unterschiedlichen Typen differenziert werden. Da die Integration von Volkswirtschaften einen gewissen Grad an Übereinstimmung voraussetzt, bestehen W. in den jeweiligen Regionen der Welt. Durch die mit der Integration verbundene Abgrenzung nach außen und den Wegfall der Meistbegünstigung gegenüber Drittstaaten bestehen zu regelnde Konflikte mit den Anforderungen des Welthandelsrechts (↑WTO). Durch Abkommen von W. mit Drittstaaten entstehen neue „megaregionale" Wirtschaftsräume.

2. Typen wirtschaftlicher Integration

Die Typen der W. unterscheiden sich nach der Intensität der Integration von der bloßen gegenseitigen Einräumung von Präferenzen bis hin zur Übertragung von Hoheitsrechten.

2.1 Präferenzzone

Hier gewähren sich die Vertragspartner wechselseitig günstigere Marktzugangsbedingungen als Drittstaaten, z. B. durch die Reduktion von ↑Zöllen, oft beschränkt auf bestimmte Produkte (Teilmärkte). Beispiel: Assoziierungsabkommen zwischen der EU und den ↑AKP-Staaten (Lomé I-IV) bis zu deren Ablösung durch das Cotonou-Abkommen, das Wirtschaftspartnerschaftsabkommen zwischen der EU und der jeweiligen Region vorsieht.

2.2 Freihandelszone

Eine Freihandelszone liberalisiert den ↑Handel zwischen den Vertragsparteien vollständig durch die Abschaffung der Binnenzölle und anderer Handelsbeschränkungen. Da ein gemeinsamer Außenzoll fehlt, bedarf es genauer Ursprungsregeln, damit nicht Waren aus Drittstaaten über den Mitgliedstaat mit dem geringsten Außenzoll in andere Mitgliedstaaten gelangen. Beispiel: ↑EFTA.

2.3 Zollunion

Darüber geht die Zollunion hinaus, die nicht nur die Binnenzölle abschafft, sondern auch einen gemeinsamen Außenzoll erhebt und andere handelspolitische Maßnahmen vereinheitlicht. Beispiel: EU, Art. 28 Abs. 1 AEUV (Europäische Zollunion).

2.4 Gemeinsamer Markt/Binnenmarkt

Die EU geht aber wie bereits die EWG darüber hinaus und errichtet einen gemeinsamen Markt, der durch die Beseitigung fortbestehender Hindernisse zu einem Binnenmarkt (↑Europäischer Binnenmarkt) fortentwickelt wurde. Dieser gewährleistet die grenzüberschreitende Freiheit der ↑Arbeits-, Kapital- (↑Geld- und Kapitalmarkt) und Dienstleistungsmärkte (Art. 26 Abs. 2 AEUV). Dies setzt entweder die Harmonisierung durch einheitliche Vorschriften oder die gegenseitige Anerkennung der jeweiligen Vorschriften der Mitgliedstaaten voraus. Verbunden wird dies mit einem hohen Grad an Institutionalisierung und der Übertragung von Hoheitsrechten (Rechtsetzung, ↑Verwaltung und ↑Rechtsprechung durch die geschaffenen Institutionen).

2.5 Wirtschafts- und Währungsunion

In einer Wirtschafts- und Währungsunion wird darüber hinaus die Wirtschaftspolitik zumindest koordiniert und die nationalen Währungen werden durch eine Gemeinschaftswährung ersetzt. Beispiel: EU, wobei die ↑Wirtschaftspolitik in der Kompetenz der Mitgliedstaaten bleibt, die ihre Politik aber im Hinblick auf gemeinsame Ziele und Vorgaben koordinieren müssen. Dies ist wegen der starken Wechselwirkungen zwischen Wirtschafts- und Währungsunion erforderlich.

3. Ziele und Wirkungen

Ökonomisches Ziel von W. ist die Steigerung des Wohlstands durch handelsschaffende und dynamische Effekte des Wegfalls von Zollgrenzen und der Öffnung der ↑Märkte für den ↑Wettbewerb. W. stärken die Position der in ihnen verbundenen Staaten im Weltmaßstab durch einheitliches Auftreten zur Durchsetzung wirtschaftlicher Interessen. Hinzu kommen politische Ziele wie die Förderung der Stabilität einer Region. Sind W. auf Vertiefung angelegt, können bei entspr.er Bereitschaft höhere Integrationsstufen bis hin zu einer Wirtschafts- und Währungsunion erreicht werden. Der mit der Übertragung von Hoheitsrechten notwendig verbundene Verlust an eigener politischer Gestaltungsfreiheit bedarf aber der Akzeptanz und der Bereitschaft zum Kompromiss, was – wie bestehende Souveränitätsvorbehalte (↑Souveränität) – der Integration Grenzen setzt. Je unterschiedlicher die wirtschaftliche Entwicklungsstufe der beteiligten Staaten ist, umso stärker wird das Gelingen von W. erschwert und umso mehr bedarf es gegenseitiger Solidarität zum Ausgleich negativer Effekte. Die Probleme zeigen sich auch bei der EU als einer der am meisten entwickelten W. Da W. für die beteiligten Staaten und deren Bürger bes. Rechte schaffen, geraten sie mit den Prinzipien der Meistbegünstigung und der Inländergleichbehandlung des Welthandelsrechts der WTO in Konflikt und bedürfen entspr.er Ausnahmen, die das WTO-Recht vorsieht (Art. XXIV GATT).

4. Regionale Wirtschaftsgemeinschaften

4.1 Europa

Zusammen mit der EGKS bildeten die EWG und die EURATOM seit 1958 die EG, die 1993 zur ↑EU mit jetzt 27 Mitgliedstaaten wurden. Dies ist die am stärksten integrierte aller W., der auch die Währungshoheit (↑EWWU) übertragen wurde. Die EFTA umfasst als Freihandelszone nach dem Beitritt einer Reihe ihrer Mitgliedstaaten zur EU noch die Schweiz und die mit der EU durch den EWR verbundenen Staaten Island, Liechtenstein und Norwegen. In Osteuropa bestand bis zur Auflösung des Ostblocks der RGW, dem auch die DDR angehörte. Die früheren sowjetischen Unionsrepubliken Russland, Belarus, Kasachstan und Armenien gründeten 2015 die aus der Eurasischen W. hervorgegangene ↑EWU, der auch Kirgisistan beitrat.

4.2 Amerika

4.2.1 Abkommen unter Einbeziehung der USA

Das ↑NAFTA zwischen den USA, Kanada und Mexiko von 1994 begründete eine Freihandelszone, in der zahlreiche Zölle abgeschafft oder zeitlich ausgesetzt wurden. Liberalisiert wurde der Handel mit Waren und Dienstleistungen. Darüber hinaus enthielt es Bestimmungen zum öffentlichen Auftragswesen und zum Wettbewerb. Zum Investitionsschutz sah es Schiedsverfahren vor, die v. a. gegen Kanada eingeleitet wurden und auf Kritik stießen. Nebenabkommen regelten Fragen der Umwelt und des Arbeitsrechts. Das NAFTA wurde am 1.7.2020 durch das USMCA ersetzt. Dadurch wurden u. a. Freihandelsabkommen der Vertragsparteien mit China erschwert. Orientiert am NAFTA-Modell besteht seit 2006 mit dem DR-CAFTA ein Freihandelsabkommen zwischen den USA, Costa Rica, El Salvador, Guatemala, Honduras und Nicaragua, das 2009 auch für die beigetretene Dominikanische Republik in Kraft trat.

4.2.2 Integrationsabkommen in Lateinamerika und der Karibik

1991 gründeten Argentinien, Brasilien, Paraguay und Uruguay den ↑MERCOSUR. Die Mitgliedschaft des 2006 beigetretenen Venezuela ist seit 2016 suspendiert. Chile, Bolivien, Ecuador, Kolumbien und Peru sind assoziierte Mitglieder, nach Ratifikation der Verträge auch Guyana und Suriname. Ziel des MERCOSUR ist ein Gemeinsamer Markt mit den Zwischenschritten Freihandelszone und Zollunion. Erreicht wurde bislang die fast völlige Abschaffung der Binnenzölle und für 80–90 % der Einfuhren ein gemeinsamer Außenzoll. Der MERCOSUR verfügt über Institutionen, die einstimmig für die Mitgliedstaaten verbindliche Entscheidungen treffen können. Die Streitschlichtung erfolgt über ad-hoc-Schiedsgerichte (↑Schiedsgerichtsbarkeit) und ein ständiges Schiedsgericht als Revisionsinstanz. Ferner besteht zwischen dem MERCOSUR und der Andengemeinschaft (↑CAN) seit 2004 eine Freihandelszone. Die 1969 gegründete Andengemeinschaft umfasst Bolivien, Ecuador, Kolumbien und Peru als weitgehend verwirklichte Freihandelszone mit Elementen eines Gemeinsamen Marktes. Ihre Organe können verbindliche Entscheidungen teilweise mehrheitlich treffen. Das Andenparlament ist eine beratende Versammlung. 15 Mitglieder (Antigua und Barbuda, Bahamas, Barbados, Belize, Dominica, Grenada, Guyana, Haiti, Jamaika, Montserrat, St. Kitts und Nevis, St. Lucia, St. Vincent und die Grenadinen, Suriname, Trinidad und Tobago) gehören der 1973 gegründeten CARICOM an, die schrittweise einen Gemeinsamen Markt errichten will, wobei mittlerweile eine (allerdings noch nicht vollständig umgesetzte) Zollunion erreicht wurde.

4.3 Asien

1967 wurde die ↑ASEAN gegründet, die jetzt zehn Mitgliedstaaten (Brunei Darussalam, Indonesien, Kambodscha, Laos, Malaysia, Myanmar, Philippinen, Singapur, Thailand, Vietnam) umfasst. 2002 wurde die geplante Freihandelszone (AFTA) verwirklicht. Diese wird durch ein Investitionsschutzabkommen und ein Rahmenabkommen zur Liberalisierung des Dienstleistungshandels ergänzt. 2015 wurden die Abkommen in der AEC zusammengefasst. ASEAN bezweckt über die Wirtschaftsintegration hinaus Kooperationen in kulturellen und sozialen Bereichen und Sicherheit und Stabilität in der Region. Mit Australien und Neuseeland hat ASEAN Freihandelsabkommen, mit China, Indien, Japan und Korea bilaterale Abkommen abgeschlossen.

4.4 Afrika

Die 1975 gegründete und 15 Staaten (Benin, Burkina Faso, Elfenbeinküste, Gambia, Ghana, Guinea, Guinea-Bissau, Kap Verde, Liberia, Mali, Niger, Nigeria, Senegal, Sierra Leone, Togo) umfassende ↑ECOWAS setzt sich das Ziel einer Wirtschafts- und Währungsunion (diese besteht gesondert zwischen acht Mitgliedern als UEMOA), ist bislang aber selbst von einem echten Gemeinsamen Markt noch weit entfernt. Grund dafür ist die instabile politische Lage in und zwischen den Mitgliedern. Eine Wirtschafts- und Währungsunion ist auch das Ziel der ↑SADC mit 16 Mitgliedstaaten (Angola, Botswana, Eswatini, Komoren, DR Kongo, Lesotho, Madagaskar, Malawi, Mauritius, Mosambik, Namibia, Sambia, Seychellen, Simbabwe, Südafrika, Tansania). Bislang erreicht wurde eine Freihandelszone zwischen zwölf Mitgliedern. Überschneidungen bestehen mit den 21 Mitgliedern (Ägypten, Äthiopien, Burundi, Dschibuti, Eritrea, Eswatini, Kenia, Komoren, DR Kongo, Libyen, Madagaskar, Malawi, Mauritius, Ruanda, Sambia, Seychellen, Simbabwe, Somalia, Sudan, Tunesien, Uganda) des COMESA, dessen Ziel eines Gemeinsamen Marktes nur langsam vorankommt. Die Mitgliedstaaten von COMESA, SADC und der EAC haben 2010 den Entwurf eines Abkommens über eine gemeinsame Freihandelszone verabschiedet, dessen Umsetzung angesichts des unterschiedlichen Integrationsstands der beteiligten W. schwierig ist.

5. Megaregionale Wirtschaftsräume

Durch den Abschluss von Freihandelsabkommen von regionalen W. mit wirtschaftlich bedeutenden Drittstaaten entstehen „megaregionale“ Wirtschaftsräume. Beispiele sind die Abkommen der EU mit Kanada (CETA) und Japan (JEFTA bzw. Wirtschaftspartnerschaftsabkommen EU-Japan), während das Abkommen mit den USA (TTIP) gescheitert ist und das Abkommen der EU mit dem MERCOSUR, falls keine hinreichende Sicherung der Umweltstandards (insb. zum Schutz des Regenwaldes) erfolgt, zu scheitern droht. Nach Rückzug der USA unter Präsident Donald Trump trat die TPP als CPTPP zwischen Kanada, Mexiko, Chile, Peru sowie Australien, Neuseeland, Brunei, Japan, Malaysia, Singapur und Vietnam in Kraft.

6. Aktuelle Entwicklung

Protektionistische Tendenzen und Probleme der WTO lassen die Bedeutung von W. wachsen. Diese Bedeutung beschränkt sich allerdings nicht auf die jeweilige Region. Neben mehrere Regionen übergreifenden Abkommen wie CPTPP tragen gerade Abkommen von dazu berechtigten W. wie der EU mit Drittstaaten zur Herausbildung megaregionaler Wirtschaftsräume bei. Die Bezeichnung als *comprehensive* bzw. „Wirtschafts*partner*schaftsabkommen“ macht deutlich, dass es nicht allein um ↑Freihandel und Liberalisierung geht, sondern diese Ziele mit ordnenden und politischen Elementen (↑Menschenrechte, ↑Umweltschutz, Arbeitsschutz, fairer Wettbewerb, Schutz des geistigen Eigentums [↑Immaterialgüterrecht]) verbunden werden, wozu (ggf. in ergänzenden Abkommen) angemessene Streitbeilegungsmechanismen hinzukommen sollen.

Literatur

M. Herdegen: § 12 Wirtschaftliche Zusammenschlüsse zur Liberalisierung des Waren- und Dienstleistungsverkehrs, in: ders. (Hg.): Internationales Wirtschaftsrecht, 122020, 245–266 • B. Kingsbury u. a.: Megaregulation Contested. Global Economic Ordering After TPP, 2019 • M. Krajewski: § 7 Regionale Wirtschaftsintegration, in: ders. (Hg.): Wirtschaftsvölkerrecht, 42017, 292–310 • K. Nowrot: Steuerungssubjekte und -mechanismen im Internationalen Wirtschaftsrecht (einschließlich regionale Wirtschaftsintegration), in: C. Tietje (Hg.): Internationales Wirtschaftsrecht, 42015, 67–157 • M. Köbele: Free Trade Areas, in: MPEPIL, Bd. 4, 2012, 239–246 • B. Schöbener/J. Herbst/M. Perkams: § 3 Regionale Wirtschaftsintegration und ihre rechtliche Ausgestaltung in einzelnen Weltregionen, in: dies. (Hg.): Internationales Wirtschaftsrecht, 2010, 33–47 • J. Dunker: Regionale Integration im System des liberalisierten Welthandels, 2002 • J. E. Blank/H. Clausen/H. Wacker: Internationale ökonomische Integration. Von der Freihandelszone zur Wirtschafts- und Währungsunion, 1998.

RUDOLF STREINZ

Wirtschaftsgeschichte ↑Sozial- und Wirtschaftsgeschichte

Wirtschaftskreislauf

„Die Wirtschaft als Kreislauf“ (Leontief 1928) aufzufassen ist eines der Grundmuster ökonomischen Denkens. Die monetäre Sphäre einer Volkswirtschaft mit der *Kreislauf*-Idee in Verbindung zu bringen leuchtet – jedenfalls bezogen auf den Umlauf von Geldbeständen (Geldzirkulation) – unmittelbar ein. Für die Sphäre realer ↑Güter gilt das prima facie indes nicht. Denn zum einen verbrauchen sich bei deren Erzeugung die eingesetzten Stoffe und aufgewandten Leistungen; und zum anderen werden die entstandenen ↑Einkommen früher oder später dazu verwendet, Güter zu erwerben, um sie entweder zu verzehren oder eine Zeitlang zu gebrauchen. Insofern handelt es sich eher um nicht-zirkuläre Transformationsprozesse; sie haben gewissermaßen einen Anfang und ein Ende. Da die Volkswirtschaft aber ohne Frage ein Geflecht vielfältiger interdependenter Prozesse darstellt, die sich regenerieren und daher ständig wiederholen – als Erzielung von Einnahmen durch Ausgaben, in der Abfolge von ↑Produktion, Distribution und Konsumtion der Güter, von Entstehung, Verteilung und Verwendung der Einkommen sowie von Veränderungen der Kapital- und Vermögensbestände – kann in diesem, allerdings nicht wortgetreuen, Sinn von einem (geschlossenen) W. gesprochen werden. Man betrachtet dann die genannten gesamtwirtschaftlichen (makroökonomischen) Kreislaufströme zwischen den zu Sektoren (Pole) aggregierten Wirtschaftseinheiten (private und öffentliche Haushalte [↑Haushalt, privater; ↑Staatshaushalt], ↑Unternehmen, ausländische

Volkswirtschaften) sowie die intrasektoralen Transaktionen. Die jeweils identifizierten Stromgrößen werden sowohl für vergangene Perioden statistisch erfasst (↑Volkswirtschaftliche Gesamtrechnung) als auch theoretisch in Bezug auf ihre Bestimmungsgründe sowie kausalen Verknüpfungen untersucht. Dies geschieht letztlich mit dem Ziel, empirisch fundierte, möglichst ökonometrisch testbare Verhaltensfunktionen abzuleiten, um Wirtschaftsprognosen (↑Prognose) zu ermöglichen und sich daraus ergebende wirtschaftspolitische Empfehlungen zu untermauern.

Der W. lässt sich auf verschiedene Weise schematisieren – durch Strich-, Pfeil- oder Ringdiagramme; Tabellenrechnungen, Kontierungen mit doppelter Buchung, Matrizen, kybernetische Systeme der Rückkopplung, algebraische Definitions- und Funktionsgleichungen. Namentlich in der älteren Literatur wurde der W. oft ganz oder teilweise noch analogisch veranschaulicht bzw. strukturgleich gedeutet. Dies geschah vornehmlich mittels Gleichnissen und Metaphern aus Biologie, Physik und/oder Technik (u. a. Blutzirkulation und andere Vitalfunktionen, Uhrenmechanik, Wasserkreislauf, hydromechanische Röhrensysteme, elektrotechnische Schalt- und Regelkreise). Verschiedentlich sind sogar entspr.e hydraulische Apparaturen konstruiert und gebaut worden, um die jeweiligen ökonomischen Abläufe simulieren und vorführen zu können.

Systematisch wurde der W. erstmals von dem französischen Physiokraten François Quesnay (↑Physiokratie) behandelt. In seinem „Tableau Economique" (1758) quantifizierte er ex post für Frankreich das „Zickzack" wechselseitiger Wirtschaftsbeziehungen zwischen drei Bevölkerungsklassen. Zugl. spielte er in diesem Modell verschiedene Verhaltensweisen durch, um ex ante zeigen zu können, unter welchen Bedingungen das volkswirtschaftliche Nettoprodukt auf gleichem, abnehmendem oder steigendem Niveau reproduziert werden kann. Jedoch haben schon lange vor F. Quesnay Gelehrte und Praktiker Kreisläufe in der Wirtschaft ausgemacht und beschrieben. Die antike Idealisierung des Kreises als perfekte Form entfaltete sich vollends in der Renaissance, als sich das Bild von einer mechanistischen Welt verfestigte, die durch zirkuläre Bewegungen in Natur, ↑Gesellschaft und ↑Wirtschaft (harmonisch) geregelt ist. Frühe ökonomische Konzepte dieser Art vertraten u. a. Bernardo Davanzati, Thomas Hobbes, Johann Joachim Becher, William Petty und Pierre de Boisguilbert. Daraus, dass sie und andere Autoren regelmäßig von der Zirkulation des ↑Geldes oder des „Reichthums" bzw. der „Kapitalien" sprechen, darf man indes nicht schließen, sie hätten die Güter- und Einkommenskreisläufe übersehen. Ihre typische Rhetorik ist zum einen der Tatsache geschuldet, dass zu jener Zeit Edelmetallgeld im Umlauf war, das wegen seines Warencharakters nicht nur der Geld-, sondern auch der Gütersphäre angehörte. Zum anderen unterschied man noch nicht scharf zwischen der Bestandsgröße „↑Vermögen" (darunter Geld) und der Stromgröße „Einkommen" bzw. dessen Äquivalent, dem „Güterwert". Geld galt gleichsam als Medium, das die Realwirtschaft mobilisiert. Des Weiteren ist für die meisten dieser frühen Autoren charakteristisch, die Kreisläufe im „Wirtschaftskörper" in – manchmal totaler – Analogie zum Blutkreislauf und zu dessen (noch) nicht immer richtig verstandenen physiologischen Funktionen im menschlichen Körper zu deuten. Dabei kam es ihnen meist weniger darauf an, die Zyklomatik an sich nachzuzeichnen, als vielmehr darauf, die Bedingungen anzugeben, unter denen Geld- und Güterströme ungehemmt und gleichmäßig fließen, damit die Volkswirtschaft nicht „erkrankt" bzw. wieder „gesundet".

Anknüpfend an F. Quesnay, aber anders gewendet, deutete Karl Marx den „Zirkulationsprozess des Kapitals" (Marx 1885) als Reproduktion der volkswirtschaftlichen Produktivkräfte in einer Gesellschaft antagonistischer Klassen (↑Marxismus) und befeuerte damit kreislauftheoretische Debatten bis in die Gegenwart. Schule machte auch Joseph Alois Schumpeter, weil er in F. Quesnays „tableau-Methode" – losgelöst von ihrem physiokratischen Kern – ein zeitloses Instrument zur quantitativen Bestimmung makroökonomischer Gleichgewichte erkannt hatte. Den wohl stärksten Auftrieb – wissenschaftlich wie didaktisch – erhielt die Kreislaufanalyse durch John Maynard Keynes und das auf seiner „General Theory of Employment, Interest and Money" (1936) basierende Theorem, Höhe, Veränderung und Verteilung des Volkseinkommens und damit die Beschäftigung in funktionaler Abhängigkeit von Aggregaten wie ↑Konsum, ↑Investition, Export, Import, Sparen und Geldnachfrage zu begreifen (↑Keynesianismus). In der neueren Makroökonomik ist die Fokussierung auf den W. mehr und mehr geschwunden und durch Ansatze abgelöst worden, die das gesamtwirtschaftliche Geschehen mit dem Instrumentarium von Angebot und Nachfrage auf und zwischen aggregierten Güter-, Faktor- und ↑Finanzmärkten analysieren. Mit zunehmender Beachtung ökologischer Prozesse dürfte jedoch das Kreislaufmodell – entspr. erweitert – wieder mehr Akzeptanz in der Wirtschaftswissenschaft finden.

Literatur

N. G. Mankiw: Makroökonomik, [7]2017 • P. A. Samuelson/W. D. Nordhaus: Volkswirtschaftslehre, 1998 • H. Rieter: Mechanistische und organismische Ansätze in der Wirtschaftswissenschaft, in: W. Krohn/H.-J. Krug/G. Küppers (Hg): Selbstorganisation, Bd. 3, 1992, 51–85 • Ders.: Quesnays Tableau Economique als Uhren-Analogie, in: H. Scherf (Hg.): Studien zur Entwicklung der ökonomischen Theorie, Bd. 9, 1990, 57–94 • Ders.: Zur Rezeption der physiokratischen Kreislaufanalogie in der Wirtschaftswissenschaft, in: H. Scherf (Hg.): Studien zur Entwicklung der ökonomischen Theorie, Bd. 3, 1983, 55–99 • E. Helmstädter: Kreislauf und Reproduktion, in: W. J. Mückl/A. E. Ott (Hg.): Wirtschaftstheorie und Wirtschaftspolitik, 1981, 145–157 • A. Paulsen/R. Schilcher: Allgemeine Volkswirtschaftslehre, Bd. 1, [10]1974

• S. T. Lowry: The Archaeology of the Circulation Concept in Economic Theory, in: JHI 35/3 (1974), 429–444 • E. Schneider: Einführung in die Wirtschaftstheorie, 3. T.: Geld, Kredit, Volkseinkommen und Beschäftigung, [12]1973 • Ders.: Einführung in die Wirtschaftstheorie, 1. T.: Theorie des Wirtschaftskreislaufes, [14]1969 • H. Reichardt: Kreislaufaspekte in der Ökonomik, 1967 • C. Föhl: Geldschöpfung und Wirtschaftskreislauf, [2]1955 • H. Peter: Strukturlehre des Wirtschaftskreislaufes, 1943 • J. M. Keynes: General Theory of Employment, Interest and Money, 1936 • W. Leontief: Die Wirtschaft als Kreislauf, in: ArchSozW, Bd. 60 (1928), 577–623 • J. A. Schumpeter: Das Sozialprodukt und die Rechenpfennige, in: ArchSozW, Bd. 44 (1917/18), 627–715 • K. Marx: Das Kapital. 2. Bd.: Der Zirkulationsprozess des Kapitals, 1885 • F. Quesnay: Tableau Economique, 1758. HEINZ RIETER

Wirtschaftsordnungen

1. Definition und Abgrenzung

Der Begriff der W. bezeichnet alle Institutionen, die für den Aufbau und die Funktionsweise einer Volkswirtschaft verantwortlich sind. Hierzu gehören die formellen (z. B. Rechtssystem, Beschaffenheit der Eigentumsrechte [↑Eigentum]) und informellen (z. B. Werthaltungen [↑Wert], ↑Traditionen). Zusätzlich können (insb. staatliche) Einrichtungen, die sich um die Steuerung und Verwaltung der Regeln kümmern, ebenfalls zur W. gezählt werden. Dabei kann der Begriff der W. sowohl als Beschreibung gegenwärtig existierender W. sowie zur gedanklichen Konstruktion einer hypothetisch geordneten W. dienen (↑Soziale Marktwirtschaft, ↑Ordnungsökonomik). Hinsichtlich der Auswirkungen lassen sich drei Aspekte von W. unterscheiden:

a) Soziotechnische Wirkungen, welche die mannigfaltigen Einzelprozesse mittels ↑Institutionen leiten und normieren,

b) eine Lenkungsfunktion hinsichtlich der ↑Produktion, Bewertung und Verwendung von wirtschaftlichen ↑Gütern (z. B. über markt- oder planwirtschaftliche Ordnungsprinzipien) und

c) gesellschaftspolitische Auswirkungen von W., die aus der Wechselwirkung in der Ausgestaltung einer W. mit anderen Teilbereichen der Gesellschaft resultieren (↑Gesellschaftspolitik).

Abzugrenzen ist die W. von dem oftmals synonym verwendeten Begriff der Wirtschaftsverfassung (Verfassungsökonomik, ↑Neue Politische Ökonomie) und dem ↑Wirtschaftssystem. Ersteres bezieht sich lediglich auf die formellen Institutionen einer W. Ebenso ist eine Gleichsetzung mit dem Wirtschaftssystem nicht zielführend, da mit diesem Begriff versucht wird, genuin wirtschaftliche Tätigkeiten analytisch von anderen gesellschaftlichen Teilbereichen (z. B. Recht oder Politik) abzugrenzen (↑Systemtheorie; ↑Wirtschaft). Der Begriff der W. nimmt davon Abstand, indem er eine breitere Betrachtungsweise anlegt. Überlappungen mit dem Begriff des Wirtschaftssystems, verstanden als Mechanismus zur Koordination der mannigfaltigen Einzelpläne der Teilnehmer des volkswirtschaftlichen Gesamtgeschehens, sind aber durchaus gegeben. Im entspr.en Fachartikel wird dargelegt, inwiefern der Systembegriff auf die institutionelle Gestaltung von Volkswirtschaften angewendet und hierbei grobe Klassifikationen (z. B. Plan- und Marktwirtschaft, *Varieties of Capitalism*) vorgenommen werden können. Dieser Aspekt, der sich v. a. für die vergleichende Betrachtung von verschiedenen Wirtschaftsstandorten (meist Staaten) anbietet, wird häufig auch (nicht ganz trennscharf) unter dem Label der W. behandelt. Aufgrund der häufig ungenauen Verwendung und zahlreichen Überlappungen der beiden Begriffe W. und Wirtschaftssystem ist es sinnvoll, noch ein weiteres Abgrenzungskriterium anzuführen: So kann unter einem Wirtschaftssystem eine idealtypische Modellkonstruktion verstanden werden, wohingegen die W. stärkeren Bezug auf reale Volkswirtschaften nimmt. Der Begriff des Wirtschaftssystems befasst sich also mehr mit der inneren Logik und den Ablaufsprozessen in einer Volkswirtschaft, während die W. auch jene Interaktionen berücksichtigt, die an der Schnittstelle zwischen ökonomischen und anderen gesellschaftlichen Teilsystemen stattfinden. Auch ist bei der Beschäftigung mit W. in der Regel eine wesentlich stärker ausgeprägte normative Komponente vorhanden. Während Fragen nach dem Wirtschaftssystem vielfach auf recht elementare Systemvergleiche hinauslaufen, die zumeist einem strikt positiv orientierten Verständnis in den Wirtschaftswissenschaften zugerechnet werden können, schwingt bei der Verwendung des Begriffs W. auch immer die Idee einer bewusst angestrebten W. mit. Mit diesem Idealbild einer geordneten Wirtschaft ist meistens das Ziel angestrebt, ein gutes Leben für alle in der jeweiligen W. lebenden Menschen zu ermöglichen (Wohlfahrtsökonomik [↑Wohlfahrt]).

2. Entwicklungslinien und Besonderheiten

Die Reflexion bestehender W. ist historisch recht neu. Bis zur Renaissance war die gesellschaftliche Ordnung – und damit auch die W. – in die kosmische Ordnung, die als von Gott geschaffen angesehen wurde, eingefügt. Das Nachdenken über die W. fiel in den Geltungsbereich der ↑Theologie. Parallel mit dem Umbruch im Ordnungsverständnis in den ↑Naturwissenschaften (Demystifizierung der ↑Natur) stellt sich auch in den Wirtschafts- und ↑Sozialwissenschaften ein Verständnis für die Versteh- und Gestaltbarkeit der W. ein, womit gleichzeitig eine Abkehr von der primär ethischen hin zu einer ökonomischen Beurteilung wirtschaftlicher Aktivität einhergeht. Vor diesem Hintergrund kann die Bedeutung der Beiträge u. a. von Bernard Mandevilles „Bienenfabel“ (1980 [zuerst 1714]; spontane Ordnung) oder Adam Smiths „Der Wohlstand der Nationen“ (1776) erst richtig eingeschätzt werden: Die Einsicht, dass strikt eigennutzorientiertes Handeln (↑Nutzen) – bei Vorhandensein einer adäquaten institutionellen

Rahmung des Wirtschaftsgeschehens – zu gesamtgesellschaftlich wünschenswerten Ergebnissen führen kann, ist eine eindrucksvolle Hinwendung zur Eigenlogik von W. Hierbei ist allerdings zu ergänzen, dass die bloße Forderung einer marktlichen W. nicht immer ausreichend ist, um individuelle ↑Interessen in sozial wünschenswerte Resultate zu transformieren. Vielmehr muss auch darüber nachgedacht werden, welche informellen Komponenten einer W. Individuen in ihren Handlungen prägen, um letztlich Handlungsweisen hervorzurufen, die möglichst wünschenswerte Resultate für möglichst breite Bevölkerungsschichten zeitigt. Dieser Gedanke wird im deutschsprachigen Raum im 20. Jh. v.a. von den Vertretern des Ordoliberalismus dahingehend weiterentwickelt, als dass für sie die wirklich wichtigen Komponenten des wirtschaftlichen Lebens „jenseits von Angebot und Nachfrage" (Röpke 1958) liegen.

3. Kontextuale Ökonomik als (Wirtschafts-)Wissenschaft der Wirtschaftsordnung

Die VWL nach dem Zweiten Weltkrieg war – und ist es zu einem gewissen Grad immer noch – eine Wissenschaft, die einen „isolierenden" Blick auf ihren Gegenstandsbereich wirft. Sie versucht genuin wirtschaftliches Handeln von dem Kontext, in dem dieses stattfindet, abzugrenzen. Wie Nils Goldschmidt, Erik Grimmer-Solem und Joachim Zweynert zeigen, kann dieses Vorgehen in Zeiten wirtschaftlicher, sozialer und politischer Stabilität sinnvoll sein. In Zeiten großer Umbrüche – wie wir sie im Moment in vielerlei Hinsicht erleben – scheint es jedoch sinnvoll, wirtschaftliche Prozesse an gesellschaftliche und sonstige Entwicklungen rückzubinden, um so weitere Einsichten zu gewinnen, die die Gestaltung der W. verbessern können.

Das relativ junge Forschungsprogramm der kontextualen Ökonomik adressiert dies, indem es die Erforschung der W. – und ihrer mannigfaltigen Interaktionen mit den übrigen gesellschaftlichen Teilsystemen – explizit zum Forschungsgegenstand der VWL macht. Dies lässt sich am Beispiel der Transformationsprozesse in Osteuropa (↑Systemtransformation) illustrieren: Die Grenzen einer isolierenden Ökonomik wurden nach dem Zusammenbruch des real existierenden Sozialismus und den daran anschließenden Transformationsprozessen hin zu Marktwirtschaften offensichtlich. Während viele westliche Ökonomen das Vorhandensein eines klar ausdifferenzierten ökonomischen Subsystems in den jeweiligen Gesellschaften voraussetzten, das nun – geradezu mechanisch – lediglich aus einer planwirtschaftlichen (↑Zentralverwaltungswirtschaft) in eine marktwirtschaftliche Logik überführt werden müsse, erwies sich diese Vorgehensweise in der Praxis häufig als nicht zielführend. Wenn z.B. Paul A. Gregory und Robert C. Stuart „Transition" als „das Ersetzen eines Wirtschaftssystems durch ein anderes" (1998: 18, Übersetzung der Autoren) bezeichnen, verkennt dies vollkommen die Tatsache, dass das planwirtschaftlich organisierte Wirtschaftssystem der ehemals kommunistischen Staaten (↑Kommunismus) bis ins kleinste Detail mit dem ↑politischen System der jeweiligen Staaten verschmolzen war. Ein erfolgversprechender Übergang von einem geplanten in ein marktliches Wirtschaftssystem konnte und kann also gar nicht ohne Beachtung der weiter gefassten W. durchgeführt werden. Folglich hätte eine stärkere Berücksichtigung der überkommenen planwirtschaftlichen W., ihrer formellen wie informellen Regeln und ihrer Interaktion mit weiteren Teilsystemen mit Blick auf die Gestaltung einer neuen W. (darunter insb. das Verhältnis zwischen Wirtschaft, ↑Politik und ↑Gesellschaft) vermutlich zu besseren Resultaten führen können.

Auch andere Bereiche können von einer kontextualen Perspektive in den Wirtschaftswissenschaften profitieren. Das Aufkommen neuartiger Technologien, die wesentlichen Einfluss auf die Produktionsstruktur und die sektorale Gliederung der wirtschaftlichen Aktivitäten nehmen, weltweite Lohnarbitrage im Zuge zunehmender ↑Globalisierung, der wirtschaftliche und geopolitische Aufstieg (↑Geopolitik) Chinas, internationaler ↑Terrorismus, politische Instabilität in vielen Teilen der Erde und – teilweise davon ausgelöste – massive globale Migrationsbewegungen (↑Migration), die omnipräsente Gefahr des ↑Klimawandels sowie die Probleme, die der demographische Wandel in entwickelten Volkswirtschaften hervorruft, lassen eine kontextuale Perspektive auf wirtschaftliche Prozesse zunehmend sinnvoll erscheinen.

Hier hilft auch der Rückgriff auf die Geschichte des ökonomischen Denkens. Zwar herrschen seit der zweiten Hälfte des 20. Jh. isolierende Ansätze in der Ökonomik vor, eine kontextuale Perspektive kann aber bis zur Gründung der eigenständigen Disziplin der Ökonomik im Zeitalter von A. Smith nachgezeichnet werden. Die sozialen Verwerfungen, die im späten 18. Jh. durch die fortschreitende Industrialisierung (↑Industrialisierung, Industrielle Revolution) und die Herausbildung moderner Marktgesellschaften entstanden, ließen eine Vielzahl an Fragestellungen aufkommen, die eine kontextuale Sichtweise beförderten. Prominent findet sich der Fokus auf die W. in der Deutschen Historischen Schule (↑Historismus in der Wirtschaftswissenschaft), die das im späten 19. Jh. stattfindende Phänomen der rapiden, aufholenden Industrialisierung zu erklären versuchte. Ebenfalls überrascht es nicht, dass v.a. deutschsprachige Ökonomen in der ersten Hälfte des 20. Jh. (Freiburger Schule, ↑Österreichische Schule der Nationalökonomie), deren persönliche Lebenserfahrungen von tiefgreifenden Umbrüchen und sozialen Verwerfungen gekennzeichnet waren, nach Lösungen für ökonomische und politische Probleme suchten, die auf der Ebene der W. aufzufinden sind.

Vor diesem Hintergrund wird es verständlich, warum viele der wichtigsten wirtschaftswissenschaftlichen Beiträge der letzten Jahre, explizit oder implizit, kontextualer Natur sind und eine hohe Sensitivität für Fragen der Gestaltung der W. aufweisen: Während in den 1970er und 80er Jahren vergleichende Wirtschaftssystemforschung aufgrund der Präsenz von real existierenden planwirtschaftlichen Systemen Priorität eingeräumt wurde, sind heute in den meisten Staaten der Erde marktlich basierte „Wirtschaftssysteme" vorhanden, die sich jedoch in ihrer jeweiligen Ausgestaltung und Funktionsweise – also ihrer W. – erheblich unterscheiden. In diesem Sinne können Daron Acemoglus und James A. Robinsons „Why Nations Fail" (2012) oder auch Douglass C. Norths, John J. Wallis und Barry R. Weingasts „Violence und Social Orders" (2013) als Beiträge zur „W.s-Forschung" verstanden werden: Der Fokus liegt hierbei nicht auf abstrakten Vergleichen der Wirkungsweise einzelner Wirtschaftssysteme, sondern im Herausarbeiten von kleinen – aber potenziell höchst einflussreichen – Details in den Unterschieden der W. von realen Volkswirtschaften.

In diesem Sinne ist zu erwarten, dass sich der bisweilen antiquiert klingende Begriff der W. in Zukunft neuer Beliebtheit erfreuen könnte. Der dynamische Charakter von Volkswirtschaften und das permanent stattfindende Wechselspiel zwischen ökonomischen, politischen und gesellschaftlichen Faktoren innerhalb von W. kann mit einer hierauf ausgerichteten Linse differenzierter betrachtet und analysiert werden.

Literatur

S. Kolev/N. Goldschmidt/J. Zweynert: Neue Ordnungsökonomik. Zur Aktualität eines kontextualen Forschungsprogrammes, in: LiFo 45/1 (2019), 646–660 • N. Goldschmidt/E. Grimmer-Solem/J. Zweynert: On the Purpose and Aims of the Journal of Contextual Economics, in: Schmoller's Jb. 136 (2016), 1–14 • D. C. North/J. J. Wallis/B. R. Weingast: Violence and Social Orders, 2013 • D. Acemoglu/J. A. Robinson: Why Nations Fail, 2012 • P. R. Gregory/R. C. Stuart: Russian and Soviet Economic Performance and Structure, 1998 • R. Klump (Hg.): Wirtschaftskultur, Wirtschaftsstil und Wirtschaftsordnung, 1996 • B. Mandeville: Die Bienenfabel oder Private Laster, öffentliche Vorteile, [2]1980 • W. Röpke: Jenseits von Angebot und Nachfrage, 1958 • A. Smith: Der Wohlstand der Nationen, 1776.

ROLAND FRITZ UND NILS GOLDSCHMIDT

Wirtschaftspolitik

1. Grundlagen

W. bezeichnet zielgerichtete Eingriffe in den Bereich der ↑Wirtschaft durch dazu legitimierte Instanzen. Solche Träger der W. sind entweder den Staatsorganen zuzurechnen oder von diesen mit der Wahrnehmung öffentlicher Aufgaben betraut. W. ist somit ein Teilgebiet der allg.en staatlichen ↑Politik.

Von der praktischen W. ist die wissenschaftliche Behandlung der W. zu unterscheiden. Die Aufgabe dieser theoretischen W. oder Theorie der W. besteht darin, auf der Grundlage von Erkenntnissen der ökonomischen Theorie geeignete Strategien, Ansatzpunkte und Instrumente zu entwickeln, mit denen die in der praktischen W. angestrebten Ziele erreicht werden können. Die abhängigen Variablen der Theorie stellen dabei die Ziele der W. dar, während die unabhängigen Variablen zu Ansatzpunkten oder Instrumenten der W. werden. W. lässt sich insofern als angewandte Wirtschaftstheorie zur Lösung konkreter ökonomischer Probleme bzw. zur Erreichung wirtschaftlich relevanter Ziele ansehen. Sie schließt eine gründliche Fehleranalyse ein, versucht also auch die Frage zu beantworten, warum bestimmte Ziele nicht erreicht werden.

Wirtschaftliches Handeln zielt auf den Erhalt und/oder die Mehrung von Wohlstand ab. Dieser wird in der ↑Volkswirtschaftlichen Gesamtrechnung gemessen durch die Höhe des realen BIP bzw. des realen BIP pro Kopf. Das BIP macht in seinen drei unterschiedlichen Berechnungsmethoden drei unterschiedliche Dimensionen wirtschaftspolitischen Handels deutlich:

a) Die Entstehungsseite des BIP stellt auf die allokativen Dimensionen des Wirtschaftens ab und betont damit den möglichst effizienten Einsatz aller vorhandenen Ressourcen zur Schaffung von Wohlstand.

b) Die Verwendungsseite des BIP betont mit ↑Konsum, ↑Investition, Staatsverbrauch und Außenbeitrag die großen volkswirtschaftlichen Aggregate, die bei der Entstehung bzw. Vermeidung konjunktureller ↑Krisen und der Sicherstellung eines stetigen ↑Wirtschaftswachstums eine entscheidende Rolle spielen.

c) Die Verteilungsseite des BIP stellt schließlich die distributiven Aspekte (↑Distribution) der Schaffung von Wohlstand in den Vordergrund, denn unterschiedliche Gruppen von Akteuren können unterschiedlich daran partizipieren. Verteilungsfragen können in verschiedener Form auftreten, z. B. in personeller, funktionaler, regionaler, sektoraler, intertemporaler, internationaler oder Gender-bezogener Hinsicht, und Relevanz für die Formulierung theoretischer und praktischer wirtschaftspolitischer Strategien gewinnen.

Theoretische W. wirkt auf die praktische W. durch wissenschaftliche Beratung (↑Politikberatung). Zwischen den Empfehlungen der theoretischen W. und den in der wirtschaftspolitischen Praxis ergriffenen bestehen aber oft deutliche Diskrepanzen. Sie lassen sich auf die folgenden Faktoren zurückführen:

a) Wie in anderen ↑Sozialwissenschaften konkurrieren auch in der ökonomischen Theorie verschiedene Lehrmeinungen um die angemessene Analyse wirtschaftlicher Phänomene. Aus unterschiedlichen Theorien können divergierende wirtschaftspolitische Empfehlungen folgen.

b) Wissenschaftler unterliegen bei der Bewertung alternativer wirtschaftspolitischer Strategien ebenso ihren eigenen ↑Werturteilen wie die Politiker, die solche Strategien umsetzen. Oft werden die unterschiedlichen normativen Positionen nicht transparent gemacht.

c) Wissenschaftler arbeiten immer mit modellmäßigen Vereinfachungen der Realität. Das kann dazu führen, dass sie bestimmte Strukturelemente der Wirtschaft für konstant halten, die sich in Wirklichkeit aber als Reaktion auf neue wirtschaftspolitische Eingriffe verändern und damit die tatsächliche Wirksamkeit dieser Eingriffe beeinflussen.

d) Für die Lösung neuartiger Probleme gibt es keine gesicherten wirtschaftstheoretischen Grundlagen. Theoretische Plausibilitätsüberlegungen und historische Analogieschlüsse bieten sich als Ausweg an. Es steigt aber auch das Risiko von wirtschaftspolitischen Fehlentscheidungen.

e) Als Teilgebiet der allg.en Politik unterliegt die praktische W. den verschiedensten Einflussnahmen und Zwängen, die in der theoretischen W. nicht selten unterschätzt und daher bei der Formulierung wirtschaftspolitischer Empfehlungen zu wenig beachtet werden.

f) Träger der W. verfolgen häufig ganz andere ↑Interessen als die sie beratenden Ökonomen. Die Sorge um die Wiederwahl, die Rücksicht auf bestimmte Wählergruppen oder die Sicherung bestehender Einflussbereiche lassen dann andere wirtschaftspolitische Strategien sinnvoller erscheinen als diejenigen, die von wissenschaftlichen Beratern entwickelt werden.

Unter den wirtschaftspolitischen Beratern kommt eine herausgehobene Stellung solchen Gutachtergremien zu, die wie der deutsche *Sachverständigenrat zur Begutachtung der gesamtwirtschaftlichen Entwicklung* auf gesetzlicher Grundlage in regelmäßigen Abständen die gesamtwirtschaftliche Entwicklung analysieren und Vorschläge zur Lösung wirtschaftspolitischer Probleme machen. Die Mitglieder des Rates sind unabhängige Wissenschaftler. Ihre Vorschläge sind für die ↑Bundesregierung nicht bindend; sie muss aber in ihrem Jahreswirtschaftsbericht zu ihnen Stellung nehmen. Ein anderes Beratungsmodell findet sich in den USA. Dort ist der *Council of Economic Advisers* ein Teil der Regierungsbürokratie. Jeder Präsident wählt sich einen eigenen Beraterstab, der mit den übergeordneten Zielen der Regierungspolitik übereinstimmt.

2. Ansatzpunkte und Instrumente der Wirtschaftspolitik

Es gibt verschiedene Versuche, die Instrumente der W. zu systematisieren. Im deutschsprachigen Raum dominierte lange die von Walter Eucken eingeführte Zweiteilung, die nach der Art der eingesetzten Instrumente zwischen Ordnungspolitik (Rahmenpolitik) und Prozesspolitik (Ablaufpolitik) unterscheidet. Unter ↑*Ordnungspolitik* ist dabei die Beeinflussung derjenigen Faktoren zu verstehen, die den institutionellen Rahmen der ökonomischen Aktivitäten und der möglichen Eingriffe abstecken. Sie beinhaltet die Festlegung der Grundregeln für das Verhältnis der wirtschaftlichen Akteure untereinander, die Schaffung von ↑Institutionen, die als Träger der W. agieren, sowie die Ausgestaltung ihrer Kompetenzen. ↑*Prozesspolitik* umfasst dagegen alle diejenigen Maßnahmen, mit denen innerhalb des ordnungspolitischen Rahmens die für ökonomische Entscheidungen relevanten Daten beeinflusst werden. Bei solchen Daten kann es sich bspw. um Güterpreise, Steuersätze, Subventionsbeträge, Zinssätze, Nachfrage- oder Einkommensänderungen handeln. Im anglo-amerikanischen Schrifttum herrscht eine Systematik vor, die auf Jan Tinbergen zurückgeht und zwischen qualitativer und quantitativer W. unterscheidet. *Qualitative W.* umfasst Veränderungen einer gegebenen Wirtschaftsstruktur. Maßnahmen der *quantitativen W.* werden aus Strukturgleichungen abgeleitet, die Zusammenhänge zwischen wirtschaftspolitischen Instrument- und Zielvariablen bei Konstanz der Wirtschaftsstruktur abbilden. Die Variation einzelner Instrumente soll eine genau quantifizierbare Änderung der Zielgrößen ermöglichen.

Nach dem angestrebten Wirkungsbereich der Instrumente lässt sich unterscheiden in eine die Gesamtwirtschaft betreffende *Globalpolitik* und eine nur auf einzelne Teilbereiche der Gesamtwirtschaft abzielende ↑*Strukturpolitik*. Hierzu zählen insb. die *regionale* und die *sektorale W.* Ausgangspunkt für wirtschaftspolitisches Eingreifen auf einzelnen Märkten sind *Marktfehler* wie (positive oder negative) ↑externe Effekte, asymmetrische ↑Informationen, natürliche Monopole oder andere Formen von Marktmacht (↑Macht). Beeinflusst werden sollen entweder direkt die Marktpreise und die am ↑Markt gehandelte Mengen oder die Determinanten von Marktangebot und -nachfrage. Im Extremfall sorgt staatliches Handeln erst dafür, dass Märkte überhaupt existieren, indem Eigentums- und Verfügungsrechte an Gütern geltend gemacht und durchgesetzt werden können. Staatliche *Regulierungspolitik* versucht entweder über Gebote und Verbote, in der *Wettbewerbspolitik* auch über Untersagungen, Zerschlagungen und Bußgelder, sowie durch spezielle Steuern oder ↑Subventionen auf die Marktallokation einzuwirken. Direkte Festsetzungen von Preisen, z. B. durch staatlich fixierte Höchstpreise oder Mindestlöhne, können selber zur Verzerrung der effizienten Allokation führen, wenn sie das Erreichen des Marktgleichgewichts verhindern.

Schließlich kann eine Systematisierung von Instrumenten der W. aus den angestrebten Zielen abgeleitet werden. Dabei kann zwischen *Konjunkturpolitik*, *Wachstumspolitik*, ↑*Umweltpolitik* und *Verteilungspolitik* unterschieden werden. Die zur Konjunkturstabilisierung eingesetzten Maßnahmen lassen sich wiederum in die Bereiche der *Stabilitäts-*, *Beschäftigungs-* und *Zahlungsbilanzpolitik* gliedern. Sie greifen in den ↑Wirtschaftskreislauf ein, indem sie entweder Güter- und Einkommensströme oder den Geldkreislauf beeinflussen. Im Zentrum stehen daher die Instrumente der ↑Geldpolitik zur Beeinflussung von Geldmengenaggregaten oder ↑Zinsen unterschiedlicher Fristigkeit sowie Maßnahmen der Fiskalpolitik, mit denen Staatseinnahmen (über Steuerpolitik, Staatsausgaben oder die ↑Staatsverschuldung) verändert werden. Spezielle Instrumente der ↑Außen-W., die auf Exporte, Importe und den internationalen Kapitalverkehr einwirken, sind ↑Zölle, Quoten und Aufwertungen oder Abwertungen der inländischen ↑Währung. Instrumente zur Verhinderung von ↑Armut und zur Veränderung der ↑Verteilung von ↑Einkommen und ↑Vermögen definieren Ansprüche auf staatliche Leistungen und legen die dafür erforderlichen Finanzierungsquellen fest, die entweder als ↑Steuern oder als bes. Sozialabgaben anfallen. Mit Hilfe einer progressiven Ausgestaltung von Steuertarifen soll die Umverteilung von Primäreinkommen bes. wirkungsvoll gemacht werden.

3. Ziele und Zielkonflikte

Die Rechtfertigung wirtschaftspolitischer Ziele führt auf die Ebene gesellschaftlicher ↑Grundwerte, die der praktischen W. als Orientierung dienen. Die Ableitung wirtschaftspolitischer Ziele aus sehr allg.en normativen Postulaten hat zur Folge, dass es keinen allg. gültigen Zielkatalog geben kann und dass der Stellenwert der einzelnen Ziele im Zeitablauf und im internationalen Vergleich variiert. Auch demokratische ↑Wahlen stellen nur unter sehr restriktiven Bedingungen sicher, dass eindeutige gesellschaftliche Präferenzen für bestimmte wirtschaftspolitische Ziele ermittelt werden können.

In vielen westlichen Industrieländern werden heute ↑Freiheit, ↑Gleichheit und ↑Sicherheit als zentrale gesellschaftliche Grundwerte angesehen. Sie sind häufig, so auch in Deutschland, in Staatsverfassungen als ↑Grund- und ↑Menschenrechte verankert. Freiheit, Gleichheit und Sicherheit schlagen sich in einem gesellschaftlichen Oberziel, der Maximierung der gesellschaftlichen ↑Wohlfahrt, nieder. Neben vielen anderen gesellschaftlichen Bereichen trägt die wirtschaftliche Entwicklung zu diesem Ziel bei, indem sie den ökonomischen Wohlstand maximiert.

Messen lässt sich der ökonomische Wohlstand in einem Land anhand des realen BIP mit dem alle in einer Periode geschaffenen ↑Güter und ↑Dienstleistungen erfasst und um reine Preissteigerungseffekte bereinigt werden. Zu den drei unterschiedlichen Arten der BIP-Erfassung korrespondieren die drei unterschiedlichen wirtschaftspolitischen Oberziele effiziente ↑*Allokation*, konjunkturelle Stabilität (↑Stabilisierung) und distributive Gerechtigkeit.

Die Entstehungsrechnung ermittelt die Wertschöpfungen in der Produktion von Gütern und Dienstleistungen, die als Endprodukte über Märkte getauscht werden. In statischer Betrachtungsweise muss es folglich Aufgabe einer effizienzorientierten W. sein, die Bedingungen dafür zu schaffen, dass mit den in einem Land vorhandenen Ressourcen ein möglichst großes Angebot an privaten und öffentlichen Gütern erreicht werden kann. In dynamischer Sicht steht das Wachstum des ökonomischen Wohlstands im Vordergrund. Sofern man dabei nicht den nationalen Wohlstand, sondern die Versorgung der Individuen mit Gütern im Auge hat, ist die Wachstumsrate des realen BIP pro Kopf der Bevölkerung dafür der geeignete Indikator. Die immer wieder bemängelten Schwächen des BIP als Wohlstandsmaß lassen sich auf drei Weisen beheben:

a) Man kann durch ergänzende Berechnungen das BIP korrigieren, z. B. durch die Schätzung der Schwarzarbeit, der unbezahlten Haushaltsproduktion und der Höhe der Umweltschäden.

b) Man kann versuchen, den ökonomischen Wohlstand durch einen anderen, ganz neu berechneten Indikator auszuweisen.

c) Man kann das BIP durch andere Indikatoren des ökonomischen oder gesellschaftlichen Wohlstands ergänzen, z. B. durch Angaben zu Ausbildung, Gesundheit, Freizeit, Sicherheit, Umweltqualität und Qualität des Arbeitslebens.

Konjunkturelle Stabilität zielt neben einem möglichst gleichmäßig hohen Wachstum des realen BIP auf die Vermeidung der bei Konjunkturkrisen auftretenden makroökonomischen Ungleichgewichte ab. Ziele sind daher Vollbeschäftigung, Preisniveaustabilität und außenwirtschaftliches Gleichgewicht. Das Beschäftigungsziel wird gemessen durch Arbeitslosenquoten, in denen die Zahl der (geschätzten oder registrierten) Arbeitslosen in Beziehung gesetzt wird zur Gesamtzahl aller (potenziellen) Erwerbspersonen. Preisniveaustabilität bzw. das Vorliegen einer Inflation kann gemessen werden an der Veränderung des Deflators des BIP, der die Preisentwicklung aller produzierten Konsum- und Investitionsgüter erfasst. Da wirtschaftspolitisch aber die Veränderung der realen Kaufkraft des Einkommens der Konsumenten relevanter ist, findet sehr viel häufiger die Veränderung des Preisindex der Lebenshaltung der privaten Haushalte Verwendung. Er beruht auf der Messung von Preisen für einen repräsentativen und für mehrere Jahre konstant gehaltenen Warenkorb. Messfehler können sich daher ergeben aufgrund von Veränderungen der relativen Preise, die Nachfrageveränderungen nach sich ziehen, durch Preisveränderungen, die gleichzeitig mit Qualitätsveränderungen einhergehen, und bei der Einführung neuer Güter. Das außenwirtschaftliche Gleichgewicht wird durch den Saldo der Leistungsbilanz oder die Veränderung der nationalen Währungsreserven gemessen. Allerdings weisen diese Indikatoren erheblichen Interpretationsspielraum auf. Leistungsbilanzdefizite zeugen von einem Überhang der inländischen Investitionen über das inländische Sparen. Sofern dies auf eine hohe und produktive Investitionstätigkeit zurückzuführen ist, die hohe Erträge für ausländische Kapitalgeber erbringt, besteht kein wirtschaftspolitischer Korrekturbedarf. Sind für das Defizit aber geringe inländische Ersparnisse, etwa wegen hoher staatlicher Haushaltsdefizite, verantwortlich, droht eine Verschuldungskrise (↑Staatsschuldenkrise), die auch durch den Abbau nationaler Währungsreserven nur kurzfristig aufgehalten werden kann. Permanente Leistungsbilanzüberschüsse können umgekehrt ein Anzeichen für fehlende inländische Investitionen sein, die eine Anlage inländischer Ersparnisse im Ausland, auch in der Form eines Aufbaus nationaler Währungsreserven, verursachen.

Die Verteilungsrechnung des BIP ermittelt das gesamte Volkseinkommen und nimmt zunächst eine Aufteilung auf die Bezieher der Einkommen aus Arbeit, gemessen an der Lohnquote, und aus Vermögensbesitz vor (funktionale Verteilung). Es lassen sich aber auch Berechnungen zur Aufteilung des Gesamteinkommens auf unterschiedliche Teilgruppen der Gesellschaft (personelle, regionale, intergenerationale oder Gender-bezogene Verteilung) durchführen. Zur Messung personeller Ungleichheit lassen sich Lorenzkurven verwenden, bei denen die tatsächliche Verteilung des Einkommens auf unterschiedliche Perzentile der Gesamtbevölkerung in Beziehung zu einer hypothetischen Gleichverteilung gesetzt wird, oder auf den daraus abgeleiteten Gini-Koeffizienten. Ein höherer Gini-Koeffizient wird als Zeichen höherer Ungleichverteilung verstanden. Das Ziel der Armutsvermeidung, das die Absicherung gegen unverschuldete Risiken des Lebens durch eine materielle Grundsicherung anstrebt, basiert auf der Festlegung einer Armutsgrenze. Sie wird in Entwicklungsländern mit Blick auf einen bestimmten lebensnotwendigen Bedarf an Konsumgütern festlegt, in entwickelten Ländern dagegen in einem bestimmten Verhältnis zum nationalen Durchschnittseinkommen.

Das Ziel ↑Umweltschutz verbindet allokative Effizienzüberlegungen, nämlich die Internalisierung negativer externer Effekte von Umweltschäden, mit dem Ziel einer gerechten Verteilung knapper Ressourcen zwischen den Generationen (↑Generationengerechtigkeit). Seine Erreichung lässt sich messen anhand von Emissionen, Immissionen oder den tatsächlichen Schäden, die wiederum in eine umweltbereinigte BIP-Berechnung integriert werden können (↑Umweltökonomik).

Konflikte können zwischen dem allokativen und dem distributiven Ziel der W. auftreten. Entscheidend sind dabei allerdings die konkreten gesellschaftlichen bzw. politischen Vorstellungen über eine gerechte Wohlstandsverteilung. Da eine utilitaristische Gerechtigkeitsnorm die Summe aller individuellen Nutzen in einer Gesellschaft maximiert sehen möchte (↑Utilitarismus), unabhängig davon, ob sich dabei auch die Position einiger Individuen verschlechtert, kann sie gut mit der Förderung hohen Wirtschaftswachstums harmonieren. Dagegen misst der egalitäre Liberalismus die Zunahme des gesellschaftlichen Wohlstands am Wohlergehen des am schlechtesten gestellten Individuum und kommt daher mit einem Wachstumsprozess in Konflikt, der den Wohlstand einiger Individuen verschlechtert. Ein anderer Zielkonflikt, dessen Ausmaß ebenfalls von den normativen Gerechtigkeitsvorstellungen (↑Gerechtigkeit) abhängt, diesmal mit Blick auf die Verteilung zwischen den Generationen, kann zwischen der Förderung von Wirtschaftswachstum und dem Umweltschutz auftreten.

Die Wohlfahrtsökonomie hat verschiedene Kriterien entwickelt, wie Konflikte zwischen allokativen und distributiven Zielen durch Kompensation gelöst werden können, also durch eine Umverteilung des gewachsenen Wohlstands an die Gruppen, die selbst an der Wohlstandszunahme nicht partizipierten. Da Maßnahmen der Umverteilung immer auch mit Transaktionskosten verbunden sind, müssen auch die negativen Allokationswirkungen der Kompensation in die Gesamtbetrachtung eingehen.

In der Konjunkturpolitik wird immer wieder über einen möglichen Zielkonflikt zwischen den Zielen Vollbeschäftigung und Preisniveaustabilität diskutiert. Die Existenz einer solchen Philips-Kurve ist umstritten und allenfalls für eine sehr kurze Frist belegt. Versuche, sie aktiv wirtschaftspolitisch auszubeuten, indem durch Inkaufnahme von Inflation eine höhere Beschäftigung angestrebt wird, sind längerfristig immer wieder gescheitert.

4. Träger der Wirtschaftspolitik

Unter den Trägern der W. versteht man alle Individuen und Institutionen, die mit der Wahrnehmung wirtschaftspolitisch relevanter Entscheidungen betraut sind. Zu ihnen zählen die verschiedenen Ebenen staatlicher Organe und Verwaltungen im In- und Ausland, aber auch Zentralbanken, ↑Gewerkschaften und ↑Arbeitgeberverbände, denen auf gesetzlicher Grundlage solche Befugnisse anvertraut sind. Hinzu kommen alle Interessensverbände, die den politischen Entscheidungsprozess beeinflussen. Die ↑Neue Politische Ökonomie will das Verhalten der wirtschaftspolitischen Akteure erklärbar machen. Sie geht dabei von Rationalverhalten aus und unterstellt, dass die individuellen Nutzen der Akteure weniger vom allg.en ökonomischen Wohlstand, sondern sehr viel mehr von der Zahl der Wählerstimmen, von den Chancen einer Wiederwahl oder der Größe der verwalteten Budgets abhängen.

Für staatliche Entscheidungen in parlamentarischen Demokratien (↑Parlament, Parlamentarismus) ist die Mitwirkung von ↑Parteien bedeutsam, die in Wahlen um die Stimmenmehrheit konkurrieren. Modelle der Neuen Politischen Ökonomie haben aus dem Wettbewerb um die Wählerstimmen den Schluss gezogen, dass es eine starke Tendenz der Parteien gibt, sich an den Präferenzen des Medianwählers bzw. der Wechselwähler zu orientieren und die Präferenzen traditioneller Stammwähler eher zu vernachlässigen. Die fehlende Unterscheidbarkeit von Parteiprogrammen und eine wachsende Zahl von Nicht-Wählern machen dann aber auch wieder Parteineugründungen an den Rändern des programmatischen Spektrums attraktiv. Die gerade regierenden Parteien haben in aller Regel ein Interesse, unmittelbar vor den nächsten Wahlen bes. wählergruppenspezifische Begünstigungen durchzusetzen, während die Kosten solcher Maßnahmen auf die Zeit nach der Wahl verschoben werden. Dies ist eine Erklärung für die Entstehung politisch verursachter Konjunkturzyklen (↑Konjunktur), also dem Gegenteil einer konjunkturstabilisierenden W.

Organisierte ↑Interessengruppen spielen eine wichtige Rolle bei der Information von Politikern und Wählern über die Auswirkungen wirtschaftspolitischer Entscheidungen. Aber nicht alle Interessen sind gleich gut organisierbar, sodass der politische Prozess bedeutsame Asymmetrien aufweist. Bes. gut organisieren lassen sich kleine und homogene Gruppen mit klar formulierbaren Zielen, wie etwa die Produzenten einer bestimmten Güterkategorie, während heterogene Nachfrageinteressen weniger leicht organisierbar sind. Staatliche ↑Bürokratien, die ohne Wettbewerbsdruck arbeiten, neigen aus Sicht der Neuen Politischen Ökonomie nicht nur zu einem zu großen Leistungsangebot als Folge einer inhärenten Tendenz zur Budgetmaximierung (allokative Ineffizienz), sondern bieten ihre Leistungen auch noch zu überhöhten Kosten an (X-Ineffizienz).

Nur eine glaubwürdige Institution kann auf Dauer wirkungsvoll Einfluss auf Märkte und Kreislaufströme nehmen. Angesichts unterschiedlicher Präferenzen bei den Trägern der W. und bei denjenigen, die von wirtschaftspolitischen Eingriffen betroffen sind, baut sich Glaubwürdigkeit als ein Bestand an Vertrauenskapital über einen längeren Zeitraum auf. Sie kann, sofern das ↑Vertrauen wiederholt enttäuscht wird, auch relativ schnell wieder verlorengehen. Die Glaubwürdigkeit wirtschaftspolitischer Institutionen steht auf dem Spiel, wenn ihr Verhalten sich als inkonsistent erweist. Zeitinkonsistenz liegt dann vor, wenn Entscheidungen, die zu einem bestimmten Zeitpunkt optimal sind, dies zu einem späteren Zeitpunkt, nachdem alle relevanten Entscheidungen getroffen wurden, nicht mehr sind. Rechnen die Betroffenen mit einem zeitinkonsistenten Handeln, werden sie selbst ihre Aktionen verändern, sodass letztlich gesamtwirtschaftlich ineffiziente Lösungen zustanden kommen. Angesichts solcher Ergebnisse kann es für wirtschaftspolitische Institutionen sinnvoll sein, sich selbst einer Einschränkung der möglichen Handlungsoptionen zu unterwerfen. Eine solche Einschränkung besteht in der Einführung strikter Regeln, an die wirtschaftspolitische Akteure gebunden werden oder sich selbst binden. Beispiele dafür finden sich v. a. im Bereich der Geld-, Finanz- und Währungspolitik (z. B. Inflationsziele, Schuldenbremsen oder Wechselkursziele). Eine ausschließliche Bindung der W. an eng definierte Regeln birgt allerdings auch die Gefahr, dass neu auftretende Probleme, für deren Bekämpfung noch keine Regeln existieren, nicht oder nicht ausreichend bewältigt werden können. Ein hohes Niveau an Glaubwürdigkeit gibt wirtschaftspolitischen Institutionen allerdings auch die Möglichkeit, in einem gewissen Rahmen diskretionäre Entscheidungen zu treffen, ohne damit an Vertrauen einzubüßen.

Der Erfolg wirtschaftspolitischer Strategien hängt nicht zuletzt davon ab, dass es gelingt, das Zusammenwirken der einzelnen wirtschaftspolitischen Akteure so zu organisieren, dass sich ein Maximum an gesamtwirtschaftlicher Zielerreichung einstellt. Hierarchische Kontrolle, Unabhängigkeit und verschiedene Formen der Kooperation sind dafür unterschiedliche Organisationsformen. ↑Hierarchie ist immer mit tendenziell hohen Organisations- und Kontrollkosten verbunden, während Unabhängigkeit dann bes. vorteilhaft ist, wenn eine Institution ein einziges klar definiertes Ziel verfolgen soll und lange Wirkungsverzögerungen *(time-lags)* beim Einsatz wirtschaftspolitischer Instrumente vermieden werden sollen. Koordination von unabhängigen Trägern der W. findet sich v. a. auf internationaler Ebene und wird umso schwieriger, je größer die Zahl und die Diversität der zu koordinierenden Entscheider wird. Sie scheitert oft an mächtigen Eigeninteressen organisierter Interessengruppen, an einem unklaren Zeithorizont der Koordinationsgespräche, der keinen Vertrauensaufbau zulässt, und an unzureichenden Lösungen für unvermeidlich auftretende Verteilungsprobleme.

5. Wirtschaftsordnungen

Unter ↑Wirtschaftsordnung versteht man die Gesamtheit der formellen und informellen institutionellen Regeln (↑Institutionenökonomik), in deren Rahmen ökonomische Transaktionen innerhalb eines Landes oder auf internationaler Ebene stattfinden. Die Definition schließt neben dem ökonomischen Kern des ↑Wirtschaftssystems auch die juristisch relevante Wirtschaftsverfassung und die Wirtschaftskultur mit ein. Sie beinhalten damit sowohl bestimmte Festlegungen über die dominierenden wirtschaftspolitischen Ziele als auch Regelungen für die Kompetenzen und Handlungsspielräume der wirtschaftspolitischen Akteure. An die Stelle der früher dominanten Zweiteilung in kapitalistisch-marktwirtschaftliche (↑Kapitalismus) und sozialistisch-planwirtschaftliche (↑Zentralverwaltungswirtschaft) Wirtschaftsordnungen sind heute unterschiedliche Varianten marktwirtschaftlicher Wirtschaftsordnungen getreten. Die grundsätzlich wohlstandsschaffende Wirkung von Märkten wird bejaht. Unterschiede gibt es allerdings in Art und Umfang der staatlichen Eingriffe in Märkte und Wirtschaftskreislauf.

Liberale Wirtschaftsordnungen zielen darauf ab, den Umfang der wirtschaftspolitischen Eingriffe möglichst gering zu halten und daher auch die Aktivitäten wirtschaftspolitischer Akteure eng zu begrenzen. In der extremen Variante, für die der Altliberalismus (↑Liberalismus) der Gründerzeit vor dem Ersten Weltkrieg oder der Neoliberalismus um die Jahrtausendwende herum als Beispiele gelten können, soll sich der ↑Staat auf die Sicherung und Durchsetzung von Eigentums- und Verfügungsrechten (↑Eigentum) beschränken. Eine möglichst weite Ausdehnung von Märkten über ↑Privatisierung, ↑Deregulierung und den Abbau von Protektionismus sowie eine Priorität des allokativen Effizienzziels sind erwünscht, um Marktfehler durch ↑Wettbewerb möglichst zu beseitigen, dem Entstehen von Konjunkturkrisen möglichst vorzubeugen und ein Durchsickern von Wohlstandsgewinnen zu den unteren Gruppen der Einkommensbezieher zu ermöglichen. Die bisherigen Erfahrungen mit extrem liberalen Wirtschaftsordnungen zeigen allerdings, dass sie keinen ausreichenden Schutz vor Konjunkturkrisen bieten können und eher zu einer Verschlechterung der personellen Einkommensverteilung führen. Wegen fehlender Wettbewerbspolitik können sie das Entstehen marktmächtiger Konzerne nicht verhindern. Deren Profitinteressen können wiederum kollidieren mit dem Schutz der natürlichen Lebensgrundlagen zukünftiger Generationen.

Angesicht der inhärenten Probleme extrem liberaler Wirtschaftsordnungen hat der *Ordoliberalismus* Leitlinien dafür entwickelt, wie sich stabile Rahmenbedingungen für eine dauerhaft funktionsfähige Marktwirtschaft schaffen lassen. Neben einer Wettbewerbsordnung, die das Entstehen marktmächtiger ↑Unternehmen bzw. wettbewerbsinkonformes Verhalten von Unternehmen unterbindet, zählt dazu die Garantie eines stabilen Preisniveaus durch die Geldpolitik. Verantwortung für die Wettbewerbs- und Geldpolitik sollen weitgehend unabhängige Institutionen (Kartellamt, Zentralbank) mit klar definierten Zielen und wirkungsvollen Instrumenten übernehmen. Das in Deutschland entwickelte Konzept der ↑*Sozialen Marktwirtschaft* ergänzt noch die Instrumente des sozialen Ausgleichs über die staatliche Haushaltspolitik, die allerdings markt- bzw. ordnungskonform ausgestaltet sein sollen, um die Funktionsfähigkeit der Marktfähigkeit nicht dauerhaft zu gefährden. Konjunkturkrisen sollen durch den frühzeitigen und antizyklischen Einsatz von Geld- und Fiskalpolitik (↑Keynesianismus) verhindert oder gedämpft werden.

Wenn die Ziele und Instrumente der W. darauf ausgerichtet sind, die Interessen derjenigen Gruppen zu unterstützen, die den Trägern der W. politische ↑Legitimität verleihen, spricht man von einer *populistischen Wirtschaftsordnung* (↑Populismus). Wegen der Rücksichtnahme auf Gruppeninteressen dominieren in ihr verteilungspolitische Ziele; häufig werden sie durch charismatische Führerpersönlichkeiten (↑Charisma) formuliert, die damit um politische Mehrheiten kämpfen. Entscheidend ist, auf welche Weise die Kennzeichen der dominierenden Gruppe definiert werden. Es kann sich bspw. um soziale, religiöse oder ethnische Merkmale handeln, mit denen die Identitäten einer Mehrheit festgelegt werden. Populistische Wirtschaftsordnungen kennen grundsätzlich keine autonomen wirtschaftspolitischen Instanzen, da sie alle Aktionen und Strategien dem politischen Mehrheitswillen unterordnen. Sie neigen zu kurzfristig wirksamen Eingriffen in die Märkte und den Wirtschaftskreislauf zugunsten der unterstützenden Gruppen und vernachlässigen systematisch die langfristig wirkenden Instrumente zur Förderung des allg.en, also nicht gruppenbezogenen, Wohlstands. Sie neigen bes. zur Begrenzung internationaler Wirtschaftsbeziehungen, also von ↑Handel, Kapitalverkehr und ↑Migration, da das Ausland sich gut als Gegner der inländischen Mehrheitsgruppen instrumentalisieren lässt. Als Folge dieses *Interventionismus* ist mit einer dauerhaften Beeinträchtigung der marktwirtschaftlichen Ordnung zu rechnen, oft auch mit inflationären Prozessen (↑Inflation) und ausgeprägten Wirtschaftskrisen.

Technokratische Wirtschaftsordnungen basieren darauf, dass die Regierenden und ihre Berater davon überzeugt sind, bessere Informationen über alle ökonomischen Mechanismen zu besitzen als die Masse der Bevölkerung. Damit lassen sich sowohl *paternalistische Eingriffe* in die Marktallokation rechtfertigen als auch gezielte Interventionen in den Wirtschaftskreislauf oder die Festlegung auf bestimmte quantifizierte Wachstumsziele. Da technokratische Wirtschaftsordnungen i. d. R. mit autoritären politischen Systemen einhergehen, müssen mögliche Verteilungskonflikte nicht zu stark berücksichtigt werden, sofern ein stabiles und dauerhaftes Wachstum garantiert werden kann. Dauerhaft negative Effekte der „Anmaßung von Wissen“ (von Hayek 1989) (↑Österreichische Schule der Nationalökonomie) durch Technokraten, die sich in Wachstumsschwäche, Wirtschaftskrisen und staatlichen Budgetproblemen niederschlagen, können allerdings auch die Stabilität des ↑politischen Systems infrage stellen.

Literatur

R. Klump: Wirtschaftspolitik. Instrumente, Ziele und Institutionen, [4]2020 • A. Bénassy-Quéré u. a.: Economic Policy, [2]2019 • L. Feld u. a.: Demokratische Wirtschaftspolitik, [4]2009 • J. Weimann: Wirtschaftspolitik. Allokation und kollektive Entscheidung, [5]2009 • N. Acocella: Foundations of Economic Policy. Values and Techniques, [2]2008 • P. A. Hall/D. Soskice: Varieties of Capitalism. The Institutional Foundations of Comparative Advantage, 2001 • O. Schlecht/G. Stoltenberg (Hg.): Soziale Marktwirtschaft, 2001 • P. Aghion/J. G. Williamson: Growth, Inequality and Globalization, 1998 • F. A. von Hayek: The Pretence of Knowledge, in: AER 79/6 (1989), 3–7 • F. Kydland/E. Prescott: Rules Rather than Discretion. The Inconsistency of Optimal Plans, in: JPE 85/3 (1977), 473–490 • W. Niskanen: Bureaucracy and Representative Government, 1971 • H. Leibenstein: Allocative Efficiency Versus X-Efficiency, in: AER 56/3 (1966), 392–415 • M. Olson: The Logic of Collective Action. Public Goods and the Theory of Groups, 1965 • R. H. Coase: The Problem of Social Cost, in: J. Law Econ. 3/1 (1960), 1–44 • W. Eucken: Grundsätze der Wirtschaftspolitik, 1952 • J. Tinbergen: On the Theory of Economic Policy, 1952 • K. Arrow: Social Choice and Individual Values, 1951 • L. von Mises: Kritik des Interventionismus, Untersuchungen zur Wirtschaftspolitik und Wirtschaftsideologie der Gegenwart, 1929.

RAINER KLUMP

Wirtschaftsprüfung

1. Grundlagen

Die Institution der W. stellt einen Teil des gesellschaftsrechtlichen Regelwerks *(Corporate Governance)* dar und erfüllt eine wichtige ökonomische Aufgabe: Damit Jahresabschlüsse ihre Informations- und Entscheidungsfunktion gegenüber Eigen- und Fremdkapitalgebern als auch weiteren Interessenten (z. B. Lieferanten, Arbeitnehmern, Staat) erfüllen können, müssen sie verlässlich sein, d. h. den Normen entsprechen und ein realitätsnahes Bild über die wirtschaftliche Lage des ↑Unternehmens zeichnen. Es liegt deshalb nahe, die Abschlüsse durch eine unabhängige Instanz, den sog.en Abschluss- oder Wirtschaftsprüfer, verifizieren zu lassen. Dies gilt v. a. dann, wenn angestellte Manager das Unternehmen leiten, also eine Trennung von Eigentum und Verfügungsgewalt zu konstatieren ist (= Publikumsgesellschaften). Vorschriften zur Abschlussprüfung finden sich in Deutschland sowohl im HGB als auch in rechtsformspezifischen Spezialgesetzen.

2. Prüfungspflicht

Die gesetzliche Pflicht, den Jahresabschluss und ggf. den Konzernabschluss (d. h. den Abschluss einer Unternehmensgruppe) prüfen zu lassen, ist primär von der Rechtsform und der Größe abhängig. Prüfungspflichtig sind nach § 316 HGB mittelgroße und große Kapitalgesellschaften (z. B. ↑AG, KGaA, GmbH) sowie ihnen gleich gestellte Personenhandelsgesellschaften (z. B. GmbH & Co. KG). Kapitalmarktorientierte Kapitalgesellschaften i. S. d. § 264d HGB gelten stets als große und sind immer prüfungspflichtig. Eine Prüfungspflicht besteht weiterhin für europäische (Aktien-)Gesellschaften (SE) sowie ↑Genossenschaften (§ 53 Abs. 2 GenG). Sonstige Personenhandelsgesellschaften sowie Einzelkaufleute sind prüfungspflichtig, sofern sie die Größenkriterien des § 1 Abs. 1 PublG erfüllen (§ 6 Abs. 1 PublG). Tochterunternehmen unterliegen hingegen nicht der Prüfungspflicht, wenn von den Befreiungen nach § 264 Abs. 3 bzw. § 264b HGB Gebrauch gemacht wird. Kleine Kapitalgesellschaften (§ 267 HGB) und Kleinstkapitalgesellschaften (§ 267a HGB) sind von der Prüfungspflicht befreit.

Ferner existieren bes. Vorgaben für bestimmte Branchen und Unternehmen. So unterliegen Kreditinstitute nach § 340k Abs. 1 HGB, Finanzdienstleistungsinstitute nach §§ 340 Abs. 4, 340k Abs. 1 HGB, ↑Versicherungen nach § 341k Abs. 1 HGB und Kapitalanlagegesellschaften nach § 19d InvG i. V. m. § 340k HGB der Pflichtprüfung. Im öffentlichen Bereich sind die Jahresabschlüsse der Wirtschaftsbetriebe der öffentlichen Hand ebenso zu prüfen wie die Rechenwerke bestimmter Spezialeinrichtungen, z. B. der ↑Deutschen Bundesbank. Schließlich können sich Unternehmen bei fehlender Prüfungspflicht freiwillig prüfen lassen, wobei derartige Prüfungen häufig auch durch den Gesellschaftsvertrag oder die ↑Satzung vorgesehen sein können.

Die Prüfungspflicht für den Konzernabschluss ergibt sich ebenfalls aus § 316 HGB. Für ↑Konzerne, die nach dem PublG zur Konzernrechnungslegung verpflichtet sind, ist § 14 PublG einschlägig.

3. Prüfungsgegenstand, -inhalte und -ergebnis

Gegenstand der Prüfung sind der Jahresabschluss (d. h. die ↑Bilanz, die Gewinn- und Verlustrechnung und der Anhang) sowie der Lagebericht. Weiterhin sind die zugrundeliegende Buchführung und bei börsennotierten AGs das Risikofrüherkennungssystem zu prüfen (§ 91 Abs. 2 AktG).

Bei kapitalmarktorientierten Kapitalgesellschaften, die nicht zur Aufstellung eines Konzernabschlusses (§ 290 HGB) verpflichtet sind, erstreckt sich die Prüfung auch auf die Kapitalflussrechnung, den Eigenkapitalspiegel sowie ggf. die Segmentberichterstattung (vgl. für den Konzernabschluss § 297 Abs. 1 HGB).

Inhaltlich ist die Abschlussprüfung als Gesetz- und Ordnungsmäßigkeitsprüfung angelegt. Im Rahmen der Prüfung des Jahres- und Konzernabschlusses ist festzustellen, ob die gesetzlichen Vorschriften zur Erstellung des Abschlusses sowie ergänzende Bestimmungen aus Gesellschaftsvertrag oder Satzung eingehalten sind. Mit diesem Fokus soll die Verlässlichkeit der übermittelten Informationen und damit deren Glaubwürdigkeit und Relevanz für die Adressaten sichergestellt werden. Diese Forderung wird in § 317 HGB weiter präzisiert: Die Prüfung ist so anzulegen, dass Unrichtigkeiten und Verstöße gegen die genannten Bestimmungen, die sich unter Beachtung der Grundsätze ordnungsmäßiger Buchführung auf das Bild der wirtschaftlichen Lage des Unternehmens wesentlich auswirken, bei gewissenhafter Berufsausübung erkannt werden. Der Prüfungsumfang kann ferner durch Spezialgesetze erweitert werden, z. B. um die Prüfung der Ordnungsmäßigkeit der Geschäftsführung bei Genossenschaften (§ 53 Abs. 1 GenG) oder bei Wirtschaftsbetrieben der öffentlichen Hand (§ 53 Abs. 1 HGrG).

Die Abschlussprüfung ist als Stichprobenprüfung mit dem Ziel konzipiert, auf der Basis geeigneter Prüfungshandlungen und -nachweise ein Prüfungsurteil mit ausreichender Sicherheit abgeben zu können (§ 322 HGB). Praktisch wird die Prüfung am Geschäftsrisiko des Unternehmens ausgerichtet. Dadurch stehen zunächst Prüfungshandlungen zur Risikobeurteilung sowie Funktionsprüfungen im Mittelpunkt. Die Risikobeurteilung bezieht sich – neben dem rechtlichen und ökonomischen Umfeld des Prüfungsobjekts – insb. auf den Aufbau sowie die Implementierung des internen Kontrollsystems, mit dem wesentliche Fehlaussagen im Abschluss und Lagebericht vermieden werden sollen. Mit Funktionsprüfungen wird die Wirksamkeit von Kontrollen v. a. in fehleranfälligen Bereichen beurteilt. Auf der Basis der aus diesen Handlungen gewonnenen

Feststellungen legt der Prüfer in der Folge den Umfang der aussagenbezogenen Prüfungshandlungen fest, die zum einen analytische Prüfungshandlungen, d. h. Plausibilitätsbeurteilungen unter Verwendung von u. a. Trendanalysen und Verhältniszahlen, und zum anderen Einzelfallprüfungen umfassen. Im weiteren Verlauf der Prüfung sind Prüfungsstrategie und -plan auf der Basis sich ergebender neuer Erkenntnisse ggf. anzupassen. Grundlage sind dabei stets die einschlägigen Prüfungsnormen, die die gesetzlichen Vorschriften sowie berufsständische Verlautbarungen (u. a. die Prüfungsstandards des IDW) umfassen.

Über das Ergebnis der Abschlussprüfung berichtet der Prüfer zunächst mit dem Prüfungsbericht (§ 321 HGB), der Art und Umfang sowie die Feststellungen und das Ergebnis der Prüfung zusammenfasst und sich an die Organe des Unternehmens (AG: Vorstand und Aufsichtsrat) richtet, die den Jahresabschluss feststellen müssen (§§ 170 ff. AktG). Ferner muss der Prüfer im Rahmen der Bilanzsitzung des Aufsichtsrats (oder des Prüfungsausschusses) mündlich über die Prüfung berichten (§ 171 AktG). Gegenüber Dritten wird das Ergebnis der Prüfung im Bestätigungsvermerk nach § 322 HGB zusammengefasst. Bei wesentlichen Einwendungen und/oder Hemmnissen ist das Testat einzuschränken oder zu versagen.

4. Abschlussprüfer

Gesetzliche Pflichtprüfungen sind Wirtschaftsprüfern und W.s-Gesellschaften vorbehalten (§ 319 Abs. 1 S. 1 HGB). Bei mittelgroßen Kapitalgesellschaften oder GmbH & Co. KGs dürften auch vereidigte Buchprüfer (bzw. entspr.e Gesellschaften) die Prüfung durchführen (§ 319 Abs. 1 S. 2 HGB). Der Prüfer wird von der Haupt-/Gesellschafterversammlung jährlich gewählt. Bei der Auftragsannahme muss der Prüfer Unabhängigkeitsanforderungen der §§ 319, 319a und 319b HGB beachten. Für fahrlässige Pflichtverletzungen ist die Haftung des Abschlussprüfers nach § 323 Abs. 2 HGB begrenzt.

Literatur

K.-U. Marten/R. Quick/K. Ruhnke: Wirtschaftsprüfung. Grundlagen des betriebswirtschaftlichen Prüfungswesens nach nationalen und internationalen Normen, [6]2020 • IDW (Hg.): Hdb. Wirtschaftsprüfung und Rechnungslegung, [16]2019 • A. Wagenhofer/R. Ewert: Externe Unternehmensrechnung, [3]2015.

SASCHA MÖLLS

Wirtschaftsrecht

1. Begriff

Der Terminus W. ist weder legal definiert, noch wird er von den Rechtsanwendern übereinstimmend interpretiert. Zuweilen wird das W. nicht als eigenständiges Rechtsgebiet, sondern als Wissenschaftszweig eingestuft. Es besteht jedenfalls Einigkeit darüber, dass mit dem Terminus eine bestimmte Normenmasse adressiert wird, die durch einen wirtschaftlichen Bezug gekennzeichnet ist.

2. Weites Verständnis

Zum W. im weiteren Sinne werden alle die ↑Wirtschaft betreffenden Rechtssätze gezählt, i. S. d. Rechts allen wirtschaftlichen Handelns und aller wirtschaftlich Handelnder. Ein derart weites Verständnis des W. soll grundsätzlich ohne normative-wertende Zuordnungen auskommen. Vertreter einer weiten Definition bedienen sich zur Eingrenzung vielmehr häufig beispielhafter Enumerationen, was dem Begriff freilich kaum hinreichende Konturen verleiht. Zum W. sollen hiernach wesentliche Bestandteile des Bürgerlichen Rechts wie das Kauf- und das Werkvertragsrecht gehören, aber auch das Haftungsrecht und das ↑Sachenrecht, das ↑Handelsrecht, das ↑Gesellschaftsrecht, das Kartellrecht, das Lauterkeitsrecht sowie der ↑gewerbliche Rechtsschutz. Aus dem ↑Öffentlichen Recht werden bspw. das ↑Gewerberecht, das Außenwirtschaftsrecht, das Währungs-, Bank- und Börsenrecht, das Subventionsrecht sowie das Recht der Wirtschaftstätigkeit der öffentlichen Hand benannt. Man spricht insoweit auch vom öffentlichen W., ohne dass damit eine inhaltlich präzisere Zuordnung verbunden wäre. Das W. umfasst schließlich die Vorschriften des ↑Wirtschaftsstrafrechts, etwa die Straftatbestände zur Bekämpfung von Betrug, ↑Korruption, Insolvenzverschleppung, Steuerhinterziehung oder Untreue.

Unter formalen Gesichtspunkten kann das W. nach dem zuständigen Rechtsetzungsorgan kategorisiert werden. Gemäß der in Art. 74 Abs. 1 Nr. 11 GG vorgesehenen konkurrierenden Gesetzgebungskompetenz des Bundes für das Recht der Wirtschaft ist das private und öffentliche deutsche W. traditionell Bundesrecht. Die Rechtsprechung fasst das Recht der Wirtschaft gemäß Art. 74 Abs. 1 Nr. 11 GG ebenfalls weit, i. S. d. „Normen, die neben der Erzeugung, Herstellung und Verteilung von Gütern des wirtschaftlichen Bedarfs das wirtschaftliche Leben und die wirtschaftliche Betätigung als solche regeln" (BVerfGE 68, 319; 116, 202; BVerwGE 97, 12; 120, 311). Landesrechtliche Vorschriften des ↑Wirtschaftsverwaltungsrechts wie das sog.e kommunale W. stellen praktisch wichtige, aber zahlenmäßig begrenzte Ausnahmen dar. Mit der Entwicklung eines ↑Europäischen Binnenmarkts wurden viele wirtschaftsrelevante Sachverhalte unionsrechtlich harmonisiert (Art. 23 Abs. 1 S. 2 GG). Man spricht insofern auch vom europäischen W. Das internationale W. ist insb. durch die Regelungen der ↑WTO geprägt, maßgeblich gekennzeichnet durch die drei völkerrechtlichen Abkommen GATT, GATS und TRIPS.

3. Systematisch-teleologisches Verständnis

Eine inhaltlich engere Bestimmung der zum W. gehörenden Rechtssätze im Wege einer systematisch-teleologischen Einordnung stellt ein anspruchsvolles Unterfangen dar. Dies gründet u. a. auf dem Umstand, dass Normen des W.s gleichzeitig in nicht wirtschaftsrelevanten Rechtsbereichen bedeutsam sein können, man denke nur an allg.e privatrechtliche Institute wie die Geschäftsfähigkeit. Darüber hinaus ist der Normenbestand des W.s dynamisch (↗Digitalisierung, Industrie 4.0, etc.). Diese Dynamik schlägt sich nicht selten in neuen normativen Vorgaben nieder, aber auch in einem geänderten Normverständnis, deren Zugehörigkeit zum W. jeweils neu beurteilt werden muss. Schließlich haben teleologische Definitionen des W.s an sich ändernden gesellschaftlichen Sichtweisen auf wirtschaftliche Prozesse teil. In jüngerer Zeit zeigt sich dieses Phänomen etwa im Rahmen des Klima- und ↗Umweltschutzes, der zuweilen mit einer grundlegenden Kapitalismuskritik einhergeht. Etwaige normative Abgrenzungsschwierigkeiten können in einer wertungsbasierten Rechtsordnung nicht von der Notwendigkeit einer teleologisch stimmigen und systematisch folgerichtigen Einordnung rechtlicher Begriffe entheben.

4. Systematische Vorgaben der nationalen und europäischen Wirtschaftsverfassung

Einen bedeutsamen Anknüpfungspunkt für eine materiell-rechtliche Definition des W.s stellt die geltende Wirtschaftsverfassung dar. Diese gestaltet den rechtlichen Rahmen der Wirtschaft und beschreibt, welche Verhaltensweisen im wirtschaftsrelevanten Bereich zulässig sind. In Deutschland knüpft das Wirtschaftsverfassungsrecht an die in Art. 12 Abs. 1 GG normierte ↗Berufs- und Gewerbefreiheit an, die als Form der Berufsausübung auch das Verhalten der ↗Unternehmen als Anbieter und Nachfrager auf Märkten erfasst. Art. 14 Abs. 1 GG garantiert als materielle Grundlage individueller Freiheitsrechte das Privateigentum (↗Eigentum) inklusive der Möglichkeit seiner ökonomischen Nutzung als individuelles ↗Grundrecht sowie als Institut der rechtlich geformten Sozialordnung. Art. 9 Abs. 1 GG spricht allen Deutschen das Recht der Gründung von Handelsgesellschaften sozietärer und korporativer Art zu, ebenso wie das Recht der Betätigung in solchen Vereinigungen. Art. 9 Abs. 3 GG verankert ergänzend das Freiheitsrecht, Koalitionen (↗Koalitionsfreiheit) zu gründen, ihnen beizutreten oder fernzubleiben, um die Arbeits- und Wirtschaftsbedingungen in einer Ordnung der sozialen ↗Selbstverwaltung festzulegen. Die ↗Privatautonomie als das auf dem menschlichen Selbstverwirklichungsbedürfnis aufbauende Prinzip der eigenverantwortlichen Gestaltung der privaten Lebensverhältnisse in den Grenzen der Rechtsordnung ist, sofern keine speziellen Freiheitsrechte berührt sind, im Hauptfreiheitsrecht der allg.en Handlungsfreiheit gemäß Art. 2 Abs. 1 GG verbürgt. Trotz der vorbenannten wirtschaftsrelevanten Grundrechtsgewährleistungen ist das ↗GG nach Ansicht des ↗BVerfG wirtschaftspolitisch neutral (BVerfG v. 20. 7. 1954 – Az. 1 BvR 459/52, BVerfGE 4, 7, 17 – Investitionshilfe; BVerfG v. 11. 6. 1958 – Az. 1 BvR 596/56, BVerfGE 7, 377, 400 – Apotheken). Es schreibt damit kein bestimmtes ↗Wirtschaftssystem vor, wie dies in den 1960er Jahren für die ↗soziale Marktwirtschaft westdeutscher Prägung vertreten wurde. Im Zuge der Einbindung Deutschlands in die ↗EU wird die geltende Wirtschaftsverfassung zunehmend durch das Unionsrecht geprägt. Art. 3 Abs. 3 EUV richtet die Wirtschaftstätigkeit der Union auf eine in hohem Maße wettbewerbliche und zugl. soziale Marktwirtschaft aus. Diese Grundentscheidung wird durch wirtschaftsrelevante Unionsgrundrechte wie die Berufsfreiheit gemäß Art. 15 EuGRC, die Unternehmerfreiheit gemäß Art. 16 EuGRC, die Eigentumsfreiheit gemäß Art. 17 EuGRC, aber auch das Recht auf Kollektivverhandlungen und Kollektivmaßnahmen gemäß Art. 28 EuGRC untermauert. Auf der Ebene des sonstigen Primärrechts sind die binnenmarktöffnenden ↗Grundfreiheiten gemäß Art. 26 ff. AEUV und die Wettbewerbsregeln gemäß Art. 101 ff. AEUV bedeutsam. Wesentliche Bereiche des wirtschaftsrelevanten ↗Privatrechts liegen allerdings weiterhin in der Kompetenz der Mitgliedstaaten, werden also nicht durch die europäische Wirtschaftsverfassung ausgestaltet, sondern durch mitgliedstaatliches Recht auf nationaler Ebene konkretisiert.

5. Funktionen des Wirtschaftsrechts in der nationalen und europäischen Wirtschaftsverfassung

Aus der Anerkennung einer Wirtschaftsverfassung folgt eine übergeordnete Funktion des W.s, die sog.e Ordnungsfunktion. Schon Art. 151 WRV sprach von „einer Ordnung des Wirtschaftslebens", auf die sich auch heute noch Stimmen im Schrifttum beziehen, die die „Verwirklichung einer gesamtwirtschaftlichen Ordnung" fordern. Nach anderen bedarf es eines „Rahmen[s] für eine gesetzte Wirtschaftsverfassung". Da das GG nach Ansicht des BVerfG wirtschaftspolitisch neutral ist, muss diese Ordnung durch einfaches Gesetzesrecht mit Inhalten gefüllt werden. Die europäische und die deutsche Privatrechtsordnung basieren in ihrem Kern auf der Gewährleistung wirtschaftlich relevanter Freiheitsrechte. Nach den immer noch grundlegenden Überlegungen Franz Böhms soll das Privatrecht das Verhältnis zwischen Gleichfreien und Gleichberechtigten regeln, als Teil einer Gesellschaftsordnung, in der die Bürger ihre Ziele und die zu deren Verwirklichung einzusetzenden Mittel selbst determinieren. Normativer Kern dieser Konzeption ist die auch grundrechtlich gewährleistete Vertragsfreiheit als zentrale Ausprägung des Grundsatzes der Privatautonomie.

Sofern eine Vertragspartei im wirtschaftlichen Wettbewerb ein wirtschaftliches Übergewicht hat, aufgrund dessen sie sich die Kooperationsrendite einseitig aneignen kann, muss der Staat durch rechtliche Vorgaben einen fairen Interessenausgleich sichern. Das BVerfG verortet die gebotenen Korrekturen zum Schutz von wirtschaftlich Schwächeren im Sozialstaatsprinzip (↑Sozialstaat) gemäß Art. 20 Abs. 1, Art. 28 Abs. 1 GG (BVerfG v. 7.2.1990 – Az. 1 BvR 26/84, BVerfGE 81, 242, 254 f. – Handelsvertreter). Überzeugender erscheint eine materiale Konzeption der Vertragsfreiheit. Hiernach ist das Vertragsrecht kein Mittel zur Erreichung übergeordneter Gemeinwohlziele wie eines gesamtgesellschaftlich „richtigen" Investitions-, Produktions-, Preis- und Lohnverhaltens, sondern dient der Verwirklichung der chancengleichen Selbstbestimmung der Bürger. Vor diesem Hintergrund zielt eine staatliche Vertragsinhaltskontrolle nicht auf die Herstellung einer rechtlichen und faktischen Gleichheit im Privatrecht ab, sondern allein auf die Sicherung der Möglichkeiten auf Selbstbestimmung als Freiheit zur Verfolgung der eigenen ↑Interessen ohne eine Verpflichtung auf ein spezifisches – dem gesellschaftlichen Wandel unterliegendes – Gerechtigkeitsideal. Unter den Bedingungen einer freien Marktwirtschaft beeinflusst ökonomische Ungleichheit außerhalb der vom ↑Wettbewerbsrecht erfassten Fallgestaltungen als solche weder den Vertragsinhalt zum Nachteil einer der Vertragsparteien, noch führt sie dadurch zwangsläufig zu ungerechten Ergebnissen. Vielmehr kann wirtschaftliche ↑Macht unabdingbar sein zur Erreichung positiver Gemeinwohlergebnisse (↑Gemeinwohl). Folgerichtig ist ein ↑Vertrag vorbehaltlich anderer Unwirksamkeitsgründe grundsätzlich auch bei Fehlen eines objektiv gerechten Interessenausgleichs wirksam, sofern er auf einer selbstbestimmten Entscheidung beruht. Das Vertragsrecht beruht damit auf demselben Geltungsgrund wie das Wettbewerbsrecht: Es dient der Sicherung der materialen Vertragsfreiheit der Bürger vor erheblichen Beeinträchtigungen ihrer Selbstbestimmung, sei es, dass diese „typischer Weise" auftreten, sei es, dass es sich im Einzelfall um „unzumutbare" Vertragsbedingungen handelt. In der geschilderten Aufladung eines formalen Freiheitsbegriffs durch Erfordernisse chancengleicher Selbstbestimmung kann man eine Ausprägung einer Schutzfunktion des W.s sehen, für die es keines Rückgriffs auf ein vage konturiertes Sozialstaatsgebot bedarf. Dessen ungeachtet ist es dem demokratisch legitimierten Gesetzgeber unbenommen, in den privaten Interessenausgleich auch zur Verfolgung übergeordneter Gemeinwohlinteressen einzugreifen, etwa zum Klima- und Umweltschutz. Darin kann man eine Wohlfahrtsfunktion des W.s erblicken.

Aus dem Zusammenspiel der vorstehend geschilderten Aufgaben des W.s ergibt sich die sog.e Ausgleichsfunktion. Einerseits soll es eine material-chancengleich verstandene Vertragsfreiheit fördern und damit eine faire Selbstregulierung privater Wirtschaftsprozesse ermöglichen (Freiheits- und Schutzfunktion). Andererseits kann diese Selbstregulierung von außen zur Verwirklichung sozialer, politischer Ziele gesteuert werden (Wohlfahrtsfunktion).

6. Definition

Auf der Grundlage der nationalen und europäischen Wirtschaftsverfassung ist eine materiell-wertende Definition des W.s möglich. Danach gehören zum W. diejenigen Rechtssätze, die zur Ausgestaltung der durch die Wirtschaftsverfassung vorgegebenen Ordnung des wirtschaftlichen Handelns und der wirtschaftlich Handelnden beitragen; also diejenigen Normen, die der Sicherung grundrechtlich gewährleisteter wirtschaftlicher ↑Freiheiten dienen. Das W. umfasst zudem diejenigen Normen, die diese Freiheiten zur Verfolgung sozialer oder sonstiger gemeinwohlbezogener Ziele regulieren.

Literatur

K. Bourazeri: Tarifautonomie und Wirtschaftskrise, 2019 • T. Regenfus/K. Viehweg: Teil 1: Zur Einführung: Wirtschaftsrecht, in: K. Viehweg/M. Fischer (Hg.): Wirtschaftsrecht. Grundlagen, 2019, 31–36 • J. Mohr: Die Interdependenz der Ordnungen als rechts- und wirtschaftsphilosophische Konzeption, JZ 73/14 (2018), 685–694 • Ders.: Wettbewerbsrecht und Ökonomie im digitalen 21. Jahrhundert, ORDO Bd. 69 (2018), 259–308 • E.-J. Mestmäcker: Europäische Prüfsteine der Herrschaft und des Rechts. Beiträge zu Recht, Wirtschaft und Gesellschaft in der EU, 2016 • J. Mohr: Sicherung der Vertragsfreiheit durch Wettbewerbs- und Regulierungsrecht, 2015 • M. Schmidt-Preuß: Die soziale Marktwirtschaft als Wirtschaftsverfassung der Europäischen Union, in: D. Joost/H. Oetker/M. Paschke (Hg.): FS für Franz Jürgen Säcker, 2011, 969–984 • F. Rittner/M. Dreher: Europäisches und deutsches Wirtschaftsrecht. Eine systematische Darstellung, 2008 • G. Bachmann: Private Ordnung: Grundlagen ziviler Regelsetzung, 2006 • C.-W. Canaris: Verfassungs- und europarechtliche Aspekte der Vertragsfreiheit in der Privatrechtsgesellschaft, in: P. Badura/R. Scholz (Hg.): FS für Peter Lerche, 1993, 873–892 • W. Höfling: Vertragsfreiheit. Eine grundrechtsdogmatische Studie, 1991 • W. Tilmann: Wirtschaftsrecht, 1986 • W. Fikentscher: Wirtschaftsrecht, 1983 • G. Brüggemeier: Probleme einer Theorie des Wirtschaftsrechts, in: H. D. Assmann u. a. (Hg.): Wirtschaftsrecht als Kritik des Privatrechts. Beiträge zur Privat- und Wirtschaftsrechtstheorie, 1980, 9–81 • R. Wiethölter: Wirtschaftsrecht, in: A. Görlitz (Hg.): Handlexikon der Rechtswissenschaft, 2. Bd., 1972, 531–539 • F. Böhm: Privatrechtsgesellschaft und Marktwirtschaft, in: ORDO Bd. 17 (1966), 75–151 • H. C. Nipperdey: Soziale Marktwirtschaft und Grundgesetz, in: S. Tschierschky/P. Möhring (Hg.): Kartellrundschau. Schriftenreihe für Kartell- und Konzernrecht des In- und Auslandes, H. 2, 1961, 9–46.

JOCHEN MOHR

Wirtschaftssoziologie

I. Soziologisch – II. Wirtschaftswissenschaftlich

I. Soziologisch

Die W. erklärt wirtschaftliche Sachverhalte mit dem Instrumentarium der Soziologie. Sie teilt ihr Themenfeld mit der ↑Wirtschaftswissenschaft, kritisiert jedoch deren Unterstellung weitgehender individueller ↑Rationalität. In Abgrenzung zur ↑Verhaltensökonomik versucht sie wirtschaftliches Handeln (↑Handeln, Handlung) jedoch nicht durch eine Verfeinerung individueller Handlungsmodelle zu erklären. Stattdessen untersucht sie den Einfluss sozialer Beziehungen und ↑Institutionen auf wirtschaftliches Handeln.

Die W. zeigt damit einerseits, wie auch wirtschaftliches Handeln durch gesellschaftliche Einflüsse zu erklären ist. Sie erklärt, mit anderen Worten, die ↑Wirtschaft durch die ↑Gesellschaft. Umgekehrt zeigt die W. auch, wie Verhalten, welches in der Wirtschaft gelernt wird, Menschen in nicht-wirtschaftlichen Beziehungen beeinflusst. Immer geht es der W. also um die gegenseitige Beeinflussung von Wirtschaft und Gesellschaft.

Berühmte klassische Beispiele sind Max Webers Erklärung, wie der calvinistische Glauben (↑Calvinismus) den ↑Kapitalismus beförderte, Émile Durkheims Studie, wie gesellschaftliches Vertrauen wirtschaftliches Handeln ermöglicht und Karl Marx' Analyse, wie wirtschaftliches Handeln gesellschaftliche Beziehungen beeinflusst.

Während die W. sich schon immer für den Zusammenhang von gesellschaftlichen ↑Normen und wirtschaftlichen Interessen interessierte, ist in den 1980er Jahren eine sog.e *Neue W.* entstanden. Diese erklärt wirtschaftliches Handeln v. a. durch die sozialen Beziehungen, in denen es stattfindet. Wegweisend dafür war, dass Mark Sanford Granovetter eine unter- und übersozialisierte Konzeption wirtschaftlichen Handelns kritisierte, die man grob der klassischen Wirtschaftswissenschaft und der klassischen Soziologie zuordnen kann. Sein Argument war, dass – anders als eine untersozialisierte Konzeption wirtschaftlichen Handelns nahelegt –, Menschen auch in der Wirtschaft nicht nur ihren Eigennutz ausleben. Anders als eine übersozialisierte Konzeption menschlichen Handelns vermuten lässt, kann man menschliches Handeln jedoch auch nicht durch internalisierte Normen erklären. Stattdessen, so M. S. Granovetter, ist das Handeln von Menschen aus dem konkreten sozialen Umfeld zu erklären, statt aus internalisierten Normen oder einer Nutzenfunktion. Nachdem die Wirtschaftswissenschaft mit Gary Becker gesellschaftliche Phänomene wirtschaftswissenschaftlich erklärte, begann die W. mit M. S. Granovetters Ansatz, wirtschaftliche Phänomene mit soziologischen Erklärungen zu untersuchen. So konnte sie bspw. zeigen, wie ↑soziale Netzwerke Berufserfolg beeinflussen, wie interessengeleitetes Handeln von sozialen Beziehungen der Marktteilnehmer abhängt, wie Unternehmen am erfolgreichsten sind, wenn sie weder ihr Eigeninteresse ohne Rücksicht auf andere verfolgen, noch so stark eingebettet sind, dass sie ihr Eigeninteresse kaum noch verfolgen können und wie das Verhalten von Unternehmen von sozialen Beziehungen innerhalb des Unternehmens abhängt.

Eine zweite Denkrichtung der W. interessiert sich weniger dafür, wie wirtschaftliches Handeln von gesellschaftlichen Netzwerken abhängt, sondern befasst sich in der Tradition Karl Polanyis mit der Einbettung des Kapitalismus in gesellschaftliche Makrostrukturen. Hier steht die Frage im Vordergrund, inwieweit und wie moderne Wirtschaftsräume in gesellschaftliche Regeln und Normen eingebettet sind und sein müssen. Gegenüber einer Wirtschaftswissenschaft, die in der Tradition Friedrich August von Hayeks und Milton Friedmans die Loslösung wirtschaftlicher Institutionen von gesellschaftlicher Regulierung als effizienzsteigernd ansah, betonte diese Ausrichtung der W., dass wirtschaftliche Institutionen nur dann effizient sind, wenn gesellschaftliche Regeln und Normen sie einbetten. Diese Denktradition konnte zeigen, wie auf Altruismus beruhende ↑Märkte mitunter effizienter sind, wie Wirtschaftsregionen mit hohem interpersonellen Vertrauen erfolgreicher sind und wie die ↑Wirtschaftspolitik eines Landes durch dessen ↑Kultur beeinflusst wird. All dies macht die W., nach einem weitgehenden Brachliegen von den Klassikern bis in die 1980er Jahre, zu einem der spannendsten Felder der Soziologie.

Literatur

K. Marx: Das Kapital, 3 Bde., 2016 • M. Schröder.: Integrating Varieties of Capitalism and Welfare State Research. A Unified Typology of Capitalisms, 2013 • Ders.: Should I Stay or Should I Go? How Moral Arguments Influence Decisions About Relocating Production, in: EID 34/2 (2013), 187–204 • Ders.: Die Macht moralischer Argumente. Produktionsverlagerungen zwischen wirtschaftlichen Interessen und gesellschaftlicher Verantwortung, 2011 • Ders.: Integrating Welfare and Production Typologies. How Refinements of the Varieties of Capitalism Approach Call for a Combination with Welfare Typologies, in: Journal of Social Policy 38/1 (2009), 19–43 • C. Crouch/ders./H. Voelzkow: Conclusions. Local and Global Sources of Capitalist Diversity, in: C. Crouch/H. Voelzkow (Hg.): Innovation in Local Economies. Germany in Comparative Context, 2009, 169–188 • Dies.: Regional and Sectoral Varieties of Capitalism, in: Econ. Soc. 38/4 (2009), 654–678 • M.-F. Garcia-Parpet: The Social Construction of a Perfect Market. The Strawberry Auction at Fontaines-en-Sologne, in: D. A. MacKenzie/F. Muniesa/L. Siu (Hg.): Do Economists Make Markets?, 2008, 20–53 • K. Polanyi: The Great Transformation, in: N. H. Barma/S. K. Vogel (Hg.): The Political Economy Reader. Markets as Institutions, 2008, 121–151 • F. A. von Hayek: The Road to Serfdom, 2007 • D. A. MacKenzie/Y. Millo: Constructing a Market, Performing Theory. The Historical Sociology of a Financial Derivatives Exchange, in: AJS 109/1 (2003), 107–145 • R. Swedberg: Principles of Economic Sociology, 2003 • R. M. Fernandez/N. Weinberg: Sifting and Sorting. Personal Contacts and Hiring in a Retail Bank, in: ASR 62/2 (1997), 883–902 • B. Uzzi: The Sources and Consequences of Embeddedness for the Economic Performance of Organizations: The Network Effect, in: ASR 61/4 (1996), 674–698 • M. S. Granovetter: Getting a Job. A Study of Contacts and Careers, [2]1995 • G. Becker: Ökonomsiche Erklärung menschlichen Verhaltens, 1993 • K. Polanyi: The Economy as Instituted Process, in: M. S. Granovetter/R. Swedberg (Hg.): The Sociology of Economic Life, 1992, 29–51 • M. Weber: Gesammelte Aufsätze zur Religionssoziologie,

Bd. 1, [9]1988 • M. S. Granovetter: Economic Action and Social Structure. The Problem of Embeddedness, in: AJS 91/3 (1985), 481–510 • M. J. Piore/C. F. Sabel: The Second Industrial Divide, 1984 • É. Durkheim: Über soziale Arbeitsteilung. Studie über die Organisation höherer Gesellschaften, 1977 • O. E. Williamson: Markets and Hierarchies. Analysis and Antitrust Implications. A Study in the Economics of Internal Organization, 1975 • M. S. Granovetter: The Strength of Weak Ties, in: AJS 78/6 (1973), 1360–1380 • R. M. Titmuss: The Gift Relationship. From Human Blood to Social Policy, 1970 • M. Friedman: Capitalism and Freedom, 1962 • K. Marx: Zur Kritik der Politischen Ökonomie, 1961 • D. H. Wrong: The Oversocialized Conception of Man in Modern Sociology, in: ASR 26/2 (1961), 183–193.

MARTIN SCHRÖDER

II. Wirtschaftswissenschaftlich

1. Definition

Die W. hat sich mit ihrem soziologischen Blick auf wirtschaftliche Sachverhalte zu einer dynamischen Teildisziplin der ↑Sozialwissenschaften entwickelt. Sie vermittelt eigenständige Zugänge zu den sozialen und kulturellen Dimensionen des Wirtschaftens. In der klassischen Systematik der Wirtschaftswissenschaften von William Stanley Jevons bis Joseph Alois Schumpeter wurde die W. noch als Teil einer interdisziplinären Politischen Ökonomie bzw. Sozialökonomik ausgewiesen. Mittlerweile ist das differenzierte Verhältnis zur Ökonomik in theoretischer wie methodologischer Hinsicht von kritischer Distanz geprägt, nicht zuletzt aufgrund der anhaltenden szientistischen Orientierung der Ökonomik *(homo oeconomicus)*. Der Gegenstandsbereich der W. umfasst wirtschaftliche Phänomene die mittels soziologischer Theorien sowie quantitativer wie qualitativer Methoden der ↑empirischen Sozialforschung analysiert werden. Maßgebliche Aspekte sind die soziale Einbettung wirtschaftlichen Handelns (↑Handeln, Handlung), die soziale Ausgestaltung von Unternehmensorganisationen, die soziale Strukturierung von ↑Märkten sowie die institutionellen Besonderheiten marktwirtschaftlicher Systeme (↑Institutionenökonomik). Insofern geht es der W. ganz fundamental um die gesellschaftliche Bedingtheit ökonomischer Sachverhalte. Aktuelle Themenschwerpunkte sind insb. in den Bereichen des technologischen und organisatorischen Wandels, der internationalen ↑Finanzmärkte und der vergleichenden Kapitalismusforschung angesiedelt (Ebner 2020).

2. Klassische Beiträge

Mit ihren Rückbezügen auf die Arbeiten maßgeblicher Wegbereiter der modernen Sozialwissenschaften vermittelt die W. eigenständige Zugangsweisen zu Grundfragen des Wirtschaftens (Trigilia 2002). Die klassischen Beiträge zur W. lieferten seit dem ausgehenden 19. Jh. bedeutende Impulse zur Begründung der modernen Soziologie. Ihre Fragestellungen waren von der Durchsetzung kapitalistischer Wirtschaftsformen (↑Kapitalismus) im Rahmen von Industrialisierung (↑Industrialisierung, Industrielle Revolution) und ↑Modernisierung geprägt. In der von Auguste Comte herkommenden französischen Debatte gehörte Émile Durkheim zu den Schlüsselfiguren. Seine Auseinandersetzung mit den sozialen Grundlagen und Wirkungen der industriellen Arbeitsteilung war von der „Deutschen Historischen Schule" (↑Historismus in der Wirtschaftswissenschaft) beeinflusst und wendete sich gegen den individualistischen Ansatz der liberalen Soziologie Herbert Spencers in Großbritannien. In der frühen deutschsprachigen Soziologie um Max Weber, Werner Sombart und Georg Simmel wurde die kapitalistische ↑Moderne dagegen mit deutlicherem Bezug auf Karl Marx diskutiert. M. Webers Betrachtungen zur protestantischen Ethik als Grundlage eines gesellschaftliche ↑Rationalisierung durchsetzenden kapitalistischen Wirtschaftsgeistes hat die W. nachhaltig beeinflusst. Überlegungen zur sozialen Konstitution der Marktgesellschaft, ihrer technologischen und institutionellen Dynamik sowie ihrer Instabilität bildeten ein Leitmotiv in den paradigmenbildenden Arbeiten von J. A. Schumpeter und Karl Paul Polanyi. Differenzierte Weiterentwicklungen dieser klassischen Diskussionen finden sich in der Folge bei Talcott Parsons und seinen frühen systemtheoretischen Ansätzen zur Wirtschaft als sozialem Teilsystem (↑Systemtheorie) (Swedberg 2003).

3. Aktuelle Debatten

Gegenwärtige Debatten der W. konzentrieren sich vornehmlich auf die Analyse der sozialen Strukturen und kulturellen Logiken wirtschaftlicher Prozesse. Die Rolle ↑sozialer Netzwerke und institutioneller Felder bei der Formung wirtschaftlichen Verhaltens wird ebenso betont wie der Einfluss von Unsicherheit bzw. Vertrauen bei der Erwartungsbildung in Organisationen und im Marktgeschehen (↑Verhaltensökonomik). Dabei wird die analytische Leistungskraft soziologischer Erklärungen gegenüber ökonomischen Ansätzen betont, um das komplexe Gefüge der sozialen Einbettung wirtschaftlicher Prozesse zu durchdringen. Seit den 1980er Jahren sind die relationalen Ansätze der *Neuen W.* bestimmend. So wird mit Mark Sanford Granovetters Arbeiten das Netzwerkparadigma zur sozialen Einbettung wirtschaftlichen Handelns in den Mittelpunkt wirtschaftssoziologischer Debatten gerückt. Harrison Colyar White betont in diesem Zusammenhang die stabilisierende Rolle sozialer ↑Interaktionen in zwischenbetrieblichen Marktbeziehungen. Ein stärker auf historisch-kulturelle Aspekte setzender Ansatz ist maßgeblich von Viviana Zelizer formuliert worden: Märkte werden hierbei auch konsumseitig im Kontext kultureller Wertvorstellungen (↑Kultur) betrachtet. Für die europäische Diskussion haben sich v. a. die kultursoziologischen Arbeiten von Pierre Bourdieu als prägend erwiesen. Mit P. Bourdieus konfliktorientierter Sicht auf Branchen und Märkte als soziale Felder geraten Fragen von Ungleichheit, ↑Macht und ↑Politik in den analytischen Fokus (Dobbin 2004). So bleibt die W. in Theorie und Methode weiterhin ein multiparadigmatischer Bestandteil integrierter wirtschafts- und sozialwissenschaftlicher Diskurse.

Literatur

A. Ebner (Hg.): Wirtschaftssoziologie und Politische Ökonomie, 7 Bde., 2017–20 • F. Dobbin: The New Economic Sociology, 2004 • R. Swedberg: Principles of Economic Sociology, 2003 • C. Trigilia: Economic Sociology, 2002.

ALEXANDER EBNER

Wirtschaftsstrafrecht

1. Wirtschaftsstrafrecht als Rechtsbegriff

Terminologisch umfasst „W.“ denjenigen Teil des ↑Strafrechts, der sich mit Wirtschaftskriminalität, d. h. den kriminellen Verhaltensweisen innerhalb des Wirtschaftsverkehrs, befasst. Betrachtet man das heutige deutsche Strafrecht in seiner Gesamtheit, so findet man nicht nur als Teil des Nebenstrafrechts ein sog.es WiStG und zahlreiche Strafbestimmungen am Ende von dem Zivil- oder ↑Verwaltungsrecht entstammenden Wirtschaftsgesetzen (z. B. AGG, GmbHG, HGB etc.). Auch im Kernstrafrecht des ↑Strafgesetzbuchs hat es sichtbare Spuren hinterlassen; zwar – im Unterschied zu den „Straftaten gegen die Umwelt“ als dem Kernbestand des Umweltstrafrechts im 29. Abschnitt des Besonderen Teils – nicht in den Abschnittsüberschriften im Besonderen Teil, wohl aber mit Blick auf die Reform des StGB, denn wesentlicher Bestandteil derselben waren 1976 bzw. 1986 zwei sog.e *Gesetze zur Bekämpfung der Wirtschaftskriminalität* (1. und 2. WiKG), welche v. a. neue Straftatbestände in das StGB implementierten (z. T. – wie beim Umweltstrafrecht – durch Überführung von Straftatbeständen aus dem Nebenstrafrecht und Hochzonung vormaliger ↑Ordnungswidrigkeiten zu Straftaten) oder dort bereits bestehende Strafnormen verschärften.

2. Wirtschaftsstrafrecht als Teilgebiet des Strafrechts

Das (deutsche) W. beschränkt sich freilich nicht nur auf die in Wirtschaftsgesetzen enthaltenen nebenstrafrechtlichen ↑Normen und die durch das 1. und 2. WiKG in das StGB eingefügten Normen. Vielmehr zählen dazu auch Straftatbestände, die schon weit länger im StGB sind oder später eingefügt bzw. reformiert worden sind. So gilt heute der Tatbestand der Untreue (§ 266 StGB) vielen als *das* Wirtschaftsdelikt par excellence, obwohl diese Norm durch die beiden WiKG nicht geändert worden ist. Schon lange Bestandteil des StGB ist auch die Strafbarkeit wegen Bankrotts (§ 283 StGB), die freilich im Zuge der Umstellung des früheren Konkursverfahrens auf das heutige Insolvenzrecht in den heutigen §§ 283 ff. StGB umgebaut und ergänzt worden ist. In jüngerer Zeit lediglich umnummeriert worden ist auch der Tatbestand des ↑Wuchers (§ 291 StGB). 1997 – wenngleich unter Übernahme einer Vorgängervorschrift aus dem Nebenstrafrecht – neu geschaffen und seither ausgebaut worden ist auch das Wettbewerbsstrafrecht der §§ 298 ff. StGB.

Als Abgrenzungskriterien des W.s vom allg.en Strafrecht werden im Wesentlichen drei genannt:

a) Materiellrechtlich nach den geschützten Rechtsgütern: Wirtschaftsstraftaten schützen häufig – freilich nicht immer – neben individuellen Rechtsgütern (v. a. Vermögen) auch überindividuell Institutionen des Wirtschaftslebens.

b) Prozessrechtlich danach, ob es sich um ein Delikt handelt, für dessen Aburteilung – bei gebührender Schwere – gemäß § 74c GVG die Wirtschaftsstrafkammer zuständig wäre.

c) Kriminologisch danach, ob es sich um ein *white-collar crime*, die Tat eines Wirtschaftskriminellen, bzw. ein *corporate crime*, ein unternehmensbezogenes Delikt handelt.

Neben den typischerweise dem W. zuzurechnenden Delikten gibt es zahlreiche Straftatbestände des StGB, welche zwar durchaus häufig im Kontext wirtschaftlich motivierter ↑Kriminalität aufscheinen, aber auch losgelöst davon ihren Anwendungsbereich haben und deshalb nicht im engeren Sinne zum W. gezählt werden. Beispiele hierfür sind etwa der Betrugstatbestand (§ 263 StGB) und die Amtsträgerkorruption (§§ 331 ff. StGB). Hier ist nach § 74c Abs. 1 Nr. 6 GVG die Wirtschaftsstrafkammer zuständig, „soweit zur Beurteilung des Falles besondere Kenntnisse des Wirtschaftslebens erforderlich sind“.

Schließlich gibt es im Kern- wie Nebenstrafrecht Straftatbestände, bei denen umstritten ist, ob und inwieweit sie auch dem Schutz von wirtschaftsstrafrechtlichen Rechtsgütern wie etwa dem wirtschaftlichen Wettbewerb zu dienen bestimmt sein können. Exemplarisch hierfür soll nur das Umweltstrafrecht (§§ 324 ff. StGB) angeführt werden, das nach dem Willen des Gesetzgebers und der herrschenden Meinung in der Rechtswissenschaft dem Schutz der Umwelt im Interesse der lebenden Menschen und zukünftiger Generationen dient; angesichts der hohen wirtschaftlichen Relevanz etwa von Investitionen in Filter etc. führt eine unbefugte Umweltverschmutzung durch Unternehmen aber nicht nur zu einer Schädigung der Umweltmedien Luft, ↑Boden und ↑Wasser, sondern auch zu einer Verzerrung des wirtschaftlichen Wettbewerbs, weshalb das Umweltstrafrecht nach vielfach vertretener Ansicht auch dem Schutz der ↑Wirtschaftsordnung dient.

3. Schutzgüter des Wirtschaftsstrafrechts

Betrachtet man den Katalog typischerweise als Wirtschaftsstraftaten eingeordneter Tatbestände, ist der Kreis der durch diese – zumindest nach der herrschenden Meinung – geschützten Rechtsgüter recht weit. Neben dem Vermögen (§ 266 StGB) wird zusätzlich von den meisten Wirtschaftsdelikten jeweils eine Institution des heutigen Wirtschaftslebens geschützt; zu nennen sind das Subventionswesen (§ 264 StGB), das Versicherungswesen (§ 265 StGB), der Öffentliche Personenverkehr (§ 265a StGB), das Kreditwesen (§ 265b StGB), das Sozialversicherungswesen (§ 266a StGB) und das Kreditkartensystem (§ 266b StGB). Diese Institutionen werden um ihrer Bedeutung für die Wirtschaftsordnung willen strafrechtlich geschützt, auch wenn ein Verhalten im Einzelfall letztlich nur zu einer minimalen oder gar keiner Vermögensschädigung führt. Ein gutes Beispiel hierfür bietet die Strafbarkeit bestimmter Formen von Schwarzarbeit: Wenn etwa ein Ehegatte, der über den Partner gesetzlich mitkrankenversichert ist, mehr als nur geringfügig beschäftigt ist und der Arbeitgeber die anfallenden Beiträge an die ↑Krankenversicherung nicht abführt, erlangt diese die gleichen Einnahmen wie bei bloß geringfügiger Beschäftigung und muss die gleichen Leistungen erbringen wie in diesem Fall aufgrund der Mitversicherung, so dass letztlich die Mehreinnahme, für die keine Beiträge bezahlt werden, so gut wie keinen Einfluss auf die Einnahmen- und keinerlei Einfluss auf die Ausgabenseite der Krankenversicherung hat. Der Schaden besteht daher einerseits im System der GKV, welches schon dann in Frage gestellt wird, wenn massenhaft auch nur geringfügige Beiträge ausfallen. Schwerer wiegt, dass der Arbeitgeber, der für seine Arbeitnehmer keine Sozialversicherungsbeiträge bezahlt, im Wettbewerb mit anderen Arbeitgebern seinem Angebot auf illegale Weise konkurrenzlos niedrige Arbeitskosten zugrunde legen kann.

Solche Überlegungen legen nahe, dass neben den individuellen und spezifisch überindividuellen Rechtsgütern das hinter dem W. und seinen Delikten stehende generelle überindividuelle Rechtsgut der wirtschaftliche Wettbewerb als solcher ist. D. h., dass nicht nur die konkret als Straftaten gegen den Wettbewerb ausgewiesenen §§ 298 ff. StGB, sondern etwa auch § 266a StGB neben dem Vermögen der Sozialversicherungsträger und dem Sozialversicherungswesen (↑Sozialversicherung) als Institution zugl. den wirtschaftlichen Wettbewerb schützen.

4. Zur Geschichte

Einen entscheidenden Impuls für die spezielle Befassung mit dem W. als einem abgrenzbaren Teilgebiet des (Kriminal-)Strafrechts gab der US-amerikanische Kriminologe Edwin Hardin Sutherland, indem er 1939 den Tätertypus eines „white-collar criminals" (Sutherland 1940: 2) etablierte, der in seinem wirtschaftlichen Betätigungsfeld für dieses typische kriminelle Handlungen vom Schreibtisch aus verübte. Wenige Jahre zuvor hat der NS-Gesetzgeber den zuvor auf den sog.en Missbrauchstatbestand (heute § 266 Abs. 1 Alt. 1 StGB) beschränkten und damit relativ eng gefassten Tatbestand der Untreue (§ 266 StGB a.F.) um den sog.en Treubruchtatbestand erweitert, damit auch bloß faktisch – und nicht rechtlich – begründete Vermögensschäden für das eigene ↑Unternehmen aufgrund einer Verletzung der Vermögensbetreuungspflicht strafrechtlich sanktioniert werden können. Der Gesetzgeber verband mit dieser Reform – auch vor dem Hintergrund der im NS-Strafrecht vorherrschenden Einordnung der Straftat als einer Pflichtverletzung – die Vorstellung, dass in Zukunft die „Wirtschaftsführer" für alle Verletzungen losgelöst von dem dahinterstehenden formalen Rechtsverhältnis zur Rechenschaft gezogen werden können. Diese Erwartung hat sich schon in der NS-Zeit nicht realisiert; und auch in den folgenden fünf Jahrzehnten sollte der unverändert fortgeltende Tatbestand der Untreue im deutschen (Wirtschafts-)Strafrecht keine bedeutende Rolle spielen. Dies änderte sich grundlegend ab Mitte der 1990er Jahre, als eine Vielzahl von Wirtschaftsskandalen ein strafrechtliches Nachspiel wegen des Vorwurfs strafbarer Untreue hatten, ohne dass sich bis heute an der seit den 1930er Jahren bestehenden Struktur von § 266 StGB etwas geändert hatte. Heute – nachdem der Gesetzgeber in zwei Gesetzen zur Bekämpfung der Wirtschaftskriminalität eine Vielzahl neuer Straftatbestände geschaffen hat – ist § 266 StGB endlich der bedeutendste Straftatbestand des deutschen W.s geworden.

Im US-amerikanischen Strafrecht hat sich das W. schon lange zu einem massiven Sanktionsinstrument ausgebildet. Nach großen Wirtschaftsskandalen ist es in den USA seit Jahrzehnten üblich, dass die dafür Verantwortlichen auch strafrechtlich „büßen" müssen. Ein auch in Deutschland intensiv diskutiertes Beispiel war der betrügerische Bankrott der Firma *Enron* um die Jahrhundertwende. Aber auch das Vorgehen der US-amerikanischen Ermittlungsbehörden nach Aufdeckung des Abgasskandals der Firma *Volkswagen* zeigt deutlich, dass auch das Strafrecht – eingesetzt gegen Unternehmen, wie (mit hohen Freiheitsstrafen) auch gegenüber deren Managern – als ein Instrument zur effektiven Durchsetzung des Wirtschaftsrechts gilt. Hier zeigt sich das im anglo-amerikanischen Strafrecht vorherrschende Prinzip des ↑Utilitarismus (bzw. damit eng verbunden heute das Konzept von *law and economics*), denn gerade massenhaft begangene Wirtschaftskriminalität kann einen immensen gesellschaftlichen oder wirtschaftlichen Schaden zur Folge haben. Zu dessen Abwehr sind dann auch schwere Strafen ein geeignetes Instrument.

5. White-collar crimes und corporate crimes

Eine andere, ebenfalls aus dem amerikanischen Rechtsdenken übernommene Unterscheidung setzt daran an, ob der als Straftäter agierende Unternehmensmitarbeiter für sein Unternehmen oder zu dessen Schaden agiert. So stellt der Tatbestand der Untreue darauf ab, dass dem Unternehmen als dem Treugeber etwa durch ein Organmitglied oder einen Prokuristen ein Schaden zugefügt wird; der Täter begeht hier angesichts seiner Stellung (er muss eine Vermögensbetreuungspflicht gegenüber seinem Unternehmen haben) ein typisches *white-collar crime*. Begeht derselbe Täter dagegen Bestechungshandlungen oder Kartellabsprachen im Interesse seines Unternehmens, geht es gerade nicht um dessen Schädigung, sondern um den Schaden eines solchen Verhaltens für die Rechts- oder Wirtschaftsordnung; zumindest faktisch ist hier der Nutznießer des inkriminierten Verhaltens das Unternehmen selbst, nicht der persönlich Handelnde, weshalb von unternehmensbezogenen Straftaten oder *corporate crimes* die Rede ist.

6. Unternehmensstrafen und -sanktionen

Im Lichte des erwähnten, vorrangig utilitaristisch geprägten Strafrechtsverständnisses im anglo-amerikanischen Rechtsraum (↑Anglo-amerikanischer Rechtskreis), aber auch der dort vorherrschenden prinzipiellen Akzeptanz auch verschuldensloser Straftatbestände (*strict liability*) nimmt es nicht Wunder, dass dort schon seit einem Jahrhundert eine Strafbarkeit ↑juristischer Personen bzw. v.a. Unternehmen prinzipiell akzeptiert wird, während eine solche in Kontinentaleuropa bis vor kurzem in der römisch-rechtlichen Tradition eines *societas delinquere non potest* tendenziell abgelehnt worden ist. Die durch die Westalliierten in der Frühzeit der BRD im WiStG eingeführte Möglichkeit einer Strafbarkeit auch von juristischen Personen stieß auf massiven Widerstand zunächst in der Rechtswissenschaft und auf fast einhellige Ablehnung beim 40. Deutschen Juristentag (1953), weshalb sich wenig später auch der Gesetzgeber von dieser Möglichkeit verabschiedet hat. Allerdings kennt das deutsche Strafrecht im weiteren Sinne in dem Ende der 1960er geschaffenen Ordnungswidrigkeitenrecht auch die Möglichkeit einer Verbandsgeldbuße (§ 30 OWiG); und das EU-Recht (↑Europarecht) sieht bereits seit 1962 mit Erlass der ersten Kartell-Verordnung (VO [EWG] 17/62; inzwischen insoweit unverändert abgelöst durch VO [EU] 1/2003) Bußgelder (nur) gegen Unternehmen vor, die illegale ↑Kartelle gebildet haben. Dazu kommen strafrechtliche ↑Sanktionen in Form einer Vermögensabschöpfung gegen Unternehmen als durch die Straftat eines Mitarbeiters sog.e Drittbegünstigte; die Regelungen über eine solche Einziehung der Taterträge in §§ 73 ff. StGB, die vom Gesetzgeber unter Billigung der Rechtsprechung nicht als eine ↑Strafe, sondern nur als eine Abschöpfungsmaßnahme gegenüber einer unrechtmäßig bewirkten Bereicherung konzipiert sind, sind nicht nur in Deutschland aufgrund von EU-Vorgaben 2017 erheblich ausgebaut worden.

Inzwischen haben die meisten EU-Staaten ihre Zurückhaltung bei der Einführung eines echten Unternehmensstrafrechts aufgegeben, weshalb auch in Deutschland – als einem der letzten insoweit noch zögernden Staaten – intensiv über die Einführung eines sog.en Unternehmenssanktionenrechts, welches auch Unternehmen zu Subjekten eines Strafverfahrens machen soll, nachgedacht wird. Der 2018 geschlossene Koalitionsvertrag sieht eine Einführung desselben vor; auch gibt es erste Vorschläge aus NRW für ein Verbandsstrafgesetz (2013) und von einer Gruppe von Wissenschaftlern den sog.en *Kölner Entwurf für ein Verbandssanktionengesetz* (2017). Im April 2020 hat dann das Bundesministerium der Justiz und für Verbraucherschutz einen überarbeiteten Referentenentwurf zur „Stärkung der Integrität in der Wirtschaft" vorgelegt, das wohl 2020 verabschiedet werden soll. Neben der Prinzipienfrage, ob neben den Unternehmensmitarbeitern auch deren Unternehmen als solches „auf die Anklagebank" kommen soll (oder man eben bei dem genannten Sprichwort bleibt, dass man Unternehmen nicht bestrafen kann), ist auch das Wie eines – im Unterschied zum bestehenden Bußgeldrecht nach § 30 OWiG – echten Unternehmensstrafrechts umstritten; so knüpft der NRW-Entwurf die Verbandsstrafe an originäres (Organisations-)Verschulden des Unternehmens an, während der Kölner Entwurf eine Zurechnung des Verschuldens leitender Mitarbeiter zum Unternehmen als Grundlage der Strafe – hier ohne inhaltliche Unterschiede „Unternehmenssanktion" genannt – ansieht. Nur das erste Modell einer echten Unternehmensschuld würde es ermöglichen, ein Unternehmen auch dann strafrechtlich zu belangen, wenn man seinen leitenden Mitarbeitern keinen Schuldvorwurf machen kann; deshalb wird umgekehrt dem Zurechnungsmodell gegenüber der heute bereits möglichen Bestrafung individuell Verantwortlicher für ihr unternehmensbezogenes Fehlverhalten nur ein geringer Anwendungsbereich zugesprochen. Weiterhin ist zu regeln, inwieweit Compliance-Maßnahmen (↑Compliance) die Strafe mildern können, schließlich auch, wie mit vom Unternehmen selbst initiierten *internal investigations* durch Anwaltskanzleien und den dabei gesammelten Beweismitteln umzugehen ist.

7. Einzelne Straftatbestände

7.1 Die Untreue (§ 266 StGB)

Der Tatbestand der Untreue ist historisch wie in seiner heutigen praktischen Bedeutung gleichsam die „Mutter des W.s", obwohl das von § 266 StGB geschützte Rechtsgut nach der gesetzlichen Struktur eigentlich ausschließlich das individuelle Vermögen des Treugebers ist. Da allerdings die Untreuestrafbarkeit im Kern von der Verletzung einer Vermögensbetreuungspflicht abhängt, wird die Einhaltung bestimmter ↑Pflichten institutionell abgesichert.

Historisch am Anfang stand der Missbrauchstatbestand (§ 266 Abs. 1 Alt. 1 StGB); danach ist der im Außenverhältnis wirksame Gebrauch einer im Innenverhältnis nicht gegebenen Befugnis zur Verfügung über das fremde Vermögen strafbewehrt, wenn es dadurch für den Vermögensinhaber als Treugeber zu einem Vermögensnachteil kommt. Paradebeispiel hierfür ist der Prokurist, der als solcher nach außen wirksam Geschäfte für „sein" Unternehmen tätigen darf, aber im Innenverhältnis durch eine Abrede beschränkt sein kann (z. B., dass er ohne Zustimmung eines anderen nur bis zu einer bestimmten Summe verfügen darf). Ist ein über die im Innenverhältnis eingeräumte Befugnis hinausgehendes Geschäft rechtlich wirksam und folgt daraus für das Unternehmen ein Vermögensschaden, welchen der Prokurist billigend in Kauf genommen hat, liegt eine strafbare Missbrauchsuntreue vor. Liegt dagegen nur eine aus Verkehrsschutzgründen beachtliche Rechtsscheinsvollmacht (z. B. Anscheins-, Duldungsvollmacht) vor, befugt diese nicht im Rechtssinne den auf dieser Basis Handelnden, sondern schützt nur seinen Geschäftspartner, welcher auf den Rechtsschein vertraut hat; hier wie auch, wenn etwa ein Prokurist ein nach außen illegales Geschäft – z. B. Korruption – vornimmt, scheidet dagegen eine Missbrauchsuntreue aus.

In diesen Fällen, wie auch immer wenn es nur um faktisch vermögensschädigendes Handeln geht, kommt nur der sog.e Treubruchtatbestand (§ 266 Abs. 1 Alt. 2 StGB) in Betracht. Dieser ist verwirklicht bei jeder vorsätzlichen Verletzung einer Vermögensbetreuungspflicht, sofern daraus ebenfalls ein Vermögensnachteil für den Treugeber resultiert.

Eine Vermögensbetreuungspflicht, die für beide Tatbestände verletzt sein muss, liegt nur vor, wenn es sich bei der verletzten Pflicht um eine Hauptpflicht von einigem Gewicht handelt. In Unternehmen besteht eine Vermögensbetreuungspflicht daher typischerweise für leitende Mitglieder der Organe, Prokuristen und Handlungsbevollmächtigte, Mitarbeiter im Finanzbereich und im Kassenbereich etc. Verursacht dagegen ein Arbeiter in der Produktion durch Fehlverhalten einen Schaden, scheidet er als Täter einer Untreue regelmäßig aus, denn aus seinem Arbeitsverhältnis folgt eine Pflicht zur Betreuung des Vermögens seines Arbeitgebers nicht als Haupt-, sondern nur als Nebenpflicht.

7.2 Schwarzarbeit

Zwar kennt das deutsche Strafrecht keinen Tatbestand, der umfassend das Phänomen der „Schwarzarbeit" erfasst – das Gesetz zur Bekämpfung der Schwarzarbeit und illegalen Beschäftigung sieht nur für die illegale Beschäftigung von Ausländern Strafnormen vor, obwohl sich Schwarzarbeit natürlich nicht darin erschöpft –, doch muss der dahinter stehende Gedanke eines rechtlich nicht erlaubten Lohndumpings zur unlauteren Verbesserung der Wettbewerbsbedingungen in einer Marktwirtschaft ein absolutes Kernelement auch des W.s sein. In diesem Sinne hat der Gesetzgeber mit dem 2. WiKG (1986) den zuvor im Nebenstrafrecht enthaltenen Straftatbestand des Vorenthaltens von Sozialversicherungsbeiträgen als § 266a in das StGB überführt und seither erheblich ausgebaut. Ging es urspr. nur um das Vorenthalten des vom Arbeitgeber für seine Arbeitnehmer an die Sozialkassen bezahlten, typischerweise hälftigen Sozialversicherungsbeitrags, ist ein Arbeitgeber heute auch strafbar, wenn er nur seinen eigenen Anteil (die andere Hälfte) nicht rechtzeitig bezahlt, sofern er der für den Einzug zuständigen Stelle nicht die erforderlichen Angaben gemacht hat; da letzteres im Wirtschaftsleben regelmäßig der Fall sein wird (weil sonst die Sozialkassen ihre Beiträge unverzüglich einfordern), handelt es sich bei dieser Tatvariante (§ 266a Abs. 2 StGB) um eine allenfalls leicht verschleierte Strafbewehrung einer bloßen Pflichtverletzung als solcher, obwohl der Gedanke, dass allein die Verletzung einer zivil- oder öffentlich-rechtlichen Pflicht für sich genommen typischerweise keine Strafbarkeit begründen kann, außerhalb des W.s etwa dazu führt, dass schlichte Vertragsverletzungen (ohne betrügerische Täuschung) nicht strafbar sind.

7.3 Subventionsbetrug (§ 264 StGB)

Kernstück des 1. WiKG (1976) war die Aufnahme eines neuen Straftatbestandes gegen den Subventionsbetrug (§ 264 StGB). Die spätestens Anfang der 1970er Jahre immer weiter um sich greifende politische Tendenz, sowohl auf nationaler als auch zunehmend auf europäischer Ebene bestimmte Branchen aus Gründen der internationalen Wettbewerbsfähigkeit (z. B. den Flugzeugbau), aber auch im Interesse der Erhaltung von Arbeitsplätzen oder allg.er einer staatlichen Industriepolitik mit ↑Subventionen am Leben zu erhalten (v. a. den Bergbau und die Landwirtschaft), lud die Unternehmen geradezu ein, durch falsche Angaben überhöhte Subventionen abzurufen. Solches Verhalten konnte lange Zeit nur als Betrug bestraft werden, wenn und soweit die Täuschung auf einen Vermögensschaden beim Subventionsgeber gerichtet war; dies war v. a. dann fraglich, wenn der Subventionsgeber – gestützt auf seinen Haushalt – das Geld ohnehin als Subvention ohne Gegenleistung verteilen wollte. § 264 StGB soll demgegenüber vorrangig das Allgemeininteresse an einer wirksamen staatlichen Wirtschaftsförderung, daneben aber auch – im Lichte der zum Betrugsschaden entwickelten Zweckverfehlungslehre – das Vermögen des Subventionsgebers schützen. Letztlich sollte man aber auch hier hinzudenken, dass die missbräuchliche Vergabe von Subventionen häufig weniger den Staat als Subventionsgeber denn vielmehr potenzielle Konkurrenten des Subventionsempfängers in ihrer wirtschaftlichen Position am Markt bzw. im ↑Wettbewerb beeinträchtigt. Damit tritt auch hier der Gedanke eines Schutzes der Wettbewerbsordnung in den Vordergrund.

Da bereits mit den Falschangaben die Strafbarkeit vollendet ist, führt § 264 StGB zu einer Vorverlagerung des Strafrechtsschutzes gegenüber dem Betrug. Dazu kommt die im W. nur vereinzelt anzutreffende Strafbarkeit gemäß § 264 Abs. 4 StGB bereits wegen Leichtfertigkeit (und nicht erst bei Vorsatz). Schließlich ist § 264 Abs. 7 Nr. 2 StGB angesichts der Erfassung auch von EU-Subventionen ein Vorreiter eines europäisierten Wirtschaftstatbestandes. Zu konstatieren ist freilich, dass § 264 StGB in der Praxis nie die Rolle gespielt hat, die die Verfasser des 1. WiKG ihm zugedacht hatten.

7.4 Wettbewerbsdelikte (§§ 298 ff. StGB)

Angesichts der überragenden Bedeutung, die der verfassungsrechtlich auch institutionell garantierte wirtschaftliche Wettbewerb im deutschen wie europäischen marktwirtschaftlichen System spielt, verwundert es auf den ersten Blick, dass die Wettbewerbsdelikte der §§ 298 ff. StGB erst 1997 ins Kernstrafrecht aufgenommen worden sind. Die heute in § 298 StGB strafbaren wettbewerbsbeschränkenden Absprachen bei Ausschreibungen waren bis 1997 bloß Ordnungswidrigkeit, die in § 299 StGB strafbewehrte Bestechung und Bestechlichkeit im geschäftlichen Verkehr bis dahin im UWG. Seit 1997 wurde v. a. § 299 StGB weiter signifikant ausgebaut und 2016 durch Tatbestände gegen die Korruption im Gesundheitswesen „abgerundet" (§ 299a f. StGB). Während § 298 StGB damit bestimmte Verstöße gegen das Kartellrecht unter Strafe stellt, betreffen §§ 299 ff. StGB unlautere Verhaltensweisen außerhalb der Amtsträgerkorruption (diese ist in §§ 331 ff. StGB geregelt).

Vor 1992 konnten illegale Absprachen im Wettbewerb nach der Rechtsprechung ausnahmsweise als Betrug strafbar sein, doch wurde der hier vielfach bei keinem der Beteiligten wirklich feststellbare Vermögensschaden letztlich durch normative Erwägungen tendenziell „fingiert"; § 298 StGB knüpft die Strafbarkeit heute bereits an die Abgabe eines Angebots aufgrund einer Kartellabsprache, ohne dass ein Schaden nachweisbar sein muss. In der Praxis spielt § 298 StGB bis heute eine untergeordnete Rolle.

Größere Relevanz hat dagegen § 299 StGB, der seit 2015 zwei Modelle einer Strafbarkeit wegen ↑Korruption im Wirtschaftsverkehr vereint – das Wettbewerbs- und das Geschäftsherrenmodell; während bei ersterem das Allgemeininteresse an einem freien, lauteren Wettbewerb geschützt ist, zielt das zweite auf einen Schutz der (Vermögens-)Interessen des Geschäftsherren bzw. dessen Interesse an loyaler Pflichterfüllung seiner Mitarbeiter und verabschiedet sich in den entspr.en Tatvarianten weitgehend vom Gedanken eines Schutzes des Wettbewerbs.

7.5 Insolvenzdelikte (§§ 283 StGB)

Schon zu Zeiten des urspr.en Konkursrechts bedrohte § 283 StGB den Bankrott mit Strafe; seit 1999 sind die Tathandlungen eines Bankrotts nunmehr akzessorisch an das Insolvenzrecht angelehnt. Da eine ↑Insolvenz zeitlich bereits vor einem Konkurs nach früherem Recht entstehen kann und die Strafbarkeit von der Einstellung der Zahlungen oder der Eröffnung des Insolvenzverfahrens abhängt (§ 283 Abs. 6 StGB), ist die Strafbarkeit mit der Umstellung auf das Insolvenzrecht ausgeweitet worden. Weitere Strafnormen wie die Verletzung von Buchführungspflichten (§ 283b StGB), die Gläubiger- und Schuldnerbegünstigung (§§ 283c f. StGB) runden diesen 24. Abschnitt des Besonderen Teils des StGB ab.

8. Allg.e Regelungen

Einen Allgemeinen Teil des W.s gibt es zwar nicht, doch haben sich in den letzten Jahrzehnten in der Rechtsprechung einige Grundsätze entwickelt, welche sich auf die meisten Wirtschaftsdelikte übertragen lassen. Dahinter stand zumeist der Gedanke, eine befürchtete „organisierte Unverantwortlichkeit", bei der innerhalb eines Unternehmens letztlich niemand wirklich für die darin begangenen Straftaten verantwortlich gemacht werden kann, zu vermeiden.

8.1 Täterschaft im Unternehmen

Im W. gibt es einige Sonderdelikte, bei denen die Strafbarkeit an eine bes. Eigenschaft des Unternehmens angeknüpft wird. So pönalisiert § 266a StGB den Arbeitgeber und § 327 StGB den Betreiber einer Anlage. Wirtschaftsrechtlich sind dies häufig juristische Personen (z. B. AG, GmbH) oder Gesamthandsgemeinschaften (z. B. GbR, OHG, KG); da sich im deutschen Strafrecht (noch) nur natürliche Personen strafbar machen können, scheiden solcherart verfasste Unternehmen als Straftäter aus. Um einen Leerlauf der daran geknüpften Strafnormen zu vermeiden, normiert § 14 StGB für einige Fälle eine Strafbarkeit auch für das Handeln für einen anderen. So haften Mitglieder eines Organs für dessen strafbewehrtes Fehlverhalten, ebenso der vertretungsberechtigte Gesellschafter einer rechtsfähigen Personengesellschaft oder der gesetzliche Vertreter (§ 14 Abs. 1 StGB), schließlich auch der Leiter eines Betriebs und bestimmte Beauftragte (§ 14 Abs. 2 StGB). Da es um das tatsächliche Ausüben der Position geht, macht sich neben einem rechtlich vorgeschobenen „Strohmann" auch der dahinter die Fäden ziehende faktische Geschäftsführer strafbar (§ 14 Abs. 3 StGB).

Innerhalb einer Unternehmenshierarchie kommt prinzipiell nicht bloß eine Ebene (sei es die Führungsriege, sei es der Kreis der tatsächlich die inkriminierte Handlung ausführenden Personen) als Täter in Betracht. Möglich ist nach der – allerdings fragwürdigen – Rechtsprechung vielmehr auch, mit der eigentlich gegen staatlich veranlasstes Unrecht entwickelten Figur des Täters hinter dem Täter innerhalb eines Unternehmens zwischen verschiedenen Hierarchieebene eine gestaffelte Täterschaft jeweils hinter einem anderen Täter anzunehmen.

8.2 Strafhaftung bei Gremienentscheidungen

Ein Charakteristikum v. a. von unternehmensbezogenen Straftaten, aber auch etwa der Untreue zum Nachteil eines Unternehmens, ist, dass für (oder gegen) das Unternehmen ein Organ als Kollektiv handelt, sei es der Vorstand, eine mehrköpfige Geschäftsführung oder der Aufsichtsrat bzw. dessen Präsidium. Zumeist gilt innerhalb solcher Organe das Mehrheitsprinzip, so dass ein Beschluss nur die Mehrheit der abgegebenen Stimmen benötigt, um zumindest faktisch wirksam zu werden und damit das später inkriminierte Verhalten des Unternehmens zu steuern. Mitglieder eines Organs, die gegen einen solchen Beschluss votieren, sind nicht strafbar. Enthaltungen können zumindest dann Grundlage einer Strafbarkeit werden, wenn erst durch die Mitwirkung des sich enthaltenden Mitglieds innerhalb des Organs dessen Beschlussfähigkeit hergestellt und damit ein – von den anderen Mitgliedern getragener – Beschluss zustande gekommen ist. Dagegen machen sich alle zustimmenden Mitglieder strafbar, selbst wenn angesichts der Zahl der Ja-Stimmen auch einzelne hinweggedacht werden könnten (sodass die Kausalität fraglich sein könnte), ohne dass sich an der Beschlussfassung etwas geändert hätte. Erstmals so entschieden hat der BGH in einem Fall zur strafrechtlichen Produkthaftung, in welchem die Geschäftsführung einstimmig auf den Rückruf eines mutmaßlich gesundheitsschädlichen Ledersprays verzichtet hat; dass dieser Beschluss auch zustande gekommen wäre, wenn einer der Zustimmenden dagegen votiert hätte, weshalb i. S. d. sog.en *conditio sine qua non*-Formel sein Beitrag auch hinweggedacht werden konnte, ohne dass sich am Beschluss und damit an der fortgesetzten Körperverletzung durch Gebrauch des Sprays etwas geändert hatte (weil ja auch die Mitgeschäftsführer gegen einen Rückruf votiert hatten), würde zwar im klassischen Sinne der Kausalität im Strafrecht widersprechen, doch sei dies bei Gremienentscheidungen dahingehend zu modifizieren, dass zumindest alle, die den Beschluss mitgetragen oder ermöglicht haben, auch strafrechtlich für dessen Umsetzung (hier den Nichtrückruf und die gesundheitlichen Folgen für die Nutzer des Sprays) einzustehen haben.

8.3 Akzessorietät zum Wirtschaftsrecht

Typisch für das W. ist auch seine Akzessorietät zum ↑Wirtschaftsrecht, d. h. v. a. zum Wirtschaftsprivatrecht, in einzelnen Konstellationen aber auch zum öffentlichen Wirtschaftsrecht. Das gilt in bes.m Maße für das Nebenstrafrecht, das gerade darauf aufbaut, dass außerstrafrechtliche Regelungen durch Straf- und Bußgeldnormen abgesichert werden. Auch innerhalb des StGB gibt es akzessorische Strafnormen. So ist das Insolvenzstrafrecht weitgehend akzessorisch zum Insolvenzrecht, das Umweltstrafrecht akzessorisch zum Umweltverwaltungsrecht. Aber auch bei Tatbeständen wie der Untreue, die hinsichtlich der Strafbewehrung nicht explizit auf einen Verstoß gegen das Wirtschaftsrecht rekurrieren, spielt die materiell-zivilrechtliche Situation eine wesentliche Rolle. So setzt der Missbrauchstatbestand (§ 266 Abs. 1. Alt. 1 StGB) voraus, dass der Täter über eine nach außen (zivil-)rechtswirksame Verfügungsmacht verfügt (z. B. Prokura, nicht dagegen eine Rechtsscheinsvollmacht) und auf deren Grundlage ein ebenfalls (zivil-)rechtswirksames Geschäft vornimmt (z. B. Kauf, nicht dagegen wegen § 138 BGB eine Bestechung). Schließlich wird mit guten Gründen – wenngleich nicht stets auch von der Rechtsprechung – angenommen, dass ein Risiko, welches ein Organmitglied nach den Regelungen des Wirtschaftsrechts eingehen darf, auch bei Eintritt eines Verlusts keine untreuebegründende Pflichtwidrigkeit darstellen kann; da der Vorstand einer AG bei der ihm obliegenden Pflicht zur Beachtung der Sorgfalt eines ordentlichen und gewissenhaften Geschäftsführers (§ 93 Abs. 1 AktG) einen weiten Spielraum hat, kommt erst bei Überziehung dieses Spielraums eine Strafbarkeit wegen § 266 StGB in Betracht.

9. Die Praxis: Spezialisierung

Die Entdeckung bzw. Entstehung des W.s als eigenständigem Teilgebiet des Strafrechts ging einher mit einer zunehmenden Spezialisierung innerhalb der juristischen Berufe. Zu den Wirtschaftsstrafkammern an den Landgerichten haben sich Spezialabteilungen für W. innerhalb der ↑Staatsanwaltschaften gebildet. Parallel hat sich ein Teil der Strafverteidigerkanzleien konkret auf W. konzentriert und in größeren Unternehmen hat sich – teils verbunden mit der Compliance-Abteilung – manchmal eine eigene Abteilung zur Erfassung und Bekämpfung der Wirtschaftskriminalität etabliert.

Diese Entwicklung wird flankiert durch einschlägige Fachpublikationen wie etwa die „Zeitschrift für das Wirtschafts- und Steuerstrafrecht" (seit 1982), die „Zeitschrift für Wirtschaftsstrafrecht und Haftung im Unternehmen" (ZWH) und die „Neue Zeitschrift für Wirtschaftsstrafrecht". Die Spezialisierung hat inzwischen bereits das Jurastudium erreicht; im strafrechtlichen Schwerpunktstudium vieler Juristenfakultäten findet sich inzwischen das W. als wesentlicher Bestandteil desselben.

Literatur

H.-B. Wabnitz/T. Janovsky/L. Schmitt (Hg.): Hdb. Wirtschafts- und Steuerstrafrecht, [5]2020 • H. Achenbach/A. Ransiek/T. Rönnau: Hdb. Wirtschaftsstrafrecht, [5]2019 • S. Hüls: Grenzen des Wirtschaftsstrafrechts?, 2019 • C. Müller-Gugenberger/J. Gruhl/A. Hadamitzky (Hg.): Wirtschaftsstrafrecht, [7]2019 • B. Kretschmer/B. Zabel (Hg.): Studien zur Geschichte des Wirtschaftsstrafrechts, 2018 • R. Esser u. a. (Hg.): Wirtschaftsstrafrecht, 2017 • J. P. Graf/M. Jäger/P. Wittig (Hg.): Wirtschafts- und Steuerstrafrecht, [2]2017 • W. Leitner/H. Rosenau (Hg.): Wirtschafts- und Steuerstrafrecht, 2017 • A. Popp: Gläubigerschädigung, 2014 • E. H. Sutherland: White-Collar Crimes, 1949 • Ders.: White-Collar Criminality, in: ASR 5/1 (1940), 1–12.

MARTIN HEGER

Wirtschaftssysteme

Ein W. beschreibt die Ordnung im Bereich des Wirtschaftens eines Landes oder einer Staatengemeinschaft. Im Mittelpunkt steht hierbei die Koordination der Einzelpläne (Mikroebene) samt der daraus resultierenden Ergebnisse für die gesamte Volkswirtschaft (Makroebene). Maßgeblich beeinflusst werden die Interaktionen der Wirtschaftsakteure samt der Resultate von den

Rahmenregeln (Institutionen). Diese Regeln bestehen aus ↑Gesetzen sowie auch aus den informellen Regeln wie den Sitten, Gebräuchen und den moralischen Regeln (↑Moral). Insb. der deutsche Ökonom Walter Eucken hat 1952 darauf hingewiesen, dass sich wirtschaftliche, politische und v.a. rechtliche Ordnung stark beeinflussen. Er sprach daher von der „Interdependenz der Ordnungen" (Eucken 1948: 72). Mit Blick auf die formelle Governancestruktur (↑Governance) sowie die Koordination der Einzelpläne lassen sich verschiedene Spielarten wirtschaftlicher Systeme unterscheiden.

1. Planwirtschaft v Marktwirtschaft und der „dritte Weg"

Um unterschiedliche Spielarten des ↑Kapitalismus und Argumente für die ein oder andere Ausprägungsform eines W.s nachvollziehen zu können, erscheint es sinnvoll, zunächst auf die grundlegenden Unterschiede von Plan- und Marktwirtschaft einzugehen. Eine reine Plan- bzw. ↑Zentralverwaltungswirtschaft, in der das Kollektiv (vertreten durch den ↑Staat) sämtliche Produktionsprozesse vollständig plant und alle Konsumwünsche durch Zentralplanung zu bedienen versucht, hat es sicherlich in der Reinform in der Realität nie gegeben. Dasselbe lässt sich für die Idealform einer freien dezentralen Marktwirtschaft sagen, in der der Staat sämtliche Gütererstellung den privaten ↑Unternehmen in allen Bereichen überlässt. Dennoch lassen sich aus der Gegenüberstellung dieser beiden Grundformen Erkenntnisse für andere Governancestrukturen des Wirtschaftens ziehen.

Verfechter einer Planwirtschaft sehen die Marktwirtschaft als ein chaotisches System an, bei dem sowohl ↑Gerechtigkeit, als auch eine effiziente Bedürfnisbefriedgung kaum zu erreichen sind. Als ungerecht werden die (zufällig) entstehenden, teils gravierenden Ungleichheiten angesehen, als ineffizient das Parallelproduzieren; denn dabei bleiben viele Unternehmen im ↑Wettbewerb auf der Strecke, was für die Angestellten ↑Arbeitslosigkeit bedeutet. Zudem lassen Konkurrenzdruck, Arbeitslosigkeit und soziale Kosten (z.B. Emissionen, die von den Unternehmen in Kauf genommen werden) (↑externe Effekte) moralische ↑Werte und Lebenszufriedenheit erodieren. Karl Marx, einer der berühmtesten Kritiker des marktwirtschaftlichen Systems, prophezeite zudem, dass die zunehmende Kapitalakkumulation (immer mehr unternehmerische ↑Investitionen werden getätigt, um die Konkurrenten auszustechen) zu schrumpfenden Profitraten führen wird, so dass sich der marktwirtschaftliche Kapitalismus letztlich selbst abschaffe. Planwirtschaftler plädieren daher für eine Verstaatlichung der Produktionsmittel und für eine gerechte Erfüllung der ↑Bedürfnisse der Bevölkerung durch eine lang- und mittelfristige Planung. Aufkommende (unerwartete) Knappheiten sollen in diesem Sytem durch die Plansalden (Soll-Ist-Abweichungen) aufgedeckt und durch Planrevisionen korrigiert werden.

Verfechter der Marktwirtschaft – allen voran Ludwig von Mises – kritisieren an der Zentralverwaltungswirtschaft, dass man anhand der Plansalden sich ändernde Knappheiten nicht adäquat erkennen und schnell reagieren könne (Unmöglichkeitstheorem). Rationales Planen und erfolgreiches Investieren sei daher nur in einem marktwirtschaftlichen System freier Preise möglich, denn die Preise zeigen (sich ändernde) Knappheiten an und beinhalten bzw. enthüllen damit wichtige Informationen für Investoren, ohne dass diese sich um die genauen Einzelumstände der Preisveränderung kümmern müssen. Friedrich von Hayek hebt zudem hervor, dass der Wettbewerb als ein Entdeckungsverfahren fungiert; denn erst durch den Wettbewerbsprozess zeigt sich, welche neuen Produktions- und Produktideen erfolgreich sind und welche nicht. Insofern wird durch den Wettbewerb auf dezentraler Ebene weitaus mehr Wissen geschaffen als in einem Prozess zentraler Planung. Marktwirtschaftsanhänger befürworten daher dezentrale Entscheidungsprozesse, die voraussetzen, dass die Produktionsmittel in privater Hand sind – Privateigentum (↑Eigentum) muss umfänglich gewährt werden – und dass auch Konsumentenfreiheit besteht. Der Staat soll nicht in Produktions- und Konsumprozesse eingreifen und auch nicht in das System der Ressourcen-, Faktor- und Güterpreise.

Vor dem Hintergrund der Debatte „Plan- versus Marktwirtschaft" traten zudem Sozialwissenschaftler, die beiden Polen ablehnend gegenüberstanden, für einen „dritten Weg" ein. Ein bekanntes Konzept des dritten Wegs ist der Konkurrenzsozialismus (bisweilen auch Marktsozialismus genannt). Dieses Modell geht auf Ideen von Oskar Lange (1936/37) und Abba P. Lerner zurück, wobei das Lange-Modell am bekanntesten ist. Es weist folgende Charakteristika auf: Die Unternehmen befinden sich im Kollektiv- bzw. Staatseigentum. Damit ist für die Produktionsgüter eine preisliche Marktbewertung nicht möglich. Allerdings soll dies für Konsumgüter- und ↑Arbeitsmärkte ermöglicht werden, so dass hier freie Konkurrenzpreisbildung existiert. Die Preise der Produktionsgüter werden hingegen von der Zentrale durch ein iteratives Verfahren der nachträglichen Korrektur von Angebots- oder Nachfrageüberhängen ermittelt und festgesetzt. Ähnlich wie im Marktmodell der vollkommenen Konkurrenz sollen die Betriebsleiter diejenigen Gütermengen produzieren und anbieten, bei denen die minimalen Durchschnittskosten erreicht werden.

Allerdings konnte und kann diese Spielart des dritten Wegs die Argumente der Kritiker kaum ausräumen: Knappheiten können bei gewisser Dynamik auf diese Weise nicht hinreichend schnell und zuverlässig ermittelt werden. Zudem ist in der Realität immer mit einem gewissen Bürokratieversagen zu rechnen, was eine effiziente Produktionsplanung erschwert.

2. Spielarten von Wirtschaftssystemen in der realen Welt

Da in der Realität keine Reinform des plan- oder marktwirtschaftlichen Systems existent ist bzw. war, erscheint es sinnvoll verschiedene Spielarten realer W. zu unterscheiden. Peter Andrew Hall und David Soskice öffneten mit ihrem Buch „Varieties of Capitalism" aus dem Jahr 2001 die Tür innerhalb der internationalen ökonomischen Forschungslandschaft, Spielarten von W.n unter verschiedenen Blickwinkeln vergleichend zu analysieren. Damit trugen sie zur Fortsetzung einer Forschungstradition bei, die im deutschsprachigen Raum v. a. an der Universität Marburg nach dem zweiten Weltkrieg an der *Forschungsstelle zum Vergleich wirtschaftlicher Lenkungssysteme* (v. a. unter Leitung der Professoren Karl Paul Hensel und Alfred Schüller) initiiert und betrieben wurde. Die Marburger Forschung knüpfte damit an die Euckensche Tradition des Denkens in Ordnungen an.

Aufbauend auf Forschungen im Bereich „Varieties of Capitalism" haben William Jack Baumol, Robert E. Litan und Carl J. Schramm in ihrem Buch „Good Capitalism, Bad Capitalism, and the Economics of Growth and Prosperity" (2007) den Versuch gestartet, vorfindliche Spielarten von W.n zu klassifizieren. Sie unterscheiden den staatsgelenkten Kapitalismus *(state-guided capitalism)*, den oligarchischen Kapitalismus *(oligarchic capitalism)*, den Kapitalismus der Großkonzerne *(big-firm capitalism)* sowie den unternehmerischen Kapitalismus *(entrepreneurial capitalism)*. Da planwirtschaftliche W., wie sie noch in Nordkorea, Kuba oder Venezuela zu finden sind, kaum mehr existent sind, wird diese Spielart von den Autoren nicht weiter behandelt.

Das wesentliche Charakteristikum des staatsgelenkten Kapitalismus ist, dass die Weichenstellungen für Investitionsentscheidungen maßgeblich von den politischen Akteuren (Regierung, Staat) beeinflusst werden. Innerhalb der staatlich vorgezeichneten Bahnen soll die ↑Allokation von Faktoren, ↑Gütern und ↑Dienstleistungen allerdings dezentral und wettbewerblich über ↑Märkte abgewickelt werden. Zentrale staatliche Lenkungsinstrumente sind ↑Steuern, ↑Subventionen, ↑Zölle, nicht-tarifäre Handelshemmnisse sowie die Wirtschaftslenkung über das Kredit- und Geldsystem (↑Geld- und Kapitalmarkt). Mithilfe dieser Instrumente wird eine weitreichende staatliche Industriepolitik betrieben. Die Vorteile liegen darin, dass Regierungen zielgerichtet eine nachholende Entwicklung einleiten und begünstigen können. Die Wachstumserfolge einiger asiatischer Staaten sind sicherlich auch auf den staatsgelenkten Kapitalismus zurückzuführen. Allerdings ist mit dieser Spielart ein Grundproblem verbunden. Es ist nämlich schwierig, die „richtigen" Gewinner (und Verlierer) aus den Branchen und Unternehmen herauszusuchen, um sie mit entspr.en Privilegien zu Höchstleistungen zu motivieren. Die Wettbewerbskräfte sind in diesem System eingeschränkt, d. h. der Wettbewerb fungiert nur noch eingeschränkt als Entdeckungsverfahren für vorteilhafte Neuerungen, denn der Staat übernimmt dies z. T. durch eine Lenkungspolitik. Zudem lädt die enge Zusammenarbeit von Eliten aus Politik, Wirtschaft und Finanzwelt zu *Rent Seeking* und ↑Korruption (Vetternwirtschaft) ein. In jedem Fall ist es schwierig nach der Phase der nachholenden Entwicklung den staatlichen Einfluss zurückzuführen und einen funktionierenden Leistungswettbewerb zu etablieren.

Der oligarchische Kapitalismus ist durch einen kleptokratischen Staat gekennzeichnet, der eng mit den Wirtschaftseliten (zumeist große, marktmächtige Unternehmen) zusammenarbeitet. Charakteristikum ist, dass die politischen und wirtschaftlichen Eliten hier eine Art Bündnis auf Kosten der übrigen Bevölkerung schließen, wobei sichergestellt sein muss, dass auch das ↑Militär so gut versorgt wird, dass es die Regierenden unterstützt. Die Herrschaft der ↑Eliten, die vorwiegend an ihrem Eigennutz interessiert sind, sorgt dafür, dass statt fairer Wettbewerbsbedingungen Korruption und ↑Ausbeutung (der Bevölkerung und auch der natürlichen Ressourcen) dominant sind. In solch einem System sind Ungleichverteilung (↑Verteilung, ↑soziale Ungleichheit) und ↑Schattenwirtschaft vergleichsweise hoch. Da der Reichtum der Eliten durch Ausbeutung recht hoch ist, werden die Führenden einer Innovations- und Wachstumsstrategie viel weniger Bedeutung beimessen als der Strategie der eigenen Machterhaltung (↑Macht). Volkswirtschaften, bei denen der oligarchische Kapitalismus vorherrscht (wie z. B. Russland) sind wenig innovativ. Die Ungleichverteilung ist hoch und nicht selten treten längere Phasen der Stagnation auf.

Der Glaube an große nationale Champions – an ihre hohe Innovationskraft (sie können hohe FuE-Fixkosten schultern) und an ihre Größenvorteile (Skalenvorteile, Verbundvorteile) – macht für viele Politiker einen Kapitalismus der Großkonzerne (↑Konzern) erstrebenswert. Diese Sicht vernebelt jedoch die Nachteile, die mit dieser Spielart der Förderung von „nationalen Champions" verbunden sind. Großunternehmen sind marktbeherrschend, errichten Markteintrittsbarrieren, können großen Einfluss auf die ↑Politik und ↑Gesetzgebung ausüben, können leicht dauerhafte Kooperationen mit vor- und nachgelagerten Unternehmen eingehen, was ihnen Wettbewerbsvorteile zu Ungunsten anderer (kleinerer) Unternehmen verschafft. Dies alles sorgt dafür, dass der Innovationsdruck einer Volkswirtschaft durch viele Großkonzerne nicht zu-, sondern abnehmen kann. Großkonzerne werden nach Joseph Alois Schumpeter immer bürokratischer und damit weniger anpassungsfähig und weniger kreativ. Zudem besteht die Gefahr, dass der Staat unter das Diktat der Großkonzerne gerät und für die großen Unternehmen eine Vergünstigungspolitik auf Kosten der Wettbewerber und Konsumenten betreibt; eine Gefahr, vor der bereits W. Eucken warnte.

Unternehmertum zeichnet sich idealerweise dadurch aus, dass im Wettbewerb ständig nach ↑Innovationen gesucht wird, die einen Produkt- und Verfahrensfortschritt einleiten. Die Innovationskraft einer Marktwirtschaft sehen W. J. Baumol, R. E. Litan und C. J. Schramm als bes. groß an, wenn sowohl Groß- als auch KMU am Wettbewerb teilnehmen. Eine Marktstruktur, in der vorwiegend KMU existent sind, wird heutzutage keine fixkostenlastigen FuE-intensiven Innovationen hervorbringen können; eine Marktstruktur, die vorwiegend aus Großunternehmen besteht, läuft hingegen Gefahr, dass eine vermachtete Wirtschaft entsteht. Die Mischung von KMU und Großkonzernen erscheint vor diesem Hintergrund als eine vorteilhafte Spielart.

Neben den von W. J. Baumol, R. E. Litan und C. J. Schramm unterschiedenen Speilarten von W.n, kann man – anknüpfend an die Debatte Plan- versus Marktwirtschaft – auch danach differenzieren, welche unternehmerische Rolle der Staat in der Wirtschaft spielt. Nach der liberalen bzw. libertären Idee des Wirtschaftens (↗Liberalismus, ↗Neoliberalismus) setzt der Staat den Regelrahmen und überlässt sämtliche Produktions- und Konsumentscheidungen den privaten Akteuren. Allerdings hat die ökonomische Theorie des ↗Marktversagens gute Argumente geliefert, dass der Staat im Bereich der Kollektivgüter die Bereitstellung (nicht Produktion) der Güter und Leistungen übernimmt (dort, wo zahlende Nutzer nicht ohne Weiteres von nicht zahlenden Nutzern getrennt werden können), und im Bereich natürlicher Monopole (wo aufgrund der Kostendegression ein Anbieter den Markt dominiert) engmaschig reguliert. Insofern ist der libertäre Kapitalismus eher eine Utopie. P. A. Hall und D. Soskice stellen den „Liberal Market Economies" (Hall/Soskice 2001: 8) (liberalen Marktwirtschaften anglo-amerikanischen Typs) die „Coordinated Market Economies" (Hall/Soskice 2001: 21) (koordinierte Ökonomien zentraleuropäischen Typs) gegenüber. Beim ersten Typ versucht sich der Staat auf die Setzung von Rahmenregeln zu beschränken und wenig in das Wirtschaftsgeschehen zu intervenieren. Beim zweiten Typ organisiert der Staat Wirtschaftsbereiche wie das Sozialsystem, das Gesundheitssystem oder den Bereich der Energie recht stark und engmaschig mittels Regulierung. Oft geschieht dies unter Einbeziehung vieler organisierter ↗Interessengruppen (↗Arbeitgeberverbände, ↗Gewerkschaften, Umweltverbände etc.). Man kann diese Variante daher auch als „korporative Marktwirtschaft" bezeichnen. Darüber hinaus hat Ben Ross Schneider für die Analyse des Kapitalismus in Lateinamerika noch eine weitere Bezeichnung kreiert: die hierarchische Marktökonomie. B. R. Schneider hebt die dort stark ausgeprägten ↗Hierarchien in Großunternehmen (Konglomeraten) und multinationalen Unternehmen hervor, die sich insb. in den Arbeitsbeziehungen zeigen. Als Folge ergibt sich ein nur geringer Leistungswettbewerb und kaum Anreize für die Arbeitenden, in ↗Bildung zu investieren. Dies sieht B. R. Schneider als Grund für eine „low-skill-Falle" (Schneider 2009: 16) (schlechte Ausbildung, schlechte Fertigkeiten) und eine relativ geringe Produktivität.

3. Erfolgreiche Wirtschaftssysteme und deren Voraussetzungen

Erfolgreiche W. zeichnen sich dadurch aus, dass sie den Individuen weitreichende Möglichkeiten eröffnen, ihre individuell unterschiedlichen Ziele möglichst zu erreichen. Dass solche Chancen durch Planwirtschaften tendenziell nicht generiert werden (können), hat uns die Geschichte gelehrt. Auch W. des Typs „oligarchischer Kapitalismus" und „staatsgelenkter Kapitalismus" laufen Gefahr, dass eine Allianz der Wirtschafts- und Staatseliten sich selbst auf Kosten aller bereichert. Korruption und Vetternwirtschaft untergraben die Bedingungen eines fairen Wettbewerbs, der für ↗Fortschritt und Wohlstand sorgt.

Das Geheimnis eines erfolgreichen marktwirtschaftlichen Systems ist, dass der Staat die Regeln für einen fairen Wettbewerb setzt und zugl. in Problembereichen natürlicher Monopole und der Kollektivgüter so reguliert, dass die Güterversorgung zu erschwinglichen Preisen gesichert ist. Insofern sind neben (gesicherten) Eigentumsrechten und einem funktionierenden ↗Wettbewerbsrecht Regulierungen im Bereich des sog.en Marktversagens notwendig, um ein funktionsfähiges W. zu gewährleisten.

Doch nicht nur der rechtliche Rahmen hat Einfluss auf das W. Auch das Sozialsystem interagiert spürbar mit dem W. Eine weitgehende Sozialstaatlichkeit (↗Sozialstaat) kann Arbeitsanreize vermindern. Eine zu geringe Sozialstaatlichkeit kann bei Krisen das ↗Vertrauen in ein freiheitliches W. soweit schmälern, dass es von der Mehrheit abgelehnt wird. Insofern ist eine Abgestimmtheit der Systeme der Politik, des ↗Rechts, des Sozialen und des Wirtschaftens notwendig, um eine stabile und funktionsfähige ↗Wirtschaftsordnung zu gewährleisten, die langfristig die Chancen für alle Bürger mehrt.

Literatur

B. R. Schneider: Hierarchical Market Economies and Varieties of Capitalism in Latin America, in: JLAS 41/3 (2009), 553–575 • W. A. Baumol/R. E. Litan/C. J. Schramm: Good Capitalism, Bad Capitalism, and the Economics of Growth and Prosperity, 2007 • P. A. Hall/D. Soskice (Hg.): Varieties of Capitalism. The Institutional Foundations of Comparative Advantage, 2001 • F. A. von Hayek: Der Wettbewerb als Entdeckungsverfahren, 1968 • K. P. Hensel: Einführung in die Theorie der Zentralverwaltungswirtschaft. Eine vergleichende Untersuchung idealtypischer wirtschaftlicher Lenkungssysteme an Hand des Problems der Wirtschaftsrechnung, 1954 • W. Eucken: Grundsätze der Wirtschaftspolitik, 1952 • Ders.: Das ordnungspolitische Problem, in: ORDO, Bd. 1, 1948, 56–90 • O. Lange: On the Economic Theory of Socialism: Part Two, in: RES 4/2 (1937), 123–142 • Ders.: On the Economic Theory of Socialism: Part One, in: RES 4/1 (1936), 53–71 • L. von Mises: Die Gemeinwirtschaft – Untersuchungen über den Sozialismus, 1922 • K. Marx: Das Kapital. Kritik der politischen Ökonomie, Bd. 1, 1867.

MARTIN LESCHKE

Wirtschaftstheorie ↗Wirtschaftswissenschaft

Wirtschaftsverwaltungsrecht

1. Begriff

W. ist ein Teilgebiet des bes.n Verwaltungsrechts und bezeichnet die Rechtsnormen, -prinzipien und -institutionen des auf die ↑Wirtschaft bezogenen ↑Verwaltungsrechts. Im Verfassungsstaat des ↑GG dient es v. a. der konkretisierenden Verwirklichung der wirtschaftsbezogenen ↑Grundrechte, namentlich der ↑Berufsfreiheit (Art. 12 Abs. 1 GG) und der Abwägung der grundrechtlich geschützten Interessen mit anderen Grundrechten und Gemeinwohlbelangen (↑Gemeinwohl). Zusätzlich hegt es die ökonomische Betätigung des ↑Staates und seiner Untergliederungen ein. Schließlich überträgt es gleichzeitig die Gehalte der unionsrechtlichen Grundfreiheiten und wettbewerbsrechtlicher Vorgaben in die Einzelfallanwendung des mitgliedstaatlichen deutschen Rechts. Über demokratisch legitimierte ↑Gesetzgebung gelangen Elemente der Regulierung (↑Regulierungsverwaltungsrecht) und Wirtschaftslenkung in das W. Schließlich weist das W. organisationsrechtliche Elemente auf.

Die Gesetzgebungskompetenz für das W. liegt nach Art. 74 Abs. 1 Nr. 11 GG überwiegend beim Bund, jedoch sind in dieser Norm Verlagerungen zugunsten der Länder im Rahmen der Föderalismusreform I 2006 erfolgt.

2. Historische Entwicklung

Die gegenwärtige Gestalt des W.s ist ohne seine historischen Entwicklungsstränge nicht zu verstehen. Die restriktiven Regeln zum Wirtschaften im absolutistischen Staat *(policey)* mit staatlichen und verliehenen Monopolen (Regalien) sowie Korporationspflichten (Zünfte) werden in der liberal-konstitutionellen Phase durch die Gewerbefreiheit abgelöst, namentlich in den Stein-Hardenberg'schen Reformen. Die einfachrechtliche (d. h. wirtschaftsverwaltungsrechtliche) Gewährleistung der Gewerbefreiheit gilt im deutschen ↑Konstitutionalismus als funktionales Äquivalent der Garantie wirtschaftlicher Grundrechte. Hier entstehen maßgebliche wirtschaftsverwaltungsrechtliche Gesetze, so die Gewerbeordnung für den Norddeutschen Bund, die – natürlich vielfach geändert – nach wie vor in Kraft ist, oder die HandwO. Zu Beginn des 20. Jh. verbinden sich privatrechtliche und öffentlich-rechtliche Elemente zu einem einheitlich verstandenen ↑Wirtschaftsrecht, zunächst als Industrierecht auch unter Einbeziehung sozialer Regelungen (↑Arbeitsrecht). Wenngleich die Idee eines einheitlichen Wirtschaftsrechts von der ordoliberalen Schule (bis heute) gepflegt wird, kommt es dennoch zu einer Aufteilung an der Grenze zwischen ↑Öffentlichem Recht und ↑Privatrecht. Hieran hat ausgerechnet das Werk eines im Nationalsozialismus exponierten Rechtswissenschaftlers, Ernst-Rudolf Huber, hohen Anteil. Das ↑Wettbewerbsrecht (Kartellverbot, Verbot des Missbrauchs einer marktbeherrschenden Stellung) wird trotz seines starken wirtschaftsverwaltungsrechtlichen Bezugs (Verwaltungsverfahren vor der ↑Europäischen Kommission und dem BKartA) mittlerweile traditionell dem Zivilrecht zugeordnet – nicht zuletzt aufgrund der Rechtswegzuweisung an die ordentliche ↑Gerichtsbarkeit. Erst in der Bundesrepublik werden die Verbindungslinien zum Verfassungsrecht gezogen; auch W. ist konkretisiertes Wirtschaftsverfassungsrecht (entspr. dem Diktum Fritz Werners: Verwaltungsrecht ist konkretisiertes Verfassungsrecht). Das Recht der EWG, später der EG bzw. der EU (↑Europarecht) führt dann zu einem erneuten Funktionswandel: W. dient auch dazu, die freiheitliche ↑Wirtschaftsordnung der europäischen ↑Grundfreiheiten, partiell aber auch das überregulierte europäische Wirtschaftsordnungsrecht, namentlich im Bereich des Agrarrechts, für den Einzelfall ins Werk zu setzen. Diese Rechtsschicht, aber auch europarechtliche Vorgaben, bereichern das W. sodann um Regelungen zu Grund und Grenzen staatlicher Wirtschaftstätigkeit, die seit den 1970er Jahren einen großen Aufschwung erfährt (öffentliche Unternehmen) und in einer Phase zwischen 1980 und den 2000er Jahren in ihren Dimensionen wirtschaftswissenschaftlich als Irrweg identifiziert wird.

3. Einzelne Kategorien

3.1 Aufsicht über wirtschaftliche Betätigung Privater

3.1.1 Grundgedanken

Private wirtschaftliche Betätigung bedarf der neutralen staatlichen Aufsicht, um Beeinträchtigungen von Rechtsgütern zu unterbinden. W. ist insoweit Gefahrenabwehrrecht. Das aufsichtsbezogene W. geht von der verfassungs- wie einfachgesetzlich gesicherten Gewerbefreiheit aus (Art. 12 Abs. 1 GG, § 1 Abs. 1 GewO). Eingriffe in die Gewerbefreiheit bedürfen einer gesetzlichen Grundlage, in der die sachliche Rechtfertigung für den Eingriff abzusichern und seine ↑Verhältnismäßigkeit abstrakt-generell zu gewährleisten ist. Regelungstechnisch kann dies in zweierlei Hinsicht geschehen: Entweder behält das Gesetz den Behörden ein Eingreifen bei Verstößen vor (repressives Verwaltungshandeln), oder eine wirtschaftliche Betätigung wird wegen ihres Gefahrpotentials unter Kontrollerlaubnis gestellt (präventives Verbot mit Erlaubnisvorbehalt). Auf die Erteilung einer Kontrollerlaubnis besteht allerdings ein grundrechtlich unterfütterter Anspruch, sobald die Voraussetzungen für die Erlaubnis erfüllt sind, d. h. sobald das Wirtschaftssubjekt nachweisen kann, keine Gefahr für die öffentliche Sicherheit auszulösen. Die Konstruktion des präventiven Verbots mit Erlaubnisvorbehalt durchzieht das gesamte Verwaltungsrecht als allg.e Rechtsfigur, jedoch ist das W. eines ihrer wichtigsten Anwendungsfelder. Zentrales materielles Kriterium für ein behördliches Einschreiten ist die fehlende Zuverlässigkeit des Gewerbetreibenden. Die Zuverlässigkeit fehlt, wenn der Gewerbetreibende keine Gewähr dafür bietet, die für sein Gewerbe geltenden Vorschriften einzuhalten, namentlich (aber keinesfalls ausschließlich) solche des ↑Steuer- und Sozialversicherungsrechts. Fehlt die Erlaubnis oder wurde sie entzogen, kann der Betrieb des Gewerbes untersagt werden.

3.1.2 Einzelne Gebiete

Grundsätzlich für alle Wirtschaftszweige und damit subsidiär für solche, die nicht spezielleren Regelungen unterworfen sind, gilt die GewO bzw. ihre allg.en Teile. Die Möglichkeit staatlicher Gefahrenabwehr wird durch die Anzeigepflicht nach § 14 Abs. 1 S. 1 GewO eröffnet, deren tatsächlicher Zweck freilich v. a. in der Erfassung von Gewerben für die ↑Finanzverwaltung besteht. Zur Abwehr von Gefahren durch ein Gewerbe ist sodann die nachträgliche Gewerbeuntersagung wegen Unzuverlässigkeit nach § 35 GewO möglich. Der so entstehende niedrigschwellige Zugang zu wirtschaftlicher Betätigung ist solchen Gewerben angemessen, die kein erkennbares Gefahrenpotential aufweisen. Bei sog.en überwachungsbedürftigen Gewerben (§ 38 GewO), z. B. Händlern für hochwertige Konsumgüter, Partnerschaftsvermittlungen, Reisebüros oder Schlüsseldiensten begnügt sich das Gesetz damit, eine Zuverlässigkeitsprüfung nach Gewerbeanmeldung zu verlangen.

Eine erhebliche Vereinfachung der Gefahrenabwehr wird jedoch bei denjenigen Gewerben ermöglicht, zu deren Betrieb es einer Kontrollerlaubnis bedarf, denn dann kann die Zuverlässigkeit vorab geprüft werden und der Betrieb des Gewerbes beginnt nicht vor Erlaubniserteilung. Einige dieser Gewerbe sind in den §§ 30–34j GewO unmittelbar geregelt: Privatkrankenanstalten, Zurschaustellung von Personen, die Glücksspielindustrie, das Pfandleihgewerbe, das Bewachungsgewerbe, das Versteigerungsgewerbe, schließlich Makler, Anlageberater, Bauträger, Baubetreuer sowie Versicherungsvermittler und -berater. Andere Gewerbe sind traditionell in eigenen Gesetzen geregelt wie z. B. in der HandwO. Auch die dem Regulierungsverwaltungsrecht zuzuordnenden gewerblichen Betätigungen (z. B. Post- und Telekommunikationsdienstleistungen) zählen hierzu. Die Kontrollerlaubnis ermöglicht es, die Zuverlässigkeitsprüfung mit der Erfordernis des Nachweises bestimmter Kenntnisse und Fähigkeiten zu verbinden. So verlangt § 1 Abs. 1 S. 1 HandwO für den Betrieb der zulassungspflichtigen Gewerke die Eintragung in die Handwerksrolle. Diese Form der Kontrollerlaubnis setzt die Meisterprüfung des Betriebsleiters voraus (§ 7 Abs. 1a HandwO). Grundrechtsdogmatisch handelt es sich bezogen auf den Regelungsvorbehalt des Art. 12 Abs. 1 GG um eine subjektive Zulassungsschranke, die angesichts des Gefahrpotentials der entspr.en Gewerke grundsätzlich verhältnismäßig ist. Sie lässt sich auch gegenüber den Grundfreiheiten halten, wenn entspr.e im EU-Ausland nachgewiesene Kenntnisse und Fähigkeiten anerkannt werden (§ 7 Abs. 2a HandwO).

Bundesrechtlich ist auch für den Betrieb einer Gaststätte eine Kontrollerlaubnis, die Gaststättenerlaubnis, erforderlich (§ 2 Abs. 1 GastG). Mit dem Übergang der gaststättenrechtlichen Kompetenz vom Bund auf die Länder im Zuge der Föderalismusreform I 2006 (Art. 74 Abs. 1 Nr. 11 GG) haben einige Länder (Brandenburg, Hessen, Niedersachen, Saarland, Sachsen, Sachsen-Anhalt) die Kontrollerlaubnis abgeschafft und das Regelungsmodell der Anzeigepflicht mit Eingriffsmöglichkeiten wie nach der GewO eingeführt. Die Zuverlässigkeit erfasst hier auch gaststättenspezifische Kriterien (z. B. kein Alkoholismus).

Teilweise wird der wirtschaftsverwaltungsrechtlichen Konzession über die Kontrolle zur Gefahrenabwehr hinaus eine Steuerungswirkung beigemessen. Dies ist namentlich bei der personenbeförderungsrechtlichen Genehmigung der Fall. § 13 Abs. 4 PBefG sieht bspw. einen Versagungsgrund vor, wenn das örtliche Taxengewerbe in seiner Funktionsfähigkeit beeinträchtigt würde. Hierin wird anknüpfend an eine völlig veraltete Entscheidung des BVerfG (BVerfGE 11,168) ein „überragend wichtiges Gemeinschaftsgut" gesehen, das diese objektive Zulassungsschranke vor Art. 12 Abs. GG rechtfertigen soll.

3.2 Einhegung wirtschaftlicher Betätigung des Staates

Die Neigung der öffentlichen Hand zu eigener wirtschaftlicher Betätigung außerhalb staatssozialistischer Systeme folgt politischen Erwägungen. Aus ökonomischer Sicht ist indes Vorsicht geboten, denn Staatswirtschaft birgt häufig Ineffizienzen und wettbewerbsverzerrende Effekte. Daher bedarf sie der rechtlichen Einhegung. Das GG setzt hier vergleichsweise wenige Schranken. Abgesehen von sektorspezifischen Vorgaben in Art. 87e GG für das Eisenbahnwesen und in Art. 87 f. GG für Post und Telekommunikation wird nur aus Art. 28 Abs. 2 GG eine Begrenzung kommunaler wirtschaftlicher Betätigung auf die örtliche Gemeinschaft abgeleitet. Die Auffassung, dass auch die Berufsfreiheit privater Konkurrenten staatlicher Wirtschaftstätigkeit Grenzen setzt, hat sich zu Unrecht nicht durchgesetzt. Ihr wird das Argument entgegengehalten, es gebe keinen Grundrechtsschutz vor Konkurrenz, auch nicht vor staatlicher. Die blendet aber den bes.n Vorteil der öffentlichen Hand im Geschäftsverkehr aus, die keine ↑Insolvenz fürchten muss und entspr. anders kalkulieren kann. Einfachgesetzliche Schranken für wirtschaftliche Tätigkeit der öffentlichen Hand werden gegenüber den Kommunen errichtet; die Trias öffentlicher Zweck, Leistungsfähigkeit, ↑Subsidiarität gilt in allen Ländern. Das öffentliche Sparkassenwesen (↑Sparkassen) stellt eine spezialgesetzlich geregelte Besonderheit dar.

Schutz vor überbordender Wirtschaftstätigkeit des Staates kann v. a. Art. 106 Abs. 1 AEUV bieten, der diese Tätigkeit an Wettbewerbsrecht und Grundfreiheiten bindet. Die Rückausnahme – ein Kompromiss zwischen den Gründungsmitgliedern Deutschland (marktorientiert) und Frankreich (staatswirtschaftlich) bereits zur Zeit der Römischen Verträge – in Art. 106 Abs. 2 AEUV stellt öffentliche Unternehmen indes von diesen Schranken frei, wenn sie mit „Dienstleistungen von allgemeinem wirtschaftlichen Interesse“ (DAWI) betraut sind. Die Verträge haben die DAWI im Anschluss an den französischen *service public* und in Anlehnung auch an die Idee der ↑Daseinsvorsorge (Ernst Forsthoff) aufgewertet (Art. 14 AEUV, Art. 36 EuGRC), und die Europäische Kommission betreibt eine entspr.e Politik.

Auch jenseits der Eigenwahrnehmung wirtschaftlicher Tätigkeit durch die öffentliche Hand wird deren wirtschaftsbezogene Aktivität wirtschaftsverwaltungsrechtlich geregelt. ↑Subventionen sind – ab einer bestimmten Größenordnung – als Beihilfen europarechtlich verboten und können in Ausnahmefällen durch die Europäische Kommission erlaubt werden (Art. 107f. AEUV). Unterhalb der einschlägigen Schwellenwerte unterliegen sie immerhin dem Gleichbehandlungsprinzip, das insofern subjektivrechtlich unterfüttert wird, so dass Konkurrentenklagen möglich sind. Tritt der Staat als Nachfrager auf, bindet ihn das unionsrechtlich induzierte Vergaberecht (§§97–184 GWB), wiederum nur bei Aufträgen in bestimmten Größenordnungen. Unterhalb dieser Schwelle regeln v.a. die Länder die Vergabekriterien, insb. soweit sie sich nicht auf die Wirtschaftlichkeit der Auftragserledigung beziehen („vergabefremde Kriterien“) wie etwa die Tarifbindung des Auftragnehmers oder die Erfüllung von Umweltstandards. Das deutsche W. benötigte hier einen Modernisierungsschub durch das Recht der ↑EU.

3.3 Organisation der Wirtschaftsverwaltung

In der staatlichen Wirtschaftsorganisation sind über die EU-Dienstleistungsrichtlinie (RL 2006/123/EG des Europäischen Parlaments und des Rates vom 12.12.2006 über Dienstleistungen im Binnenmarkt, ABl.EU 2006 Nr. L 376/36) Verbesserungen in den Zulassungsverfahren erstrebt worden, indem für alle wirtschaftsverwaltungsrechtlichen Genehmigungen sog.e einheitliche Ansprechpartner geschaffen wurden.

Die grundrechtliche Basis des Wirtschaftens in der freiheitlichen Ordnung des GG führt dazu, dass die Organisation der Wirtschaftsverwaltung über weite Strecken als Selbstorganisation verfasst ist: Die Wirtschaftssubjekte organisieren sich in Kammern und vergleichbaren Selbstverwaltungskörperschaften (↑Selbstverwaltung). Die Kammern (↑Industrie- und Handelskammern, Handwerkskammern etc.) treten neben die staatliche Verwaltung und erfüllen wichtige Aufgaben in der Qualitätssicherung, bspw. im Ausbildungswesen, bei der Aufsicht, aber auch in der Interessenvertretung des jeweiligen Wirtschaftszweiges. Bei den sog.en ↑freien Berufen (Anwälte, Ärzte, Apotheker etc.) haben sie eine herausgehobene Rolle in der Ordnung des Berufsstandes. Das deutsche W. sieht eine pflichtige Verkammerung vor (↑Berufskammern). In der Rechtsprechung ist seit langem geklärt, dass diese verfassungskonform ist. Art. 9 Abs. 1 GG steht nicht entgegen, weil es keine negative ↑Vereinigungsfreiheit bezogen auf öffentlich-rechtliche ↑Körperschaften gibt. Gegenüber Art. 2 Abs. 1 GG lässt sich die Pflichtverkammerung als verhältnismäßig rechtfertigen, sofern der Aufgabenbereich der Kammern gesetzlich festgeschrieben und diese Fixierung praktisch eingehalten wird (st. Rspr., s. BVerfGE 146,164).

Literatur

J. Ruthig/S. Storr: Öffentliches Wirtschaftsrecht, [5]2020 • J. Ziekow: Öffentliches Wirtschaftsrecht, [5]2020 • D. Ehlers/ M. Fehling/H. Pünder (Hg.): Besonderes Verwaltungsrecht, Bd. 1, Öffentliches Wirtschaftsrecht, [4]2019 • R. Schmidt/ F. Wollenschläger (Hg.): Kompendium Öffentliches Wirtschaftsrecht, [5]2019 • P.-M. Huber/S. Unger: Öffentliches Wirtschaftsrecht, in: F. Schoch (Hg.): Besonderes Verwaltungsrecht, 2018, 627–758 • U. Schliesky: Öffentliches Wirtschaftsrecht, [4]2014 • P. Badura: Wirtschaftsverfassung und Wirtschaftsverwaltung, [4]2011 • E.-R. Huber: Wirtschaftsverwaltungsrecht: Institutionen des öffentlichen Arbeits- und Unternehmensrechts, 2 Bde., [2]1953 f.

MATTHIAS RUFFERT

Wirtschaftswachstum

1. Definition und Empirie

Das deutsche StabG von 1967 nennt als eines der vier Ziele des sog.en magischen Vierecks „stetiges und angemessenes Wirtschaftswachstum“ (Sachverständigenrat 2018/19: 444). Mit Stetigkeit ist dabei die Glättung bzw. idealerweise Vermeidung von Konjunkturschwankungen (↑Konjunktur) gemeint, was Aufgabe der Stabilitätspolitik ist. Angemessenheit des W.s bezieht sich dagegen auf die durchschnittliche Zuwachsrate des realen BIP über einen längeren Zeitraum, welche man auch als Anstiegswinkel des Produktionspotentials deuten kann. Während früher ein hohes W. als Ausdruck zunehmenden materiellen Wohlstands verstanden und damit grundsätzlich positiv bewertet wurde, werden heute stärker der damit verbundene Verbrauch nicht-regenerierbarer Ressourcen sowie ökologische Folgelasten des W.s wie etwa die globale Erwärmung (↑Klimawandel) thematisiert.

Welches W. als angemessen gelten kann, hängt aber auch vom Ausgangsniveau des BIP und dem Bevölkerungswachstum ab. So wird man i.d.R. Entwicklungs- und Schwellenländern mit stark wachsender Bevölkerung ein höheres W. zubilligen als reifen Volkswirtschaften mit stagnierender oder rückläufiger Einwohnerzahl, da in letzteren meist bereits ein relativ hohes Wohlstandsniveau erreicht ist. Auch zwischen einzelnen Regionen innerhalb einer Volkswirtschaft gibt es oft große Unterschiede sowohl im Pro-Kopf-Einkommen als auch hinsichtlich des W.s, was Forschungsgegenstand der Regionalökonomik bzw. der *New Economic Geography* ist.

Empirisch zeigt sich, dass das W. tendenziell umso geringer wird, je höher das Pro-Kopf-Einkommen in der betreffenden Volkswirtschaft bzw. Region bereits ist. So wurden in Deutschland in der Nachkriegszeit anfangs zweistellige Wachstumsraten erzielt, während heute ein W. von 2 % bereits als hoch gilt. Diesen Zusammenhang bezeichnet man auch als bedingte Beta-Konvergenz. Er wird allerdings überlagert von zahlreichen anderen Faktoren, welche das W. beeinflussen, nicht zuletzt auch durch die jeweils betriebene ↗Wirtschaftspolitik. Daher ist es keineswegs immer so, dass ärmere Regionen und Volkswirtschaften schneller wachsen als reichere und somit im Pro-Kopf-Einkommen aufholen (absolute Beta-Konvergenz). Selbst wo dies der Fall ist, vollzieht sich dieser Prozess meistens nur sehr langsam. Der Angleichungsprozess zwischen Ost- und Westdeutschland nach der Wiedervereinigung ist dafür nur einer von vielen empirischen Belegen. Gemäß der sog.en *Eisernen Regel der zwei Prozent* verringert sich der Unterschied im Pro-Kopf-Einkommen zwischen armen und reichen Regionen im Durchschnitt um lediglich rund 2 % pro Jahr, d. h. es dauert 35 Jahre, bis er sich auch nur halbiert hat.

Weltweit war das W. pro Kopf in den ärmeren Ländern seit Beginn der 1990er Jahre im Durchschnitt stärker als in den reicheren Ländern, d. h. die globale Einkommensungleichheit ist geringer geworden. Maßgeblicher Grund dafür war die zunehmende Integration früher isolierter Länder in den Welthandel, u. a. durch den Fall des Eisernen Vorhangs und die Öffnung Chinas. Allerdings hat sich zugl. die Einkommensungleichheit innerhalb der Länder eher verstärkt, was beides den Vorhersagen der Außenhandelstheorie entspricht. Zudem sind die Sorgen um eine mögliche Überforderung des Planeten durch das W. größer geworden. Nachdem sich die Erschöpfung natürlicher Ressourcen durch das W. bisher nicht bestätigt hat, steht dabei heute die globale Erwärmung als mögliche Folge des W.s im Vordergrund.

2. Ursachen

W. kann zum einen durch den Mehreinsatz von Produktionsfaktoren entstehen (extensives W.), zum anderen durch deren effizienteren Einsatz, etwa im Wege verstärkter Arbeitsteilung oder technischen Fortschritts (intensives W.). In ökonomischen Modellen und empirischen Untersuchungen werden diese Zusammenhänge meist durch Produktionsfunktionen dargestellt, wobei häufig eine Produktionsfunktion vom Cobb-Douglas-Typ Verwendung findet. Diese erklärt das Produktionsniveau und das W. mit nur drei Parametern, nämlich dem Einsatz von Arbeit und Kapital sowie dem technischen Fortschritt. Sie geht auf eine empirische Untersuchung von Charles Wiggins Cobb und Paul Howard Douglas aus dem Jahr 1928 zurück, die mit dieser relativ einfachen Funktion das W. in den USA recht gut erklären konnten. Ähnliche Produktionsfunktionen wurden aber auch schon vorher verwendet, u. a. von Johann Heinrich von Thünen und Knut Wicksell.

Die Cobb-Douglas-Produktionsfunktion ist linear homogen, d. h. sie impliziert, dass eine Verdoppelung des Einsatzes beider Produktionsfaktoren Arbeit und Kapital auch eine Verdoppelung des Outputs bewirkt. Diese Annahme ist allerdings unrealistisch, wie die auf lange Sicht rückläufigen W.s-Raten entwickelter Volkswirtschaften zeigen. Ein wesentlicher Grund dafür liegt in der Begrenztheit anderer, natürlicher Produktionsfaktoren, insb. auch des Bodens. Man kann dem entweder durch explizite Einbeziehung absolut begrenzter Faktoren in die Produktionsfunktion Rechnung tragen oder alternativ unterlineare Homogenität der Produktionsfunktion annehmen. In beiden Fällen führt ein Bevölkerungswachstum zu tendenziell sinkendem Pro-Kopf-Einkommen, sofern die zunehmende Knappheit der natürlichen Ressourcen nicht durch technischen Fortschritt ausgeglichen bzw. überkompensiert wird. In der Realität ist letzteres allerdings bisher meistens der Fall gewesen.

Der Einsatz des Produktionsfaktors ↗Arbeit setzt sich aus der Zahl der eingesetzten Arbeitskräfte und deren durchschnittlicher Arbeitszeit zusammen, was in der Multiplikation das Arbeitsvolumen ergibt. Das Bevölkerungswachstum wird in der Theorie meist als exogene Variable behandelt, während es in der Realität selbst wiederum von anderen ökonomischen Variablen und institutionellen Voraussetzungen abhängt. So entsteht in wenig entwickelten Ländern oft ein Teufelskreis: Niedriges ↗Einkommen und daraus resultierend geringe Sparfähigkeit der Bevölkerung begünstigen hohe Geburtenraten, da Kinder unter diesen Bedingungen oft die beste bzw. sogar die einzige Art der individuellen Altersvorsorge sind. Ein hohes Bevölkerungswachstum senkt gemäß der auf Robert Solow und Trevor Swan zurückgehenden neoklassischen W.s-Theorie aber wiederum das Pro-Kopf-Einkommen. Denn dann muss ein relativ großer Anteil der – ohnehin geringen – Ersparnis zur Schaffung neuer Arbeitsplätze verwendet werden und steht somit nicht mehr für die Erhöhung der Effizienz der vorhandenen Arbeitsplätze durch Steigerung der Kapitalintensität zur Verfügung. Erst wenn eine gewisse Entwicklungsschwelle überschritten wird, kann sich eine Volkswirtschaft aus dieser Falle befreien und ein autonomes W. in Gang setzen.

Während in der Theorie oft vereinfachend Homogenität der Arbeitskräfte angenommen wird, müssen in der Realität unterschiedliche Qualifikationen berücksichtigt werden. So kann man durch ↗Bildung und Ausbildung das W. erhöhen, auch ohne den physischen Einsatz von Arbeitskraft zu steigern. In der Produktionsfunktion wird dies meist als sog.er arbeitsvermehrender technischer Fortschritt abgebildet, d. h. die Effizienz der eingesetzten Arbeitseinheiten steigt in jeder Periode um einen bestimmten Prozentsatz. Während dies in einfacheren Modellen exogen geschieht, berücksichtigt die endogene Wachstumstheorie, dass für eine Erhöhung des ↗Humankapitals i. d. R. wiederum der

Einsatz knapper Ressourcen nötig ist. Damit wird aus dem urspr. originären Produktionsfaktor Arbeit ein reproduzierbarer Produktionsfaktor ähnlich dem Kapital, der durch entspr.e ↑Investitionen vermehrt bzw. in seiner Effizienz gesteigert werden kann.

Im Unterschied zur Arbeit ist ↑Kapital ein grundsätzlich reproduzierbarer Produktionsfaktor. Bei gegebener Sparquote wächst er bei wachsender Bevölkerung quasi automatisch mit, d. h. er hängt zum einen vom W. ab und begünstigt dieses zugl. Die Messung des Kapitalstocks ist sowohl theoretisch als auch empirisch ein schwieriges Problem, da seine Bestandteile sehr heterogen sind und zudem einem relativ raschen Alterungsprozess unterliegen. Entscheidend für das W. sind letztlich die jährlichen Nettoinvestitionen, welche man aus den Bruttoinvestitionen abzüglich der Abschreibungen erhält. Das Niveau der Bruttoinvestitionen wiederum hängt entscheidend von der gesamtwirtschaftlichen Sparquote ab, also vom Anteil der Ersparnisse am BIP. Nach der neoklassischen Wachstumstheorie führt eine Erhöhung der Sparquote jedoch nur vorübergehend zu einem stärkeren W. Langfristig ergibt sich dagegen nur eine Niveauerhöhung des Wachstumspfades, während sein Anstiegswinkel – die W.s-Rate – bei gegebener Produktionsfunktion allein vom Bevölkerungswachstum und der technischen Fortschrittsrate abhängt.

Der technische ↑Fortschritt kann entweder an einen bestimmten Produktionsfaktor gebunden sein oder als faktorunabhängiger Anstieg des Niveauparameters in der Produktionsfunktion modelliert werden. Im letzteren Fall spricht man auch vom Anstieg der totalen Faktorproduktivität, welche als sog.es Solow-Residuum in der Dekomposition der einzelnen W.s-Faktoren auftritt. Empirisch ist die totale Faktorproduktivität in jüngerer Zeit die wichtigste Determinante des W.s in Deutschland gewesen, während der Faktoreinsatz selbst nur wenig zugenommen bzw. – im Falle des Arbeitsvolumens – teilweise sogar abgenommen hat.

Frühe Modellierungen des W.s betrachteten den technischen Fortschritt als exogenen W.s-Faktor, der gleichsam „wie Manna vom Himmel" fiel. In der neueren W.s-Theorie wird er dagegen – ähnlich wie das Humankapital – als abhängig von entspr.en Investitionen modelliert. Auch die institutionellen Voraussetzungen wie z. B. der Patentschutz (↑Immaterialgüterrecht) spielen eine Rolle dabei, wie stark das W. durch technischen Fortschritt getrieben wird. Umstritten ist, inwieweit eine aktive Industriepolitik das W. steigern kann. Schon im 19. Jh. hat der deutsche Ökonom Friedrich List dafür plädiert, das inländische W. durch sog.e Erziehungszölle zu unterstützen, bis die heimische Wirtschaft stark genug für den internationalen ↑Wettbewerb geworden sei. Ähnliche Argumente werden in der neueren Handelspolitik vertreten, bspw. was die gezielte staatliche Förderung von Schlüsselindustrien betrifft. Stärker wettbewerbsorientierte Ökonomen etwa der ↑Österreichischen Schule der Nationalökonomie lehnen dagegen Versuche einer staatlichen Beeinflussung des W.s als „Anmaßung von Wissen" (Hayek 1996) ab.

3. Optimales Wirtschaftswachstum

In langfristig orientierten Analysen wird W. meist als gleichgewichtiges, sog.es *steady-state*-Wachstum modelliert, in dem alle Variablen entweder konstant sind oder mit der gleichen Rate zunehmen. Schon Karl Marx hatte mit seinem Schema der „erweiterten Reproduktion" (MEW 24: 492) (einer frühen Input-Output-Analyse) die Bedingungen dafür herausgearbeitet, dass im W.s-Prozess Angebot und Nachfrage nach Investitions- und Konsumgütern (↑Güter) stets ausgeglichen sind. Eine ähnliche Fragestellung liegt dem Harrod-Domar-Modell zugrunde, welches die keynesianische W.s-Theorie (↑Keynesianismus) begründete. Unter den – allerdings sehr restriktiven – Annahmen dieses Modells entspricht die gleichgewichtige W.s-Rate stets dem Produkt aus Kapitalproduktivität und Sparquote. Diese Gleichgewichtsbedingung ist aber in der Realität höchstens zufällig erfüllt und der W.s-Prozess gemäß dieser Theorie deswegen immanent instabil („Wachstum auf des Messers Schneide"). Andere keynesianische Theorien wie etwa das Hicks-Modell kommen zu weniger extremen Ergebnissen, bieten aber eine Erklärung der in der Realität auftretenden konjunkturellen Schwankungen des W.s an.

Typisch für keynesianische W.s-Erklärungen ist die Betonung der Nachfrageseite gegenüber den Produktionsbedingungen. Dabei wird häufig die These einer säkularen Stagnation vertreten, die urspr. auf den amerikanischen Ökonomen Alvin Hansen zurückgeht. Demnach bleibt in reifen Volkswirtschaften irgendwann die Konsumnachfrage hinter den Produktionsmöglichkeiten zurück, so dass mehr gespart wird als es rentable Investitionsmöglichkeiten gibt. In jüngster Zeit wurde diese These einer Sparschwemme *(savings glut)* u. a. von Ben Bernanke, Larry Summers und in Deutschland von Carl Christian von Weizsäcker als Erklärung für die niedrigen – teilweise sogar negativen – ↑Zinsen wieder aufgegriffen. Während für eine einzelne Volkswirtschaft Exportüberschüsse ein mögliches Ventil für überschüssige Produkte und Ersparnisse sein können, scheidet diese Möglichkeit für die ↑Weltwirtschaft als Ganzes naheliegenderweise aus. Zudem würden Exportüberschüsse das Problem nur auf Kosten anderer Länder lösen, was aktuell v. a. China und Deutschland vorgeworfen wird. Den einzigen Ausweg sehen die Vertreter der Sparschwemmen-These daher in einer Ausweitung der ↑Staatsverschuldung, womit die privaten Ersparnisse in produktive Infrastrukturinvestitionen (↑Infrastruktur) gelenkt würden und so das W. quantitativ und qualitativ begünstigen könnten.

Diese Therapie wie auch die zugrundeliegende Diagnose einer Sparschwemme sind allerdings theoretisch und empirisch umstritten. Kritiker wie Stefan Homburg verweisen darauf, dass private Ersparnisse auch durch den Kauf von Grund und Boden oder von Edelmetallen absorbiert werden können, was zu steigenden Preisen auf diesen Märkten führt und so die privaten ↑Vermögen erhöht. Zudem ist die das W. fördernde Wirkung staatlicher Defizitfinanzierung keineswegs gesichert, und die Ursache extremer Niedrigzinsen kann auch in einer zu expansiven ↑Geldpolitik gesehen werden (sog.e *money glut* bzw. Geldschwemmen-These). Vermittelnde Autoren wie etwa Hans-Werner Sinn halten es auch für möglich, dass an beiden Thesen etwas dran ist.

In der neoklassischen W.s-Theorie wird die Frage des wohlfahrtsoptimalen W.s-Pfades mit der langfristigen Maximierung des Pro-Kopf-Konsums verbunden, der wiederum entscheidend von der Sparquote abhängt: Naheliegenderweise ginge der Pro-Kopf-Konsum langfristig gegen Null, wenn gar nicht gespart würde, denn dann könnte auch nichts investiert werden und die Produktion bräche irgendwann zusammen. Andererseits wäre aber auch eine zu hohe Sparquote kontraproduktiv. Würde diese im Extremfall z. B. 100 % betragen, so wäre zwar die Produktion auf maximaler Höhe, aber der ↑Konsum betrüge wiederum Null. Die den Konsum maximierende Sparquote muss also irgendwo zwischen diesen beiden Extremen liegen. Nach der zuerst von Edmund Phelps formulierten, sog.en *Goldenen Regel der Akkumulation* entspricht sie dem Anteil des Kapitaleinkommens am Gesamtprodukt und wird genau dann realisiert, wenn der Zinssatz der Wachstumsrate der Volkswirtschaft entspricht.

Allerdings ist auch diese Regel nicht unumstritten, denn sie maximiert den Pro-Kopf-Konsum nur auf lange Sicht. Es müssen aber auch die Übergangsperioden beachtet werden, die man bis zur Realisierung der Goldenen Regel durchlaufen müsste. In der Realität liegt der Zinssatz meist über der Wachstumsrate, so dass ein Wechsel zur Goldenen Regel eine Zinssenkung und – daraus folgend – eine Erhöhung der Investitionen implizieren würde. Dadurch würde zwar der künftige Konsum gesteigert, aber in der Übergangsphase wäre Konsumverzicht zu leisten. Daher ist der Übergang zum W.s-Pfad der Goldenen Regel in diesem Fall nicht eindeutig Pareto-effizient (↑Pareto-Kriterium).

Anders wäre es, wenn in der Ausgangslage der Zinssatz die W.s-Rate dauerhaft *unter*schreiten würde. In diesem Fall läge sog.e dynamische Ineffizienz vor, denn sowohl die Übergangsgeneration als auch alle künftigen Generationen könnten dann durch den Übergang zur Goldenen Regel bessergestellt werden. Allerdings ist theoretisch und empirisch umstritten, ob dynamische Ineffizienz in der Realität tatsächlich vorkommen kann oder ob nicht automatische Marktmechanismen dafür sorgen, dass der Zinssatz auf Dauer stets mindestens der W.s-Rate entspricht.

4. Kritik und Grenzen des Wirtschaftswachstums

Die Kritik des W.s setzt an drei Punkten an: Zum einen wird die These vertreten, eine kapitalistische Wirtschaft (↑Kapitalismus) sei zum W. verdammt, da sonst ↑Arbeitslosigkeit und Absatzkrisen drohten. Zum anderen wird befürchtet, dass ständiges W. früher oder später die natürlichen Ressourcen überfordern werde. Zum dritten wird bezweifelt, dass materielles W. oberhalb bestimmter Schwellen tatsächlich noch die ↑Wohlfahrt fördert. Aus dieser Kritik wird zumeist die Notwendigkeit staatlicher Eingriffe bzw. eines anderen ↑Wirtschaftssystems gefolgert.

Der Zusammenhang zwischen W. und Beschäftigung wurde bereits von Arthur Melvin Okun thematisiert. Gemäß einem nach ihm benannten empirischen Gesetz erfordert eine Senkung der Arbeitslosenquote um 1 % ein W. von 3 % (3:1-Regel). Ohne W. würde dagegen nach einer weit verbreiteten Auffassung die Arbeitslosigkeit zunehmen, weil der technische Fortschritt die Freisetzung von Arbeitskräften zur Folge hätte. Dieser schon von David Ricardo vertretenen Freisetzungstheorie steht allerdings die Kompensationstheorie gegenüber. Demnach schafft der technische Fortschritt selbst W., da er die Realeinkommen erhöht. Es entstehen dann an anderer Stelle neue Arbeitsplätze, welche den Fortfall der durch den technischen Fortschritt obsolet gewordenen Arbeitsplätze kompensieren bzw. sogar überkompensieren. Zudem kann der technische Fortschritt auch für die Verkürzung der Arbeitszeiten eingesetzt werden, in welchem Fall kein W. für die Aufrechterhaltung der Vollbeschäftigung notwendig ist.

Die These einer Überforderung der natürlichen Ressourcen durch W. wurde v. a. durch den sog.en Meadows-Bericht an den ↑*Club of Rome* Anfang der 1970er Jahre populär, welcher die baldige Erschöpfung wichtiger Energie- und Rohstoffquellen voraussagte. Ähnlicher W.s-Pessimismus ist aber auch schon früher vertreten worden, so von Stanley Jevons, der im 19. Jh. die Erschöpfung der Kohlevorkommen befürchtete. Bereits 1798 hatte Robert Malthus sein berühmtes Bevölkerungsgesetz aufgestellt, wonach die Nahrungsmittelproduktion mit dem Bevölkerungswachstum nicht mithalten könne. Keine dieser Voraussagen hat sich allerdings bisher bewahrheitet. Vielmehr haben die Marktmechanismen (↑Markt) knapper werdende Ressourcen teurer gemacht und dadurch zu ihrem Minderverbrauch oder zu ihrer Substitution beigetragen. Bei Umweltgütern wie dem CO_2 müssen solche Marktmechanismen allerdings erst künstlich geschaffen werden, um die Ressourcenintensität des W.s zu senken. Geeignete Mittel dazu sind z. B. die Besteuerung umweltbelastender Aktivitäten oder der Handel mit mengenmäßig begrenzten Emissionsrechten (↑Emissionshandel).

Die wohlstandsfördernde Wirkung materiellen W.s bei niedrigem Einkommen ist unbestritten, sie nimmt jedoch empirischen Untersuchungen zufolge bei steigendem Einkommen stark ab. Gemäß dem sog.en Easterlin-Paradoxon sind Menschen in ärmeren Ländern teilweise sogar zufriedener mit ihrem Leben als in reicheren Volkswirtschaften. Daraus wird oft geschlussfolgert, dass das BIP als Ausdruck materiellen W.s kein geeigneter Wohlfahrtsindikator ist und durch andere Kennzahlen ersetzt oder zumindest ergänzt werden müsse. So soll insb. immateriellen Komponenten des W.s wie ↑Gesundheit und Umweltqualität stärker Rechnung getragen werden. Allerdings sind die Ausgaben für Gesundheit und ↑Umweltschutz durchaus bereits Bestandteil des BIP. Zudem ist das BIP empirisch hoch korreliert mit den meisten immateriellen Wohlstandskomponenten. Theoretisch erklärt sich dies u. a. daraus, dass reiche Volkswirtschaften sich mehr Ausgaben für Umweltschutz und Gesundheit leisten können. Auch die Präferenzen der Bürger verschieben sich bei bereits hohem materiellen Wohlstandsniveau in Richtung von mehr Umweltschutz und Gesundheit. Diese Befunde relativieren die Kritik am BIP als W.s-Indikator, die zuletzt auch wieder leiser geworden ist.

Literatur

DIW u. a.: Gemeinschaftsdiagnose. Januar 2019, 2019 • M.-A. Mündler: Außenhandel, Arbeitsmärkte und die globale Verteilung der Einkommen, in: WD 98/13 (2018), 50–61 • SVR: Jahresgutachten 2018/19, 2018 • U. van Suntum: Capital, Interest, and Money, 2017 • C. C. von Weizsäcker: Public Debt and Price Stability, in: GER 15/1 (2014), 42–61 • INSM (Hg.): Die Wohlstandsfrage. 6 Visionen für nachhaltiges Wachstum, 2012 • T. Jackson: Prosperity Without Growth, 2012 • D. Romer: Advanced Macroeconomics, 2006 • R. Barro/X. Sala i Martín: Economic Growth, 2003 • S. Brakman u. a.: An Introduction to Geographical Economics, 2001 • M. Burda/ C. Wyplosz: Macroeconomics, 2001 • M. Frenkel/H.-R. Hemmer: Grundlagen der Wachstumstheorie, 2001 • E. Meyer/ K.-W. Müller-Siebers/W. Ströbele: Wachstumstheorie, [2]1998 • L. Arnold: Wachstumstheorie, 1997 • L. Bretschger: Wachstumstheorie, 1996 • F. A. von Hayek: Die Anmaßung von Wissen, 1996 • N. G. Mankiw: Makroökonomik, 1993 • J. Heubes: Konjunktur und Wachstum, 1991 • S. Homburg: Interest and Growth in an Economy With Land, in: CJE 24/2 (1991), 450–459 • K. Marx: Das Kapital, in: MEW, Bde. 23–25, 1962–64.

ULRICH VAN SUNTUM

Wirtschaftswissenschaft

1. Begriff

Die W. (auch: Ökonomie, Ökonomik) ist eine Realwissenschaft, die in die Teilbereiche der VWL und der BWL untergliedert ist. Als ↑Sozialwissenschaft betrachtet sie aus dem Erfahrungsobjekt der Gesellschaft das Erkenntnisobjekt des Wirtschaftens als wichtiges Teilsystem. Terminologisch unterscheidet man häufig analog zur angelsächsischen Terminologie (*economy* v *economics*) zwischen „Ökonomie" als dem Gegenstandsbereich und „Ökonomik" als der Lehre darüber. Das ↑Wirtschaften umfasst die ↑Entscheidungen von Menschen isoliert und in ↑Interaktion mit anderen Individuen sowie das Zusammenwirken dieser Entscheidungen.

Der Begriff der ↑„Ökonomie" leitet sich von den Gesetzmäßigkeiten des *Oikos* her, einer (oft klösterlichen) Wirtschaftseinheit innerhalb einer Gesamtwirtschaft, etwa einer *polis*, bei der Bewältigung der Produktion, Bereitstellung und Verteilung knapper ↑Güter und Ressourcen für die Wirtschaftssubjekte. Als Grundtatbestand des menschlichen Lebens war das Wirtschaften traditionell Gegenstand der ↑Philosophie. In der Antike bezog sich die Lehre über das Wirtschaften v. a. auf die landwirtschaftliche Produktion (↑Land- und Forstwirtschaft), Fischerei, ↑Handwerk und den ↑Handel grundlegender Güter. Im Laufe der Zeit änderte sich das Verhältnis der Wirtschaftssektoren vom agrarisch geprägten Primärsektor über die zunehmende Bedeutung des verarbeitenden Gewerbes (Sekundärsektor) hin zur industrialisierten Dienstleistungswirtschaft (Tertiärsektor), die durch die ↑Digitalisierung einen neuen Schub erhielt.

Eine erste Begriffsfassung definiert die W. als Lehre der Beschäftigung mit dem Problem der *Knappheit* von Gütern und Ressourcen im Verhältnis zu den menschlichen ↑Bedürfnissen. Die W. ist demnach die ↑Wissenschaft von der Bewirtschaftung knapper gesellschaftlicher Ressourcen und somit auch von den Allokationsverfahren (Verfahren zur Bewältigung von Knappheit [↑Allokation]). Von bes.m Interesse ist dabei das Allokationsverfahren des Marktes, auf dem unter bestimmten Bedingungen sich im Zusammenspiel der autonomen Wirtschaftspläne von Anbietern und Nachfragern der Preis als Indikator der Güterknappheiten bildet. Die Analyse der ↑Zentralverwaltungswirtschaft sowie weiterer Mechanismen zur Lösung des Allokationsproblems wie Warteschlangen, Wartelisten, Zufallsmechanismen oder Gutscheinsystemen spielen dagegen eine eher untergeordnete Rolle.

Nach einer zweiten Definition ist die W. die Wissenschaft des *Tauschs*, etwa im Wege von Kauf-, Miet-, Arbeits- oder Sparverträgen. Hieraus ergibt sich ebenfalls ein Fokus auf den Allokationsmechanismus des Marktes, auf dem der Tausch Voraussetzung der Koordination der Wirtschaftspläne der einzelnen Wirtschaftssubjekte ist und nicht lediglich, wie in der Zentralverwaltungswirtschaft, ihre Folge. Zentrales Kriterium der Wertbildung durch Tausch ist der Konsens bzw. die Effizienz nach dem ↑Pareto-Kriterium, nicht allein in der Wirtschaft, sondern – i. S. d. modernen Theorien des ↑Gesellschaftsvertrags – ebenso für Gesellschaften insgesamt.

Schließlich wird die W. auch nach ihrer ↑*Methode* definiert, gemäß einem Jacob Viner zugeschriebenen Diktum, dass „Economics is what economists do". Nach dieser Auffassung ist die W. eine Wissenschaft der Wahlhandlungen, bei denen es sich um individuelle Entscheidungen (z. B. Entscheidungen von Individuen über ihren Konsum oder ihr Arbeitsangebot, Entscheidungen von Unternehmen über Investitionen oder Arbeitsnachfrage) oder um kollektive Entscheidungen handeln kann. Die Methode der W. besteht dabei v. a. in der Anwendung des Modells der ökonomischen ↑Rational Choice Theory, nach welcher Menschen oder Unternehmen als eigeninteressierte Maximierer ihres ↑Nutzens oder Gewinns unter Nebenbedingungen (z.B. Einkommen, Kostenbudgets) modelliert werden (↑wirtschaftliches Prinzip). Ein solches Verständnis öffnet den Gegenstandsbereich der W. weit über den Tatbestand des Wirtschaftens hinaus in Gebiete, deren Untersuchung traditionell Nachbardisziplinen vorbehalten ist, etwa für eine Analyse von Entscheidungen in der ↑Politik (↑Neue Politische Ökonomie/Public Choice Theory), über die Organisation von Staatswesen, von Verbänden und Interessengruppen, Behörden oder internationalen Organisationen. Im Zusammenhang eines solchen Verständnisses von W. entstanden „ökonomische" Theorien der Familie und der Fertilität, von partnerschaftlichen Beziehungen und der Heirat, der Religion, der Geschichte, einer rationalen Sucht, der Kriminalität, der Medien, des Sports oder der Moral. Indem sie in beträchtlicher Zahl zentrale Gegenstände benachbarter Sozialwissenschaften „ohne jede Einladung" (Stigler 1984: 311) behandele, sei die W., wie es der Nobelpreisträger George Joseph Stigler formulierte, eine „imperialistische Wissenschaft" (Stigler 1984: 301) – eine Formulierung, die aus den benachbarten Sozialwissenschaften häufig in einen Vorwurf gewendet wird.

Während die BWL die Interaktionen in der Gesamtwirtschaft primär aus der einzelwirtschaftlichen Perspektive des ↑Unternehmens erforscht, fokussiert die VWL auch auf die einzelwirtschaftliche Perspektive der privaten (↑Haushalt, privater) und öffentlichen Haushalte sowie die Interaktionsprozesse, die durch Arbeitsteilung und Spezialisierung bei der Bewältigung der Produktions-, Verteilungs- und Konsumaufgaben ausgelöst werden. Die VWL umfasst i.d.R. zudem die Vorgänge der über die einzelne Volkswirtschaft hinausgehenden Phänomene von ↑Weltwirtschaft und wirtschaftlicher ↑Globalisierung.

Aus wissenschaftstheoretischer Sicht steht in der W. – neben der Festlegung begrifflicher Grundlagen (essentialistisches Wissenschaftsziel) – die Entwicklung einer kausalen Volks- oder Betriebswirtschaftstheorie zur Erklärung und/oder Prognose realer Phänomene in Gesamtwirtschaft und Unternehmen (theoretisches Wissenschaftsziel) im Mittelpunkt der W. Die instrumentale oder praxeologische Umformung theoretischer Aussagen zu wirtschafts- oder unternehmenspolitischen Gestaltungsempfehlungen in Form von Wirtschaftstechnologien (Ziel-Mittel-Aussagen, „normative Theorie") gehört ebenfalls zu ihren Aufgaben (pragmatisches Wissenschaftsziel). Die philosophische Frage, welche ↑Werte und Ziele wirtschaftstechnologischen Fragestellungen zugrunde gelegt werden sollen (normatives Wissenschaftsziel), spielt seit dem Aufkommen der ↑Wirtschafts- und ↑Unternehmensethik auch in der W. eine zunehmend wichtige Rolle.

2. Volkswirtschaftslehre

Die wirtschaftswissenschaftliche Teildisziplin der VWL beschäftigt sich mit der Gewinnung und empirischen Prüfung theoretischer und technologischer Aussagen über einzel- und gesamtwirtschaftliche Phänomene.

2.1 Mikroökonomik

Die überwiegend mathematisch-modelltheoretisch orientierte Mikroökonomik als erstes großes Teilgebiet der VWL geht vom Verhalten einzelner Akteure (v.a. Haushalte, Unternehmen) in Bezug auf einzelwirtschaftliche Güter (z.B. Margarine, Brot, Autos) aus. In der *Theorie des Haushalts* wird das Konsumentenverhalten (↑Konsum) auf der Basis gegebener Präferenzen (Nutzenfunktion) und Handlungsbeschränkungen (v.a. Einkommen) eines Individuums analysiert. Die dazu komplementäre *Theorie der Unternehmung* nimmt die Anbieter von Gütern in den Blick, die v.a. mit der Entscheidung über den Einsatz ihrer Produktionsfaktoren (↑Arbeit, ↑Kapital) eine Produktionsfunktion unter der Nebenbedingung eines vorgegebenen Kostenbudgets maximieren. Die *Preistheorie* verbindet die Nachfrage- und die Angebotsseite im Modell des Marktes. Unter den Bedingungen der vollkommenen Konkurrenz ist der sich am ↑Markt bildende Preis ein reiner Knappheitsindikator. Vollkommen ist im Modell die Konkurrenz u.a., wenn der Staat nicht direkt in die Preisbildung eingreift, es sehr viele Anbieter und Nachfrager ohne Marktmacht gibt (Polypol), bei keinem Wirtschaftssubjekt unkontrollierbare Einflüsse (↑externe Effekte) auftreten, vollständige Markttransparenz über sämtliche Markt- und Gutseigenschaften herrscht, alle Produktionsfaktoren und Güter unbegrenzt teilbar sind, Anpassungsprozesse keine Zeit erfordern oder Präferenzen, Ressourcenmengen, Produktionstechniken und Produktpaletten vorgegeben sind. Das Modell der vollkommenen Konkurrenz dient als Referenzmaßstab für unterschiedliche Formen von ↑„Marktversagen", das bspw. bei der Bereitstellung von Kollektivgütern (z.B. Infrastrukturgüter, innere und äußere Sicherheit) auftreten kann, wenn die Produktionskapazitäten nur in Sprüngen variiert werden können, zum Entscheidungszeitpunkt ↑Informationen fehlen, eine Marktseite mit erheblichen Zeitverzögerungen reagiert oder die Entscheidungsträger nicht mündig sind. Distributives Marktversagen kann zudem darin bestehen, dass sich gesellschaftliche gewünschte Muster der ↑Verteilung von ↑Einkommen, ↑Vermögen (↑Vermögensverteilung) und anderen Grundgütern nicht einstellen. In solchen Fällen kann unter den Bedingungen des Prinzips der ↑Subsidiarität ein korrigierender Markteingriff im Interesse der betroffenen Individuen wünschenswert sein.

Mikroökonomische Analysen sind im Grundsatz partialanalytisch, indem sie das Verhalten einzelner oder mehrerer Akteure isoliert oder in Wechselwirkungen auf einzelwirtschaftlichen Märkten analysieren. Eine

Verbindung mikroökonomischer Analysen zu einer gesamtwirtschaftlichen Totalanalyse ist möglich, aber wegen ihrer Komplexität untypisch. Da die ökonomische Rational Choice Theory standardisierte Entscheidungsträger in den Mittelpunkt stellt, können wirtschaftswissenschaftliche Ansätze immer nur (idealisierende) „Erklärungen im Prinzip" (Hayek 1967: 11) sein. Nach der einflussreichen wissenschaftstheoretischen Position des Instrumentalismus spielt die ↑Wahrheit der Gesetzesannahmen in ökonomischen Erklärungen keine Rolle, solange das Argument in einer hinreichend großen Zahl von Anwendungsfällen zu Prognoseerfolgen führt.

Aus der Aufhebung wichtiger Annahmen des Modells der vollkommenen Konkurrenz bildeten sich zentrale Teildisziplinen: Berücksichtigt man im Modell das Auftreten externer Effekte, so ergeben sich wichtige Fragestellungen für die ↑Umweltökonomik. Aus der Einbeziehung von Transaktionskosten (v.a. Verhandlungs- und Organisationskosten), asymmetrischen Informationsverteilungen oder Rationalitätsbegrenzungen von Entscheidungsträgern entwickelte sich das komplexe Gebiet der ↑Institutionenökonomik. Hebt man die Annahme der vollkommenen Teilbarkeit aller Güter und Faktoren auf und berücksichtigt Fälle, in denen ↑Wettbewerb ineffizient sein kann, bewegt man sich in die ↑Industrieökonomik. Abweichungen vom modelltheoretisch erwarteten Nutzenmaximierungsverhalten durch Selbstüberschätzung *(Overconfidence)*, Überbewertung von Gegenwartsnutzen *(hyperbolische Diskontierung)*, die Beeinflussung durch Deutungsraster *(Framing)* oder eine Höherbewertung von Verlusten als Zugewinnen *(Verlustabneigung)* sind Gegenstand der modernen ↑Verhaltensökonomik. Die Evolutionsökonomik gibt die komparativ-statische Argumentation des Standardmodells auf und betrachtet die prozedurale Dynamik des Übergangs von einem Gleichgewicht zum anderen.

In theoretischer Hinsicht bedienen sich viele dieser Teilbereiche der ↑Spieltheorie als einer wichtigen Ausdifferenzierung der Mikroökonomik, welche die (oft strategische) Interaktion des Verhaltens von Individuen modelliert. Auch die experimentelle Überprüfung theoretischer Verhaltensvorhersagen der Mikroökonomik (Experimentelle Ökonomik) sowie, als Teil der ↑Ökonometrie, die Schätzung und Analyse empirischer Modelle auf der Basis von Individualdaten (Mikroökonometrie) spielt eine zunehmend wichtige Rolle.

Aufgrund der Mängel des sog.en *homo oeconomicus*-Modells suchen Wirtschaftswissenschaftler schon seit Jahrzehnten nach einer umfassenderen und realistischeren ökonomischen Verhaltenstheorie. So entstanden das Modell eines genügsamen, nur eingeschränkt maximierenden *Satisfizierers*, der Ansatz eines Entscheiders mit einer für die Bedürfnisse anderer Menschen „geöffneten" Nutzenfunktion oder das sog.e REMM-Modell eines *resourceful evaluative maximizing man*. Im Kontext der Verhaltensökonomik wurden zudem Vorstellungen eines Entscheidungsträgers mit mehreren Präferenzsystemen, eines an Gegenseitigkeit ausgerichteten Akteurs oder eines Entscheidungsträgers mit adaptiven Präferenzen entwickelt.

Kritisiert wird das mikroökonomische Verhaltensmodell der W. auch auf der Basis von Studien, die zeigen, dass sich Menschen, die über eine wirtschaftswissenschaftliche Ausbildung verfügen, in Bezug auf ihr Fairnessempfinden und -verhalten deutlich von Menschen mit anderen Bildungshintergründen unterscheiden. Wie eine Vielzahl empirischer Studien zeigt, weisen Ökonomen eine größere Präferenz für Markt- statt Verteilungslösungen auf, wählen in moralisch relevanten Situationen häufiger eine sozial schädliche Alternative, sind in geringerem Maße bereit zu teilen und offenbaren schon als Studenten eine signifikant höhere Korruptionsneigung. Jüngere Studien deuten jedoch darauf hin, dass das auffällig „andere" Verhalten von akademisch ausgebildeten Ökonomen nicht in erster Linie eine Folge eines Studiums der W. ist (Indoktrinationseffekt), sondern Folge eines Selektionseffekts, nach dem markt- und eigennutzorientierte Menschen eher als andere ein Ökonomiestudium wählen.

2.2 Makroökonomik

Die Makroökonomik ist jener Teilbereich der W., der sich mit dem gesamtwirtschaftlichen Verhalten der Wirtschaftssektoren und der Analyse gesamtwirtschaftlicher Märkte befasst. Von der Mikroökonomik unterscheidet sie sich durch die Methode der Aggregation: Zum einen betrachtet sie aggregierte Akteure, wie v.a. die Sektoren aller Haushalte, aller Unternehmen, sämtlicher Gebietskörperschaften und Parafiski (↑Staat) oder aller übrigen Länder, die als Pole im ↑Wirtschaftskreislauf aufgefasst werden. Zum anderen bezieht sie sich i.d.R. auf aggregierte Mengen wie das Inlandsprodukt als Produktionswert bzw. Einkommen aller gesamtwirtschaftlichen Wirtschaftssubjekte, die Konsumausgaben als die Einkommensverwendung aller Haushalte oder die ↑Inflation als Wachstum des Preisniveaus.

Als *Ex-post-Analyse* definiert und beschreibt die Makroökonomik das Zustandekommen gesamtwirtschaftlicher Ergebnisse auf der Basis einer grundlegenden Analyse des Wirtschaftskreislaufs. Die zentrale, in der ↑Volkswirtschaftlichen Gesamtrechnung erfasste Kenngröße ist das BIP zu Marktpreisen als Marktwert aller für den Endverbrauch bestimmten Waren und ↑Dienstleistungen, die in einer Zeitperiode im *Inland* hergestellt worden sind. Demgegenüber umfasst das damit eng verwandte Bruttonationaleinkommen das den *Inländern* (d.h. allen natürlichen oder ↑juristischen Personen mit Sitz im Inland) zugeflossene Gesamteinkommen. Dass dieser Produktions- und Einkommenswert häufig auch als Maß für die ökonomische ↑Wohlfahrt interpretiert wird, ist immer wieder Gegenstand von Kritik. So wird bemängelt, dass das BIP nicht-materielle Einflüsse auf die Lebensqualität (z. B. Gesundheit, Bildungsqualität, Kultur) vernachlässige. Auf der einen Seite erfasst das Inlandsprodukt nicht alle wohlfahrtssteigernden Produktionsaktivitäten wie z. B. die ↑Schattenwirtschaft (Schwarzarbeit oder die unentgeltliche Tätigkeit im Haushalt) oder den Mehrwert von Staatsleistungen. Auf der anderen Seite nutzen Unternehmen z. T. natürliche Ressourcen als Produktionsfaktoren, ohne hierfür einen (vollen) Knappheitspreis entrichten zu müssen; das BIP ist, gemessen an der Wohlfahrt, entspr. zu hoch. Richard Easterlin behauptete sogar, dass Inlandsprodukt und Lebenszufriedenheit in entwickelten Gesellschaften gar nicht korreliert seien, insofern in den entwickelten Ländern – auch in Deutschland – das reale BIP pro Kopf im Zeitlablauf um ein Mehrfaches angestiegen ist, nicht aber die im gleichen Zeitraum gemessene Lebenszufriedenheit. Dieses sog.e Easterlin-Paradox lieferte den Ausgangspunkt für die Forschungsrichtung der *Economics of Happiness* (Glücksforschung [↑Glück]), welche die Einflussfaktoren der Lebenszufriedenheit systematisch erforscht und R. Easterlins These teilweise entkräften konnte. In Reaktion auf die Einwände gegen das BIP wurden zahlreiche Versuche unternommen, den Inlandsproduktindikator zu erweitern oder zu ersetzen, ohne dass sich bisher ein neues Wohlfahrtsmaß als Standard etablieren konnte.

In ihrer Variante als *Ex-ante-Analyse* strebt die Makroökonomik nach Erklärungen oder ↑Prognosen gesamtwirtschaftlicher Ergebnisse im Zusammenspiel von auf Gruppen bezogenen Aggregaten. Der Begriff des gesamtwirtschaftlichen Gleichgewichts basiert auf der Idee einer Übereinstimmung der Pläne auf der Angebots- und der Nachfrageseite der makroökonomischen Märkte. Am Gütermarkt ergibt sich das Produktionsvolumen durch das Angebot von Unternehmen und Staat und der geplanten Güternachfrage, am Geldmarkt (↑Geld- und Kapitalmarkt) treffen das Geldangebot des Bankensystems (↑Banken) und die Geldnachfrage der „Nichtbanken“ aufeinander, am ↑Arbeitsmarkt die Arbeitsnachfrage der Unternehmen und das Arbeitsangebot der Arbeitnehmer. Ein Gleichgewicht liegt vor, wenn die geplanten Größen der aggregierten Märkte in Übereinstimmung sind und die aggregierten Märkte nicht mehr zu endogenen Veränderungen tendieren (statisches Gleichgewicht). Die Wirkungen von Maßnahmen der Wirtschaftspolitik werden in den Grundmodellen mittels komparativ-statischer Analysen erforscht, bei denen die Effekte exogener Änderungen wirtschaftspolitischer Parameter auf die Bildung eines neuen Gleichgewichts untersucht werden, ohne dabei den Anpassungsprozess näher zu beleuchten. Statistisch-ökonometrische Analysen haben in der Makroökonomik traditionell eine große Bedeutung.

Die im Stabilitäts- und Wachstumsgesetz von 1967 festgelegten Zielgrößen einer makroökonomischen Stabilisierungspolitik werden im Allgemeinen als „magisches Viereck“ aus hohem Beschäftigungsstand, Preisniveaustabilität, stetigem ↑Wirtschaftswachstum und außenwirtschaftlichem Gleichgewicht dargestellt, das in den letzten Jahren zunehmend zu einem „Sechseck“ unter Einschluss von Umweltschutz und gerechter Einkommens- und Vermögensverteilung erweitert wird. Wegen dieser Fixierung auf wichtige gesamtwirtschaftliche Ziele ist die Makroökonomik geprägt vom Streit der wirtschaftspolitischen „Schulen“. Zu den Elementen des (neo-)klassischen, angebotsorientierten Theoriesystems gehört ein grundsätzlicher Marktoptimismus mit der Erwartung einer inhärenten Stabilität des marktwirtschaftlichen Systems, innerhalb dessen ein flexibler Preismechanismus als effizientes Verfahren zur Koordination der geplanten Größen der Wirtschaftssubjekte angesehen wird. Als Leitbild dient Adam Smith' Theorem der „unsichtbaren Hand“ des Marktes, nach dem die Individuen bei der Verfolgung ihrer eigenen ↑Interessen als unbeabsichtigte Nebenwirkung wie von unsichtbarer Hand zum ↑Gemeinwohl hingeleitet werden. Die Haltung in Bezug auf den Staat ist eher pessimistisch, indem marktwirtschaftliche Systeme durch den Staat als unzureichend steuerbar angesehen werden (↑Staatsversagen). Die Perspektive ist langfristig ausgerichtet und nimmt v. a. Phänomene des Wachstums in den Blick. Strategischer Ansatzpunkt der Wirtschaftspolitik nach diesem Paradigma ist die Angebotsseite. Dabei wird die Geltung des Sayschen Theorems unterstellt („Jedes Angebot schafft sich seine Nachfrage.“), insofern eine geplante und realisierte Ausweitung der Produktion zusätzliche Faktoreinkommen schafft, die ihrerseits die Güternachfrage erhöhen.

Wirtschaftspolitisch folgt aus den Analysen dieses Paradigmas im Grundsatz ein Verzicht auf stabilisierungspolitische Interventionen, da Regierungen im Allgemeinen als nicht befugt (Konsumentensouveränität) und nur unzureichend befähigt (Staatsversagen) angesehen werden, marktwirtschaftliche Systeme zu steuern. Bes. nach der in Deutschland vertretenen Konzeption der ↑Sozialen Marktwirtschaft soll sich der Staat v. a. auf die Durchführung von ↑Ordnungspolitik konzentrieren, d. h., Rahmenbedingungen und damit Planungs- und Erwartungsstabilität für die Wirtschaftssubjekte schaffen. Der von Milton Friedman begründete ↑Monetarismus als spezifisch geldpolitische Ausprägung strebt v. a. nach einer am Wachstum des Produktionspotentials orientierten Verstetigung der ↑Geldpolitik. Die *Supply Side Economics* stellt schließlich eine breite Gestaltung der Angebotsbedingungen mit Zielen der (Re-)Vitalisierungen der privaten Wirtschaftstätigkeit und Wachstumsbeschleunigung durch umfassende Maßnahmen der Flexibilisierung, ↑Deregulierung und ↑Privatisierung der Produktionstätigkeit in den Mittelpunkt.

Im Konzept des ↑Keynesianismus, der von einer Interpretation von John Maynard Keynes' Buch „The General Theory of Employment, Interest and Money" (1936) seinen Ausgang nahm, werden die Fähigkeiten von Märkten zur Selbstkoordination deutlich kritischer eingeschätzt. Zwar geht man von der Möglichkeit eines allg.en Gleichgewichts auf allen makroökonomischen Märkten aus, hält dies aber wegen der Inflexibilität der Güter- und Faktorpreise für untypisch. Von bes.r Bedeutung ist dabei die Möglichkeit eines Gleichgewichts bei Unterbeschäftigung, also eines Gleichgewichts auf dem Gütermarkt bei gleichzeitigen Ungleichgewichten auf dem Arbeits- und/oder Kapitalmarkt. Die Einstellung bzgl. des Erfolgs staatlicher Interventionen ist hingegen grundsätzlich optimistisch: Staaten werden für berechtigt und befähigt gehalten, auf eine marktwirtschaftliche Stabilisierung i. S. eines allg.en Gleichgewichts hinzuarbeiten. Der Keynesianismus ist dabei in seiner Grundvariante eher kurz- und mittelfristig orientiert. Die Stabilisierung der ↑Konjunktur durch Glättungen von Schwankungen der gesamtwirtschaftlichen Nachfrage innerhalb des Produktionspotentials wird als eigenständige ↑Staatsaufgabe aufgefasst. Strategischer Ansatzpunkt für die Wirtschaftspolitik ist die Nachfrageseite der Makromärkte, wobei de facto das Saysche Theorem umgekehrt wird: Insofern die Produktion vonseiten der Güternachfrage bestimmt wird, schafft sich die Nachfrage ihr Angebot selbst.

Als Leitlinie für die Wirtschaftspolitik folgt hieraus die Idee einer antizyklisch zur Konjunktur verlaufenden Beeinflussung der Nachfrageaggregate durch Geld- und Fiskalpolitik: Während in der Rezession die staatliche Güternachfrage kreditfinanziert gesteigert werden soll (sog.es *Deficit-Spending*), soll der Staat in Phasen des Booms vermehrt sparen bzw. die ↑Steuern erhöhen. Dabei wird der Fiskalpolitik die zentrale Rolle zugewiesen, da diese die Nachfrageaggregate leichter steuern könne als die Geldpolitik.

Die beiden Theoriegebäude wurden früh miteinander verbunden. Die sog.e neoklassische Synthese kombiniert die Analyse des Güter- und Geldmarkts im keynesianischen Investment Savings/Liquidity preference-Money supply-Modell (IS-LM-Modell) mit einem neoklassischen Arbeitsmarkt, in dem ↑Arbeitslosigkeit als Folge starrer ↑Löhne erklärt wird. Die neoklassische Synthese wurde seit den 1980er Jahren zunehmend durch den Neukeynesianismus auf der Basis mikrofundierter Totalmodelle ersetzt. An die Stelle der traditionellen Frontstellung zwischen angebots- und nachfragetheoretischer Wirtschaftspolitik kreist die makroökonomische Debatte heute wesentlich um die Auseinandersetzung zwischen Neukeynesianismus, dem Neokeynesianismus (der das neoklassische Gleichgewichtsdenken ablehnt) und der Neuen Klassischen Makroökonomik mit ihren Annahmen rationaler Erwartungen und ständiger Markträumung.

2.3 Wirtschaftspolitik

Die traditionell neben die Mikro- und Makroökonomik tretende Theorie der ↑Wirtschaftspolitik als Anwendungs- und Gestaltungsdisziplin innerhalb der VWL ist an den Universitäten und Hochschulen in den letzten Jahren zugunsten einer zunehmend theoretischen Ausrichtung des Faches in den Hintergrund getreten. Tiefere Ausdifferenzierungen der VWL nach Politikbereichen, die häufig die mikro- wie makroökonomische Methodik verwenden, bestehen jedoch – neben der Geld- und ↑Finanzpolitik – in Teildisziplinen und -bereichen wie der Arbeitsmarktökonomik oder ↑Finanzwissenschaft, der Bildungsökonomik, der ↑Außenwirtschaftspolitik, Gesundheitsökonomik (↑Gesundheit) oder der ↑Strukturpolitik fort.

3. Betriebswirtschaftslehre

Die ↑Betriebswirtschaftslehre (BWL) als zweite große Teildisziplin der W. beschäftigt sich mit dem Wirtschaften in ↑Betrieben, die als soziale Einheiten mit Bedarfsdeckungsaufgabe, selbstständigen Entscheidungen und eigenen ↑Risiken verstanden werden. Historisch entstand sie im deutschen Sprachraum zunächst als nichtakademische „Handelslehre", die an kaufmännischen Fachschulen gelehrt wurde. Als wissenschaftliche Disziplin entwickelte sie sich in enger Beziehung mit der mikroökonomischen Theorie der Unternehmung, welche das Handeln des ↑Managements von Unternehmen als gewinnmaximierende Rationalentscheidung über die Kombination von Produktionsfaktoren (Arbeit, Kapital) auffasst. Wesentlich für den Fortschritt der BWL der letzten Jahrzehnte war v. a. die Erweiterung des mikroökonomischen Modells der vollkommenen Konkurrenz um den Begriff der Transaktionskosten (v. a. Verhandlungskosten) in später Rezeption der Arbeit von Ronald Coase (1937). Diese ließ nicht nur das Entstehen von Unternehmen aus einem Kalkül von Transaktionskosten heraus verstehen, sondern legte auch die Grundlage für organisationstheoretische Ausdifferenzierungen i. S. d. Neuen Institutionenökonomik, welche die Anreizwirkungen der Verteilungen von Verfugungsrechten (*Property Rights*) oder der Delegation von Entscheidungen unter den Bedingungen asymmetrischer Information (Principal-Agent-Theorie) zu erklären suchen.

Unterteilt wird die BWL i. d. R. nach den betrieblichen *Funktionen* wie Beschaffung, ↑Produktion, Absatz/Handel oder Finanzierung. *Institutionell* lässt sie sich auch in Industriebetriebslehre, Bankbetriebslehre, Handelsbetriebslehre, ↑Wirtschaftsprüfung, betriebswirtschaftliche Steuerlehre o. ä. untergliedern. Hieraus ergibt sich, dass die BWL methodisch heute multidisziplinär vorgeht und neben dem wirtschaftswissenschaftlichen Rationalverhaltensansatz auch juristische, statistische oder psychologische Erkenntnisse berücksichtigt, in jüngerer Zeit bes. auch aus der modernen Verhaltensökonomik. Über den Stakeholder-Ansatz, der neben den Anteilseignern (Shareholder) auch auf die Kunden,

Mitarbeiter, Gläubiger und andere ↑Interessengruppen (Stakeholder) abstellt, entwickelte sich ein differenzierteres Verständnis von Unternehmenszielen i. S. einer auch unternehmensethisch verantwortbaren CSR.

4. Dogmengeschichte

Im Unterschied zur Wirtschaftsgeschichte (↑Sozial- und Wirtschaftsgeschichte), die einen Teilbereich der ↑Geschichtswissenschaft darstellt, zeichnet die Dogmengeschichte (auch: Geschichte des ökonomischen Denkens) als Teilbereich der W. die historische Entwicklung der wirtschaftswissenschaftlichen, v. a. volkswirtschaftlichen, Theoriebildung nach. Die wissenschaftliche Beschäftigung mit dem Phänomen des Wirtschaftens begann, von den eher moraltheologischen Wirtschaftsanalysen in der mittelalterlichen ↑Scholastik abgesehen, im 18. Jh. v. a. mit der ↑Physiokratie und der ökonomischen Klassik (Adam Smith, David Ricardo, John Stuart Mill, Jean-Baptiste Say [↑Klassische Nationalökonomie]). Diese erfuhren ab der Mitte des 19. Jh. durch die revolutionäre marxistische (↑Marxismus) Wirtschaftstheorie (Karl Marx, Friedrich Engels) und die bürgerliche Historische Schule der Nationalökonomie (Friedrich List, Gustav von Schmoller [↑Historismus in der Wirtschaftswissenschaft]) einflussreiche Gegenbewegungen, mit der neoklassischen Wirtschaftstheorie aber auch eine wesentliche Erweiterung durch den Marginalkalkül und das Gleichgewichtsdenken. Das 20. Jh. war wesentlich von der Kontroverse zwischen Keynesianismus und Monetarismus geprägt. Die ökonomische Theoriegeschichte analysiert auch die z. T. geografisch unterschiedlich ausgeprägten heterodoxen Theorien jenseits des Mainstreams der W. – von der ordoliberalen Theorie der ↑Sozialen Marktwirtschaft (Walter Eucken, Franz Böhm, Wilhelm Röpke, Alexander von Rüstow) über die ↑Österreichische Schule der Nationalökonomie (Ludwig von Mises, Friedrich August von Hayek) bis hin zu modernen feministischen Ansätzen (↑Feminismus) der W.

Literatur

F. Söllner: Die Geschichte des ökonomischen Denkens. Eine kritische Darstellung, [5]2021 • G. Wöhe: Einführung in die Allgemeine Betriebswirtschaftslehre, [27]2020 • A. Goolsbee/S. Levitt/C. Syverson: Microeconomics, [2]2019 • N. G. Mankiw/M. P. Taylor: Grundzüge der Volkswirtschaftslehre, [7]2018 • J. M. Keynes: Allgemeine Theorie der Beschäftigung, des Zinses und des Geldes, 2017 • H. D. Kurz: Geschichte des ökonomischen Denkens, [2]2017 • N. G. Mankiw: Makroökonomik, [7]2017 • L. von Auer: Ökonometrie, [7]2017 • M. Erlei/M. Leschke/D. Sauerland: Neue Institutionenökonomik, [3]2016 • M. Frenkel/K.-D. John/R. Fendel: Volkswirtschaftliche Gesamtrechnung, [8]2016 • P. A. Samuelson/W. D. Nordhaus: Volkswirtschaftslehre, 2016 • K. Binmore: Spieltheorie, 2013 • G. Kirchgässner: Homo Oeconomicus, [4]2013 • D. Kahneman: Schnelles Denken, langsames Denken, 2011 • R. Layard: Happiness. Lessons From a New Science, 2011 • K. Chmielewicz: Forschungskonzeptionen der Wirtschaftswissenschaften, [3]2004 • W. Eucken: Grundsätze der Wirtschaftspolitik, [7]2004 • M. Friedman: Kapitalismus und Freiheit, 2004 • D. C. Mueller: Public Choice III, 2003 • M. Tietzel (Hg.): Ökonomische Theorie der Rationierung, 1998 • G. Becker: Der ökonomische Ansatz zur Erklärung menschlichen Verhaltens, 1993 • H. Leipold: Wirtschafts- und Gesellschaftssysteme im Vergleich, [4]1985 • G. Stigler: Economics – The Imperial Science?, in: Scand. J. Econ. 86/3 (1984), 301–313 • R. Easterlin: Does Economic Growth Improve the Human Lot? Some Empirical Evidence, in: P. A. David/M. W. Reder (Hg.): Nations and Households in Economic Growth, 1974, 89–125 • F. A. von Hayek: Degrees of Explanation, in: ders. (Hg.): Studies in Philosophy, Politics and Economics, 1967, 3–21 • M. Friedman: Essays in Positive Economics, 1953 • R. Coase: The Nature of the Firm, in: Economica 4/16 (1937), 386–405. CHRISTIAN MÜLLER

Wissenschaft

1. Momente wissenschaftlicher Rationalität: Bausteine zu einer ersten Beschreibung

Als W., griechisch *episteme*, lateinisch *scientia* mit seinen fast gleichlautenden englischen und französischen Wortablegern, wird immer ein bes. ausgezeichnetes Wissen und dessen Generierung verstanden. Die Momente dieser Besonderheit werden im Folgenden charakterisiert und erläutert. Dabei werden auch Vernunft (↑Vernunft – Verstand) und Geist (griechisch *logos*, das Zauberwort der griechischen Philosophie) erhellt, die im Begriff der W., aber auch in den Bezeichnungen wissenschaftlicher Disziplinen wie Biologie, Anthropologie, Psychologie etc. mitschwingen.

1.1 Das Moment der Begründung

Sokrates unterscheidet in den Dialogen Platons zwischen *doxa* und *episteme*, Meinung und W. Letztere zeichnet sich aus durch das Unterscheidungskriterium des *logon didonai*, des (im logischen Sinne) Rechenschaft Gebens. Meinen kann man vieles, aber erst durch logisches Argumentieren und Begründen wird daraus echtes Wissen, eben Wissen-schaft. Gottfried Wilhelm Leibniz stellt im 17. Jh. alles philosophische und wissenschaftliche Denken auf das „Prinzip des zureichenden Grundes“ (vgl. Leibniz 1998: §32). Die fundamentale Wichtigkeit des Satzes vom Grund erhellt aus dem Umstand, dass seine Wahrheit eine ganz grundlegende ist; sie ist nicht aus der Erfahrung begründet, vielmehr gilt der Satz apriori, d. h. vor aller Erfahrung. Er ist ein unhintergehbares Prinzip, welches seinerseits nicht weiter begründet werden kann. Arthur Schopenhauer zeigt in seiner Dissertationsschrift „Über die vierfache Wurzel des Satzes vom zureichenden Grunde“ (1813 [[2]1847]) nicht nur die Mehrfältigkeit der Warum-Frage – als Erkenntnisgrund, Seins- und Werdegrund (d. h. Ursache) und Handlungsgrund (Motivation) –, sondern stellt den Satz vom Grund als „die Mutter aller Wissenschaften“ (Schopenhauer 1847: §4) heraus. „*Wissenschaft* nämlich bedeutet ein *System* von Erkenntnissen, d. h. ein Ganzes von verknüpften Erkenntnissen, im Gegensatz des bloßen Aggregats derselben. Was aber Anderes, als der Satz vom zureichenden Grunde, verbindet die Glieder eines Systems" (Schopenhauer 1847: §4)?

1.2 Das methodisch-systematische Moment

↑Methode ist geradezu ein Zauberwort wissenschaftlicher ↑Rationalität. Die griechische Grundbedeutung verweist auf einen Weg, hier: einen Weg zu wissenschaftlichem Wissen. Dieses offenbart sich nicht einfach auf intuitive Weise, sondern es wird in einer Folge von Schritten aufgebaut. Die Denkschritte, wie sie in der Logik als Begriffs- und Aussagereihen und Konklusionen beschrieben und regelhaft formuliert werden, gehören ebenso dazu wie die Folge von Problem und Lösung, Frage und Antwort, Suche und Finden. Auf den ersten Blick zeigt die Entwicklung des wissenschaftlichen Denkens und Wissens bis heute eine Pluralität von Methoden, die sich in ihren Anwendungsgebieten – Formal- und Real-W.en, bei letzteren ↑Naturwissenschaften, ↑Sozialwissenschaften und ↑Geisteswissenschaften – z. T. beträchtlich unterscheiden.

Aber es gibt auch eine gemeinsame Grundstruktur in der Dualität von *Analyse* und *Synthese*, die man als eine Art von Ur-Methodik bezeichnen könnte. Sie findet sich schon in Platons Höhlengleichnis, wo einem Aufstieg von der sinnlichen Wahrnehmung zur Sicht der Ideen ein Abstieg entspricht, der die Sinneswahrnehmungen in den Zusammenhang eines umfassenderen Weltwissens stellt. Von Aristoteles bis heute zieht sich das Motiv durch von Teil und Ganzem (dialektisch formuliert: von Moment und Totalität), die Auflösung eines Ganzen in seine Teile, Momente und Elemente einerseits und andererseits die darauffolgende Zusammensetzung der Teile zu einem Ganzen, das im Durchlauf von Analyse und Synthese erst als solches gewusst wird. Die philosophischen Methodendenker der frühen ↑Neuzeit stellen diese grundlegende Denkstrategie – die nicht nur als Struktur, sondern auch als Bewegung zu verstehen ist – heraus. Resolution und Komposition lauten die lateinischen Leitbegriffe bei René Descartes und Thomas Hobbes. Galileo Galilei spricht zur selben Zeit von *metodo risolutivo – compositivo* (s. u. zur Hypothesenmethode). Je nach Art des Gegenstandes ergeben sich unterschiedliche Verhältnisse zwischen Ganzem und Teilen. Entweder kommt man zum Ganzen aus der Summierung der Teile (dies wäre der Fall bei mechanischen Ganzheiten), oder das Ganze ist mehr als die Summe der Teile (was organische Ganzheiten charakterisiert).

Das methodische Moment ist notwendigerweise auch ein systematisches, und zwar in einem zweifachen Sinne. Zum einen als Tätigkeit, die eine schrittweise geordnete ↑Strategie darstellt, etwa im Ab- und Aufbau eines Gegenstandes, sei dies als Denkoperation oder auch als reale physische Operation gemeint. Zum anderen als Ergebnis dieser Tätigkeit in einem systemisch Ganzen, das man sich sowohl gedanklicher als auch physischer Art vorstellen kann. In der französischen ↑Aufklärung werden die beiden Aspekte unterschieden als *esprit systématique* und *esprit de système*.

1.3 Das Moment der kritischen Prüfung

Es greift nicht nur bei den Ergebnissen der wissenschaftlichen Tätigkeit, sondern auch bei den Methoden. Beide müssen immer wieder auf ihre Validität überprüft und der ↑Kritik ausgesetzt werden: ein grundlegender Imperativ wissenschaftlicher Tätigkeit. Er entspricht einer Logik von Versuch und Irrtum, die sowohl ein faktisches Procedere als auch eine wissenschaftsnormative Verpflichtung darstellt. Überprüfen heißt immer wieder: zur Disposition von Kritik stellen. Bei aller Würdigung des selbstkritischen Potenzials einer einzelnen Person ist es doch der Zusammenhang der sozialen Gruppe der Wissenschaftler – der *scientific community* –, welcher Prüfung und Kritik bes. wirksam ermöglicht. Die kommunikativen Kanäle und Formen sind vielfältig: mediale Netze, eine Fülle von Publikationsformen, institutionalisierte Tagungen, Workshops, Kongresse, aber auch die vielen Diskussionen mehr informeller Art.

Bei alledem ist genau besehen Dissens wichtiger als ↑Konsens. Letzterer gehört sicherlich auch zur W., wenn Diskussionen sich nach dem Ausräumen oder – realistischer betrachtet – zumindest einer signifikanten Verminderung kontroverser Überzeugungen und Positionen auf eine mögliche Position hin stabilisieren. Weitere Forschung, aber auch das Hinzutreten neuer wissenschaftlicher Akteure kann den erreichten Konsens destabilisieren und dem Dissens neuen Raum schaffen. Der Fortschritt der W. verdankt dem Dissens mehr als dem Konsens. Einzig ein System absoluter Wahrheiten (oder besser: Gewissheiten) könnte dieses asymmetrische Verhältnis aufheben. Dann aber hätten wir es nicht mehr mit W. zu tun, sondern mit einem (quasi-)religiösen Glauben oder einer absolute Geltung beanspruchenden ↑Ideologie. Wie bloßes Meinen noch keine W. ist, so wäre das Sichzufriedengeben mit einer absoluten Glaubensüberzeugung keine W. mehr.

1.4 Das expansive Moment: Fortschritt der Wissenschaft

Die Erweiterung der W. bezieht sich am offenkundigsten auf den Gegenstandsbereich, über den sich immer mehr an Wissen akkumuliert. Dem entsprechen die Einzel-W.en, welche – im Bild gesprochen – die Kontinente und Provinzen des Seins – die Natur, das Weltall, die Lebewesen, die sozialen Gebilde, den Menschen mit seinem Körper, seiner Seele usw. erschließen. Mit der fortschreitenden Erforschung des Baconschen *globus intellectualis* nimmt die Zahl der weißen Flecken und unerforschten Gebiete immer mehr ab.

Nicht nur das Ausmaß an Gegenständen ändert sich, auch die Inhalte und Methoden der W.en. Das eine ist mit dem anderen verbunden. Der heute mittels hochkomplexer experimenteller Arrangements mögliche Blick in die Quantenrealität ändert unser Verständnis von Materie – ein Beispiel für beliebig viele Inhalte. Eine reflexive Ebene tritt hinzu und beleuchtet die Tiefe der Expansion. Diese wird zum Gegenstand in der W.s-Geschichte, in der W.s-Soziologie und in der philosophischen Erkenntnistheorie der W.en (auch: W.s-Philosophie). Alle drei machen die W.en der Seinsgebiete ihrerseits zum Gegenstand wissenschaftlichen Denkens. Mit der Erkenntnistheorie kommen auch die wissenschaftlichen Weltbilder in den Blick: gewissermaßen ins anschauliche Bild gefasste Überzeugungen vom Ganzen der Wirklichkeit oder zumindest von großen Teilbereichen. Sie heften sich an bahnbrechende und kulturprägende Theorien wie etwa diejenigen von Nikolaus Kopernikus, Isaac Newton oder Albert Einstein.

Im wissenschaftlichen Weltbild wird die temporäre Dimension der Expansion oftmals als ↑Fortschritt bezeichnet, was ein wertendes Moment enthält – ist Fortschritt doch zu verstehen als Weg von etwas Altem zu etwas besserem Neuen. Ein Blick auf Gesellschaft und Politik zeigt, dass dieses Neue sowohl evolutiv als auch revolutionär begriffen werden kann. In seiner Theorie wissenschaftlicher Revolutionen unterscheidet Thomas Samuel Kuhn zwischen einer bestehenden Normal-W. – z. B. der aristotelischen Physik –, in der es nur noch um einen kumulativen Fortschritt durch eine kontinuierliche vollständigere Ausarbeitung und Problemlösung geht, und einer revolutionären W. – im Beispiel: der Galileischen Physik –, die mit der bisherigen Normalität von Grund auf und abrupt bricht. Für erstere könnte man James Clerk Maxwells Gleichungen nennen, die bereits vorhandene theoretische Grundlagen von Elektrizität und Magnetismus in eine Theorie vereinen. Bei der revolutionären W. kommt eine zentrale Rolle dem Begriff des Paradigmenwechsels zu, womit ein Wechsel im gesamten Bezugsystem und der maßgeblichen Perspektive gemeint ist. Beispiel: die Ablösung der aristotelischen Annahme einer beseelten, teleologisch ausgerichteten ↑Natur durch G. Galileis und I. Newtons Auffassung einer unbeseelten, dem Prinzip effektiver Kausalität folgenden Natur. Weiteres Beispiel ist die von Max Planck und A. Einstein durchgeführte grundsätzliche Änderung von einer kontinuierlich fließenden zu einer diskontinuierlichen Auffassung von Energie.

2. Theorie und Logik der Forschung: Ein Überblick

Hier soll an einigen Leitbegriffen der Kern wissenschaftlicher Rationalität dargestellt werden, der zum größten Teil sowohl für die empirischen Natur- und Sozial-W.en als auch für die Geistes-W.en gilt.

2.1 Theorie

Idealiter ist eine Theorie ein Komplex von Sätzen, die nach den Regeln der Deduktionslogik miteinander verbunden sind. Eine Menge von Theoremen wird abgeleitet aus möglichst wenigen Grundsätzen (Prinzipien, Axiomen, Postulaten, Definitionen). Eines der frühesten Modelle bildet die Euklidische Geometrie, die in ihrer deduktiven Logik als *mos geometricus* bzw. geometrische Methode v. a. in der frühen Neuzeit zum Vorbild eines wissenschaftlich-rationalen Denkens wurde (T. Hobbes, R. Descartes, Baruch de Spinoza etc.). Sprachlich wird in Theorien ein Fachvokabular verwendet, das auch logische und mathematische Symbole enthalten kann, mit klar definierten und möglichst eindeutigen Begriffen.

Dieses Verständnis von Theorie, so richtig es als Idealziel auch sein mag, verdeckt die Dynamik einer Logik der ↑Forschung, die weniger als linearer Prozess, vielmehr als Funktionszusammenhang mit vielen zirkulären Bewegungen zu beschreiben ist. Im Zentrum dieses Prozesses steht die wechselseitige Bezüglichkeit zwischen Hypothesen und deren kritischer Prüfung. Dieses beliebig oft durchlaufbare Verhältnis bildet den Grundzirkel in der Produktion wissenschaftlichen Wissens.

2.2 Hypothesen(-methode)

Einzelne Behauptungen, aber auch ganze Theorien können als Hypothesen begriffen werden. Hier lohnt sich ein genauer Blick auf die Sprache: Das griechische *hypothesis* und seine lateinische Entsprechung, die *suppositio*, ist wörtlich zu übersetzen als „Unterstellung". Das kann auf zweierlei Weise gelesen werden: Zum ersten als zunächst bloße Unterstellung, will sagen als Vermutung – die dann zu erhärten oder abzulehnen ist. Die zweite Lesart ist eine erkenntnistheoretische. Der bereits vor aller W. erfahrbaren Welt, wie wir sie wahrnehmen, wird das Schema einer anderen, eben einer wissenschaftlichen, Welt „unterschoben" – womit sich eine neue Sicht auf die ↑Welt gewinnen lässt. Hypothesen stellen eine denkerische Transformationsleistung dar insofern, als sie die Welt der vorwissenschaftlichen Erfahrung in eine theoretisch interpretierte Welt umformen. Man kann darin zweierlei Realität erblicken: Aus der Realität I der Sonne, die wir auf- und untergehen sehen, wird die Realität II, dass die Erde um die Sonne kreist und dieser Vorgang physikalischen Gesetzen von Masse, Schwerkraft und Zeit folgt.

2.3 Drei strategische Optionen der Prüfung

2.3.1 (Positive) Bestätigung (Verifikation)

Zumindest in den Erfahrungs-W.en ist es die empirische Bestätigung, nach welcher gesucht und die Hypothese damit als wahr erwiesen wird. Dazu wird die induktive Logik herangezogen. Diese kann freilich keine endgültige ↑Wahrheit verbürgen. Es geht in der Induktion darum, aus einer Reihe bisheriger Einzelfälle, die als All-Aussage formuliert wird, auf den nächsten Einzelfall zu schließen. Satz 1: „Alle bislang beobachteten Schwäne sind weiß." Satz 2: „Folglich ist auch der nächste beobachtete Schwan weiß." Tritt dieser Fall ein, ist Satz 1 bestätigt. Das ist kein zwingender Schluss auf alle Fälle überhaupt – es sei denn, man würde in einer abgeschlossenen Menge von Fällen und Ereignissen alle kennen – was meist nicht der Fall ist; oder man würde mit statistischen Generalisierungen arbeiten. Es bedarf immer wieder der Bestätigung durch sog.e empirische Basissätze, die aus Wahrnehmung, genauer: Beobachtung resultieren. In ihrer genauesten Form handelt es sich um sog.e Protokollsätze mit Daten und Werten, wie sie im Einsatz von Messinstrumenten bei Experimenten gewonnen werden. Dem Experiment als einem Arrangement von Apparaten kommt hier großes Gewicht zu, liefert es doch eine wissenschaftliche „Empirie", die von der vorwissenschaftlichen „Erfahrung" im Alltagsleben zu unterscheiden ist. In der W.s-Theorie des Logischen Empirismus (Wiener Kreis, Rudolf Carnap, Hans Reichenbach etc.) werden der Empirie dann theoretische Sätze „zugeordnet", welche die empirischen Sätze auf eine Theorie hin auswerten und interpretieren.

2.3.2 Bewährung (negative Bestätigung) oder Widerlegung (Falsifikation)

Karl Raimund Poppers ↑„Kritischer Rationalismus" unterscheidet sich vom Empirismus insofern, als er das kritische Moment mehr betont. Möglich ist keine Bestätigung, sondern nur eine Bewährung (Corroboration), zu der die Prüfung im günstigsten Falle führt – dann nämlich, wenn die Prüfung für die angesetzte Hypothese positiv ausfällt. Ist dies nicht der Fall, so kommt es zur Widerlegung (Falsifikation). Die kritisch-rationale Logik funktioniert im logischen *modus tollens*. Satz 1, Hypothese: „Alle Schwäne sind weiß." – Satz 2: „Dieser einzelne beobachtete Schwan ist schwarz." – Folgt im Rückschluss Satz 3: „Die Hypothese ist falsifiziert."

2.3.3 Exhaustionsmethode

Freilich gibt es gute Gründe, am Alleinvertretungsanspruch eines solchen logischen Verfahrens zu zweifeln. Das Prüfverfahren und seine Konsequenzen für die Hypothese kann auch auf eine gegenüber der Hypothese konservative Weise durchgeführt werden, wie das aus der Geometrie stammende, von Hugo Dingler favorisierte Exhaustionsverfahren zeigt. Wenn bei einer Verknüpfung zweier Sätze i. S. einer „Wenn …, dann …"-Verbindung die Konklusion nicht erfüllt wird, so ist der Ausgangssatz, die Prämisse, damit nicht zwangsläufig zu streichen. Ihre Negierung wäre dann nicht zwingend, wenn man sie erweitern würde durch zur Prämisse hinzutretende Störbedingungen. Das klassische Beispiel liefert G. Galileis Fallgesetz, wonach alle physikalischen Körper gleich schnell fallen, nämlich mit gleichförmig beschleunigter Geschwindigkeit. Legt man dieses Gesetz zugrunde, so könnte es unschwer durch Beobachtung widerlegt werden; eine Bleikugel wird schneller zu Boden fallen als eine Vogelfeder – wie wissenschaftsgeschichtlich wohl am Schiefen Turm von Pisa beobachtet wurde. Die Exhaustionsmethode bietet hier die Möglichkeit, G. Galileis Fallgesetz auch gegen den einfachen empirischen Augenschein aufrechtzuerhalten, indem man die Abweichung des Augenscheins vom vorhergesagten Gesetz durch die Hinzunahme des Luftwiderstands erklärt, der die Feder langsamer fallen lässt als die Bleikugel. Die empirischen Gegebenheiten werden sozusagen auf das Fallgesetz als ideale Denkfigur hin „ausgeschöpft", eben exhauriert.

Es gibt weitere Gesichtspunkte, welche die Präferenz und Akzeptanz einer Hypothese bestimmen können. Erwähnt sei nur noch das Postulat der *Einfachheit*, dass man die einfachere Hypothese gegenüber weniger einfachen bevorzugen sollte. Diese Präferenz nach dem Einfachheitskriterium, auch bekannt als Sparsamkeitsprinzip, *lex persimoniae*, ist in der W.s-Theorie in (nicht ganz korrekter) Anlehnung an den mittelalterlichen Philosophen Wilhelm von Ockham als Ockhams Rasiermesser, *Occam's razor* bekannt. Das Prinzip lässt sich sowohl ästhetisch als auch denkökonomisch verstehen: Einfachheit erscheint auch als Schönheit und Eleganz, die man Theorien zusprechen kann. Zugl. kann sie als Ausdruck einer Denkökonomie des „kleinsten Kraftmaßes" interpretiert werden, wie sie von Richard Avenarius beschrieben wurde. Entscheidend ist dabei, dass eine einfachste Mittelwahl umgesetzt wird, um mindestens das gleiche Ergebnis zu erreichen wie mit einem größeren Aufwand. Man könnte diesen Zusammenhang auch als Effizienz charakterisieren. Bes. bedeutsam sind solche Überlegungen, wenn es um Erklärungsleistungen für Sachverhalte geht. So sind etwa in den Sozial-W.en empirische Theorien verschwörungstheoretischen Konstrukten dann vorzuziehen, wenn sie einen Sachverhalt – etwa das Zustandekommen eines Krieges oder politischer Veränderungen – aus faktisch nachweisbaren Gründen und Ursachen erklären, während ↑Verschwörungstheorien sich auf Gruppen beziehen, die angeblich im Geheimen agieren, ohne dass man dies faktisch belegen und sozusagen in einer gerichtsverwertbaren Weise beweisen könnte – weswegen man es heute vorzieht, eher von Verschwörungsmythen zu sprechen. Die Möglichkeit konspirativer Machenschaften ist damit nicht völlig ausgeschlossen, und vielleicht kann sie sogar einmal als historisch-faktische Wirklichkeit nachgewiesen werden. Den Regelfall wird diese Art der Erklärung aber nicht darstellen.

3. Das weite Feld des Vortheoretischen: Heuristische Strategien

Ein Großteil der W.s-Theorien des 20. Jh. befasst sich v. a. mit dem *context of justification*, d. h. der Hypothesen- und Theorienbildung und der Logik der Forschung. Dem *context of discovery*, wie Hypothesen überhaupt generiert werden, kommt vergleichsweise wenig Aufmerksamkeit zu. Mit diesem *vortheoretischen Bereich* beschäftigt sich v. a. die *Heuristik*. Diese ist weniger eine eigene W.s-Disziplin, als vielmehr eine Kunst, wissenschaftlich bedeutsame Ideen zu gewinnen, wo sie noch gar nicht existieren. Diese Findekunst hat eine lange ideengeschichtliche Tradition. Schon bei den klassischen Griechen bekannt, wird sie zu Beginn der Neuzeit als *ars inveniendi* in Abhebung von einer *ars demonstrandi* reflektiert. Während die letztere idealiter die deduktive

Ableitung von Theoremen aus Grundsätzen meint, befasst sich die erstere damit, die Grundsätze selbst zu (er)finden. Die Findekunst richtet den Scheinwerfer auf die grundlegende Frage, wie es überhaupt zu Hypothesen kommt und wie diese ihrerseits zu begründen sind. Die heuristischen Antworten auf diese Frage verweisen auf Voraussetzungen, die in den Theorien nicht weiter zum Gegenstand werden, aber implizit in ihnen enthalten sind.

So stellt K. R. Popper sein Verständnis von Theorienfortschritt – Hypothesen, vorläufige Bewährung, Widerlegung und neue Hypothesen – in den Zusammenhang eines Lernens aus Irrtümern. Die Methode von *trial and error* ist aber nicht beschränkt auf wissenschaftliche Theorien; sie findet sich im menschlichen Alltagsleben, im Leben der Tiere und in der ↑Evolution von Leben überhaupt. Sie ist nicht nur eine wissenschaftliche Hypothese, sondern die W. ahmt hier sozusagen ein organisches Grundmuster nach.

Anders erschließt T. S. Kuhn den Bereich des Vortheoretischen in seiner Theorie des wissenschaftlichen Fortschritts. In einer Werner-Heisenberg-Vorlesung, die T. S. Kuhn 1984 in München hielt, fügt er seinem Konzept von wissenschaftlicher Revolution als eines Paradigmenwechsels zwei weitere strukturelle Merkmale hinzu: Zum einen das Moment eines Bedeutungswandels (*meaning change*) bei grundlegenden theoretischen Begriffen. Während Aristoteles unter den Begriff der Bewegung so unterschiedliche Vorgänge wie das Wachsen und Altern eines Lebewesens, den Farbwechsel eines Apfels, den Wechsel zwischen krank und gesund oder die Ortsveränderung eines Körpers fasst, wird in der modernen Physik ab G. Galilei Bewegung auf Ortsveränderung reduziert. Zum zweiten ein grundlegender Wandel in den Leitanalogien und Modellen, der das ganze Begriffsgefüge ändert. Diese taxonomische Verschiebung zeigt sich beim Bewegungsbegriff darin, dass ein aristotelischer Forscher die genannte Reihe von analogen Phänomenen zusammendenken kann, während in der modernen Physik die Analogie verlorengegangen ist.

Der Verweis auf Leitanalogien und Modelle – T. S. Kuhn erblickt darin das wichtigste Moment wissenschaftlicher Revolutionen – ist heuristisch für alle W.en höchst bedeutsam. Das analogische, mit Ähnlichkeiten operierende Denken erweist hier seine heuristische Fruchtbarkeit. So wird etwa in der ↑Politikwissenschaft bei der theoretischen Erfassung totalitärer Ideologien und Praktiken (↑Totalitarismus) die Ähnlichkeit zu Religionen herangezogen; „Politische Religionen" wird dadurch zum Schlüsselkonzept. Platon hat mit seinen Gleichnissen (Sonne, Linie, Höhle) vorgemacht, wie erkenntnistheoretische, metaphysische und anthropologische Themen strukturell anschaulich gemacht werden können, was nicht nur heuristisch, sondern auch didaktisch interessant ist. Hinzutretende narrative Elemente können eine ganze *conditio humana* in analogischer Konkretion deutlich machen, wie das Höhlengleichnis zeigt. Kaum zu überschätzen ist die heuristische Kraft von *Modellen*. Siehe dazu die von Herbert Stachowiak entwickelte „Allgemeine Modelltheorie" (1973). In der einfachsten Fassung steht ein physisches, strukturelles oder funktionales Modell in einer Analogiebeziehung zu einem Original; vom Modell aus können dann vergleichende Schlüsse auf das Original gezogen werden. Selektiv seien erwähnt soziomorphe Modelle (z. B. eine arbeitsteilige Gesellschaft als Modell für den menschlichen Geist [Marvin Minsky]), organische Modelle (z. B. der menschliche Körper, als Modell für Politik und Staat), technomorphe Artefakte (z. B. unterschiedliche Typen von Maschinen, als Modelle für Staat und Gesellschaft als Originale). T. Hobbes modelliert den Staat im menschlichen Körper (als „großer Mensch") und auch in der Maschine eines mechanischen Uhrwerks (im 17. Jh. der neueste Stand der Maschinentechnik). Im selben Jh. erfindet William Harvey seine neue Theorie vom geschlossenen Blutkreislauf, angeregt durch das technische Vorbild einer Parkbewässerung mittels eines Röhrenpumpsystems. Analogisch gedachte Bilder, Metaphern und Erzählungen führen zu begrifflichen Elementen von Theorien: die Metapher des Schiffs für den Staat – dazu passend Platons Erzählung vom Steuermann; die Schifffahrt inkl. des Schiffbruchs als Metapher für das menschliche Leben, aber auch für das menschliche Wissen, seine Erschließung von Neuem und seinen Verlust eines ganzheitlichen Weltbildes; die seit dem 17. Jh. weitverbreitete Metapher vom Leben als Bühne; Hirt und Herde als Modell für ein paternalistisches Herrschaftsverständnis, etwa bei Platon, aber auch für Michel Foucaults Untersuchungen zur Gouvernementalität als eigenem Herrschaftstypus gegenüber demjenigen der Souveränität. All diese Beispiele verweisen auf die Fülle der Wissensfelder, der Begriffe und Theorien. Wie eng dabei heuristische Modelle und Metaphern mit theoretischen Begriffen verwandt sind, zeigt sich in der heutigen Politik-W. und ihrem ein breites Forschungsfeld leitenden Begriff der ↑Governance. Letzterer verweist nicht nur etymologisch, sondern auch semantisch zurück in die Kybernetik, die allg.e Lehre von Regelung und Steuerung, und darüber hinaus in die Kunst des Steuermanns (die griechische Ursprungsbedeutung von *kybernetes*).

Auch *Gedankenexperimente* sind heuristisch bedeutsam. Ein Beispiel aus der politischen Theorie liefert John Rawls' „Theorie der Gerechtigkeit" (1979), die ihre Gerechtigkeitsprinzipien ableitet aus der Annahme einer fiktiven *original condition* der Menschen: In ihr wirkt ein „Schleier des Nichtwissens" (Rawls 1979: 159), indem die Individuen ihre eigene Beschaffenheit, ihre Lage und ihren Status in der Gesellschaft nicht kennen und unter dieser Voraussetzung entscheiden, welche Art von sozialen Beziehungen als gerecht zu bezeichnen wären.

Eng damit verwandt sind die *Perspektiven* und ihr

Wechsel – Denkansätze, die von verschiedenen variablen Stand- bzw. Sehepunkten aus die theoretische Erschließung ihrer Gegenstände ermöglichen. Bekanntlich liefert der Blick von unten nach oben andere Inhalte als der Blick von oben nach unten. Das gilt nicht nur für Wahrnehmungen und Beobachtungen vom Tal hinauf zum Berggipfel und umgekehrt, sondern auch für soziale und politische Standorte „oben" oder „unten" – eine Differenz, auf die bereits Niccolò Machiavelli am Anfang seines „Principe", im Widmungstext an Lorenzo de' Medici, hingewiesen hat. In den Sozial-W.en – bes. genannt seien ↑Soziologie und ↑Ethnologie – wird der individuelle oder institutionelle Standort des Beobachters in die Entwicklung von Theorien einbezogen. Insb. in Systemtheorien, exemplarisch die funktionale ↑Systemtheorie von Niklas Luhmann, wird mit einem doppelten Perspektivenwechsel gearbeitet: zum einen, indem die handlungstheoretische, von Akteuren und deren Motiven und Zwecken ausgehende Perspektive in den systemischen Blickwinkel wechselt, der statt Zwecken Funktionen und Strukturen zeigt. Und zum anderen, indem dabei der Frage des Beobachters eine Schlüsselfunktion zukommt, indem es um Beobachtung von Beobachtung geht. Diese reflexive Verdoppelung – Heinz von Foerster spricht hier von „second-order cybernetics" (Foerster 2003: 287) – kann mit N. Luhmann als substantielles Merkmal von Modernität aufgefasst werden.

Hinzuweisen ist auf zwei spezifische Zugänge zur Heuristik. Die Wissenspsychologie (bspw. David Perkins) zeigt in der Untersuchung von „Geistesblitzen" und „Einfällen", die zu einem „Heureka"-Erlebnis neuer Einsichten führen, wie spontane mit regelhaften Momenten zusammenkommen. Die ideengeschichtlichen Forschungen von Lorraine Daston zeigen, wie wichtig affektive Dispositionen und damit verbundene kulturelle Wertungen für die (Er-)Findung neuer Hypothesen und neuen Wissens sein können. Als Beispiel diene die Neugierde, deren Negativwertung in der frühen Neuzeit geradezu umgepolt wurde. Neugierde wurde als Schlüsselleidenschaft für die propagierte Erneuerung der W. emphatisch bejaht.

Was den Zusammenhang von theoretischem und vortheoretischem Bereich angeht, so verdient ein Komplex von *pragmatischen W.s-Theorien* bes. Aufmerksamkeit. Als repräsentativ für die Bandbreite dieses Denkansatzes kann das von H. Stachowiak herausgegebene „Hdb. pragmatischen Denkens" (5 Bde., 1986–95) gelten. Die grobe Grundidee des Ansatzes führt menschliches Wissen überhaupt und im speziellen wissenschaftliches Wissen auf die Vornahme von Handlungen zurück, die insb. als technische, aber auch – in einer Variante dieses Theorienkomplexes – als sprachliche zu betrachten sind. Die pragmatische Perspektive gilt bzgl. der W. zunächst speziell den grundlegenden Begriffen und deren Definitionen. Dafür steht Percy Williams Bridgmans Operationalismus, der Begriffe wie Länge als Synonyme für die entspr.en Messoperationen auffasst. H. Dingler bezog das operative Moment in seine Theorie des Experiments ein und begründete beides mit einem „Prinzip der pragmatischen Ordnung" (Dingler 1931: 108), wonach methodisch gelingendes Handeln nur möglich ist, wenn eine Reihenfolge der Handlungsschritte eingehalten wird. So setzt die experimentelle Natur-W. die technische Herstellung von Messapparaten voraus, deren funktionale Zuverlässigkeit ebenfalls zu begründen ist. Der von H. Dingler auf eine ausgearbeitete Begründung von Geometrie und Arithmetik sowie mechanischer Physik konkretisierte pragmatische Ansatz wurde von der sog.en Erlanger Schule um Paul Lorenzen und vom nachfolgenden Deutschen ↑Konstruktivismus um Peter Janich u. a. fortgeführt. Dabei wurden einerseits sog.e Prototheorien entwickelt, wie z. B. Protogeometrie, Protophysik etc. Diese wurden unter dem Stichwort „kulturalistische Wende" auf lebensweltliche Voraussetzungen hin weiterverfolgt. In ihrer elaborierten Form bildet diese pragmatisch begründete W.s-Theorie eine aktuelle Alternative zu einer empiristischen oder kritisch-rationalistischen Theorie.

4. Wissenschaft und Macht: Ein modernes Leitmotiv und seine Grenzen

In den Anfangsjahrzehnten des 17. Jh. verfasste Francis Bacon, praktizierender Wissenschaftler und W.s-Theoretiker, die W.s-Utopie „Nova Atlantis" (1627). Auf dieser Insel gibt es eine Art W.s-Aristokratie, die im Haus Salomons auf eine arbeitsteilig organisierte Weise überaus erfolgreich W. betreibt und entspr. hoch angesehen ist. Die staunenden Zeitgenossen, die zufällig auf die Insel verschlagen wurden, erfahren von den technischen und sonstigen Leistungen der Wissenschaftler: Vordringen in die Tiefe der Erde und in die Höhe des Himmels, Flugzeuge, U-Boote, medizinische Forschungen und Therapien, die das Leben verlängern, Lebensmitteltechnologie, Simulation von Naturereignissen, Telefonie, Mikroskope und Ferngläser etc. Die Wörter sind von heute, in der Sache entsprechen sie jedoch genau dem Erzählten. Da zur damaligen Zeit nichts davon faktisch existierte, ist es eine ↑Utopie – die heute längst Wirklichkeit ist.

Im Kontext von F. Bacons Gesamtwerk ist klar, dass W. das Mittel ist, welches einem Zweck dient: die ↑Herrschaft bzw. das Königtum des Menschen – das *Regnum Hominis* – über die Natur zu etablieren. Das Motto lautet: *scientia propter potentiam*, Wissen(-schaft) um der ↑Macht willen. Mit diesem instrumentellen Charakter der W. wird ein neues W.s-Verständnis markiert. Aus einer von Aristoteles konzipierten sich selbst genügenden Lebensform (*bios theoretikos*) wird nun ein Mittel zum Zweck, und dieser Zweck ist Macht. F. Bacon formuliert den Zusammenhang noch schärfer, indem er W. und Macht gleichsetzt. Im dritten Aphorismus des „Novum Organum" (1620) heißt es: „Scientia et potentia humana in idem coincidunt" (Bacon 1857: 157), „Wissenschaft und Macht des Menschen fallen in eins zusammen". Das Mittel selbst nimmt die Qualität des Zwecks an.

Die damit eröffnete Denklinie wird, begleitet von einem enormen Ausbau der W. und einer entspr.en Verwissenschaftlichung der ↗Lebenswelt, im 20. Jh. von M. Foucault in einer Reihe von kulturgeschichtlichen Untersuchungen wieder aufgenommen, die zu einer Machtanalyse systematisiert werden. Macht erscheint dabei als ambivalent: Einerseits im traditionellen Sinne als Unterwerfung und Unterdrückung von oben herab innerhalb einer Machtpyramide; dieses Modell wird als souveräne, majuscule, d. h. großgeschriebene Macht bezeichnet. Andererseits die Macht, wie sie in einer Vielheit von „Dispositiven" netzartig zirkuliert; das ist eine minuscule, kleingeschriebene Macht; sie ist gerade deswegen wirksam bis in den Alltag hinein, weil sie die Menschen durchdringt und kontrolliert, sie dabei aber auch formt und fördert. Dabei kommt der W. eine substantiell wichtige Funktion zu. Wissenschaftliche Expertise ist gefragt in der Regierung und Verwaltung, in der Rechtsprechung und ihrem Straf- und Gefängnissystem, in der Wirtschaft, im Militär, im Erziehungs- und Bildungssystem, in der Klinik und in der Psychiatrie. Immer geht es um Kontrolle und Disziplin, anschaulich repräsentiert im Benthamschen Gefängnismodell des *Panopticon*, einem Rundbau, wo die Wächter den Blick in alle Zellen haben, ohne selbst gesehen zu werden. Auch Wahrheit ist keine übergeordnete Instanz, sondern Produkt der gesellschaftlichen Kräfteverhältnisse. M. Foucault spricht von einer „Politik der Wahrheit" (Foucault 1978: 54). Der Ort dieser Wahrheit ist die W. Das ist der moderne Zusammenhang von wissenschaftlichem Wissen und Macht.

Macht ruft Gegenmacht hervor. Letztere kann wissenschaftsextern generiert werden, aber auch in einer Art von dialektischem Prozess intern aus der W. selbst kommen. Beide Male finden sich sowohl falsche Freunde als auch wahre Feinde. Beide tauchen dort auf, wo ideologische, religiöse, moralische, politische und weltanschauliche Überzeugungen absolut gesetzt werden und die Eigenlogik und Autonomie der W. diesen Überzeugungen prinzipiell untergeordnet werden.

Falsche Freunde können diejenigen sein, die sich erklärtermaßen auf wissenschaftliche Theorien, Studien und Ergebnisse beziehen, um ihre eigenen nichtwissenschaftlichen Überzeugungen zu untermauern. Problematisch wird dies, wenn der generelle Verweis auf wissenschaftliche Forschung eine echte Argumentation oder zumindest den Versuch eines Nachvollzugs ersetzt. Damit einher gehen oftmals überzogene Erwartungen an W., die doch viel Mühe und Zeit an die immer wieder erfolgende kritische Prüfung von Behauptungen wenden muss, wo es Nichtwissenschaftlern oft nur um die schnelle Bestätigung ihrer eigenen Meinungen geht. Für die schnelle Taktung in Messengern erweisen sich wissenschaftliche Fragen der Bestätigung, Bewährung, Evaluierung von Hypothesen als zu umständlich und kompliziert; von der wichtigen Frage ganz abgesehen, wie Ergebnisse aufgrund welcher Methoden überhaupt zustande kommen. Noch gefährlicher ist eine dem selbstkritischen Geist der W. fremde W.s-Gläubigkeit, die von der W. Sinn und Orientierungswissen oder gar Heilswissen erwartet.

Die *wahren Feinde* der W. findet man überall dort, wo in einer langen Geschichte bis in die heutige Zeit mit ↗Zensur, Publikationsverboten, Indizierungen von Büchern und ideologischen Vereinnahmungen gegen die W. und deren freie, ungehinderte Ausübung vorgegangen wird. Aus heutiger Sicht fallen zunächst v. a. die totalitären Systeme des 20. Jh. ins Auge. Aber auch die westlich-liberalen Demokratien der letzten Jahrzehnte liefern reichlich Belege. So lehnen sog.e Leugner wissenschaftlich untermauerte Sachverhalte total ab. Der Holocaust oder die Mondlandung können ebenso als Fake denunziert werden wie die medizinische Existenz von Viren. Der Phantasie scheinen hier keine Grenzen gesetzt, was für Soziologen, Politikwissenschaftler, Philosophen und Psychologen durchaus Anlass gibt, sich mit derartigen Phänomen der Leugnung, die oft auch mit Verschwörungsnarrativen einhergehen, rational zu beschäftigen.

Ein weiteres Feld ist die sich paradoxerweise an den Universitäten abspielende *Cancel Culture*, die freie akademische Forschung, Lehre und Debatte über „heikle", weil politisch (oder auch religiös) kontroverse Themen beschränken will. Betroffen sind konservative Positionen z. B. zu Genetik, Vererbung, Intelligenzforschung, Rassen und Ethnien, Klimawandel oder Gendertheorien. Durch *affirmative action* (meist) studentischer „Diskurswächter" sollen Vorlesungen und Vorträge verhindert, Professoren überwacht und „anstößige" theoretische Positionen durch unangemessene Begriffe und Vorwürfe (z. B. des Rassismus) mundtot gemacht werden. Der akademische Raum spiegelt die Gesellschaft, in der sich ↗Political Correctness in Denken, Sprache und Medien immer mehr verbreitet. Die Folgen: offenes Sprechen und Denken werden gelähmt; die Risikobereitschaft zur Vertretung riskanter Positionen sinkt ab, wenn Forschungsgelder oder akademische Stellen dadurch selbst unter Risiko geraten.

Sieht man einmal von Betrug und Plagiierung als Verletzungen der Regeln guter wissenschaftlicher Praxis ebenso ab wie vom vorauseilenden Gehorsam mancher Universitätsleitung gegenüber Angriffen auf die ↗Wissenschaftsfreiheit, so verdient eine bes. Schwächung und Gefährdung der W. bes. Aufmerksamkeit: der Szientismus, die Haltung, die W. selbst und ihre Denkweise als Letztinstanz absoluter und einziger Wahrheit zu beanspruchen und damit gerade das kritische Moment aller wissenschaftlichen Rationalität in der Reflexion auf diese preiszugeben. Es gibt andere Orte von Wahrheit – man kann auch sagen: es gibt andere Wahrheiten als die wissenschaftliche: die viel zu wenig beachtete Alltagsklugheit (↗Klugheit), ↗Religion und ↗Mythos, die

Formen von ↑Kunst. Ihr Zugang zur Wirklichkeit ist hauptsächlich Intuition. Es wäre Verblendung und Maßlosigkeit, wollte W. sie ersetzen.

Literatur

H. Dingler: Das Experiment. Sein Wesen und seine Geschichte, 2014 • M. Foucault: Analytik der Macht, 2005 • M. Rees: Unsere letzte Stunde. Warum die moderne Naturwissenschaft das Überleben der Menschheit bedroht, 2003 • H. von Foerster: Ethics and Second-Order Cybernetics, in: ders.: Understanding Understanding. Essays on Cybernetics and Cognition, 2003, 287–304 • L. Daston: Eine kurze Geschichte der wissenschaftlichen Aufmerksamkeit, 2002 • B. Lauth/J. Sareiter: Wissenschaftliche Erkenntnis, 2002 • D. N. Perkins: Geistesblitze. Innovatives Denken lernen mit Archimedes, Einstein & Co., 2001 • H. Poser: Wissenschaftstheorie, 2001 • G. W. Leibniz: Monadologie, 1998 • P. Janich: Kleine Philosophie der Naturwissenschaften, 1997 • A. F. Chalmers: Wege der Wissenschaft. Einführung in die Wissenschaftstheorie, 31994 • K. R. Popper: Alles Leben ist Problemlösen. Über Erkenntnis, Geschichte und Politik, 1994 • J. Wernecke: Denken im Modell. Theorie und Erfahrung im Paradigma eines pragmatischen Modellbegriffs, 1994 • N. Luhmann: Die Wissenschaft der Gesellschaft, 1990 • M. Minsky: Mentopolis, 1990 • R. von Mises: Kleines Lehrbuch des Positivismus, 1990 • M. Weber: Wissenschaft als Beruf (1919), in: ders.: Gesammelte Aufsätze zur Wissenschaftslehre, 71988, 582–613 • P. Lorenzen: Lehrbuch der konstruktiven Wissenschaftstheorie, 1987 • H. Stachowiak (Hg.): Pragmatik. Hdb. pragmatischen Denkens, 5 Bde., 1986–95 • N. Rescher: Die Grenzen der Wissenschaft, 1985 • T. S. Kuhn: Was sind wissenschaftliche Revolutionen? Zehnte Werner-Heisenberg-Vorlesung, gehalten in München-Nymphenburg am 24. Februar 1981, 21984 • D. N. Perkins: Der zündende Funke. Jeder ist kreativ, 1984 • K. R. Popper: Objektive Erkenntnis. Ein evolutionärer Entwurf, 41984 • R. Groner/M. Groner/W. F. Bischof (Hg.): Methods of Heuristics, 1983 • K. R. Popper: Logik der Forschung, 71982 • J. Rawls: Eine Theorie der Gerechtigkeit, 1979 • M. Foucault: Dispositive der Macht. Über Sexualität, Wissen und Wahrheit, 1978 • K. Hübner: Kritik der wissenschaftlichen Vernunft, 1978 • J. Mittelstraß: Die Möglichkeit von Wissenschaft, 1974 • H. Rombach (Hg.): Wissenschaftstheorie, 2 Bde., 1974 • H. Stachowiak: Allgemeine Modelltheorie, 1973 • M. B. Hesse: Models and Analogies in Science, 21970 • T. S. Kuhn: Die Struktur wissenschaftlicher Revolutionen, 1967 • F. Wagner: Die Wissenschaft und die gefährdete Welt. Eine Wissenschaftssoziologie der Atomphysik, 1964 • P. W. Bridgman: Die Logik der heutigen Physik, 1932 • H. Dingler: Philosophie der Logik und Arithmetik, 1931 • R. Avenarius: Philosophie als Denken der Welt gemäß dem Prinzip des kleinsten Kraftmaßes. Prolegomena zu einer Kritik der reinen Erfahrung, 1876 • F. Bacon: Novum Organum, in: J. Spedding/R. L. Ellis/D. Heath (Hg.): The Works of Francis Bacon, Bd. 1, 1857, 70–366 • A. Schopenhauer: Über die vierfache Wurzel des Satzes vom zureichenden Grunde, 21847 • F. Bacon: Nova Atlantis, 1627.

ULRICH WEIß

Wissenschafts- und Forschungspolitik

1. Akteure, Governance, institutionelle Settings

W. und F. bezieht sich auf die ↑Governance, auf die institutionellen Settings und die Finanzierung des Wissenschaftssystems sowie auf dessen Außenbeziehungen zu anderen gesellschaftlichen Teilbereichen wie der Wirtschaft oder anderen Politikfeldern. F. ist eine Teilmenge der W. und adressiert die Rahmenbedingungen von öffentlich finanzierter Forschung. W. und F. findet im nationalen Rahmen statt; internationaler Austausch und internationale Kooperationen sind jedoch ein wichtiger Bestandteil nationaler Politik. Darüber hinaus ist die ↑EU durch Rahmenprogramme wie zuletzt „Horizon 2020“ oder aktuell „Horizon Europe“ ein bedeutender Akteur für die Finanzierung transnationaler europäischer Forschungs- und Innovationsprojekte geworden.

Unter W. und F. wird nicht nur die staatliche Ressortpolitik des Bundes und der Länder verstanden, die sich gerade im letzten Jahrzehnt durch neue Zuschreibungen von Aufgaben, Zuständigkeiten und Arbeitsteilungen mit veränderten Rollen auseinandersetzen muss, sondern es geht auch um politische Arrangements zwischen Ministerien, Forschungsförderern, Selbstverwaltungsorganen (↑Selbstverwaltung) der Wissenschaft, um Aushandlungsprozesse zwischen den ↑Hochschulen bzw. außeruniversitären Forschungseinrichtungen, die neue Koordinationsleistungen erbringen müssen, sowie Mikropolitik innerhalb von wissenschaftlichen Einrichtungen, wenn sich die Bedingungen wissenschaftlichen Handelns verändern. Eine entscheidende Rahmenbedingung stellt die gegenüber der Wissenschaft kritischer eingestellte und Rechenschaft einfordernde ↑Öffentlichkeit dar.

2. Konjunkturen der Wissenschafts- und Forschungspolitik

Die dominierenden Vorstellungen darüber, welche Rahmenbedingungen bes. förderlich für ↑Wissenschaft und ↑Forschung sind, um möglichst großen Nutzen für die Gesellschaft zu erzielen, haben sich seit der Nachkriegszeit stark verändert. Vorherrschend war in den 1950er und 1960er Jahren sowohl in den USA als auch in europäischen Staaten das sog.e „lineare Modell“ mit der Vorstellung, dass Grundlagenforschung aus sich heraus in praktische Anwendung überführt werden könne, ohne dass es staatlicher Interventionen in Form von Förderprogrammen und anderen Steuerungsinstrumenten (↑Steuerung) bedürfe. Das wichtigste wissenschaftspolitische Dokument der Nachkriegszeit, entstanden aus den Erfahrungen der Vereinnahmung von Wissenschaft durch politische Regime, ist der 1945 von Vannevar Bush, Direktor des *Office of Scientific Research and Development*, veröffentlichte Report „Science. The Endless Frontier“, der die zukünftige W. und Technologiepolitik entwarf und ein flammendes Plädoyer für eine politisch unabhängige und freie Grundlagenforschung darstellt.

In den 1970er Jahren, im Bewusstsein einer zunehmenden Bedeutung von Wissenschaft und Forschung für die nationalen Volkswirtschaften, herrschte in der deutschen W. und F. eine gewisse Planungseuphorie (↑Planung) vor. Die Ergebnisverwertung von Wissenschaft und Forschung sollte gezielt mit Unterstützung einer staatlichen Förderpolitik zum wirtschaftlichen Wohlstand beitragen. Hierfür wurden Förderprogramme der anwendungsorientierten Forschung vom damaligen Ministerium für Forschung und Technologie (heute BMBF) auf den Weg gebracht. Dabei wurde den ↑Sozialwissenschaften die bes. „sozialtechnologische" Rolle zugedacht, die gesellschaftlichen Voraussetzungen für technologische ↑Innovationen auszuleuchten.

Die Vorstellung der Steuerbarkeit von Forschung hielt sich jedoch nicht besonders lange. Sie wurde in den zurückliegenden 30 Jahren von dem Konzept der Governance abgelöst, verstanden als System aus intra- und interorganisatorischen Regelungsstrukturen. Praktischen Ausdruck fand das im NPM (↑Public Management), das international als *good governance* galt und gilt. An den Hochschulen und auch den außeruniversitären Forschungseinrichtungen sollte die Selbststeuerungskompetenz mit neuen Instrumentarien erhöht und das Verhältnis zum ↑Staat in Form von vertraglichen Regelungen – etwa über Leistungsvereinbarungen – gestaltet werden. In den 1990er Jahren wurde aber nicht nur NPM im Bologna-Raum eingeführt. Damit verbunden war auch ein neuer Koordinationsmodus durch verstärkten Wettbewerb, Kontrolle und Rechenschaftspflicht. In Deutschland war zudem nach einer langen Phase der Stabilität, aber auch institutioneller Verkrustungen, Vieles in Bewegung geraten: Bologna-Prozess, Exzellenzinitiative, leistungsorientierte Mittelvergabe, Personalentwicklung und Nachwuchsförderung, Wissenschaftskommunikation, ↑Evaluationen, *open science* und *citizen science*. Organisations-, Koordinations- und Bewertungsformen sind signifikant verändert worden.

In den letzten Jahren wurde die Frage nach der Nützlichkeit von öffentlich finanzierter Forschung neu akzentuiert, also die nach den konkreten Ergebnissen von W. und F. für eine – großen Herausforderungen gegenüberstehende – Gesellschaft, gerade auch vor dem Hintergrund der *grand challenges* eines sich verändernden Verhältnisses von Wissenschaft, ↑Gesellschaft und ↑Politik. Neue Formen der Wissensproduktion in Formaten, in denen Wissenschaftler gemeinsam mit anderen gesellschaftlichen Akteuren, etwa aus der ↑Zivilgesellschaft oder der ↑Wirtschaft, insb. in gesellschaftlich hochrelevanten und zugl. umstrittenen Feldern (etwa der Energie- und Mobilitätswende) zusammenarbeiten, werden gefördert durch Programminitiativen, sog.e „Reallabore" und „Experimentierräume", um auf diese Weise verwertbares und innovatives Wissen schneller zu erzielen, das zudem mit großer gesellschaftlicher ↑Legitimation ausgestattet ist.

3. Akteure der Wissenschafts- und Forschungspolitik

Die W. und F. ist in Deutschland bis heute von einem engen Zusammenspiel und hohem Verflechtungsgrad von v. a. staatlichen, doch z. T. auch gesellschaftlichen Akteuren bestimmt. Letztere nehmen in beratenden Organen oder Gremien staatlicher Institutionen mit aufsichtsratsähnlichen Funktionen eine wichtige Funktion wahr. Kennzeichnend ist die geteilte Verantwortung von Bund und Ländern für die W., F. und ↑Bildungspolitik, was für ihren Handlungsradius in strittigen Fragen, etwa dem sog.en „Kooperationsverbot", z. T. langwierige Aushandlungsprozesse voraussetzt. Diese finden v. a. in der GWK statt, die die Haushalte der gemeinsam finanzierten vier außeruniversitären Forschungsorganisationen – der FhG, HGF, WGL, MPG, der ↑Akademien und der DFG zu beschließen hat. Darüber hinaus bereitet sie alle finanzwirksamen Entscheidungen der Wissenschaftsförderung vor, die der gemeinsamen Zustimmung bedürfen. Das wichtigste wissenschaftspolitische Beratungsgremium stellt der 1957 gegründete ↑*Wissenschaftsrat* dar, in dem neben Vertretern der Wissenschaft auch die staatlichen Akteure aus Bund und Ländern vertreten sind. Die notwendige Zustimmung zu den wissenschaftspolitischen Empfehlungen und Evaluationsergebnissen wissenschaftlicher Einrichtungen in zwei „Kammern", der *Wissenschaftlichen Kommission* und der *Verwaltungskommission*, stärkt die Chancen der Umsetzung der verabschiedeten Empfehlungen.

Das BMBF ist sowohl für die institutionelle als auch für die projektförmige Forschungsfinanzierung zuständig. Für die Hochschulen ist die DFG die zentrale Selbstverwaltungsorganisation der Wissenschaft und damit ihr wichtigster Finanzier. Die Mittel werden vom Bund und jeweiligen Land anteilig bereitgestellt. Neben den Hochschulen profitieren von der DFG die antragsberechtigten öffentlich finanzierten Forschungseinrichtungen.

Zentrale Adressaten staatlicher W. und F. sind neben den Hochschulen die vier außeruniversitären Forschungsorganisationen, diverse Länderinstitute, die Ressortforschung sowie die Akademien. Dieses institutionelle Setting weist hochgradige Stabilität auf, so dass im wissenschaftspolitischen Diskurs zuweilen eine Versäulung moniert wird, welche die für Innovationsprozesse notwendige institutionelle Durchlässigkeit und Flexibilität verhindere. Als ein dagegen sehr beliebtes Instrument wurden Kooperationen v. a. zwischen Hochschulen und den außeruniversitären Forschungseinrichtungen in unterschiedlichen Formaten initiiert, etwa gemeinsame Berufungen, gemeinsame Formen der Nachwuchsförderung in Graduiertenschulen, Forschungskooperationen u. a. im Rahmen der Exzellenzinitiative oder vielfältige andere Formate der Zusammenarbeit.

Mit dem BMBF und der DFG sind auch zugl. die wichtigsten Akteure für die Finanzierung des deutschen Wissenschaftssystems – institutionell und projektbezogen – genannt. Der Aufwuchs von mehr als 20 Mrd. Euro ab dem Jahr 2006 ist allerdings nicht der Grundfinanzierung zu verdanken, sondern drei Pakten: dem „Pakt für Forschung und Innovation", der „Exzellenzinitiative" und dem „Hochschulpakt Lehre". Auf sie haben sich Bund und Länder verständigt, was zugleich das Gewicht zwischen Bund und Ländern zugunsten des Bundes verschoben hat. Während sich der „Pakt für Forschung und Innovation" auf die vier außeruniversitären Forschungsorganisationen und die DFG bezieht, ist der „Hochschulpakt Lehre" den Hochschulen vorbehalten. Ermöglicht durch die Änderung des Art. 91 b Abs. 1 GG vom 1.1.2015 konnte der Bund in die Finanzierung der Hochschulen einsteigen. Mit den Pakten wurden die materiellen Rahmenbedingungen des deutschen Wissenschaftssystems für absehbar zwei Jahrzehnte gesichert.

4. Die Exzellenzinitiative: Ausdifferenzierung und Profilbildung?

Eng verbunden mit dem Wettbewerbsdiskurs ist im deutschen Wissenschaftssystem der Exzellenzdiskurs, ausgelöst durch das wettbewerbliche Förderprogramm „Exzellenzinitiative" (ab 2018 „Exzellenzstrategie"), dem eine Differenzierungs-, bzw. Stratifizierungslogik zugrunde lag. Nachdem lange Zeit die Hochschullandschaft von Gleichheitsvorstellungen geprägt war, sollten nun eine vertikale Differenzierung – durch die Förderung international sichtbarer Exzellenzuniversitäten – und eine horizontale Differenzierung durch Profilbildung erreicht werden. Angestrebt waren Profilierungen des Leistungsspektrums von Hochschulen: international sichtbare Spitzenforschung, eine international ausgerichtete Nachwuchsförderung, ↑Weiterbildung, Wissens- und Technologietransfer etc. Wenn auch nicht ausdrücklich adressiert, wurde auch ein Spillover-Effekt auf innovative Lehrangebote erwartet. Zwar ist eine gewisse vertikale Differenzierung in der Hochschullandschaft durchaus festzustellen, denn die Auswirkungen der nicht unbeachtlichen zusätzlichen finanziellen Mittel sind v. a. mittelfristig nicht zu unterschätzen, zumal einige Universitäten durch Zuwendungen des Fortsetzungsprogramms „Exzellenzstrategie" dauerhaft davon profitieren können. Doch zeigt die wissenschaftspolitisch erwünschte Profilbildung mit unterschiedlichen Schwerpunktsetzungen als Antwort auf neue gesellschaftliche Herausforderungen eher begrenzte Effekte: Vor dem Hintergrund einer verschärften Multireferentialität ihrer Handlungssituation, die die ganze Palette des Leistungsspektrums von Hochschulen betrifft, konzentrieren sich die Universitäten auf das Feld, das im deutschen Wissenschaftssystem – und nicht nur dort – am meisten Reputation verspricht: (Grundlagen-)Forschung. Hierfür entstehen neue (interdisziplinäre) Forschungszentren oder -cluster quer zu den Fakultäten als bislang Getrenntes zusammenfügende Metastruktur.

Vor dem Hintergrund der Diskussion in der Organisationssoziologie, ob die Hochschulen im Zuge von NPM und weiteren Reformmaßnahmen zu sog.en „normalen" Organisationen werden, in denen sich das Machtgefüge von den dezentralen Strukturen – den Fakultäten – hin zu den Hochschulleitungen verschiebt, muss sehr wohl festgestellt werden, dass die Durchgriffsrechte und -möglichkeiten, mit denen sich eine Profilbildung von oben nach unten bewirken lässt, nach wie vor äußerst begrenzt sind. Dies hat auch die sog.e *Imboden-Kommission* feststellen müssen, welche die Exzellenzinitiative evaluiert hat.

5. Impact und Reputation

W. und F. muss nicht nur Rahmenbedingungen und Anreize für herausragende Forschung bieten, sondern auch dafür sorgen, dass Forschungsergebnisse Relevanz für Gesellschaft und Wirtschaft erzeugen. Dies ist zunächst einmal das Anliegen der Innovationspolitik, die sich v. a. für wirtschaftliche Verwertung zuständig erklärt. Hochschulen und außeruniversitäre Forschungseinrichtungen sind zweifelsohne die wichtigsten Institutionen eines nationalen Innovationssystems. Deutschland ist sehr erfolgreich in der Generierung von Patenten, die allerdings, trotz aller Bemühungen des BMBF insb. im Rahmen der Hightech-Strategie, nur in wenigen Fällen Marktreife erreichen können. Leider ist das bislang auch so in den Zukunftstechnologien wie Biotechnologie, Informations- und Kommunikationstechnologie, Digitalwirtschaft und Energietechnologie.

Die verstärkte Forderung nach *Impact* geht darüber hinaus. Sie betrifft alle wissenschaftlichen Disziplinen und Forschungsfelder, die ihre gesellschaftliche Bedeutung unter Beweis stellen sollen. Deshalb tritt die W. auf den Plan und fordert mehr und mehr tatsächliche Nachweise, wie man den *Impact* erhöhen und auch bewerten kann. In den vergangenen Jahren wurde *Impact* in Evaluationsverfahren zunächst als wirtschaftlicher Ertrag verstanden, was zu eher hilflosen Versuchen führte, Patente, Lizenzen und auch Spin-offs zu erfassen. Das zu beobachtende Ereignisfeld ist mittlerweile um publikumswirksame Veranstaltungen sowie um Publikationen erweitert worden, die einen breiteren Kreis als die *scientific community* ansprechen. Zwei Probleme tauchen hier jedoch auf: Erstens geht es darum, wie man diese vielfältigen Aktivitäten erfassen kann: „The analysts draw the conclusion that the development of ‚robust impact metrics' is unlikely" (King's College London 2015: 7). Zweitens geht es um die Anerkennung all dessen im Wissenschaftssystem. Solche Aktivitäten können zwar quantitativ erfasst werden; am Ende wird wissenschaftliche Reputation jedoch ausschließlich durch die Bewertung veröffentlichter Artikel verliehen. Dabei ist – unbeschadet aller Öffentlichkeitsaktivitäten – das Urteil von Kollegen (*Peer Review*) für die wissenschaftliche

Karriere ausschlaggebend. Im Zuge dessen ist eine Diskussion über *citizen science* und *altmetric* aufgekommen, bei der es um Fragen danach geht, wer Forschungsergebnisse produziert – und wer berechtigt ist, die Qualität wissenschaftlicher Leistungen zu bewerten, bzw. auf welche Weise das zu geschehen hat.

6. Fazit

In den letzten Dekaden sind von der W. eine Reihe von Umbaumaßnahmen im deutschen Wissenschaftssystem forciert worden, die dessen Governance und institutionellen Settings betreffen. Etwa werden die W. und F. Regulierungsfragen als forschungsethisches Problem verstärkt beschäftigen, oder es wird die Öffnung der Wissenschaft (*open science*) mitsamt ihren Voraussetzungen und Folgerungen weiter diskutiert werden.

V. a. durch die „Pakte" ist es in den letzten Jahrzehnten gelungen, mehr Geld für das öffentlich finanzierte Wissenschaftssystem zu mobilisieren, und zwar ohne den konkreten Leistungsbezug zu verändern. Die W. und F. hat es allerdings nicht erreicht, die Deutungshoheit über Themen und Qualitätsstandards der akademischen Wissenschaft so zu relativieren, dass bspw. die Durchlässigkeit zu anderen gesellschaftlichen Teilsystemen größer wird und damit bislang womöglich schlummernde Innovationspotentiale stärker genutzt werden könnten. Die grundlegenden Prämissen des deutschen Wissenschaftssystems wurden jedenfalls nicht in Frage gestellt. Selbst die bedeutendste Initiative, die Exzellenzinitiative, konnte hinsichtlich ihres wesentlichen Ziels, mehr horizontale Differenzierung zu erreichen, nur sehr begrenzte Wirkungen erzielen. Insgesamt sieht man eher Tendenzen einer Entdifferenzierung in der Hochschullandschaft, etwa zwischen den Universitäten und den ehemaligen Fachhochschulen, und zwar mit Anstrengungen, dort die Forschung zu stärken, einen akademischen Mittelbau zu etablieren und das Promotionsrecht zu erhalten. Hinzu kommt, dass der Verflechtungsgrad unterschiedlicher politischer und auch gesellschaftlicher Akteure zwar konsensuale Aushandlungsprozesse fördert, deren Kehrseite jedoch die Bindung von Zeit und Energie ist, weshalb durchaus vorhandenes Innovationspotential trotz – oder bisweilen gerade wegen – solcher Veränderungen nicht immer zur Entfaltung gebracht werden kann.

Literatur

P. Wouters: Globalization and the Rise of Rankings, in: D. Simon u. a. (Hg.): Handbook on Science and Public Policy, 2019, 466–487 • Internationale Expertenkommission Exzellenzinitiative (Hg.): Endbericht, 2016 • A. Knie/D. Simon: Innovation und Exzellenz: Neue und alte Herausforderung für das Wissenschaftssystem, in: dies. u. a. (Hg.): Hdb. Wissenschaftspolitik, [2]2016, 21–38 • U. Schimank: Governance der Wissenschaft, in: ebd., 39–58 • Expertenkommission Forschung und Innovation (Hg.): Gutachten zu Forschung, Innovation und technologischer Leistungsfähigkeit Deutschlands, 2015 • King's College London (Hg.): The Nature, Scale and Beneficiaries of Research Impact, 2015 • J.-C. Rogge u. a.: Auf Profilsuche. Grenzen einer ausdifferenzierten Hochschullandschaft, in: Hochschule 22/2 (2013), 68–84 • D. Simon/A. Knie/S. Hornbostel: Einleitung, in: dies. (Hg.): Hdb. Wissenschaftspolitik, 2010, 9–10 • G. Böhme/W. van den Daele/W. Krohn: Die Finalisierung der Wissenschaft, in: ZfS 2/2 (1973), 128–144 • V. Bush: Science. The Endless Frontier, 1945.

ANDREAS KNIE UND DAGMAR SIMON

Wissenschaftsethik

1. Begriffserläuterungen

Die W. befasst sich als eine Form der angewandten ↑Ethik mit den ethischen Aspekten in ↑Wissenschaft und ↑Forschung. Hierzu gehören einerseits die Reflexionen auf die *internen ethischen Standards* innerhalb der Wissenschaftsgemeinschaft, die ein gemeinsames *Wissenschaftsethos* begründen sowie andererseits die ethischen Bewertungen der *Folgen wissenschaftlichen Handelns* für Gesellschaft und Umwelt. Beide Betrachtungsweisen implizieren sowohl eine *individuelle* ↑Verantwortung von Forschenden als auch eine *institutionelle* Verantwortung seitens der Forschungseinrichtungen.

Gute wissenschaftliche Praxis (GWP) tritt nicht erst zum Konzept der Wissenschaft hinzu, sondern ist dem Wissenschaftsbegriff immanent. Denn die Generierung von wissenschaftlichem Wissen unterliegt gegenüber anderen Wissensformen und bloßer Meinung einem bes.n Begründungsanspruch, der auf methodischen Standards (z. B. Generierung von Daten, ↑Hermeneutik) und Praxisnormen (z. B. Umgang mit anderen Forschenden) beruht. Wissenschaft ist daher nicht nur über ihre ↑*Methoden*, sondern zudem als eine *soziale Praxis* mit geteilten Rechtfertigungsprinzipien gekennzeichnet.

Trotz dieser *immanenten* ethischen Ansprüche kommt es immer wieder zu Fällen von *wissenschaftlichem Fehlverhalten*, das auch die *Glaubwürdigkeit* von Forschung in der Öffentlichkeit gefährdet. Um dem vorzubeugen liegen die impliziten Standards einer GWP inzwischen in kodifizierter Form vor (z. B. ALLEA/ESF: „European Code of Conduct for Research Integrity" (ECoC); DFG: „Leitlinien zur Sicherung guter wissenschaftlicher Praxis"). Diese sehen bei Zuwiderhandlung auch Sanktionsmaßnahmen vor (z. B. Lehrverbot, Aberkennung akademischer Titel). Zur wissenschaftsethischen Supervision und Wahrung der *wissenschaftlichen Integrität* sind an den Forschungseinrichtungen *Ethikkommissionen* und *Ombudsstellen* eingerichtet worden. Zudem werden *IT-Tools* angewendet, um etwa Plagiate bei Qualifikationsarbeiten aufzudecken. In der *Lehre* sind vermehrt Materialien zur W. entwickelt worden.

2. Prinzipien und Praxis

Im Laufe der Wissenschaftsgeschichte hat sich allmählich ein explizites *Wissenschaftsethos* herausgebildet. Ein

Ethos bezeichnet jene moralischen ↑Normen, die in einer Gruppe als gültig anerkannt und gelebt werden. Schon in der Antike ist etwa ein ärztliches Ethos entstanden (vgl. „Hippokratischer Eid"), das bis heute Bedeutung hat (vgl. „Genfer Gelöbnis"). Für die forschende Medizin ist hieraus schließlich die „Deklaration von Helsinki" hervorgegangen. Andere Disziplinen und Berufsgruppen sind diesem Vorbild z. T. gefolgt.

2.1 Wissenschaftsethos und gute wissenschaftliche Praxis

Ein disziplinenübergreifendes Wissenschaftsethos geht auf die Gründungsphase der Wissenschaftsakademien (↑Akademien) im 17. Jh. zurück. Neben der Wahrung einer GWP innerhalb der Fachgemeinschaft dient ein solches Ethos auch der *Legitimation* der Forschung gegenüber der Gesellschaft. Dies gilt insb. für die öffentliche Forschung, da sie zwar über Steuern finanziert wird, sich aber vornehmlich selbst kontrolliert. Eine häufig rezipierte Untersuchung der Prinzipien der GWP hat der Soziologe Robert King Merton 1942 in der Gestalt von vier institutionellen Haltungen vorgelegt: Der *Univeralismus (universalism)* kennzeichnet die Einstellung, dass eine objektive Bewertung der Forschungspraxis sich alleine nach den allg.en wissenschaftlichen Standards zu richten hat und nicht nach persönlichen, sozialen, ethnischen, religiösen oder politischen Aspekten. Das Prinzip *Kommunismus (communism)* meint, dass Forschungsergebnisse Produkt einer generationenübergreifenden Zusammenarbeit und damit Allgemeingut sind. Daraus resultiert ein nur auf Anerkennung und Wertschätzung beschränktes Besitzrecht der Forschenden an ihren Ergebnissen und eine Verpflichtung, diese in Form eines *peer reviews* kritisch zu diskutieren. Dieser Gedanke wird mit der Betonung der *Uneigennützigkeit (desinterestedness)* fortgesetzt. Wissenschaftliche Motivation soll nicht der individuelle Eigennutz sein, sondern das altruistische Interesse am Erkenntnisgewinn und seinem sozialen Wert. Mit dem *organisierten Skeptizismus (organized skepticism)* wird schließlich die Haltung einer methodischen und sozialen Unvoreingenommenheit gegenüber wissenschaftlichen Urteilen beschrieben, die stets hermeneutisch, empirisch und logisch – aber nicht bspw. durch Autoritätsargumente – anzweifelbar sein müssen.

Die aktuellen wissenschaftsethischen Richtlinien erweitern diese Liste. Der ECoC nennt vier zentrale ethische Prinzipien, die auch der größer gewordenen Verantwortung und Transparenz gegenüber Gesellschaft und Umwelt Rechnung tragen: Zunächst wird eine qualitative *Zuverlässigkeit (reliability)* bei der Methodik, der Analyse und der Ressourcennutzung gefordert. *Aufrichtigkeit (honesty)* soll den gesamten Forschungsprozess begleiten, von der Planung und Durchführung über die Überprüfung der Ergebnisse, bis hin zur unvoreingenommenen Berichterstattung nach innen und außen. Zudem wird das Prinzip der *Achtung (respect)* gegenüber Kollegen, Forschungsteilnehmern, Gesellschaft, kulturellem Erbe und Umwelt betont. Dieses Prinzip, zusammen mit einer strukturellen und organisatorischen *Rechenschaftspflicht (accountability)*, verbindet die innerwissenschaftliche Integrität mit den normativen Ansprüchen, die das Verhältnis von Wissenschaft und ↑Zivilgesellschaft generiert.

2.2 Verantwortung gegenüber Probanden, Tieren, Kultur und Umwelt

Der Charakter der ↑Wissensgesellschaft und die zunehmende Eingriffstiefe in Mensch und Natur durch die Forschung erhöhen die gesellschaftliche Relevanz wissenschaftsethischer Fragen schon im Forschungsprozess. Nach dem Missbrauch der Medizin durch NS-Ärzte sind mit dem „Nürnberger Kodex" 1947 ethische Prinzipien der forschenden Medizin niedergeschrieben worden: Das *Individualwohl des Probanden* steht im Vordergrund und ist sorgfältig gegen das ↑*Gemeinwohl* und das *Erkenntnisbegehren* der Forschung abzuwägen. Versuchspersonen dürfen nur nach hinreichender *Aufklärung* über den Versuch, seine Ziele, mögliche Risiken und einer darauf basierenden *freien und informierten Einwilligung (free and informed consent)* in die Forschung einbezogen werden. Diese Einwilligung kann jederzeit zurückgezogen werden. Seitens der Forschenden gilt es, studienbedingte Schäden bei den Probanden zu vermeiden *(non-maleficence)*. Ferner sind die Erfolgsaussichten für das Gemeinwohl oder eine Patientengruppe zu prüfen.

Diese Grundregeln finden sich in aktuellen internationalen Dokumenten wieder (z. B. „Deklaration von Helsinki" [Weltärztebund]; „Oviedo Konvention über Menschenrechte und Biomedizin" [↑Europarat]). Doch zeigt die Erfahrung, dass aus der Existenz eines Kodex noch nicht seine Einhaltung folgt. So ist es ungeachtet der „Richtlinien des Reichsministers des Inneren zur Forschung" (1931) im Deutschen Reich zu verbrecherischen Menschenversuchen gekommen. Zudem hat auch der „Nürnberger Kodex" nicht davor geschützt, dass etwa in den USA die Tuskegee-Experimente 1932–72 durchgeführt worden sind, bei denen zur Beobachtung des Verlaufs der Syphilis afroamerikanischen Patienten eine Therapie vorenthalten worden ist. Dieser Skandal hat dazu beigetragen, dass mit dem „Belmont Report" 1978 im Anschluss an den „National Research Act" von 1974 ein Kodex entstanden ist, dessen drei Grundprinzipien *Respekt vor der Person (autonomy), Wohlergehen (beneficience)* und ↑*Gerechtigkeit (justice)* die weltweite Standardisierung der W. befördert haben.

Mit zunehmendem Bewusstsein einer Verantwortung auch gegenüber Tieren gehört zur W. auch ein angemessener Umgang mit *Versuchstieren*. Hierzu ist etwa das *3R-Modell* entwickelt worden, um bei Versuchen mit Wirbeltieren diese möglichst durch Alternativmethoden (z. B. Zellkulturen, Computersimulationen) zu ersetzen *(replace)*, die Anzahl der Tiere zu reduzieren *(reduce)* und ihre Belastung zu minimieren *(refine)*.

Neben diesen verschiedenen Aspekten einer ethisch rechtfertigbaren Forschungspraxis, stellen sich in der W. auch Fragen nach den *Langzeitfolgen* für *Gesellschaft* und *Umwelt*. Die Reichweite der Verantwortung ist zwar umstritten, doch können Forschende diese nicht vollständig an die Politik abgeben, weil nur sie selbst bestimmte Auswirkungen einschätzen können. Ein frühes Beispiel eines wissenschaftsethischen Konflikts dokumentiert die Begegnung der Physiker Werner Heisenberg und Niels Bohr 1941 in Kopenhagen zu den Atomprogrammen im nationalsozialistischen Deutschland (↑Nationalsozialismus) und seitens der Alliierten. Heute verlangen immer mehr Forschungsförderer von den Forschenden, vor Projektbeginn die gesellschaftlichen und ökologischen Auswirkungen ethisch zu erörtern (z. B. ökologische Wirkung der Biotechnik, Nutzung von Algorithmen auch für militärische oder terroristische Zwecke *[dual use]*, Verletzung kultureller Werte bei archäologischen Grabungen). Daher wird im Rahmen der Lehre inzwischen vermehrt auf die Ausbildung eines *wissenschaftsethischen Habitus der Forschenden* geachtet.

3. Verstöße und Gefährdungen

Werden etwa *Forschungsdaten gefälscht oder beschönigt*, dann verstößt dies nicht nur gegen GWP, sondern ist Ressourcenverschwendung, da keine Forschung stattfindet. Indirekt können wissenschaftliche Täuschungen auch *in Folge schaden*, wenn etwa auf falschen Daten schädliche Therapien entwickelt werden. Solche Vergehen sind auch in der ↑Öffentlichkeit gut kommunizierbar. Hingegen sind *unkorrekte Quellenangaben* in einer Forschungsarbeit schwerer als Fehlverhalten zu erkennen, da dies vom Umfang der unrichtigen Angaben abhängt und der Frage, ob es sich um mangelnde Sorgfalt, eine bewusste Täuschung oder gar ein umfangreiches Plagiat handelt. Solche Fälle sind nach außen oft nicht einfach darstellbar, denn in außerwissenschaftlichen Publikationsformaten spielen sorgfältige Zitationsweisen eine eher untergeordnete Rolle und auch Formen von *Ghostwriting* sind dort nicht unüblich. Eine völlig andere Kategorie stellen wissenschaftsethische Verstöße im *Umgang mit Versuchspersonen* dar. Wird etwa ein Proband einem überhöhten Risiko ausgesetzt, dann ist dies nicht nur ethisch nicht begründbar, sondern u. U. strafbewehrt. Dennoch können solche Versuche zu wissenschaftlichen Ergebnissen führen und tatsächlich werden derartige Forschungsergebnisse etwa aus dem Dritten Reich z. B. in der Luft- und Raumfahrtmedizin auch heute noch verwendet.

Das Wissenschaftsethos beschreibt stets ein Ideal. Für dessen generelles Funktionieren spricht, dass Vergehen aufgedeckt und sanktioniert werden, gleichwohl geht man von einer hohen Dunkelziffer aus. Doch auch das Ideal ist nicht völlig zeitlos. Innerwissenschaftlich relativieren sich etwa wissenschaftliche Methoden durch postmoderne Vorstellungen von *inkommensurablen Wissensbeständen* und von *vielfältigen* ↑*Rationalitäten* (Thomas Samuel Kuhn, Paul Karl Feyerabend). Zudem ändert sich das äußere Umfeld. Interne und externe Faktoren sind es, die den Verdacht einer Erosion des Ethos an seinen Rändern stärken, aber auch Formen des wissenschaftlichen Fehlverhaltens begünstigen: Das *Prinzip der Unparteilichkeit*, das man vormals durch den Einfluss von Staat und Kirche gefährdet gesehen hat, wird heute eher durch *unterschiedliche Interessensvertreter* (z. B. Wirtschaftslobbyisten) untergraben. Die Wissensproduktion droht damit instrumentalisiert zu werden. Zudem wirken sich die *Konkurrenzbedingungen* insb. auf die Einhaltung des *Prinzips der Uneigennützigkeit* negativ aus. Wenn etwa die Zahl der Publikationen die wissenschaftliche Karriere *(Impact-Faktoren)* beschleunigt (*publish or perish*), dann ist die Versuchung groß, dass Autoren in Autorenkollektiven gelistet werden, die nicht an einer Publikation mitgewirkt haben. Zudem überlagert das Streben nach Erstpublikation etwa durch *Preprints* wissenschaftliche Sorgfaltspflichten. Weitere Gründe für Verstöße gegen GWP liegen in den *hierarchischen Verhältnissen* an den Forschungseinrichtungen, den *engen Verflechtungen* im System Wissenschaft sowie der Kopplung zwischen *Arbeitsverhältnis* und *akademischer Betreuung* beim wissenschaftlichen Nachwuchs. Dieser kann aufgrund solcher *Abhängigkeiten* enorm unter Druck geraten, weil Vorgesetzte unrealistische oder egoistische Erwartungen vorgeben oder Verstöße durch Vorgesetzte nicht gemeldet werden, weil die *Whistleblower* sonst selbst Sanktionen aufgrund der Machtverhältnisse im System zu befürchten haben. *Wissenschaftliche Journale* tragen einerseits durch wissenschaftsethische Auflagen zur Förderung der GWP bei; da sie jedoch i. d. R. nur Erfolge publizieren, gehen andererseits von ihnen auch Anreize zu wissenschaftlichem Fehlverhalten aus, obwohl gerade Falsifikationen von Hypothesen Erkenntnisfortschritte darstellen.

4. Institutionelle Rahmenbedingungen

Die zentrale Aufgabe von unabhängigen *Forschungsethikkommissionen* (↑Ethikkommissionen) liegt darin, im Vorfeld wissenschaftlicher Studien insb. auf den Schutz der Probanden und ihrer persönlichen Daten zu achten. Inzwischen werden nicht nur medizinische Forschungsprojekte durch Ethikkommissionen beraten, sondern auch Studien anderer Disziplinen. *Ombudspersonen* (↑Ombudswesen) oder *Büros für Forschungsintegrität* an Forschungseinrichtungen können bei Verstößen gegen die GWP angerufen werden. Außerhalb der Forschungseinrichtungen sind es die *Ethikräte*, die sich u. a. mit gesellschaftlichen Auswirkungen von Wissenschaft befassen. Ethikgremien werden daher oft als vermittelnde Bindeglieder (*intermediary bodies*) zwischen Wissenschaft und ↑Gesellschaft aufgefasst, die den Diskurs über W. befördern.

Literatur

R. Iphofen (Hg.): Handbook of Research Ethics and Scientific Integrity, 2020 • M. Düwell: Editorial: Open Science and Ethics, in: ETMP 22/5 (2019), 1051–1053 • N. Ben-Yehuda/A. Oliver-Lumerman: Fraud and Misconduct in Research, 2017 • D. Lanzerath: Ethos, in: D. Sturma/B. Heinrichs (Hg.): Hdb. der Bioethik, 2015, 35–43 • P. L. Starck/D. S. Holeman: The Ethics of Medical Experiments. Have We Learned the Lessons of Tuskegee and the Holocaust?, in: S. Rubenfeld/S. Benedict (Hg.): Human Subjects Research After the Holocaust, 2014, 195–203 • M. Fuchs u. a.: Forschungsethik, 2010 • D. Fanelli: How Many Scientists Fabricate and Falsify Research? A Systematic Review and Meta-Analysis of Survey Data, in: PLoS ONE 4/5 (2009), e5738 • P. Weingart: Ist das Wissenschafts-Ethos noch zu retten?, in: Gegenworte 2 (1998), 13–17 • P. Forman: Recent Science, in: T. Söderquist (Hg.): The Historiography of Contemporary Science and Technology, 1997, 179–213 • Y. Ezrahi: The Decent of Icarus. Science and the Transformation of Contemporary Society, 1990 • A. Mitscherlich/F. Mielke: Medizin ohne Menschlichkeit. Dokumente des Nürnberger Ärzteprozesses, [18]1989 • R. K. Merton: The Sociology of Science. Theoretical and Empirical Investigations, 1973, 267–278.

DIRK LANZERATH

Wissenschaftsfreiheit

1. Begriffsbestimmung

W. ist der Oberbegriff für die Freiheit von Forschung und Lehre (Art. 5 Abs. 3 S. 1 GG). Sie wird nach der Rechtsprechung des ↑BVerfG als „nach Inhalt und Form ernsthafte und planmäßige Bemühen um Wahrheit" (BVerfGE 35,79 [113] – Niedersächsisches Vorschaltgesetz) angesehen. Diese Begriffsbestimmung geht auf Rudolf Smend zurück, der sie wiederum aus dem Wissenschaftsideal Wilhelm von Humboldts entwickelt hat. Neuere Definitionsansätze ergänzen sie und verarbeiten dadurch den Wandel von der erkenntnissuchenden Reflektion zur angewandten ↑Naturwissenschaft: Technologische Forschung entdeckt nicht die ↑Wahrheit, sondern gestaltet die Wirklichkeit. Heute ist ↑Wissenschaft weniger Wahrheitssuche als vielmehr methodisch geleitetes Generieren neuen Wissens. Im Mittelpunkt der grundrechtlichen Gewährleistung des Art. 5 Abs. 3 GG steht das Selbstverständnis der Wissenschaft.

2. Historische Wurzeln und Entwicklung der textlichen Grundlage

Historisch hat die W. drei Wurzeln. Sie ist erstens als *libertas philosophandi* die intellektuelle Seite der Glaubens- und Gewissensfreiheit (↑Gewissen, Gewissensfreiheit); kirchliche und weltliche Autoritäten sollen das geistige Erkenntnisstreben nicht unterdrücken können. Mit dieser Stoßrichtung ist sie schon in der Paulskirchenverfassung (§ 152) garantiert, nachdem die freie Lehre in den Universitäten nicht nur gerade erst zur Blüte gelangt, sondern durch Repressionen (namentlich die Karlsbader Beschlüsse 1819) auch nachhaltig gefährdet worden war. Art. 142 WRV setzt diese Tradition fort, und sie bleibt auch im supranationalen Raum erhalten (Art. 13 EuGRC). Gerade in Deutschland entfaltet sich die W. zweitens auch als Garantie von Wissenschaft als Lebensform. Sie gewährleistet die personale Verwirklichung des Wissenschaftlers. Diese Garantiedimension wirkt zunächst als „Grundrecht der deutschen Universität" (Smend 1928: 57) auf die Begriffsbildung ein und klingt in der Definition des BVerfG nach. Auch im ↑Völkerrecht wird sie sichtbar, namentlich in Art. 15 Abs. 3 IPwskR, ergänzt um den Schutz des geistigen Eigentums an wissenschaftlichen Werken (Art. 27 Abs. 2 AEMR und Art. 15 Abs. 1 c) IPwskR). Schließlich ist drittens unbestritten, dass der wissenschaftliche ↑Fortschritt, wie ihn jedes Gemeinwesen benötigt, nur durch freie Wissenschaft erreicht werden kann. Innovationen bedürfen der „unsichtbaren Hand" der W. Auf dieser Basis können im Völkerrecht Art. 27 Abs. 1 AEMR und Art. 15 Abs. 1 b) IPwskR allen Menschen die Teilhabe an den Errungenschaften des wissenschaftlichen Fortschritts garantieren.

Unbedeutend geblieben ist die textliche Einschränkung in Art. 5 Abs. 3 S. 2 GG („Die Freiheit der Lehre entbindet nicht von der Treue zur Verfassung."), wie überhaupt die Freiheit der Lehre keine von der W. getrennte interpretative Tradition herausgebildet hat. Letzteres wird allerdings in der neueren Literatur mit starken Argumenten hinterfragt.

3. Individualgrundrecht und organisationsrechtliche Dimension

Die Abwehr von Eingriffen in die Eigengesetzlichkeit von Wissenschaft ist die zentrale, individualrechtliche Dimension der W. Als Organisationsgrundrecht gebietet sie aber auch, Wissenschaft durch rechtlich strukturierte Organisation überhaupt erst zu ermöglichen. Die W. fordert die grundrechtsoptimierende Zuordnung der Grundrechtspositionen innerhalb der organisierten Wissenschaft. Der organisationsrechtliche Gesetzgeber verfügt nicht über eine Zuordnungsprärogative, sondern muss wissenschaftsadäquate Organisationsformen finden und diese verfahrensrechtlich absichern.

4. Grenzen der Wissenschaftsfreiheit

Die nominelle Schrankenlosigkeit der W. kann provozierend wirken, zumal dann, wenn die zunehmende Handlungsorientierung von Wissenschaft andere Verfassungsgüter zu beeinträchtigen droht. Für Begrenzungen des Schutzbereichs besteht gleichwohl kein Anlass. Der Verfassungsanwender darf nicht durch eigene Bewertungen Handlungen aus der W. gleichsam herausdefinieren. Die vorbehaltlose W. verlangt schrankensetzenden Regelungen stets ein Rechtsgut von Verfassungsrang ab und muss sich dann in der Abwägung behaupten. Derartige Abwägungen fließen auch in organisationsrechtlich geschaffene Mechanismen der Konfliktschlichtung zwischen W. und anderen Verfassungsgütern ein.

5. Problemschwerpunkte der Wissenschaftsfreiheit

5.1 Wissenschaftsfreiheit in der Universität

Zwar ist die W. nicht auf eine institutionelle Garantie der Universität (↑Hochschulen) reduziert, doch entfaltet sie sich im universitären Bereich in bes.r Weise. Schon R. Smend sprach insoweit zutreffend vom „Grundrecht der deutschen Universität" (Smend 1928: 57). Nur wenn die individuelle W. in der Universität garantiert wird, können ihre Wirkungen zur Geltung kommen. Dem (Landes-)Hochschulgesetzgeber ist daher durch Art. 5 Abs. 3 GG aufgetragen, die Universität als Ort optimaler Grundrechtsverwirklichung organisatorisch zu sichern. Die zentrale Formel der neueren Rechtsprechung des BVerfG lautet insoweit „Wissenschaftsadäquanz" (st. Rspr. seit BVerfGE 111,333 [352] – Brandenburgisches Hochschulgesetz). Diese Rechtsprechung illustriert, wie schwer sich die Landesgesetzgeber hiermit häufig tun, indem sie Universitäten und Fakultäten gleichsam wie Verwaltungsbehörden hierarchisch zu organisieren versuchen (vgl. BVerfGE 127,87 – Hamburgisches Hochschulgesetz; 136,338 – Medizinische Hochschule Hannover).

Zur organisationsrechtlichen Dimension der W. gehört auch begrenzter leistungsrechtlicher Gehalt. Der grundrechtliche Organisationsauftrag schließt es namentlich für die Universität ein, die rechtlich bereitgestellten Organisationsformen finanziell zu untersetzen. Dabei muss lenkende Finanzierung ihre Kriterien wissenschaftsadäquat formulieren und anwenden. Politisch-gesellschaftliche Nutzenerwartungen müssen im Einzelfall dagegen zurückstehen. Punktuell führt die beschriebene finanzielle Gewährleistung zu Teilhabeansprüchen, namentlich auf eine Grundausstattung für programmunabhängiges wissenschaftliches Arbeiten in den Universitäten. Geringer Schutz der Universitätsangehörigen und ihrer Gremien besteht hingegen bei der Fusion zweier Universitäten nach Landesrecht (BVerfGE 139,148 – Brandenburgische TU).

5.2 Wissenschaftsfreiheit und Informationsordnung

Die W. gewährleistet keinen Anspruch auf Informationszugang (z. B. der historischen Forschung auf Archive). Enthält der grundrechtsgebundene Staat Informationen jedoch ohne verfassungsrechtliche Rechtfertigung zurück, kann dies das Abwehrrecht aus Art. 5 Abs. 3 S. 1 GG berühren. Die W. entfaltet sich auch als Abwägungstopos im Ausgleich mit anderen Schutzgütern, z. B. dem allg.en Persönlichkeitsrecht (↑Persönlichkeitsrechte).

Die W. erstreckt sich auch auf die Verwertungsphase. Wissenschaftliche Kommunikation wird durch die W. privilegiert; Publikationspflichten wie -verbote bedürfen der verfassungsrechtlichen Rechtfertigung. Kommerzielle Verwertungsoptionen (geistiges Eigentum) dürfen nicht so unattraktiv sein, dass ↑Forschung unterbleibt. Dies schränkt den Gestaltungsspielraum des Gesetzgebers z. B. im ↑Patentrecht ein.

5.3 Wissenschaftsfreiheit und Risikosteuerung

Handlungsorientierte, namentlich natur- und ingenieurwissenschaftliche Forschung ist riskant. Typologisch werden Laborrisiken, Risiken des Missbrauchs von Forschungsergebnissen sowie Folgelasten riskanter Technologien unterschieden (↑Risiko). Gerade bei privater Forschung bedarf es entspr.er Kontrollregime. Privilegierungstatbestände für riskante Forschung (im Atomrecht, Chemikalienrecht und Gentechnologierecht [↑Gentechnik]) gehören der Vergangenheit an. Entscheidend ist, wie sich staatliche Verwaltung in Ausübung der W. generiertes Wissen für die Kontrollregime zunutze machen kann.

5.4 Wissenschaftsfreiheit und Ethik

Wenn die W. an ethische Schranken stößt, bedarf es verfassungsrechtlicher Argumente, diese Schranken für das Recht wirksam zu aktivieren. Die Anknüpfung des Embryonenschutzes an Art. 1 Abs. 1 GG hat für die rechtliche Bewertung der ↑Stammzellenforschung zu Verkrampfungen geführt, weil sie Abwägungen ausschließt. Die Auseinandersetzung ist nur durch die Verlagerung der Forschung von embryonalen auf adulte Stammzellen, letztlich also durch den wissenschaftlichen Fortschritt, entschärft worden. Umfassend verboten ist und bleibt das reproduktive Klonen. Neuere (bio-)ethische Herausforderungen der W. (↑Bioethik, ↑Wissenschaftsethik) werden prozedural-organisatorisch verarbeitet, etwa im *Deutschen Ethikrat*. Vergleichbare grundrechtsbezogene Prozeduralisierungen gibt es auch bei der medizinischen Forschung an Einwilligungsunfähigen.

Um das ethische Gewicht des ↑Tierschutzes der W. gegenüberzustellen, wurde das ↑GG geändert und der Tierschutz in Art. 20a GG eingefügt. In der Abwägung setzt sich gleichwohl regelmäßig die W. durch, es sei denn, Versuche sind unnötig. Versuchszweck und ethische Vertretbarkeit werden vorrangig durch die Wissenschaft selbst begründet und anschließend unter Beachtung der Eigengesetzlichkeit von Wissenschaft kontrolliert.

Literatur

K. F. Gärditz: Die äußeren und inneren Grenzen der Wissenschaftsfreiheit, in: WissR 51/1 (2018), 5–44 • S. Baer: Verantwortung für die Wissenschaftsfreiheit, in: WissR 48/1 (2015), 3–13 • U. Mager: Freiheit von Forschung und Lehre, in: HStR, Bd. VII, [3]2009, § 166 • A.-K. Kaufhold: Die Lehrfreiheit – ein verlorenes Grundrecht?, 2006 • M. Ruffert: Grund und Grenzen der Wissenschaftsfreiheit, in: VVDStRL 65 (2006), 146–216 • M. Fehling: Art. 5 Abs. 3, in W. Kahl u. a. (Hg.): Bonner Kommentar zum Grundgesetz, 110. Erg.-Lfg., Stand März, 2004 • W. Heun: Embryonenforschung und Verfassung. Lebensrecht und Menschenwürde des Embryos, in: JZ 57/11

(2002), 517–524 • R. Kleindiek: Wissenschaft und Freiheit in der Risikogesellschaft, 1998 • C. D. Classen: Wissenschaftsfreiheit außerhalb der Hochschule, 1994 • E. Schmidt-Aßmann: Die Wissenschaftsfreiheit nach Art. 5 Abs. 3 GG als Organisationsgrundrecht, in: B. Becker/H. P. Bull/O. Seewald (Hg.): FS für Werner Thieme, 1993, 697–711 • K. Hailbronner: Die Freiheit der Forschung und Lehre als Funktionsgrundrecht, 1979 • H. Zwirner: Zum Grundrecht der Wissenschaftsfreiheit, in: AöR 98/3 (1973), 313–339 • W. Mallmann/H.-J. Strauch: Die Verfassungsgarantie der freien Wissenschaft als Schranke der Gestaltungsfreiheit des Hochschulgesetzgebers, 1970 • R. Smend: Das Recht der freien Meinungsäußerung, in: VVDStRL 4 (1928), 44–73.

MATTHIAS RUFFERT

Wissenschaftsrat

1. Übersicht

Der W. ist ein wissenschaftspolitisches Beratungsgremium, das sich mit den Rahmenbedingungen befasst, unter denen in Deutschland studiert, gelehrt und geforscht wird. 1957 gegründet, wirken in diesem Gremium Vertreter aus Wissenschaft und Politik gleichberechtigt zusammen, um die Bundesregierung und die Regierungen der Länder in zentralen Fragen des deutschen Wissenschaftssystems zu beraten. Als wichtiges Instrument des kooperativen ↑Föderalismus übernimmt der W. eine doppelte Vermittlungsfunktion, nämlich zwischen Wissenschaft und Politik einerseits sowie zwischen Bund und Ländern andererseits. Er hat eine Empfehlungs-, aber keine Entscheidungsfunktion. Da in die Erarbeitung der Beschlüsse allerdings alle relevanten Entscheidungsträger eingebunden werden, sind die Chancen einer Umsetzung seiner Vorschläge hoch.

2. Selbstverständnis

Mit seinen Empfehlungen will der W. sowohl Gestaltungsspielräume aufzeigen als auch Planungssicherheit herstellen und so die Dynamik des Wissenschaftssystems unterstützen. Die wissenschaftspolitischen Gestaltungsvorschläge des W.s gehen von der Voraussetzung aus, dass erfolgreiches Arbeiten in ↑Wissenschaft und ↑Forschung nur dann möglich ist, wenn auch der strukturell erforderliche Rahmen gegeben ist. Zentrale Aufgabe dieses Beratungsgremiums ist es zu klären, wie ein solcher Rahmen für das Gesamtsystem wie für einzelne Sektoren und Einrichtungen beschaffen sein muss (personell, institutionell und finanziell), sowie welche Faktoren ihn jeweils prägen und beeinflussen. Dabei zeichnet den W. seine sektorenübergreifende Betrachtungsweise aus, die alle wesentlichen Teile des deutschen Wissenschaftssystems mit deren Strukturmerkmalen in den Blick nimmt, seien es staatlich wie privat finanzierte ↑Hochschulen oder außeruniversitäre Forschungseinrichtungen.

3. Historie

Der W. ist das älteste wissenschaftspolitische Beratungsgremium in Europa und wurde am 5.9.1957 von Bund und Ländern auf der Grundlage eines Verwaltungsabkommens gegründet. In den Anfangsjahren der noch jungen Republik regelten zunächst die Länder die gemeinsame Finanzierung von Forschungseinrichtungen („Königsteiner Abkommen" von 1949 auf Grundlage von Art. 30 GG). Doch schon bald wurden Forderungen nach einer bundesweiten Vergabe finanzieller Mittel für die Entwicklung und den Aufbau des deutschen Wissenschaftssystems laut. Deshalb wurde mit der Etablierung des W.s eine Einrichtung geschaffen, die erstmals einen Gesamtüberblick über die wissenschaftliche Arbeit in der BRD geben und den Regierungen von Bund und Ländern Vorschläge für die Förderung der Wissenschaft unterbreiten sollte.

Rückblickend können seit Ende der 1950er Jahre vier Phasen der wissenschaftspolitischen Entwicklung unterschieden werden, die der W. wesentlich mitgeprägt hat: In den 1960er und 1970er Jahren stand der Ausbau des Wissenschaftssystems, insb. des Hochschulsystems im Vordergrund. Es folgte eine Phase, die unter dem Vorzeichen wissenschafts- und hochschulpolitischer ↑Reformen stand – bei einer gleichzeitigen Verminderung des Mittelzuflusses. In der Phase der deutschen Wiedervereinigung legte der W. durch Begutachtungen und Empfehlungen die Basis für den Aufbau einer leistungsfähigen Wissenschaftslandschaft in den neuen Ländern. Schließlich kamen mit Beginn des neuen Jahrtausends Themen wie die Differenzierung der Wissenschaftslandschaft, Förderung von Spitzenforschung, Chancengleichheit (↑Chancengerechtigkeit, Chancengleichheit) von Wissenschaftlerinnen und Wissenschaftlern, Leistungsbewertung und ↑Governance auf seine Agenda.

4. Struktur und Arbeitsweise

Der W. ist ein Beratungsgremium, in dem eine *Wissenschaftliche Kommission* (Wissenschaftler sowie Persönlichkeiten des öffentlichen Lebens) sowie eine *Verwaltungskommission* (Vertreter von Bund und Ländern) gleichberechtigt zusammenwirken. Den Vorsitz hat ein Mitglied der *Wissenschaftlichen Kommission*, das durch die Vollversammlung für ein Jahr gewählt wird (mit Option auf Wiederwahl). Das Gremium tagt viermal im Jahr und fasst seine Beschlüsse in der Vollversammlung. Sie müssen von einer Zweidrittelmehrheit getragen werden, was die Suche nach konsensfähigen Lösungen fördert und die Chance auf Umsetzung der Empfehlungen erhöht. Die Ergebnisse werden anschließend in Form von Empfehlungen und Stellungnahmen veröffentlicht.

5. Aufgaben und Themenfelder

Der W. verfolgt das Ziel, in Deutschland ein leistungsstarkes, funktional und auch institutionell differenziertes Wissenschaftssystem zu ermöglichen und zu unterstützen, das vielfältig kooperativ und wettbewerblich miteinander vernetzt sein soll und in mannigfacher Weise in Gesellschaft, Wirtschaft und Kultur hineinwirken kann. Daher betrachtet er es als eine seiner zentralen Aufgaben, an der nachhaltigen Weiterentwicklung des deutschen Wissenschaftssystems mitzuwirken und es international konkurrenzfähig auszugestalten.

Dafür erarbeitet der W. übergreifende Strukturempfehlungen zu Fragen des Wissenschafts- und Hochschulsystems, z. B. zum Verhältnis von Hochschule und ↑Arbeitsmarkt, zur Bedeutung wissenschaftlicher ↑Weiterbildung oder zu Fragen von Effektivität und Effizienz in Wissenschaft und Forschung, zu Konkurrenz und Kooperation im Verhältnis von staatlicher außeruniversitärer Forschung und Hochschulen oder zur Differenzierung und Internationalisierung des Wissenschaftssystems. Der andere wichtige Arbeitsbereich sind gutachtliche Stellungnahmen im Rahmen evaluativer Verfahren, bspw. zur Beurteilung einzelner Forschungs- und universitätsmedizinischer Einrichtungen, großer Forschungsinfrastrukturen, der Begleitung und Durchführung der Exzellenzstrategie oder der Akkreditierung privater Hochschulen.

Beide Aufgaben – sowohl die Strukturempfehlungen als auch die evaluativen Verfahren – stehen in einer fruchtbaren Wechselwirkung und ermöglichen in ihrer Zusammenschau umfassende Einblicke in das Wissenschaftssystem.

Literatur

A. Stucke: Der Wissenschaftsrat, in: M.-E. Geis (Hg.): Hochschulrecht in Bund und Ländern (Komm.), Bd. 3, [2]2019, 47. Erg.-Lfg., Stand September 2017, Rdnr. 1–182 • O. Bartz: Der Wissenschaftsrat. Entwicklungslinien der Wissenschaftspolitik in der Bundesrepublik Deutschland 1957–2007, 2007.

MARTINA BROCKMEIER

Wissenschaftstheorie ↑Wissenschaft

Wissensgesellschaft

I. Soziologie – II. Pädagogik

I. Soziologie

1. Strukturwandel von Industrie- hin zu Wissensökonomien

Der sozialwissenschaftliche Begriff der „W." bzw. der *knowledge society* (mitunter auch weniger spezifisch: postindustrielle Gesellschaft, „aktive Gesellschaft") wird in den 1960er und frühen 1970er Jahren von einer Reihe von Autoren (etwa Daniel Bell, Peter Drucker, Robert Edwards Lane, Robert Reich, David Riesmann, Alain Touraine) in unterschiedlichen Zusammenhängen der Gesellschaftsanalyse eingeführt. Im Kern benennt er zunächst die Diagnose eines weitreichenden Strukturwandels des Wirtschaftssektors in den reichen Industrieländern der damaligen westlichen Welt von der Industrie- zur Dienstleistungsproduktion. Im Rahmen des allg.en Bedeutungsanstiegs des Dienstleistungssektors als Kernmerkmal der „postindustriellen Gesellschaft" betont W. spezifischer den Aufstieg von Feldern der Wissens- und Symbolproduktion, -vermarktung und -vermittlung. Diese Diagnose wird von einigen Autoren mit weitreichenden Überlegungen zum gesellschaftlichen Elitewandel (↑Elite) sowie zu Wachstumsstrukturen und Differenzierungsprozessen des wissenschaftlichen Wissens verknüpft. D. Bell definierte Wissen als „Sammlung in sich geordneter Aussagen über Fakten oder Ideen, die ein vernünftiges Urteil oder ein experimentelles Ergebnis zum Ausdruck bringen und anderen durch irgendein Kommunikationsmedium in systematischer Form übermittelt werden" (Bell 1996: 180). Gernot Böhme und Nico Stehr bezeichnen damit eine Gesellschaft, die in all ihren Lebensbereichen durch wissenschaftliches Wissen geprägt wird. Dabei geht es nicht einfach um einen Anstieg der Wissensproduktion, sondern um einen gesellschaftlichen Funktions-, Struktur- und Formwandel. N. Stehr definiert in diesem Zusammenhang Wissen als „Handlungsvermögen" (1994: 208). Merkmale der W. sind neben der Grundlegung von Handlungsvermögen durch wissenschaftliches Wissen durch die Expertisierung und Professionalisierung des Wissens (als Ersetzung vorhandener Wissensformen wissenschaftliches Wissen), die Bedeutung der ↑Wissenschaft als Produktivkraft, Entwicklungen der Technokratie, der Aufstieg der Wissensarbeiter zur neuen herrschenden Sozialklasse und anderes mehr. Insoweit meint „W." sehr viel mehr als der ebenfalls häufig benutzte Begriff der „Informationsgesellschaft". Letzterer bezieht sich als Teilaspekt der Diagnose der W. auf die v. a. ökonomisch bedeutsame Aufbereitung und Zirkulation von ↑Informationen (etwa im Rahmen der ↑Finanzmärkte). Auch Prozesse der „Digitalisierung" des Wissens und seiner Verbreitung, sowie der „Innovationsgesellschaft" stehen in unmittelbarem Zusammenhang mit den wissensgesellschaftlichen Strukturveränderungen. Die urspr. vergleichsweise starke Wissenschaftsbezogenheit des Konzeptes ist mittlerweile einer Betonung der ökonomischen Verwertbarkeit, der kulturindustriellen Zirkulation und der technisch-medialen Entgrenzung von unterschiedlichsten Wissensformen im Zuge der ↑„Digitalisierung" gewichen. W. ist nunmehr eine Gesellschaftsform, in der die Ware Wissen in Gestalt von wissenschaftlich-technischem Wissen, ↑Bildung, Produkten, Kulturindustrien, Informationstechnologien usw. von ökonomisch zentraler Bedeutung ist.

2. Veränderte Bedeutung wissenschaftlichen Wissens

Bereits Anthony Giddens hatte das Reflexivitätsverhältnis zwischen Wissenschaft und gesellschaftlicher Praxis zu einem zentralen Merkmal der modernen ↑Gesellschaft erklärt. Die wissenschaftliche Dauerbeobachtung der Praxis durch moderne Expertensysteme führt zur permanenten Transformation dieser Praxis. In der Wissenschaftsforschung wurde mit dem Begriff des „Modus Zwei" (Gibbons u.a. 1994: vii) eine sich verändernde Beziehung zwischen grundlagen- und anwendungsorientierter ↑Forschung sowie zwischen Wissenschaft, ↑Politik, ↑Öffentlichkeit und ↑Wirtschaft angezeigt. Nach dieser nicht unumstrittenen Perspektive greifen Anwendungskontexte zunehmend stärker in die Wissensproduktionen ein. So schlug N. Stehr vor, Wissenspolitik als eine neue Form der öffentlich-politischen Intervention in wissenschaftliche Wissensproduktion und technisch-ökonomische Anwendung zu begreifen. N. Stehr betont zugl., es handele sich gerade wegen der allseitig verteilten und erhobenen Wissensansprüche um „zerbrechliche Gesellschaften" (Stehr 2000: 12). Neben den Wissenszuwachs und einen Zuwachs an Handlungsvermögen auf der Seite der Individuen trete ein Verlust des Vertrauensvorschusses in Expertenwissen unterschiedlichster Art. Jean-François Lyotard betonte in seiner Beschreibung des „postmodernen Wissens" (1986) neben der ↑Ökonomisierung auch die demokratischen und partizipativen Möglichkeiten einer erweiterten Wissensproduktion und -zirkulation. Manuel Castells wiederum weist insb. auf die globalisierte Verflechtung von Infrastrukturen, Wissenszirkulationen und Informationsströmen (↑Globalisierung) und deren Folgen für gesellschaftliche Strukturbildungen und Prozesse hin. Reiner Keller entwarf eine Perspektive sozialwissenschaftlicher Diskursforschung, die sich explizit auf gesellschaftliche Wissensverhältnisse und Wissenspolitiken richtet. In diesen Zusammenhang gehören auch Untersuchungen über den inner- und intragesellschaftlichen Wissenstransfer zwischen verschiedenen institutionellen Feldern.

3. Politische Resonanz der Diagnose

Wie kaum ein anderes gesellschaftsdiagnostisches Konzept hat der Begriff seit Ende der 1970er Jahre eine gesellschaftliche bzw. politische Nutzung erfahren. Insofern bietet er ein hervorragendes Beispiel dafür, wie ein sozialwissenschaftliches Konzept den Gegenstand verändert, auf den es sich bezieht. Spätestens seit Ende der 1970er Jahre wird die Diagnostik einer strukturell neuen Relevanz des Wissens zu einer gängigen Chiffre politischer Debatten und in zweierlei Weise politischer Gestaltungsprozesse. Zum einen erscheint „Wissen" nunmehr als die ausgezeichnete neue Ressource im ökonomischen ↑Wettbewerb. Die Förderung von Wissensökonomien – also Infrastrukturen der Erzeugung und unternehmerisch-ökonomischen Nutzung von Wissensproduktionen und -zirkulationen – wird zu einem Hauptanliegen der nationalen und übernationalen Wirtschaftspolitiken. Zum zweiten wird der Bildungsstand der Bevölkerungen verstärkt als Ressource begriffen, die es zum Zwecke der ökonomischen Gewinn- und gesellschaftlichen Wohlstandssteigerung auszubauen bzw. anzuheben gilt. In diesem Kontext entstand bspw. der europäische Bildungsraum der Bologna-Reform von 2000, deren Ziel explizit darin gesehen wird, Bildungsressourcen und -kompetenzen durch unterschiedlichste Strategien (etwa lebenslanges ↑Lernen, Förderung frühkindlicher Bildung [↑Früherziehung], Wissenschaftsorientierung der Bildung, Vermittlung von digitaler Kompetenz) zu fördern. Unterschiedlichste politische Gestaltungsprozesse – vom Aufbau digitaler ↑Infrastrukturen über Forschungs- und Entwicklungsprogramme, Exzellenzinitiativen und Innovationsförderungen, international vergleichenden Bildungsstudien bis hin zu umfassenden Bildungsreformen – können als Umsetzungsformen dieses Programmes verstanden werden. Damit entsteht auch eine starke Erwartung zur Weiter- und Hochqualifikation, die mit einer Abwertung herkömmlicher Industriearbeit, verstärkten Konkurrenzbeziehungen, individualisierten und flexibilisierten („prekären") Arbeitsverhältnissen, aber auch mit hochbezahlten Arbeitsplätzen in den Kernsektoren der W. (Finanzökonomien, ausgewählte Wissenschaftsbereiche, Social Media Unternehmen [↑Social Media]) einhergeht.

4. Kritik der Wissensgesellschaft

Neben der bereits weiter oben erwähnten grundsätzlichen Begriffskritik sprechen spezifische kritische Stimmen seit längerem von einem „Mythos Wissensgesellschaft" (Kübler 2005; Bittlingmayer/Bauer 2006). Demnach handele es sich um ein politisch-ideologisch gefärbtes Konzept, das in erster Linie zur Umverteilung gesellschaftlichen Reichtums und zur einseitigen Förderung spezifischer Branchen genutzt werde. Das vorgetragene Teilhabeversprechen für Alle, sofern sie sich anstrengen und Kompetenzen erwerben, maskiere demnach eine tatsächliche Asymmetrie von Lebens-, Beschäftigungs- und Erwerbschancen, die im Bildungssystem insb. der BRD in ungebrochener Weise reproduziert werde. Im Anschluss an die Theorie reflexiver ↑Modernisierung betonen andere Autoren, dass Wissensproduktion immer mit Formen der Produktion von „Ungewissheit" und „Nichtwissen" einhergehe. Insofern könne gleichermaßen von „Nichtwissensgesellschaften" (Beck 2007: 211) gesprochen werden. Aus bildungsphilosophischer Sicht wird darauf hingewiesen, dass die bildungsreformerisch (↑Reform) beförderte „Vernützlichung" des Wissens- als Kompetenzerwerbs eine Verabschiedung von früheren Bildungsidealen befördert und zu einer verflachten Kultur des Unwissens führe, wie sie sich in den digitalen Räumen der Gegenwart zeige. Schließlich kann auch ein breites Unbehagen an Expertenwissen, die Entstehung neuer „Blasen" und verschwörungstheoretisch konstituierter Gemeinschaften (↑Verschwörungstheorien) im Internet, die Verunklarung des Verhältnisses zwischen Expertise und Laienwissen als Kehrseite der W. benannt werden. Alles in allem ist der Begriff W. in dem Maße, in dem er zu einem politischen

Allgemeinplatz wurde, in den sozialwissenschaftlichen Forschungen in den Hintergrund getreten.

Literatur

G. Vobruba: Die Kritik der Leute. Einfachdenken gegen besseres Wissen, 2019 • A. Engelhardt/L. Kajezke (Hg.): Hdb. Wissensgesellschaft, 2010 • K. P. Liesmann: Theorie der Unbildung. Die Irrtümer der Wissensgesellschaft, 2008 • M. Prisching: Bildungsideologien. Ein zeitdiagnostischer Essay an der Schwelle zur Wissensgesellschaft, 2008 • U. Beck: Weltrisikogesellschaft, 2007 • U. H. Bittlingmayer/U. Bauer (Hg.): Die „Wissensgesellschaft". Mythos, Ideologie oder Realität?, 2006 • P. Wehling: Im Schatten des Wissens. Perspektiven der Soziologie des Nichtwissens, 2006 • R. Keller: Wissenssoziologische Diskursanalyse. Grundlegung eines Forschungsprogramms, 2005 • H. D. Kübler: Mythos Wissensgesellschaft, 2005 • S. Böschen/I. Schulz-Schaeffer (Hg.): Wissenschaft in der Wissensgesellschaft, 2003 • N. Stehr: Wissenspolitik. Die Überwachung des Wissens, 2003 • M. Castells: Das Informationszeitalter, 3 Bde., 2001 • N. Stehr: Die Zerbrechlichkeit moderner Gesellschaften, 2000 • D. Bell: Die nachindustrielle Gesellschaft, 1996 • M. Gibbons u. a.: The New Production of Knowledge. The Dynamics of Science and Research in Contemporary Societies, 1994 • N. Stehr: Knowledge Societies, 1994 • A. Giddens: Konsequenzen der Moderne, 1991 • G. Böhme/N. Stehr: The Growing Impact of Scientific Knowledge on Social Relations, in: dies. (Hg.): The Knowledge Society, 1986, 7–29 • J.-F. Lyotard: Das postmoderne Wissen: ein Bericht, 1986.

REINER KELLER

II. Pädagogik

1. Gesellschaftsdiagnosen als Serienprodukt

1985 prognostizierte Ulrich Beck einen epochalen gesellschaftlichen Wandel: „Wir schlittern in eine *neue* Gesellschaft, nicht in eine veränderte Gesellschaft, [...] in ein neuartiges gesellschaftliches Gefüge, für das wir noch keinen Begriff und damit auch keinen Blick haben" (Beck 1985: 90; Herv. i. O.). Seither, so macht es den Anschein, ist die Vorlage zeitgemäßer „Deutungsangebote zur Charakterisierung unserer gesellschaftlichen Situation" (Ruhloff 2007: 20) für Teile des Wissenschaftssystems zum Programm geworden: So ist „gleichzeitig aber voneinander abweichend" (Ruhloff 2007: 20) die Rede von der ↑Risikogesellschaft und Transformationsgesellschaft, von der Erwerbsarbeitsgesellschaft, von der ↑Zivilgesellschaft, von der multikulturellen Einwanderungsgesellschaft, von der Ungleichheitsgesellschaft, von der ↑Erlebnisgesellschaft, von der Mediengesellschaft, von einer globalisierten, spätkapitalistischen und Netzwerkgesellschaft. Jüngstes Produkt seit 2016 stellt die sog.e postfaktische Gesellschaft dar, die sich durch Desinformation, Emotionalität und Irrationalität in neoautoritären Strukturen auszeichnet.

Trotz der teils sehr unterschiedlich ausgestellten Befunde ist ihnen eines gemeinsam: Alle adressieren Forderungen nach einer Lösung der aufgeworfenen Probleme auch an ↑Bildung und ↑Erziehung. Die Verkürzung, die hierbei zum Ausdruck kommt, besteht darin, dass grundlegenden Einsichten der pädagogischen Forschungstradition häufig nicht adäquat Rechnung getragen wird: Zum einen ist Wissen nicht mit Bildung gleichzusetzen, da es dort um weit mehr als eine reaktive Alltagsbewältigung und quantitativen Wissenszuwachs durch strukturierte Lehr- und Lernprozesse geht. Zum anderen ist die Logik der Produktion und Quantifizierung nicht ohne Weiteres auf Prozesse des Heranwachsens als geistige, soziale und emotionale Entwicklung übertragbar. Mit anderen Worten: Die sog.e W. kann nicht zwangsläufig für sich beanspruchen, auch eine gebildete Gesellschaft zu sein. Vielmehr, so Dietrich Benner in Fortführung der Klafkischen Bildungstheorie, ist die grundsätzliche Bestimmung von Bildung und Erziehung darin zu sehen, „Heranwachsende gegenüber aktuellen Bewegungen urteilsfähig und in einem distanziert-kritischen Sinne auch partizipationsfähig zu machen. [...] Kritische Partizipation lässt sich nicht durch Vor- und Nach- und Mitmachen, sondern nur auf dem Umweg über Urteilsbildung edukativ unterstützen" (Benner 2017: 89). Trotz vieler Antworten auf Zukunftsfragen, die gegeben werden, trotz aller ↑Zukunftsforschung und Zeitdiagnostik, ist nicht absehbar, welche Probleme auf die jetzige Generation von Kindern und Jugendlichen in diesem Jahrhundert noch zukommen werden. Gewiss aber werden es Fragestellungen sein, für die derzeit noch keine Antworten gefunden werden können. „Es reicht also nicht, die Kinder lediglich mit Antworten auf Fragen, die wir bereits kennen, zu füttern, um sie ‚kompetent' für die Zukunft zu machen" (Schäfer 2007: 69). Insofern ist es nach dieser problematisierenden Einführung im Namen von Bildung und Erziehung geboten, die Herausforderungen, die aus der Diagnose W. an die Pädagogik resultieren, genauer in den Blick zu nehmen und mit einigen kritischen Rückfragen und Gegenthesen zu konfrontieren.

2. Pädagogik der Wissensgesellschaft

Ausgehend von einer „beschleunigten technologischen Dynamik" stellt Helmut Willke Ende der 1990er Jahre fest, dass „von einer Wissensgesellschaft [...] dann zu sprechen" sei, „wenn alle Funktionsbereiche der Gesellschaft wissensabhängig und auf die Produktion von neuem Wissen angewiesen" seien (Willke 1997: 263). Wissensproduktion sei somit kein exklusives Geschäft des Wissenschaftssystems, sondern aller gesellschaftlichen Teilbereiche wie ↑Politik, ↑Wirtschaft und ↑Gesundheit, die auf die Erzeugung eigenständigen Wissens setzen müssen, um überhaupt funktionieren zu können (↑Systemtheorie). Mit dem Übergang von der ↑Industriegesellschaft zur W. falle, wie Karin Knorr-Certina gleichsam bekräftigt, das Monopol der wissenschaftlichen ↑Forschung auf professionelles Wissen, d. h. in allen gesellschaftlichen Bereichen gelte das Hauptaugenmerk einem stetig wachsendem Wissensbestand, der das für das Überleben und Fortkommen des Sub- und Gesamtsystems benötigt werde.

Wie aber wirkt sich diese Deutung der W. auf die Pädagogik aus, zu deren Eigenart es gemäß ihrer philosophischen Ursprünge gehört, den jeweils verwendeten Begriff des Wissens vor aller Betriebsamkeit und sozialdiagnostischen Indienstnahme einer systematischen und epistemologischen Klärung zu unterziehen, um nicht einer naiven, materialistischen Vorstellung von Wissen, die sich im Bild der „Produktion" bereits abzeichnet, das Wort zu reden bzw. eine enggeführte, systemtheoretische oder ahistorische Sicht auf soziale Gefüge zu bedienen? Dem Aufruf zur kritisch-reflexiven Vergewisserung liegt die Überzeugung zugrunde, dass die Weitergabe von Wissen als zentrale pädagogische Aufgabe nicht unabhängig davon zu betrachten ist, ob und wie Menschen überhaupt dazu befähigt sind bzw. werden, die an sie in immer kürzerer Abfolge gestellten sozialen, politischen und ökonomischen Anforderungen auch zu bewältigen. Überdies kann die Erziehungswissenschaft im Vergleich zu anderen Disziplinen von der Situationsgebundenheit der Ausstellung jedweder Diagnose nur absehen, wenn sie deren soziale Bedingtheiten vernachlässigt, und von einem objektiven Beobachterstandpunkt ausgeht, der prinzipiell nur als Konstrukt oder Hypothese aufgerufen werden kann.

Um dem Risiko übereilter und folgenreicher Befunde zu begegnen, empfiehlt D. Benner „nicht einfach vom Wissen der Wissensgesellschaft, sondern von unterschiedlichen Wissensformen sowie quer zu diesen liegenden Diskursen zu sprechen", zumal sich „keine Gesellschaft allein über Wissen definiere", sondern „Handlungsfelder" wie „Arbeit", „Sitte", „Erziehung, Politik, Kunst und Religion" mit je eigenen „Ordnungen" unterscheide (Benner 2011: 29). Zudem scheine die W. eine Wissensform zu präferieren, die von allg. verfügbaren Daten, Fakten und Ressourcen ausgeht, die nicht notwendig als Neuerung und Gewinn zu verstehen seien, zumal man stets damit rechnen müsse, dass jedes Wissen ein „Nicht-Wissen" in Form einer ausgeblendeten oder schlicht vergessenen Vorgeschichte enthalten kann (Benner 2011: 31).

Anlässlich der unkritischen „Stilisierung" der gegenwärtigen sozialen Lage zur Epoche des Wissens verweist Jörg Ruhloff auf den paradoxen Effekt, dass mit der Bedeutungssteigerung des Wissens, die für Pädagogen als deren Vermittler in „Lehre, Schule und Unterricht" zunächst vielversprechend erscheinen mag, auch ein zunehmender „Schwund des Wissens" zu konstatieren sei (Ruhloff 2007: 19). Im wiederkehrenden Verweis auf die sinkende Halbwertszeit des Wissens offenbart sich die Dominanz eines naturwissenschaftlich-technischen Forschungsparadigmas (↑Naturwissenschaften, ↑Technik), das von einem stetigen Anwachsen neuen Wissens bei gleichzeitiger rapider Wissensentwertung ausgeht. Pädagogisch gewendet ergebe sich hieraus ein Hang zur Beschleunigung und Flexibilisierung im Bildungssystem, ungeachtet der biologischen Eigenzeiten und Rhythmen des Wissenssubjekts. Durch die Umakzentuierung des Wissens zur Kapitalform sollten Wettbewerbsvorteile (↑Ökonomisierung) erzielt und neue Handlungsmöglichkeiten eröffnet werden. Der von J. Ruhloff konstatierte Wissensverlust in der W. bestehe jedoch nicht in der Überholung veralteten und ungültig gewordenen Wissens, sondern in der Konzentration auf „produktgeleitetes Verwendungswissen" (Ruhloff 2007: 28) zulasten einer auf intersubjektiver Erkenntnis und ↑Freiheit gerichteten Aneignung und souveränen Beherrschung überlieferter und neu erarbeiteter Wissensbestände. Als Legitimationsformel für den Umbau des Bildungswesens gemäß der bildungspolitischen Agenda der OECD werde mit der W. ein restriktiver Wissensbegriff vorgegeben, durch den in letzter Konsequenz das „freie Verhältnis zum Wissen verloren" gehe (Ruhloff 2007: 32).

In bildungstheoretischer Hinsicht zeigen universale Deutungsformeln wie die W. aufgrund der vielen ungeklärten Widersprüche demnach erhöhten Forschungsbedarf an, zumal sie einen „wissenschaftlich ungedeckten Appell an unsere Zustimmung" (Ruhloff 2007: 20) enthalten. Es gilt also, die vielfältigen „Beziehungen zwischen Pädagogik und Wissensgesellschaft herauszuarbeiten, zu problematisieren und mögliche Forschungsperspektiven für die Erziehungswissenschaft aufzuzeigen" (Höhne 2003: 9). Unerlässlich für ein tieferes Verständnis der Zusammenhänge ist die Rekonstruktion der historischen Wurzeln in der „amerikanische[n] Reformpolitik" und „rationalistische[n] Planungseuphorie der 1960er Jahre" als Vorläufer der „zweiten" Phase einer „neoliberalen Transformation" der westlichen Gesellschaften in den 1990er Jahren (Höhne 2008: 297 f.), die mit den strukturellen Großreformen (↑Reform) des Bildungssystems nach PISA und der Bologna-Reform ihren vorläufigen Abschluss findet.

Angesichts der realitätsformierenden Macht populärer Zeitdiagnosen stellt deren wissenschaftliche Begleitung und Aufarbeitung gewissermaßen den Minimalanspruch an einen vielstimmigen Diskurs dar, in dem skeptische Positionen und Gegenthesen artikuliert werden dürfen, ohne als „alteuropäische Träumereien" (Ruhloff 2007: 31) missverstanden zu werden.

3. Irrtümer und Risiken der Wissensgesellschaft

In seiner vielbeachteten „Theorie der Unbildung" macht Konrad Paul Liessmann (2010) die im Untertitel des gleichnamigen Bandes offenbarten „Irrtümer der Wissensgesellschaft" daran fest, dass diese Gesellschaftsform entgegen aller Beteuerungen den Wert des Wissens offenbar gar nicht „besonders schätze", da es durch die Ausrichtung am Modell der Produktion und Anwendung „längst seines Erkenntnisanspruchs beraubt wurde" (Liessmann 2010: 143). V.a. in bildungsethischer Hinsicht komme die trügerische Absicht zeitdiagnostischer Universalformeln zum Vorschein. Der Apotheose des Wissens stellt K. P. Liessmann die These entgegen, „daß in der Wissensgesellschaft das Wissen gerade keinen Wert an sich" darstelle (Liessmann 2010: 143). Erst durch die „Integration des Wissens in ein Persönlichkeitskonzept, das den Menschen zum Souverän des sittlichen Handelns eben ‚bilden' will" entstehe „das mündige und verantwortungsfähige Subjekt" (Liessmann 2010: 146). Der eigentliche Wandel, an den die W. appelliere, sei die Transformation des Wissens von einem „integralen Moment eines Menschenbildungsprozesses zu einem Mittel im Kampf um Märkte und industrielle Zukunftschancen" (Liessmann 2010: 147). Folgt man dieser Sichtweise, handelt es sich um eine Gesellschaftsform, die von der Vorstellung geleitet wird, „alles der Kontrolle des ökonomischen Blicks unterwerfen zu können" (Liessmann 2010: 175), ohne zu bemerken, dass dies zunehmend um den Preis von ↑Freiheit, Bildung und ↑Aufklärung geschieht. Die Glorifizierung und bloße Ansammlung von Wissen, die von einem naiven Enzyklopädismus und einer positivistischen Wissensauffassung (↑Positivismus) getragen wird, stellt ohne prüfende Rückbindung an dessen Träger keine Beförderung, sondern die Verhinderung von Bildung dar.

Einen weiteren beachtenswerten Blick auf die W. jenseits naiver Verklärung liefert der US-amerikanische Physiker und Nobelpreisträger Robert Betts Laughlin: Zwar erlaube die W. aufgrund technologischer Neuerungen wie keine andere Gesellschaftsform zuvor einen freien Zugang zum Wissen und die ↑Partizipation an dessen Weiterentwicklung, wodurch aber längst eine „paradoxe Situation entstanden" sei: „Wissen ist gefährlich. Die Möglichkeiten Wissen zu erwerben, können zu erheblichen Konflikten führen" (Laughlin 2008: Umschlagtext). Seine eindringliche Analyse der Disparitäten der W. im Widerstreit von ökonomischen ↑Interessen, dem Bedürfnis nach ↑Sicherheit und den ↑Menschenrechten, macht auf die Bedrohungen aufmerksam, die sich aus dem Wandel zum Informationszeitalter ergeben. Vom Schul-, Anwendungs- und Lebenswissen deutlich zu unterscheiden sei ein Wissen, das entweder aufgrund seines ökonomischen Wertes als Privateigentum geheim gehalten werde oder aufgrund seines Gefahrenpotentials vor dem Erwerb durch Unbefugte geschützt werden müsse. Die Utopie einer neuen Bildungsgerechtigkeit als positiver Effekt eines durchlässigen Wissens- und Informationssystems lasse leicht übersehen, dass sich „Staaten, Unternehmen und Individuen" anlässlich der Entwertung materieller Ressourcen zunehmend darum bemühten, „Konkurrenten um jeden Preis davon abzuhalten, bestimmte Dinge in Erfahrung zu bringen" (Laughlin 2008: 9). Laut R. B. Laughlin häuften sich seit der beschriebenen Transformation die Belege für diese „Verbrechen der Vernunft" und den „Betrug an der Wissensgesellschaft", so der deutsche Titel seines Essays, v. a. in den Bereichen Wirtschaft, Politik und ↑Militär. Der aktuelle Streit um den Schutz persönlicher Daten (↑Datenschutz), die wachsende Zahl von Angriffen auf sensible Systeme, die steigende Cyberkriminalität und Fälle von Industriespionage (↑Spionage) passen für R. B. Laughlin hier genauso ins Bild wie die traditionellen „Wissensverbote" etwa im Bereich der Atomphysik oder ↑Gentechnik, die notwendig seien, um katastrophale Auswirkungen unerlaubter Wissensaneignung und böswilliger Wissensverwendung zu unterbinden. Er beschreibt eine bizarre Entwicklung der Kriminalisierung und Bedrohung des Wissens, die daran appelliert, im Kontext sozialer Großmutationen den Sinn für Kritik nicht zu verlieren, und den Blick für potenziell dystopische Auswirkungen weiter zu schärfen. Sein Ausblick auf ein „neues ‚Dunkles Zeitalter', dessen Kennzeichen nicht Licht und Wahrheit sind, sondern Desinformation und Ignoranz" (Laughlin 2008: Umschlagtext) empfiehlt sich in jedem Fall der anhaltenden wissenschaftlichen Aufmerksamkeit.

Anstatt die Skepsis bzgl. neuer Gesellschaftsformen und -diagnosen als Betätigungsfeld einer kulturpessimistischen Avantgarde (↑Kulturkritik) fehlzudeuten, sei sie stattdessen als Ausführung eines alten pädagogischen Auftrags verstanden, der am Erhalt der inneren Verbindung von Bildung und Wissen im Namen der ↑Humanität arbeitet, oder anders ausgedrückt: „Ohne Sozialisation und Wissenserwerb sind Menschen nicht überlebensfähig; ohne B[ildung] sind sie nicht frei" (Frost 2017: 693).

Literatur

D. Benner: Bildung und Kompetenz, in: K. H. Braun/F. Stübig/H. Stübig (Hg.): Erziehungswissenschaftliche Reflexion und pädagogisch-politisches Engagement, 2017, 73–91 • U. Frost: Bildung, in: StL, Bd. 1, [8]2017, 692–698 • G. S. Schaal/D. Fleuß/S. Dumm: Die Wahrheit über Postfaktizität, in: APuZ 67/44–45 (2017), 31–38 • D. Benner: Wissensformen der Wissensgesellschaft, in: E. Keiner u. a. (Hg.): Metamorphosen der Bildung, 2011, 29–42 • K. P. Liessmann: Theorie der Unbildung. Die Irrtümer der Wissensgesellschaft, [4]2010 • T. Höhne: Wissensgesellschaft, in: A. Dzierzbicka/A. Schirlbauer (Hg.): Pädagogisches Glossar der Gegenwart, [2]2008, 297–305 • R. B. Laughlin: Das Verbrechen der Vernunft. Betrug an der Wissensgesellschaft, 2008 • E. Ode: Aufbruch in ein neues Zeitalter. Wie gebildet ist die Wissensgesellschaft?, in: VWP 84/4 (2008), 438–445 • J. Ruhloff: Schwund des Wissens in der Wissensgesellschaft?, in: H.-R. Müller/W. Stravoravdis (Hg.): Bildung im Horizont der Wissensgesellschaft, 2007, 19–34 • G. E. Schäfer (Hg.): Bildung beginnt mit der Geburt, 2007 • T. Höhne: Pädagogik der Wissensgesellschaft, 2003 • H. Willke: Die Wissensgesellschaft, in: A. Pongs (Hg.): In welcher Gesellschaft leben wir eigentlich?, Bd. 2, 2000, 263–279 • K. Knorr-Certina: Die Wissensgesellschaft, in: A. Pongs (Hg.): In welcher Gesellschaft leben wir eigentlich?, Bd. 1, 1999, 149–169 • U. Beck: Von der Vergänglichkeit der Industriegesellschaft, in: T. Schmid (Hg.): Das pfeifende Schwein. Über weitergehende Interessen der Linken, 1985, 85–114 • W. Klafki: Neue Studien zur Bildungstheorie und Didaktik. Beiträge zur kritisch-konstruktiven Didaktik, 1985 • Ders.: Studien zur Bildungstheorie und Didaktik, 1963. MICHAEL OBERMAIER UND ERIK ODE

Wissenssoziologie

W. bezeichnet einen sozialwissenschaftlichen Ansatz, der sich mit dem Zusammenhang zwischen dem Wissen und der Erkenntnis auf der einen und sozialen Prozessen sowie sozialen Strukturen auf der anderen Seite beschäftigt. Der Begriff W. wurde von Karl Mannheim und Max Scheler Anfang der 1920er Jahre geprägt. Die soziale Bedeutung des Wissens war bereits von den soziologischen Klassikern bemerkt worden. So hatte Auguste Comte mit seinem Dreistadiengesetz auf die historische Verschiebung vom theologischen über das metaphysische zum wissenschaftlichen Wissen hingewiesen, Karl Marx hatte die ideologische Rolle des Wissens in seiner Unterscheidung von Basis und Überbau betont, und der französische Soziologe Émile Durkheim hatte die soziale Strukturiertheit selbst der elementaren Kategorien des Denkens (Logik, Kausalität, Zeitlichkeit) herausgehoben. Zugespitzt formuliert K. Mannheim dieses soziologische Verständnis als „Seinsverbundenheit“ (Mannheim 1978: 227) allen Wissens. Jede Art der sozialen Gruppierungen bildet ein eigenes Wissen aus, das ihr eine bes. Perspektivität verleiht und zur ↑Ideologie neigt. Bes. moderne Gesellschaften sind durch plurale Perspektiven gekennzeichnet.

Die jüngere W. im Gefolge von Alfred Schütz bindet Wissen systematisch an die Vorstellung, dass die Wirklichkeit insgesamt im Handeln geschaffen wird, das von sozial geprägtem Wissen geleitet ist. Diese Vorstellung findet im wissenssoziologischen Paradigma des Sozialkonstruktivismus (↑Konstruktivismus) einen international sehr breit rezipierten Ausdruck, der von Peter Ludwig Berger und Thomas Luckmann geprägt wurde. Im deutschsprachigen Raum bildete dieser Ansatz den lebendig diskutierten Bezugspunkt für zahllose wissenssoziologische Veröffentlichungen und Forschungsanstrengungen sowie die erfolgreiche Institutionalisierung innerhalb der DGS.

Die für die W. betonte Verknüpfung von Wissen mit Handeln (↑Handeln, Handlung) findet ihren Nachhall in nahezu allen jüngeren Theorielinien innerhalb der Soziologie, auch wenn sie jeweils mit unterschiedlichen Begriffen gefasst wird. Die von der jüngeren W. getragene interpretative Wende der ↑Sozialwissenschaften (Symbolischer Interaktionismus, Ethnomethodologie, Sozialkonstruktivismus) trug auch maßgeblich zur Ausbildung der qualitativen Methoden der ↑empirischen Sozialforschung bei, die sich dem Wissen der Handelnden als Konstrukten erster Ordnung verstehend zuwendet, um daraus ihre Handlungen zu erklären. Die jüngere W. wirkte sich auch auf viele andere wissenschaftliche Disziplinen und interdisziplinäre Forschungszusammenhänge aus, wie etwa *Gender Studies* (↑Gender), der postkolonialen Erforschung (↑Postkolonialismus) sozialer Probleme und die sich international und interdisziplinär ausbreitenden *Science and Technology Studies*.

Während die ↑Philosophie Wissen als Verhältnis eines einzelnen „erkennenden“ ↑Subjekts zu einem Objekt, zur Umwelt oder zur ↑Welt betrachtet (wobei die verschiedenen Positionen von der Art der Aktivität des Subjekts und der ↑„Realität“ der Objekts abhängen), zeichnet sich die prägnante soziologische Konzeption des Wissens dadurch aus, dass es das Wissen des Erkenntnissubjekts zudem, hauptsächlich oder sogar ausschließlich als abhängig von seiner Relation zu anderen Subjekten ansieht. Diese Position wird spät in der Philosophie als *social epistemology* formuliert. Wissen wird als großteils von anderen übernommenes Sinngebilde, als wesentlich von der ↑Kultur bereitgestellte Bedeutung oder als – auch hinsichtlich der Ding- und Naturwelt – hauptsächlich in sozialen und kommunikativen Prozessen erzeugt verstanden. Wissen umfasst nicht nur explizite und sprachliche, sondern auch „implizite“ leibliche (z. B. „Sehgemeinschaften“), habitualisierte („Körpertechniken“) und routinisierte („Communities of Practice“) Formen bis hin zu den basalen lebensweltlichen (↑Lebenswelt) Kategorien von Zeit und Raum. Wissen wird in Zeichen, ↑Sprache, Artefakten und Technologien objektiviert, die im Handeln jeweils situativ realisiert werden. Diese Objektivationen bilden die Grundlage für dauerhafte Wissensordnungen, die von sozialen ↑Institutionen getragen und durch deren ↑Macht gestützt oder gestürzt werden. Wissen ist damit Teil großflächiger sozialer Prozesse, in denen die gesellschaftliche Wirklichkeit konstruiert wird. Welche Wirklichkeit konstruiert wird, hängt deswegen sehr wesentlich von der jeweiligen sozialen Verteilung und den Arten der kommunikativen Vermittlung des Wissens ab. Daher stellt Wissen bzw. die Macht, Wissen zu definieren, eine zentrale Säule jeder gesellschaftlichen Ordnung dar.

Grob lassen sich die verschiedenen wissenssoziologischen Ansätze danach unterscheiden, *a)* wie sie das Verhältnis von ↑Wissenschaft und ↑Gesellschaft fassen und *b)* welche Prozesse sie zugrunde legen.

a) Korrelationistische Ansätze betonen das Wechselverhältnis von gesellschaftlichem Wissen und Gesellschaft, das sie etwa kausal oder funktionalistisch deuten. Integrierte Ansätze sehen Wissen dagegen als ein definitorisches Merkmal des sozialen oder kollektiven Handelns, das deswegen zuerst verstanden werden muss, um erklärt werden zu können.

b) Neben sozialen sinngeleiteten Handlungen können auch vorreflexive „habitualisierte“ Praktiken als grundlegende Prozesse der Wissenskonstitution und -vermittlung angesehen werden, aber auch Sinn „prozessierende“ Kommunikationen, Sinn körperlich objektivierendes kommunikatives Handeln oder gesellschaftliche Diskurse.

Die wissenssoziologische Analyse fokussiert auf das von diesen Prozessen erzeugte, sie leitende oder sie tragende Wissen (etwa als Schema, Typisierung oder Kategorisierung). Gegenstand der W. ist ebenso die soziale Verteilung des Wissens, die nach Handlungsrollen, Sonder- und Expertenwissen unterschieden werden kann; dazu gehören auch die Wissensbestände der verschiedenen sozialen Institutionen mit ihren jeweiligen ↑Legitimationen. V.a. auch die ungleiche Verteilung des Wissens nach sozialen ↑Gruppen ist Untersuchungsgegenstand der W., die sich dabei auch für die damit verbundenen Ideologien und Machtverhältnisse interessiert („Eliten“, „Arbeiterklasse“ oder „Bildungsbürgertum“). Daneben bildet die Untersuchung der Wissensvermittlung einen bedeutenden Forschungszweig, wobei etwa bes. auf die sprachlichen Mittel der ↑Kommunikation, die objektivierten, medialen und materialen Formen der Kommunikation sowie auf kommunikative Gattungen geachtet wird.

Eine mit dem wissenssoziologischen Konzept des Wissens engstens verbundene Diagnose kreist um den Begriff der ↑Wissensgesellschaft. Diese zeichnet sich einerseits durch eine starke Orientierung am wissenschaftlichen, „positiven“ und „objektiven“ Wissen aus. Hierbei spielt die Wissenschaft eine große Rolle zur Bestimmung und Legitimation des Wissens. Wissen hat auch gewissen Einfluss auf den Zugang zu zunehmend professionalisierten (keineswegs notwendig „wissenschaftlichen“) Berufskarrieren, und ist ein wesentliches Instrument der gesellschaftlichen Veränderungen, das in diesem Zusammenhang als ↑„Innovation“ interpretiert wird. Andererseits wird etwa im ↑Management auch auf die „implizite“ Seite des Wissens und die „Kreativität“ der Handelnden geachtet.

„Wissensgesellschaft“ bildet zu guten Teilen eine normative Selbstbeschreibung, die sich auf die funktionalen Aspekte des Wissens beschränkt. Sie geht einher mit der Ausbreitung der Informations- und Kommunikationstechnologien und entspr.en Veränderungen der Formen, Vermittlung und Strukturen der Kommunikation. Wissensgesellschaft zeichnet sich jedoch nicht durch eine bloße Vermehrung des Wissens aus, sondern basiert auf der bes.n Betonung wissenschaftlich legitimierten Wissens, das in einer zunehmend längeren, mit formalen (akademischen) Abschlüssen verbundenen und sich auf immer mehr soziale Gruppen erstreckenden Ausbildung vermittelt wird.

Diese im Konzept der Wissensgesellschaft implizierte Bedeutung der Wissenschaft wird durch die Wissenschaftssoziologie analysiert. Diese hat sich aus der W. entwickelt, der sie etwa den Zusammenhang zwischen „Denkstilen“ und sozialen Gruppen verdankt. Während sich die Wissenschaftssoziologie zunächst in Großbritannien und in den USA allmählich weiterentwickelt hat, ist der wissenssoziologische Grundgedanke einer Abhängigkeit wissenschaftlichen Wissens von sozialen Strukturen, Praktiken und Handlungsformen Kern einer sich international enorm rasch ausbreitenden interdisziplinären Wissenschaftsforschung, *Social Studies of Science*, geworden. Standen dabei zunächst die Lebens-, ↑Natur- und Ingenieurswissenschaften im Vordergrund der ↑Forschung, so wendet sie sich mittlerweile auch der Sozial- und kulturwissenschaftlichen Forschung zu. Diese reflexive Zuwendung zu den eigenen „Wissenskulturen“ dient der eigenen theoretischen Selbstvergewisserung, trägt zur Neuausrichtung der Erfassung der eigenen Disziplin- und Methodengeschichte bei und verspricht auch neue Anstöße für eine empirisch fundierte Theorie der Wissenschaft.

Literatur

R. Keller/A. Poferl: Wissenskulturen der Soziologie, 2018 • H. Knoblauch: Die kommunikative Konstruktion der Wirklichkeit, 2017 • Ders.: Wissenssoziologie, 2012 • A. Schütz/T. Luckmann: Strukturen der Lebenswelt, 2003 • K. Knorr-Cetina: Die Fabrikation von Erkenntnis, 1984 • K. Mannheim: Ideologie und Utopie, 1978 • P. Berger/T. Luckmann: Die gesellschaftliche Konstruktion der Wirklichkeit, 1969.

HUBERT KNOBLAUCH

Wohlfahrt

1. Definition

W. bezeichnet im weitesten Sinne das Erreichen ökonomischer, sozialer und ethischer Ideale und im engsten Sinne die ökonomische Qualität eines gesellschaftlichen Zustands, der sich durch die ↑Produktion und Verwendung (↑Allokation) von Gütern auszeichnet. Oft wird W. auch als ökonomische Definition des ↑Gemeinwohls verwendet. Ferner kann sich W. auch auf das Wohlergehen (↑Nutzen) und die Lebensqualität eines Individuums beziehen. Wie W. gemessen wird und welche Determinanten für sie entscheidend sind, ist seit jeher Gegenstand sozialwissenschaftlicher Diskussionen. Mit ihrer Konzeption, Messung und Diskussion befasst sich im Bereich der Wirtschaftswissenschaften die W.s-Ökonomik, die ihre Anfänge in der älteren W.s-Theorie des 18. und 19. Jh. hat und in der paretianischen und neueren W.s-Theorie des 19. und 20. Jh. wesentlich weiterentwickelt wurde. W. ist dabei häufig durch die Verfügbarkeit gewisser Güterbündel definiert, ferner sind aber auch sozialer Status und der relative Wohlstand eines Individuums innerhalb einer Gesellschaft entscheidend für sein Wohlergehen.

Grundlegend für die ökonomische W.s-Theorie ist der methodologische ↑Individualismus nach Carl Menger und Karl Popper, demzufolge kollektive Phänomene auf der Makroebene von individuellem Handeln auf der Mikroebene abgeleitet werden. Für die W. als kollektives Konzept bedeutet das, dass sich die W. einer Gesellschaft durch die individuellen Empfindungen ihrer Mitglieder erklären lassen muss. Damit kommt die W. nicht ohne (subjektive) ↑Werturteile aus.

Als gesamtwirtschaftlicher Indikator für die W. wird häufig das BSP verwendet, das allerdings als Maß aller in einem bestimmten Zeitraum erwirtschafteten ↑Güter und ↑Dienstleistungen eher als Produktionsmaß zu verstehen ist und damit nur eine Approximation an einen W.s-Begriff im oben genannten Sinne sein kann. Konzepte wie der Index der menschlichen Entwicklung (HDI) bilden daher weitere Einflussgrößen wie die Lebenserwartung oder das Bildungsniveau (↑Bildung) bei der Bemessung der W. in einem Indikator ab.

2. Ältere Wohlfahrtstheorie

Die ältere W.s-Theorie ist wesentlich durch den Nutzensummenutilitarismus (von engl. *utility*, lat. *utilitas* = Nutzen) von Jeremy Bentham und John Stuart Mill geprägt. Der ↑Utilitarismus orientiert sich am Nutzen der Einzelpersonen und definiert die maximale W. als das „größte Glück der größten Zahl". W. ist demzufolge die Summe der individuellen Nutzenwerte. Folglich wird von einem kardinal messbaren Nutzen ausgegangen, der sich durch zwei konstituierende Merkmale auszeichnet:

a) Nutzendifferenzen sind sinnvoll interpretierbar und können ins Verhältnis zueinander gesetzt werden.

b) Nutzenwerte sind intersubjektiv, also zwischen verschiedenen Individuen vergleichbar.

Zielsetzung des Utilitarismus ist nun die Maximierung der W. als Summe der individuellen Nutzenwerte.

In der Folge lässt sich eine vollständige Rangordnung aller denkbaren gesellschaftlichen Zustände erstellen; zwei Zuständen A und B kann immer entweder eine unterschiedliche oder eine gleichwertige W. zugeschrieben werden. Es ist also ausgeschlossen, dass unklar ist, ob A oder B vorzuziehen ist – oder ob beide Zustände gleichwertig sind.

Kritiker der älteren W.s-Theorie bemängeln einerseits, dass utilitaristische Überlegungen das Opfer eines Einzelnen rechtfertigen können, sofern es mehreren weiteren Personen nützt – wenn also der Nutzenverlust eines Individuums geringer ist als der dadurch entstehende Nutzengewinn der übrigen. Ein solcher Ansatz kann auf ethische Bedenken stoßen, insb. von Seiten der deontologischen Ethik und der Tugendethik (↑Ethik). Andererseits wird eingewendet, dass der Utilitarismus unter gängigen Annahmen eine Tendenz zur ↑Gleichheit besitzt. Wenn nämlich angenommen wird, dass ein Gut einen positiven, aber abnehmenden Grenznutzen besitzt (konkave Nutzenfunktionen, Erstes Gossensches Gesetz), stiftet der Konsum der ersten Einheit eines Gutes einen größeren zusätzlichen Nutzen als die zweite; in der Folge kann die W. erhöht werden, indem relativ wohlhabenden Personen Güter weggenommen und damit relativ geringe Nutzenverluste in Kauf genommen werden, um dieselben Güter weniger wohlhabenden Personen zu überlassen und damit relativ große Nutzengewinne zu bewirken. Unter der häufig vereinfachenden Annahme identischer Nutzenfunktionen liegt das W.s-Optimum bei einer perfekten Gleichverteilung der Nutzen – und damit auch der zur Nutzenschaffung benötigten Güter. Damit haben utilitaristische Ansätze häufig eine normative Tendenz zur Nivellierung ökonomischer Ungleichheit. In der zweiten Hälfte des 20. Jh. machte sich Anthony Atkinson diese Eigenschaft additiver W.s-Funktionen zunutze, um ein utilitaristisch fundiertes Ungleichheitsmaß (Atkinson-Index) zu konzipieren.

3. Paretianische Wohlfahrtstheorie

Der Begründer der modernen W.s-Ökonomik, Vilfredo Pareto (1848–1923), begriff Nutzen hingegen lediglich als ordinal messbar. Demnach sind die Differenzen individueller Nutzenwerte nicht interpretierbar; es kommt lediglich darauf an, ob der Nutzenwert in einem Zustand A größer, kleiner oder gleich dem Nutzenwert in einem weiteren Zustand B ist. Des Weiteren sind die individuellen Nutzenwerte verschiedener Personen nicht miteinander vergleichbar. Von einer Erhöhung der W. im paretianischen Sinne (Pareto-Verbesserung) spricht man, wenn eine Person bessergestellt werden kann, ohne dass eine andere dadurch schlechter gestellt wird. Ein Pareto-Optimum (Pareto-Effizienz) erreicht man ferner, wenn keine Pareto-Verbesserung mehr möglich ist. Im Vergleich zweier Zustände A und B ist A pareto-superior, wenn er ausgehend von B durch eine Besserstellung von mindestens einem Individuum erreicht werden kann, ohne dass ein weiteres Individuum schlechter gestellt wird. Das ↑Pareto-Kriterium ist somit ein relatives W.s-Konzept (im Gegensatz zum Utilitarismus, der absolute W.s-Werte bestimmt): Ob sich die W. erhöht, verringert oder stagniert, lässt sich nun nicht mehr für alle Zustände sagen. Das Pareto-Kriterium ist damit eine Präordnung gesellschaftlicher Zustände, während der utilitaristische Ansatz eine vollständige Ordnung derselben darstellt.

Die Menge aller Pareto-Optima wird auch als Nutzenmöglichkeitenkurve bezeichnet. Dabei kann kein Pareto-Optimum ausgehend von einem anderen durch eine Pareto-Verbesserung erreicht werden; die Pareto-Optima können also nicht weiter miteinander verglichen werden. An diesem Punkt setzen auch die Kritiker des Pareto-Kriteriums an, die ihm eine „Verteilungsblindheit" vorwerfen: Die W. nach V. Pareto ist genauso optimal bei perfekter Ungleichheit wie bei perfekter Gleichheit. Ebenso ist eine paretianische Wirtschaftspolitik nahezu immer handlungsunfähig, da politische Eingriffe nur selten gänzlich ohne Verlierer auskommen. Nichtsdestotrotz gilt das Pareto-Kriterium als Minimalbedingung für eine vollständige Ordnung gesellschaftlicher Zustände anhand eines sinnvoll gewählten W.s-Begriffs.

4. Neuere Wohlfahrtstheorie

Nicholas Kaldor und John Richard Hicks versuchten das Pareto-Kriterium durch ein Kompensationskriterium zu verfeinern: Eine W.s-Verbesserung ist demnach auch dann möglich, wenn beim Übergang von einem Zustand in einen anderen gewisse Individuen verlieren und andere gewinnen, die Gewinner aber die Verlierer vollständig für den erlittenen Verlust kompensieren könnten und ihnen immer noch ein Teil des Gewinns bliebe. Tibor de Scitovsky wandte darauf allerdings ein, dass es denkbar ist, dass nach dem Kaldor-Hicks-Kriterium der Übergang von A nach B eine Verbesserung darstellt und ebenso der Übergang zurück von B nach A. Dementsprechend verschärfte er das Kriterium (Scitovsky-Doppeltest).

Zusätzlich kehrte die neuere W.s-Theorie häufig zur kardinalen Messbarkeit des Nutzens zurück und es entstanden die sog.en sozialen W.s-Funktionen. Dabei definierten die Arbeiten von Abram Bergson und Paul Samuelson eine soziale W.s-Funktion, die strikt individualistisch eine Funktion ausschließlich der individuellen Nutzenwerte darstellt. Die optimale W. ist hierbei durch einen maximalen Wert der sozialen W.s-Funktion unter der Nebenbedingung vorgegebener gesellschaftlicher Ressourcen definiert. Die notwendige Bedingung für dieses Optimum besagt, dass für alle Individuen die Grenzrate der Substitution, also das Verhältnis der Grenznutzen, dem Preisverhältnis gleichen muss (Zweites Gossensches Gesetz). Andernfalls könnte die Gesellschaft ihre W. durch pareto-verbessernde Tausche erhöhen. John Nash entwarf die Bernoulli-Nash-W.s-Funktion, in der die individuellen Nutzenwerte miteinander multipliziert und nicht – wie im Nutzensummenutilitarismus nach J. Bentham – addiert werden. Kenneth Joseph Arrow zeigte hingegen in seinem Unmöglichkeitstheorem, dass eine aus individuellen Präferenzordnungen abgeleitete kollektive Präferenzordnung (die bspw. durch eine soziale W.s-Funktion charakterisiert werden kann) niemals zugl. mehreren gängigen und intuitiv sinnvoll erscheinenden Axiomen genügen kann.

5. Optimalität der Märkte

Der W.s-Begriff wurde von Alfred Marshall auf einzelne ↑Märkte angewendet. In dieser Interpretation ergibt sich die W. als Summe von Konsumenten- und Produzentenrente (↑Rente), wobei erstere die Differenz aus der (marginalen) Zahlungsbereitschaft und dem Marktpreis und letztere die Differenz zwischen Marktpreis und Grenzkosten (d. h. den zusätzlichen Kosten) bei der Produktion eines Gutes bezeichnet. Durch den ↑Handel entsteht in der Summe ein sozialer Überschuss, der die W. steigert: Konsumenten profitieren dadurch, dass ihre Zahlungsbereitschaft höher liegt als der tatsächliche Preis und Produzenten profitieren, indem der Preis über ihren Grenzkosten liegt und sie damit einen Deckungsbeitrag erwirtschaften können. Spielraum für einen Tausch gibt es also immer dann, wenn die Grenzkosten unter der marginalen Zahlungsbereitschaft liegen; in diesem Fall kann durch einen beidseitig vorteilhaften, also pareto-verbessernden Tausch ein weiterer sozialer Überschuss gebildet werden. Im Marktgleichgewicht bei vollkommener Konkurrenz gleicht schließlich die Zahlungsbereitschaft den Grenzkosten, weiterer Handel ist nicht mehr förderlich. Im Ersten Hauptsatz der W.s-Ökonomik wurde dieser Befund von K. J. Arrow und Gérard Debreu nachgewiesen: Vollkommene Konkurrenzmärkte sorgen für eine pareto-effiziente Allokation (Verwendung) von Gütern.

Vergleichbare Optimalitätsbedingungen können auch für die Beschaffungsmärkte von Produktionsfaktoren (z. B. ↑Arbeit, ↑Kapital, ↑Boden) formuliert werden. Auf dem ↑Arbeitsmarkt bestimmt sich die Arbeitsnachfrage der Arbeitgeber nach dem Wertgrenzprodukt, d. h. dem Geldwert der zusätzlich von einem Arbeitnehmer produzierten Güter. Ferner wägen die Arbeitsanbieter (also die Arbeitnehmer) zwischen dem Wert der Freizeit und dem Arbeitslohn ab. Im Gleichgewicht ist also der Grenznutzen der Freizeit und der Grenznutzen der vom Arbeitslohn beschafften Güter gleich – und gleicht ebenfalls dem Wertgrenzprodukt. Ähnliche Überlegungen können für andere Produktionsfaktoren angestellt werden; die Optimalität von Faktormärkten unter idealen Wettbewerbsbedingungen sorgt folglich für eine effiziente Allokation der Produktion. Sie ist also eine effiziente Antwort auf die Frage, was mit dem Ziel der W.s-Maximierung in welchem Umfang und mit welchen Faktoren produziert werden sollte. Hingegen sorgt die Optimalität wettbewerblich organisierter Gütermärkte für eine effiziente Allokation von Konsumgütern und bietet damit eine Antwort auf die Frage, welche Haushalte wie viel von welchen Gütern konsumieren sollten, um die W. zu maximieren. Letzten Endes steckt auch hinter diesem Konzept ein utilitaristischer Ansatz, sodass auch hierauf die bereits erwähnten Kritikpunkte am Utilitarismus anwendbar sind.

6. Marktversagen, staatliches Handeln und Wohlfahrtsverluste

Die Pareto-Optimalität kompetitiver Märkte bewegte die ↑Ordnungsökonomik dazu, staatliches Handeln dort zu fordern, wo ↑Marktversagen auftritt. Marktversagen entsteht wiederum, wenn ein vollkommener ↑Wettbewerb verhindert wird oder aber schädlich ist. Das geschieht insb. in drei Fällen: bei der Existenz eines natürlichen Monopols, bei externen Effekten und bei Informationsasymmetrien.

Ein natürliches Monopol zeichnet sich durch über den gesamten Marktumfang sinkende Durchschnittskosten aus. Ein einzelnes ↑Unternehmen wird dann effizienter produzieren, wenn es sich den Markt nicht mit einem weiteren Unternehmen teilen muss. Dadurch entsteht aber im Extremfall monopolistische Marktmacht, die i. S. d. Monopolisten dazu genutzt würde, um seinen Gewinn auf Kosten der W. zu steigern, indem er die Preise erhöht und das Angebot verknappt. Staatliches Handeln zielt in diesem Bereich häufig darauf, dass bspw. die Preise oder Erlöse gedeckelt werden, um sich dem W.s-Optimum anzunähern (Regulierungsökonomik).

↑Externe Effekte (Externalitäten) entstehen, wenn die Produktion oder der ↑Konsum eines Gutes nicht nur mit Kosten bzw. Erträgen für die beteiligten Anbieter und Nachfrager, sondern auch mit solchen für unbeteiligte Dritte verbunden ist. Eine negative Externalität verursacht zusätzliche Kosten für unbeteiligte Dritte; auf Märkten mit negativen Externalitäten wird folglich ineffizient viel produziert. Arthur Cecil Pigou schlug daher vor, die Kosten Dritter zu internalisieren, indem das jeweilige Gut durch Lenkungssteuern verteuert wird (Pigou-Steuer). Eine positive Externalität hingegen verursacht zusätzliche Erträge für unbeteiligte Dritte. In diesem Fall kann eine staatliche Subvention dafür sorgen, dass eine pareto-effiziente Menge am Markt produziert wird.

Schließlich können Informationsasymmetrien sogar verhindern, dass überhaupt ein Markt entsteht, obwohl er die W. maximieren würde. Grund dafür ist, dass eine wichtige Annahme des vollkommenen Wettbewerbs nicht erfüllt ist: Markttransparenz. Asymmetrisch verteilte Informationen können zu einer ineffizienten Vorsicht bei manchen Marktteilnehmern führen. Staatlicherseits entsteht möglicherweise Handlungsbedarf, Informationen besser auf die Marktseiten zu verteilen.

Ähnlich wie in Fällen des Marktversagens können aber auch staatliche Eingriffe sog.e W.s-Verluste (*deadweight loss*) verursachen, v. a. wenn sie ein Wettbewerbsgleichgewicht stören. So können ↑Steuern die am Markt gehandelten Güter verteuern und damit die abgesetzte Menge reduzieren, wodurch im Regelfall die W. schrumpft (Harberger Dreieck). Auch direkte Eingriffe in den Preismechanismus verursachen einen W.s-Verlust: Ein bindender Mindestpreis führt dazu, dass ein Gut für Nachfrager mit relativ niedriger Zahlungsbereitschaft unattraktiv wird, während ein bindender Höchstpreis relativ unrentable Unternehmen vom Markt verdrängt. In beiden Fällen sinkt die gehandelte Menge, wodurch auch die W. sinkt. Vor diesem Hintergrund sind auch staatliche Eingriffe in Reaktion auf Externalitäten sorgfältig abzuwägen: Da der ↑Staat im Regelfall weder das exakte Ausmaß der Externalität noch die genaue Zahlungsbereitschaft der Nachfrager (d. h. die Nachfragekurve) oder die genauen Kosten der Anbieter (d. h. die Angebotskurve) kennt und daher auch nicht weiß, wie der Eingriff gestaltet sein muss, um das effiziente (wohlfahrtsoptimale) Gleichgewicht zu erreichen, führt eine staatliche Intervention nicht zwangsläufig zu einer W.s-Steigerung.

Literatur

A. Atkinson: On the Measurement of Inequality, in: JET 2/3 (1970), 244–263 • G. Debreu/K. J. Arrow: Existence of an Equilibrium for a Competitive Economy, in: EC 22/3 (1954), 265–290 • K. J. Arrow: A Difficulty in the Concept of Social Welfare, in: JPE 58/4 (1950), 328–346 • J. Nash: The Bargaining Problem, in: EC 18/2 (1950), 155–162 • P. Samuelson: Foundations of Economic Analysis, 1947 • T. de Scitovsky: A Note on Welfare Propositions in Economics, in: RES 9/1 (1941), 77–88 • J. R. Hicks: The Foundations of Welfare Economics, in: EconJ 49/196 (1939), 696–712 • N. Kaldor: Welfare Propositions of Economics and Interpersonal Comparisons of Utility, in: EconJ 49/195 (1939), 549–552 • A. Bergson: A Reformulation of Certain Aspects of Welfare Economics, in: QJE 52/2 (1938), 310–334 • A. C. Pigou: The Economics of Welfare, 1920 • V. Pareto: Manual of Political Economy, 1906 • A. Marshall: Principles of Economics, 1890 • J. S. Mill: Utilitarianism, 1863 • H. H. Gossen: Entwickelung der Gesetze des menschlichen Verkehrs, und der daraus fließenden Regeln für menschliches Handeln, 1854 • J. Bentham: An Introduction to the Principles of Morals and Legislation, 1780.

SIMON WINTER

Wohlfahrtspflege

I. Wirtschaftswissenschaftlich – II. Sozialethisch

I. Wirtschaftswissenschaftlich

Die Verbände der Freien W. (synonym: ↑Wohlfahrtsverbände) in Deutschland sind Interessenvertretung der Schwachen im Feld der ↑Sozialpolitik und sie sind zugl. wirtschaftlich tätige und dabei gemeinnützige Institutionen. Sie sind in dieser Kombination und auch in ihrer gesellschaftlichen Stellung sui generis, ein einzigartiges Element der ↑Sozialen Marktwirtschaft.

1. Charakteristika und Struktur der Wohlfahrtspflege

Im Zuge der Industrialisierung (↑Industrialisierung, Industrielle Revolution) und der „neuen sozialen Frage" des 19. Jh. (↑Soziale Frage) wurden kirchliche, sozialreformerische und sozialistische Initiativen (↑Sozialismus) zur Linderung der akuten Not und zur Anregung erster sozialpolitischer Reformen aktiv. Mit dem Aufbau des modernen ↑Sozialstaates ab Ende des 19. Jh. wandelte sich dann das Erscheinungsbild der Sozialpolitik grundlegend. Es kam zu einer verstärkten Zentralisierung und Standardisierung sozialpolitischer Leistungen auf nationalstaatlicher Ebene, vorangetrieben bes. in den 1920er Jahren durch Fürsorgereformen. Als Reaktion auf die neuen Herausforderungen und sozialpolitischen Institutionalisierungen rückten die einzelnen Teilgruppen der W. zusammen. In Deutschland erfolgte nach Einsetzung des *Central-Ausschusses für die Innere Mission der Deutschen Evangelischen Kirche* als Vorläufer des ↑*Diakonischen Werks* im Jahr 1848 die Gründung des ↑*Deutschen Caritasverbands* (DCV) 1897, der *Zentralwohlfahrtsstelle der Juden in Deutschland* 1917 (ZWST [↑Jüdische Organisationen]), der *Arbeiterwohlfahrt* (AWO) 1919, des *Deutschen Roten Kreuzes* (DRK) 1921 (↑Rotes Kreuz) und des *Deutschen Paritätischen Wohlfahrtsverbandes* 1924. Im selben Jahr kam es auch zum Zusammenschluss der Wohlfahrtsverbände. Dieser existiert – unterbrochen durch die Nazi-Herrschaft – bis heute, seit der Gründung der Bundesrepublik als *Bundesarbeitsgemeinschaft der Freien W.* (BAGFW). Auf der Landes-, sowie auf der kommunalen Ebene existieren Untergliederungen, die *Liga der Freien W.* genannt werden und dort jeweils bedeutende Akteure sind. Die Verbände der Freien W. sind mit ihren speziellen Merkmalen typisch für den konservativ-korporatistisch geprägten Sozialstaat bismarckscher Tradition (↑Wirtschaftssysteme):

a) Sie sind sowohl ↑*Interessengruppen* in Fragen der Sozialpolitik und der ↑Sozialen Arbeit als auch selbst *Anbieter* sozialer ↑Dienstleistungen. Als solche sind sie mit der Sozialpolitik insb. über das sozialrechtliche Dreiecksverhältnis verknüpft.

b) Sie sind *weltanschaulich durch große gesellschaftliche Gruppen geprägt* und übernehmen Aufgaben, die sonst der ↑Staat in Eigenregie übernehmen müsste. Hierin spiegeln sich die Ideen des *Korporatismus* und der ↑*Subsidiarität.*

Jeder der sechs Verbände hat ein eigenständiges Profil und bringt damit seine weltanschauliche Position in die Sozialwirtschaft ein. Sie haben zusammen aktuell gut 1,7 Mio. hauptamtlich Beschäftigte (BAGFW 2017):

a) DCV und *Diakonisches Werk* sind die beiden großen Verbände der ↑katholischen Kirche bzw. der ↑EKD und beide zählen mit mehr als 500 000 Beschäftigten (Caritas) bzw. über 440 000 Beschäftigten (Diakonie) zu den großen Anbietern im Markt für soziale Dienstleistungen. Aufgrund der konfessionellen Situation in Deutschland haben beide Verbände regionale Schwerpunkte dort, wo ihre ↑Konfession bes. verbreitet ist.

b) Der *Paritätische Gesamtverband* ist ein Zusammenschluss freier Initiativen und Einrichtungen und gleichsam ihr Sammelbecken, ohne selbst weltanschaulich eindeutig geprägt zu sein. Er hat über 560 000 Beschäftigte.

c) In der Tradition der ↑Arbeiterbewegung steht die *AWO*; das *DRK* hingegen setzt die Tradition der internationalen Rotkreuz- und Rothalbmondbewegung fort. Beide sind in Deutschland deutlich kleiner (160 000 bzw. 90 000 Beschäftigte) und gleichmäßig über das gesamte Bundesgebiet verteilt.

d) Schließlich ist mit der *ZWST* ein weiterer religiös geprägter Verband zu nennen, der ebenfalls regional unterschiedlich stark vertreten ist. Er ist der mit Abstand kleinste Wohlfahrtsverband.

Neben den professionell hauptamtlich Beschäftigten sind in den Wohlfahrtsverbänden in großer Zahl Menschen ehrenamtlich (↑Freiwilligenarbeit) tätig, wobei zu jedem professionell Beschäftigten mindestens eine ehrenamtlich tätige Person hinzugezählt werden muss. Damit ist die Freie W. nicht nur einer der größten Arbeitgeber in Deutschland, sondern auch Kernbereich bürgerschaftlichen Engagements.

Mehr noch als die inhaltlich eng spezialisierten Sozialverbände sind die Wohlfahrtsverbände formal und auch personell mit der Sozialpolitik verwoben. Oftmals arbeiten Politikerinnen und Politiker in den Organen der Verbände mit und ebenso sehen Sozialpolitikerinnen und Sozialpolitiker auf allen Ebenen die Wohlfahrtsverbände als ihre naheliegenden Partner. Aufgrund dieser tiefen Verbundenheit ist das politische Protestpotential der Wohlfahrtsverbände eher gering und sie schließen sich nur zögerlich ↑sozialen Bewegungen an. In der Freien W. steht stattdessen die fachliche Detailarbeit im Vordergrund. Diese Detailarbeit ist auch für die Soziale Arbeit, für Erzieherinnen und Erzieher, Pflegekräfte u. a. Personen in Sozialberufen von herausragender Bedeutung. Die Wohlfahrtsverbände setzen hier fachliche Standards, verhandeln und befolgen Tarifverträge und prägen damit die Entwicklungsbedingungen der Professionen.

2. Perspektiven

Auch künftig wird die Freie W. die Gestaltung der Sozialen Marktwirtschaft prägen. Als Teil der Sozialwirtschaft wird sie weiter wachsen und nicht nur sozial-, sondern auch wirtschaftspolitisch von zunehmender Bedeutung sein (↑Wirtschaftspolitik). Andererseits erodiert die gesellschaftliche Basis der W., da die tragenden weltanschaulichen Großgruppen dramatisch an Bindungskraft verlieren. Wirtschaftlicher Bedeutungsgewinn und Verlust der organisierten gesellschaftlichen Basis prägen somit gleichermaßen die Perspektiven der Freien W.

Die Freie W. befindet sich heute in einer Zwischenstellung als Folge einer „langsamen Entprivilegisierung der deutschen Verbändewohlfahrt“ (Golbeck 2012: 39). Begriffe wie „Management“, „Wettbewerb“, „Kundenorientierung“ und „Leistungstransparenz“, die noch Mitte der 1990er Jahre als „wesensfremd und provokativ“ empfunden wurden, sind angesichts des Paradigmenwechsels „heute selbstverständlicher Teil der Alltagsroutine“ (Boeßenecker/Vilain 2013: 296 f.).

Diese Entwicklung der Freien W. ist vermutlich unumkehrbar; ein Zurück zum alten ↑Korporatismus und zur festen Fundierung in identitätsstiftenden weltanschaulichen Großgruppen ist nicht in Sicht. Stattdessen sehen sich die Wohlfahrtsverbände als Teil eines differenzierten Sozialwirtschaftssektors, den sie wesentlich mitgestalten werden.

Literatur

W. Schönig/T. Hoyer/A. Potratz: Lehrbuch Ökonomie in der Sozialen Arbeit, 2018 • BAGFW (2017): Freie Wohlfahrtspflege in Deutschland, URL: www.bagfw.de/ueber-uns/freie-wohlfahrtspflege-deutschland/ (abger.: 15.2.2021) • K.-H. Boeßenecker/M. Vilian: Spitzenverbände der Freien Wohlfahrtspflege, [2]2013 • G. Cremer/N. Goldschmidt/S. Höfer: Soziale Dienstleistungen, 2013 • C. Golbeck: Soziale Dienste in Europa zwischen Kooperation und Konkurrenz. Deutsche und englische NPO's als Governance-Akteure, 2012.

WERNER SCHÖNIG

II. Sozialethisch

Sozialethisch liegen W. Vorstellungen von Staat, Gesellschaft und Menschen zugrunde, die demokratisch, rechtsstaatlich und pluralitätsfreundlich ↑Freiheit und ↑soziale Absicherung verbinden und menschenwürdiges Leben in selbstbestimmter Teilhabe am gesellschaftlichen Leben und an den Gütern der Gesellschaft für alle und jeden Einzelnen, bes. für die Schwächeren, gewährleisten wollen. Darauf zielt das Sozialstaatsprinzip (Art. 1, 20, 28, 79 Abs. 3 GG) der BRD.

Den Begriff W. definierte die Weimarer Gesetzgebung in der „Dritten Verordnung zur Durchführung des Gesetzes über die Ablösung öffentlicher Anleihen" (4.12.1926) als „die planmäßige, zum Wohle der Allgemeinheit und nicht des Erwerbes wegen ausgeübte Sorge für Notleidende oder gefährdete Mitmenschen. [...] Die Wohlfahrtspflege wird insbesondere ausgeübt durch a) Bereitstellung der zur Fürsorge erforderlichen Kräfte und Mittel, b) unmittelbare Hilfeleistung, c) wissenschaftliche Erforschung der Notstände und der Wege zu ihrer Abhilfe, d) Ordnung und Leitung der in der Wohlfahrtspflege wirkenden Kräfte" (RGBl. I, 894). Sie erstreckt sich auf das Gesundheits- und Sozialwesen unter den jeweiligen (sozial-)staatlichen Rahmenbedingungen. Sie dient der Realisierung sozialer ↑Daseinsvorsorge und Fürsorge für alle durch öffentliche und freigemeinnützige Träger der W. Ihre Ausgestaltung variiert je nach sozial- bzw. wohlfahrtsstaatlicher Variante (liberal, korporatistisch, sozialistisch [↑Wohlfahrtsstaat]).

Im deutschen Modell gilt die Freie W. als unverzichtbare Säule des ↑Sozialstaates. Zu ihr gehören alle Dienste und Einrichtungen in frei-gemeinnütziger Trägerschaft, die sich in organisierter Form über den Bereich von Familie und Nachbarschaft hinaus im Sozial- und Gesundheitswesen betätigen. Sie sind als Teil des Dritten Sektors (zwischen ↑Staat und ↑Markt) privatrechtlich organisiert, unabhängig und kooperieren partnerschaftlich mit den öffentlichen Sozialleistungsträgern, um wirksame Angebote zum Wohle der Hilfesuchenden zu erbringen. Unbeschadet der Gewährleistungspflicht des Staates (Bund, Länder, Kreise/Kommunen) als Vollzugsorgan und Ausfallbürge genießen sie einen bedingten Vorrang vor der öffentlichen W. In diesem Sinn wurde das Subsidiaritätsprinzip (↑Subsidiarität) schon vor seiner Etablierung in der ↑Sozialenzyklika „Quadragesimo anno" 1931 in der Weimarer Sozialgesetzgebung (RJWG 1922, Reichsfürsorgeverordnung 1924) verankert. Es wurde in die Sozialgesetzgebung der BRD (↑Sozialrecht) übernommen, um der Vielfalt der Überzeugungen und Gestaltungswünsche in der Bevölkerung zur Realisierung des *Bedürfnisses* und des *Rechtes* zu helfen (und sich dafür frei zusammenzuschließen) gerecht zu werden. Freie W. wird von unterschiedlichen Motivationen und Haltungen getragen: Christliche Nächstenliebe, bürgerliche ↑Aufklärung, Arbeitersolidarität, Leidensdruck Betroffener u. a. Freie W. verwirklicht freiwillig aktiv gesellschaftliche ↑Solidarität, trägt zum pluralistisch verstandenen ↑Gemeinwohl und zu sozialer ↑Gerechtigkeit in der Gesellschaft bei und kann dies personen-, familien- und gemeindenäher als öffentliche W. Die Vielfalt der Angebote und Dienstleistungen Freier W. soll zgl. das von der ↑Menschenwürde her verstandene Wunsch- und Wahlrecht der Hilfesuchenden garantieren. W. strebt Hilfe zur Selbsthilfe und selbstbestimmte Teilhabe an.

Soziale Organisationen und Einrichtungen mit gleichen religiösen oder weltanschaulichen Grundlagen haben sich zu den verschiedenen Spitzenverbänden der Freien W. zusammengeschlossen. Sie sind im ganzen Bundesgebiet tätig und gewährleisten eine stetige, umfassende, fachlich qualifizierte Arbeit und Verwaltung: *Arbeiterwohlfahrt* (AWO), ↑*Deutscher Caritasverband* (DCV), ↑*Diakonisches Werk*, *Deutsches Rotes Kreuz* (DRK [↑Rotes Kreuz]), der *Paritätische Gesamtverband* und die *Zentralwohlfahrtsstelle der Juden in Deutschland* (ZWST). Islamische Wohlfahrtsverbände gibt es bislang nicht. Die Spitzenverbände bilden die *Bundesarbeitsgemeinschaft der Freien Wohlfahrtspflege* (BAGFW) und sind Mitglieder im *Deutschen Verein für öffentliche und private Fürsorge e. V.* Sie beschäftigen ca. 1,5 Mio. Menschen, hinzu kommen ca. 3 Mio. Freiwillige. Die Dienste der W. und Einrichtungen in Gesundheits-, Kinder- und ↑Jugend-, Familien-, Alten- und Behindertenhilfe, Hilfen für Personen in bes.n sozialen Situationen und sonstigen Hilfen sind grundsätzlich für alle Hilfesuchenden offen. Zur Befähigung für die Aufgaben der W. bieten sie Aus-, Fort- und ↑Weiterbildung in eigenen Bildungseinrichtungen an. Somit kennzeichnen die Freie W. Pluralität und Diversität, Mobilisierung der ↑Zivilgesellschaft, sozialer Zusammenhalt und soziale Vernetzung, ↑Partizipation, Innovation, ↑Bildung und Wissenschaft(lichkeit), Solidarisierung und politische Anwaltschaft, Bürgerverantwortlichkeit und Zusammenschluss in ↑Verbänden.

Die Systemveränderung der 1990er Jahre durch ↑Wettbewerb mit privaten Sozial- und Gesundheitsunternehmen führte zu intensiven betriebswirtschaftlichen Anstrengungen der freien (und öffentlichen) Träger als Sozialunternehmen. Sie bleiben herausgefordert, Ökonomie als Mittel zum Zweck effektiver sozialer Dienste und Einrichtungen für die Menschen in ihren Hilfebedarfen zu nutzen und einer die Grundidee von W. pervertierenden Umkehr dieser Logik zu widerstehen. Politische Kommunikation und Menschenwürde-orientierte Innovation von W. (z. B. im Kontext der ↑Digitalisierung) sind bleibende sozialethische Aufgaben für die solidarische Organisation der Gesundheits- und Sozialwesen in Deutschland, in Europa und weltweit.

Literatur

Deutscher Verein für öffentliche und private Fürsorge e. V. (Hg.): Fachlexikon der Sozialen Arbeit, [8]2017 • F.-X. Kaufmann: Varianten des Wohlfahrtsstaats. Der deutsche Sozialstaat im internationalen Vergleich, 2003.

KLAUS BAUMANN

Wohlfahrtsstaat

I. Wirtschaftswissenschaftlich – II. Politikwissenschaftlich

I. Wirtschaftswissenschaftlich

Der Begriff „W." ist nicht abschließend definiert und wird mit unterschiedlichem Inhalt verwendet. Zum einen wird er im Deutschen oftmals rhetorisch abwertend und dabei mit sehr unterschiedlichem Akzent eingesetzt. Dann bezeichnet man mit dem Begriff „W." entweder eine minimale (implizit unzureichende) „Fürsorge" und „Armenhilfe" oder aber eine maximale (implizit überbordende) „Volkswohlfahrt" und „Volksversorgung". Eine andere verbreitete Begriffsverwendung sieht den Begriff „W." als Übersetzung des im internationalen Diskurs gängigen *Welfare State* und somit als Oberbegriff aller Formen der Institutionalisierung verschiedener Gegenstandsbereiche der ↑Sozialpolitik. In diesem Sinne wäre „W." synonym zu ↑„Sozialstaat".

Im folgenden Beitrag wird keine implizite Bewertung vorgenommen und es wird zudem eine morphologische Differenzierung zwischen beiden Begriffen markiert. Sie geht davon aus, dass mit „W." eine primär steuerfinanzierte Transfergewährung gemeint ist, während der „Sozialstaat" wesentlich auf ↑Sozialversicherungen als Parafisci basiert und dort beitragsfinanziert ist. Im Sinne Gøsta Esping-Andersens repräsentieren beide Begriffe unterschiedliche institutionelle Typen: Der „Sozialstaat" entspricht dabei dem konservativ-korporatistischen Typ bismarckscher Prägung, wie er insb. in Deutschland verwirklicht ist. Der „W." hingegen ist in zweierlei Art vorzufinden: im angelsächisch-liberalen und im sozialdemokratisch-skandinavischen Typ.

Beide Typen des W.s sind voneinander zu unterscheiden, da sie unterschiedliche Ziele verfolgen und dazu passende ↑Institutionen ausgebildet haben. Auf der einen Seite steht beim liberalen Typ das Ziel eines minimalen W.s, einhergehend mit Fokussierung auf bes. bedürftige Personen und minimalem Sicherungs- und Regulierungsumfang. Auf der anderen Seite wird im sozialdemokratischen Typ das Ziel der Volkswohlfahrt mit umfangreichen Leistungen und Regulierungen für breite Schichten der Bevölkerung verfolgt.

1. Der liberale Wohlfahrtsstaat angelsächsicher Prägung

Mit seiner Konzentration auf das Ziel der Armutsbekämpfung steht der liberale W. in der Tradition des von William Henry Beveridge 1942 vorgelegten Berichts, der eine steuerfinanzierte, universelle Grundsicherung in staatlicher Regie vorsieht und andere, weitergehende Bereiche ↑sozialer Sicherheit und Umverteilung nur gering ausbaut. Die Grundsicherung nach Bedarfsprüfung wird durch Leistungen in einzelnen Politikfeldern (↑Gesundheit, ↑Arbeitsmarkt, ↑Wohnen u. a.) ergänzt; auch diese ergänzenden Leistungen sind in Quantität und Qualität limitiert. Darüber hinaus ist der Umfang arbeitsrechtlicher Regulierungen vergleichsweise gering.

Diese Struktur des liberalen W.s angelsächsicher Prägung eröffnet breite Handlungsspielräume für private Initiativen und Lösungen, sie führt gleichzeitig auch dazu, dass Arbeitsmärkte und Märkte für soziale ↑Dienstleistungen stark segregiert sind: Insb. auf dem Arbeitsmarkt, aber auch bei den sozialen Dienstleistungen sind die Unterschiede gravierend, da hoch qualifizierte Beschäftigte eine Vielzahl hochwertiger sozialer Zusatzleistungen (*fringe benefits*) ihrer Arbeitgeber nutzen können, während gering qualifizierte Beschäftigte keine entspr.en Angebote erhalten. So werden die Lohnunterschiede auf dem Arbeitsmarkt durch private ↑Rentenversicherung und ↑Krankenversicherung, Kinderbetreuung u. a. sowie auch durch steuerrechtliche Bevorzugung verstärkt, was zu einer starken und verfestigten ↑sozialen Ungleichheit z. B. in den USA und Großbritannien führt. Versuche, diese Klassentendenz des liberalen W.s durch ↑Reformen abzumildern, stoßen regelmäßig auf heftigen politischen Widerstand und sind wenig erfolgreich.

2. Der sozialdemokratische Wohlfahrtsstaat skandinavischer Prägung

Der sozialdemokratische W. steht in der Tradition des „Folkhemmet"/„Volksheim"-Gedankens und wurde ab den 1930er Jahren in Schweden aufgebaut, v. a. durch die Reformen unter Ministerpräsident Per Albin Hansson. Sein Anspruch, einen dritten Weg zwischen Marktwirtschaft und Sozialismus zu beschreiten, führt zu umfassenden Institutionen und hohen Standards der sozialen Sicherung und Umverteilung, aber auch hohen Steuersätzen und entspr. negativen Anreizeffekten. In seiner Hochphase wurde der sozialdemokratische W. durch hohes Volkseinkommen und solides ↑Wirtschaftswachstum getragen. Dabei basiert es stärker als das liberale Modell auch auf Pflichtbeiträgen der Arbeitgeber.

Der universale Anspruch des sozialdemokratischen W.s zur Umsetzung sozialer Bürgerrechte ist sowohl quantitativ als auch qualitativ manifest. Er wird in einem breiten Spektrum von Handlungsfeldern – von der inklusiven Bildungsförderung über die Regulierung des Arbeitsmarktes bis hin zur staatlich organisierten Kinderbetreuung und hohen Standards im Gesundheitswesen und bei der Alterssicherung – verwirklicht. Dabei kommt den Kommunen sowohl mit Blick auf die Prävention als auch die Kuration eine bes. Bedeutung zu, wobei das sozialdemokratische Modell bes. gut geeignet ist, Konzepte der Prävention z. B. mit Blick auf

↑Bildung, Gesundheit und ↑Partizipation umzusetzen. Sofern Prävention gelingt, ist dieses Modell von hoher Effektivität und auch Effizienz. Andererseits wurden im Zuge der verschärften Wettbewerbslage und verschiedener Wirtschaftskrisen negative Anreizeffekte des skandinavischen Modells – international bekannt wurde der Grenzsteuersatz von bis zu 100 % – thematisiert und entgegengesetzte Reformen vorgenommen, z. B. durch ↑Liberalisierung des Arbeitsmarkts, verstärkte Wettbewerbselemente sozialer Dienstleistungen und eine Reform der Alterssicherung, welche deren Niveau an die wirtschaftliche und demographische Entwicklung gekoppelt und sich insofern vom Ideal der universellen Volksversorgung verabschiedet hat.

3. Perspektiven des Wohlfahrtsstaats

Beide Modelle des W.s stehen unter einem erheblichen Reformdruck, entweder das niedrige Sicherungs- und Umverteilungsniveau anzuheben (z. B. durch die Gesundheitsreform Obamacare in den USA) bzw. das hohe Niveau abzusenken (z. B. durch die Reform der Alterssicherung in Schweden). Trotz heftiger politischer Widerstände scheinen sich langfristig diese Reformbestrebungen zu verstärken, weshalb zumindest in Teilaspekten eine Konvergenz des liberalen und des sozialdemokratischen W.s vonstattengeht. Die entspr.en Reformen machen beide Modelle zukunftsfähiger.

Zudem spricht für das Konzept des W.s, dass er aufgrund des höheren Anteils der Steuerfinanzierung und der stärkeren bürgerschaftlichen Tradition weniger stark von Normalitätsfiktionen abhängt, dies z. B. mit Blick auf Arbeitsverhältnisse, Familienformen und gesellschaftliche Großgruppen. Daher sind in ihm Grundsicherungs- und Bürgerversicherungskonzepte leichter umzusetzen.

Literatur

J. W. Althammer/H. Lampert/M. Sommer: Lehrbuch der Sozialpolitik, [10]2021 • J. Schmid: Wohlfahrtsstaaten im Vergleich. Soziale Sicherung in Europa: Organisation, Finanzierung, Leistungen und Probleme, [3]2010 • W. Schonig: Rationale Sozialpolitik. Die Produktion von Sicherheit und Gerechtigkeit in modernen Gesellschaften und ihre Implikationen für die ökonomische Theorie der Sozialpolitik, 2001.

WERNER SCHÖNIG

II. Politikwissenschaftlich

1. Begriff

Der Terminus W. stammt aus dem angelsächsischen Sprachgebrauch. In Deutschland ist stärker von ↑Sozialpolitik, ↑Sozialstaat oder ↑Sozialer Marktwirtschaft die Rede. Der W. ist eine institutionalisierte, auf „sozialen Rechten" (Marshall 1964: 78) beruhende Lösung der Risiken einer modernen Gesellschaft (v. a. Alter, Arbeitslosigkeit, Gesundheit, Unfall, Pflege). Er bekämpft das Ausmaß gesellschaftlicher Ungleichheit und sorgt für soziale Integration. Zusammen mit ↑Demokratie und ↑Kapitalismus bildet der W. ein komplexes Gefüge wechselseitiger Abhängigkeit.

2. Ansätze und Typen

Der Versuch, Genese, Dynamik und Varianz des modernen W.s zu erklären, hat zu einer Reihe von Erklärungen geführt: In normativen Ansätzen geht es um die Begründung des W.s; so z. B. die Analysen des Sozialstaatspostulates des ↑GG oder der politischen Weltanschauungen (wie demokratischer ↑Sozialismus oder ↑christliche Sozialethik).

Funktionalistische Ansätze interpretieren den W. als Anpassung an die Arbeits-, Familien- und Lebensformen im Rahmen der ↑Modernisierung der Gesellschaft. Problemdruck (wie Arbeitslosen- oder Rentnerquote) und Wirtschaftskraft geben demnach einen universellen Trend zum W. vor.

In Theoremen über den Unterschied, den ↑Politik in einer Demokratie machen kann, spielen v. a. ↑Parteien und ↑Interessengruppen eine wichtige Rolle. Sie vertreten unterschiedliche soziale Schichten, verfügen über differierende Programmatiken und produzieren daher unterschiedliche Regierungsaktivitäten. Diese sind zudem durch politische ↑Institutionen historisch und kulturell eingebunden. Damit gewinnen beharrende Kräfte und nationale Entwicklungspfade an Bedeutung.

Dies wird von Gøsta Esping-Andersen (1990) als „drei Welten" des W.s plastisch ausgedrückt. Sie stellen jeweils unterschiedliche Formen der Institutionalisierung von ↑sozialer Sicherheit und Vollbeschäftigung dar und basieren auf korrespondierenden politischen ↑Ideologien und Machtverteilungen; ferner korrelieren sie mit Mustern der sozialen Schichtung und (politisch miterzeugter) Ungleichheit. Ein wesentliches Merkmal bildet das Ausmaß an „Dekommodifizierung", d. h. die sozialpolitisch ermöglichte Lockerung des Zwangs zur Existenzsicherung durch Erwerbsarbeit. Für die einzelnen Welten sind folgende Aspekte elementar:

a) Der Typ des *liberalen W.s* betont den Wert der ↑Freiheit, die positive Rolle des ↑Marktes und die ↑Familie. Die Ausgaben sind niedrig, soziale Anspruchsrechte gering entwickelt und oft mit Bedürftigkeitsprüfungen verbunden, was häufig zu Stigmatisierung führt. Die Finanzierung erfolgt v. a. aus dem ↑Staatshaushalt. Interventionen in den Arbeitsmarkt erfolgen v. a. zur Auflösung von Flexibilitätshemmnissen und zur Wahrung der Wettbewerbs- und Vertragsfreiheit. Im Ganzen bleibt damit die ↑soziale Ungleichheit groß.

b) Der *sozialdemokratische W.* ist universalistisch ausgerichtet, d. h. Ansprüche basieren auf sozialen Bürgerrechten, und es wird ↑Gleichheit auf hohem Niveau angestrebt. Die Finanzierung der hohen Leistungen erfolgt weitgehend aus dem Staatshaushalt. Zugl. werden Dienstleistungen überwiegend vom ↑öffentlichen Dienst erbracht, der einen sehr großen Umfang annimmt und somit nicht nur sozialpolitisch, sondern auch arbeitsmarktpolitisch eine Schlüsselfunktion innehat. Die Bemühungen um Vollbeschäftigung sind hier am intensivsten.

c) Der *konservative Typ des W.s* folgt v. a. der Norm der ↑Sicherheit. Er interveniert zwar, allerdings eher temporär und oft aus staatspolitischen Gründen. Er ist ferner lohnarbeits- und sozialversicherungszentriert (↑Sozialversicherung) mit der Folge, dass soziale Rechte stark an Klasse und Status gebunden sind und die Ansprüche auf Beiträgen basieren. Grundlage dieses Modells sind das Normalarbeitsverhältnis und die Normalfamilie, die mit politischen Mitteln stabilisiert werden. Diesem Typus wird Deutschland zugeordnet.

Die jüngeren Ansätze behandeln die veränderten Bedingungen in der Phase des Ab- und Umbaus des W.s (*New Politics*). Als Ursache von ↑Reformen gelten demographische, soziale, kulturelle, ökonomische und internationale Herausforderungen. Neben der Senkung der Leistungen geht es um eine Umorientierung auf Aktivierung und neue Risiken sowie die Vermeidung der negativen politischen Reaktionen. Zudem erweisen sich die Sozialbürokratien und Professionen (wie Ärzte und Sozialarbeiter) als machtvolle Sachwalter der Interessen des W.s. Nicht selten scheitern Kürzungen an ihrem Veto – und nicht am Protest der betroffenen sozial schwachen Gruppen. Das wiederum begünstigt v. a. im konservativen Modell die Dualisierung von W. und ↑Arbeitsmarkt bzw. die Spaltung in Insider und Outsider. Ferner kritisiert die feministische W.s-Forschung (↑Feminismus) das patriarchalische *male breadwinner* Modell und geht davon aus, dass unterschiedliche „Gender Regime" existieren, in denen spezifische Ideologien und Politiken zum Ausdruck kommen, die die soziale Lage der Frauen erheblich beeinflussen. Trotz des vieldiskutierten Abbaus oder, empirisch korrekter, des Verharrens auf hohem Niveau, existieren neue Wachstumsfelder des W.s wie die ↑Familienpolitik und Pflegepolitik; aber auch das Bildungswesen, das statistisch jedoch nicht den Sozialausgaben zugerechnet wird.

Literatur

G. Bonoli/D. Natali: The Politics of the New Welfare State, 2012 • J. J. Schmid: Wohlfahrtsstaaten im Vergleich. Soziale Sicherung in Europa: Organisation, Finanzierung, Leistungen und Probleme, [3]2010 • M. G. Schmidt u. a. (Hg.): Der Wohlfahrtsstaat, 2006 • G. Esping-Andersen: The Three Worlds of Welfare Capitalism, 1990 • T. H. Marshall: Class, Citizenship, and Social Development, 1964. JOSEF SCHMID

Wohlfahrtsverbände

1. Definition und Grundsätzliches

W. sind ↑Verbände wohlfahrtspflegerisch tätiger sozialer Einrichtungen und Dienste. ↑Wohlfahrtspflege ist dabei i. S. d. AO (§ 66) „die planmäßige, zum Wohl der Allgemeinheit und nicht des Erwerbs wegen ausgeübte Sorge für notleidende oder gefährdete Mitmenschen. Die Sorge kann sich auf das gesundheitliche, sittliche, erzieherische oder wirtschaftliche Wohl erstrecken und Vorbeugung oder Abhilfe bezwecken". Das Wort Wohlfahrtspflege wurde ab den 1960er Jahren in ↑Sozialrecht und ↑Sozialer Arbeit zunehmend durch die Bezeichnung „soziale Hilfen" ersetzt. Verbände sind freiwillige Vereinigungen, mit einem auf Dauer angelegten Organisationsapparat, zur Organisation und Vertretung der Interessen. W. organisieren und vertreten die Interessen der „freien", also der nichtöffentlichen Wohlfahrtspflege.

Die sechs deutschen W. – Arbeiterwohlfahrt (AWO), Deutscher Caritasverband (DCV), Deutsches Rotes Kreuz (DRK), Deutscher Paritätischer Wohlfahrtsverband (DPWV), Evangelisches Werk für Diakonie und Entwicklung (EWDE) und Zentralwohlfahrtsstelle der Juden in Deutschland (ZWST) – sind multifunktionale Weltanschauungsverbände, die Dienstleistungsfunktionen für ihre Mitgliedseinrichtungen und gemeinsam mit diesen für den ↑Sozialstaat erfüllen, pro domo Lobbyfunktionen wahrnehmen, sich als Sozialanwälte für die Nutzer sozialer Dienstleistungen sowie sozial benachteiligter Menschen verstehen und sozialintegrativ wirken. Sie verfügen über hochkomplexe Binnenstrukturen, sind untereinander und mit den öffentlich-rechtlichen Kosten- und Gewährleistungsträgern der sozialen Hilfen sowie weiteren bereichspezifischen Entscheidungsträgern verflochten. Der Einbezug der freien Organisationen in Problembearbeitung und Problemdefinition wird auch als Neo- bzw. als Mesokorporatismus (↑Korporatismus) analysiert und als „dualer Wohlfahrtsstaat" (Tennstedt 1992) etikettiert.

Die W. erbringen in bedeutendem Umfang soziale Dienstleistungen: In mehr als 120 000 Einrichtungen mit mehr als 4 Mio. Betten/Plätzen, beschäftigen sie über 2,99 Mio. hauptamtliche und schätzungsweise 3 Mio. ehrenamtliche Mitarbeiter und Mitarbeiterinnen und zahlen dafür Entgelte in Höhe von insgesamt 57 Mrd. Euro (Stand 2018).

2. Historische Entwicklung

Reichen die Wurzeln der W. auch weiter in die Geschichte zurück, so erhielten die W. doch erst in der Weimarer Republik ihre heutigen Strukturen. Der Erste Weltkrieg und seine Folgen zerstörten die finanzielle Basis der freien Wohlfahrtspflege. Das Deutsche Reich, das durch die neue ↑WRV einen ausgeprägten Sozialstaatscharakter erhalten hatte und fortan über weitreichende rechtliche und finanzielle Möglichkeiten verfügte, avancierte zur wohlfahrtspolitischen Zentralinstanz und nutzte die neuen Möglichkeiten zur Förderung der freien Wohlfahrtspflege und ihrer Verbände. Die Federführung lag beim neuen Reichsarbeitsministerium, das lange der Zentrumspolitiker Heinrich Brauns (1920–28) mit einem Mitarbeiterstab, der dem Verbandskatholizismus (↑Katholizismus) verbunden war, führte. Nachdem der Reichstag 1922 erstmals beschlossen hatte, Reichsmittel zugunsten der Wohlfahrtspflege auszuschütten, nutzte das Reichsarbeitsministerium AM diese Mittel, um v. a. die christlichen W. Caritas (↑DCV) und Innere Mission (↑Diakonisches Werk) auf- und auszubauen. Neben den beiden christlichen Verbänden sowie der 1917 gegründeten „Zentralwohlfahrtsstelle der deutschen Juden" (ZWSTt) (↑Jüdische Organisationen) etablierte sich mit dem Hauptausschuss für Arbeiterwohlfahrt (AWO) Ende 1919 ein neuer, sozialdemokratischer Verband. „Alteingesessene" Einrichtungen der Wohlfahrtspflege, die keinem dieser vier Weltanschauungsverbände angeschlossen sein wollten, bildeten, wegen der auf verbandliche Organisationen ausgerichteten Förderkulisse, 1920 einen eigenen Spitzenverband, den „Fünften W." (ab 1932 DPWV). Das ↑Rote Kreuz, das vordem in erster Linie als Heeres-Sanitätsdienst tätig war, erweiterte seinen Aufgabenkreis auf die Wohlfahrtspflege und konstituierte sich Anfang 1921 als W. (DRK). Im selben Jahr gründet sich aus den Christlichen Gewerkschaften (↑Christliche Arbeitnehmerorganisationen) heraus der *interkonfessionelle Zentralausschuß der christlichen Arbeiterschaft* (ab 1930 *Christliche Arbeiterhilfe*).

Die Spitzenverbände avancierten zu Verteilungsinstanzen öffentlicher Mittel und wurden durch dauerhafte ↑Subventionen zu schlagkräftigen Lobbyorganisationen (↑Lobby). Innerhalb der mehr oder weniger geschlossenen Weltanschauungsverbände wurden flächendeckende Binnenstrukturen geschaffen. Die wohlfahrtpflegerisch tätigen Einrichtungen, Dienste und Vereinigungen der jeweiligen W. wurden territorial auf drei Ebenen zusammengefasst: auf der kommunalen Ebene in Orts- oder Kreisverbänden, auf der regionalen Ebene in Landesverbänden (bzw. Diözesan- [(Caritas]) oder Bezirksverbänden ([AWO)]) und auf der zentralstaatlichen in (Reichs-)Spitzenverbänden. Neben dieser territorialen Organisation entstanden für die großen Praxisfelder auf der regionalen wie zentralstaatlichen Ebene Fachverbände innerhalb der W. Jeder W. verfügt auf der zentralstaatlichen Ebene über einen Spitzenverband als Repräsentanten des Gesamtgefüges. Die Spitzenverbände sind dabei nur ein Teil der W. und nur sehr kleine Organisationen. Sie verfügen i. d. R. nicht über Weisungsbefugnisse gegenüber den ihnen angeschlossenen Gliederungen.

Neben dem Ausbau dieser komplexen Binnenstrukturen erfolgte in den 1920er Jahren auch eine systematische Verflechtung zwischen den W.n durch die Bildung gemeinsamer Fachverbände sowie durch Arbeitsgemeinschaften oder Ligen der Freien Wohlfahrtspflege auf der kommunalen, der regionalen und schließlich auch der zentralstaatlichen Ebene. Einen Abschluss fand dieser Formierungsprozess Ende 1924 mit der Gründung der *Deutschen Liga der freien Wohlfahrtspflege* als Kooperationsplattform der sechs – die AWO blieb außen vor – (Reichs-)Spitzenverbände der freien Wohlfahrtspflege.

Die W. bildeten schon in den 1920er Jahren auch mit den jeweiligen öffentlichen Stellen neokorporatistische, wohlfahrtspolitische Netzwerke. Auf der Reichsebene geschah dies durch arbeitsfeldspezifische Fachverbände sowie den 1919 reorganisierten *Deutschen Verein für öffentliche und private Fürsorge* (DV), der fachlich alle Bereiche der Fürsorge/Wohlfahrtspflege umfasste. Auf der kommunalen und regionalen Ebene vollzog sich die Zusammenarbeit durch Vertretung der Verbändewohlfahrt in Ausschüssen und Beiräten der Wohlfahrtsbehörden. Diese Kooperation zwischen der öffentlichen und freien Wohlfahrtspflege hatte mit der Kodifizierung des Subsidiaritätsprinzips (↑Subsidiarität) im Weimarer Fürsorgerecht eine institutionelle Verankerung. Sie verschaffte der Verbändewohlfahrt eine privilegierte Stellung bei der Erbringung sozialer personenbezogener Dienstleistungen bei gleichzeitiger öffentlicher Refinanzierung auf Grundlage des Selbstkostendeckungsprinzips. Der deutsche ↑Wohlfahrtsstaat wurde so zum „dualen Wohlfahrtsstaat" (Tennstedt 1992), was bis zur Gegenwart fortwirkt und in international vergleichender Perspektive eine Besonderheit ist.

Nach regimespezifischen Veränderungen des geschilderten Organisationsgefüges während der NS-Zeit erfolgte schon während der Besatzungszeit ihre Wiederherstellung. Die vordem verbotenen W. gründeten sich neu, lediglich der *Christlichen Arbeiterhilfe* misslang das. In Nachfolge der Liga bildeten die W. die BAGFW. Auch die übergreifenden Fachverbände und der DV nahmen kurz nach Kriegsende ihre Arbeit wieder auf. Bei der Neufassung des Fürsorgerechts 1961 (BSHG, JWG) verstärkte der Bundesgesetzgeber durch weitergehende Subsidiaritätsregelungen die Position der W. auf Kosten der öffentlichen Träger zusätzlich. Auf dieser Grundlage und mit dem anhaltenden Ausbau des Sozialstaates nahmen Größe und Bedeutung der W. weiter zu.

Der enorme quantitative Ausbau der W. in der Nachkriegszeit ging ab den 1960er Jahren zeitlich mit allmählichen Auslösungsprozessen der sozialkulturellen ↑Milieus einher, aus denen die W. entstanden und in denen sie verwurzelt waren. Für die beiden christlichen Verbände kam ein deutlicher Rückgang des konfessionellen Personals – Nonnen und Brüder, Diakonissen und Diakone – hinzu, was ihr Gesicht weltlicher machte. Der Beitritt der ehemaligen DDR zum Geltungsbereich des GG (Wiedervereinigung) beschleunigte diese Prozesse. Die Expansion der W. nach Ostdeutschland erfolgte, obwohl dort kaum (mehr) entspr.e Milieus existierten.

3. Aktuelles und Ausblick

Die aktuelle Lage und Stellung der W. ist durch gravierende Veränderungen gekennzeichnet, die ab Mitte der 1990er Jahre erfolgten. Im Rahmen des sog.en Umbaus des Sozialstaates erfolgte ein Paradigmenwechsel hin zu neoliberalen Ökonomisierungs- und Wettbewerbsmodellen (↑Neoliberalismus). In diesem Kontext wurden die bestehenden Strukturen der Wohlfahrtspflege, die wohlfahrtspolitischen Netzwerke und Prinzipien, wie die Selbstkostendeckungsfinanzierung, als kostentreibend und als kartellförmige Marktabschottung und damit als „unökonomisch" kritisiert. Auf der Bundesebene veränderte der Gesetzgeber nach und nach die Finanzierungsgrundsätze sozialer Dienstleistungen durch entspr.e Änderungen in den jeweiligen Büchern des ↑SGB. An die Stelle der Selbstkostenfinanzierung trat eine Entgeltfinanzierung ohne nachträglichen Gewinn- und Verlust-Ausgleich bei gleichzeitiger Zulassung privat-gewerblicher Anbieter und deren Gleichstellung mit den (vordem ausschließlich) frei-gemeinnützigen Einrichtungen. Das Erwirtschaften von Gewinnen oder Verlusten ist seitdem für soziale Einrichtungen ebenso möglich wie für herkömmliche Wirtschaftsunternehmen (↑Unternehmen). Auf der kommunalen Ebene und damit insb. in den Bereichen der ↑Sozial- sowie der Kinder- und ↑Jugendhilfe vollzog sich der Sozialstaatsumbau durch die Implementierung ↑Neuer Steuerungsmodelle. Die Behörden (Jugend- und Sozialämter) reorganisierten dabei zunächst ihre eigenen Binnenstrukturen und anschließend ihre Außenbeziehungen: Die Behörden schufen (Quasi-) Märkte und organisierten fortan einen Anbieterwettbewerb. Die W. und ihre Einrichtungen werden dabei zu bloßen Auftragnehmern und verlieren ihren Status als „Dritter Sozialpartner", der in die Problemdefinition einbezogen ist und dabei Klienteninteressen advokatorisch vertreten kann. Die neokorporatistischen, wohlfahrtspolitischen Netzwerke und Aushandlungskartelle erodieren damit, ohne jedoch bislang völlig wirkungslos geworden zu sein.

Die durch die öffentlichen Kosten- und Gewährleistungsträger veränderten Außenbeziehungen – Anbieterwettbewerb, keine Selbstkostenerstattung mehr usw. – erzwangen bei den W.n auch einen binnenorganisatorischen Wandel; dieser erfolgt nach betriebswirtschaftlichem Vorbild. Sichtbarer Ausdruck dessen ist, dass immer mehr soziale Einrichtungen die Rechtsform des e. V. (↑Verein) zugunsten der Unternehmensrechtsform der GmbH ersetzt haben.

Als intermediäre Organisationen zwischen ↑Markt, ↑Staat und privaten Haushalten (↑Haushalt, privater) haben die W. die jeweiligen Handlungslogiken auszubalancieren; die aktuellen Entwicklungen verschieben das Gewicht in diesem Dreieck hin zur Marktlogik. In dem Maße, in dem die Marktlogik dominant wird, verlieren die W. ihren Wohlfahrtscharakter i. S. d. zitierten AO und der Wandlungsprozess von milieuverankerten Weltanschauungsverbänden hin zu Dienstleistungsunternehmen schreitet voran. Problematisch ist dabei für die jeweiligen Spitzenverbände, dass die skizzierten Entwicklungen zentrifugale Kräfte schaffen. Die Vermarktlichungs- und Ökonomisierungsprozesse betreffen die verschiedenen Bereiche der sozialen Hilfen unterschiedlich stark. Auch die jeweiligen Konkurrenzverhältnisse und Möglichkeiten, verlustfrei zu wirtschaften, unterscheiden sich in Abhängigkeit von der Größe und wirtschaftlichen Leistungsfähigkeit der einzelnen Einrichtungen und Dienste. Damit entstehen bei den Einrichtungen der Wohlfahrtspflege unterschiedliche, teilweise auch sich widersprechende Interessenslagen. Die Aufgabe der (Spitzen-)Verbände, die Interessen ihrer Mitglieder (sozialen Einrichtungen) zu vertreten, wird damit schwieriger. Hinzu kommt, dass auch die unternehmerischen Interessen in ein Spannungsverhältnis zu den weltanschaulichen Anliegen der Verbände treten können. Eine Aufhebung dieser Spannungsverhältnisse durch Verzicht auf die Vertretung der wirtschaftlichen Interessen der Mitgliedseinrichtungen erscheint ebenso wenig vorstellbar wie ein Verzicht auf die Vertretung der weltanschaulichen Belange. Damit stehen die W. vor der Herausforderung, ihre Multifunktionalität aufrechtzuerhalten und die Spannungen auszubalancieren.

Literatur

K. Aner/P. Hammerschmidt: Arbeitsfelder und Organisationen der Sozialen Arbeit, 2018 • K.-H. Boeßenecker/M. Vilain: Spitzenverbände der Freien Wohlfahrtsverbände, [2]2013 • P. Hammerschmidt: Zur Herkunft und Bedeutung der Bezeichnung „(staatlich anerkannter) Spitzenverband der Freien Wohlfahrtspflege", in: ZfSp 4/2 (2006), 132–150 • C. Sachße: Subsidiarität. Leitidee des Sozialen, in: P. Hammerschmidt/ U. Uhlendorff (Hg.): Wohlfahrtsverbände zwischen Subsidiaritätsprinzip und EU-Wettbewerbsrecht, 2003, 15–37 • F. Tennstedt: Die Spitzenverbände der Freien Wohlfahrtspflege im dualen Wohlfahrtsstaat, in: Soz. Arbeit 41/10–11 (1992), 342–356 • C. Sachße/ders.: Geschichte der Armenfürsorge in Deutschland, Bd. 2: Fürsorge und Wohlfahrtspflege 1871–1929, 1988. PETER HAMMERSCHMIDT

Wohlstand ↑Wohlfahrt

Wohnen

I. Philosophisch – II. Soziologisch

I. Philosophisch

1. Bedeutung für den Menschen

Die indogermanische Wurzel *uen* des Begriffs W. bedeutet „streben, wünschen, lieben". Von hier leitet sich Gewöhnen ebenso wie Wonne ab. Im Althochdeutschen heißt *wonên* „nach etwas trachten", aber auch „ausharren" bzw. „zufrieden sein mit etwas" (was dann zum „sich gewöhnen" wird). I. S. eines positiven Ankommens klingt das noch in „beiwohnen" an. Später wird „W." für das örtliche Ausharren verwendet; man wohnt in Bamberg oder im Hotel. W. ist eine soziale Kulturleistung, die uns Weltbewältigung erlaubt; insofern ist sie auch heute noch ein Ankommen. Ein Echo des urspr.en „zufrieden sein mit etwas" ist bei „wohnlich" zu hören.

W. ist mehr als eine technisch-funktionale Praxis, denn es macht aus, wer wir sind. Biber befriedigen mit ihren Burgen lediglich physiologische Bedürfnisse, etwa nach Schutz und Wärme. Wir selbst-reflexiven Menschen müssen uns auch *zu* unseren ↑Bedürfnissen verhalten – und so zu uns selbst. Die Philosophische ↑Anthropologie betonte das; der Mensch sei „weltoffen" und somit „umweltfrei" (Scheler 1928: 3), spitzt es Max Scheler zu. Helmuth Plessner erinnert daran, dass wir als Bedürfniswesen nie ganz umweltfrei sind, weswegen er von der menschlichen Welt*fremdheit* spricht. Der Mensch oszilliere zwischen „Umweltgebundenheit und Weltoffenheit", die miteinander „im Verhältnis einer nicht zum Ausgleich zu bringenden gegenseitigen Verschränkung" stünden (Plessner 1983: 81). Um dieser Spannung zu begegnen, gestalten wir unsere Umwelt, um in ihr zu wohnen.

Weltoffenheit ist uns möglich, weil wir *keine starre ↑Identität haben, sondern sie jeweils erst gewinnen* müssen. Das geschieht v.a. durch die Auseinandersetzung mit der von uns gestalteten Kunstwelt, also den Artefakten, ↑Institutionen etc., die dann zu unserer zweiten Natur werden. H. Plessner nennt es nachgerade ein anthropologisches Grundgesetz, in einer „natürlichen Künstlichkeit" (Plessner 1983: 80) zu leben, die unsere Erfahrungen wie unser Selbstverständnis bestimme. Empirisch stützt diese Beobachtung die Umweltpsychologie, die zeigt wie der erinnerungsgefüllte Wohnort identitätsstiftend wirkt.

Jede Bau- und Wohnweise ist ein eigener, kulturell geprägter und prägender Weltzugang. Denn Bauwerke setzen Grenzen, differenzieren und ordnen Dinge. Hier ist z.B. etwas heilig, dort profan. ↑Hierarchien und Orientierungspunkte werden manifest (Blickachsen, symbolische Gehalte, etwa der Bahnhof im Zentrum), das Verhältnis zur ↑Natur, aber auch Grenzen und Offenheit zwischen Menschengruppen werden baulich bestimmt. W. bedeutet, einen bes.n Raum abzusetzen. „Der Welt und ihren Räumen eignet indes das Unheimliche und Abgründige, das der Mensch angstvoll flieht, dem er aber einen eigenen Bereich abgewinnt, um ein bleibendes Wohnen zu ermöglichen und die Welt auf diese Weise in Besitz zu nehmen" (Hahn 2014: 4). Der Wohnraum ist daher Inbegriff des Geordneten, Idealen, Ausgangspunkt seiner Sinndeutung der Welt – man denke an Martin Luthers „Ein feste Burg ist unser Gott" (1529).

2. Der Herd

Der ↑Mythos erzählt, dass die menschliche ↑Zivilisation begann, als Prometheus das Feuer stahl. Es brennt seitdem im Zentrum der Häuser. In der griechischen Antike verehrte man die Göttin Hestia, der jeder häusliche Herd geweiht war. Sie sollte ↑Frieden stiften, und ihr, nicht Zeus, wurde im eigenen Haus und von der Polis das jeweils erste Opfer gebracht. Platon deutet sie sogar als Verkörperung der Wirklichkeitsordnung schlechthin, er bezeichnet Hestia als Essenz des Seins. In den Ruinen von Ephesos steht noch immer ihr Rundtempel nahe der Agora. Dort brannte das heilige Feuer der Stadt, das nie verlöschen durfte, weil es das Leben und Wesen der Polis symbolisierte. Nach Außen sicherte eine Mauer gegen die „Barbaren", im Zentrum sicherte der „Staatsherd" die Einigkeit der Polis. Dieser zeigt Verbundenheit mit dem Ort wie eine innere Offenheit für alle Stadtbürger. Das verkörpert auch die horizontale Bauweise der Polis: „In diesen [...] einfachen und doppelten Säulengängen, die unmittelbar ins Freie führen, sehen wir die Menschen offen, frei umherwandeln zerstreut, zufällig sich gruppieren; denn die Säulen überhaupt sind nichts Einschließendes, sondern eine Begrenzung, die schlechthin durchgängig bleibt, so daß man halb innen, halb außen ist und wenigstens überall unmittelbar ins Freie treten kann" (Hegel 1970: 320).

Der Herd ist bis heute beliebtes Zentrum des W.s: Frank Lloyd Wright entwarf im 20. Jh. seine „Präriehäuser" um den Herd herum und ein Kamin erhöht auch im 21. Jh. den Verkaufswert einer Immobile (58 % der Bundesbürger wollen 2019 einen Kamin in ihrem Haus). Das offene Feuer allerdings wurde meist abgelöst von Zentralheizungen und Elektroherden. Die Ausstellung „The Elements of Architecture" auf der 14. Architekturbiennale Venedig 2014 wählte den Herd als ein zentrales Element und zeigte, wie dessen „ursprüngliche Funktionen – Heizen, Kochen, Beleuchten, Versammlungsplatz und Mittelpunkt für Kommunikation und Kultur Sein –" nunmehr aufgeteilt wird in zahlreiche andere Apparate wie etwa den Flachbildschirm; „zahlreiche Einzelgeräte" finden sich, „die wie mit Greifarmen durch Systeme noch in die letzte Ecke des Gebäudes dringen" (Marot 2014: 3).

Gottfried Semper nennt unter Rückgriff auf Vitruv den Herd „Embryo der Architektur", um den herum Dach, Wände und Fundament entstünden, schließlich auch das Soziale und Politische: „Das erste Zeichen menschlicher Niederlassung und Ruhe nach Jagd, Kampf und Wanderung in der Wüste ist [...] die Einrichtung einer Feuerstätte und die Erweckung der belebenden und erwärmenden speisebereitenden Flamme. Um den Herd versammelten sich die ersten Gruppen, an ihm knüpften sich die ersten Bündnisse, an ihm wurden die ersten rohen Religionsbegriffe zu Culturgebräuchen formuliert. Durch alle Entwickelungsphasen der Gesellschaft bildet er den heiligen Brennpunkt, um den sich das Ganze ordnet und gestaltet" (Semper 1851: 54 f.).

3. Wohnen als Errungenschaft

Bauen ist nach Aristoteles *Poiesis*, eine hervorbringende Leistung. W. aber gehört zur *Praxis*, deren Ziel kein Produkt, sondern der gute Vollzug dieser Praxis selbst ist (NE 1140 b 3–4 und 6–7). Denn hier geht es letztlich um ein *gutes W.*

Wie schwierig das sein kann, zeigt der Kampf der Trojaner um ihre Stadt in der „Ilias“. Auch Odysseus kehrt erst nach jahrelangem Mühen heim nach Ithaka, wo seine Frau das Wohnhaus gegen wilde Freier verteidigen musste. W. ist eine Errungenschaft, manchmal eine Heldentat. Es ist nur im geordneten, dem Chaos abgerungenen Raum möglich – Ordnung zu schaffen ist auch urspr.e Schöpfungstat Gottes (Gen 1,2.4). Der erste Wohnort der Menschen ist das geordnete Paradies, wörtlich die „eingezäunte Fläche“, das der Mensch „bebauen und bewahren“ muss (Gen 2,15). Wer dessen Ordnungsregeln missachtet, wird ebenso unbehaust wie die Erbauer des Turms zu Babylon.

Auch die antike Stoa pries als höchste ↑Tugend die selbstbewusste Selbstsorge, die sie *oikeiosis* nannte, abgleitet vom Haus, *oikos*. Sie hat zwei Seiten: Einerseits eine angemessene Selbstverortung, indem man *in sich* den Logos, die Vernunft (↑Vernunft – Verstand), erkennt, andererseits eine praktisch-handelnde Einfindung in die Vernunftordnung der Welt. Das ist ein gleichsam metaphysisches W.

Was sind Kriterien gelungenen W.s? Im Grunde diejenigen eines guten Lebens. ↑Sicherheit und Schutz müssen gewährt und andere Bedürfnisse befriedigt sein. Dazu kommt als Voraussetzung eine allg.e Zufriedenheit, die auch Schönheitserfahrungen benötigt. All das ist auch eine architektonische Errungenschaft. Sie besteht dort, wo die Herausforderungen der rauen und kargen Umwelt gemeistert wurden und Menschen nicht mehr aufbrechen müssen und wollen. Die bronzezeitliche Pfahlbautenkultur am Bodensee bestand trotz Krisen über 3 000 Jahre, die Hirtennomaden der Eurasischen Steppe wohnen seit der späten Bronzezeit in ihren Jurten. Das zeigt nicht nur eine soziale und politische Stabilität, sondern gute, d. h. gelungene und nachhaltige Wohnformen (↑Nachhaltigkeit).

4. Gemeinschaft

Bauen und W. sind *Ausdruck* einer Lebensform, aber sie nehmen auch *Einfluss* auf diese. Die Architektursoziologie betont, dass die Architektur einerseits die „jeweilige Gesellschaft zuallererst sichtbar“ macht (Delitz 2009: 111), andererseits diese Gesellschaft auch beeinflusst und prägt. Architektur schreibt „Ordnungen des Nebeneinanders, deren Klassifikationen und Differenzierungen in die Körperbewegungen und Wahrnehmungen ein“ (Delitz 2009: 111). Diese gesellschaftsformende Kraft der Architektur wurde auch politisch in Anspruch genommen:

Kollektivistische Ideale (↑Kollektivismus) bestimmten etwa Tony Garniers Entwurf einer *Cité industrielle* von 1899 bis 1904 (veröffentlicht 1917), einem nie gebauten, aber wirkmächtigen Modell. Er gliederte seine Idealstadt funktional, um eine effiziente Versorgung, ↑Infrastruktur und ein sozialistisches Gesellschaftsleben zu befördern. Geplant wurden getrennte Arbeitsbereiche (Industrie, nahe dem Fluss als Energiequelle), Wohnquartiere (mit Sonnenlage), öffentliche Bereiche (↑Museen, Sportstätten, Verwaltungsgebäude) und ein abgelegener „Bereich der Toten“. Zentral war ein emblematisches Versammlungshaus, während Kirche, Kasernen und Gefängnisse ihm überflüssig erschienen, weil der sozialistische Mensch keine Verbrechen mehr kenne. In den 1930er Jahren wurden ähnliche Siedlungen in der Sowjetunion verwirklicht, etwa in Nowgorod (Nischni) für die 25 000 Arbeiter einer neuen Autofabrik mit Kommune-Häusern. Diese hatten keine abgetrennten Wohnungen und nur gemeinschaftliche Waschräume und Küchen, sowie eigene Schlafhäuser für Jugendliche und Kinder. Einfamilienhäuser galten als reaktionär und kleinbürgerlich, weil sie den neuen sozialistischen Kollektivmenschen verhindern würden. Ebenso erachtete diese kollektivistische Herangehensweise regionale Traditionen und Identitäten als gefährlich: Nicolae Ceaușescu ließ in Rumänien ab den 1980er Jahren alte Dörfer oder geschichtsträchtige Altstädte systematisch abreißen und durch monotone „agro-industrielle Zentren“ oder „sozialistische Stadtviertel“ ersetzen.

Stärker *individualistische* Bauformen, etwa räumlich getrennte Einfamilienhäuser oder Wohnungen, betonen den Einzelnen oder die Familie. Mit der Entwicklung von bürgerlichen Kern- und Kleinfamilien und der zunehmenden Trennung von Arbeitsplatz und Wohnort entstand im 19. Jh. dieser Bautyp in Europa. Sie gewährten eine Privatsphäre und erlaubten eher ein selbstbestimmtes W. Programmatisch ist hier Ebenezer Howard. In seinem Buch „To-Morrow. A Peaceful Path to Real Reform“ (1898) forderte er Gartenstädte für gesellschaftliche Reformen. In überschaubaren Siedlungen plante er Einfamilien-Reihenhäuser mit Gärten, die in mehreren Straßenringen um einen zentralen Platz geführt wurden, der mit Schulen, Gaststätten oder Veranstaltungsräumen versehen war. Der ↑Individualismus ist hier sozial eingebunden; die ↑Familie soll in die Natur und eine gemeinschaftliche Struktur eingebettet werden. Viele dieser Gartenstädte entstanden auch in Deutschland, etwa auf der Margarethenhöhe in Essen (ab 1910 bis ca. 1938) oder in Hellerau bei Dresden (ab 1909).

Wie stark der Einfluss der Bauweise auf das soziale Verhalten und Bewusstsein tatsächlich ist, muss offen bleiben. Eine starke Formkraft und Bewusstseinslenkung nimmt der „architectural determinism“ (Broady 1966: 150) an, zu finden im Funktionalismus und bei den Architekten des Internationalen Stils im Europa der 1920er und frühen 1930er Jahre. Bill Hillier u. a. sehen dagegen gar keinen bes. mächtigen Einfluss der Architektur auf das Gemeinschaftsleben. Oscar Newman, der einen Zusammenhang von Hochhausarchitektur und Kriminalitätsraten nachwies, vertrat eine moderate Position, die wohl am plausibelsten ist: Architektur und Wohnweise bestimmen nicht, aber beeinflussen Lebensformen indem sie etwa Verhaltensweisen erleichtern oder hemmen.

5. Einfluss und Macht

↑Macht heißt, den *eigenen Willen durchzusetzen*, v. a. *gegenüber anderen Menschen*. Die Beziehung von Architektur zur Macht ist vielfältig. Ohne eine ökonomische Gestaltungsmacht kann man gar nicht bauen, Bauwerke nehmen aber auch Einfluss auf andere oder symbolisieren Macht. Unterschiedliche Machtformen treten hier auf:

Zwangsmacht gehörte stets zu den dunklen Seiten der menschlichen Baugeschichte. Ob die Pyramiden, wie Herodot berichtet, mit Sklaven errichtet wurden, ist heute zwar umstritten, aber Fronarbeit war üblich. Kaiser Karl V. hat 1547 das Coburger Schloss „Ehrenburg" genannt, weil der Herzog von Sachsen es nur mit Lohnarbeitern errichtete. Aber auch gesetzliche, soziale oder kontextuelle Zwänge schränken stark ein, so dass oft Gebäude entstehen, die so eigentlich niemand will.

Funktionale Macht: Bauwerke besitzen auch eine „technische Macht"; denn sie beeinflussen, was wir tun und lassen können (Popitz 1992: 167). Eine Brücke erlaubt andere Zugänge als eine Mauer, die verschließen kann (wie die Berliner). In dieser Weise sind Bauwerke zentrale Instrumente menschlicher Machtausübung.

Symbolische Macht zeigt sich in vielen Bauwerken. Ludwig I. kopierte in München zur ↑Legitimation seiner Herrschaft Bauten wie die Florentiner *Loggia dei Lanzi* als „Manifestationen der Legitimierung der Macht aus der Geschichte durch die Demonstration der Macht über die Geschichte" (Nerdinger 2012: 23). Das Symbolische kann in psychische Unmittelbarkeit übergehen wie beim gigantischen Brüsseler Justizpalast (1866–83), der jeden seine Ohnmacht spüren lässt. Das war auch Ziel von Kaiser Neros *domus aurea* mit ihren 800 000 Quadratmetern und von Albert Speers geplantem Führerpalast mit zwei Mio. Quadratmetern (allein die Raumflucht, die zu Adolf Hitlers 900 Quadratmeter großem Arbeitszimmer geführt hätte, wäre 504 Meter lang gewesen).

Wie weit die Kategorie Macht die Architektur erklärt, ist umstritten. Michael Foucault versuchte eine *umfassende Machtanalyse*. Die westlich-liberale Gesellschaft gründe gänzlich auf Disziplinierung und Kontrolle; deswegen sei das von Jeremy Bentham entworfene Reformgefängnis Sinnbild der modernen Gesellschaft. Dieser von M. Foucault „Panoptikum" genannte Rundbau sollte dem Wärter auf dem Wachturm in der Mitte erlauben, alle kreisförmig um ihn angeordneten Zellen einzusehen. Das Zentrum war bewusst dunkel, so dass die Insassen nie wissen konnten, ob sie beobachtet würden. Das erzeuge Angst und sei die Struktur aller staatlicher Macht; so lenke die Bourgeoisie uns alle in Schulen, Hospitälern, auf Plätzen etc. Unsere Welt sei ein umfassendes Netzwerk feinster Machtlinien, bei denen Architektur entscheidend mitwirke, argumentiert M. Foucault. Wie die Zelleninsassen müsse der Einzelne seinen Platz *innerhalb* dieser Machthierarchie einnehmen. Ein derart umfassender Erklärungsanspruch der Macht in der Tradition von Thomas Hobbes und Friedrich Nietzsche ist aber letztlich selbstwidersprüchlich, weil dann auch M. Foucaults Theorie lediglich Ausdruck seines Machtstrebens wäre und keinen interessanten Wahrheitsanspruch erheben könnte.

Eine *eingeschränkte Machtanalyse* bzw. weiche Einflusstheorie vertritt die gegenwärtige Architektursoziologie. Joachim Fischer etwa nennt Architektur ein „Kommunikationsmedium" im Luhmannschen Sinne, d. h. eine Weise, Menschen ins Verhältnis zueinander zu setzen, sie sozial zu platzieren bzw. bestimmte Interaktionen zu bahnen. Ein Haus sei so „eine Sinnofferte" (Fischer 2009: 10), eine Stellungnahme zur Wirklichkeit, die Unterscheidungen anbiete wie z. B. privat v öffentlich. Wir können oder müssen darauf reagieren, etwa durch Zustimmung oder Verweigerung. Für diese weiche Einflusstheorie spricht nicht zuletzt, dass sie die geistig-selbstbestimmte Möglichkeit des Menschseins ernster nimmt als die umfassende Machtanalyse. Walter Benjamin sagt zurecht, die Architektur einer Epoche sei Zeugnis der jeweiligen „Gesellschaft, ihres Begehrens" (Benjamin 1991: 1002). Aber wir erleben sie auch als Gegenüber mit Qualitäten, etwa atmosphärischen oder ästhetischen, die uns ansprechen und zu denen wir uns eigenständig in ein Verhältnis setzen können, manchmal müssen.

6. Schönheit

Vitruvs Bemerkung, dass *firmitas* (Festigkeit), *utilitas* (Nützlichkeit) und *venustas* (Schönheit) Hauptforderungen an die Architektur seien, blieb bis zum 20. Jh. maßgeblich. Noch heute wird wenigstens von Laien die Schönheit von Bauwerken als erstes wahrgenommen und auch geschätzt. Und architektonische Schönheit hat Bezüge zur ↑Politik, von denen wenigstens zwei in einem ↑Staatslexikon erwähnt werden sollen.

Erstens gibt es eine architektonische Ästhetik der politischen Selbstinszenierung, etwa um Gäste oder die Bevölkerung zu beeindrucken. Das zeigt N. Ceauşescus „Haus des Volkes", dem heutigen Parlamentspalast in Rumänien, mit dessen Pracht Gäste auch ästhetisch beeindruckt werden sollten. Ähnlich die *domus aurea*, von der Sueton in seiner Nero-Biographie schrieb: „Im übrigen war alles mit Gold, Edelsteinen und Perlmutter bedeckt. Die Speisezimmer hatten Decken aus beweglichen, durchlöcherten Elfenbeinplatten, so daß man von oben herab über die Gäste Blumen streuen oder Parfüme sprengen konnte" (Sueton 1960: 235 [Nero 31]).

Zweitens hat sie eine eigentümliche Anziehungskraft. Sie kann uns, wie auch das Erhabene, das Ungeheuerliche oder Fragile, innerlich ergreifen und bewegen – nach Leo Tolstoi das Merkmal bedeutender Kunstwerke. Diese Kraft kann auch politisch wirksam werden: Schöne Bauten können Stolz erzeugen, wie es von Louis Kahns archaisch-anmutendem Parlamentsgebäude in Bangladesch berichtet wird. Auch stand in der antiken Polis, wie Heike Delitz vermutet, die „Schönheit der öffentlichen

Gebäude im Verhältnis zu den Privatgebäuden, bei denen allzu großer Prunk dann auch verboten war"; so wurde eine bes. „Affektivität" bei den Bürgern ausgelöst, sich mit ihrer Polis zu identifizieren (Delitz 2009: 98).

Im letzten Jahrhundert wurde Schönheit als relevante Erwartung an Bauwerke z. T. scharf zurückgewiesen, oder aber mit Funktionalität gleichgesetzt. Hannes Meyer, 1928–30 Direktor des Bauhauses, meinte Architektur sei „ein technischer, kein ästhetischer Prozeß" (1980: 34). Wie kam es zu diesem radikalen Bruch mit der Tradition?

Erstens begannen funktionalistisch-technische Ideale zu dominieren, bei denen ästhetische Gestaltungsideen wie Ornament und Dekor als störend erachtet wurden. Zweitens war die schmucklos-funktionale Architektur (allerdings nur kurzfristig) preiswerter und schneller zu errichten, z. T. durch industrielle Vorfertigung von Teilen. Begünstigt wurde die Entwicklung durch den hohen Bedarf an Wohnraum nach dem Zweiten Weltkrieg, wodurch Wohnungsbau und ↑Stadtplanung staatliche Aufgabe wurden. Schließlich standen, drittens, die klassischen Ideale in der weltanschaulichen Kritik. Jede Vorstellung des Schönen galt als zeit-, kulturbedingt und subjektiv. Objektiv richtig schien nur das Quantifizierbare, Ökonomische und Effiziente. So argumentiert Adolf Loos in „Ornament und Verbrechen" (1910), dass schmucklose Funktionalität Kräfte spare, weswegen Gebrauchsgegenstände von ↑Kunst zu unterscheiden seien. Auch der ↑Sozialismus lehnte weltanschaulich die klassischen Schönheitsvorstellungen als *bourgeoise* ab. Theodor W. Adorno erklärte das Schöne für einen gefährlichen Trick des herrschenden ↑Kapitalismus, um das schreiende Unrecht des Systems zu verschleiern. Peter Eisenman fordert in diesem Sinne von der Architektur, „die Leute daran zu erinnern, dass nicht alles in Ordnung ist" (Katharxis No. 3; Übersetzung des Autors).

Für die Architektur der „modernen" Bauweise bot sich daher, unter starkem Einfluss des *Congrès Internationaux d'Architecture Moderne*, das vermeintlich rational-funktionale Vorgehen des Internationalen Stils an. Doch kann bestritten werden, ob dieser Stil mit der Funktionalitätsforderung bereits Antworten auf die Gestaltungsfrage gibt. Erstens folgt keine spezifische Formensprache (etwa kubisches Bauen oder liegende Fenster) aus den neuen technischen Möglichkeiten; Le Corbusier selbst zeigt die Formmöglichkeiten in La Ronchamp und stehende Fenster sind sogar günstiger als Querfenster. Es ist zudem historisch naiv anzunehmen, die Internationale Moderne sei kein kulturbedingter Stil sondern überzeitlich „richtig". Drittens ist es durchaus rational und funktional in einem weiteren Sinne, unser Schönheitsbedürfnis ernst zu nehmen. Abraham Maslow hat gegen Lebensende seine Bedürfnispyramide um ein ästhetisches Begehren ergänzt. Und heute ist der „enge Zusammenhang zwischen ästhetischem Erleben und psycho-physischem Wohlbefinden" (Heinrich 2019: 15) angesichts der Ergebnisse von moderner ↑Psychologie und Kognitionswissenschaft nicht mehr zu bestreiten. „Schönheit" sollte daher unbedingt als anthropologisch-moralische Forderung ernst genommen und politisch angestrebt werden. Denn durch Schönheit erlaubt Architektur nicht nur ein gutes W. sondern wird erst wirklich nachhaltig.

Literatur

M. Heinrich: Metadisziplinäre Ästhetik. Eine Designtheorie visueller Deutung und Zeitwahrnehmung, 2019 • R. de Graaf: Four Walls and a Roof. The Complex Nature of a Simple Profession, 2017 • M. Düchs: Zur moralischen Relevanz des Schönen in der Architektur, in: K. Berr (Hg.): Architektur- und Planungsethik, 2017, 175–193 • I. Boom (Hg.): Rem Koolhaas. Elements of Architecture, 2014 • A. Hahn: Übersicht zu einer Philosophie des Wohnens, in: M. Voigtländer/O. Depenheuer (Hg.): Wohneigentum, 2014, § 1 • S. Marot/R. Koolhaas/I. Boom: Fireplace, 2014 • W. Nerdinger: Geschichte Macht Architektur, 2012 • H. Delitz: Architektursoziologie, 2009 • J. Fischer: Architektur: „schweres" Kommunikationsmedium der Gesellschaft, in: APuZ 25 (2009), 6–10 • Ders.: „zur Doppelnatur der Architektursoziologie", in: ders./H. Delitz (Hg.): Die Architektur der Gesellschaft, 2009, 385–414 • B. Schäfer: Architektursoziologie, 2003 • F. von Kutschera: Ästhetik, 1998 • T. W. Adorno: Funktionalismus heute, in: ders. (Hg.): Ges. S., Bd. X 1, 1997, 375–395 • P. Halik: Schicksale der tschechischen architektonischen Avantgarde-Architektur und Macht, in: Wissenschaftliche Zeitschrift der HAB Weimar 39/1–2 (1993), 95–101 • H. Popitz: Phänomene der Macht, 1992 • W. Benjamin: Das Passagen-Werk, 1991 • C. Alexander/P. Eisenman: Zur Macht der Gefühle, in: Arch+ 73 (1984), 70–73 • C. Alexander/P. Eisenman: Contrasting Concepts of Harmony in Architecture, in: Lotus International 40 (1983), 60–68 • H. Plessner: Über das Welt-Umweltverhältnis des Menschen, in: ders. (Hg.): Gesammelte Werke, Bd. 8, 1983, 77–87 • H. Meyer: Bauen und Gesellschaft. Schriften, Briefe, Projekte, 1980 • H. M. Proshansky: The City and Self-Identity, in: Environment and Behavior 10/2 (1978), 147–169 • M. Foucault: Surveiller et punir. Naissance de la Prison, 1975 • A. Maslow: Farther Reaches of Human Nature, 1971 • T. W. Adorno: Ästhetische Theorie, 1970 • G. W. F. Hegel: Das System der einzelnen Künste, in: ders. (Hg.): Werke, Bd. 14, 1970, 266–350 • M. Broady: Social Theory in Architectural Design, in: Arena 81/887 (1966), 149–154 • Sueton: Nero, in: ders. (Hg.): Leben der Caesaren, 1960, 219–253 • M. Heidegger: Bauen, Wohnen, Denken, in: O. Bartning (Hg.): Mensch und Raum, 1952, 72–84 • H. Plessner: Die Stufen des Organischen und der Mensch, 1928 • M. Scheler: Die Stellung des Menschen im Kosmos, 1928 • A. Loos: Ornament und Verbrechen, 1910 • E. Howard: To-Morrow. A Peaceful Path to Real Reform, 1898 • G. Semper: Die vier Elemente der Baukunst. Ein Beitrag zur vergleichenden Baukunde, 1851. CHRISTIAN ILLIES

II. Soziologisch

Die Wohnung ist ein bes.s Gut. Deutsche verbringen im Durchschnitt mehr als die Hälfte ihrer wachen Zeit in der Wohnung. Die Wohnung ist der Mittelpunkt des privaten Lebens, ein symbolisch hoch aufgeladener Ort, an den vielfältige Erinnerungen gebunden sind, ein Ort der Geborgenheit, der Intimität, der Körperlichkeit und Emotionalität, sie ist das Gegenüber des öffentlichen Raums und der Welt des Berufslebens, ein Ort der freien Zeit und doch auch Ort und Gegenstand vielfältiger Arbeiten, der klassischen Hausarbeit wie berufsbezogener Arbeiten, bei Eigentümern auch Ziel umfänglicher Arbeiten beim Bau, Umbau und Erhalt der eigenen Wohnung. Es gibt wohl keinen bedeutsameren Ort im Leben eines Menschen als seine Wohnung. So ist es kein Wunder, dass die Wohnungsfrage eine zentrale Frage der ↑Gesellschaftspolitik ist.

Die Wohnungsfrage beinhaltete von Anfang an zwei Probleme. Zum einen das politische Problem der Wohnungsversorgung: Wie kann eine ausreichende Zahl von Wohnungen bereitgestellt und gerecht verteilt werden? Zum andern das normative Problem der Definition von Wohnung: Was macht eine menschenwürdige Wohnung aus? Auf beide Fragen schien in den 20er Jahren des vorigen Jahrhunderts die Antwort gefunden: der soziale Wohnungsbau als Lösung der Versorgungsfrage, die Wohnung für die Kleinfamilie als Lösung der Frage nach dem menschenwürdigen W. Heute sind beide Fragen wieder offen.

1. Wohnungsversorgung

Die Frage der Wohnungsversorgung wird in einer marktförmig und demokratisch organisierten Gesellschaft immer offen bleiben. Das hat mehrere Gründe. Einmal, dass der Wohnungsmarkt eine für angemessen gehaltene Wohnung nur zu Preisen zur Verfügung stellt, die die Zahlungsfähigkeit beträchtlicher Teile der Bevölkerung übersteigt. Zum zweiten, dass Menschen mobil, Wohnungen aber im Wortsinn Immobilien sind, sie können nur in Ausnahmefällen transportiert werden. Wanderungsbewegungen können deshalb Leerstände in Görlitz und Wohnungsnot in München schaffen. Zudem reagieren Wohnungsmärkte auf Nachfrageverschiebung sehr träge. Wer aber heute eine Wohnung sucht, dem helfen Wohnungen, die erst in sechs Jahren auf den Markt kommen, wenig.

Zum dritten polarisiert sich die Wohnungsversorgung. Das ist Folge einer wachsenden Einkommens- und Vermögensungleichheit und der politisch gewollten Verringerung der sozial gebundenen Wohnungen auf heute nur noch eine Mio. Viertens, und das ist entscheidend, handelt es sich bei Wohnungsnot heute um „Not“ auf hohem Niveau. In einer reichen Gesellschaft macht es wenig Sinn, Not absolut zu definieren als Hunger oder Obdachlosigkeit. ↑Armut und Wohnungsnot sind als nicht mehr tolerable Abweichungen nach unten vom Durchschnitt definiert. Heute gilt als Unterversorgung, wenn nicht für jedes Haushaltsmitglied ein Zimmer verfügbar ist. Das wäre um 1900 für die Masse der Städter unvorstellbarer Luxus gewesen. Die Wohnungsversorgung ist Teil einer moralischen Ökonomie, in der nicht allein nach Angebot und zahlungsfähiger Nachfrage sondern auch nach Maßgabe kultureller Normen und politisch gesetzter Standards darüber entschieden wird, was als menschenwürdige Wohnung akzeptabel und welches Maß an Ungleichheit in der Verteilung des Wohnraums zu tolerieren sei. Und diese Standards steigen mit dem Wohlstand. Deshalb wird es immer Versorgungsprobleme auf dem Wohnungsmarkt geben, die zum Anlass von politischen Interventionen werden: Wohnungspolitik ist unabschaffbar.

2. Menschenwürdiges Wohnen

Auch die zweite Frage, was denn eine menschenwürdige Wohnung ausmacht, muss immer wieder neu beantwortet werden. In den 1950er und 1960er Jahren glaubte man, die Antwort gefunden zu haben, als all das selbstverständlich schien, was mit dem W. assoziiert war: das Leitbild der Kleinfamilie von berufstätigem Mann, Hausfrau und Kindern, die strikte Trennung von ↑Arbeit und ↑Freizeit und das Einfamilienhaus draußen vor der Stadt als das ideale Gehäuse des W.s. Aber diese Lebensweise ist historisch gesehen sehr jung.

Das idealtypische Modell der vormodernen Lebensweise, das „Ganze Haus“ (Brunner 1965), war eine Selbstversorgungseinheit, in der Essen und Essenszubereitung, Arbeit und Erholung, Schlafen, Sich-Reinigen, Miteinander-Sprechen, Eltern und Kinder, ↑Familie und Gesinde weder räumlich noch zeitlich voneinander geschieden waren. Dementsprechend gab es kein W. als das Gegenüber der Welt der Arbeit und des öffentlichen Lebens. Im Zuge der industriellen Urbanisierung wurde diese Einheit aufgelöst. Mit der Auslagerung der Erwerbsarbeit wurde der Haushalt zum Familien- und Konsumhaushalt, eingebunden in ein hochkomplexes System privater und öffentlicher Versorgungsapparaturen. Gleichzeitig wurden körperliche Funktionen und emotionale Regungen hinter die Mauern der Privatheit zurückgenommen. Der „Verhauslichung der Vitalfunktionen“ (Gleichmann 1976) entsprach die Polarisierung des Alltags in eine öffentliche, entsinnlichte und eine private, intimisierte Sphäre, und diese Polarisierung wurde verinnerlicht. Industrielle Urbanisierung und der „Prozeß der Zivilisation“ (Elias 1976) haben das moderne W. als Ort eines von Arbeit entlasteten und emotional aufgeladenen privaten Lebens in der Kleinfamilie geschaffen.

Die Wohnung als Raum der Erholung und familialer Privatheit und damit als das Gegenüber des öffentlichen Raums und der beruflichen Arbeitswelt ist im Verlauf des 20. Jh. zum Leitbild der Wohnungspolitik geworden. Es wurde institutionalisiert in den Richtlinien des sozialen Wohnungsbaus, in Förderbestimmungen, Gesetzen, DIN-Normen und den Kategorien der amtlichen Statistik und prägte die Wohnwünsche einer Mehrheit der Deutschen. Jedoch schon in den 1970er Jahren begannen die Menschen, aus diesem Modell wieder auszuwandern in andere Lebensformen.

Die Wohnstandortpräferenzen ändern sich. Die Kernstädte gewinnen wieder an Attraktivität. Suburbanisierung ist eng an die familiale Lebensweise und die traditionelle geschlechtliche Arbeitsteilung gebunden. Beide Voraussetzungen haben sich mit der beruflichen Emanzipation der Frauen und dem Wandel der Arbeitsbedingungen geändert. Für Haushalte mit zwei Berufstätigen, die zu flexibilisierten und individualisierten Zeiten an unterschiedlichen Orten arbeiten, wird das W. im Umland, fern von den innerstädtischen Arbeitsplätzen, zu aufwendig.

Wer heute vom W. spricht, meint nicht nur das Gehäuse der Wohnung sondern auch private und öffentliche Dienstleistungen, Verkehrsanbindungen, soziale und technische ↑Infrastrukturen und die Qualität der Freiräume. Das hängt auch mit der Alterung der Bevölkerung zusammen. Die Lebenszeit nach dem Ende der Berufstätigkeit hat sich verlängert auf 20 bis 30 Jahre, und diese Zeit wird überwiegend in der Wohnung und der näheren Wohnumgebung verbracht. Das zwingt dazu, Wohnqualität sehr viel weiter zu definieren: räumlich über die Wohnung hinaus in das Wohnumfeld, inhaltlich über architektonisch/technische Bedingungen (Barrierefreiheit) hinaus in einen weiten Bereich personenbezogener Dienstleistungen, Gesundheit, Pflege, Sicherheit etc. Schließlich wird die ↑Digitalisierung erheblich dazu beitragen, die Qualitätsstandards von Wohnungen und ihrem Umfeld auszuweiten und zu erhöhen.

Es ändert sich ebenfalls die Art des Zusammenlebens in der Wohnung. W. und Familie sind keine selbstverständliche Einheit mehr. Die klassische Biographie von Herkunftsfamilie, relativ kurzer Zeit der beruflichen Orientierung, Familiengründung und längerer Familienphase, gefolgt von einer wiederum relativ kurzen Phase des „leeren Nests" tritt in den Hintergrund. Zwischen Auszug aus dem elterlichen Haushalt und Berufseintritt/Familiengründung dehnt sich die „Postadoleszenz" als eine Phase des Experimentierens mit verschiedenen Lebensentwürfen. Auch die Phase des ↑Alters dauert länger. Die Differenzierungen des Lebenslaufs gehen einher mit den sog.en Neuen Haushaltstypen: Wohngemeinschaften, Singles, unverheiratet zusammenlebende Paare, Alleinerziehende, multilokales W. etc. Entspr. differenzierter werden die Anforderungen an die Wohnungen. Das strikte Gegenüber von W. und Arbeiten, Arbeitszeit und Freizeit verschwindet. Berufsbezogene Arbeiten werden wieder in die Wohnung zurückverlagert. Schließlich werden mit der Zuwanderung aus anderen Kulturkreisen auch andere Wohnvorstellungen importiert.

Die Geschichte des W.s folgt der Figur einer Spindel: Aus einer Fülle sehr verschiedener Wohnformen hatte sich gegen Mitte des vorigen Jahrhunderts die private, kleinfamiliale Wohnform für kurze Zeit durchgesetzt, gleichsam die Taille der Spindel. Seitdem differenzieren sich die unterschiedlichsten Lebens- und Wohnweisen wieder aus. Allerdings, ein Trend wird weiterhin Bestand haben: Bei steigendem Wohlstand und immer kleineren Haushalten wird mehr Wohnfläche pro Kopf nachgefragt. Derselbe Wohnungsbestand, der in den 50er Jahren für eine Millionenstadt gereicht hätte, kann heute nur noch 400 000 Menschen beherbergen.

Literatur

C. Hannemann: Urbanität und Wohnen, in: N. Gestring/J. Wehrheim (Hg.): Urbanität im 21. Jahrhundert, 2018, 64–80 • W. Siebel: Die Kultur der Stadt, 2016 • H. Häußermann/W. Siebel: Soziologie des Wohnens, 2000 • N. Elias: Über den Prozeß der Zivilisation, 1976 • P. Gleichmann: Wandel der Wohnverhältnisse, Verhäuslichung der Vitalfunktionen, Verstädterung und siedlungsräumliche Gestaltungsmacht, in: ZfS 5/4 (1976), 319–329 • O. Brunner: Das „ganze Haus" und die alteuropäische Ökonomik, in: ders. (Hg.): Neue Wege der Verfassungs- und Sozialgeschichte, 1965. WALTER SIEBEL

World Wide Web

1. Begriff

Mit „worldwideweb" bezeichnete Tim Berners-Lee den ersten Web Browser, der im Herbst 1990 von ihm am CERN entwickelt wurde und am 25.12.1990 zum ersten Mal mit einem Webserver kommunizierte. Die Grundidee dieses Ansatzes besteht darin, dass auf sog.en Webservern ↑Informationen in einer Form und einem Format bereitgestellt werden, so dass sie über sog.e Webbrowser von anderen Rechnern aus abgerufen werden können und dort in strukturierter, gut lesbarer Weise dargestellt werden. Dazu wird das ebenfalls von T. Berners-Lee entwickelte *Hyper Text Transfer Protocol* (HTTP) verwendet, sowie das weltweit verbreitete FTP (*File Transfer Protocol*). Dies eröffnete eine standardisierte Möglichkeit, auf Informationen, die von Webservern zur Verfügung gestellt werden, einfach und gut lesbar zuzugreifen. Bes. bedeutsam sind die sog.en Hyperlinks, dargestellt i. d. R. durch hervorgehobene Wörter in den sog.en Hypertext-Dokumenten, die von den Webbrowsern angezeigt werden. Ein Klick auf diese Hyperlinks führt dazu, dass die mit ihnen verbundenen Webseiten, die wiederum auf bestimmten Webservern bereitgestellt sind, im entspr.en Browser angezeigt werden. Dies erlaubt es den Nutzern, ohne großen Aufwand und ohne engere technische Kenntnisse, ausgehend von einer Webseite eines Webservers, über die Hyperlinks auf andere Webseiten zuzugreifen, also zu „surfen". Es entsteht eine vernetzte Dokumentenstruktur, in die sich Bilder, Graphiken und auch Videos miteinbinden lassen. So entsteht ein Netzwerk aus Informationen. Zusätzlich können auf entspr.en Webseiten auch Informationen abgefragt bzw. eingetragen, und dadurch umfangreiche Dienste genutzt, gebucht und angestoßen werden.

Das WWW hat 1990 die Nutzung des ↑Internets in großer Breite ermöglicht und mit der Erfindung und Einführung des Smartphones im Jahr 2007 auch die weitgehend mobile Nutzung des Internets durch praktisch alle Bevölkerungsgruppen in nahezu jeder Situation ermöglicht. Heute bildet das WWW das Rückgrat der digitalen ↑Vernetzung und der digitalen Infrastruktur und ist einer der wichtigsten Beiträge in der ↑Digitalisierung.

2. Historie

Nach der Schaffung des Internets in den 1970er Jahren wurde es sehr schnell intensiv genutzt für Datenaustausch, Datentransfer (FTP) und insb. für die Versendung elektronischer Post (E-Mail). Der Zugriff auf Informationen anderer Rechner war jedoch technisch schwierig. Insoweit war die Nutzung und Bereitstellung von Informationen im Internet noch nicht in einfacher Form möglich.

Die Erfindung des WWW im Jahr 1990 schuf eine völlig neue Möglichkeit, Informationen bereitzustellen, zu vernetzen und allg. zu nutzen. Das WWW nutzt in der Übertragung der Daten selbst die Vernetzung, die durch das Internet geschaffen wird.

3. Funktionsweise

Das WWW basiert auf drei Kern-Standards:

a) dem *HTT-Protokoll*, über das durch eine Browser Informationen vom Webserver angefordert werden können,

b) der *Hypertext Markup Language* (HTML) als Websprache, die es erlaubt Informationen zu gliedern, Hyperlinks einzubinden und damit Dokumente zu verknüpfen und

c) den *Uniform Resource Locators* (URLs) als eindeutige Bezeichnungen einer Quelle, die in Hyperlinks verwendet wird.

Weitere Standards kamen später dazu, wie *Hyper Text Transfer Protocol Secure* (HTTPS), eine Weiterentwicklung von HTTP, bei dem das Protokoll SSL *(Secure Socket Layer)* zwischen TCP *(Transmission Control Protocol)* und HTTP geschoben und in der Folge der Datentransfer komplett verschlüsselt wird. HTTP ist ein zustandsloses Protokoll zur Übertragung von Daten auf der anderen Schicht über ein Rechnernetz. Es dient dazu, Webseiten aus dem WWW in einen Webbrowser zu laden. HTML ist eine Sprache, in der textbasiert Hyperlinks eingebunden werden können. Sie dient zur Strukturierung elektronischer Dokumente, wie sie im WWW genutzt werden; im Klartext zu Texten mit Hyperlinks.

URL identifiziert und lokalisiert eine Quelle, bspw. eine Webseite, über die dazu verwendete Zugriffsmethode und den Ort, an dem diese Quelle in den Computernetzwerken zu finden ist. Das WWW-Konsortium ist für die Weiterentwicklung der Standards zuständig.

TCP ist ein Netzwerk-Protokoll, das den Austausch von Daten zwischen Netzwerk-Komponenten in einem Rechnernetz beschreibt und standardisiert. Inzwischen wird TCP von praktisch allen aktuellen Betriebssystemen und allen modernen Rechnern genutzt.

Heute ist neben dem mobilen WWW, dem Zugriff von mobilen Zugangsgeräten, allen voran dem Smartphone, auch von dem semantischen Web die Rede. Dies bezeichnet die Möglichkeit, die Inhalte im Web durch zusätzliche semantische Informationen zu ergänzen. Dies bedeutet, dass z. B. bei der Suche nach einem Amtsträger genutzt wird, dass auch dessen Name im Netz hinterlegt ist, so dass bei der Suche nach der Amtsbezeichnung auch alle Seiten in Betracht gezogen werden, auf denen der Name aufgeführt wird. Weitergehende Methoden des semantischen Webs sind Bildanalysen mit Gesichtserkennung und komplexerer Nutzung hinterlegter semantischer Zusammenhänge.

4. Technische Bedeutung

Die Idee des WWW ist eine geniale Ergänzung der im Vorfeld bereits vorhandenen technischen Möglichkeiten zur Vernetzung von Rechnern durch das Internet. Das durch das WWW geschaffene hypertextgestützte Netzwerk aus Informationen lässt sich insb. auch für den Einsatz von Suchmaschinen nutzen. Diese durchsuchen systematisch das WWW und erstellen einen Schlüsselwort-Index für die gefundene Dokumentbasis. Suchanfragen über diese Schlüsselwörter werden dann mit entspr.en Hinweisen auf die dazugehörigen Webseiten beantwortet.

Durch die in den 1990er Jahren auf Basis des WWW entstandenen Suchmaschinen wird dessen Nutzung technisch erst sehr effektiv: Nach Eingabe eines Begriffs wird eine Liste entspr.er Hyperlinks angezeigt, über die die dazugehörigen Seiten aufgerufen werden können. Von dort lässt sich wiederum über neue Links auf weitere Seiten zugreifen. So entsteht die Grundlage für umfassende Recherchen im WWW.

5. Gesellschaftliche Bedeutung

Durch das WWW sind die Informationen im Internet für praktisch alle Menschen zugänglich geworden. Soweit sie Zugänge über entspr.e Peripheriegeräte besitzen, können sie diese Informationen problemlos abgreifen und Recherchen im Web durchführen. Auf Basis des WWW können auch völlig andere Einrichtungen geschaffen werden, um schnell und sicher Informationen zu nutzen, auch im Rahmen von ↑sozialen Netzwerken. Das WWW hilft, alle Potentiale des Internets zu erschließen.

Mit dem sog.en Web 2.0 wurden etwa ab dem Jahr 2000 Webseiten geschaffen, bei denen der Nutzer den Inhalt nicht nur passiv konsumieren kann, sondern selbst in der Lage ist, diese Seiten zu ändern und zu ergänzen. Damit ist es möglich, eigene Inhalte zu veröffentlichen oder mit anderen Nutzern zu kommunizieren. Typische Beispiele dafür sind Blogs als private Meinungsseiten, von losen sozialen Vereinigungen geschaffene Gemeinschaften nach dem Wiki-Prinzip und insb. soziale Netzwerke.

6. Wirtschaftliche Bedeutung

Durch das WWW wurden auch viele wirtschaftliche Potentiale geschaffen. Unternehmen können ihre wichtigen Informationen im Netz bereitstellen, zusätzliche Dienste für die Kunden anbieten und umfassend für ihre Informationen werben. Das WWW schafft eine der Grundlagen für die Internet-Wirtschaft.

Literatur

D. Lewandowski: Suchmaschinen verstehen, 2015 • D. Gugerli: Suchmaschinen. Die Welt als Datenbank, 2009 • C. Meinel/H. Sack: WWW – Kommunikation, Internetworking, Web-Technologien, 2004 • S. Iske: Vernetztes Wissen. Hypertext-Strategien im Internet, 2002 • T. Berners-Lee/M. Fischetti: Der Web-Report. Der Schöpfer des World Wide Webs über das grenzenlose Potential des Internets, 1999 • T. Berners-Lee: Information Management: A Proposal, 1989.

MANFRED BROY

Wucher

I. Sozialethisch – II. Rechtlich

I. Sozialethisch

1. Begriff

W. ist eine ungerechtfertigte Bereicherung in ökonomischen Austauschprozessen. Im ↑Strafrecht wird W. von Betrug, Nötigung oder Erpressung abgegrenzt, wobei aus wirtschaftsethischer Sicht die Grenzen fließend sind. Strafrechtlich kommt es bei W. zu einer geringen Anzahl von Strafverfahren und Verurteilungen. Wesentliches Merkmal von W. ist eine ökonomische Transaktion, bei der Leistung und Gegenleistung in einem erheblichen Missverhältnis stehen. Die geschädigte Marktseite erhält entweder für ihre Leistungen (Arbeitsleistung, der mit einem zu niedrigen Lohn entgolten wird) zu geringe Erlöse oder zahlt für ein Produkt oder eine Dienstleistung weitaus überhöhte Preise (z.B. eine hohe Miete/Kosten für Möblierung) bzw. muss für einen ↑Kredit überhöhte Gesamtkosten (Zinsen zzgl. Gebühren und Nebenleistungen) entrichten. Ursache dafür, dass eine Marktseite einen ungünstigen Vertrag eingeht, können erstens systematische und gravierende Informationsasymmetrien (etwa über den adäquaten Marktpreis), zweitens eine akute Notlage, die trotz Kenntnis der üblichen Marktbedingungen in nachteilige Konditionen einwilligen lässt, oder eine Überlegenheit einer Marktseite sein, die drittens wirtschaftliche Unerfahrenheit ausnutzt oder viertens die andere Marktseite zur Einwilligung (Willensschwäche) überredet.

In einigen Sprachen wird, wie im biblischen Hebräisch, zwischen ↑Zins und W. nicht differenziert, so dass jedes Zinsnehmen als W. galt. Im Markttausch für ↑Güter und ↑Dienstleistungen galt in einer vormodernen Wirtschaft eine Abweichung vom gerechten Preis, der in einer kleinteiligen Wirtschaft aus der Arbeitszeit i.V.m. der jeweils standesgemäßen Entlohnung sowie den Sachkosten ermittelt wurde, als W. In einer modernen Marktwirtschaft gelten apriori die sich aus Angebot und Nachfrage am ↑Markt ergebenden Preise als gerecht, soweit hinreichender ↑Wettbewerb herrscht und die Transaktion den Konsens der Marktteilnehmer gefunden hat. Daher ist eine nachträgliche externe Bewertung einer Transaktion als W. schwierig, weil der faire Marktpreis nicht einfach festzustellen ist. Bei homogenen Gütern (Benzin) schwanken Preise täglich mehrfach, bei inhomogenen Gütern (Arbeitsleistung pro Stunde) gibt es einen breiten Ermessungsspielraum in der Bewertung. Bei vielen Gütern und Leistungen finden zwischen Käufer und Verkäufer Verhandlungen über den Preis und andere Konditionen der Transaktion statt. Nur bei sehr deutlichen Abweichungen von üblichen Marktkonditionen wird von W. gesprochen, etwa wenn verschuldete Personen, die nicht ohne weiteres ihr Konto wechseln können, überhöhte Zinsen zahlen müssen.

↑Löhne, die weniger als 2/3 der tariflichen oder üblichen Entgelte ausmachen, gelten als Lohn-W. Dieser liegt auch vor, wenn etwa ausländische Arbeitskräfte ohne legalen Aufenthaltsstatus vorenthaltene Niedrigstlöhne nicht einklagen können.

Über einzelne Transaktionen hinaus kann auf ganzen Märkten „Sozial-W." (Nell-Breuning 1963: 922) bestehen, wenn es eine systematische Überlegenheit einer Marktseite gibt, die hochkonzentriert ist oder die durch kartellartige Absprachen die Marktbedingungen einer ökonomisch erheblich schwächeren Marktgegenseite mehr oder weniger stark diktieren kann. Dies gilt auch bei einem starken Zuzug in Großstädten, wenn der Wohnungsneubau (auch durch Bodenspekulation mit unbebautem Bauland) längerfristig zu gering bleibt, so dass Wohnungsbesitzer hohe Mietpreissteigerungen durchsetzen können.

2. Wirtschaftsethische Bewertung

W. hat eine individualethische und eine sozialethische Dimension. Individualethisch widerspricht er der Tauschgerechtigkeit, die in ihrem Kern auf ein ausgewogenes Verhältnis von Leistung und Gegenleistung ausgerichtet ist. I.d.R. wird durch W. die Einkommens- und Vermögenssituation von Personen (z.B. von Mietern), die bereits zu den einkommensschwächeren, immobileren, weniger gebildeten oder unkundigen Teilen der Gesellschaft gehören, weiter geschwächt. Deshalb wird W. in der ↑katholischen Soziallehre etwa von Leo XIII., in „Rerum novarum" (2 und 17), verurteilt. In sozialethischer Hinsicht kann verbreiteter W. die Funktionsfähigkeit einer Marktwirtschaft beeinträchtigen, weil Gewinne und ↑Einkommen weniger auf echter Marktleistung beruhen. Daher kann es zur Fehlallokation knapper Ressourcen kommen, indem diese in Bereiche gelenkt werden, wo durch W. Gewinnchancen bestehen. Weiter ist die soziale ↑Gerechtigkeit betroffen, da nichtleistungsbedingte Einkommen und Gewinne anfallen. Die gesellschaftliche Funktion und ethische Legitimation der Marktwirtschaft beruhen aber darauf, dass im Wettbewerb günstigere Güter und Dienstleistungen für Endverbraucher erbracht, zugl. aber auch Produzenten fair entlohnt werden. In sozialethischer Hinsicht kommt es daher darauf an, durch präventive und strukturelle Maßnahmen W. zu verhindern. Dies kann dadurch geschehen, dass umfassende Preisinformationen für Güter und Dienste (Preisauszeichnungspflicht, Angabe von Effektivzinsen) bereitgestellt werden, es Rücktrittsrechte für bestimmte Verträge (Haustürgeschäfte) gibt, sowieso in die Marktpreisfindung durch staatlich vorgeschriebene bzw. genehmigte Preise (Taxitarife), Niedrigst- (gesetzlicher ↑Mindestlohn) und Höchstpreisfestsetzungen (Mietpreisobergrenze, ggf. Zinsobergrenzen) eingegriffen wird. Bei Sozial-W. ist die Konzentration von Besitzverhältnissen bzw. die Kartellbildung (↑Kartell) durch wirtschaftspolitische Maßnahmen aufzulösen bzw. auch die Gegenmachtbildung der schwächeren Marktseite durch Selbsthilfeorganisationen (↑Gewerkschaften, ↑Genossenschaften, Verbraucher- und Mieterverbände) zu fördern.

3. Aktuelle Herausforderungen

Im Finanzsystem könnte Zins-W. vorliegen, wenn eine ↑Bank selbst keine Zinsen für Einlagen zahlen muss, aber für Kredite zweistellige Zinsen erhebt. Dies könnte der Fall sein, wenn einem Inhaber eines Girokontos der Kontowechsel für eine kurzfristge Überziehung als zu aufwändig erscheint bzw. es am Ort nur noch eine oder zwei Bankfilialen gibt und der Bankkunde (z. B. als ältere Person) nicht über einen Internetanschluss für Online Banking verfügt. Hohe Kosten können für Kreditnehmer anfallen, wenn es zu einem intransparenten Kombinationsgeschäft (Kredite und Kreditausfallversicherung) kommt.

Asymmetrische Informationen zweier Marktseiten stellen weiterhin einen Ansatzpunkt für W. dar. Im Internethandel (↑E-Commerce) können Anbieter durch umfangreiche Datensammlungen über ihren Kunden einen systematischen Informationsvorsprung aufweisen. Wenn ein Kunde vor einer Bestellung im Internet kein Vergleichsportal aufgesucht hat, kann ihm ein Gut ebenso zu einem höheren Preis angeboten werden wie wenn er ein teures Zugangsgerät benutzt oder wegen der Herkunft aus einem Land mit hoher Kaufkraft vermutlich einen höheren Preis entrichten kann. Weitere Probleme können aufkommen, wenn z. B. in Geschäften nur noch Höchstpreise ausgewiesen werden und jeder Kunde individuell über eine App Rabatte erhält, so dass Personen ohne Smartphone Höchstpreise entrichten müssen.

Auf durch Algorithmen gesteuerten Märkten können automatische Preissysteme flexibel auf das jeweilige Verhältnis von Angebot und Nachfrage reagieren. In einer Notlage, z. B. einer Panik nach einem Anschlag, kann z. B. der Preis einer im Internet vermittelten Mietwagenfahrt das Mehrfache dessen betragen, was eine Stunde zuvor noch die identische Strecke gekostet hat.

Literatur

K. Barley: Big Data als Geschäftsmodell: Wie mit der Macht der Internetfirmen umgehen?, IFO-Schnelldienst 71/10 (2018), 3–5 • Bundeskartellamt: Schriftenreihe Digitalisierung und Verbraucherschutz • M. Casper/N. Oberauer/F. Wittreck (Hg.): Was vom Wucher übrigbleibt. Zinsverbote im historischen und interkulturellen Vergleich, 2013 • O. von Nell-Breunig, Art. Wucher, in: StL, Bd. 8, [6]1963, 922–930.

JOACHIM WIEMEYER

II. Rechtlich

1. Erscheinungsformen und Tatbestände

Unter W. versteht man, dass jemand sich unter verwerflichen Umständen Vermögensvorteile versprechen oder gewähren lässt, die in einem auffälligen Missverhältnis zur eigenen Leistung stehen.

Beim sog.en *Individual-W.* sehen ↑Straf- und Zivilrecht (§ 291 StGB; § 138 Abs. 2 BGB) solche Umstände darin, dass der Übervorteilende die „Zwangslage, die Unerfahrenheit, den Mangel an Urteilsvermögen oder die erhebliche Willensschwäche“ des anderen kennt und ausnutzt. Neben das objektive Kriterium des Missverhältnisses von Leistungen müssen zwei subjektive Elemente treten: ein Defizit an freier Entschlusskraft auf Seiten des Übervorteilten und die Absicht des Übervorteilenden, dies für sich zu nutzen. Strafrechtlich drohen dann Freiheitsstrafe bis zu drei Jahren oder Geldstrafe, in schweren Fällen Freiheitsstrafe von sechs Monaten bis zu zehn Jahren. Wucherische Geschäfte sind nach Zivilrecht nichtig (§ 138 Abs. 2 und 1 BGB).

Vom sog.en *Sozial-W.* ist nicht das übervorteilte Individuum, sondern die Gemeinschaft betroffen, die knappe ↑Güter unabhängig von Marktmechanismen (↑Markt) verteilen will. Der den W. charakterisierende Umstand ist das Unterlaufen staatlicher Verteilungspläne. Historische Beispiele kennt das deutsche Recht aus den Kriegs- und Krisenzeiten des 20. Jh. Einschlägige Strafvorschriften konnten auch denjenigen treffen, der ein entspr.es Gut nachfragte. Moderne Bestimmungen zum Sozial-W. (§§ 3–6 WiStG) sanktionieren nur das Verhalten des Anbieters und nur als ↑Ordnungswidrigkeit.

2. Geschichtliches

Die ältesten W.-Vorschriften betreffen den Zins-W. Antike Kulturen verboten das Zinsnehmen oder kannten Zinsobergrenzen (↑Zins). Für die europäische Rechtsgeschichte wichtig sind die Zinsbeschränkungen Justinians I. (Cod. Iust. 4,32,26) und das Verbot, dass Zinsforderungen das Kapital übersteigen (Verbot des *ultra alterum tantum*: Cod. Iust. 4,32,27,1 etc.). Strenger waren religiöse Rechte: Das jüdische verbot das Zinsennehmen unter Gläubigen ganz (Dtn 23,20 f.), ebenso später das islamische Recht. Das Konzil von Nicaea (325) verbot Klerikern das Zinsnehmen, Papst Leo I. erstreckte das Verbot auf Laien (443). Beide Bestimmungen nahm Gratian (ca. 1140) in sein Dekret auf. Das kanonische Zinsverbot prägte seit Karl dem Großen auch die weltliche Rechtsprechung und Gesetzgebung. Die in der ↑Scholastik zu neuer Blüte gelangende Lehre vom gerechten Preis erstreckte den W.-Vorwurf auf jede Gewinnerzielung durch Handel. Ab dem 17. Jh. schwand die Bedeutung des Zinsverbots angesichts zahlreicher, auch nach kirchlichem Recht erlaubter Umgehungsgeschäfte. Die deutsche Gesetzgebung des 19. Jh. verzichtete im marktliberalen Umfeld der Gründerzeit zunächst auf W.-Verbote. 1880 wurde das ↑StGB von 1871 allerdings um Vorschriften zum Kredit-W. ergänzt (§§ 302a-d), und diese wiederum 1893 um den Tatbestand des Sach-W.s (§ 302e). Unter diesem Eindruck geriet auch § 138 Abs. 2 in das ↑BGB. Die strafrechtlichen W.-Tatbestände wurden 1976 zu § 302a StGB zusammengefasst; ohne inhaltliche Änderung wurde 1997 daraus der heutige § 291 StGB.

3. Dogmatische Einzelfragen

§ 138 Abs. 2 BGB ist in der Praxis wenig erfolgreich, weil es dem Übervorteilten selten gelingt zu beweisen, dass der andere Teil seine Schwäche kannte und ausnutzte. In der Wirtschaftskrise der 70er-Jahre entwickelte der BGH, zunächst in Fällen von Kredit-W., die Figur des *wucherähnlichen Geschäfts*: Ein solches liegt vor, wenn das Missverhältnis von Leistung und Gegenleistung eine verwerfliche Gesinnung des Begünstigten indiziert. Die Rechtsprechung nimmt ein solches Missverhältnis dann an, wenn die Gegenleistung 100 % über oder 50 % unter dem Marktpreis liegt. Die Nichtigkeit wucherähnlicher Geschäfte begründet man allerdings nicht aus § 138 Abs. 2, sondern aus ihrer „Sittenwidrigkeit" (§ 138 Abs. 1 BGB).

Im Rahmen des zivilrechtlichen wie des strafrechtlichen W.-Tatbestands wird das auffällige Missverhältnis von Leistung und Gegenleistung uneinheitlich beurteilt. Hier hängen Strafe oder Nichtigkeitsdrohung vom Unwerturteil über den Begünstigten ab. Miet-W. hat man etwa schon angenommen, wenn der vereinbarte Mietzins 50 % über dem Marktzins lag. Für das Zivilrecht ist zu bedenken, dass ein Mietvertrag wegen § 5 WiStG i. V. m. § 134 BGB schon nichtig sein kann, wenn der Mietzins mehr als 20 % über dem marktüblichen liegt.

Die wertungsoffenen Begriffe, die die gesetzlichen W.-Tatbestände charakterisieren, erschweren nicht nur ihre praktische Anwendung. Sie zeigen im ↑Privatrecht auch eine normative Gemengelage an. Wenn man, wie die großen Religionen, die Übervorteilung von ihrer moralischen Seite her beleuchtet, steht das Unwerturteil über den Wucherer im Vordergrund. Das gilt auch für § 291 StGB und für § 138 Abs. 2 BGB. Säkulares Zivilrecht setzt dagegen bei bestehenden Fehlanreizen an: Informationsdefizite sollen durch Aufklärungspflichten behoben, Marktungleichgewichte durch Regulierung beseitigt werden.

Literatur

M. Casper/N. Oberauer/F. Wittreck (Hg.): Was vom Wucher übrigbleibt. Zinsverbote im historischen und interkulturellen Vergleich, 2013 • H. Siems: Handel und Wucher im Spiegel frühmittelalterlicher Rechtsquellen, 1992 • M. Sickenberger: Wucher als Wirtschaftsstraftat, 1985 • W. F. Lindacher: Grundsätzliches zu § 138 BGB. Zur Frage der Relevanz subjektiver Momente, in: AcP 173/2 (1973), 124–136.

MARTIN J. SCHERMAIER

Würde

I. Moralphilosophisch – II. Rechtsphilosophisch

I. Moralphilosophisch

1. Unterschiedliche Fassungen des Begriffs der Würde

Der Begriff der W. (lateinisch: *dignitas*, englisch: *dignity*, französisch: *dignité*) ist vieldeutig; erst relativ spät wird dieser Begriff zu einem zentralen Konzept auch in der Philosophie. Er bedarf der genaueren Klärung, um etwaige Ambiguitäten im Blick auf seine Bedeutung und seinen Gebrauch sowie daraus resultierende Missverständnisse zu vermeiden. Als *dignitas* verstanden bezeichnet der Begriff der W. zunächst die Tüchtigkeit einer Person, ihre ↑Ehre, ihr Ansehen, aber auch ihre soziale Stellung oder ihren Rang in einer Gruppe, Gemeinschaft oder Gesellschaft (↑Menschenwürde). Neben der *äußeren* W. („extrinsische" W.), die einzelnen Menschen partikularistisch und konditioniert einen Vorrang vor anderen Menschen zuspricht, kann Menschen auch eine nicht-partikularistische und nicht-konditionierte W. zugesprochen werden: So z. B. bereits in der antiken Philosophie bei Cicero, der dem Menschen auch eine *innere* W. zuerkennt („intrinsische" W.). Sie resultiert aus bleibenden Anlagen und Eigenschaften, die allen Menschen zukommen, sofern sie Menschen sind. W. wird hier somit an bes. Gattungseigenschaften der „Spezies" Mensch gebunden, wie etwa seinen aufrechten Gang, die ihn von anderen Lebewesen unterscheiden, v. a. aber an seine Vernunftbegabung sowie seine Sprach- und damit Verständigungsfähigkeit. Auch wenn diese Verwendung des Begriffs der W. des Menschen auf einen universalistischen und egalitären Sinn hin angelegt ist, wurden in der Geschichte der Philosophie bis in die ↑Neuzeit und ↑Moderne nicht die sich daraus ergebenden Konsequenzen gezogen, da von der Philosophie nicht allen Menschen auch die gleiche Fähigkeit zum aktuellen Gebrauch ihrer Vernunft (↑Vernunft – Verstand) zugesprochen wurde. Da in der Geschichte der Verwendung des Begriffs diese Einschränkungen in der Anwendung des Begriffs W. immer wieder vorgenommen wurden, blieb der auf eine universalistisch-egalitäre Bedeutung hin angelegte Begriff der W. des Menschen als Menschen für lange Zeit zugl. auf einen partikularistischen (↑Partikularismus) Gebrauch beschränkt. Nur so ist die erst spät einsetzende Verwendung des Begriffs der W. i. S. seines universalistischen Gehalts (↑Universalismus) zu verstehen, der sich auf alle Menschen in gleicher Weise bezieht. Wir können aber auch sehen, dass die restriktive Verwendung des Begriffs der W. des Menschen in der Sache zugl. mit einem rein *evaluativen* Sinn des Begriffsgebrauchs von W. verknüpft ist, der bis heute nach wie vor im Umlauf ist. Aus ihm aber resultieren seine Vieldeutigkeit und Ambiguität.

2. Immanuel Kants normative Fassung des Konzepts von Würde

Dies ändert sich erst aufgrund der Einsicht von I. Kant, dass der Mensch als Träger oder ↑Subjekt von W. grundsätzlich „über allen Preis erhaben ist" (Kant 1968: 434). I. Kant gibt der Fassung des Begriffs W. in seinem Gehalt und in seinem Gebrauch eine neue Ausrichtung; denn I. Kant gibt dem Begriff eine neue, eine *normative* Bedeutung. So artikuliert der Begriff der W. nicht mehr primär einen Wert des Menschen, sondern er expliziert vorrangig eine ↑Pflicht, die ein jeder Mensch sich selbst und zugl. jedem anderen Menschen als Menschen schuldet. Die Pointe der Rede von der W. des Menschen zielt bei I. Kant auf die unbedingte Aufforderung, einem jeden Menschen die eine gleiche ↑Achtung zukommen zu lassen: „Die Menschheit in seiner Person ist das Objekt der Achtung" (Kant 1968:435), die für jeden Menschen gefordert ist. Diese Verpflichtung resultiert I. Kant zufolge auch nicht aus der Natur des Menschen oder aus bestimmten, wertgeschätzten und allen Menschen natürlich zukommenden Anlagen und Eigenschaften. Wie wir wissen, liegen gerade diese Eigenschaften bei jedem Menschen in unterschiedlichem Maß vor; sie sind somit graduell verschieden und nur temporär gegeben, in jedem Fall somit konditioniert. Eben dieser Umstand hatte in der Tradition vor I. Kant immer wieder zu einem partikularistischen Gebrauch des Konzepts von W. geführt. Es kommt hinzu, dass eine Sicht von W., in der die W. des Menschen aus Anlagen und Eigenschaften abgeleitet werden soll, sich nicht von einer heteronomen Verpflichtung unterscheiden lässt, bei der aus einer vorgegebenen ↑Natur auf ein Sollen geschlossen wird. I. Kant geht hier einen anderen Weg: Mit dem Begriff der W. artikuliert sich für ihn die Einsicht in eine unbedingte Verpflichtung, die nicht „von außen", also von der Natur oder den Gattungseigenschaften der Menschen vorgegeben ist, sondern die dem autonomen praktischen Gebrauch der Vernunft von uns Menschen selbst entspringt; denn wir können uns selbst als sittlich handelnde Wesen I. Kant zufolge nicht anders denken denn als Lebewesen, die sich in der Autonomie unseres Willens und in dem Gebrauch unserer praktischen Vernunft als unbedingt schützenswert und damit als Träger und Subjekte von W. sehen, die unter keinen Umständen beeinträchtigt werden darf. In diesem Sinn spricht I. Kant davon, dass der Mensch als ein „Selbstzweck" geachtet werden muss. So sind alle Menschen ein „Objekt der Achtung" (Kant 1968: 434), genauso wie das in der Vernunft des Menschen verankerte ↑Sittengesetz, das uns nötigt, uns als freie Wesen zu begreifen („ratio cognoscendi").

Mit dieser Wendung zu einem normativen Konzept der W., die in unserem praktischen Vernunftgebrauch den Grund ihrer Geltung besitzt, legt I. Kant die Grundlage für ein normatives Verständnis von W., das keine inneren Abstufungen und keine Modifikationen in ihrer Anwendung erlaubt. Es sind nicht länger bestimmte Eigenschaften, die die W. des Menschen bestimmen, sondern es ist umgekehrt die normative Einsicht in das Prinzip der W. und seine „Unhintergehbarkeit", die festlegen, welche Eigenschaften die praktische Vernunft uns Menschen zuschreiben kann. Und es ist dieses normative Prinzip, das unbedingt auch eine universalistisch-egalitäre Verwendung verlangt, ohne Einschränkungen, Abstufungen oder Abwägungen mit anderen Gütern. Seine praktische Anwendung im Handeln ist am besten durch die (formal betrachtet) negative Fassung gewährleistet: Aus ihr geht hervor, dass die „Unantastbarkeit" der W. eines jeden Menschen unbedingt geboten ist. Die Unterlassung der Verletzung und der Beeinträchtigung der W. des Menschen stellt eine Pflicht dar, die jeder Mensch in seinem Handeln auch tatsächlich einlösen kann. Für die Gültigkeit und die praktische Befolgung dieser Pflicht bedarf es auch keiner weiteren positiven „Anerkennung" (*recognition*) des Menschen, auch keiner Ableitung aus gesellschaftlichen Praktiken, keines vorausgehenden „Selbstwertgefühls" (*self-esteem*), wie manche Kommunitaristen (↑Kommunitarismus) meinen, die versuchen, die Geltung der W. aus einer sozialen Praxis abzuleiten, wobei sie in Kauf nehmen müssen, der W. den Rang einer im kantischen Sinn notwendigen, unbedingten Pflicht und obersten ↑Norm abzusprechen. I. Kant selbst spricht in einer seiner frühen Formulierungen des kategorischen Imperativs in der „Grundlegung zur Metaphysik der Sitten" (1968) davon, dass die W. des Menschen darin bestehe, dass kein Mensch jemals „nur als ein Objekt" behandelt werden dürfe: „Handle so, dass du die Menschheit sowohl in deiner Person, als in der Person eines jeden andern jederzeit sowohl als Zweck, niemals bloß als Mittel gebrauchst" (Kant 1968: 429), und in der späteren „Metaphysik der Sitten" (1968) spricht er davon, dass die W. des Menschen nicht nur einen jeden Menschen dazu verpflichte, bestimmte Handlungen gegenüber allen anderen Menschen zu unterlassen, sondern auch Handlungen gegenüber sich selbst. Diese Einsicht entspricht dem zentralen Gedanken der ↑„Autonomie", die bei I. Kant als das oberste normative Prinzip der Sittlichkeit verstanden ist, und gleichermaßen von „Heteronomie" wie von ↑„Anomie", also von Gesetzlosigkeit, d.h. von subjektiver Beliebigkeit oder Willkürfreiheit unterschieden ist.

3. Das Würdeprinzip bei I. Kant und seine Folgen für die Praxis

Der Begriff der W. ist diesen Überlegungen zufolge kein ↑Wert, der uns Menschen vorgegeben ist oder uns aufgetragen wäre, indem er entweder irgendwo in der Welt vorgefunden oder auf den Menschen durch eine Vereinbarung übertragen wird. Er bezeichnet auch keine subjektive Präferenz, keine positive Bewertung bestimmter Eigenschaften, ohne die das menschliche Leben „weniger wert" wäre, und auch kein Vorrecht von Menschen gegenüber anderen Lebewesen, da der Begriff der W. bei I. Kant in sich selbst keinen Bezug auf andere Arten oder den Umgang mit anderen Lebewesen enthält. Damit ist auch der manchmal erhobene Vorwurf eines sog.en „Speziesismus" gegenüber dem Konzept einer W. des Menschen hinfällig. Auch ist der Begriff der W. selbst nicht primär oder zuerst ein Rechtsbegriff. Vielmehr expliziert er den vernünftigen Grund für jedwede Form von Normativität und d.h. von sittlicher Verpflichtung. Erst die in der W. des Menschen wurzelnde Idee von Normativität, die wir als Ausdruck von Autonomie und praktischer Freiheit begreifen müssen, gestattet es, überhaupt von Rechten und Pflichten, sei es im moralischen, sei es im juridischen-rechtlichen Sinn sprechen zu können. Auch die begründete Rede von ↑Menschenrechten folgt erst aus der W. als normativem Prinzip. Deshalb muss die W. des Menschen auch von den Menschenrechten unterschieden werden. Beide Begriffe miteinander zu kontaminieren, führt zu systematischen Unklarheiten in der weiteren Argumentation, die nicht akzeptable Folgen nach sich ziehen.

Der von I. Kant vorgelegte Begriff der W. geht der Rede von ethischen, rechtlichen oder politisch-sozialen Pflichten begründend voraus. Daher widerspricht es auch seiner Funktion und seinem Gehalt, wenn vorgeschlagen wird, dass der Geltungsanspruch der W. mit den Menschenrechten, die anders als die W. auch stets im Plural auftreten, oder gegen bestimmte Lebensgüter oder gegen berechtigte ↑Interessen abgewogen werden soll oder kann. Aus guten Gründen wird hier unter dem Begriff der W. ein normatives Prinzip verstanden, dessen Geltung über einen rein evaluativen Gebrauch der klassischen Wertbegriffe der ↑Moral und der abgestuft modifizierbaren Weise ihrer Anwendung auf den jeweiligen Einzelfall hinausgeht. Als ein normativer Begriff erweist sich das Konzept von W. geeignet, die entscheidende vernunftbasierte Grundlage für Kriterien des moralischen Handelns und des legitimen Rechts ausdrücklich zu machen und für den weiteren Gebrauch freizulegen. Dabei werden die Forderungen der ↑Ethik und des ↑Rechts ihrerseits aus dem Begriff der W. nicht *material*, also *inhaltlich* abgeleitet; sehr wohl aber müssen sie geltungstheoretisch (↑Geltung) den formalen Vorgaben der Rede von der W. des Menschen *entsprechen*, und das ist der Fall, wenn sie dem W.-Konzept – in seiner negativen, unbedingten und nicht konditionierbaren Fassung – *nicht widersprechen*.

Dabei ist der Rede von einer „W. des Menschen" der Vorzug vor einer Rede von einer „W. der Person" zu geben, da der Begriff der ↑Person, ausweislich der Geschichte seiner vielfältigen Bedeutungen, ggf. Konditionierungen oder Fassungen erlaubt, die dem Begriff der W. widersprechen. Es kommt hinzu, dass der Begriff der Person in seinem Gebrauch nicht nur auf Menschen beschränkt ist, sondern auch ↑Institutionen umfassen kann. Die W. von Institutionen wie ↑Staaten oder ↑Unternehmen ist aber durch den Begriff der W. im Anschluss an I. Kant nicht „unantastbar". Ebenso wenig wäre es mit dem Begriff von W. vereinbar, wenn in seinem Namen Menschenrechte oder ↑Grundrechte des Menschen wie etwa seine ↑Freiheit oder sein Lebensrecht aktiv eingeschränkt würden. In den politischen Debatten betrifft dies insb. das Verbot einer staatlichen ↑Todesstrafe oder der ↑Folter – Verbote, die im Namen des normativen Prinzips von W. unbedingt gelten sollen. Auch wäre es mit dem hier vertretenen W.-Konzept nicht vereinbar, mit ihm einen Rechtsanspruch auf eine freiwillige Aufgabe der eigenen Freiheit oder des eigenen ↑Lebens zu verbinden. Die W. des Menschen schließt nämlich nicht nur jede Form einer freien Selbstunterwerfung unter den fremden Willen anderer aus, also jede Form der freiwilligen Selbstversklavung oder einer Unterwerfung unter ein Recht, das dem Menschen seine W. nimmt, sondern sie schließt I. Kant zufolge auch ein Recht auf eine vorsätzliche Selbstverstümmelung oder auf einen die Freiheit des Menschen beendenden ↑Suizid aus. Von diesem Ausschluss ist auch die Rede von einem vermeintlichen Rechtsanspruch auf staatliche Beihilfe zum Suizid betroffen. Die Begründung für I. Kants Argumentation folgt dem Gedanken, dass ihm zufolge ein Selbstwiderspruch entsteht, wenn sich im Namen der Handlungsfreiheit der Träger dieser Freiheit selbst Schaden zufügt oder eliminiert, da sich hier die Freiheit gegen sich selbst wendet. Da mitunter auch die Auffassung vertreten wird, dass die Rede von einer „Achtung der W". auf ein Leben bezogen sei, das als „wertvoll", „sinnvoll" oder „gelungen" bezeichnet werden kann, ist es wichtig zu beachten, dass sich der Begriff der W. gerade *nicht* auf die subjektiv immer als *wertvoll* und *erstrebenswert* qualifizierten „Vollendungsbedingungen des Menschseins" (oder auf das „gute Leben" i.S. einer aristotelischen Ethik) bezieht, *sondern* gewissermaßen nur auf „die Anfangsbedingungen" eines Lebens von Menschen zusammen mit anderen Vertretern ihrer Art (Höffe 2002: 113).

Dieser wichtige Unterschied indiziert noch einmal die Differenz, die zwischen einem evaluativen und einem normativen Gebrauch der Rede von der W. des Menschen besteht. Das Wissen um diese Differenz macht es möglich, einen beliebigen, geradezu inflationären Gebrauch des W.-Begriffs in der Gegenwart kritisch zu hinterfragen.

In diesem Sinn zeichnet das hier skizzierte Konzept von W. zugl. die grundlegende Bedingung dafür aus, dass es uns Menschen gelingen kann, zusammen mit anderen Menschen im Raum der Gesellschaft, des Rechts und der ↑Politik wirklich „Mensch zu werden und Mensch zu sein" (Höffe 2002: 113). Die W. des Menschen besteht darin, wie I. Kant es ausdrückt, dass kein Mensch jemals nur als Objekt einer fremden Willkürfreiheit behandelt werden darf. So ist die formal-negative Fassung des normativ verstandenen Konzepts von W. auch die angemessene Form einer Definition von W. i. S. eines in der Vernunft des Menschen begründeten *Prinzips von ↑Legitimität.* Als ein solches praktisches Prinzip verstanden *geht* das Konzept der W. allen inhaltlichen Auffassungen von Moral, dem System des Rechts und der Verfassung der Politik sowie den Institutionen des Lebens von Menschen in ↑Wirtschaft und ↑Gesellschaft *voraus.* Es trägt dazu bei, diese Ordnungen normativ zu *begründen*, ihren Gestaltungsanspruch aber zugl. auch zu *begrenzen* und auf das negativ-praktische Prinzip der „Unantastbarkeit" der W. des Menschen als Menschen zu *verpflichten.*

Literatur

M. Lutz-Bachmann: Werte und Normen, in: R. Forst/G. Günther (Hg.): Normative Ordnungen, 2021, 250–277 • M. Herdegen: Art. 1 Abs. 3 GG, in: T. Maunz/G. Dürig (Hg.): Grundgesetz-Komm., 92. Erg.-Lfg., Stand August 2020, Rdnr. 1–119 • A. Nascimento/M. Lutz-Bachmann (Hg.): Human Dignity. Perspectives from a Critical Theory of Human Rights, 2018 • W. Brandhorst/E. Weber-Guskar (Hg.): Menschenwürde. Eine philosophische Debatte über Dimensionen ihrer Kontingenz, 2017 • P. Becchi: Das Prinzip Menschenwürde, 2016 • D. von der Pfordten: Menschenwürde, 2016 • M. Lutz-Bachmann: Menschenwürde und Menschenrechte, in: J. König/S. Seichter (Hg.): Menschenrechte. Demokratie. Geschichte, 2014, 41–49 • C. McCrudden (Hg.): Understanding Human Dignity, 2013 • M. Rosen: Dignity, 2012 • P. Schaber: Menschenwürde, 2012 • W. Schweidler: Über Menschenwürde, 2012 • P. Schaber: Instrumentalisierung und Würde, 2010 • D. von der Pfordten: Menschenwürde, Recht und Staat bei Kant, 2009 • P. Tiedemann: Was ist Menschenwürde?, 2006 • K. Seelmann (Hg.): Menschenwürde als Rechtsbegriff, 2004 • O. Höffe: Menschenwürde als ethisches Prinzip, in: ders. u. a. (Hg.): Gentechnik und Menschenwürde, 2002, 111–141 • A. Margalit: The Decent Society, 1996 • K. Bayertz: Die Idee der Menschenwürde. Probleme und Paradoxien, in: ARSP 81/4 (1995), 465–481 • D. Birnbacher: Mehrdeutigkeit im Begriff der Menschenwürde, in: Aufklärung und Kritik 2/Sonderheft 1 (1995), 1–13 • R. Spaemann: Über den Begriff der Menschenwürde, in: ders. (Hg.): Das Natürliche und das Vernünftige, 1987, 77–106 • I. Kant: Grundlegung zur Metaphysik der Sitten, in: AA, Bd. IV, 1968, 385–464 • Ders.: Metaphysik der Sitten, in: AA, Bd. VI, 1968, 201–549 • W. Maihofer: Rechtsstaat und menschliche Würde, 1968.

MATTHIAS LUTZ-BACHMANN

II. Rechtsphilosophisch

Der W. des Menschen kommt in der Verfassungsordnung ein herausragender Stellenwert zu. Art. 1 GG stellt ihren fundierenden Charakter für die Rechtsordnung sowie für den internationalen Rechtsfrieden klar heraus. Die „unantastbare" ↑Menschenwürde verweist demnach auf „unverletzliche und unveräußerliche Menschenrechte als Grundlage jeder menschlichen Gemeinschaft, des Friedens und der Gerechtigkeit in der Welt". Diese Formulierung erinnert nicht zufällig an die AEMR von 1948. Die Präambel der AEMR setzt ein mit der „Anerkennung der allen Mitgliedern der menschlichen Gemeinschaft inhärenten Würde". Von dort her schlägt sie die Brücke zu „gleichen und unveräußerlichen Rechten" aller Menschen. Dieser Wortlaut ist in anderen Menschenrechtsdokumenten der ↑UN wiederholt aufgenommen und bekräftigt worden. Die EuGRC orientiert sich hingegen am Wortlaut des ↑GG, wenn sie feststellt: „Die Würde des Menschen ist unantastbar. Sie ist zu achten und zu schützen."

In den genannten Dokumenten wird die W. strikt universalistisch und egalitär aufgefasst. In der alltäglichen Rede von der W. zeigen sich allerdings auch partikularistische Lesarten, wonach die W. von bestimmten Funktionen oder Vorleistungen abhängt. Die Semantik der W. erweist sich daher oft als unscharf. Dies gilt auch für gängige Postulate, etwa die populäre Forderung, „in W. sterben" zu können. Sie kann darauf abzielen, die W. des Menschen bis zuletzt als unverbrüchliche Vorgabe zu respektieren; sie kann aber auch zum Plädoyer dafür werden, professionelle Suizidassistenz (↑Suizid) zu ermöglichen, bevor der Mensch etwaige „W.-Verluste" in Gestalt nachlassender körperlicher oder geistiger Selbstkontrolle erleidet. Die Semantik der W. changiert häufig zwischen ↑Universalismus und ↑Partikularismus. Klarstellungen erweisen sich daher immer wieder als erforderlich.

Partikularistische Assoziationen von W. sind nicht nur ein Reflex traditioneller Vorstellungen, in denen die volle W. für bestimmte, durch Geburt oder Statusposition ausgezeichnete „W.n-Träger" reserviert war. Auch im modernen Denken gibt es Ansätze, die W. partikularistisch, nämlich in Abhängigkeit zu bestimmten Funktionen, Fähigkeiten, Leistungen oder Verdiensten zu verstehen. So sieht Friedrich Schiller die (eher männlich konnotierte) „W." in Analogie zur (eher weiblich konnotierten) „Anmut" als eine persönliche Leistung, die gelingen, aber eben auch misslingen könne. Niklas Luhmann vertritt ebenfalls einen kontingenten Begriff (↑Kontingenz) von W., die er als erfolgreiche kommunikative Selbstdarstellung des ↑Individuums auffasst.

Auch in der Ideengeschichte zeigt sich vielfach ein

Nebeneinander bzw. Ineinander von universalistischen und partikularistischen Vorstellungen. Dies gilt etwa für Cicero, der den Begriff der W. zumeist für bestimmte traditionelle Statuspositionen in der ↑Gesellschaft vorbehält. Daneben kommt die W. bei ihm allerdings auch als Prädikat des Menschen vor, der sich dadurch von den Tieren unterscheidet. In der Renaissance, paradigmatisch etwa bei Giovanni Pico della Mirandola, steht die W. in einem elitär-ästhetisierenden Zusammenhang, so dass sich Zweifel an ihrer universalistischen Reichweite nahelegen. Wenn Immanuel Kant die W. von der sittlichen ↑Autonomie des Menschen her versteht, folgt daraus hingegen gerade kein exkludierender Leistungsbegriff der W. Vielmehr repräsentiert die W. die prinzipielle Berufung jedes Menschen zur sittlichen ↑Verantwortung. Der kategorische Imperativ, unter dessen Anspruch der Mensch sich nach I. Kant vorfindet, manifestiert sich folglich auch als Gebot, jeden Menschen immer auch als Selbstzweck und niemals ausschließlich als Mittel zu externen Zwecken zu behandeln. Somit erweist sich die W. als „über allen Preis erhaben" (Kant 1968: 434), wie I. Kant betont. Das ↑BVerfG hat in seiner Rechtsprechung zur W. immer wieder Anleihen bei Formulierungen I. Kants gemacht, so etwa mit der „Objekt-Formel", der gemäß der Mensch nie zu einem bloßen Objekt, also zu einer vertretbaren Größe, degradiert werden dürfe.

Bei der Begründung der W. stehen bis heute religiöse neben säkularen Positionen. Bekanntestes Beispiel einer religiösen Deutung ist die Idee der Gottesebenbildlichkeit des Menschen, wie sie im ersten Schöpfungsbericht der Genesis präsentiert wird. Die Frage, ob die W. des Menschen mit dem Sündenfall – ganz oder teilweise – verloren sei oder ob sie immer noch fortbestehe, wurde in der christlichen Theologie lange Zeit kontrovers debattiert. Religiöse Motive, die sich als Begründungen der Menschen-W. lesen lassen, gibt es auch außerhalb der jüdisch-christlichen Traditionslinie. So werden im islamischen Kontext (↑Islam) verschiedene Koranverse angeführt, die die bes. Ehrenstellung des Menschen in der Schöpfung herausstreichen. I. Kants Aufweis der Menschen-W. steht dagegen exemplarisch für einen säkularen Ansatz, der ohne Gottesbezug auskommt. Als weiteres Beispiel für eine säkulare Konzeption der W. lässt sich die ↑Diskursethik anführen, die den wechselseitigen Respekt der Menschen in ihrer W. als unhintergehbare Prämisse sinnvoller kommunikativer ↑Interaktion herausarbeitet. Sowohl das deutsche GG als auch die AEMR halten den Begriff der Menschen-W. für unterschiedliche religiöse oder weltanschauliche Deutungen offen und verzichten deshalb bewusst darauf, den Sinngehalt der W. inhaltlich umfassend festzuschreiben. Damit verschiebt sich der Fokus in Richtung der praktischen Konsequenzen, die sich aus der Menschen-W. ergeben. Die ↑Achtung der W. bewährt sich im pfleglichen Umgang mit den ↑Menschenrechten, deren universaler Geltungsanspruch und bes.r Rang als „unveräußerliche Rechte" durch das Bekenntnis zur Menschen-W. aller zugl. plausibilisiert werden.

Für politische Kontroversen sorgt nach wie vor die Frage nach dem Status vorgeburtlichen menschlichen Lebens. An der Klärung dieser Frage hängen nicht nur die normative Bewertung des ↑Schwangerschaftsabbruchs, sondern auch zahlreiche bioethische Fragen, etwa nach den Bedingungen von Präimplantationsdiagnostik sowie Möglichkeiten und Grenzen von Eingriffen in die menschliche Keimbahn. Während z. B. Ernst-Wolfgang Böckenförde an der ungeteilten Menschen-W. vom Zeitpunkt der Empfängnis an festhält, plädiert Matthias Herdegen für einen nach Entwicklungsstadien gestuften Rechtsschutz des vorgeburtlichen Lebens, dem er die volle Menschen-W. daher nicht von Anfang an zuerkennt. Eine vermittelnde Position vertritt Jürgen Habermas, wenn er zwischen „Menschenwürde" und „Würde des menschlichen Lebens" (Habermas 2005: 56) begrifflich differenziert. Um die biographische Integrität der geborenen Menschen zu sichern, will er auch das ungeborene Leben von Anfang an vor Manipulationen schützen und etwaige Eingriffe unter strenge Bedingungen stellen.

Neue Fragen wirft die Bewegung des ↑„Transhumanismus" auf, die davon ausgeht, dass der homo sapiens sich durch technische Selbstoptimierung zu einer neuen posthumanen Spezies entwickeln wird. Vertreter des Transhumanismus wie Nick Bostrom spekulieren bereits über eine künftige „posthumane Würde" (Bostrom 2005). Dies birgt die Gefahr, dass sich neue Abstufungen innerhalb des W.-Begriffs etablieren und die Idee einer universalen und egalitären Menschen-W. überschatten.

Literatur

J. Waldron: Dignity, Rank, Rights, 2015 • H. Bielefeldt: Auslaufmodell Menschenwürde?, 2011 • P. Bahr/H. M. Heinig (Hg.): Menschenwürde in der säkularen Verfassungsordnung, 2006 • N. Bostrom: In Defense of Posthuman Dignity, in: Bioethics 19/3 (2005), 202–214 • J. Habermas: Die Zukunft der menschlichen Natur. Auf dem Weg zu einer liberalen Eugenik?, [2]2005 • E.-W. Böckenförde: Bleibt die Menschenwürde unantastbar?, in: Blätter 49/10 (2004), 1216–1227 • M. Herdegen: Art. 1 Abs. 1 GG, in: T. Maunz/G. Dürig (Hg.): Grundgesetz-Komm., 42. Erg.-Lfg., Stand Februar 2003, 1–58 • N. Luhmann: Grundrechte als Institution, [4]1999 • J. Morsink: The Universal Declaration of Human Rights, 1999 • K. Bayertz: Die Idee der Menschenwürde. Probleme und Paradoxien, in: ARSP 81/4 (1995), 465–481 • I. Kant: Grundlegung zur Metaphysik der Sitten, in: AA, Bd. IV, 1968, 385–464.

HEINER BIELEFELDT

Z

Zahlungsbilanz

1. Definition und Bedeutung

Die Z. bildet alle wirtschaftlichen Beziehungen zwischen dem In- und dem Ausland innerhalb eines bestimmten Zeitraums ab. Alle Transaktionen, die Waren, Dienstleistungen, Übertragungen von ↑Kapital oder Vermögen oder finanziellen Ansprüchen zum Gegenstand haben, werden in der Z. erfasst. Der Begriff der „Bilanz" ist genaugenommen nicht korrekt, da in der Z. – wie in einer Bilanz üblich – keine Bestandsgrößen (wie bspw. Vermögen), sondern Stromgrößen (bspw. ↑Einkommen) erfasst werden. Die Erfassung dieser Stromgrößen erfolgt dabei nach dem Prinzip der doppelten Buchführung (↑Doppik), bei dem jede Transaktion zweimal, und zwar auf jeder Seite der Bilanz einmal, erfasst wird. Dabei werden Zahlungseingänge auf der linken Seite (Soll) verbucht, Zahlungsausgänge auf der rechten Seite (Haben). Jeder Leistung steht damit eine Gegenleistung gegenüber; durch diese doppelte Verbuchung ist die Z. insgesamt stets ausgeglichen.

2. Aufbau

Die Z. besteht aus vier Teilbilanzen:

a) der Leistungsbilanz,
b) der Vermögensänderungsbilanz,
c) der Kapitalbilanz und
d) der Bilanz der statistisch nicht aufgliederbaren Transaktionen.

2.1 Die Leistungsbilanz

Die Leistungsbilanz untergliedert sich wiederum in vier Teilbilanzen:

a) In der Handelsbilanz werden Exporte (Soll-Seite) und Importe (Haben-Seite) verbucht.

b) In der Dienstleistungsbilanz werden der Export (Soll-Seite) und Import (Haben-Seite) von Dienstleistungen verbucht.

c) Die dritte Bilanz ist die Bilanz der Primäreinkommen (früher: Erwerbs-und Vermögenseinkommen); hier werden grenzüberschreitende Faktoreinkommen erfasst. Der Lohn eines Deutschen, der im Ausland arbeitet, wird bspw. als empfangenes Faktoreinkommen auf der Soll-Seite erfasst; der Lohn eines Ausländers, der in Deutschland arbeitet, wird als geleistetes Faktoreinkommen auf der Haben-Seite verbucht. Zusätzlich erfasst in dieser Bilanz werden Produktions- und Importabgaben, ↑Subventionen und Pachteinkommen.

d) Die vierte Bilanz ist die Bilanz der Sekundäreinkommen (früher: laufende Übertragungen), das sind bspw. Zahlungen an den Haushalt der EU oder Entwicklungshilfe.

Der Saldo der Handels- und Dienstleistungsbilanz (also die Differenz zwischen Exporten und Importen von Waren und Dienstleistungen) wird als Außenbeitrag bezeichnet, der für die BRD i. d. R. positiv ist, da Deutschland traditionell mehr exportiert als importiert; umgangssprachlich spricht man hier von einem Exportüberschuss. Der Saldo der Leistungsbilanz insgesamt wird als Leistungsbilanzsaldo bezeichnet.

2.2 Vermögensänderungsbilanz

In der Vermögensänderungsbilanz werden Übertragungen von ↑Vermögen mit einmaligem Charakter verbucht, bspw. Schuldenerlasse, Schenkungen oder Erbschaften. Der Gedanke hinter der Trennung von der Leistungsbilanz ist, dass diese einmaligen Vorgänge nicht das laufende Einkommen einer Volkswirtschaft betreffen, sondern nur zu einer Änderung der Vermögensposition führen. Laufende Übertragungen wie regelmäßige Mitgliedsbeiträge an ↑internationale Organisationen hingegen verändern die Einkommensposition eines Landes und werden deswegen in der Bilanz der Sekundäreinkommen verbucht. Eine Erbschaft hingegen (die auf der Soll-Seite verbucht wird) ändert die Vermögensposition eines Inländers, aber nicht sein laufendes Einkommen. Die Vermögensänderungsbilanz ist notwendig, damit man zu einer Übertragung von Vermögen eine Gegenbuchung hat. Erbt ein Inländer bspw. einen Schreibtisch, so wird dieser auf der Haben-Seite als Import verbucht, auf der Soll-Seite als empfangene Übertragung.

Der Saldo aus Leistungsbilanz und Vermögensänderungsbilanz wird als Finanzierungssaldo bezeichnet. Ist dieser positiv, so haben per Saldo die Forderungen des Inlandes gegenüber dem Ausland zugenommen, da man mehr Waren und Dienstleistungen an das Ausland geliefert hat, als das Ausland an das Inland und auch die einmaligen Übertragungen nicht ausgereicht haben, um diese Lücke zu schließen; das Ausland hat per Saldo mehr Werte aus dem Inland erhalten, als es an das Inland geliefert hat. Die Differenz entspricht dann einer Zunahme der Forderungen des Inlands an das Ausland.

2.3 Kapitalbilanz

Die Kapitalbilanz erfasst alle Kapitalbewegungen zwischen dem In- und Ausland. Der Kauf ausländischer Vermögenswerte ist eine Zunahme von Forderungen an das Ausland und wird als Kapitalexport oder Nettoerwerb von finanziellen Vermögenswerten bezeichnet; er erhöht das Auslandsvermögen eines Landes. Der Verkauf inländischer Vermögenswerte hingegen bedeutet eine Abnahme von Forderungen oder eine Zunahme von Verbindlichkeiten gegenüber dem Ausland und wird als Kapitalimport (oder Nettoaufnahme von Verbindlichkeiten) bezeichnet. Die Kapitalimporte (-exporte) werden dabei auf der Soll-Seite (Haben-Seite) der Z.

verbucht. Sind die Kapitalexporte größer (kleiner) als die Kapitalimporte, so liegt ein Netto-Kapitalexport (-import) vor, der Saldo der Kapitalbilanz wird in diesem Fall mit einem Plus-Zeichen (Minus-Zeichen) versehen, weil damit eine Zunahme (Abnahme) des Netto-Auslandsvermögens einhergeht.

Die Kapitalbewegungen in der Kapitalbilanz werden in fünf Bereiche aufgeschlüsselt: Direktinvestitionen, Wertpapieranlagen, Finanzderivate, übriger Kapitalverkehr und Währungsreserven.

Die Kapitalbilanz beinhaltet auch die Bilanz der Währungsreserven, auch Devisenbilanz genannt. Bisweilen wird auch die Kapitalbilanz plus Devisenbilanz als Kapitalbilanz im weiteren Sinne bezeichnet. Die Devisenbilanz erfasst die Veränderung der Währungsreserven (Goldbestände, IWF-Position, Sonderziehungsrechte und ausländische Währungen), die eine Forderung an das Ausland darstellen. Gewinnt (verliert) das Inland Währungsreserven, so wird der Zufluss (Abfluss) an fremden Währungen auf der Haben-Seite (Soll-Seite) der Devisenbilanz verbucht.

2.4 Statistisch nicht aufgliederbare Transaktionen

Da die Daten für die einzelnen Bilanzen oft aus verschiedenen Quellen kommen und sich in Bezug auf Genauigkeit, Vollständigkeit und Zeitpunkt der Erhebung oft unterscheiden, teilweise auch nur geschätzt werden, ist die Z. als Ganzes zumeist nicht ausgeglichen, obwohl sie es aufgrund des Prinzips der doppelten Buchung sein müsste. Um diese dennoch auszugleichen, gibt es die Bilanz der statistisch nicht aufgliederbaren Transaktionen (Restposten), welche die Z. rechnerisch ausgleicht.

3. Systematik

Da nach dem Prinzip der doppelten Buchführung jede Transaktion des Inlandes mit dem Ausland in der Z. zweimal verbucht wird, ist die Z. als Ganzes immer ausgeglichen. Allerdings können die Teilbilanzen unausgeglichen sein, ein Defizit in einer Bilanz wird dann durch einen Überschuss in einer der anderen Bilanzen ausgeglichen. Dadurch ergibt sich, dass die Summe aller Salden der Teilbilanzen stets Null ergeben muss:

Saldo der Leistungsbilanz + Saldo der Kapitalbilanz + Saldo der Vermögensänderungsbilanz = 0

Vernachlässigt man die Vermögensänderungsbilanz, so ergibt sich, dass ein Überschuss (Defizit) in der Leistungsbilanz zu einem entspr.en Defizit (Überschuss) in der Kaitalbilanz führt. Dies ergibt sich rein sachlogisch: Exportiert ein Land mehr, als es aus dem Ausland importiert, so bedeutet das, dass das Inland dem Ausland per Saldo Waren und Dienstleistungen auf ↗Kredit überlassen hat, was einem Kapitalexport entspricht; dementsprechend steht dem Leistungsbilanzüberschuss, bei dem die Soll-Seite der Leistungsbilanz größer ist als die Haben-Seite, eine Zunahme der Forderungen an das Ausland gegenüber; die Haben-Seite der Kapitalbilanz ist dementsprechend länger als die Soll-Seite.

4. Zahlungsbilanz und Wechselkurs

Alle Transaktionen der Leistungsbilanz haben auch Folgen für den ↗Wechselkurs eines Landes, also den Preis der inländischen ↗Währung gemessen in ausländischer Währung. Dabei gilt, dass alle Transaktionen, die auf der Soll-Seite (Haben-Seite) verbucht werden, die inländische Währung aufwerten (abwerten). So muss bspw. jeder Export ins Ausland letztlich mit inländischer Währung bezahlt werden, was dazu führt, dass der ausländische Importeur die inländische Währung im Tausch gegen seine Währung nachfragt – die Nachfrage (das Angebot) nach inländischer (an ausländischer) Währung steigt, was zu einer Aufwertung (Abwertung) der inländischen (ausländischen) Währung führt. Das bedeutet, dass Ungleichgewichte in den Teilbilanzen zu einer entspr.en Wechselkursreaktion führen, ein Leistungsbilanzdefizit (-überschuss) bspw. führt so zu einer Abwertung (Aufwertung) der inländischen Währung.

5. Ungleichgewichte in der Zahlungsbilanz

5.1 Ursachen

Spricht man von Ungleichgewichten in der Z., so meint man damit Ungleichgewichte in den Teilbilanzen, da die Z. als Ganzes immer ausgeglichen sein muss; diese Ungleichgewichte können auf makroökonomische Probleme eines Landes hinweisen.

Ursache chronischer Ungleichgewichte in der Leistungsbilanz (welche entspr.e Ungleichgewichte in der Kapitalbilanz zur Folge haben) sind v. a. Unterschiede in den Preisen der gehandelten Waren: Je günstiger ein Land produziert, desto mehr kann es ins Ausland exportieren, desto größer wird der Überschuss in der Leistungsbilanz. Ursachen dieser Kostenvorteile sind bspw. unterschiedliche Inflationsraten (↗Inflation), Lohnstückkosten oder Unterschiede in der Produktivität. Auch eine Unterbewertung der eigenen Währung führt zu höheren Exporten ins Ausland. Zinsunterschiede zum Ausland führen ebenfalls zu entspr.en Ungleichgewichten in der Kapitalbilanz, die sich zwangsläufig in entspr.en Ungleichgewichten in der Leistungsbilanz niederschlagen.

5.2 Folgen

V. a. große, chronische Defizite oder Überschüsse in der Leistungsbilanz spielen in politischen Debatten eine große Rolle. Weist ein Land über einen längeren Zeitraum einen hohen Überschuss (Defizit) in der Leistungsbilanz aus, so bedeutet das, dass das betreffende Land weniger (mehr) konsumieren oder investieren kann, als es seiner eigenen wirtschaftlichen Leistungsfähigkeit entspricht – es verbraucht weniger (mehr), als es selbst herstellt. Das Überschussland erhält dadurch steigende Forderungen an das Defizitland, während das Defizitland sich gegenüber dem Überschussland zunehmend verschuldet; dies zeigt sich dementsprechend in den Kapitalbilanzen der beiden Staaten, das Überschussland (Defizitland) weist Nettokapitalexporte (Nettokapitalimporte) auf.

Solche Überschüsse oder Defizite können Probleme für beide Länder aufwerfen: Das Überschussland konsumiert und investiert weniger, als es eigentlich produziert, da ja ein Teil der inländischen ↑Produktion ins Ausland geht. Speziell Deutschland mit seinen chronischen Exportüberschüssen wird vorgeworfen, dass es aufgrund dieser Überschüsse zu wenig im Inland investiert und damit seinen inländischen Kapitalstock und sein Wachstumspotential vernachlässigt – die Ergebnisse deutscher Produktion gehen ins Ausland, anstatt im Inland investiert zu werden. Darüber hinaus führen die hohen Exportüberschüsse zu entspr.en Forderungen (Kapitalexporten) an das Ausland; gerät dieses in Zahlungsschwierigkeiten, so müssen diese Forderungen möglicherweise wertberichtigt oder abgeschrieben werden. Das Inland hätte damit Waren an das Ausland geliefert, die im Nachhinein nicht oder nur teilweise bezahlt werden. Gleiches tritt ein, wenn die ausländische Währung abwertet: Das Inland hat dem Ausland Waren geliefert und im Gegenzug dafür ausländische Devisen erhalten; wertet die ausländische Währung aber (aufgrund der hohen Leistungsbilanzdefizite des Auslandes) ab, so sinkt die Kaufkraft der Devisen, die das Inland im Gegenzug für die gelieferten Waren erhalten hat, das Inland erleidet Verluste.

Auch chronische Leistungsbilanzdefizite führen zu Problemen, da sie die ↑Verschuldung eines Landes gegenüber dem Ausland erhöhen. Werden die Importe aus dem Ausland für ↑Investitionen im Inland genutzt, so kann das Inland aus den Erträgen dieser Investitionen später seine Schulden gegenüber dem Ausland zurück zahlen, werden hingegen die Importe konsumiert, stellt sich die Frage, wie das Inland langfristig seine Schulden gegenüber dem Ausland begleichen will. Schlimmstenfalls steht am Ende einer solchen Entwicklung eine Staatspleite, die auch zum Problem für die Gläubigerländer wird.

Allerdings kann ein Land ein Leistungsbilanzdefizit nicht unbegrenzt ausweiten. Wird die dadurch bedingte Verschuldung gegenüber dem Ausland zu hoch, werden internationalen Kapitalgeber sich weigern, dem Land weiterhin Kredit zu geben, die Kapitalimporte (die ja das Spiegelbild der Leistungsbilanzdefizite sind), lassen sich dann nicht mehr finanzieren, es kommt zu einer Schuldenkrise.

5.3 Ausgleich von Zahlungsbilanzungleichgewichten

Ein Ausgleich von Z.-Ungleichgewichten kann automatisch über eine entspr.e Reaktion des Wechselkurses geschehen: Staaten mit Leistungsbilanzüberschüssen (-defiziten) werten ihre Währung auf (ab), das führt zu einer Verteuerung (Verbilligung) der eigenen Exporte und damit zu einer automatischen Korrektur der Leistungsbilanz.

Oftmals aber wollen Staaten den Wechselkurs ihrer Währung nicht dem freien Spiel der Devisenmärkte überlassen, weswegen andere Ausgleichmechanismnen ins Spiel kommen:

a) Die Regierung kann bei einem Leistungsbilanzüberschuss die inländische Binnenkonjunktur ankurbeln, was zu mehr inländischem ↑Konsum führt, wodurch die heimische Produktion verstärkt im Inland verwendet wird statt exportiert zu werden. Bei einem Defizit kann die Regierung entspr. die heimische ↑Konjunktur dämpfen.

b) Die Tarifpartner können bei einem Überschuss (Defizit) die Lohnstückkosten erhöhen (senken), das führt aufgrund der gestiegenen (gesunkenen) Produktionskosten zu mehr (weniger) Exporten.

c) Die heimische Notenbank kann bei einem Überschuss (Defizit) die ↑Zinsen im Inland senken (erhöhen) oder die Geldmenge erhöhen (reduzieren), das führt zu mehr Kapitalexporten (Kapitalimporten) mit einer entspr.en Reaktion in der Leistungsbilanz, die sich dann verschlechtert (verbessert). Möglicherweise passiert dieser Ausgleich auch automatisch, da steigende Exporte zu einem Anstieg der Devisenreserven führen: Die Exporteure erhalten für ihre Waren ausländische Devisen, die sie bei der Notenbank gegen inländische Währung eintauschen, damit erhöht sich automatisch die inländische Geldmenge, was zu steigenden Preisen führen kann; damit würde die preisliche Wettbewerbsfähigkeit der Exporte reduziert. Allerdings kann die heimische Notenbank auch Gegenmaßnahmen ergreifen, um diese Entwicklung zu verhindern (sog. *Sterilisierung*).

Vor dem Hintergrund dieser Überlegungen lässt sich die ↑Eurokrise des Jahres 2009 auch als Z.-Krise interpretieren: Aufgrund sinkender Zinsdifferenzen floss Kapital in den Süden der ↑Währungsunion, zugl. hatten die Länder des Südens vergleichsweise höhere ↑Löhne und Preise. Beides führte zu Defiziten in der Leistungsbilanz der Südstaaten, die über ausländisches Kapital, also über die Kapitalbilanz finanziert werden mussten. Aufgrund der gemeinsamen Währung konnten die Defizitländer nicht abwerten, eine eigenständige ↑Geldpolitik war auch nicht möglich. Sobald die ausländischen Kapitalgeber nicht mehr dazu bereit sind, diese Defizite zu finanzieren, kommt es zu einer Z.-Krise.

Im Zuge der jüngsten ↑Finanzmarktkrisen und ↑Staatsschuldenkrisen wird diskutiert, Ungleichgewichte in den Z.en der einzelnen Staaten mittels koordinierter internationaler Bemühungen zu bekämpfen (sog.e makroprudentielle Aufsicht). So hat die ↑EU im Rahmen der Bekämpfung der Euro-Krise ein Verfahren zur Überwachung makroökonomischer Ungleichgewichte eingeführt, in dessen Rahmen die Leistungsbilanzsalden der Mitgliedstaaten der ↑EWWU analysiert werden.

Literatur

Deutsche Bundesbank: Änderungen in der Methodik und Systematik der Zahlungsbilanz und des Auslandsvermögensstatus, in: Monatsbericht Juni 2014 66/6 (2014), 59–70 • IWF:

Balance of Payments and International Investment Position Manual, [6]2009 • K. Ruckriegel: Die Zahlungsbilanz, in: wisu 35/6 (2006), 744–778. HANNO BECK

Zahlungsverkehr

1. Charakterisierung

Z. bezeichnet die Gesamtheit aller Zahlungsvorgänge zwischen Wirtschaftssubjekten innerhalb einer Volkswirtschaft (nationaler Z.) oder über Ländergrenzen hinweg (internationaler Z. oder Auslands-Z.). Zahlungsvorgänge finden regelmäßig zwischen einem zahlungspflichtigen Schuldner und einem Zahlungsempfänger (insb. als monetäre Gegenleistung zur Erfüllung von Kaufverträgen) oder in Form finanzieller Transfers (z. B. in Form von Steuerzahlungen oder Schenkungen) statt.

In Hinblick auf die Art des verwendeten Zahlungsmediums wird zwischen barem Z. (Barzahlung), bargeldsparendem Z. (halbbarer Z.) und unbarem Z. (bargeldloser Z.) unterschieden. Der bare Z. erfolgt mittels Übergabe von Münzen und Banknoten, bei der kein Bankkonto benötigt wird. Beim bargeldsparenden Z. zahlt entweder der Zahlungspflichtige auf ein Konto des Zahlungsempfängers in bar ein, oder die Zahlung erfolgt durch Abbuchung vom Konto des Schuldners, um den Gläubiger in bar auszuzahlen. Beispiele für den halbbaren Z. sind Barscheck, Zahlschein oder die Zahlung per Nachnahme. Beim unbaren Z. handelt es sich um reine Buchgeldtransaktionen zwischen den Konten der Beteiligten. Diese können mittels unterschiedlicher Zahlverfahren angewiesen werden. Zu diesen zählen neben Überweisung, Lastschrift und Dauerauftrag auch Debit- und Kreditkarten, Online-Bezahlverfahren (z. B. Giropay, Paydirekt) oder kontaktlose Mobile-Payments (per Smartphone oder Smartwatch). All diese Zahlverfahren stellen jedoch auch in ihrer digitalen Form lediglich unterschiedliche Zugriffstechnologien auf traditionelle Bankkonten dar.

Im Gegensatz dazu fungiert elektronisches Geld (E-Geld) in Form elektronisch gespeicherter monetärer Werteinheiten auf Speichermedien als Alternative zum Bargeld. E-Geld entsteht mit einer Aufladung des Speichermediums durch Zahlung eines Geldbetrages an den Emittenten. Als vorausbezahltes Inhaberinstrument kann es auch für Zahlungsvorgänge mit anderen natürlichen oder ↑juristischen Personen als dem E-Geld-Emittenten eingesetzt werden. Dieser multifunktionale Charakter unterscheidet E-Geld von begrenzt funktionalen elektronischen Zahlungsmitteln, bei denen die Nutzung auf bestimmte Verkaufsstellen oder bestimmte Standorte beschränkt ist, wie dies z. B. bei Smartphone-Prepaid-Angeboten, Gutscheinkarten oder elektronischen Fahrscheinen im öffentlichen Personennahverkehr der Fall ist. Je nach Art des Speichermediums wird zwischen hardwaregestützten elektronischen Geldbörsen und softwaregestütztem E-Geld (auch Cyberwallet, E-Wallet oder Digital Wallet) unterschieden. Elektronische Geldbörsen enthalten magnetisch gespeicherte monetäre Werteinheiten, die in Form eines Chips auf Plastikkarten angelegt werden und bargeldlose Offline-Zahlungen ermöglichen. In Deutschland finden sich solche Chips überwiegend auf den Girokonto-Debitkarten der Banken (z. B. GeldKarte oder Girogo). Im Gegensatz dazu wird softwaregestütztes E-Geld mittels Buchgeldtransfers geschaffen und auf Onlinekonten gespeichert. Es ermöglicht die Bezahlung von Waren und Dienstleistungen im ↑Internet, ohne eine direkte Bankverbindung herstellen zu müssen (z. B. PayPal, Apple Pay oder Amazon Payments). E-Geld fungiert als Zahlungsmitteläquivalent zum Bargeld, stellt aber im Gegensatz zu Letzterem kein gesetzliches Zahlungsmittel dar und unterliegt aus juristischer Perspektive keinem Annahmezwang seitens des Zahlungsempfängers. Da E-Geld somit eher den Charakter von Buchgeld aufweist, ist in Europa die Herausgabe von E-Geld als Bankgeschäft definiert und darf nur von Kreditinstituten und sog.en *Electronic Monetary Institutions* (ELMIs) begeben werden. Ferner unterliegen alle in Deutschland tätigen E-Geldinstitute der Bankenaufsicht.

Virtuelle Währungen, auch als Kryptowährungen oder Kryptogeld bezeichnet, sind ähnlich wie E-Geld ebenfalls digital gespeicherte Werteinheiten, die mittels kryptografischer Protokolle und einer dezentralen Datenhaltung einen digitalen Z. ermöglichen, der wie der bare Z. vollkommen anonymisiert erfolgen kann. Wie bei E-Geld besteht bei Verwendung von virtuellen Währungen die Möglichkeit, Transaktionen ohne Zwischenschaltung des Bankensystems zu tätigen. Private Kryptogelder wie z. B. Bitcoin verbriefen allerdings keine Forderung gegenüber den Emittenten, und ihr Wert definiert sich ausschließlich aus einer virtuell generierten Knappheit sowie der Akzeptanz als Zahlungsmedium zwischen den Handelspartnern. In Deutschland wurde Bitcoin im Jahre 2013 als Rechnungseinheit und damit als privates Geld, aber ähnlich wie Buchgeld und E-Geld nicht als gesetzliches Zahlungsmittel anerkannt.

In Deutschland war im Jahre 2017 Bargeld in Form von Banknoten und Münzen mit knapp der Hälfte aller getätigten Umsätze im stationären Handel das am häufigsten genutzte Zahlungsinstrument, gefolgt von Debitkarten mit einem Umsatzanteil von gut einem Drittel. Dahinter folgten Zahlungen per Überweisung und Kreditkarte mit jeweils ungefähr 5 %, Internetbezahlverfahren mit knapp 4 %, Lastschriften mit gut 2 % sowie kontaktlose Zahlungsformen mit etwa 1 %. Während der unbare Z. in Deutschland nur langsam an Bedeutung gewinnt, ist er in anderen Ländern deutlich stärker etabliert. So wurden im Jahre 2017 in den USA bereits weniger als ein Viertel aller Handelsumsätze in bar getätigt, und in Schweden betrug der Bargeldanteil im stationären Handel sogar lediglich 5 %.

2. Historische Entwicklung

Arbeitsteilige Volkswirtschaften lassen sich entweder als Naturaltauschwirtschaften oder als Geldwirtschaften organisieren. Der in ersterer erfolgende direkte Tausch von einem Gut gegen ein anderes Gut erfordert aufgrund der Notwendigkeit zur wechselseitigen Übereinstimmung der Tauschwünsche ein hohes Maß an Information über mögliche Tauschpartner. Die Anbieter eines Gutes müssen dabei nicht nur Nachfrager für das eigene Gut finden, sondern zugl. jene Güter begehren, die von diesen möglichen Tauschpartnern angeboten werden. Dieses Informationserfordernis wird in Geldwirtschaften durch die Verwendung eines allg. anerkannten und von allen Handelspartnern akzeptierten Tauschmittels erheblich reduziert. Die Existenz eines solchen Tauschmittels ermöglicht einen indirekten Tausch in Form einer Trennung jeder Transaktion in zwei separate Tauschakte, einen Verkaufsakt (Erwerb des Tauschmittels) und einen Kaufakt (Erwerb des gewünschten Gutes). Während Naturaltauschwirtschaften keinen Z. im eigentlichen Sinne aufweisen, wurden in frühen Geldwirtschaften als Zahlungsmittel zunächst Warengelder wie Salz, Muscheln, Getreide oder Vieh verwendet. Diese Tauschmittel erfüllten jedoch die wesentlichen Geldeigenschaften (↑Geld) wie Homogenität, Teilbarkeit und Wertstabilität nur eingeschränkt, so dass bereits im Altertum Edelmetalle zum Hauptzahlungsmittel avancierten. Als Münzen geprägt eigneten sich diese nicht nur als allg.es Tauschmittel, sondern auch als Recheneinheit und zur Wertaufbewahrung.

Die Verwendung von Münzgeld stieß mit der Ausweitung der Märkte in Europa und der überseeischen Expansion im Zuge der kommerziellen Revolution des 12. und 13. Jh. an ihre Grenzen. Prägung und Umlauf von Münzen wurde durch eine vielerorts mangelnde Verfügbarkeit von Edelmetallen sowie durch die Kosten und das Risiko, größere Geldmengen in Form von Gold- und Silbermünzen über weite Entfernungen zu transportieren und in die jeweils regional unterschiedlichen Münzsorten einzutauschen, zunehmend unattraktiv. Infolgedessen setzte sich ab dem 14. Jh. der Wechsel als Medium des bargeldlosen Z.s durch. Der Wechsel garantierte das Recht, eine bestimmte Geldsumme am Fälligkeitstag entweder vom Wechselaussteller selbst oder von einer dritten Person einzufordern, und avancierte dadurch zu einem sicheren Überweisungs- und Zahlungsmedium. Die Wirtschaft konnte nun über ihre Bargeldreserven hinaus mit Finanzmittel versorgt werden. Nachdem sich das Wechselrecht bis zum 17. Jh. auf Nordwesteuropa ausgeweitet hatte, wurden Wechselgeschäfte auch zunehmend außerhalb Europas getätigt und begünstigten auf diese Weise die Herausbildung eines globalen Finanznetzwerkes. Während Wechsel bis ins 20. Jh. als ein wichtiges Instrument bargeldloser Zahlungen fungierten, wurden sie in den zurückliegenden Jahrzehnten mehr und mehr durch effizientere Arten des bargeldlosen Z.s in Form von Schecks, Überweisungen, Debit- und Kreditkarten ersetzt.

Neben dem Wechsel als bargeldlose Zahlungsform entwickelte sich das Papiergeld ab dem 17. Jh. als Bargeldalternative zum Münzgeld. Dieses wurde zunächst von Goldschmieden und Händlern geschaffen, welche Münzen und Edelmetalle gegen Quittung in Verwahrung nahmen. Diese Quittungen gaben ihren Inhabern das Recht, jederzeit die Herausgabe der entspr.en Menge an Edelmetallen zu verlangen. Der Umstand, dass die Quittungen als Münzersatz zirkulierten und daher nicht regelmäßig in Letztere umgetauscht wurden, eröffnete den Emittenten die Möglichkeit, mehr Quittungen in Umlauf zu bringen als durch den Wert der hinterlegten Edelmetalle gedeckt war. Dieses für die Emittenten lukrative und in modernen Volkswirtschaften als Teilreservesystem bezeichnete Verfahren wurde dabei nach und nach von privaten Notenbanken übernommen, welche Quittungen in Form von Banknoten zirkulierten. Durch das Teilreservesystem konnte insb. eine Befriedigung der zunehmenden Liquiditätsnachfrage in den nach der industriellen Revolution (↑Industrialisierung, Industrielle Revolution) rapide wachsenden Volkswirtschaften auch ohne eine entspr. starke Ausweitung der Edelmetallbasis gewährleistet werden. Um die aus dem Banknotenumlauf resultierenden Geldschöpfungsgewinne staatlich zu vereinnahmen, die Banknotenzirkulation zu begrenzen und den Z. zu vereinheitlichen, wurde den privaten Notenbanken das Emissionsrecht durch die Gründung von Zentralbanken als gesetzlich errichtete Institutionen mit dem alleinigen Recht zur Ausgabe von Banknoten sukzessive entzogen. Diese Entwicklung legte den Grundstein für das heutige, zweistufige Bankensystem, in welchem Zentralbanken die Notenbankgeldmenge kontrollieren und dabei die Hauptverantwortung für die Abwicklung des Z.s tragen, während sich die Geschäftsbanken (↑Banken) auf die Kreditvergabe im Rahmen des Girogeschäfts spezialisieren.

3. Moderne Zahlungsverkehrssysteme

In modernen Volkswirtschaften erfolgt der Z. zunehmend bargeldlos mittels Buchgeldtransfers auf Girokonten. Dazu wird das Konto des Auftraggebers mit dem Zahlungsbetrag belastet, und der Empfänger erhält eine entspr.e Gutschrift auf seinem Konto. Kontoguthaben sind Forderungen der Bankkunden gegenüber dem kontoführenden Kreditinstitut, so dass ein Buchgeldtransfer eine Forderungsübertragung zwischen den Bankkunden abbildet. Sofern Auftraggeber und Begünstigter ihre Konten bei ders. Bank unterhalten, handelt es sich um eine Hausüberweisung, die durch einfache Umbuchungen auf den Konten der beteiligten Bankkunden erfolgt, ohne dass sich die Summe der Verbindlichkeiten des Kreditinstituts gegenüber seinen Kunden verändert. Zahlungsströme zwischen Konten unterschiedlicher Kreditinstitute gehen hingegen mit Forderungsübertragungen zwischen den beteiligten Banken einher und erfordern die Übermittlung der Zahlungsinformationen an das jeweils andere Kreditinstitut. Die Abwicklung des Interbankenverkehrs besteht aus dem sog.en *Clearing* und dem *Settlement*. Das *Clearing* umfasst die Sortierung, die Verarbeitung und den Austausch von Zahlungsverkehrsnachrichten über die erfolgten Zahlungsströme. Das *Settlement* beinhaltet demgegenüber die Verrechnung sowie den Ausgleich der Forderungen und Verbindlichkeiten zwischen den Banken. Bei Korrespondenzbanken, welche gegenseitig ein Konto bei der anderen Bank unterhalten, kann das *Clearing* und das *Settlement* bilateral erfolgen. Andernfalls muss entweder eine dritte Bank oder sog.e Clearinghäuser eingeschaltet werden, welche die Verrechnung für die beteiligten Banken übernehmen.

In der Praxis greifen die Kreditinstitute zur Abwicklung des Interbankenverkehrs auf unterschiedliche Z.s-Systeme zurück, die entweder öffentlich-rechtlich oder privatwirtschaftlich organisiert sein können. In Deutschland werden diese Aufgaben insb. von Gironetzen als Zusammenschlüsse gleichartiger Kreditinstitute geleistet. Dazu zählen die Gironetze der Sparkassen, Genossenschaftsbanken, der Postbank und der privaten Kreditbanken. Jedes dieser Netze verfügt über eigene Verrechnungsstellen, welche die Zahlungsvorgänge sowohl innerhalb des eigenen Gironetzes wie auch gironetzübergreifend abwickeln. Zudem stellt die ↑Deutsche Bundesbank der Kreditwirtschaft mit dem *Elektronischen Massen-Z.* (EMZ) eine eigene Z-s-Plattform für nationale und grenzüberschreitende Euro-Zahlungen zur Verfügung. Das EMZ wickelt nicht eilbedürftige Zahlungen der Bankkunden von i. d. R. kleineren Beträgen, z. B. für Gehälter und Mieten, ab. Da jede Geschäftsbank ein Konto bei der Deutschen Bundesbank unterhält, sind damit auch Banken, die keinem Giroverband angehören, über das Gironetz der Deutschen Bundesbank mit allen übrigen Banken vernetzt.

In der ↑EU steht mit TARGET 2 als Weiterentwicklung des von den Zentralbanken Deutschlands, Frankreichs und Italiens gemeinsam betriebenen TARGET-Netzes *(Trans-European Automated Real-Time Gross Settlement Express Transfer System)* ein Echtzeit-Brutto-Clearingsystem für Großbetragszahlungen von Zentralbankgeld zwischen den angeschlossenen Banken zur Verfügung. Im Gegensatz zu Massenzahlungssystemen wie dem EMZ, in denen die Zahlungsströme zunächst im Interbankenbereich saldiert werden, so dass nur die Nettopositionen für die Kreditinstitute dispositionsrelevant sind, wird jede über TARGET 2 angewiesene Zahlung aus dem Zentralbankguthaben der auftraggebenden Bank in Sekundenschnelle individuell und brutto ausgeführt. Bei einem Transfer von Zentralbankgeld zwischen den Notenbanken des Eurosystems verringert sich der TARGET-Saldo bei der belasteten Zentralbank, während er bei der empfangenden Zentralbank ansteigt. TARGET-Verbindlichkeiten dürfen dabei nur von den Zentralbanken des Eurosystems aufgebaut werden. Am System teilnehmende Zentralbanken außerhalb des Eurosystems sowie alle angeschlossenen Geschäftsbanken müssen ihre TARGET-Verbindlichkeiten am Ende des Geschäftstages ausgleichen. Neben dem TARGET-Netz existieren für Überweisungen zudem auch auf den Euroraum spezialisierte privatrechtliche Institutionen wie die Plattform EBA-Clearing der *European Banking Association*. EBA-Clearing bietet Komponenten sowohl für den Individualzahlungs- als auch für den Massen-Z., wohingegen andere Z.s-Systeme wie z. B. das von französischen Großbanken betriebene CORE-Z.-System überwiegend auf das *Clearing* von Zahlungen aus dem Massengeschäft spezialisiert sind.

Während die Z.s-Infrastruktur im Euroraum durch die bestehenden multilateralen Clearingsysteme sehr gut ausgebaut ist, werden grenzüberschreitende Zahlungsströme mit dem Rest der Welt zumeist über Korrespondenzbanken und Großbanken mit internationalen Filialen und Tochterunternehmen abgewickelt. Dabei wird der internationale Z. durch das SWIFT-Netzwerk *(Society for Worlwide Interbank Financial Telecommunication)* abgesichert. SWIFT ist eine in Belgien ansässige und im Eigentum von über 3 000 Banken stehende Kooperative, welche im Jahre 1973 mit dem Ziel gegründet wurde, eine global einheitliche Kommunikationsplattform für internationale Finanztransaktionen zu schaffen. Mit Standorten in den Niederlanden, der Schweiz und den USA standardisiert SWIFT den Nachrichten- und Transaktionsverkehr von weltweit mehr als 10 000 Banken über sichere Telekommunikationsnetze und sorgt auf diese Weise für eine reibungslose Abwicklung internationaler Überweisungen. Im Gegensatz zu TARGET 2 oder dem EBA-Clearing transportiert SWIFT nur Z.s-Nachrichten, ist aber kein Clearinghaus und führt keine Konten für die Partner. Die immense Bedeutung von SWIFT für den globalen Z. lassen sich daran illustrieren, dass es in der Vergangenheit im Rahmen politischer Sanktionsmaßnahmen immer wieder z. T. erfolgreiche Versuche gegeben hat, einzelne Länder und deren Banken vom SWIFT-Netzwerk und somit vom internationalen Handels- und Finanzverkehr auszuschließen. So wurde dem Iran im Jahre 2012 der Zugang zu SWIFT gesperrt, nachdem die EU Sanktionen gegen den Iran wegen des zu dieser Zeit schwelenden Atomstreits verhängt hatte. Dieser Ausschluss wird oft als ursächlich für nachfolgenden Zugeständnisse der iranischen Regierung im seinerzeitigen Atomkonflikt gesehen.

Literatur

Capgemini: World Payments Report 2018, 2018 • Deutsche Bundesbank: Zahlungsverhalten in Deutschland 2017, 2018 • SWIFT: The Transformation of the European Payments Landscape, 2018 • V. Brühl: Bitcoins, Blockchain und Distributed Ledgers, in: WD 97/2 (2017), 135–142 • Deutsche Bundesbank: Geld und Geldpolitik, 2017 • Dies.: Die Rolle von Banken, Nichtbanken und Zentralbank im Geldschöpfungsprozess, in: Deutsche Bundesbank Monatsbericht 69/4 (2017), 15–36 • Dies.: Zahlungsverkehrssymposium der Deutschen Bundesbank 2017, 2017 • M. Mosen/J. Moormann/ D. Schmidt (Hg.): Digital Payments, 2016 • P. Bernholz/ R. Vaubel (Hg.): Explaining Monetary and Financial Innovation, 2014 • M. Krüger/F. Seitz: Kosten und Nutzen des Bargelds und unbarer Zahlungsinstrumente, 2014 • H. Gischer/ B. Herz/L. Menkhoff (Hg.): Kredit, Geld und Banken, [3]2012 • Europäische Zentralbank: The Payment System, 2010 • K. Sauernheimer: Vom Gelde, in: Review of Economics 61/3 (2010), 279–299 • M. North: Kleine Geschichte des Geldes, 2009 • M. Denzel: Das System des bargeldlosen Zahlungsverkehrs europäischer Prägung vom Mittelalter bis 1914, 2008 • B. Kempa: Zur aktuellen Diskussion der Implikationen elektronischen Geldes für den Geldumlauf und die Geldpolitik, in: ZfW 49/3 (2000), 250–266. BERND KEMPA

Zahlungsverkehrsfreiheit ↑Grundfreiheiten

Zehn Gebote

Die Funktion der beiden in Ex 20,2–17 und Dtn 5,6–21 überlieferten ethischen Dekaloge kann, summarisch formuliert, in der theologisch motivierten Abwehr gemeinschaftsschädigenden Verhaltens, die Funktion ihrer ↑Normen als Ausdruck einer an die Einsicht appellierenden Moral, die an der Grenze zum Recht formuliert ist, gesehen werden.

1. Fremdgötterverbot

Israel soll sich, folgt man dem sog.en Fremdgötterverbot, an JHWH allein wenden und so nicht von fremden Göttern abhängig sein. Der ↑Glaube an den einen und einzigen Gott ist weniger ein kognitiver Akt des Erkennens, als vielmehr ein affektiver Akt der Bindung. Das exklusive Treueverhältnis bildet das Fundament für die Freiheit Israels. Nicht mehr rituelle Vorschriften stehen im Vordergrund, weshalb es darum geht, rituelle Verfehlungen zu vermeiden oder zu ahnden, vielmehr ist es nun um Vertragstreue und um die Gefahr, den Bund mit Gott zu brechen, zu tun. Damit ebnet der Vertragsgedanke den Weg zu einer monotheistischen (und zuvor kosmotheistischen) Position, die einen verlässlichen Vertragspartner vorsieht, was in „rein" polytheistischen Kontexten aufgrund des Einflusses anderer Götter so nicht gewährleistet werden kann. Die Emanzipation Gottes aus der Gebundenheit an den Kosmos evoziert die Emanzipation des Menschen aus der Verstrickung in die Welt. Die Entwicklung der Gottesvorstellung zu einer die exklusive Verbindlichkeit einer Vertragsbeziehung provozierenden monotheistischen Position bleibt nicht ohne Folgen für das Verständnis der Moral Israels. Denn mit der Heraufkunft eines selbstreflexiv gewordenen Monotheismus erhalten auch die Gebote und Verbote der ethischen Dekaloge die Funktion der moralischen Vermittlung des Gottesverhältnisses. Wenn Gott als schöpferische ↑Transzendenz und diese Transzendenz als Person (wenn auch ohne Namen) gedacht wird, dann *ist* Gott der *eine* Gott, der sich offenbart, so dass es nichts gibt, was nicht der Ordnung durch den Willen Gottes unterworfen wäre. Indem die Regelung des Alltagslebens unter das Gebot, nur JHWH zu ehren, gestellt wird, werden nicht nur alle alltäglichen Lebensbezüge einbezogen. Das Gebot soll zudem verinnerlicht werden.

2. Kultbilderverbot

Während sich die Position des Kosmotheismus der bildlichen Darstellung von Göttern bediente, konnte die Unterscheidbarkeit einer monotheistischen Position nur durch die Betonung der Transzendenz JHWHs hergestellt werden. Es genügte offenbar nicht, sich nur zu einem einzigen Gott zu bekennen. Das Bekenntnis zu dem einen und nur zu diesem Gott musste auch eine real erfahrbare Differenz hervorbringen. So wurde vielleicht weniger die pure Bildlosigkeit Gottes als vielmehr das Verbot, Kultbilder (nicht nur anderer Götter, sondern auch JHWHs) zu verehren, zum signifikanten Unterscheidungsmerkmal. Das Kultbilderverbot zieht eine Entdivinisierung der Welt nach sich. Die Anbetung von Bildern würde die Anbetung der Welt nach sich ziehen. Wer die Welt anbetet, versinkt in ihr. Er macht die Emanzipation des Menschen aus dem Verstricktsein in die Welt rückgängig. Angebetet werden darf allein Gott, und er soll auch angebetet werden, weil die Emanzipation aus dem Eingetauchtsein in die Welt für den Menschen nicht Versklavung, sondern – im Gegenteil – Befreiung bedeutet. In der neu gewonnenen Freiheit und der bedingungslosen Ablehnung der Versklavung durch Ägypten dürfte das stärkste Motiv für die Präambel des Dekalogs auszumachen sein, die nicht nur in formaler Hinsicht den Verpflichtungscharakter der folgenden Gebote und Verbote, sondern zugl. den materialen Gehalt dieser Weisungen begründet.

3. Einhaltung des Sabbats

Der Institution des Sabbats liegt schon eine ausgeprägte Idee der Differenz zwischen Heilig und Profan zugrunde, allerdings darf im Hintergrund ein größerer schöpfungstheologischer Zusammenhang angenommen werden, der Aspekte von ↑Recht und ↑Gerechtigkeit einschließt. Insofern kann das Gebot, den Sabbat heilig zu halten, als Fortsetzung der Weisungen, nur JHWH zu verehren, gelesen werden, soll es doch zusichern, dass der Glaube an den wahren Gott die gesamte Wirklichkeit durchdringt. Die beiden Fassungen des Sabbatgebots sind wohl im strikt theologischen Sinn zu verstehen. Es geht nicht nur und vielleicht auch nicht zuerst um das Freisein von ↑Arbeit, sondern darum, den siebten Tag der Woche zu heiligen und daher für JHWH aus dem Bereich des Alltags auszusondern. Die Sabbatruhe soll ein Bekenntnis zum Schöpfergott sein, der die Welt trägt und vollendet. Dies hat freilich Konsequenzen für die soziale Welt, wenn in die Sabbatruhe das ganze Haus, also auch Sklavinnen und Sklaven mit einbezogen sind oder der rechtlich unterprivilegierte Fremde, der zu öffentlichen Arbeiten herangezogen werden konnte, erwähnt wird. Der Sabbat soll daher nicht nur dem freien und besitzenden Israeliten zugute kommen, sondern zugl. auch den Schwachen und Armen und sogar den Tieren.

Mit der ↑Neuzeit, so könnte man die religiöse Normbegründung zeitgenössisch kontrastieren, wird die ↑Religion säkularisiert, d. h. religiöses Entscheiden wird privatisiert. Die ↑Moral zieht sich insofern auf sich selbst zurück, als sie beweisen muss, dass es gut und nicht vielmehr schlecht ist, ihr (und gerade ihr und nicht einer konkurrierenden Idee von Moral) zu folgen. Für die Religion (wie für die übrigen Teilbereiche der Gesellschaft) hat das zur Folge, dass sie selbst moralisch beurteilt werden können. Damit wird gerade die Religion aufgefordert, ihr eigenes moralisches Urteilen insofern zu moralisieren, als zu seiner Durchsetzung nur moralische, und d. h. nun, gesellschaftsweit, also auch von Nicht- und Andersgläubigen akzeptierte Mittel in Frage kommen. Der Gedanke des ↑Rechtspositivismus entwickelt sich: Recht beruht auf der Entscheidung des Gesetzgebers, nicht mehr auf göttlicher Weisung. Die Positivität des Rechts zieht die Legalisierung von Rechtsänderungen nach sich. Dadurch entsteht die Frage nach der ↑Legitimität reiner ↑Legalität. Was die moralische Fundierung des Rechts betrifft, so binden Akteure sich an Regeln, denen sie gemeinsam zustimmen können, wenn und solange sie sich dadurch gegenseitig besser stellen. Die kollektive Selbstbeschränkung individueller Handlungsmöglichkeiten dient der Ausweitung von Interaktionsmöglichkeiten in sozialer und in zeitlicher Hinsicht.

4. Ehrung der Eltern

Adressaten des Gebots, Vater und Mutter zu ehren, waren erwachsene israelitischen Männer, i. d. R. die (erstgeborenen) Söhne, da die Töchter normalerweise heirateten und das Haus verließen. Dabei geht es nicht nur um die materielle Versorgung der Eltern im Alter. Vielmehr ist von einem umfassenden und auf das Wohl der ganzen ↑Familie abzielenden Sinn auszugehen, der durch den Begriff der ↑Ehre zum Ausdruck kommt. Die Eltern zu ehren bedeutet, ihre ↑Autorität anzuerkennen (wobei der Autorität des *pater familias*, deren Schutz das Gebot, die Eltern zu ehren, ja ebenfalls im Auge hat, eine zentrale Rolle zukommt) und ihre Autorität anzuerkennen heißt wiederum, die Lebenskraft der Familie zu schützen. Wer die Ehre der Eltern mindert, schwächt die Vitalität der ganzen Familie und damit sein eigenes Wohlergehen. Diese Minderung der Elternautorität kann verschiedene Formen annehmen, von der einfachen Missachtung ihrer Autorität bis hin zur leichten oder schweren körperlichen Misshandlung; und sie kann verschiedene Grade erreichen, von gelegentlicher despektierlicher Behandlung der Eltern bis zum dauerhaften Ignorieren ihrer Stellung. Im Hintergrund der Norm, die Ehre der Eltern und Alten bis hin zu den Ahnen sicherzustellen, steht, dass der genealogische Ort des Einzelnen mitsamt der Hausgemeinschaft im Kontinuum der Generationen vitale Bedeutung hatte, weil sich aus diesen Beziehungen in beide Richtungen lebenssichernde Ansprüche wie eben auch Verpflichtungen ergaben. Dass wir urspr. eine vitale Bedeutung dieses Gebots voraussetzen können, zeigt der Motivationssatz, der langes Leben in dem Land, das Gott geben will, verheißt. Dieser Nachsatz setzt voraus, dass die Befolgung des Gebots nicht (mehr) selbstverständlich war.

Die erwähnte moderne Formel von der kollektiven Selbstbeschränkung individueller Handlungsmöglichkeiten zur Ausweitung von Interaktionsmöglichkeiten in sozialer und in zeitlicher Hinsicht kann auch auf das Verhältnis der Generationen bezogen und im zeitverschobenen Tausch von Freiheitsrechten angewendet werden. Damit wird die Gefahr eingedämmt, dass die erwachsenen Kinder den gebrechlich gewordenen Älteren die vom Generationentausch geforderten Verzichtsleistungen verweigern, was sie risikolos tun können, weil die Leistungen, die ihnen von den Älteren bereits erbracht wurden, nicht mehr rückgängig zu machen sind. Denn die Älteren können diese Gefahr antizipieren, weshalb als weitere Gefahr droht, dass sie den Kindern deutlich weniger Unterstützung, als es an und für sich möglich und sinnvoll wäre, angedeihen lassen (Kaufmann 1997: 69 ff.). Es käme also zu einer Unterinvestition in die junge Generation, wiederum natürlich mit negativen Auswirkungen auf die später auf Hilfe angewiesenen Alten, die dann in einer weniger produktiven Umgebung leben als dies der Fall wäre, wenn sie stärker in ihre Kinder investiert hätten. Dieser doppelten Gefahr entgeht man modern durch institutionelle Vorkehrungen, die eine Ausbeutung des wechselseitigen Vorteils verhindern hilft und die Altersvorsorge nicht vom Wohlwollen der in die Pflicht Genommenen abhängig sieht, sondern als Recht instituiert.

5. Tötungsverbot

Das Verbot zu töten richtete sich, allg. formuliert, gegen das schrankenlose, ungesetzliche Töten. Anders gesagt: Es dient dem Schutz unschuldigen Lebens. Es geht darum, das Töten einzugrenzen, es auf eine Rechtsbasis zu stellen, die Grenze zwischen Leben und Tod, soweit sie vom Menschen gezogen wird, zu regeln und sie nicht der Willkür des Einzelnen zu überlassen. Das Tötungsverbot bezieht sich deshalb wohl in erster Linie auf jene Fälle, in denen eine vorsätzliche Tötung unentdeckt zu bleiben droht. Es warnt vor dem gemeinschaftswidrigen und heimtückischen Ermorden von Menschen, selbst wenn es unentdeckt bleibt. Zudem zielt das Verbot wohl auch auf nicht justiziable Vergehen gegen sozial Schwache, also gegen Witwen und Waisen, Arme und Fremde.

Modern wird die wechselseitige ↑Anerkennung der

Würde des Menschen (↑Menschenwürde), autonomes, d. h. regelsetzendes moralisches ↑Subjekt zu sein, nach dem bisher Gesagten gerade aus der Verfolgung des individuellen Kalküls heraus zum unveräußerlichen und unantastbaren Gut. Auch körperliche Selbsterhaltung bzw. körperliche Unversehrtheit werden als Recht, als Anspruch des ↑Individuums, die Achtung vor der körperlichen Selbsterhaltung und der körperlichen Unversehrtheit des anderen als vom Recht abgeleitete Pflicht, also mit dem Modell der Tauschreziprozität begründet.

6. Verbot des Ehebruchs

Das Verbot, die ↑Ehe zu brechen, richtet sich in der Welt des A. T. ausschließlich an den Mann, nicht an die Frau. Die Frau wird als dem Mann zugehörig angesehen, besser gesagt: sie ist seiner Herrschaft unterworfen. Das hat beim Delikt des Ehebruchs zur Folge, dass es nicht entscheidend ist, ob einer der beiden Beteiligten verheiratet, sondern nur, ob die beteiligte Frau verheiratet ist. Damit ist auch schon gesagt, dass bei Mann und Frau zweierlei Maß angelegt wird: Der Mann bricht nach dieser Auffassung nur die fremde Ehe, gleichgültig ob er verheiratet ist oder nicht, die verheiratete Frau immer die eigene. Der Gebotsinhalt zeigt ebenso wie die entspr.en Rechtssätze, dass es um die Sicherung der Rechte des Ehemannes an der Ehefrau geht, nicht zunächst um das moralische Problem der Treue unter Ehegatten. Der Ehebruch eines Mannes wird nicht im Verhältnis zu seiner eigenen Frau sanktioniert, sondern nur insofern, als die Rechte des Mannes einer anderen verheirateten Frau tangiert sind. Freilich ist, und das ist entscheidend wichtig, die Herrschaft des Mannes über seine Frau in die Institution der Familie eingeordnet, die es zu schützen gilt, weil sie die Lebens- und Überlebensbasis bildet. Es geht darum, lebenswichtige Belange der Familie und der Gemeinschaft zu wahren. Wenn die Familie auf diese Weise vor illegitimen Erbberechtigten geschützt werden soll, dient dies dem Überleben der Großfamilie, das vom Grundbesitz der Familie abhängt. So standen bei einem Ehebruch die Legitimität der Nachkommen, die Erhaltung des Bodenbesitzes und damit die Lebensgrundlage der Familie auf dem Spiel.

Modern wird die romantische Liebe – oder vielleicht besser: die partnerschaftliche Liebe – zu einem autonomen Kommunikationsmedium. Die Gesellschaft leistet sich das Risiko beliebiger, weil nur auf ↑Liebe gegründeter Beziehungen. Die Ehen wiederum müssen das Risiko tragen, nur kraft Liebe stabil zu sein, ohne Außenhalt in Vermögen, Stand oder Moral. So wird die Ehe zum normativen Derivat der Liebe, nicht umgekehrt.

7. Diebstahlverbot

Im Dekalog wird das Stehlen gleich zweimal verboten. Das zuerst genannte Verbot bezieht sich wohl in der Hauptsache auf den Diebstahl von fremdem beweglichem ↑Eigentum. Hier ist an Vieh oder an Sacheigentum zu denken, an Dinge also, an denen ein vitales Interesse besteht und die es deshalb durch eine eigene Norm zu schützen gilt. Möglicherweise kann die Geltung des Verbots auch auf den Fall ausgeweitet werden, dass ein freier israelitischer Mann geraubt wurde, um als Sklave außer Landes verkauft zu werden. Von der Schuldknechtschaft, auf die im Zusammenhang mit immobilem Eigentum einzugehen ist, ist die ↑Sklaverei durch das Bestimmungsrecht, konkret durch die uneingeschränkte Verfügungsgewalt des Eigentümers über den Sklaven einschließlich der Möglichkeit, ihn wie eine Sache zu veräußern, unterschieden. Der Appell des Diebstahlverbots an die moralische Einsicht zielt auf den Schutz der Armen, der Witwen, der Waisen und der Fremden. Aber nicht allein die Einsicht der Vernunft trägt die Legitimation, sondern der Hinweis auf die Erfahrung der Befreiung im Exodus. Das heilsgeschichtliche Handeln Gottes dient als Vorbild für das ethische Handeln des Menschen.

8. Verbot der ungerechtfertigten Aneignung

Das nachfolgend genannte Verbot bezieht sich, wie bereits angedeutet, auf die unberechtigte Aneignung oder unrechtmäßige Nutzung immobilen fremden Hab und Guts. Auf diese Weise droht die Einsicht, dass das Land JHWH gehört, so dass jeder freie Israelit Grund und Boden als Gabe für sich und sein Haus versteht, aufgehoben zu werden. Dahinter steht vermutlich die Erfahrung, dass die kleinbäuerliche Ordnung zunehmend durch wachsenden Großgrundbesitz überlagert wird. Insofern erweist sich die Verpflichtung des Königs, die Schwachen und in diesem Sinne Armen in der Gesellschaft zu schützen, als ein Idealbild, das freilich gerade so auf die entstehenden sozialen Probleme hinweist. In der Differenzierung von reichen und armen, von starken und schwachen Schichten spielt nämlich das Kredit-, Zins- und Pfandrecht eine entscheidende Rolle. In Israel nahmen Kleinbauern mitunter bei einem in der Stadt lebenden Grundherren, der dann häufig der tatsächliche Eigentümer des Landes war, Geld auf. Bei nicht fristgerechter Rückzahlung des ↑Zinses erfolgt eine Pfandnahme. Musste ein Israelit also ↑Kredit aufnehmen und war dann nicht in der Lage, den Kredit zurückzuzahlen, konnte der Kreditgeber nicht nur auf Grund und Boden des Schuldners, sondern auch auf diesen selbst und seine Familie zugreifen. Eine Alternative dazu war, dass man sich in eine Art Dauersklaverei begab oder als Tagelöhner sein Dasein fristete. Die Forderung, für ein gewährtes Darlehen bei der Rückzahlung Zins zu bezahlen, ist also so selbstverständlich wie die Pfandnahme zur Sicherung des Darlehens und die Haftung durch Personen oder Sachen für den Fall, dass das Darlehen nicht zurückbezahlt werden kann. Tatsächlich übernahmen Großgrundbesitzer zunehmend die Verfügungsgewalt über das Land von Kleinbauern. Das Bestreben, sich immer mehr Eigentum zu verschaffen und sich, auf welche Weise auch immer, fremdes

Eigentum, selbst wenn es sich um das Erbe, von dem eine Familie leben musste, handelte, anzueignen, war durchaus an der Tagesordnung. Das Verbot, nach dem Eigentum des Nächsten zu greifen, wird deshalb auf dem Hintergrund einer Entwicklung formuliert, in der Grundbesitzer in Schulden geraten und Probleme des Kredits auftreten, die sich nicht mehr im Rahmen nachbarschaftlicher Solidarität lösen lassen.

Modern gesehen, sind Unterschiede in Mitgliedschaft und Beteiligung, also Ungleichheiten, wie sie in den beiden Verboten zum Stehlen thematisiert werden, legitim, wenn sie mit Gründen gegenseitiger Besserstellung, die für alle Akteure einsichtig und akzeptabel sind, ausgestattet werden können. Allerdings ist eine lückenlose Zustimmung zu kollektiv bindenden Entscheidungen in komplexen Gesellschaften faktisch niemals einzuholen, schon deshalb nicht, weil sich die Zusammensetzung von Kollektiven laufend verändert. Daher sind institutionelle Verfahren der „Selbstentfremdung" (Marchart 2010: 333) erforderlich, welche die Zustimmung aller simulieren. Erstrebenswert ist eine Situation, in der keiner der Beteiligten einen Anreiz sähe, von den etablierten Regeln abzuweichen. Auf diese Weise sind die ex-post-Betroffenen auch die ex-ante-Beteiligten. Werden nicht alle Akteure in den Regelkonsens einbezogen, steht zu befürchten, dass sie nicht nur den vereinbarten Regeln nicht zustimmen, sondern sie zudem nicht befolgen. Sie werden sich außerdem kaum als Kooperationspartner in sozialen Prozessen gewinnen lassen. Die methodische Verschränkung der Frage der Regeletablierung mit der Frage der Regelbefolgung hat zur Folge, dass die Akteure einen Vorteil darin sehen, den empirischen an den hypothetischen ↑Konsens heranzuführen.

9. Verbot des Missbrauchs des Gottesnamens und der falschen Aussage

Das Verbot, nicht falsch gegen den Nächsten auszusagen, ist gegen das bisher übergangene Verbot, den Namen Gottes nicht zu missbrauchen, abzuheben. In diesem Verbot wird auf magische Praktiken angespielt, sich durch die Nennung eines Namens der damit bezeichneten Person zu bemächtigen. So konnte man einen ↑Eid leisten und dabei an eine göttliche Macht appellieren, sie solle über den Eid wachen und im Fall eines Meineides denjenigen, der auf diese Weise ihren Namen missbraucht, bestrafen. Das Verbot, den Namen Gottes zu missbrauchen, richtet sich nicht gegen den Eid generell, sondern gegen den Meineid, berührt allerdings das zuvor erwähnte Verbot insofern nicht, als man in Israel keinen Eid zur Bekräftigung einer Zeugenaussage vor Gericht kannte. Es ist vorstellbar, dass das Verbot, den Namen Gottes zu missbrauchen, schon im Rechtskontext schwerer bzw. todeswürdiger Verbrechen formuliert worden war. Für den Fall aber, dass das Verbot eigens für den Dekalog geschaffen wurde, trifft diejenige Interpretation, die jeglichen Missbrauch des Gottesnamens ausschließt, zu. Der Kontext des Verbots, nicht falsch gegen den Nächsten auszusagen, hingegen ist klar. Es ging nicht um das Lügen im Allgemeinen, sondern um die Lüge eines Zeugen vor Gericht, durch die ein Unschuldiger bestraft bzw. sogar zum Tod verurteilt werden könnte. Jeder freie Bürger kann zur Verhandlung hinzugezogen werden. Es ist mehr ein Schiedsgericht als ein Prozess, wie wir ihn kennen. Liegt ein Fall nicht offen zutage, kommt dem Zeugen entscheidende Bedeutung zu. Seine Aussage ist praktisch das einzige Mittel, die Wahrheit zu finden. Der Appell, als Zeuge vor Gericht nicht falsch auszusagen, ist im Blick auf das Gerichtsverfahren in Israel von bes.m Gewicht, da durch die übereinstimmende Aussage von zwei Zeugen in Prozessen mit möglichem Todesurteil der Angeklagte als überführt galt. Durch die Lüge vor Gericht wird aber nicht nur ein Unschuldiger bestraft, sondern auch das fragile rechtliche Gefüge der Gemeinschaft insgesamt in Gefahr gebracht. Die Aktualität dieser Weisung liegt auf der Hand.

Literatur

C. Breitsameter: Nur Zehn Worte – Moral und Gesellschaft des Dekalogs, 2012 • O. Marchart: Die politische Differenz. Zum Denken des Politischen bei Nancy, Lefort, Badiou, Laclau und Agamben, 2010 • J. G. Harris: Biblical Perspectives on Aging, ^{2}2008 • J. Assmann: Die mosaische Unterscheidung oder der Preis des Monotheismus, ^{6}2007 • M. Köckert: Die Zehn Gebote, 2007 • E. Otto: Recht. III. Alter Orient und Altes Testament, in: H. D. Betz u. a. (Hg.): RGG, Bd. 7, ^{4}2004, 87–89 • Ders.: Dekalog. I. Altes Testament, in: H. D. Betz u. a. (Hg.): RGG, Bd. 2, ^{4}1999, 625–628 • J. Assmann: Ägypten, III. Religion und Kultur, in: H. D. Betz u. a. (Hg.): RGG, Bd. 1, ^{4}1998, 201–211 • F.-X. Kaufmann: Herausforderung des Sozialstaates, 1997 • B. B. Schmidt: The Aniconic Tradition. On Reading Images and Viewing Texts, in: D. V. Edelman (Hg.): The Triumph of Elohim. From Yahwisms to Judaisms, 1995, 75–107 • E. Otto: Theologische Ethik des Alten Testaments, 1994 • N. Lohfink: Poverty in the Laws of the Ancient Near East and of the Bible, in: Theological Studies 52/1 (1991), 34–50 • A. Giddens: Wandel der Intimität. Sexualität, Liebe und Erotik in Europa, 1986 • F. Crüsemann: Bewahrung der Freiheit. Das Thema des Dekalogs in sozialgeschichtlicher Perspektive, 1983 • R. R. Wilson: Israel's Judicial System in the Preexilic Period, in: The Jewish Quaterly Review 74/2 (1983), 229–248 • H. Seebaß: Eid II, in: G. Müller (Hg.): TRE, Bd. 9, 1982, 376–377 • O. Loretz: Die prophetische Kritik des Rentenkapitalismus, in: Ugarit-Forschungen 7 (1975), 271–278.

CHRISTOF BREITSAMETER

Zeichen der Zeit ↑Kirche und Welt

Zeit

Das Phänomen Z. beschäftigt die Menschen seit alters. Nicht nur Denker und Dichter haben sich mit ihm befasst, sondern der Normalbürger gebraucht für sein Alltagsleben, Handeln und Wirken eine Z.-Vorstellung. Das Hauptproblem bzgl. der Z. ist die Frage nach der

Einheit derselben oder der Vielheit von Z.-Formen, womit die Frage nach der Realität der Z. oder ihrer Konstruktivität einhergeht. Die westliche Kultur unterstellt wie selbstverständlich nur eine einzige Z., die Fließ-Z., die wir durch den Z.-Pfeil repräsentieren. Aber schon Physiker wie Albert Einstein bezweifeln dies. So schrieb letzterer: „Für uns gläubige Physiker hat die Scheidung von Vergangenheit, Gegenwart und Zukunft nur die Bedeutung einer wenn auch hartnäckigen Illusion" (zit. n. Hoffmann 1972: 304), zumal die Naturprozesse reversibel sind. Und nach dem zweiten Hauptsatz der Thermodynamik, dem Entropiegesetz, wonach alles Differente dem Zustand der Auflösung entgegenstrebt, der als größter Beweis für die einsinnige Gerichtetheit der Z. gilt, lässt sich ein pulsierendes Universum mit entgegengesetzter Z.-Richtung konfrontiert denken. Dass auch das Alltagsleben nicht an die triadische Z.-Vorstellung gebunden ist, beweist die Sprache der Hopi-Indianer aus dem Coloradobecken, die Vergangenheit und Gegenwart zusammenzieht, da beide Faktisches beinhalten, und eine aus Wünschen, Hoffnungen und Befürchtungen hervorgegangene Zukunft anschließt, also auf einer dualen Z.-Vorstellung basiert. Das Finnisch-Ugrische, Russische und Slawische kennen überhaupt kein Temporalsystem, allenfalls Aspekte wie perfektiv und imperfektiv, die das Andauern oder den Abschluss eines Vorgangs anzeigen. Der Blick über unsere Kultur hinaus zeigt uns außer der Linear-Z. andere Z.-Formen: die präsentische, zyklische, eschatologische, die Labyrinth-Z. und andere.

Linear-Z.: Die uns vertrauteste Z. ist die von der Vergangenheit über die Gegenwart in die ↑Zukunft reichende, die wissenschaftlich als potentiell unendlich, homogen, kontinuierlich und mathematisch ins Unendliche teilbar definiert wird. Schon diese Charakteristik weist sie als ein Konstrukt aus, das wir einem Gradnetz gleich über die Wirklichkeit werfen, um diese messbar zu machen. Diese Z. ist eine Erfindung Isaac Newtons, der zur Erklärung seiner Physik, insb. einer gradlinigen, durch keine äußeren Kräfte von ihrer Bahn abgelenkten Bewegung zwei absolute Weltschachteln, Raum und Z., benötigte, in die alle Daten eingeordnet und bestimmt werden können, um sie quasi von einem externen archimedischen Standpunkt zu überblicken. I. Newton scheute sich denn auch nicht, Raum und Z. als „sensorium Gottes" (Newton 1969: 262) zu bezeichnen. Auch wenn diese Theorie wegen ihrer ubiquitären Gleichzeitigkeit durch die Einsteinsche Relativitätstheorie ersetzt wurde, bestimmt sie weiterhin unseren Alltag. Diese Z. bilden wir in unseren Uhren ab, heute in der Quarzuhr mit 91 292 631 770 Ausschlägen des Cäsiumatoms pro Sekunde. Sie ist ein Raster, das Empirische einzufangen und zu ordnen, und erweist sich damit als ein Herrschaftsinstrument des Menschen, der sich zum *maître et possesseur de la nature* aufschwingt.

Die damit verbundene Exaktheit und Präzision der Z.-Einteilung, z. B. des Arbeitsablaufs, des Arbeitsquantums (↑Arbeit), die Zweckrationalität und Effizienz haben uns Güterwohlstand und Reichtum beschert, auf der anderen Seite jedoch gesundheitliche Schäden, soziale Isolierung und Frustration verursacht, da der Mensch der Homogenität der Z. nicht angepasst ist. Viele Unfälle unserer Nonstop-Gesellschaft ereigneten sich nachts wegen Missachtung des Biorhythmus, so die Atomkatastrophe von Tschernobyl oder die Kollision des Öltankers Exxon Valdez. Diese Großunfälle waren die Konsequenz von Übermüdung der Verantwortlichen.

Das Motto der ↑Moderne ist „immer schneller, immer weiter, immer mehr", was zu ständiger Beschleunigung animiert. Die Entrhythmisierung aller Lebensvorgänge, z. B. die Aufhebung der Ladenschluss-Z.en, der ↑Sonn- und Feiertage, die Belegung der Operationssäle rund um die Uhr ist zwar ein äußerst effizienter und lukrativer Umgang mit Z., aber einer, der dem Individuum nicht gerecht wird. Eine Entschleunigung würde die Lebensqualität verbessern.

Präsenz-Z.: Eine ganz andere Z.-Vorstellung begegnet in der Präsenz-Z., der urspr.sten und archaischsten, die sich heute noch, wenngleich nicht in Reinform, bei Naturethnien findet, die in den Tag hinein leben und bei ausreichendem Nahrungsangebot keine Sorge für die Zukunft durch Hortung der Nahrung und folglich auch keine Zukunft kennen, ebenso keine Vergangenheit, da erst langwierige Prozesse der Merkantilisierung, Urbanisierung und Staatenbildung durch Berufung auf Vorläufer das Bewusstsein von Vergangenheit hervorriefen.

In Reinkultur begegnet die Präsenz-Z. in der Mystik, die dem religiösen Bereich angehört. In der *unio mystica*, der Einheit des Menschen mit Gott, werden räumliche und zeitliche Begrenzungen hinfällig, und es wird eine Alleinheit erlebt, die mit Helligkeit, Klarheit, Levitation und Glücksgefühl einhergeht.

Von diesem Extremzustand hat auch der Alltagsmensch eine Ahnung durch Aufgehen in seiner Arbeit, wenn er sich ganz einer Sache hingibt und darüber die Umwelt einschließlich der Z. vergisst. Die Sprache hat hierfür Ausdrücke wie „vertieft sein", „aufgegangen sein", „versunken sein" in seine Aufgaben. Erst bei Wiederauftauchen stellt sich eine Subjekt-Objekt-Spaltung und damit die Registrierung einer Z.-Spanne ein.

Die ↑Psychologie beschäftigt sich mit Phänomenen der Z.-Raffung und -dehnung, zumal die inneren, subjektiven Z.-Erlebnisse von der äußeren, objektiven Z. differieren. Z.-Raffung wird empfunden bei Abwechslung und Erlebnisreichtum, z. B. bei einer interessanten Unterhaltung. Dann vergeht die Z. wie im Fluge, während sich das umgekehrte Phänomen der Z.-Dehnung bei einem langweiligen, schläfrigen Vortrag oder einem Tag ohne Abwechslung einstellt. Die Z. kriecht dann wie im Schneckengang. Beide Phänomene treten sowohl in positiv wie negativ konnotierten Situationen auf: Für einen in der Prüfung versagenden Kandidaten dehnen sich die Minuten zur Ewigkeit, ebenso für einen ungeduldig auf seine Freundin wartenden Liebhaber.

Zyklische Z.: Eine weitere Z.-Form ist die zyklische – auch Uroborus genannt. Sie ist typisch für agrarische Gesellschaften, die sich nach Naturrhythmen wie den Jahreszeiten richten und den Ackerbau mit Feldbestellung danach einrichten. Es wäre falsch, die Jahreszyklen hier zu nummerieren und zu zählen, da dies ihre Aneinanderreihung auf einer Linear-Z. erforderte, was hier noch nicht gegeben ist. Richtiger spricht man mit Friedrich Nietzsche von einer „ewige[n] Wiederkehr des Gleichen" (Nietzsche KSA 9: 494).

Mit Naturrhythmen befassen sich heute Biologie, insb. Chronobiologie, ↑Medizin, Pharmakologie. Bzgl. des Menschen sind 150 Zyklen bekannt, von extremer Kürze im Molekularbereich, von längerer Dauer bei Lebensabschnitten. Diese bilden ein harmonisches, durch einen Nukleus über der Sehnervenkreuzung hergestelltes Miteinander. Darüber hinaus ist die Synchronisation dieser inneren circadianen Uhr mit den außenweltlichen Z.-Gebern wie Hell und Dunkel, dem Wechsel der Temperatur, der Nährstoffe usw. notwendig, wobei eine gewisse Elastizität dem Menschen Reisen über Z.-Zonen und die Verarbeitung des Jetlag gestattet, ebenso Schicht- und Nachtarbeit.

Da diese Z.-Vorstellung auch für die griechische Antike konstitutiv war, für Platon und Aristoteles, findet sich ihre philosophische Analyse z. B. in Platons „Timaios" und „Parmenides", wo die Z. als „das bewegte ewige Abbild des im Einen verharrenden Ewigen" (Tim. 37d) beschrieben wird. Die Begriffe des Früher-, Später und Gleichzeitigseins, die wegen ihrer Relationalität gewöhnlich unterschieden werden: das Frühere ist stets ein Früheres als das Spätere und umgekehrt, fallen hier wegen der Alleinheit des Kosmos zusammen, so dass es zu einer in sich stehenden Bewegung kommt, bei der die temporalen Differenzen koinzidieren.

Eschatologische Z.: Eine aus der jüdisch-christlichen ↑Religion resultierende Z.-Vorstellung ist die eschatologische, die auf ein Telos (Endstadium) gerichtet ist. Sie geht auf die Vorstellung eines Schöpfungsaktes Gottes zurück, der die Z. und mit ihr die Welt erschuf und erhält, solange die Schöpfung dauert. Die Frage, was vorher war und was nachher sein wird, wäre absurd, da dies eine Linear-Z. voraussetzte, die hier nicht existiert. Die Juden (↑ Judentum) verbieten daher eine solche Frage.

Ein Unterschied zwischen jüdischer und christlicher Auffassung besteht im Verständnis des epochalen Endes, des Heilsgeschehens, das die Christen im Christusgeschehen (↑Christentum) sehen, die Juden ans Ende aller Z.en verlegen. Die Diskrepanz zwischen theologischer Z.-Interpretation und historischer, die faktisch weitergeht, lösen Oscar Cullmann und, ihm folgend, Karl Löwith durch den Vergleich mit dem *victory day* im Krieg, in dem die Entscheidungsschlacht längst geschlagen ist, wenngleich die letzten Scharmützel noch weitergehen. Die Z. vor dem Christusgeschehen wird als Propädeutik und Prophetie interpretiert, die folgende als endgültige Realisierung des Gottesreiches (↑Reich Gottes). Diese Z.-Vorstellung beherrschte v. a. das gläubige Mittelalter.

Labyrinth-Z.: In der Gegenwart viel diskutiert wird die sog.e Labyrinth-Z., die ihren Ursprung der Quantentheorie, deren Schwierigkeiten und Lösungsversuchen verdankt. Die Quantentheorie versucht, im Grunde Unvereinbares zu vereinen: unbegrenzte Feld- und begrenzte Quantenstruktur der kleinsten Bausteine unserer Welt. Die von Hugh Everett vorgeschlagene Lösung über eine Mehrweltentheorie rekurriert darauf, dass unsere Welt ein unreduziertes Wellenpaket ist, das sich bei Messung für den jeweils Messenden auf ein einziges Resultat einschränkt. Nur ein Supertheoretiker (vom Status Gottes) könnte alle Messresultate gleichzeitig überblicken, während der normale Beobachter von den übrigen Messresultaten nichts weiß. Für ihn beschränkt sich die Welt auf den Zweig der Wellenfunktion, der ihm zugänglich ist. Der argentinische Romancier Jorge Luis Borges hat in seiner Novelle „Der Garten der Pfade, die sich verzweigen" (1941) hierfür das Bild eines Labyrinths gefunden, das nicht so sehr ein räumliches als vielmehr ein zeitliches Symbol ist, das Symbol einer sich verästelnden Z., bei der jeder Pfad Ausgang weiterer Verzeigungen ist. Der Widerspruch zwischen realer Linear-Z. und fiktiver Labyrinth-Z. löst sich dahingehend, dass der Mensch in beiden lebt, bewusst in der realen Z., unbewusst in der Labyrinth-Z. (daher Mehrweltentheorie).

Literatur

K. Gloy: Zeit in der Kunst, 2017 • R. Elberfeld: Phänomenologie der Zeit im Buddhismus, [2]2010 • K. Gloy: Philosophiegeschichte der Zeit, 2008 • W. Zimmerli/M. Sanbothe (Hg.): Klassiker der modernen Zeitphilosophie, [2]2007 • K. Gloy: Zeit. Eine Morphologie, 2006 • Dies.: Zeit, in: TRE, Bd. 36, 2004, 504–516 • W. R. Baier/F. M. Wuketits: Zeit-Zauber, 2001 • R. Kather: Über die Zeit, in: F. A. Brockhaus (Hg.): Brockhaus Enzyklopädie, Bd. 6, [20]2000, 14–47 • K. Gloy: Zeit und Zahl, in: U. Fink/A. Schindler (Hg.): Zeitstruktur und Apokalyptik, 1999, 19–39 • G. Dux: Die Zeit in der Geschichte, [2]1998 • F. Reheis: Die Kreativität der Langsamkeit, [2]1998 • M. Held/K. A. Geißler (Hg.): Von Rhythmen und Eigenzeiten, 1995 • H. M. Baumgartner (Hg.): Zeitbegriffe und Zeiterfahrung, 1994 • Ders. (Hg.): Das Rätsel der Zeit, 1993 • P. Burger: Die Einheit der Zeit und die Vielheit der Zeiten, 1993 • K. Gloy: Hegels Geschichtsphilosophie im Vergleich mit anderen Geschichtskonzeptionen, in: DZP 39/1 (1991), 1–11 • M. Frank: Zeitbewußtsein, 1990 • F. Nietzsche: Nachgelassene Fragmente Anfang 1880 bis Sommer 1882, in: KSA Bd. 9, 1988 • I. Prigogine: Vom Sein zum Werden, [5]1988 • O. Marquard: Temporale Positionalität, in: R. Herzog/R. Koselleck (Hg.): Poetik und Hermeneutik, Bd. 12, 1987, 343–352 • E. Ströker: Geschichte und ihre Zeit, in: dies. (Hg.): Phänomenologische Studien, 1987, 187–215 • H. Blumenberg: Lebenszeit und Weltzeit, 1986 • E. Rudolph: Zeit und Gott bei Aristoteles, 1986 • Ders.: Einheit und Differenz. Anm. zu Augustins Zeitauffassung im XI. Buch der ‚Confessiones', in: K. Gloy/ders. (Hg.): Einheit als Grundfrage der Philosophie, 1985, 102–119 • C. F. von Weizsäcker: Aufbau der Physik, 1985 • M. Heidegger: Sein und Zeit, [5]1984 • K. Hübner: Über verschiedene Zeitbegriffe in Alltag, Physik und Mythos, in: W. Korff (Hg.): Redliches Denken, 1981, 20–30 • K. Düsing: Objektive und subjektive Zeit, in: KantSt 71/1–4 (1980), 1–34 • H. Niedermüller: Zeit und Rhythmus in Biologie und Medizin, in: Naturwissenschaftliche Rundschau 11/33 (1980), 458–465 • R. Koselleck: Vergangene Zukunft, 1979 • W. Jaeschke: Die Suche nach den eschatologischen Wurzeln der Geschichtsphilosophie, 1976 • G. Böhme: Zeit und Zahl, 1974 • H. Everett: The Theory of the Universal Wave Function, in: B. de Witt/N. Graham (Hg.): The Many Worlds Interpretation of Quantum Mechanics, 1973, 1–140 • B. Hoffmann: Albert Einstein, 1972 • I. Newton: Optics, in: ders.: Opera quae exstant omnia, Bd. 4, 1969, 1–264 • W. Beierwaltes: Exaifnes oder: Die Paradoxie des Augenblicks, in: PhJ 74 (1966/67), 271–283 • G. Böhme: Über die Zeitmodi, 1966 • E. Husserl: Phänomenologie des inneren Zeitbewußtseins, 1966 • R. W. Meyer (Hg.): Das Zeitproblem im 20. Jahrhundert, 1964 • H. Schmitz: System der Philosophie, Bd. 1, 1964 • K. Löwith: Weltgeschichte und Heilsgeschehen, [4]1961 • O. Cullmann: Christus und die Zeit, 1946 • J. L. Borges: Der Garten der Pfade, die sich verzweigen, 1941 • A. Hoche: Langeweile, in: Psychologische Forschung 3/1 (1923), 258–271 • H. Bergson: Zeit und Freiheit, 1911. KAREN GLOY

Zeitgeschichte

1. Das Wort und die Sache

Als Sonderbezeichnung für die jüngste Vergangenheit wurde das in der Barockdichtung entstandene Wort Z. erst im 19. Jh. gebräuchlich. Dabei bewahrte es die doppelte Bedeutung von Geschichte (↑Geschichte, Geschichtsphilosophie) als vergangenes Geschehen *(res gestae)* und dessen Darstellung *(historia)*. Anders als die Entsprechungen im französischen und englischen Sprachraum *(histoire contemporaine, contemporary history)* fehlt im deutschen Kompositum Z. der ausdrückliche Bezug auf die Zeitgenossenschaft. Die Sache selbst ist so alt wie die Geschichtsschreibung: Herodot war großenteils, Thukydides gänzlich „Zeithistoriker". Bis ins 18. Jh. hinein blieb *historia sui temporis* die überwiegende Form des Geschichtsdenkens, sofern die Weltgeschichte nicht im Spiegel christlicher Heilsgeschichte betrachtet wurde. Als sich im Historismus des 19. Jh. die moderne ↑Geschichtswissenschaft herausbildete, rückte Z. jedoch an den Rand der Fachhistorie. Die jüngste Vergangenheit galt wegen fehlender Distanz und archivalischer Sperrfristen nicht als vollauf wissenschaftswürdig. Der Terminus Z. verbreitete sich daher stärker im Journalismus und in der Tagesschriftstellerei. Die Verankerung der Z. als historische Teildisziplin datiert in Deutschland wie auch in anderen europäischen Ländern erst auf die Zeit nach dem Zweiten Weltkrieg.

2. Teildisziplin der Geschichtswissenschaft

Wichtige Impulse gab das 1949/50 als gemeinsame Einrichtung des Bundes und der Länder gegründete Münchner *Institut für Zeitgeschichte* (bis 1952 unter dem Namen *Institut zur Erforschung der nationalsozialistischen Zeit*), das mit den „Vierteljahrsheften für Zeitgeschichte" eine auch international beachtete Fachzeitschrift herausgab. Als Antwort auf antisemitische Vorfälle (↑Antisemitismus) um 1960 richteten westdeutsche Universitäten vermehrt Lehrstühle für Z. ein. Der starke Ausbau des Hochschulwesens förderte eine Institutionalisierungswelle, mit der sich die zeitgeschichtliche Forschung fest im Kanon der historischen Wissenschaften etablierte. Nach der deutschen Einigung entstand mit dem *Zentrum für Zeithistorische Forschung* in Potsdam (1996) ein weiteres außeruniversitäres Großinstitut. Wie in der Bundesrepublik lässt sich auch in anderen Ländern ein Aufstieg der Z. zur „Hauptachse der Nationalhistoriographie" (Raphael 2003: 248) beobachten. In der zunehmend vernetzten Welt verstärkte sich jedoch auch der Trend zur Internationalisierung der Fachkommunikation und der Forschungspraxis. Dafür bietet die Holocaust-Forschung ein hervorstechendes Beispiel.

Gegen den Einwand mangelnder Distanz machte die Teildisziplin Z. geltend, dass weniger der zeitliche Abstand als vielmehr die wissenschaftliche Methodik (u. a. Quellenkritik, Überprüfbarkeit, Standpunktreflexion, Forschung als Prozess mit wechselseitiger Kontrolle) hinreichende Distanz schafft. Das Hemmnis staatlicher Aktensperrfristen verlor nicht nur dadurch an Bedeutung, dass bereits kurz nach dem Ende des NS-Regimes (wie später auch nach dem Ende der DDR) große Massen staatlicher Akten zugänglich wurden. Vielmehr ist der reiche Zustrom anderer, je nach Fragestellung sogar wichtigerer Quellenarten (Massenmedien, sozialstatistische Daten, Meinungsumfragen usw.) prinzipiell hervorzuheben. Zu den Vorzügen der Teildisziplin Z. gehört somit auch die Möglichkeit des Brückenschlags zu den gegenwartsnah arbeitenden ↑Sozialwissenschaften. Deren Ergebnisse und Theorien können wichtige Hilfsmittel sein; die Konstitutionsbedingungen und zeitgenössischen Wirkungen ihrer Wissensproduktion werden jedoch auch ihrerseits zum Gegenstand zeithistorischer Analyse. Zwischen Geschichts- und Rechtswissenschaft spielt die „Juristische Zeitgeschichte" (Stolleis 1993) eine vermittelnde Rolle.

Zu den Besonderheiten der Teildisziplin Z. gehört Zeitgenossenschaft im doppelten Sinne: Zum einen verfügt sie mit der Möglichkeit der Zeitzeugenbefragung über eine Quellengattung eigener Art, gegen deren naive Nutzung sich die Methodologie der *Oral History* herausgebildet hat. Zum anderen haben Zeithistoriker die untersuchte Zeit in Teilen auch selbst erlebt. Dies kann Befangenheit bewirken, aber auch von heuristischem Vorteil sein. Eine weitere Besonderheit liegt in der „Unabgeschlossenheit" der gegenwartsnahen Vergangenheit, deren historischer Ort noch nicht im Licht langfristiger Folgen erkannt werden kann. Daher wird dafür plädiert, von der weiter gefassten Z. eine „Gegenwartsgeschichte" abzuheben, in der zeitgenössische Handlungsnormen und historische Deutungsmaßstäbe noch nicht auseinandergetreten sind, so dass die Einordnung

„beständig zäsurensuchender Reorganisation unterliegt" (Sabrow 2012: 16).

3. Zeitliche Grenzen

An die Erfahrung historischer Umbrüche gebunden, weist die Abgrenzung von Z. nationale Unterschiede auf. In den USA wird die jüngste Vergangenheit zumeist ohne kategoriale Scheidung der *Modern History* zugerechnet, was auf die Dominanz von Kontinuitätsvorstellungen verweist. In Großbritannien überwiegt ein pragmatisches Verständnis, wonach *Contemporary History* sich auf das 20. Jh. bezieht oder auf „post-1945" begrenzt ist; in früheren Sichtweisen hatten 1832 (Parlamentsreform) oder 1890 (u. a. „neuer Imperialismus") den Beginn markiert. Im kollektiven Gedächtnis Frankreichs ist die Revolution von 1789 so präsent, dass *Histoire contemporaine* an dieser Epochenzäsur (↑Epoche) festhält. Für die jüngste Vergangenheit bürgerte sich seit den 1970er Jahren der Anschlussbegriff *Histoire du temps présent* ein. In der DDR bezog sich der Terminus Z. auf die Zeit nach 1945, war im Rahmen der marxistisch-leninistischen Geschichtsdoktrin jedoch wenig gebräuchlich.

Akademische Debatten um eine Profilierung der Z. wurden in der BRD bes. nachdrücklich geführt. Denn hier musste die zeitgeschichtliche Forschung ihren Status mühsamer gegen die Erben des Historismus erkämpfen als andernorts. Zudem beanspruchte und erlangte sie in der Auseinandersetzung mit dem nationalsozialistischen Zivilisationsbruch eine hervorgehobene Rolle bei der Fundierung der zweiten deutschen Demokratie. Einflussreich war ein programmatischer Aufsatz von Hans Rothfels, der die Z. als „Epoche der Mitlebenden und ihre wissenschaftliche Behandlung" (Rothfels 1953: 2) definierte. Dabei fixierte er die Zeit von 1917/18 (russische Revolution und weltpolitischer Eintritt der USA) bis 1945 als die Epoche der seinerzeit Mitlebenden und rückte im Hinblick auf die deutsche Geschichte die Weimarer Republik und das NS-Regime in den Mittelpunkt. Diese Zeitspanne bildete lange den Kernbereich der westdeutschen Z.s-Forschung – mit der Nebenfolge, dass sich kaum ein Zeithistoriker an der großen „Fischer-Kontroverse" (ab 1961) über Deutschlands Schuldanteil am Ersten Weltkrieg beteiligte. In den 1980er Jahren setzte die auf Archivquellen gestützte (zuvor großenteils von Politikwissenschaftlern betriebene) Erforschung der Zeit nach 1945 ein, so dass sich die Unterscheidung zwischen „älterer" und „neuerer" Z. einbürgerte. Es folgte der Vorschlag, mit der weltpolitischen Epochenzäsur 1989/90 die „neueste" Z. beginnen zu lassen.

In einer Gegenbewegung zu solchen Einteilungen wie auch zum Voranschreiten der Forschungspraxis in Dekaden (die 50er, 60er, 70er Jahre usw.) treten neuerdings übergreifende Sichtweisen nach vorn, die das 20. Jh. als Ganzes in den Blick nehmen. Damit geht die Tendenz einher, die Zeit der Z. je nach dem Gegenstand, um den es geht, variabel auszudehnen, auch sehr langfristig, wenn es sich um Basisprozesse handelt, z. B. die „Verwissenschaftlichung des Sozialen" (Raphael 1996). Dabei leitet der Grundsatz, „dass es Problembezüge sind, welche die Zeithorizonte bestimmen und nicht umgekehrt" (Doering-Manteuffel/Raphael 2016: 10). Dies erinnert an eine Erwägung von Geoffrey Barraclough, wonach „Contemporary history begins when the problems which are actual in the world today first take visible shape" (Barraclough 1964: 12). Die methodische Herausforderung liegt dann darin, bei aller Pluralität der zeitlichen Rückbezüge das verbindend Gemeinsame einer historischen Periode zu entdecken. Insgesamt zeigt der Diskurs über den zeitlichen Rahmen der Z. ein Spannungsfeld zwischen zwei Grundpositionen, deren eine auf die fließende Grenze der Zeit der Mitlebenden abhebt, während die andere problembezogene Abgrenzungskriterien bevorzugt.

4. Schwerpunkte und neuere Perspektiven der Zeitgeschichtsforschung

Bei der Erforschung der Geschichte der Weimarer Republik und der NS-Zeit, später auch der Bonner Republik, dominierte lange der Blick auf Politik und Staat. In den späten 1970er Jahren traten sozialhistorische Ansätze (↑Sozial- und Wirtschaftsgeschichte) hinzu, in den 1980ern auch Fragen der Alltags- und Erfahrungsgeschichte, die dazu beitrugen, Zusammenhänge zwischen den Epochen vor und nach 1945 zu erkennen. Zeitweilig sehr einflussreich war die inzwischen vielfach relativierte Sonderweg-These, mit der Vertreter der „Historischen Sozialwissenschaft" in den 1970er und 1980er Jahren auf dem Feld der Z. Fuß fassten: Von Modernisierungstheorien angelsächsischer Prägung angeregt und auf die Annahme eines westlichen Normalmodells von Modernisierung gestützt, erklärten sie den deutschen Weg vom Kaiserreich bis 1933 mit gesellschaftlicher und politischer Rückständigkeit.

Die Aufarbeitung der NS-Zeit war und ist ein Großthema der Z.s-Forschung. Lag der Akzent zunächst auf dem Scheitern der Demokratie, der NS-Machteroberung und Herrschaftsstabilisierung, so rückte später die Radikalisierungsdynamik und Vernichtungspolitik im Krieg in den Mittelpunkt. Anders als die anfangs weithin dominierende Totalitarismustheorie (↑Totalitarismus) betonen neuere Forschungen stärker die Bedeutung gesellschaftlicher Selbstmobilisierung mit enger Verflechtung von ↑Herrschaft und ↑Gesellschaft. Der 1986 entbrannte „Historikerstreit" war ein politischer Streit um die deutsche Identität nach dem Holocaust, während die empirische Erforschung der Massenverbrechen (v. a. in den besetzten Ostgebieten) erst in den 1990er Jahren an Intensität gewann. Neben fachinternen Entwicklungen ist ein Boom von Auftragsforschungen hervorzuheben: Firmen und Banken ließen ihre NS-Vergangenheit nach 1990 im Zuge von Entschädigungsdebatten untersuchen; seit 2005 berief eine rasch wachsende Zahl von Ministerien und anderen staatlichen Institutionen Historikerkommissionen zur Erforschung ihrer Geschichte in der NS-Zeit bzw. ihres Umgangs damit nach 1945. In NS-bezogenen Straf- und Rückerstattungsverfahren spielten Zeithistoriker häufig eine Expertenrolle. Im Streit um Rückgabe- bzw. Entschädigungsforderungen der Hohenzollern, der 2019 öffentlich eskalierte, machte sich eine für die Freiheit der Wissenschaft bedenkliche Umkehr bemerkbar: Mehrere Zeithistoriker wurden nun ihrerseits juristisch belangt.

In der bundesdeutschen Geschichte überwog lange die Frage nach Phasen und Formen der Überwindung historischer Erblasten – mit Leitbegriffen wie ↑Modernisierung, ↑Liberalisierung und Westernisierung. Mit der Wende von 1989/90 gewann die deutsch-deutsche Nachkriegsgeschichte ruckartig an Bedeutung, wobei das Untersuchungskonzept einer „asymmetrisch verflochtenen Parallelgeschichte" (Kleßmann 2005: 31) viel Anklang fand. Neuerdings macht sich ein tiefgreifender Perspektivenwechsel bemerkbar: Es geht nicht mehr primär um die Nachgeschichte vergangener, sondern um die Vorgeschichte gegenwärtiger Problemlagen. So führte der Blick auf Umbrüche in Wirtschaft und Gesellschaft seit den 1970er Jahren, verstärkt durch die 2008 einsetzende Wirtschafts- und Finanzkrise, zum konzeptionellen Format der „Problemerzeugungsgeschichte". In Anbetracht der Wucht grenzüberschreitender Basisprozesse (darunter Kommunikationsrevolution, Migration, Finanzkapitalismus, neuerdings die Corona-Krise) macht sich die Forschung vermehrt transnationale, europäische und globale Perspektiven zu eigen. Die ↑Digitalisierung wird nicht nur als Untersuchungsgegenstand, sondern auch als Herausforderung für neue methodische Zugriffe ins Auge gefasst. Obgleich die Z.s-Forschung eher zu den Nachzüglern des *Cultural Turn* zählte, haben kulturhistorische Betrachtungsweisen das thematische und methodische Spektrum in jüngster Zeit bes. stark ausgeweitet. Vielfältige Spezialisierungen haben freilich auch dazu geführt, dass über einen „wechselseitigen Wahrnehmungsverlust" (Bösch/Danyel 2012: 13) auf den Arbeitsfeldern der Zeithistoriker geklagt wird.

5. Im Spannungsfeld der Erinnerungskultur

Die jüngste Vergangenheit steht mehr als andere historische Epochen in einem Spannungsfeld konkurrierender Zugriffe, die zu Deutungskonflikten führen können. Neben die Erinnerungsmilieus von „Mitlebenden" tritt das weite Feld der öffentlichen ↑Erinnerungskultur, das von offizieller ↑Geschichtspolitik (z. B. im Umgang mit Gedenktagen und historischen Orten) über ↑Museen und Gedenkstätten bis zur breitenwirksamen Vermittlung zeithistorischen Wissens in Kino, Fernsehen und anderen Medien reicht. Z. als Wissenschaft unterscheidet sich von diesen Zugangsweisen, die jeweils eigenen Regeln und Routinen folgen. Daher versteht sie sich überwiegend als fachliche Beobachterin und kritisches Korrektiv. Der Leitbegriff *Public History* verstärkt jedoch neuerdings die Bemühungen, akademische und öffentliche Geschichte miteinander zu verschränken.

Literatur

A. Wirsching: „Kaiser ohne Kleider"? Der Nationalstaat und die Globalisierung, in: VfZ 68/4 (2020), 659–685 • A. Doering-Manteuffel/L. Raphael: Nach dem Boom. Neue Einsichten und Erklärungsversuche, in: A. Doering-Manteuffel/L. Raphael/T. Schlemmer (Hg.): Vorgeschichte der Gegenwart. Dimensionen des Strukturbruchs nach dem Boom, 2016, 9–36 • F. Bösch/J. Danyel (Hg.): Zeitgeschichte, 2012 • A. Doering-Manteuffel/L. Raphael: Nach dem Boom. Perspektiven auf die Zeitgeschichte seit 1970, ³2012 • M. Sabrow: Die Zeit der Zeitgeschichte, 2012 • R. Graf/K. C. Priemel: Zeitgeschichte in der Welt der Sozialwissenschaften, in: VfZ 59/4 (2011), 479–508 • K. K. Patel: Zeitgeschichte im digitalen Zeitalter, in: VfZ 59/3 (2011), 331–351 • K. Spohr Readman: Contemporary History in Europe, in: JContH 46/3 (2011), 506–530 • C. Goschler/R. Graf: Europäische Zeitgeschichte seit 1945, 2010 • C. Kleßmann: Die Geschichte der Bundesrepublik und der DDR – Erfolgs- contra Misserfolgsgeschichte?, in: B. Faulenbach/F.-J. Jelich (Hg.): „Asymmetrisch verflochtene Parallelgeschichte?", 2005, 15–31 • G. Metzler: Einführung in das Studium der Zeitgeschichte, 2004 • M. Szöllösi-Janze: Wissensgesellschaft in Deutschland, in: GuG 30/2 (2004), 277–313 • A. Nützenadel/W. Schieder (Hg.): Zeitgeschichte als Problem, 2004 • L. Raphael: Geschichtswissenschaft im Zeitalter der Extreme, 2003 • H. G. Hockerts: Zugänge zur Zeitgeschichte. Primärerfahrung, Erinnerungskultur, Geschichtswissenschaft, in: K. H. Jarausch/M. Sabrow (Hg.): Verletztes Gedächtnis, 2002, 39–73 • H. Möller/U. Wengst (Hg.): 50 Jahre Institut für Zeitgeschichte, 1999 • L. Raphael: Die Verwissenschaftlichung des Sozialen als methodische und konzeptionelle Herausforderung für eine Sozialgeschichte des 20. Jahrhunderts, in: GuG 22/2 (1996), 165–193 • M. Stolleis (Hg.): „Juristische Zeitgeschichte" – Ein neues Fach?, 1993 • G. Barraclough: An Introduction to Contemporary History, 1964 • H. Rothfels: Zeitgeschichte als Aufgabe, in: VfZ 1/1 (1953), 1–8.

Periodica:

ZF, ab 2004 • VfZ, ab 1953.

Online-Nachschlagewerk:

Docupedia-Zeitgeschichte, URL: http://www.docupedia.de (abger.: 28.6.2021).

HANS GÜNTER HOCKERTS

Zeitschrift, Zeitung ↑Presse

Zensur

Der Begriff Z. ist mehrdeutig. Seine juristische Aufbereitung in einem ↑Staatslexikon legt nahe, dass im Fokus die Zulässigkeit der staatlichen Reglementierung des gesprochenen, geschriebenen und gedruckten Wortes steht. In der Tat ist durch Z. zentral die ↑Meinungsfreiheit, analog und digital, tangiert. Betroffen sind Bürger, ↑Verbände, ↑Medien. Der so umrissene Terminus

Z. ist kein verbaler Sympathieträger. Er ist im deutschen Kulturkreis negativ besetzt. Die Reizfigur assoziiert jene lästige Kuratel, die Symptom autoritärer Staaten, wenn nicht gar von ↑Diktaturen ist. Dem Unwerturteil über Z. korrespondiert das durchweg positiv konnotierte Z.-Verbot, das Wesensmerkmal liberaler Staaten ist. Allerdings ist es mit derartigen holzschnittartigen Kontrastbegriffen und den von ihnen ausgelösten Aversionen und Sympathien nicht getan. Anknüpfungspunkt für die juristische Bewertung von Z. und Z.-Verbot in den einzelnen Staatsgebilden sind in erster Linie der konkrete rechtliche Kontext, in den die Materie eingebettet ist, und die staatliche Praxis. Primäres Orientierungsdatum für Deutschland sind die Kommunikationsgrundrechte des GG. Art. 5 Abs. 1 S. 3 konstatiert: Eine Z. findet nicht statt. Die an die Garantie der ↑Meinungsfreiheit und der Medienfreiheiten angeseilte Maxime proklamiert eine prinzipielle Absage an jegliche Z. Die Anschlussfrage ist, ob daraus auf ein ausnahmsloses Z.-Verbot geschlossen werden muss oder ob einzelne staatliche Regulierungen der Freiheitsrechte zulässig, vielleicht sogar geboten sind.

Die dezidierte Ablehnung der Z. durch das ↑GG ist historisch verständlich. Das Verdikt entspricht der spezifischen Grundrechtsorientierung des modernen Verfassungsstaates. Z. impliziert seit jeher Unfreiheit. Die Geschichte der Z. ist unrühmlich. Der Kampf gegen sie war mühselig. Er hat den Prozess der ↑Konstitutionalisierung des Staates begleitet. Noch im 19. Jh. war das Aufkommen von Freiheitsrechten in den ersten Verfassungsurkunden vom Z.-Vorbehalt des Staates begleitet. Die Repressalien der Obrigkeiten gingen seinerzeit mit der Verfolgung von als Demagogen denunzierten Kritikern einher, die ins Exil flüchteten. Opfer waren Georg Büchner, Heinrich Heine und Joseph Görres. Der Versuch der Paulskirchenverfassung des Jahres 1848, die Z. zu ächten, schlug fehl. Erst der ↑WRV von 1919 gelang eine entspr.e Regelung (Art. 118 Abs. 2 WRV), an die das GG 1949 anknüpfen konnte. Freilich handelt es sich bei den früheren Schikanen der Staats-Z. aus heutiger Sicht nicht nur um ein Phänomen fast vergessener biedermeierlicher Zeiten. Die eigentliche deutsche Katastrophe fand später statt. Zum Zivilisationsbruch der NS-Diktatur (↑Nationalsozialismus) gehörte die mit Bücherverbrennungen eingeleitete Z. in diversen Erscheinungsformen (Schriftleitergesetz, Rezensionsverbot). Die kategorische Absage des GG in Art. 5 Abs. 1 S. 3 bestätigt, dass Freiheitsrechte Reaktionen auf historische Gefährdungslagen sind. Einen zusätzlichen Beleg lieferte ab 1989 die deutsche Wiedervereinigung mit der beitrittsbedingten Fortgeltung des GG namentlich in den Grundrechtsgarantien. Das Festhalten auch am Z.-Verbot des Art. 5 Abs. 1 S. 3 war eine Absage an die vormalige lückenlose Staatskontrolle mitsamt der strafbewehrten Z., die beides Instrumente des auch darum implodierten Unrechtsstaates DDR waren. Zugl. handelte es sich 1949 wie 1989 um den Ausdruck der spezifisch demokratischen Komponente des Z.-Verbots. Es gilt das klassische Narrativ des ↑BVerfG, dass die Kommunikationsgrundrechte „für eine freiheitlich-demokratische Grundordnung [...] schlechthin konstituierend" sind (BVerfGE 7,198). Das Demokratieprinzip (↑Demokratie) des GG impliziert den offenen und genehmigungsfreien Prozess der öffentlichen Meinungsbildung. Eine Staats-Z. erscheint von daher widersinnig. Ihr Verbot gehört darum auch zur indisponiblen Verfassungsidentität (Art. 79 Abs. 3 GG).

Die Wortfassung des Art. 5 Abs. 1 S. 3 ist wie manche andere lakonische Aussage im Grundrechtsteil des GG kurz und knapp. V. a.: Der ↑Staat als primärer Adressat des Z.-Verbots wird gar nicht erwähnt. Das verleitet oft zum Trugschluss eines umfassenden Schutzes der Meinungsfreiheit vor jedweder Pression von welcher Seite und durch wessen Maßnahme auch immer. Als Verstoß gegen das Z.-Verbot des GG wird sozusagen alles ausgegeben, was der Meinungsfreiheit schadet. Bei dieser pauschalen Sicht verliert das Z.-Verdikt des GG jede Konsistenz und Effektivität. Es bedarf der Konkretisierung durch zwei Korrektive. Das eine ist die Reduktion des Z.-Verbots auf Z.-Maßnahmen des *Staates*; das zweite ist die Beschränkung auf Akte der *staatlichen Vorzensur*. Die richtige Lesart der Vorschrift ist also: Eine Vorzensur des Staates findet nicht statt.

a) Die Beschränkung auf den Staat als den Autor von Z. entspricht seiner klassischen Position als dem Widersacher der ↑Grundrechte, die auf Abwehr zielen. Dieselbe Dimension eignet dem Z.-Verbot. In Pflicht genommen ist der Staat als Autor von Zensur.

aa) Anders als staatliche Pressionen sind Maßnahmen Privater, auch wenn sie auf eine Z. hinauslaufen (können), prinzipiell kein Thema des Art. 5 Abs. 1 S. 3. Völlig unproblematisch für die Integrität der Meinungsfreiheit ist diese Beschränkung des Z.-Verbots auf Staatseingriffe nicht. Ob neben dem Staat auch ihm wirkungsgleiche private, wirtschaftliche bzw. gesellschaftliche Machtgruppierungen (Konzerne, Medien, Verbände) der Bindung an die Grundrechte unterliegen, war die große Frage schon des letzten Jahrhunderts. Sie hat im Zeitalter von ↑Digitalisierung und ↑Globalisierung nichts an Bedeutung verloren. Spezifische Z.-Aspekte betreffen heute die staatsähnliche Wirkungsmacht zumal supranationaler ↑sozialer Netzwerke (Verbot der Hassrede; Urheberschutz durch Uploadingsperre im Internet).

bb) Im Übrigen liegt die Schlichtung von Grundrechtskonflikten zwischen Privaten außerhalb des Anwendungsbereichs des Z.-Verbots. Zwar reicht das allg.e ↑Persönlichkeitsrecht Privater (Art. 2 Abs. 1 GG i. V. m. Art. 1 GG) so weit, auch auf die Unterlassung rechtsverletzender Meinungsäußerungen von Seiten anderer Privater zu dringen. Sogar ein vorsorgliches gerichtliches Buchverbot ist zulässig. Doch handelt es sich bei dieser Entscheidung eines Gerichts nicht um einen Akt verpönter staatlicher Kunst-Z. Das von Privaten angerufene Gericht wird ausschließlich zur justiziellen Sicherung privater, d. h. nichtstaatlicher Belange tätig. Konsequenz: Wegen Klaus Manns Roman „Mephisto" (1936) durfte unter dem GG (1968) sogar ein gerichtliches Publikationsverbot wegen Verletzung des postmortalen Persönlichkeitsrechts von Gustaf Gründgens ergehen (BVerfGE 30,173).

cc) Auch bei der Aufschlüsselung des Sammelbegriffs Staat, dessen Z. ausgeschlossen sein soll, sind Differenzierungen notwendig. Staat ist nicht jeder öffentlich-rechtliche Funktionsträger. Für die politischen ↑Parteien kommt dies schon deshalb nicht in Frage, weil sie ungeachtet einer gewissen Staatsnähe privatrechtlich formierte Faktoren der gesellschaftlichen Sphäre sind. Konsequenz: Parteiausschlüsse von radikalen Autoren scheitern nicht an Art. 5 Abs. 1 S. 3. Auch die öffentlich-rechtlichen Rundfunkanstalten sind wegen der Staatsfreiheit des Mediums kein Teil der Staatsorganisation. Konsequenz: Die Absetzung einer Sendung durch den Intendanten ist von dessen staatsunabhängiger Programmverantwortung legitimiert. Eine unzulässige Staats-Z. ist das nicht. Noch signifikanter ist die Sonderstellung von Religionsgesellschaften. Sie sind zwar vielfach mit dem rätselhaften Ehrentitel einer K.d.ö.R. ausgestattet (Art. 140 GG i. V. m. Art. 137 Abs. 5 WRV). Sie erfüllen indes keine Staatsaufgaben; sie sind nicht Teil der Staatsorganisation. Konsequenz: Die Verweigerung der Druckerlaubnis für die Schrift eines Kirchenbediensteten durch den vorgesetzten ↑Bischof (sog.es *nihil obstat*, d. h. die Verweigerung des Imprimatur) ist kein Fall einer von Art. 5 Abs. 1 S. 3 untersagten Staats-Z.

b) Nur die staatliche *Vorzensur oder Präventiv-Z.* ist ausgeschlossen. Die Integrität der Meinungsfreiheit für den Bürger wie für Massenmedien hat Vorrang gegenüber allen präventiven Kontrollmaßnahmen des Staates. Das gilt auch dann, wenn die beabsichtigte Meinungskundgabe inhaltlich nicht mit den Schranken des Art. 5 Abs. 2 GG übereinstimmt, also gegen die allg.en Gesetze verstößt. Nachträgliche Kontrollsanktionen des Staates bleiben zulässig. Eine vollständige Freistellung von jeder Bindung genießt der zunächst vom präventiven Z.-Verbot profitierende Akteur also nicht. Die Kommunikationsgrundrechte sind wie jedes andere Freiheitsrecht in die staatliche Rechtsordnung eingebunden. Kein Freiheitsrecht ist schrankenlos. Eine umfassende Sanktionsimmunität der Medien würde gegen die Maxime der privilegienfeindlichen Demokratie des Verfassungsstaates verstoßen.

c) Ob man die nachträgliche („repressive") Überprüfung einer Meinungskundgabe und ihre Beanstandung als „Nachzensur" bezeichnen sollte, ist keine Geschmacksfrage. Der Begriff passt nicht. Mit der willkürlichen Vorgehensweise eines grundrechtsindifferenten Obrigkeitsstaates hat die strikt gesetzlich determinierte nachträgliche Realisierung der Rechtsbindung nichts gemein. Kontrollmaßstab ist schließlich allein die Schrankentrias des Art. 5 Abs. 2 GG (allg.e Gesetze, ↑Jugend- und Ehrenschutz [↑Ehre]): Die Durchsetzung der Schranken unterliegt dem Verhältnismäßigkeitsgrundsatz (↑Verhältnismäßigkeit) und der gerichtlichen Nachprüfung. Die wenig verfassungsästhetische Rede von Nachzensur sollte unterbleiben. Rechtsnachteile entstehen dadurch nicht. Das Verbot der Vorzensur bleibt allemal unangetastet. Es wirkt absolut und ist abwägungsresistent. Diese Direktive des GG gilt unmittelbar. Sie bedarf nicht erst einer Umsetzung durch den einfachen Gesetzgeber.

Literatur

H. Bethge: Art. 5, in: M. Sachs (Hg.): GG, Komm., [8]2019, Rdnr. 129–135d • H. D. Jarass: Art. 5, in: ders./B. Pieroth: GG, [15]2018, 192–251 • C. Grabenwarter: Art. 5, in: T. Maunz/G. Dürig (Hg.): GG, Komm., 2018, Art. 5 GG, 68. Erg.-Lfg., Stand Januar 2013, Rdnr. 115–119 • C. Gucht: Das Zensurverbot im Gefüge der grundrechtlichen Eingriffskautelen, 2000.

HERBERT BETHGE

Zentralasien

1. Begriffsentwicklung

Als „Z." wird eine Region im Zentrum des eurasischen Kontinents bezeichnet, die keine klar umrissenen naturräumlich-geografischen Grenzen aufweist und deren Konturen seit dem Aufkommen des Begriffs im frühen 19. Jh. unterschiedlich weit gefasst wurden. Der Begriff Z. selbst wurde von europäischen Forschungsreisenden und Geografen geprägt und war zunächst an Gegebenheiten der physischen Geografie orientiert. Der Geograf und Chinaforscher Ferdinand Freiherr von Richthofen fasste als Z. die ausgedehnten abflusslosen Räume zwischen dem Hochland von Tibet und dem Altai, zwischen der Wasserscheide im Pamir und im Tienschan sowie dem Chingan-Gebirge. Neben dieser geografischen Bestimmung des als Z. bezeichneten Raumes, der die Mongolei und Teile Südsibiriens sowie Westchinas, nicht aber Transoxanien, d. h. die Oasenkulturen zwischen Amu- und Syrdarja (in der antiken Geografie: Oxus und Jaxartes) einschließt, entwickelte sich seit dem 19. Jh. ein Z.-Begriff, der sich an den historisch-politischen Entwicklungen orientiert. Vor dem Hintergrund der russisch-britischen Rivalität um den Zugang zum Indischen Ozean und die daran geknüpfte Kontrolle des maritimen Handels gewannen die Gebiete östlich des Kaspischen Meeres im 19. Jh. strategische Bedeutung für die Europäer. Im britisch-russischen *Great Game* um Handelsmonopole und politischen Einfluss kam Afghanistan und den im Norden angrenzenden Gebieten Transoxaniens eine Schlüsselrolle als Transitraum zu. Diese Konnotation Z.s als eines Raumes an der Peripherie der umliegenden Reiche, der, selbst ohne feste Grenzen, den Hegemonialmächten als Korridor zur Erschließung weiterer Räume dient, verdichtete sich zu Beginn des 20. Jh. in der *Heartland*-Theorie des britischen Geografen Halford John Mackinder (↑Geopolitik). Dieser fasste den von Russland (später der UdSSR) beherrschten Teil des eurasischen Kontinents als strategischen Angelpunkt für die Herrschaft über den Globus und seine Ressourcen. Diese geopolitische Konzeption lebt als Folie für die Wahrnehmung Z.s bis heute fort und hat im Zusammenhang mit der chinesischen Expansionspolitik an Aktualität gewonnen.

Für die Herausbildung des Z.-Begriffs in seiner heutigen Verwendung ist v.a. die russische Kolonialpolitik (↑Kolonialismus) maßgeblich. Russland hatte seit dem 16. Jh. an seinen südöstlichen Grenzen zwischen dem Kaspischen Meer und dem Altaigebirge eine grob dem 50. Breitengrad folgende Linie von Militärstützpunkten errichtet und brachte im 18. Jh. die in Konföderationen („Horden") organisierten kasachischen Pastoralnomaden des Steppengürtels unter seine Herrschaft. Im Zuge der Erschließung neuer Handelswege dehnte Russland im 19. Jh. sein Einflussgebiet auch auf die stärker zentralisierten Stadtstaaten des transoxanischen Zweistromlandes aus. Zur Bezeichnung dieses Gebiets hatte sich im 19. Jh. der Begriff *Turkestan* etabliert, nach der persischen Bezeichnung für die mehrheitlich von türkischsprechenden Gruppen bewohnten Länder nördlich des Amudarja. Da sich der von ethnisch-linguistischen Kriterien geprägte Begriff *Turkestan* auch auf chinesische Herrschaftsgebiete erstreckte, wurde zwischen West- bzw. Russisch-Turkestan und Ost- bzw. Chinesisch-Turkestan unterschieden. In der administrativen Gliederung der von der russischen Kolonialmacht beanspruchten Territorien wurde der Begriff *Turkestan* bis zur Gründung der UdSSR verwendet, danach jedoch aufgegeben, da er von der politischen Bewegung der Pantürken, die für eine Autonomie Turkestans eintrat, in Anspruch genommen wurde. Stattdessen etablierte sich im russischen Schrifttum die Bezeichnung *Mittelasien*. Sie umfasste die Sowjetrepubliken *Kirgistan, Usbekistan, Turkmenistan* und *Tadschikistan*, die zwischen 1924 und 1929 aus dem vormaligen Generalgouvernement Turkestan hervorgegangen waren. Die Sowjetrepublik *Kasachstan*, die aus Teilen des seit 1882 bestehenden Generalgouvernements der Steppe hervorgegangen war, wurde nicht zu Mittelasien im engeren Sinne gezählt, aber auch nicht zu Z. gerechnet. Unter diesem Begriff wurden vielmehr die Mongolei, Tibet und Westchina (Ost-Turkestan) subsumiert. Im deutschen und französischen Sprachraum wurde diese Begriffsverwendung übernommen und bis zur Auflösung der UdSSR (1991) beibehalten. Die englischsprachige Tradition dagegen übernahm diese Begriffsdifferenzierung nicht, sondern bezog den Begriff Z. auf alle fünf Sowjetrepubliken – eine Konvention, die sich seit 1991 allg. durchgesetzt hat. Die heutige Begriffsverwendung ist somit eine genuin politische, die sich an staatlichen Grenzen als Grundlage für das Konstrukt einer räumlichen Einheit der Region orientiert.

2. Geografische und kulturräumliche Besonderheiten

Z. erstreckt sich über eine Fläche von knapp 4 Mio. km^2, von denen fast zwei Drittel auf Kasachstan entfallen. Gleichzeitig lebt nur rund 1% der Weltbevölkerung in diesem Teil der Welt. Dies liegt maßgeblich an den geografischen Besonderheiten der Region. Z. zählt zu den großen Trockenregionen der Welt, in denen Wasser eine knappe und kostbare Ressource darstellt. Darüber hinaus ist es eine Binnenregion, die keinen Zugang zu den Weltmeeren aufweist und deren Flüsse in Binnenseen münden oder versanden. Das geografische Profil ist durch ausgedehnte aride und semiaride Tiefland- und Gebirgsregionen bestimmt, die als Wärme- oder Kältewüsten mit spärlicher Vegetation nur eingeschränkte Besiedlung erlauben. Der nördliche Teil der Region zählt zum eurasischen Steppengürtel, der sich von Osteuropa über Kasachstan bis in die Mongolei erstreckt und eine geschlossene Grasdecke bildet, die extensive Weidewirtschaft (*Pastoralismus*) ermöglicht. Alpine Weiden finden sich in den niederen und mittleren Lagen der Gebirge und werden für die Fernweidewirtschaft (*Transhumanz*) genutzt. Im südlichen Tiefland dagegen haben sich an den Gebirgsaustritten von Flüssen, die den Hochgebirgsgletschern des Pamir und Tienschan entspringen und zahlreiche kleinere Flüsse speisen, schon früh, d.h. seit dem 3. Jahrtausend v.Chr., Oasenstädte mit künstlicher Bewässerung und intensiver Landwirtschaft entwickelt, die auch den Anbau von Baumwolle einschloss. Die Koexistenz und gegenseitige Durchdringung von städtischer Oasenwirtschaft und Pastoralismus und die oft konflikthafte Interaktion von Nomaden und Sesshaften spielt in der Gegenwart keine Rolle mehr, hat aber die historische Dynamik in Z. wesentlich geprägt. Der transkontinentale Fernhandel, der bis zur Entdeckung des Seeweges nach Indien über die durch Z. führenden Routen der sog.en Seidenstraße und der in Nord-Süd-Richtung verlaufenden „Pelzstraße" führte, war in Z. über komplexe Austauschbeziehungen zwischen den urbanen Zentren der Oasen und den mobilen Viehhirten der Steppenzone organisiert.

Für die Entwicklung Z.s in der Moderne ist eine andere naturräumliche Besonderheit bestimmend: der Reichtum an natürlichen Rohstoffen, v.a. fossilen Brennstoffen sowie Mineralien und Metallen, die seit dem 20. Jh. systematisch ausgebeutet werden. Kasachstan, Usbekistan und Turkmenistan verfügen über rund 4 bzw. 6% der global nachgewiesenen und förderbaren Bestände an Erdöl bzw. Erdgas. Für alle drei Länder ist der Export dieser Rohstoffe heute die wichtigste Einnahmequelle. Darüber hinaus weisen v.a. Usbekistan und Kasachstan bedeutende Gold- und Uranvorkommen auf. Bei der Produktion von Natururan steht Kasachstan weltweit an erster Stelle, Usbekistan ist ebenfalls unter den zehn größten Produzenten des Schwermetalls. Da die Staaten der Region infolge der Binnenlage keinen direkten Zugang zu den Weltmärkten haben, ist der Export der Rohstoffe aufwändig und kostspielig. Die erforderliche Infrastruktur – Pipelines, Überlandstraßen und Schienenwege – wird erst seit Beginn des 21. Jh. mit Hilfe ausländischer Investoren systematisch ausgebaut.

3. Vorkoloniale Geschichte

Bis ins 6. Jh. v. Chr. dominierten in Z. Sprecher indo-iranischer (sogdischer) Idiome. Die ersten städtischen Siedlungen am Südrand der Region gehen auf solche Gruppen zurück, ebenso wie die Domestikation des Pferdes. Diese Kulturleistung hat nicht nur die Herausbildung der großräumig-mobilen Weidewirtschaft als spezialisierter Lebensform ermöglicht, sondern ab dem 1. Jahrtausend v. Chr. auch die Kriegführung revolutioniert. Das Reiterkriegertum und die damit in Zusammenhang stehenden technologischen Innovationen (Waffen und Kampftechniken) stellten bis in die Neuzeit eine Herausforderung für die agrarisch geprägten Reiche an den Rändern Z.s – China, Persien, Russland – dar. Im 8. Jh. leitete die Eroberung Transoxaniens durch die Araber eine Epochenwende ein, indem sie die Grundlage für die Islamisierung der Region legte, der chinesischen Westexpansion für viele Jahrhunderte ein Ende setzte und das Kalifat mit der Hauptstadt Bagdad zum politischen Bezugspunkt der lokalen Eliten machte. In der Folge etablierten sich islamisierte lokale Dynastien im Zweistromland, darunter die Samaniden, deren Verwaltungsgebiet (mit der Hauptstadt Buchara) auch Teile Irans umfasste. Während der bis 999 dauernden Herrschaft der Samaniden und in den folgenden vier Jahrhunderten entwickelte sich das Zweistromland zu einem wirtschaftlichen und kulturellen Zentrum der islamischen Welt, von dem bedeutende Impulse für die Entwicklung des islamischen Rechts (*hanafitische Rechtsschule*), der Philosophie (Avicenna), der Naturwissenschaften (Abū Nasr Muhammad al-Fārābī, Abu r-Raihan Muhammad ibn Ahmad al-Bīrūnī) und der neupersischen Sprache und Literatur ausgingen. Die Weidegebiete des zentralasiatischen Steppengürtels teilten sich türkische Verbände, die im Zuge einer Ost-West-Migration seit dem 10. Jh. in die Region vorgedrungen waren und für die der Zwischenhandel, über den der Warenverkehr quer durch den eurasischen Kontinent organisiert war, eine bedeutende ökonomische Ressource bildete.

Die mongolische Eroberung im 13. Jh. integrierte Z. in ein Landimperium, das während seiner größten Ausdehnung in der ersten Hälfte des 13. Jh. von China bis nach Osteuropa und von Anatolien bis zum Indus reichte. Die *Pax Mongolica* etablierte nicht nur ein neues Militär-, Verwaltungs- und Rechtssystem, sondern ermöglichte erstmals auch direkte Kontakte zwischen Europa und dem Fernen Osten. In den nach dem Tod des Reichsgründers (Dschingis Khan) von dessen Nachkommen regierten Herrschaftsbereichen differenzierten sich jene politischen Entitäten aus, die für die Usbeken und Kasachen der Gegenwart namengebend wurden. Ein weiteres Mal wurden diese Herrschaftsgebiete im ausgehenden 14. Jh. unter dem turko-mongolischen Warlord Timur (Tamerlan) zu einem Imperium zusammengeführt. Samarkand, die Kapitale des Timuridenreichs und andere Städte im heutigen Usbekistan waren architektonisch bis in die Gegenwart von dieser Epoche geprägt. Unter Timur und seinen Nachfolgern gewann darüber hinaus der *Sufismus* in Z. an Bedeutung, der eine wichtige Rolle bei der Islamisierung der nördlichen Steppengebiete spielte. Die Herrschaft in Transoxanien übernahmen am Ende des 15. Jh. die Usbeken *(Özbek)* und andere aus der mongolischen Aristokratie hervorgegangene Dynastien. Im Steppengürtel dominierten die mobilen Stammesverbände der Kasachen, die sich nur temporär zu zentralisierten militärisch-politischen Einheiten *(Khanaten)* zusammenschlossen und deren Weidegebiete sich im Südosten mit denen der Kirgisen überlappten.

4. Russische und sowjetische Herrschaft

Die russische Eroberung Z.s ab dem 18. Jh. bedeutete nach der arabischen Eroberung die zweite große historische Zäsur. In der Folge etablierte sich nicht nur die russische Sprache als *lingua franca* in Z.; die russische Kolonisation, v. a. aber die Integration Z.s in die UdSSR beeinflusste Z.s Kultur nachhaltig und legte den Grundstein für die heutige politische Gliederung der Region und die Herausbildung der modernen Nationalstaaten.

4.1 Zaristische Politik

Die russische Kolonisation begann mit der Eroberung der Steppe und ihrer Eingliederung in die zaristische Territorialverwaltung. Auch Transoxanien („Turkestan") wurde sukzessive Teil des russischen Herrschaftsbereichs, der Ende des 19. Jh. bis an die Grenze Afghanistans reichte. Anders als die Steppengebiete, die direkt der Befehlsgewalt russischer Militärbeamter (Generalgouverneure) unterstellt wurden, blieben die zentral regierten Oasenstaaten (Khanate, Emirate) des Zweistromlandes nominell unabhängig, wurden aber de facto zu russischen Protektoraten. Die zaristische Macht verfolgte in Z. vorwiegend ökonomische Interessen. Zum einen ging es darum, die handels- und militärstrategisch wichtige Region für den russischen Markt zu erschließen, zum anderen um die Nutzung Z.s als Lieferant von Baumwolle, deren Kultivierung ab dem ausgehenden 19. Jh. durch die Einführung für die industrielle Produktion geeigneter amerikanischer Sorten systematisch ausgeweitet wurde. Rohbaumwolle aus Z. versorgte die russische Textilindustrie zu Beginn des ersten Weltkrieges mit der Hälfte des Gesamtbedarfes. Der Transport des Rohstoffs nach Russland wurde durch den Ausbau des Eisenbahnnetzes ermöglicht, das Ende des 19. Jh. Taschkent und das *Ferganatal* einschloss und zur Gründung industrieller Betriebe führte. Die Expansion der Baumwollwirtschaft und die damit einhergehende Integration Z.s in die imperiale Ökonomie des

Russischen Reiches veränderten das Wirtschaftsleben in Z. nachhaltig. Sie führten in den Oasen des Ferganatals zu einer Verdrängung des Getreideanbaus und zu einer Abhängigkeit von russischen Importen. Der massenhafte, von St. Petersburg ermutigte Zustrom russischer Siedler und (während des Ersten Weltkriegs) von Kriegsflüchtlingen zog die Erschließung immer neuer Anbaugebiete durch den Ausbau der künstlichen Bewässerung und die Enteignung von Land und Weidegründen nach sich. Dies führte zu sozialen Konflikten mit den Einheimischen und wiederholten Revolten gegen die zaristischen Machthaber, die sich häuften, als Russland begann, die Bevölkerung der Kolonien zum Erhalt kriegsnotwendiger Infrastruktur heranzuziehen. V. a. das Jahr 1916 war von Gewalt geprägt, die zu einem Exodus Hunderttausender Zentralasiaten nach Afghanistan, Persien und China führte.

4.2 Sowjetische Herrschaft

Nachdem im Oktober 1917 die Bolschewiki in Taschkent die Macht übernommen hatten, riefen muslimische Reformer im Ferganatal eine *Provisorische Regierung des Autonomen Turkestan* aus, die jedoch schon im Frühjahr 1918 von der Roten Armee niedergeschlagen wurde. In den Folgejahren festigten die Bolschewiki ihre Herrschaft in Z. durch die systematische Einbindung lokaler Kader in die Verwaltungsstrukturen *(Indigenisierung)* und die Nutzung nationalistischer Rhetorik zur Mobilisierung der Bevölkerung für die Politik der neuen Machthaber. Die administrative Neugliederung der Region nach linguistischen und (vielfach konstruierten) ethnischen Gesichtspunkten mündete zwischen 1924 und 1929 in die Gründung der fünf zentralasiatischen Sowjetrepubliken, deren territoriale Delimitation weitgehend den heutigen Grenzen entspricht.

Die Etablierung der Sowjetmacht und die damit einhergehende ↑Modernisierung und ökonomische Erschließung des zentralasiatischen Hinterlands waren von ↑Terror und Chaos überschattet. Die Einführung der neuen Ordnung begann 1926 mit der Zerschlagung der traditionellen Bildungsstrukturen. Die höheren islamischen Lehranstalten (*Medressen*) wurden geschlossen, Moscheen zerstört oder umfunktioniert, das religiöse Personal in die Verbannung geschickt oder ermordet und damit eine jahrhundertealte Tradition der Erzeugung und Weitergabe von Wissen zerstört. Stattdessen wurden ein säkulares Schulwesen nach russischem Vorbild aufgebaut und (in den 1930ern) angepasste kyrillische Alphabete für die zuvor in persischen Lettern geschriebenen und im Zuge der Indigenisierung zu Nationalsprachen erhobenen Idiome Z.s eingeführt. Einen zentralen Angriffspunkt der Kulturrevolution bildeten gewohnheitsrechtlich verankerte Praktiken wie Zwangsverheiratung und Polygamie sowie die traditionelle Geschlechtertrennung und die daran geknüpfte weibliche Körperverhüllung. Um die religiösen und traditionalen Bindungen durch das Bekenntnis zur Ideologie der KPdSU zu ersetzen, wurden wie überall in der UdSSR die Künste (v. a. das Theater), neuartige Rituale und nicht zuletzt die Wissenschaften genutzt. Auch Städteplanung und Architektur dienten als Mittel der Formung eines neuen Typs von Gesellschaft. Dadurch veränderten sich die Städte Z.s nachhaltig. Dennoch gelang es nicht, die neue ↑Ideologie vollständig in Z. zu verankern. Zum einen beruhte die Politik der Indigenisierung auf klar definierten nationalen ↑Identitäten, die im Zuge der Konstruktion von Nationalhistorien, Nationalsprachen und Nationalkulturen geschaffen wurden und die die Konservierung vorsowjetischer kultureller ↑Traditionen begünstigten; zum anderen wurde während des Zweiten Weltkrieges die Religionspolitik modifiziert und mit der Einrichtung einer *Geistlichen Verwaltung der Muslime in Zentralasien und Kasachstan* eine Struktur geschaffen, die religiöse Aktivität in einem kontrollierten Rahmen ermöglichte. Muslimische Ritualpraxis und damit verbundene Verhaltensnormen wurden so in den privaten Raum abgedrängt, jedoch ihres intellektuellen Fundaments weitgehend beraubt.

Als „rückständig" galt auch der Nomadismus, dessen Mobilität die Grundlagen moderner Staatlichkeit infrage stellt. Die Kollektivierung der Landwirtschaft, die eine rasche Industrialisierung ermöglichen und die dafür nötigen Ressourcen bereitstellen sollte, und die damit verbundene Sesshaftmachung der kirgisischen und kasachischen Nomaden führten unter letzteren Ende 1932/33 zu einer Hungersnot sowie zu einer neuerlichen Fluchtbewegung nach China. Die Kasachen wurden in diesen Jahren um etwa die Hälfte auf rund zwei Mio. Menschen dezimiert und das Titularvolk zu einer Minderheit in der Republik, der Massendeportationen und Zwangsumsiedlungen (u. a. der Wolgadeutschen) während des Zweiten Weltkriegs ein multiethnisches Gepräge verliehen. Nach dem Krieg begann man die kasachische Steppe im Zuge der Neulandgewinnung für den Getreideanbau und zur Gewinnung energiewirtschaftlicher Rohstoffe (u. a. Erdöl, Steinkohle) zu erschließen und zu industrialisieren. In den südlichen Republiken (Usbekistan, Tadschikistan, Turkmenistan) setzten die Sowjets auf die Ausweitung der künstlichen Bewässerung zur maximalen Ausweitung des Baumwollanbaus. Der Bau von großangelegten Bewässerungsprojekten (Kanäle, Staudämme), der von wiederkehrenden Politikwechseln begleitet war, ermöglichte schließlich die industrielle Produktion von Baumwolle, die im Wesentlichen auf Zwangsarbeit beruhte. Die in immer ausgedehnteren Monokulturen angebaute *cash crop* wurde nicht vor Ort verarbeitet, sondern in den europäischen Teil der UdSSR exportiert. Die südlichen Republiken blieben daher agrarisch geprägt. Im Austausch für die Lieferung von Rohstoffen unterstützte Moskau die Republiken Z.s durch Subventionen und Steuererleichterungen. Vor Ort wurden die Ressourcenströme durch informelle Netzwerke innerhalb des Staats- und Parteiapparats kontrolliert, die dadurch stabile Machtstrukturen aufbauen konnten. Dies gilt bes. für die Zeit nach 1960. Die unter Nikita Sergejewitsch Chruschtschow in Z. eingesetzten Parteichefs behielten ihre Ämter bis in die Ära Michail Sergejewitsch Gorbatschows, dessen Antikorruptionskampagnen im Zuge der *Perestroika* in Z. nationalistischen Stimmungen (↑Nationalismus) Auftrieb gaben.

5. Zentralasien seit 1991

5.1 Politik

Als sich nach dem gescheiterten Putsch gegen M. S. Gorbatschow im August 1991 das Ende der UdSSR abzeichnete, erklärten die zentralasiatischen Republiken ihre Unabhängigkeit. Noch im selben Jahr wurden in Kirgistan, Kasachstan und Usbekistan, 1992 auch in Turkmenistan, formale Präsidentschaftswahlen durchgeführt, die die bisherigen Parteivorsitzenden bzw. (seit 1990) Präsidenten der Unionsrepubliken im Amt bestätigten. In Tadschikistan, wo in den 1980er Jahren säkulare Intellektuelle und religiös-konservative Kräfte politisch erstarkt waren, mündete der Machtkampf zwischen der nun *Vereinigten Tadschikischen Opposition* und den Postkommunisten in einen ↑Bürgerkrieg, der erst 1997 beendet wurde und auch hier einem Vertreter des ehemaligen kommunistischen Lagers ins Präsidentenamt verhalf. Die in den fünf Republiken zwischen 1992 und 1995 verabschiedeten Verfassungen bekennen sich zu Säkularismus, Rechtsstaatlichkeit (↑Rechtsstaat) und ↑Gewaltenteilung sowie zu Parteienpluralismus und freien ↑Wahlen. Doch räumen sie den Präsidenten umfängliche Kontroll- und Leitungsbefugnisse für alle staatlichen Funktionen ein. Durch diese unumschränkte Machtfülle der zentralen Führungsinstanz wird das Prinzip der Gewaltenteilung *ad absurdum* geführt. Eine unabhängige Gerichtsbarkeit existiert nirgendwo, die Parlamente fungieren als ausführende Organe zur Umsetzung von Vorgaben der Exekutive.

Während sich in Kirgistan und Kasachstan anfänglich parteipolitischer Wettbewerb entfalten konnte, bestanden solche Spielräume in Usbekistan und Turkmenistan nicht. Dort war von Anfang an nur eine Partei zugelassen, in Usbekistan wurden oppositionelle Gruppierungen, darunter auch islamistische Akteure (↑Islamismus), ab 1992 ausgeschaltet und verlagerten ihre Aktivitäten ins Ausland. Dort radikalisierte sich die islamistische Opposition und verübte wiederholt Anschläge in Usbekistan, zuletzt 2004. Allein in Tadschikistan konnte sich infolge des Friedensabkommens von 1997 eine echte Oppositionspartei, die *Partei der Islamischen Wiedergeburt*, bis 2015 legal betätigen. Ab Mitte der 1990er Jahre festigen die amtierenden Präsidenten in den zentralasiatischen Republiken ihre Macht, indem sie Referenden durchführen ließen, die es ihnen ermöglichen, sich beliebig oft zur Wiederwahl zu stellen. Politische Freiheiten wurden immer weiter beschnitten und oppositionelle Kräfte an den Rand gedrängt oder verboten. Auf diese Weise haben sich in ganz Z. konsolidierte autoritäre Systeme herausgebildet, die sich lediglich graduell unterscheiden. Dass die in Usbekistan seit 2016 umgesetzten Reformen eine Trendumkehr einleiten, ist unwahrscheinlich. In Kirgistan wurde die Festigung des Autoritarismus 2005 durch eine Revolte unterbrochen, die zum Sturz des Präsidenten führte; doch setzte dessen Nachfolger den autoritären Kurs mit umso größerer Härte fort. Eine weitere Revolte führte 2010 zu einem neuerlichen Regierungswechsel und zu einer Verfassungsänderung. Als einziges Land in Z. ist Kirgistan seither eine parlamentarische Republik (↑Parlament, Parlamentarismus), in der kompetitive Wahlen durchgeführt werden. Doch auch hier ist der Staatsapparat weitgehend unter der Kontrolle der jeweils regierenden Partei und informeller Netzwerke in deren Umfeld.

5.2 Wirtschaft, Ökologie

Die politischen Ökonomien der Staaten Z.s sind maßgeblich von der Rohstoffausstattung geprägt. In den ressourcenreichen Staaten Kasachstan, Usbekistan und Turkmenistan verdankt sich die Wirtschaftsleistung im Wesentlichen der rohstoffbasierten Produktion und den aus dem Export fossiler und mineralischer sowie landwirtschaftlicher Ressourcen gewonnenen Einkünften. In Kasachstan und Usbekistan kontrollieren oligarchisch strukturierte ↑Eliten die strategischen Sektoren der Wirtschaft, in Turkmenistan (und Tadschikistan) ist es die führende Familie. Wichtigster Abnehmer der Rohstoffe ist mittlerweile China. Chinesische Staatsunternehmen investierten seit der Jahrtausendwende massiv in den Bau von Pipelines, die den heimischen Markt mit Erdöl und Erdgas aus Z. beliefern; in Tadschikistan hat sich China die Schürfrechte im Gold- und Silberbergbau gesichert. Mit Ausnahme Kasachstans und Kirgistans haben die zentralasiatischen Staaten nach dem Zerfall der UdSSR wesentliche Elemente der Planwirtschaft (↑Zentralverwaltungswirtschaft) beibehalten. Auch in Kasachstan, das bereits in den 1990er Jahren zu liberalen Wirtschaftsreformen überging, wurde ausländisches Investitionskapital überwiegend in die Exploration von Erdölfeldern und mineralischen Ressourcen gesteckt. Die Diversifizierung der Wirtschaft wurde dem gegenüber vernachlässigt, so dass die Wirtschaft stark an den Ölpreis gebunden bleibt und entspr. krisenanfällig ist. Usbekistan, das seit 2017 seine ↑Wirtschaftspolitik neu ausrichtet und sich marktwirtschaftlichen Reformen öffnet, sucht mit Hilfe in- und ausländischer Investoren eine diversifizierte Wirtschaftsstruktur aufzubauen und, ebenso wie Kasachstan, den Anteil der industriellen Produktion am Export zu stärken. Die ressourcenarmen Staaten Kirgistan und Tadschikistan sind seit der Auflösung der UdSSR weitgehend von ausländischen Unterstützungsleistungen abhängig: Diese tragen zur staatlichen Stabilisierung bei, bedeuten aber eine enorme Auslandsverschuldung. Der wichtigste Kreditor ist China. In Tadschikistan machten die Auslandsschulden Anfang 2019 fast 40 % des BIP aus, etwa die Hälfte davon schuldet das Land China. Die Erzeugung und der Export von Elektrizität aus Wasserkraft haben allerdings seit der Jahrtausendwende in beiden Ländern zugenommen; die Mittel für die Bereitstellung der dafür nötigen Infrastruktur kommen v. a. von russischen, aber auch von westlichen Gebern sowie Entwicklungsbanken. Mit Ausnahme Kasachstans ist die Wirtschaft in Z. nach wie vor stark agrarisch geprägt. In Usbekistan, Kirgistan und Tadschikistan wird ein hoher Anteil am BIP durch die saisonale Arbeitsmigration (v. a. in Russland) erwirtschaftet; bes. in Tadschikistan besteht eine ausgeprägte Abhängigkeit von den Rücküberweisungen der Gastarbeiter. Große Bedeutung für die wirtschaftliche Modernisierung wird überall der ↑Digitalisierung beigemessen. China ist dabei neben Russland der wichtigste Investor und Kooperationspartner. In Kasachstan, Usbekistan und Kirgistan soll künftig verstärkt in den Ausbau erneuerbarer Energien investiert werden. Zu den Kooperationspartnern zählt dabei auch die ↑EU, die diesen Sektor in den einschlägigen Regionalstrategien stark gewichtet.

Die Entwicklung von *Green Energy* ist für Z. nicht zuletzt vor dem Hintergrund der ökologischen Problematik relevant. Die groß angelegte Erschließung der hydroenergetischen Ressourcen während der Sowjetzeit und die Exploration der fossilen und mineralischen Energieträger, darunter der Kohle- und Uranbergbau, haben enorme Folgeschäden hinterlassen. Die für die großflächige Kultivierung von Baumwolle erforderliche intensive Bewässerung hat v. a. in den südlichen Republiken zur Austrocknung von Flüssen und zur Versalzung von Böden geführt, die zudem durch den Einsatz von Pestiziden und Düngemitteln verseucht wurden. Wasser hat sich dadurch in den ariden Regionen zusätzlich verknappt. Sichtbarste Folge des ökologischen Raubbaus ist die Austrocknung des Aralsees. Maßnahmen zu Rettung des Sees sind bisher an der unzureichenden Kooperation der Anrainer gescheitert.

5.3 Sozialstrukturelle Indikatoren

Die Bevölkerung Z.s ist seit 1991 um fast 25 Mio. auf knapp 74,5 Mio. Einwohner gestiegen, fast die Hälfte davon siedelt in Städten. Bei einem jährlichen Durchschnittswachstum um 1,8 % werden 2050 über 100 Mio. Menschen in Z. leben. Für das Wachstum sind neben der gestiegenen Lebenserwartung hohe Geburtenraten in Tadschikistan und Usbekistan verantwortlich; nur in Kasachstan stagnieren die Zahlen. Rund 30 % der Bevölkerung sind jünger als 15 Jahre, das Durchschnittsalter beträgt 27,6 Jahre. Der Lebensstandard hat, nach einem anfänglichen Einbruch in der ersten Dekade nach der Unabhängigkeit, kontinuierlich zugenommen, v. a. seit 2000 haben sich die Bedingungen, gemessen an den Indikatoren des HDI, stark verbessert. Beim Pro-Kopf-Einkommen liegt Z. aber deutlich hinter Russland und der Ukraine. Ausgeprägte Ungleichheiten bestehen bei der Verteilung des Reichtums und der gesellschaftlichen Teilhabe (↑Partizipation). Mit Ausnahme Kasachstans ist die Arbeitslosigkeit, v. a. unter Jugendlichen, hoch; ein großer Teil der Bevölkerung ist prekär beschäftigt, vielfach als Saisonarbeiter im Ausland. Mit Ausnahme Kasachstans bestehen gravierende Defizite im Bildungswesen, v. a. in Turkmenistan, Tadschikistan und Kirgistan. Das Gesundheitssystem ist überall unterfinanziert, vielfach fehlt es an qualifiziertem Personal.

5.4 Identitätspolitik

Die Verfassungen der Staaten Z.s bekennen sich grundsätzlich zum Prinzip einer staatsbürgerlichen Identifikation. Gleichzeitig ist das historische und kulturelle Selbstverständnis der zentralasiatischen Staaten maßgeblich durch die von den Sowjets vorgenommene Aufteilung der Region in nationale Republiken und die damit einhergehende Kompilation von Nationalgeschichten nach ethno-kulturellen Kriterien geprägt. Historische Persönlichkeiten aus vorsowjetischen Epochen, die auf dem Gebiet der heutigen Nationalstaaten wirkten, wurden zu Gründungs- und Symbolfiguren der modernen Staaten stilisiert, deren Nationalkulturen durch die jeweilige Titularmehrheit repräsentiert sind (die Kasachen haben diesen Status erst 1999 aufgrund der Abwanderung von Russen und Ukrainern seit 1991 und der Rückholung von Kasachen aus China erlangt). Dadurch werden Identitätsbildungen anhand sub-staatlicher, ethnischer und linguistischer Kriterien in den multinational zusammengesetzten Staaten festgeschrieben. Konflikte, etwa um die Nutzung von Land und Wasser, entladen sich deshalb oft in inter-ethnischer Gewalt (↑Ethnische Konflikte), v. a. in den dicht besiedelten Gebieten und Grenzregionen des Ferganatals. Gleichzeitig ist das Verhältnis zur russischen Kolonialzeit und zur sowjetischen Epoche durchwegs ambivalent. Zwar wurden Gedächtnisorte umgewidmet und sowjetische Toponyme durch solche aus der jeweiligen Nationalkultur ersetzt, doch eine kritische Aufarbeitung der russischen und sowjetischen Fremdherrschaft und der an ihrer Ausübung beteiligten und mit ihr identifizierten indigenen Kader ist bisher ausgeblieben.

Eine höchste ambivalente Rolle spielt der ↑*Islam* im Selbstverständnis der zentralasiatischen Staaten, deren Bevölkerungen mehrheitlich sunnitische Muslime sind. Die kulturellen Leistungen muslimischer Gelehrter des Mittelalters gelten als bedeutender Teil des historischen Erbes, doch der gelebte Islam der Gegenwart stellt für die Regierungen in Z. ein Problem dar. Seit 1991 erstarkten überall Akteure, die muslimischen Ordnungs- und Wertvorstellungen stärkere, auch politische Geltung verschaffen wollen. Das Spektrum dieser Akteure reicht von pazifistischen Missionsgesellschaften bis hin zu radikalen, international vernetzten dschihadistischen Gruppen. Gleichzeitig wächst in der Bevölkerung ein Bedürfnis nach religiöser Orientierung. Die staatliche Religionspolitik sucht der Herausforderungen durch gezieltes Monitoring der religiösen Landschaft zu begegnen und einen staatskonformen Islamdiskurs durchzusetzen, ohne jedoch das Feld vollständig kontrollieren zu können.

6. Zentralasien in der internationalen Politik

6.1 USA und Europa

Z. rückte erst nach 1991 in den Fokus der internationalen Politik. Dies war zum einen durch die reichen Rohstoffreserven bedingt, an deren Ausbeutung sich zahlreiche ausländische Konzerne beteiligen. Auch mittelständische Unternehmen aus Europa, den USA und dem Nahen Osten entdeckten Z. als Produktionsstandort und Absatzmarkt. Zum anderen war den Westmächten nach dem Ende der UdSSR daran gelegen, Z. in die euro-atlantische Welt einzubinden und einer demokratischen Entwicklung den Weg zu bereiten. Große Bedeutung kommt dabei der ↑OSZE zu, der die zentralasiatischen Republiken als Nachfolgestaaten der UdSSR seit der Überführung der KSZE in die OSZE im Jahr 1995 ebenfalls angehören. Als wichtigstes Instrument der Demokratieförderung gelten die Wahlbeobachtungen des *Office for Democratic Institutions and Human Rights* der OSZE. Mit Beginn des in Afghanistan geführten Krieges der USA gegen die *al-Qāida* (ab Oktober 2001) rückte Z. auch sicherheitspolitisch ins Blickfeld des Westens. Militärbasen in Kirgistan und Usbekistan waren in die Versorgungslogistik der von der ↑NATO gestellten Unterstützungstruppe ISAF integriert, von strategischer Bedeutung war (und ist) aufgrund seiner langen Grenze mit Afghanistan auch Tadschikistan. Der Bedeutungszuwachs von Z. für Europa mündete 2007 in einer Z.-Strategie der EU (neu aufgelegt 2019), die seit 1999 Partnerschafts- und Kooperationsabkommen mit den Staaten Z.s unterhält. Die Stoßrichtung ist v. a. eine ökonomische, die Abkommen beinhalten aber auch eine politische (Förderung von Rechtsstaatlichkeit und ↑Zivilgesellschaft als Elemente demokratischer Entwicklung) und neuerdings auch eine klimapolitische Dimension (*Green Energy*). Das westliche Engagement kam den Staaten Z.s ökonomisch wie politisch zugute und bestärkte sie in ihrer „multivektoralen" ↑Außenpolitik, die auf eine strategische Balance abzielt, möglichst große Spielräume offenhält und ein breites Spektrum von Partnerschaften ermöglicht.

6.2 Russland und China

Diese außenpolitische Haltung resultiert nicht zuletzt aus der strategischen Bedeutung, die Z. für Russland und China besitzt. Für beide Regionalmächte steht dabei der Zugang zu Rohstoffen, Märkten und Handelswegen im Vordergrund. Russland, das neben China der wichtigste Wirtschaftsakteur in der Region ist, beansprucht seit Wladimir Wladimirowitsch Putins Machtübernahme 2000 eine privilegierte Position in Z. Dies bezieht sich neben der wirtschaftlichen Zusammenarbeit v. a. auf die Militär- und ↑Sicherheitspolitik (Nutzung von Militärbasen in Kirgistan und Tadschikistan), schließt aber auch innenpolitische Aspekte ein, die russische Interessen berühren. Eine bedeutende Funktion kommt dabei den von Russland ins Leben gerufenen Regionalorganisationen zu, die v. a. der Wahrung des russischen Einflusses dienen. Die traditionelle Bedeutung Russlands wird zunehmend durch China infrage gestellt, das seine Beziehungen mit den zentralasiatischen Staaten unter dem konzeptionellen Dach der 2013 ins Leben gerufenen „neuen Seidenstraße" *(Belt and Road Initiative)* erheblich ausgebaut hat. In diesem Konzept fungiert Z. als strategischer Korridor nach Europa und Westasien, aber auch als Absatzmarkt für chinesisches Kapital sowie Waren und Arbeitskräfte. Auch chinesische Investitionen in die digitalen Infrastrukturen und die Implementierung von Überwachungstechnologien aus China festigen die Bindungen zwischen Z. und China, das dort auch politisch zunehmend selbstbewusst auftritt.

6.3 Regionale Zusammenarbeit und Bündnisse

Die regionale Kooperation ist maßgeblich durch die Einbindung in von Russland dominierte multilaterale Formate bestimmt. Während die ↑GUS im Zuge der politischen Fragmentierung des postsowjetischen Raumes an Gestaltungskraft verloren hat, ist die 2002 gegründete *Organisation des Vertrags über Kollektive Sicherheit* (OVKS) weiterhin das wichtigste Format für die militär- und sicherheitspolitische Zusammenarbeit Russlands mit den zentralasiatischen Mitgliedstaaten Kasachstan, Kirgistan und Tadschikistan (sowie Armenien und Weißrussland). Kasachstan und Kirgistan sind (neben Armenien und Weißrussland) auch in die 2015 gegründete ↑EWU eingebunden. Usbekistan, das zeitweise der OVKS angehörte, hat die Organisation 2012 verlassen, ist jedoch der EWU 2020 als Beobachter beigetreten. Turkmenistan, das 1995 seine permanente ↑Neutralität in der Verfassung festgeschrieben hat, gehört keiner dieser Regionalorganisationen an. Im Gegensatz zu seinen zentralasiatischen Nachbarn ist Turkmenistan auch kein Mitglied der SCO (gegr. 1996 bzw. 2001), die den wohl wichtigsten Mechanismus zur Wahrung eines strategischen Gleichgewichts zwischen China und Russland auf dem eurasischen Kontinent darstellt.

Bis vor kurzem war die regionale Zusammenarbeit der Staaten Z.s von ausgeprägten Interessensgegensätzen überschattet. Diese betrafen v. a. umstrittene Grenzverläufe und die Nutzung der Wasserressourcen durch die Ober- und Unterlieger der großen Ströme Amudarja und Syrdarja, die für die Stromerzeugung bzw. Landwirtschaft der einzelnen Staaten von vitaler Relevanz sind. Zudem begünstigten die der Region von externen Akteuren zugeschriebene Relevanz und das damit verbundene monetäre Engagement in Z. unilaterale und konfrontative Politikstile. Anreize zu einer verstärkten regionalen Zusammenarbeit, gar zur Gründung eines genuin zentralasiatischen Kooperationsformats, wurden nicht zuletzt durch die Einbindungspolitik Russlands unterminiert. Mit dem Politikwechsel in Usbekistan 2016 und den von Taschkent ausgehenden außenpolitischen Initiativen ist jedoch ein Prozess in Gang gekommen, der eine problemlösungsorientierte regionale Zusammenarbeit in Z. in den Bereich des Möglichen rückt.

Literatur

A. Schmitz: Die Transformation Usbekistans: SWP-Studie 13 (2020) • M. Russell: The EU's new Central Asia Strategy • P. Sartori: Of Saints, Shrines, and Tractors. Untangling the Meaning of Islam in Soviet Central Asia, in: JIS 30/3 (2019), 367–405 • J. Reeves: China's Silk Road Economic Belt Initiative. Network and Influence Formation in Central Asia, in: JCC 27/112 (2018), 502–518 • C. Teichmann: Macht der Unordnung. Stalins Herrschaft in Zentralasien 1920–1950, 2016 • R. Kindler: Stalins Nomaden. Herrschaft und Hunger in Kasachstan, 2014 • S. N. Cummings: Understanding Central Asia. Politics and Contested Transformations, 2012 • J. Paul: Neue Fischer Weltgeschichte, Bd. 10, 2012 • M. Sapper/ V. Weichsel/A. Huterer (Hg.): Machtmosaik Zentralasien, Osteuropa 8–9 (2007) • J. Stadelbauer: Mittelasien – Zentralasien. Raumbegriffe zwischen wissenschaftlicher Strukturierung und politischer Konstruktion, in: PGM 147/5 (2003), 58–63.

ANDREA SCHMITZ

Zentralkomitee der deutschen Katholiken (ZdK)

Das ZdK ist ein Zusammenschluss von Männern und Frauen aus katholischen Laienorganisationen und -räten sowie Persönlichkeiten aus Politik, Gesellschaft und Wissenschaft in Deutschland. Als eingetragener ↑Verein vertritt es die Anliegen der Katholiken in allen gesellschaftlichen, staatlichen und kirchlichen Angelegenheiten. Die Vorbereitung und Durchführung der zweijährlich stattfindenden ↑Deutschen Katholikentage sind sichtbarer Ausdruck dieses Gestaltungswillens. Als höchstes Organ des ZdK fasst die Vollversammlung aus gewähltem Präsidium und Delegierten (↑katholischer Organisationen und Verbände, von Laienräten der Diözesen, katholischen Einrichtungen und geistlichen Gemeinschaften sowie berufenen Einzelpersönlichkeiten) seine Beschlüsse in eigener Verantwortung und unabhängig von anderen Gremien. Diese werden von einem Generalsekretär gemeinsam mit dem in Bonn (demnächst Berlin) ansässigen Generalsekretariat umgesetzt.

Die Deutsche Bischofskonferenz anerkennt das ZdK als dem Dekret des Zweiten Vatikanischen Konzils über das Apostolat der Laien (Apostolicam Actuositatem 26) entspr.es Organ, das die Kräfte des Laienapostolats koordiniert und die apostolische Tätigkeit der Kirche fördert (Statut § 1, Abs. 2). Ein von der Bischofskonferenz aus ihren Reihen bestellter Geistlicher Assistent berät das ZdK in geistlichen und theologischen Fragen. Die *Gemeinsame Konferenz* von je zehn Mitgliedern der Deutschen Bischofskonferenz und des ZdK dient (seit 1976) der regelmäßigen Konsultation beider und ist ein ernstzunehmender Ort innerkirchlicher sowie kirchenpolitischer Meinungs- und Willensbildung.

In Geschichte und Gestalt des ZdK spiegeln sich Selbstverständnis des ↑Katholizismus bzw. Aufgaben des Laienapostolats als Teil politischen, gesellschaftlichen und kirchlichen Wandels in Deutschland seit dem 19. Jh. wider. Die Anfänge gehen auf die von deutschen Katholiken getragene Petitionsbewegung zurück, die 1848/49 die Freiheit der Kirche von staatlicher Hegemonie einforderte. Die 1848 gewährte Vereins- und ↑Versammlungsfreiheit führte dazu, dass die Strukturen eines deutschlandweit organisierten Katholizismus auf der Grundlage weltlichen Vereinsrechts entstanden und rasch anwuchsen. Dessen gesetzliche Beschränkungen nach 1850 erforderten, die alljährlichen, später unter dem Namen Deutsche Katholikentage bekannt werdenden Generalversammlungen (GV) entspr. anzupassen (1848: GV des *katholischen Vereins Deutschlands*, 1858: GV der katholischen Vereine Deutschlands, 1872: GV der Katholiken Deutschlands).

Dem 1868 errichteten ZdK (*Central-Komitee der katholischen Vereine Deutschlands*) fiel die Doppelaufgabe zu, das Potential der auf den GV vertretenen Einzelvereine durch straffere Koordination zu bündeln und ohne Verstoß gegen die politisch restriktive Vereinsgesetzgebung zu mobilisieren. Unter dem Eindruck von Reichsgründung und einsetzendem ↑Kulturkampf übernahm seit 1872 anstelle des ZdK ein *Commissär der Generalversammlung* die Verantwortung für Organisation und Durchführung der alljährlichen Zusammenkünfte. Diese kommissariatsgebundene Gestalt, welche die Behandlung kirchenpolitischer Grundfragen ermöglichte, blieb weit über die Kulturkampfjahre hinaus bestehen und wurde erst 1898 durch die Wiedereinsetzung eines ZdK (*Central-Komitee für die Generalversammmlung der Katholiken Deutschlands*) abgelöst.

Einflussreiche katholische Adlige bestimmten die von außerordentlich großer Loyalität gegenüber ↑Papst und Kirche getragene Arbeit des Kommissariats bzw. des ZdK. Namentlich die Fürsten zu Löwenstein-Wertheim-Rosenberg übten in drei aufeinanderfolgenden Generationen (1868–1898: Karl-Heinrich, 1920–1948: Aloys, 1948–1968: Karl) das Ehrenamt des ZdK-Präsidenten aus. Seit 1906 stand ihnen zusätzlich ein Geistlicher als Generalsekretär zur Seite (1906–1921: Adolf Donders, 1921–1927: Gustav Raps, 1927–1947: Theodor Legge, 1947–1952: Franz Hengsbach, anschließend als Geistlicher Assistent).

An der Schnittstelle zum politischen Katholizismus der Zentrumspartei (↑Zentrum) bewegte sich das ZdK permanent in einem Spannungsfeld zwischen reichsweiter Institutionalisierung des vielgestaltigen Vereins- und Verbandskatholizismus einerseits und der auf Pfarrei und Diözese ausgerichteten Zuständigkeit der ↑Bischöfe andererseits. Nach dem europaweiten Zusammenbruch der alten Herrschaftsordnung stellte sich die

Kernfrage nach dem politischen Selbstverständnis katholisch organisierter Laien neu: Während 1919 die Vereins- und Versammlungsfreiheit als ↑Grundrecht in einer demokratischen ↑Verfassung verankert wurde, wollten Papst Pius XI. (1922–1939) und sein Nachfolger Papst Pius XII. (1939–1958) die Kräfte des Laienapostolats weltweit als ↑Katholische Aktion an die kirchliche Hierarchie („nihil sine episcopo") gebunden wissen. Dem gegenüber einem selbständigen deutschen Laienkatholizismus stets distanzierten Episkopat fehlte es nach 1933 an Entschlossenheit, für die durch das NS-Regime aus „politischen" Gründen gewaltsam aus der gesellschaftlichen Öffentlichkeit verdrängten katholischen Verbände den im Reichskonkordat (↑Konkordat) vorgesehenen rechtlichen Schutz einzufordern. Schikanen der Nationalsozialisten machten die Durchführung von Katholikentagen 1933 und danach unmöglich. Das ZdK wurde dadurch zwar funktionslos, aber als Organisation nicht aufgelöst.

Nach 1945 entschieden sich die deutschen Bischöfe dazu, den in der NS-Zeit vorangetriebenen Aufbau der Katholischen Aktion für eine Neustrukturierung des ZdK zu nutzen. Unter maßgeblicher Federführung des Erzbistums Köln wurde das ZdK von einem Honoratioren- zu einem gut organisierten Spitzengremium ausgebaut. Es fasste die Laienaktivitäten mit dem Ziel zusammen, den katholischen Grundsätzen in Gesellschaft und Öffentlichkeit nachdrücklich Geltung zu verschaffen. Im 1952 neu gegründeten, „von der Autorität der Bischöfe getragenen" ZdK *(Zentralkomitee der deutschen Katholiken)* waren deshalb zusätzlich zu den Repräsentanten des wiedererstarkten Verbandskatholizismus und den Einzelpersönlichkeiten auch die Diözesanvertreter für das pfarrgemeindlich organisierte Laienapostolat *(Katholikenausschüsse, Katholikenräte)* zu einer zentralen Arbeitsgemeinschaft zusammengeschlossen, welche aber die Eigenständigkeit der Organisationen wahrte.

Im Laienkatholizismus hatte es bereits frühzeitig Widerstände gegen seine geschlossene Einordnung in die weitreichende Zuständigkeit der Bischöfe („Verkirchlichung") gegeben. Deren Erwartungen einer Verchristlichung der Nachkriegsordnung stießen spätestens seit Ende der 1950er Jahre an Grenzen, als sich Pluralisierung und ↑Demokratisierung in der westdeutschen Gesellschaft in ganzer Breite dynamisch durchsetzten. Insb. aber stellten die Beschlüsse des ↑Zweiten Vatikanischen Konzils (1962–1965) die Frage nach der Selbstorganisation des Volkes Gottes und der Verantwortung des Laienkatholizismus neu und anders. Reformierung und Ausbau (Sachkommissionen, Ständige Arbeitskreise) des ZdK ab 1967 zu einem eigenständigen, professionalisierten sowie in der Mitgliederstruktur vergrößerten und erweiterten *(Diözesanräte)* Repräsentativorgan korrespondierten mit der zeitgleich durchgeführten Errichtung der Deutschen Bischofskonferenz (↑Bischofskonferenzen) und ihres zügig ausgebauten Sekretariats. Die sich dadurch auch qualitativ wandelnde Zusammenarbeit mit dem Episkopat wirkte sich unmittelbar in der gemeinsamen Vorbereitung und Durchführung der vom turbulenten Katholikentag 1968 in Essen angestoßenen Würzburger Synode (1972–1975) aus.

Wie Kirche und Katholizismus allg. war das ZdK den pluralisierenden Kräften einer zunehmend säkularen bundesdeutschen Gesellschaft ausgesetzt (↑Säkularisierung), was neuartige Konflikte hervorrief. In den 1970er Jahren entstanden basiskirchliche, ökumenische und gesellschaftskritische Initiativkreise (1980: *Katholikentag von unten*; *Initiative Kirche von unten*), die auf Distanz zum ZdK gingen. In den 1980er Jahren kamen aus Italien, Spanien und Frankreich inspirierte geistliche Erneuerungsbewegungen hinzu. Seit den 1990er Jahren gewannen vermehrt divergierende Aktionsbündnisse katholischer Laien an Gewicht. Einige setzten sich für eine weitreichende Veränderung der Kirche in der Ökumene-, Zölibats und Frauenfrage ein (1996: *Wir sind Kirche*); andere dagegen traten für eine Bewahrung kirchlicher ↑Tradition, Liturgie, Frömmigkeit und lehramtlicher Autorität (2001: Kongress *Freude am Glauben*, nach 2005: Mediennetzwerk *Generation Benedikt*) ein. Gleichwohl ist das ZdK bis in die Gegenwart ein zentraler Akteur, der zivilgesellschaftliches Engagement (↑Zivilgesellschaft) und politische Entscheidungsträger nicht zuletzt durch die Katholikentage und die neuen Ökumenischen Kirchentage (seit 2003) vernetzt.

Ein separates ZdK der katholischen Kirche in der DDR entstand hingegen nicht. Dem wirkten sowohl der in der ostdeutschen Diaspora seit jeher schwach organisierte Laienkatholizismus als auch die nach 1945 nicht abreißenden gesamtdeutschen Verbindungen des ZdK (1952, 1958, 1980, 1990: Katholikentage in Berlin; 1954: *Präsidialausschuss*, seit 1968 *Dienstgespräche*) entgegen. V. a. aber zog die Berliner Ordinarienkonferenz (seit 1976: Berliner Bischofskonferenz) in der sozialistischen Diktatur von Beginn an sämtliche kirchenpolitischen Gespräche an sich, gliederte die bis dahin eigenständigen Caritas- und Kolpingsvereine in die kirchliche Administration ein und grenzte sie dadurch klar gegen staatsnahe katholische Laiengruppierungen wie die *Berliner Konferenz Europäischer Katholiken*, aber auch die Blockpartei der CDU ab. Die politischen wie kirchlichen Herausforderungen (Friedens- und Umweltfrage, fehlende Rechtsstaatlichkeit, Ausreiseproblematik, religiöser Traditionsabbruch), die sich seit Beginn der 1980er Jahre mit zunehmender Agonie des Staates stellten, führten dazu, dass die vom Zweiten Vatikanischen Konzil ausgehenden pastoralen Impulse (1973–1975: *Dresdner Pastoralsynode*) von der Ebene pfarrgemeindlich organisierter Laienaktivitäten in überregionale Begegnungen und Auseinandersetzungen mit gesellschaftlichen Fragen transformiert wurden (1987: *Dresdner Katholikentreffen*, 1988/89: *Ökumenische Versammlung in der DDR*). Aber erst Anfang November 1989 ermöglichten es die Bischöfe, dieses Engagement in Gestalt selbständiger Laiengruppen und -initiativen auch politisch in den revolutionären Umbruch einzubringen. Im Februar 1990 gelang der organisatorische Zusammenschluss zu einem *Gemeinsamen Aktionsausschuss katholischer Christen in der DDR*, deren Delegierte im November 1990 in das ZdK aufgenommen wurden.

International stellt das ZdK als organisiertes Laienapostolat eine Besonderheit dar. Als vereinsrechtlich freier (§§ 21 ff. BGB) und kanonisch privater (cann. 299, 321–326 CIC) Zusammenschluss der katholischen Organisationen ist sein dezidiert staats-, sozial- und kulturpolitisch geprägtes Selbstverständnis ein Phänomen der modernen Gesellschaft und der mit ihr verknüpften Geschichte des deutschen Katholizismus. Diese „ursprünglich parallel zur kirchlichen Hierarchie angelegte Repräsentanz der Katholiken" (Hürten 1998: 113) ist auf eine Kooperation mit den bischöflichen Amtsträgern angewiesen und bleibt gerade deshalb nicht frei von Spannungen. So verstand der 1999 aus den Reihen des ZdK gegründete Verein *Donum vitae* den organisierten Verbleib in der staatlichen Schwangerschaftskonfliktberatung (↑Schwangerschaftsabbruch) als zivilgesellschaftlichen Beitrag katholischer Laien, welcher den Bischöfen nach der päpstlichen Weisung zum Ausstieg aus derselben nicht mehr möglich war. Wird die Entwicklung des Laienapostolats i. S. eines mit dem Zweiten Vatikanischen Konzil einsetzenden und langfristig wirkenden „Prozess[es] der Verkirchlichung des Katholizismus und der Vergesellschaftung von Kirche" (Kronenberg 1990: 761) verstanden, dann gehören die Selbständigkeit des Zeugnisses der Laien und die ↑Partizipation in einer der Welt zugewandten ↑katholischen Kirche konstitutiv zusammen. Dem ZdK kommt in beide Richtungen eine bleibende Transferfunktion zwischen ↑Kirche und Welt zu.

Literatur

C. Kösters: Minderheit zwischen Konfession und Politik. Katholisches Christentum in der SBZ und DDR (1945–1990), in: ZKG 131 (2020), 223–250 • B. Aschmann: „In ausgezeichneter Weise bewährt"? 150 Jahre Zentralkomitee der deutschen Katholiken, in: HJb139 (2019), 580–600 • C. Kösters/H. Maier/F. Kleinehagenbrock (Hg.): Profil und Prägung. Historische Perspektiven auf 100 deutsche Katholikentage, 2017 • H. Arning/H. Wolf: Hundert Katholikentage. Von Mainz 1848 bis Leipzig 2016, 2016 • K. Große-Kracht: Die Stunde der Laien? Katholische Aktion in Deutschland im europäischen Kontext 1920–1960, 2016 • C. Kullmann: „Gott braucht uns in der Politik!". Die Deutschen Katholikentage in Zivilgesellschaft und Politik 1978–2008, 2016 • K. Ruppert: Katholikentage und Zentrumspartei im Kaiserreich, in: A. Linsenmann/R. Raasch (Hg.): Die Zentrumspartei im Kaiserreich, 2015, 41–62 • S. Voges: Konzil, Dialog und Demokratie. Der Weg zur Würzburger Synode 1965–1971, 2015 • A. Liedhegener: Macht, Moral und Mehrheiten. Der politische Katholizismus in der Bundesrepublik Deutschland und den USA seit 1960, 2006 • M.-E. Reytier: Die Fürsten zu Löwenstein an der Spitze der deutschen Katholikentage. Aufstieg und Untergang einer Dynastie (1868–1968), in: G. Schulz/M. A. Denzel (Hg.): Deutscher Adel im 19. und 20. Jahrhundert, 2004, 461–502 • H. Hürten: Spiegel der Kirche – Spiegel der Gesellschaft. Katholikentage im Wandel der Welt, 1998 • H. Buchheim/F. Raabe (Hg.): Christliche Botschaft und Politik. Texte des Zentralkomitees der deutschen Katholiken zu Politik, Staat, Verfassung und Recht, [3]1997 • T. Großmann: Zwischen Kirche und Gesellschaft. Das Zentralkomitee der deutschen Katholiken 1945–1970, 1991 • F. Kronenberg: Verkirchlichung des Katholizismus und Vergesellschaftung der Kirche, in: B. Hermans (Hg.): Zeugnis des Glaubens, Dienst an der Welt. FS Hengsbach, 1990, 751–762 • Ders.: Vom Zentralkomitee zum Zentralkomitee, in: Das Domkapitel zu Essen (Hg.): Zeugnis und Dienst. FS Hengsbach, 1980, 152–169 • M. Albus: Das Zentralkomitee der deutschen Katholiken. Geschichte, Aufgabe, Selbstverständnis, in: ZdK (Hg.): Berichte und Dokumente, H. 16, 1972, 3–14 • K. Buchheim: Ultramontanismus und Demokratie. Der Weg der deutschen Katholiken im 19. Jahrhundert, 1963 • K. Fürst zu Löwenstein: Deutscher Katholikentag, in: StL, Bd. 2, [6]1958, 659–662.

CHRISTOPH KÖSTERS

Zentralrat der Juden in Deutschland ↑Jüdische Organisationen

Zentralrat der Muslime in Deutschland (ZDM) ↑Islamische Organisationen

Zentralverwaltungswirtschaft

Der Begriff „Z." ist eine Bezeichnung für diejenige Form der ↑Wirtschaftsordnung, die umgangssprachlich oft „Planwirtschaft" genannt wird. Letzterer Begriff ist dahingehend unpräzise, dass die Pläne der Wirtschaftssubjekte in jeder Wirtschaftsordnung eine zentrale Rolle spielen. Zum gängigen wissenschaftlichen Begriff im deutschsprachigen Raum wird „Z." bes. durch die Ordnungstheorie in der Tradition von Walter Eucken und dessen Schüler Karl Paul Hensel. Dieser Eintrag fokussiert auf die theoretischen Debatten zur Z. als radikale Alternative zur Marktwirtschaft, und zeigt zudem auf, dass die Argumente aus diesen Debatten für die praktische Planung in den sozialistischen Volkswirtschaften von hoher Relevanz sind.

1. Sozialismus und Wirtschaftsordnung vor der Gründung der Sowjetunion

Die Idee des ↑Sozialismus wird im Zuge des 19. Jh. von verschiedenen Denkern in sehr unterschiedlichen Fassungen formuliert. Ein wesentlicher Unterschied zwischen diesen Varianten besteht darin, wie konkret sie die praktische Ausgestaltung der Wirtschaftsordnung in der sozialistischen Gesellschaft ausführen. Der wohl wirkungsmächtigsten sozialistischen Doktrin des 19. Jh., derjenigen von Karl Marx (↑Marxismus), wird oft attestiert, dass sie diesbezüglich wenig Konkretes bietet. Vor dem Hintergrund der deterministischen Geschichtsauffassung (↑Geschichte, Geschichtsphilosophie) ist diese Leere der Marx'schen Lehre verständlich, denn demnach wird sich die konkrete sozialistische Wirtschaftsordnung mit Notwendigkeit „von selbst" verwirklichen. Diese Unbestimmtheit bedeutet aber, dass es späteren Generationen vorbehalten blieb, die Wirtschaftsordnung des Sozialismus zu durchdenken und umzusetzen. Nichtsdestotrotz wird im 19. Jh. und im frühen 20. Jh. über die Möglichkeit, die markwirtschaftliche Koordination radikal durch einen zentralen Plan zu ersetzen, kontrovers diskutiert, und zwar von methodologisch und ideologisch so unterschiedlichen Theoretikern und Praktikern wie John Stuart Mill, Hermann Heinrich Gossen, Léon Walras, Vilfredo Pareto, Nicolaas Gerard Pierson, Friedrich von Wieser, Enrico Barone und Edwin Cannan.

2. Die Debatte über die Wirtschaftsrechnung im Sozialismus in den 1920er Jahren

Mit der Novemberrevolution in Russland sowie dem Ausrufen der Räterepubliken in Mitteleuropa in der unmittelbaren Nachfolge des Ersten Weltkrieges erfahren die frühen theoretischen Debatten eine gänzlich neue Aktualität und Relevanz. Die Erfahrungen aus dem Ersten Weltkrieg, durch dessen Ausmaß und Länge die logistischen Planungsaufgaben in der Praxis des Krieges eine bisher unvorstellbare Dimension erreichen, sorgen bei vielen für Begeisterung bzgl. der Planbarkeit von Wirtschaft und Gesellschaft auch nach dem Krieg.

Ludwig von Mises löst mit seinem Beitrag „Die Wirtschaftsrechnung im sozialistischen Gemeinwesen" aus dem Jahre 1920 eine höchst intensive Debatte aus, die zunächst größtenteils im deutschsprachigen Raum ausgetragen wird. Die zentrale These fokussiert auf die Abwesenheit von Preisen für Produktionsmittel (d. h. Kapitalgüter), deren Vergemeinschaftung ein zentrales Merkmal der sozialistischen Wirtschaftsordnung ist. Sozialistische Theoretiker und Praktiker wie Rudolf Hilferding, Otto Bauer, Otto Neurath, Karl Polanyi und Jacob Marschak, aber auch Joseph Alois Schumpeter nehmen zwar die Mises'sche Kritik ernst, dass die Abwesenheit von Preisen für Produktionsmittel die Entscheidungen über die bestmögliche Verwendung der bestehenden Produktionsmittel und über die ↑Investitionen in neue Produktionsmittel erschwert. L. von Mises' Diagnose, dass die Abwesenheit von Preisen und die damit einhergehenden Kalkulationsprobleme eine rationale Ressourcenallokation (↑Allokation) schlichtweg unmöglich machen und die Z. sich deshalb mittel- und langfristig der Marktwirtschaft als unterlegen erweisen muss, wird von sozialistischer Seite dennoch bestritten.

3. Die Debatte über die Wirtschaftsrechnung im Sozialismus in den 1930er und 1940er Jahren

Wladimir Iljitsch Lenins „Neue Ökonomische Politik" (NEP) ab 1921 ist eine explizite Reaktion darauf, dass die zentrale Planung des sog.en Kriegskommunismus während des russischen Bürgerkriegs zu immensen materiellen Engpässen geführt hat. Damit stellt die NEP den ersten von vielen späteren Versuchen dar, Zugeständnisse an die Notwendigkeit marktwirtschaftlicher Koordination zu machen und marktwirtschaftliche Elemente in die von Z. dominierte Ordnung einzubauen, um diese funktionsfähiger zu machen.

Die zweite Auflage der Kalkulationsdebatte verlagert sich ab den späten 1920er Jahren in den angelsächsischen Raum. Theoretiker wie Fred Manville Taylor, Henry Douglas Dickinson, Maurice Dobb, Abba Ptachya Lerner und Oskar Ryszard Lange formulieren ein Forschungsprogramm, das unter dem Begriff „Marktsozialismus" subsumiert wird. Dabei wird zugestanden, dass L. von Mises die Wichtigkeit des Preismechanismus für die Ressourcenallokation zu Recht betont hat. Durch Modellierungen der neoklassischen Theorie vom Allg.en Gleichgewicht wollen die Marktsozialisten allerdings zeigen, dass der Preismechanismus nachgebildet und die optimalen Preise und Mengen für alle ↑Güter identifiziert werden können, so dass der Preismechanismus in der Praxis ersetzt werden kann.

Demgegenüber wendet Friedrich August von Hayek ein, dass zwar solche Gleichungssysteme eine statische Abbildung der Ökonomie ermöglichen, dass aber durch die ständige Neuentdeckung von Wissen die Konstanz der Parameter bei den in den Gleichungssystemen enthaltenen Angebots- und Nachfragefunktionen nicht gegeben ist. F. A. von Hayek zweifelt insb. an, dass auch der mit marktsozialistischen Instrumenten ausgestattete zentrale Planer über so viel Wissen verfügen kann, wie der Preismechanismus in der Marktwirtschaft permanent verarbeitet. Die ↑Innovationen der Produzenten und die Verhaltensänderungen von Konsumenten bedeuten eine permanente Neuentdeckung von Wissen und führen zu ständig neuen Preisen. Damit diagnostiziert F. A. von Hayek die Unterlegenheit der zentralen Planung in ihrer Unfähigkeit, die heterogenen und sich ständig verändernden Präferenzen der Konsumenten mit heterogenen und sich ständig verändernden Produkten zu versorgen (↑Österreichische Schule der Nationalökonomie). Ordoliberale Ökonomen wie W. Eucken und Wilhelm Röpke schließen sich F. A. von Hayeks Diagnose aus seinem 1944 erschienenen Buch „The Road to Serfdom" an, dass die Z. nicht nur im materiellen Sinne einer wohlgeordneten Marktwirtschaft unterlegen ist, sondern dass sie außerdem ein menschenwürdiges Leben in ↑Freiheit und ↑Autonomie unmöglich macht.

4. Die Zentralverwaltungswirtschaft in der Nachkriegszeit und heute

Paul Anthony Samuelson, einer der bedeutendsten Ökonomen der Nachkriegszeit, hält in einer Retrospektive aus dem Jahre 2009 fest, dass seine Generation durch F. A. von Hayeks Beitrag „The Use of Knowledge in Society" aus dem Jahre 1945 davon überzeugt wurde, dass die marktwirtschaftliche Koordination durch Preise kaum simulierbar und ersetzbar ist. Nichtsdestotrotz bleibt in den Nachkriegsjahrzehnten die Faszination für die zentrale Planung in den westlichen Gesellschaften lange erhalten, auch dank der Robustheit der sowjetischen Wirtschaft während des Zweiten Weltkriegs. So hält P. A. Samuelsons einflussreiches Lehrbuch „Economics" über viele Auflagen hinweg bis in die späten 1970er Jahre die These vom Aufholen der UdSSR gegenüber den USA aufrecht. In der Bundesrepublik wird die Leistungsfähigkeit der osteuropäischen Z.en unterschiedlich eingestuft: Die *Forschungsstelle zum Vergleich wirtschaftlicher Lenkungssysteme*, gegründet 1954 in Freiburg von K. P. Hensel und ab 1957 angesiedelt an der Universität Marburg, nimmt die Mises-Hayek-Argumente ernster als bspw. das *DIW*, das die DDR-Wirtschaft deutlich optimistischer einschätzt.

Jenseits des Eisernen Vorhangs wird die totale Dominanz der zentralen Planung aus der Epoche des ↑Stalinismus in vielen Ostblock-Ländern im Laufe der 1960er Jahre herausgefordert, indem eine Neuauflage der Lenin'schen NEP ausprobiert wird, die in der DDR den Namen „Neues Ökonomisches System der Planung und Leitung" (NÖSPL) erhält. Indem die Betriebe mehr Autonomie erhalten, Gewinne erwirtschaften und über deren Verwendung z. T. selbst entscheiden dürfen, sollen nunmehr die Anreize für die einzelnen Wirtschaftssubjekte ähnlich wie in der Marktwirtschaft gesetzt, die stalinistische Z. dezentralisiert und durch den maßvollen Einbau von Elementen marktwirtschaftlicher Koordination flexibilisiert werden.

Das NÖSPL endet nicht nur durch die neue politische Eiszeit nach dem Prager Frühling von 1968. Gerhard Schürer, von 1965 bis 1989 Leiter der *Staatlichen Plankommission* der DDR, zeigt in seinen Memoiren an praktischen Beispielen auf, wie schwierig sich die Kombination von zentraler Planung in Ost-Berlin und dezentraler Planung in den einzelnen Betrieben gestaltet. Außerdem lässt sich der Schürer'schen Darstellung deutlich entnehmen, dass die Argumente von L. von Mises und F. A. von Hayek, die auch er kennt, sich als stichhaltig erweisen: G. Schürer stellt wiederholt dar, dass der Mangel an Dynamik und Innovation in der DDR-Wirtschaft nicht an der Einfallslosigkeit der Ingenieure oder Arbeiter liegt, sondern an der Einsicht der Planer, dass sie höchstens ein statisches System planen können, so dass sie beim Planen systematisch verhindern, dass die Ideen der Ingenieure und Arbeiter in innovative Produkte umgewandelt werden.

Es ist zweifelhaft, ob diese fundamentalen Probleme künftig durch Fortschritte etwa in der ↑Informatik lösbar werden. G. Schürer betont, dass auch neue Disziplinen wie die Kybernetik und die Entwicklungen der Rechentechnologien die Kardinalschwäche der Z. – den Umgang mit der Dynamik bei den einzelnen Produzenten, Konsumenten und ihren Interaktionen – nicht beheben konnten. Im Vergleich zu früheren Jahrzehnten hat die Kombination aus ↑Globalisierung und ↑Digitalisierung in der heutigen Wirtschaftsordnung eine zusätzliche Dynamik entfaltet, die wohl auf absehbare Zeit einer zentralen Planung unzugänglich bleibt.

Literatur

G. Schürer: Gewagt und verloren. Eine deutsche Biografie, 2014 • D. M. Levy/S. J. Peart: Soviet Growth and American Textbooks. An Endogenous Past, in: JEBO 78/1-2 (2011), 110–125 • P. A. Samuelson: A Few Remembrances of Friedrich von Hayek (1899–1992), in: JEBO 69/1 (2009), 1–4 • G. Becchio: The Early Debate of Economic Calculation in Vienna (1919–1925). The Heterodox Point of View: Neurath, Mises and Polanyi, in: Storia del pensiero economico 4/2 (2007), 135–147 • A. Steiner: Von Plan zu Plan. Eine Wirtschaftsgeschichte der DDR, 2007 • P. J. Boettke (Hg.): Socialism and the Market. The Socialist Calculation Debate Revisited, 9 Bde., 2000 • J. E. Roemer: A Future for Socialism, 1994 • K. P. Hensel: Einführung in die Theorie der Zentralverwaltungswirtschaft, 1979 • W. Eucken: On the Theory of the Centrally Administered Economy. An Analysis of the German Experiment, Part II, in: Economica, 15/59 (1948), 173–193 • Ders.: On the Theory of the Centrally Administered Economy. An Analysis of the German Experiment, Part I, in: Economica, 15/58 (1948), 79–100 • P. A. Samuelson: Economics, 1948 • F. A. von Hayek: The Use of Knowledge in Society, in: AER 35/4 (1945), 519–530 • A. P. Lerner: The Economics of Control, 1944 • O. Lange: On the Economic Theory of Socialism: Part Two, in: RES 4/2 (1937), 123–142 • Ders.: On the Economic Theory of Socialism: Part One, in: RES 4/1 (1936), 53–71 • F. A. von Hayek (Hg.): Collectivist Economic Planning, 1935 • H. D. Dickinson: Price Formation in a Socialist Community, in: EconJ 43/170 (1933), 237–250 • M. H. Dobb: Economic Theory and the Problem of a Socialist Economy, in: EconJ 43/172 (1933), 588–598 • F. M. Taylor: The Guidance of Production in a Socialist State, in: AER 19/1 (1929), 1–8 • L. von Mises: Die Gemeinwirtschaft, 1922 • J. A. Schumpeter: Sozialistische Möglichkeiten von heute, in: ArchSozW 48/2 (1920), 305–360 • L. von Mises: Die Wirtschaftsrechnung im sozialistischen Gemeinwesen, in: ArchSozW 47/1 (1920), 86–121 • O. Bauer: Der Weg zum Sozialismus, 1919 • O. Neurath: Durch die Kriegswirtschaft zur Naturalwirtschaft, 1919 • V. Pareto: Manuel d'économie politique, 1909 • E. Barone: Il ministro della produzione nello stato collettivista, in: Giornale degli Economisti 37/19 (1908), 267–293, 391–414 • F. von Wieser: Der natürliche Werth, 1889 • K. Marx: Das Kapital. Kritik der politischen Ökonomie, Bd. 1, 1867 • J. S. Mill: Principles of Political Economy, 1848.

STEFAN KOLEV

Zentralwohlfahrtsstelle der Juden in Deutschland (ZWST) ↑Wohlfahrtsverbände, ↑Jüdische Organisationen

Zentrum

1. Vorläufer und Gründung

Der Gründung der Deutschen Z.s-Partei (Verfassungspartei) 1870/71 gingen weit zurückreichende Entwicklungen voraus: der von der ↑Französischen Revolution angestoßene Prozess der ↑Säkularisierung, das die katholische Bevölkerung benachteiligende Staatskirchentum der neo-absolutistisch regierten Bundesstaaten, die gegenläufigen Bestrebungen nach Organisation der katholischen Gläubigen. Die von Rheinländern und Westfalen getragene *Katholische Fraktion* des preußischen Abgeordnetenhauses (1852–1862/67, seit 1859 Z.), forderte kirchliche und bürgerliche Freiheit für die Religionsgesellschaften gemäß Art. 12 und 15 der Preußischen Verfassungurkunde von 1850. Der *Katholische Klub* der Nationalversammlung in Frankfurt am Main bemühte sich mit Erfolg um die Aufnahme kirchlicher Freiheitsrechte in die Reichsverfassung vom 28.3.1849. Der nationale ↑Liberalismus, die kirchenfeindliche (Schul-)Gesetzgebung und die preußisch-kleindeutsche Reichseinigung bildeten die Ursachenkomplexe, die 1869 zur Bildung der Patriotenpartei in Bayern und der Katholischen Volkspartei in Baden führten. Die parlamentarische Vertretung des katholischen Volksteils im Reichstag und preußischen Abgeordnetenhaus wurde vorbereitet auf den Soester Konferenzen 1864–1866, durch Progamme und Versammlungen, die 1870 in Münster, Essen und Soest stattfanden und sich den Leitspruch des Z.s, „für Wahrheit, Recht und Freiheit", zu eigen machten. Dem Zusammenschluss katholischer Abgeordneter zur Z.s-Fraktion des preußischen Abgeordnetenhauses am 13.12.1870 folgte die Entstehung der Z.s-Fraktion im deutschen Reichstag am 21.3.1871. Inmitten der nach dem Sieg über Frankreich und dem ↑Ersten Vatikanischen Konzil ausbrechenden nationalistischen Stimmung, die sich gegen „Romanismus" und ↑Partikularismus richtete, bekannte sich das Programm der Reichstagsfraktion zum bundesstaatlichen Charakter des Reiches, zur Förderung des moralischen und materiellen Wohles aller Volksklassen, zur bürgerlichen und religiösen ↑Freiheit und bes. zum verfassungsmäßigen, auch gegen Eingriffe der Gesetzgebung zu schützenden Recht der Religionsgesellschaften. Unter den Gründern (u. a. Peter und August Reichensperger, Hermann von Mallinckrodt, Karl Friedrich von Savigny) überwogen die Juristen. Das Z. stand von Anbeginn dem Beitritt von Protestanten offen. Indes hielt die unüberwindlich scheinende konfessionelle Polarisierung an, sodass nur wenige Protestanten, meist welfische Abgeordnete, in die Fraktionen des Z.s eintraten.

2. Festigung im Kaiserreich

Den formellen Vorsitz der Reichstagsfraktion hatte von 1875–1890 Georg Arbogast von Franckenstein aus Unterfranken inne. Die unangefochtene Führungsstellung im Reichstag und preußischen Abgeordnetenhaus erwarb sich indes der Abgeordnete von Meppen, der frühere hannoversche Justizminister Ludwig Windthorst. Schlagfertig und grundsatzfest bestritt er die harten Debatten über die Kulturkampfgesetze (↑Kulturkampf). Die kirchenpolitische Auseinandersetzung führte er als einen Kampf um ↑Grundrechte, förderte so die Kontroll- und Überwachungsfunktionen des Parlaments und die Ausbildung des Parlamentarismus (↑Parlament, Parlamentarismus). Dem Z. gelang ein erster Ausbruch aus der ihm auferlegten Isolierung durch Initiierung und Mitgestaltung der nach der konservativen Wende von 1879 eingeleiteten ↑Sozialpolitik. Die Gesetze über die Krankenversicherung der Arbeiter (1883), über die Unfallversicherung (1884) und die Alters- und Invaliditätsversicherung (1889) trugen auch die Handschrift des Z.s (Berufsgenossenschaften, Landesversicherungsanstalten, ↑Sozialversicherung). Deren Redner (u. a. Ferdinand von Galen, Georg von Hertling, Franz Hitze) verfolgten keine Nebenzwecke wie die Revolutionierung der Gesellschaft (Sozialdemokraten) oder, umgekehrt, die Erziehung der Arbeiterschaft zum Staatsgehorsam (Otto von Bismarck), sondern konzentrierten sich mit naturrechtlicher Begründung (↑Naturrecht) auf die realen Probleme: Arbeiterschutz, Sicherung des Existenzrechts des arbeitsunfähigen Arbeiters und seiner Familie, Partnerschaft von Arbeitern und Unternehmern. Im Streit um L. Windthorsts Nachfolge setzte sich der Jurist Ernst Maria Lieber durch. Er trat für Stärkung des Reichstags, Parität der Katholiken und „christliche Demokratie" (Katholikentag 1901, ↑Deutscher Katholikentag) ein. Unter seiner Fraktionsführung (1893–1902) beteiligte sich das Z. an der Reichsfinanzreform (1894/95), am ↑BGB (1896), an der Militärstrafgerichtsordnung (1898), am Zolltarifgesetz (1902) und an den ersten Flottengesetzen (1898, 1900). Die seit 1905 England herausfordernde Flottenrüstung, die Heeresvermehrung und die Kolonialpolitik trug das Z. wegen des Drucks der Reichsleitung, im Zuge der Nationalisierung des deutschen Katholizismus und wegen der heftigen nationalistischen Agitation (*Deutscher Flottenverein*) mit, suchte aber bis 1914 mäßigenden Einfluss auszuüben. Seine „taktische Stellung als ausschlaggebende Partei" (Bachem 1929, Bd. 5: XIII), die Koalitionen mit Linksliberalen und Konservativen eingehen konnte, wurde für kurze Zeit durch den von Reichskanzler Bernhard von Bülow gebildeten liberal-konservativen Großblock (1907–1909) unterbrochen. Die Reichstagsmandate des Z.s („Z.s-Turm") blieben bei zurückgehenden Stimmanteilen (Männerwahlrecht) ziemlich konstant (1871: 63 Mandate, 18,6 % Stimmen; 1890: 106 Mandate, 18,6 % Stimmen; 1912: 91 Mandate, 16,4 % Stimmen). Fraktionsvorsitzende waren nach E. M. Lieber Alfred von Hompesch (1902–1909), G. von Hertling (1909–1912), Peter Spahn (1912–1917) und Adolf Gröber (1917–1918). Das Bekenntnis zur konfessionellen Offenheit (Julius Bachem, 1906) und zu den Christlichen Gewerkschaften (↑Christliche Arbeitnehmerorganisationen) sowie der politische Charakter der ↑Partei behaupteten sich gegen Versuche der „Integralen", dem Z. einen ausschließlich katholisch-weltanschaulichen Charakter aufzudrängen. Gleichwohl wurzelte das Z. im katholischen Sozialmilieu mit den ihm vorgelagerten Vereinen, bes. dem *Volksverein für das katholische Deutschland*. Aus Deutschland geschürte Bedenken der ↑Kurie bzgl. des allzu politischen

Charakters der katholischen Partei wurden für das Z. nicht existenzgefährdend. Die gemeinsame ↑Konfession und die Berufung auf das Recht schlugen eine Brücke zu den sonst als „reichsfeindlich" eingestuften Polen und Elsässern (Elsaß-Lothringische Landespartei des Z.s, 1906). Erst 1914 wurde ein über den Landes- und Provinzialverbänden stehender Reichsausschuss gebildet. G. von Hertling übernahm erstmals als Repräsentant des Z.s höchste Staatsämter im Kaiserreich, wurde Ministerpräsident in Bayern (1912–1917) und, nach Zögern, Reichskanzler (November 1917 bis Oktober 1918). Gegen den militärischen Imperialismus der Obersten Heeresleitung suchte er zur Erreichung seines betont politischen Ziels eines „ehrenvollen Friedens" die Rückendeckung des Kaisers. Im Zeichen der Niederlage traten Karl Trimborn, A. Gröber und Matthias Erzberger in das erste parlamentarisch getragene Kabinett Max von Badens (Oktober-November 1918) ein. Die von M. Erzberger durchgesetzte Friedensresolution des Reichstags vom 19.7.1917 hatte den Grund gelegt für die Zusammenarbeit von Z., Fortschrittlicher Volkspartei und ↑SPD (Interfraktioneller Ausschuss), die sich in der staatstragenden Weimarer Koalition des Reichstags (bis Juni 1920, länger in Preußen) fortsetzte.

3. Bürge der Weimarer Republik

Um des ↑Gemeinwohls und der Ordnungsfunktion des Staates willen akzeptierte das Z. die aus der ↑Revolution hervorgegangene neue Staatsform. Es überwand dadurch auch innere Gegensätze, die sich gegen Weltkriegsende gesteigert hatten. Den Untergang des Kaiserreichs empfand Adam Stegerwald, Vertreter des Gewerkschaftsflügels, als befreiend. Die Aufnahme der kirchlichen Freiheitsrechte neben den allg.en ↑Grundrechten in die ↑WRV von 1919 erfüllte eine seit 1871 erhobene Forderung des Z.s. Die vom Berliner Parteitag am 16.1.1922 verabschiedeten „Richtlinien" enthielten das Bekenntnis zur „christlichen Staatsauffassung", zum die Klassenspaltung überwindenden „deutschen Volksstaat", zu einer im „christlich-sozialen Geiste" geführten Wirtschafts- und Sozialpolitik, zum „Ausbau des Völkerrechts", zu Reichseinheit und Föderalismus sowie zu einer die „Staatsautorität" stützenden „starken Koalition von Parteien" (Bachem 1931, Bd. 8: 369–378). Die den Umsturz ablehnende „Verfassungspartei", als parlamentarische Kraft nun vorbehaltlos anerkannt, betrieb auch den Aufbau der neuen Länder auf fester Rechtsgrundlage und übernahm in Preußen, Baden und Württemberg Regierungsverantwortung. Bei geringer Stärke (durchschnittlich ca. 70 Mandate im Reichstag) und sinkendem Stimmanteil (1920: 13,6 %; 1932: 11,9 %) stellte das Z. „seit der Nationalversammlung am häufigsten und längsten die Kanzler" (Ruppert 1992: 128): Konstantin Fehrenbach 1920/21, Joseph Wirth (1921/22), Wilhelm Marx (1923–1925, 1926–1928) und Heinrich Brüning (1930–1932). Parteivorsitzende wurden 1920–1921 K. Trimborn, 1922 W. Marx, 1928 Ludwig Kaas, Mai – Juli 1933 H. Brüning, Fraktionsvorsitzende im Reichstag 1919 K. Trimborn, 1921 W. Marx, 1923 K. Fehrenbach, 1926 W. Marx, 1927 Theodor von Guérard, 1929 A. Stegerwald, 1929–1930 H. Brüning, 1931–1933 Ludwig Perlitins.

Der enge Kreis erfahrenen Führungspersonals praktizierte eine Politik der Mitte und des Ausgleichs. Seit 1920, dem Ende der Weimarer Koalition, war eine Mehrheitsbildung nur mehr durch eine Koalition mit den widerspenstigen Flügeln SPD und DNVP erreichbar, um die das Z., nun tragende Kraft der Republik, ohne durchschlagenden Erfolg redlich bemüht war. Die seit 1928 konservative Parteiführung leitete eine „Kursänderung nach rechts" ein (Hörster-Philipps 1998: 374), stützte sich auf den Reichspräsidenten und dessen Notverordungen, und verfolgte unter H. Brüning (1929/30) einen Sparkurs, der zu Spannungen mit dem Arbeiterflügel führte. Mehrere Faktoren verhinderten die vom Z. erstrebte Stabilisierung der Republik. Folgenschwer wog nach der Trennung der ↑BVP vom Z. die Entscheidung der bayerischen Schwester, bei der Reichspräsidentenwahl 1925 Paul von Hindenburg statt des Parteifreundes W. Marx zu unterstützen. Der republikanische Flügel um J. Wirth verlor an Einfluss. Die Sammlungspolitik nach rechts blieb in Ansätzen stecken. Nachkriegskrise, ↑Inflation und ↑Weltwirtschaftskrise (1929) boten dem Handeln des Z.s zu selten Bedingungen politischer Normalität, begünstigten die starken antiparlamentarischen gesellschaftlichen Kräfte und den Aufstieg der NS-Bewegung (↑Nationalsozialismus). Außenpolitisch erstrebte das Z. die „christliche Völkergemeinschaft" und die Gleichberechtigung Deutschlands („Richtlinien" vom 16.1.1922).

An den zur „Machtergreifung" führenden Verhandlungen wurde das Z. nicht beteiligt. Nach den Wahlen vom 5.3.1933 musste es die Ausschaltung der von ihm (mit)getragenen Länderregierungen, wie vorher schon den „Preußenschlag", hinnehmen. Seine dem NS-Regime dienliche Zustimmung zum Ermächtigungsgesetz am 23.3.1933 wurde mit falschen Zusicherungen erkauft und erfolgte gegen den Widerspruch J. Wirths und H. Brünings. Die etwa 200 000 Mitglieder umfassende Partei kam der Zerschlagung durch die Selbstaufösung am 5.7.1933 zuvor. Ihre beachtenswerte Parteipresse („Kölnische Volkszeitung", „Germania", „Schlesische Volkszeitung", „Rhein-Mainische Volkszeitung", „Badischer Beobachter", „Bayerischer Kurier", u. a.) verschwand ersatzlos. Statt der von A. Stegerwald im November 1920 erstrebten Ausweitung zur interkonfessionellen „christlich-nationalen Volkspartei", die „die allerbreitesten Volksschichten in Stadt und Land" hatte erobern sollen (Forster 2003: 281), warteten am Ende der Untergang und die Verfolgung von früheren Mitgliedern der Weimarer „Systempartei" durch die NS-Diktatur.

Das am 14.10.1945 in Soest wiedergegründete (Neu-) Z. gewann (↑Deutsche Zentrumspartei) nur eine kleine Minderheit ehemals Aktiver (u. a. Wilhelm Hamacher,

Carl Spiecker, Helene Wessel) für die angeblich nahtlose Fortführung der Tradition mit sozialpolitischem (Labour-Party-Konzept) und kirchennahem Schwerpunkt, entwickelte sich aber anfangs in seinen nordrhein-westfälischen Hochburgen zum ernsthaften Rivalen der ↑CDU. Ganz überwiegend entschied sich die Führungsgarnitur des Z.s (u. a. Konrad Adenauer, Leo Schwering, Hugo Mönnig, Johannes Gronowski) bis auf die örtliche Ebene hinab in einer tiefgreifend geänderten Lage, aus der Erfahrung mit der NS-Diktatur, für die lange erstrebte interkonfessionelle christliche Parteibildung, die Neugründung der Unionsparteien.

Das Vermächtnis des Z.s lag darin, im politischen Leben eine transzendente christliche Letztorientierung zu wahren, darum pragmatisch zu sein, sich aber auch gegen ideologisch verformte Politik zu stemmen und auf gesellschaftliche Organisation im Vorfeld des Staates zu bauen. Sein Führungspersonal verband außerhalb der Politik erworbene berufliche Qualifikation mit der reflektierten Weitergabe selbsterrungener Traditionen und Standpunkte. Die Bindung an den festgefügten ↑Katholizismus seiner Zeit verbürgte ihm das Alleinstellungsmerkmal einer alle Bevölkerungsschichten erfassenden Partei. Hier und in seiner politischen Erfahrung wurzelte die bei partieller Anfälligkeit weit überwiegende Resistenz gegen die mächtige Versuchung des irreligiösen NS-Totalitarismus.

Literatur

A. Linsenmann/M. Raasch (Hg.): Die Frauen und der politische Katholizismus, 2018 • Dies. (Hg.): Die Zentrumspartei im Kaiserreich, 2015 • M. Kitzing: Für den christlichen und sozialen Volksstaat. Die Badische Zentrumspartei in der Weimarer Republik, 2013 • A. Mannes: Reichskanzler Constantin Fehrenbach, 2006 • H. Hömig: Brüning – Politiker ohne Auftrag, 2005 • B. Forster: Adam Stegerwald (1874–1945), 2003 • W. Becker u. a. (Hg.): Lexikon der Christlichen Demokratie in Deutschland, 2002 • T. M. Bredohl: Class and Religious Identity. The Rhenisch Center Party in Wilhelmine Germany, 2000 • B. Haunfelder: Reichstagsabgeordnete der Deutschen Zentrumspartei 1871–1933, 1999 • U. Hörster-Philipps: Joseph Wirth 1879–1956, 1998 • H. Lepper (Hg.): Volk, Kirche und Vaterland. Wahlaufrufe, Aufrufe, Satzungen und Statuten des Zentrums 1870–1933, 1998 • K. Ruppert: Im Dienst am Staat von Weimar. Das Zentrum als regierende Partei in der Weimarer Demokratie 1923–1930, 1992 • A. H. Leugers-Scherzberg: Felix Porsch 1853–1930, 1990 • U. von Hehl: Wilhelm Marx 1863–1946, 1987 • U. Schmidt: Zentrum oder CDU. Politischer Katholizismus zwischen Tradition und Anpassung, 1987 • W. Becker (Hg.): Die Minderheit als Mitte. Die Deutsche Zentrumspartei in der Innenpolitik des Reiches 1871–1933, 1986 • W. Loth: Katholiken im Kaiserreich. Der politische Katholizismus in der Krise des wilhelminischen Deutschlands, 1984 • H. Hömig: Das Preußische Zentrum in der Weimarer Republik, 1979 • R. Morsey: Der Untergang des politischen Katholizismus, 1977 • Ders.: Die Deutsche Zentrumspartei 1917–1923, 1966 • K. Epstein: Matthias Erzberger und das Dilemma der deutschen Demokratie, 1962 • K. Bachem: Vorgeschichte, Geschichte und Politik der deutschen Zentrumspartei, 9 Bde., 1927–32. WINFRIED BECKER

Zins

I. Wirtschaftswissenschaftlich – II. Sozialethisch

I. Wirtschaftswissenschaftlich

1. Begriff und Wesen

Als Z. (latein *census* = Abschätzung; später auch Synonym für Abgabe) wird der Preis für eine zeitweilige Überlassung des Produktionsfaktors ↑Kapital bzw. einer Geldsumme bezeichnet. In diesem Sinne können auch Entgelte wie Miete und Pacht, z. B. für Immobilien oder bewegliche Wirtschaftsgüter, als Z. verstanden werden. Allg.e Voraussetzung für eine solche Kapital- oder Geldüberlassung ist die Existenz von ↑Eigentum sowie das Bestehen entspr.er Handlungs- und Verfügungsrechte. Da jede Überlassung den zeitweiligen Verzicht des Gläubigers auf die Verfügung über sein Eigentum bedeutet, lassen sich Z.en aus ökonomischer Perspektive nicht zuletzt als Opportunitätskosten interpretieren.

Ausgedrückt wird der Z. für gewöhnlich als Prozentsatz (Z.-Satz, Z.-Fuß), bezogen auf ein bestimmtes Zeitintervall (Z.-Periode); i. d. R. ein Jahr (p. a.). Das fällige Entgelt für eine Überlassung schlägt sich einerseits beim Gläubiger als Z.-Ertrag und andererseits beim Schuldner als Z.-Aufwendung nieder. So erfolgen die fälligen Z.-Zahlungen etwa bei der Vergabe eines ↑Kredits durch den Kreditnehmer an den Kreditgeber, bei einer Geld- oder Kapitalanlage durch den Emittenten an den Anleger. Typischerweise liegen die Z.-Sätze für Kreditaufnahmen und Kapitalanlagen mit langer Laufzeit höher als die für kurze Zeiträume (normale Z.-Struktur). Unter bestimmten wirtschaftlichen Rahmenbedingungen, wie z. B. bei Erwartung einer Rezession, kann es jedoch auch zu einer inversen Z.-Struktur kommen.

2. Finanzmathematische Grundlagen

In der finanzmathematischen Z.-Rechnung wird prinzipiell die einfache Verzinsung, bei der die anfallenden Z.-Beträge nicht mit dem zu verzinsenden Anfangskapital addiert werden, von der Z.es-Z.-Rechnung unterschieden. Die einfache Z.-Rechnung ist v. a. dann von Bedeutung, wenn der angefallene Z.-Betrag separat anfällt oder der Zeitraum der Überlassung kürzer ist als eine Z.-Periode. In diesem Fall erfolgt die Berechnung des Z.-Betrages mithilfe folgender Formel:

$$Z_t = K_0 \cdot \frac{p}{100} \cdot t$$

Z_t = Zinsbetrag für die Zeit t
K_0 = Anfangskapital
p = Zinssatz (in Prozent)
t = Teil der Zinsperiode

Abb. 1: Berechnung Zinsbetrag (Z_t) einfache Verzinsung

Die Höhe des Z.-Betrages hängt somit generell von drei Einflussgrößen ab: Anfangskapital, Z.-Satz und Dauer der Überlassung. Das Endkapital eines Verzinsungsprozesses ergibt sich aus der Addition des Anfangskapitals mit dem angefallenen Z.-Betrag:

$K_t = K_0 + Z_t$
K_t = Endkapital nach der Zeit t
K_0 = Anfangskapital
Z_t = Zinsbetrag für die Zeit t
Abb. 2: Berechnung Endkapital (K_t) einfache Verzinsung

Ist der Zeitraum der Überlassung länger als eine Z.-Periode und wird zugl. der angefallene Z.-Betrag nicht separat fällig, sondern durch Kapitalisierung in den nachfolgenden Z.-Perioden zum Bestandteil des zu verzinsenden Kapitals, tritt der Effekt des Z.es-Z.es ein. Ein Beispiel hierfür ist die Kapitalisierung des Z.-Betrages bei unbefristeten Spareinlagen (z. B. in Form eines Sparbuches). Für die Berechnung des Endkapitals nach n Z.-Perioden wird folgende Formel verwendet:

$K_n = K_0 \cdot (1 + \frac{p}{100})^n = K_0 \cdot q^n$
K_n = Endkapital nach n-ten Zinsperiode
K_0 = Anfangskapital
p = Zinssatz (in Prozent)
n = Anzahl der Zinsperioden
q^n = Aufzinsungsfaktor für n Zinsperioden
Abb. 3: Berechnung Endkapital (Kn) Zinseszins

Werden die anfallenden Z.-Erträge kapitalisiert, führt dies zu einem exponentiellen Wachstum des überlassenen Kapitals. Der Unterschied zwischen dem exponentiellen Wachstum im Falle eines kapitalisierten Z.es-Z.es und dem linearen Wachstum im Falle einer einfachen Verzinsung lässt sich grafisch verdeutlichen. Abb. 4 veranschaulicht das ungleiche Wachstumspotenzial eines Anfangskapitals von 10 000 € innerhalb von 25 Z.-Perioden bei unterschiedlicher Art und Höhe der Verzinsung:

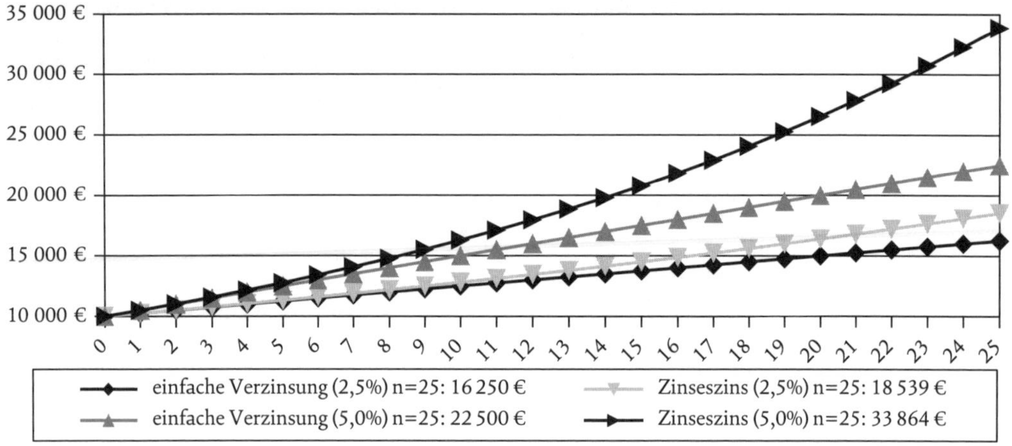

Abb. 4: Kapitalwachstum (10 000 € innerhalb von 25 Zinsperioden)

Durch Abzinsung (Diskontierung) des Endkapitals wird hingegen der Gegenwartswert (auch Barwert) einer verzinsten Kapitalüberlassung bestimmt. Auf diese Weise kann z. B. der gegenwärtige Wert zukünftiger Ablaufleistungen von Spar- und Versicherungsverträgen ermittelt werden. Der Barwert ist ein grundlegendes finanzmathematisches Konzept, das es u. a. ermöglicht, zukünftige Zahlungen, die zu unterschiedlichen Zeitpunkten fällig sind, vergleichbar zu machen. Die Formel zur Berechnung des Barwertes lautet:

$K_0 = K_n \cdot (\frac{1}{q})^n = K_n \cdot q^{-n}$
K_0 = Barwert (als Anfangskapital)
K_n = Endkapital nach n-ten Zinsperiode
n = Anzahl der Zinsperioden
q^{-n} = Abzinsungsfaktor für n Zinsperioden
Abb. 5: Berechnung des Barwertes (K_n)

3. Als Gegenstand der Ökonomik

Wissenschaftliches Erkenntnisobjekt ist der Z. insb. in der Wirtschaftswissenschaft (der VWL und BWL), aber u. a. auch in der Rechtswissenschaft, der Soziologie und der Sozialphilosophie (speziell der Sozialethik). Aus ökonomischer Perspektive bilden sich Z.en im Rahmen einer marktwirtschaftlichen Ordnung, wie Preise generell, aus dem Zusammenspiel von Angebot und Nachfrage. Ein Angebotsüberschuss an entspr.em Kapital bzw. ↑Geld führt demnach zu einem sinkenden Z., während ein Nachfrageüberschuss zu einem steigenden Z. führt. Dabei ist jedoch zu beachten, dass das komplexe gesamtwirtschaftliche Verhältnis zwischen Kapitalangebot und -nachfrage sowie den diversen daraus resultierenden Z.-Sätzen vielschichtigen und wechselseitigen kontextualen Einflüssen unterliegt.

Die Höhe bestimmter Z.-Sätze sowie des allg.en Z.-Niveaus in einer Volkswirtschaft sind darüber hinaus instrumentale Zielgrößen der ↑Wirtschaftspolitik; insb.

im Hinblick auf Konjunktur- und Wachstumspolitik. Vor diesem Hintergrund versucht etwa die Zentralbank die Höhe maßgeblicher Z.-Niveaus durch Maßnahmen der ↑Geldpolitik zielführend zu beeinflussen. Der Einsatz des Z.es als wirtschaftspolitisches Steuerungsinstrument setzt belastbare Kenntnisse über die Wirkungs- und Transmissionsmechanismen sich verändernder Z.-Niveaus voraus. Ein wichtiger Aspekt in diesem Zusammenhang ist die Berücksichtigung realer Z.-Sätze. Während sich der Begriff des Z.es in aller Regel auf die nominale Höhe des für eine Überlassung fälligen Entgeltes bezieht, prozentual also als Nominal-Z.-Satz ausgedrückt wird, berücksichtigt der jeweilige Real-Z.-Satz auch die (erwartete) Wirkung von ↑Inflation bzw. Deflation. Der Real-Z.-Satz ergibt sich aus der Differenz zwischen Nominal-Z.-Satz und Inflationsrate:

Real-Z.-Satz = Nominal-Z.-Satz – Inflationsrate

Übersteigt die Inflationsrate den Nominal-Z.-Satz, besteht folglich ein negativer Real-Z. In diesem Fall verliert der Gläubiger durch die Überlassung real Kapital. Orientiert an der tatsächlichen Kaufkraft, wird insb. realen Z.-Sätzen ein Einfluss auf das Konsum- und Sparverhalten privater Haushalte, die Investitionen von Unternehmen und die Finanzierung des Staatshaushaltes attestiert.

4. Zinstheorien im Wandel

Die Erklärung des Z.-Phänomens und mit ihr die Beantwortung der Fragen nach dem ökonomischen Wesen und der jeweiligen Höhe von Z.en unterlag historisch einem ständigen Wandel. Theoriegeschichtlich schlug sich die Vielfalt dieser Deutungsversuche in einer entspr. großen Anzahl an Z.-Theorien nieder.

In der klassischen Z.-Theorie, die maßgeblich durch Beiträge von David Ricardo und John Stuart Mill geprägt wurde, wird die Höhe des Z.es durch das Aufeinandertreffen von Kapitalangebot (Ersparnisse, positiv abhängig vom Z.) und Kapitalnachfrage (↑Investitionen, negativ abhängig vom Z.) bestimmt. Je höher das gesamtgesellschaftliche Sparen, desto niedriger der Z. (und vice versa). Auf den Überlegungen aufbauend, dass der Kapitalmarkt nicht unabhängig vom Geldmarkt (↑Geld- und Kapitalmarkt) sei sowie Sparen und Investitionen nicht ausschließlich Funktionen des Z.-Satzes, haben sich eine Reihe ergänzender oder alternativer Theorien herausgebildet.

Die neoklassische Lesart der Z.-Theorie Knut Wicksells erweitert die Annahmen der klassischen Lehre dahingehend, dass zwischen der Existenz zweier (hypothetischer) Z.-Sätze unterschieden wird. Der natürliche Z. beschreibt den Z.-Satz, der unter der Annahme einer reinen Tauschwirtschaft auf dem Kapitalmarkt zustande kommt. Der Geld-Z. *(monetary rate of interest)* hingegen beschreibt den (Kreditmarkt-)Z., der sich durch Angebot und Nachfrage nach Krediten herausbildet. Die Erweiterung um den Kreditmarkt führt dazu, dass Geldmengenerhöhungen – etwa durch Zentralbanken oder durch Kreditgeldschöpfung von Geschäftsbanken (↑Banken) – ebenfalls auf den Kapitalmarkt-Z. wirken können. Modelltheoretisch bedeutet dies, dass das zinsniveaubestimmende Gleichgewicht auf dem Kapitalmarkt durch den Schnittpunkt von Investitionen und der Summe aus Sparen und Geldmengenveränderungen ermittelt wird.

Ebenfalls maßgeblich für die Herausbildung einer neoklassischen Z.-Theorie waren die Überlegungen Irving Fishers, die sich im Wesentlichen durch die Beschreibung einer dynamischen, nicht-stationären Wirtschaft von seinen theoretischen Vorläufern unterscheidet. Er versteht den Z. als Entschädigung für Konsumverzicht und begründet damit eine intertemporale Betrachtung von Konsum-Spar-Entscheidungen unter subjektiver Gegenwartspräferenz. Ein weiterer Beitrag I. Fishers ist die Idee eines Preiserwartungseffekts, welchem zufolge Wirtschaftssubjekte ihre Erwartungen hinsichtlich der Entwicklung von Inflationsraten bilden. In der Konsequenz führen veränderte Inflationserwartungen zu einer proportionalen Veränderung des Nominal-Z.-Niveaus.

Die (neo-)klassischen Z.-Theorien wurden nachhaltig von der Theorie des britischen Ökonomen John Maynard Keynes herausgefordert. Ein maßgeblicher Unterschied besteht in der Annahme der Liquiditätspräferenz, nach welcher der Z.-Satz als der Preis für das Verlangen der Wirtschaftssubjekte verstanden werden kann, ↑Vermögen in Bargeld zu halten (Liquiditätsprämie). Der negative Zusammenhang zwischen Z.-Satz und Geldnachfrage war zentral für die theoretische Weiterentwicklung der VWL (neoklassische Synthese). In dem hierzu von John Richard Hicks formulierten IS-LM-Modell *(Investment-Saving /Liquidity preference-Money supply)* wird ein gesamtwirtschaftliches Gleichgewicht – simultan auf dem Güter- und Geldmarkt – durch Kombinationen von Volkseinkommen und Z.-Satz abgebildet. Die keynesianische Liquiditätstheorie findet darin Berücksichtigung in Form der LM-Kurve (positiv abhängig vom Volkseinkommen, negativ abhängig vom Z.). Ein spezielles Szenario bildet die sog.e Liquiditätsfalle: Liegt das Z.-Niveau unterhalb dessen, was die Wirtschaftssubjekte als „normal“ betrachten, so wäre es theoretisch denkbar, dass diese in Erwartung zukünftig steigender Z.en ihr Vermögen zu Spekulationszwecken vollständig in Bargeld halten. Die Geldnachfrage, und damit die LM-Kurve, wären vollkommen zinselastisch. Der Einsatz expansiver Geldpolitik, mit dem Ziel durch sinkende Z.en positive Impulse auf das Volkseinkommen zu generieren, bliebe im Rahmen des IS-LM-Modells wirkungslos; der Einsatz fiskalpolitischer Maßnahmen wäre notwendig.

Z.-Theorien wichtiger Vertreter der ↑Österreichischen Schule der Nationalökonomie, wie z. B. Eugen von Böhm-Bawerk oder Murray Newton Rothbard, verschieben den Fokus der Analyse vornehmlich hin zu einer intertemporalen, güterwirtschaftlichen Betrachtung. Demnach erklärt sich die Höhe des Z.-Satzes durch unterschiedlich ausgeprägte Zeitpräferenzen (Bevorzugung gegenwärtigen gegenüber zukünftigen Konsums) und durch die Mehrergiebigkeit von Produktionsumwegen. Letztere beschreibt die Entscheidung von ↑Unternehmen, Konsumgüter (Gegenwartsgüter) oder alternativ Kapitalgüter (Zukunftsgüter) zu produzieren, welche wiederum zur späteren Produktion von mehr bzw. besseren Konsumgütern verwendet werden können. Der Z.-Satz wird hier als der Preisunterschied zwischen Gegenwarts- und Zukunftsgütern beschrieben. Die diesbezüglichen Überlegungen E. von Böhm-Bawerks können allerdings nicht nur in Abgrenzung zu den neoklassischen Beiträgen verstanden werden. So nehmen u. a. auch K. Wicksell und I. Fisher auf einzelne Elemente seiner Z.-Theorie Bezug.

5. Wichtige Zinssätze und aktuelle Entwicklungen

Während die zuvor genannten Z.-Theorien häufig nur das Vorliegen eines Z.-Satzes oder weniger Z.-Sätze annehmen, zeigt sich in realen Ökonomien eine große Bandbreite (z. B. Kreditmarkt-, Geldmarkt-, Bank- und Sparkassen-Z.-Sätze).

Von entscheidender Bedeutung sind Zentralbank-Z.-Sätze, da sie den Preis der Geldeinlage und -aufnahme der Geschäftsbanken bestimmen sowie den Interbankenhandel beeinflussen. Im Rahmen der Geldpolitik verfolgen Zentralbanken für ihren jeweiligen Währungsraum die Durchsetzung volkswirtschaftlicher Ziele, wie z. B. Preisniveaustabilität. Das zentrale politische Instrument ist dabei die Festsetzung sog.er Leit-Z.en. Hierzu zählen für die Eurozone der Einlage-, Hauptrefinanzierungs- und Spitzenrefinanzierungssatz der ↑EZB. Eine historische Besonderheit stellt dabei die „Nullzinspolitik", eine Phase expansiver Geldpolitik mit sehr niedrigen Leit-Z.en zur Bekämpfung der Folgen der ↑Finanzmarkt- und Wirtschaftskrise 2007–09, dar. So liegt der Hauptrefinanzierungssatz der EZB seit 2016 bei 0 %, die Einlagenfazilität wurde im Jahr 2012 auf 0 %, ab 2014 sogar auf negative Niveaus festgelegt.

Kritiker dieser Maßnahmen verweisen u. a. auf wachsende Risiken für die Altersvorsorge, öffentliche Haushalte und Finanzmarktstabilität und fordern einen raschen Ausstieg aus der Niedrig-Z.-Phase. Befürworter verweisen jüngst auch darauf, dass es Hinweise auf einen durch ein verändertes Spar- und Investitionsverhalten gesunkenen natürlichen Z. im Wicksell'schen Sinne gibt. Dieser Argumentation folgend, würden sich die Leit-Z.en dem gesunkenen natürlichen Niveau angleichen.

Weitere wichtige Leit-Z.-Sätze sind das *Federal Funds Rate-Zielband* des Federal Reserve Systems der USA, der *Diskontsatz* der Chinesischen Volksbank und die *Official Bank Rate* der Bank of England. Für die Bewertung der Z.-Entwicklung auf dem Geldmarkt werden auch Interbankengeschäfte beobachtet und für den Euroraum z. B. in den Referenz-Z.-Sätzen Euribor oder EONIA abgebildet.

Literatur

R. Anderegg: Grundzüge der Geldtheorie und Geldpolitik, 2014 • C. Coen/R. Baldwin (Hg.): Secular Stagnation, 2014 • J. M. Keynes: Allgemeine Theorie der Beschäftigung, des Zinses und des Geldes, [11]2009 • M. N. Rothbard: Man, Economy, and State. A Treatise on Economic Principles, [2]2009 • J. R. Hicks: IS-LM. An Explanation, in: JPKE 3/2 (1980), 139–154 • F. A. Lutz: Zinstheorie, [2]1967 • K. Wicksell: Interest and Prices. A Study of the Causes Regulating the Value of Money, [2]1965 • I. Fisher: The Theory of Interest. As Determined by Impatience to Spend Income and Opportunity to Invest It, 1930 • E. von Böhm-Bawerk: Capital und Capitalzins, Bd. 2, 1902 • Ders.: Kapital und Kapitalzins, Bd. 1, [4]1884.

MARTIN BUCHNER UND MATTHIAS STÖRRING

II. Sozialethisch

1. Wirtschaftsethische Tradition

Nach dem AT gibt es im ↑Judentum ein Z.-Verbot (Ex 22,24; Lev 25,35–38; Dtn 23,20). Dies erstreckt sich auf Angehörige des eigenen Volkes, nicht aber auf Kredite an Fremde (z. B. Kredite für Karawanen von Fernhändlern). Im NT geht Jesus davon aus, dass ↑Geld verzinslich angelegt wird (Lk 19,23). Das alttestamentliche Z.-Verbot wird von ↑Christentum und ↑Islam (Z. = *riba*) übernommen. In Anlehnung an Aristoteles lehnt Thomas von Aquin Z.en ab, weil die Funktion von Geld Tauschmittel ist und es selbst keinen Mehrertrag hervorbringt. Im Mittelalter und der frühen Neuzeit vergaben oder nahmen kirchliche Vermögensträger ↑Kredite gegen Z.en. Zur Rechtfertigung des Z.-Nehmens wurden Legitimationsstrategien entwickelt, indem Kredite bewusst nach dem vereinbarten Zahlungstermin zurückgezahlt wurden, so dass der Kreditgeber einen auszugleichenden Schaden *(damnum emergens)* erlitt, Z.en eine Entschädigung für entgangene Gewinne des Kreditgebers *(lucrum cessans)* darstellten, eine Risikoprämie *(periculum sortis)* beinhalteten etc. Kirchliche Erträge aus Bodenbesitz (Grund-Z.) wurden hingegen nie in Frage gestellt.

Zwischen ↑Wucher und Z. wird weder im Hebräischen noch im Deutschen bis Martin Luther unterschieden, der immer von Wucher spricht, selbst wenn im heutigen Verständnis von Z. die Rede ist. Johannes Calvin eröffnet die Möglichkeit zum Z.-Nehmen, indem er das Z.-Verbot als rein binnenjüdische Vorschrift deutet, während die Erlaubnis, von Ausländern Z.en zu nehmen, eine generelle Erlaubnis des Z.-Nehmens ermöglicht. Papst Pius VIII. hob 1830 das Z.-Verbot ohne nähere Begründung auf. Das gegenwärtige ↑Kirchenrecht geht davon aus, dass kirchliches Vermögen verzinslich angelegt wird. Das Z.-Verbot entstammt einer vormodernen Gesellschaft, in der es kein oder nur ein sehr geringes ↑Wirtschaftswachstum gab und die Kreditaufnahme häufig aus einer Notlage entsprang, weil es keine sozialen Sicherungssysteme gab. In einer solchen Null-Summen-Konstellation kam es bei Z.en zu einer

Umverteilung von i. d. R. ökonomisch Schwächeren zu Wohlhaberenden. Daher ist Z.-Nehmen in einer vormodernen Wirtschaft zugl. auch Wucher.

Durch Z.- und Z.es-Z.-Effekte kann dort die Aufnahme eines Notlagenkredits zu einer Schuldenspirale führen, aus der es kein Entrinnen mehr gibt und die entweder zu einem totalen Vermögensverlust (z. B. des Familienbesitzes an Boden) führt oder sogar eine Schuldknechtschaft zur Folge hat. Solche Bedingungen sind in der Gegenwart noch in manchen Entwicklungsländern (z. B. Indien) anzutreffen.

2. Zinsen in einer modernen Wirtschaft

Z.en sind in einer modernen Wirtschaft sowohl Voraussetzung des wirtschaftlichen Wachstums, weil sie einen Anreiz zur Ersparnis und Kapitalbildung bieten und eine Lenkungsfunktion knappen ↑Kapitals übernehmen, als auch dessen Ergebnis, weil sie die Kapitalbildung, den effizienten Kapitaleinsatz und Produktionssteigerungen ermöglichen, aus denen Z.en gezahlt werden können. Bei einem marktadäquaten Z. erhält der Darlehensgeber eines Investitionskredites einen gerechten Anteil an dem durch seinen Kredit ermöglichten Mehrertrag. Während in vormodernen Gesellschaften fast 90 % der Bevölkerung in ↑Armut lebten, war das weltweit seit 1800 zugl. stattfindende Wachstum von Bevölkerung und Wohlstand auch durch den Aufbau eines Bank- und Finanzwesens (↑Banken) möglich, in dem Z.en eine zentrale Rolle spielen. Daher ist Z. als Steuerungselement für einen effizienten Kapitaleinsatz wie als Einkommensquelle ethisch gerechtfertigt. Der Verzicht auf Z.en als wichtige Steuerungselemente hat zum ökonomischen Rückstand und späteren Zusammenbruch sozialistischer Volkswirtschaften beigetragen. Die Z.-Höhe spiegelt auch das Rückzahlungsrisiko wieder, so dass risikobereite Anleger höhere Z.en erzielen, aber auch unsichere Kreditnehmer höhere Z.en zahlen müssen. Weiterhin können Z.en dem Schutz von Ersparnissen vor ↑Inflation dienen, wenn sie die Geldentwertung zumindest ausgleichen. Sozialethisch wäre es ein Problem, wenn die Behauptung (von Thomas Piketty) zuträfe, dass der Z.-Satz in einer Marktwirtschaft tendenziell höher als die ökonomische Wachstumsrate ist, so dass es zu einer fortlaufenden Konzentration von ↑Vermögen in Marktwirtschaften kommt. Diese Behauptung ist aber umstritten.

In der Gegenwart kann es aus normativer Sicht zu hohe bzw. zu niedrige Z.en geben. In Entwicklungsländern gibt es Mikrofinanzinstitute, die durch Arrangements, die die Transaktionskosten senken bzw. auch für mehr ↑Wettbewerb auf Kreditmärkten (↑Geld- und Kapitalmarkt) sorgen, Z.en senken, um Wachstum unter ärmeren Bevölkerungsschichten zu fördern. Durch eine lockere ↑Geldpolitik und den Aufkauf von ↑Staatsanleihen durch Notenbanken wurden nach der ↑Finanzmarktkrise 2008 in einer Reihe von Industrieländern die Z.en soweit gesenkt, dass deren volkswirtschaftliche Lenkungsfunktion beeinträchtigt wird und für Personen wie Institutionen, die auf Kapitalbildung (z. B. zur Alterssicherung) angewiesen sind, die Vorsorge erheblich erschwert wurde.

Literatur

R. H. Schmidt/H. D. Seibel/P. Thomes: From Microfinance to Inclusive Banking, 2016 • M. Casper/N. Oberauer/F. Wittreck (Hg.): Was vom Wucher übrigbleibt, 2014 • T. Piketty: Das Kapital im 21. Jahrhundert, 2014 • B. Noll: Grundriss der Wirtschaftsethik, 2010 • R. Kessler: Zins/Zinsverbot (2009), in: S. Alkier/M. Bauks/K. Koenen (Hg.): Das wissenschaftliche Bibellexikon im Internet, URL: https://www.bibelwissenschaft.de/stichwort/35406 (abger.: 19.3.2020) • J. C. Gertz u. a.: Zins, in: TRE, Bd. 36, 2004, 668–691.

JOACHIM WIEMEYER

Zionismus

1. Begriff

Der Z. verarbeitete die Nationalstaatsidee des 19. Jh. für das ↑Judentum und stellte andererseits die konsequent „dissimilatorische" Reaktion auf den modernen Antisemitismus dar. Zu seinem Kern gehören die Überzeugung von einer nationalen Einigung und Selbstbestimmung des jüdischen Volkes unter Rückbesinnung auf seine kulturelle Identität („jüdische Renaissance") sowie die Auffassung, dass der „assimilatorische" Weg des europäischen Diasporajudentums der Moderne in der Illusion, die Juden könnten durch Selbstaufgabe ein Verschwinden des Antisemitismus bewirken, gescheitert sei. Beide Grundannahmen wurden bei weitem nicht von allen Juden geteilt, weder von der religiösen Orthodoxie noch vom Gros der „bürgerlichen" Juden Westeuropas, sodass der aktive Z. bezogen auf die gesamte jüdische Bevölkerung und ungeachtet seiner Dynamik eine Minderheitenbewegung blieb. Innerhalb der Bewegung entwickelten sich unterschiedlichste, teils stark konkurrierende ideologische wie politische Vorstellungen über die exakte Zielrichtung des Z. und die Wege, den jüdischen Staat zu errichten, die sich in zahlreichen Fraktionsbildungen niederschlugen.

Der Begriff Z. bezieht sich auf den Tempelberg in Jerusalem als den Kristallisationsort jüdischer Rückkehrhoffnung und -erwartung seit dem Beginn der durch die Zerstörung des Zweiten Tempels im Jahr 70 verursachten (v. a. europäischen) Diaspora der Juden. Dabei ist die religiös-messianische Rückkehr*hoffnung* von der national-aktivistischen Rückkehr*planung* des Z. zu unterscheiden. Erste „zionistische" landwirtschaftliche jüdische Siedlungen in Palästina entstanden in den frühen 1880er Jahren als Ergebnis der osteuropäischen Bewegung *Chibbat Zion* (Zionsliebe), deren Anhänger als *Zionsfreunde* auftraten.

Als Begründer der Hauptlinie der modernen zionistischen Bewegung gilt der Wiener, seit 1891 in Paris tätige Journalist Theodor Herzl, dessen charismatische Persönlichkeit, hoher Aktivitätsgrad und v. a. dessen visionär-programmatische Schriften, „Der Judenstaat“ (1896) und „Altneuland“ (1902), dem Z. innerhalb von wenigen Jahren ein weltweites Echo verschafften. T. Herzls Antrieb erwuchs v. a. aus der Erfahrung des maßlosen Antisemitismus, den er im Frankreich der Dritten Republik und der Dreyfus-Affäre erlebte. Als eigentlicher Beginn des Z. gilt der erste, von David Farbstein und T. Herzl organisierte Kongress in Basel, Ende August 1897 (bis zur Staatsgründung fanden weitere 21 Kongresse statt), als Höhe- und Zielpunkt die Gründung des Staates Israel im Mai 1948. Aber freilich hat weder T. Herzl den zionistischen Gedanken erfunden noch ist der Z. mit der Staatsgründung beendet, insofern, als zur *raison d'être* Israels der Gedanke gehört, für Juden in aller Welt stets Heimstatt und Zufluchtsort zu sein. In diesem Sinne, und um den Staat Israel zu stärken, fanden auch die Zionistenkongresse seit 1951 (bis zuletzt 2006) eine Fortsetzung in loser Folge. Die Art des Fortwirkens der zionistischen Idee unter den Bedingungen der Existenz des jüdischen Staates ist in den geschichtspolitischen Debatten in und um Israel schwer umstritten. Dabei treten sich „(Neo)-Zionisten“ und „Antizionisten/Postzionisten“ gegenüber. In nichtjüdischen Diskursen über Israel ist „Israelkritik“ – etwa an der Siedlungspolitik – oftmals mit antizionistischen Verdikten untersetzt, deren Übergänge in eine Spielart des ↑Antisemitismus fließend sind. Weltweites Aufsehen erregte die UN-Resolution 3379 vom 10.11.1975, in der Z. als eine Form des ↑Rassismus und der Rassendiskriminierung verurteilt wurde. Die Resolution wurde von den ↑Vereinten Nationen im Dezember 1991 zurückgenommen.

2. Konzeptionen und Sinnstiftung

Wichtige Vordenker des Z. waren der frühsozialistische Theoretiker Moses Hess, der russisch-jüdische Arzt und Publizist Leon Pinsker und der Journalist Nathan Birnbaum. Während M. Hess in seinem Buch „Rom und Jerusalem“ (1862) die jüdische Frage als „die letzte Nationalitätsfrage“ behandelte und in einem utopisch-sozialistischen Staatsgedanken auflöste, schrieb L. Pinsker zwanzig Jahre später sein Werk „Autoemanzipation“ (1882) unter dem Eindruck der Pogrome in Odessa. N. Birnbaum („Die nationale Wiedergeburt des jüdischen Volkes in seinem Lande“ [1893]), der sich später allerdings vom Z. abwandte, gehört zu den ersten, die, seit Anfang der 1890er Jahre, mit dem Begriff Z. operierten.

Neben der „politischen“ Herzl-Richtung mit ihrem Akzent auf der jüdisch-nationalen Idee, die – durch die möglichst unverzügliche Gründung eines Judenstaates – die Lösung des Antisemitismusproblems bringen sollte, entwickelte sich eine eher kulturelle, sozialutopische (↑Utopie) und auch stärker religiös untersetzte Variante. Als Vordenker dieses „kulturzionistischen“ Konzepts – dem auch der junge Martin Buber anhing –, gilt Achad Ha'am (eigentlich Ascher Ginsberg), dessen Forderung lautete, vor einer Staatsgründung jüdische Kultur zunächst in Palästina wieder einzuwurzeln, um es als geistiges Zentrum des Judentums neu zu etablieren. Eine Staatsgründung könne nicht aus dem Modus der „inneren Knechtschaft“ (1901) erfolgen, sondern müsse geistig und kulturell vorbereitet sein. Im Unterschied zu T. Herzl, dessen größerer Realismus mögliche Alternativen zu Palästina zumindest nicht gleich verwarf („Uganda-Plan“), stand für A. Ha'am das „Land Israel“ (*Erez Israel*) um keinen Preis zur Disposition. Z. durfte nicht zu einer beliebigen, sondern musste zwingend zu einer Staatsgründung in Palästina führen, die Ergebnis einer Rückbesinnung auf die geistigen und religiösen Wurzeln des Judentums zu sein hatte.

Zu den Fraktionierungen des dann schon entwickelten Z. zählt der sog.e „Revisionismus“, der 1925 zu einer „Rechtsabspaltung“, angeführt von Wladimir Zeev Jabotinsky, von der 1897 in Basel gegründeten *Zionistischen Weltorganisation* führte. W. Z. Jabotinsky kritisierte die Hauptlinie der Organisation unter ihrem langjährigen Präsidenten Chaim Weizmann als zu sozialistisch und der britischen Mandatsmacht in Palästina und v. a. den Arabern gegenüber zu nachgiebig. In den großen diasporajüdischen Organisationen der neuen Welt, wie dem *World Jewish Congress* (WJC, gegründet 1936 unter wesentlicher Mitwirkung von Nahum Goldmann) und dem *American Jewish Committee* (AJC) spielte der Z. stets eine zentrale, wenngleich leidenschaftlich diskutierte Rolle: Für diese Organisationen war der jüdische Staat zwar eine anerkannte, als notwendig und unbedingt unterstützenswert begriffene Manifestation jüdischen Lebens in der ↑Moderne, aber keineswegs die einzige, gegenüber jüdischen Lebensformen in der Diaspora in jedem Fall zu präferierende. Diese Auffassung begründete eine „universalistische“, auf umfassendes Lebensrecht und Minderheitenschutz (↑Minderheiten) für Juden überall auf der Welt, garantiert durch die Akzeptanz der allg.en ↑Menschenrechte pochende Haltung, die zu denjenigen Zionisten, die ausschließlich in einem jüdischen Staat die Zukunft des Judentums erblickten, oftmals in heftig ausgetragenen Gegensatz trat.

Untrennbar mit der politischen Aktion und letztlich mit dem Erfolg des Z. ist seine unablässige kulturelle Sinnstiftung verbunden. Die stete Propagierung bestimmter „zionistischer“ Bilder, bes. auch Körperbilder, vom Juden als „Pionier“ *(Hechaluz)* und vom gemeinschaftlichen Aufbau einer blühenden ↑Zivilisation in der Wüste, stärkte die Dynamik der Bewegung und vermittelte die Vision einer großen Zukunft. In sog.en *Hachschara*-Kursen („Vorbereitung“) sollte v. a. die junge Generation bürgerlicher Juden für die Auswanderung geschult und auf neue landwirtschaftlich-sozialistisch-kollektivistische Lebensweisen *(Kibbuzim)* vorbereitet werden. Auch zionistisch nicht aktive Juden sollten sich mit der Bewegung identifizieren lernen, und sie durch eigenen Einsatz zuhause, etwa durch Geld- oder Baumspenden unterstützen. Aufbau und Pflege des Neuhebräischen als Nationalsprache gehören ebenfalls in den Zusammenhang dieser zionistischen Sinnstiftung.

3. Von den ersten Ansiedlungen zum Staat

Die Entwicklung des Z. als jüdische Ansiedlungsbewegung in Palästina hängt entscheidend zusammen mit den jüdischen Migrationswellen aus Osteuropa, v. a. dem Zarenreich, seit 1881, andererseits mit der Schwäche des Osmanischen Reichs, die in Palästina zu einem Machtvakuum führte. Die erste Einwanderungswelle *(Alija)* begann nach den russischen Pogromen von 1881 und führte bis zum Beginn des 20. Jh. etwa 30 000 v. a. osteuropäische Juden nach Palästina. Dass im gleichen Zeitraum fast 700 000 (ost-)europäische Juden nach Nordamerika auswanderten, verdeutlicht die Relationen. In der zweiten *Alija*, wiederum Teil einer größeren, von Pogromen (v. a. Kischinew 1903) in Gang gesetzten Migrationswelle aus Osteuropa, gelangten weitere ca. 40 000 Juden nach Palästina; insgesamt verließen bis 1914 um die 1,6 Mio. Juden (Ost-)Europa, die weitaus meisten von ihnen wiederum in Richtung USA.

Die drei folgenden *Alijot* (1919–1923, 1924–1927 und 1930–1939) standen bereits unter den durch den Ersten Weltkrieg, die britische Mandatsübernahme in Palästina und die Balfour-Erklärung vom November 1917 gekennzeichneten neuen Bedingungen und führten in den verschiedenen Phasen weitere ca. 400 000 Juden nach Palästina, seit 1933 auch zahlreiche vom ↑Nationalsozialismus verfolgte und immer mehr „illegale" *(Alija Bet)*. Je mehr infolge der nationalsozialistischen Judenverfolgung in Deutschland die Flüchtlingsströme anschwollen, umso mehr riegelte die britische Mandatsmacht, ihrerseits unter dem Druck des arabischen Aufstands der Jahre 1936 bis 1939, Palästina ab. Das sog.e „Weißbuch" (White Paper) von 1939 beendete faktisch die jüdische Immigration ins Mandatsgebiet. Erst mit der Gründung Israels kam eine neuerliche Migrationswelle in Gang, die nun einen großen Teil der durch den Krieg entwurzelten jüdischen *Displaced Persons*, wiederum meist osteuropäischer Herkunft, in den neuen jüdischen Staat in Palästina führte – zwischen 1948 und 1954 etwa 740 000.

Unter den Augen der britischen Mandatsmacht und mit deren Zusicherung aus der Balfour-Erklärung, die Errichtung einer „nationalen Heimstätte in Palästina für das jüdische Volk" fördern zu wollen, hatte die zionistische Bewegung seit dem Ende des Ersten Weltkriegs mit dem Aufbau einer „vorstaatlichen Gemeinschaft" – des *Jischuw* – begonnen und deren institutionelle Ausgestaltung in der Folgezeit weit vorangetrieben. Mit diesem „Staat auf dem Weg" wurde die eigentliche Staatsgründung von langer Hand vorbereitet. Als Vertretungskörperschaft der in Palästina lebenden Juden gegenüber der Mandatsmacht wie für interne Angelegenheiten des *Jischuw* wirkte die 1929 gegründete *Jewish Agency*.

Der UN-Teilungsplan vom November 1947 stieß bei den Arabern nicht nur nicht auf Zustimmung, sondern war für sie Anlass, den offenen Krieg gegen die Juden in Palästina zu führen, in dessen Verlauf Israel seine Unabhängigkeit proklamierte. Israel wurde nicht durch den Teilungsbeschluss gegründet, dieser führte aber doch die Konstellation herbei, in der die Staatsgründung schließlich international-politisch möglich wurde. Die gleichfalls oft wiederholte Behauptung, der jüdische Staat sei ein kausales Ergebnis der Vernichtung des europäischen Judentums durch das nationalsozialistische Deutschland (↑Shoa) gewesen, darf als geschichtspolitische Konstruktion (↑Geschichtspolitik) gelten, die unterschiedlichen legitimatorischen Zwecken diente und noch heute in innerisraelischen Debatten über das „Wesen" das Staates Israel argumentativ eingesetzt wird. Sie hält aber einer Faktenprüfung nicht stand. Zwar bestätigte die *Shoa* eine der Grundannahmen des Z. auf die denkbar katastrophalste Weise, und als solche ist sie auch in die Gründungsnarration der israelischen Unabhängigkeitserklärung eingeflossen. Aber in der konkreten historischen Situation hat die Tragödie des europäischen Judentums weder die britische Mandatsmacht in Palästina noch die großen internationalen Mächte (v. a. USA und UdSSR) noch die führenden Politiker im *Jischuw* selbst in ihren Entscheidungen und Handlungen wesentlich beeinflusst. Der jüdische Staat ist ein lange vorbereitetes Ergebnis der zionistischen Bewegung in Reaktion auf den europäischen Antisemitismus und ↑Nationalismus, und er war *in nuce* längst vorbereitet und vorhanden, als der systematische Judenmord in Europa begann.

Literatur

T. Brechenmacher: 70 Jahre Israel. Die Shoah als Faktor der Staatsgründung?, in: HPM 26 (2019), 5–15 • J. Loeffler: Rooted Cosmopolitans. Jews and Human Rights in the Twentieth Century, 2018 • T. Segev: David Ben Gurion. Ein Staat um jeden Preis, 2018 • M. Brenner: Geschichte des Zionismus, ^{3}2008 • A. Timm: Israel. Gesellschaft im Wandel, 2003 • B. Morris: Righteous Victims: A History of the Zionist-Arab Conflict, 1881–2001, 2001 • A. Rubinstein: Geschichte des Zionismus. Von Theodor Herzl bis heute, 2001 • H. Haumann (Hg.): Der Traum von Israel. Die Ursprünge des modernen Zionismus, 1998 • M. Wolffsohn: Die ungeliebten Juden. Israel – Legenden und Geschichte, 1998 • M. Berkowitz: Zionist Culture and West European Jewry Before the First World War, 1993 • S. J. Zipperstein: Elusive Prophet. Ahad Ha'am and the Origins of Zionism, 1993 • T. Herzl: Altneuland: Roman, 1902 • A. Ha'am: Äußere Freiheit und innere Knechtschaft. Eine zeitgemäße Betrachtung, 1901 • T. Herzl: Der Judenstaat, 1896 • N. Birnbaum: Die nationale Wiedergeburt des jüdischen Volkes in seinem Lande, als Mittel zur Lösung der Judenfrage: ein Appell an die Guten und Edlen aller Nationen, 1893 • L. Pinsker: Autoemanzipation, 1882 • M. Hess: Rom und Jerusalem, die letzte Nationalitätsfrage: Briefe und Noten, 1862.

THOMAS BRECHENMACHER

Zisterzienser ↑Orden

Zivildienst ↑Bundesfreiwilligendienst

Ziviler Ungehorsam

Der Begriff, der im Kern gewaltloses gesetzeswidriges Handeln aus politischen Gründen meint, geht auf den Essay „The Resistance to Civil Government“ (1848) des US-amerikanischen Schriftstellers und Publizisten Henry David Thoreau zurück, der Anstoß an der ↑Sklaverei und am expansiven Krieg gegen Mexiko nahm und folgerte: Ist „das Gesetz so beschaffen, dass es dich braucht, um einem anderen Unrecht zuzufügen, so sage ich: Brich das Gesetz! Mache dein Leben zur Gegenreibung, um die Maschine zum Halt zu bringen. Was immer geschieht, ich muss unbedingt vermeiden, mich zu jenem Unrecht herzugeben, das ich verdamme“ (zit. n. Braune 2017: 49).

Das im z.n U. angelegte Spannungsfeld von subjektiver ↑Moral und politischem Gehorsamsanspruch geht schon auf die griechische Philosophie zurück. Im „Gorgias“ verbreitet Platon die Sokratische Ansicht, es sei besser, Unrecht zu erdulden, als es selbst auszuüben. Auch der Umgang Sokrates' mit dem gegen ihn gerichteten Gerichtsverfahren kann in dieser Richtung interpretiert werden. Im naturrechtlichen Widerstandsdenken (↑Naturecht; ↑Widerstand) gegen missbrauchte ↑Herrschaft und in der christlichen ↑Zwei-Reiche-Lehre sind Topoi enthalten, die später in modifizierter Form im z.n U. wiederkehren. Martin Luthers Frage „Von Weltlicher Obrigkeit, wie weit man ihr Gehorsam schuldig sei“ (1523) zielt auf die Möglichkeit moralischer (religiöser) Integrität angesichts widersprechender weltlicher Herrschaftsansprüche. Hierin liegt begründet, dass im 19. und 20. Jh. christliche, v. a. protestantische Kirchen in unterschiedlichen Kontexten bes. Nähe zur Gehorsamsverweigerung entwickeln konnten (Abolitionismus, Einsatz für Kriegsdienstverweigerer, Bürgerrechtsbewegung der USA und der DDR, Kirchenasyl etc.). Auch bei Mahatma Gandhi, der als erster z.n U. effektiv politisch einsetzte, spielen religiöse Motive der Selbstläuterung und Feindesliebe eine wichtige Rolle.

Als moderne politische Handlungsform löst sich z. U. allerdings von solch vormodernen Begründungen und ist eng an die konstitutionelle ↑Demokratie gebunden. In den USA sind es bes. die ↑Bürgerrechtsbewegung um Martin Luther King jun. und die Protestbewegung gegen den Vietnamkrieg, die z.n U. praktizieren: Freedom-Rides, Sit-ins in segregierten Einrichtungen, Besetzung von Wehrbehörden, öffentliches Verbrennen von Einberufungsbescheiden und ähnliches gehören zu ihrem Repertoire. Ziel ist einerseits die Einlösung des Verfassungsversprechens gleicher Bürgerrechte für die afroamerikanische Bevölkerung, andererseits die Beendigung eines als ungerecht empfundenen Krieges. In Deutschland hingegen operiert die Bewegung der 1968er (↑Studentenbewegungen) noch weitgehend ohne Bezugnahme auf z.n U. Erst die neuen ↑sozialen Bewegungen der 1980er bedienen sich in der Auseinandersetzung um Atomkraft und NATO-Doppelbeschluss bewusst dieser politischen Handlungsform. In beiden Ländern wurde der strategische Einsatz z.n U.s von regen intellektuellen Debatten über dessen Definition, Rechtfertigung und Funktion im demokratischen ↑Rechtsstaat begleitet.

Am wichtigsten: John Rawls. In seinem Hauptwerk „Eine Theorie der Gerechtigkeit“ charakterisiert er z.n U. als „Ungehorsam gegenüber dem Gesetz innerhalb der Grenzen der Gesetzestreue“ (Rawls 1975: 403) – also unter grundsätzlicher Anerkennung der Verfassungsordnung. Auf dieser Basis formuliert er die Definition des z.n U.s als einer „öffentlichen, gewaltlosen, gewissensbestimmten, aber politischen gesetzwidrigen Handlung, die gewöhnlich eine Änderung der Gesetze oder der Regierungspolitik herbeiführen soll“ (Rawls 1975: 401). Die Kriterien der ↑Öffentlichkeit, Gewaltlosigkeit und i. d. R. auch die Bereitschaft, ↑Strafe auf sich zu nehmen, gelten als „Unterpfand der Aufrichtigkeit“ (Rawls 1975: 403 f.), mit dem die Gehorsamsverweigerer ihre prinzipielle Verfassungstreue und den zivilen Charakter des Ungehorsams zum Ausdruck bringen. Wichtig ist, dass es sich um einen kommunikativen Akt handelt: „Mit solchen Handlungen wendet man sich an den Gerechtigkeitssinn der Mehrheit der Gesellschaft und erklärt, nach eigener wohlüberlegter Ansicht seien die Grundsätze der gesellschaftlichen Zusammenarbeit zwischen freien und gleichen Menschen nicht beachtet worden“ (Rawls 1975: 401). Dementsprechend ist z. U. für J. Rawls nur in Fällen grober Ungerechtigkeiten, v. a. bei der Verletzung der gleichen Bürgerrechte, gerechtfertigt, und gewöhnlich auch nur dann, wenn auf juristischem oder regulärem politischen Weg keine Abhilfe zu schaffen ist. Wichtig ist, dass z. U. nicht auf religiösen oder partikularen politischen Überzeugungen gründet, sondern auf politischen Grundsätzen, die alle prinzipiell anerkennen (können). Dabei kann z. U. „eine der Stabilisierungskräfte eines konstitutionellen Systems“ (Rawls 1975: 421) sein, weil die unterdrückte Minderheit einen im Grundsatz noch verfassungstreuen Protest formuliert, was der militante Widerständler nicht tut.

Ähnlich argumentierte in den 1980er Jahren Jürgen Habermas. Zwar gebe es im demokratischen Rechtsstaat eine Friedenspflicht. Doch rechne dieser Staat selbst mit der Fallibilität von Verfahren und demokratischen Mehrheiten, so dass auch hier z. U. als letzte Revisionsmöglichkeit aufgefasst werden könne. Gegen seine Kriminalisierung im Namen von „Recht und Ordnung“ wandte er ein: „Jede rechtsstaatliche Demokratie, die ihrer selbst sicher ist, betrachtet den zivilen Ungehorsam als normalisierten, weil notwendigen Bestandteil ihrer politischen Kultur“ (Habermas 1983: 32).

Konservative Kritiker sehen im z.n U. eine einseitige Aufkündigung der Friedenspflicht, durch die sich eine

Minderheit illegitime Vorteile im Meinungskampf zu schaffen suche und die „Autorität von Recht und Ordnung" gefährde. Linke Kritiker betrachten das konstitutionelle bzw. liberale Modell des z.n U.s hingegen als zu eng. Folglich bestehen sie nicht im gleichen Maße auf Kriterien wie Öffentlichkeit, Gewaltlosigkeit oder Akzeptanz der Strafe und betrachten mehr und andere Anlässe als legitime Basis widerständiger Handlungsformen. Auch kann die Diskursorientierung in den Hintergrund treten. In jüngerer Zeit sind es v. a. radikaldemokratische Ansätze mehrheitlich französischer Provenienz, die auch in schärferen Protestformen praktizierte ↑Volkssouveränität sehen möchten, dies aber nur schwer in Kategorien des demokratischen Rechtsstaates begründen können.

Das Feld ist im 21. Jh. unübersichtlicher geworden, da sich Anlässe und Aktionsformen diversifiziert und transnationalisiert haben: Globalisierungs- und Kapitalismuskritik, Klimawandel und Umweltschutz, neuer Autoritarismus und Erosion von Rechtsstaatlichkeit und Demokratie, Migration und Seenotrettung, digitaler Ungehorsam, *Hacktivism* und *Whistleblowing* sowie künstlerische und satirische Aktionen im legalen Graubereich sind nur einige Stichworte, die anzeigen, dass auch die politischen Theorien des z.n U.s vor neuen Herausforderungen stehen, um ihn in diesen Kontexten erklären und rechtfertigen zu können.

Literatur

A. Braune (Hg.): Ziviler Ungehorsam. Texte von Thoreau bis Occupy, 2017 • H. Kleger: Widerstand und ziviler Ungehorsam im demokratischen Rechtsstaat, in: B. Enzmann (Hg): Hdb. politische Gewalt, 2013, 163–204 • R. Celikates: Ziviler Ungehorsam und radikale Demokratie. Konstituierende vs. konstituierte Macht?, in: T. Bedorf/K. Röttgers (Hg.): Das Politische und die Politik, 2010, 274–300 • J. Habermas: Ziviler Ungehorsam – Testfall für den demokratischen Rechtsstaat. Wider den autoritären Legalismus in der Bundesrepublik, in: P. Glotz (Hg): Ziviler Ungehorsam im Rechtsstaat, 1983, 29–53 • J. Rawls: Eine Theorie der Gerechtigkeit, 1975.

ANDREAS BRAUNE

Zivilgesellschaft

Der Begriff Z. ist heute verbreiteter als je zuvor, sowohl in der Theorie als auch in der politischen Praxis. Entstanden und ausgeformt im europäischen Denken des 18. und 19. Jh. hat er längst den alten Kontinent verlassen und ist zu einem global verwendeten Konzept geworden. Die jüngste Renaissance des Begriffs der Z. fällt zeitlich und ursächlich mit der Endzeit des Kommunismus in Europa zusammen: Den osteuropäischen ↑Dissidenten erschien die Z. schlicht als freiheitliches Gegenbild zur leninistischen Tyrannei. Es drückte ein ideales Programm zur Entwicklung „unabhängiger Formen des sozialen Lebens von unten aus, die frei sein sollten von staatlicher Bevormundung" (Taylor 1993a: 118). Seitdem ist „die" Z. unter östlichen Dissidenten und westlichen Postmarxisten ebenso zu einem zentralen Konzept für die Weiterentwicklung der ↑Demokratie aufgestiegen, wie sie dies in der liberalen Tradition (↑Liberalismus) stets gewesen war.

Was aber ist unter dem Begriff der Z. konkret zu verstehen? Er wurde stets unterschiedlich ausgedeutet und theoretisch untermauert. Eine allg.e Definition lautet so: Die Z. existiert in einer vor- oder nichtstaatlichen Handlungssphäre und besteht aus einer Vielzahl pluraler, auf freiwilliger Basis gegründeter Assoziationen, die ihre materiellen und normativen ↑Interessen artikulieren und autonom organisieren. Sie ist im Zwischenbereich von Privatsphäre und Staat angesiedelt; doch ihre Zielsetzungen betreffen immer auch die *res publica*. Akteure der Z. (z. B. Bürgerinitiativen und die Beteiligten an Runden Tischen) sind in die Politik involviert, ohne jedoch nach staatlichen Ämtern zu streben. Entspr. sind Gruppen, die ausschließlich private Ziele verfolgen (Familien, Unternehmen etc.) ebenso wenig Teil der Z. wie politische Parteien, Parlamente oder staatliche Verwaltungen. Die Z. ist auch kein unitarischer „Akteur", sondern ein pluralistisches Sammelbecken höchst unterschiedlicher Akteure, die allerdings einen normativen Minimalkonsens teilen. Dieser beruht im Kern auf der ↑Anerkennung des Anderen (↑Toleranz). Ausgeschlossen ist die Anwendung physischer ↑Gewalt. Dieser zivile ↑Konsens bildet das genuin zivilgesellschaftliche Ferment, das sich auf individueller Ebene in der Ausbildung eines Bürgersinns wiederfindet.

Obwohl diese Definition in normativer Hinsicht nicht annähernd so voraussetzungsvoll ist wie die Z.s-Konzepte im Umkreis der Kritischen Theorie, ist sie doch auf einen normativen Kern verpflichtet: die Gewaltfreiheit. In freien Gesellschaften lassen sich gewalttätige Aktionen gegen Personen nicht als *zivil* verstehen. D. h. allerdings nicht, dass Gewalt in politischen Handlungen *a priori* immer illegitim ist; etwa lassen sich für den Tyrannenmord in der politischen Philosophie seit der Antike gute Gründe finden. Doch wie legitim auch immer in bestimmten Situationen politischer Unterdrückung: Gewaltanwendung gegenüber Personen ist – auch wenn diese Aussage in der Z.s-Forschung durchaus bestritten wird – nicht mehr der zivilgesellschaftlichen Sphäre zuzurechnen. Dort aber, wo die Z. normativ unbestimmt konzipiert wird, werden gesellschaftliche Gruppen, die Gewalt anwenden, als die „dunkle Seite" der Z. bezeichnet.

Die Überzeugung, dass eine entwickelte Z. zur Stärkung der Demokratie beiträgt, besitzt eine lange Tradition. Sie stützt sich auf gewichtige Argumente, die in der politischen Philosophie der frühen Neuzeit etwa von John Locke über Charles de Montesquieu und Alexis de Tocqueville bis hin zu Ralf Dahrendorf und Jürgen Habermas entwickelt wurden. Die fünf wichtigsten Kernargumente werden im Folgenden skizziert.

1. Schutz vor staatlicher Willkür: John Locke

In der auf J. Locke zurückgehenden liberalen Tradition wird v. a. der Wert einer unabhängigen gesellschaftlichen Sphäre gegenüber dem ↑Staat betont. Dieser vor- bzw. unpolitische Bereich kann im günstigsten Falle unter dem Schutz der staatlichen ↑Autorität, keinesfalls aber unter deren Leitung stehen. Als zentrale Aufgabe der *civil society* werden aus dieser Perspektive der Autonomieschutz des Individuums (↑Autonomie), die Entfaltung seiner natürlichen Rechte sowie die Sicherung seines ↑Eigentums thematisiert. Der Z. wird deshalb v. a. eine negative Freiheitsfunktion zugewiesen, d. h. der Schutz individueller ↑Freiheit vor staatlichen Übergriffen. Man könnte dies als die „Lockesche Funktion der Z." oder die *conditio sine qua non* aller liberalen Demokratien betrachten. Dieser Gedanke wird später bei Thomas Paine radikalisiert, der neben einer starken Z. nur noch einem Minimalstaat ↑Legitimität zubilligt.

2. Die Balance zwischen Staat und Gesellschaft: Charles de Montesquieu

C. de Montesquieu löst den scharfen Kontrast zwischen Staat und ↑Gesellschaft auf. In seinem komplexen Modell der ↑Gewaltenteilung und Gewaltenverschränkung thematisiert er das Gleichgewicht einer zentralen politischen Autorität und eines gesellschaftlichen Netzwerkes von „corps intermédiaires". Diese „corps intermédiaires" sind „amphibische" Körperschaften, die sowohl in als auch außerhalb der politischen Struktur „ein Leben" besitzen und damit die gesellschaftliche und staatliche Sphäre miteinander verbinden. Denn um die Freiheit zu sichern, muss eine mächtige Zentralautorität durch ↑Gesetz eingehegt (s. auch Immanuel Kant), mit einer großen Anzahl von Assoziationen verzahnt und auf diese Weise begrenzt sowie kontrolliert werden.

3. Schule der Demokratie: Alexis de Tocqueville

A. de Tocqueville arbeitet die Vorstellung von „freien Assoziationen" als den wichtigsten Garanten eines freien Gemeinwesens weiter aus. Für ihn sind zivilgesellschaftliche Vereinigungen jene „Schulen der Demokratie", in denen demokratisches Denken und ziviles Verhalten durch alltägliche Praxis eingeübt werden. Damit aber die Assoziationen der Bürger tatsächlich Orte der Selbstregierung sein können, dürfen sie nicht übermäßig groß, müssen aber zahlreich sein. Solche zivilen Vereinigungen dienen der Wertebildung und -verankerung von Bürgertugenden wie der Toleranz, der wechselseitigen Akzeptanz, der Zuverlässigkeit, des Vertrauens sowie der Zivilcourage. Damit akkumulieren sie ↑Sozialkapital, ohne das, wie der amerikanische Demokratieforscher Robert Putnam 150 Jahre später formulieren sollte, Demokratien weder entstehen noch längerfristig sich konsolidieren können. In der Tocqueville'schen Perspektive stellt die Z. der Demokratie ein großes normatives und partizipatorisches Potenzial (↑Partizipation) zur Verfügung, das dem Schutz der Freiheit gegenüber den autoritären Versuchungen des Staates dient und den tyrannischen Ambitionen gesellschaftlicher Mehrheiten interne Schranken setzt.

4. Die Gesellschaft aktiver Bürger: Ralf Dahrendorf

An diese Traditionslinie knüpft v. a. R. Dahrendorfs Konzept der Bürgergesellschaft an. Die Bürgergesellschaft ist „eine Welt, die dem einzelnen Lebenschancen offeriert, ohne dass der Staat eine Rolle spielen muss" (Dahrendorf 1992: 80). Allerdings ist die Bürgergesellschaft eine aktive Gesellschaft, die zum Tun herausfordert: „Etwas tun heißt, selbst etwas tun, in freier Assoziation mit anderen. Es führt zur bunten Welt der freiwilligen Verbände und Organisationen, dann auch zu den autonomen Institutionen. Es führt also zur Bürgergesellschaft. Sie ist das Medium des Lebens mit Sinn und Bedeutung der erfüllten Freiheit" (Dahrendorf 1994: 495).

5. Öffentlichkeit und Kritik: Jürgen Habermas

Noch einen Schritt über A. de Tocqueville und R. Dahrendorf hinaus gehen die von der Kritischen Theorie beeinflussten Konzepte der Z. Die Z., so lautet deren Argument, erweitert den Bereich der Interessenartikulation und Interessenaggregation durch den Aufbau einer „vorinstitutionellen" pluralistischen Interessenvermittlung (↑Pluralismus). Insb. benachteiligte und schwer organisierbare Interessen erhalten hier Möglichkeiten eines öffentlichen Raumes (↑Öffentlichkeit). Von diesem aus sollen die Agenden der Politik beeinflusst werden, also durch eigenbestimmte Partizipationsformen auch jenseits der etablierten Strukturen und Organisationen des ↑politischen Systems. Jede wahrhaft demokratisch verfasste Meinungs- und Willensbildung in Verbänden, Parteien und Parlamenten ist nämlich auf die „Zufuhr von informellen öffentlichen Meinungen angewiesen", wie sie sich nur außerhalb der Strukturen auch einer „nicht vermachteten politischen Öffentlichkeit bilden" (Habermas 1992: 374) können. Das Konzept der Z. von J. Habermas ist außerordentlich voraussetzungsvoll. Es schließt nicht nur staatliche Institutionen und politische Parteien, sondern auch ökonomische ↑Interessengruppen aus.

6. Die Demokratisierungspotenziale der Zivilgesellschaft

Diese fünf Funktionen der Z. schützen das Individuum vor staatlicher Willkür (J. Locke), stützen die Herrschaft des Gesetzes und die Balance der Gewalten (C. de Montesquieu), schulen die Bürger und rekrutieren politische ↑Eliten (A. de Tocqueville), kreieren eine aktive Bürgergesellschaft (R. Dahrendorf) und institutionalisieren mit dem öffentlichen Raum ein Medium demokratischer Selbstreflexion (J. Habermas). Indem die Z. diese Funktionen erfüllt, erzeugt und ermöglicht sie Machtkontrolle, Verantwortlichkeit, gesellschaftliche Inklusion (↑Inklusion, Exklusion), Toleranz, Fairness, Vertrauen, Kooperation und nicht selten auch Effizienz bei der Umsetzung akzeptierter politischer Programme. Damit leistet sie nicht nur einen Beitrag zur ↑Demokratisierung, Pazifizierung und Selbstorganisation der Gesellschaft als Formen von Bürgerbeteiligung und bürgerschaftlichem Engegement, sondern vermag auch den Staat besser zu kontrollieren und demokratisieren.

7. Ausblick

In allen fünf Theorietraditionen werden die positiven Funktionen vitaler Z.en für die Demokratie betont. Allerdings lassen sich auch negative Seiten erkennen.

a) Erstens darf der Aspekt der Vermachtung der Z. und die Existenz von Machthierarchien in einer kritischen Durchsicht nicht unterschlagen werden. Denn die Z. ist trotz ihres Kerns der Gewaltfreiheit keine Sphäre herrschaftsfreier gesellschaftlicher Kommunikation und Aktion.

b) Zweitens ist die pluralistische Z. immer auch eine Konfliktgesellschaft (↑Soziale Konflikte): In ihr konkurrieren und konfligieren Interessen, ↑Werte und ↑Weltanschauungen, die mit unterschiedlichen Durchsetzungschancen ausgestattet sind und auf differierende Geltungsgründe verweisen können. Etwa sind populistische Bewegungen (↑Populismus) wie PEGIDA, die weitestgehend ohne direkte Gewaltanwendung auskommen, doch mit fremdenfeindlichen und intoleranten Stereotypen Flüchtlinge, Asylsuchende und Migranten diskriminieren (↑Diskriminierung), immer noch Teil der Z. und zeigen gleichsam deren „dunkle Seiten" an.

c) Ein dritter Aspekt betrifft Struktur und Form von Interaktionen innerhalb der Z. Es ist durchaus möglich, dass die jeweiligen Mitgliedschaften und Kommunikationsnetzwerke in zivilgesellschaftlichen Subkulturen entlang bereits bestehender Konfliktlinien ausgerichtet sind und damit Trennlinien und Differenzen weiter verstärken. Dies kann zu wachsender Ignoranz, Abgrenzung und Fremdheit gegenüber den jeweils anderen führen. Im Sinne R. Putnams produzieren solche segmentierten Teilzivilgesellschaften *„bonding social capital"* (Putnam 2000: 20; Hervorhebung nicht im Original), also exklusives Sozialkapital für sozial, ethnisch oder weltanschaulich Gleiche, nicht aber Kapital für den Zusammenhalt der gesamten Gesellschaft. Deshalb hält der Sozialkapitalforscher R. Putnam *„bridging social capital"* (Putnam 2000: 20; Hervorhebung nicht im Original), also Sozialkapital, dass Brücken über unterschiedliche ethnische und religiöse Gruppen, Klassen und Weltanschauungen schlägt, als den eigentlichen Integrationskern moderner komplexer Gesellschaften.

„Die" Z. hat also keineswegs per se positive Wirkungen auf jede Form und Phase der Demokratie. Obwohl Demokratie und Z. einander in vielen Aspekten ergänzen und verstärken, bleiben doch Spannungen bestehen. Gerade der Blick auf die „dunkle Seite der Z." schützt dann vor jener Überidealisierung der Z., die sich in Theorie und Praxis während der letzten drei Jahrzehnte ausgebreitet hat.

Literatur

J. Keane/W. Merkel: Civil Society, in: W. Merkel/R. Kollmorgen/H.-J. Wagener (Hg.): The Handbook of Political, Social, and Economic Transformation, 2019, 369–378 • R. D. Putnam: Bowling Alone. The Collapse and Revival of American Community, 2000 • H.-J. Lauth/W. Merkel: Systemwechsel und Zivilgesellschaft: Welche Zivilgesellschaft braucht die Demokratie? in: APuZ 48/6–7 (1998), 3–12 • C. Taylor: Invoking Civil Society, in: R. E. Goodin/P. Pettit (Hg.): Contemporary Political Philosophy. An Anthology, 1997, 204–224 • M. Walzer: Was heißt zivile Gesellschaft?, in: ders. (Hg.): Zivile Gesellschaft und amerikanische Demokratie, 1996; 64–97 • K. v. Beyme: Systemwechsel in Osteuropa, 1994 • R. Dahrendorf: Der moderne soziale Konflikt, 1994 • E. Gellner: Conditions of Liberty. Civil Society and its Rivals, 1994 • R. D. Putnam: Making Democracy Work. Civic Traditions in Modern Italy, 1993 • C. Taylor: Der Begriff der „bürgerlichen Gesellschaft" im politischen Denken des Westens, in: M. Brumlik/H. Brunkhorst (Hg.): Gemeinschaft und Gerechtigkeit, 1993a, 117–148 • Ders.: Reconciling the Solitudes. Essays on Canadian Federalism and Nationalism, 1993b • J. Cohen/A. Arato: Civil Society and Political Theory, 1992 • R. Dahrendorf: Die Zukunft der Bürgergesellschaft, in: B. Guggenberger/K. Hansen (Hg.): Die Mitte. Vermessungen in Politik und Kultur, 1992, 74–83 • J. Habermas: Faktizität und Geltung, 1992 • A. Riklin: Montesquieus freiheitliches Staatsmodell. Die Identität von Machtteilung und Mischverfassung, in: PVS 30/3 (1989), 420–442 • J. Keane: Democracy and Civil Society, 1988 • A. de Tocqueville: Über die Demokratie in Amerika, 1985 • T. Paine: Rights of Man. Answer to Mr. Burke's Attack on the French Revolution, 1977 • J. Locke: Über die Regierung (The Second Treatise of Government), 1974 • C. de Montesquieu: Vom Geist der Gesetze, 1965.

WOLFGANG MERKEL

Zivilisation

In seiner allg.sten Verwendung in allen westlichen Sprachen ist das Wort „Z." mit dem – ebenfalls im allg.sten Sinne gebrauchten – Wort ↑„Kultur" austauschbar. So spricht man im gleichen Sinne von der japanischen, griechischen oder aztekischen Z. und/oder Kultur. Unter „Kultur oder Zivilisation", heißt es bei Edward Burnett Tylor, habe man „jenes komplexe Ganze von Wissen, Glauben, Kunst, Moral, Gesetz, Sitte und alle übrigen Fähigkeiten und Gewohnheiten" zu verstehen, „welche der Mensch als Glied der Gesellschaft sich angeeignet hat" (Tylor 1871: 1).

Aus sachlichen, begriffssystematischen und historischen Gründen empfiehlt es sich aber, eine in vielen Verwendungskontexten auch explizit, häufig zumindest latent mitgeführte Differenz zwischen den beiden Begriffen hervorzuheben. Sie wurde v. a. von Alfred Weber programmatisch in die Kulturgeschichte, verstanden als ↑Kultursoziologie, eingeführt. So spricht er von der Z. als dem „äußeren", wesentlich auf „Naturbeherrschung" gerichteten „Entwicklungsprozeß" (Weber 2000: 60), der „alle ‚Gegenstände' und Mittel des praktisch-intellektuellen Kosmos unseres Daseins" (Weber 2000: 147) umfasse. Friedrich Nietzsche hatte sogar von einem „abgründlichen Antagonismus von Cultur und Civilisation" (Nietzsche 1964: 88) gesprochen. Vornehmlich von ihm beeinflusst behauptete Oswald Spengler, dass alle großen „Kulturen", und so auch die europäische, in der Weltgeschichte einen zyklischen Entwicklungsverlauf (↑Geschichte, Geschichtsphilosophie) nähmen und als „Z.en" endeten und untergingen: „Jede Kultur hat ihre eigene Zivilisation" (Spengler 1963: 43). „Z." meint hier (wie bei A. Weber und F. Nietzsche) die Gesamtheit der das menschliche ↑Leben, Wohlleben und Überleben ermöglichenden, durch Wissen, Erfahrung und ↑Technik (im weitesten Sinne) erzeugten Subsistenzmittel. „Kultur" heißen dagegen diejenigen Vermögen, Praktiken, Werke und Ordnungen, die ihren ↑Wert in sich selbst haben (das ↑Gute, Wahre, Schöne, Heilige) und eben deshalb bestimmten Lebensordnungen und Lebensvollzügen allererst Sinn und Dauer verleihen. „Dann aber erst, wenn das Leben von seinen Notwendigkeiten und Nützlichkeiten zu einem über diesen stehenden Gebilde geworden ist, erst dann gibt es Kultur" (Weber 2000: 68).

Kultur, so verstanden, ist, empirisch-wissenschaftlich gesehen, immer von partikularer Bedeutung und Geltung, während zivilisatorische Errungenschaften sich an einem universellen Maßstab der Fortschrittlichkeit (↑Fortschritt) messen lassen (müssen). Das schließt nicht aus, sondern fördert es u. U., dass sie, insb. als National-Kulturen, eine geradezu unmäßige Wertschätzung erfahren. Das kann sich wiederum darin ausdrücken, dass sie (zugl.) als zivilisatorisch bes. fortschrittlich hervorgehoben oder, wie in Deutschland im Umkreis des Ersten Weltkriegs, gerade umgekehrt als nationale Kultur der bloßen Z. der feindlichen Mächte entgegengesetzt wird. In diesem Sinne spricht Thomas Mann in seinen „Betrachtungen eines Unpolitischen" (2009) auch von Bestrebungen auf Seiten der Kriegsgegner, „die Weltdemokratie, das Imperium der Zivilisation" herbeizuführen, in der „der deutsche Geist" aufgehen und verschwinden werde (Mann 2009: 43).

Kaum verzichtbar erscheinen Wort und Begriff der Z., wenn es um die, v. a. im Englischen, sog.en „großen Z.en" (*great civilizations*) geht. Dazu gehören v. a. die große Zeiträume überdauernden Kulturmächte und Herrschaftsgebilde (v. a. China, Indien, Iran, Alt-Israel und Griechenland), in denen sich in der Mitte des letzten vorchristlichen Jahrtausends, der „Achsenzeit" (Jaspers 1949: 19), parallel, aber weitgehend unabhängig voneinander, tiefgreifende Umwandlungen vollzogen, vermittels derer diese „axial civilisations" (Eisenstadt 1982) die Voraussetzungen für eine gemeinsame, in die europäisch-amerikanische, dann weltgesellschaftliche ↑„Modernisierung" einmündende Geschichte der Menschheit schufen: Die Weltgesellschaft wird im Zuge ihrer globalen Verwirklichung mit der Durchsetzung einer weitgehend gleichförmigen Z. (i. S. A. Webers) einhergehen. Unterhalb der „großen Superstrukturen" dieser „neuen Zivilisation" (Gehlen 1957: 39) wird es kulturelle – v. a. ästhetische, aber auch religiöse – Schöpfungen und Praktiken in einer unüberschaubaren Fülle und ↑Diversität geben, die aber eine universelle ↑Geltung kaum beanspruchen und gewiss nicht erreichen. Das entspräche der von O. Spengler behaupteten Entwicklungslogik, ohne dass es dazu nötigte, seine zyklische Geschichtsvorstellung und seine Bewertungen zu übernehmen.

Schließlich gibt es noch die – von allem bisher Gesagten klar zu unterscheidende – Begriffsbedeutung, die im Deutschen zumeist als „Zivilisierung" bezeichnet wird. Damit ist eine fortschreitende Trieb-, Affekt- und Selbstkontrolle, ein Abbau von physischer und psychischer Gewalt und eine zunehmende Verfeinerung (Sublimierung) menschlicher Lebensvollzüge und Umgangsformen (Sitten) gemeint. In diesem Sinne spricht Immanuel Kant davon, dass neben der Kultivierung und der Moralisierung auch die Zivilisierung zur geschichtlich fortschreitenden Selbstverbesserung des Menschen gehöre. Dies ist im Wesentlichen auch die von Norbert Elias gemeinte Begriffsbedeutung, wenn er von einem „Prozess der Zivilisation" (1977) spricht, der sich in Westeuropa seit dem späten Mittelalter über viele Jahrhunderte hinweg vollzogen habe. Und sie spielt zumindest mit hinein, wenn F. Nietzsche, wie bemerkt, einen „abgründlichen Antagonismus" von Kultur und Z. behauptet.

Literatur

T. Mann: Betrachtungen eines Unpolitischen. Große kommentierte Frankfurter Ausgabe, Bd. 13, 2009 • B. Schäfers/J. Stagl (Hg.): Kultur und Religion, Institutionen und Charisma im Zivilisationsprozeß, 2005 • A. Weber: Der soziologische Kulturbegriff, in: ders.: GA, Bd. 8, 2000, 60–75 • Ders.: Gesellschaftsprozeß, Zivilisationsprozeß und Kulturbewegung, in: ebd., 147–186 • C. Albrecht: Zivilisation und Gesellschaft. Bürgerliche Kultur in Frankreich, 1995 • S. N. Eisenstadt: The Axial Age: The Emergence of Transcendental Visions and the Rise of Clerics, in: Arch. Eur. Sociol. 23/2 (1982), 294–314 • N. Elias: Über den Prozess der Zivilisation, 2 Bde., [4]1977 • M. Granet: La civilisation chinoise, 1968 • I. Kant: Anthropologie in pragmatischer Hinsicht abgefasst, in: ders.: Werke in zehn Bänden, Bd. 10, 1968, 395–690 • F. Nietzsche: Der Wille zur Macht, 1964 • O. Spengler: Der Untergang des Abendlandes, [16]1963 • A. Gehlen: Die Seele im technischen Zeitalter. Sozialpsychologische Probleme in der industriellen Gesellschaft, 1957 • K. Jaspers: Vom Ursprung und Ziel der Geschichte, 1949 • E. B. Tylor: Primitive Culture, Bd. 1, 1871.

JOHANNES WEIß

Zivilökonomie

Von Z. wird teilweise in Anlehnung an den weiter verbreiteten Begriff der ↑Zivilgesellschaft gesprochen. Darin drückt sich die Absicht aus, auch den Bereich des Wirtschaftens nach zivilgesellschaftlichen Prinzipien (↑Partizipation, Deliberation, Selbstregulation etc.) zu transformieren.

In seiner spezielleren Bedeutung verweist der Begriff der Z. auf eine bestimmte italienische Tradition des Verständnisses von Wirtschaft, das seine Wurzeln im spätmittelalterlichen Frühhumanismus hat. Im 18. Jh., als sich die Ökonomie als eigenständige Wissenschaft zu entfalten begann, wurde die Z. von Ökonomen der italienischen ↑Aufklärung als eigenständiges Konzept entworfen. Seit der zweiten Hälfte des 19. Jh. setzten sich jedoch auch in Italien die Ideen der ↑klassischen Nationalökonomie i. S. v. Adam Smith und v. a. David Ricardo durch, was zu einem Abbruch der Tradition der Z. führte. Zu Beginn des 21. Jh. aber wurde das Konzept wieder in die Diskussion gebracht. Dieser Neuentwurf der Z. bildet die maßgebliche wirtschaftstheoretische Referenz und Grundlage der 2009 von Papst Benedikt XVI. veröffentlichten ↑Sozialenzyklika „Caritas in veritate".

1. Historische Grundlagen

Die Ursprünge der Z. verorten Luigino Bruni und Stefano Zamagni im spätmittelalterlichen Frühhumanismus, den sie wegen seiner Gemeinschaftsorientierung und in Abgrenzung zum modernen individualistischen ↑Humanismus auch als „Zivilhumanismus" bezeichnen. Lebensweltlicher Ort dieses Zivilhumanismus waren die (nord- und mittel-)italienischen Städte des 14. und 15. Jh. Diese Zeit bildete den Höhepunkt einer Epoche, die im 11. Jh. begann und deren Ausgangspunkt eine theologische Neubewertung des christlichen Verhältnisses zur Welt war. Aufgrund eines neuen Verständnisses der Parusieerwartung war die monastische Weltabgewandtheit fortan nicht mehr das allein seligmachende Ideal, sondern auch ein aktives Leben im Dienst der Verwandlung der Welt galt seitdem als eine legitime Weise christlicher Existenz. In diesem Sinne haben mit Blick auf den Bereich des Wirtschaftens insb. einige Theologen des Franziskanerordens wie Petrus Johannis Olivi und Bernhardin von Siena erstmals eigenständige Reflexionen ökonomischer Zusammenhänge unternommen. Ihr Armutsgelübde war für sie keine bloß asketische Übung, sondern Ausdruck gelebter Nähe zu den tatsächlich Armen. Als Konsequenz daraus stellte sich die Frage nach Mitteln zur Bekämpfung von ↑Armut. Aus diesem Impuls gründeten Franziskaner im 15. Jh. in italienischen Städten die sog.en *Montes pietatis*, die zur Bekämpfung von Wucherkrediten (↑Wucher) und als Ausweg aus der damit verbundenen Armutsspirale kleine Darlehen – heute würde man sagen: Mikrokredite – an Bedürftige vergaben. Diese *Montes pietatis*, deren Grundkapital aus Schenkungen und Erbschaften wohlhabender Bürger stammte, kann man „als die erste große Institution einer Zivilökonomie bezeichnen" (Bruni/Zamagni 2013: 61).

Als Wirtschaftstheorie wurde die Z. von Ökonomen der italienischen Aufklärung, namentlich den Vertretern der sog.en „Schule von Neapel" mit ihrem führenden Kopf Antonio Genovesi, entfaltet. Sie haben die Ökonomie nicht als wertfreie, sondern ausdrücklich als normative Wissenschaft verstanden, deren Ziel sie in der Zivilisierung der ↑Wirtschaft im Interesse des ↑Gemeinwohls und des „öffentlichen Glücks" sahen.

2. Theoretisches Konzept

Grundidee der Z. ist das Konzept einer ↑sozialen Marktwirtschaft, bei der die Sozialität auf dem Prinzip der Reziprozität gründet. „Die Reziprozität ist *der* Schlüsselbegriff des gesamten anthropologischen und sozialen Konstrukts der Zivilökonomie" (Bruni/Zamagni 2013: 97). L. Bruni und S. Zamagni erläutern das Reziprozitätsprinzip in Abgrenzung vom vertraglichen Äquivalenzprinzip, wie es für die marktlichen Aktivitäten von profitorientierten Wirtschaftsunternehmen (↑Unternehmen) handlungsleitend ist. Gemäß dem Äquivalenzprinzip wird eine Leistung nur für eine entspr.e Gegenleistung erbracht. Nach dem Reziprozitätsprinzip setzt eine Leistung hingegen keine unmittelbare Gegenleistung des Empfängers voraus. Gleichwohl setzen die Vertreter der Z. Reziprozität nicht mit Altruismus gleich. Denn auch das Reziprozitätsprinzip geht von einer wechselseitigen Beziehung aus, bei der zwar nicht Zug um Zug eine (einklagbare) Gegenleistung mit entspr.em Nutz- und Tauschwert erwartet wird, aber doch eine (nicht einklagbare) Antwort erhofft wird, in der sich der Wert solidarischer Verbundenheit ausdrückt (↑Solidarität). L. Bruni und S. Zamagni sprechen insoweit durchaus von einer „beiderseitigen Transferorientierung" und von einer „bedingten Unbedingtheit" (Bruni/Zamagni 2013: 162 f.) der Reziprozität. Als drittes Merkmal nennen sie die „Transitivität" (Bruni/Zamagni 2013: 163); d. h., die Antwort kann auch von einem Dritten erfolgen. Die reziproke Beziehung ist offen und dynamisch, und gerade aufgrund dieser Eigenschaften erwarten die Vertreter der Z., dass das Engagement zivilwirtschaftlicher Unternehmen, die sich am Reziprozitätsprinzip orientieren, zu einer Zivilisierung der Marktwirtschaft insgesamt beitragen kann. Diesen Gedanken greift auch Papst Benedikt XVI. in seiner Sozialenzyklika „Caritas in veritate" auf, wenn er fordert, auf dem ↑Markt sollten „neben den gewinnorientierten Privatunternehmen und den verschiedenen Arten von staatlichen Unternehmen [...] auch die nach wechselseitigen und sozialen Zielen strebenden Produktionsverbände einen Platz finden und tätig sein können. Aus ihrem Zusammentreffen auf dem Markt kann man sich erhoffen, dass es zu einer Art Kreuzung und Vermischung der unternehmerischen Verhaltensweisen kommt und dass in der Folge spürbar auf eine *Zivilisierung der Wirtschaft* geachtet wird" („Caritas in veritate": 38). Ein Beispiel für zivilwirtschaftliches Unternehmertum stellt das Projekt *Wirtschaft in Gemeinschaft* der *Fokolarbewegung* dar.

Literatur

L. Bruni/S. Zamagni: Civil Economy. Another Idea of the Market, 2016 • Dies.: Zivilökonomie. Effizienz, Gerechtigkeit,

Gemeinwohl, 2013 • S. T. Bruyn: A Civil Economy. Transforming the Market in the Twenty-First Century, 2000 • A. Genovesi: Lezioni di Commercio o sia di Economia Civile (1765–1767), 1824. ARND KÜPPERS

Zivilreligion

1. Der neuzeitliche Religionsbegriff

Die emergente frühneuzeitliche Semantik religiös-politisch konnotierter Symbolformen gesellschaftlicher Sinndeutung entfaltet sich in jenen konfliktträchtigen Ordnungsdiskursen, die nach dem Zerfall der bipolaren Ordnung von *Sacerdotium* und *Imperium* in der *societas rei publicae Christiana* die frühneuzeitliche Rekonfiguration der europäischen Welt bestimmen (↑Neuzeit). Signa dieser Epoche waren einerseits der Aufstieg der zentralisierten Machtorganisation monarchischer Regime mit Tendenz zur nationalen Schließung und andererseits die reformationspolitische Fragmentierung des Christentums (↑Reformation), die sich in dem Spannungsverhältnis von geistiger Ordnung und politscher Vergesellschaftung der postreformatorischen Welt und nicht zuletzt in deren militärischen Konflikten ausdrückte. Dieser Epochenwandel schlug sich in einer vielschichtigen Rekonzeptionalisierung des Religionsbegriffs nieder: Der überkommene für das genuine christliche Glaubensverständnis marginale augustinische Begriff der „religio" bezog sich auf die kultisch praktizierte Anerkennung und Verehrung Gottes, für Thomas von Aquin ein generelles Postulat der natürlichen Vernunft, negativ konnotiert durch die Gottesleugnung. Im italienischen Humanismus platonisch gedeutet und thematisch verallgemeinert wurde bei Marsilio Ficino „religio" zur Grundbestimmung des Menschen und zum Garant der Gesetze, welche allein menschliche Gemeinschaft ermöglicht. Rezipiert im politischen und intellektuellen Diskurs des 16. Jh. wandelte sich die Religion zum Gemeinsamkeit stiftenden Begriff der konfessionell definierten nationalen Christentümer einerseits und i. S. einer menschheitsgeschichtlichen Universalie zum Gegenstand theologisch-philosophisch reflektierenden Wahrheits- und Vernunftdiskures andererseits (↑Wahrheit; ↑Vernunft – Verstand).

2. Giambattista Vico: Die Zivilreligion aus platonischem Geist

Der Begriff der Z. (englisch *civil religion*, französisch *religion civile*, italienisch *religione civile*) ist gleichsam eine semantische Innovation des 18. Jh. mit jeweils unterschiedlichem Bezug und nationalem Kontext.

Die urspr.e Formulierung einer „religione civile" (Vico 1725: 164) findet sich in der ersten Fassung von Giambattista Vicos „Princpj di una Scienza Nuova Intorno alla Natura delle Nazioni" von 1725. Der Sinngehalt dieser Trope ergibt sich aus der konstitutiven Bedeutung der Universalie ↑Religion in der geschichtsphilosophischen (↑Geschichte, Geschichtsphilosophie) Zivilisationstheorie G. Vicos, die sich wie er später sagt i. S. einer neoplatonisch-christlichen Wissenschaft der „civiltà" als „Teologia Civile Ragionata della Provvedenza Divina" (Vico 2013: 14) versteht. Religion steht am Anfang der Menschheitsgeschichte, wenn der barbarische Urzustand durch die im Blitz entdeckte Götterwelt überwunden und die gemeinschaftsbildende „religione civile" den Grund für Familienbildung und andere gesellschaftliche ↑Institutionen legt und somit das konstitutive Element für die Entfaltung der menschheitlichen „mondo civile" (Vico 2013: 87) ist. Die italienische Stimme G. Vicos argumentiert gegen die europäischen Gefolgsmänner Epikurs seiner Zeit von Niccolò Machiavelli bis Thomas Hobbes namens der ↑Politischen Philosophie des göttlichen Platon, der festhält, dass die Vorsehung die menschlichen Dinge lenke. Schon Polybius irrte, wenn er gegen Plato behauptete, dass die Nationen einer von Philosophen regierten Welt ohne irgendeine „religione civile" existieren könnten. Der Aufklärer Pierre Bayle, so schließt er unmittelbar an, möge sehen, ob tatsächlich Völker auf der Welt sein könnten ohne irgendeine Kenntnis von Gott. Mit dieser kritischen Note kommentiert G. Vico den europäischen Diskurs über die Universalität und die Politizität der Religion.

3. Jean-Jacques Rousseau: Die Zivilreligion des nationalen Staates

Mit Jean-Jacques Rousseau geht der Begriff der *religion civile* in den semantischen Bestand des modernen politischen Ordnungsdiskurses ein. Die begriffsgeschichtliche Frage einer direkten oder indirekten Rezeption von G. Vicos „religione civile" trotz der offenkundigen fundamentalen Differenz der jeweiligen theoretisch-historischen Differenz ist wohl ausgeschlossen. J.-J. Rousseau mag in Venedig 1743/44 die „Scienza Nuova" gelesen haben, wohl aber kaum die erste Fassung von 1725, in der allein die „religione civile" behandelt wird.

J.-J. Rousseau formuliert im Schlusskapitel seines hypothetischen Paradigmas der durch kommunitäre Einheit von Bürger und ↑Souveränität im „corps politique" (Rousseau 2010: 38) definierten nationalen Republik im „Contrat Social" (1762) unter dem Titel „De la religion civile" (Rousseau 2010: 286) die Prinzipien einer religiösen Ordnung jenseits der nationalen Religion des Konfessionsstaates – gleichsam das Resultat seiner intensiven Beschäftigung mit Grundfragen des Christentums und der Religion insgesamt, die beispielhaft in seiner „Profession de Foi du Vicaire Savoyard" (2015) im vierten Buch seines „Émile" (1762) diskutiert wurden. Voltaire erklärt er 1756, es solle in jedem Staat einen moralischen *code* geben, eine Art „profession de foi civile" (Rousseau 1782: 111), der positiv die sozialen Maximen enthält, an die sich jeder halten müsse, und negativ die Maximen der Intoleranz, die jeder zurückweisen müsse.

In dieser und anderer Hinsicht spiegelt sich im Konzept der *religion civile* J.-J. Rousseaus insb. in seinen geschichtlichen Betrachtungen und normativen Aussagen die vielgestaltige europäische Debatte über die Bedingungen und Möglichkeiten eines geistig-politisch in sich geschlossenen nationalen Staats wieder. Die Rousseauistische Z. legitimiert die Sakralität des ↑Gesellschaftsvertrages (↑Vertragstheorien) und der ↑Gesetze, deren Entstehung J.-J. Rousseau mit Blick auf Platon und Lykurg dem erzieherischen Wirken eines Gesetzgebers (*législateur*) zuschreibt, eines herausragenden Mannes jenseits von Amt und Souveränität, dessen Genie die menschliche Natur ändert, die in sich perfekt, aber vereinzelt ist, in den Teil eines großen Ganzen verwandelt: den kommunitären Souverän des allg.en Volkswillens. Wie alle Gründer von Nationen muss der Gesetzgeber im Rekurs auf die Intervention des Himmels den Göttern zuschreiben, was seiner eigenen Weisheit entspringt, auf dass die Menschen sich den Gesetzen des Staates unterwerfen. So dient, wie er abschließend sagt, die Religion der ↑Politik.

J.-J. Rousseaus Ordnungsdenken geht grundsätzlich von der religiösen Fundierung der politischen Vergemeinschaftung aus, wobei er vier idealtypische Formen unterscheidet.

Die „religion de l'homme" (Rousseau 2010: 296) ist mit der reinen unverfälschten Botschaft des Evangeliums identisch. Dieses wahrheitsgemäße und humane Christentum bedarf keines Kultes, ist kosmopolitisch und deswegen untauglich als Grundlage des Staates, denn das Vaterland der Christen ist nicht von dieser Welt.

Die „religion du citoyen" (Rousseau 2010: 296) der antiken paganen Gesellschaft, gleichsam der Beginn der Z. in Gestalt der Einheit von Politik und Staat, scheiterte am polytheistischen fiktiv-chimärischen Götterglauben, der letztlich die theokratische Herrschaft legitimiert (↑Theokratie). Der Vielzahl der Götter mangelt das universale Moment, das führt zu Intoleranz und Konflikt.

Eine dritte und bizarre Form ist die „religion du Prêtre" (Rousseau 2010: 298): die Doppelherrschaft von Fürst und ↑Priester, welche die Bürger zwei unterschiedlichen Ordnungen unterwirft und in Widerspruch mit sich selbst bringt: Es ist der Konfessionsstaat, insb. das katholische Regime.

J.-J. Rousseau verknüpft die Idee „Religion des Bürgers" mit dem christlichen Begriff des einen wahren universalen Gottes in der Z. des sakralisierten Nationalstaats, der einzigen Alternative zum christlichen Konfessionsstaat. Dieses spiegelt sich in den Dogmen der Z. wieder: „Die Existenz der allmächtigen, allwissenden, wohltätigen, vorhersehenden und sorgenden Gottheit, das zukünftige Leben, das Glück der Gerechten und die Bestrafung der Bösen sowie die Heiligkeit des Gesellschaftsvertrages und der Gesetze […]" (Rousseau 2010: 311). Das einzige negative Dogma ist die Intoleranz – bezogen auf jene Kulte, die ausgeschlossen wurden von der bürgerschaftlichen Ordnung.

Die hypothetische Idee des ordnungsstiftenden Gesetzgebers hat J.-J. Rousseau soweit verinnerlicht, dass er der Aufforderung folgte und für das momentan unabhängige Korsika und Polen einen Verfassungsentwurf ausarbeitete („Projet de Constitution pour la Corse" [1765], „Considérations sur le gouvernement de Pologne" [1772]).

In diesen Entwürfen kommt das nationale Element (↑Nation) seines praktischen Denkens zum Ausdruck. Es gilt den „nationalen Charakter" (Rousseau 2012: 22; eine Rousseausche Neuprägung) durch Pflege nationaler ↑Traditionen zu bewahren und zu stärken durch einen konservativ gestimmten national romantischen ↑Patriotismus. In beiden Fällen fehlt der Begriff der Z.: Die korsische Vergemeinschaftung erfolgt durch den Bürgerschwur mit Hand auf der Bibel. Für Polen akzeptiert er stillschweigend die Konkordanz von Staat und ↑katholischer Kirche.

4. Robert Neelly Bellah: Die sakrale Sinnstiftung des gesellschaftlichen Kollektivs

Der Begriff der Z. kehrt zurück in den intellektuellen und politischen Diskurs des 20. Jh., als der amerikanische Religionssoziologe Robert Neelly Bellah in einem Aufsatz „Civil Religion in America" (1967) die religiöse Dimension des gesamten Gefüges des öffentlichen amerikanischen gesellschaftlichen Lebens in Gestalt von ↑Glauben, ↑Symbolen und ↑Ritualen von den Anfängen der Republik bis in die Gegenwart auf diesen Begriff bringt. In diesem Sinn ist die Z. „a genuine apprehension of universal and transcendent religious reality, […] as revealed through the experience of the American people" (Bellah 1967: 12), wie R N. Bellah in einem historischen Aufriss der theistischen Rhetorik der Präsidenten jenseits des konfessionellen Pluralismus demonstrieren möchte.

Der urspr.e Forschungsgegenstand des jungen Religionssoziologen und Japanologen R. N. Bellah war aber nicht Amerika. Der Schüler des Weberianers Talcott Parsons begann seine religionssoziologischen Forschungen mit der Frage, ob sich ein funktionales Äquivalent zu Max Webers protestantischer Ethik in der japanischen Religion nachweisen lässt, auf die sich die asiatische Modernisierung zurückführen ließe. Seine Dissertation „Tokugawa Religion" (1957) untersucht die Rolle der Religion in der Entstehung des modernen Japan. R. N. Bellah rekonstruiert die Traditionen der japanischen Religiosität, definiert als die kollektive gesellschaftliche Harmonie in der japanischen Gesellschaft. „Gratitude toward nurturant beings and identification with the ground of being" (Bellah 1957: ix). Er verweist auf J.-J. Rousseau, doch sein Bezug ist indirekt, wenn man sich seinen religionssoziologischen Hintergrund ansieht. J.-J. Rousseau wird gleichsam eingeschmolzen in die Religionstheorie Émile Durkheims. J.-J. Rousseaus Konzeption von Politik und Religion schlug sich nieder in den Religionsentwürfen und Kulten der

↑Französischen Revolution, die wiederum durch die positivistische Wissenschaft (↑Positivismus) der Politik Auguste Comtes in einer neuen stabilen laizistischen Ordnung (↑Laizismus) überwunden werden sollte. É. Durkheim bringt das Prinzip einer postrevolutionären Ordnung auf einen religionspolitischen Begriff. Die Religion ist das System der Symbole, durch welche die Gesellschaft ihrer selbst bewusst wird. Die Gottheit selbst ist der symbolische Ausdruck der Kollektivität. R. N. Bellah nennt É. Durkheim „a high priest and theologian of the civil religion of the Third Republic" (Bellah 1973: x), einen Propheten, der das moderne Frankreich und die moderne westliche Gesellschaft aus der politischen und sozialen Krise herausführen möchte. In R. N. Bellahs Formulierung ist Religion eine evolutionsbedingte Reihe von symbolischen Formen und Handlungen, die den Menschen mit den letzten Bedingungen seiner Existenz in Beziehung setzt. Das postuliert einen universalen Religionsbegriff moderner Vergesellschaftung, der einmal seiner Amerikastudie zugrunde liegt und zum anderen der Ansatzpunkt für ihn und seine Schule für eine komparatistische Theorie der Z. ist, insofern distinkte Typen der Z. korrelieren mit den Phasen der religiösen ↑Evolution: „Varieties of Civil Religion" (1980).

R. N. Bellahs Amerikastudien führten erstens zu kontroversen Selbstverständigungsdebatten in den USA, insofern der Sachverhalt seit Jahrzehnten Gegenstand einer historischen und politischen Deutungsliteratur ist. Zweitens aber wurde er in seinem Rekurs auf J.-J. Rousseaus Begriffsbildung und É. Durkheims laizistisch-religiöse Problemstellung äußerst kontrovers rezipiert. In Europa fand die Diskussion um eine moderne Z. nur insoweit Interesse, als sie im Kontext der normativen ↑Legitimation der konstitutionell-demokratischen Ordnung diskutiert wurde, die Problemlage sich jedoch weitgehend vom amerikanischen Fall unterschied, weil hier der konventionelle Religionsbegriff die Diskussion bestimmte.

Literatur

J.-J. Rousseau: Profession de Foi du Vicaire Savoyard, 2015 • Ders.: Projet de constitution pour la Corse (1765), 2012 • R. N. Bellah: Religion in Human Evolution, 2011 • J.-J. Rousseau: Du Contrat Social ou Principes du Droit Politique, 1762, deutsch-französische Ausgabe: Du Contrat Social/Vom Gesellschaftsvertrag, 2010 • R. Weed/J. von Heyking: Civil Religion in Political Thought, 2010 • E. Feil: Religio IV. Die Geschichte eines neuzeitlichen Grundbegriffs im 18. und frühen 19. Jahrhundert, 2007 • R. N. Bellah: Rousseau on Society and the Individual, in: S. Tipton (Hg.): Robert Bellah Reader, 2006, 181–202 • Ders.: Durkheim and Ritual, in: J. C. Alexander/P. Smith (Hg.): The Cambridge Companion to Durkheim, 2005, 183–210 • M. Forschner: Rousseau über religion civile, in: W. Leidhold (Hg.): Politik und Politeia, 2000, 21–42 • G. Schlüter: Religion Civile vor Rousseau. Vico: Eine begriffsgeschichtliche Recherche im primo Settecento, in: ABG 40 (1997/98), 105–122 • J. Gebhardt: Americanism, 1993 • Ders.: Religion und Christentum in der humanistischen Politik der frühen Neuzeit, in: P. Haungs u. a. (Hg.): Civitas, 1992, 211–222 • J. Gebhardt: Politische Kultur und Zivilreligion, in: D. Berg-Schlosser/J. Schissler (Hg.): Politische Kultur in Deutschland, 1987, 49–60 • E. Feil: Religio. Die Geschichte eines neuzeitlichen Grundbegriffs vom Frühchristentum bis zur Reformation, 1986 • H. Kläger/A. Müller (Hg.): Religion des Bürgers. Zivilreligion in Amerika und Europa, 1986 • R. N. Bellah: Varieties of Civil Religion, 1980 • R. A. Wallace: Émile Durkheim and the Civil Religion Concept, in: RRR 18/3 (1977), 287–290 • R. N. Bellah: The Broken Covenant. Civil Religion in Time of Trial, 1975 • Ders.: Introduction, in: É. Durkheim: Émile Durkheim on Morality and Society, 1973, ix-xlv • Ders.: Civil Religion in America, in: Daedalus 96/1 (1967), 1–21 • Ders.: Religious Evolution, in: ASR 29/3 (1964), 358–374 • Ders.: Some Reflections on the Protestant Ethic Analogy in Asia, in: The Journal of Social Issues 19/1 (1963), 52–60 • Ders.: Durkheim and History, in: ASR 24/4 (1959), 447–461 • Ders.: Tokugawa Religion. The Values of Pre-Industrial Japan, 1957 • J.-J. Rousseau: Lettre à Monsieur de Voltaire [sur la providence], 18.8.1756, in: ders.: Collection complète des œuvres de J.-J. Rousseau, Bd. 12, 1782, 91–114 • Ders.: Considérations sur le gouvernement de Pologne, 1772 • Ders.: Émile ou De l'éducation, 1762 • G. Vico: Principj Di Scienza Nuova Intorno Alla Natura Delle Nazioni, 1725.

JÜRGEN GEBHARDT

Zivilschutz

I. Rechtlich – II. Politikwissenschaftlich

I. Rechtlich

1. Begriff, Kompetenzverteilung, Rechtsquellen

Unter Z. – der Verfassungstext spricht vom „Schutz der Zivilbevölkerung" – wird im Rechtssinn der Schutz der Zivilbevölkerung vor kriegsbedingten Gefahren durch nichtmilitärische Schutzmaßnahmen verstanden. Das ↑GG räumt dem Bund für den Z. die ausschließliche Gesetzgebungskompetenz (Art. 73 Abs. 1 Nr. 1 GG) und eine Verwaltungskompetenz (Art. 87b Abs. 2 GG) ein. Der Z. gehört in den größeren Kontext der zivilen Verteidigung, die alle Aspekte der nicht-militärischen Verteidigung umfasst (neben dem Z. auch die Aufrechterhaltung der staatlichen Institutionen und Funktionen, Sicherung der Versorgungslage). Er ist rechtssystematisch abzugrenzen vom ↑Katastrophenschutz, der sich auf Katastrophenlagen sonstigen Ursprungs bezieht. Der Katastrophenschutz ist Teil des allg.en Gefahrenabwehrrechts und fällt damit in die Gesetzgebungs- und Verwaltungskompetenz der Länder. Der Z. ist einfachgesetzlich im ZSKG geregelt. Art. 12a GG i. V. m. dem ASG ermöglicht im Spannungs- und Verteidigungsfall die Begründung von Dienstpflichten für Zwecke des Z.es.

2. Gesetzliche Ausgestaltung

Die gesetzliche Konzeption des Z.es umfasst den Schutz der Bevölkerung vor Kriegseinwirkungen. Darunter fallen auch Selbstschutz und Warnung der Bevölkerung, Schutzbauten, Aufenthaltsbeschränkungen, Sicherung der Gesundheitsversorgung sowie der Schutz von Kulturgut (§ 1 Abs. 2 ZSKG). Die Bundeszuständigkeiten für den Z. werden vom *Bundesamt für Bevölkerungsschutz und Katastrophenhilfe* (BBK) wahrgenommen, das 2004 als Bundesoberbehörde im Geschäftsbereich des *Bundesministerium des Innern, für Bau und Heimat* (BMI) errichtet wurde (zuvor: Bundesamt für Z.). Ihm obliegen v. a. Aufgaben der Koordinierung und Lageerfassung, der Information der Bevölkerung u. a. unterstützende Tätigkeiten (§ 4 ZSKG). Für das operative Handeln im Einsatzfall verfügt der Bund über das THW, das als nicht rechtsfähige Bundesanstalt ebenfalls dem BMI nachgeordnet ist und über eine eigene gesetzliche Grundlage verfügt (§ 1 THWG). Im Übrigen werden die Aufgaben des Z.es von den zuständigen Landesbehörden als Bundesauftragsverwaltung wahrgenommen (§ 2 ZSKG).

Zur Vermeidung von Ineffizienzen ist die kompetenzrechtlich vorgegebene Differenzierung zwischen Z. und Katastrophenschutz in der praktischen Ausgestaltung einer engen wechselseitigen Verschränkung gewichen. Die existierenden Einrichtungen von Bund und Ländern werden wechselseitig in den jeweils anderen Aufgabenbereich einbezogen. Der Katastrophenschutz der Länder wirkt infolgedessen auch am Bevölkerungsschutz im Verteidigungsfall mit (§ 11 ZSKG), während umgekehrt die Z.-Einrichtungen des Bundes den Ländern auch im Bereich des Katastrophenschutzes zur Verfügung stehen (Katastrophenhilfe, § 12 ZSKG). Darin spiegelt sich die moderne Zusammenfassung von Z. und Katastrophenschutz in dem einheitlichen und übergreifenden Konzept des Bevölkerungsschutzes wider.

Im Gegenzug für die Indienstnahme des Katastrophenschutzes für Zwecke des Z.es übernimmt der Bund eine Ergänzung der Ausrüstung. Die operative Leitung von Hilfsmaßnahmen liegt bei der zuständigen Katastrophenschutzbehörde. Ihr unterstehen dabei auch die eingesetzten Einheiten des THW (§ 15 ZSKG).

Literatur

H. Karutz/W. Geier/T. Mitschke (Hg.): Bevölkerungsschutz, 2017 • Bundesministerium des Innern: Konzeption Zivile Verteidigung (KZV), 2016 • H.-G. Ehrhart/G. Neuneck (Hg.): Analyse sicherheitspolitischer Bedrohungen und Risiken unter Aspekten der Zivilen Verteidigung und des Zivilschutzes, 2015 • C. Unger/T. Mitschke/D. Freudenberg (Hg.): Krisenmanagement – Notfallplanung – Bevölkerungsschutz, 2013 • T. Unger: Katastrophenabwehrrecht, 2010 • Bundesamt für Bevölkerungsschutz und Katastrophenhilfe (Hg.): 50 Jahre Zivil- und Bevölkerungsschutz in Deutschland, 2008 • M. Kloepfer: Katastrophenrecht, 2008.

SEBASTIAN GRAF VON KIELMANSEGG

II. Politikwissenschaftlich

Z. bezeichnet Maßnahmen im Rahmen der *Zivilen Verteidigung* (ZV). Sie sind darauf gerichtet, die Bevölkerung im Verteidigungsfall vor den spezifisch drohenden Gefahren zu schützen. Z. ist somit neben den Maßnahmen zur Aufrechterhaltung der Staats- und Regierungsfunktion, der Versorgung der Gesellschaft mit lebenswichtigen Gütern und der Unterstützung der Streitkräfte bei der Herstellung und Aufrechterhaltung ihrer Verteidigungs- und Operationsfähigkeit eine zentrale Säule der ZV. Neben der militärischen Verteidigung stellt sie einen Baustein der nationalen Gesamtverteidigung im Rahmen der umfassenden Verteidigungsanstrengungen der ↑NATO dar. Die ZV ist ebenso wie die militärische Verteidigung Ausfluss des Sicherheitsversprechens des Staates (↑Sicherheit) vor äußeren Bedrohungen. Eine effektive und hinreichende ZV ist gleich der militärischen Verteidigung Verfassungsauftrag, der gemeinsam mit dem friedensmäßigen ↑*Katastrophenschutz* unter dem Dach des nicht legaldefinierten Begriffs *Bevölkerungsschutz* zusammengefasst wird.

Nach der Veränderung der sicherheitspolitischen Lage in Europa durch das Ende des ↑Kalten Krieges baute auch Deutschland die Strukturen der ZV und des Z.es weitgehend ab. Erst 2016 wurde mit Blick auf das wiedererstarkte Russland und die kriegerischen Vorkommnisse in Ostmitteleuropa mit der Inkraftsetzung einer neuen „Konzeption Zivile Verteidigung (KZV)" (Bundesministerium des Innern 2016) der Aufbau neuer Strukturen und Prozesse der ZV eingeleitet. Eine wesentliche Frage war bereits zu Zeiten des Kalten Krieges die des Verhältnisses der militärischen Verteidigung und der ZV im Rahmen der Abschreckungsdoktrin in dem Sinne, ob die Abschreckungswirkung auch durch die Fähigkeit eines Staates erzielt wird, Schläge hinzunehmen und somit durch einen hinreichenden Schutz der Bevölkerung die Inkaufnahme des Risikos eines *Atomwaffeneinsatzes* wahrscheinlicher und damit die *Abschreckung* glaubhafter ist. Dementsprechend stand in der Vergangenheit der Z. bei seinen Kritikern im Verdacht, einen Krieg mit Kernwaffen als führbar erscheinen zu lassen. Im Vergleich zur Zeit des Kalten Krieges mit seinen atomaren Bedrohungsszenarien ist die sicherheitspolitische Lage inzwischen dahingehend anders, dass – zusätzlich zur nicht ausschließbaren Führung auch großangelegter militärischer Auseinandersetzungen mit Russland – Möglichkeiten dafür bestehen, dass Deutschland indirekt von anderswo ausgetragenen Konflikten betroffen oder das Ziel von Angriffen nichtstaatlicher Akteure wird, die in den Besitz von Massenvernichtungswaffen (↑ABC-Waffen) gelangt sind. Hinzu kommen neue Formen zwischenstaatlicher Auseinandersetzung, u. a. mit Cyber- und Weltraumwaffen. Damit ist zum einen die Seite möglicher Akteure unübersichtlicher. Zum anderen haben die Verletzlichkeit und die damit verbundene gesamtgesellschaftliche Schadenswirkung ganz erheblich zugenommen.

Die Problematik der Aufrechterhaltung des gesamtgesellschaftlichen Systems, insb. der Schutz der *Kritischen Infrastrukturen* (KRITIS), welcher für eine Hochtechnologiegesellschaft mit dem Anspruch einer Spitzenstellung im globalen wirtschaftlichen ↑Wettbewerb unverzichtbar ist, ist vor dem Hintergrund zunehmender ↑*Digitalisierung* von existenzieller Bedeutung und wird allg. unter dem Begriff der *Resilienz* subsumiert. Resilienz bedeutet hier, dass ein Bündnis, ein Staat, eine Institution oder ein Individuum einen nicht vorhergesehenen Angriff aushalten kann, ohne seine bzw. ihre Handlungsfähigkeit zu verlieren. Hier stellt sich die Frage, wie hoch die Schwelle der „*Resilienz*", insb. der Wille der Gesellschaft ist, Bedrohungen und ihre Folgen auszuhalten oder am Ende doch nachzugeben, wenn der Bedrohung aktiv nichts entgegengesetzt wird. Allerdings dürfte die Kombination von Fähigkeiten in einem umfassenden Gesamtansatz zielführend sein, der auf *Vernetzte Sicherheit* sowie auf die Sicherung eigener Gegeninitiativen innerhalb einer *Gesamtverteidigung* setzt. In den Prozess der Schaffung von Resilienz sind demzufolge die Bürger einzubeziehen, indem man sie über Risiken und Bedrohungen offen aufklärt und ihre Bereitschaft zum ↑Widerstand, ihre Durchhaltefähigkeit durch mentale Härtung und praktische Fähigkeiten sowie durch Vertrauen in die Exekutive und ihre Instrumente stärkt und so zu einer strategischen Gelassenheit führt, mit der Folge, dass Rückschläge nicht nur als unvermeidlich hingenommen, sondern auch mitgetragen werden.

Eine wesentliche Aufgabe des Z.es ist daher die Festigung der moralischen Widerstandskraft der Bevölkerung. Dieser Punkt war in der Vergangenheit politisch umstritten, weil er in kontraproduktiver Weise zur Diskussion führte, ob und inwieweit man die Bevölkerung mit Wissen um die Realitäten eines ↑Krieges belasten dürfe. Zwar ist klar, dass keine politische oder militärische Maßnahme vom Volk mitgetragen wird, wenn sie nicht plausibel begründet und entspr. kommunikativ vorbereitet ist. Doch das Verständnis für entspr.e Vorbereitungen fehlt meist in Zeiten, zu denen Bedrohungen sich nicht leicht erkennbar abzeichnen und lässt sich auch – wenn überhaupt – nur schwer entwickeln. Resilienz aber erfordert präventiv und reaktiv den Willen einer Gesellschaft zur Selbstbehauptung und Wehrhaftigkeit.

Darauf hinwirkende Maßnahmen sind umso dringlicher, als dass die Basis des Z.es nichts anderes als die Fähigkeit der Bevölkerung ist, sich in Kriegslagen selbst solange zu schützen und gegenseitig zu helfen, bis staatlich organisierte Hilfe möglich wird. Diese Fähigkeit samt ihrer eigenverantwortlichen Nutzung braucht aber ausreichendes Wissen über die relevanten Risiken, die Möglichkeiten und Grenzen staatlicher Leistungsfähigkeit sowie über die notwendigen *Selbstschutz- und Selbsthilfefähigkeiten*. Das alles über Informationskampagnen zu vermitteln, ist deshalb ein Kernstück der ZV. Erschwerend wirkt dabei die in vom ↑Frieden geprägten Zeiten mangelnde, allenfalls kurzzeitige Aufmerksamkeit für sicherheitspolitische Themen. Obendrein hat die Aussetzung der allg.en ↑Wehrpflicht die enge Verbindung von Staat, Armee und Bürgern aufgegeben, was sich negativ auf das Verständnis der Gesellschaft für sicherheitspolitische Belange auswirkt. Es ist sogar fraglich, ob sich, einem realen Konflikt vorauseilend, die Notwendigkeit von Vorkehrungen der ZV überhaupt neu vermitteln lässt. Zu solchen Schwierigkeiten trägt auch bei, dass die Preisgabe einer positiven Vorstellung von der eigenen ↑Nation es der heutigen Gesellschaft erschwert, nicht nur auf das Überleben von Individuen, sondern auch auf die Sicherung der Fortexistenz eines ↑Volkes abzustellen. Bei der ZV geht es somit nicht nur um ↑Sicherheitspolitik oder um Aufklärung über die Wirklichkeit von Kriegssituationen, sondern auch um die Pflege einer positiven inneren Haltung eines Volkes zu sich und zu seinem Staat.

Literatur

D. Freudenberg: Theorie des Irregulären, Bd. 2, 2017 • U. Hartmann/C. von Rosen (Hg.): Jahrbuch Innere Führung 2017. Die Wiederkehr der Verteidigung in Europa und die Zukunft der Bundeswehr, 2017 • D. Freudenberg: Resilienz als Schutzschild und Bindeglied zwischen ziviler und militärischer Verteidigung, in: ebd., 93–108 • U. Hartmann: Resilienz als selbstkritische Verteidigungskonzeption in NATO und EU, in: ebd., 109–128 • Bundesministerium des Innern: Konzeption Zivile Verteidigung (KZV), 2016 • F. Schraurer/H.-J. Ruff-Stahl: Hybride Bedrohungen. Sicherheitspolitik in der Grauzone, in: APuZ 66/43–45 (2016), 9–14 • A. Poretschkin: Bevölkerungsschutz als Verfassungsauftrag, in: C. Unger/T. Mitschke/D. Freudenberg (Hg.): Krisenmanagement – Notfallplanung – Bevölkerungsschutz, 2013, 513–518 • J. Isensee: Nationalstaat und Verfassungsstaat – Wechselhafte Bedingtheit, in: R. Stober (Hg.): Recht und Recht. FS für Gerd Roellecke zum 70. Geburtstag, 1997, 137–164 • Bundesministerium des Innern: Rahmenrichtlinien für die Gesamtverteidigung – Gesamtverteidigungsrichtlinien – vom 10. Januar 1989, 1989 • Bundesminister des Innern: Weißbuch zur zivilen Verteidigung der Bundesrepublik Deutschland, 1972 • K. Bauer/D. Schössler: Nationale Verteidigung, 1966.

DIRK FREUDENBERG

Zoll

1. Definition

Zölle (Z.e) sind ↑Steuern auf grenzüberschreitenden Warenverkehr. I. d. R. werden sie bei der Einfuhr an der Landesgrenze erhoben. In seltenen Fällen wird der Begriff auch auf die Besteuerung von Exporten angewandt. Dies ist jedoch zum einen in der Praxis weniger bedeutsam, zum anderen haben sich dafür eher die Begriffe Exportsteuer oder -abgaben durchgesetzt. Z.e sind eine seit dem Altertum existierende Form der Staatseinnahme. Ihr wesentlicher Zweck ist zum einen die Staatsfinanzierung (fiskalisches Ziel), zum anderen der Schutz bestimmter Wirtschaftszweige vor ausländischen Wettbewerbern (Protektionsziel).

2. Formen von Zöllen

Die häufigste Form sind Wert-Z.e, bei denen ein bestimmter Prozentsatz des Preises als ↑Abgabe erhoben wird. Daneben gibt es, wenn auch seltener, spezifische Z.e, bei denen der Z. auf eine Mengen- oder Gewichtseinheit bezogen wird (z. B. 3 Euro pro Liter), und verschiedene gemischte Formen (z. B. 40 % plus 3 US-Dollar pro Kilogramm). Die meisten Staaten erheben Z.e auf den Güterpreis plus Transport- und Versicherungskosten (*cost, insurance, freight* [c.i.f.]); in einigen Fällen wird der Z. auch auf den reinen Güterpreis erhoben (*free on board* [f.o.b.]). Weiterhin können sich Z.e nach dem Ursprungsland der Importe unterscheiden. Präferenz-Z.e, häufig mit einem Z.-Satz von 0 %, werden auf Importe innerhalb einer Freihandelszone (z. B. ↑EFTA) oder Z.-Union (z. B. die ↑EU [↑Zollunion, europäische]) angewandt oder, unter bestimmten Bedingungen, Entwicklungsländern einseitig eingeräumt. Hingegen gelten Meistbegünstigungs-Z.e i. d. R. für alle anderen Handelspartner.

3. Heutige Bedeutung

Historisch hatten Z.e traditionell eine große Bedeutung als Einkommensquelle für die Staatsfinanzierung. Im Gefolge mehrerer multilateraler Liberalisierungsrunden im Rahmen von GATT- und WTO-Verhandlungen (↑WTO), regionaler ↑Liberalisierung durch Freihandelszonen und Z.-Unionen und unilateraler Liberalisierung ist die globale Bedeutung von Z.en in den letzten Jahrzehnten jedoch deutlich zurückgegangen. Dennoch stellen sie nach wie vor ein wichtiges handelspolitisches Instrument dar, da früher verbreitete Instrumente wie Quoten oder Selbstbeschränkungsabkommen nach WTO-Regeln heute prinzipiell nicht mehr erlaubt sind. So sind die durchschnittlichen Z.-Sätze in Industrieländern von hohen zweistelligen Raten in der Nachkriegszeit auf heute weniger als 4 % gefallen. Der durchschnittliche Meistbegünstigungs-Z.-Satz auf Industriegüter in der EU beträgt inzwischen weniger als 2 %; auf ca. 25 % aller Importe wird überhaupt kein Z. mehr erhoben. Diese starken Z.-Senkungen waren ein wesentlicher Faktor für den starken Anstieg des internationalen Handelsvolumens nach dem Zweiten Weltkrieg. Deutlich höher sind die Z.e allerdings bei Agrarprodukten, für die der Durchschnitts-Z. (2018) in der EU bei etwa 11 % liegt, mit Maximalwerten von über 100 % für einige Güter. Die meisten Entwicklungsländer haben im Durchschnitt höhere Z.-Sätze als entwickelte Länder, da Z.-Einnahmen in vielen ärmeren Ländern noch eine relativ starke fiskalische Bedeutung haben.

4. Wirkung von Zöllen

Die Wirkung von Z.en wird üblicherweise anhand eines einfachen Angebot-Nachfrage-Diagramms gezeigt. Dabei führen Z.e insgesamt zu:

a) einem Rückgang des Angebots an importierten Gütern,
b) einer Ausweitung des Angebots an einheimisch produzierten Gütern (wenn auch nicht im gleichen Ausmaß wie Effekt *a*),
c) zu einer Preiserhöhung und
d) zu Staatseinnahmen.

Gewinner der Einführung von Z.en sind einheimische Produzenten und der ↑Fiskus, Verlierer sind die einheimischen Konsumenten und ausländische Produzenten. Die Stärke der Effekte hängt ab vom Ausmaß des Z.s sowie den jeweiligen Preiselastizitäten der Angebots- und Nachfragefunktionen. Der gesamte Wohlfahrtseffekt von Z.en ist sowohl im Inland wie auch im Ausland negativ. Ein bes.r Fall kann allerdings vorliegen, wenn der Z. von einem großen Land erhoben wird: Die Einführung des Z.s kann aufgrund des damit verbundenen Nachfragerückgangs zu sinkenden internationalen Preisen führen, wodurch Importe effektiv verbilligt werden. Dadurch kann die heimische ↑Wohlfahrt auf Kosten ausländischer Lieferanten erhöht werden; allerdings sinkt die globale Wohlfahrt im Vergleich zum Zustand des ↑Freihandels.

Neben diesen statischen, in Angebot-Nachfrage-Diagrammen analysierbaren Effekten gibt es dynamische Wirkungen von Z.en. Diese bestehen in einer Reduktion des Wettbewerbs und der schlechteren Ausnutzung von Skaleneffekten, was sich langfristig in niedrigerer Produktivität und höheren Güterpreisen niederschlägt. Weitere empirisch nachgewiesene Wirkungen von Z.en bestehen in einer reduzierten Produktauswahl, einem niedrigeren Exportniveau mit geringerer Produktdiversifikation sowie einer beschränkten Integration des Landes in globale Wertschöpfungsketten. Verschiedene empirische Studien haben daher die langfristig wohlfahrtsfördernde Wirkung der Abschaffung oder Senkung von Z.en bestätigt.

5. Erziehungszoll

Eine bes. Form des Z.s stellt der Erziehungs-Z. dar. Mit diesem sollen als zukunftsträchtig identifizierte Industriezweige in ihrer frühen Entwicklungsphase vor ausländischer Konkurrenz geschützt werden. Dabei soll der Z. in dem Maße abgebaut werden, wie die betreffende Industrie an Wettbewerbsfähigkeit gewinnt, verknüpft mit der Erwartung, dass die anfänglichen Wohlfahrtsverluste des Z.-Schutzes durch zukünftiges Wachstum übertroffen werden. V. a. in Entwicklungsländern war diese Idee über viele Jahre sehr populär; allerdings ist die empirische Evidenz für die Wirksamkeit von Erziehungs-Z.en insgesamt gering.

6. Die politische Ökonomie von Zöllen

Die politische Ökonomie von Z.en untersucht, warum Z.e, obwohl sie im Allgemeinen wohlfahrtsmindernd sind, trotzdem erhoben werden. Die wesentliche Erkenntnis dieses Ansatzes ist, dass Handelspolitik in der

Praxis oft von ↑Interessengruppen beeinflusst wird, deren Aktivitäten auf die eigene und nicht auf die nationale Wohlfahrt gerichtet sind, wogegen die politischen Entscheidungsträger primär an ihrer Wiederwahl interessiert sind. Das daraus entstehende politische Dilemma, dass einzelne Staaten eine Präferenz für Protektion haben können, sich gleichzeitig jedoch den Rest der Welt möglichst zollfrei wünschen, kann durch bilaterale oder multilaterale Handelsverträge aufgelöst werden.

Literatur

G. J. Felbermayer: Zur Rückkehr der Machtpolitik in Handelsfragen. Theoretische Überlegungen und politische Empfehlungen, in: PdW 19/3 (2018), 232–244 • WTO/ITC/UNCTAD: World Tariff Profiles 2018, 2018 • R. E. Baldwin: The Great Convergence, 2016 • B. M. Hoekman/M. M. Kostecki: The Political Economy of the World Trading System, ³2009 • R. Wacziarg/K. Horn Welch: Trade Liberalization and Growth. New Evidence, in: WBER 22/2 (2008), 187–231 • D. Irwin: Free Trade under Fire, 2002 • A. Klau: Globalisierung. Definition, Bestimmungsgründe, Auswirkungen, 1999 • J. D. Sachs u. a.: Economic Reform and the Process of Global Integration, in: BPEA 26/1 (1995), 1–118.

ARNE KLAU

Zollunion, europäische

1. Begriff, Funktionen und Erscheinungsformen

↑Zölle sind Abgaben, die nach Maßgabe des Zolltarifs von der Warenbewegung über die Zollgrenze erhoben werden. Das Zollrecht gehört zu den am weitreichendsten vergemeinschafteten Rechtsgebieten in der EU überhaupt.

Im Recht der EU (↑Europarecht) handelt es sich ganz überwiegend um Importzölle aus wirtschaftspolitischen Motiven, die – von wenigen Ausnahmen abgesehen – auf den Warenwert abstellen. Die Abschöpfungsabgaben der gemeinsamen Landwirtschaftspolitik werden inzwischen als Agrarzölle bezeichnet.

2. Zollintegrationsstufen

Schon in historischer Perspektive neigten einzelne nationale Volkswirtschaften aus unterschiedlichen Motiven zur Zusammenarbeit von und zum Zusammenschluss zu Zollgebieten. Regelungen über Zölle oder zollgleiche Abgaben bildeten zumeist den Anfang einer umfänglicheren wirtschaftlichen oder auch politischen Zusammenarbeit. Der *Deutsche Zollverein* von 1834 hat in spezifischer Hinsicht eine Pionierfunktion bei der wirtschaftspolitischen Einigung Deutschlands im 19. Jh. eingenommen. Kern der EWG von 1957 und der ↑EU heute ist eine Z., Art. 28 AEUV. Idealtypisch lassen sich zwei Formen zollpolitischer Integration unterscheiden: die Freihandelszone und die Z.

In einer Freihandelszone bestehen zwischen den Mitgliedstaaten keine Zölle; die handelspolitische Souveränität wird dadurch gewahrt, dass kein gemeinsamer Außenzoll existiert. Z.en bilden aus dem Zusammenschluss zweier oder mehrerer politisch selbständiger Hoheitsgebiete ein einheitliches Zollgebiet: für den ganz überwiegenden Teil der zwischen ihnen auszutauschenden Leistungen müssen sowohl die Zölle, als auch sonstige Handelsbeschränkungen vollständig beseitigt sein; gegenüber Drittstaaten muss ein einheitlicher Außenzoll bestehen; auch die übrigen Handelsvorschriften gegenüber Drittstaaten müssen weitgehend einheitlich sein.

3. Entwicklung der Zollintegration in der EU

Bei der Entwicklung der e.n Z. können zwei Stufen unterschieden werden:

a) der Abbau der Binnenzölle zwischen den Mitgliedstaaten und die Aufrichtung eines gemeinsamen Zolltarifs nach außen;

b) die Harmonisierung des Zollrechts.

Als Zeitrahmen war zunächst der Zeitraum bis Ende 1969 festgelegt worden; dieser Zeitrahmen konnte als Folge der durch die Aufrichtung der EG (mit-)ausgelösten wirtschaftlichen Dynamik zum 1.7.1968 vorgezogen werden. Eine stufenweise Einbeziehung in die Z. erfolgte auch jeweils beim Beitritt neuer Mitgliedstaaten. Die zweite Entwicklungsstufe kann mit dem Schlagwort „von der Tarifunion zur Zollrechtsunion" umrissen werden: Vollendung konnte die Z. erst durch eine weitgehende Angleichung des Zollrechts finden. Zweifelhaft erscheint die Sichtweise, dass die Z. mit der Erreichung des ↑Europäischen Binnenmarkts in diesem „aufgegangen sei". Die Z. allein konnte noch keinen Binnenmarkt schaffen, sie stellt inzwischen ein wesentliches Teilelement eines solchen Marktes dar, behält aber ihre eigenständige Bedeutung.

4. Rechtsquellen der Zollunion

Das primäre Unionsrecht enthält die rechtlichen und institutionellen Grundlagen. Im sekundären Unionsrecht können als Regelungsbereiche das Zolltarifrecht und das allg.e Zollrecht getrennt werden. Das Zolltarifrecht regelt Art und Höhe der Zölle. Der Gemeinsame Zolltarif besteht wiederum aus zwei Elementen: aus einem umfassenden Verzeichnis von Waren (Zolltarifschema/Nomenklatur) und aus den Zollsätzen. Ergänzt wird die sog.e Kombinierte Nomenklatur durch Regelungen über Zollaussetzungen, Zollkontingente u. ä. Für die endgültige Berechnung des Zolls muss bei den – ganz überwiegenden – Wertzöllen noch das Zollwertrecht zur Ermittlung des zugrundezulegenden Zollwerts hinzutreten. Im Unionszollrecht entscheidend ist regelmäßig der Transaktionswert, d. h. der gezahlte oder zu zahlende Kaufpreis. Das allg.e (nicht-tarifäre) Zollrecht regelt Art und Weise der Erhebung des Zolls. Es ist in Einzelfragen vom Zolltarifrecht nicht zu trennen. Dazu gehören die Bestimmungen über das Zollgebiet, Zollabfertigung, Zollüberwachung, bes. Zollverfahren und das Zollschuldrecht. Das allg.e Zollrecht der EU ist in einer Verordnung, dem Zollkodex und seiner Durchführungsverordnung niedergelegt.

5. Unionsrechtliches Zollgebiet

Das unionsrechtliche Zollgebiet bezeichnet den geographischen Raum, in dem das Zollrecht der EU Anwendung findet. Ähnlich wie urspr. beim mitgliedstaatlichen deutschen Zollgebiet decken sich Hoheitsgebiet der Union und Zollgebiet nicht vollständig. In Bezug auf Deutschland gehören die Insel Helgoland und der Zollausschluss Büsingen am Oberrhein nicht zum unionsrechtlichen Zollgebiet. Im Unterschied zu assoziierten Gebieten gehört das Fürstentum Monaco zum Zollgebiet der EU.

6. Abgrenzung der Zollhoheit

Die Zollgesetzgebungshoheit liegt als ausschließliche Zuständigkeit bei der EU, die Mitgliedstaaten können daher nur tätig werden, wenn sie durch die EU hierzu ermächtigt werden oder dies der Umsetzung europäischer Rechtsakte dient. Die ausschließliche Gesetzgebungskompetenz des Bundes über Zölle in Art. 105 Abs. 1 GG greift daher ins Leere. Da die Zölle seit 1970 zu den Eigenmitteln der Gemeinschaft zählen, steht die Zollertragshoheit jetzt ausschließlich der EU zu; die Gläubigerschaft hinsichtlich der Zollschuld, die den die Zölle erhebenden, d. h. verwaltenden Mitgliedstaaten zukommt, ist davon zu trennen. Die Zollverwaltungshoheit liegt bei den Mitgliedstaaten, auch im Zollbereich besitzt die EU keinen eigenen Verwaltungsunterbau. In Deutschland ist das ZollVG vom 21.12.1992 einschlägig.

Literatur

P. Witte: Zollkodex der Union. Komm., [7]2018 • C. Waldhoff: Art. 28–33 AEUV, in: C. Calliess/M. Ruffert (Hg.): EUV/AEUV. Komm., [5]2016 • T. Bartsch: Zollrecht, in: JURA, 15/X, (1993), 347–352 • R. Christiansen: Vom Deutschen Zollverein zur Europäischen Zollunion, 1978.

CHRISTIAN WALDHOFF

Zollunionen ↑Wirtschaftsgemeinschaften

Zukunft

Z., engl. *future,* lat. *futurum,* bedeutet vom deutschen Wort her gesehen wie das französische *avenir* und lateinische *adventus* zunächst *Ankunft* sowohl von Erwartbarem als auch von Unerwartetem, *das auf uns zukommen kann*, aber *noch nicht* da ist, wie die *aventure* des Abenteuers. In abstraktiver Nominalisierung ist *die Z.* seit der Zeit der ↑Aufklärung Inhalt eines Reflexionsterminus, der die Welt in der Zeit *nach der Gegenwart* in spekulativer Handbewegung vage benennt. Die *Zeitmodi* des Vergangenen, Präsentischen und Zukünftigen stehen dabei in direkter Parallele zu den drei grammatikalischen *Verb-Zeit-Formen* des *praeteritum, praesens et futurum* (so schon Augustinus in „Confessiones"). Die neuere Modallogik hat dazu klar gemacht, dass Aussagen im Futur grundsätzlich über *Möglichkeiten* sprechen. Diese können sich in der Z. sogar „verzweigen" (zur „branching time" [Belnap 1992]). Wer sich z. B. dafür entscheidet, in die USA zu fliegen, wird nach Ankunft andere Entscheidungen über seine weiteren Reisen treffen können, als wenn er in Europa bliebe. Ein Satz der Form: „was sein wird, wird sein" artikuliert nur eine Tautologie. Schon nach Aristoteles ist daher vielen Aussagen über die Z. heute noch gar kein Wahrheitswert zuzuordnen. Aristoteles diskutiert das am Beispiel einer zukünftigen Seeschlacht in „De interpretatione". Die Z. ist als Möglichkeitsraum anzusehen, nicht als (kausal) *determinierter* Bereich von Sachen und Geschehnissen, die es geben wird. Der Weg in die Z. ist keine „thin red line" (Belnap/Perloff/Xu 2001: 133), die mit Notwendigkeit zu all dem führt, was es gegeben haben wird, wie wir in der grammatischen Form des *futurum exactum* über eine als abgeschlossen vorgestellte Z. sprechen.

Die Gegenwart liegt im Zwischenbereich zwischen offener Z. und abgeschlossener Vergangenheit. Im Unterschied zu den Geschichten, die wir über sie erzählen, gilt: „ewig still steht die Vergangenheit" (Schiller 1795: 39); sie ist als solche nicht mehr veränderbar. Es sind aber keine Zeit*punkte*, sondern je noch laufende *Prozesse*, welche bestimmen, was in relevanter Weise als gegenwärtig, was schon als zukünftig anzusehen ist. So kann z. B. der ganze heutige Abend, nur der Sonnenuntergang oder nur der Moment des Verschwindens der Sonne als gegenwärtig zählen. Wir können zwar die Gegenwart rein formal beliebig verkürzen zu einem Nu (griechisch *nyn*, lateinisch *nunc*). Es liegt an der idealen Darstellung des Präsentischen als punktförmiger Augenblick, dass es so scheint, als wäre das flüchtige Jetzt bloß noch *Grenze* zwischen Vergangenheit und Z.

Urspr. war die Zeit selbst als *aevum*, als dauernde Gegenwart der Lebenszeit (auch *aetas*) begriffen worden. Das griechische *aion* steht noch bei Homer zunächst für das *Leben (Odyssee*, IX, 523) oder die *Lebensdauer (Ilias*, IX, 415), dann für das gegenwärtiges Zeitalter – im Kontrast zu einer vorlaufenden Vergangenheit und nachfolgenden Z. als den früheren und späteren ↑Epochen oder „Weltaltern". Zunächst steht der Plural der Äonen, dann die Abfolge ganzer Weltzeiten in der Formel von Jh.en an Jh.en, *saecula saeculorum*, für die Ewigkeit der Z. Schon bei Aristoteles aber ist die Zeit „Maßzahl der Bewegung" (Aristoteles, Physik. IV 218b9) (der Planeten) in einer Ordnung nach dem „Früher und Später" (Aristoteles, Physik. IV, 219b12). Sie wird analogisch durch eine Linie geometrisch vertreten. Die Unendlichkeit der Zahlenfolge führt dabei zu einer idealnaiven Vorstellung der Zeit ohne Anfang in der Vergangenheit und ohne Ende in der Z.

Es gibt zwar die Meinung, dass man kein Geschehen durch Vorgriff auf die Z., also teleologisch, „erklären" könne, da es jeweils nur ein *causa efficiens* als zeitlich vorlaufende *Ursache* geben soll. Doch das schränkt die reflexionslogische Rede von (kausalen) Erklärungen sowohl systematisch als auch im Blick auf die Begriffsgeschichte ungebührlich ein. Schon die enaktive Wahrnehmung von Tieren ist auf ein futurisches Ziel insofern ausgerichtet, als ihr Tun als Folge von Perzeptionen praktische Reaktion auf einen Normalweltverlauf ist. Über Empfindungen der Befriedigung oder der Unerfülltheit ist es auf ein begehrtes (bzw. zu vermeidendes) *Ende (telos, finis)* bezogen und auch nur unter Hinweis auf die *causa finalis* in *bestimmter* Weise *verstehbar.* Die „empiristische" Vorstellung, es werde nur Vergangenes gewusst, nur Gegenwärtiges wahrgenommen und es gäbe auch noch im animalischen Verhalten keine Gerichtetheit auf Z., operiert mit einer bloß erst formalistisch aufgefassten Zeit. Einer nichtmenschlichen ↑Natur kann man zwar, wie Immanuel Kant sieht, ↑*Zwecke* bzw. *Absichten* oder *Intentionen* nur im Modus eines metaphorischen *Als-ob* zuschreiben. Denn im kanonischen Sinn sind diese immer vermittelt durch sprachlich oder bildlich *zu vergegenwärtigende* Z.s-Szenarien, was auch Ludwig Wittgenstein betont. Tiere verfolgen dennoch wirklich *Ziele*, freilich nur solche, die ihnen über präsentisch ablaufende Prozessformen gegeben sind. Die menschliche Sorge zielt dagegen, wie Martin Heidegger analysiert, über alles Zuhandene hinaus auf ein Sein-Können in einer erhofften Z. unter Abwehr von befürchteten Möglichkeiten.

Schon Parmenides und Platon unterscheiden zwischen wahren Aussagen über rekurrente Typen, ausgedrückt im *generischen Präsens* (vgl. z.B. Parmenides, Frgm. 2, Zeile 3, 4 zum generisch-notwendigen Sein, Frgm. 8, Zeile 51–62 zur empirischen Meinung [*doxa* und *gnome*], ferner Platon, Parmenides 130–132 zum Unterschied zwischen eidetischen [Sätzen zu ewigen] Formen und empirischen [Aussagen zu] Dingen), und einer bloß erst empirischen *doxa,* die sich syntaktisch am Gebrauch eines temporalen „war", „ist" und „wird sein", also des Präteritums, Präsens und Futurs zeigt. Die zeitallgemeinen Sätze der *epistēmē* drücken wie die der Geometrie *formenentheoretische* Schlussregeln aus und sprechen daher über „Ideen", nicht über alle oder viele Einzelfälle. Diese bleiben als empirische abhängig von subjektiven und anaphorisch-indexikalischen Bezugnahmen je von uns als den Sprechern hier und jetzt her. Zwar unterscheidet man auch seit dem Neuplatonismus ein Unendliches, das ewig bleiben soll, vom Endlichen, den vergänglichen empirischen Prozessen. Das fließende Jetzt mache die Zeit, das stehende Jetzt die Ewigkeit, sagt dazu Boethius („Nunc fluens facit tempus, nunc stans facit aeternitatem" [Boethius, De Trinate, 4,70]) und wird nicht nur von Thomas von Aquin zitiert. Gottes Wissen wird dabei als intellektuelle Anschauung im Sinne I. Kants vorgestellt, das alles Vergangene und Zukünftige im Modus „nunc aeternum praesens" vor sich haben soll (Augustinus, De trinitate, XV, 23), d.h. als ewige Gegenwart. Der offenbare Widerspruch zur modalen Offenheit der Z. als notwendiger Bedingung freien Handelns (↑Handlungstheorie) lässt sich aber entgegen allen Versicherungen nicht auflösen, weder durch Boethius' Unterscheidungsversuch zwischen einem Vorgriff auf eine abgeschlossene Z. und einer Notwendigkeit (zum Streit um die Vorsehung vgl. Boethius, Consolatio Philosophiae 5, bes. 247–271), noch in den Prädestinationslehren der ↑Reformation oder im ↑Determinismus und Kompatibilismus gegenwärtiger ↑Analytischer Philosophie. Schon die Vorstellung der Welt *sub specie aeternitatis*, im Blick Gottes, auch als Wissen eines perfekten Physikers, der alle Ereignisse irgendwie kausal erklären können soll, zerstört, wie insb. auch schon M. Heidegger erkennt, den fundamentalen Unterschied zwischen Vergangenheit und Z. sowohl in der Logik unseres Redens und Erkennens als auch in der zugl. temporalen und modalen Ontologie des Wirklichen. Auch I. Kants Rede über das Ding an sich ist am Ende nur als spekulative Rede über *alles* zu verstehen, was es in aller Z. irgendwo wirklich gegeben haben wird. Das Wahre ist das Ganze (der Welt), wie Georg Wilhelm Friedrich Hegel dazu sagt.

Nicht ein neuer Begriff der Zeit und der Z. oder neues Wissen über ↑Zeit und ↑Raum, vielmehr eine veränderte *Lebenshaltung*, welche die Gegenwart der Z. radikal *unterordnet*, ist gegenüber der klassischen Antike ein neues Element christlicher, bes. aber postchristlicher ↑Weltanschauung. Das zeigt sich z.B. auch am konsequentialistischen ↑Utilitarismus und am optimistischen ↑Positivismus Auguste Comtes, am präfaschistischen italienischen Futurismus zu Beginn des 20. Jh. und am Utopismus Ernst Blochs (↑Utopie), aber auch noch an der Vorstellung einer unbegrenzten ↑Verantwortung für die ganze irdische Welt bei Hans Jonas, die scheinbar in alle Z. reicht.

Literatur

N. Belnap/M. Perloff/M. Xu: Facing the Future. Agents and Choices in Our Indeterminist World, 2001 • N. Belnap: „Branching Space-Time", in: Synthese 92/3 (1992), 385–434 • M. Heidegger: Sein und Zeit, [15]1979 • H. Jonas: Das Prinzip Verantwortung. Versuch einer Ethik für die technische Zivilisation, 1979 • L. Wittgenstein: Philosophische Untersuchungen, 1958 • E. Bloch: Das Prinzip Hoffnung, Bde. I–III, 1954–59 • I. Kant: Kritik der reinen Vernunft, in: AA: Bd. 3, 1911 • Ders.: Kritik der Urteilskraft, in: AA: Bd. 5, 1913 • F. Schiller: Spruch des Konfuzius, in: ders. (Hg.): Musen-Almanach für das Jahr 1796, 1795: 39.

PIRMIN STEKELER-WEITHOFER

Zukunftsforschung

Seit einem halben Jahrhundert gibt es in der westlichen Welt eine systematische *Z. auf wissenschaftlicher Basis („Zukunftswissenschaft").* Z. hat es wesentlich mit ↑Prognosen zu tun. Der Begriff „Prognose" stammt aus der allg.en Medizin und bezeichnet die vorausschauende Beurteilung des Verlaufs und Ausgangs einer Krankheit. *Die Prognose wird aus der Diagnose abgeleitet.* Ist die Diagnose richtig, ist auch die Treffsicherheit der Prognose groß. Prognosen lassen sich definieren als wissenschaftsbasierte Voraussagen – im Unterschied zu allg.en Voraussagen, die jeder jederzeit treffen kann, ohne dass ihre Zuverlässigkeit überprüfbar ist. Nicht jede Voraussage ist eine Prognose, jede Prognose aber eine Voraussage. Wissenschaftliche Prognosen sind relativ präzise – wie Wahlprognosen, die i. d. R. nur um ein bis zwei Prozentpunkte vom amtlichen Endergebnis abweichen. Anders sieht es allerdings mit Voraussagen aus, die lange Zeiträume von mehr als 20 Jahren im Blick haben oder sich auf sehr komplexe, ihrerseits der ↑Kontingenz unterworfene Systeme beziehen.

Zu den Kernthemen einer wissenschaftsbasierten Z. gehören Fragen wie: Wie werden wir in ↑Zukunft arbeiten und leben? Welche Gesellschaft werden wir dann haben? Was hält unsere Gesellschaft in Zukunft zusammen? Und wie „wollen" wir leben? – und dies unter Berücksichtigung globaler Probleme wie z. B. der Bevölkerungsexplosion, des Nord-Süd-Gefälles und der Ausbeutung der natürlichen Ressourcen. Zukunftswissenschaft

a) ermittelt erstens auf der wissenschaftlichen Basis von Zeitvergleichen (sog.en Zeitreihen) statistisch nachweisbare Entwicklungstendenzen der Gesellschaft und geht den Ursachen und möglichen Folgewirkungen (Chancen, ↑Risiken) für die Zukunft nach;

b) versteht sich zweitens als wissenschaftliche Orientierungs- und Entscheidungshilfe für Gesellschaft, Wirtschaft und Politik, was das Vorausdenken („Antizipation") von Zukunftsalternativen (sog.e Futuriblen, Futures, Zukünfte) notwendig miteinschließt.

Nach Untersuchungen des Zukunftsforschers Reinhold Popp spiegeln sich in der Systematik einer eigenständigen Z. Teildisziplinen wider, wie z. B. Zukunft der Wirtschaft, der Bildung, der Medizin, der Politik u. a. Zur Z. gehört die Interdisziplinarität.

Zur Entwicklung der Z. in Deutschland trugen insb. die Studien des ↑Club of Rome bei, die einerseits frühzeitige Warnungen aussprachen („Grenzen des Wachstums" [Meadows u. a. 1972]), andererseits auch wünschbare Zukünfte beschrieben („Der Weg ins 21. Jahrhundert" [Peccei u. a. 1983]). Hinzu kamen Studien von Horst Opaschowski zur Zukunft von Arbeit und Leben. Als eine der Hauptursachen dafür, warum die wissenschaftliche Z. so lange ein *weißer Fleck in der Forschungslandschaft* blieb, muss wohl das Fehlen „identitätsstiftender Visionen" (Steinmüller 2000: 51) angesehen werden.

Die zukunftswissenschaftliche Diskussion in Deutschland bewegte sich nach der Jahrtausendwende zwischen Visionsängsten und Innovationsmüdigkeit. Gefragt waren mehr Gegenwartsanalysen und Problemstudien zu Frieden, Umwelt, Dritter Welt u. a. Erst in den letzten Jahren wird erkannt, dass Z. auch ein Frühwarnsystem sein kann.

Z. ist im engeren Sinne auch Verhaltensforschung und im Unterschied zu Konjunkturprognosen mikrofundiert. Sie liefert Daten zur Verhaltenspsychologie. Z. kann keine Kriege, Krisen oder Katastrophen vorhersagen, aber Erkenntnisse liefern, wie Menschen auf kritische Ereignisse reagieren (z. B. als Folge von Naturkatastrophen oder terroristischen Anschlägen). Eine psychologisch orientierte *Prognoseforschung* fragt danach:

a) Wie haben Menschen bisher in ähnlichen Situationen reagiert?
b) Sind Regelmäßigkeiten in ihren Reaktionsweisen feststellbar?
c) Lassen sich daraus begründbare Grundsätze über das menschliche Verhalten ableiten?

Aus wünschbaren Zukünften leitet die Forschung Handlungsoptionen für die Zukunft ab, zeigt Handlungsstrategien auf und fragt: Wenn wir in Zukunft „so" leben wollen – welche Wege müssen wir dann heute gehen? Wissenschaftliche Z. kann Wegweiser und Weichensteller zugl. sein.

In der Z. wird die Grundrichtung einer *langfristigen* Entwicklung „Zukunftstrend" genannt. Die Berechnung von Zukunftstrends als Megatrends erfolgt auf der Basis *statistischer Zeitreihen.* Zukunftstrends sind für die gesellschaftliche Entwicklung der nächsten Jahre richtungweisend. Hermann Lübbe zählt zu den Trends der Zukunft v. a. die „temporale Innovationsverdichtung" (Lübbe 1996: 117). Weil sich die *Innovationsrate pro Zeiteinheit* immer mehr erhöht, kommt es zu immer schnelleren Innovationsschüben (↑Innovation); messbar an der *Halbwertzeit* – an der Zeit also, die vergeht, bis bspw. die Hälfte der Ergebnisse von Forschungsaussagen als überholt und veraltet gilt. Wenn sich die Innovationsverdichtung weiter so exponentiell entwickelt, dann agieren Wirtschaft, Politik und Gesellschaft immer hektischer, wenn sie sich nicht auf verlässliche Prognosen stützen können. Georg Picht erklärte schon in den 1960er Jahren, es gebe drei Grundformen, in denen sich das menschliche Denken die Zukunft vor Augen zu stellen vermag: „Prognose, Utopie und Planung" (Picht 1967: 13). Und Robert Jungk sprach ähnlich von „Voraussage, Voraussicht und Entwurf" (Jungk 1967).

Z. will verhindern, dass die Gesellschaft von Veränderungen überrumpelt wird. Und sie will helfen, dass Menschen selbst zum Motor von Veränderungen werden. Wer Zukunft gestalten will, muss „wissen, was wird" (Opaschowski 2019) und wohin die Reise geht oder gehen kann. Z. zeichnet sich durch *Überprüfbarkeit* aus – basierend auf sozialwissenschaftlichen Methoden wie Interview- und Umfragetechniken, Delphi- und Expertenumfragen (↑Sozialwissenschaften). Dies können Technikfolgenabschätzungen, Aussagen über Umweltbelastungen, Forschungen zur Zukunft von Arbeit, Medien und Konsum oder Hinweise auf Einstellungsänderungen sein. Zukunftstrends müssen mindestens zehn bis 15 Jahre lang richtungweisend sein, was sie von aktuellen Zeitgeistströmungen unterscheidet. Auf der *Basis von Zeitreihen* zeichnen sich Zukunftstrends durch Stetigkeit aus. Z. ist eine *Wissenschaft gegen Zukunftsangst*. Über kritische Gegenwartsanalysen hinaus macht sie Zukunftspotenziale sichtbar und leistet verlässliche Zukunftsorientierungen.

Literatur

H. Opaschowski: Wissen, was wird. Eine Geschichte der Zukunft Deutschlands, 2019 • P. Zellmann: Die Zukunft, die wir wollen, 2017 • R. Popp: Zukunftswissenschaft & • H. Opaschowski: Deutschland 2030, 2013 • U. Reinhardt/G. T. Roos: Wie die Europäer ihre Zukunft sehen, 2009 • H. Opaschowski: Wohlstand neu denken. Wie die nächste Generation leben wird, 2009 • K. Steinmüller: Zukunftsforschung in Europa, in: ders./R. Kreibich/C. Zöpel (Hg.): Zukunftsforschung in Europa, 2000, 37–54 • H. Opaschowski: Generation @, 1999 • H. Lübbe: Megatrends. Faktoren der Entwicklung moderner Gesellschaften, in: Club AA. 27/28/29 (1996), 117–138 • R. Jungk: Mehr Phantasie für das Morgen, in: ders. (Hg.): Zukunft zwischen Angst und Hoffnung, 1990, 69–84 • H. Opaschowski: Wie arbeiten wir nach dem Jahr 2000?, 1989 • Ders.: Wie leben wir nach dem Jahr 2000?, 1987 • Ders.: Arbeit. Freizeit. Lebenssinn? Orientierungen für eine Zukunft, die längst begonnen hat, 1983 • A. Peccei u. a.: Der Weg ins 21. Jahrhundert, 1983 • O. K. Flechtheim: Futurologie. Der Kampf um die Zukunft, 1972 • H. D. Meadows u. a.: Die Grenzen des Wachstums, 1972 • R. Jungk: Voraussage, Voraussicht und Entwurf, in: K. Schlechta (Hg.): Der Mensch und seine Zukunft, 1967, 101–114 • G. Picht: Prognose. Utopie. Planung, 1967.

HORST OPASCHOWSKI

Zwang

1. Zwang im Recht: Rechtsdurchsetzung

Wert und Funktion von Rechtsordnungen bilden sich am Grad ihrer Durchsetzbarkeit ab.

Das Recht als Sollensordnung ist nicht auf abstrakte ↑Geltung , sondern auf Verwirklichung angelegt. Vollstreckung und Sanktionen als die beiden Typen rechtlichen Z.s sind im demokratischen Verfassungsstaat Endpunkte eines einheitlichen und umfassenden Rechtsverwirklichungsvorgangs. Dieser beginnt mit der Recht*setzung*, fährt in der Rechts*anwendung* als Konkretisierung generell-abstrakter Regeln auf den Einzelfall fort und mündet – falls notwendig – in der mehr oder weniger zwangsweisen Rechts*durchsetzung*. Die zwangsweise Rechtsdurchsetzung als die Vollstreckung und Sanktionierung überwölbende Kategorie empfängt nach diesem einheitlichen Rechtsverwirklichungsmodell Inhalt und Impulse, Ziele und Programme aus dem durchzusetzenden ↑Recht. Für die zwangsweise Rechtsverwirklichung treten neue Rechtsschichten, die das Vollstreckungs- oder Sanktionierungsverfahren normieren, hinzu. Die Gesamtheit zwangsweiser Rechtsverwirklichung kann demnach nur in dem Spannungsverhältnis zwischen dem durchzusetzenden Recht und der verfahrensmäßigen und handlungsformenbezogenen Trennung von diesem beschrieben werden. Sie empfängt nicht nur ihr Ziel, sondern einen entscheidenden Anteil ihrer ↑Legitimation aus dem seinerseits demokratisch legitimierten durchzusetzenden Recht, wahrt auf der anderen Seite rechtsstaatliche Distanz (↑Rechtsstaat) durch eine verfahrensrechtliche Abkoppelung von den durchzusetzenden Rechten oder Entscheidungen.

Vollstreckung und Sanktion als zwangsweise Rechtsverwirklichung stellen dabei einen möglichen, nicht einen zwangsläufigen Endpunkt der Rechtsverwirklichung dar. Sie prägen nicht den Rechtsalltag und können nicht den Regelfall der Staats- und Verwaltungspraxis darstellen. Die Rechtsordnung ist stets auf eine breite Grundakzeptanz angewiesen, die durch zwangsweise Rechtsverwirklichung nicht ersetzt werden kann. Eine entscheidende Funktion von Vollstreckung und Sanktion liegt in ihrem hintergründigen Drohpotential, so paradox es klingen mag in ihrer „Nichtanwendung". Auf der anderen Seite bedürfen auch zwangsvermeidende, wirklich oder vermeintlich „sanfte" Administrationsformen dieses Drohpotentials. Auch im Kontext konsensualen Verwaltungshandelns, im Zusammenhang mit der ↑Privatisierung von ↑Staatsaufgaben werden die Formen des rechtlichen Z.s nicht überflüssig. Sie verändern nur ihren Ansatzpunkt und ihre Funktion.

Zwangsweise Rechtsverwirklichung in den Formen von Vollstreckung und Sanktion kann der gerichtlichen wie der administrativen Rechtsanwendung folgen. Verwaltungsvollstreckungs- und Verwaltungssanktionsrecht umschreiben die administrative Rechtsdurchsetzung, d. h. solche durch die ↑Verwaltung selbst. Die Verwaltungsgerichtsbarkeit oder – etwa im Bereich des Ordnungswidrigkeitenrechts (↑Ordnungswidrigkeit) – die ordentliche ↑Gerichtsbarkeit werden erst auf der Kontrollebene eingeschaltet. Allerdings müssen auch gerichtliche Entscheidungen aller Gerichtszweige, etwa im Wege der zivilprozessualen Z.s-Vollstreckung oder der Strafvollstreckung durchgesetzt werden.

Die Rechtsordnung nimmt das Phänomen Z. auch noch in anderer Weise auf. Sofern Z. von einem Bürger gegenüber einem anderen Bürger angewendet wird, kommt es auf dessen ↑Legalität an. Diese kann durch Not- und Selbsthilferechte gegeben sein. Erzwungene Willenserklärungen beeinträchtigen deren Bindungskraft, vgl. § 123 BGB. Einwilligungen und Ähnliches können grundsätzlich nur freiwillig erfolgen – Freiwilligkeit ist insofern das Gegenteil von Z. Auch große Teile der Straftatbestände richten sich gegen illegale Z.s-Ausübung gegenüber anderen.

2. Zwang als tatsächliches und als Rechtsphänomen

Rechtsdurchsetzung ist der Anschluss von Rechtsentscheidungen an die realen Verhältnisse. Vollstreckung und Sanktionen erweisen sich als Bindeglieder zwischen der Sollensordnung und der Wirklichkeit. ↑Gesetzgebung bedarf regelmäßig der Aktualisierung der von ihr hervorgebrachten Normen durch Anwendung in Form von Umsetzung und ggf. auch Durchsetzung. Recht funktioniert dadurch, dass es Streitigkeiten ohne Ausübung physischer Gewalt entscheidbar macht und so ↑Frieden sichert. Das Recht erweist sich insofern als Instrument gewaltloser Streitschlichtung. Im Grenzfall muss sich dann allerdings das Recht selbst des Z.s und der physischen Gewaltsamkeit bedienen, um seine Funktion erfüllen zu können: Um ↑Macht und ↑Gewalt zu domestizieren, muss sich das Recht der Drohung mit Macht, Gewalt und Z. bedienen.

Z. als tatsächliches Phänomen verhält sich zu Gewalt wie ↑Herrschaft zur Macht: Herrschaft und Z. sind institutionalisiert und verfasst, Macht und Gewalt sind unverfasst und roh. Der Z. erscheint stets zielgerichtet, final. In einem vorrechtlichen Sinn bezeichnen Macht und Herrschaft Zustände, Gewalt und Z. Modalitäten von Handeln. So ist Z. ein Machtmittel von Herrschaft, welches dem entgegenstehenden Willen gegenübertritt und somit Modus der Fremdmotivation ist. In der Grundform reicht hier die Drohung aus. Physischer Z. *(vis absoluta)* wird durch den psychisch vermittelten Z. *(vis compulsiva)* ergänzt. Rechts-Z. ist demgegenüber rechtlich gebundener und organisierter Z. Im demokratischen Verfassungsstaat ist es Aufgabe des demokratischen Prozesses, „Art, Mittel und Schranken der Durchsetzung verschiedener Rechtsnormen je angemessen und verhältnismäßig zu bestimmen" (Waldhoff 2011: 17 f.). Durch diese rechtliche Fassung des Z.es wird dieser als Handeln dem ↑Staat zugerechnet. Im demokratischen Verfassungsstaat gibt es insoweit keinen legitimen außerrechtlichen Z.

3. Typologie des Rechtszwangs

Die Vermittlungsleistung zwischen Sollen und Sein zum Zweck der Durchsetzung von Recht und von rechtlichen Entscheidungen geschieht mittels eines Kanons unterschiedlicher Z.s-Instrumentarien, die als abstrakte Typen zunächst mehr oder weniger unabhängig von den Zusammenhängen einer konkreten historischen Epoche oder einer konkreten Rechts- oder Verfassungsordnung unterschieden werden können. *Vollstreckung* ist die zwangsweise staatliche Rechtsanwendung gegen den Willen des Pflichtigen i. S. einer Durchsetzung der auf einer Norm beruhenden rechtlichen Entscheidung. Vollstreckung ist die zwangsweise Rechtsverwirklichung i. S. einer unmittelbaren Durchsetzung staatlicher Gebote bzw. Verbote. Vollstreckung ist insofern „Erfüllungs-Z.": Die angeordnete (verwaltungsrechtliche oder zivilrechtliche) ↑Pflicht soll möglichst „punktgenau" verwirklicht werden. Die zivilprozessuale Z.s-Vollstreckung mit der Durchsetzung der Leistungspflicht stellt den Prototyp der Vollstreckung dar. Demgegenüber stehen „konstitutive Z.s-Akte", die ohne Berührung der Außenwelt, ohne physischen Z. gleichsam *self executing* der Rechtsdurchsetzung dienen und etwa in der Fiktion einer zivilrechtlichen Willenserklärung ihre Parallele in der zivilprozessualen Z.s-Vollstreckung finden. Die Kassation eines Verwaltungsakts durch ein Verwaltungsgericht gemäß § 113 Abs. 1 S. 1 VwGO bildet ein verwaltungsrechtliches Beispiel. Auch die Aufrechnung als „Selbstexekution" ist funktional hier einzuordnen. ↑*Sanktionen* als Rechtsnachteile meinen negative (belastende) (Rechts-)Folgen gegen denjenigen, der eine Rechtsregel verletzt hat. Über die Verhaltensbindung besteht der Zusammenhang mit der ↑Norm: Derjenige, der gegen die Regel verstößt, wird sanktioniert. Norm und Sanktion erweisen sich so als zwei Seiten derselben Medaille: Die Sanktion erhält intentionalen Charakter in Bezug auf die verletzte Norm. In diesem allg.en Sinne können Sanktionen repressiven, restitutiven oder präventiven Charakter besitzen. Die neuere Normlehre differenziert hier zwischen Verhaltens- und Sanktionsnorm: Die – logisch das *prius* darstellende – Verhaltensnorm statuiert ein Gebot oder Verbot; die darauf aufbauende Sanktionsnorm – die zugl. Verhaltensnorm für den Rechtsstab ist – legt Sanktionsmittel für den Normverstoß fest. Im Verfassungsstaat des ↑GG besteht eine Pointe dieser Unterscheidung darin, dass ein Normverstoß allein keine Eingriffs- oder Z.s-Rechte auslöst, denn der Rechtsverletzer wird dadurch nicht rechtlos gestellt. Auch hier zeigt sich, dass sämtliche Z.s-Rechte rechtlich konstituiert sind. In die Kategorie der Rechtssanktionen fallen sowohl die Kriminalstrafen und sonstigen „Rechtsfolgen der Straftat", die Sanktionen des Ordnungswidrigkeitenrechts wie die bis heute unscharfe Kategorie der Verwaltungssanktionen.

Literatur

C. Waldhoff: Vollstreckung und Sanktionen, in: W. Hoffmann-Riem/E. Schmidt-Aßmann/A. Voßkuhle (Hg.): Grundlagen des Verwaltungsrechts, Bd. 3, [2]2013, § 46 • Ders.: Staat und Zwang, 2011 • T. Gutmann: Freiwilligkeit als Rechtsbegriff, 2001 • U. Kindhäuser: Zwang, in: StL, Bd. 5, [7]1995, 1178–1180 • B. O. Bryde: Die Effektivität von Recht als Rechtsproblem, 1993 • K. Nehlsen-von Stryk: Grenzen des Rechtszwangs, in: AcP 193/6 (1993), 529–555 • W. Burckhardt: Vom Rechtszwang, in: ders.: Aufsätze und Vorträge 1910–1938, 1970, 52–63.

CHRISTIAN WALDHOFF

Zwangsvollstreckung

1. Vollstreckung als Rechtsdurchsetzung

Die Rechtstatsachenforschung ergibt, dass vertragliche wie gesetzliche Pflichten grundsätzlich erfüllt werden. Die Rechtstreue ist die Regel. Unterbleibt aber die Erfüllung doch – aufgrund rechtlicher Differenzen, wegen gestörter Liquidität oder aus sachfremden Gründen –, so darf der Anspruchsinhaber die Dinge nicht selbst in die Hand nehmen („Verbot der Selbsthilfe"). Er ist für die Rechtsdurchsetzung vielmehr darauf angewiesen, einen sog.en Vollstreckungstitel zu erwirken, also v. a.

ein stattgebendes Urteil (§ 704 ZPO) der staatlichen Gerichte oder einen Prozessvergleich (§ 794 Abs. 1 Nr. 1 ZPO), der seinen Anspruch verbindlich feststellt. Damit befasst sich im Zivilprozessrecht das sog.e Erkenntnisverfahren. Duldet die Rechtsdurchsetzung nicht den mit einem gewöhnlichen Zivilprozess („Hauptsacheverfahren") verbundenen Aufschub, so kann der Anspruchsinhaber gerichtlich einen Titel im Eilverfahren erwirken („Arrest, einstweilige Verfügung" – §§ 916–945b ZPO).

Leistet der Verpflichtete auch jetzt noch nicht, so muss sich der Anspruchsinhaber (= Gläubiger) an die staatlichen Vollstreckungsorgane wenden, also an den örtlich zuständigen Gerichtsvollzieher oder das Vollstreckungs-, ausnahmsweise das Prozessgericht. Geht es um Durchsetzung von Zahlungsansprüchen, so pfändet bzw. beschlagnahmt das Organ Vermögensteile des Anspruchsgegners (= Schuldners) und führt sie der Verwertung zu. Der Erlös gebührt (nach Abzug von Kosten und Gebühren) dem Gläubiger, sofern seine eigene Forderung nicht geringer ist. Geht es um die Durchsetzung anderer Ansprüche, etwa gerichtet auf Herausgabe, auf Erteilung einer Auskunft oder auf Unterlassung, so nimmt der Gerichtsvollzieher dem Schuldner die zurückgehaltene Sache weg oder aber das Gericht erzeugt beim Schuldner geeigneten Erfüllungsdruck durch (ggfs. wiederholte) Verhängung von Zwangs- bzw. Ordnungsgeldern.

2. Haftungsrealisierung

Betreibt der Gläubiger die Vollstreckung von Zahlungsansprüchen, so sind dem Pfändungszugriff Grenzen gesetzt. Die Pfändung von Arbeitseinkommen („Forderungspfändung") etwa muss das monatliche ↑Existenzminimum des Schuldners, also seinen realistischen Mindestbedarf beachten. Ein weitergehender, den Schuldner zusätzlich beeinträchtigender Pfändungsbeschluss wird nicht gewährt (§§ 850–850i ZPO). Ebenso dürfen dem Schuldner die Gegenstände nicht genommen werden, die er zur Berufsausübung benötigt (§ 811 Nr. 5 ZPO). Auch solche von bes.r persönlicher Bedeutung sind von Pfändung und Verwertung ausgenommen (§ 811 Nr. 10–13 ZPO).

Hat der Schuldner Vermögensgegenstände in einem bestimmten Zeitraum vor Vollstreckungszugriff an einen Dritten übertragen („verschoben") und bleibt die Pfändung so (teilweise) ohne Erfolg, so kann der Gläubiger nach den Regeln des AnfG auf diese Gegenstände auch beim Dritten zugreifen. Betreiben mehrere Gläubiger die Z. gegen denselben Schuldner, so geht die zeitlich frühere Pfändung der zeitlich späteren vor (*Prioritätsprinzip*). Reicht das Vermögen des Schuldners nicht mehr aus, um alle fälligen Forderungen zu bedienen, so sieht die Rechtsordnung die quotenmäßige Befriedigung im Kollektivverfahren vor, also im Verfahren nach der InsO (↑Insolvenz). Damit findet eine Umstellung von prioritärer auf egalitäre Gläubigerbefriedigung statt.

3. Geschichte

Die heutige Z. beruht auf den Normen der ZPO von 1877, des ZVG von 1897 sowie des AnfG von 1879, neu gefasst 1994. Die beinah durchweg als Vermögenshaftung ausgestaltete Vollstreckung hat in früherer Zeit, v. a. in archaischen Rechten, auch den Zugriff auf den Schuldner persönlich erlaubt. Schuldknechtschaft, Verkauf in die ↑Sklaverei und der berüchtigte Schuldturm waren zulässige Instrumente. Während die Maßnahmen meist unmittelbar einer Erlöserzielung dienen sollten, verfolgte der Gläubiger mit der Haft im Schuldturm das Ziel, Familie und Freunde des Schuldners zur Ablösung zu bewegen.

4. Europäisierung

Die Z. ist immer weniger eine allein nationale Angelegenheit. Durch Staatsverträge und durch unterstützende Rechtsregeln in den jeweiligen Fremdrechtsordnungen ist der Zugriff aus Deutschland auf Vermögen im Ausland schon immer möglich gewesen. Die EU hat jedoch in den vergangenen Jahren verschiedene Verordnungen erlassen, die für die Mitgliedsstaaten respektive ihre Bürger die grenzüberschreitende Vollstreckung von Forderungen im Unionsraum erheblich erleichtern. Von bes.r Bedeutung sind die Brüssel-Ia-VO von 2012 sowie die Kontenpfändungs-VO 2014 zur grenzüberschreitenden Forderungspfändung.

Literatur

K. Stöber/K. Rellermeyer: Forderungspfändung, [17]2020 • H. Brox/W.-D. Walker: Zwangsvollstreckungsrecht, [11]2018 • H. F. Gaul: Das geltende deutsche Zwangsvollstreckungsrecht, in: ZZP 130/1 (2017), 3–60 • J. F. Hoffmann: Prioritätsgrundsatz und Gläubigergleichbehandlung, 2016 • K. Bartels: Dogmatik und Effizienz im Recht der Zwangsversteigerung, 2010 • H. F. Gaul/E. Schilken/E. Becker-Eberhard: Zwangsvollstreckungsrecht, [12]2010 • L. Haertlein: Exekutionsintervention und Haftung, 2008 • J. Stamm: Die Prinzipien und Grundstrukturen der Zwangsvollstreckung, 2007 • F. Baur/R. Stürner/A. Bruns: Zwangsvollstreckungsrecht, [13]2006 • N. J. Fischer: Vollstreckungszugriff als Grundrechtseingriff, 2006 • H. F. Gaul: Rechtsverwirklichung durch Zwangsvollstreckung aus rechtsgrundsätzlicher und dogmatischer Sicht, in: ZZP 112/2 (1999), 135–185 • A. Blomeyer: Zivilprozessrecht, Vollstreckungsverfahren, 1975 • H. F. Gaul: Zur Struktur der Zwangsvollstreckung, in: Rpfleger (1971), 1–10, 41–52, 81–93 • C. Hahn/E. Stegemann: Die gesammten Materialien zu den Reichs-Justizgesetzen II. Civilprocessordnung, Bde. 1 f., [2]1881.

KLAUS BARTELS

Zweck

Der Ausdruck „Z." (griechisch *telos* bzw. *skopós*, lateinisch *finis*) wird meist bedeutungsgleich mit „Ziel" verwendet. Doch während beim Z. stets die Beziehung zu den Mitteln mitgedacht ist, ist dies beim Ziel nicht unbedingt der Fall. Z.e haben ihrerseits häufig die Funktion von Mitteln zu anderen Z.en, sind demnach relative

Ziele und gelten als absolute Ziele nur, wenn ihnen etwas „Selbstzweckhaftes", „Endhaftes", Vollendetes und Erfüllendes eignet. Ganz allg. ist der Z. das Objekt und das Worumwillen *(to hou heneka)* eines Strebens und Tuns und das Wozu, die Bestimmung und Funktionsausrichtung eines Geräts, einer Institution etc. Der Begriff ist wesentlich in der Struktur menschlichen Handelns (↑Handlungstheorie), Durchführens und Machens verankert, i. S. eines dinglichen bzw. prozesshaften Gegenstandes bzw. Sachverhalts, den wir beabsichtigen und durch unser Tun verwirklichen bzw. zu realisieren trachten. Doch wir sprechen auch im Bereich des Lebendigen davon, dass Organe, Gestalten, Gebärden, Farben etc. für das individuelle und artspezifische Leben einen Z. erfüllen bzw. dass organische Prozesse zielgerichtet verlaufen und Tiere sich zweckorientiert verhalten.

Es war Aristoteles, durch den der Z.- bzw. Ziel-Begriff in der Naturphilosophie ebenso wie in der Epistemologie, der ↑Ethik und ↑Politik zu einem universalen Strukturprinzip avancierte: Nicht nur jede Fachkunde, jede Praxis, jede Methodik und Erkenntnisbemühung von Menschen strebt nach einem jeweiligen Ziel *(telos)* ihres Tuns, auch in Prozessen von Dingen der Natur sind Z.e bzw. Zielzustände als Ursachen am Werk (vgl. Aristot. phy. II.3 und 8; metaph. IV.2; part. an. I.1; NE I.1–3). Für Aristoteles bildet die Ziel- bzw. Z.-Ursache neben Form-, Material- und Bewegursache eine der vier Ursachen, die wir nennen, wenn wir Antwort geben auf das Warum eines Dinges oder Geschehens (Aristot. phy. II.7, 198a 14–16). Die Ziel- bzw. Z.-Ursache stellt dasjenige dar, dessentwegen etwas da ist oder geschieht (Aristot. phy. II.3, 194b 32). Doch während Aristoteles davon ausgeht, dass in der Welt eine Vielzahl von sich gegenseitig nicht bedingenden Z.-Ursachen wirksam ist, prägt der Pantheismus der Stoa den Gedanken einer geschlossenen kosmologischen Teleologie: Alle einzelnen Dinge und Geschehnisse im Kosmos sind diachron und synchron miteinander vernetzt und sinn- und zweckvolle Momente, in die die vernünftige Allnatur sich „methodisch" und „kunstgerecht" entfaltet und periodisch wieder zurücknimmt. Die im Rahmen des ↑Christentums entwickelte Philosophie nimmt diese Traditionen in Verbindung mit dem jüdischen und platonischen Schöpfungsmythos (des biblischen Genesisberichts und des platonischen „Timaios") auf: Die Welt ist ihr eine strukturierte, hierarchisch gegliederte, sinnvolle und zweckmäßige Schöpfung eines transzendenten Gottes (↑Transzendenz), aus Güte und zum Z. seiner Ehre geschaffen, die durch die Sünde des Menschen in Unordnung geraten ist, doch durch seinen alles wissenden und lenkenden vernünftigen und allmächtigen Willen zu einer endgültigen Ordnung zurückgeführt wird. Dabei ist der v. a. in der Stoa vorgeprägte Gedanke leitend, dass (in der sublunaren Region) die anorganische Welt, die Pflanzen und die Tiere auf den Menschen zu seinem Nutzen und seiner Obhut hin geordnet sind. Ein gewisses Korrektiv zu diesem sog.en Anthropozentrismus bietet der gleichfalls bewahrte aristotelische Gedanke, das Kontinuum des Entstehens, Sichentwickelns, Blühens und Vergehens eines Lebewesens als einen Prozess zu verstehen, der immanent zielgerichtet *(entelechial)* eine für sich stehende bestimmte Wesenform *(eidos)* verwirklicht. Bereits der antike Atomismus (Demokrit, Epikur, Lukrez) hatte sich gegen die Lehre von Natur-Z.en gewandt, die Vorstellung eines Schöpfergottes verneint und den Gedanken eines das Weltgeschehen leitenden und ordnenden universalen Vernunftgesetzes zugunsten von Zufall und mechanisch wirksamer Notwendigkeit zurückgewiesen. In der frühen Neuzeit sind es dann Autoren wie Francis Bacon, Thomas Hobbes, Galileo Galilei, René Descartes u. a., die die Z.-Ursachen aus der philosophischen und empirischen Naturinterpretation und Naturforschung verabschieden. Berühmt ist der von F. Bacon geprägte programmatische Satz, die Erforschung von Z.-Ursachen sei unfruchtbar und einer gottgeweihten Jungfrau gleich, die nichts gebiert (De augmentis scientiarum III.5). Für den Bereich des Lebendigen war es dann v. a. die von Charles Darwin begründete und bis heute verfeinerte Evolutionstheorie (↑Evolution), die es ermöglicht, nur mechanisch und chemisch wirksame Ursachen und ein Zufallsprinzip in Ansatz zu bringen, um über sie gleichwohl zweckmäßig und zielgerichtet erscheinende Phänomene an Lebendigem (im Rahmen des *struggle of life*) zu erklären. Die Nützlichkeit bzw. Funktionalität bestimmter, auf eine spezifische Weise strukturierter Abläufe macht im Bereich der Biologie und Biogenetik eine teleologische bzw. teleonome Sprache denn auch heute unverzichtbar; bzgl. manchem tierischem Verhalten sind starke teleologische Erklärungen kaum entbehrlich, da Tiere Ziele (der Selbst- und Arterhaltung) verfolgen und Tiere verschiedener Arten ganz offensichtlich Z.-Mittel Relationen erfassen und entspr. agieren.

Der Mensch ist ein Wesen, das nicht nur nach Z.en handelt, sondern sich selbst Z.e setzt. Dabei ist zwischen Machen bzw. Herstellen und Handeln zu unterscheiden. Das Ziel des Machens und Herstellens ist immer ein relatives Ziel; es dient anderen Zielen, seien es wiederum relative oder aber absolute Ziele, als Mittel. Absolute Ziele sind solche, die wir, nicht als spezifisch Fachkundige, sondern als Menschen, um ihrer selbst willen verfolgen. Aristoteles entwickelt eine Hierarchie der Ziele des Herstellens und Handelns, indem er zwischen verschiedenen über- und untergeordneten Fachkunden *(téchnai)* und Formen des unser Handeln leitenden Wissens unterscheidet. Die Hierarchie muss in einem höchsten und umfassenden Ziel aller Ziele *(teleiotaton telos; finis ultimus)* und einer dieses Endziel erforschenden und bestimmenden „architektonischen" Wissenschaft einen Abschluss haben, andernfalls würde unser Leben der vernünftigen Orientierung und Einheit entbehren. Dieses nicht gesetzte, sondern immer schon erstrebte Endziel ist die *Eudaimonia,* das gute ↑Leben des Menschen als Menschen und die entspr.e ↑Wissenschaft, die Wissenschaft von der guten (und schlechten) Polis (*episteme politike*, vgl. NE VII.12; I.1); dies deshalb, weil der Mensch als geselliges Wesen sein Menschsein im Vollsinn des Wortes nur in einer wohlgeordneten politisch organisierten Gemeinschaft verwirklichen kann. Der ↑Staat, so Aristoteles, entsteht um des Lebens willen, und besteht um des guten Lebens willen (Aristot. pol. I.2, 1252b 29 f.).

Für Aristoteles ist derjenige Mensch frei, „der um seiner selbst willen und nicht um eines anderen willen existiert" (metaph. I.2, 982b 26); er schließt nicht aus, dass ein Mensch (aus verschiedenen Gründen) ganz zum Mittel eines anderen Menschen wird. Die ↑Neuzeit, speziell die Philosophie Immanuel Kants bricht mit diesem Gedanken: Der Mensch als vernünftiges, freies, zur Moralität fähiges Wesen „existiert als Zweck an sich selbst, nicht bloß zum beliebigen Gebrauche für diesen oder jenen Willen" (Kant 1911: 428). Zwischen Personen und Sachen ist demnach strikt zu unterscheiden; nur Personen haben „absoluten Wert" (Kant 1911: 428); nur im Personsein findet die Vernunft (↑Vernunft – Verstand) ein oberstes Prinzip ↑praktischer Philosophie. Als ↑Person ist der Mensch „letzter Zweck" (Kant 1913: 426), „Endzweck" der Natur (Kant 1913: 431); von ihm, als einem vernunft- und moralitätsfähigen Wesen, kann „nicht weiter gefragt werden: wozu *(quem in finem)* er existiere. Sein Dasein hat den höchsten Zweck selbst in sich", denn hier auf Erden ist „nur im Menschen, aber auch in diesem nur als Subjecte der Moralität, [...] die unbedingte Gesetzgebung in Ansehung der Zwecke anzutreffen, welche ihn also allein fähig macht, ein Endzweck zu sein, dem die ganze Natur teleologisch untergeordnet ist" (Kant 1913: 435). Die philosophische Reflexion über den End-Z. gebührt nun nicht mehr der Philosophie des Politischen (↑Politische Philosophie), die die Ethik in sich schließt, sondern einer Ethik bzw. „Metaphysik der Sitten" (Kant 1911), die die Rechts- und Tugendlehre umfasst. Der Mensch als Mensch wird nun zum ↑Subjekt und Maß der politisch geordneten Gesellschaft. Die ↑Würde der Person ist dem Staat vorgeordnet; aus ihr ergibt sich der Begriff des Staates als einer über einen vernünftigen Vertrag (↑Vertragstheorien) aller konstituiert gedachten „Vereinigung einer Menge von Menschen unter Rechtsgesetzen", die es dem Menschen, jedem Einzelnen ermöglicht, seine im nichtstaatlichen Zustand bestehende „wilde, gesetzlose Freiheit gänzlich zu verlassen, um seine Freiheit überhaupt in einer gesetzlichen Abhängigkeit, d. i. in einem rechtlichen Zustand unvermindert wieder zu finden" (Kant 1911: 316). Primärer bzw. notwendiger Staats-Z. ist demnach die Etablierung und Sicherung eines Rechtszustandes, die dem Staatsbürger ein Leben in ↑Freiheit (der nach allg.en Gesetzen gebändigten Willkür ebenso wie der selbstbestimmten ↑Moral) ermöglicht. Ein heute als zureichend erachteter Staats-Z. impliziert allerdings weitere bzw. differenziertere Ziele, um die Staatstätigkeit und den gebotenen Rechtsgehorsam der Bürger nach Gesichtspunkten der Vernunft zu legitimieren und ein Bewusstsein gelebter politischer Gemeinschaft zu bewahren: die umfassende Orientierung politischer ↑Herrschaft am ↑Gemeinwohl (d. h. staatliche Herrschaft hat nicht den Herrschenden, sondern allen im Staatsverbund lebenden Menschen zu dienen); die Friedenssicherung nach innen und außen; die Sorge um die ↑Wohlfahrt der Bürger einschließlich der Stützung jener, die sich nicht selbst helfen können, die Gewährleistung individueller und korporativer Freiheit, die Pflege und den Schutz (auch spezifischer) kultureller ↑Traditionen und ↑Institutionen.

Literatur

M. Forschner: Die Philosophie der Stoa. Logik, Physik und Ethik, 2018 • T. S. Hoffmann: Zweck; Ziel, in: HWPh, Bd. 12, 2004, 1486–1510 • W. Wieland: Die aristotelische Physik, [3]1992, § 16 • R. Langthaler: Kants Ethik als „System der Zwecke", 1991 • H.-C. Link/G. Ress: Staatszwecke im Verfassungsstaat – nach 40 Jahren Grundgesetz, in: VVDStRL, Bd. 48 (1990), 7–176 • R. Spaemann/R. Löw: Die Frage Wozu? Geschichte und Wiederentdeckung des teleologischen Denkens, [2]1985 • E.-M. Engels: Die Teleologie des Lebendigen, 1982 • R. Bubner/K. Cramer/R. Wiehl (Hg.): Teleologie, in: NHP 20 (1981) • W. Kullmann: Die Teleologie in der aristotelischen Biologie, 1979 • W. F. R. Hardie: The Final Good in Aristotle's Ethics, in: Phil. 40/154 (1965), 277–295 • I. Kant: Kritik der Urteilskraft, in: AA, Bd. 5, 1913, 165–474 • Ders.: Grundlegung zur Metaphysik der Sitten, in: AA, Bd. 4, 1911, 385–464.

MAXIMILIAN FORSCHNER

Zwei-Plus-Vier-Vertrag ↑Deutsche Einheit

Zwei-Reiche-Lehre

„Z." ist eine gängige Kurzzusammenfassung für die lutherische Verhältnisbestimmung zwischen weltlichen und geistlichen Belangen i. S. einer Unterscheidungslehre, nach welcher die weltliche Regierung auch in einer christlichen Gesellschaft nicht auf ein Handeln nach dem Evangelium verpflichtet ist, sondern für sie als entscheidende ↑Norm das ↑Gesetz in seinem politischen Gebrauch gilt, d. h. als drohendes und strafendes Instrument, welches die Sünde des Menschen daran hindert, sich unkontrolliert auszuleben. Da der sozialethische Akzent mehr auf der Betonung der Regierweisen Gottes liegt als auf der Einteilung der Menschheit in zwei Reiche, ist der sachlich angemessenere Begriff der der Zwei-Regimente-Lehre.

1. Begriff

Den Begriff der „Lehre von den zwei Reichen" (Barth 1990: 46) prägte 1922 Karl Barth, um die Gesellschaftsauffassung Martin Luthers und des ↑Luthertums zu charakterisieren und als ein Modell zu diskreditieren, das die kritische Funktion christlicher ↑Ethik gegenüber dem ↑Staat unangemessen beschränkte. 1938 hat Harald Diem den Begriff zur Beschreibung von M. Luthers Ethik gebraucht und positiv entfaltet. Es handelt sich hierbei also um eine Konstruktion des 20. Jh., die von Anfang an innerevangelisch in einer Weise umstritten war, die sie als Konfessionsmarker der Lutheraner gegenüber den Reformierten erscheinen ließ. Eine bes. Schärfe erhielt diese Kontroverse durch die Zeitumstände des ↑Kirchenkampfes und die latente Gefahr der Lutheraner, dem totalitären Wirken des nationalsozialistischen Regimes (↑Nationalsozialismus) aufgrund der eigenen Orientierung am Obrigkeitsgehorsam nach Röm 13 keine zureichende theologische Opposition entgegenzusetzen.

2. Grundlagen bei Martin Luther

Ungeachtet der Einsicht in ihre Konstruktion erst in jüngerer Zeit fußt die Z. auf M. Luthers Adaption der Lehre Augustins von den zwei Bürgerschaften, durch welche er die mittelalterliche Lehre von den „zwei Schwertern“ transformierte. Grundlegend entfaltete er diese Gedanken in seiner Schrift „Von weltlicher Obrigkeit, wie weit man ihr Gehorsam schuldig sei“ von 1523, mit welcher er auf die Vorstellung reagierte, obrigkeitliches Handeln sei ganz am Evangelium zu orientieren. Diese Vorstellung ist, so M. Luthers Überlegungen, anthropologisch unangemessen, da die Menschheit keineswegs nur aus Gerechten bestehe, sondern in ihr Gerechte und Sünder in einer für Menschen nicht unterscheidbaren Weise untereinander gemischt seien. Dies ist der systematische Ort für die Rede von „zwei Reichen“: das ↑Reich Gottes, dessen Glieder Christus zugehören, einerseits, das Reich der Welt andererseits, dessen Glieder diejenigen sind, die nicht glauben. Vor dem Hintergrund anderer anthropologischer Aussagen M. Luthers, nach welchen jeder einzelne Mensch Sünder und Gerechter zugl. ist *(simul iustus et peccator)*, sind diese Wertungen verkürzend. Sie dienen der plakativen Betonung der Notwendigkeit, in politischen Fragen nicht die positive Leitung durch das Evangelium bestimmend sein zu lassen, sondern die Grenzsetzung durch das Gesetz, unter Einschluss obrigkeitlicher Gewaltmaßnahmen bis hin zur ↑Todesstrafe oder, in der wenig später erfolgten konkreten Anwendung, der Niederschlagung des Bauernaufstandes.

Mit der Unterscheidung von Gesetz und Evangelium ist bereits die Ebene der „Regimente“ angesprochen, die die eigentliche Pointe dieser Lehre ausmacht. Mit ihr drückt M. Luther aus, dass Gott die Menschheit in der weltlichen und der geistlichen Sphäre auf je eigene Weise leitet. Im weltlichen Bereich bedient er sich hierzu des Gesetzes in seinem politischen Gebrauch *(usus politicus)*, das den Menschen, der sonst drohte, sich wie ein wildes Tier zu verhalten, durch Strafdrohung zu einem äußeren Wohlverhalten bringt. Es wird von der Obrigkeit gehandhabt, die nach Röm 13 genau zu diesem Zweck von Gott eingesetzt ist. Wo im geistlichen Bereich das Gesetz Anwendung findet, erfolgt dies in seinem theologischen oder aufweisenden Gebrauch *(usus theologicus/elenchticus)*, d. h., so, dass der Mensch seiner eigenen sündigen Neigungen überführt wird. V. a. aber leitet Gott die Menschen hier durch das Evangelium zum Heil, welches ihnen verkündet, dass Gott auch die Sünder aus reiner Gnade allein durch den ↑Glauben als gerecht anerkennt. Ausgeübt wird dieses geistliche Regiment durch das Predigtamt, das seine institutionelle, öffentliche Gestalt in der ↑Kirche gewinnt. Diese ist also als Institution nicht mit dem Reich Gottes gleichzusetzen, das gepredigte Wort aber sammelt die Glaubenden und so das Reich Gottes, das auf Erden stets verborgen bleibt.

3. Sozialethische Adaption

Das hochkomplexe Modell M. Luthers wird und wurde verkürzt, wenn es einseitig i. S. d. Obrigkeitsgehorsams nach Röm 13 gelesen wird. Ihrem Anliegen nach ist M. Luthers Lehre, wie schon die Überschrift der Obrigkeitsschrift zeigt, eine Lehre zur Begrenzung obrigkeitlicher ↑Macht, der es untersagt ist, sich Gewalt über das Evangelium anzumaßen. Es ist zugl. eine Lehre, die aufgrund ihres skeptischen Menschenbildes wichtig für die weitere Entwicklung der ↑politischen Theorie wurde. Dies geschah v. a. vermittelt über Thomas Hobbes, der die Vorstellung vom raubtierhaften Naturzustand des Menschen zur Grundlage umfassender Staatsmacht nahm, damit aber mittelbar zu Theorien beitrug, die durch den Gedanken des ↑Gewaltmonopols des Staates diesem die Aufgabe zusprachen, das unkontrollierte Ausleben gewalttätiger Affekte des Einzelnen zu unterbinden. Auch wenn es zu einfach wäre, in der Zwei-Regimente-Lehre den Ursprung moderner Rechtsstaatsideen (↑Rechtsstaat) zu sehen, ist sie mit diesen doch in hohem Maße kompatibel.

So verstanden, ist die Z. auch kritisch auf Regierungsformen anzuwenden, die selbst zu Organen einer Gewaltausübung werden, deren Kontrolle ihr zufolge Aufgabe staatlicher Gewalt sein sollte. Die Affirmation totalitärer Regime (↑Totalitarismus) auf Grundlage der Zwei-Regimente-Lehre ist daher selbst eine Verkehrung dieser Lehre.

Umgekehrt hilft diese Lehre dazu, kirchliches und allg. religiöses Handeln in einer pluralen Gesellschaft in seiner Unterschiedenheit vom staatlichen zu erfassen. Eine direkte Bewertung staatlichen Handelns anhand der christlichen Ethik i. S. d. Bergpredigt griffe ihr zufolge zu kurz, weil sie die aus dem Evangelium entspringenden Handlungsanleitungen auf eine Sphäre übertrüge, die Raum des Handelns nach dem Gesetz ist. Diese Grenze entspringt der skeptischen Anthropologie reformatorischer Theologie, ist aber zugl. auch in institutioneller Hinsicht eine Warnung vor umfassenden Dominanzansprüchen christlicher Ethik. Sie ermöglicht so in Anerkennung der für den politischen Bereich (↑Politik) geltenden eigenen systemischen Bedingungen eine diskursive Beteiligung christlicher Ethik am gesamtgesellschaftlichen Meinungsbildungsprozess.

Literatur

M. Heckel: Martin Luthers Reformation und das Recht. Die Entwicklung der Theologie Luthers und ihre Auswirkung auf das Recht unter den Rahmenbedingungen der Reichsreform und der Territorialstaatsbildung im Kampf mit Rom und den „Schwärmern", 2016 • V. Mantey: Zwei Schwerter – Zwei Reiche. Martin Luthers Zwei-Reiche-Lehre vor ihrem spätmittelalterlichen Hintergrund, 2005 • K. Barth: Vorträge und kleinere Arbeiten, in H. Finze (Hg.): GA Karl Barth, 3. Bd., 1990 • U. Duchrow: Christenheit und Weltverantwortung. Traditionsgeschichte und systematische Struktur der Zwei-Reiche-Lehre, ²1983 • K. Nowak: Zweireichelehre. Anmerkungen zum Entstehungsprozeß einer umstrittenen Begriffsprägung und kontroversen Lehre, in: ZThK 78/1 (1981), 105–127 • J. Heckel: Im Irrgarten der Zwei-Reiche-Lehre. Zwei Abhandlungen zum Reichs- und Kirchenbegriff Martin Luthers, 1957 • Ders.: Lex charitatis. Eine juristische Untersuchung über das Recht in der Theologie Martin Luthers, 1953 • G. Törnvall: Geistliches und weltliches Regiment bei Luther. Studien zu Luthers Weltbild und Gesellschaftsverständnis, 1947 • M. Luther: Von weltlicher Obrigkeit, wie weit man ihr Gehorsam schuldig sei, in: WA Bd. 11, 229–281 VOLKER LEPPIN

Zweites Vatikanisches Konzil

I. Historische Perspektiven – II. Theologisch-sozialethische Schwerpunkte

I. Historische Perspektiven

Das Z. V. K. wurde als 21. Ökumenisches Konzil (nach römisch-katholischer Zählung) vom 11.10.1962 bis 8.12.1965 in St. Peter zu Rom mit rund 2 500 Konzilsvätern, zu denen zahlreiche Periti, Beobachter und Gäste kamen, in vier Sitzungsperioden durchgeführt. Es markiert den Höhe- und Wendepunkt für Selbstverständnis und Wahrnehmung der katholischen Weltkirche im 20. Jh. In historischer Perspektive bildete das Konzil mit seinen 16 verabschiedeten Dokumenten (vier Konstitutionen, neun Dekrete, drei Erklärungen) den Versuch, den Standort der Kirche inmitten einer zuvor nicht selten pauschal verurteilten ↑Moderne neu zu bestimmen und zugl. die Stilfigur des Dialogs als zeitgemäße Form der Kommunikation zwischen Kirche und Welt (↑Kirche und Welt) zu erproben.

1. Der historische Kontext der Ankündigung

Zwar hatten sämtliche Päpste seit Benedikt XV. mit dem Gedanken gespielt, das Erste Vatikanische Konzil, das im Oktober 1870 auf unbestimmte Zeit (*sine die*) vertagt worden war, zu einem förmlichen Abschluss zu bringen. Sowohl Pius XI. als auch Pius XII. neigten allerdings der Ansicht zu, dass das kirchenrechtliche Instrument des ↑Konzils aufgrund der Definition von Primat und Unfehlbarkeit des ↑Papstes (Infallibilität) durch das Erste Vatikanische Konzil dauerhaft an Bedeutung verloren habe. Umso überraschender war es, dass Papst Johannes XXIII. am 25.1.1959 bei seiner Ansprache zum Abschluss der Weltgebetswoche für die Einheit der Christen im Kapitelsaal der Basilika St. Paul vor den Mauern neben der Durchführung einer römischen Diözesansynode und der Revision des ↑Kirchenrechts auch die Einberufung eines ökumenischen Konzils ankündigte.

Diese Ankündigung wirkte inner- und außerhalb der Kirche wie ein Paukenschlag. Bereits der Kontext, in dem Johannes XXIII. von der Einberufung des Konzils sprach, verdeutlichte, dass es dem Papst nicht um eine rückwärtsgewandte Fortführung und Beendigung des Ersten Vatikanischen Konzils ging, sondern um die Abhaltung eines neuen Konzils, das die drängenden Fragen der Gegenwart, die sich nicht zuletzt in der Seelsorge manifestierten, angehen sollte. Auf diese Weise sollte es der Kirche ermöglicht werden, sich in der modernen Welt zu bewähren und den Herausforderungen eines regelrechten Massenmarkts der ↑Religionen und ↑Weltanschauungen zu begegnen.

Ähnliche Überzeugungen waren bereits in den verschiedenen theologischen Bewegungen seit der Zwischenkriegszeit, allen voran in der Bibelbewegung, der Liturgischen und der Ökumenischen Bewegung, herangewachsen. Auch wenn sich in bestimmten Kreisen, z. B. in der katholischen Jugendbewegung (in Deutschland v. a. *Quickborn* und *Bund Neudeutschland*) und unter theologischen Experten, die sich der historisch-kritischen Methode bedienten, wie sie – nach längerem Zögern – 1943 durch die Enzyklika „Divino afflante Spiritu" als legitimes und notwendiges Instrument der Exegese anerkannt worden war, seit dem frühen 20. Jh. vielfältige Reformvorschläge zu einer greifbaren Erwartung auf eine umfassende Erneuerung der Kirche verdichtet hatten, existierten bei der Ankündigung des Konzils durch Johannes XXIII. keine konsistenten programmatischen Vorstellungen, geschweige denn strategische Überlegungen zur Durchsetzung einer konkreten Reformagenda. Allerdings machte der Papst während der ersten Hälfte des Jahres 1959 in einer Vielzahl von Ansprachen deutlich, dass er das bevorstehende Konzil nicht als eine traditionelle Kirchenversammlung zur rechtlichen und dogmatischen Unterscheidung von „reinem Glauben" und zu verurteilenden Irrlehren betrachtete, sondern als ein Organ und zugl. als ein Zeichen für die Erneuerung der Kirche sowie die zeitbedingte Weiterentwicklung des Glaubens.

Dieses Anliegen ist durch den Begriff des *aggiornamento*, wie ihn Johannes XXIII. verwendete, um die Tendenz zur „Verheutigung" i. S. einer behutsamen Anpassung der katholischen Glaubenslehre und ihrer Verkündigung bildhaft zu umschreiben, sinnfällig und öffentlichkeitswirksam auf den Punkt gebracht worden. Der Begriff des *aggiornamento* prägte auch den Charakter der Enzyklika „Ad Petri Cathedram", in der der Papst am 29.6.1959 erstmals die Zielsetzung des Konzils zusammenhängend entfaltete und definierte. So sollte das Konzil ausdrücklich der inneren Erneuerung der Kirche und der Anpassung ihrer äußeren Gestalt an die Bedingungen der Lebenswirklichkeit der Gläubigen sowie der „größeren Klarheit im Denken“ und der „Stärkung des Bandes der Einheit“ (Ansprache Johannes XXIII. am 25.1.1959) dienen, wobei gerade dieser ökumenische Aspekt eine nicht zu unterschätzende Rolle spielte. Er fand seinen Niederschlag im Ökumenismusdekret des Konzils („UR“). Vom Geist des wohlwollenden ↑Dialogs war ebenfalls die positive Neubestimmung des Verhältnisses der Kirche zu den großen Weltreligionen, insb. zum ↑Judentum, in der Erklärung „NA“ geprägt.

2. Reformagenda und Wertewandel

In historischer Perspektive verdichteten sich in der Entscheidung Johannes' XXIII., ein Konzil einzuberufen, die verschiedenen Gravamina, Reformhoffnungen und Erwartungen, wie sie v.a. in den Industrienationen Europas mit der Diagnose einer grundsätzlichen Krise der Kirche verbunden waren. Speziell in Deutschland fehlte es seit den späten 1950er Jahren nicht an Stimmen, die vor einer nachlassenden Akzeptanz der Glaubensbotschaft warnten. Die Pluralisierung der Wertordnung, von Helmut Klages als „Phase eines deutlichen Abbaus der Pflicht- und Akzeptanzwerte bei gleichzeitiger Expansion der Selbstentfaltungswerte“ (1984: 21) beschrieben, beförderte die Erosion des katholischen ↑Milieus und sorgte dafür, dass sich die ↑katholische Kirche alsbald in einer gravierenden Akzeptanz- und Vertrauenskrise befand – ablesbar an der schwindenden Zahl der regelmäßigen Gottesdienstbesucher sowie am wachsenden Trend zum Kirchenaustritt. Verantwortlich dafür war, nach Einschätzung einer zunehmenden Zahl von ↑Laien und Klerikern (↑Klerus), die mangelnde Reformfähigkeit der Institution Kirche, als deren sprechender Ausdruck der römische Zentralismus galt, wie er durch das Erste Vatikanische Konzil bekräftigt worden war. In dieser Betrachtung erschien den progressiven Kräften die Ankündigung eines Konzils als entscheidende und mutmaßlich letzte Möglichkeit, die Kirche in den säkularisierten Gesellschaften des Westens (↑Säkularisierung) aus der Defensive herauszuführen und sie wieder handlungsfähig zu machen.

Dass Johannes XXIII. mit der Einberufung des Konzils tatsächlich ein Fenster zur Welt öffnen wollte, wurde bereits während der Vorbereitungszeit sichtbar. So bemühte sich die Kurie – trotz aller Vorbehalte gegen den konziliaren Gedanken – um eine umfassende Sammlung von Reformwünschen aus allen Teilen der Weltkirche. Bis Mitte 1960 gingen in Rom ca. 2 150 Postulate ein, in denen Bischöfe, Ordensobere (↑Orden) und ↑Theologische Fakultäten ihre Desiderate benannten. Diese Bestandsaufnahme, die alle bis dahin bekannten Konzilsvorbereitungen in den Schatten stellte, machte die Friktionen innerhalb der Kirche überdeutlich. Während eine Gruppe v.a. westeuropäischer Bischöfe mit gebotener Vorsicht für jene einschneidenden Kirchenreformen und Neuakzentuierungen plädierte, wie sie durch das Konzil schließlich beschlossen werden sollten (Gemeinsames Priestertum aller Getauften, Stärkung der Ortskirchen, Aufwertung des kollegial verstandenen Bischofsamts, Liturgie in der Volkssprache u.a.), beharrte eine andere Gruppe, die ihre Anhänger in der Kurie sowie im italienischen und außereuropäischen Episkopat hatte, auf einer ungebrochenen Fortführung des romtreuen ↑Antimodernismus, wie er in der zweiten Hälfte des 19. Jh. entstanden war. Dieser Riss innerhalb der kirchlichen ↑Hierarchie wies auf die divergierenden Bewertungen der akuten gesellschaftlichen Probleme und Herausforderungen hin und sollte die Verhandlungen des Z.n V.n K.s in allen vier Sessionen bestimmen, über den Wechsel des Pontifikats von Johannes XXIII. zu Paul VI. im Jahr 1963 hinaus. Dass sämtliche Konzilsdokumente am Ende mit großer Mehrheit beschlossen werden konnten, darf als eine Meisterleistung der vier von Paul VI. eingesetzten Moderatoren gelten.

Die ungeheure Dynamik, die das Z. V. K. innerhalb der Kirche entfalten sollte, war nicht von vornherein absehbar. Die Voten, in denen die deutschen Bischöfe mögliche Themen des Konzils benannten, ließen zunächst wenig von der Sprengkraft erahnen, die die Verhandlungen erlangten. Einzig das Votum von Julius Kardinal Döpfner, der aufgrund seiner pastoralen Erfahrungen in einer vielfach zerrissenen Großstadt wie Berlin in bes.r Weise für die Forderungen des Tages sensibilisiert war, umschrieb mit den Themen ↑Ökumene, Liturgiereform, Stellung der Laien sowie Verhältnis von Papsttum und Bischofsamt (↑Bischof) bereits die Gegenstände, die das Z. V. K. prägen sollten. Tatsächlich suchte die Kirche während des Konzils, in jenem Prozess der Angleichung, von dem Paul VI. in der Enzyklika „Ecclesiam suam“ 1964 gesprochen hatte, ihren Platz in der pluralistischen Gesellschaft. Dies vollzog sich durch eine eingeschränkte Demokratisierung nach innen sowie ein gewisses Toleranzdenken (↑Toleranz) nach außen, das den traditionellen Absolutheitsanspruch der universalen Kirche („extra ecclesiam nulla salus“ [LG 14]) zumindest potentiell in Frage stellte (Anerkennung der ↑Religionsfreiheit in der Erklärung „DH“).

3. Bedeutung und Folgen

Die Konzilsergebnisse, die von einem großen Teil der deutschen Katholiken als überfällige Reaktion auf einen die Kirche bedrohenden Reformstau betrachtet wurden, konnten nicht ohne Rückwirkung auf den ↑Katholizismus weltweit bleiben. Die Gewissheiten, die die Kirche seit jeher den Gläubigen – weniger i. S. eines formelhaft-katechetischen, sondern vielmehr eines die praktische Lebensführung wie das theoretische Weltverständnis gleichermaßen bestimmenden Orientierungswissens –

angebotenen hatte, erfuhren eine gründliche „Umcodierung“ (Gabriel 2003: 542). Diese Umcodierung, die sich etwa in den Konstitutionen „LG“ und „GS“ niederschlug, wurde überdeutlich in der Reform der Liturgie, die mit der Revision liturgischer Texte und der Einführung der Volkssprache den Anspruch des Reformkatholizismus symbolisch verdichtete.

Während die größere Öffentlichkeit das Z. V. K. durchweg als Chance für die Kirche begriff, blieb das Konzil sowohl in der Hierarchie als auch im Verbandskatholizismus nicht unumstritten. Seine traditionalistischen Gegner brandmarkten es als „Verwirrung im Glauben“ und argumentierten, der Pluralismus in Theologie und Verkündigung habe den Verfall einer normativen Glaubens- und Lebenswelt beschleunigt und sei für die sinkende Zahl der Gläubigen sowie für die steigende Zahl von Laisierungen unter den ↑Priestern verantwortlich. Seine Verteidiger interpretierten „Entklerikalisierung“ und „Demokratisierung“ hingegen als Ausdruck der Lehre vom „Volk Gottes“: Die Mitbestimmung der Laien führe zu einem aktiveren Glaubensleben, während die unbestreitbaren Auflösungserscheinungen nicht durch das Konzil, sondern durch den übergreifenden Wandel der Gesellschaft und ihrer Werte (↑Wertewandel) ausgelöst worden seien.

Im Rückblick hat das Z. V. K. die Kirche zwar entscheidend modernisiert und ihr auf diese Weise die Sprechfähigkeit in einer radikal veränderten gesellschaftlichen Situation gesichert. Zugl. hat das Konzil jedoch die Konfliktlinien, die die Kirche bis heute prägen, vorgegeben und verschärft. Insgesamt führte der nachkonziliare Prozess für den Katholizismus in doppelter Hinsicht zu einem Verlust an Deutungshoheit. Erstens gelang es Kurie, Episkopat und Klerus immer weniger, eine konsistente, widerspruchsfreie und mit Sanktionen bewehrte Glaubenskultur aufrechtzuerhalten. Darüber hinaus verlor der Katholizismus zweitens auch und gerade gesamtgesellschaftlich an Relevanz und Einfluss. Insgesamt vermochte es die Kirche – trotz des Z.n V.n. K.s, das ihr als perfekt inszeniertes Medienereignis die Aufmerksamkeit der Weltöffentlichkeit eintrug – nicht, einen raschen Ausweg aus der gesellschaftlichen Defensive zu finden.

Literatur

Quellen:

P. Hünermann (Hg.): Die Dokumente des Zweiten Vatikanischen Konzils, 2004 • Vatikanisches Konzil: Acta synodalia sacrosancti Concilii Oecumenici Vaticani II (ASCOV), 25 Bde., 1970–78 • W. Kampe (Hg.): Das Konzil im Spiegel der Presse, 1963 • M. Lackmann: Mit evangelischen Augen, 5 Bde., 1963–66 • J. Ratzinger: Vaticanum II, 4 Bde., 1963–66.

Literatur:

G. Bergner: Volk Gottes, 2018 • M. Faggioli: Sacrosanctum Concilium, 2016 • S. Mokry: Kardinal Julius Döpfner und das Zweite Vatikanum, 2016 • T. Großbölting: Der verlorene Himmel, 2013 • B. Ziemann: Katholische Kirche und Sozialwissenschaften 1945–1975, 2007 • F. X. Bischof/S. Leimgruber (Hg.): Vierzig Jahre II. Vatikanum, 2004 • G. Wassilowsky (Hg.): Zweites Vatikanum, 2004 • K. Gabriel: Zwischen Aufbruch und Absturz in die Moderne, in: A. Schildt/D. Siegfried/K. C. Lammers (Hg.): Dynamische Zeiten, ²2003, 528–543 • P. Hünermann (Hg.): Das II. Vatikanum, 1998 • H. Wolf (Hg.): Antimodernismus und Modernismus in der katholischen Kirche, 1998 • G. Alberigo (Hg.): Storia del Concilio Vaticano II, 5 Bde., 1996–2001 • O. H. Pesch: Das Zweite Vatikanische Konzil (1962–1965), 1993 • R. Latourelle (Hg.): Vatican II, 3 Bde., 1988 • G. Alberigo/J. P. Jossua/H. J. Pottmeyer (Hg.): Die Rezeption des Zweiten Vatikanischen Konzils, 1986 • H. Klages: Wertorientierungen im Wandel, 1984.

CARSTEN KRETSCHMANN

II. Theologisch-sozialethische Schwerpunkte

1. Theologisch-systematische Schwerpunkte

Eine systematisch-theologische Interpretation hat drei Aspekte zu integrieren: die Institution ↑„Konzil“ und das Ereignis dieses Konzils neuen Typs, die materialdogmatischen Grundaussagen der Texte in ihrer Wechselbeziehung mit den pastoralen Orientierungen unter dem Doppelaspekt der Traditionstreue und der Reform angesichts der „Zeichen der Zeit“ sowie die erste Rezeptionsgeschichte, die als Reform schon während des Konzils begonnen hatte. Jede Interpretation des Z.n V.n. K.s ist bis heute eine kirchenpolitische Stellungnahme, weil sie eine Option für den Weg der Kirche in die Zukunft impliziert. Dabei ist festzuhalten, dass alle Optionen für den Weg der Kirche in die Zukunft immer im Horizont dieses Konzils diskutiert werden – gerade auch in der dezidierten Absetzung von ihm.

Ein Konzil als Versammlung von ↑Bischöfen und anderen kirchlichen Autoritäten an einem Ort stellt die höchste Autorität in der Kirche dar, um Entscheidungen in Lehre und Leben der Kirche zu treffen, die für alle verbindlich sind (cann. 222–229 CIC/1917; LG 22–25; cann. 336–341 CIC/1983). Das Z. V. K. zeichnet sich v. a. durch zwei bes. Merkmale aus: Es ist das erste Konzil der nachkonstantinischen Epoche, d. h. es ist das erste Konzil, in welchem weder einem Kaiser noch einer anderen weltlichen Autorität nach der Geschäftsordnung Bestimmungsrechte eingeräumt worden sind. Es charakterisiert sich nach dem Wunsch von Johannes XXIII. zweitens als Pastoralkonzil, das ausdrücklich keine Verurteilungen anzielte (auch wenn solche nicht zu vermeiden waren, z. B. ↑Atheismus in GS 21). Damit ist die Frage seiner Verbindlichkeit und Umsetzbarkeit gestellt. Grundsätzlich ist die Kirche dabei auf sich selbst verwiesen und kann keine weltliche Obrigkeit mehr für sich in Anspruch nehmen. Damit ist der Weg der Kirche in die institutionelle Autonomie („Kirchenfreiheit“) vollendet, der mit dem Investiturstreit begonnen hatte.

In der römisch-katholischen Tradition hat sich in diesem Zusammenhang die bes. Rolle des Bischofs von Rom seit der Spätantike immer deutlicher herauskristallisiert. Im Ersten Vatikanischen Konzil („Pastor aeternus", 1870) hat sie mit Jurisdiktionsprimat und Unfehlbarkeit eine nicht mehr zu überbietende normativ-rechtliche Ausgestaltung erhalten. Doch blieb nicht nur das Verhältnis von Primat und Kollegialität der Bischöfe offen, sondern auch deren Verhältnis zu den anderen konstitutiven Instanzen der Glaubensbezeugung (Glaubenssinn der Glaubenden, Theologie) und das Gewicht der *loci alieni*, jener „anderen Orte", unter die traditionell „Vernunft" und „menschliche Geschichte" gefasst werden (vgl. „Dei filius", Kap. IV, 1870). Die dogmatische Konstitution „Pastor aeternus" des Ersten Vatikanischen Konzils blieb somit als erste dogmatische Konstitution über die Kirche inhaltlich beschränkt. Ebenso hatte das abgebrochene Erste Vatikanische Konzil keine Stellungnahmen zu sozialen und pastoralen Fragen seiner Zeit verlautbart und damit ein essentielles Grundanliegen aller Konzilien, die innerkirchliche Reform oder Erneuerung, unerledigt gelassen. In diesem Kontext hatte John Henry Kardinal Newman das Verhältnis von Gewissen (↑Gewissen, Gewissensfreiheit) und Souveränität neu bestimmt und das Gewissen aller kirchlichen und staatlichen ↑Autorität vorgeordnet. Damit ist die Person in der Glaubenszustimmung durch nichts ersetzbar, und es stellt sich v.a. die Frage, wie kirchliche Selbstbestimmung und Kooperation mit allen Menschen guten Willens im Dienst am Leben der Menschen gemeinsam realisiert werden können.

Mit der Einberufung des Z.n. V.n. K.s schließt Johannes XXIII. auf der einen Seite das Erste Vatikanische Konzil ab, auf der anderen Seite kommt zum Ausdruck, dass der Bischof von Rom seinen Petrusdienst ohne die Kollegialität der Bischöfe und den Konsens der Glaubenden nicht verwirklichen kann. Da seine Konzilsidee nach der Eröffnungsansprache die Sendung der Kirche in einer neuen Epoche der Menschheit entscheidend auf die Gegenwart Christi und seines Reiches hin ausgerichtet hat, Unglückspropheten kritisierte, das Heilmittel der Barmherzigkeit der Verurteilung vorgezogen sehen wollte, die Kirche zu einem Sprung nach vorn aufrief und durch maßgebliche Richtungsentscheidungen ein echtes Konzil der Bischöfe als Repräsentanten ihrer Ortskirche wollte, musste das Z. V. K. notwendigerweise neue Formen entwickeln und v.a. innovativ den Raum der Kirche überschreiten.

Paul VI. übersetzte die Anstöße seines Vorgängers auf der Basis einer umfassenden Theologie des Dialogs (Enzyklika „Ecclesiam suam", 1964) in eine konziliare und danach in eine ekklesiale Reformpraktik. Nach innen überarbeitete er die Geschäftsordnung auf die von Leo Jozef Kardinal Suenens vorgelegte Idee zur Arbeitsorganisation des Konzils: *ecclesia ad intra – ecclesia ad extra*. Die Kirche müsse in aller Öffentlichkeit sagen, wer sie ist, was sie beabsichtigt und was sie in eine globalisierte Welt einzubringen gedenkt. Diese Aufgabe könne sie aber nur einlösen, wenn sie in allem zuerst Christus suche, der auf verschiedenste Weise auch an „anderen Orten" gegenwärtig ist. Paul VI. sah die Ausbildung eines „neuen Habitus des Geistes" (AAS 57 [1965]: 988) als die wichtigste Aufgabe des Konzils an. Denn die Kirche müsse das ausdrücken, was sie bezeugt: ein Zeichen jener Gestalt des Gesprächs zu sein, das Gott mit seiner Schöpfung immer führt, und in dem deutlich wird, wie er die Heilsgeschichte geschichtlich realisiert hat („Ecclesiam suam": 67). Daher werden im Laufe des Konzils getaufte Laien (v.a. Frauen) und Nichtchristen in den Beratungs- und Entscheidungsprozess des Konzils integriert. Nach außen verspricht die Kirche auf Augenhöhe mit allen Menschen guten Willens für eine humanere Welt zusammenzuarbeiten, v.a. im Dienst an ↑Frieden und ↑Gerechtigkeit. Die Botschaft an alle Menschen während der feierlichen Beschließung des Konzils fasst diese Optionen zusammen.

1.1 Systematische Grundentscheidungen des Konzils „in den Zeichen der Zeit"

Diese Grundorientierungen der Konzilspäpste inspirierten die Väter und wurden vom Konzil in systematisch-theologische und pastorale Grundsatzentscheidungen umgesetzt, deren Gewicht nur im Licht der geschichtlichen Situation des Konzils beurteilt werden kann. In (fast) jedem Dokument greift das Konzil die Eröffnungsansprache von Johannes XXIII. auf, der von einer neuen Epoche der Menschheit gesprochen hatte. Diese epochale Metamorphose von Kirche und ↑Christentum, die dem Konzil immer bewusst war (z.B. GS 2–10; NA 1; AA 1; AG; DH; OT 1; PC 1), ist nur angemessen zu verstehen vor dem Hintergrund einer ↑Globalisierung unter den sich beschleunigt entwickelnden Transformationsmächten von ↑Wissenschaft, ↑Technik, ↑Markt und ↑Medien.

Als entscheidende Transformationen, deren Tragweite wir wohl erst anfänglich zu verstehen beginnen, können folgende Einschnitte exemplarisch genannt werden. Wenn das Z. V. K. als „der erste amtliche Selbstvollzug der Kirche *als Weltkirche*" (Rahner 2013: 971; Herv. i. O.) angesehen werden muss, dann bedeutet das, dass damit das Ende jener europäischen Kirche gekommen ist, in deren Grammatik die Quellen und ersten normativen Interpretationen des Evangeliums bezeugt worden sind. Eine universale Kirche in und aus Ortskirchen (LG 23) bildet sich deshalb durch die wechselseitige Korrektur und Anerkennung neuer kontextueller Theologien und katholischer Glaubensformen im Wagnis steter ↑Inkulturation. Mit der Amerikanischen und ↑Französischen Revolution ist das Ende der Konstantinischen Epoche der Christenheit und der gregorianischen Kirche, die als sakral-klerikaler Herrschaftsverband durch den binären Gegensatz „↑Klerus – ↑Laien" strukturiert wird, unaufhaltsam geworden. Das Konzil antwortet mit der Anerkennung des säkularen ↑Staates in der Erklärung über die ↑Religionsfreiheit (DH) und der verbindlichen Selbstbestimmung zum ↑Dialog nach innen und nach außen (GS 92). Dadurch ist die antimodernistische (↑Antimodernismus) Formatierung (seit Gregor XVI., „Mirari vos", 1832) grundsätzlich überwunden, und das Konzil bekennt ausdrücklich, dass sie auch von der Welt, ja sogar von ihren Verfolgern lernt (GS 44). Die Kirche verpflichtet sich selbst in der Pastoralkonstitution, sich als Partnerin, nicht als Herrscherin (GS 3, 93) zu sehen und sich für ↑Würde und ↑Freiheit des Menschen ebenso einzusetzen (DH) wie zum Dienst an Frieden und Gerechtigkeit unter den Völkern (GS). Die Kirche sieht damit ihre Aufgabe nicht mehr in der ↑Legitimation von ↑Herrschaft, sondern als Akteurin der ↑Zivilgesellschaft im Dienst am Gewissen der Menschheit und einer neuen ↑Humanität. Im Licht des Evangeliums erweisen sich diese Zeichen als Indikatoren des Reiches Gottes, dem zu dienen Jesus Christus seine Kirche bestimmt hat. Unter diesen Bedingungen werden pastorale Grundsatzorientierungen vom Konzil formuliert, die das *aggiornamento* Johannes XXIII. zu konkretisieren suchen.

Mit der Anerkennung der Ökumenischen Bewegung als vom Heiligen Geist getragen (UR 1) wird das Ende der gegenreformatorischen Prägung von Kirche und Glaube gewollt. Damit wird jene notwendige Vielfalt des Christlichen in der Bezeugung des Evangeliums unterstrichen, durch die wahre Katholizität geprägt ist (de Lubac 1992). Deshalb ist das Konzil als Lernprozess auf dem Weg zum angemesseneren Verständnis der ureigenen Katholizität auszulegen (Hilberath 2009). Auf dem Fundament dieser ökumenischen Grundhaltung bekennt zum ersten Mal ein Konzil der Kirche, dass Israel das bleibend auserwählte Volk Gottes ist (NA 4) und beendet dadurch das „Urschisma" in der Geschichte des Christentums. Diese Umkehr stellt einen kaum beachteten Bruch mit der Tradition dar (Siebenrock 2014). Deshalb bleibt eine „Hermeneutik der Reform" (Benedikt XVI. 2005) hinter dem Anliegen Johannes XXIII. zurück, der von einem neuen Pfingsten der Kirche sprach (Alberigo 2006, Bettazzi 2002). Die Kirche verpflichtet sich im Dialog mit dem ↑Judentum verbindlich dazu, den eigenen, quasi selbstverständlich gewordenen ↑Antisemitismus in Liturgie und Lehre zu überwinden und sich entschieden gegen allen Antisemitismus und Menschenverachtung einzusetzen. In dieser Haltung der Anerkennung und Hochschätzung begegnet das Konzil auch den betenden Muslimen (NA 3) und anderen Religionstraditionen (NA 2), die auf ihre Weise Wahres und Heiliges bezeugen. Der Auftrag der Kirche, Jesus Christus als Weg, Licht und Wahrheit der Menschen zu bezeugen, fordert die Kirche dazu auf, mit Klugheit und ↑Liebe die geistlichen und sittlichen Güter sowie die soziokulturellen Werte, die sich bei den anderen finden, anzuerkennen, zu wahren und zu fördern (NA 2). Das darin liegende Bekenntnis zur Universalität der Gnade überwindet jenen heilsgeschichtlichen Pessimismus, der das westliche Christentum seit dem späten Augustinus tief prägte und als „Jansenismus" zwar verurteilt wurde, aber bis heute wirksam bleibt. Von dieser Bereitschaft zu Dialog und Kooperation im Dienst an den Menschen ist von Seiten der Kirche niemand ausgeschlossen. Deshalb liegt die Verbindlichkeit des Z.n V.n. K.s nicht in juristischen Anathematismen, sondern in der Kraft des Versprechens, das die Kirche höchstverbindlich vor aller Welt allen Menschen gegeben hat. Diese Verbindlichkeit ist offenbarungstheologisch analog zu jenem personalen Versprechen zu sehen, das uns Gott in Jesus Christus gegeben hat (Mt 28,20).

1.2 Die systematische Grundgrammatik des Konzils
Das Z. V. K. hat die Aufgabe angenommen, die gesamte ↑Tradition von Kirche und Schrift auf diese neue Epoche der Menschheit hin zu bedenken. Deshalb hat es das umfangreichste Textkorpus der gesamten Konziliengeschichte vorgelegt. Auch wenn nicht alle Texte in gleicher Dichte die systematische Grundgrammatik widerspiegeln, lässt sich eine kohärente theologische Grundstruktur erkennen, die in drei Grundoptionen zusammengefasst werden kann:

a) Einheit der Heilsgeschichte und Universalität der Gnade aufgrund des universalen Heilswillen Gottes,
b) trinitarische Grundstruktur aller Wirklichkeit durch eine universale, aber kenotische Christologie und
c) ein analoger Kirchenbegriff als Grundlage des Dialogprogramms, der Kirche, ↑Reich Gottes und Menschheit in einer sich wechselseitig tragenden und erneuernden Beziehung einander zuordnet.

Die ekklesiologische Ausrichtung des Konzils ist geprägt von der trinitarisch-christologischen Grundstruktur aller Wirklichkeit. Deshalb verweisen alle Konstitutionen die Kirche auf Christus und sein Wort sowie auf die Gegenwart des Geistes (LG 1; DV 1; GS 1). Diese Weisen der göttlichen Präsenz und Wirksamkeit liegen allem kirchlichen Tun voraus und werden daher nicht allein durch das Handeln der Kirche in Wort und ↑Sakrament vermittelt. Als „universales Sakrament des Heils" (LG 48; GS 44) ist die Kirche „in Christus gleichsam das Sakrament, das heißt Zeichen und Werkzeug für die innigste Vereinigung mit Gott wie für die Einheit der ganzen Menschheit" (LG 1). Das erste und letzte Wort der Verkündigung und ihrer Glaubwürdigkeit ist die Kirche selbst in ihrem ganzen Leben, als Institution und Gemeinschaft der Glaubenden, insofern sie über sich hinaus auf den kommenden Christus und den je größeren Gott verweist. In diesem Bewusstsein erkennt sie sich aber immer als Kirche der Sünder und auch als sündige Kirche und weiß sich ermahnt zur täglich neuen Umkehr im Blick auf den armen und gewaltfreien Jesus (LG 8). Nur im Mut zur steten Reform („Wege zur Erneuerung der Kirche. Botschaft der Konzilsväter an die ganze Menschheit" vom 20.10.1962; UR 7: „ecclesia semper reformanda") kann sich zeigen, dass in ihr die wahre Kirche Jesu Christi „subsistiert/verharrt" (LG 8). Weil sie eine Kirche der Armen (LG 8) und eine arme Kirche werden und sein soll (Katakombenpakt vom

16.11.1965), muss die Vorstellung von Glauben als Unterwerfung unter die kirchliche Autorität zurückgewiesen und Glauben als Zustimmung zur Selbstmitteilung Gottes in einem ganzheitlich-menschlichen Akt in Freiheit ausgelegt werden (DV 5).

Als strukturierte Gesellschaft und Gemeinschaft von Glaubenden (LG 8) ist die Kirche das wandernde Volk Gottes in der Geschichte (LG 8–17) und der Leib Christi (LG 7). Weil der universale Heilswille Gottes alle Wirklichkeit umfasst (SC 5; LG 16; AG 7) und der Heilige Geist allen Menschen die Möglichkeit gibt, mit dem Geheimnis des Todes und der Auferstehung Jesu Christi verbunden zu sein (GS 22), sind alle Menschen zum neuen Gottesvolk berufen (LG 13) und auf es hingeordnet (LG 16). Die Getauften sind vielfach miteinander verbunden (LG 15) und allein für jene, die in die ↑katholische Kirche voll inkorporiert sind, gilt: „extra ecclesiam nulla salus" (LG 14). Taufe und Firmung begründen die gemeinsame Würde aller Glaubenden (LG 32, 37), die um die allg.e Berufung zur Heiligkeit weiß (LG 39–42). Die darin begründete Teilhabe am dreifachen Amt Christi (Priester, Prophet, König; LG 9–12) trägt nicht nur das unfehlbare Glaubenszeugnis aller Glaubenden (LG 12), sondern begründet auch eine unmittelbare Zusammenarbeit mit dem Apostolat der Hierarchie (LG 33). Einmal wird sogar gesagt, dass die Laien Pflicht und Recht zum Apostolat von ihrer Einheit mit Christus dem Haupt her besäßen (AA 3).

Weil sich in der Liturgie das Werk der Erlösung als Vorgeschmack des Himmels fortsetzt (SC 5, 8), ist sie Höhepunkt und Quelle allen kirchlichen Tuns, das sich natürlich darin nicht erschöpft (SC 10), aber eine aktive Teilnahme („participatio actuosa" [SC 14]) verlangt. Immer ist die ganze Kirche in der feiernden Liturgiegemeinde in unterschiedlichen Rollen Trägerin der Liturgie. Bes. Bedeutung gewinnt die Eucharistie (SC 10), weil durch sie in den Gemeinden, und seien sie noch so klein und verstreut, Christus gegenwärtig ist (LG 26), und weil aus ihr, als Quelle und Höhepunkt allen kirchlichen Tuns, die Kirche erwächst (LG 11). Aber auch in anderen Formen der Andacht und des Gebets (SC 12–13), bes. im Hören auf das Wort der Schrift, nimmt Gott das Gespräch mit seinen Kindern in Liebe immer neu auf (DV 21).

Diese ekklesiologischen Perspektiven, die in AG reformuliert werden, verdanken sich maßgeblich der Theologie des ersten Jahrtausends und stehen in Spannung zur deduktiv-hierarchischen Ekklesiologie der westlichen Tradition des zweiten Jahrtausends. Nach dieser hat Christus seine Vollmacht („potestas"), ja sich selbst und seine Lehre (Glaubensgut als „depositum fidei") Petrus und den Aposteln anvertraut („übergeben/ausliefern": „paradidonai/tradere"). Durch deren Nachfolger in der apostolischen Sukzession werden diese Güter für die Menschen aller Zeiten treu bewahrt und vermittelt (LG 18–29); die Kirche ist danach eine „communio hierarchica" („Nota explicativa previa" zu LG 2). Die nachkonziliaren Spannungen und Entwicklungen in der Kirche erweisen sich als Versuche, diese beiden Ekklesiologien (Acerbi 1975) miteinander zu vermitteln, die das Konzil in allen Texten „ad intra" in Beziehung zu setzen versuchte: CD über die Bischöfe (aber ohne Volk Gottes-Theologie), PO und OT über die ↑Priester und ihre Ausbildung sowie AA über das Laienapostolat. Als kontroverse Hauptthemen haben sich herausgestellt:

a) das Verhältnis von Kollegialität der Bischöfe und Primat, bzw. von Synodalität als Form gemeinsamer Verantwortung und der alle verpflichtenden Jurisdiktion, die mit der Ordination verbunden sein muss;

b) das Verhältnis von gemeinsamem Priestertum aller Glaubenden und bes.m hierarchischem Priestertum, die sich dem Wesen und nicht nur dem Grade nach unterscheiden sollen (LG 10).

Deshalb erweist sich als wiederkehrender Konfliktpunkt die Frage nach der möglichen Gestaltung des ↑Amtes angesichts der neuen, als verbindlich deklarierten Lehre, dass die Kirche nicht die Vollmacht besitze, die Tradition, nach der nur Männer ordiniert werden, zu ändern (Johannes Paul II., OS, 1994).

Insofern alle Glaubenden mit allen Menschen zum Reich Gottes gerufen werden, ist die Kirche mit allen Menschen nicht nur in „Freude und Hoffnung, Trauer und Angst" (GS 1) verbunden, sondern zuerst verpflichtet, das Wort ihres Meisters auch an „fremden Orten" zu vernehmen (GS; AG; NA; Sander 2009). Dadurch werden die anderen zu möglichen Lehrenden und lernt die Kirche auch in ihrem Glaubensverständnis von ihnen (Johannes Paul II., „Tertio millenio ineunte": 56). Wie die Kirche weder Ursprung und Ziel in sich hat und in allen ihren Einrichtungen und Sakramenten zu jenem Äon gehört, der vergeht (LG 48), verdankt sie sich geschichtlich der Berufung Israels und der Verheißung des treuen Gottes zu seinem Volk (NA 4). Mit Paulus (Röm 9–11) bekennt das Konzil, dass es einen Heilsweg für Israel gibt, der ohne ausdrückliches Christusbekenntnis von Gott gewollt wird. Die darin liegende Spannung von Christusbekenntnis und „Gegenwart des Logos in allen Menschen" (Joh 1,1–3; DV 3; AG 3; GS 38) prägt die Neubestimmung der Haltung der Kirche zu den nicht-christlichen Religionen (NA) ebenso wie die dialogische Kooperation mit allen Menschen guten Willens, um eine Welt aufzubauen, die angesichts der atomaren Katastrophe (GS 80) jene Zeichen des Reiches Gottes trägt, die Johannes XXIII. („Pacem in terris", 1963) ausdrücklich benannt hat: die ↑Menschenrechte und das Ringen um Frieden und Gerechtigkeit. Die nachkonziliare Entwicklung ist geprägt durch eine konsequente Neugestaltung des Verhältnisses zum Judentum (theologisch und politisch in Beziehung zum Staat Israel) und den anderen ↑Religionen (Interreligiöse Gebetstreffen von Assisi 1986, 2002, 2011; Riedl 1998; Tück/Siebenrock 2012) sowie einer Transformation der gesamtkirchlichen Sendung (↑Mission) im Horizont der Sendung für Würde und Freiheit des Menschen, für Friede und Gerechtigkeit (↑„Theologie der Befreiung"). Systematisch relevant wird dabei das Verhältnis von „Dialog und Verkündigung" (Päpstlicher Rat für den Interreligiösen Dialog 1991) sowie die Frage nach dem Heil in Christus und jenen Heilswegen, die auch für Angehörige anderer Religionen und alle Menschen guten Willens eröffnet sind (↑Interreligiöser Dialog).

2. Sozialethische Schwerpunkte

Dass christlicher ↑Glaube und Weltgestaltung spannungsreich miteinander verbunden sind, hat sich in der westlichen Christenheit in die benediktinische Formel „ora et labora" als Grundregel verdichtet. Das Konzil hat mit einer Schlüsselaussage diese Formel neu ausgelegt (LG 1): Die Kirche als Grundsakrament sei Zeichen und Werkzeug für die innigste Verbindung mit Gott („intimae cum Deo unionis" [LG 1]) und für die Einheit des ganzen Menschengeschlechtes („totiusque generis humani unitatis" [LG 1]). Der christologische Hintergrund dieser Formel legt eine differenzierte Einheit von Mystik und Politik (als Dienst am friedlichen und gerechten Zusammenleben aller Menschen) nahe. Sie hat ihren letzten Grund nicht nur in der Inkarnation des Wortes, sondern v.a. in der Wiedergewinnung der Verkündigung Jesu von der angebrochenen Gottesherrschaft, die zur prägenden Leitidee für die Sendung der Kirche in der Welt (↑Kirche und Welt) von heute wurde.

Neben den inhaltlichen Grundentscheidungen ist auf jene Haltung („habitus") zu verweisen, mit der die Kirche diese Sendung zu verwirklichen sucht. Als die wichtigsten Grundentscheidungen sind hervorzuheben:

a) die Rezeption des säkularen Verfassungsstaates mit der Anerkennung der allg.en Menschenrechte (DH),
b) die positive Aufnahme des Bildungsprogramms der ↑UNO (GE),
c) der Verzicht auf staatliche Macht und die Positionierung der Kirche als Teil der Zivilgesellschaft (DH; GS 3),
d) das Eingeständnis eigener ↑Schuld (UR 7; LG 8; GS 19) und
e) das Prinzip des Dialogs als Ausdruck des Respekts und der Hochachtung in der Begegnung mit Menschen anderen Glaubens (NA; AG) oder anderer ↑Weltanschauungen.

Für die Ausgestaltung der Grundhaltung ist von bes.r Bedeutung, dass die sog.en Annexa zu „GS" (heute Teil II) nicht als Anwendung oder Folgerung der dogmatischen Vorgabe zu verstehen sind, sondern als Orte mit Lehrcharakter (GS 1, Fußnote zur Überschrift). Die sog.e Einheit von Dogma und Pastoral ist von der Orientierung am Reich Gottes her zu verstehen, das wiederum biblisch in der Exodustradition verwurzelt ist und einen Prozess umfassender Befreiung immer wieder evoziert (Assmann 2015). Dadurch bestimmt sich die Kirche nicht nur als lehrende, sondern als lernende, die mit den Menschen unterwegs ist und ihren Beitrag, v.a. das Licht des Evangeliums, ohne Herrschaftsansprüche einbringt (GS 1 mit der ekklesiologischen Grundformel). Diese Struktur der Pastoralkonstitution hat nach dem Konzil v.a. in den Kirchen des Südens, insb. Lateinamerika, einen konfliktreichen Ortswechsel der katholischen Kirche bewirkt (Befreiungstheologie; Option für die Armen), dessen weltweite Wirkung mit Papst Franziskus höchstlehramtlich ratifiziert wird. Das „Kompendium der Soziallehre der Kirche" (Päpstlicher Rat für Gerechtigkeit und Frieden 2004) verdeutlicht wie aktuelle Lehrbücher (Heimbach-Steins 2004 f.) die innovative Kraft dieses Konzils, die in den oben genannten Grundoptionen liegt und eine anhaltende Erneuerung nach innen und nach außen bewirkt hat. Die Kirche ist dadurch in der realen Geschichte der Menschen als Mitpilgerin angekommen. Es zeigen sich aber auch die Grenzen des Konzils, sofern z.B. die ökologische Frage noch nicht ins Bewusstsein der Versammlung dringen konnte. Noch war das Bekenntnis zu ↑Fortschritt und Entwicklung dominierend, auch wenn die Sünde als Wirkmacht nicht übersehen worden ist (GS 13).

Weil die Glaubwürdigkeit der Kirche und ihrer Botschaft unlösbar mit ihrem Dienst für das Leben der Menschen auch in dieser Geschichte steht und fällt, kann gesagt werden, dass die Kirche nicht eine Soziallehre (↑Katholische Soziallehre) „hat", sondern zuerst eine „ist" (Hauerwas 1995). Fast alle Ordensgemeinschaften (↑Orden), insb. die Missionsgemeinschaften, wurden von dieser Orientierung geprägt. Reformbewegungen können als *„best practice*-Beispiele" angeführt werden: z.B. *Sant'Egidio* im Einsatz für Frieden und Versöhnung oder die *Fokolarbewegung* mit ihrem Charisma der Einheit, das Menschen der unterschiedlichsten Weltanschauungen in Gemeinschaft miteinander verbindet. Weil schon Johannes XXIII. die ↑Emanzipation der Frau unter die „Zeichen der Zeit" aufnahm („Pacem in terris": 39–45), wird die Frauenperspektive in bes.r Weise zum Glaubwürdigkeitstest der Kirche in dieser Zeit (Eckholt 2012).

Literatur

J. Assmann: Exodus. Die Revolution der Alten Welt, [3]2015 • C. Theobald: Le concile Vatican II. Quel avenier?, 2015 • R. A. Siebenrock: „Siehe, ich mache alles neu!" – „Hermeneutik der Wandlung". Von der rechten Weise das Zweite Vatikanische Konzil zu realisieren, in: C. Böttigheimer (Hg.): Zweites Vatikanisches Konzil, 2014, 101–139 • K. Rahner: Theologische Grundinterpretation des II. Vatikanischen Konzils, in: ders.: Sämtliche Werke, Bd. XXI 2, 2013, 970–981 • M. Eckholt: Ohne die Frauen ist keine Kirche zu machen. Der Aufbruch des Konzils und die Zeichen der Zeit, 2012 • R. A. Siebenrock/J-H. Tück (Hg.): Selig, die Frieden stiften. Assisi – Zeichen gegen Gewalt, 2012 • P. Hünermann/B. J. Hilberath (Hg.): Herders theologischer Komm. zum Zweiten Vatikanischen Konzil, [2]2009 • B. J. Hilberath: Kirche entdeckt ihre Katholizität nach innen und außen, in: ebd., Bd. 5, 149–249 • P. Hünermann: Der Text: Werden – Gestalt – Bedeutung. Eine hermeneutische Reflexion, in: ebd., Bd. 5, 5–101 • H.-J. Sander: Theologischer Kommentar über die Kirche in der

Welt von heute Gaudium et spes, in: ebd., Bd. 4, 581–886 • K. Rahner: Bemerkungen zum Problem des „anonymen Christen“, in: ders.: Sämtliche Werke, Bd. XXII 2, 2008, 326–337 • G. Alberigo: Die Fenster öffnen. Das Abenteuer des Zweiten Vatikanischen Konzils, 2006 • Benedikt XVI.: An das Kardinalskollegium und die Mitglieder der Römischen Kurie beim Weihnachtsempfang (2005), URL: http://www.vatican.va/content/benedict-xvi/de/speeches/2005/december/documents/hf_ben_xvi_spe_20051222_roman-curia.html (abger. 22.3.2021) • M. Heimbach-Steins (Hg.): Christliche Sozialethik, 2 Bde., 2004 f. • Päpstlicher Rat für Gerechtigkeit und Frieden (Hg.): Kompendium der Soziallehre der Kirche, [2]2004 • L. Bettazzi: Das Zweite Vatikanum – Pfingsten unserer Zeit, 2002 • Y. Congar: Mon journal du Concile. Présenté et annoté par É. Mahieu, 2 Bde., 2002 • G. Riedl: Modell Assisi. Christliches Gebet und interreligiöser Dialog in heilsgeschichtlichem Kontext, 1998 • R. A. Siebenrock: Wahrheit, Gewissen und Geschichte. Eine systematisch-theologische Rekonstruktion des Wirkens John Henry Kardinal Newmans, 1996 • S. Hauerwas: Selig sind die Friedfertigen. Ein Entwurf christlicher Ethik, 1995 • H. de Lubac: Glauben aus der Liebe. Catholicisme, [3]1992 • Päpstlicher Rat für den Interreligiösen Dialog: Dialogue and Proclamation (1991), URL: https://www.vatican.va/roman_curia/pontifical_councils/interelg/documents/rc_pc_interelg_doc_19051991_dialogue-and-proclamatio_en.html (abger.: 22.3.2021) • A. Acerbi: Due ecclesiologie. Ecclesiologia giuridica ed ecclesiologia di comunione nella „Lumen gentium“, 1975.

ROMAN A. SIEBENROCK

Anhang

Anhang

Abkürzungen

1. Allgemein

a.	articulus
a.F.	alte Fassung
ABC-Waffen	Atomare, Biologische/Bakteriologische, Chemische Waffen
abH	ausbildungsbegleitende Hilfen
ABM	Anti Ballistic Missiles
Abs.	Absatz
ACP	Advance Care Planning
ADHS	Aufmerksamkeitsdefizit-/Hyperaktivitätsstörung
AG	Aktiengesellschaft
AGB	Allgemeine Geschäftsbedingungen
AI	Artificial Intelligence (= KI)
AIDS	Acquired Immune Deficiency Syndrome
allg.	allgemein
Alt.	Alternative
arg.	argumentum
ARPANET	Advanced Research Projects Agency Network
Art.	Artikel
ATS	Alternative Trading Systems
AVB	Allgemeine Versicherungsbedingungen
AVC	Asset Value Correlation
Az.	Aktenzeichen
AZR	Registerzeichen für Revisionen des BAG
B.A.	Bachelor of Arts
B2B	Business-to-Business
B2C	Business-to-Consumer
BEPS	Base Erosion and Profit Shifting
bes.	besonders/besondere
Beschl.	Beschluss
BGJ	Berufsgrundbildungsjahr
BIP	Bruttoinlandsprodukt
BPS	Basic Payment Scheme
BSE	Bovine spongiforme Enzephalopathie
BSP	Bruttosozialprodukt
bspw.	beispielsweise
BT-Drs.	Bundestagsdrucksache
BvB	berufsvorbereitende Bildungsmaßnahmen
BvE	Aktenzeichen beim BVerfG bei Verfassungsstreitigkeiten zwischen Bundesorganen
BVJ	Berufsvorbereitungsjahr
BvL	Aktenzeichen des BVerfG bei der konkreten Normenkontrolle
BvR	Aktenzeichen einer Verfassungsbeschwerde zum BVerfG
BWL	Betriebswirtschaftslehre
bzgl.	bezüglich
bzw.	beziehungsweise
C2B	Consumer-to-Business
C2C	Consumer-to-Consumer
ca.	circa
can(n)	canon(es)
CAP	Collective Action Plan
CAPM	Capital Asset Pricing Model
CCO	Chief Compliance Officer
CCS	Carbon Capture and Storage
CEE	Central and Eastern Europe
CFROI	Cashflow Return on Investment
CHAP	Challenge Handshake Authentication Protocol
CHF	Schweizer Franken
cl.	clause
CLIP	Calling Line Identification Presentation
Co.	Compagnie
Cod.	Codex
COLP	Connected Line Identification Presentation
CPC	Countries of Particular Concern
CRBN	Chemical, Radiological, Biological and Nuclear Weapons
CRBNE	Chemical, Radiological, Biological, Nuclear and Explosives Weapons
CRISPR	Clustered Regularly Interspaced Short Palindromic Repeats
CSR	Corporate Social Responsibility
d. h.	das heißt
d. i.	das ist
DAB	Digital Audio Broadcasting
Dax	Deutscher Aktienindex
DCGK	Deutscher Corporate Governance Kodex
ders./dies.	derselbe/dieselbe(n)
dgl.	dergleichen/desgleichen
DGS	Deposit Guarantee Scheme
DIN	Deutsche Industrienorm
DM	Deutsche Mark
DNA	Deoxyribonucleic Acid
DQR	Deutscher Qualifikationsrahmen
DR	Demokratische Republik
Drs.	Drucksache
DSL	Digital Subscriber Line
DSM	Diagnostic and Statistical Manual of Mental Disorders
DVB	Digital Video Broadcasting
e.V.	eingetragener Verein
EBIT	Earnings Before Interests and Taxes
EBITDA	Earnings Before Interests, Taxes, Depreciation and Amortisation
EBT	Earnings Before Taxes
ECLI	European Case Law Identifier
ECN	Electronic Communication Network
ECU	European Currency Unit
EDI	Electronic Data Interchange
EDV	Elektronische Datenverarbeitung

eG	eingetragene Genossenschaft
entspr.	entsprechend/entspricht
EONIA	Euro Overnight Index Average
EPSAS	European Public Sector Accounting Standards
EQ	Einstiegsqualifizierung
ErbSt	Erbschafts- und Schenkungssteuer
ESD	Education for Sustainable Development
ESt	Einkommensteuer
etc.	et cetera
EU ETS	European Emissions Trading System
Euribor	Euro Interbank Offered Rate
EU-SILC	EU Statistics on Income and Living Conditions
EUSt	Einfuhr-Umsatzsteuer
EVS	Einkommens- und Verbrauchsstichprobe
evtl.	eventuell
fdGO	freiheitliche demokratische Grundordnung
FSI	Fragile States Index
FTP	File Transfer Protocol
GdB	Grad der Behinderung
geb.	geboren
gem.	gemäß
gen.	genannt
gest.	gestorben
GewSt	Gewerbesteuer
ggf.	gegebenenfalls
gGmbH	gemeinnützige Gesellschaft mit beschränkter Haftung
GLO	Generic Learning Outcome
GmbH	Gesellschaft mit beschränkter Haftung
GmbH & Co. KG	Gesellschaft mit beschränkter Haftung & Compagnie Kommanditgesellschaft
GoB	Grundsätze der ordnungsgemäßen Buchführung
GPI	Genuine Progress Indicator
GPS	Global Positioning System
GrSt	Grundsteuer
G-SIBs	Global Systemically Important Banks
GSSP	Global Stratotype Section and Point
GVC	Global Value Chains
h.M.	herrschende Meinung
ha	Hektar
Halbs.	Halbsatz
HDI	Human Development Index
Herv.	Hervorhebung
Herv. i. O.	Hervorhebung im Originaltext
HIV	Humanes Immundefizienz-Virus
HPI	Human Poverty Index
HR	Handelsregister

HTML	Hypertext Markup Language
HTTP	Hypertext Transfer Protocol
HTTPS	Hypertext Transfer Protocol Secure
HVPI	Harmonisierter Verbraucherpreisindex
i. d. R.	in der Regel
i. e.	id est
i. S.	im Sinne
i. S. d.	im Sinne der/des
i. S. v.	im Sinne von
i. V. m.	in Verbindung mit
IAP	Individual Action Plan
IAS	International Accounting Standards
ICD	International Statistical Classification of Diseases and Related Health Problems
ICF	International Classification of Functioning, Disability and Health
ICIDH	International Classification of Impairments, Disabilities and Handicaps
ICSI	intrazytoplasmatische Spermieninjektion
idF	in der Fassung
IFRS	International Financial Reporting Standards
IKT	Informations- und Kommunikationstechnik
IM	Inoffizieller Mitarbeiter
Inc.	Incorporated
INF	Intermediate-Range Nuclear Forces
inkl.	inklusive
insb.	insbesondere/insbesonders
IP	Internet Protocol
IPR	Internationales Privatrecht
iPS	induzierte pluripotente Stammzellen
IPSAS	International Public Sector Accounting Standards
IQ	Intelligenzquotient
ISCO	International Standard Classification of Occupations
ISDN	Integrated Services Digital Network
ISEI	International Socio-Economic Index of Occupational Status
ISEW	Index of Sustainable Economic Welfare
IT	Informationstechnologie
IVF	In-vitro-Fertilisation
IZVR	Internationales Zivilverfahrensrecht
Jh.	Jahrhundert(s)
JI	Joint Implementation
JPG	Joint Photographic Experts Group
JPIC	Justice, Peace and Integrity of Creation
jun.	junior
K.d.ö.R.	Körperschaft des öffentlichen Rechts
Kfz	Kraftfahrzeug
KG	Kommanditgesellschaft
KGaA	Kommanditgesellschaft auf Aktien
KI	Künstliche Intelligenz (= AI)
KiSt	Kirchensteuer
Kita	Kindertagesstätte
KJP	Kinder- und Jugendplan des Bundes
KldB	Klassifikation der Berufe
KMU	kleine und mittlere Unternehmen

KNA	Kosten-Nutzen-Analyse
KraftSt	Kraftfahrzeugsteuer
KSt	Körperschaftsteuer
LDC	Least Developed Countries
LGBTI	Lesbian, Gay, Bisexual, Transgender, Inter*
Lib.	Liber
LIBOR	London Interbank Offered Rate
LIC	Low Income Country/Countries
lit.	littera
LKW	Lastkraftwagen
LS.	Leitsatz
LSt	Lohnsteuer
LT Bbg Drs.	Drucksache des Landtags Brandenburg
Ltd.	Limited
MAC	Message Authentication Code
MAD	Mutual Assured Destruction
MBFR	Mutual and Balanced Force Reductions
mbH	mit beschränkter Haftung
MdB	Mitglied des Bundestages
MDG	Millennium Development Goals
MENA	Middle East and North Africa
MEW	Measure of Economic Welfare
MIC	Middle Income Country/Countries
MINT	Mathematik, Informatik, Naturwissenschaft, Technik
Mio.	Million(en)
MIP	Macroeconomic Imbalance Procedure
MPEG	Moving Pictures Experts Group
MPS	Magnitude-Prestigeskala
Mrd.	Milliarde(n)
MwSt	Mehrwertsteuer
n. Chr.	nach Christus
NDCs	Nationally Determined Contributions
NEL	nichteheliche Lebensgemeinschaft
nF	neue Fassung
NÖSPL	Neues Ökonomisches System der Planung und Leitung der Volkswirtschaft
NPM	New Public Management
NS	Nationalsozialismus
NSG-Verfahren	Verfahren zu den nationalsozialistischen Gewaltverbrechen
NSM	Neues Steuerungsmodell
o. ä.	oder ähnlich
ODA	Official Development Assistance
OGV	Ordentliches Gesetzgebungsverfahren
OHG	Offene Handelsgesellschaft
OMT	Outright Monetary Transactions
ÖPNV	Öffentlicher Personennahverkehr
OTC	Over-the-Counter
p. a.	pro anno/per annum
par.	Parallele/parallel
parr.	Parallelen
PartG	Partnerschaftsgesellschaft
PC	Personal Computer
PECL	Principles of European Contract Law
PEFL	Principles of European Family Law
PhD	Philosophiae doctor/Doctor of Philosophy
PID	Präimplantationsdiagnostik
PKW	Personenkraftwagen
PND	Pränataldiagnostik
PR	Public Relations
Prof.	Professor/Professorin
q.	quaestio
RNA	Ribonucleic Acid
ROCE	Return On Capital Employed
ROI	Return On Investment
ROIC	Return On Invested Capital
RONA	Return On Net Assets
ROS	Return On Sales
Rs.	Rechtssache
RSA	Risikostrukturausgleich
Rspr.	Rechtsprechung
RWA	Risk-Weighted Assets
s.	siehe
s. a.	siehe auch
s. o.	siehe oben
s. u.	siehe unten
SAG	Sowjetische Aktiengesellschaft
SCE	Societas Cooperativa Europaea
SDAG	Sowjetisch-Deutsche Aktiengesellschaft
SDG	Sustainable Development Goals
SE	Societas Europaea
Sec.	Section
sen.	senior
SEPA	Single Euro Payment Area
Sess.	Sessio
SIOPS	Standard International Occupational Prestige Scale
SNS	Social Network Services
SOEP	Sozio-Oekonomisches Panel
sog.	sogenannt
SRM	Single Resolution Mechanism
SSL	Secure Sockets Layer
SSM	Single Supervisory Mechanism
St.	Sankt/Saint
st. Rspr.	ständige Rechtsprechung
str.	strittig
SZR	Sonderziehungsrechte des Internationalen Währungsfonds
TARGET	Trans-European Automated Real-Time Gross Settlement Express Transfer System
TCP	Transmission Control Protocol
TEN	Transeuropäische Netze
THG	Treibhausgase
ToT	Terms of Trade
TPRM	Trade Policy Review Mechanism
TQM	Total Quality Management
TV	Television
u. a.	unter anderem/und andere
u. U.	unter Umständen
UAbs.	Unterabsatz

UGR	Umweltökonomische Gesamtrechnung
UKW	Ultrakurzwellen
URL	Uniform Resource Locator
urspr.	ursprünglich
USt	Umsatzsteuer
usw.	und so weiter
UVP	Umweltverträglichkeitsprüfung
v	versus
v. a.	vor allem
v. Chr.	vor Christus
VA	Verwaltungsakt
VAN	Value Added Networks
verb. Rs.	verbundene Rechtssachen
VerSt	Versicherungsteuer
vgl.	vergleiche
VGR	Volkswirtschaftliche Gesamtrechnung
VKSE	Verhandlungen über konventionelle Streitkräfte in Europa
VWL	Volkswirtschaftslehre
WADC	World Anti-Doping Code
WLAN	Wireless Local Area Network
WMD	Weapons of Mass Destruction
WT/DS	Registernummer eines Falles bei der WTO
WWW	World Wide Web
z. B.	zum Beispiel
z. T.	zum Teil
zugl.	zugleich
zzgl.	zuzüglich

2. Bibliographisch

Abb.	Abbildung(en)
abger.	abgerufen (am)
Abt.	Abteilung
Anm.	Anmerkung
Aufl.	Auflage
Bd.	Band
Bde.	Bände
Bearb.	Bearbeiter/Bearbeiterin
begr.	begründet
Beih.	Beiheft
Bull.	Bulletin
Dok.	Dokument
ebd.	ebenda
Ed.	Editor
Eds.	Editores/editors
Einl.	Einleitung
ErgBd.	Ergänzungsband
ersch.	erschienen
F.	Folge
f.	folgende
ff.	und folgende
Frag.	Fragment
FS	Festschrift
GA	Gesamtausgabe
GedS	Gedächtnisschrift
Ges. S.	Gesammelte Schriften
GW	Gesammelte Werke
H.	Heft
Hdb.	Handbuch
Hg.	Herausgeber/Herausgeberin
hg. v.	herausgegeben von/vom
i. E.	im Erscheinen
i. O.	im Original
Jb.	Jahrbuch/Jahrbücher
Jg.	Jahrgang
Kap.	Kapitel
Komm.	Kommentar
Lit.	Literatur
n.	numerus
N.S.	Neue Serie/New Series
NF	Neue Folge
No.	number/numero/número
Nr.	Nummer
Nrn.	Nummern
o. J.	ohne Jahr
o. S.	ohne Seite
o. V.	ohne Verfasser
Rdnr.	Randnummer(n)
Red.	Redaktion/Redakteur/Redakteurin
S.	Seite/Satz
Sdb.	Sonderband
Slg.	Sammlung
Sp.	Spalte
Suppl.	Supplement
T.	Teil
Tab.	Tabelle(n)
Teilbd.	Teilband
Teilbde.	Teilbände
u. d. T.	unter dem Titel
übers.	übersetzt
Var.	Variante
Vol(s).	Volume(s)
VR	Volksrepublik
Ziff.	Ziffer(n)
zit.	zitiert
zit. n.	zitiert nach
Zs.	Zeitschrift

3. Zeitschriften und Nachschlagewerke

A&A	Antike und Abendland
AA	Akademie-Ausgabe; I. Kant: Ges. S., hg. v. Preussische Akademie der Wissenschaften (Bde. 1–22)/Deutsche Akademie der Wissenschaften zu Berlin (Bd. 23)/Akademie der Wissenschaften zu Göttingen (ab Bd. 24), bisher 29 Bde., ab 1900
AAPSS	The Annals of the American Academy of Political and Social Science
AAS	Acta Apostolicae Sedis
ABG	Archiv für Begriffsgeschichte
ABl	Amtsblatt
ABl.EG	Amtsblatt der EG
ABl.EU	Amtsblatt der EU
ACCR	The Accounting Review
AcP	Archiv für die civilistische Praxis
ADLZ	Allgemeine deutsche Lehrerzeitung
AER	American Economic Review
AfS	Archiv für Sozialgeschichte
AGAPE	Alternative Globalization Addressing People and Earth. A Background Document, hg. v. Ökumenischen Rat der Kirchen, 2005
AGP	Archiv für Geschichte der Philosophie
AHR	American Historical Review
AiC	Adnotationes in ius canonicum
AIS	Arbeits- und Industriesoziologie Studien
AJAE	American Journal of Agricultural Economics
AJCL	American Journal of Comparative Law
AJIL	American Journal of International Law
AJP	Australasian Journal of Philosophy
AJPS	American Journal of Political Science
AJS	American Journal of Sociology
AKathKR	Archiv für katholisches Kirchenrecht
ALJ	Australian Law Journal
AMR	Academy of Management Review
Annu. Rev. Sociol.	Annual Review Of Sociology
AöR	Archiv des öffentlichen Rechts
APSR	American Political Science Review
APuZ	Aus Politik und Zeitgeschichte
ArchFilos	Archivio di filosofia
ArchKG	Archiv für Kulturgeschichte
ArchSozW	Archiv für Sozialwissenschaft und Sozialpolitik
ARER	Agricultural and Resource Economics Review
Arg	Das Argument
ARoPS	Annual Review of Political Science
ArPH	Archives de Philosophie
ARSP	Archiv für Rechts- und Sozialphilosophie
ASG	Archiv für Sozialgeschichte
ASQ	Administrative Science Quarterly
ASR	American Sociological Review
ASS	Acta Sanctae Sedis
AuR	Agrar- und Umweltrecht
AVR	Archiv des Völkerrechts
AZP	Allgemeine Zeitschrift für Philosophie
B&S	Best & Smith's Queen's Bench Reports
B.I.T.online	Zeitschrift für Bibliothek, Information und Technologie
BayVBl	Bayerische Verwaltungsblätter
BB	Betriebs-Berater
BeckOK	Beck'scher Online-Kommentar
BeckRS	Beck-Rechtsprechung
BerJSoz	Berliner Journal für Soziologie
bfp	Bibliothek Forschung und Praxis
BJIR	British Journal of Industrial Relations
BJPS	The British Journal for the Philosophy of Science
BlldtLG	Blätter für deutsche Landesgeschichte
BPEA	Brookings Paper on Economic Activity
BrJPsychol	British Journal of Psychology
BuB	Forum Bibliothek und Information
BuW	Bibliothek und Wissenschaft
BUW Output	Forschungsmagazin der Bergischen Universität Wuppertal
BWP	Berufsbildung in Wissenschaft und Praxis
BzL	Beiträge zur Lehrerbildung
CACM	Communications of the Association for Computing Machinery
CAR	Contemporary Accounting Research
CEOR	ClinicoEconomics and Outcomes Research
CGG	Christlicher Glaube in moderner Gesellschaft, hg. v. F. Böckle u. a., 30 Bde. + 7 Quellenbde., 1980–86
Chic. J. Int. Law	Chicago Journal of International Law
CJE	Canadian Journal of Economics
CJP	Canadian Journal of Philosophy
CLJ	Cambridge Law Journal
CMLRev	Common Market Law Review
COES	Current Opinion in Environmental Sustainability

Com(D)	Communio (Rodenkirchen)
CommS	Communicatio Socialis
Conc(D)	Concilium (Einsiedeln)
Const. Political Econ.	Constitutional Political Economy
CP	Comparative Politics
CPS	Comparative Political Studies
CRIA	Cambridge Review of International Affairs
CSoc	Current Sociology
DB	Der Betrieb
DBW	Die Betriebswirtschaft
DDB	Die deutschen Bischöfe
Dial	Dialectica
DJ	deutsche jugend
DJZ	Deutsche Juristen-Zeitung
dms	der moderne staat
DNP	Der Neue Pauly. Enzyklopädie der Antike, hg. v. H. Cancik/ H. Schneider, 16 Bde., 1996–2003
DÖV	Die öffentliche Verwaltung
DRiZ	Deutsche Richterzeitung
DSB	Datenschutz-Berater
DStR	Deutsches Steuerrecht
DuD	Datenschutz und Datensicherheit
DV	Die Verwaltung
DVBl	Deutsches Verwaltungsblatt
DWW	Deutsche Wohnungswirtschaft
DzD	Dokumente zur Deutschlandpolitik
DZP	Deutsche Zeitschrift für Philosophie
E S&P	Environmental Science & Policy
e&l	Erleben und lernen
EB	Erwachsenenbildung
EC	Econometrica
Eco. Soc.	Ecology and Society
Ecol. Econ.	Ecological Economics
Econ. Ph.	Economics and Philosophy
EconHR	Economic History Review
EconJ	The Economic Journal
EDPL	European Data Protection Law Review
EE	Europäische Enzyklopädie zu Philosophie und Wissenschaften, hg. v. H. J. Sandkühler, 4 Bde., 1990
EER	European Economic Review
EERJ	European Educational Research Journal
EHR	English Historical Review
EI	Encyclopaedia of Islam, hg. v. K. Fleet u. a., ab ^{3}2007
EID	Economic and Industrial Democracy
EJ	Encyclopaedia Judaica, hg. v. M. Berenbaum/F. Skolnik, 22 Bde., ^{2}2007
EJGK	Enzyklopädie jüdischer Geschichte und Kultur, hg. v. D. Diner, 6 Bde., 2011–15
EJIL	European Journal of International Law
EJLE	European Journal of Law and Economics
EjoC	European Journal of Communication
EJOR	European Journal of Operational Research
EJP	European Journal of Philosophy
EJPR	European Journal of Political Research
ENz	Enzyklopädie der Neuzeit, hg. v. F. Jaeger, 16 Bde., 2005–12
epd.Dok	epd Dokumentation
EPSR	European Political Science Review
ERCL	European Review of Contract Law
ERPL	European Review of Private Law
ERS	Ethnic and Racial Studies
ES	European Societies
ESR	European Sociological Review
EssGespr.	Essener Gespräche zum Thema Staat und Kirche
EthicsInformTech	Ethics and Information Technology
ETP	Entrepreneurship Theory and Practice
EuA	Erbe und Auftrag
EuGRZ	Europäische Grundrechte-Zeitschrift
EuR	Europarecht
Eur. J. Political Econ.	European Journal of Political Economy
EuZA	Europäische Zeitschrift für Arbeitsrecht
EuZW	Europäische Zeitschrift für Wirtschaftsrecht
EvStl	Evangelisches Staatslexikon, hg. v. W. Heun u. a., 2006
EvTh	Evangelische Theologie
EvW	Evangelische Welt
EWE	Erwägen – Wissen – Ethik
FABER	Folgen der Arbeitsmigration für Bildung und Erziehung
FamRZ	Zeitschrift für das gesamte Familienrecht mit Betreuungsrecht, Erbrecht, Verfahrensrecht, Öffentlichem Recht
FAZ	Frankfurter Allgemeine Zeitung
FH	Frankfurter Hefte
FJSB	Forschungsjournal Soziale Bewegungen
fk	frühe kindheit

FLG	Fischer Lexikon Geschichte, hg. v. R. van Dülmen, 2003
ForAff	Foreign Affairs
forum eb	forum erwachsenenbildung
FP	Foreign Policy
FPR	Familie, Partnerschaft, Recht
FR	Finanz-Rundschau Ertragsteuerrecht
FR	Frankfurter Rundschau
G&S	Gender & Society
GCS	Die griechischen christlichen Schriftsteller, begr. v. A. Harnack/T. Mommsen, 83 Bde., 1897–2006
GER	German Economic Review
GesR	GesundheitsRecht
GewArch	Gewerbearchiv
GGB	Geschichtliche Grundbegriffe. Historisches Lexikon zur politisch-sozialen Sprache in Deutschland, hg. v. O. Brunner/W. Conze/R. Koselleck, 8 Bde., 1972–97
GmbHR	GmbH-Rundschau
GMBl	Gemeinsames Ministerialblatt
GMH	Gewerkschaftliche Monatshefte
GoltdArch.	Goltdammer's Archiv für Strafrecht
Gov. Opp.	Government and Opposition
GreifRecht	Greifswalder Halbjahresschrift für Rechtswissenschaft
GRUR	Gewerblicher Rechtsschutz und Urheberrecht
GRUR Int.	Gewerblicher Rechtsschutz und Urheberrecht Internationaler Teil
GuG	Geschichte und Gesellschaft
GWU	Geschichte in Wissenschaft und Unterricht
HA	Historische Anthropologie
HAFF	Health Affairs
HBR	Harvard Business Review
HCE	Hdb. der christlichen Ethik, hg. v. A. Hertz/R. Andresen, 3 Bde., 1993
HdbkathKR	Hdb. des katholischen Kirchenrechts, hg. v. S. Haering/W. Rees/H. Schmitz, ³2015
HdbStKirchR	Hdb. des Staatskirchenrechts der Bundesrepublik, hg. v. J. Listl/D. Pirson, 2 Bde., ²1994 f.
HdBVerfR	Hdb. des Verfassungsrechts der Bundesrepublik Deutschland, hg. v. E. Benda/W. Maihofer/H.-J. Vogel, 2 Bde., ²1994
HDR	Human Development Report
HdRG	Handwörterbuch zur deutschen Rechtsgeschichte, hg. v. A. Cordes u. a., bisher 3 Bde., ab ²2004
HDSW	Handwörterbuch der Sozialwissenschaften, hg. v. E. von Beckerath u. a., 12 Bde., 1956–65
HdWW	Handwörterbuch der Wirtschaftswissenschaften, hg. v. W. Albers u. a., 9 Bde., 1972–82
HegelJ	Hegel-Jahrbuch
HerKorr	Herder-Korrespondenz
HevKR	Hdb. des evangelischen Kirchenrechts, hg. v. H. U. Anke/H. de Wall/H. M. Heinig, 2016
HFTh	Hdb. der Fundamentaltheologie, hg. v. W. Kern/H. J. Pottmeyer/M. Seckler, 4 Bde., ²2000
HGR	Hdb. der Grundrechte in Deutschland und Europa, hg. v. D. Merten/H.-J. Papier, 12 Bde., 2004–18
HistJ	Historical Journal
HJb	Historisches Jahrbuch der Görres-Gesellschaft
HLR	Harvard Law Review
HPhG	Hdb. philosophischer Grundbegriffe, hg. v. H. Krings/H. M. Baumgartner/C. Wild, 3 Bde., 1973 f.
HPM	Historisch-Politische Mitteilungen
HRWG	Hdb. religionswissenschaftlicher Grundbegriffe, hg. v. H. Cancik/B. Gladigow/K.-H. Kohl, 5 Bde., 1988–2001
HStR	Hdb. des Staatsrechts der Bundesrepublik Deutschland, hg. v. J. Isensee/P. Kirchhof, 13 Bde., ³2003–15
HTKNT	Herders theologischer Kommentar zum Neuen Testament
Hua	Husserliana. GW, hg. v. Husserl Archives Leuven, 42 Bde., 1950–2014
HWPh	Historisches Wörterbuch der Philosophie, hg. v. J. Ritter/K. Gründer, 13 Bde., 1971–2007
HWRh	Historisches Wörterbuch der Rhetorik, hg. v. G. Ueding, 12 Bde., 1992–2016
HZ	Historische Zeitschrift
IC&S	Information, Communication & Society
ICLR	International and Comparative Law Review
IEEP	International Economics and Economic Policy
IER	International Economic Review
IJCV	International Journal of Conflict and Violence
IJGLS	Indiana Journal of Global Legal Studies
IJIO	International Journal of Industrial Organization
IJoSS	International Journal of Social Sciences
IJPEE	International Journal of Pluralism and Economic Education
IJPT	International Journal for Philosophy and Theology
IJRR	The International Journal of Robotics Research
IJSSP	International Journal of Sociology and Social Policy

IJURR	International Journal of Urban and Regional Research
IKaZ	Internationale katholische Zeitschrift
IKZ	Internationale kirchliche Zeitschrift
ILR	International Labor Review
IMR	Immobilien- und Mietrecht
IMS	Informationen zur modernen Stadtgeschichte
Int. Aff.	International Affairs
Int. Rev. Sociol.	International Review of Sociology
Int. Secur.	International Security
Int. Stud. Perspect.	International Studies Perspectives
InTeR	Zeitschrift zum Innovations- und Technikrecht
IO	International Organization
IP	Internationale Politik
IPSR	International Political Science Review
IRAE	International Review of Applied Economics
IRSH	International Review of Social History
ISE	The International Studies Encyclopedia, hg. v. R. Denemark, 12 Bde., 2010
ISP	International Studies in Philosophy
ISQ	International Studies Quarterly
ISR	International Studies Review
ISSJ	International Social Science Journal
ITPF	International Tax and Public Finance
J. Appl. Econ.	Journal of Applied Economics
J. Econ. Psychol.	Journal of Economic Psychology
J. Happiness Stud.	Journal of Happiness Studies
J. Hum. Dev. Cap.	Journal of Human Development and Capabilities
J. Law Econ.	Journal of Law and Economics
J. Political Philos.	The Journal of Political Philosophy
J. Publ. Econ.	Journal of Public Economics
J. Relig.	Journal of Religion
J. Urban Econ.	Journal of Urban Economics
JA	Juristische Arbeitsblätter
JADP	Journal of Applied Developmental Psychology
JAP	Journal of Applied Philosophy
JAS	Journal of Aeronautical Sciences
JATA	Journal of the American Taxation Association
JbbGOE	Jahrbücher für Geschichte Osteuropas
JBE	Journal of Business Economics
JBNSt	Jahrbücher für Nationalökonomie und Statistik
JBTh	Jahrbuch für biblische Theologie
JbWG	Jahrbuch für Wirtschaftsgeschichte
JCC	Journal of Contemporary China

JCLE	Journal of Competition Law and Economics
JCMS	Journal of Common Market Studies
JConsumRes	Journal of Consumer Research
JCR	Journal of Conflict Resolution
JCSW	Jahrbuch für christliche Sozialwissenschaften
JDS	Journal of Development Studies
JEBO	Journal of Economic Behavior and Organization
JEconH	Journal of Economic History
JECS	Journal of Early Christian Studies
JEEH	Journal of European Economic History
JEIH	Journal of European Integration History
JEL	Journal of Economic Literature
JEP	Journal of Economic Perspectives
JEPP	Journal of European Public Policy
JES	Journal of Economic Surveys
JET	Journal of Economic Theory
JF	Journal of Finance
JFE	Journal of Financial Economics
JFQA	Journal of Financial and Quantitative Analysis
JFR	Journal of Financial Research
JGE	Journal of Global Ethics
JHE	Journal of Health Economics
JHI	Journal of the History of Ideas
JICJ	Journal of International Criminal Justice
JiE	Journal of International Economics
JIEL	Journal of International Economic Law
JILPAC	Journal of International Law of Peace and Armed Conflict
JIS	Journal of Islamic Studies
JITE	Journal of Institutional and Theoretical Economics
JK	Junge Kirche
JKG	Journal für Konflikt- und Gewaltforschung
JLAS	Journal of Latin American Studies
JLEO	Journal of Law, Economics and Organization
JM	Journal of Marketing
JME	Journal of Monetary Economics
JModH	The Journal of Modern History
JMR	Journal of Marketing Research
JoD	Journal of Democracy
JOIE	Journal of Institutional Economics
JOLE	Journal of Labor Economics
JOM	Journal of Management
Jop	Journal of Politics
JöR	Jahrbuch des öffentlichen Rechts der Gegenwart
JP	The Journal of Philosophy
JPE	Journal of Political Economy
JPHP	Journal of Public Health Policy
JPKE	Journal of Post Keynesian Economics

JPSP	Journal of Personality and Social Psychology
JQ	Journalism Quarterly
JRI	Journal of Risk and Insurance
JRP	Journal für Rechtspolitik
JRU	Journal of Risk and Uncertainty
JSCE	Journal of the Society of Christian Ethics
JSL	The Journal of Symbolic Logic
JSSD	Journal für Sozialwissenschaften und ihre Didaktik/Journal of Social Science Education
JTG	Journal of Transport Geography
JURA	Juristische Ausbildung
JuS	Juristische Schulung
JZ	JuristenZeitung
K&R	Kommunikation und Recht
KantSt	Kant-Studien
KIEJ	Kennedy Institute of Ethics Journal
KJ	Kritische Justiz
KJB	Kirchliches Jahrbuch für die Evangelische Kirche in Deutschland
KKK	Katechismus der Katholischen Kirche
KlP	Der Kleine Pauly. Lexikon der Antike, hg. v. K. Ziegler/W. Sontheimer, 5 Bde., 1964–75
KNA-ÖKI	Ökumenische Information der KNA
KrimJ	Kriminologisches Journal
KriPoZ	Kriminalpolitische Zeitschrift
KritV	Kritische Vierteljahresschrift für Gesetzgebung und Rechtswissenschaft
KSA	Kritische Studienausgabe; F. Nietzsche: Sämtliche Werke, 15 Bde., hg. v. G. Colli/M. Montinari, 1980
KuG	Kirche und Gesellschaft
KuR	Kirche und Recht
KZfSS	Kölner Zeitschrift für Soziologie und Sozialpsychologie
KZG	Kirchliche Zeitgeschichte
KZV	Konzeption Zivile Verteidigung, hg. v. BMI, 2016
L&I	Learning and Instruction
L.R. 2 Q.B.	Law Reports, Queen's Bench (2nd series)
Leg Issues Econ Integrat	Legal Issues of Economic Integration
LER	Lebensgestaltung – Ethik – Religionskunde
LiFo	List Forum für Wirtschafts- und Finanzpolitik
LKStKR	Lexikon für Kirchen- und Staatskirchenrecht, hg. v. A. von Campenhausen, 3 Bde., 2000–04
LKV	Landes- und Kommunalverwaltung
LMA	Lexikon des Mittelalters, hg. v. C. Bretscher-Gisiger, 9 Bde., ^{2}2003
LThK	Lexikon für Theologie und Kirche, hg. v. W. Kasper u. a., 11 Bde., 1993–2001
LW	Lenin Werke; W. I. Lenin: Werke, hg. v. Dietz Verlag, 40 Bde. + 2 ErgBde., 1956–72
M&K	Medien- und Kommunikationswissenschaft
ManSci	Management Science
MedPäd	MedienPädagogik
MedR	Medizinrecht
Merz	Medien + Erziehung
Metaph	Metaphilosophy
MEW	Marx-Engels-Werke; K. Marx/F. Engels: Werke, hg. v. Institut für Marxismus-Leninismus beim ZK der SED, 39 Bde. + 2 ErgBde., 1956–68
MittAB	Mitteilungen aus der Arbeitsmarkt- und Berufsforschung
MJ	Marketing Journal
MJIL	Michigan Journal of International Law
MMR	Multimedia und Recht
montage av	Zeitschrift für Theorie und Geschichte audiovisueller Kommunikation
MoTh	Modern Theology
MP	Media Perspektiven
MPEIL	Max Planck Encyclopedia of Public Law
MPEPIL	Max Planck Encyclopedia of Public International Law, hg. v. R. Wolfrum, 2013
MPG	Monumenta Palaeographica Gregoriana
MThZ	Münchener theologische Zeitschrift
MW 36	Mittelweg 36
MWG	Max-Weber-Gesamtausgabe, hg. v. der Kommission für Sozial- und Wirtschaftsgeschichte der Bayerischen Akademie der Wissenschaften, 47 Bde., 1984–2020
NBER Macroecon. Ann.	NBER Macroeconomics Annual
NdsJb	Niedersächsisches Jahrbuch für Landesgeschichte
NdsMBl	Niedersächsisches Ministerialblatt
NdsVBl.	Niedersächsische Verwaltungsblätter
NHP	Neue Hefte für Philosophie
NHphG	Neues Hdb. philosophischer Grundbegriffe, hg. v. P. Kolmer/A. Wildfeuer, 3 Bde., 2011
NHthG	Neues Hdb. theologischer Grundbegriffe, hg. v. P. Eicher, 4 Bde., 2005

NJW	Neue Juristische Wochenschrift
NLR	New Left Review
NM&S	New Media & Society
NordÖR	Zeitschrift für öffentliches Recht in Norddeutschland
np	Neue Praxis
npoR	Zeitschrift für das Recht der Non Profit Organisationen
NRTh	Nouvelle Revue Théologique
NStZ	Neue Zeitschrift für Strafrecht
NT	Novum Testamentum
NTJ	National Tax Journal
nul	Naturschutz und Landschaftsplanung
NVwZ	Neue Zeitschrift für Verwaltungsrecht
NWVBl	Nordrhein-Westfälische Verwaltungsblätter
NZA	Neue Zeitschrift für Arbeitsrecht
NZM	Neue Zeitschrift für Miet- und Wohnungsrecht
NZWehrr	Neue Zeitschrift für Wehrrecht
NZZ	Neue Zürcher Zeitung
ÖAKR	Österreichisches Archiv für Kirchenrecht
öarr	österreichisches Archiv für recht & religion
OBES	Oxford Bulletin of Economics and Statistics
o-bib	Das offene Bibliotheksjournal
OdW	Ordnung der Wissenschaft
OE	Osteuropa
ÖJZ	Österreichische Juristen-Zeitung
OK	Ordenskorrespondenz
ÖR	Ökumenische Rundschau
OREP	Oxford Review of Economic Policy
OstkSt	Ostkirchliche Studien
ÖZöR	Österreichische Zeitschrift für öffentliches Recht und Völkerrecht
ÖZV	Österreichische Zeitschrift für Volkskunde
Pac. Sociol. Rev.	Pacific Sociological Review
PAS	Politics & Society
PDR	Population and Development Review
PdW	Perspektiven der Wirtschaftspolitik
PGM	Petermanns Geographische Mitteilungen
PGP	Praxis Gemeindepädagogik
Phil.	Philosophy
Phil. Trans. A	Philosophical Transactions of the Royal Society A: Mathematical, Physical and Engineering Sciences
PhilPerspekt	Philosophische Perspektiven
PhJ	Philosophisches Jahrbuch
PhRev	The Philosophical Review
PJGG	Philosophisches Jahrbuch der Görres-Gesellschaft
PLoS	Public Library of Science
PN	Philosophia naturalis
PNAS	Proceedings of the National Academy of Sciences
Pol. Stud.	Politische Studien
PolC	Political Communication
POQ	Public Opinion Quarterly
PPA	Philosophy and Public Affairs
PQ	The Philosophical Quarterly
PRdsch	Philosophische Rundschau
PRh	Philosophy and Rhetoric
PS	Political Studies
PSQ	Political Science Quarterly
PThI	Pastoraltheologische Informationen
PVS	Politische Vierteljahresschrift
QJE	Quarterly Journal of Economics
QJPS	Quarterly Journal of Political Science
R&S	Rationality And Society
RabelsZ	Rabels Zeitschrift für ausländisches und internationales Privatrecht
RAC	Reallexikon für Antike und Christentum, hg. v. C. Hornung u. a., bisher 29 Bde., ab 1950
RAND JE	RAND Journal of Economics
RdA	Recht der Arbeit
RdJB	Recht der Jugend und des Bildungswesens
RDV	Recht der Datenverarbeitung
REEP	Review of Environmental Economics and Policy
Reg. Sci. Urban Econ.	Regional Science and Urban Economics
RES	The Review of Economic Studies
REST	Review of Economics and Statistics
Rev. Financ. Stud.	Review of Financial Studies
Rev. Phil. Psych.	Review of Philosophy and Psychology
Revue néoscolast.	Revue néo-scolastique de philosophie
RGG	Religion in Geschichte und Gegenwart, hg. v. H. D. Betz u. a., 8 Bde. + Regbd., ^{4}1998–2007
RH	Revue Historique
RIS	Review of International Studies
RJb	Romanistisches Jahrbuch
RJKG	Rottenburger Jahrbuch für Kirchengeschichte
ROB	Research in Organizational Behavior
RP	The Review of Politics

RpB	Religionspädagogische Beiträge
RPsych	Rechtspsychologie
RQ	Römische Quartalschrift für christliche Altertumskunde und Kirchengeschichte
RRR	Review of Religious Research
RTL	Revue Théologique de Louvain
RuP	Recht und Politik
RUR	Raumforschung und Raumordnung
RW	Rechtswissenschaft
S.Ct.	Supreme Court Reporter
S+F	Sicherheit und Frieden
SaThZ	Salzburger Theologische Zeitschrift
SchiedsVZ	Zeitschrift für Schiedsverfahren
SCR	Social Change Review
SDG	Sowjetsystem und Demokratische Gesellschaft. Eine vergleichende Enzyklopädie, hg. v. C. D. Kernig, 6 Bde. + ErgBd., 1966–72
SDSRV	Schriftenreihe des Deutschen Sozialrechtsverbands
SGb	Die Sozialgerichtsbarkeit
SHAnz	Schleswig-Holsteinische Anzeigen
SI	Sociological Inquiry
SJE	Scandinavian Journal of Economics
SMJ	Strategic Management Journal
Soc. Compass	Social Compass
Soc. Force.	Social Forces
Soc. Probl.	Social Problems
Soc. Sci. Med.	Social Science & Medicine
Sowi	Sozialwissenschaftliche Informationen
SozMag	Sozialmagazin
SozW	Soziale Welt
SP	Soziale Passagen
SPR	Swiss Political Review
SPS	Scandinavian Political Studies
SpuRt	Zeitschrift für Sport und Recht
SR	Social Research
SSIR	Stanford Social Innovation Review
ST	Sociological Theory
Sten. Ber. RT	Stenographische Berichte des Reichstages
StL	Staatslexikon. Recht, Wirtschaft, Gesellschaft, hg. v. der Görres-Gesellschaft, 7 Bde., 71995
StLeib	Studia Leibnitiana
StuW	Steuer und Wirtschaft
StW	Stimmen der Weltkirche
StZ	Stimmen der Zeit
SuB	Sozialwissenschaften und Berufspraxis
Südd. JZ	Süddeutsche Juristen-Zeitung
SVF	Stoicorum veterum fragmenta, hg. v. H. von Arnim (Bd. 1–3)/M. Adler (Bd. 4), 1903–24
SVS	Schriften des Vereins für Socialpolitik
SZ	Süddeutsche Zeitung
SZVS	Schweizerische Zeitschrift für Volkswirtschaft und Statistik

taz	die tageszeitung
TD	Theory and Decision
ThG	Theologie der Gegenwart (Leipzig)
ThGl	Theologie und Glaube
ThLZ	Theologische Literaturzeitung
ThLZ.F	Forum Theologische Literaturzeitung
ThPh	Theologie und Philosophie
ThQ	Theologische Quartalschrift (Tübingen)
ThRv	Theologische Revue
ThürVBl	Thüringer Verwaltungsblätter
TJ	Thema Jugend
TKS	Thüringer kirchliche Studien
TRE	Theologische Realenzyklopädie, hg. v. G. Müller, 36 Bde., 1976–2004
TThZ	Trierer theologische Zeitschrift
TTS	Tübinger theologische Studien
Ubg	Die Unternehmensbesteuerung
UR	Umsatzsteuer-Rundschau
US	Una Sancta (Meitingen)
UTLJ	University of Toronto Law Journal
Va. J. Int'l L.	Virginia Journal of International Law
VBlBW	Verwaltungsblätter für Baden-Württemberg
VerwArch	Verwaltungsarchiv
VfZ	Vierteljahreshefte für Zeitgeschichte
VIZ	Zeitschrift für Vermögens- und Investitionsrecht
VJH	Vierteljahrshefte zur Wirtschaftsforschung
VN	Vereinte Nationen
VOP	Verwaltungsführung, Organisation, Personal
VRÜ	Verfassung und Recht in Übersee
VSSR	Vierteljahresschrift für Sozialrecht
VSWG	Vierteljahresschrift für Sozial- und Wirtschaftsgeschichte
VuR	Verbraucher und Recht
VVDStRL	Veröffentlichungen der Vereinigung der Deutschen Staatsrechtslehrer
VWP	Vierteljahresschrift für wissenschaftliche Pädagogik
WA	Weimarer Ausgabe; M. Luther: D. Martin Luthers Werke, 120 Bde., 1883–2009
WA TR	Weimarer Ausgabe; M. Luther: D. Martin Luthers Werke, Abt. 2: Tischreden, 6 Bde., 1912–21
WBER	World Bank Economic Review
WD	Wirtschaftsdienst
WEP	West European Politics
WIREs	Wiley Interdisciplinary Reviews
WissR	Wissenschaftsrecht
WiSt	Wirtschaftswissenschaftliches Studium
WiVerw	Wirtschaft und Verwaltung
WJP	Wiener Jahrbuch für Philosophie
WP	World Politics
WPB	Wirtschaftspolitische Blätter
WRP	Wettbewerb in Recht und Praxis

WSI-Mitteilungen Zeitschrift des Wirtschafts- und Sozialwissenschaftlichen Instituts in der Hans-Böckler-Stiftung
WuM Wohnungswirtschaft und Mietrecht
WzM Wege zum Menschen
YLJ The Yale Law Journal
ZAAK Zeitschrift für Ästhetik und allgemeine Kunstwissenschaft
ZAkDR Zeitschrift der Akademie für Deutsches Recht
ZaöRV Zeitschrift für ausländisches öffentliches Recht und Völkerrecht
ZAR Zeitschrift für Ausländerrecht und Ausländerpolitik
ZAT Zeitschrift für Arbeitsrecht und Tarifpolitik
ZBJV Zeitschrift des Bernischen Juristenvereins
ZBR Zeitschrift für Beamtenrecht
ZD Zeitschrift für Datenschutz
ZDMG Zeitschrift der Deutschen Morgenländischen Gesellschaft
ZEE Zeitschrift für evangelische Ethik
ZEuP Zeitschrift für europäisches Privatrecht
ZEuS Zeitschrift für Europarechtliche Studien
ZEV Zeitschrift für Erbrecht und Vermögensnachfolge
ZevKR Zeitschrift für evangelisches Kirchenrecht
ZF Zeithistorische Forschungen
ZfA Zeitschrift für Arbeitsrecht
ZfAS Zeitschrift für Außen- und Sicherheitspolitik
ZfB Zeitschrift für Betriebswirtschaft
ZfBeg Zeitschrift für christlich-jüdische Begegnung im Kontext
ZfBR Zeitschrift für deutsches und internationales Bau- und Vergaberecht
ZfE DIE Zeitschrift für Erwachsenenbildung
ZfEw Zeitschrift für Erziehungswissenschaft
ZfG Zeitschrift für Geschichtswissenschaft
ZfgG Zeitschrift für das gesamte Genossenschaftswesen
ZfgK Zeitschrift für das gesamte Kreditwesen
ZfL Zeitschrift für Lebensrecht
zfo Zeitschrift Führung + Organisation
ZfP Zeitschrift für Politik
ZfPäd Zeitschrift für Pädagogik
ZfR Zeitschrift für Religionswissenschaft
ZfRSoz Zeitschrift für Rechtssoziologie
ZfRV Zeitschrift für Rechtsvergleichung
ZfS Zeitschrift für Soziologie
ZfSE Zeitschrift für Soziologie der Erziehung und Sozialisation
ZfSp Zeitschrift für Sozialpädagogik
ZfVP Zeitschrift für Vergleichende Politikwissenschaft
ZfW Zeitschrift für Wirtschaftspolitik
zfwu Zeitschrift für Wirtschafts- und Unternehmensethik
ZG Zeitschrift für Gesetzgebung
ZgS Zeitschrift für die gesamte Staatswissenschaft
ZHF Zeitschrift für historische Forschung
ZHR Zeitschrift für das gesamte Handelsrecht und Wirtschaftsrecht
ZIAS Zeitschrift für ausländisches und internationales Arbeits- und Sozialrecht
ZIP Zeitschrift für Wirtschaftsrecht
ZIS Zeitschrift für Internationale Strafrechtsdogmatik
ZKG Zeitschrift für Kirchengeschichte
ZKKW Zeitschrift für Kultur- und Kollektivwissenschaft
ZKM Zeitschrift für Konfliktmanagement
ZKTh Zeitschrift für katholische Theologie
ZME Zeitschrift für medizinische Ethik
ZMRW Zeitschrift für Missionswissenschaft und Religionswissenschaft
ZMV Die Mitarbeitervertretung
ZNR Zeitschrift für neuere Rechtsgeschichte
ZögU Zeitschrift für öffentliche und gemeinwirtschaftliche Unternehmen
ZÖR Zeitschrift für öffentliches Recht
ZParl Zeitschrift für Parlamentsfragen
ZphF Zeitschrift für philosophische Forschung
ZPol Zeitschrift für Politikwissenschaft
ZRG Zeitschrift der Savigny-Stiftung für Rechtsgeschichte
ZRG GA Zeitschrift der Savigny-Stiftung für Rechtsgeschichte, Germanistische Abteilung
ZRG KA Zeitschrift der Savigny-Stiftung für Rechtsgeschichte, Kanonistische Abteilung
ZRG RA Zeitschrift der Savigny-Stiftung für Rechtsgeschichte, Romanistische Abteilung
ZRP Zeitschrift für Rechtspolitik
ZRph Zeitschrift für Rechtsphilosophie
ZSchweizR Zeitschrift für Schweizerisches Recht
ZSE Zeitschrift für Staats- und Europawissenschaften
ZSR Zeitschrift für Sozialreform
ZStW Zeitschrift für die gesamte Strafrechtswissenschaft
ZThK Zeitschrift für Theologie und Kirche
ZUG Zeitschrift für Unternehmensgeschichte
ZUR Zeitschrift für Umweltrecht

ZVglRWiss	Zeitschrift für Vergleichende Rechtswissenschaft
ZZP	Zeitschrift für Zivilprozess

4. Organisationen, Institutionen und Programme

A.A.	Auswärtiges Amt
AC	Akademikerne – The Danish Confederation of Professional Associations
ACA	Arbeitsgemeinschaft Christlicher Arbeitnehmer-Organisationen
ACCT	Agence de coopération culturelle et technique
ACER	Agency for the Cooperation of Energy Regulators
ACK	Arbeitsgemeinschaft Christlicher Kirchen
ACT	Action by Churches Together
ACU	Arbeitsgemeinschaft Christlicher Unternehmer
ADAC	Allgemeiner Deutscher Automobil-Club
ADF	Allgemeiner Deutscher Frauenverein
AdR	Ausschuss der Regionen
AEBF	Asia-Europe Business Forum
AEC	ASEAN Economic Community
AECR	Alliance Conservatives and Reformists in Europe
aej	Arbeitsgemeinschaft der Evangelischen Jugend in Deutschland
AEPF	Asia-Europe People's Forum
aes	Arbeitsgemeinschaft Evangelische Schülerinnen- und Schülerarbeit
AEU	Arbeitskreis Evangelischer Unternehmer
AfCFTA	African Continental Free Trade Area
AfD	Alternative für Deutschland
afj	Arbeitsstelle für Jugendseelsorge der DBK
AFP	Agence France-Presse
AFS	Ausschuss für Finanzstabilität
AFTA	ASEAN Free Trade Area
AG	Amtsgericht
AGCK	Arbeitsgemeinschaft Christlicher Kirchen in der DDR
AGEH	Arbeitsgemeinschaft für Entwicklungshilfe
AGF	Arbeitsgemeinschaft der deutschen Familienorganisationen
AGKOD	Arbeitsgemeinschaft der katholischen Organisationen Deutschlands
AGLJV	Arbeitsgemeinschaft Landesjugendvertretungen
AHV	Alters- und Hinterlassenenversicherung
AI	Amnesty International
AIIB	Asian Infrastructure Investment Bank
AKJ	Arbeitskreis Juristen der CSU
AKL	Antikapitalistische Linke
AKP-Staaten	Afrikanische, Karibische und Pazifische Staaten
ALADI	Asociación Latinoamericana de Integración
ALBA	Alianza Bolivariana para los Pueblos de Nuestra América/Alternativa Bolivariana para América Latina y el Caribe
ALCA	Área de Libre Comercio de las Américas/Área de Livre Comércio das Américas (= FTAA)
ALDE	Allianz der Liberalen und Demokraten für Europa
Allea	All European Academies
ANC	African National Congress
Antifa	Antifaschistische Aktion
ANZUS-Pakt	Security Treaty between Australia, New Zealand and the United States of America
ap	Associated Press
APEC	Asia-Pacific Economic Cooperation
APO	Außerparlamentarische Opposition
APSA	African Peace and Security Architecture
ArbG	Arbeitsgericht
ARCIC	Anglican-Roman Catholic International Commission
ARD	Arbeitsgemeinschaft der öffentlich-rechtlichen Rundfunkanstalten der BRD
ARF	ASEAN Regional Forum
ARL	Akademie für Raumforschung und Landesplanung
ARP	Anti-Revolutionaire Partij
ARTE	Association Relative à la Télévision Européenne
ASB	Arbeiter Samariter Bund
ASEAN	Association of Southeast Asian Nations
ASEF	Asia-Europe Foundation
ASEM	Asia Europe Meeting
ASEP	Asia-Europe Parliamentary Partnership
ASF	African Standby Force
ASJ	Arbeitsgemeinschaft Sozialdemokratischer Juristinnen und Juristen
AU	Afrikanische Union
AUMA	Ausstellungs- und Messeausschuss der deutschen Wirtschaft
AVNOJ	Antifaschistischer Rat der Nationalen Befreiung
AWO	Arbeiterwohlfahrt
AWZ	Ausschließliche Wirtschaftszone
BA	Bundesagentur für Arbeit

BACDJ Bundesarbeitskreis Christlich Demokratischer Juristen
baf Bund Altkatholischer Frauen
BaFin Bundesanstalt für Finanzdienstleistungsaufsicht
BAG Bundesarbeitsgericht
BAGFW Bundesarbeitsgemeinschaft der Freien Wohlfahrtspflege
BÄK Bundesärztekammer
BAMAD Bundesamt für den Militärischen Abschirmdienst
BAMF Bundesamt für Migration und Flüchtlinge
BAuA Bundesanstalt für Arbeitsschutz und Arbeitsmedizin
BayVerfGH Bayerischer Verfassungsgerichtshof
BBAW Berlin-Brandenburgische Akademie der Wissenschaften
BBC British Broadcasting Corporation
Bbg Brandenburg
BBK Bundesamt für Bevölkerungsschutz und Katastrophenhilfe
BDA Bundesvereinigung der Deutschen Arbeitgeberverbände
BDF Bund Deutscher Frauenvereine
BDKJ Bund der Deutschen Katholischen Jugend
BDP Bürgerlich-Demokratische Partei
BdV Bund der Vertriebenen
BEK Bund der Evangelischen Kirchen in der DDR
BENELUX Belgien, Niederlande, Luxemburg-Verband
bevh Bundesverband E-Commerce und Versandhandel Deutschland
BfdW Brot für die Welt
BfG Bank für Gemeinwirtschaft
BFH Bundesfinanzhof
BfV Bundesamt für Verfassungsschutz
BGB Bauern-, Gewerbe- und Bürgerpartei
BGBGes BGB-Gesellschaft (= GbR)
BGH Bundesgerichtshof
BGS Bundesgrenzschutz
BHE Bund der Heimatvertriebenen und Entrechteten
BIB Bundesinstitut für Bevölkerungsforschung
BIBB Bundesinstitut für Berufsbildung
BINGO Business International Non-Governmental Organization
BIS Bank for International Settlements (= BIZ)
BIZ Bank für internationalen Zahlungsausgleich (= BIS)
BKA Bundeskriminalamt
BKartA Bundeskartellamt
BKU Bund Katholischer Unternehmer
BLK Bund-Länder-Kommission für Bildungsplanung und Forschungsförderung
BMAS Bundesministerium für Arbeit und Soziales
BMBF Bundesministerium für Bildung und Forschung
BMELV Bundesministerium für Ernährung, Landwirtschaft und Verbraucherschutz
BMFSFJ Bundesministerium für Familie, Senioren, Frauen und Jugend
BMI Bundesministerium des Inneren
BMVI Bundesministerium für Verkehr und digitale Infrastruktur
BMWA Bundesministerium für Wirtschaft und Arbeit
BMZ Bundesministerium für wirtschaftliche Zusammenarbeit und Entwicklung
BND Bundesnachrichtendienst
BNetzA Bundesnetzagentur
BP Bayernpartei
BPatG Bundespatentgericht
bpb Bundeszentrale für politische Bildung
BR Bayerischer Rundfunk
BRAK Bundesrechtsanwaltskammer
BRD Bundesrepublik Deutschland
BRH Bundesrechnungshof
BRIC(S) Brasilien, Russland, Indien, China (und Südafrika)
BS British Standard
BSG Bundessozialgericht
BSI Bundesamt für Sicherheit in der Informationstechnik
BStU Bundesbeauftragter für die Unterlagen des Staatssicherheitsdienstes der ehemaligen DDR
BV Bundesverfassung der Schweizerischen Eidgenossenschaft
BVEA Bundesverband Evangelischer Arbeitnehmerorganisationen
BVerfG Bundesverfassungsgericht
BVerwG Bundesverwaltungsgericht
BVMP Bundesverband Museumspädagogik
BVP Bayerische Volkspartei
BZÖ Bündnis Zukunft Österreich
CAJ Christliche Arbeiterjugend
CAN Comunidad Andina de Naciones
CARICOM Caribbean Community and Common Market
CARIFORUM Caribbean Forum
CCEE Consilium Conferentiarum Episcoporum Europae
CDA Christlich-Demokratische Arbeitnehmerschaft
CDI Christlich Demokratische Internationale
CDU Christlich Demokratische Union Deutschlands
CDWU Christlich Demokratische Weltunion
CEC Conference of European Churches (= KEK)
CELAC Comunidad de Estados Latinoamericanos y Caribeños

CELAM	Consejo Episcopal Latinoamericano
CEM	Clean Energy Ministerial
CEMAC	Communauté Économique et Monétaire de l'Afrique Centrale
CENTO	Central Treaty Organization
CEPAL	Comisión Económica para América Latina y el Caribe
CEPS	Centre for European Policy Studies
CERN	European Organization for Nuclear Research
CESCR	Committee on Economic, Social and Cultural Rights
CESR	Committee of European Securities Regulators
CEWS	Continental Early Warning System
CFDT	Confédération française démocratique du travail
CGB	Christlicher Gewerkschaftsbund
CGIL	Confederazione Generale Italiana del Lavoro
CGT	Confédération générale du travail
CGT-FO	Confédération générale du travail-Force ouvrière
CHU	Christelijk-Historische Unie
CIA	Central Intelligence Agency
CIDSE	Catholic International Cooperation for Development and Solidarity
CISL	Confederazione italiana sindacati lavoratori
CMIM	Chiang-Mai Initiative Multilaterisation
CND	Campaign for Nuclear Disarmament
CNN	Cable News Network
CNNC	Commission nationale de la négociation collective
CNVA	Conseil national de la vie associative
COM	Council of Ministers
COMECE	Commissio Episcopatuum Communitatis Europaeensis
COMESA	Common Market for Eastern and Southern Africa
Conc.Trid.	Concilium Tridentinum
COP	UN Framework Convention on Climate Change, Conference of the Parties
CORE	Congress of Racial Equality
CP	Christliche Pfadfinderschaft
CPA	Christliche Presseakademie
CPD	Christliche Pfadfinderschaft Deutschlands
CSD	Committee on Sustainable Development
CSO	Committee of Senior Officials
CSP	Christlichsoziale Partei
ČSSR	Československá Socialistická Republika
CSU	Christlich-Soziale Union
CVJM	Christlicher Verein Junger Menschen
CVP	Christlichdemokratische Volkspartei der Schweiz
Cyber-AZ	Cyber-Abwehrzentrum
DAAD	Deutscher Akademischer Austauschdienst
DAC	Development Assistance Commitee
DAF	Deutsche Arbeitsfront
DAG	Deutsche Angestellten-Gewerkschaft
DAI	Deutsches Ausland-Institut
DAP	Deutsche Arbeiterpartei
DARPA	Defense Advanced Research Projects Agency
DBB	Deutscher Beamtenbund
DBD	Demokratische Bauernpartei Deutschlands
DBJR	Deutscher Bundesjugendring
DBK	Deutsche Bischofskonferenz
DBU	Deutsche Buddhistische Union
DBV	Deutscher Bauernverband
DC	Deutsche Christen
DCSV	Deutsche Christliche Studentenvereinigung
DCV	Deutscher Caritasverband
DDP	Deutsche Demokratische Partei
DDR	Deutsche Demokratische Republik
DEF	Deutscher Evangelischer Frauenbund
DeGEval	Deutsche Gesellschaft für Evaluation
DEK	Deutsche Evangelische Kirche
DEKT	Deutscher Evangelischer Kirchentag
DFD	Demokratischer Frauenbund Deutschlands
DFG	Deutsche Forschungsgemeinschaft
DFV	Deutscher Familienverband
DG	Directorate-General
DGB	Deutscher Gewerkschaftsbund
DGhK	Deutsche Gesellschaft für das hochbegabte Kind
DGPuK	Deutsche Gesellschaft für Publizistik- und Kommunikationswissenschaft
DGS	Deutsche Gesellschaft für Soziologie
DGVN	Deutsche Gesellschaft für die Vereinten Nationen
DGzRS	Deutsche Gesellschaft zur Rettung Schiffbrüchiger
DIHK	Deutscher Industrie- und Handelskammertag
DIK	Deutsche Islamkonferenz
DIVO	Deutsches Institut für Volksumfragen
DIW	Deutsches Institut für Wirtschaftsforschung
DJK	Deutsche Jugendkraft
DJT	Deutscher Juristentag
DKP	Deutsche Kommunistische Partei
DLG	Deutsche Landwirtschafts-Gesellschaft
DLRG	Deutsche Lebensrettungsgesellschaft
DNVP	Deutschnationale Volkspartei
DP	Deutsche Partei
dpa	Deutsche Presse-Agentur
DPMA	Deutsches Patent- und Markenamt
DPSG	Deutsche Pfadfinderschaft Sankt Georg
DPWV	Deutscher Paritätischer Wohlfahrtsverband
DRK	Deutsches Rotes Kreuz
DRP	Deutsche Reichspartei
DRZE	Deutsches Referenzzentrum für Ethik in den Biowissenschaften
DStJG	Deutsche Steuerjuristische Gesellschaft
DSU	Dispute Settlement Understanding

DSW Deutsche Stiftung Weltbevölkerung
DÜ Dienste in Übersee
DVP Deutsche Volkspartei
DVPW Deutsche Vereinigung für Politikwissenschaft
DVU Deutsche Volksunion
DW Diakonisches Werk
DZ Bank AG Deutsche Zentral-Genossenschaftsbank
EAC East African Community
EAD Evangelische Akademien in Deutschland
eaf Evangelische Arbeitsgemeinschaft Familie
EAGFL Europäischer Ausrichtungs- und Garantiefonds für Landwirtschaft
EAPP Expanded Asset Purchase Programme
EBA European Banking Authority
EBID ECOWAS Bank for Investment and Development
EBL Europäische Behörde für Lebensmittelsicherheit
EC Entschieden für Christus
ECA Economic Commission for Africa
ECAC European Civil Aviation Conference
ECO Economic Cooperation Organization
EcoFin Rat Wirtschaft und Finanzen
ECOMOG ECOWAS Monitoring Group
ECOSOC Economic and Social Council
ECOTECH Economic and Technical Cooperation
ECOWAS Economic Community of West African States
ECPI European Criminal Policy Initiative
EDP Exposure- und Dialogprogramme
EDU Europäische Demokratische Union
EED Evangelischer Entwicklungsdienst
EFD Evangelische Frauenarbeit in Deutschland
EFHiD Evangelische Frauenhilfe in Deutschland
EFiD Evangelische Frauen in Deutschland
EFSA European Food Safety Authority
EFSF Europäische Finanzstabilisierungsfazilität
EFSM Europäischer Finanzstabilisierungsmechanismus
EFTA European Free Trade Association
EG Europäische Gemeinschaften
EGFL Europäischer Garantiefonds für die Landwirtschaft
EGKS Europäische Gemeinschaft für Kohle und Stahl
EGMR Europäischer Gerichtshof für Menschenrechte
EGP Europäische Grüne Partei
EIB Europäische Investitionsbank
EIGE European Institute for Gender Equality
EIOPA European Insurance and Occupational Pensions Authority
EKD Evangelische Kirche in Deutschland
EKMR Europäische Kommission für Menschenrechte
EL Partei der Europäischen Linken
ELCA Evangelical Lutheran Church in America
ELCC Evangelical Lutheran Church of Canada
ELER Europäischer Landwirtschaftsfonds für die Entwicklung des ländlichen Raums
ELES Ernst Ludwig Ehrlich Studienwerk
EMA European Medicines Agency
Ema.Li Emanzipatorische Linke
ENP Europäische Nachbarschaftspolitik
EPA Europäisches Patentamt
epd Evangelischer Pressedienst
EPG Europäische Politische Gemeinschaft
EPRS European Parliamentary Research Service
EPZ Europäische Politische Zusammenarbeit
EREV Evangelischer Erziehungsverband
ERP European Recovery Program
ESA Eastern and Southern Africa States
ESF European Science Foundation
ESFS European System of Financial Supervision
ESG Evangelische Studierendengemeinde
ESL Ethnological Society of London
ESM Europäischer Stabilitätsmechanismus
ESMA European Securities and Markets Authority
ESRB European Systemic Risk Board
ESVP Europäische Sicherheits- und Verteidigungspolitik
ESZB Europäisches System der Zentralbanken
ET Evangelische Trägergruppe für gesellschaftspolitische Jugendbildung
ETA Euskadi Ta Askatasun
EU Europäische Union
EUCD Europäische Union Christlicher Demokraten
EuG Gericht der EU
EuGH Gerichtshof der EU
EuGÖD Gericht für den öffentlichen Dienst der EU
EUIPO Amt der EU für geistiges Eigentum
EURATOM Europäische Atomgemeinschaft
EuRH Europäischer Rechnungshof
Europol Europäisches Polizeiamt
Eurostat Statistisches Amt der EU
EUROSUR European Border Surveillance System
EVG Europäische Verteidigungsgemeinschaft
EVP Europäische Volkspartei
EWDE Evangelisches Werk für Diakonie und Entwicklung
EWF Europäischer Währungsfonds

EWG	Europäische Wirtschaftsgemeinschaft
EWI	Europäisches Währungsinstitut
EWIV	Europäische wirtschaftliche Interessenvereinigung
EWR	Europäischer Wirtschaftsraum
EWS	Europäisches Währungssystem
EWSA	Europäischer Wirtschafts- und Sozialausschuss
EWU	Eurasische Wirtschaftsunion
EWWU	Europäische Wirtschafts- und Währungsunion
EZB	Europäische Zentralbank
EZE	Evangelische Zentralstelle für Entwicklungshilfe
EZU	Europäische Zahlungsunion
EZW	Evangelische Zentralstelle für Weltanschauungsfragen
FABC	Federation of Asian Bishops' Conferences
FamG	Familiengericht
FAO	Food and Agriculture Organization of the UN
FARC	Fuerzas Armadas Revolucionarias de Colombia
FDGB	Freier Deutscher Gewerkschaftsbund
FDJ	Freie Deutsche Jugend
FDK	Familienbund der Katholiken
FDP	Freie Demokratische Partei
fds	Forum Demokratischer Sozialismus
FEST	Forschungsstätte der Evangelischen Studiengemeinschaft
FFA	Filmförderanstalt
FGBMFI	Full Gospel Business Men's Fellowship International
FhG	Fraunhofer-Gesellschaft zur Förderung der angewandten Forschung
FIAN	FoodFirst Informations- und Aktions-Netzwerk
FIFA	Fédération Internationale de Football Association
FLN	Front de Libération Nationale
FMSA	Bundesanstalt für Finanzmarktstabilisierung
FN	Front National
FPÖ	Freiheitliche Partei Österreichs
FRONTEX	Europäische Agentur für die Grenz- und Küstenwache
FSB	Financial Stability Board
FSU	Fisheries Support Unit
FTAA	Free Trade Area of the Americas (= ALCA)
FTC	Federal Trade Commission
FTF	Confederation of Professionals in Denmark
FVO	Food Veterinary Office
G20	Gruppe der Zwanzig
G7	Gruppe der Sieben
GAFTA	Greater Arab Free Trade Area
GAP	Gemeinsame Agrarpolitik
GASP	Gemeinsame Außen- und Sicherheitspolitik
GbR	Gesellschaft bürgerlichen Rechts (= BGBGes)
GCC	Gulf Cooperation Council
GCG	Gesamtverband der christlichen Gewerkschaften Deutschlands
GECF	Gas Exporting Countries Forum
GEKE	Gemeinschaft Evangelischer Kirchen in Europa
Gestapo	Geheime Staatspolizei
GEU	Gerichtshof der EU
GfK	Gesellschaft für Konsumforschung
GFMK	Konferenz der Gleichstellungs- und Frauenministerinnen und -minister, -senatorinnen und -senatoren der Länder
GFTU	General Federation of Trade Unions
GHQ	General Headquarters
GKKE	Gemeinsame Konferenz Kirche und Entwicklung
GKMD	Gemeinschaft der Katholischen Männer Deutschlands
GKP	Gesellschaft Katholischer Publizisten Deutschlands
GKS	Gemeinschaft Katholischer Soldaten
GKV	Gesetzliche Krankenversicherung
GRIC	Groupe de Recherches Islamo-Chrétien
GRÜNE	Bündnis 90/Die Grünen
GS	Großer Senat am BAG
GSG 9	Grenzschutzgruppe 9 der Bundespolizei
GSVP	Gemeinsame Sicherheits- und Verteidigungspolitik
GTAZ	Gemeinsames Terrorismusabwehrzentrum
GUS	Gemeinschaft Unabhängiger Staaten
GUUAM	Organisation für Demokratie und Wirtschaftsentwicklung (Georgien, Ukraine, Usbekistan, Aserbeidschan und Moldowa)
GWK	Gemeinsame Wissenschaftskonferenz
HABM	Harmonisierungsamt für den Binnenmarkt
HGF	Hermann von Helmholtz-Gemeinschaft Deutscher Forschungszentren
HIIK	Heidelberger Institut für Internationale Konfliktforschung
HJ	Hitlerjugend
Hl. Stuhl	Heiliger Stuhl
HR	Hessischer Rundfunk
HRK	Hochschulrektorenkonferenz
HÜSt	Handelsüberwachungsstelle
HWK	Handwerkskammer
IAB	Institut für Ausbildungs- & Beschäftigungsberatung
IAEA	International Atomic Energy Agency
IAEO	International Atomic Energy Organization
IARCCUM	International Anglican Roman Catholic Commission for Unity and Mission
IASB	International Accounting Standards Board

IASSW International Association of Schools of Social Work
IBK Internationale Altkatholische Bischofskonferenz
IBM International Business Machines Corporation
IBRD International Bank for Reconstruction and Development
ICANN Internet Corporation for Assigned Names and Numbers
ICAO International Civil Aviation Organization
ICC International Chamber of Commerce
ICCROM International Centre for the Study of the Preservation and Restoration of Cultural Property
ICJ International Court of Justice (= IGH)
ICLOS Indonesian Center for the Law of the Sea
ICOM International Council of Museums
ICOMOS International Council on Monuments and Sites
ICSID International Centre for Settlement of Investment Disputes
ICTU Irish Congress of Trade Unions
ICW International Council of Women
IDU Internationale Demokratische Union
IDW Institut der Wirtschaftsprüfer
IEA International Energy Agency
IEC International Electrotechnical Commission
IEF International Energy Forum
IFAD International Fund for Agricultural Development
IFB Institut für Freie Berufe Nürnberg
IFC International Finance Corporation
IFOR Implementation Force
IFRC International Federation of Red Cross and Red Crescent Societies
IFSW International Federation of Social Workers
IG Industriegewerkschaft
IGBP International Geosphere-Biosphere Program
IGC Intergovernmental Conference
IGH Internationaler Gerichtshof (= ICJ)
IGO International Governmental Organization
IHDP International Human Dimensions Program of Global Environmental Change
IHK Industrie- und Handelskammer
IKL Inspektion der Konzentrationslager
IKRK Internationales Komitee vom Roten Kreuz
ILO International Labour Organization
IMF International Monetary Fund (= IWF)
IMG Internationaler Militärgerichtshof
IMK Institut für Makroökonomie und Konjunkturforschung
IMO International Maritime Organization
INGO International Non-Governmental Organization
International IDEA International Institute for Democracy and Electoral Assistance
INTERREG Interregionale Zusammenarbeit
IOC International Olympic Committee
IORA Indian Ocean Rim Association
IORAG Indian Ocean Rim Academic Group
IOR-ARC IORA for Regional Cooperation
IORBF Indian Ocean Rim Business Forum
IORG Indian Ocean Research Group
IOTO Indian Ocean Tourism Organization
IPCC Intergovernmental Panel on Climate Change
IPEEC International Partnership for Energy Efficiency Cooperation
IPP Institut für Praxisforschung und Projektberatung
IPSA International Political Science Association
IRA Irish Republican Army
IRAD Internationale Römisch-katholische/Altkatholische Dialogkommission
IRD Islamrat für die Bundesrepublik Deutschland
IRECs International Renewable Energy Conferences
IRGC International Risk Governance Council
IS Islamischer Staat
ISAF International Security Assistance Force
ISO International Standardization Organization
ISS International Space Station
IStGH Internationaler Strafgerichtshof
ITC International Trade Centre
IVCG Internationale Vereinigung Christlicher Geschäftsleute und Führungskräfte
IW Institut der deutschen Wirtschaft Köln
IWF Internationaler Währungsfonds (= IMF)
IWSA International Woman Suffrage Alliance
JFB Jüdischer Frauenbund
JSUD Jüdische Studierenden Union Deutschland
JUH Johanniter Unfallhilfe
JVA Justizvollzugsanstalt
KAAD Katholischer Akademischer Ausländer-Dienst

KAB	Katholische Arbeitnehmer-Bewegung
KAEF	Katholischer Arbeitskreis Entwicklung und Frieden
KAPD	Kommunistische Arbeiterpartei Deutschlands
KB	King's Bench
KdF	Kraft durch Freude
KDFB	Katholischer Deutscher Frauenbund
KED	Kirchlicher Entwicklungsdienst
KEF	Kommission zur Ermittlung des Finanzbedarfs der Rundfunkanstalten
KEK	Kommission zur Ermittlung der Konzentration im Medienbereich
KEK	Konferenz Europäischer Kirchen (= CEC)
KEP	Konferenz Europäischer Pfarrverbände
KFD	Katholische Frauengemeinschaft Deutschlands
KFOR	Kosovo Force
KfW	Kreditanstalt für Wiederaufbau
KGSt	Kommunale Gemeinschaftsstelle für Verwaltungsmanagement
KGV	Kirchengemeindeverband
KJMVD	Katholischer Jungmännerverband Deutschlands
KKF	Verband Katholischer Frauen in Wirtschaft und Verwaltung
KKJ	Kommission für Kirchliche Jugendarbeit
KKV	Bundesverband der Katholiken in Wirtschaft und Verwaltung
KLB	Katholische Landvolkbewegung
KLJB	Katholische Landjugendbewegung Deutschlands
KMK	Ständige Konferenz der Kultusminister der Länder
KNA	Katholische Nachrichten-Agentur
KODA	Kommission zur Ordnung des diözesanen Arbeitsrechts
Kominform	Informationsbüro der Kommunistischen und Arbeiterparteien
KOR	Komitet Obrony Robotników
KP	Kommunistische Partei
KPCh	Kommunistische Partei Chinas
KPD	Kommunistische Partei Deutschlands
KPdSU	Kommunistische Partei der Sowjetunion
KPN	Konfederacja Polski Niepodległej
KPO	Kommunistische Partei-Opposition
KPR	Kommunistische Partei Russlands
KRM	Koordinationsrat der Muslime
KSZE	Konferenz für Sicherheit und Zusammenarbeit in Europa
KZ	Konzentrationslager
KZE	Katholische Zentralstelle für Entwicklungshilfe
LB	Landesbank
LDP	Liberal-Demokratische Partei
LDPD	Liberal-Demokratische Partei Deutschlands
LG	Landgericht
LPS	Liberale Partei der Schweiz
LRH	Landesrechnungshof
LSG	Landessozialgericht
LVerfG	Landesverfassungsgericht
LWB	Lutherischer Weltbund
MARMICK	Misereor, Adveniat, Renovabis, Missio, Caritas international und Kindermissionswerk „Die Sternsinger"
MBK	Evangelisches Jugendwerk (Menschen begegnen – Bibel entdecken – Kirche gestalten)
MDR	Mitteldeutscher Rundfunk
MENARECs	Middle East North Africa Renewable Energy Conferences
MERCOSUR	Mercado Común del Sur
MfS	Ministerium für Staatssicherheit
MHD	Malteser Hilfsdienst
MIGA	Multilateral Investment Guarantee Association
MINUSMA	UN Multidimensional Integrated Stabilization Mission in Mali
MIT	Massachusetts Institute of Technology
MLPD	Marxistisch-Leninistische Partei Deutschlands
MPGes	Max-Planck-Gesellschaft
MPI	Max-Planck-Institut
MPIDR	Max-Planck-Institute for Demographic Research
MPIfG	Max-Planck-Institut für Gesellschaftsforschung
MSA	Mutual Security Agency
NAACP	National Association for the Advancement of Colored People
NADA	Nationale Anti-Doping Agentur Deutschland
NASA	National Aeronautics and Space Administration
Nasdaq	National Association of Securities Dealers Automated Quotations
NATO	North Atlantic Treaty Organization (= OTAN)
NBER	National Bureau of Economic Research
NDPD	National-demokratische Partei Deutschlands
NDR	Norddeutscher Rundfunk
NDV	Nachrichtendienst des Deutschen Vereins für Öffentliche und Private Fürsorge
NEI	Nouvelles Equipes Internationales
NEOS	Das Neue Österreich und Liberales Forum
NEPAD	New Partnership for Africa's Development
NGO	Non-Governmental Organisation
NPD	Nationaldemokratische Partei Deutschlands
NPO	Non-Profit-Organisation

NRW	Nordrhein-Westfalen
NSA	National Security Agency
NSDAP	Nationalsozialistische Deutsche Arbeiterpartei
NSDStB	Nationalsozialistischer Deutscher Studentenbund
NSRB	Nationalsozialistischer Rechtswahrerbund
NSU	Nationalsozialistischer Untergrund
NVA	Nationale Volksarmee
NWDR	Nordwestdeutscher Rundfunk
NYSE	New York Stock Exchange
NZB	Nationale Zentralbank
OAS	Organization of American States
OAU	Organization for African Unity
ODCA	Organización Demócrata Cristiana de América
ODS	Občanská demokratická strana
OECD	Organization for Economic Co-operation and Development
OEEC	Organization for European Economic Cooperation
ÖFCE	Ökumenisches Forum christlicher Frauen in Europa
ÖGB	Österreichischer Gewerkschaftsbund
OIC	Organization of Islamic Cooperation
OIF	Organisation Internationale de la Francophonie
ÖK	Ökumenisches Konzil
ÖKT	Ökumenischer Kirchentag
OLAF	Office Européen de Lutte Anti-Fraude
OLG	Oberlandesgericht
OP	Ordo Fratrum Praedicatorum – Dominikaner
OPEC	Organization of the Petroleum Exporting Countries
ORB	Ostdeutscher Rundfunk Brandenburg
ORF	Observer Research Foundation
ORF	Österreichischer Rundfunk
ÖRK	Ökumenischer Rat der Kirchen (= WCC)
OSB	Ordo Sancti Benedicti – Benediktiner/ Benediktinerinnen
OSZE	Organisation für Sicherheit und Zusammenarbeit in Europa
OTAN	Organisation du Traité de l'Atlantique Nord (= NATO)
ÖVerfGH	Österreichischer Verfassungsgerichtshof
OVG	Oberverwaltungsgericht
ÖVP	Österreichische Volkspartei
OVRA	Opera Vigilanza Repressione Antifascista
PA	Patres Albi – Weiße Väter
PACE	Parliamentary Assembly of the Council of Europe
PDS	Partei des Demokratischen Sozialismus
PECC	Pacific Economic Cooperation Council
PEGIDA	Patriotische Europäer gegen die Islamisierung des Abendlandes
PEI	Paul-Ehrlich-Institut
PESCO	Permanent Structured Cooperation
PIF	Pacific Island Forum
PISA	Programme for International Student Assessment
PJZS	polizeiliche und justizielle Zusammenarbeit in Strafsachen
PKK	Partiya Karkerên Kurdistanê
PKS	Programmgesellschaft für Kabel- und Satellitenrundfunk
PKV	Private Krankenversicherung
PLO	Palestine Liberation Organization
PNCC	Polish National Catholic Church
PNF	Partito Nazionale Fascista
PPP	Public-Private-Partnership
PRB	Population Reference Bureau
PrOVG	Preußisches Oberverwaltungsgericht
PSC	Peace and Security Council
PSU	Policy Support Unit
PVAP	Polnische Vereinigte Arbeiterpartei
PVV	Partij voor de Vrijheid
RAF	Rote Armee Fraktion
RB	Radio Bremen
RBB	Rundfunk Berlin Brandenburg
RCSTT	Regional Centre for Science and Technology Transfer
REC	Regional Economic Communities
REFA	Reichsausschuss für Arbeitszeitermittlung (seit 1977: Verband für Arbeitsgestaltung, Betriebsorganisation und Unternehmensentwicklung)
REGPEX	Regional Parliamentary Exchange
REN21	Renewable Energy Policy Network for the 21st Century
ReNEUAL	Research Network on EU Administrative Law
RfP	Religions for Peace
RFSR	Raum der Freiheit, der Sicherheit und des Rechts
RG	Reichsgericht
RGW	Rat für gegenseitige Wirtschaftshilfe
RIAS	Rundfunk im amerikanischen Sektor
RKI	Robert Koch-Institut
RKSP	Roomsch-Katholieke Staats Partij
ROPCiO	Ruch Obrony Praw Człowieka i Obywatela
RTL	Radio Télévision Luxembourg
SA	Sturmabteilung
SAARC	South Asian Association for Regional Cooperation
SADC	Southern African Development Community
SALT	Strategic Arms Limitation Talks
SBZ	Sowjetische Besatzungszone
SC	UN Security Council
SCLC	Southern Christian Leadership Conference
SCO	Shanghai Cooperation Organisation
SD	Sicherheitsdienst
SDI	Strategic Defense Initiative

SDP	Sozialdemokratische Partei der DDR
SDR	Süddeutscher Rundfunk
SDS	Sozialistischer Deutscher Studentenbund
SDSN	Sustainable Development Solutions Network
SEC	Securities and Exchange Comission
SED	Sozialistische Einheitspartei Deutschlands
SELK	Selbständige Evangelisch-Lutherische Kirche
SEVAL	Schweizerische Evaluationsgesellschaft
SF	Filii Sacrae Familiae Jesu – Söhne der heiligen Familie
SFB	Sender Freies Berlin
SFOR	Stabilisation Force
SHAPE	Supreme Headquarters Allied Powers Europe
SICA	Sistema de la Integración Centroamericana
SIGNIS	Katholische Weltvereinigung für Kommunikation
Sipo	Sicherheitspolizei
SJ	Societas Jesu – Jesuiten
SkF	Sozialdienst katholischer Frauen
SKM	Katholischer Verband für Soziale Dienste
SMAD	Sowjetische Militäradministration in Deutschland
SNCC	Student Nonviolent Coordinating Committee
SODEPAX	Ausschuss für Gesellschaft, Entwicklung und Frieden
SoFD	Sozialer Friedensdienst
SP	Sozialdemokratische Partei der Schweiz
SPD	Sozialdemokratische Partei Deutschlands
SPE	Sozialdemokratische Partei Europas
SPÖ	Sozialdemokratische Partei Österreichs
SRG	Schweizerische Radio- und Fernsehgesellschaft
SRP	Sozialistische Reichspartei
SS	Schutzstaffel
SSSP	Society for the Study of Social Problems
StA	Staatsanwalt(-schaft)
STABEX	System zur Stabilisierung der Exporterlöse für Agrarerzeugnisse
Stasi	Staatssicherheit
StBA	Statistisches Bundesamt
StGH	Staatsgerichtshof
StIGH	Ständiger Internationaler Gerichtshof
STUC	Scottish Trades Union Congress
SVP	Schweizerische Volkspartei
SVR	Sachverständigenrat zur Begutachtung der gesamtwirtschaftlichen Entwicklung
SWF	Südwestfunk
SWP	Stiftung Wissenschaft und Politik
SWR	Südwestdeutscher Rundfunk
SYSMIN	System zur Stabilisierung der Exporterlöse für Bergbauerzeugnisse
TAXUD	Taxation and Customs Union Directorate-General
TCO	Tjänstemännens Centralorganisation
TEP	Transatlantic Economic Partnership
THW	Technisches Hilfswerk
TIMSS	Trends in International Mathematics and Science Study
TPP	Trans-Pacific Partnership
TR	TÜV Rheinland
TRC	Truth and Reconciliation Commission
TTIP	Transatlantic Trade and Investment Partnership
TU	Technische Universität
TUC	Trades Union Congress
TÜV	Technischer Überwachungsverein
UBA	Umweltbundesamt
UCDEC	Christlich Demokratische Union Zentraleuropas
UdSSR	Union der Sozialistischen Sowjetrepubliken
UEFA	Union of European Football Associations
UEK	Union Evangelischer Kirchen in der EKD
UEMOA	Union Économique et Monetaire Ouest Africaine
UFI	Union des Foires Internationales
UfM	Union für den Mittelmeerraum
UIL	Unione Italiana del Lavoro
UKHL	United Kingdom House of Lords
UKSC	Supreme Court of the United Kingdom
UMA	L'Union du Maghreb Arabe
UMOFC	Union Mondiale des Organisations Féminines Catholiques (= WUCWO)
UN(O)	United Nations (Organization)
UNAIDS	Joint UN Programme on HIV/AIDS
UNASUR	Unión de Naciones Suramericanas
UNCED	UN Conference on Environment and Development
UNCITRAL	UN Commission on International Trade Law
UNCTAD	UN Conference on Trade and Development
UNDESA	UN Department of Economic and Social Affairs
UNDP	UN Development Programme
UNECE	UN Economic Commission for Europe
UNEP	UN Environment Programme
UNESCO	UN Educational, Scientific and Cultural Organization
UNFPA	UN Population Fund
UNGC	UN Golf Club
UNHCR	UN High Commissioner for Refugees
UNIAPAC	Union Internationale des Associations Patronales Catholiques
UNICEF	UN International Children's Emergency Fund
UNIDROIT	International Institute for the Unification of Private Law

UNMISS UN Mission in South Sudan
UNRWA UN Relief and Works Agency for Palestine Refugees in the Near East
UNTAET UN Transitional Administration in East Timor
UNWTO UN World Tourism Organization
UPJ Union for Progressive Judaism
US Aid U.S. Agency for International Development
US(A) United States (of America)
USCIRF US Commission on International Religious Freedom
USFET US Forces, European Theater
USPD Unabhängige Sozialdemokratische Partei Deutschlands
VAE Vereinigte Arabische Emirate
VCU Vereinigung Christlicher Unternehmer
VDA Verein/Volksbund für das Deutschtum im Ausland
VDD Verband der Diözesen Deutschlands
VDI Verein Deutscher Ingenieure
VdU Verband der Unabhängigen
VELK Vereinigte Evangelisch-Lutherische Kirche in der DDR
VELKD Vereinigte Evangelisch-Lutherische Kirche in Deutschland
VENRO Verband Entwicklungspolitik und Humanitäre Hilfe deutscher Nichtregierungsorganisationen
ver.di Vereinte Dienstleistungsgewerkschaft
VerfGH Verfassungsgerichtshof
VG Verwaltungsgericht
VGH Verwaltungsgerichtshof
VIKZ Verband der Islamischen Kulturzentren
VkdL Verein katholischer deutscher Lehrerinnen
VRE Versammlung der Regionen Europas
VVB Vereinigungen Volkseigener Betriebe
VVR Vermögensverwaltungsrat
WADA World Anti-Doping Agency
WASG Wahlalternative Arbeit und Soziale Gerechtigkeit
WBGU Wissenschaftlicher Beirat der Bundesregierung Globale Umweltveränderungen
WCC World Council of Churches (= ÖRK)
WCED World Commission on Environment and Development
WCRP World Climate Research Program
WDR Westdeutscher Rundfunk
WEU Westeuropäische Union
WFP World Food Programme
WGHM Working Group of Heads of Missions
WGL Wissenschaftsgemeinschaft Gottfried Wilhelm Leibniz
WGTI Working Group on Trade and Investment
WHO World Health Organization
WILPF Women's International League for Peace and Freedom
WIN Worldwide Independent Network Of Market Research
WIPO World Intellectual Property Organization
WKÖ Wirtschaftskammer Österreich
WR Wissenschaftsrat
WTO World Trade Organization
WUCWO World Union of Catholic Women's Organisations (= UMOFC)
WWU Wirtschafts- und Währungsunion
WZB Wissenschaftszentrum Berlin für Sozialforschung
ZAV Zentrale Auslands- und Fachvermittlung
ZBJI Zusammenarbeit in den Bereichen Justiz und Inneres
ZDF Zweites Deutsches Fernsehen
ZdK Zentralkomitee der deutschen Katholiken
ZfA Zentrum für Antisemitismusforschung
ZK Zentralkomitee
ZMD Zentralrat der Muslime in Deutschland
ZUMA Zentrum für Umfragen, Methoden und Analysen
ZWST Zentralwohlfahrtsstelle der Juden in Deutschland

5. Gesetze, Verordnungen, Richtlinien, Verträge, Entscheidungssammlungen

ABGB Allgemeines Bürgerliches Gesetzbuch
AbgG Abgeordnetengesetz
AbwV Abwasserverordnung
AdG Adoptionsgesetz
ADHGB Allgemeines Deutsches Handelsgesetzbuch
ADR-RL RL über alternative Streitbeilegung in Verbraucherangelegenheiten
AdVermiG Adoptionsvermittlungsgesetz
AEG Allgemeines Eisenbahngesetz
AEMR Allgemeine Erklärung der Menschenrechte
AEntG Arbeitnehmerentsendegesetz
AEUV Vertrag über die Arbeitsweise der EU
AFBG Aufstiegsfortbildungsförderungsgesetz
AFG Arbeitsförderungsgesetz
AGBG Gesetz über die allgemeinen Geschäftsbedingungen
AGG Allgemeines Gleichbehandlungsgesetz
AktG Aktiengesetz
ALG Gesetz über die Alterssicherung der Landwirte
ALR Allgemeines Landrecht für die Preußischen Staaten (= PrALR)
AMG Arzneimittelgesetz
AnfG Anfechtungsgesetz

AntiDopG	Anti-Doping-Gesetz
AO	Abgabenordnung
AOG	Gesetz zur Ordnung der nationalen Arbeit
ArbGG	Arbeitsgerichtsgesetz
ArbnErfG	Gesetz über Arbeitnehmererfindungen
ArbSchG	Arbeitsschutzgesetz
ArbZG	Arbeitszeitgesetz
ARRG	Arbeitsrechtsregelungsgesetz
Artikel 10-Gesetz	Gesetz zur Beschränkung des Brief-, Post- und Fernmeldegeheimnisses
ASchO	Allgemeine Schulordnung
ASG	Arbeitssicherstellungsgesetz
ASiG	Arbeitssicherheitsgesetz
AsylbLG	Asylbewerberleistungsgesetz
AsylG	Asylgesetz
AsylVfBeschlG	Asylverfahrensbeschleunigungsgesetz
AsylVfG	Asylverfahrensgesetz
AtG	Atomgesetz
AufenthG	Aufenthaltsgesetz
AÜG	Arbeitnehmerüberlassungsgesetz
AuslG	Ausländergesetz
AVAVG	Gesetz über Arbeitsvermittlung und Arbeitslosenversicherung
AVG	Angestelltenversicherungsgesetz
AWG	Außenwirtschaftsgesetz
AWV	Außenwirtschaftsverordnung
AZR-Gesetz	Gesetz über das Ausländerzentralregister
BadWüVerf	Verfassung des Landes Baden-Württemberg
BAföG	Bundesausbildungsförderungsgesetz
BAG	Berufsausbildungsgesetz
BAGE	Entscheidungen des Bundesarbeitsgerichts
BasisVO	Lebensmittelbasisverordnung
BauGB	Baugesetzbuch
BauNVO	Baunutzungsverordnung
BayBO	Bayerische Bauordnung
BayIntG	Bayerisches Integrationsgesetz
BayKAG	Kommunalabgabengesetz (Bayern)
BayKiBiG	Bayerisches Kinderbildung- und Betreuungsgesetz
BayKiStG	Kirchensteuergesetz des Freistaats Bayern
BayKon	Bayerisches Konkordat
BayNatSchG	Bayerisches Naturschutzgesetz
BayVerf	Verfassung des Freistaates Bayern
BayVersG	Bayerisches Versammlungsgesetz
BBankG	Bundesbankgesetz
BBauG	Bundesbaugesetz
BBesG	Bundesbesoldungsgesetz
BBG	Bundesbeamtengesetz
BbgVerf	Verfassung des Landes Brandenburg
BBiG	Berufsbildungsgesetz
BBodSchG	Bundesbodenschutzgesetz
BBPlG	Bundesbedarfsplangesetz
BDG	Beamten-Dienstrechtsgesetz
BDSG	Bundesdatenschutzgesetz
BeamtStG	Beamtenstatusgesetz
BeamtVG	Beamtenversorgungsgesetz
BEEG	Bundeselterngeld- und Elternzeitgesetz
BEG	Bundesentschädigungsgesetz
BetrVG	Betriebsverfassungsgesetz
BeurkG	Beurkundungsgesetz
BewG	Bewertungsgesetz
BEZNG	Bundeseisenbahnneugliederungsgesetz
BFDG	Bundesfreiwilligendienst-Gesetz
BFHE	Entscheidungen des Bundesfinanzhofs
BGB	Bürgerliches Gesetzbuch
BGBl	Bundesgesetzblatt
BGG	Behindertengleichstellungsgesetz
BGHSt	Entscheidungen des Bundesgerichtshofes in Strafsachen
BGHZ	Entscheidungen des Bundesgerichtshofs in Zivilsachen
BGleiG	Bundesgleichstellungsgesetz
BGremBG	Bundesgremienbesetzungsgesetz
BHO	Bundeshaushaltsordnung
BImSchG	Bundes-Immissionsschutzgesetz
BioKraftQuG	Biokraftstoffquotengesetz
BIT	Bilateral Investment Treaty (Investitionsschutzabkommen)
BKAG	Bundeskriminalamtgesetz
BKGG	Bundeskindergeldgesetz
BlnVerf	Verfassung von Berlin
BMinG	Bundesministergesetz
BNatSchG	Bundesnaturschutzgesetz
BNDG	Gesetz über den Bundesnachrichtendienst
BNotO	Bundesnotarordnung
BORA	Berufsordnung für Rechtsanwälte
BörsG	Börsengesetz
BPersVG	Bundespersonalvertretungsgesetz
BPolG	Bundespolizeigesetz
BRAO	Bundesrechtsanwaltsordnung
BremVerf	Landesverfassung der Freien Hansestadt Bremen
BRG	Betriebsrätegesetz
BRHG	Bundesrechnungshofgesetz
BRRG	Beamtenrechtsrahmengesetz
BRüG	Bundesrückerstattungsgesetz
BSeuchG	Bundesseuchengesetz
BSGE	Entscheidungen des Bundessozialgerichts
BSHG	Bundessozialhilfegesetz
BStBl	Bundessteuerblatt
BtG	Betreuungsgesetz
BtMG	Betäubungsmittelgesetz

BTWC Convention on the Prohibition of the Development, Production and Stockpiling of Bacteriological (Biological) and Toxin Weapons and on their Destruction (Biowaffenkonvention)
BüPolBG Bürger- und Polizeibeauftragtengesetz des Landes Schleswig-Holstein
BürgBG BW Bürgerbeauftragtengesetz des Landes Baden-Württemberg
BürgBG RP Bürgerbeauftragtengesetz des Landes Rheinland-Pfalz
BUrlG Bundesurlaubsgesetz
BVerfGE Entscheidungen des Bundesverfassungsgerichts
BVerfGG Bundesverfassungsgerichtsgesetz
BVerfSchG Bundesverfassungsschutzgesetz
BVerwGE Entscheidungen des Bundesverwaltungsgerichts
BVerwGG Bundesverwaltungsgerichtsgesetz
BVFG Bundesvertriebenengesetz
BVG Bundesversorgungsgesetz
B-VG österreichisches Bundes-Verfassungsgesetz
BWahlG Bundeswahlgesetz
BWaldG Bundeswaldgesetz
BWO Bundeswahlordnung
CAFTA Central American Free Trade Agreement (Zentralamerikanisches Freihandelsabkommen)
CAT Convention against Torture and Other Cruel, Inhuman or Degrading Treatment or Punishment (Antifolterkonvention)
CBD Convention on Biological Diversity (Biodiversitätskonvention)
CCEO Codex Canonum Ecclesiarum Orientalium
CCW Convention on Certain Conventional Weapons (Waffenkonvention)
CEDAW Convention on the Elimination of All Forms of Discrimination against Women (Frauenrechtskonvention)
CEFTA Central European Free Trade Agreement (Mitteleuropäisches Freihandelsabkommen)
CETA Comprehensive Economic and Trade Agreement (Umfassendes Wirtschafts- und Handelsabkommen)
CIC Codex Iuris Canonici
CICO Codex Iuris Canonici Orientalium
CISG Convention on Contracts for the International Sale of Goods (Kaufrecht)
CITES Convention on Trade in Endangered Species (Washingtoner Artenschutzübereinkommen)
CMNI Convention de Budapest relative au contract de transport de Marchandises en Navigation Intérieure (Budapester Übereinkommen über den Vertrag über die Güterbeförderung in der Binnenschifffahrt)
CMR Convention relative au contrat de transport international de marchandises par route (Übereinkommen über den Beförderungsvertrag im internationalen Straßengüterverkehr)
Cod. Iust. Codex Iustinianus
CODESA Convention for a Democratic South Africa (Zusammenkunft für ein demokratisches Südafrika)
COTIF Convention relative aux transports internationaux ferroviaires (Übereinkommen über den internationalen Eisenbahnverkehr)
CPC Code de procédure civile (französische Zivilprozessordnung)
CPTPP Comprehensive and Progressive Agreement for Trans-Pacific Partnership (Umfassende und fortschrittliche Vereinbarung für eine Trans-Pazifische Partnerschaft)
CRPD Convention on the Rights of Persons with Disabilities (= UN-BRK)
CUSFTA Canada-US Free Trade Agreement (Freihandelsabkommen zwischen Kanada und den USA)
CWC Chemical Weapons Convention (Chemiewaffenkonvention)
DDR-StGB Strafgesetzbuch der Deutschen Demokratischen Republik
DepotG Depotgesetz
DesignG Designgesetz
DG.EKD Disziplinargesetz der EKD
DLRL Europäische Dienstleistungsrichtlinie
DNeuG Dienstrechtsneuordnungsgesetz
DR-CAFTA Dominican Republic-Central America Free Trade Agreement (Freihandelsabkommen Dominikanische Republik-Zentralamerika)
DRiG Deutsches Richtergesetz
DSchG Denkmalschutzgesetz
DS-GVO Datenschutz-Grundverordnung
DS-RL Datenschutzrichtlinie
DüngG Düngegesetz
EAGV Vertrag zur Gründung der EURATOM
EBRG Europäische Betriebsräte-Gesetz
ECHR European Convention on Human Rights (= EMRK)
ECT Energy Charter Treaty (Energiecharta-Vertrag)
EEA Einheitliche Europäische Akte
EEG Erneuerbare-Energien-Gesetz
EEWärmeG Gesetz zur Förderung Erneuerbarer Energien im Wärmebereich

EGBGB	Einführungsgesetz zum Bürgerlichen Gesetzbuche
EGGVG	Einführungsgesetz zum Gerichtsverfassungsgesetz
EGKSV	Vertrag über die Gründung der EKGS
EGovG	E-Government-Gesetz
EGV	Vertrag zur Gründung der EG
EGZPO	Einführungsgesetz zur Zivilprozessordnung
EheG	Ehegesetz
EherechtsG	Eherechtsgesetz
EheRG	Gesetz zur Reform des Ehe- und Familienrechts
EHUG	Gesetz über elektronische Handelsregister und Genossenschaftsregister sowie das Unternehmensregister
EMIR-VO	European Market Infrastructure Regulation-Verordnung (Marktinfrastrukturverordnung)
EMRK	Europäische Menschenrechtskonvention (= ECHR)
EnEG	Energieeinsparungsgesetz
EnEV	Energieeinsparverordnung
EnLAG	Energieleitungsausbaugesetz
EntgeltfortzahlungsG	Entgeltfortzahlungsgesetz
EnWG	Energiewirtschaftsgesetz
EPGÜ	Übereinkommen über ein Einheitliches Patentgericht
EPÜ	Europäisches Patentübereinkommen
ErbbauRG	Erbbaurechtsgesetz
ErbbauVO	VO über das Erbbaurecht
ErbStG	Erbschaftsteuergesetz
ERegG	Eisenbahnregulierungsgesetz
ESC	Europäische Sozialcharta
ESchG	Embryonenschutzgesetz
EStG	Einkommensteuergesetz
ETS	Europe Treaty Series (Sammlung der Europäischen Verträge)
EuAbgG	Europaabgeordnetengesetz
EuGH (Slg.)	Sammlung der Rechtsprechung des Gerichtshofes und des Gerichts Erster Instanz
EuGRC	Charta der Grundrechte der EU
EuGVÜ	Europäisches Gerichtsstands- und Vollstreckungsübereinkommen
EuRAG	Gesetz über die Tätigkeit europäischer Rechtsanwälte in Deutschland
EUV	Vertrag über die EU
EUZBBG	Gesetz über die Zusammenarbeit von Bundesregierung und Deutschem Bundestag in Angelegenheiten der EU
EUZBLG	Gesetz über die Zusammenarbeit von Bund und Ländern in Angelegenheiten der EU
EVertr	Einigungsvertrag
EVG	Ernährungsvorsorgegesetz
EVO	Eisenbahnverkehrsordnung
EWGV	Vertrag zur Gründung der EWG
FAG	Finanzausgleichsgesetz
FamFG	Familienverfahrensgesetz
FGG	Gesetz über die freiwillige Gerichtsbarkeit
FGO	Finanzgerichtsordnung
FinStabG	Finanzstabilitätsgesetz
FKVO	Fusionskontrollverordnung
FluLärmG	Fluglärmschutzgesetz
FlurbG	Flurbereinigungsgesetz
FPfZG	Familienpflegezeitgesetz
FStrG	Fernstraßengesetz
FVG	Finanzverwaltungsgesetz
GAD	Gesetz über den Auswärtigen Dienst
GA-Res.	General Assembly Resolution (= GV-Res.)
GasGVV	Gasgrundversorgungsverordnung
GATS	General Agreement on Trade and Services (Allgemeines Übereinkommen über den Handel mit Dienstleistungen)
GATT	General Agreement on Tariffs and Trade (Allgemeines Zoll- und Handelsabkommen)
GBO	Grundbuchordnung
GebrMG	Gebrauchsmustergesetz
GenDG	Gendiagnostikgesetz
GenG	Gesetz betreffend die Erwerbs- und Wirtschaftsgenossenschaften
GenTG	Gentechnikgesetz
GeschGehG	Geschäftsgeheimnisschutzgesetz
GewO	Gewerbeordnung
GewStG	Gewerbesteuergesetz
GFK	Genfer Flüchtlingskonvention
GG	Grundgesetz
GGO	Gemeinsame Geschäftsordnung der Bundesministerien
GIP	Guidelines on International Protection (RL zum internationalen Schutz)
GleichberG	Gleichberechtigungsgesetz
GmbHG	Gesetz betreffend die Gesellschaft mit beschränkter Haftung
GMO	Gemeinsame Marktordnung
GO NRW	Gemeindeordnung für das Land Nordrhein-Westfalen
GO.UEK	Grundordnung der UEK
GOBR	Geschäftsordnung des Bundesrates
GOBReg	Geschäftsordnung der Bundesregierung

GOBT Geschäftsordnung des Deutschen Bundestages
GOEP Geschäftsordnung des Europäischen Parlaments
GrdstVG Grundstückverkehrsgesetz
GrEStG Grunderwerbsteuergesetz
GrO Grundordnung des kirchlichen Dienstes im Rahmen kirchlicher Arbeitsverhältnisse (katholisch)
GSG Gesundheitsstrukturgesetz
GStVS Satzung für die gemeindlichen kirchlichen Steuerverbändein den bayerischen (Erz-) Diözesen
GVBl Gesetz- und Verordnungsblatt
GVG Gerichtsverfassungsgesetz
GV-Res. Resolution der Generalversammlung (= GA-Res.)
GWB Gesetz gegen Wettbewerbsbeschränkungen
HAG Heimarbeitsgesetz
HalblSchG Halbleiterschutzgesetz
HamVerf Verfassung der Freien und Hansestadt Hamburg
HandwO Handwerksordnung
HBG Hessisches Beamtengesetz
HeimG Heimgesetz
HessVerf Verfassung des Landes Hessen
HGB Handelsgesetzbuch
HGrG Haushaltsgrundsätzegesetz
HHG Häftlingshilfegesetz
HPflG Haftpflichtgesetz
HRefG Handelsrechtsreformgesetz
HRG Hochschulrahmengesetz
HRGÄndG Hochschulrahmenänderungsgesetz
HRV Handelsregisterverordnung
HWG Heilmittelwerbegesetz
ICCPR International Covenant on Civil and Political Rights (= IPbpR)
ICESCR International Covenant on Economic, Social and Cultural Rights (= IPwskR)
IE Ius Ecclesiae
IFG Informationsfreiheitsgesetz
IHKG Gesetz zur vorläufigen Regelung des Rechts der Industrie- und Handelskammern
InfSchG Infektionsschutzgesetz
InsO Insolvenzordnung
IntErbRVG Internationales Erbrechtsverfahrensgesetz
IntkursV Integrationskursverordnung
IntVG Integrationsverantwortungsgesetz
InvG Investmentgesetz
IPbpR Internationaler Pakt über bürgerliche und politische Rechte (= ICCPR)
IPRG Schweizerisches Bundesgesetz über das Internationale Privatrecht
IPwskR Internationaler Pakt über wirtschaftliche, soziale und kulturelle Rechte (= ICESCR)
IRG Gesetz über die internationale Rechtshilfe in Strafsachen
IslamG österreichisches Islamgesetz
IusC Ius canonicum
JArbSchG Jugendarbeitsschutzgesetz
JEFTA Japan-EU Free Trade Agreement (Freihandelsabkommen EU-Japan)
JGG Jugendgerichtsgesetz
JMStV Jugendmedienschutz-Staatsvertrag
JuSchG Jugendschutzgesetz
JWG Jugendwohlfahrtsgesetz
KAG BW Kommunalabgabengesetz (Baden-Württemberg)
KAG NW Kommunalabgabengesetz (Nordrhein-Westfalen)
KDVG Kriegsdienstverweigerungsgesetz
KGSG Kulturgutschutzgesetz
KICK Kinder- und Jugendhilfeweiterentwicklungsgesetz
KiFöG Kinderförderungsgesetz
KiGG.EKD Kirchengerichtsgesetz der EKD
KiStiflO Ordnung für kirchliche Stiftungen in den bayerischen (Erz-)Diözesen
KiWoMaG Gesetz zur Erleichterung familiengerichtlicher Maßnahmen bei Gefährdung des Kindeswohls
KJHG Kinder- und Jugendhilfegesetz
KonsG Konsulargesetz
KOVVfG Gesetz über das Verwaltungsverfahren der Kriegsopferversorgung
KrWaffKontrG Kriegswaffenkontrollgesetz
KrWG Kreislaufwirtschaftsgesetz
KSchG Kündigungsschutzgesetz
KSE-Vertrag Vertrag zur Reduzierung der konventionellen Streitkräfte in Europa
KSpG Kohlendioxid-Speicherungsgesetz
KStG Körperschaftsteuergesetz
KunstUrhG Kunsturhebergesetz
KVLG Zweites Gesetz über die Krankenversicherung der Landwirte
KWG Kreditwesengesetz
KWKG Kraft-Wärme-Kopplungsgesetz
LBG BW Landesbeamtengesetz (Baden-Württemberg)
LBG NRW Landesbeamtengesetz (Nordrhein-Westfalen)
LFGB Lebensmittel- und Futtermittelgesetzbuch
LHO Landeshaushaltsordnung
LMHV Lebensmittelhygieneverordnung
LMIV Lebensmittelinformationsverordnung
LPartG Lebenspartnerschaftsgesetz
LPersVG Landespersonalvertretungsgesetz
LSAVerf Verfassung des Landes Sachsen-Anhalt
LStVG Landesstraf- und Verordnungsgesetz
LuftSiG Luftsicherheitsgesetz

LuftVG	Luftverkehrsgesetz
LVerf	Landesverfassung
LVRG	Lebensversicherungsreformgesetz
LVwVfG	Landesverwaltungsverfahrensgesetz
LWG	Landwirtschaftsgesetz
MarkenG	Markengesetz
MARPOL	International Convention for the Prevention of Marine Pollution from Ships (Internationales Übereinkommen zur Verhütung der Meeresverschmutzung durch Schiffe)
MAVO	Mitarbeitervertretungsordnung
MediationsG	Mediationsgesetz
MiFIR-VO	Markets in Financial Instruments Regulation-Verordnung (Europäische Finanzmarktverordnung)
MiLoG	Mindestlohngesetz
MitbestG	Mitbestimmungsgesetz
MontanMitbestG	Montanmitbestimmungsgesetz
MPG	Medizinproduktegesetz
MÜ	Montrealer Übereinkommen
MuSchG	Mutterschutzgesetz
MVG	Kirchengesetz über Mitarbeitervertretungen in der EKD
MVVerf	Verfassung des Landes Mecklenburg-Vorpommern
MWBO	(Muster-)Weiterbildungsordnung für Ärztinnen und Ärzte
NAAEC	North American Agreement on Environmental Cooperation (Nordamerikanisches Abkommen über die Umweltzusammenarbeit)
NAALC	North American Agreement on Labor Cooperation (Nordamerikanisches Abkommen über Arbeitszusammenarbeit)
NABEG	Netzausbaubeschleunigungsgesetz
NAFTA	North American Free Trade Agreement (Nordamerikanisches Freihandelsabkommen)
NdsVerf	Niedersächsische Verfassung
NEhelG	Gesetz über die rechtliche Stellung der nichtehelichen Kinder
NEheSorgeRG	Gesetz zur Reform der elterlichen Sorge nicht miteinander verheirateter Eltern
NetzDG	Netzwerkdurchsetzungsgesetz
NPT	Non-Proliferation Treaty (Atomwaffensperrvertrag)
NRWVerf	Verfassung für das Land Nordrhein-Westfalen
OBG	Ordnungsbehördengesetz
öBGBl	österreichisches Bundesgesetzblatt
ÖD	Direktorium zur Ausführung der Prinzipien und Normen über den Ökumenismus
ODR-VO	VO über Online-Streitbeilegung in Verbraucherangelegenheiten
OEG	Opferentschädigungsgesetz
OR	Schweizerisches Obligationenrecht
OrdVG	Ordinationes Congregationis de institutione catholica ad Constitutionem Apostolicam Veritatis Gaudium fideliter exsequendam
OSPAR	Oslo-Paris Konvention
öStGB	österreichisches Strafgesetzbuch
OVGE	Entscheidungen der Oberverwaltungsgerichte
OWiG	Ordnungswidrigkeitengesetz
öZPO	österreichische Zivilprozessordnung
P2B-VO	Plattform-to-Business-Verordnung
PAG	Polizeiaufgabengesetz (Bayern)
PAngV	Preisangabenverordnung
PartGG	Partnerschaftsgesellschaftsgesetz
PartIntG	Partizipations- und Integrationsgesetz
PartIntG BW	Partizipations- und Integrationsgesetz (Baden-Württemberg)
PatG	Patentgesetz
PCT	Patent Cooperation Treaty (Patentzusammenarbeitsvertrag)
PetBüG M-V	Petitions- und Bürgerbeauftragtengesetz (Mecklenburg-Vorpommern)
PflegeVG	Pflege-Versicherungsgesetz
PflegeZG	Pflegezeitgesetz
PflSchG	Pflanzenschutzgesetz
PflVG	Pflichtversicherungsgesetz
PKA	Partnerschafts- und Kooperationsabkommen
PKGrG	Kontrollgremiumgesetz
PlanZV	Planzeichenverordnung
PolG NRW	Polizeigesetz des Landes Nordrhein-Westfalen
PostG	Gesetz über das Postwesen
PrALR	Allgemeines Landrecht für die Preußischen Staaten (= ALR)
PrGS	Preußische Gesetzsammlung
ProdHaftG	Produkthaftungsgesetz
ProdSG	Produktsicherheitsgesetz
ProstG	Prostitutionsgesetz
ProstSchG	Prostituiertenschutzgesetz
PrOVGE	Amtliche Sammlung der Entscheidungen des PrOVG
PsychThG	Psychotherapeutengesetz
PTSG	Post- und Telekommunikationssicherstellungsgesetz
PUAG	Untersuchungsausschussgesetz
PublG	Gesetz über die Rechnungslegung von bestimmten Unternehmen und Konzernen
PVÜ	Pariser Verbandsübereinkunft zum Schutz des gewerblichen Eigentums
QRL	Qualifikationsrichtlinie
RBEG	Regelbedarfsermittlungsgesetz

RBÜ	revidierte Berner Übereinkunft
RDG	Rechtsdienstleistungsgesetz
RechtspflegerG	Rechtspflegergesetz
RegG	Regionalisierungsgesetz
REMIT-VO	Regulation on Wholesale Energy Market Integrity and Transparency-Verordnung (VO über die Integrität und Transparenz des Energiegroßhandelsmarkts)
Res.	Resolution
RFV	Reichsverordnung über die Fürsorgepflicht
RGBl.	Reichsgesetzblatt
RGSt	Entscheidungen des Reichsgerichts in Strafsachen
RiStBV	RL für das Straf- und Bußgeldverfahren
RiWG	Richterwahlgesetz
RJWG	Reichsjugendwohlfahrtsgesetz
RK	Reichskonkordat
RKEG	Gesetz über die religiöse Kindererziehung
RL	Richtlinie(n)
ROG	Raumordnungsgesetz
RPVerf	Verfassung für Rheinland-Pfalz
RSG	Reichsschulpflichtgesetz
RStGB	Strafgesetzbuch für das Deutsche Reich von 1871
RStV	Rundfunkstaatsvertrag
RuStAG	Reichs- und Staatsangehörigkeitsgesetz
RV	Verfassung des Deutschen Reichs (1871)
SächsKathKV	katholischer Kirchenvertrag Sachsen
SächsVerf	Verfassung des Freistaates Sachsen
SCEBG	Gesetz über die Beteiligung der Arbeitnehmer und Arbeitnehmerinnen in einer Europäischen Genossenschaft
ScheckG	Scheckgesetz
SchKG	Schwangerschaftskonfliktgesetz
SchulG NRW	Schulgesetz für das Land Nordrhein-Westfalen
SchwbG	Schwerbehindertengesetz
SchwStGB	Schweizerisches Strafgesetzbuch
SDÜ	Schengener Durchführungsübereinkommen
SEBG	Gesetz über die Beteiligung der Arbeitnehmer in einer Europäischen Gesellschaft
SeeAufgG	Seeaufgabengesetz
SE-VO	VO über das Statut der Europäischen Gesellschaft (SE)
SG	Soldatengesetz
SGB	Sozialgesetzbuch
SGG	Sozialgerichtsgesetz
SigG	Signaturgesetz
SoldG	Soldatengesetz
SorgeRG	Gesetz zur Neuregelung des Rechts der elterlichen Sorge
SortSchG	Sortenschutzgesetz
SprAuG	Sprecherausschussgesetz
SRÜ	Seerechtsübereinkommen (= UNCLOS)
StabG	Stabilitäts- und Wachstumsgesetz
StabiRatG	Stabilitätsratsgesetz
StAG	Staatsangehörigkeitsgesetz
START	Strategie Arms Reduction Treaty (Vertrag zur Verringerung strategischer Waffen)
StGB	Strafgesetzbuch
StGG	österreichisches Staatsgrundgesetz
StHG	Staatshaftungsgesetz
StPO	Strafprozessordnung
StRÄndG	Strafrechtsänderungsgesetz
StromEinspG	Stromeinspeisungsgesetz
StromGVV	Stromgrundversorgungsverordnung
StrRehaHomG	Gesetz zur strafrechtlichen Rehabilitierung der nach dem 8. Mai 1945 wegen einvernehmlicher homosexueller Handlungen verurteilten Personen
StrRG	Gesetz zur Reform des Strafrechts
StUG	Stasi-Unterlagen-Gesetz
StVG	Straßenverkehrsgesetz
StVO	Straßenverkehrsordnung
StvollzG	Strafvollzugsgesetz
StZG	Stammzellgesetz
SubvG	Subventitionsgesetz
SÜG	Sicherheitsüberprüfungsgesetz
SVerf	Verfassung des Saarlandes
TabakerzG	Gesetz über Tabakerzeugnisse und verwandte Erzeugnisse
TAFTA	Transatlantic Free Trade Agreement (Transatlantische Handels- und Investitionspartnerschaft)
TAG	Tagesbetreuungsausbaugesetz
TEHG	Treibhausgasemissionshandelsgesetz
TestG	Testamentsgesetz
ThürVerf	Verfassung des Freistaats Thüringen
THW-HelfRG	THW-Helferrechtsgesetz
TierSchG	Tierschutzgesetz
TKG	Telekommunikationsgesetz
TMG	Telemediengesetz
TPG	Transplantationsgesetz
TRIPS	Agreement on Trade-Related Aspects of Intellectual Property Rights (Übereinkommen über handelsbezogene Aspekte der Rechte am geistigen Eigentum)
TVG	Tarifvertragsgesetz
TV-H	Tarifvertrag für den öffentlichen Dienst des Landes Hessen
TV-L	Tarifvertrag für den öffentlichen Dienst der Länder

TVöD	Tarifvertrag für den öffentlichen Dienst
TVVO	Tarifvertragsverordnung
TzBfG	Teilzeit- und Befristungsgesetz
U.S.	US Reports
UGB	Unternehmensgesetzbuch
UGP-RL	RL über unlautere Geschäftspraktiken
UhVorschG	Unterhaltsvorschussgesetz
UIG	Umweltinformationsgesetz
UmweltHG	Umwelthaftungsgesetz
UmwG	Umwandlungsgesetz
UmwRG	Umweltrechtsbehelfsgesetz
UN-BRK	UN-Behindertenrechtskonvention (= CRPD)
UNCLOS	UN Convention on the Law of the Sea (= SRÜ)
UNFCCC	UN Framework Convention on Climate Change (Klimarahmenkonvention der UN)
UNGP	UN Guiding Principles on Business and Human Rights (UN-Leitprinzipien für Wirtschaft und Menschenrechte)
UN-KRK	UN-Kinderrechtskonvention
UrhG	Urheberrechtsgesetz
USMCA	United States-Mexico-Canada Agreement (USA-Mexiko-Kanada-Abkommen)
UStDV	Umsatzsteuerdurchführungsverordnung
UStG	Umsatzsteuergesetz
UVPG	Gesetz über die Umweltverträglichkeitsprüfung
UWG	Gesetz gegen den unlauteren Wettbewerb
UZwBwG	Gesetz über die Anwendung unmittelbaren Zwanges und die Ausübung besonderer Befugnisse durch Soldaten der Bundeswehr und verbündeter Streitkräfte sowie zivile Wachpersonen
VAG	Versicherungsaufsichtsgesetz
VätRStG	Gesetz zur Stärkung der Rechte des leiblichen, nicht rechtlichen Vaters
VerbrKrG	Verbraucherkreditgesetz
VereinsG	Vereinsgesetz
VerfSH	Verfassung des Landes Schleswig-Holstein
VermG	Vermögensgesetz
VersG	Versammlungsgesetz
VersStG	Versicherungsteuergesetz
VIG	Verbraucherinformationsgesetz
VO	Verordnung(en)
VOB	Vergabe- und Vertragsordnung für Bauleistungen
VSBG	Verbraucherstreitbeilegungsgesetz
VStG	Vermögensteuergesetz
VStGB	Völkerstrafgesetzbuch
VVE	Vertrag über eine Verfassung für Europa
VVG	Versicherungsvertragsgesetz
VVG-InfoV	VO über Informationspflichten bei Versicherungsverträgen
VVZG-EKD	Verwaltungsverfahrens- und -zustellungsgesetz der EKD
VwGO	Verwaltungsgerichtsordnung
VwVfG	Verwaltungsverfahrensgesetz
WA	Warschauer Abkommen (Abkommen zur Vereinheitlichung von Regeln über die Beförderung im internationalen Luftverkehr)
WasSiG	Wassersicherstellungsgesetz
WaStrG	Bundeswasserstraßengesetz
WBeauftrG	Gesetz über den Wehrbeauftragten des Deutschen Bundestages
WBO	Wehrbeschwerdeordnung
WechselG	Wechselgesetz
WEG	Wohnungseigentumsgesetz
WeGebAU	Weiterbildung Geringqualifizierter und beschäftigter älterer Arbeitnehmer in Unternehmen
WehrRÄndG	Wehrrechtsänderungsgesetz
WHG	Wasserhaushaltsgesetz
WikG	Gesetz zur Bekämpfung der Wirtschaftskriminalität
WissFG	Wissenschaftsfreiheitsgesetz
WissZeitVG	Wissenschaftszeitvertragsgesetz
WiStG	Wirtschaftsstrafgesetz
WKSV	Wiener Konvention über die Staatennachfolge in Verträge
WoGG	Wohngeldgesetz
WpflG	Wehrpflichtgesetz
WpHG	Wertpapierhandelsgesetz
WpÜG	Wertpapiererwerbs- und Übernahmegesetz
WRV	Weimarer Reichsverfassung
WSG	Wehrsoldgesetz
WStG	Wehrstrafgesetz
WÜD	Wiener Übereinkommen über diplomatische Beziehungen
WÜK	Wiener Übereinkommen über konsularische Beziehungen
WVKIO	Wiener Konvention über das Recht der Verträge zwischen Staaten und internationalen Organisationen
WVRK	Wiener Vertragsrechtskonvention
ZGB	Zivilgesetzbuch
ZMediatAusbV	Zertifizierte-Mediatoren-Ausbildungsverordnung
ZollVG	Zollverwaltungsgesetz
ZP	Zusatzprotokoll(e)
ZPO	Zivilprozessordnung
ZSKG	Zivilschutz- und Katastrophenhilfegesetz
ZVG	Gesetz über die Zwangsversteigerung und die Zwangsverwaltung

6. Dokumente des Zweiten Vatikanischen Konzils

AA Apostolicam actuositatem. Dekret über das Laienapostolat vom 18. November 1965
AG Ad gentes. Dekret über die Missionstätigkeit der Kirche vom 7. Dezember 1965
CD Christus Dominus. Dekret über die Hirtenaufgabe der Bischöfe in der Kirche vom 28. Oktober 1965
DH Dignitatis humanae. Erklärung über die Religionsfreiheit vom 7. Dezember 1965
DV Dei verbum. Dogmatische Konstitution über die göttliche Offenbarung vom 18. November 1965
GE Gravissimum educationis. Erklärung über die christliche Erziehung vom 28. Oktober 1965
GS Gaudium et spes. Pastorale Konstitution über die Kirche in der Welt von heute vom 7. Dezember 1965
LG Lumen gentium. Dogmatische Konstitution über die Kirche vom 21. November 1964
NA Nostra aetate. Erklärung über das Verhältnis der Kirche zu den nichtchristlichen Religionen vom 28. Oktober 1965
OE Orientalium Ecclesiarum. Dekret über die katholischen Ostkirchen vom 21. November 1964
OT Optatam totius. Dekret über die Ausbildung zum Priester vom 28. Oktober 1965
PC Perfectae Caritatis. Dekret über die zeitgemäße Erneuerung des Ordenslebens vom 28. Oktober 1965
PO Presbyterorum Ordinis. Dekret über Dienst und Leben der Priester vom 7. Dezember 1965
SC Sacrosanctum Concilium. Konstitution über die heilige Liturgie vom 4. Dezember 1963
UR Unitatis redintegratio. Dekret über den Ökumenismus vom 21. November 1964

7. Apostolische Schreiben

AL Amoris Laetitia
DScD Deus scientiarum Dominus
EcE Ex corde Ecclesiae
EG Evangelii Gaudium
EN Evangelii Nuntiandi
FC Familiaris consortio
MP Motu Proprio
OA Octogesima adveniens
OS Ordinatio sacerdotalis
SapChr Sapientia christiana
TMA Tertio millennio adveniente
VDQ Vultum Dei quaerere
VG Veritatis Gaudium

8. Biblische Bücher und außerkanonische Schriften

1 Chr Das 1. Buch der Chronik (Paralipomenon)
2 Chr Das 2. Buch der Chronik (Paralipomenon)
1 Clem Der 1. Clemensbrief
1 Kön Das 1. Buch der Könige
2 Kön Das 2. Buch der Könige
1 Kor Der 1. Brief an die Korinther
2 Kor Der 2. Brief an die Korinther
1 Makk Das 1. Buch der Makkabäer
2 Makk Das 2. Buch der Makkabäer
1 Petr Der 1. Brief des Petrus
2 Petr Der 2. Brief des Petrus
1 Sam Das 1. Buch Samuel
1 Thess Der 1. Brief an die Thessalonicher
2 Thess Der 2. Brief an die Thessalonicher
1 Tim Der 1. Brief an Timotheus
2 Tim Der 2. Brief an Timotheus
Am Das Buch Amos
Apg Die Apostelgeschichte
Dan Das Buch Daniel
Dtn Deuteronomium (5 Mose)
Eph Der Brief an die Epheser
Ex Exodus (2 Mose)
Ez Das Buch Ezechiel (Hesekiel)
Gal Der Brief an die Galater
Gen Genesis (1 Mose)
Hebr Der Brief an die Hebräer
Hos Das Buch Hosea
Ijob Das Buch Ijob (Hiob)
Jak Der Brief des Jakobus
Jer Das Buch Jeremia
Jes Das Buch Jesaja
Joh Das Evangelium nach Johannes
Jos Das Buch Josua
Jud Das Buch Judit
Koh Das Buch Kohelet (Der Prediger Salomo, Ecclesiastes)
Kol Der Brief an die Kolosser
Lev Leviticus (3 Mose)
Lk Das Evangelium nach Lukas
Mk Das Evangelium nach Markus
Mt Das Evangelium nach Matthäus
Neh Das Buch Nehemia (2 Esra)

Offb	Die Offenbarung des Johannes	Tob	Das Buch Tobit (Tobias)
Phil	Der Brief an die Philipper	Weih	Das Buch der Weisheit
Phlm	Der Brief an Philemon		
Ps	Die Psalmen	Barn	Barnasbrief
Ri	Das Buch der Richter	Did	Didache
Röm	Der Brief an die Römer	syrBar	syrische Baruch-Apokalypse (2 Bar)
Spr	Das Buch der Sprichwörter (Die Sprüche Salomos)		

9. Quellentexte

ad Fam.	Cicero: Epistulae ad Familiares
an.	Aristoteles: De anima
Anal. post.	Aristoteles: Analytica posteriora
Ann.	Tacitus: Annales
Aristot. phy.	Aristoteles: Physica
Aristot. poet.	Aristoteles: De arte poetica
Aristot. pol.	Aristoteles: Politica
Aristot. top.	Aristoteles: Topica
AS	Acta synodalia sacrosancti Concilii Oecumenici Vaticani II, 32 Teilbde., 1970–99
Aug. de serm. dom.	Augustinus: De sermone Domini in monte
Aug. Enarrat. In Psalm.	Augustinus: Enarrationes in psalmos
Aug. serm.	Augustinus: Sermones
Augustin. civ.	Augustinus: De civitate dei
BSLK	Bekenntnisschriften der evangelisch-lutherischen Kirche
CA	Confessio Augustana
Caes. Arel. serm.	Caesarius von Arles: Sermo
Cels.	Celsus: De medicina
Cic. nat. deor.	Cicero: De natira deorum
Cic. rep.	Cicero: De republica
Cic. top.	Cicero: Topik
CIL	Corpus Inscriptionum Latinarum
Clem. Alex. strom.	Clemens von Alexandrien: Stromata
conf.	Augustinus: Confessiones
Cypr. epist.	Cyprianus: Epistulae
D.	Digesten
de amic.	Cicero: De amicitia
de orat.	Cicero: De oratore
Diog. Laert.	Diogenes Laertius: De clarorum philosophorum vitis
Diogn.	Diognetbrief
Docta ignor.	Nikolaus von Kues (Cusanus): De docta ignorantia
EE	Platon: Eudemische Ethik
Epic. rat. sent.	Epikur: Ratae Sententiae
Eus. h.e.	Eusebius: Historia Ecclesiastica
Eus. mart. Pal.	Eusebius: De Martyribus Palaestinae
fr. K.	Menander: fragmentum Körte
Gorg.	Platon: Gorgias
Hes. erg.	Hesiod: Erga
Hes. theog.	Hesiod: Theogonia
Hom. Od.	Homer: Odyssee
Ign. Magn.	Ignatius von Antiochien: Epistula ad Magnesios
Ign. Smyrn.	Ignatius von Antiochien: Epistula ad Smyrnaeos
In Ioh. ev.	Augustinus: In Iohannis evangelium
Inst.	Justinian: Institutiones Iustiniani
Iren. haer.	Irenaeus von Lyon: Adversus haereses
Iust. 1 apol.	Iustinus martyr: 1 Apologiae
KD	Karl Barth: Die kirchliche Dogmatik
KrV	Immanuel Kant: Kritik der reinen Vernunft
Lact. mort. pers.	Lactantius: De mortibus persecutorum
leg.	Platon: Leges (Nomoi)
Magna Moral.	Aristoteles: Magna moralia
metaph.	Aristoteles: Metaphysik
MGH	Monumenta Germaniae Historica
MGH DD F I	Monumenta Germaniae Historica, Friderici I. diplomata, hg. v. H. Appelt, 1979
MPL	Patrologiae Cursus Completus. Series Latina, hg. v. J.-P. Migne, 221 Bde., 1844–55
Nat. Quaest.	Seneca: Naturales quaestiones
NE	Aristoteles: Nikomachische Ethik
off.	Cicero: De officiis
Ord.	Johannes Duns Scotus: Ordinatio
Orig. In Jer. hom.	Origenes: In Jeremiam homiliae
part. an.	Aristoteles: De partibus animalium
PG	Patrologiae Cursus Completus. Series Graeca, hg. v. J.-P. Migne, 161 Bde., 1857–66
Pind. O.	Pindar: Olympia
Plat. apol.	Platon: Apologia
Plat. Krit.	Platon: Kriton
Plat. pol.	Platon: Politeia

Plat. Prot.	Platon: Protagoras
Plat. Theait.	Platon: Theaitetos
Plin. epist.	Plinius der Jüngere: Epistulae
Retr.	Augustinus: Retractationes
rhet.	Aristoteles: Rhetorik
S. Rosc.	Cicero: Pro Sex. Rosci Amerino
Sen. epist.	Seneca: Epistulae morales ad Lucilium
Soph. Elench.	Aristoteles: Sophistici elenchi
STh	Thomas von Aquin: Summa Theologiae
Tert. apol.	Tertullian: Apologeticum
Tert. bapt.	Tertullian: De baptismo
Tert. monog.	Tertullian: De monogamia
Tert. praescr.	Tertullian: De praescriptione haereticorum
Tim.	Platon: Timaios
trin.	Augustinus: De Trinitate
Tusc.	Cicero: Tusculanae disputationes
Vitr.	Vitruv: De architectura

Register

Personen

Abkürzungen:

Erzherzog	Ehzg.
Erherzogin	Ehzg.in
Freiherr	Frhr.
Graf	Gf.
Herzog	Hzg.
Herzogin	Hzg.in
Kaiser	Ks.
Kaiserin	Ks.in
König	Kg.
Königin	Kg.in

Sachen

Verzeichnis der Autorinnen und Autoren

Abels, Gabriele
Europa der Regionen, Euregio

Aicher, Julia
Staatsverschuldung

Albrecht, Andreas
Notar

Albrecht, Clemens
Gesellschaft I · Modernisierung

Albrecht, Günter
Devianz

Allemann-Ghionda, Cristina
Interkulturelle Bildung

Altermatt, Urs
Christlichdemokratische Volkspartei der Schweiz · Freisinnig-Demokratische Partei · Schweiz I

Althammer, Jörg
Arbeit I · Arbeitsmarkt · Erfolgsbeteiligung · Existenzminimum I · Sozialpolitik · Vermögen · Vermögenspolitik

Althaus, Rüdiger
Beichte · Bestattung · Codex Iuris Canonici

Altrichter, Helmut
Stalinismus

Alzheimer, Heidrun
Ethnizität I

Amler, Nadja
Gesundheit IV

Ammicht Quinn, Regina
Feministische Ethik

Angehrn, Emil
Moderne II

Anglet, Kurt
Nihilismus · Tod II

Angster, Julia
Amerikanisierung

Appel, Ivo
Umweltrecht

Arenhövel, Mark
Bürgerrechtsbewegungen II

Arentz, Oliver
Freie Berufe

Armbrüster, Christian
Lebensversicherung

Arnold, Adolf
Nordafrika

Arnold, Claus
Antimodernismus · Integralismus · Modernismus

Aschauer, Wolfgang
Tourismus I

Assenbrunner, Benedikt
Partikularismus II

Aßländer, Michael S.
Finanzmarktkrise

Auer, Marietta
Generalklausel

Aufderheide, Detlef
Unternehmenskultur

Augenhofer, Susanne
Verbraucherschutz I

Augsberg, Ino
Rechtssoziologie

Aust, Helmut Philipp
Welt II

Avenarius, Hermann
Lehrer II

Axer, Peter
Öffentliches Sachenrecht · Satzung · Sozialversicherung

Babo, Markus
Bundesfreiwilligendienst · Kirchenasyl

Bach, Maurizio
Grenze III · Rationalisierung I · Raum

Bachleitner, Reinhard
Tourismus I

Baecker, Dirk
Digitale Revolution III

Bald, Detlef
Bundeswehr II

Bank, Volker
Ökonomische Bildung

Barkholdt, Janina
Kriegsgefangene

Barmeyer, Christoph
Interkulturalität

Bartels, Hans-Peter
Wehrbeauftragter

Bartels, Klaus
Zwangsvollstreckung

Barthelmeß, Ulrike
Robotik

Basedau, Matthias
Ethnische Konflikte

Battis, Ulrich
Raumordnung und Landesplanung

Baumann, Klaus
Wohlfahrtspflege II

Baumgartner, Alois
Berufsständische Ordnung

Bäumlisberger, Damian
Markt · Rational Choice Theory I · Subsidiarität II · Wirtschaftsethik II

Bausenhart, Guido
Amt I

Beck, Hanno
Börsen · Zahlungsbilanz

Beck, Matthias
Sterilisation

Becka, Michelle
Migration IV

Becker, Christoph
Kreditsicherung II · Sachenrecht

Becker, Florian
Amts- und Rechtshilfe · Rechtssicherheit · Sparkassen I

Becker, Hans-Jürgen
Billigkeit I

Becker, Pia
Welthandelskonferenz

Becker, Stefan
Familienverbände, christliche

Becker, Ulrich
Europäische Sozialcharta

Becker, Winfried
Christlich-Soziale Bewegung I · Christliche Parteien · Friedensverträge · Görres-Gesellschaft · Kirche und Staat I · Staatslexikon I · Zentrum

Beckmann, Klaus
Einkommensteuer II

Beimdiek, Friedrich-Wilhelm
Entwicklungspolitik I

Beiner, Marcus
Geisteswissenschaften

Belke, Ansgar
Central America Free Trade Agreement · Europäische Wirtschafts- und Währungsunion I · Spekulation · Stabilisierung · Stabilitäts- und Wachstumspakt

Benkel, Thorsten
Pornographie

Benz, Arthur
Governance I · Politikverflechtung · Steuerung I

Bergsdorf, Wolfgang
Sprache III

Bernal Copano, Amelie
Kindertagesstätte · Spiel

Bersick, Sebastian
Asia Europe Meeting

Bertram, Hans
Bildungspolitik · Familienpolitik III

Bethge, Herbert
Abgeordneter I · Bundesrat I · Bundesstaat · Fraktion I · Medienrecht · Persönlichkeitsrechte · Presserecht · Rechtsprechung · Rundfunk II · Zensur

Beuthien, Volker
Genossenschaften II

Beyer, Jürgen
Pfadabhängigkeit

Biedermann, Bettina
Australien und Ozeanien

Bielefeldt, Heiner
Religionskonflikte · Würde II

Bier, Georg
Bischof · Bischofskonferenzen · Bistum

Bieri, Matthias
Separatismus

Binder, Dieter A.
Freimaurer

Blasberg-Kuhnke, Martina
Kirchliche Bildungsarbeit II

Blaschke, Klaus
Kirchliche Wahlen II

Bleek, Wilhelm
Staatswissenschaften

Blickle, Peter
Gemeinde I

Blum, Sonja
Policy

Blümle, Gerold
Bretton Woods · Einkommen · Konjunktur · Verteilung

Bobbert, Monika
Geburtenregelung · Insemination II · Pränataldiagnostik

Bock, Veronika
Folter II

Bocklet, Reinhold
Europäische Parteien · Europäisches Parlament

Bodemer, Klaus
Mercado Común del Sur

Bogerts, Bernhard
Psychologie

Bogner, Daniel
Toleranz II · Widerstand I

Bogumil, Jörg
Neues Steuerungsmodell · Public Management

Bohmeyer, Axel
Soziale Sicherheit II

Bohn, Cornelia
Habitus

Bongartz, Franziska
Spekulation · Stabilitäts- und Wachstumspakt

Borchert, Margret
Management

Bork, Reinhard
Insolvenz II

Bormann, Franz-Josef
Naturrecht II · Praktische Urteilskraft

Borutta, Manuel
Kulturkampf

Bös, Mathias
Migration I

Bösch, Frank
Christlich-Demokratische Union I

Boschki, Reinhold
Religiöse Erziehung II

Böse, Martin
Internationale Strafgerichtsbarkeit

Böttcher, Leif
Grundpfandrechte · Verein III

Böttigheimer, Christoph
Glaube · Konfession

Bowald, Béatrice
Prostitution I

Boysen, Sigrid
Staatenbund · Staatenverbindung

Cremer, Georg
Deutscher Caritasverband

Cremer, Wolfram
Beihilfe

Creuzberger, Stefan
Innerdeutsche Beziehungen · Potsdamer Protokoll

Culp, Julian
Freiheit I

Czada, Roland
Korporatismus

Czerwick, Edwin
Verwaltung

Daase, Christopher
Friedens- und Konfliktforschung

Dannemann, Gerhard
Anglo-amerikanischer Rechtskreis · Internationales Privatrecht

Daun, Anna
Nachrichtendienste

de Araujo Kurth, Michel
Intention · Intentionalität

de Wall, Heinrich
Kirchliche Hochschulen III · Staat VII

Degen, Bernard
Sozialdemokratische Partei der Schweiz

Deitelhoff, Nicole
Friedens- und Konfliktforschung

Delgado, Mariano
Mythos I · Religion I

Depenheuer, Otto
Amt II · Staat I · Staat und Gesellschaft I

Dercks, Achim
Industrie- und Handelskammern

di Fabio, Udo
Demokratie I · Gottesbezug

Dieckmann, Elisabeth
Arbeitsgemeinschaft Christlicher Kirchen

Diehl, Paula
Populismus

Dieter, Heribert
Australien und Ozeanien

Dietz, Andreas
Bundeswehr I

Dietz, Berthold
Armut I

Dilger, Alexander
Insolvenz I · Moralisches Risiko · Öffentliche Betriebe · Spieltheorie · Unternehmen I

Dimbath, Oliver
Soziale Rolle · Weltanschauung II

Dittberner, Jürgen
Freie Demokratische Partei

Dobner, Petra
Wasser II

Döhring, Helge
Syndikalismus

Dombrowski, Viola
Schwangerschaftsabbruch III

Donaubauer, Klaus
Kirchliches Finanzwesen

Donges, Patrick
Hörfunk I

Döring, Thomas
Finanzausgleich II · Öffentliche Ausgaben

Dorn, Franz
Haftung · Höhere Gewalt

Dörner, Andreas
Mythos III

Dörr, Julian
Central European Free Trade Agreement · Economic Community of West African States · Europäische Agrarpolitik · Neue Politische Ökonomie · Subvention II · Weltbank

Dreßler, Arne
Tabu

Drüen, Klaus-Dieter
Einkommensteuer I

Duchhardt, Heinz
Absolutismus · Europa III

Feige, Andreas
Empirische Sozialforschung

Feld, Lars P.
Ordnungspolitik

Feldkamp, Michael F.
Parlamentarischer Rat

Fendel, Ralf
Volkswirtschaftliche Gesamtrechnung

Fenzl, Annemarie
Österreichischer Katholikentag

Fietz, Paul Johannes
Personalvertretung

Figal, Günter
Hermeneutik

Filipović, Alexander
Digitale Revolution IV · Medienethik · Social Media

Fisch, Stefan
Beamte II

Fischer, Christian
Leistung II

Fischer-Lichte, Erika
Theater

Fleischer, Hannes
Dienstleistungen

Forschner, Maximilian
Gute, das · Zweck

Forst, Rainer
Toleranz I

Förster, Till
Stammesgesellschaft

Franzen, Axel
Sozialkapital

Franzke, Jochen
Kommunale Spitzenverbände

Freigang, Christian
Kirchenbau II

Freise, Josef
Kirchliche Bildungsarbeit I

Frenkel, Michael
Input-Output-Rechnung · Volkswirtschaftliche Gesamtrechnung

Freudenberg, Dirk
Katastrophenschutz II · Zivilschutz II

Freudenberg, Matthias
Calvinismus

Freytag, Andreas
Freihandel

Friedrich, Lena M.
Erlebnisgesellschaft · Prestige · Solidarität III

Friemberger, Claudia
Bayerische Volkspartei

Fritsch, Michael
Marktversagen

Fritz, Roland
Ausbeutung I · Kapitalismus II · Neoliberalismus · Wirtschaftsordnungen

Fröhlich, Stefan
Globalisierung III

Fromme, Johannes
Medienpädagogik

Frost, Ursula
Bildung I · Hochschulen I

Fuchs, Birgitta
Kulturelle Bildung

Fuchs, Michael
Billigkeit II · Bioethik I · Euthanasie II · Grundwerte I · Güterabwägung · Moral

Fuhr, Thomas
Weiterbildung

Funk, Lothar
Arbeitnehmer I · Arbeitskampf I · Haushalt, privater · Mitbestimmung I · New Economy

Furbach, Ulrich
Robotik

Fürstenberg, Friedrich
Industriegesellschaft

Fürtig, Henner
Arabische Liga

Hajek, Katharina
Schwangerschaftsabbruch III

Halbmayr, Alois
Geld II

Hallermann, Heribert
Kirchliche Lehrbefugnis I

Hammer, Felix
Kirchensteuer

Hammerschmidt, Peter
Wohlfahrtsverbände

Hanke, Thomas
Naturalismus

Hannappel, Marc
Bildung II · Sozialindikatoren

Hansen, Hendrik
Kommunismus

Hansen, Klaus P.
Kollektivwissenschaft · Kulturwissenschaft

Hansjürgens, Bernd
Boden I · Emissionshandel · Nachhaltigkeit IV

Hardach, Gerd
Marshallplan

Haring, Sophie
Alianza Bolivariana para los Pueblos de Nuestra América · Comunidad Andina de Naciones · Food and Agriculture Organization of the United Nations · Lobby II · Organisation Amerikanischer Staaten · Umweltschutz · Unión de Naciones Suramericanas · United Nations High Commissioner for Refugees

Hartmann, Martin
Pragmatismus

Hartmann, Michael
Elite

Hartmann, Richard
Hochschulseelsorge

Hartmann-Wendels, Thomas
Leasing

Hartung, Thomas
Versicherung

Haucap, Justus
Wettbewerb · Wettbewerbsbeschränkungen

Haumann, Sebastian
Stadt I

Haupt, Marlene
Soziale Sicherheit I

Hauschildt, Eberhard
Diakonisches Werk

Hauser, Linus
Neue Religiöse Bewegungen

Hausmann, Marco
Determinismus

Häußling, Roger
Soziale Netzwerke

Hecker, Christian
Banken

Hector, Pascal
Gesandtschaftsrecht

Heger, Martin
Strafrecht · Wirtschaftsstrafrecht

Heidebach, Martin
Freiheitsentziehung · Freizügigkeit

Heimbach-Steins, Marianne
Gender II · Geschlechtergerechtigkeit · Katholische Soziallehre · Kompromiss · Sozialenzykliken · Sozialprinzipien

Hein, Wolfgang
Gesundheitspolitik I · Weltgesundheitsorganisation

Heinemann, Thomas
Medizin · Triage

Heinig, Hans Michael
Religionsgemeinschaften

Heintzen, Markus
Gemeinschaftsaufgaben · Verbrauchsteuern · Verkehrsteuern

Heirbaut, Dirk
Code Civil

Heißenhuber, Alois
Agrarreformen und Agrarrevolutionen III

Heitzmann, Sebastian
Kosten-Nutzen-Analyse

Hellmann, Kai Uwe
Konsum II

Hennecke, Hans Jörg
Handwerk I

Henneke, Hans-Günter
Kreis

Hense, Ansgar
Orden II · Sekte II · Sonn- und Feiertage II · Weltanschauungsgemeinschaften

Herkes, Anne Ruth
Auswärtiger Dienst

Herms, Eilert
Luthertum

Hero, Markus
Esoterik · Mythos II

Herrmann, Brigitta
Ernährung I

Herzberg, Stephan
Grenze I

Heßler, Martina
Technik

Heusch, Andreas
Organ

Heyder, Regina
Christliche Frauenverbände

Hidalgo, Oliver
Gesellschaftsvertrag

Hieber, Saskia
Ostasien II

Hierold, Alfred
Militärseelsorge

Hillgruber, Christian
Anerkennung I · Annexion · Assoziierung · Eingetragene Lebenspartnerschaft · Euthanasie III · Gerichtsbarkeit · Homosexualität II · Kirche und Staat III · Richterrecht · Schwangerschaftsabbruch II · Selbstbestimmungsrecht · Souveränität I · Sterbehilfe I · Suizid II

Hilpert, Konrad
Caritas/Diakonie · Ethikkommissionen · Grundwerte II · Homosexualität I · Paternalismus · Sexualethik

Hilscher, Annette
Diskriminierung I

Hinske, Norbert
Aufklärung

Hirte, Heribert
Aktiengesellschaft · Compliance I · Gesellschaftsrecht · Handelsrecht

Hochgeschwender, Michael
Abendland · Fundamentalismus II · Nordamerika · Sklaverei I · Tradition I · Unabhängigkeitsbewegungen · Westen

Hochholzer, Martin
Sekte I

Hockerts, Hans Günter
Zeitgeschichte

Hof, Christiane
Erwachsenenbildung

Höffe, Otfried
Entscheidung · Gerechtigkeit I · Kritik · Naturrecht I · Politische Philosophie · Praktische Philosophie · Staat III · Utilitarismus · Verantwortung I

Hoffmann, Dierk
Deutsche Demokratische Republik I

Hoffmann, Nicole
Qualitätsmanagement

Hoffmann, Veronika
Gabe

Höfling, Wolfram
Insemination I · Leben II · Patientenverfügung

Hofmann, Hans
Bundespolizei · Öffentlicher Dienst

Hofmann, Hasso
Person II

Hogreve, Jens
Dienstleistungen

Höhn, Hans-Joachim
Diskursethik II · Fundamentalismus I

Höhne, Florian
Öffentliche Theologie

Hollerbach, Alexander
Gemeinwohl III

Hölscher, Reinhold
Kreditsicherung I

Holtkamp, Lars
Kommunalpolitik

Homann, Karl
Wirtschaftsethik III

Homolka, Walter
Jüdische Organisationen

Honnefelder, Ludger
Ethik · Schuld I · Transzendenz III

Honneth, Axel
Anerkennung II · Sozialismus I

Honsell, Heinrich
Schweizerisches Zivilgesetzbuch

Hoppe, Thomas
ABC-Waffen II · Rüstungspolitik III · Wiedergutmachung II

Hopt, Klaus J.
Kapitalmarktrecht

Horn, Hans-Detlef
Grundwerte III · Partizipation II · Plebiszit I · Verbände I

Höver, Gerhard
Familie I

Hrachovec, Herbert
Wahrheit

Hradil, Stefan
Soziale Mobilität

Hubig, Christoph
Wert I

Hufschmidt, Patrick
Verschuldung · Verschuldung, private

Hummel, Karin
Unfallversicherung

Hustedt, Thurid
Verwaltungswissenschaft

Hüttemann, Rainer
Spende · Stiftung

Illies, Christian
Wohnen I

Imbusch, Peter
Integration I

Ipsen, Knut
Rotes Kreuz

Irrgang, Bernhard
Eugenik · Gentechnik I · Tierschutz II

Isensee, Josef
Elternrecht · Republik

Issing, Otmar
Europäische Zentralbank · Währung

Jacobs, Matthias
Arbeitskampf II

Jacobs, Uwe Kai
Kirchliche Gerichtsbarkeit II

Jacoby, Florian
Verjährung

Jaeckel, Liv
Risiko III

Jäger, Markus
Steuerstrafrecht

Jäger, Wolfgang
Außerparlamentarische Opposition · Bundesregierung II

Jähnichen, Traugott
Evangelische Organisationen

Jänsch, Melanie
Solidarität II

Jansen, Christian
Nation II · Nationalismus II

Janz, Norbert
Rechnungshöfe

Jerger, Jürgen
Leistung I · Lohn I · Mindestlohn

Jeßberger, Florian
Todesstrafe · Völkermord · Völkerstrafrecht

Jesse, Eckhard
Extremismus · Faschismus · Nationaldemokratische Partei Deutschlands · Radikalismus

Jessel, Beate
Biodiversität

Jestaedt, Matthias
Grundrechte · Rechtspositivismus

Jordan, Stefan
Epoche · Geschichtswissenschaft · Konstruktivismus II

Jun, Uwe
Parteien II · Parteiensysteme

Junge, Matthias
Norm II

Jürgens, Benedikt
Katholische Organisationen I

Justenhoven, Heinz-Gerhard
Frieden III

Kahl, Wolfgang
Europäisches Verwaltungsrecht · Nachhaltigkeit II · Staatsaufsicht

Kähler, Christoph
Kirche im Sozialismus

Kaiser, Anna-Bettina
Staatsnotstand I

Kalina, Andreas
Europäischer Integrationsprozess II

Kämmerer, Jörn Axel
Privatisierung I · Public-Private-Partnership

Kamphausen, Georg
Dorf · Heimat · Intellektuelle II · Verein II

Kampmann, Christoph
Neuzeit · Religionskrieg

Kann, Christoph
Individuum · Methode I

Karl, Helmut
Strukturpolitik

Kaspar, Johannes
Wiedergutmachung III

Kasper, Walter
Sonn- und Feiertage I

Kaufmann, Franz-Xaver
Sozialwissenschaften

Kaufmann, Thomas
Reformation

Keller, Reiner
Wissensgesellschaft I

Kellermann, Magnus
Land- und Forstwirtschaft

Kemnitz, Alexander
Migration III

Kempa, Bernd
Globalisierung II · Internationaler Handel · North American Free Trade Agreement · Transatlantic Economic Partnership · Weltwirtschaft · Weltwirtschaftskrisen I · Zahlungsverkehr

Kempen, Bernhard
Folter I · Forschung · Hegemonie

Kepplinger, Hans Mathias
Journalismus

Kercher, Julia
Nachhaltigkeitsziele

Kernic, Franz
Bündnispolitik · Soldat II

Kersten, Jens
Daseinsvorsorge · Denkmal II · Gentechnik II

Kersting, Christian
Bilanz · Europäisches Wirtschaftsrecht · Konzern

Khan, Daniel-Erasmus
Genfer Flüchtlingskonvention · Genfer Konventionen · Grenze II · Sklaverei II · Staatsgebiet

Kielmannsegg, Peter Graf
Legitimität II

Kießling, Friedrich
Deutsche Geschichte III · Imperialismus

Kifmann, Mathias
Gesundheitspolitik II

Kindhäuser, Urs
Sanktion

Kindler, Peter
Romanischer Rechtskreis

Kingata, Yves
Päpstliches Gesandtschaftswesen

Kintzinger, Martin
Hochschulen II · Universitätsidee

Kirchhof, Ferdinand
Bundesverfassungsgericht I

Kirchhof, Gregor
Deregulierung II · Körperschaftsteuer · Unverletzlichkeit der Wohnung

Kirchhof, Paul
Abgaben · Rechtsstaat · Steuer I · Steuermoral II

Kirchinger, Johann
Agrarreformen und Agrarrevolutionen I · Patronat

Kißener, Michael
Nationalsozialismus II · Widerstand II

Kittel, Manfred
Flucht und Vertreibung

Klau, Arne
Zoll

Klausnitzer, Wolfgang
Christentum I · Papst I

Kleemann, Frank
Arbeit III

Klein, Eckart
Gewaltmonopol · Gewaltverbot

Klein, Gotthard
Volksverein für das katholische Deutschland

Klein, Michael
Sucht

Klein, Thomas
Sozialstruktur

Klein, Uta
Gleichstellungspolitik

Kleinschmidt, Christian
Unternehmer II

Klenk, Christian
Publizistik I

Klieber, Rupert
Ständestaat

Klinkhammer, Lutz
Faschismus

Kloepfer, Michael
Katastrophenschutz I

Kluge, Arnd
Handwerk II

Klump, Rainer
Wirtschaftspolitik

Kluth, Winfried
Ausländerrecht · Berufskammern · Gewerberecht · Informationelle Selbstbestimmung · Selbstverwaltung

Knapp, Markus
Reich Gottes

Kneuer, Marianne
E-Government · Internet II

Knie, Andreas
Wissenschafts- und Forschungspolitik

Knieps, Günter
Deregulierung I · Industrieökonomik · Liberalisierung II

Knoblauch, Hubert
Evaluation · Kommunikation · Wissenssoziologie

Knoepffler, Nikolaus Johannes
Tod III

Kobusch, Theo
Person I

Koch, Bernhard
Aggression · Krieg IV · Targeted Killing

Koch, Jakob Johannes
Kirchenbau I

Köglmeier, Georg
Rätesystem

Köhler, Ekkehard A.
Austeritätspolitik · Staatsverschuldung · Währungsreform

Köhler, Oskar
Corpus Christianum

Kohrs, Silke
Mobilität I

Kolboom, Ingo
Frankophonie

Kolev, Stefan
Österreichische Schule der Nationalökonomie · Zentralverwaltungswirtschaft

Koller, Christian
Rassismus

Königshaus, Hellmut
Bundeswehr III

Konrad, Ulrich
Musik

Kopke, Christoph
Kommunistische Parteien II

Korff, Rüdiger
Südostasien

Korioth, Stefan
Finanzausgleich I

Kösters, Christoph
Katholizismus · Zentralkomitee der deutschen Katholiken

Kotzur, Markus
Krieg III · Menschenrechte II · Piraterie · Völkerrecht · Völkerrechtliche Verträge

Kowalczuk, Ilko-Sascha
Bundesbeauftragter für die Unterlagen des Staatssicherheitsdienstes der ehemaligen Deutschen Demokratischen Republik

Kowalski, Olaf
Weltbank

Kraft, Ina
Rüstungspolitik I

Kramer, Olaf
Rhetorik

Krämer, Christine
Agrarreformen und Agrarrevolutionen III

Krämer, Hagen
Distribution

Kranenpohl, Uwe
Bundesverfassungsgericht II · Inkompatibilität

Kraschl, Dominikus J.
Monismus

Kratochwil, Friedrich
Internationale Beziehungen

Kraus, Hans-Christof
Geopolitik

Kretschmann, Carsten
Zweites Vatikanisches Konzil I

Krieger, Heike
Soldat III

Krings, Günter
Parteien I · Rechtspolitik · Staatssekretär

Kroener, Bernhard
Militär I

Kroll, Frank-Lothar
Monarchie

Kromka, Franz
Agrarreformen und Agrarrevolutionen II

Kromphardt, Jürgen
Keynesianismus

Kronauer, Martin
Arbeitslosigkeit II

Kronenberg, Friedrich
Deutscher Katholikentag

Kronenberg, Volker
Christlich-Demokratische Union II

Kropp, Sabine
Koalition

Kruip, Gerhard
Armut III · Bildung III · Staat und Gesellschaft III

Ksoll-Marcon, Margit
Archive

Lenz, Ilse
Feminismus

Lenz, Karl
Ehe III

Leonhard, Jörn
Krieg I · Weltkriege

Lepp, Claudia
Bekennende Kirche

Leppin, Volker
Zwei-Reiche-Lehre

Lepsius, Oliver
Abwägung · Ermessen · Juristische Person · Steuerung II · Verfahren I

Leschke, Martin
Ordnung II · Wirtschaftssysteme

Lewalter, Doris
Museum

Liebsch, Katharina
Generation · Sozialisation

Liedhegener, Antonius
Katholizismus · Religion und Gesellschaft I

Liedtke, Rainer
Europa IV

Lienbacher, Georg
Vereinigungsfreiheit

Lienkamp, Andreas
Boden I · Diskriminierung IV · Schöpfungsverantwortung

Liese, Lara
Petitionsrecht

Lindenberg, Michael
Jugendstrafrecht

Lingelbach, Gabriele
Globalisierung I

Lob-Hüdepohl, Andreas
Behinderung III · Betreuung II · Inklusion, Exklusion II · Rentenversicherung II

Lobinger, Thomas
Arbeitsrecht · Privatautonomie

Loerwald, Dirk
Ökonomische Bildung

Löffler, Verena
Ökonomie

Löffler, Winfried
Konstruktivismus I · Kritischer Rationalismus · Positivismus · Säkularisierung I

Löhnig, Martin
Principles of European Family Law

Looschelders, Dirk
Schuldrecht

Loth, Wilfried
Ost-West-Konflikt

Lübbers, Bernhard
Bibliotheken

Lüddecke, Dirk
Konsens · Machiavellismus · Staat und Gesellschaft II · Verdinglichung

Lüngen, Markus
Pflegeversicherung

Luther, Christoph
Elterliches Sorgerecht

Lutz-Bachmann, Julia
Evangelische Kirchenverträge

Lutz-Bachmann, Matthias
Autonomie I · Diskursethik I · Humanismus II · Kosmopolitismus · Kritische Theorie · Marxismus I · Philosophie · Scholastik · Welt I · Würde I

Lutz-Bachmann, Sebastian
Partnerschaftsgesellschaft

Macha, Hildegard
Betreuung III

Mager, Ute
Einrichtungsgarantien

Magnus, Ulrich
UN-Kaufrecht

Mahler, Claudia
Nachhaltigkeitsziele

Maier, Hans
Europa I · Frieden I · Kirche und Gesellschaft I · Politik I · Religionsfrieden

Maly, Ulrich
Gemeinde III

Malzahn, Bettina
Bundesgerichte

Mandrella, Isabelle
Gewissen, Gewissensfreiheit I · Thomismus I · Weltanschauung I

Mandry, Christof
Kirche und Europa I

Manemann, Jürgen
Politische Theologie

Mann, Bernhard
Gesundheit III

Männle, Ursula
Politische Stiftungen

Marschelke, Jan-Christoph
Kollektivwissenschaft

Marschler, Thomas
Dogmatik II · Priester · Staat VIII · Thomismus II

Martinez, José
Landwirtschaftsrecht

Martins, Ansgar
Anthroposophie

Masala, Carlo
Failed state · Gleichgewichtspolitik · Gruppe der führenden Industrienationen (G7/G8) · Internationale Konflikte · Sicherheitspolitik

Mathy, Regina
Kirchliches Arbeitsrecht

Mauelshagen, Franz
Anthropozän

Maull, Hanns W.
Außenpolitik

Maurer, Andreas
Transportrecht

Mause, Karsten
Staatsversagen I

Mauser, Wolfram
Erdsystemforschung

Mayer, Tilman
Demographie III

Mayntz, Renate
Bürokratie I

Maywald, Jörg
Kindeswohl III

Mazohl, Brigitte
Österreich I

Meckel, Thomas
Staatsleistungen an die Kirchen

Meiertöns, Heiko
Verfassungsschutz

Meinel, Florian
Etatismus · Geschäftsordnung · Parlamentsrecht · Repräsentation I · Staatslehre · Verhältnismäßigkeit

Meireis, Torsten
Christliche Sozialethik II

Meissel, Franz-Stefan
Allgemeines Bürgerliches Gesetzbuch

Melber, Henning
Southern African Development Community

Mellinghoff, Rudolf
Bundesgerichte

Merkel, Wolfgang
Systemtransformation I · Zivilgesellschaft

Mertens, Gerhard
Gesundheit II · Humanökologie · Identität II

Meßerschmidt, Klaus
Ressourcenpolitik II

Messner, Dirk
Entwicklungspolitik I

Meuser, Michael
Diversität I · Gender I · Gender mainstreaming

Meyer, Hans Joachim
Hochschulpolitik · Kulturpolitik

Meyer, Matthias
Conference of European Churches

Meyer zu Schlochtern, Josef
Kunst II

Meyer-Pritzl, Rudolf
Kredit · Lex mercatoria

Michael, Arndt
Indian Ocean Rim Association · Südasien

Michael, Lothar
Integrationslehre

Michaels, Axel
Hinduismus

Michelsen, Gerd
Umwelterziehung, Umweltbildung

Michl, Walther
Ethnizität II

Michler, Albrecht
Finanzmärkte I · Geld- und Kapitalmarkt · Indexzahlen

Mihr, Anja
Amnesty International

Mikhail, Thomas
Schule

Mock, Sebastian
Handelsverträge

Möckel, Stefan
Boden I

Mohr, Jochen
Diskriminierung II · Wirtschaftsrecht

Möhring-Hesse, Matthias
Arbeitslosigkeit III · Gewerkschaften III · Kirche und Welt

Möller, Horst
Diktatur

Möllers, Christoph
Grundgesetz

Mölls, Sascha
Doppik · Kameralistik · Kosten · Rechnungswesen · Rentabilität · Wirtschaftsprüfung

Mommsen, Margareta
Eurasische Wirtschaftsunion · Gemeinschaft Unabhängiger Staaten

Moriya, Kenichi
Asiatischer Rechtskreis

Morsey, Rudolf
Deutsche Zentrumspartei · Görres-Gesellschaft · Staatslexikon II

Möstl, Markus
Innere Sicherheit · Landesverfassung · Polizei · Rechtliches Gehör · Staatenverbund

Muckel, Stefan
Kriegsfolgelasten · Religionsfreiheit · Säkularisierung III · Sozialgesetzbuch · Sozialhilfe · Sozialrecht · Sozialstaat I · Staat VI · Weltanschauungsfreiheit

Mückl, Stefan
Blasphemie · Gewissen, Gewissensfreiheit III · Heiliger Stuhl · Kirchenzugehörigkeit II · Kriegsdienstverweigerung · Neutralität · Öffentlichkeitsauftrag der Kirchen · Papst II · Parität · Personalprälatur · Religionsunterricht II · Vatikanstadt

Muhlack, Ulrich
Geschichte, Geschichtsphilosophie II · Humanismus III

Mühlbacher, Sarah
Jugendkriminalität

Müller, Christian
Markt · Ökonomie · Rational Choice Theory I · Subsidiarität II · Unternehmensethik I · Wirtschaftliches Prinzip · Wirtschaftsethik II · Wirtschaftswissenschaft

Müller, Johannes
Entwicklungspolitik II · Demographie IV

Müller, Ludger
Kirchenrecht I

Müller, Michael R.
Mode I

Müller, Sebastian
Finanzverwaltung

Müller, Severin
Arbeit II

Müller, Winfried
Säkularisation

Müller-Franken, Sebastian
Anstalt · Existenzminimum II · Staatsaufgaben I

Müller-Schneider, Thomas
Statistik

Müller-Terpitz, Ralf
Gesetzlicher Richter

Münch, Joachim
Schiedsgerichtsbarkeit

Münch, Ursula
Bundesrat II

Münkler, Herfried
Krieg II

Munsonius, Hendrik
Kirchenrecht II · Kirchenstrafen II · Kirchliche Verwaltung II

Mutschler, Hans-Dieter
Evolution II

Nagl-Docekal, Herta
Geschichte, Geschichtsphilosophie I

Nanz, Patrizia
Partizipation I

Nass, Elmar
Eurokrise I

Nassehi, Armin
Soziologie

Naumann, Klaus
ABC-Waffen I · NATO

Neitzel, Sönke
Soldat I

Neu, Viola
Die Linke

Neubert, Ehrhart
Widerstand III

Neuhaus, Helmut
Reich

Niclauß, Karlheinz
Kanzlerdemokratie

Niederberger, Andreas
Demokratietheorien II · Kontingenz · Republikanismus

Niedhart, Gottfried
Entspannungspolitik

Nitschke, Peter
Konservatismus · Ordnung I · Politische Theorie · Realismus I · Revolution I · Terror

Nohlen, Dieter
Wahlen I

North, Michael
Inflation II

Noschka-Roos, Annette
Museum

Nothelle-Wildfeuer, Ursula
Kirche und Staat IV

Notz, Kristina
Social Entrepreneurship

Nußberger, Angelika
Europäischer Gerichtshof für Menschenrechte

Nusser, Karl-Heinz
Werturteil

Obermaier, Michael
Familie III · Früherziehung · Kindertagesstätte · Kindheit I · Kindheitspädagoge · Lernen · Mode II · Pädagogik · Spiel · Wissensgesellschaft II

Oberreuter, Heinrich
Autonomie III · Bundesrepublik Deutschland II · Bundestag II · Christlich-Soziale Union II · Föderalismus · Freie Demokratische Partei · Legalität · Mehrebenensystem · Opposition I · Parlament, Parlamentarismus · Pluralismus · Staatsnotstand II

Ode, Erik
Pädagogik · Wissensgesellschaft II

Oechler, Melanie
Jugendhilfe

Oeldemann, Johannes
Ostkirchen

Oelke, Harry
Kirchenkampf

Rauschenbach, Thomas
Familienpolitik II

Reder, Michael
Anerkennung III

Rees, Wilhelm
Kirche und Europa II · Ökumene II · Österreichisches Konkordat

Reese-Schäfer, Walter
Kommunitarismus II

Rehbein, Malte
Digitalisierung

Rehberg, Karl-Siegbert
Institution I

Reich, Kersten
Diversität III · Inklusion, Exklusion III · Konstruktivismus IV

Reichertz, Jo
Medien II · Methode II

Reichold, Hermann
Betriebsverfassungsrecht

Reimer, Ekkehart
Äquivalenzprinzip (Abgabenrecht) · Finanzplanung · Finanzverfassung · Handeln, Handlung II · Handlungstheorie III · Territorialitätsprinzip

Reimer, Franz
Allgemeine Rechtsgrundsätze · Leistung III · Norm III · Recht · Staatsrecht · Widerstandsrecht

Reinemann, Carsten
Medien I

Reitz, Bettina
Film II

Reitzenstein-Ronning, Christian
Christenverfolgung II

Renn, Ortwin
Risiko I, II

Renner, Karl Nikolaus
Fernsehen

Rennert, Klaus
Richter · Verwaltungsgerichtsbarkeit · Verwaltungsprozessrecht

Rensmann, Thilo
UN-Friedensmission

Renz, Andreas
Interreligiöser Dialog

Repgen, Tilman
Privatrecht

Reuter, Julia
Multikulturalismus I

Rexroth, Frank
Mentalität

Rhode, Ulrich
Kirchliche Hochschulen II

Richter, Wolfgang
Organisation für Sicherheit und Zusammenarbeit in Europa

Ricken, Friedo
Religion II · Topik I · Tugend I

Riedenauer, Markus
Klugheit

Riedl, Anna Maria
Kindeswohl IV · Kindheit II

Riedl, Gerda
Laie

Rieter, Heinz
Historismus in der Wirtschaftswissenschaft · Verein für Socialpolitik · Wirtschaftskreislauf

Ringlstetter, Max
Unternehmensberatung

Rink, Martin
Guerilla I

Ritschl, Albrecht
Weltwirtschaftskrisen II

Rödder, Andreas
Deutsche Einheit I · Moderne I

Rödler, Peter
Behinderung I

Rogowski, Ralf
Transparency International

Rogozinski, Andreas
Katholische Kirche III

Rohe, Mathias
Scharia

Röhrich, Wilfried
Islamismus

Römelt, Josef
Moraltheologie · Tugend II

Rosenberg, Hannah
Erwachsenenbildung

Rosenberger, Michael
Leben III · Tierethtik

Roßbach, Matthias
Regierungsbezirk

Rössner, Philipp R.
Kameralismus · Merkantilismus

Roth, Andreas
Betreuung I · Familienrecht · Vorsorgevollmacht

Roth, Hans-Joachim
Migration V

Roth, Steffen J.
Grundeinkommen

Rotte, Ralph
AKP-Staaten · Bürgerkrieg I

Rucht, Dieter
Soziale Bewegungen

Ruck, Michael
Planung I

Rückert, Joachim
Historische Rechtsschule · Interessenjurisprudenz · Rechtsgeschichte · Rechtswissenschaft

Rudloff, Wilfried
Soziale Frage · Sozialreform

Ruffert, Matthias
Regulierungsverwaltungsrecht · Wirtschaftsverwaltungsrecht · Wissenschaftsfreiheit

Ruffing, Andreas
Christliche Männerverbände

Rüfner, Wolfgang
Berufsfreiheit

Ruster, Thomas
Religion III

Saake, Irmhild
Soziologie

Saam, Nicole Janine
Rational Choice Theory II, III

Saar, Martin
Kulturkritik · Macht I · Sozialphilosophie

Sailer, Klaus
Social Entrepreneurship

Saldsieder, Kai Alexander
Handel · Marketing · Sponsoring

Saldsieder, Nina
Handel · Marketing · Sponsoring

Sandström, Marie
Skandinavischer Rechtskreis

Sarcinelli, Ulrich
Information II · Medialisierung · Symbolische Politik

Sattler, Jochen
Existenzphilosophie

Satzger, Helmut
Europäisches Strafrecht

Sauerland, Dirk
Humankapital · Institution II · Institutionenökonomik · Vertrag II

Sauernheimer, Karlhans
Außenwirtschaftspolitik

Sautermeister, Jochen
Identität III · Moralpsychologie

Schaber, Peter
Achtung

Schäfer, Björn
Unternehmensberatung

Schäfer, Hans-Bernd
Ökonomische Analyse des Rechts

Schmoeckel, Mathias
Haager Friedenskonferenz

Schmuhl, Hans-Walter
Euthanasie I

Schnabel, Claus
Arbeitgeberverbände

Schnabl, Christa
Gleichheit II

Schnabl, Gunther
Staatsschuldenkrise · Währungsunion

Schneider, Friedrich
Korruption I

Schneider, Hans-Peter
Apartheid

Schneider, Martin
Christlich-Soziale Bewegung II

Schnellenbach, Jan
Allokation · Lobby I · Mehrheitsprinzip II · Prozesspolitik · Verhaltensökonomik

Schnettler, Bernt
Transzendenz IV

Schockenhoff, Eberhard
Freiheit II · Gewissen, Gewissensfreiheit II · Schwangerschaftsabbruch I · Suizid I

Schoen, Harald
Politische Sozialisation · Wählerverhalten

Schöffski, Oliver
Gesundheit IV

Schölderle, Thomas
Utopie II

Schomaker, Rahel M.
Energiepolitik I

Schönbohm, Arne
Informationssicherheit

Schöndorf-Haubold, Bettina
Bürokratie II

Schönig, Barbara
Stadtplanung

Schönig, Werner
Lebenshaltung · Soziale Arbeit · Sozialstaat II · Wohlfahrtspflege I · Wohlfahrtsstaat I

Schössler, Dietmar
Guerilla II

Schrader, Daniela
Friedhof

Schrader, Josef
Volkshochschule

Schramm, Michael
Gerechtigkeit II · Ökonomische Theorie der Moral · Wirtschaftsethik I

Schrapper, Christian
Kindeswohl I

Schraut, Sylvia
Frauenbewegungen · Frauenfrage

Schreiber, Monica
Kirche und Europa III

Schreyer, Bernhard
Akademien II · Autonomie II · Liberalismus II · Masse II · Political Correctness · Politische Romantik · Sicherheit · Topik II · Verschwörungstheorien · Weltwirtschaftsordnung

Schröder, Carsten
Vermögensverteilung

Schröder, Martin
Wirtschaftssoziologie I

Schröder, Meinhard
Internationale Atomenergie-Organisation

Schroeder, Klaus
Deutsche Demokratische Republik II · Deutsche Einheit II

Schroeter-Wittke, Harald
Deutscher Evangelischer Kirchentag

Schübel-Pfister, Isabel
Sprachenregime

Schubert, Werner
Bürgerliches Gesetzbuch

Schuhen, Michael
Verbraucherschutz II

Schuller, Florian
Akademien III

Schüller, Thomas
Partizipation III

Schulte-Beckhausen, Thomas
Immaterialgüterrecht

Schulte-Nölke, Hans
Allgemeine Geschäftsbedingungen · Europäisches Privatrecht

Schultze, Rainer-Olaf
Staatsversagen II · Wählerinitiativen

Schulz, Andreas
Bürger, Bürgertum

Schulz, Daniel
Partikularismus I

Schulz, Winfried
Öffentliche Meinung

Schumacher, Ralph
Lernen

Schüppel, Carl
Treu und Glauben

Schüttemeyer, Suzanne S.
Fraktion II

Schwarz, Gerhard
Schweiz III

Schwarzmeier, Manfred
Misstrauensvotum

Schwedes, Oliver
Verkehr II

Schweer, Martin K. W.
Vertrauen

Schweidler, Walter
Realität · Universalismus

Schweighöfer, Stefan
Eigentum I · Handlungstheorie II · Kapitalismus III · Nutzen I · Prognose I · Sozialstaat III · Tod I

Schweitzer, Friedrich
Religiöse Erziehung I

Schwier, Jürgen
Sport

Sebaldt, Martin
Deutscher Gewerkschaftsbund · Gewerkschaften II · Interesse II · Interessengruppen · Regierungssysteme · Verbände II

Sedmak, Clemens
Anthropologie II

Sehr, Matthias
Subvention II

Seidenbecher, Stephanie
Psychologie

Seifert, Henrike
Solidarität II

Seiler, Christian
Immunität · Mutterschutz · Steuerrecht

Seitschek, Hans Otto
Souveränität II

Seitz, Franz
Bankenunion · Deutsche Bundesbank · Finanzaufsicht · Geld I

Seitz, Klaus
Evangelische Hilfswerke

Sendker, Michael
Wirtschaftliches Prinzip

Sesselmeier, Werner
Arbeitslosigkeit I · Soziale Sicherheit I

Siebel, Walter
Wohnen II

Siebenrock, Roman A.
Zweites Vatikanisches Konzil II

Sielert, Uwe
Sexualerziehung

Sierra, Rosa
Postkolonialismus

Sievernich, Michael
Evangelisierung · Gemeinde IV

Simma, Bruno
Internationaler Gerichtshof

Simon, Dagmar
Wissenschafts- und Forschungspolitik

Skala, Martin
Nord-Süd-Konflikt II

Soeffner, Hans-Georg
Ritual · Symbol I

Sold, Katrin
Nordafrika

Söllner, Fritz
Malthusianismus · Monetarismus · Physiokratie

Sommermann, Karl-Peter
Rechtsvergleichung

Sonntag, Jörg
Kloster · Mönchtum

Sorgner, Stefan Lorenz
Transhumanismus

Spahn, Peter
Wechselkurs

Spermann, Alexander
Arbeitslosenversicherung

Spiecker gen. Döhmann, Indra
Datenschutz

Spieker, Manfred
Biopolitik · Christenverfolgung III

Spieß, Christian
Ausbeutung II · Capability-Approach III · Verfahren II

Spindler, Manuela
Regionalisierung, Regionalismus

Splett, Jörg
Humanität I

Spoerer, Mark
Sozial- und Wirtschaftsgeschichte

Spoerhase, Claudia
Staatsanwaltschaft

Stahl, Bernhard
Konstruktivismus III · Realismus II

Stamm-Kuhlmann, Thomas
Nationalismus I

Starck, Christian
Gesetz I · Gesetzgebung · Gewaltenteilung · Kodifikation · Meinungsfreiheit

Stark, Carsten
Korruption III

Starkulla, Heinz jr.
Propaganda

Steil, Armin
Krise I

Stein, Tine
Kirche und Staat II

Steinbach, Udo
Naher Osten · Nahostkonflikt

Steiner, André
Sozialismus II

Steininger, Christian
Rundfunk I

Steinmaus-Pollak, Angelika
Katholische Aktion

Stekeler-Weithofer, Pirmin
Dialektik · Dialog II · Idealismus · Symbol II · Vernunft – Verstand · Zukunft

Stern, Elsbeth
Lernen

Stickler, Matthias
Studentenverbindungen

Stierle, Wolfram
Entwicklungspolitik I

Stockinger, Johann
Landwirtschaftliches Bildungswesen

Stöckler, Manfred
Naturwissenschaften

Stoffels, Markus
Koalitionsfreiheit · Tarifautonomie II

Störring, Matthias
Neue Politische Ökonomie · Zins I

Stöver, Bernd
Kalter Krieg · Warschauer Pakt

Straßner, Alexander
Geiselnahme I · Terrorismus I

Strecker, Isabel
Kosten-Nutzen-Analyse

Streinz, Rudolf
Ernährung II · Europäische Innen- und Rechtspolitik · Europäische Kommission · Europäische Union · Europäische Verfassung · Europäischer Binnenmarkt I · Europäischer Gerichtshof · Europäischer Rat · Europarecht · European Free Trade Association · Grundfreiheiten · Offene Methode der Koordinierung · Rat der Europäischen Union · Raum der Freiheit, der Sicherheit und des Rechts · Schengen · Supranationalität · Weltraum II · Wirtschaftsgemeinschaften

Stricker, Gerd
Staat VIII

Strohschneider, Moritz
Stipendien

Stuchtey, Benedikt
Kolonialismus

Stumpf, Christoph
Religionsdelikte

Sturn, Richard
Wert II

Stüwe, Klaus
Familienpolitik I · Innenpolitik · Politisches System

Suermann, Harald
Christenverfolgung I

Süß, Dietmar
Arbeiterbewegung · Proletariat

Süß, Winfried
Armut II

Sutor, Bernhard
Politische Bildung · Politische Ethik · Subsidiarität III

Sutterlüty, Ferdinand
Diskriminierung I · Jugendkriminalität

Talabardon, Susanne
Judentum

Tamer, Georges
Dschihad · Islam

Tänzler, Dirk
Interaktion · Transparency International

Terhart, Ewald
Lehrer I

Theurl, Theresia
Genossenschaften I · Kartell · Mittelstand · Produktivgenossenschaften

Thiele, Christoph
Evangelische Kirche in Deutschland

Thiemeyer, Guido
Europäischer Integrationsprozess I

Thönissen, Wolfgang
Altkatholische Kirche · Anglikanische Kirche · Freikirchen · Ökumene I

Thüsing, Gregor
Kirchliches Arbeitsrecht · Solidarität II

Tillmanns, Reiner
Katholische Organisationen II

Tils, Ralf
Strategie

Töller, Annette E.
Policy

Tömmel, Till Florian
Failed state · Gleichgewichtspolitik · Gruppe der führenden Industrienationen (G7/G8) · Internationale Konflikte · Sicherheitspolitik

Töpfer, Klaus
Umweltpolitik

Treiber, Angela
Volkskunde

Trute, Hans-Heinrich
Governance III · Innovation III

Turek, Jürgen
Weltraum I

Übelmesser, Silke
Mobilität II

Weller, Marc-Philippe
Vertrag I

Welsch, Wolfgang
Postmoderne · Strukturalismus

Welskopp, Thomas
Gewerkschaften I

Welter, Friederike
Unternehmer I

Welti, Felix
Behinderung II · Inklusion, Exklusion IV

Wendel, Saskia
Subjekt

Wendt, Rudolf
Eigentum III · Enteignung · Sozialisierung

Wentzel, Dirk
Economic Cooperation Organization · Europäischer Binnenmarkt II · Integration II · Internationaler Währungsfonds · Organisation für wirtschaftliche Zusammenarbeit und Entwicklung · Organization of the Petroleum Exporting Countries · Privatisierung II · Umweltökonomik

Werbick, Jürgen
Katholische Kirche I · Theologie

Werding, Martin
Demographie II · Rente · Rentenversicherung I

Werkmeister, Clemens
Bedürfnis II · Betriebswirtschaftslehre · Industrie · Rationalisierung II

Wernsmann, Rainer
Vermögensteuer · Versammlungsfreiheit

Werz, Nikolaus
Lateinamerika und Karibik

Westle, Bettina
Politische Kultur

Wetzels, Peter
Kriminalität · Kriminologie

Wiater, Patricia
Geiselnahme II · Terrorismus II

Wiedemann, Arnd
Investition

Wiemeyer, Joachim
Christliche Berufsverbände und -vereinigungen · Christliche Unternehmervereinigungen · Dumping · Eigentum II, IV · Kapitalismus IV · Korruption II · Religion und Gesellschaft II · Wucher I · Zins II

Wild, Roman
Schweiz III

Wildfeuer, Armin G.
Mode II

Wilhelm, Andreas
Boykott

Wilhelms, Günter
Krise II

Willaschek, Marcus
Intention · Intentionalität

Winkelmann, Thomas
Principles of European Contract Law

Winter, Franz
Religionswissenschaft

Winter, Rainer
Film I

Winter, Simon
Standortwettbewerb · Wohlfahrt

Wirmer, Anton
Arbeitsverwaltung

Wirz, Stephan
Bedürfnis III · Konsumethik · Unternehmensethik II

Wißmann, Hinnerk
Schulrecht

Witting, Caroline
Autonomie IV

Wittreck, Fabian
Gewohnheitsrecht · Naturrecht III

Wolfrum, Edgar
Geschichtspolitik

Wollbold, Andreas
Seelsorge

Wollenschläger, Ferdinand
Unionsbürgerschaft (EU)

Woyke, Wichard
Internationale Organisationen

Yang, David
Privatautonomie

Yollu-Tok, Aysel
Arbeitslosigkeit I · Soziale Sicherheit I

Zacharias, Miriam
Produktion

Zahner, Nina Tessa
Kunst III

Zapf, Wolfgang
Sozialer Wandel

Zattler, Jürgen
Entwicklungspolitik I

Zedler, Jörg
Verein I

Zeh, Wolfgang
Bundestag I

Zehnpfennig, Barbara
Ideologie · Nationalsozialismus I · Totalitarismus

Zeitler, Franz-Christoph
Internationale Währungspolitik

Ziegler, Holger
Capability-Approach IV

Zimmermann, Anton Stefan
Vertrag I

Zimmermann, Horst
Grundsteuer

Zimmermann, Markus
Gesundheit I

Zingerle, Arnold
Charisma · Ehre II · Tradition II

Zintzen, Clemens
Akademien I

Korrekturen

Band 1
Redaktion: Prof. Dr. Winfried Gebhardt hat das Fach Soziologie seit Band 1 betreut.

Band 2
Genossenschaften. II. Rechtlich: Der Beitrag wurde allein von Volker Beuthien verfasst.

Band 3
Koalition: Der abgedruckte Text entspricht nicht der endgültigen Fassung des Beitrags. Der korrekte und von der Autorin freigegebene Beitrag findet sich unter www.staatslexikon-online.de.
Kommunistische Parteien. II. Geschichte: Der abgedruckte Text entspricht nicht der endgültigen Fassung des Beitrags. Der korrekte und vom Autor freigegebene Beitrag findet sich unter www.staatslexikon-online.de.

Band 5
Utopie. II. Politikwissenschaftliche Perspektiven: Die abgedruckten Literaturangaben entsprechen nicht der endgültigen Fassung. Die korrekten und vom Autor freigegebenen Literaturangaben finden sich unter www.staatslexikon-online.de.